KB264829

스펄전설교전집
골로새서
데살로니가전후서

스펄전설교전집 골로새서 데살로니가전후서

역자 + 김귀탁

크리스찬 다이제스트

국립중앙도서관 출판시도서목록(CIP)

골로새서 데살로니가전후서 / [저자: Charles
Haddon Spurgeon] ; 역자: 김귀탁. -- 고양 : 크
리스챤다이제스트, 2011
    p. ;   cm. -- (스펄전 설교전집 ; 30)

원표제: Treasury of the Bible
원저자명: Charles Haddon Spurgeon
영어 원작을 한국어로 번역
ISBN 978-89-447-2230-1 94230 : ₩25000
ISBN 978-89-447-2200-4(세트) 94230

골로새서[--書]
데살로니가 전서[--前書]
데살로니가 후서[--後書]

233.7-KDC5
227-DDC21   CIP2011004360

차례

■　　골　　로　　새　　서

골 로 새 서

골 로 새 서

제
1
장

—

하늘에 쌓아 둔 소망

—

**"너희를 위하여 하늘에 쌓아 둔 소망으로 말미암음이니 곧
너희가 전에 복음 진리의 말씀을 들은 것이라"** —골 1:5

그리스도인 안에는 세 가지 은혜 곧 믿음과 소망과 사랑이 항상 특징으로 자리 잡고 있어야 합니다. 본문이 들어있는 골로새서 시작 부분에서 바울은 이 세 가지 은혜를 각각 따로 언급하고 있습니다. 모든 신자는 이 세 가지 탁월한 은혜를 특징으로 갖고 있다는 말을 들어야 하고, 급기야는 우리를 전혀 본 적이 없는 사람들에게서도 들어야 할 말입니다. 이 꽃들은 향내가 지극히 달콤해서 눈으로 그 꽃을 바라보지 못한 자들도 냄새를 맡을 정도입니다. 골로새 교회 성도들이 바로 그랬습니다. 그래서 바울은 다음과 같이 편지에 씁니다. "우리가 너희를 위하여 기도할 때마다 하나님 곧 우리 주 예수 그리스도의 아버지께 감사하노라 이는 그리스도 예수 안에 너희의 믿음과 모든 성도에 대한 사랑을 들었음이요 너희를 위하여 하늘에 쌓아 둔 소망으로 말미암음이니 곧 너희가 전에 복음 진리의 말씀을 들은 것이라"(골 1:3-5). 우리는 우리의 훌륭한 성품에 대한 소문을 얼굴을 붉히지 않고 떳떳이 들을 수 있는 정도가 되어야 합니다. 그러나 이 본질적인 세 가지 덕을 갖추고 있지 않다면 결코 그렇게 할 수가 없습니다. 만일 이 덕들이 우리 안에 풍부하게 있다면 절대로 열매를 맺지 못하거나 결실이 없는 사람이 되지 않지만, 결여되어 있다면 가지가 시드는 것처럼 말라비틀어지고 말 것입니다. 그러므로 우리는 온갖 은혜의 뿌리가 되는 믿음 안에서 자라가야 하고, 이

목적을 위해 날마다 "주여, 우리의 믿음이 자라게 하소서"라고 기도해야 합니다. 또 우리는 하나님에게 속해 있는 사랑이 흘러넘칠 정도로 풍성해지기 위해 힘써야 합니다. 그리고 소망 곧 하늘의 기업을 받을 수 있도록 우리 자신을 깨끗하게 하는 하늘의 소망도 풍성해져야 합니다. 이 세 가지 거룩한 자매는 여러분의 영혼에 낯선 손님이 아니라는 점을 유념하고, 믿음과 소망과 사랑이 여러분의 마음을 거처로 삼도록 하십시오.

하지만 이 세 가지 은혜가 그리스도인 안에 거할 때 나타나는 각각의 특별한 성격을 주목합시다. 모든 믿음과 사랑이 우리에게 유익한 것은 아닙니다. 왜냐하면 아무리 보배로운 것이라고 해도 그 중에 가짜가 있기 때문입니다. 모든 사람 속에 믿음이 있지만 우리의 믿음은 그리스도 예수를 믿는 믿음 곧 세상은 그분을 거부하고, 그분의 십자가는 거치는 돌이 되며, 그분의 교훈은 불쾌한 것이 되는 분을 믿는 것입니다. 우리는 하나님의 아들이신 나사렛 예수를 믿는 믿음 곧 자신의 피로 단번에 속죄를 이루시고 지금은 높아져서 자기 아버지의 우편에 앉아 계시는 분을 믿는 믿음을 갖고 있습니다. 우리의 확신은 우리 자신 속에 두어져 있는 것이 아니고, 어떤 인간 제사장이나 조상들의 전통에 두어져 있는 것도 아니라 오직 그리스도 예수 안에 두어져 있습니다. 이것이 하나님의 택하심을 받은 자의 믿음입니다.

그리스도인들의 사랑 역시 특별한 성격을 갖고 있습니다. 왜냐하면 그리스도인은 모든 사람에게 선을 행하려는 보편적인 자비와 욕구에 따라 움직이지만, 동시에 모든 성도에 대한 사랑도 갖고 있기 때문입니다. 세상은 자기들의 주님이 아닌 것을 사랑하기 때문에 이런 사랑을 갖고 있지 않습니다. 참된 신자는 그리스도를 위하여 박해받고, 학대받고, 멸시받는 하나님의 백성을 사랑합니다. 참된 신자는 비록 그들 가운데 어떤 이들은 사소한 문제에 있어서 잘못을 범하고 있다고 생각될지라도 그들을 무조건 사랑합니다. 또 성숙한 성도들만이 아니라 은혜에 있어서 아직 아기인 자들도 사랑하고, 약점이 장점보다 훨씬 더 많은 성도들도 사랑합니다. 참된 신자는 그들의 지위나 본성적인 상냥함 때문이 아니라 예수님이 그들을 사랑하기 때문에 그리고 그들이 예수님을 사랑하기 때문에 그들을 사랑합니다. 여러분도 아시다시피, 믿음은 그리스도 예수를 믿는 것이지만, 사랑은 그리스도를 넘어 그리스도와 하나가 된 모든 사람에게 확대되어 나타납니다. 반면에 소망은 훨씬 더 넓은 범주를 대상으로 하고, 영원한 미래를 범주로 삼고 있습니다. 이와 같이 우리의 은혜는 범주와 수가 매우 큽니다.

　오늘 아침 설교에서 전하게 될 우리의 소망 역시 특별한 성격을 갖고 있습니다. 왜냐하면 이 소망은 우리를 위하여 하늘에 쌓아둔 것이기 때문입니다. 그러므로 세상 사람은 이 소망에 조금도 관심이 없습니다. 세상 사람은 내일이 오늘같이, 오늘보다 더 풍성하기를 바라지만 시간이 끝난 후의 세계에 대해서는 아무 관심이 없습니다. 세상 사람은 재산을 바랍니다. 명성을 바랍니다. 장수와 번영을 바랍니다. 즐거움과 가정의 평안을 바랍니다. 세상 사람의 소망의 전체 범주는 눈에 보이는 것으로 한정됩니다. 그러나 우리의 소망은 사도 바울의 권면에 따라 보이는 영역 너머로 나아갑니다. "보이는 소망이 소망이 아니니 보는 것을 누가 바라리요 만일 우리가 보지 못하는 것을 바라면 참음으로 기다릴지니라"(롬 8:24-25). 우리의 소망은 시간이나 땅에 대해서는 아무것도 바라지 않고, 장차 임할 세상에서 모든 것을 찾는 소망입니다. 오늘 설교를 통해 말하고자 하는 것은 바로 이 소망입니다. 성령께서 이 소망에 대하여 유용한 시간을 갖도록 우리를 인도해 주시기를 바랍니다.

　본문의 전후 관계를 말한다면 다음과 같습니다. 곧 바울은 골로새 교회 성도들이 믿음과 사랑과 소망을 갖고 있는 것을 보고 크게 즐거워하면서 하나님께 감사하고 그들을 위해 기도했습니다. 바울은 골로새 교회 교인들에 대한 하나님의 보증 곧 그들이 진실로 회심한 사람들이라는 것을 입증하는 이 세 가지 증표를 보고, 마음에 감사가 넘쳤습니다. 그리스도의 신실한 모든 사역자는 믿음과 사랑과 소망의 보석들을 장식한 교인들을 보는 것이 즐거울 것입니다. 왜냐하면 이 보석들은 그들에게 현재를 위해서는 장식품이고, 미래를 위해서는 준비물이기 때문입니다. 이상이 본문의 전후 관계라고 저는 생각하지만, 언어 형식으로 보면 바울이 모든 성도에 대한 그들의 사랑이 그들이 하늘에 쌓아 둔 소망으로 말미암아 그들 속에 풍성하게 생겨난 것이라고 말할 의도를 갖고 있었음이 분명합니다. 여러분도 아시다시피, 본문에서 "For"(For the hope which is laid up for you in heaven, whereof ye heard before in the word of the truth of the gospel)는 "위하여"가 아니라 "때문에"로 파악됩니다. 따라서 "(너희가 갖고 있는) 모든 성도에 대한 사랑"은 "너희를 위하여 하늘에 쌓아 둔 소망"으로 말미암아 또는 때문에로 해석됩니다. 말할 것도 없이 하늘에 쌓아 둔 소망은 모든 성도에 대한 사랑을 크게 촉진시키는 역할을 한다는 것입니다. 우리는 같은 소망을 갖고 있으므로 같은 마음을 가져야 합니다. 또 하나님을 향해 함께 길을 가고 있으므로 서로 사랑해야 합니다. 하늘에서 하나가 될 것이므로 땅에서도 하나가 되어야 합니다. 우리 주님도 하나이고, 우리의 섬김도 하나입니다. 우리의 길도 하나이고, 우리의 결말도 하나입니다. 그러므로 우리는 한 사람처럼 굳게 결합해야 합니다. 우리는 모두 우리를 크게 사랑하시는 분을 대면하여 볼 때를 기대하고, 그분을 닮아가야 합니다.

그런데 지금 왜 우리는 그리스도를 조금이라도 소유하고 있는 모든 자를 사랑하지 못할까요? 성도 여러분, 우리는 하늘에서 영원히 함께 살게 될 것입니다. 그러므로 우리가 다투는 것은 유감스러운 일입니다. 우리는 영원토록 예수 그리스도와 함께 있으며 같은 기쁨, 같은 영광, 같은 사랑을 누릴 것입니다. 그런데 왜 우리가 서로 사랑하는데 이토록 인색해야 합니까? 가나안으로 가는 길에 있는 우리는 같은 원수와 싸우고, 같은 증언을 전하고, 같은 시련을 감수하고, 같은 보혜사에게 피해야 합니다. 그러므로 서로 사랑합시다. 하늘에 쌓아 둔 소망이 땅 위에 있는 성도들에 대한 사랑을 낳는 것을 보여주는 것은 어렵지 않았습니다. 본문과 직전 구절(4절)의 전후 관계는 제가 처음에 언급했던 의미를 취하는 것, 즉 골로새 교회 교인들이 믿음과 사랑과 소망을 갖고 있었던 것이 바울에게 기쁨의 대상이었다고 보는 것을 전혀 방해하지 않습니다. 왜냐하면 바울은 그들의 믿음이 그들의 소망에 의해 촉진되었기 때문에 크게 기뻐하기 때문입니다. 그들이 참으로 놀랍게 서로 연합하고 서로 의지하는 것은 이 감미로운 은혜들에 대한 증언입니다. 만일 그리스도 예수를 믿는 믿음이 없었다면 성도들에 대한 사랑도 없었을 것입니다. 만일 그리스도 예수를 믿는 믿음이 없었다면 하늘에 쌓아 둔 소망도 없었을 것입니다. 만일 우리가 사랑을 갖고 있지 않다면 참된 믿음을 갖고 있는 것이 아니라고 확신할 수 있습니다. 또 우리가 소망을 갖고 있지 않다면 믿음도 갖고 있는 것이 아니라고 확신할 수 있습니다. 만일 우리가 이 은혜들 가운데 하나를 누리려면 자매가 되는 다른 은혜도 함께 받아야 합니다. 왜냐하면 이 은혜들은 절대로 분리될 수 없는 것이기 때문입니다. 하나의 보석 상자 안에 번쩍번쩍 빛나는 세 개의 보석 세트가 들어 있습니다. 하나라도 꺼내려면 보석 상자를 깨뜨려야 합니다. "그런즉 믿음, 소망, 사랑, 이 세 가지는 항상 있을 것이고," 자신의 마음속에 이 셋이 함께 들어있는 사람이 복이 있습니다.

이제 믿음과 사랑은 잠시 옆으로 제쳐두고, 소망 곧 본문에 언급되어 있는 소망, 다시 말해, 하늘에 쌓아 둔 소망에 대하여 살펴봅시다. 첫째, 이것은 참으로 놀라운 소망입니다. 둘째, 이것은 가장 안전한 소망입니다. 셋째, 이것은 가장 강력한 효력을 갖고 있는 소망입니다. 성령께서 이 세 가지 사상을 우리 모두에게 심어주시기를 바랍니다.

1. 이것은 참으로 놀라운 소망입니다.

우리를 위하여 하늘에 쌓아 둔 우리의 소망에 대하여 우리는 무엇보다 먼저 참으로 놀라운 소망이라고 말하지 않을 수 없습니다. 죄인들이 소망을 갖는다는 것 자체가 커다란 은혜의 행위라는 것을 생각해 보면, 과연 그렇습니다. 인간이 조물주의 법을 어겼을 때 그래도 인간에게 소망이 남아 있었다는 것은 생각만 해도 우리의 마음을 감사로 요동치게 만듭니다. 여러분은 그렇게 느낄 때가 없었습니까? 죄가 무겁게 여러분의 양심을 내리누를 때, 사탄이 와서 여러분의 문의 인방에 "소망 없음"이라고 써놓은 이 소름끼치는 판결은, 우슬초를 든 사랑의 손이 없었더라면, 보배로운 피를 뿌려 그 시커먼 글자를 지워버리지 않았더라면, 오늘도 여전히 그대로 있었을 것입니다. "그러므로 생각하라 … 그 때에 너희는 그리스도 밖에 있었고 세상에서 소망이 없고 하나님도 없는 자이더니"(엡 2:11-12). 이것이 이전의 우리의 상태였습니다. 그런데 이 상태가 완전히 바뀌었다는 것, 그리고 확신이 절망의 자리를 대신 차지했다는 것, 이것은 참으로 놀라운 일입니다. 우리가 아직 육체 속에 있을 때, 빛의 정령들이 우리 앞에서 춤추는 것처럼, 수많은 거짓 소망이 우리를 속이고, 우리를 교만과 오류의 수렁 속으로 빠뜨리고, 우리에게는 진정한 소망이 전혀 없었습니다. 이것이 인간이 처해 있는 끔찍한 상태입니다. 정말이지 이것이야말로 최악의 상황입니다. 사람이 엄청난 폭풍 속에서 확실하게 "소망 없음"이라는 말을 듣는 것만큼 무서운 강풍은 없습니다. 그러나 이전에 우리는 소망 없음의 짙은 어둠 속으로 속절없이 나아갔고, 매순간 선행이나 외적 의식이나 순간적 결심에 의지했으며, 다시 절망에 빠졌습니다. 또 차라리 쓰러져 죽기를 바랄 때까지 견딜 수 없는 슬픔에 빠져 우리 영혼 속에 "소망 없음, 소망 없음"이라는 말을 수없이 외쳤습니다. 그러나 지금 우리는 비록 죄인이라고 해도 소망을 갖고 있습니다. 우리가 믿음으로 십자가의 예수님을 바라본 이후로 영광으로 가득 찬 소망이 우리의 마음을 차지했습니다. 이것이야말로 놀라운 일이 아닙니까?

그러나 더 놀라운 것은 우리의 소망이 하늘 곧 천국과 연관되어 있다는 것에 있습니다. 이와 같은 우리를 위해 천국이 있을 수 있을까요? 지옥에 가는 것이 참으로 합당한 죄인이 눈으로 하늘을 올려다보는 것도 사실은 주제넘은 짓으로 보입니다. 만일 연옥과 같은 곳이 있다면 죄인은 연옥에 대한 소망을 가질 수도 있을 것입니다. 그러나 하늘에 대한 소망은 너무 지나치지 않습니까? 그러나 성도 여러분, 지금 우리는 지옥이나 연옥을 전혀 두려워하지 않습니다. 우리는 하늘에 쌓아 둔 기쁨을 맛보기를 기대합니다. 누구에게도 연옥은 없습니다. 성도들을 위한 지옥도 없습니다. 예수 안에 있는 모든 신자를 기다리고 있는 곳은 천국입니다. 우리의 소망은 영광으로 충만합니다. 왜냐하면 이 소망은 우리가 소망으로 바라보는 그리스도의 영광과 관련되어 있기 때문입니다. 그런데 여러분은 정욕으로 까맣게 얼룩져 있는 자신이 천사들과 함께 앉아 있는 모습이 상상이 됩니까? 신자는 "예, 제가 천사들보다 더 보좌에 가까이 있을 것입니다"라고 말합니다. 그리고 온갖 더러움을 던져버린 여러분은 마음이 청결한 자만이 하나님을 볼 것이라고 말씀하기 때문에 하나님을 보기를 기대하지 않습니까? 신자는 "예, 저는 하나님을 볼 뿐만 아니라 하나님을 계신 그대로 볼 때 하나님의 아들과 같이 될 것입니다"라고 말합니다. 이것이 하늘에 쌓아 둔 소망입니다. 우리는 하늘의 계단을 따라 내려가다 안에서 길 잃은 사람의 노랫소리를 듣는 것이 아니라 행복한 합창대와 함께 노래를 부를 것입니다. 진주 문 안을 가끔 힐끗 들여다보고, 거룩한 담 안에 있는 형언할 수 없는 기쁨을 갈망하는 마음을 갖는 것이 아니라 실제로 그리고 직접 천국 궁정의 방에 들어가 극히 아름다운 모습 그대로 왕을 볼 것입니다. 정말 멋진 소망입니다. 그렇지 않습니까? 그러나 이 소망은 가장 훌륭한 성도들이 받은 모든 것을 똑같이 갈망하고, 그들이 받은 것과 똑같은 영광의 환상, 똑같은 기쁨의 황홀함을 고대하게 합니다. 또 이 소망은 다음과 같은 약속에 따라 그리스도의 보좌에 앉는 것을 갈망하게 합니다. "이기는 그에게는 내가 내 보좌에 함께 앉게 하여 주기를 내가 이기고 아버지 보좌에 함께 앉은 것과 같이 하리라"(계 3:21). 이 소망은 이기는 자의 것으로 간주되고, 이기는 자를 보좌에 앉도록 만듭니다. 이것이 싸우는 신자가 누리게 될 놀라운 소망입니다. 그러나 그것은 주제넘는 일이 아니라 하나님의 말씀에 의해 보장된 확신입니다. 우리와 같이 보잘것없는 피조물이 이와 같이 하나님 안에서 소망을 가질 수 있다는 것은 사랑의 기적이 아니겠습니까?

이 소망은 철저히 실제적이기 때문에 더욱 놀라운 은혜입니다. 본문을 보면, 바울은 소망은 하늘에 쌓아 두는 것이 아니라 우리 가슴속에 있다고 말하는 것이 훨씬 더 쉽기 때문에 소망의 은혜 자체에 대해서는 말하지 않는 것으로 보입니다. 대신 바울은 소망의 대상에 대하여 말합니다. 하지만 하늘에 쌓아 둔 소망은 그것을 바라는 자들이 아닌 자들에게는 소망이 아니기 때문에 바울은 소망의 대상뿐만 아니라 소망의 은혜도 염두에 두고 있는 것이 분명합니다. 누구든 자기 안에 소망을 갖고 있지 않는 한, 하늘에 쌓아 둔 소망도 갖고 있지 못한 것이 확실합니다. 사실은 두 가지 사실 곧 소망의 은혜와 소망의 대상이 본문에서 같은 말로 언급되고 있는데, 이것은 믿는 순간에 믿음이 믿는 것을 성취하고 그 대상을 얻는 것처럼, 소망도 성령으로 말미암아 우리 마음속에 주어질 때, 바라는 것이 실현되고 그 대상을 얻게 되기 때문에 소망이 바라는 것 곧 소망의 대상이 된다는 것을 우리에게 가르치려는 의도일 것입니다.

믿음이 바라는 것들의 실상이고 보이지 않는 것들의 증거인 것처럼, 소망도 그것이 기대하는 것들의 실상이고 그것이 볼 수 없는 것들의 증거입니다. 여기서도 바울은 다른 많은 경우에서처럼 오히려 헬라어 자체의 전형적인 용법에 따라서가 아니라 자신이 전하고 싶어하는 신학적 의미에 따라 언어를 사용합니다. 이교도들이 사용하는 말을 신적 진리를 표현하는 말로 써먹으려면 이전 용법과는 다르게 약간 의미를 변경시켜야 하고, 그래서 바울은 이 경우에 최대한 의미를 넓혀 단어를 사용합니다. 참된 신자의 소망은 매우 실제적이므로, 바울은 심지어 이 소망이 마치 이루어진 사실 자체인 것처럼 하늘에 쌓아 두었다고 말합니다. 많은 사람들이 재물에 대한 소망을 갖고 있지만 그 소망은 부자가 된 것과는 별개의 사실입니다. 옛날 속담에 "입에 든 떡도 넘겨야 제 것"이라는 말이 있는데, 정말 진리가 아닐 수 없습니다! 사람은 장수에 대한 소망을 갖고 있을 수 있으나 중년에 인생을 마감하는 경우도 많고, 따라서 장수에 대한 소망은 어떻게 될지 실제로 살아봐야 아는 것이 분명합니다. 그러나 믿음과 사랑에서 나온 거룩한 소망을 갖고 있는 자는 절대로 실망을 가져오는 소망이 아니고, 따라서 바울은 이 소망을 소망의 대상 곧 바라는 것과 동일한 것으로 말하고, 하늘에 쌓아 둔 것으로 설명합니다. 이 소망이 이미 오래 전에 실제로 이루어진 사실로 다루어지고, 하늘의 창고에 쌓아둔 보물로 언급되고 있는 것은 얼마나 놀라운 일입니까!

우리의 소망에 대하여 한 가지 놀라운 사실은 그것이 신적 계시의 주제라는 것입니다. 지금까지 이 소망을 창조할 수 있는 자는 아무도 없고, 이 소망은 상상할 수 없을 정도로 엄청나게 영광스럽습니다. 꿈꾸는 자들의 왕도 결코 그것을 꿈꿀 수 없었고, 논리학의 대가도 이성으로 그것을 추론해 낼 수 없었습니다. 상상력과 이성은 땅으로 떨어지고, 반면에 성경의 하늘에 대한 관념은 힘찬 날개로 날아가는 천사처럼 위로 솟구칩니다. 영원한 소망은 우리에게 계시되어야 했습니다. 우리는 다른 방법으로는 그것을 결코 알 수 없었습니다. 왜냐하면 바울은 "너희가 전에 복음 진리의 말씀을 들은 것이라"고 말하기 때문입니다. 죄인이 낙원의 완전한 지복을 누리는 것은 주님이 약속하신 것이 아니었다면 상상도 할 수 없는 일이었습니다. 다시 말하지만, 상상력을 아무리 최대한 발휘한다고 해도 여기까지는 이르지 못하고, 우리는 하나님의 말씀으로 그것에 대한 확신을 갖지 못했더라면 이 지복이 이처럼 무가치하고 자격 없는 사람들을 위해 준비된 것이라는 사실을 감히 상상도 하지 못했을 것입니다. 그러나 이제 하나님의 말씀이 하늘 문을 열어놓고, 우리에게 그 안을 들여다보고 그곳에 있는 생명수 샘물을 마시며 영원토록 거기서 살게 될 때에 대한 소망을 갖도록 명령하고 있습니다.

이것은 놀라운 일입니다. 그런데 이 소망이 그저 들음으로 우리에게 주어졌다는 것을 생각하면 훨씬 더 놀랍습니다. "너희가 전에 복음 진리의 말씀을 들은 것이라." "믿음은 들음에서 나며"(롬 10:17). 소망은 믿음으로 말미암아 주어지는 것입니다. 따라서 하늘에 쌓아 둔 거룩한 소망은 들음으로 우리에게 왔습니다. 곧 행함을 통해서가 아니라, 어떤 자격이 있어서가 아니라, 고행과 희생을 거쳤기 때문이 아니라 단순히 하나님의 말씀을 부지런히 듣고 생명을 위해 믿음으로써 우리에게 온 것입니다. 우리는 예수님의 찔리신 손이 모든 신자에게 천국 문을 열어놓았다는 사실을 들었고, 예수님의 보혈로 지성소에 들어가는 방법을 믿고 보았습니다. 우리는 하나님께서 자기를 사랑하는 자들을 위하여 형언할 수 없는 기쁨을 마련해 놓으신 것에 대하여 듣고, 하나님의 아들을 신뢰하고 그 메시지를 믿었습니다. 우리의 확신은 우리가 들은 말씀에 두어져 있습니다. 왜냐하면 그 말씀 속에 "들으라. 그러면 네 영혼이 살리라"고 기록되어 있기 때문입니다. 그리고 우리는 들음으로 우리의 확신이 더 강해지는 것을 확인하고, 그때 우리의 마음은 내적 확신과 즐거운 기대로 충만해지고, 그리하여 우리는 말씀을 더욱 사랑하게 됩니다. 우리에게 이런 소망을 가져다준 이 거룩한 말씀을 가장 소중히 여겨야 하지 않겠습니까? 예, 그렇게 하겠습니다. 우리는 들은 것을 보는 것으로 바꿀 때까지 항상 예수의 증거에 귀를 기울여야 할 것입니다.

한 번 더 말하지만, 이 소망은 그 실상이 참으로 특별하기 때문에 놀라운 소망입니다. 성도 여러분, 우리를 위하여 하늘에 쌓아 둔 소망이 과연 무엇일까요? 그 소망에 속해 있는 모든 즐거운 요소들을 다 설명하려면 여러 번에 걸쳐 설교를 해야 할 것입니다. 이 소망은 승리의 소망입니다. 왜냐하면 우리는 모든 원수를 이기고, 사탄은 우리의 발에 짓밟힐 것이기 때문입니다. 우리의 손을 위하여 승리의 종려나무가 준비되고, 우리의 머리를 위해서는 면류관이 준비될 것입니다. 우리의 평생의 싸움은 실패가 아니라 완전하고 영원한 승리로 끝날 것입니다. 왜냐하면 우리가 어린 양의 피로 이길 것이기 때문입니다. 우리가 바라는 것은 승리만이 아닙니다. 우리는 우리 자신의 인격을 온전한 상태로 갖게 될 것입니다. 우리는 언젠가 죄의 늪에서 완전히 벗어나 새로 태어난 아름다운 생명으로 나타날 것입니다. 진실로, "우리가 장래에 어떻게 될지는 아직 나타나지 아니하였으나"(요일 3:2) 우리 주 예수님의 비교할 수 없는 성품을 생각할 때 "우리도 그와 같을 줄"(요일 3:2)을 확신함으로써 기쁨이 넘칠 것입니다. 동생들이 장자와 같이 되는 것은 얼마나 큰 영예이며 축복일까요! 하나님께서 친히 우리를 얼마나 영광스러운 자리로 높이셨습니까? 저는 이것을 능가할 수 있는 일이 과연 있는지 모르겠습니다.

오, 사랑하는 우리 주님과 같이 거룩하고 순전하고 순결한 자가 된다는 것은 비교할 수 없는 독보적인 기쁨입니다! 우리의 거룩한 소원과 열망 속에 약점이나 결함은 조금도 들어 있지 않다는 것을 인식하는 것은 얼마나 큰 기쁨입니까! 우리의 본성은 죄가 전혀 없는 상태로 완전하고 온전하게 계발될 것입니다. 우리는 지금처럼 하나님을 사랑하겠지만 오, 그때 그 사랑은 얼마나 더 깊어지겠습니까! 우리는 지금처럼 하나님 안에서 즐거워할 것입니다. 그러나 오, 그때는 그 즐거움이 얼마나 더 깊어지겠습니까! 우리는 지금처럼 하나님을 기쁘게 섬길 것입니다. 하지만 그때는 냉랭한 마음은 조금도 없고, 나태한 영도 전혀 없으며, 피해야 할 시험도 다시는 없을 것입니다. 우리의 섬김은 천사들의 섬김과 같이 완전하게 될 것입니다. 그때 우리는 내적 실패를 전혀 두려워하지 않고 스스로 "내 영혼아 여호와를 송축하라 내 속에 있는 것들아 다 그의 거룩한 이름을 송축하라"(시 103:1)고 노래할 것입니다. 그때는 불충실한 감정이 전혀 없을 것입니다. 잘못된 판단도, 빗나간 열정도, 거역하는 욕망도 전혀 없을 것입니다. 더럽거나 연약하거나 혼란시킬 수 있는 것은 조금도 남아 있지 아니할 것입니다. 우리는 온전하게 되는데, 그것도 완전히 온전하게 될 것입니다. 악에 대하여 승리하고 선한 모든 것에 대하여 완전하게 되는 것, 이것이 우리의 소망입니다. 만일 이것이 우리의 소망의 전부라고 해도 이것은 놀라운 것입니다. 그러나 아직 개봉되지 않은 소망이 또 있습니다.

우리는 모든 위험에서도 안전을 누리기를 기대합니다. 우리 안에는 악이 전혀 남아 있지 않게 될 것이므로 우리 주변에는 우리를 불안하게 만드는 일이 전혀 없을 것입니다. 고통, 사별, 근심, 수고, 또는 비난과 같은 일시적인 악이 우리를 엄습하지 못할 것입니다. 모든 것이 안전, 평화, 안식, 즐거움이 될 것입니다. 정신적인 악도 하늘에 있는 우리에게 침투하지 못할 것입니다. 의심, 비틀거리게 만드는 어려움, 두려움, 당혹감 등이 우리를 괴롭히는 일이 절대로 없을 것입니다. 우리가 지금은 거울로 보는 것 같이 희미하나 그때에는 얼굴과 얼굴을 대하여 볼 것이고, 지금은 부분적으로 아나 그때에는 주께서 나를 아신 것 같이 온전히 알게 될 것입니다(고전 13:12). 오, 정신적인 고통에서 벗어나다니! 이때 얼마나 많은 의심쟁이 도마들이 구원을 받게 될까! 이것은 놀라운 소망입니다! 또 그때는 영적 원수가 우리를 공격하는 일도 전혀 없고, 세상, 육체, 마귀도 우리의 안식을 방해하지 못할 것입니다. 시험 속에 있는 성도 여러분, 여러분은 이 소망을 어떻게 활용하겠습니까? 땅에서 지금 누리고 있는 안식일도 매우 달콤하지만 안식일이 지나면 여러분은 차가운 세상 속으로 다시 돌아가야 합니다. 그러나 거기서 여러분의 안식일은 영원히 끝나지 않을 것이고, 악인들과는 영원히 분리될 것입니다. 거기서 여러분은 월요일 아침, 다시 시작되는 염려, 직면하게 될 수고, 다시 채워져야 할 마구(馬具) 등이 없는 것, 아니 무엇보다, 두려워해야 할 죄, 피해야 할 시험이 전혀 없는 것에 대하여 이상한 느낌이 들 것입니다. 천국은 매우 평화롭고, 땅의 폭풍이 거기서는 전혀 알려져 있지 않고, 육체의 고통도 결코 느껴지지 않으며, 지옥의 개들이 짖는 소리도 전혀 들리지 않습니다. 거기서는 모든 것이 영원토록 평화와 순결, 완전과 안전입니다.

이러한 안전이 있으므로 거기서는 완전한 안식을 누리게 될 것입니다. "성령이 이르시되 그러하다 그들이 수고를 그치고 쉬리니"(계 14:13). 하늘의 안식은 지속적인 섬김과 정확히 일치됩니다. 왜냐하면 천사들과 같이 우리도 활동하면서 안식할 것이고, 밤낮으로 하나님을 경배하는 것이 안식이라는 것을 알게 될 것이기 때문입니다. 그러나 여러분은 얼굴이 땀으로 범벅이 될 때까지 수고하며 일하지 아니할 것이고, 햇빛이나 열기도 여러분을 상하게 하는 일이 결코 없을 것입니다. 영광의 땅에서 복된 섬김의 사역을 감당하는데 손발이 지치거나 머리에 열이 오르는 일은 벌어지지 않을 것입니다. 그곳은 즐거움의 낙원이고, 영광의 궁전입니다. 그곳은 가장 큰 즐거움이 있는 정원이고, 지속적으로 사랑이 흘러넘치는 맨션입니다. 그곳은 하나님의 백성들을 위하여 영원히 남아있을, 절대로 깨지지 않을 영원한 사바티스모스(안식)입니다. 그곳은 모두가 왕인 나라이고, 모두가 상속자인 기업입니다. 내 영혼은 그곳을 갈망합니다. 이것이 놀라운 소망이 아닙니까? 그러므로 이 소망이 놀라운 소망이라고 말한 것이 옳은 말이 아니겠습니까?

　　그런데 성도 여러분, 이것이 전부가 아닙니다. 왜냐하면 우리는 하늘에서 비교할 수 없는 행복을 누리기를 기대하기 때문입니다. 눈은 그것을 보지 못했고, 귀도 그것을 듣지 못했으며, 마음도 그것을 느끼지 못했습니다. 그것은 모든 육적인 기쁨을 크게 능가합니다. 우리는 그 기쁨에 대하여 조금밖에 모릅니다. 왜냐하면 주님께서 모든 것을 살피시되, 심지어는 하나님의 깊은 것까지도 통달하신 성령을 통해 우리에게 계시하셨지만 우리가 아는 것은 혼인 잔치에서 맛본 약간의 맛에 불과하기 때문입니다. 이것은 우리로 하여금 더 사모하도록 만드는 데는 충분하지만 전체 잔치에 대하여 완전한 관념을 갖도록 하기에는 전혀 충분하지 못합니다. 그리스도에 대한 설교를 듣는 것이 이토록 감미롭다면 그리스도를 직접 보고 그리스도와 함께 있는 것은 얼마나 더 감미롭겠습니까? 그리스도의 이름의 음악을 듣는 것으로 이토록 즐거움이 넘친다면 그분의 품에 안겨 있을 때에는 얼마나 더 즐겁겠습니까? 또 우리에게 가끔 주어지는 에스골 골짜기의 일부 포도송이들이 이토록 달콤하다면 온갖 포도송이들이 자라고 있는 포도원에 머무를 때에는 과연 어떠하겠습니까? 베들레헴의 우물에서 길어온 한 통의 물이 너무 시원해서 다 마시기가 너무 아까워 그 물을 주님 앞에 감사 제물로 부어드렸다면, 영원토록 한정 없이 수원(水源)에서 그 물을 마신다면 얼마나 행복하겠습니까? 오, 영원한 즐거움이 있는 하나님 우편에 영원토록 앉아 있는 것은 얼마나 놀라운 복일까요!

이것이 우리의 소망입니다. 그러나 더 있습니다. 왜냐하면 우리는 그리스도와의 영원한 교제의 소망을 갖고 있기 때문입니다. 만약 제가 수천, 수만의 세계를 갖고 있다면 저를 위하여 고통으로 일그러지셨던 그 사랑의 얼굴을 한 번이라도 보기 위하여 그 세계를 모두 바치겠습니다. 그러나 내 주님의 발 앞에 앉아 그분의 얼굴을 들여다보며, 그분의 음성을 듣고, 절대로, 절대로 그분을 근심시키지 않고 그분의 모든 승리와 영광에 영원무궁토록 참여하게 된다면, 과연 어떤 천국이 되겠습니까? 그때 우리는 그분을 영화롭게 하고 그분의 형상을 닮은 그의 모든 성도와 교제하게 되고, 또 그분의 능력이 나타나고 그분의 사랑이 빛을 발하는 것을 새롭게 바라보게 될 것입니다. 이것이야말로 최고의 지복이 아닙니까? 그러므로 제가 우리의 소망은 놀라운 소망이라고 선언한 것이 올바른 말이 아닙니까? 아무리 웅변을 잘하고, 미사여구를 잘 사용하며, 시인의 도움을 받아 가장 멋진 표현으로 영원한 세계의 지복과 기쁨에 대하여 말할 수 있다고 해도, 설교자나 시인이나 우리에게 나타나도록 되어 있는 영광을 묘사하는데 능력의 한계를 고백해야 할 것입니다. 아무리 최고의 지성과 유창한 말솜씨를 갖고 있다고 할지라도 하늘의 지복을 천분의 일만큼도 여러분에게 전할 수 없을 것입니다.

이것으로 첫 번째 요점에 대한 설명을 마치겠습니다. 그것은 참으로 놀라운 소망입니다.

2. 이것은 가장 안전한 소망입니다.

두 번째로, 이 소망은 가장 안전한 소망이라는 요점을 살펴보도록 하겠습니다. 본문에 따르면, 이 소망은 쌓여 있기 때문에 또는 확보되어 있기 때문에 가장 안전한 소망입니다. 최근에 글래스고 시립 은행에서 일어난 사고로 사업가들이 자기들의 보화를 어디에 쌓아 두어야 할지 크게 고심하고 있습니다. 하지만 하나님이 친히 책임을 지시는 것에 대해서는 안전성에 대한 두려움을 조금도 가질 필요가 없습니다. 만일 여러분의 소망이 하나님께 두어져 있다면 그 소망의 안전성을 의심하는 것은 죄를 범하는 것입니다. 본문은 "쌓아 두었다"고 말하고, 이것은 안전하게 보관되어 있는 보물처럼 안전한 곳에 감추어져 있다는 것을 의미합니다. 우리는 도둑이 뚫고 들어와 훔쳐가기 때문에 이 세상에서는 우리의 보물을 안전하게 쌓아두는 것이 어렵다는 것을 깨닫습니다. 쇠 자물쇠, 튼튼한 방, 온갖 장치들이 흉악한 도둑으로부터 보물을 지키기 위하여 사용됩니다. 그러나 하나님께서 우리의 보물을 지키기 위하여 아무도 닿을 수 없는 곳에 그것을 쌓아 두신다면 사람이든 마귀든 그것을 훔쳐갈 수 있는 자는 아무도 없습니다. 우리의 소망은 헬라의 경주들에 참가한 자들이 승리함으로써 차지한 면류관과 화관을 쌓아 둔 곳에 있습니다. 아무도 이 관들을 정당한 소유자에게서 빼앗아갈 수 없습니다. 이 상들은 경주가 끝났을 때 승리자에게 주려고 안전하게 보관되어 있었습니다. 사랑하는 성도 여러분, 여러분도 아시다시피, 여러분은 아직 여러분의 소망을 보지 못하고 있습니다. 하지만 그것은 쌓여 있습니다. 하나님 안에서 그리스도와 함께 감추어져 있고, 하나님 자신의 보좌만큼이나 안전하게 쌓여 있습니다.

본문에서 그 다음 말씀을 주목해 보십시오. 이 소망은 "너희를 위하여" 쌓아 둔 것입니다. 여러분의 소망을 쌓아 둔 것도 좋은 일이지만 여러분을 위하여 쌓아 두었다는 것은 훨씬 더 좋은 일입니다. "너희를 위하여 하늘에 쌓아 둔." 즉 그리스도 예수 안에 믿음이 있고, 모든 성도에 대한 사랑을 품은 너희를 위하여 하늘에 쌓아 두었다는 것입니다. 다른 어느 누구도 아니라 바로 여러분에게 씌워질 면류관이 하늘에 있습니다. 다른 어느 누구의 손가락이 아니라 바로 여러분의 손가락으로 연주될 거문고가 영광 속에 있습니다. 이 점에 대하여 실수하지 마십시오. 그것은 너희를 위하여 하늘에 쌓여 있습니다. 곧 "구원에 대한 믿음으로 말미암아 하나님의 능력으로 보호하심을 받는 너희를 위하여 하늘에 간직하신 것입니다"(벧전 1:4). "너희를 위하여" ― "적은 무리여 무서워 말라 너희 아버지께서 그 나라를 너희에게 주시기를 기뻐하시느니라"(눅 12:32). 이 어구에 중점을 두고, 거기서 꿀을 얻도록 하십시오. "너희를 위하여 쌓아 둔."

그러면 그것을 어디에 쌓아 두었습니까? 이어지는 말씀이 그곳을 말해줍니다. "너희를 위하여 하늘에 쌓아 둔." 구주께서 마치 본문을 강해하시는 것처럼, "거기"는 "좀이나 동록이 해하지 못하는"(마 6:20) 곳이라고 말씀합니다. 이것은 어떤 부패 과정도 여러분의 보물을 썩게 하거나 상하게 할 수 없다는 것을 의미합니다. 어떤 은밀한 좀도 하늘의 신복들의 옷을 해할 수 없고, 어떤 동록도 그들의 면류관의 광채를 퇴색시킬 수 없습니다. 여기에 주님은 이렇게 덧붙이십니다. "도둑이 구멍을 뚫지도 못하고 도둑질도 못하느니라." 우리는 강도가 하늘의 벽을 뚫고 들어오는 것을 상상할 수 없습니다. 또 사탄 자신이 새 예루살렘 성의 요새를 박살내거나 크신 왕의 성을 방비하는 성채를 뛰어넘는 것도 상상할 수 없습니다. 만일 여러분의 소망이 하늘에 쌓아 둔 것이라면 그것은 완전히 안전한 것이 틀림없습니다. 여러분의 소망이 은행 안에 두어져 있다면 금방 깨뜨려질 것입니다. 여러분의 소망이 한 제국 안에 있다면 금방 사라질 수도 있습니다. 여러분의 소망이 재산에 두어져 있다면 그것은 미심쩍을 것입니다. 여러분의 소망이 어떤 인간 존재에게 두어져 있다면 죽으면 그것도 죽음으로 끝날 것입니다. 여러분의 소망이 여러분 자신에게 두어져 있다면 그것 역시 철저히 속는 일이 되고 말 것입니다. 그러나 여러분의 소망이 하늘에 쌓여 있다면 그것은 얼마나 안전한지요. 그러므로 기뻐하고 주님을 찬양하십시오.

우리의 소망이 얼마나 안전한지 보여주려고 바울은 우리는 그것에 대하여 추호도 의심할 수 없는 증명서와 보증서를 갖고 있다고 말합니다. 바울은 "너희가 전에 복음 진리의 말씀을 들은 것이라"고 말합니다. 여기서 강조점이 있는 다음 세 마디의 말을 주목합시다. "복음 진리의 말씀을."

첫 번째 말씀은 "말씀을"입니다. 그것이 무슨 말씀입니까? 사람의 말입니까? 사람의 말은 바람과 흡사합니다. 그러나 이것은 하나님의 말씀으로, 천지를 지으신 그 말씀 곧 실패할 수 없는 능력의 말씀과 거짓을 말할 수 없는 진리의 말씀입니다. 여러분은 먼저 하나님의 말씀으로 말미암아 이 복된 소망에 대하여 들어야 하고, 이 말씀이 최고의 증거입니다. 여러분은 사람이 "내 말을 믿어"라고 말하는 것을 잘 알 것입니다. 그런데 여기서 여러분은 "하나님의 말씀을 믿어"라는 말을 듣습니다. 우리는 선한 사람의 말은 기꺼이 받아들입니다. 그렇다면 하나님의 말씀은 훨씬 더 기꺼이 받아들여야 하지 않겠습니까? 여러분은 그리스도 예수를 믿는 자들은 영원히 복을 받게 될 것이라는 확실한 소망에 대하여 하나님의 말씀을 갖고 있습니다. 이것으로 안전성은 충분하지 않습니까?

본문은 계속해서 "진리의 말씀"이라고 말합니다. 그러므로 이것은 추측이나 억측이나 개연성이 있는 추론이 아니라 오류 없는 진리의 말씀입니다. 현대 학문을 배운 형제 여러분, 유식한 형제 여러분, 여러분은 창작과 성과와 발전의 말을 갖고 있습니다. 그러나 바울이 전한 말은 "진리의 말씀"입니다. 명확하고, 교리적이고, 확실한 지식입니다. 기분 나쁘게 들릴지 모르겠지만 주님은 오늘날 독단주의로 불리는 것에 대하여 부끄럽게 여기지 않도록 하실 것입니다. 왜냐하면 여기서 말하는 독단주의는 하나님의 진리에 대한 믿음 외에 다른 것이 아니기 때문입니다. 우리는 하나님의 말씀을 참되다고 믿는 데서 그치는 것이 아니라 "그 진리의 말씀"으로 믿습니다. "사람은 다 거짓되되 오직 하나님은 참되시다"(롬 3:4). 세상에는 다른 참된 것들이 있을 수 있지만 하나님의 말씀이 진리의 본체 곧 다른 참된 모든 것을 능가하는 그 진리입니다. 왜냐하면 주님께서 "천지는 없어질지언정 내 말은 없어지지 아니하리라"(마 24:35)고 말씀하셨기 때문입니다. 베드로는 다른 곳에서 이렇게 말합니다. "모든 육체는 풀과 같고 그 모든 영광은 풀의 꽃과 같으니 풀은 마르고 꽃은 떨어지되 오직 주의 말씀은 세세토록 있도다 하였으니 너희에게 전한 복음이 곧 이 말씀이니라"(벧전 1:24).

다음 말을 살펴봅시다. "복음 진리의 말씀." 말하자면 복음 곧 좋은 소식의 정수 또는 본질이 이 영광스러운 소망 속에서 발견된다는 것입니다. 만일 여러분이 복음의 본질을 뽑아내 기쁜 소식의 핵심 요소인 그 진리에 이른다면 여러분은 휘장 안으로 들어가 가장 확실하고, 가장 확고하게 그 복된 소망을 붙들게 될 것입니다.

따라서 하나님이 창조하신 여러분의 소망이 무너지려면 먼저 하나님의 말씀이 깨뜨려져야 하지만 하나님의 말씀은 절대로 깨뜨려질 수 없습니다. 진리는 거부는 당하겠지만 영원히 거하고, 자체의 본성의 힘으로 영원할 것입니다. 복음은 반박은 받겠지만 하나님의 영광이 거기 달려 있으므로 절대로 반증될 수는 없습니다. 그런데 여러분은 "복음 진리의 말씀을" 들었으니, 더 이상 여러분에게 필요한 확증이 무엇이겠습니까? 그러므로 그것을 굳게 붙잡고 그 안에서 즐거워하십시오. 그러면 여러분은 여러분의 소망에 대하여 결코 부끄러워하지 않게 될 것입니다.

3. 이것은 가장 강력한 효력을 갖고 있는 소망입니다.

이제 이 소망은 가장 강력한 효력을 갖고 있는 소망이라고 말하는 것으로 말씀을 마치고자 합니다. 성도 여러분, 저는 이미 여러분에게 이 소망이 **사랑의 모체와 모판**이라고 말했습니다. 왜냐하면 본문은 "모든 성도에 대한 사랑을 들었음이요, 너희를 위하여 하늘에 쌓아 둔 소망으로 말미암음이니"라고 말씀하기 때문입니다. 따라서 이 소망은 믿는 심령들을 사랑으로 이끄는 중요한 행동의 원천입니다. 왜냐하면 사랑은 항상 역사하는 은혜이기 때문입니다. 오, 이 혼탁한 세상에 더 많은 사랑이 역사하기를 바랍니다. 이 세상에서 그리스도인의 사랑이 증가하는 곳은 칭송받아 마땅합니다. 그리고 우리가 하나님의 보좌 앞에서 영원히 함께 할 것이라는 소망은 사회의 사소한 불일치를 극복하고 서로 사랑하도록 만들기 때문에 이 소망은 주의 깊게 계발해야 할 일입니다.

사랑은 우리에게 작용하는 소망의 강력한 역사의 한 부분이지만, 소망 역시 다른 사람들에게 효력을 미칩니다. 성도들의 소망이 두드러지게 나타나면 이 소망은 사역자와 경건한 사람들을 하나님께 감사하도록 이끕니다. 바울은 "너희의 소망에 대하여 들었으므로 우리가 너희를 위하여 기도할 때마다 하나님 곧 우리 주 예수 그리스도의 아버지께 감사하노라"고 말합니다. 저는 목사에게는 모든 교인이 천국의 지복을 받아 그들 모두를 거기서 만나는 것을 상상하는 것보다 더 즐거운 일은 없다고 생각합니다. 우리는 이 아래 땅에서 살면서 서로를 알 수 있는 시간을 거의 갖지 못하고 있습니다. 우리는 주 안에서 서로 사랑했고, 하나님을 섬기기 위해 함께 분투했으며, 우리 가운데 어떤 이들은 오랜 세월에 걸쳐 영적 싸움을 해온 탓에 이젠 노병이 되었습니다. 그러므로 위의 세상에서 영원히 함께 거한다면 얼마나 좋겠습니까! 우리가 끔찍이 사랑했던 자들 가운데 얼마는 본향으로 돌아갔습니다. 우리는 할 수만 있으면 그들을 붙들고 싶었습니다. 또 우리 중에는 자연 질서에 따라 곧 자리를 옮길 자들도 있습니다. 우리는 오랫동안 헤어져 있는 것이 아니므로 행복합니다. 우리 가운데 어떤 이들은 나이로 볼 때 곧 떠나게 될 것이 예상되고, 그들에게 조만간에 죽음이 임할 그림자가 짙게 드리워져 있습니다. 그러나 그리스도 안에 있는 우리 모두가 함께 위에서 만나게 될 것을 생각하는 것은 매우 행복한 상상입니다. 우리가 영원 속에 들어갔을 때 교제를 나눌 충분한 거처와 처소가 있으니, 그때 우리의 기쁨이 어떠하겠습니까! 아마 우리가 하늘의 언어로 대화를 나눌 때 여러분 가운데 어떤 이는 제게 이렇게 말할 것입니다. "그 좋은 주일 아침에 목사님이 복된 소망에 대하여 설교하신 것을 기억할 것입니다. 하지만 그때 목사님은 이 소망에 대하여 많이 알고 있지 못했습니다. 그때 목사님은 '절반도 말하지 못했다'고 말씀했습니다. 그러나 지금 보니 백 분의 일도 말씀하지 못한 것을 알겠습니다. 그러나 우리가 별로 알지 못했던 것에 대한 즐거움을 나누고, 복된 소망에 대하여 훨씬 더 많이 알게 된 것이 기쁩니다." 오, 그렇습니다. 사랑하는 성도 여러분, 우리 안에 있는 하늘의 소망으로 말미암아 다른 사람들이 하나님께 감사를 하게 되기 때문에 이 소망은 참으로 달콤한 은혜로, 강력한 효력을 갖고 있고, 그러므로 더 크게 가질수록 더 좋은 것입니다.

더구나 바울을 기도하게 만든 것은 그들의 소망에 대한 소식이었습니다. 여러분이 저를 따라 본문 다음 부분을 읽는다면 바울이 골로새서 교회 교인들에게 원했던 바가 무엇인지 알게 될 것입니다. 9절을 보면 바울이 무엇을 위하여 기도했는지 확인하게 됩니다. 바울은 이렇게 기도합니다. "이로써 우리도 듣던 날부터 너희를 위하여 기도하기를 그치지 아니하고 구하노니 너희로 하여금 모든 신령한 지혜와 총명에 하나님의 뜻을 아는 것으로 채우게 하시고." 예수님을 믿고, 하나님의 백성들을 사랑하는 너희는 천국에 갈 것이고, 그래서 바울은 "너희로 하여금 모든 신령한 지혜와 총명에 하나님의 뜻을 아는 것으로 채우게 하시고"라고 기도합니다. 그렇게 하는 것이 하늘의 기쁨과 임무이기 때문에 바울이 그렇게 기도하는 것은 당연합니다. 우리도 "뜻이 하늘에서 이루어진 것 같이 땅에서도 이루어지이다."라고 기도하지 않습니까? 성도 여러분, 지금 주님의 뜻을 배우고, 그래서 천국의 전문가가 됩시다. 여기서 우리는 새 예루살렘의 시민으로서 우리의 자유를 충분히 누릴 수 있으려면 훈련 과정을 통과해야 합니다. 여기서 우리는 교육 받은 하나님의 성도들 가운데 더 높은 학위를 얻기 위하여 학교에 다니고 있습니다. 주님의 뜻이 무엇인지 모르는 무지한 자로 천국에 들어가야 합니까? 확실히 우리는 그곳의 삶의 방식이 무엇인지, 그 궁전의 규칙이 무엇인지 알아야 합니다. 이 아래에서의 우리의 삶은 위에서의 우리의 삶의 전주곡이 되어야 합니다. 곧 완전한 삶을 위한 대비가 되어야 합니다. 이 아래에서 우리는 악기들을 조율해야 합니다. 하늘에서 불협화음을 일으키는 부분을 문지르고, 현의 줄을 죄는 일을 해서는 안 됩니다. 안 됩니다. 그런 일은 여기서 끝내야 합니다. 우리의 거문고는 이 아래에서 조율해야 하고, 그래서 하늘의 오케스트라에 도착했을 때 우리의 자리를 바로 찾아가고 즉시 적절한 소리를 낼 수 있어야 합니다. 좋은 소망은 여러분으로 하여금 주님의 뜻을 아는데 열심을 내도록 만들 것입니다. 좋은 소망은 그리스도가 순결하신 것처럼 여러분도 순결하게 만들 것입니다. 또한 아직 이 아래에 머물고 있는 동안에도 하늘의 완전한 섬김을 시작하도록 애쓰게 만들 것입니다.

이어서 바울은 "주께 합당하게 행하여 범사에 기쁘시게 하고"(10절)라고 기도합니다. 에녹의 하늘에 올라가고자 하는 여러분은 에녹이 한 것처럼 하나님과 동행하고 하나님을 기쁘시게 하는 이 증거를 갖는 것이 바람직하지 않겠습니까?

여러분은 영원한 즐거움이 있는 하나님의 우편에서 거하기 위하여 갈 것인데, 주님을 만나기 전에 주님을 기쁘시게 할 수 있는 모든 것을 행하기를 원하지 않겠습니까? 여러분은 왕자입니다. 여러분은 아직 화려한 제복을 입지 않았고, 여러분의 왕관은 아직 머리에 씌워지지 않았습니다. 그러나 확실히 여러분은 이 엄청난 존귀와 영광을 받도록 미리 예정되어 있는 자에 걸맞는 행동을 하기를 원할 것입니다. 만일 한 아들이 먼 나라에 있다가 집으로 돌아온다면, "무엇을 가지고 집에 갈까? 내가 곧 만나게 될 사랑하는 아버지를 어떻게 기쁘시게 할 수 있을까?"를 생각하기 시작할 것입니다. 사랑하는 성도 여러분, 여러분도 하나님을 기쁘시게 할 수 있는 것이 무엇인지 확인해 보십시오. 왜냐하면 여러분은 하나님의 즐거움 속에 곧 들어가, "합당하게 행하는" 흰 옷을 입은 무리와 함께 거할 것이기 때문입니다.

다음으로 바울은 이렇게 기도합니다. "모든 선한 일에 열매를 맺게 하시며"(10절). 만일 이런 풍성한 은혜의 상이 기다리고 있다면 우리는 할 수 있는 한 모든 은혜의 열매를 맺어야 하고, 일할 시간이 곧 끝나게 될 것이므로 우리에게 기회가 주어지는 동안 모든 거룩한 수고를 아끼지 말아야 합니다. 누가 빈손으로 천국에 가기를 원하겠습니까? 누가 이곳에 머무르는 동안 게으름을 피우고 시간을 허비하기를 바라겠습니까? 오, 그렇습니다. 우리는 천국에 들어갈 때 풍성한 것을 안고 들어갈 수 있도록 하나님의 영광을 위한 열매를 맺어야 합니다.

바울은 계속해서 이렇게 기도합니다. "하나님을 아는 것에 자라게 하시고"(10절). 만일 제가 하나님과 함께 거하도록 되어 있다면 저는 하나님에 대하여 뭔가 알려고 할 것입니다. 하나님의 말씀을 살펴보고 하나님이 자신을 어떻게 계시하셨는지 확인할 것입니다. 하나님과 그분의 아들 예수님과 교제하며 하나님을 알려고 힘쓸 것입니다. 천국의 왕이신 하나님을 전혀 모르는 상태로 어떻게 천국에 들어갈 수 있겠습니까? 하나님에 대한 지식은 바람직한 것만큼 필요하지 않겠습니까? 하늘의 좋은 소망을 갖고 있는 자들은 가장 작은 자에서 가장 큰 자에 이르기까지 모두가 주님을 알지 않고서는 편안하지 못할 것입니다. 만일 어떤 사람이 여러분에게 큰 토지를 선물로 주려고 한다면 여러분은 그 토지가 어느 지역에 있든지 간에 그 토지와 그 주변에 사는 이웃에게 관심을 갖게 될 것이고, 밤이 되기 전에 그 토지에 대하여 조사해 볼 것입니다. 그 토지가 여러분의 것이라는 것을 알게 되면 그 이웃들이 아무리 시골뜨기라고 하더라도, 또 아무리 멀리 떨어진 곳에 있다고 하더라도, 여러분의 생각은 그 토지를 향해 있게 될 것입니다. 흔히 그러는 것처럼, 세상에서 가장 딱딱한 문서 가운데 하나가 부자의 유언장일 것입니다. 만일 여러분이 그 유언장을 읽는 것을 들어본 적이 있다면 법률가들에게나 익숙한 장황한 문체로 계속 나열되고 있음을 알 것입니다. 그러나 그 유언장이 가족에게 읽혀질 때 참석해 본 적이 있다면, "내 아들 존에게는" 하고 자기와 관련된 내용이 읽히는 순간 그 아들의 눈이 얼마나 또렷해지는지 알아챌 것입니다. 또 "내 충실한 하녀 제인에게는" 하고 읽히며 작은 재산이 할당될 때 그 노파의 얼굴은 얼마나 크게 밝아집니까? 누구든지 자신의 이익과 직결된 문제가 나오면 정신을 바짝 차리는 법입니다. 하물며 하늘에 소망이 있고 그리스도의 중대한 언약에 관심이 있는 사람은 즉시 거룩한 일들에 관심을 갖게 될 것이며, 하나님에 대한 지식을 늘리기를 바랄 것입니다.

한 번 더 바울은 이렇게 기도합니다. "그의 영광의 힘을 따라 모든 능력으로 능하게 하시며 기쁨으로 모든 견딤과 오래 참음에 이르게 하시고"(11절). 하늘의 소망은 삶의 재난과 원수의 박해를 견디는데 큰 효력을 발휘합니다. 하늘을 바라보는 자는 "곧 끝날 거야"라고 말하고, 그래서 근심에 사로잡히지 않습니다. 나그네는 "잠자리가 별로 좋지 않지만 아침이면 떠날 거야"라고 말합니다. 우리는 하늘의 소망으로 모든 힘을 더욱 강화시킬 수 있습니다. 영광의 엄청난 무게는 이 가벼운 환난을 무색하게 만들어 버리는 것이 당연합니다. 환난은 한순간에 지나지 않으니까요.

여러분은 "아무런 근거 없이 이 부분을 오늘 설교 속에 집어넣은 것이 아니냐?"고 말할지도 모르겠습니다. 그러나 아닙니다. 다음 구절에 그 근거가 있습니다. "우리로 하여금 빛 가운데서 성도의 기업의 부분을 얻기에 합당하게 하신 아버지께 감사하게 하시기를 원하노라"(12절). 저는 바울의 사상의 명확한 궤도를 따라갔습니다. 주님은 우리에게 영광의 소망을 주시고, 또 이 소망을 이룰 적절한 능력도 주셨는데, 이 능력은 성령께서 우리의 소망을 통하여 우리 안에 크게 일으키십니다. 그러므로 사랑하는 성도 여러분, 여러분의 소망을 계발하십시오. 여러분의 목사가 여러분의 기대와 기쁨에 대하여 확인할 수 있도록 소망이 여러분 안에 매우 분명하게 빛을 발하도록 하십시오. 그리하여 천국에 대하여 말하고, 천국에 가는 것을 실제로 기대하는 것처럼 행동함으로써 보는 자마다 그 소망을 주목하게 하십시오. 여러분이 하늘의 소망을 갖고 있다는 것을 세상에 알리십시오. 여러분이 예수님이 계시는 곳에 있기를 바란다는 것을 세상 사람들에게 알려 주십시오. 여러분이 여러분을 위하여 하늘에 쌓아 둔 소망을 당연한 사실로 받아들일 때 사람들이 그것을 보고 여러분을 순진하다고 놀리지만 사실은 거기서 여러분의 진실함을 발견하고 그들이 종종 놀라도록 만드십시오. 하나님께서 주 예수 그리스도로 말미암아 그렇게 하시기를 기원합니다. 아멘.

제
2
장

—

신령한 지식과 이 지식의 실제 결과

—

"이로써 우리도 듣던 날부터 너희를 위하여 기도하기를 그
치지 아니하고 구하노니 너희로 하여금 모든 신령한 지혜와
총명에 하나님의 뜻을 아는 것으로 채우게 하시고 주께 합
당하게 행하여 범사에 기쁘시게 하고 모든 선한 일에 열매
를 맺게 하시며 하나님을 아는 것에 자라게 하시고"
— 골 1:9-10

바울은 골로새 교회에 하나님께서 극히 중요한 다양한 복을 베풀어 주신 것에 대하여, 특히 그들의 믿음과 소망과 소망에 대하여 진심으로 감사를 드렸습니다. 만약 우리가 그리스도인 형제들 속에서 발견하는 은사와 은혜에 대하여 하나님께 자주 감사한다면 우리의 마음에 큰 도움이 될 것입니다. 저는 우리가 그리스도인 형제들에게서 성령의 역사를 찾아내 그것에 대하여 하나님께 진심으로 감사하기보다는 오히려 그들의 잘못을 끄집어내 그것을 개탄하는 모습을 보여주기가 더 쉬운 존재라는 것을 우려합니다. 바울은 골로새 교회 신자들 속에서 본 것에 자극을 받아 그것들을 더 풍성하게 해달라고 하나님께 기도합니다. 우리의 가장 가까운 형제들이 더 좋아지고, 예수님을 가장 많이 닮은 자들이 예수님의 형상을 더 온전히 확증하는 자들이 되는 것이 우리의 소원이 되어야 합니다. 우리는 첫째로 우리 동료 그리스도인들 속에 있는 은혜를 인정하고, 둘째로 하나님께 그 은혜를 더 많이 베풀어 달라고 기도하는 것 이상으로 그들에 대한 우리의 사랑을 지혜롭게 보여줄 수 있는 방법이 없습니다.

독수리의 눈을 가진 것처럼 골로새 교회를 관찰한 바울은 골로새 교회 교인들을 무척 사랑했고, 그래서 그들이 지식이 약간 부족하다는 것을 지적했습니다. 골로새 교회 교인들의 형제애는, 달란트가 풍성하고 온갖 지식에 부족함이 없었던 고린도 교회 교인들과는 상당히 달랐습니다. 골로새 교회 교인들은 그들 가운데 선생으로 활동할 수 있을 만한 은사를 받은 형제가 별로 없었습니다. 이것은 물론 그들의 허물은 아니었지만, 이로 인해 그들은 지식이 빈약해졌습니다. 바울은 골로새 교회 교인들이 아직 바람직한 상태에 도달해 있지 않았기 때문에 그들이 모든 신령한 지혜와 총명에 하나님의 뜻을 아는 것으로 채워지도록 위해서 기도했습니다. 골로새서를 자세히 읽어 본다면 여러분은 바울이 빈번하게 지식과 지혜에 대하여 언급하고 있다는 사실을 확인하게 될 것입니다. 바울은 골로새 교회에 부족하다고 느낀 점을 기도 제목으로 바꾸었습니다. 바울은 그들에 대하여 무지하지 않았습니다. 바울은 영적 무지가 오류와 불안정과 근심의 지속적 원천이라는 사실을 알고 있었습니다. 그래서 바울은 그들이 하나님의 일에 대하여 철저히 가르침받기를 원했습니다. 골로새 교회 교인들은 이미 구원에 이르게 하는 지식을 갖고 있었기 때문에 6절에서 바울은 그들이 "참으로 하나님의 은혜를 깨달았고," "열매를 맺어 자라고 있다"고 말합니다.

그러나 구원에 이르게 하는 지식은 가장 본질적인 지식이기는 하지만 그것만이 그리스도인이 알아야 할 지식의 전부는 아닙니다. 바울은 그들이 안전한 자들이 되기를 바랄 뿐만 아니라 쓰임받는 자들이 되기를 바랍니다. 어둠에서 구원받은 바울은 다른 사람들을 기이한 은혜의 빛으로 이끌기 위해 애를 쓰고 있습니다. 바울은 형제들이 스스로 주님의 뜻을 알아 다른 사람들을 가르칠 수 있을 정도로 거룩한 섬김의 능력이 충분히 자라기를 바랍니다. 그들이 위로하는 지식, 강건하게 하는 지식, 덕을 세워주는 지식, 거룩하게 하는 지식, 이끄는 지식 등을 소유함으로써 모든 시험과 의무와 삶의 노고에 대하여 구비된 자가 되기를 원했습니다.

이제 이 주제에 대하여 네 가지 요점을 제시하고, 이 요점들을 하나씩 상세히 살펴보고자 합니다. 이 설교에 대하여 성령께서 하나님을 아는 지식으로 우리를 세워주시기를 기원합니다.

1. 중보 기도의 중대한 가치

　　가장 먼저 살펴볼 첫 번째 요점은 중보 기도의 중대한 가치입니다. 바울은 골로새 교회 교인들에 대한 사랑으로 마음이 불타오르는 것을 느끼고, 그들 가운데 나타난 성령의 역사에 대하여 듣자마자 마음을 집중시켜 그들을 위해 기도함으로써, 그들에 대한 사랑을 보여주었습니다. 바울은 그들이 받아야 한다고 알고 있던 복들을 위해 기도했습니다.

　　중보 기도는 그리스도인들이 서로를 위해 행하는 아주 중요한 사역의 하나라는 것을 유념합시다. 우리는 우리 자신을 위해 살도록 세상으로 보냄을 받은 것이 아닙니다. 우리는 한 몸의 지체들이고, 각 지체는 전체 몸의 건강과 안락을 위해 힘써야 합니다. 사실상 우리 모두가 설교는 할 수 없지만 기도는 할 수 있습니다. 우리 모두가 물질로 구제에 참여할 수는 없지만 마음으로 기도를 해줄 수는 있습니다. 우리가 세상 것으로 교회를 풍부하게 할 수 없다면 교회는 물질이 부족하게 되겠지만, 기도로 복을 받게 할 수 없다면 교회는 은혜가 부족하게 될 것입니다. 저는 여러분을 사랑하기 때문에 모든 면에서 부족함이 없도록 기도합니다. 하지만 여러분이 실패하는 것이 무엇이든 기도에 있어서 실패하지 않기를 바라고, 무엇보다 모든 성도가 온갖 복으로 충만하도록 기도할 수 있기를 바랍니다.

　　중보 기도는 사랑에 대한 소중한 증거로 그리고 더 큰 사랑의 원천으로 평가되어야 합니다. 진심으로 저를 위해 기도해 줄 수 있는 사람은 제가 자신에게 죄를 범했을 때 틀림없이 저를 쉽게 용서해 줄 것입니다. 제가 곤경 속에 있다면 저를 구해 줄 것입니다. 또 제가 감당하기 힘든 섬김에 종사하고 있다면 기꺼이 저를 도와줄 것입니다. 여러분의 간절한 기도를 우리 목사들에게 주십시오. 그러면 여러분의 마음속에 우리가 살고 있을 것이라는 것을 저는 압니다. 이렇게 우리가 서로 간에 사랑을 표현하는 것은 얼마나 아름다운 모습일까요! 손은 마비되더라도 기도는 계속할 수 있습니다. 눈은 침침해지더라도 얼마든지 기도는 할 수 있습니다. 병이 들어 만사를 완전히 내려놓아야 하더라도 기도는 계속할 수 있습니다. 또 도와주고 싶어도 도와줄 수 없는 상황에 직면할 때에도 우리는 여전히 형제에 대하여 연민의 마음을 갖고, 이 연민은 항상 하나의 열린 통로를 찾아낼 수 있는데, 그것은 기도할 수 있기 때문입니다. 기도를 통해 효과적으로 도와주실 수 있는 분의 도움을 청할 수 있기 때문입니다. 그러므로 저는 주님과 주님 안에 있는 모든 사람에 대한 사랑 때문에 여러분이 사도 바울처럼 중보 기도를 풍성히 드릴 수 있기를 간절히 소원합니다.

또 중보 기도는 우리가 친구들이 받기를 바라는 복을 얻는 확실한 수단이기 때문에 참으로 소중합니다. 우리가 구하는 것은 결코 헛되지 않습니다. "구하는 이마다 받을 것이요"라고 기록되어 있으니까요. 아울러 우리가 다른 사람을 위해 드리는 중보 기도도 헛되지 않습니다. 주님은 이런 간청에 기쁘게 응답해 주실 테니까요. 다른 사람을 위해 열렬히 탄원하는 사심 없는 헌신은 자체로 주님의 영예를 크게 높이는 일로, 주님을 크게 기쁘시게 할 것입니다. 우리가 우리 친구들이 어떤 복을 받기를 원한다면 가장 좋은 방법은 기도하는 것입니다. 또 그들이 온갖 지혜로 지식이 충만하게 되기를 바란다면 가장 안전한 방법은 그렇게 되게 해달라고 기도하는 것입니다. 물론 우리는 능력이 있는 한 그들을 가르치고, 그들이 스스로 배우도록 도와주는 것도 망각해서는 안 됩니다. 왜냐하면 모든 정직한 기도는 모든 적절한 수단을 사용하는 것을 전제로 하기 때문입니다. 그러나 우리가 그들을 가르치는 것은, 먼저 하나님께서 그 가르침에 복을 베풀어주시지 않는다면 아무 소용없는 수고가 되고 말 것입니다. 하나님이 먼저 복을 베풀어 주셔야 친구들은 기꺼이 배우려는 마음을 갖게 되고, 진리를 사람의 말이 아니라 주님에게서 온 것으로 받아들이게 될 것입니다. 신령한 가르침만이 신령한 생명을 자라게 할 수 있습니다. 성령이 심령 속에 신적 진리를 가르쳐 주셔야지, 그렇지 않으면 심령은 진리를 사실상 깨닫지 못하게 될 것입니다. 여러분의 친구가 하나님에게서 온 진리를 진심으로 얻기 바란다면, 먼저 여러분이 은혜의 보좌로 서둘러 나아가십시오. 만일 여러분의 친구가 회심하기를 바란다면, 굳게 서기를 바란다면, 하나님에 대하여 배우기를 원한다면, 더 고상한 삶을 사는 힘을 얻기를 바란다면, 더 높은 수준의 거룩함에 이르기를 바란다면, 이 위대한 섬김을 행하기를 바란다면, 기도로 주님 앞에 나아가 그의 형편을 아뢰십시오. 그렇게 할 때 여러분은 친구를 흥하게 하는 가장 지혜로운 길을 가는 것입니다.

성도 여러분, 본문을 유심히 살펴보고 말씀드리는데, 이런 중보 기도는 즉시 실천할 때 그만큼 더 가치가 있다는 것을 잊지 맙시다. 바울 사도는 "이로써 우리도 듣던 날부터 너희를 위하여 기도하기를 그치지 아니하고 구하노니"라고 말합니다. 바울은 즉시 기도를 시작했습니다. 여러분도 어느 심령 속에서든 성령의 역사를 인식할 때마다 즉시 기도하십시오. 그러면 거룩한 변화가 강하게 임할 것입니다. 또 어느 형제 속에서 무엇인가 부족한 것을 발견했다면 그것을 발견한 날부터 그의 부족함이 채워지도록 위해서 기도를 시작하십시오. 절대로 지체해서는 안 됩니다. "빨리 주는 자는 두 배로 주는 것이다"라는 말은 사람이 만들어 낸 속담이지만, 우리가 빨리 기도하면 종종 하나님께서 빨리 응답하고 두 배로 복을 베푸신다는 것을 확인하게 되리라고 저는 믿습니다. 일반적으로 하나님은 사람들이 세상에 속한 재물을 추구할 때 가장 부지런한 사람이 그것을 얻도록 하십니다. 마찬가지로, 하나님은 확실히 간구에 가장 부지런한 사람을 자신에 대하여 가장 부요하게 하실 것입니다. 그러므로 은혜의 보좌에 나아가는데 일분이라도 지체하지 마십시오. 지금이 은혜의 보좌에 나아가도록 허용된 시간입니다. 주님은 여러분을 정중하게 기다리고 계십니다. 주님은 여러분이 친구에 대하여 방금 들은 소식에 대하여 기도하는지 지켜보고 계십니다. 그러므로 은혜의 보좌 앞에 즉시 친구의 사정을 아뢰십시오. 하나님은 섭리를 통해 필요한 기도 제목을 여러분에게 알려 주셨습니다. 그러므로 지금 당장 그 제목에 대하여 기도를 시작하십시오.

　우리의 기도는 즉시 해야 할 뿐만 아니라 쉬지 말고 해야 더 가치가 있습니다. 바울은 "우리도 듣던 날부터 너희를 위하여 기도하기를 그치지 아니하고 구하노니"라고 말했습니다. 어떤 사람은 이렇게 말합니다. "오, 바울이 골로새 교회 교인들의 행복에 대하여 듣던 날부터 그들을 위해 항상 기도만 했습니까? 사시사철 기도만 했습니까?"그가 설명하고 있는 의미에서 보면, 바울은 그들을 위해 항상 기도했다고 저는 대답하겠습니다. 12절을 보십시오. 바울은 "원하노라"라고 말합니다. 그렇습니다. 원함이 기도의 본질입니다. 사실상 원함이 기도의 알맹이입니다. 우리가 기도할 때 표현하는 말은 종종 기도의 껍데기에 불과합니다. 내면의 원함이 기도의 생명, 심장, 실체입니다. 여러분은 말로 항상 기도할 수는 없지만 원함으로는 항상 기도할 수 있습니다. 구두쇠는 항상 재물을 원하지만, 그렇다고 해서 항상 금과 은에 대하여 말을 하는 것은 아닙니다. 동료를 사랑하고 그를 돕기 원하는 사람은 실제로 그의 유익을 위해 항상 기도하고 있지만, 그렇다고 해서 항상 그를 위해 간구의 목소리를 높이고 있는 것은 아닙니다. 바울은 "우리도 듣던 날부터 너희를 위하여 기도하기를 그치지 아니하고 구하노니"라고 말합니다. 기도의 행위는 복되고, 기도의 습관은 더 복됩니다. 그러나 기도의 정신은 가장 복됩니다. 우리가 사시사철 계속 기도할 수 있는 것은 바로 이

기도의 정신 때문입니다. 기도의 행위는 상황에 따라 중단되어야 할 때도 있습니다. 그러나 기도의 습관은 고정적이고 일정해야 합니다. 그리고 기도의 정신은 간절한 원함으로서 영속적이고 불변적이어야 합니다. 우리는 교회와 세상을 위해 제단에서 피어오르는 향처럼 어김없이 신실한 자들의 전체 공동체 속에서 주님 앞으로 상달되는 밤낮 없이 지속되는 중보 기도의 가치를 다 파악할 수 없습니다.

사랑하는 성도 여러분, 우리의 중보 기도는 하나님께 간절히 표현될 때 더 보배롭습니다. 여기서 바울은 "구하노니"(desire)라는 말을 사용하여 그가 계속 기도했다는 것을 설명할 뿐만 아니라 어떤 면에서는 "원함"을 갖고 기도했다는 것을 설명하고 있다고 생각합니다. 우리 주님이 이 말을 어떻게 사용하셨는지 기억합시다. "내가 고난을 받기 전에 너희와 함께 이 유월절 먹기를 원하고 원하였노라"(눅 22:15). 저는 우리가 항상 다음과 같이 말할 수 있기를 바랍니다. "나는 기도할 때 원하고 원하였다. 나는 친구들에 대하여 단순히 아첨의 말을 반복하지 않고 내 목숨처럼 그들을 위하여 간청했다. 나는 하나님께 끈질기게 매달렸다. 내 마음 깊은 곳에서 하늘 꼭대기까지 올라가 하나님이 들으실 수 있는 효력 있는 기도를 드렸다." 간절함이야말로 응답받는 기도의 가장 본질적인 요소입니다. 하나님은 우리가 끈질기게 졸라대는 것을 허락하십니다. 그때 비로소 우리는 누구도 이길 수 없는 존재가 될 것입니다.

한 가지만 더 언급하고 이 요점에 대한 설명을 마치겠습니다. 중보 기도는 한 사람이 아니라 다른 성도들과 함께 친밀한 연합을 이루어 드려질 때 가치가 더 크게 증가합니다. 바울은 "나 혼자만"이 아니라 "우리도"라고 말합니다. 즉 "우리도 듣던 날부터 너희를 위하여 기도하기를 그치지 아니하고 구하노니"라고 말합니다. 만약 여러분 가운데 두 사람이 천국에 대한 어떤 사실에 공감한다면, 하나님의 특별한 약속에 따라 여러분 전체에게 복이 임할 것입니다. 아브라함이 평지의 성읍들을 위해 어떻게 기도했는지 기억해 보십시오. 하지만 피난처인 소알에 대한 롯의 간구가 더해지기 전에는 응답받지 못했습니다. 그때에야 이 작은 성읍은 보존을 받았습니다. 아브라함의 중보 기도는 1톤의 무게를 갖고 있는데 비해 가련한 롯의 중보 기도는 반 온스의 무게도 갖고 있지 못하다고 판단할 수 있지만, 반 온스도 무게를 갖고 있다는 점에서는 똑같습니다. 마찬가지로 여기 바울이 있고, 또 그와 함께 젊은 디모데가 있습니다. 바울과 비교하면 디모데는 비중이 작습니다. 그러나 바울의 기도는 디모데의 기도가 더해졌기 때문에 더욱 큰 효력을 발휘합니다. 주님은 둘씩 짝을 지어 제자들을 마을로 파송했고, 제자들은 주님께 돌아왔을 때에도 당연히 둘씩 짝을 지어 기도했을 것입니다.

성도 여러분, 여러분에게 자주 함께 모여 기도하는 습관을 갖도록 권면합니다. 그리스도인 친구가 찾아왔을 때 적어도 몇 분이라도 합심 기도를 가짐으로써 영적 유익을 도모하지 않는다면 친구의 방문은 아마 단순한 대화로 끝나고 말 것입니다. 저는 낮에 친구가 주님의 용무를 갖고 찾아오면 자주 "가기 전에 기도부터 하자"고 요청합니다. 그리고 항상 그 요청은 환영을 받는다는 것을 발견합니다. 이런 기도는 시간이 그리 많이 걸리지 않고, 설사 많이 걸린다고 해도 충분히 할애할 가치가 있습니다. 그러나 이런 합심 기도는 삶의 무거운 마차의 바퀴에 기름을 바르는 것으로, 우리가 너무 자주 듣는 삐걱거리는 소리를 훨씬 줄어들게 할 것입니다. 기도에 있어서 "나 홀로"라는 말도 확실히 좋은 말이기는 합니다. 그러나 "우리도"라는 말은 더 좋은 말입니다. 손을 맞잡고 형제들과 하나님의 교회 전체를 위해 중보의 기도를 드리도록 합시다.

이상 중보 기도의 가치를 높이는 장점에 대하여 상세히 살펴보았습니다. 성도 여러분, 이 천상의 기술을 잘 활용합시다. 중보 기도는 일만 가지 목적에 효력이 있습니다. 중보 기도는 모든 길을 교회가 복을 받도록 돌려놓습니다. 성도 여러분, 우리 목사들을 위해 기도해 주십시오. 모든 성도를 위해 기도해 주십시오. 모든 죄인을 위해 기도해 주십시오. 그렇게 하면 여러분은 여러분의 시대에 은혜를 베푸는 자가 될 것입니다.

2. 신령한 지식의 보배로움

본문을 통해 두 번째로 살펴볼 사항은 이것입니다. 곧 여기서 우리는 신령한 지식(지혜와 총명)의 보배로움을 배우게 된다는 것입니다. 여기서 이 간절하고 쉬지 않는 기도가 드려지는 목적은 바로 "너희로 하여금 모든 신령한 지혜와 총명에 하나님의 뜻을 아는 것으로 채우게 하기" 위함입니다. 여기서 바울과 바울의 친구 곧 디모데가 쉬지 않고 주님께 달라고 간구한 신령한 지식의 유용성과 복된 가치에 대하여 설명해 봅시다.

첫째, 이 지식을 간절히 바라는 **사람들**에 대하여 생각해 봅시다. 이 사람들은 성도들 곧 신실한 형제들로, 우리는 이들이 "참으로 하나님의 은혜를 깨닫고,"

하나님을 위해 "열매를 맺어 자라는" 사람들로 알고 있습니다. 그러므로 우리는 이미 주님을 알고 있는 사람들을 위해서도 쉬지 말고 기도해야 합니다. 그들은 이 세상에 살고 있는 동안 우리의 기도를 받을 필요가 없는 상태에 있지 않습니다. 우리는 주님을 모르는 자들을 위해 하나님이 그들의 멀어버린 눈을 열어주시도록 기도할 수 있습니다. 그러나 이미 하나님에 대하여 가르침을 받은 자들을 위해서도 그들이 더 많이 배울 수 있도록 간구할 필요가 있습니다. 주님이 이미 참으로 많은 일을 그들을 위해 행하셨기 때문에 우리는 그들의 모든 지식이 채워지도록 기도할 충분한 동기를 갖고 있습니다. 그렇다고 해서 이 경우에 적은 지식은 위험하다고 쉽게 말해서는 안 됩니다. 왜냐하면 하나님의 일에 대한 적은 지식도 영혼을 구원하는데 충분할 수 있기 때문입니다. 그러나 적은 지식을 갖고 있는 사람들이 가장 바라는 일은 더 많은 지식입니다. 그러므로 그들을 위해 기도하십시오. 여러분은 아직 회심하지 아니한 자들만, 오직 그들만 위해 간구해서는 안 되고, 갓 회심한 자들도 더 교화된 삶을 살 수 있도록 위해서 기도해 주어야 합니다. 잃어버린 양을 찾고 있을 때 어린 양을 잊고 있다면 잘못된 일일 것입니다. 사방에서 공격해 오는 대적과 싸움을 한다는 이유로 집에서 할 일을 등한시 하고 있다면 크게 유해한 일입니다. 그러므로 최근에 애써 파낸 돌들로 영원한 영광을 위해 유일한 기초 위에 집이 바로 지어지도록 그리고 하나님의 교회의 성벽이 튼튼히 세워지도록 날마다 기도로 하나님께 부르짖읍시다. 우리는 죽은 자는 생명을 얻고, 산 자는 건강하고, 건강한 자는 성숙에 이르기를 원합니다. 새로 회심한 형제들이 더 깊은 지식을 가질 수 있도록 기도합시다.

이 지식의 바람직한 분량은 어느 정도일까요? 우리는 그들이 "하나님의 뜻을 아는 것으로 채워지기를" 바랍니다. "채워지다" ─ 이것은 지성과 마음 그리고 우리의 전체 인격이 지식으로 가득 들어찬 상태 곧 큰 학식이 주어진 경우를 의미합니다. 바울은 어떤 면에서든 신자가 무지한 자가 되기를 바라지 않았습니다. 바울은 신자가 지식으로 채워지는 것을 원했습니다. 왜냐하면 알곡으로 가득 차 있어야만 왕겨가 끼어들 여지가 없게 되기 때문입니다. 참된 지식은 오류를 배척합니다. 거짓 교리를 따라 가는 사람들은 대체로 하나님의 말씀을 거의 모르고 있는 자들입니다. 가르침을 받지 않으면 그들은 불안정해서 온갖 교리의 바람에 쉽게 흔들리고 맙니다. 만일 여러분의 지성 속에 거룩한 가르침을 채워 넣지 못해 비어 있는 공간들이 남아 있다면 이 공간들은 마귀에게 들어오라는 초대장이 되어 마귀가 그곳을 차지하게 될 것입니다. 영혼을 하나님의 말씀으로 채우십시오. 그래서 원수를 내쫓으십시오. 바울은 골로새 교회 성도들이 채우기를, 곧 하나님의 뜻을 아는 지식으로 가장자리까지 채우기를 원했습니다.

성도 여러분, 우리는 하나님의 진리에 대하여 알 수 있는 모든 것을 다 알아야 합니다. 로마는 인간의 무지를 통해 번성하지만, 새 예루살렘은 빛 안에서 즐거워합니다. 하나님의 계시된 뜻에 대한 지식은 성결하게 되면 여러분에게 아무런 해를 끼칠 수 없습니다. 사람들이 "최고의 교훈"이나 "하나님의 은밀한 것"이라고 부르는 것에 대하여 두려워하지 마십시오. 그들은 우리에게 이런 일들은 비밀이므로, 우리는 이 비밀을 들여다보아서는 안 된다고 말합니다. 만일 그것이 비밀이라도, 누구든 그것을 들여다보는 것에 대하여 아무런 두려움이 없습니다. 그러나 말씀 안에 계시된 진리는 하나님의 영으로 말미암아 우리에게 계시된 것으로, 우리에게 계시된 것인 한, 먼저 이해함으로써 이 진리에 대한 지식을 마음속에 채우는 것이 우리의 소원이 되어야 합니다.

그러므로 신적 진리를 더욱 깊이 알아갑시다. 여러분은 어떤 사람은 단순히 알고 있습니다. 그는 거리에서 만나면 고개를 숙여 인사하고 그냥 지나는 사람이기 때문입니다. 또 다른 사람은 훨씬 더 잘 알고 있습니다. 그는 여러분과 같은 집에 묵고 있는 사람이기 때문입니다. 그런데 여러분이 누구보다 가장 잘 아는 사람이 있습니다. 그는 여러분과 고민을 함께 나누고, 기쁨을 함께 누리며, 실제로 공통된 우정의 통로를 통해 삶이 하나로 어우러짐으로써 사귐을 갖고 있는 사람이기 때문입니다. 여러분은 신령한 진리를 배울 때 그것을 철저히 알려고 노력할 것입니다. 곧 그 진리의 기초와 건물을 알기 위해, 다시 말해 성령의 역사로 말미암아 이 진리를 여러분 자신의 영혼에 적용함으로써 이 진리로 마음을 가득 채울 정도로 알려고 할 것입니다. 여러분은 뇌 속에 지식을 갖고 있을 수 있으나 여러분의 영에 침투하고, 스며들고, 배어들어 이 지식으로 채워져 있지 않으면 이 지식이 여러분의 영에 아무 영향을 미치지 못할 것입니다. 오, 복음이 사람의 전체 본성 속에 들어가 가나의 혼인잔치의 물 항아리처럼 되려면 아귀까지 채워져야 합니다! 주여, 주의 자녀들을 주의 뜻을 아는 지식으로 가득 채우소서!

여기서 저는 이 지식의 내용이 무엇인지 깨닫게 됩니다. "하나님의 뜻을 아는 것으로 채우게 하시고." 이 지식의 내용이 무엇입니까? 하나님의 계시된 뜻입니다. 바울은 골로새 교회 교인들이, 인간의 지성으로 알아낼 수 있는 한 최대한으로, 주님이 계시하신 것을, 그것이 교리든 훈계든 경험이든 예언이든 막론하고, 알기를 원합니다. 계시된 하나님의 뜻을 어떻게 잘 알 수 있을까요! 날마다 "주여, 제가 행해야 할 뜻이 무엇입니까?"라고 기도해야 잘 알 수 있습니다. 주여, 제게 죄가 무엇인지 그리고 의가 무엇인지 가르쳐 주서서 고상한 하늘의 일들을 분별할 수 있게 하소서. 주님의 뜻이 무엇인지에 대하여 하나님의 교회 안에서도 질문들이 많지만, 주여, 이 박식한 박사의 뜻이 무엇인지 또는 어떤 집회의 뜻이 무엇인지 아는 것보다 주님의 뜻이 무엇인지 아는 것에 더 집중하도록 도와주소서!

"율법과 증거의 말씀," 이것이 우리의 시금석입니다. 우리의 소원은 우리가 주님의 뜻에 대한 지식으로 채워져서 반드시 그 지식에 따라 행하는 것입니다. 특히 그것이 복음을 구성하므로 하나님의 뜻을 알아야 합니다. 이런 이유로 예수님은 "내 아버지의 뜻은 아들을 보고 믿는 자마다 영생을 얻는 이것이니"(요 6:40)라고 말씀하십니다. 오, 우리가 하나님의 뜻을 가장 명확하게 깨달음으로써, 세상에 나가 사방에서 이 진리를 낱낱이 선포하고, 우리의 말을 통해 사람들이 생명의 길을 알며, 이 길을 따라 갈 수 있게 되기를! 한 번 더 데살로니가전서 4장 3절을 읽어봅시다. "하나님의 뜻은 이것이니 너희의 거룩함이라." 오, 여러분이 거룩함이 무엇인지 알고, 일상적 삶 속에서 거룩함을 나타낼 때까지 주님의 뜻에 대한 지식으로 채워지기를 바랍니다! 거룩함을 통해 하나님의 뜻이 무엇인지 사람들에게 가르치는 것은 여러분의 몫입니다. 여러분의 사명은 결코 끝나지 않고, 하나님의 뜻은 여러분이 거룩하게 되어야만 이루어질 것입니다. 우리에게 채워져야 할 것은 바로 이 거룩함입니다.

우리는 알아야 할 가치가 있는 것은 어떤 것이든, 아니 모든 것을 알아야 합니다. "지식 없는 소원(영혼)은 선하지 못하고"(잠 19:2). 자신의 영광을 아무것도 모르는 데서 찾는 불가지론자와 함께 달려가려고 시도하지 마십시오. 대신 성령의 가르침으로 말미암아 주님의 책에서 배울 수 있는 것을 모두 아는 데서 여러분의 즐거움을 찾으십시오. 여러분의 능력을 하나님의 뜻에 집중시키십시오. 깊은 곳은 뛰어들고, 높은 곳은 올라가십시오. 아무것도 두려워하지 마십시오. 기드온의 양털이 하늘의 이슬로 흠뻑 젖었던 것처럼, 만나로 가득 채워진 금 항아리처럼, 또는 요단 강이 추수 때에 모든 둑이 범람할 정도로 강물이 흘러넘치는 것처럼, 여러분이 진리로 흠뻑 적셔지도록 성령께 구하십시오.

　　그러나 이것이 전부가 아닙니다. 왜냐하면 이제 이 지식의 내용뿐만 아니라 방식도 말해야 하기 때문입니다. "모든 신령한 지혜와 총명에." 지혜가 지식보다 더 낫습니다. 왜냐하면 지혜는 올바르게 사용된 지식을 말하기 때문입니다. 지식은 어리석은 행위의 빌미가 될 수 있지만 지혜는 어리석음을 내쫓습니다. 지식은 말(馬)이 될 수 있으나 지혜는 마부가 될 수 있습니다. 사람이 지식을 갖고 있을 때, 그것은 헛간 속에 들어있는 곡식과 같지만 지혜는 양식을 위해 준비한 고운 밀가루와 같습니다. 우리는 알 뿐만 아니라 알고 있는 것을 써먹는 그리스도인이 되기를 원합니다. 적시에 할 일을 알고 있는 사람이 복이 있습니다! 많은 사람들이 너무 늦었다는 것을 반시간이 지난 후에 압니다. 그러나 지혜로 채워져 있다는 것은 필요할 때 즉시 지식을 올바르게 활용할 수 있다는 것입니다. 지혜는 여러분이 갖고 있는 지식을 실천적으로 삶에 적용시키고, 보배로운 것과 무가치한 것을 구별시키고, 다양한 모습을 갖고 있는 동료 그리스도인들을 적절하게 다루고, 또 죄인들과 교회 밖에 있는 사람들도 적절히 다룰 수 있도록 만듭니다. 여러분은 연약한 자들을 모욕하거나 그리스도의 이름을 실추시키지 않도록 여러분에게 일어나는 일을 처리하려면 지혜를 필요로 합니다. 지식으로는 그렇게 하기에 충분하지 못하기 때문입니다. 지식이 잎사귀라면 지혜는 잘 익은 이삭입니다. 지식이 천이라면 지혜는 옷입니다. 지식이 목재라면 지혜는 목재로 집을 지은 것입니다. 우리의 모든 지식이 은혜로 성결하게 되고, 성령의 인도를 받아 우리가 주님의 뜻이 무엇인지 아는데 지혜로운 자가 되기를 바랍니다.

　　바울은 "모든 지혜"라고 말합니다. 즉 다양한 손을 가진 지혜, 온갖 종류의 지혜, 가게에서 여러분에게 유익을 줄 지혜, 회계 사무소에서 도움이 될 지혜, 하나님의 교회를 도와줄 지혜, 무가치한 사람들 속에 있을 때 여러분을 그곳에서 이끌어 낼 지혜 등을 의미합니다. 여러분이 "모든 신령한 지혜로 채워지기를" 바랍니다.

　　그러나 지혜가 외부에서 작용하려면 내면의 강력한 신령한 지식이 수반되어야 합니다. 저는 이 지식을 어떻게 설명해야 할지 잘 모르겠습니다. 이 지식은 진리에 대한 내적 지식, 곧 사물들의 내적 부분들에 대한 지식입니다. 그것은 진리에 대한 신령한 분별, 감식, 경험, 수납으로, 이렇게 하면서 영혼은 지식에 대하여 자라가고, 지식을 받아들입니다. 잡다하게 많이 알고 있으나 진실로 이해하고 있는 것은 하나도 없는 사람들이 많다는 것을 우리는 알고 있습니다. 이들은 자기들이 가르침받은 것을 맹목적으로 받아들이고 그것을 상고하거나 숙고하거나 평가하지 않고, 근원을 확인하지 않고, 핵심을 파악하지 못했습니다. 오, 교인들이 신령한 지혜로 가득 채워지기를 바랍니다! 그래야 이들은 자기들이 생명의 좋은 말씀을 맛보고 다루었다고, 또 예수 안에 있는 진리를 바로 증거하고 경험했다고 말할 수 있습니다.

여러분도 옛날 속죄 제사의 제물이 어떠했는지 알 것입니다. 가난한 사람은 비둘기를 사 제물로 바쳤는데, 이 비둘기에 대하여 우리는 다음과 같은 말씀을 보게 됩니다. "제사장은 그 날개 자리에서 그 몸을 찢되 아주 찢지 말고"(레 1:15). 그러나 이스라엘에서 부자인 사람은 수송아지나 양을 사서 바쳤는데, 이 제물은 각을 뜨고 베어내고, 기름과 "내장"의 처리에 대해서도 상세히 언급되어 있습니다. 가난한 사람의 제물은 배우지 못한 자들의 제물을 표상합니다. 그들은 결코 하나님의 말씀을 올바로 분별할 수 없고, 충분한 의미를 파악하지 못합니다. 그러나 은혜 안에서 부요한 사람은 수송아지를 제물로 바친 사람으로 비유할 수 있습니다. 왜냐하면 그는 상세히 설명할 수 있고, 말씀의 세밀한 의미를 파악할 수 있기 때문입니다. 밑에 깊은 수렁이 있는데, 주님에 대하여 배운 사람은 그곳을 찾아낼 것입니다. "여호와의 친밀하심이 그를 경외하는 자들에게 있음이여 그의 언약을 그들에게 보이시리로다"(시 25:14). 주님의 은혜의 비밀을 이해하기 위해 주님에 대하여 가르침을 받은 자들이 복이 있도다!

따라서 여기서 우리가 받아야 할 중대한 간청이 있습니다. 첫 번째 요점으로 돌아가 우리의 모든 형제를 위해 중보 기도를 드리라는 것입니다. 주여, 그들에게 주님의 말씀을 가르쳐 주소서. 주님의 책을 처음부터 끝까지 그들에게 알려 주셔서 그 책 안에 있는 진리가 그들에게 차고 넘칠 때까지 그들 속에 심어 주소서. 그리고 주님의 영이 나누어 주신 지식을 일상생활 속에서 활용하는 능력을 제공해 주시고, 그들의 영혼 가장 깊은 곳을 더욱더 모든 진리 가운데로 인도하여 그들이 모든 성도와 함께 높은 것들과 깊은 것들을 파악할 수 있게 하시고, 지식에 넘치는 그리스도의 사랑을 알게 하여 주소서.

3. 신령한 지식의 실천적 결과

이번에는 본문 속에서 신령한 지식의 실천적 결과에 대한 가르침을 확인해 보도록 하겠습니다. 바울은 형제들을 위해 "너희로 하여금 모든 신령한 지혜와 총명에 하나님의 뜻을 아는 것으로 채우게 하시고 주께 합당하게 행하여 범사에 기쁘시게 하고"라고 기도합니다. 여기서 바울의 기도의 흐름을 주목해 보십시오. "행하여"라고 기도합니다. "말하여"나 "앉아서 묵상하여" 또는 "즐거워하여"가 아니라 "행하여"입니다. 여기서 바울은 실천적 결과를 염두에 두고 있습니다.

　　바울은 성도들이 가르침을 받아 최고의 본보기를 따라 살기를 원하고 있습니다. 여기서 우리는 "주께 합당하게 행하여"라는 말을 바울이 주님과 비교할 정도의 수준이 되기를 성도들에게 기대했다는 뜻으로 이해하지 않습니다. 오히려 바울은 성도들이 그리스도와 교제를 나눌 수 있는 수준의 삶을 살기를 원한 것입니다. 여러분은 어떤 사람이 오늘날 거리에서 더러운 옷을 입거나 오물이 묻어 불쾌한 냄새가 나는 옷을 걸치고 그리스도와 함께 걸어가는 것을 눈뜨고 보지 못할 것입니다. 그렇지 않습니까? 당연히 못 봅니다. 만약 어떤 사람이 나병환자라면 그리스도는 그와 함께 걷기 전에 그를 고쳐주실 것입니다. 제자라면 주님의 체면을 손상시키며 걸어가서는 안 됩니다! 왕과 동행할 때에는 걸음걸이에 왕과 같은 품위가 있어야 합니다. 왕자와 교제를 나눌 때에는 어릿광대 노릇을 해서는 안 됩니다. 사랑하는 성도 여러분, 예수님을 잘 알아서 여러분의 삶이 예수님을 닮고, 예수님의 성품에 걸맞는 모습을 보여주고, 완전하신 주님께 합당하게 행할 수 있는 자가 되기를 바랍니다. 이것은 수준이 높은 기준입니다. 그렇지 않습니까? 언제나 낮은 기준보다는 높은 기준을 갖는 것이 더 좋습니다. 왜냐하면 여러분은 본보기로 삼은 것을 결코 넘어서지 못할 것이기 때문입니다. 만약 낮은 기준을 가졌다면 아마 여러분은 그 기준도 제대로 이루지 못할 것입니다. 옛날 속담에 "숲을 겨냥하는 자보다 달을 겨냥하는 자가 더 높이 쏠 수 있다"는 말이 있습니다. 주 예수님의 생애 — 자비로운 삶, 관대한 삶, 사랑의 삶, 정직한 삶, 거룩한 섬김의 삶, 하나님과의 친밀한 교제의 삶 — 를 재현해 보겠다는 마음으로 삶의 기준을 높은 곳에 두는 것이 좋습니다. 모든 덕을 적절하게 융합시켜 나타내십시오. 이것이 여러분이 온 마음을 다해 추구해야 할 예수님의 삶입니다.

　　이어서 바울은 우리가 지식을 갖고 우리의 최고의 친구를 기쁘게 하는 삶을 살기를 바랍니다. "주께 합당하게 행하여 범사에 기쁘시게 하고." 이렇게 산다면 얼마나 아름다울까요? 모든 면에서 하나님을 기쁘시게 하는 삶을 산다면 말입니다! 어떤 이들은 자신을 기쁘게 하기 위해 인생을 살고, 또 어떤 이들은 자기 이웃을 기쁘게 하기 위해 인생을 삽니다. 다른 이들은 아내를 기쁘게 하려고 인생을 살고, 또 다른 이들은 자녀를 기쁘게 하려고 인생을 삽니다. 그리고 어떤 이들은 마귀를 기쁘게 하기를 바란 것처럼 인생을 삽니다. 하지만 우리의 임무는 종으로서 범사에 주님을 기쁘시게 하는데 있습니다. 그런데 믿음이 없이는 주님을 기쁘시게 하는 것이 불가능합니다. 그러므로 불신앙을 제거합시다! 거룩함이 없이는 누구도 주님을 기쁘시게 하기는커녕 그분을 볼 수조차 없습니다. 그러므로 거룩함을 따라 살아감으로써 주님이 우리 안에서 거룩함을 역사할 수 있도록 합시다. "범사에 기쁘시게 하고." 다시 말하면 우리는 아침에 잠자리에서 일어나는 순간부터 잠자리에 드는 순간까지, 아니 심지어는 잠을 자고 있을 때에도, 주님을 기쁘시게 해야 합니다. 그렇습니다. 우리는 먹고 마실 때에도 주님을 기쁘시게 해야 합니다. 말하고 생각할 때에도 주님을 기쁘시게 해야 합니다. 길을 걷거나 멈출 때에도 주님을 기쁘시게 해야 합니다. 즐거움이나 고통 속에 있을 때에도 주님을 기쁘시게 해야 합니다. "주께 합당하게 행하여 범사에 기쁘시게 하고."

오, 복 있는 사람은 그의 삶이 범사에 하나님을 기쁘시게 하는 사람이리라! 사도 바울은 바로 이 목적을 위해 우리가 지식으로 채워지기를 원했습니다. 만일 제가 하나님의 뜻이 무엇인지 알지 못한다면 어떻게 하나님의 뜻을 행할 수가 있겠습니까? 최소한 하나님의 뜻을 행하겠다는 의도가 없이 무지 속에서 행해지는 것이 어떻게 하나님을 기쁘시게 할 수 있겠습니까? 저는 하나님의 많은 자녀들이 무지 곧 하루라도 그대로 방치해서는 안 되는 무지의 소치로 말미암아 하늘에 계신 아버지를 크게 근심하게 만드는 것이 두렵습니다. 진실로 무지의 소치도 죄라는 사실을 분명히 이해할 수 있기를 바랍니다. 무지의 소치는 빛과 지식을 거스르는 죄에서 발견되는 악의와 악화를 포함하고 있지는 않으나 그렇다고 해도 죄인 것은 분명합니다. 왜냐하면 우리의 의무의 척도는 우리의 빛이 아니라 하나님의 법 자체에 있기 때문입니다.

어떤 사람이 자신은 자신의 양심을 따르겠다고 서약한다고 해도, 만약 그의 양심이 어둠 속에 있는 양심이라면, 자신의 악행을 핑계하지 못할 것입니다. 그는 여전히 어둠 속에서 양심을 지키는 것으로 만족하기 때문입니다. 여러분은 주님의 뜻에 순종해야 합니다. 주님의 뜻이 양심의 성소의 기준이니까요. 우리의 양심은 종종 불완전한 저울과 같아서 우리를 속입니다. 그러므로 하나님의 완전하고 기준에 맞는 뜻이 무엇인지 증명할 수 있도록 하나님의 말씀에 대한 분명한 지식을 축적하는 것이 우리의 일이 되어야 합니다. 하나님의 율법은 거짓 저울로 말미암아 저질러진 오류를 결코 용납하지 않습니다. 어떤 사람이 "내 저울과 자는 정확하다고 생각했다"고 말할 때 그는 그것으로 변명이 되지 않습니다. 율법은 사람들의 상상의 기준이 아니라 사실을 다루는 것이기 때문입니다. 저울은 실제로 정확해야 하지, 그렇지 않으면 형벌이 요구됩니다. 이것은 양심도 마찬가지입니다. 양심은 하나님의 뜻에 대한 지식을 배워야 하고, 만약 배우지 않아 지식이 없다면, 그 잘못으로 악에 대한 정당화가 전혀 인정되지 않습니다. 따라서 참된 거룩함을 위해서는 지식이 절대로 필수적입니다. 하나님은 우리에게 자신의 뜻을 알고, 그리하여 "범사에 기쁘시게 하도록" 순종할 수 있는 은혜를 베푸십니다.

　　본문을 다시 한 번 보겠습니다. "주께 합당하게 행하여 범사에 기쁘시게 하고 모든 선한 일에 열매를 맺게 하시며." 바울은 우리가 최고의 열매를 맺는 것을 원합니다. 그런데 지식이 없으면 우리는 열매를 맺을 수 없습니다. 최소한 우리가 무지한 경우에는 절대로 열매를 맺을 수가 없습니다. 그러므로 바울은 우리가 올바른 가르침을 받아 하나님의 영광을 위해 풍성한 열매를 맺을 수 있기를 바라는 것입니다. 바울은 "모든 선한 일에 열매를 맺게 하시고"라고 말하는데, 이것은 많은 뜻을 내포하고 있습니다. 바울은 할 수 있는 한 우리가 선한 일로 가득 찬 사람이 되기를 바랍니다. 어떤 이들은 거룩한 섬김을 어떻게 해야 하는지 모르기 때문에 선한 일을 하는데 방해를 받습니다. 만약 설교자가 무엇을 전해야 하는지 모르고 있다면 어떻게 설교에서 열매를 맺을 수 있겠습니까? 물론 십자가의 기본 교리를 설교할 수는 있겠지만 서투르게 전할 수밖에 없을 것입니다. 확실히 사람은 자신이 모르는 것을 가르칠 수 없습니다. 열정은 있으나 배우지 못한 사람은 하나님의 뜻에 대하여 더 분명한 지식을 갖게 되면 훨씬 더 많은 열매를 맺을 수 있을 것입니다. 일상생활 속에서 하나님의 일들에 대하여 지식적으로 무지하다면, 여러분을 낚아채려고 혈안이 되어있는 거짓 선생의 밥이 되고 말 것입니다. 무지로 말미암아 여러분은 무수한 위험에 처하게 되고, 유용한 기회를 상실하게 될 것이며, 위험한 잘못 속에 빠지게 될 것입니다. 그러나 지식은 참된 심령의 양식으로, 주의 일에 더 강하게 만듭니다. 오, 영혼의 뿌리 주변에 있는 좋은 흙처럼 지식이 지성을 기름지게 하여 유용한 열매들을 에스골 골짜기의 포도송이처럼 맺되, 아름답고 달콤하고 풍성하게 맺기를 바랍니다. 포도원을 소유하고 계시는 이스라엘의 왕 곧 우리 주님께서 친히 심은 포도나무들에게 쏟은 수고에 충분한 보상을 받기를 기원합니다.

이 본문에는 또한 제가 여러분에게 지적하고 싶은 또 다른 요점이 있습니다. 바울은 골로새 교회 교인들이 선한 일들을 포괄적으로 다양하게 계발하기를 원했습니다. 바울은 "모든 선한 일에 열매를 맺게 하시며"라고 말합니다. "모든 선한 일에." 이 말씀은 충분한 여지와 범주를 암시하고 있습니다. 여러분은 복음을 전할 능력을 갖고 있습니까? 복음을 전하십시오! 어린아이가 위로받을 필요가 있습니까? 위로해 주십시오! 수많은 사람들 앞에서 영광의 진리를 제시하고 옹호할 수 있습니까? 그렇게 하십시오! 가난한 성도가 여러분의 식탁에서 한 조각의 음식을 필요로 합니까? 음식을 주십시오! 여러분의 삶 속에 순종과 증언과 열심과 사랑과 경건과 박애 등 모든 것이 나타날 수 있도록 하십시오. 특별히 큰 일만 선별해서 하지 말고, 작은 일에 있어서도 주님을 영화롭게 하십시오. "모든 선한 일에 열매를 맺게 하시며."

여러분은 자연 속에서 온갖 종류의 열매를 맺는 나무를 본 적이 없었을 것이고, 또 앞으로도 없을 것입니다. 저는 접붙임을 통해 한 나무가 동시에 네 종류의 열매를 맺는 것을 본 적이 있습니다. 그러나 가지들을 크게 둘로 갈라놓은 어려운 상황에 대하여 말해 두고자 합니다. 접붙임받은 가지 가운데 하나는 다른 가지들보다 원래의 줄기에 더 자연스럽게 접붙임이 되어 대부분의 수액을 빨아들여 더 잘 자랐지만 다른 가지들은 수액을 빼앗겼습니다. 두 번째 가지의 열매는 꽤 잘 자랐지만 원래의 줄기에 있던 가지의 열매보다는 잘 자라지 못했습니다. 세 번째와 네 번째 가지의 열매에 대하여 말한다면, 이 열매들은 단순히 자라는 흉내만 내고 있을 뿐, 열매가 너무 작았습니다. 저는 이 나무에 대하여 큰 호기심을 느꼈습니다. 실제 정원사는 이 실험 결과에 대하여 그리 만족하지 못했을 것입니다. 그러나 포도 열매와 무화과 열매와 감람 열매와 사과 열매를 맺고 있는 나무가 있는데, 나무의 모든 열매가 동시에 잘 자라고 있는 것을 보았다면 어떻게 생각하겠습니까? 이것은 가르침을 받은 신자들이 장차 되어야 할 모습에 대한 상징입니다. 그들은 하늘에 계신 아버지의 영예를 위해 온갖 종류의 선하고 은혜로운 열매를 맺을 것입니다.

저는 여러분이 가장 큰 능력을 갖고 있는 분야에서 어떤 선한 일을 자연스럽게 아주 풍성하게 해낼 수 있으리라고 의심하지 않습니다만, 그렇다고 해도 여러분에게서 어떤 선한 일에 대한 부족함이 보여서는 안 됩니다. 교회라는 큰 집에서 우리는 단순히 요리사나 가정부로 수고하는 종이 되지 않고, 만능의 종 곧 어떤 일이든, 아니 모든 일을 해낼 준비가 되어 있어 무슨 일이든 할 수 있는 하인이 되기를 원합니다. 저는 잉글랜드에서 주인의 생명을 구하기 위한 특별한 임무 외에 다른 일을 하지 않도록 집안에 고용한 사람을 보지 못했습니다. 이런 종들은 적을수록 더 좋습니다. 인도에서는 이런 경향이 극히 심합니다. 물을 긷는 힌두교인은 집 안을 청소하거나 불을 지피거나 옷을 털어주는 일은 하지 않습니다. 그는 물을 긷는 일 외에 다른 일은 전혀 하지 않습니다. 그러므로 각각 다른 일을 하려면 다른 종을 두어야 하고, 그때 각 사람은 아무리 작더라도 자기에게 분담된 일만 하고 그 일에서 조금도 벗어나지 않을 것입니다. 그러나 그리스도의 교회에 들어가면 우리는 성도들의 발을 씻겨주거나 그들의 짐을 대신 짊어주거나 그들의 상처를 싸매주거나 그들의 대적과 싸우거나 청지기나 목자나 보모로서 행하거나 할 준비가 되어 있어야 합니다. 만일 하늘에서 두 천사가 주님을 섬기도록 부르심을 받아 그들이 해야 할 일이 두 가지, 예컨대 제국을 다스리는 일이나 건널목을 청소하는 일이 있다면, 어느 천사든 자기에게 정해진 일만 하겠다고 고집하지 않고 무슨 일이든 주님의 뜻을 즐겁게 감당하고자 할 것이라고 말할 수 있습니다. 우리도 똑같이 크게 사랑하는 분을 위해 열매를 맺을 수 있는 일이라면 어떤 일이든, 아니 모든 일을 할 준비를 합시다.

그런데 어떤 이들은 왜 이처럼 포괄적으로 열매를 맺지 못할까요? 그들은 모든 지혜와 총명(지식)이 채워져 있지 못해서 그렇습니다. 어떤 사람이 "당신은 내게 아주 하찮은 일을 시키는군요! 하지만 내가 더 귀한 일을 할 수 있는 특별한 능력을 갖춘 사람이라는 것을 모릅니까?"라고 말할 때, 저는 그가 무지한 사람이라고 말하지 않을 수 없습니다. 자기과시는 무지의 소치입니다. 여러분은 한 세기 전에 한 유명한 미군 하사에 대한 이야기를 들어보았을 것입니다. 한 장군이 말을 타고 가다 한 무리의 군인들이 목재를 들어올리려고 애쓰고 있는 장면을 보았습니다. 그들은 일손이 부족해서 일은 지체되고 있었습니다. 그러나 그 유명한 하사는 그냥 서서 큰 소리로 명령만 내리고 있었습니다. 장군이 다가가 물었습니다. "당신은 왜 발 벗고 나서서 도와주지 않습니까?" 그러자 그의 부하 병사는 "왜라니요, 선생, 당신은 어떻게 그렇게 말할 수 있습니까? 당신은 내가 누군지 아오? 나는 하사란 말이오!" 장군은 말에서 내려 옷을 벗고 목재를 옮기는 것을 도와주었습니다. 장군의 적절한 도움으로 군인들은 임무를 완수했습니다. 이어서 장군은 그 고상하고 당당한 신사에게 "하사님, 다음에도 이런 일을 해줄 사람이 필요하면 나를 불러 주시오. 나는 워싱턴 장군입니다"라고 말했습니다. 이와 마찬가지로 주 예수 그리스도도 이런 일이 벌어지면 자신의 가련하고 힘없는 종들이 쩔쩔매며 제대로 감당하지 못하는 일이 천 가지라도 기꺼이 도와주실 것입니다. 사랑하는 성도 여러분, 저는 여러분이 주일학교를 돕기에는 너무 경험이 많고, 너무 나이가 많고, 너무 배운 것이 많다는 것을 알고 있습니다! 또 여러분이 너무 지체가 높아서 전도지를 나눠줄 수 없다는 것을 알고 있습니다! 하지만 이런 무지한 사고방식에서 벗어나게 해달라고 기도하십시오. 그리고 모든 가능한 방법으로 쓰임받게 해 달라고 간구하십시오. 만일 여러분이 일을 적게 하고 있다면, 많이 하십시오. 많은 일을 하고 있다면 더 많이 하십시오. 여러분의 주님을 위해 가능한 한 가장 수준 높이 쓰임받는 사람이 될 수 있도록 은혜를 구하십시오.

4. 지식을 반사하는 거룩함의 행위

이제 마지막으로 거룩함의 행위는 지식을 반사하는 것이라는 사실을 살펴보겠습니다. 이제 시간이 얼마 남지 않았습니다. 저의 몇 마디 말이 여러분의 마음 속에 새겨지기를 바랍니다. "모든 선한 일에 열매를 맺게 하시며." 그 다음은 무엇입니까? "하나님을 아는 것에 자라게 하시고." 이 본문을 주목해 봅시다. 이 본문으로 보면 거룩함이 지식에 이르는 길인 것처럼 생각됩니다. 하나님이 그렇게 만드셨습니다. 만일 누구든 하나님의 뜻을 행하고자 하면 교리에 대하여 알아야 합니다. 만일 여러분이 읽고 공부하는데 그것을 이해할 수 없다면, 그것을 행할 때 비로소 그 비밀을 깨닫게 될 것입니다. 마음의 거룩함이 여러분의 지성의 계발을 촉진시킬 것입니다.

여러분은 이 지식이 단계적으로 상승한다는 것을 분명히 확인합니까? 왜냐하면 바울이 먼저 "하나님의 뜻을 아는 것으로 채워 달라"고 기도했지만 이제는 하나님 자신을 아는 것이 자라게 해 달라고 구하기 때문입니다. 오, 복된 성장이여. 먼저 율법을 알고, 이어서 율법을 주신 분을 아는 것이 이어집니다! 그렇습니다.

먼저 교훈을 알고, 이어서 그 교훈이 나오는 입술을 아는 것이 순서입니다! 그리스도를 보고 아버지를 아는 것, 그리고 이어서 마음으로 "우리의 사귐은 아버지와 그의 아들 예수 그리스도와 더불어 누림이라"(요일 1:3)고 말하는 법을 배우는 것, 이것이 최고의 지식입니다.

저는 여기서 또 다른 생각으로 여러분의 관심을 이끌고자 합니다. 밖으로 나타나 있는 말로 판단해 보면, 종종 바울은 불가능한 사실을 말하지만 사실 바울이 한 말은 모두 깊은 의미로 가득 차 있을 뿐만 아니라 엄밀하게 정확하기도 합니다. 여기서 그의 말을 주목해 봅시다. 9절에서 바울은 이렇게 말합니다. "하나님의 뜻을 아는 것으로 채우게 하시고." 이 외에 무엇을 더할 수 있겠습니까? 그릇은 가장자리까지 가득 차 있는데, 무엇을 더 채울 수 있겠습니까? 그러나 바울은 계속해서 이렇게 말합니다. "하나님을 아는 것에 자라게 하시고." 이게 무슨 뜻입니까? 만일 지성이 가장자리까지 가득 채워져 있다면 어떻게 지식을 더 받을 수 있겠습니까? 만일 그 사람이 지식으로 가득 채워져 있다면 어떻게 그의 지식을 증가시킬 수 있겠습니까? 그 후에 어떤 증가가 있을 수 있겠습니까? 저는 지금 여러분에게 수수께끼를 내고 있습니다. 그런데 여기에 그 해답이 있습니다. 즉 그릇을 더 크게 해보십시오. 그러면 더 채울 수 있습니다. 이 수수께끼에 대한 해결책은 더 큰 이해력을 요하지 않습니다. 바울이 여기서 분명하게 성경의 의미를 우리에게 가르치므로, 일어나 그대로 무엇이든 해봅시다. 만일 우리가 가득 채울 정도로 지식이 자랐다면, 바울은 우리가 더 많이 알 수 있는 능력이 자라기를 원한다는 것입니다. 바울은 우리의 인격이 확대되고, 우리의 수용능력이 확장되어 우리가 어린아이에서 젊은이로, 젊은이에서 아버지로 자라가 채워지도록 곧 항상 하나님의 모든 충만하신 것으로 충만하게 되기를 바라는 것입니다! 주님께서 우리를 겸손히 깨닫도록 하셔서, 비록 우리가 이미 지식으로 가득 채워져 있다고 하더라도, 계속 더 지식이 자랄 수 있도록 하시기를 바랍니다. 왜냐하면 우리는 아직 "장성한 분량에는 이르지 못했기" 때문입니다.

어떤 사람도 자기는 더 자랄 수 없다고 생각해서는 안 됩니다. 아우구스티누스가 다음과 같이 말하는 것과 같습니다. "이 세상의 척도에 따르면 어떤 완전함이 있을지 모르지만, 그것은 이 완전한 사람이 자신은 아직 완전하지 않다는 사실을 알아야 하는 완전함 속에 있는 것이다." 저도 이 말에 전적으로 동의합니다. 인간의 척도에 따르면, 이 세상에서는 어떤 충분함이 있을지 모르지만 그것은 그 사람이 자기는 아직 더 지식이 자라가야 한다고 알고 있는 그런 충분함 속에 있는 것입니다. 경건한 베르나르는 "더 나아지기를 바라지 않는 사람은 전혀 훌륭한 사람이 아니다"라고 말합니다. 저는 이 말에도 무조건 공감합니다. 어떤 이들은 자신의 완전성에 대한 환상을 갖고 자만에 빠지지 않는다면 더 나아질 것입니다. 또 다른 이들은 어쨌든 칭찬할 만하지만 스스로 이미 충분히 자랐다고 판단하기 때문에 더 자라지 못합니다. 저는 여러분이 이미 채워져 있기를 바라지만 더 채울 공간을 갖고 있기를 바랍니다. 모든 지식으로 채워져 있고, 모든 거룩함으로 채워져 있고, 내주하시는 성령으로 채워져 있으며, 하나님으로 채워져 있다고 할지라도, 여전히 지식에 있어서, 거룩함에 있어서, 하나님을 닮아가는 것에 있어서, 그리고 항상 하나님을 영화롭게 하는 모든 선한 일에 있어서 자라가야 합니다. 주님이 복을 더해 주시기를 예수님의 이름으로 기도합니다. 아멘.

제
3
장
—

아버지에 대한 특별한 감사

—

"우리로 하여금 빛 가운데서 성도의 기업의 부분을 얻기에
합당하게 하신 아버지께 감사하게 하시기를 원하노라 그가
우리를 흑암의 권세에서 건져내사 그의 사랑의 아들의 나라
로 옮기셨으니" — 골 1:12-13

본문은 광물로 가득 차 있는 광산과 같습니다. 그래서 설교하는데 어려움이 있고, 이 보배 같은 광맥 속에 묻혀 있는 모든 금을 파낼 수 없기 때문에 오늘 저녁 설교에서 경험하게 될 마지막 결론은 아쉬움이 클 것 같은 예감이 듭니다. 우리는 이 짤막한 문장 속에 응축되어 있는 진리의 분량에 대하여 파악할 능력도 부족하고, 상세히 설명할 시간도 없습니다.

우리는 본문에서 "아버지께 감사하라"는 권면을 받습니다. 이 권면은 즉시 필요하고 유익합니다. 성도 여러분, 저는 우리가 아들에게 감사하라는 말은 굳이 들을 필요가 없다고 생각합니다. 왜냐하면 십자가에 달려 피를 흘리시는 아들의 몸에 대한 기억이 항상 우리의 믿음 속에 존재하고 있기 때문입니다. 그분을 찌른 못과 창, 그분의 슬픔, 그분의 영혼의 고뇌, 그분의 고민의 땀방울은 우리 마음속에 아주 감동적인 감사를 일으킵니다. 이것들 때문에 우리는 항상 찬송을 그치지 않게 되고, 때로는 사람이신 예수 그리스도에 대한 황홀한 찬양으로 다시 불타올라 우리 마음을 불사르기도 합니다. 그렇습니다. 사랑하는 주님, 우리는 주님을 송축할 것입니다. 우리의 영혼이 활활 불타고 있습니다. 놀라운 십자가를

바라볼 때마다 우리는 다음과 같이 외치지 않을 수 없습니다.

> "오, 이 사랑 때문에 그토록 오랫동안
> 잠잠하던 바위와 산들이 침묵을 깨뜨리고,
> 인간의 모든 입이 조화를 이루어
> 구주에 대한 찬양을 노래하네."

성령에 대하여 감사를 돌려야 하는 정도도 똑같습니다. 저는 우리가 날마다 성령의 지속적인 능력에 의존하고 있음을 느끼지 않으면 안 된다고 생각합니다. 성령은 현재 인격적인 보혜사와 대언자로서 우리와 함께 계십니다. 그러므로 우리는 우리의 마음을 자신의 성전으로 만들고, 우리 안에서 하나님 보시기에 은혜롭고, 덕스럽고, 기뻐하시는 모든 일을 행하시는 은혜의 성령을 찬양합니다. 그런데 우리가 찬양할 때 삼위일체 하나님 가운데 다른 위격보다 잊기가 더 쉬운 위격이 있다면, 그분은 바로 성부 하나님입니다. 사실 성부에 대하여 잘못된 개념을 갖고 있는 사람들도 있는데, 그들은 이름이 사랑이신 하나님을 깎아내리는 관념을 갖고 있습니다. 그들은 사랑이 성부보다 그리스도 안에 있는 것으로 생각하고, 우리의 구원도 성부 하나님보다는 성자와 성령 하나님께 기인한다고 상상합니다. 그러나 이에 대하여 우리는 무지한 자들 편에 끼지 말고 이 진리를 받아들여야 합니다. 우리는 삼위일체 하나님의 다른 위격에 힘입고 있는 것과 똑같이 성부에 대해서도 힘입고 있습니다. 성부는 공경하는 다른 위격들과 똑같이 진실로 우리를 사랑하시는 분입니다. 성부는 성자나 성령과 똑같이 진실로 우리의 최고의 찬양을 받기에 합당하신 분입니다.

우리가 항상 마음속에 새겨두어야 할 한 가지 주목할 만한 사실은 바로 이것입니다. 성경 본문에서 성령의 활동으로 기록되어 있는 대부분의 역사가 다른 성경 본문에서는 성부 하나님의 역사로 기록되어 있다는 것입니다. 죄 가운데 죽은 죄인을 살리시는 역사를 우리는 성령의 역사로 말하지요? 그것은 맞습니다. 그러나 다른 구절을 보면 "아버지께서 죽은 자들을 일으켜 살리신다"고 되어 있습니다. 또 우리가 성령은 거룩하게 하시는 분이고, 영혼의 성화는 성령으로 말미암아 일어난다고 말하지요? 하지만 유다서 첫 부분을 보면, 이런 말씀을 발견하게 됩니다. "하나님 아버지로 말미암아 거룩하게 되고"(개역개정성경은 "하나님 아버지 안에서 사랑을 얻고"라고 되어 있다 ─역주). 그러면 이에 대하여 우리는 어떻게 설명해야 할까요? 저는 이렇게 설명할 수 있다고 생각합니다. 성령은 성부 하나님에게서 오시고, 그래서 성령이 행하시는 일은 무엇이든 성부가 성령을 보내셔서 하시는 일이므로 성부가 하신 것과 같다고 말입니다. 다시 말하면, 성령은 종종 도구로 활동하신다는 것입니다. 물론 저는 이 말을 성령의 영광을 떨어뜨리기 위한 의도로 하는 것이 절대로 아닙니다. 어쨌든 성령은 종종 성부가 사용하는 도구로 활동하십니다. 마른 뼈들을 향해 살아나라고 말씀하시는 분은 성부입니다. 그런데 성부의 말씀이 선포될 때 마른 뼈들을 살리시는 분은 성령입니다. 그러므로 살려주는 역사는 성부의 말씀이 임할 때 이 말씀에 따라 행하시는 성령의 능력에 달려 있습니다. 말씀이 오로지 값없는 은혜와 선하신 뜻에 따라 성부에게서 온 것처럼 살려주는 역사도 똑같이 성부에게서 온 것입니다. 물론 우리 마음속에 있는 인(印)은 성령이십니다. 성령은 인입니다. 그러나 이 인을 치시는 분은 영원하신 성부 하나님입니다. 성부는 우리의 양자됨을 인치시기 위해 성령을 보내십니다. 다시 한 번 말하는데, 성부가 성령 안에서, 성령을 통해, 그리고 성령으로 말미암아 행하시기 때문에 성령의 역사 가운데 많은 역사가 성부에게 돌려집니다.

하나님의 아들의 역사도 모든 역사가 아버지와 밀접하게 연관되어 있다는 점을 지적하지 않을 수 없습니다. 만일 성자가 세상 속에 오신다면 그것은 성부가 보내시기 때문입니다. 만일 성자가 자기 백성들을 부르신다면 그것은 성부가 이 백성들을 그의 손에 주셨기 때문입니다. 만일 성자가 택함받은 족속을 구원하신다면 그것은 아들 자신이 아버지의 선물이고, 성부 하나님이 자기 아들을 세상에 보내 우리가 그 아들로 말미암아 살 수 있도록 하셨기 때문이 아니겠습니까? 그러므로 옛적부터 항상 계신 이 곧 성부께서는 대대로 높임을 받으셔야 하고, 우리는 거룩한 송영을 부를 때 다음과 같이 우리 마음속에서 성부에 대한 충분한 공경을 절대로 빠뜨려서는 안 될 것입니다.

　　　"아버지와 아들과 성령을 찬양하라."

오늘 밤 성부 하나님에 대한 감사를 촉발시키기 위해 저는 성령 하나님이 제게 능력을 주시는 것에 따라 이 본문에 대하여 약간 상세히 설명을 해보고자 합니다. 본문을 살펴본다면, 여러분은 본문 속에 두 가지 복이 포함되어 있음을 보게 될 것입니다. 첫째 복은 현재와 관련되어 있습니다. 그것은 빛 가운데서 성도의 기업의 부분을 얻기에 합당하게 하신 것입니다. 둘째 복은 첫째 복과 병행시켜 보아야 하는데, 그것은 이 복이 첫째 복의 원인 곧 유효 원인이기 때문으로, 과거와 관련되어 있습니다. 이 복은 흑암의 권세에서 건짐받은 구원을 가리킵니다. 이제 이 두 개의 복을 하나씩 따로 잠시 살펴봅시다. 그리고 이어서 세 번째로 이 두 복 사이에 존재하는 관계를 확인해 보고자 합니다.

1. 현재 누리고 있는 복

우리가 살펴보아야 할 첫째 복은 이것입니다. 곧 "아버지 하나님께서 우리로 하여금 빛 가운데서 성도의 기업의 부분을 얻기에 합당하게 하셨다." 이 복은 현재 누리고 있는 복입니다. 이 복은 우리가 아직 받지 못한 언약 속에 두어져 있는 은혜가 아니라 모든 참된 신자가 이미 수중에 두고 있는 복입니다. 충분한 소유가 임할 때를 기다리고 있으나 지금 보증으로 갖고 있는 이 언약의 복은 넉넉한 사랑의 자비로 우리에게 이미 주어진 복과 똑같이 풍성하고 확실하지만 아직은 그 보배로운 복을 다 누리고 있지는 못합니다. 우리가 손에 넣어 비축해 두고 있는 이 복은 결국 우리의 현재의 위로의 핵심 원천입니다. 오, 이 복은 얼마나 놀라운 복일까요! "빛 가운데서 성도의 기업의 부분을 얻기에 합당하게 하신."

참된 신자는 천국에 적합합니다. 참된 신자는 성도의 기업을 얻기에 합당합니다. 지금 바로 이 순간에 말입니다. 그러면 이게 무슨 뜻일까요? 신자는 완전하다는 의미일까요? 죄에서 자유하다는 뜻일까요? 아닙니다. 성도 여러분, 여러분이 이 세상 어디서 이런 완전함을 발견하겠습니까? 만일 완전한 사람 외에는 누구도 신자가 될 수 없다면, 완전한 사람이 믿을 것이 무엇이 있겠습니까? 그가 보는 대로 행하지 않을 수 있었을까요? 그는 완전할 때 신자가 되기를 멈출 것입니다. 하지만 아닙니다. 성도 여러분, 비록 완전성이 함축되어 있고 완전성이 확실히 결과로서 주어지는 것이기는 하지만, 여기서 말하는 것은 이런 완전성이 아닙니다. 이것은 우리가 우리 자신의 어떤 행위로 말미암아 영생의 권리를 얻게 된다는 것과는 전혀 거리가 멉니다. 우리는 영생에 적합하고 영생에 합당하지만 영생을 받을 만한 공적을 갖고 있지 못합니다. 우리는 지금도 우리 자신 속에 하나님의 영원한 진노와 무한한 불쾌 외에 하나님에 대하여 내세울 만한 것은 아무것도 갖고 있지 않습니다. 그러면 그것이 무슨 뜻일까요? 바로 이런 뜻입니다. 우리는 지금 사랑의 주님에게 받아들여지고 그분의 가족으로 입양되기에 적합하고, 하나님의 허가로 빛 가운데서 성도와 함께 거하기에 합당하다는 것입니다.

　　신부로 선택받은 한 여성이 있습니다. 그녀는 결혼하기에 적합하고, 영광스러운 결혼생활 속에 들어가기에 합당합니다. 하지만 현재 그녀는 신부의 옷을 입지 않고 있고, 신랑을 위해 단장한 신부는 아직 아닙니다. 여러분은 아직 그녀가 모든 장신구와 함께 우아한 예복으로 차려 입은 모습을 본 적이 없지만 신부가 되기에 적합하고 그녀의 목적지가 될 가정의 식구로 받아들여지고 환영받으리라는 것을 알고 있을 것입니다. 마찬가지로 그리스도는 그의 교회가 자신과 혼인하도록 택하셨습니다. 교회는 아직 신부의 예복을 입지 않고 있고, 아버지 보좌 앞에 설 때 입을 아름다운 복장을 다 갖추고 있지 않습니다. 하지만 그럼에도 불구하고 교회는 잠시 목욕을 하고 잠시 향기 나는 침상에 누워 있을 때 그리스도의 신부가 되기에 합당합니다. 교회는 성품에 있어서 적합성을 갖고 있고, 영광스러운 주님의 당당한 신부가 되고 지복을 누리는데 참여하도록 은혜로 주어진 합당성을 갖고 있습니다. 따라서 교회 전체와 교회의 모든 지체에 대하여, 그들이 "빛 가운데서 성도의 기업의 부분을 얻기에 합당하게 된" 자들이라고 말할 수 있습니다.

　　나아가 정확하게 제시할 수는 없지만, 이에 대한 헬라어 단어는 이와 같은 의미를 어느 정도 내포하고 있는데, 단어란 자주 사용되지 않으면 항상 해석이 어렵게 됩니다. 제가 알기에 이 단어는 신약 성경에서 단지 두 번만 사용되고 있습니다. 이 단어는 "적합한" 또는 제 생각으로는 "충분한"의 의미로 사용될 수 있습니다. "우리로 하여금 빛 가운데서 성도의 기업의 부분을 얻기에 합당하게 곧 충분하게 하신." 그러나 저는 다른 비유를 빌려서 표현하지 않고는 저의 생각을 제시할 수가 없습니다. 아기는 태어날 때 즉시 인간으로서의 모든 기능을 부여받고 태어납니다. 만일 이 기능들이 태어날 때 주어져 있지 않다면 이후에도 나타나지 아니할 것입니다. 아기는 눈을 갖고 있고, 손을 갖고 있고, 발을 갖고 있고, 모든 신체 기관을 갖고 있습니다. 물론 이 기관들은 배아 상태로 있었습니다. 처음부터 완전하지만 감각들은 점차 자라가고, 이성도 점차 성숙해져 가는 법입니다. 아기는 볼 수 있으나 가까운 곳만 보고, 먼 거리는 분간할 수 없습니다. 또 들을 수 있으나 처음에는 소리가 어디서 들려오는지 방향을 알아낼 정도로 온전히 들을 수는 없습니다. 그러나 아기에게서 새로운 다리, 새로운 팔, 새로운 눈 또는 새로운 귀가 자라는 것을 발견하지는 못합니다. 이 기능들은 각각 확대되고 확장되지만 전 인간은 처음과 같고 아기는 인간으로서 **충분한** 존재입니다. 오직 하나님만이 자신의 무한한 섭리를 통해 아기가 자라게 하고 아기에게 힘과 성장을 제공하시고, 그러기에 아기는 **충분한** 인간성을 갖고 있습니다. 아기는 팔이나 다리, 코나 귀를 갖추고 있습니다. 여러분은 아기의 새로운 지체를 자라게 할 수 없습니다. 또한 아기는 새로운 지체를 필요로 하지도 않습니다. 모든 지체가 있으니까요. 마찬가지로 사람이 거듭나는 순간에 새로운 피조물로서 장차, 심지어는 천국에 이르렀을 때 갖고 있어야 할 모든 기능을 갖고 있습니다. 필요로 하는 것은 다만 자라고 드러내는 것밖에 없습니다.

거듭난 사람은 이후에 새로운 능력을 갖는 것이 아닙니다. 새로운 은혜를 갖는 것도 아닙니다. 이전에 갖고 있었던 것들이 자라고 드러나게 될 것입니다. 우리가 세밀한 관찰자에게 듣는 것처럼, 도토리 안에 있는 싹에 장래의 나무의 모든 뿌리와 모든 가지와 모든 잎이 들어 있고, 다만 이것들이 충만할 때까지 자라고 드러나는 것이 필요할 뿐입니다. 참된 신자도 이와 같습니다. 참된 신자 속에는 빛 가운데서 성도의 기업이 충분하게 또는 적합하게 들어 있습니다. 참된 신자에게 요구되는 것은 새로운 것이 심겨져야 되는 것이 아니라 하나님이 거듭나는 순간에 거기 두신 것을 소중히 여기고 양육하여 완전한 상태에 이르러 "빛 가운데서 성도의 기업"에 들어갈 때까지 증식시키고 증가시키는 것입니다. 이것이 제가 이해한 대로 여러분에게 제시할 수 있는 본문에 대한 가장 정확한 의미와 문자적 해석입니다.

그러나 여러분은 제게 다음과 같이 물을 수도 있습니다. "어떤 의미에서 영생에 대한 이 합당함 또는 적합함이 성부 하나님의 사역인가? 우리는 이미 천국에 합당한가? 이것이 어떻게 성부 하나님의 사역인가?" 잠시 본문을 살펴봅시다. 이에 대하여 저는 여러분에게 세 가지 답변을 제시할 것입니다.

천국이 무엇입니까? 우리는 천국을 기업(유산)으로 이해합니다. 누가 기업에 적합합니까? 자녀들입니다. 누가 우리를 자녀로 삼습니까? "보라 아버지께서 어떠한 사랑을 우리에게 베푸사 하나님의 자녀라 일컬음을 받게 하셨는가"(요일 3:1). 자녀는 기업을 받는데 적합한 존재입니다. 자녀는 태어나는 순간부터 상속자로 적합합니다. 다만 필요한 것은 자라서 소유를 차지하는 것이 전부입니다. 그러나 처음부터 기업을 받기에 적합합니다. 만일 자녀가 아니라면 그는 상속자가 될 수 없었습니다. 그런데 자녀가 되는 순간부터 기업을 받기에 합당한 존재가 됩니다. 우리 안에는 기업을 받을 수 있는 적합성 곧 능력과 가능성이 들어 있습니다. 우리를 자신의 가족으로 입양시키고, "예수 그리스도를 죽은 자 가운데서 부활하게 하심으로 말미암아 우리를 거듭나게 하사 산 소망이 있게 하신" 것, 이것은 성부의 특권입니다. 양자가 되는 것이 진실로 기업을 얻도록 합당하게 하기 때문에 "우리로 하여금 빛 가운데서 성도의 기업의 부분을 얻기에 합당하게 하신" 분은 성부라는 사실을 모르겠습니까?

　　다시 말하지만, 천국은 기업입니다. 그런데 누구의 기업입니까? 천국은 성도의 기업입니다. 천국은 죄인들의 기업이 아니라 성도 곧 거룩한 자들의 기업입니다. 말하자면, 거룩하게 됨으로써 성도가 된 사람들의 기업입니다. 여기서 유다서를 펴봅시다. 거기서 여러분은 즉각 거룩하게 하시는 분이 누구인지 알게 될 것입니다. 이 본문에 시선을 고정시키는 순간 그분이 성부 하나님이라는 사실을 확인하게 됩니다. 유다서 첫 구절에서 우리는 "예수 그리스도의 종이요 야고보의 형제인 유다는 부르심을 받은 자 곧 하나님 아버지 안에서 사랑을 얻고"라는 말씀을 봅니다. 천국은 성도의 기업입니다. 그러면 성도는 누구입니까? 사람은 그리스도를 믿는 순간 언약의 작정 속에서 진실로 구별되었다는 사실을 알게 되고, 이 성별이 자신의 경험 속에서 확증되는 것을 발견하게 됩니다. 왜냐하면 그는 이제 세상과 구별된 "그리스도 예수 안에서 새롭게 된 피조물"이고, 하나님이 영원히 그를 자신의 자녀로 삼으신 것이 알려졌기 때문입니다. 제가 빛 가운데서 성도의 기업의 부분을 얻기에 합당하게 된 것은 바로 제가 아들이기 때문입니다. 하나님은 저와 모든 신자를 자녀로 삼으셨고, 그래서 우리는 기업을 받기에 합당합니다. 그런즉 이 합당함은 성부에게서 온 것입니다. 그러므로 성부 하나님은 우리의 감사, 우리의 찬양, 우리의 사랑을 받으시기에 참으로 합당하신 분입니다!

　　그러나 우리는 여기서 단순히 천국이 성도의 기업이라고 말하지 않고, "빛 가운데서 성도의 기업"이라고 말한 것을 주목해야 합니다. 이와 같이 성도는 빛 — 지식의 빛, 순결의 빛, 기쁨의 빛, 사랑 곧 말로 표현할 수 없는 순수한 사랑의 빛, 영광스럽고 고상한 모든 것의 빛 — 속에 거하는 사람입니다. 그러면 제가 기업에 합당한 자로 나타나려면 어떤 증거를 갖고 있어야 할까요? 저의 영혼 속을 비추는 빛을 갖고 있어야 합니다. 그러나 그 빛을 어디서 얻을 수 있을까요? 저는 이런 말씀을 봅니다. "온갖 좋은 은사와 온전한 선물이 다 위로부터 빛들의 아버지께로부터 내려오나니"(약 1:17상). 정말 과연 그렇습니다. 그런데 누구에게서 옵니까? 성령으로부터요? 아닙니다. "변함도 없으시고 회전하는 그림자도 없으신 빛들의 아버지께로부터" 옵니다. 빛 가운데서 성도의 기업을 얻기 위한 준비는 빛입니다. 빛은 빛들의 아버지로부터 내려옵니다. 그러므로 저의 합당성은, 만약 제가 빛을 갖고 있다면, 아버지의 사역의 결과이고, 그러기에 저는 아버지를 찬양해야 합니다. 그런데 여러분은 여기서 세 개의 단어 — "빛 가운데서 성도의 기업" — 가 사용되고 있는 것처럼, 우리가 삼중의 합당성을 갖고 있다는 것을 알고 있습니까? 우리는 입양되어 자녀가 됩니다. 하나님은 우리를 거룩하게 하셔서 우리를 구별하셨습니다. 그리고 또 하나님은 우리 마음속에 빛을 두셨습니다. 이 모든 것은 성부의 역사이고, 이런 의미에서 우리는 "빛 가운데서 성도의 기업의 부분을 얻기에 합당하다"고 말할 수 있는 것입니다.

여기서 지금까지의 설명을 간단히 정리해 봅시다. 성도 여러분, 오늘 밤 천사가 하늘에서 내려와 여기 모인 무리 가운데 합당한 신자를 골라낸다면 천국을 기업으로 받기에 합당치 못한 신자는 하나도 없을 것이라고 생각합니다. 여러분은 지금 천국을 취할 준비가 되어있지 않을 수 있습니다. 다시 말하면, 만일 여러분이 앞으로 더 살 것이 예상된다면, 저는 여러분이 어떤 의미에서는 지금 죽는 것이 적합하지 않기 때문이라고 말할 것입니다. 그러나 지금 여러분이 회중석에 앉은 채로 죽는다면, 여러분이 그리스도를 믿는다고 볼 때 천국에 가기에 적합합니다. 여러분은 지금도 잠시라도 연옥을 거칠 필요가 없이 즉시 천국에 들어갈 합당성을 갖고 있습니다. 여러분은 지금도 "빛 가운데서 성도의 기업의 부분을 얻기에" 합당하니까요. 여러분은 지금 당장 마지막 숨을 내쉰다고 하더라도 천국에 가 있을 것입니다. 그리고 천국에는 여러분보다 더 합당한 영혼은 하나도 없고, 여러분보다 그곳에 더 적합한 영혼은 하나도 없습니다. 여러분은 영원한 보좌에 가장 가까이 있는 자들과 똑같이 자격에 있어서 합당할 것입니다.

아, 이것 때문에 영광의 상속자들은 성부 하나님을 더욱 소중히 생각해야 합니다. 성도 여러분, 우리의 본성의 상태를 살펴보면, 지옥의 불길 속에서 횃불이 되기에 얼마나 적합합니까! 그러나 오늘 밤 바로 이 순간에 저는 여호와께서 원하기만 하면 손가락은 즐겁게 수금을 타고, 머리는 영원한 면류관을 쓰며, 허리는 영원토록 맑고 흰 예복을 걸치는데 합당하다는 사실을 생각해 봅니다. 이것 때문에 우리는 성부 하나님에 대하여 진심으로 감사하지 않을 수 없습니다. 이것 때문에 우리는 손뼉을 치면서 "우리로 하여금 빛 가운데서 성도의 기업의 부분을 얻기에 합당하게 하신 아버지께 감사합니다"라고 말하지 않을 수 없습니다. 여러분은 회개한 강도에 대하여 알고 있지 않습니까? 불과 몇 분 전만 해도 그는 그리스도를 저주했었습니다. 저는 이 강도가 다른 쪽 강도와 똑같은 태도를 취했었다는 것을 의심하지 않습니다. 왜냐하면 "함께 십자가에 못 박힌 강도들도 이와 같이 욕하더라"(마 27:44)라고 기록되어 있기 때문입니다. 한 편 강도만이 아니고 두 편 강도가 모두 저주했습니다. 그런데 그때 초자연적인 영광이 그리스도의 얼굴에 비춰었고, 그 강도는 그 영광을 보고 믿었습니다. 이때 해는 지고 있었지만 예수님은 그에게 "내가 진실로 네게 이르노니 오늘 네가 나와 함께 낙원에 있으리라"(눅 23:38)고 말씀하셨습니다. 긴 준비 기간이 필요하지 않았습니다. 정화의 불 속에서 연단을 받는 시간도 필요하지 않았습니다.

　우리도 그렇게 될 것입니다. 어떤 이는 그리스도 예수 안에서 이 지식을 갖게 된지 불과 3주밖에 되지 않았을 수도 있습니다. 또 다른 이는 10년이나 70년이 되었을 수도 있습니다. 하지만 어떤 의미에서 언제 회심했는지 그 날짜는 우리를 천국에 합당한 자로 만드는 것과는 아무 상관이 없습니다. 물론 연조가 깊을수록 더 많은 은혜를 맛보고, 익으면 익을수록 천국에서 거주하기에 더 적합하게 되는 것은 사실이지만, 다른 의미에서 보면 합당하게 하시는 성령의 역사는 성부께서 주시는 것입니다. 그러나 성부가 주시는 이 합당성에 대하여 거듭 말씀드리면, 회심할 당시에 표면에 나타난 하나의 낟알의 잎 곧 은혜의 싹은 다 자란 이삭과 똑같이 천국으로 옮겨지기에 적합하다는 것입니다. 우리가 성부 하나님으로 말미암아 거룩하게 되는 이 즉각적 성화는 점진적 과정이 아니고 즉시 성취되는 것입니다. 우리는 지금 천국에 적합하고 천국에 합당합니다. 그리고 조만간에 천국에 들어갈 준비를 완료하고, 우리 주님의 기쁨 속에 들어가게 될 것입니다.

　이 주제를 좀 더 상세히 다룰 수 있지만 다룰 시간이 없습니다. 하지만 지금까지 저는 어느 정도 얽힌 매듭을 풀어놓았다고 확신하기 때문에 나머지는 여러분 스스로 풀어보기를 바라고, 여러분이 그 매듭을 풀 때에는 반드시 무릎을 꿇고 풀기를 권면합니다. 하나님 나라의 비밀들은 기도하면서 공부할 때 가장 효과가 크기 때문입니다.

2. 과거에 주어진 복

두 번째로 살펴볼 요점은 되돌아보는 은혜 곧 과거에 주어진 복입니다. 우리는 때때로 앞으로 주어질 은혜를 더 좋아합니다. 왜냐하면 이 은혜는 밝은 전망을 펼쳐 보여주기 때문입니다.

"범람하는 홍수 너머에 있는 아름다운 초원."

그러나 되돌아보는 은혜가 여기에 있습니다. 말하자면, 우리가 기대하는 천국에서 시선을 돌려 우울한 과거와 우리가 피했었던 위험들을 되돌아봅니다. 이에 대한 기사를 읽어봅시다. "그가 우리를 흑암의 권세에서 건져내사 그의 사랑의 아들의 나라로 옮기셨으니." 이 본문은 직전 구절에 대한 해설로, 잠시 동안 이 점을 살펴볼 것입니다. 그러나 지금 당장은 이 은혜 자체에 대해서만 살펴보도록 합시다. 아! 성도 여러분, 여기에 우리가 과거에 어떤 상태에 있었는지 얼마나 잘 묘사되어 있을까요! 우리는 "흑암의 권세" 아래 있었습니다. 이 본문을 묵상할 때 이 말 곧 "흑암의 권세"라는 말이 제 마음속에서 계속 떠나지 않았습니다. 저로서는 이 말이 설명할 때 설명하기가 가장 두려운 말 가운데 하나라는 생각이 듭니다. 만약 성령 하나님이 저를 도와주신다면 이 말을 갖고 설교를 할 수 있을 것 같은데, 아마 여러분은 모든 뼈마디가 흔들릴 정도로 떨릴 것입니다.

"흑암의 권세!" 우리는 모두 죄인의 마음속에 두려운 주문을 거는 도덕적인 흑암이 도사리고 있다는 것을 잘 알고 있습니다. 하나님을 인정하지 않는 지성은 판단력이 없습니다. 하나님을 경배하지 않는 인간의 마음은 폐허가 됩니다. 이 폐허가 된 마음의 방들은 영적 두려움과 부패한 미신에 휩싸여 있습니다. 이 부패한 마음의 어두운 곳은 기생충과 파충류처럼 무가치한 정욕과 유해한 욕망이 진을 치고 있습니다. 이곳은 밝은 대낮에 보면 구역질이 납니다. 그리고 본성적인 흑암도 엄청납니다. 어떤 밀폐된 어두운 공간 속에 들어가 홀로 감금된다면 감금이 길어질수록 최악의 결과가 나타날 것입니다. 만약 여러분 가운데 한 사람이 오늘 밤 그렇게 어두운 토굴 속에 들어가 홀로 남겨진다면, 잠시 동안은 자신의 운명이 어떻게 될지 모른 채 토굴에 대하여 어린아이 같은 흥미를 느낄지 모른다는 상상을 해봅니다. 아마 어둠 속에 남겨져 있는 자신을 발견하고 웃을지도 모르겠습니다. 잠시 동안은 새로운 지점에 대한 호기심 때문에 그럴 수도 있을 것입니다. 순진하게 기쁨이 솟아날 수도 있을 것입니다. 그러나 시간이 조금 지나면 애써 잠을 청할 것이고, 아마 잠을 잘 것입니다. 그러나 잠에서 깨면 여전히 햇볕이나 촛불이 전혀 비춰지지 않는 땅 밑 깊은 곳 어둠 속에 있는 자신을 발견한다면, 그 다음 여러분에게 엄습하는 감정을 알고 있습니까? 일종의 백치같이 아무것도 생각나지 않는 무분별 상태가 엄습할 것입니다. 이때쯤 여러분은 절망적인 상상을 통제하는 것이 불가능하다는 것을 알게 될 것입니다. 여러분의 마음은 이렇게 외칠 것입니다. "오, 하나님, 이 어두운 곳에 저 혼자, 혼자, 혼자 있습니다." 여러분은 사방을 낱낱이 둘러보아도 한 줄기 빛이 보이지 않으면 여러분의 마음은 낙담하기 시작할 것입니다. 그리고 그 다음 단계는 점차 증가하는 공포가 될 것입니다. 여러분은 뭔가 나타나기를 바라면서 "아! 친구든 원수든 누구라도 나타났으면 좋겠다!" 하고 외칠 것입니다. 여러분은 그렇게 토굴의 어두운 면을 느끼게 될 것입니다. 여러분은 아기스 왕 앞에서 다윗이 그런 것처럼 "벽에 글을 쓰기" 시작할 것입니다. 마음속에 동요가 일어나고, 만약 여러분이 그곳에서 더 오래 있게 된다면, 결국은 발광과 죽음이 찾아오게 될 것입니다. 우리는 교도소에서 정신병원으로 옮겨진 사람들이 아주 많다는 것을 잘 알고 있는데, 이런 정신이상은 부분적으로는 독방에 감금되어 있었기 때문에, 그리고 부분적으로는 그들이 수용된 공간의 어둠 때문에 생깁니다.

　뉴게이트 감옥의 교목의 보고에 따르면, 징계의 한 방법으로서 어둠 속에 집어넣는 것이 죄수에게 미치는 영향에 대하여 주목할 만한 몇 가지 놀라운 사실이 있습니다. 첫 번째 영향은 죄수에게 자신의 처지에 대한 반성을 촉구함으로써, 법을 어겨 철창 속에 갇혀 있는 자신의 신세를 깨닫게 하는 효과를 일으키는 것입니다. 교도관에게 반항하고 저주와 욕설을 퍼부은 사람이 어둠 속에, 심지어는 길 가는 마차의 덜컥거리는 소리조차 들을 수 없고 한 줄기 빛도 스며들어오지 않는 곳에 홀로 있는 자신을 발견했을 때 즉시 겁을 먹을 것이라고 저는 생각합니다. 그는 자포자기하고 무기력한 상태에 빠지게 될 것입니다.

　"흑암의 권세"는 문자 그대로 무시무시하게 두려운 것입니다. 시간이 있다면 이 주제를 상세히 다루고 싶습니다. 우리는 "흑암의 권세"가 무엇인지 이 세상에서도 적절하게 설명할 수 없습니다. 죄인은 죄의 어둠 속에 뛰어들면서도 아무것도 보지 못하고 아무것도 알지 못합니다. 죄인이 그 상태에 더 오래 머무르면 호기심에서 오는 즐거움 곧 죄의 길에 들어서서 누리는 흥분된 기쁨이 사라지고 잠에 빠지는 상태에 이르게 될 것입니다. 죄가 그를 둔하게 만들어 그는 생명을 위해 죄를 피하라고 외치는 사역자의 음성을 듣지 못하게 됩니다. 그를 그 상태에 계속 놔두면 조만간에 영적으로 바보가 되고 말 것입니다. 죄에 푹 빠져 상식적인 이성을 상실하고 말 것입니다. 분별력 있는 사람이라면 누구나 받아들이는 주장도 그에게는 소용이 없습니다. 그를 계속 놔두면 미쳐 날뛰는 무법자 증상에 빠질 정도로 상태가 악화될 것입니다. 그러다 죽음이 들어오면 흑암이 완전한 효력을 일으키고, 그러면 그는 지옥의 광란 속에 들어갈 것입니다. 아! 죄의 권세는 인간의 사고로 깨달을 수 없고, 인간의 언어로 묘사할 수 없는 참으로 무시무시한 해악을 사람에게 끼칩니다. 오, "흑암의 권세여!"

성도 여러분, 우리도 모두 이전에는 이 권세 아래 있었습니다. 여러분이 흑암과 죄의 권세 아래 있었던 적이 불과 몇 달 전입니다. 여러분 가운데 어떤 이는 불과 몇 주 전입니다. 여러분 가운데 어떤 이는 이 권세에 대하여 호기심을 갖고 있었습니다. 또 다른 이는 이 권세에 대하여 잠든 상태에 있었습니다. 여러분 가운데 많은 이가 이 권세에 대하여 무감각한 상태에 있었습니다. 그리고 어떤 이는 이 권세에 대하여 거의 공포를 갖고 있을지도 모르겠습니다. 여러분은 저주와 욕을 퍼부었었고, 불경죄를 범했었고, 그래서 지옥의 문턱에 이른 것처럼 보였습니다. 그러나 성부 하나님의 이름을 찬양하고 송축합시다. 그분이 "우리를 흑암의 권세에서 건져내사 그의 사랑의 아들의 나라로 옮기셨습니다."

지금까지 여러분이 어떤 존재였는지 보여주려고 "흑암의 권세," 이 말에 대하여 설명을 했으므로, 이제는 그 다음으로 "옮기셨으니"라는 말을 생각해 보도록 합시다. "옮기셨다"(translated), 이 말은 얼마나 간단합니까! 여러분은 이 단어가 다른 말을 사용하지만 의미는 그대로 보유하고 있는 단어 해석 과정 곧 번역을 의미하는 말이라고 생각할 것입니다. 물론 "번역"(translation)이 이 단어의 의미의 하나이기는 하지만 여기서 가리키는 의미는 아닙니다. 요세푸스는 이 단어를 어느 지역에 거주하는 사람들을 다른 지역으로 이주시켜 그곳에 정착시키는 것을 가리키는 뜻으로 사용했습니다. 이동, 이것이 이 단어의 뜻입니다. 때때로 우리는 교회 주교가 한 곳에서 다른 곳으로 이동하거나 이주하는 것에 대하여 듣습니다. 만일 여러분이 이 관념에 대한 설명을 듣기 원한다면, 주목할 만한 한 실례를 들어볼 테니, 주의해서 들어보기 바랍니다. 이스라엘 백성은 애굽에서 가혹한 학대를 일삼고 철통같이 억압하는 감독들 아래 고생을 하고 있었습니다. 그때 하나님이 이스라엘 백성을 위해 어떻게 하셨습니까? 이스라엘 백성의 수는 2백만 명에 달했습니다. 하나님은 압제자의 학정을 진정시키지 아니하셨습니다. 압제자의 마음을 변화시키지도 아니하셨고, 이스라엘 백성에게 좀 더 큰 자유를 허락하지도 아니하셨습니다. 대신 하나님은 자기 백성을 이동시키셨습니다. 하나님은 2백만 명의 육체를 크신 손과 펼치신 팔로 들어 광야로 이끌고 가 가나안 땅으로 옮기셨습니다. 그리고 그곳에 그들은 정착했습니다. 그들의 소 떼와 양 떼 그리고 어린 자녀들을 포함하여 이스라엘 전체 백성이 애굽을 떠나 요단 강을 건너 가나안 땅에 도달한 것은 얼마나 놀라운 역사일까요!

　사랑하는 성도 여러분, 하지만 이 전체 역사도 하나님이 한 가련한 죄인을 죄의 영역에서 이끌어 내 거룩함과 평강의 나라로 옮기신 그 능하신 은혜의 역사와는 비할 바가 못 되었습니다. 하나님이 이스라엘을 애굽에서 불러내 홍해를 가르고, 길 없는 광야에 길을 만드시고, 하늘에서 만나를 내리고, 왕들을 내쫓기 위해 회오리바람을 일으키신 것이 더 쉬운 일이었습니다. 전능하신 하나님이 한 사람을 흑암의 권세에서 그의 사랑의 아들의 나라로 옮기시는 것보다 이 모든 일이 더 쉬웠습니다. 이것이야말로 전능하신 하나님이 행하신 일 가운데 가장 큰 역사였습니다. 전체 우주를 보존하시는 역사도 이것 곧 악한 마음을 변화시키는 것, 철같이 굳은 의지를 복종시키는 것보다는 못한 역사라고 저는 믿습니다.

　그러나 성부 하나님께 감사합시다. 그분은 여러분과 저를 위해 바로 이 일을 행하셨습니다. 우리를 흑암에서 이끌어 내셨습니다. 우리를 옮기셨습니다. 깊이 박히지 않은 뿌리를 쳐서 옛 나무를 들어올려 곧 뿌리와 나무를 통째로 들어올려 좋은 토양에 심어주셨으니 하나님을 송축합시다. 사실은 꼭대기 곧 우리 교만의 큰 가지들을 잘라내야 하셨지만, 옮겨진 나무는 새로운 토양에서 이전보다 훨씬 더 잘 자랐습니다. 죄 가운데서 50년을 살아온 사람과 같은 거대한 나무를 옮겨 심었다는 말을 누가 들어본 적이 있습니까? 오! 우리를 위해 우리 아버지께서 놀라운 일을 행하셨도다! 성부 하나님은 숲에서 야생 표범을 잡아 어린 양으로 길들이고 반점을 제거하셨습니다. 그분은 불쌍한 구스인을 거듭나게 하셨습니다. 오, 우리가 본성상 얼마나 검습니까? 이 흑색은 피부 속으로 깊이 들어가 있습니다. 우리 마음의 중심에 들어박혀 있습니다. 하지만 성부 하나님의 이름을 송축합니다. 그분이 우리를 하얗게 씻기셨고, 신적 역사를 계속 행하고 계십니다. 그분은 결국 죄의 모든 얼룩에서 우리를 완전히 벗어나게 하실 것이며 최종적으로는 그의 사랑의 아들의 나라에 들어가게 하실 것입니다. 그러므로 이 두 번째 은혜를 통해 우리는 우리가 어디서 구원받았는지 그리고 어떻게 구원받았는지 깨닫습니다. 성부 하나님이 우리를 "옮기셨습니다."

그러나 우리가 지금 어디에 있습니까? 신자는 흑암의 권세에서 벗어나 어느 곳으로 들어갑니까? 신자는 하나님의 사랑의 아들의 나라로 들어갑니다. 성도 여러분, 공화국은 이론상으로는 아주 좋게 들리지만 영적 관점에서는 공화국이 우리의 목표는 아닙니다. 우리는 왕국을 원합니다. 저는 마음속에서 그리스도가 절대 군주로 지배하는 것을 간절히 원합니다. 이 왕국에 대하여 추호도 의심을 갖지 않기를 바랍니다. 그리스도에 대하여 우리의 모든 자유를 포기하기를 원합니다. 왜냐하면 우리의 자제력이 완전히 사라지지 않는 한 절대로 자유롭지 못할 것이기 때문입니다. 그리스도의 달콤한 사랑에 황금 족쇄가 채워지지 않으면 우리의 의지에 진정한 자유는 없을 것이기 때문입니다. 우리는 왕국으로 인도를 받았습니다. 이 왕국에서는 그리스도가 주님이고 주권자이며, 그분은 우리를 "그의 아버지 하나님을 위하여 나라와 제사장으로" 삼으셨고, 우리는 그분과 함께 다스릴 것입니다.

우리가 이 나라 속에 들어가 있다는 증거는 우리의 왕에 대한 순종에 있는 것이 확실합니다. 아마 여기서 우리는 많은 질문과 의문을 제기할 수 있으나 확실히 말할 수 있는 것은 어쨌든 우리의 왕에 대하여 수없이 죄를 범했다고 하더라도 우리의 마음은 그분께 충성하고 있다고 말할 수 있다는 것입니다. "오, 보배로우신 예수님! 주님께 순종하겠습니다. 주님의 법에 철저히 복종하겠습니다. 우리의 죄는 고의적으로 범하는 것도 아니고 죄를 사랑해서 저지르는 것도 아닙니다. 우리는 실족하지만 진실로 말할 수 있는 것은 우리가 주님이 거룩하시기 때문에 거룩하고, 우리의 마음이 주님의 법에 대하여 진실하기를 원한다는 것입니다. 주님, 주님의 계명의 길 안에서 달려가도록 우리를 도와주옵소서."

여러분도 아시다시피, 성부 하나님이 우리에게 베푸신 이 은혜 곧 우리가 현재 다루고 있는 은혜 가운데 두 번째에 속하는 이 은혜는 곧 그분이 "우리를 흑암의 권세에서 건져내사 그의 사랑의 아들의 나라로 옮기셨다"는 것입니다. 이것은 성부의 사역입니다. 그렇다면 이제부터 성부 하나님을 사랑하지 않겠습니까? 성부 하나님께 감사를 드리고, 우리의 찬송을 올려드리며, 그분의 크신 이름을 송축하고 자랑하지 않겠습니까?

3. 이 두 복 간의 관계

세 번째 요점에 대해서는 가능한 한 간단하게 살펴보겠습니다. 세 번째 요점은 두 구절 곧 앞에서 설명한 두 복 간의 관계를 설명하는 것입니다.

저는 묵상하기 위하여 성경 본문을 택하면, 가능한 한 본문 전체 흐름을 먼저 파악하고, 이어서 다양한 부분들을 검토하고, 그 다음에는 각각의 구절을 파악하는 순서로 묵상을 시작합니다. 그리고 그런 다음에는 처음으로 다시 돌아가 한 구절이 다른 구절과 어떤 관계를 맺고 있는지 확인해 보기를 좋아합니다. 저는 이 본문을 볼 때마다 두 구절 사이에 어떤 관련성이 있는지 무척 궁금했습니다. "우리로 하여금 빛 가운데서 성도의 기업의 부분을 얻기에 합당하게 하신 아버지께 감사하게 하시기를 원하노라." 물론 이 구절만으로도 충분히 의미가 있습니다. 이 구절만으로도 우리를 천국으로 들여보내기에 합당하게 만드시는 것이 어떻게 성부 하나님의 사역인지 알 수 있습니다. 그러나 다음 구절 곧 13절은 우리의 합당함과 어떤 관계가 있겠습니까? "그가 우리를 흑암의 권세에서 건져내사 그의 사랑의 아들의 나라로 옮기셨으니."

저는 이 구절을 자세히 살펴보고, 다음과 같이 이해해야겠다고 생각했습니다. 즉 12절은 천국의 기업이 곧 빛의 기업이라는 사실을 우리에게 알려줍니다. 그러면 천국이 빛입니까? 그런데 13절에서 "그가 우리를 흑암의 권세에서 건져내사"라고 묘사하고 있는 것처럼 우리의 합당함은 빛에 대한 합당함이라고 볼 수 있습니다. 그것은 같은 일이 아닙니까? 만일 제가 흑암의 권세에서 건짐받는다면 빛 속에 거하기에 합당한 자가 되는 것이 아닙니까? 만일 제가 지금 흑암에서 벗어나 빛 속으로 들어가 그 속에서 살고 있다면 그것은 앞 구절에서 말씀하고 있는 바로 그 합당함이 아니겠습니까? 그래서 저는 본문을 다시 읽어봅니다. 본문은 그들이 성도라고 말합니다. 그렇습니다. 성도는 아들에게 순종하는 사람들입니다. 따라서 "그가 우리를 흑암의 권세에서 건져내사 그의 사랑의 아들의 나라로 옮기셨으니"라고 말씀하는 13절에서도 저의 합당함이 존재합니다. 저는 빛을 갖고 있을 뿐만 아니라 자녀이기도 하기 때문에 저는 "그의 사랑의 아들의 나라"에 있는 것입니다. 그러나 기업은 어떻게 됩니까? 13절에는 기업에 대하여 어떤 내용이 들어 있습니까? 천국은 기업입니다. 그러면 저는 이 구절에서 천국에 대한 어떤 합당함을 찾아낼 수 있습니까? 있습니다. 제가 그의 사랑의 아들의 나라에 들어가 있는 것을 발견합니다. 그리스도는 오셔서 천국을 어떻게 얻으셨습니까? 바로 기업(유산)으로 얻었습니다. 그러면 저는 그리스도의 기업 안에 들어 있는 것입니다. 그리고 만일 제가 여기서 그리스도의 기업 속에 들어가 있다면, 위에서도 그것을 차지하기에 합당합니다. 왜냐하면 저는 이미 그 안에 들어가 있기 때문입니다. 저는 그리스도가 자기 아버지에게서 받으신 왕국에 들어가 있기 때문에 저는 지금 여기서도 그 나라의 한 부분이며, 참여자입니다. 그러므로 여기서도 저는 합당합니다.

제가 이것을 여러분에게 충분히 명확하게 제시하고 있는지는 모르겠습니다. 하지만 여러분이 성경을 자세히 들여다보겠다면, 요점을 다시 반복할 용의가 있습니다. 여러분도 아시다시피, 천국은 빛의 나라입니다. 우리가 흑암의 권세에서 벗어났을 때, 그것으로 당연히 빛에 합당하게 됩니다. 또 천국은 자녀들의 나라입니다. 우리가 하나님의 사랑의 아들의 나라에 들어갔을 때, 그것으로 당연히 우리는 자녀가 되고, 따라서 자녀에 대하여 합당하게 됩니다. 천국은 기업입니다. 상속받은 하나님의 사랑의 아들의 나라 속에 들어갔을 때 우리는 지금 그 기업을 누리고 있고, 따라서 영원히 그 기업을 누리기에 합당합니다.

이와 같이 이 두 구절의 연관성을 설명했으므로 이제 몇 가지 전반적인 결론을 언급하는 것으로 설교를 끝맺도록 하겠습니다. 저는 성경을 해설하는 것을 좋아하는데, 그 이유는 거기서 몇 가지 실천적 결론을 이끌어 낼 수 있기 때문입니다. 물론 첫 번째 결론은 이것입니다. 곧 오늘 밤부터 찬양할 때 성부 하나님에 대한 찬양을 빠뜨리지 말자는 것입니다. 저는 이 설교에서 이미 여섯 번 정도 이 사실을 강조했다고 생각합니다. 제가 이 점을 이토록 자주 반복하는 이유는 절대로 잊어버리지 않도록 하기 위해서입니다. 마르틴 루터는 한 주간 동안 매일 이신칭의 교리에 대하여 설교했으나 사람들이 이해하지 못했다고 말했습니다. 어떤 진리는 계속 반복해서 전해야 할 필요가 있다고 생각하는데, 그것은 우리의 미련한 마음이 그 진리를 받아들이지 못하거나 우리의 부족한 기억력으로 이 진리를 기억 속에 담아두지 못하기 때문입니다. 그러므로 간절히 부탁드리는데, 십자가에 달리신 성자에 대하여 찬양할 때, 습관적으로 하늘에 계신 성부에 대한 찬양도 곁들이십시오. 신인(神人)이신 예수님 곧 여러분을 위해 죽으신 구주를 사랑하는 것처럼 하나님 곧 영원히 살아 계시는 성부 하나님도 진실로 사랑하십시오. 이것이 첫 번째 결론입니다.

그러나 두 번째 결론이 있습니다. 성도 여러분, 오늘 밤 여러분은 이전의 자기와는 다른 존재라는 사실을 알고 있지요? 흑암의 권세가 이제는 여러분에게 머물러 있지 않다는 것, 여러분이 신적 지식을 사랑한다는 것, 여러분이 천국의 기쁨을 갈망하고 있다는 것을 확신합니까? 또 여러분이 "하나님의 사랑의 아들의 나라로 옮겨진" 것에 대해서도 확신합니까? 그렇다면 죽음에 대한 생각으로 결코 고민하지 마십시오. 죽음이 언제 닥쳐온다 할지라도 여러분은 "빛 가운데서 성도의 기업의 부분을 얻기에" 합당한 자가 되었으니까요. 죽을 때가 아닌 시기에 죽음이 오면 어떡하나 하는 생각으로도 고민하지 마십시오. 비록 내일 죽음이 닥쳐온다고 할지라도, 아니 지금 당장 죽음이 엄습한다 할지라도, 여러분의 신앙이 예수님의 피와 의에 굳건하게 고정되어 있다면, 여러분은 용납하시는 하나님의 얼굴을 보게 될 것이니까요. 저는 성령의 증언으로 말미암아 제가 하나님의 가족으로 입양되어 있다는 의식을 제 영혼 속에 갖고 있기 때문에, 다시 설교하지 않는다고 해도, 본향에 도착하기 전 곧 침상에서 숨을 거두기 전에, "내가 알기에는 나의 대속자가 살아 계시니"(욥 19:25)라고, 아니 더 나아가, "나는 빛 가운데서 성도의 기업의 부분을 얻기에 합당하다"고 나의 몸과 짐 속에 새겨 놓아 두어야겠다고 느낍니다. 사람이 그것을 항상 느끼는 것은 아닙니다. 하지만 여러분이 그렇게 할 때까지, 여러분의 합당함을 알 때까지, 여러분 자신의 합당함을 의식할 때까지, 저는 여러분이 결코 만족하지 못하게 할 것입니다. 나아가 여러분은 그곳으로 떠나기를 갈망할 것인데, 그것은 여러분이 천국에 합당한 존재가 될 수 있는 능력 곧 오직 천국에서 유효하게 사용할 수 있는 능력을 갖고 있다고 느끼기 때문입니다.

한 가지 더 생각해 볼 사항이 뇌리에서 떠나지 않습니다. 여기 있는 여러분 가운데 어떤 이는 아무리 너그럽게 판단한다고 해도 "빛 가운데서 성도의 기업의 부분을 얻기에 합당한" 자로 생각될 수 없습니다. 아! 만약 악인이 회심하지 않고 천국에 간다면, 설사 들어간다고 해도, 천국이 그에게는 전혀 천국이 아닐 것입니다. 천국은 죄인들에게는 적합한 곳이 아닙니다. 천국은 죄인들을 위한 장소가 아닙니다. 만일 여러분이 적도에서 오랫동안 살던 호텐토트 사람을 에스키모 사람이 살고 있는 곳으로 데리고 가 그에게 북극의 여명과 온갖 장관을 보여주겠다고 말한다면, 이 불쌍한 사람은 북극의 황홀한 모습을 제대로 감상하지 못할 것입니다. 그는 "이곳은 제게 맞지 않습니다. 제가 행복을 느낄 수 있는 곳이 아닙니다!"라고 말할 것입니다. 그리고 다른 한편으로 여러분이 북극에 거주하는 왜소한 한 원주민을 나무들이 엄청난 크기로 자라고 있고 바람이 불어 은은한 향내가 풍기는 무성한 수풀 지역으로 데리고 가 뙤약볕이 내려쬐는 그곳에서 살라고 명한다면, 그는 조금도 즐거워하지 아니할 것입니다. 그는 "이곳은 내 본성에 적합하지 않기 때문에 내가 살 만한 곳이 아닙니다"라고 말할 것입니다. 또는 여러분이 썩은 고기가 아니면 아무것도 먹지 않는 콘도르(새)를 아주 멋진 집으로 데리고 가 아주 맛있는 생고기를 준비해 놓고 먹이려고 한다면, 콘도르는 자기에게 적합한 음식이 아니기 때문에 결코 좋아하지 아니할 것입니다. 그리고 여러분이 죄인이라면, 여러분은 썩은 고기를 먹는 콘도르에 불과하고, 죄 외에는 여러분을 행복하게 만드는 것이 아무것도 없을 것입니다. 이런 상태에서 시편을 노래하는 것을 전혀 원하지 않을 것입니다. 그렇지 않습니까? 여러분에게 주일은 정말 지루한 날이 될 것입니다. 주일을 건너뛰는 것을 좋아할 것입니다. 성경을 읽는 것도 좋아하지 않을 것입니다. 곧 성경을 아예 갖고 있지 않은 것처럼 될 것입니다. 진실로 예배당이나 교회에 가는 것도 무척 지루한 일이 될 것입니다. 오, 그래서 여러분은 이런 일로 성가신 일을 당하고 싶어하지 아니할 것입니다.

이런 말 한다고 안절부절하지 마십시오. 만일 여러분이 하나님을 사랑하지 않고 이 상태로 죽는다면 여러분은 여러분과 같은 처지에 있는 사람들에게 갈 것입니다. 만약 여러분이 회개하고 하나님께 돌아오지 않는다면, 괜찮은 친구들에게 갈지도 모르겠습니다. 좋은 친구들 곧 땅에서 여러분의 친구였던 사람들에게 가 영원토록 그들과 친구가 될지도 모르겠습니다. 하지만 이 좋은 친구들의 임금(사탄)에게 갈 것입니다. 하나님이 계시는 곳에는 올 수 없습니다. 그곳은 여러분에게 적합한 장소가 아니니까요. 경건하지 못한 죄인을 천국에 두는 것은 공중의 새를 바다 심연 속에 두는 것과 같고, 물고기를 공중에 두는 것과 같습니다. 그러면 어떻게 해야 되겠습니까? 새 본성을 가져야 합니다. 저는 하나님께서 여러분에게 새 본성을 주시기를 기도합니다. 만일 지금 여러분이 구주가 필요함을 느끼고 있다면 그것이 새 본성의 시작임을 명심하십시오. "주 예수 그리스도를 믿으십시오." 단순히 그리스도에게 자신을 던지십시오. 오직 그리스도의 피만 신뢰하십시오. 그러면 새 본성이 확대될 것입니다. 그러면 성령의 역사로 말미암아 "빛 가운데서 성도의 기업의 부분을 얻기에 합당한" 자가 될 것입니다.

이 기도의 집에 들어와 있는 사람들, 이 자리에 참석해 즐겁게 떠들고 있는 사람들 가운데 많은 이가 하나님이나 마귀를 두려워하지 않고 있습니다. 많은 사람이 맥주 집에 있다가 이 자리에 왔습니다. 만일 그가 거기서 죽었다면 그의 영혼이 어디로 갔겠습니까? 그러나 그날 밤 주님을 그를 만나주셨습니다. 오늘 밤 여기에 그 은혜의 전리품이 있습니다. 여러분은 "우리를 흑암의 권세에서 건져내사 그의 사랑의 아들의 나라로 옮기신 아버지께 감사를 드립니다"라고 말할 수 있습니다. 그리고 만일 하나님이 어떤 사람에게 그렇게 하셨다면 왜 다른 사람들에게는 그렇게 하실 수 없겠습니까? 오, 불쌍한 죄인이여, 당신은 왜 절망 속에 빠져듭니까? 당신이 오늘 밤 지옥에서 나온 가장 악한 죄인으로 여기 있다면, 자비의 문이 활짝 열려 있고, 예수님이 당신에게 들어오라고 말씀하고 있다는 사실을 잊지 마십시오. 당신의 죄책을 기억하고 예수님에게 피하십시오, 피하십시오. 그리스도의 십자가를 바라보십시오. 그러면 그분의 핏속에서 용서를 발견하고, 그분의 죽음 속에서 생명을 발견할 것입니다.

제

4

장

—

그리스도 안에 있는 모든 충만

—

**"아버지께서는 모든 충만으로 예수 안에 거하게 하시고 …
기뻐하심이라." ― 골 1:19**

오늘 아침 설교에서 저는 목표로 삼고 있는 실천적 결론을 이끌어 내는데 아무런 어려움이 없습니다. 모든 주체는 객체와 함께 다루어져야 하고, 모든 설교는 명확한 영적 목적을 갖고 있어야 합니다. 그렇지 않으면 우리는 설교를 갖고 장난치는 것밖에 되지 않습니다. 이 관계는 분명히 우리의 목적이 어떠해야 하는지를 보여줍니다. 본문 직전 구절을 읽어 보십시오. 거기에 우리 주 예수님이 만물 속에서 으뜸이 되신다는 사실이 선언되어 있음을 확인하게 됩니다. 우리는 이 본문에 따라 영원히 찬양받으실 구속자에게 영예와 영광을 돌리며, 그분을 우리 마음의 가장 높은 보좌에 앉혀야 할 것입니다. 오, 우리 모두의 마음속에 찬양이 가득하고, 하늘이나 땅에 있는 모든 것 또는 모든 사람보다 우리의 생각 속에 그분을 으뜸으로 두기를 바랍니다.

이 주님을 우리의 임마누엘로 영화롭게 하는 것을 최고의 일과 생각으로 삼을 수 있는 사람이 복이 있습니다. 본문에 이어서 나오는 구절은 우리가 어떻게 해야 그리스도의 영광을 가장 크게 높일 수 있는지를 보여줍니다. 왜냐하면 그분은 만물 곧 땅에 있는 것들이나 하늘에 있는 것들을 자기와 화목시키기 위해 세상에 오신 것이므로 우리는 그분의 이 위대하신 자비의 계획에 적극 동의할 때 그분을 가장 영화롭게 할 것이기 때문입니다. 죄인들을 하나님과 화목 상태 속에 들어가도록 힘쓸 때 우리는 화목을 이루신 이 위대하신 이를 으뜸으로 두는 것이 됩니다. 우리의 복음은 이런 점에서 화목의 복음이 될 것입니다. 그리스도의 영의 능력으로 말미암아 화목의 말씀이 많은 사람들에게 임하여 수많은 영혼들이 오늘부터, 자신의 십자가의 피로 화평을 이루신 이 위대하신 대사를 영화롭게 할 수 있기를 바랍니다.

본문은 의미가 매우 깊어 우리가 그 의미를 낱낱이 파헤칠 수는 없겠지만 성령이 순풍을 불게 하신다면 그 표면이라도 즐겁게 스칠 수는 있을 것입니다. 스바의 여왕은 솔로몬이 갖고 있는 것을 보고 정신을 못 차릴 정도로 많다고 느꼈고, 자기가 들은 것은 절반도 못 된다고 선언했습니다. 그러나 여기에는 솔로몬이 갖고 있는 것을 압도적으로 능가할 정도로 풍성한 양식이 준비되어 있습니다.

네 가지 항목에 따라 우리의 생각을 정리하면, 어느 정도 본문을 체계적으로 정리할 수 있습니다. 본문은 무엇에 대하여 말하고 있습니까? "모든 충만"입니다. "모든 충만"은 어디에 있습니까? "예수 안에" 있습니다. 즉 구속자 안에 있습니다. 왜 말해집니까? 그것이 "아버지를 기쁘시게 하기" 때문입니다. 그리고 "거하게 하시고"라는 말씀 속에서 때 곧 언제에 대한 사실을 확인하게 됩니다. 이 표제어들 곧 무엇, 어디, 왜 그리고 언제는 오늘 아침 설교의 흐름을 기억하는데 도움을 줄 것입니다.

1. 무엇에 대하여 말합니까? – "모든 충만."

그러면 먼저 우리 앞에 놓인 첫 번째 항목 곧 무엇에 대하여 확인해 봅시다. "아버지께서는 모든 충만으로 예수 안에 거하게 하시고 … 기뻐하심이라." "모든 충만." 여기서 두 단어는 서로를 강조해 주고 있습니다. "충만"은 자체로 내용이 풍부하고 포괄적이고 표현이 다양한 단어입니다. 또 "모든"은 한 마디로 모든 것을 포함하는 의미를 가진 말로 가장 간단한 단어입니다. "모든 충만"이라는 표현으로 두 단어가 결합되면 비길 데 없이 독보적으로 풍성한 의미를 가진 말이 우리 앞에 있는 것입니다.

이 두 마디 때문에 하나님을 송축합시다. 인간의 대부분의 추구 속에서는 아주 빈약한 것들이 발견되기 때문에, 우주 속에 "모든 충만"과 같은 일이 있다는 생각을 할 때 우리의 마음은 즐겁습니다. "헛되고 헛되며 헛되고 헛되니 모든 것이 헛되도다"(전 1:2). 우리를 위해 충만을 제공하신 주님을 영원토록 찬양합시다. 우리 안에는 본질상 완전한 공허함과 철저한 헛됨이 들어 있기 때문입니다. "내 속 곧 내 육신에 선한 것이 거하지 아니하는 줄을 아노니"(롬 7:19). 우리 안에는 좋은 것이 전혀 없습니다. 어떤 좋은 것을 얻어내기에는 철저히 무력합니다. 심지어는 설사 얻어낼 수 있다고 해도 그것을 얻어낼 의지마저 결여되어 있습니다. 이런 점에서 인간의 본성은 황량하고 공허하고 무익하고 황폐한 본성으로, 단지 죄라는 괴물과 근심의 쓴 뿌리만이 박혀 있습니다.

죄인 여러분, 성도 여러분, 여러분에게 "모든 충만," 이 두 마디 말은 거룩한 찬송처럼 들릴 것입니다. 이 말의 어조는 천사가 "보라 큰 기쁨의 좋은 소식을 너희에게 전하노라"(눅 2:10)라고 말할 때처럼 달콤합니다. 이 말은 천상의 소네트에서 뽑은 선율이 아닙니까? "모든 충만!" 죄인 여러분, 여러분은 공허와 죽음 자체입니다. 성도 여러분, 여러분도 여러분이 받은 그리스도의 "모든 충만"이 없었다면 똑같습니다. 그러므로 성도와 죄인 모두에게 이 말은 소망 자체입니다. 이 말 속에는 자신의 슬픈 상태를 의식하고 있고 하나님 앞에서 자기를 낮추는 모든 영혼에게 기쁨을 줍니다.

저는 여기서 다시 한 번 "모든 충만"이라고 은종을 울릴 것인데, 그렇게 하면 또 다른 선율이 우리를 매혹시킬 것입니다. 그리스도는 본체이지 그림자가 아니고, 충만이지 맛보기가 아닙니다. 이것은 우리에게 좋은 소식입니다. 왜냐하면 모형이 아니라 실체만이 우리의 상황을 만족시킬 것이기 때문입니다. 모형은 교훈을 줄 수 있지만 실제로 구원할 수는 없습니다. 하늘에 있는 것들의 모형은 우리를 만족시키기에는 너무 약하고, 우리는 하늘에 있는 것 자체를 필요로 합니다. 피 흘리는 새나 죽임당한 수소 또는 흐르는 시냇물이나 붉은 양털과 우슬초는 절대로 우리 죄를 제거할 수 없습니다.

> "어떤 외적 형식도 나를 깨끗하게 할 수 없고
> 나병은 몸 속 깊은 곳에 있다."

옛 세대에서 의식들은 장차 나타날 실체들을 상징하기 때문에 중요했지만, 우리는 그리스도 예수 안에서 실체들 자체를 대하고 이것은 우리에게는 복된 상황입니다. 왜냐하면 우리의 죄와 고통은 실재이고, 오직 실체적인 자비만이 이 실재들을 좌절시킬 수 있기 때문입니다. 예수 안에서 우리는 상징들이 가리키고 있는 모든 것의 실체를 갖고 있습니다. 예수님은 우리의 속죄제물, 우리의 제단, 우리의 제사장, 우리의 향, 우리의 장막, 우리의 전부이십니다. 율법은 "장차 올 좋은 일의 그림자"일 뿐이고, 우리는 그리스도 안에서 "이 좋은 일의 참 형상"입니다(히 10:1). 실체 자체를 갖고 있다는 것, 이것은 자기들이 진리의 단순한 표상이나 진리의 모형이나 진리의 상징으로는 위로를 받지 못해 자신의 공허감을 크게 느끼는 사람들에게 얼마나 황홀한 감동을 주겠습니까! "율법은 모세로 말미암아 주어진 것이요 은혜와 진리는 예수 그리스도로 말미암아 온 것이라"(요 1:17).

　여기서 본문의 말씀으로 다시 돌아가 보겠습니다. 왜냐하면 거기서 벌집에서 흘러내리는 꿀을 더 많이 발견하기 때문입니다. "모든 충만"은 폭넓고 광범위하고 전(全)포괄적인 말로서, 그 충만한 창고는 또다른 즐거움의 원천을 제공하고 있습니다. 우리가 우리의 방대한 필요가 다 채워질 수 있으려면 충만, 아니 "모든 충만"이 요구된다는 사실을 기억한다면 이 말은 우리에게 얼마나 큰 기쁨을 제공하겠습니까! 작은 도움은 우리에게 아무 소용이 없습니다. 왜냐하면 우리는 전혀 힘이 없어 작은 힘으로는 도움이 안 되기 때문입니다. 제한된 자비의 양은 단지 우리의 불행을 조롱할 뿐입니다. 우리는 죄로 더럽혀져 있고, 위험에 에워싸여 있고, 연약함에 둘러싸여 있고, 시험의 공격을 받고, 고통으로 괴롭힘을 받고, 시종 "이 사망의 몸"을 지닌 존재이기에 적은 은혜의 양은 우리를 하늘로 이끌지 못합니다. 그러나 "모든 충만," 예, 그것이 우리에게 맞습니다. 여기가 정확히 우리의 절망적인 상태를 회복시키기 위하여 필요한 지점입니다. 구주께서 단지 우리의 노력을 돕기 위해 손가락만 펴고 있다면 또는 구원 사역의 한도를 수행하기 위해 손만 펼치고 있다면, 구주는 구원 사역 완결을 우리에게 맡기는 것이 되고, 그러면 우리의 영혼은 영원히 흑암 속에 있었을 것입니다. "모든 충만," 이 말 속에서 우리는 구주께서 죽으실 때 마지막으로 토한 외침 곧 "다 이루었다!"는 외침의 메아리를 듣습니다. 우리는 구주 안에서 모든 것, 예, 구주 안에 있는 모든 충만을 찾지 않는 한 아무것도 이룰 수 없습니다. 우리는 단순히 그의 충만한 데서 받으니, 은혜 위에 은혜입니다. 우리는 공헌하라는 요구도 받지 않고 부족한 것을 보충하라는 요청도 받지 않습니다. 왜냐하면 보충할 것이 하나도 없기 때문입니다. 모든 것, 모든 것이 그리스도 안에 쌓여 있으니 말입니다. 우리가 이곳과 천국 사이에서 원해야 할 모든 것, 우리가 핏속에 놓여 있는 지옥의 문과 환영받으며 들어갈 천국의 문 사이에서 필요로 하는 모든 것이 우리를 위해 주 그리스도 예수 안에 놓여 있습니다.

> "우리의 절망적인 비참이 아무리 깊고
> 우리의 죄가 아무리 한이 없더라도
> 크신 하나님, 당신의 사랑의 보화는
> 영원한 나의 보화입니다."

"모든 충만," 이 두 마디의 말이 우리 앞에서 멋진 찬송가가 된다고 말한다면 잘못일까요? 바라건대, 이 찬송이 오랫동안 여러분의 영혼 속에 머무르도록 하십시오. 복을 가져오는 손님이 될 것입니다. 이 두 개의 꿀 섞은 과자를 여러분의 혀 아래 두십시오. 그것들은 천국의 떡이니 여러분의 영혼을 충분히 만족시키십시오. 여러분이 자신의 공허함을 탄식하는 한탄이 클수록 이 두 마디 말은 더 달콤해질 것입니다. 여러분이 천국 은행에서 참으로 많은 것을 끌어냈다고 느끼면 느낄수록 여러분의 인출이 이 무한한 창고를 조금도 줄이지 않는다는 것을 알고 그만큼 더 즐거워할 것입니다. 이 창고는 여전히 "모든 충만"의 이름과 상태를 그대로 보존하고 있을 테니까요.

여기서 사용되고 있는 이 표현은 예수 그리스도 안에 신성의 충만이 들어 있음을 함축합니다. "그 안에는 신성의 모든 충만이 육체로 거하시고"(골 2:9)라고 기록되어 있는 것과 같습니다. 요한은 밧모 섬에서 인자를 보았을 때 신성의 특징을 친히 목격했습니다(계 1:14-16). "그의 머리와 털의 희기가 흰 양털 같고 눈 같으며." 이것은 그분의 영원성을 의미했습니다. "그의 눈은 불꽃같고." 이것은 그분의 전지성을 의미했습니다. "그의 입에서 좌우에 날선 검이 나오고." 이것은 그분의 말씀의 전능성을 의미했습니다. "그 얼굴은 해가 힘 있게 비치는 것 같더라." 이것은 감히 접근할 수 없는 그분의 무한한 영광을 의미했습니다. 그분은 알파와 오메가요, 시작과 끝이요, 처음과 나중입니다. 따라서 그분에게는 어려운 일이란 절대로 없습니다. 권능, 지혜, 진리, 불변성 등 하나님의 모든 속성이 그분 안에 있고, 헤아릴 수 없고 결코 소진될 수 없는 충만을 구성합니다. 아무리 탁월한 지성을 가진 사람이라도 절대로 하나님이신 그리스도의 인격적 충만을 다 파악할 수 없습니다. 그러므로 우리는 이 귀한 본문을 한 번 더 인용하지 않을 수가 없습니다. "그 안에는 신성의 모든 충만이 육체로 거하시고 너희도 그 안에서 충만하여졌으니."

나아가 모든 충만이 우리 주님 안에 거하는 것은 그분의 본성에서 본래 이끌어져 나오는 것일 뿐만 아니라 그분의 중보 사역의 결과로 주어진 것이기도 합니다. 주님은 본성상 놀라운 충만을 소유하셨을 뿐만 아니라 고난을 통해서도 충만을 취득하셨습니다. 주님은 우리의 죄의 짐을 자신의 어깨에 메셨습니다. 주님은 자신의 죽음으로 우리의 죄책을 속하셨고, 그래서 아버지에게 무한하고 헤아릴 수 없는 충만한 공로를 갖고 계십니다. 성부 하나님은 저수지처럼 그리스도 예수 안에 자신의 모든 백성이 사용할 수 있도록 자신의 영원한 사랑과 무한한 은혜를 비축해 두셨기 때문에 이 사랑과 은혜가 그리스도 예수를 통해 우리에게 임하고, 그렇게 하여 우리는 하나님을 영화롭게 할 수 있습니다. 모든 능력이 예수 그리스도의 손에 쥐어져 있고, 생명과 빛과 은혜가 전적으로 그분의 처분에 달려 있습니다. "열면 닫을 사람이 없고 닫으면 열 사람이 없는 그가 이르시되"(계 3:7). 예수 그리스도는 사람들을 위해 선물을 받으셨습니다. 예, 그것도 반역하는 사람들을 위해서 말입니다. 전능하신 하나님, 영존하신 아버지로서 그분은 하늘과 땅의 주인이시고, 그러므로 모든 충만으로 채워져 있을 뿐만 아니라 중보자로서 그분은 우리의 구속을 이루셨습니다. "예수는 하나님으로부터 나와서 우리에게 지혜와 의로움과 거룩함과 구원함이 되셨으니"(고전 1:30). 이 이중의 충만으로 말미암아 예수님의 이름이 영화롭게 되기를 바랍니다.

다시 생각을 가다듬고, 모든 충만은 하나님에 대한 충만 및 사람들에 대한 충만으로 그리스도 안에 거한다는 사실을 기억합시다. 하나님에 대한 모든 충만은 하나님이 사람에게 요구하는 모든 것을 만족시켰다는 것을 의미합니다. 영원한 마음을 만족시키고 기쁘시게 하는 모든 것, 그리하여 다시 한 번 만족스럽게 피조물을 내려다보면서 "매우 좋다"고 선언하시는 것을 의미합니다. 주님은 자신의 포도원에서 좋은 포도를 찾으셨으나 들 포도가 맺혔습니다. 그러나 이제는 그리스도 예수 안에서 크신 농부께서 많은 열매를 맺는 참 포도를 보고 계십니다. 창조주는 순종을 요구하셨고, 이제 그리스도 예수 안에서 주인의 뜻을 행하는데 조금도 하자가 없는 종을 보고 계십니다. 공의는 율법이 지켜져야 할 것을 요구했고, 그런데 보십시오, 그리스도는 모든 믿는 자에게 의를 위해 율법의 마침이 되십니다. 우리가 율법을 어겼기 때문에 공의는 의로운 형벌을 받을 것을 요구했고, 이에 예수님은 충분히 이 형벌을 대신 감당하셨습니다. 왜냐하면 예수님은 죽음 곧 십자가의 죽음에 자신의 머리를 내놓으셨기 때문입니다. 하나님은 하나님보다 조금 못한 존재로 사람을 지으시고 그 코에 생기를 불어넣으셔서 생령이 되게 하셨기 때문에 이처럼 은혜를 베푼 존재로부터 각별한 섬김 곧 온전하고 기쁘고 지속적인 섬김을 기대할 권리를 갖고 계셨습니다. 그래서 우리 구주는 아버지께서 완전히 만족하실 일을 하셨습니다. 왜냐하면 아버지께서 "이는 내 사랑하는 아들이요 내 기뻐하는 자라"(마 3:17)고 확언하시기 때문입니다. 하나님은 타락하지 않은 세상을 통해 받으시는 것보다 자신의 아들의 인격을 통해 더 큰 영광을 받으십니다. 장엄한 자연이나 탁월한 섭리를 통해서는 계시될 수 없는 무한한 자비와 공의와 지혜가 그리스도로 말미암아 전체 우주 속에 찬란히 드러납니다. 하나님의 평가에 따르면, 그리스도의 사역은 영예롭고 보배롭습니다. 왜냐하면 그리스도의 의로 말미암아 하나님께서 크게 기뻐하시기 때문입니다. 영원하신 분의 마음은 대속주의 인격과 사역과 속죄로 흡족하게 됩니다. "아들에 관하여는 하나님이여 주의 보좌는 영영하며 주의 나라의 규는 공평한 규이니이다 주께서 의를 사랑하시고 불법을 미워하셨으니 그러므로 하나님 곧 주의 하나님이 즐거움의 기름을 주께 부어 주를 동류들보다 뛰어나게 하셨도다"(히 1:8-9).

사랑하는 성도 여러분, 이 진리로 말미암아 우리가 얼마나 형언할 수 없는 위로를 얻을 수 있습니까! 만약 하나님이 우리를 받아주시도록 우리가 하나님을 위해 어떤 일을 해야 했다면 항상 불가능했겠지만 지금은 "사랑하시는 분 안에서 받아들여졌기" 때문에 온갖 위험에서 벗어나 안전하니 말입니다. 지극히 높으신 하나님 앞에 나아갈 수 있는 방법을 우리 스스로 찾아야 했다면, 우리는 여전히 "내가 번제물로 일 년 된 송아지를 가지고 그 앞에 나아갈까 여호와께서 천천의 숫양이나 만만의 강물 같은 기름을 기뻐하실까"(미 6:6-7)라고 물어야 할 것입니다. 그러나 이제는 "제사와 예물과 번제와 속죄제는 원하지도 아니하고 기뻐하지도 아니하신다"(히 10:8)는 음성을 듣습니다. 또한 같은 하나님의 음성이 다음과 같이 덧붙여 들려오는 것을 듣습니다. "보시옵소서 내가 하나님의 뜻을 행하러 왔나이다"(히 10:9). 이어서 우리는 "이 뜻을 따라 예수 그리스도의 몸을 단번에 드리심으로 말미암아 우리가 거룩함을 얻었노라"(히 10:10)는 성령의 증언도 즐겁게 받아들입니다. 왜냐하면 이후에 "그들의 죄와 그들의 불법을 내가 다시 기억하지 아니하리라"(히 10:17)는 말씀이 나오기 때문입니다.

그리스도의 모든 충만은 또한 인간에 대한 **모든 충만**입니다. 왜냐하면 이 충만이 죄인과 성도 모두에게 관련되어 있기 때문입니다. 그리스도 예수 안에는 구원을 추구하는 죄인이 기쁘게 바라볼 수 있는 충만이 있습니다. 죄인 여러분, 여러분이 원하는 것이 무엇입니까? 여러분은 모든 것을 원하고, 모든 것은 그리스도 안에 있습니다. 그리스도를 믿는 믿음의 능력을 원합니까? 그리스도를 보십시오. 그분이 약한 자에게 힘을 주시니까요. 회개를 원합니까? 그리스도를 보십시오. 그분은 죄 사함뿐만 아니라 회개를 주시려고 높아지신 분입니다. 새 마음을 원합니까? 언약에 "새 영을 너희 속에 두고 새 마음을 너희에게 주리라"(겔 36:26)고 되어 있음을 주목하십시오. 용서를 원합니까? 그리스도의 피 흐르는 상처를 보십시오. 그분이 여러분을 씻기고 깨끗하게 할 것입니다. 치유를 원합니까? 그리스도를 보십시오. 그분은 "여러분을 치료하시는 주님"입니다. 의의 옷을 원합니까? 그리스도를 보십시오. 그분의 의가 여러분의 옷이 될 것입니다. 보존을 원합니까? 그리스도를 보십시오. 그분 안에서 여러분은 보존을 받게 될 것입니다. 생명을 원합니까? 그리스도를 보십시오. 그분은 "잠자는 자여 깨어서 죽은 자들 가운데서 일어나라 그리스도께서 너에게 비추이시리라"(엡 5:14)고 말씀하셨습니다. 그리스도는 우리에게 생명을 주시려고 오셨습니다. 여러분은 원하는 것이 있지요. 하지만 정말이지, 그 항목이 너무 많아 지금 이 순간 우리가 다 제시할 수 없습니다. 하지만 여러분의 필요가 알프스 산처럼 쌓여 있을지라도 모든 충만을 갖고 있는 구주께서 여러분의 모든 필요를 해결하실 수 있습니다. 그렇습니다. 그래서 여러분은 확신을 갖고 이렇게 노래할 수 있습니다.

"오, 주님, 당신만이 내가 바라는 모든 것이니이다.
　나는 당신 안에서 모든 것보다 더 귀한 것을 발견하나이다."

모든 충만은 죄인에게만이 아니라 성도에게도 해당됩니다. 오, 하나님의 자녀 여러분, 여러분은 지금 구원받았으나 여전히 원하는 것이 있고, 그러므로 아직 채워지지 않았습니다. 이 원함이 여러분의 심장의 고동처럼 계속되고 있지 않습니까? 성도 여러분, 우리가 부족하지 않을 때가 있습니까? 우리는 하나님을 위해 살수록 우리의 영적 필요를 그 만큼 더 깊이 의식하게 됩니다. "눈멀고 헐벗은" 자가 자신은 부요하고 좋은 것이 많다고 생각하지만 진실로 마음이 눈을 뜨게 되면 우리가 철저히 하나님의 자비에 의존하고 있다는 사실을 느끼게 됩니다. 그러므로 예수 그리스도의 모든 충만 속에 충분히 공급되는 것 외에 우리의 심령의 필요를 채워줄 것은 아무것도 없다는 사실을 배웠으므로 감사합시다. 여러분은 높은 수준의 영적 성취를 원하고, 죄를 정복하기를 원하고, 풍성한 열매로 하나님께 영광을 돌리기를 원하고, 쓰임받기를 갈망하며, 다른 사람들의 마음이 그리스도에게 복종하기를 원합니까? 그러면 이 모든 것을 해결하는데 충분한 은혜를 찾으십시오. 다윗의 후손의 거룩한 병기고에서 여러분이 사용할 무기를 찾으십시오. 아론보다 더 크신 대제사장의 집에서 여러분이 제사장 직분을 수행하는데 필요한 예복을 찾으십시오. 예수님의 상처 속에서 여러분이 산 제사를 드릴 수 있는 능력을 찾으십시오. 만일 여러분이 스랍처럼 빛을 발하고 사도처럼 섬기고자 한다면 예수님 안에서 여러분을 기다리고 있는 은혜를 찾으십시오. 만일 여러분이 힘에 힘을 얻어 가장 높은 거룩함의 정상을 밟기를 원한다면 여러분을 위해 준비되어 있는 은혜 위의 은혜를 찾으십시오. 만일 여러분이 능력이 제한되어 있다면 그것은 그리스도 안에 있지 않기 때문입니다. 만일 여러분이 거룩함을 성취하는데 어떤 제한이 있다면 여러분 자신이 그렇게 만든 것입니다. 무한하신 하나님이 친히 그의 사랑의 아들의 인격을 통해 자신을 여러분에게 주시고, 여러분에게 "모든 것이 너희 것"이라고 말씀하십니다. "여호와는 나의 산업과 나의 잔의 소득이시니"(시 16:5). 무한성이 우리의 것입니다. 자기 아들을 우리에게 주신 분은 바로 그 행위를 통해 우리에게 모든 것을 주신 것입니다. 그분이 "나는 너를 애굽 땅에서 인도하여 낸 여호와 네 하나님이니 네 입을 크게 열라 내가 채우리라"(시 81:10)고 말씀하지 않으셨습니까?

저는 모든 충만은 땅에 있는 성도에게만이 아니라 하늘에 있는 성도에게도 해당된다고 강조하고 싶습니다. 왜냐하면 그리스도 안에는 전투하는 교회의 모든 충만뿐만 아니라 승리하는 교회의 모든 충만도 있기 때문입니다. 하늘에 있는 성도들도 그리스도가 없으면 그곳에서 아무것도 아닙니다. 그들이 마시는 순전한 생명수의 강은 하나님의 보좌와 어린 양의 보좌로부터 흐르고 있습니다. 어린 양이 그들을 제사장과 왕으로 삼았고, 그들은 그분의 능력으로 다스립니다. 그들의 눈과 같이 흰 옷은 어린 양의 피로 깨끗이 씻음받아 하얗게 되었습니다. 어린 양은 하늘의 성전(계 21:22), 하늘의 등불(계 21:23)입니다. 어린 양의 혼인은 하늘의 기쁨(계 19:7)이고, 하나님의 종인 모세의 노래와 어린 양의 노래는 하늘의 노래(계 15:3)입니다. 그리스도가 계시지 않는다면 하늘에 있는 모든 수금이 천상의 처소를 결코 만들 수 없습니다. 왜냐하면 그리스도는 하늘의 하늘로서, 모든 것을 채우시는 분이기 때문입니다. 성부는 기꺼이 모든 성도와 죄인을 위해 모든 충만이 그리스도 예수 안에 쌓여 있게 하셨습니다.

저는 본문이 저를 압도하는 것 같은 느낌을 갖습니다. 사람들은 세계를 일주하는 항해를 할 수 있겠지만, 누가 이처럼 방대한 주제를 일주하며 탐구할 수 있겠습니까? 동에서 서가 먼 것처럼 이 본문에 나타나 있는 복의 범주도 참으로 넓습니다.

> “철학자들은 산을 측량하고,
> 　바다와 국가와 왕들의 깊이를 헤아리며,
> 지팡이를 가지고 하늘까지 올라갔고, 샘들을 조사했다.
> 그러나 두 가지 광범위하고 방대한 것, 그것은 곧 은혜와 사랑이다.
> 그러나 그것들을 측정하는 일이 더 중요함에도 불구하고,
> 그것들을 측정하는 자는 거의 없다.”

본문이 갖고 있는 모든 의미를 누가 감히 설명할 수 있겠습니까? 왜 그렇습니까? 본문에서 우리는 “모든”과 “충만”이라는 말(충만 속에 있는 모든 것, 모든 것 속에 있는 충만)을 갖고 있기 때문입니다. 이 두 마디의 말은 배타적이면서 동시에 포괄적입니다. 이 두 마디의 말은 그리스도에게 모든 충만이 있기 때문에 다른 곳에는 어떤 충만이 있다는 사실을 부정합니다. 다른 모든 충만은 배제합니다. “아버지께서는 모든 충만으로 예수 안에 거하게 하시고.” 여러분 속에는, 여러분이 아무리 사도들의 계승자라고 주장한다고 할지라도, 제가 필요로 하는 것이 결코 거할 수 없습니다. 저는 여러분이 없어도 꽤 잘할 수 있습니다. 아니, 여러분과 거래를 함으로써 저의 구주를 모욕하지는 않겠습니다. “모든 충만”이 그분 안에 있는데, 제가 요구할 것이 여러분 안에 무엇이 있을 수 있겠습니까? 그리스도를 알지 못하는 얼간이에게나 가십시오. 그러나 그리스도의 풍성한 은혜를 소유한 자들은 여러분에게 굽실거리지 아니할 것입니다. 오, 주교 여러분, 우리는

여러분이 없어도 "그리스도 안에서 충분합니다." 오, 추기경단이여, 우리는 여러분이 없어도 안전합니다. 오, 유오하면서도 무오류하고, 불결하면서도 거룩함을 주장하는 로마 가톨릭 교회여, 우리는 여러분이 없어도 완전합니다. 그리스도 안에서 모든 것을 갖고 있는 자가 만일 그리스도 외에 더 바라거나 공허함을 갈망하는 충만을 갖고 있다면 정신이 나간 사람일 것입니다.

우리는 본문을 통해 예수 그리스도 안에 모든 것이 충분히 쌓여 있음을 믿기 때문에 인간, 아니 천사에 대한 모든 신뢰를 포기합니다. 성도 여러분, 만일 가톨릭교나 의식주의로 불리는 것 속에 또는 현대의 철학적 신사상 속에 조금이라도 유익한 것이 있다면 단순한 종교인들이 거기서 무엇을 찾든 놔둡시다. 그리고 그들을 시기하지 맙시다. 왜냐하면 그들은 자기들의 예배형식이나 신앙형태 속에서 가치 있는 것은 아무것도 찾지 못하고, 가치 있는 것은 몽땅 충만한 구주의 인격 속에서 우리가 이미 찾은 것 외에는 없기 때문입니다. 그들의 촛불이 밝게 타오른들 어떻습니까? 태양이 우리 것인 걸요! 그들이 사도들의 후계자를 자처한들 어떻습니까? 우리는 어린 양이 이끄는 대로 따르고 있는 걸요! 그들이 훌륭한 현자를 자처한들 어떻습니까? 우리는 성육신하신 지혜 자체와 함께 거하고 있는 걸요! 그들이 자기들의 저수지를 찾게 놔둡시다. 대신 우리는 생명수의 샘 가까이에 거합시다! 그러나 사실상 그들의 발광체 안에는 빛이 전혀 없습니다. 그들은 어둠을 더하는 것 외에 다른 것은 못합니다. 그들은 맹인을 인도하는 눈 먼 지도자들입니다. 그들은 예수님의 모든 충만과 경쟁하기 위해 자기들의 공허함을 과장하고, 전혀 복음이 아닌 다른 복음을 전파하고 있습니다. 사도의 저주가 그들에게 임할 것입니다. 그들은 하나님의 말씀에 덧붙이기 때문에 하나님은 그들에게 재앙을 덧붙이실 것입니다.

본문은 배타적이지만 또 포괄적이기도 합니다. 본문은 피로 값을 치르고 산 모든 사람을 위해 시간과 영원 속에서 요구되는 모든 것을 담아놓고 있습니다. 본문은 생각할 수 있는 모든 좋은 것을 다 담고 있는 방주입니다. 그러나 아직 많은 것들이 생각조차 못하는 것들입니다. 왜냐하면 연약함 때문에 우리는 그리스도의 충만을 다 생각해내지 못하기 때문입니다. 여러분이 아직 묻지 않은, 아니 사실은 생각조차 못한 것들을 주님은 풍성하게 주실 수 있습니다. 여러분이 순교자들의 성결과 사도들의 경건과 천사들의 순결함에 도달한다고 할지라도, 그리스도 예수 안에 이미 쌓여 있지 않은 어떤 순전하고 훌륭하고 평판이 좋은 것을 보지 못하거나 생각할 수 없는 경우는 없었을 것입니다. 모든 강이 이 바다로 흘러 들어가는데, 그것은 이 바다에서 모든 강이 나왔기 때문입니다. 공기가 온 땅을 둘러싸고 있고, 모든 것이 이 공기의 바다 속에서 살고 있는 것처럼 온갖 좋은 것도 우리의 사랑하는 대속자의 복된 인격 속에 포함되어 있습니다. 그러므로 우리가 함께 대속자를 찬양합시다. 마음과 입술로 그분을 높입시다. 그리고 그분으로 말미암아 죄인들이 하나님과 화목하도록 만듭시다. 만일 온갖 좋은 것이 그리스도 안에 있어서 죄인이 하나님께 용납해 달라고 요구할 수 있다면 죄인이 즉시 이 중보자를 통해 하나님께 나아갈 수 있도록 합시다. 중보자의 충만을 보고 의심과 두려움이 사라지게 합시다. 예수님은 모든 충만이 자기 안에 거하기 때문에 아무리 멀리 있는 사람이라도 구원하실 수 있습니다. 그러므로 죄인 여러분, 나오십시오. 나아와 예수님을 영접하십시오. 그리스도를 믿으십시오. 그러면 그리스도 예수 안에서 온전하게 된 자신을 발견하게 될 것입니다.

> "죄인은 십자가에 못 박히신 하나님을
> 　믿고 의지하는 순간,
> 　그분의 피로 말미암아 즉시 죄 사함을 받고
> 　온전히 구속을 받으리라."

2. 모든 충만은 어디에 있습니까? ─ "예수 안에."

지금까지 무엇에 대하여 살펴보았으므로, 이번에는 어디에 대하여 생각해 보겠습니다.

"아버지께서는 모든 충만으로 예수 안에 거하게 하시고." 다른 곳 어디에 모든 충만이 있을 수 있겠습니까? 만약 있으려면 "모든 충만"을 담을 방대한 수용력을 갖고 있어야 합니다. 자기 안에 모든 충만을 수용할 만큼 충분히 넓은 본성을 가진 존재가 어디 있겠습니까? 우리가 흔히 다음과 같이 묻는 것과 같습니다. "누가 손바닥으로 바닷물을 헤아렸으며 뼘으로 하늘을 쟀으며 땅의 티끌을 되에 담아 보았으며 접시저울로 산들을, 막대저울로 언덕들을 달아 보았으랴"(사 40:12). 오직 그리스도만이 "모든 충만"을 소유할 수 있습니다. 그분은 무한자이신 하나님과 동등하신 분이니까요. "하나님 곁에 있어서 하나님이 되신" 지극히 높으신 이의 아들이 모든 지혜와 지식과 은혜와 구원의 온갖 보화를 담고 있는 거대한 저장소가 되는 것이 얼마나 적절한 일이겠습니까! 게다가 담을 수용력을 갖고 있을 뿐만 아니라 충만을 **보존할 불변성**도 갖고 있어야 합니다. 왜냐하면 본문은 "그 안에는 신성의 모든 충만이 육체로 거하시고"라고 되어 있기 때문입니다. 즉 영원히 머무르고 남아 있어야 합니다. 그런데 만일 어떤 충만이 우리처럼 변덕스런 피조물 속에 두어질 수 있다면 우리의 연약함 때문에 절대로 물을 담아놓을 수 없는 깨진 물통으로 판명되고 말 것입니다. 대속자는 어제나 오늘이나 영원토록 동일하신 예수 그리스도입니다. 그러므로 모든 충만이 그분 안에 두어지는 것이 합당합니다. "아들은 영원히 거하나니"(요 8:35). "그는 영원히 멜기세덱의 반차를 따르는 제사장이라 하셨으니"(히 5:6). "온전하게 되셨은즉 자기에게 순종하는 모든 자에게 영원한 구원의 근원이 되시고"(히 5:9). "그의 이름이 영구함이여 그의 이름이 해와 같이 장구하리로다 사람들이 그로 말미암아 복을 받으리니 모든 민족이 다 그를 복되다 하리로다"(시 72:17).

아마 가장 감미로운 생각은 "모든 충만"이 그리스도 예수 안에 적절하게 두어져 있다는 것이 될 것입니다. 왜냐하면 그분 안에 충만을 적당하게 배분하는 능력이 있어서 우리가 그분에게서 충만을 얻을 수 있기 때문입니다. 우리가 은혜를 위해 어떻게 하나님께 감히 나아갈 수 있겠습니까? "거기다 우리 하나님은 소멸하는 불이신데" 말입니다. 그러나 예수 그리스도는 다른 한편으로는 또한 우리와 성정이 같은 사람 곧 아주 온유한 영을 가지신 진정한 인간이기에 우리가 쉽게 다가갈 수 있는 분입니다. 그리스도를 아는 자들은 기꺼이 그분에게 가까이 나아갑니다. 모든 충만이 세리와 죄인들의 친구였던 분, 그리고 잃어버린 자를 찾아 구원하기 위해 세상 속에 오셨던 분 안에 쌓여 있다는 것은 기분 좋지 않습니까? 그분은 어린아이를 무릎 위에 앉혀 놓고 "어린 아이들이 내게 오는 것을 금하지 말라"고 말씀하신 분입니다. 모든 일에 우리와 똑같이 시험을 받으신 분입니다. 병든 자를 만지신, 아니 "그들의 병을 짊어지신" 분입니다. 자신의 손을 못에, 자신의 가슴을 창에 내놓으신 분입니다. 제자 도마에게 자신의 몸의 못 자국에 손가락을 내밀어 보고 자신의 옆구리에 손을 넣어보라고 말씀하신 분입니다. 그분은 바로 성육신하신 하나님으로 그분 안에 모든 충만이 거합니다. 그러니 아무리 연약하고 비천하고 죄를 많이 범했다고 할지라도 와서 그분을 영접하십시오. 오, 죄인이여, 두려워 말고 즉시 나아오십시오.

> "왜 그대는 주님에게 나아와
> 모든 사정을 아뢰기를 두려워하는가?
> 주님은 그대의 파멸을 선언하지도 않고,
> 그대에게 눈살을 찌푸리지도 않을 것이다.
> 그런데도 그대는 임마누엘을 두려워하고,
> 또는 하나님의 어린 양을 무서워하겠는가?
> 지옥에서 그대의 영혼을 구원하기 위해
> 누가 자신의 보혈을 흘리셨는가?"

그러나 여기서 아주 조심스럽게 말하고 싶은 것은 충만이 그리스도 안에 비축되어 있기는 하지만 그리스도에 대한 교리 안에 비축되어 있다고 말해서는 안 된다는 점을 유의하자는 것입니다. 그리스도에 대한 교리는 충분하고 완전하지만, 성령이 우리 안에 아들을 계시하실 때 우리는 다른 가르침을 전혀 필요로 하지 않습니다. 따라서 교리가 우리를 인도하기에 아주 충분하다고 할지라도 충만이 그리스도의 계명 속에 비축되어 있다고 말해지지는 않습니다. 대신 "아버지께서 모든 충만으로 예수 안에 곧 예수의 인격 안에 거하게 하십니다." 성육신한 하나님이신 예수 안에 "신성의 모든 충만이 육체로 거하십니다." 곧 신화나 꿈이나 생각이나 허구가 아니라 살아 있고 진정한 인격으로 존재합니다. 우리는 이 점을 굳게 붙들어야 합니다. 저는 충만이 직무상 선지자, 제사장, 왕이신 그분 안에 거한다고 알고 있고, 선지자의 옷이나 제사장의 에봇이나 왕의 복장에 거한다고 알고 있지 않습니다. 충만은 이 모든 옷을 입고 있는 분의 인격 속에 있습니다. "아버지께서는 모든 충만으로 예수 안에 거하게 하시고." 여러분은 여러분의 믿음으로 이 그리스도에게 나아가 오직 그분만 의지해야 하고, 그렇지 않으면 모든 충만이 비축되어 있는 저장소에 이르지 못할 것입니다. 모든 충만은 근본적으로 그분 안에 있기 때문입니다.

만일 그리스도의 사역이나 은사 또는 그분의 약속에 충만이 거한다면, 이 모든 것은 그분의 인격에서 파생되어 나옵니다. 그 이유는 그분의 인격이 이 모든 것에 가치와 비중을 제공하기 때문입니다. 모든 약속이 그리스도 예수 안에서 예와 아멘이 됩니다. 그리스도의 죽음의 공로는 주로 그분의 인격 속에 있는데, 그 이유는 그분이 우리를 위해 자신을 내놓으신 하나님이고, 그분의 자아는 나무 위에서 친히 그 몸으로 우리의 죄를 담당하셨기 때문입니다. 그리스도는 인격이 극히 탁월하여 자신을 온전히 속죄 제물로 내놓으셨습니다(히 1:3). 오늘날에도 구원하시는 그리스도의 능력은 그분의 인격 속에 있습니다. 왜냐하면 "그분은 항상 살아서 그들을 위해 중보하고 계시기 때문에 자기로 말미암아 하나님께 나아온 자들을 아무리 멀리 떨어져 있다 하더라도 구원하실 수 있기" 때문입니다. 저는 여러분이 이 점을 보고 느끼기를 바랍니다. 왜냐하면 여러분의 영혼이 예수님의 못 박히신 발을 끌어안고, 어떤 사람의 얼굴보다 더 일그러진 얼굴을 바라볼 때, 비록 그분의 모든 사역과 직무를 완전히 이해할 수는 없다고 하더라도, 그분을 믿는다면, 모든 충만이 거하고 있는 곳에 도달하고 그 충만을 받게 되었을 것이기 때문입니다.

사랑하는 성도 여러분, 우리의 실천적 목표를 기억합시다. 성도들이여, 그리스도의 인격을 찬양하십시오! 죄인들이여, 그리스도의 인격으로 말미암아 하나님과 화목하십시오! 천사들이여, 우리를 찬송으로 이끌어 가소서! 그리스도의 피로 구속 받은 너희 영들아, "죽임을 당하신 어린 양은 찬송을 받으시기에 합당하도다!"라고 노래하십시오. 그러면 우리의 마음이 여러분의 마음과 가락을 맞출 것입니다. 왜냐하면 우리는 그분께 똑같은 은혜를 입었기 때문입니다. "찬송과 영광과 지혜와 감사와 존귀와 권능과 힘이 우리 하나님께 세세토록 있을지어다"(계 7:12). 우리가 얼굴과 얼굴을 맞대어 하나님을 보고 원하는 대로 하나님을 찬양할 수 있기를 바랍니다. 오, 죄인들이여, 모든 충만이 예수 안에 거하고, 예수님이 여러분의 연약함에 몸을 굽히며, 여러분을 맞이하기 위하여 못에 찔린 손을 내미시는데, 예수님을 통해 하나님과 화목하지 않겠습니까? 예수님이 자신을 통해 하나님께 나아가도록 여러분에게 다정하게 구애하는 동안 여러분을 맞이하기 위하여 자신의 두 손을 활짝 펼치고 있는 모습을 잊지 마십시오. 그러니 어서 예수님께 나아오십시오. 오, 회개하는 자들이여, 속히 발걸음을 재촉해 나아오십시오. 죄책을 짊어지고 있는 자들이여, 즉시 나아오십시오. 은혜의 모든 충만이 거하는 분 안에서 이와 같은 분으로 말미암아 하나님과 화목하기를 누가 바라지 않겠습니까?

3. 모든 충만은 왜 말해집니까? — "아버지를 기쁘시게 하기 위해."
우리가 살펴볼 세 번째 항목은 왜에 대한 것입니다. "아버지께서는 … 기뻐하심이라." 이것으로 충분한 대답이 될 것입니다. 성부는 주권자로, 자신이 원하는 대로 무엇이든 하시는 분입니다. 선택에 대한 이유를 물어보십시오. 다음과 같은 대답 외에 다른 대답을 들을 수 없을 것입니다. "그렇다고 해도, 아버지여, 그렇게 하는 것이 아버지께서 보시기에 좋기 때문입니다." 이 유일한 대답은 일만 가지 질문에 대한 대답이 될 수 있습니다. 자신이 보시기에 좋은 일을 행하는 분이 주님입니다. 이전에는 "예수님을 상하게 하는 것이 아버지의 기쁘신 뜻"이었으나 지금은 "예수 안에 모든 충만이 거하도록 하시는 것이 아버지의 기쁘신 뜻"입니다. 이 질문에 대한 충분한 대답은 주권성이니, 주의하십시오! 저는 공의가 자기는 절대로 잠잠할 수 없다고 말하는 소리를 듣습니다. 공의는 하늘에서나 하늘 아래에서나 예수님만큼 은혜를 충만하게 소유한 존재는 결코 없었다고 말합니다. "오히려 자기를 비워 종의 형체를 가지사 사람들과 같이 되셨고 사람의 모양으로 나타나사 자기를 낮추시고 죽기까지 복종하셨으니 곧 십자가에 죽으심이라"(빌 2:7-8). 이 말씀의 주인공인 구주만큼 영광을 받기에 합당한 자는 아무도 없습니다. 오직 공의는 구주께서 우리에게 제공하신 은혜가 그분 안에 거해야 한다고 외칩니다. 그리고 공의가 외치는 동안 지혜도 자신의 목소리를 높이는 것을 멈추지 않습니다. "오, 여호와여, 그분에게 사람들이 나아올 수 있도록 그리스도 안에 은혜를 쌓아 두시는 것이 지혜롭나이다."

하나님의 택하심을 받고 보배로운 산 돌에게 나아오는 것처럼 그분에게 나아오는 자들은 그분 또한 자기들의 영혼에 보배롭다는 것을 발견할 것입니다. 주님은 우리가 도움 받을 곳을 올바른 곳에 두셨습니다. 왜냐하면 그분은 자신의 도움을 전능하신 분에게 두었고, 자신이 전능하신 것처럼 사랑도 풍성하고, 구원하실 준비가 다 되어 있기 때문입니다. 더구나 사물 본래의 목적의 관점에서 볼 때 아버지의 기뻐하심이 고려해야 할 첫 번째 요점입니다. 왜냐하면 만물은 하나님의 선하신 기쁨이 되어야 하기 때문입니다. 만물이 하나님의 기뻐하심을 위해 창조되었다는 것이 우주의 근본 법칙입니다. 하나님은 영원한 사랑의 원천이자 샘이고, 하나님이 선택하시는 어떤 통로를 따라 우리에게 그 사랑을 전달하시는 것이 합당할 것입니다. 그러므로 그분의 보좌에서 겸손하게 무릎꿇고 경배하는 우리는 이 문제에 있어서 충만이 천국의 작정을 영원히 만족시키는 곳에 거하고 있는 것이 기쁩니다. "그것이 아버지를 기쁘시게 하는 것"은 당연합니다.

그런데 성도 여러분, 아버지께서 그리스도 안에 모든 은혜를 두시는 것을 기뻐하신다면 우리는 이 택하심받은 구주를 찬양해야 합니다. 하나님을 기쁘시게 하는 것은 우리를 기쁘게 하는 것입니다. 성도 여러분, 여러분은 지극히 사랑하시는 구주 말고 어디에 은혜가 두어지기를 바랍니까? 하나님의 온 교회는 이 점에 대해서는 견해가 만장일치입니다. 만일 제가 나 자신을 구원할 수 있었다면 이 견해에 동조하지 않을 것입니다. 만일 그것이 예수님을 영화롭게 하지 않았다면 구원은 더 이상 구원이 아니라고 생각합니다. 우리가 구원받는 것이 그리스도에게 영광이 돌아가게 된다는 것, 이것이 구원의 진정한 면류관이고 영광입니다. 그리스도가 하나님의 모든 은혜의 영광이 된다는 것은 생각만 해도 즐겁습니다. 만약 그렇지 않다면 충격이었을 것입니다. 누가 예수님께서 자신의 상을 빼앗기는 것을 보고 참을 수 있겠습니까? 우리는 어떤 사람이 예수님의 위치를 빼앗는 것에 분개하고, 예수님을 더 이상 영화롭게 하지 않는 것을 부끄럽게 여깁니다. 예수님이 높임을 받으시고, "하늘에 있는 자들과 땅에 있는 자들과 땅 아래에 있는 자들로 모든 무릎을 예수의 이름에 꿇게 하시고 모든 입으로 예수 그리스도를 주라 시인하여 하나님 아버지께 영광을 돌리게 하신"(빌 2:10-11) 것을 아는 것만큼 제 영혼에 찾아오는 기쁨은 없습니다.

그리스도 안에 있는 한 자매가 어느 날 얼굴을 붉혀야 할 정도로 저에게 호의와 감사를 표시했는데, 저는 그런 찬사를 받을 자격이 없었기에 부끄러웠습니다. 그녀는 "목사님은 그리스도를 크게 영화롭게 하기 때문에 목사님의 사역이 제게는 무척 유익합니다"라고 말했습니다. 아, 만약 당신이 제가 할 수만 있다면 얼마나 주님을 영화롭게 하기를 원하는지 그리고 제가 주님을 영화롭게 하기를 원하는 수준에 얼마나 미달하는지 안다면 그런 칭찬을 하지 못할 것이라고 생각했습니다. 저는 주님을 충분히 높일 수 없고, 저의 개념들은 너무 수준이 낮고, 저의 말들은 표현이 너무 빈약하기 때문에 아무리 잘한 설교라도 만족할 수 없었습니다. 오, 우리가 주님을 진정으로 영화롭게 하고 주님의 머리에 또 하나의 면류관을 씌워드릴 수만 있다면 그것이야말로 진정 천국일 것입니다! 우리는 이 점에 있어서 성부 하나님과 같은 마음입니다. 왜냐하면 성부 하나님이 자기 아들을 영화롭게 하는 것이 그분을 기쁘시게 한다면 우리도 진심으로 그것이 우리를 기쁘게 하는 일이라고 느낄 것이기 때문입니다.

아직 거듭나지 않은 사람들이 이런 대속자로 말미암아 하나님과 화목하도록 서둘러 힘쓰는 것이 마땅하지 않겠습니까? 만일 그리스도 안에 모든 은혜를 두는 것이 아버지께서 기뻐하시는 일이라면, 오 죄인이여, 그리스도를 통해 하나님께 나아와 은혜를 받는 것이 당신을 기쁘게 하지 않겠습니까? 그리스도는 죄인과 하나님이 만나는 만남의 장소입니다. 하나님은 그리스도 안에 계시므로 여러분이 그리스도에게 나아오면 하나님이 여러분을 만나고, 여러분과 지극히 높으신 이 사이에 화평의 조약이 이루어집니다. 여러분은 이 점 곧 그리스도가 영화롭게 되는 것에 있어서 하나님과 일치하지 않습니까? 여러분은 "나는 오늘 아침 그리스도의 모든 은혜와 사랑과 자비를 받아들임으로써 그리스도를 영화롭게 해야겠다"고 말하지 않습니까? 그렇습니다. 여러분이 기꺼이 예수님을 영접하고자 한다면 하나님은 여러분에게 그럴 마음을 주시고, 그렇게 할 때 여러분을 구원하려는 하나님의 뜻이 증명된 것입니다. 하나님은 그리스도 때문에 기뻐하십니다. 여러분도 그리스도 때문에 기뻐합니까? 만약 그렇다면 여러분과 하나님 사이에 이미 화평이 있는 것입니다. 예수님이 "우리의 화평이시기" 때문입니다.

4. 모든 충만은 언제 있게 됩니까? — "항상."

우리는 이제 때 곧 언제와 관련된 문제를 고찰하는 것으로 끝을 맺어야 합니다. 언제 예수님 안에 모든 충만이 있게 됩니까? 그것은 항상 곧 과거, 현재, 미래를 막론하고 있습니다. "아버지께서는 모든 충만으로 예수 안에 거하게 하시고 … 기뻐하심이라." 따라서 충만은 과거의 그리스도 안에 있었고, 현재의 그리스도 안에도 있고, 앞으로 영원토록 그리스도 안에 있을 것입니다. 본문에 영속성이 나타나 있습니다. 모든 충만은 예수 그리스도의 인격 속에 거했고, 거하고, 거할 것입니다. 옛 세대 아래에서 구원받은 모든 성도는 자신의 구원의 충만을 오실 구속주 안에서 발견했습니다. 그리스도가 오신 이후에 구원받은 모든 성도는 동일한 충만을 통해 구원을 받습니다. 골고다에서 얻은 그리스도의 상처의 샘으로부터 영원히 구속이 흘러나옵니다. 구원받아야 할 죄인이 있고, 모아야 할 택함받은 영혼이 하나라도 있는 한 그리스도의 피는 결코 그 능력을 상실하지 않고, 공로와 은혜의 충만은 동일하게 유지될 것입니다.

"거하다"는 표현은 영속성을 가리킬 뿐만 아니라 불변성과 접근성을 함축하고 있지 않습니까? 어떤 집에 거주하는 사람은 항상 그 집에서 발견되어야 합니다. 그곳이 그의 집이니까요. 제가 보기에 본문은 이 충만한 은혜는 항상 그리스도 안에서 발견되고, 그리스도 안에서 변함없이 거하고 있다고 말씀합니다. 기도를 통해 이 문을 두드려 보십시오. 그러면 그 집에서 그 은혜를 발견하게 될 것입니다. 만일 죄인이 어디서나 "하나님이여 제게 자비를 베푸소서!"라고 구하면, 자비는 외출해서 어디로 가 있는 것이 아니라 밤낮없이 그리스도 안에 거하고 있습니다. 이 순간 자비는 그리스도 안에 있습니다. 어떤 정해진 시간이 아니라 어느 시간 어디서나 누구든지 십자가에 못 박혀 죽으신 분을 바라보면 생명이 있습니다. "내 마음이 약해질 때에 땅 끝에서부터 주께 부르짖으오리니"(시 61:2), 나의 기도는 거절당하지 않으리라! 어느 시간, 어느 때, 어느 곳에서 구하든 그리스도 안에는 자비의 충만이 있습니다. 모든 충만이 문이 결코 닫히지 않는 집 안처럼 영원토록 그리스도 안에 거하게 하시는 것이 성부의 기쁨이었습니다.

무엇보다 먼저 우리는 여기서 **불변성**을 봅니다. 모든 충만은 그리스도 안에 거합니다. 즉 모든 충만은 소진되거나 줄어들지 않습니다. 그동안 굳게 서 있던 세상이 뜨거운 불에 풀어지게 될 마지막 날에도 첫 번째 죄인이 그리스도를 바라보고 빛을 얻었을 때와 마찬가지로 그리스도 안에는 충만한 빛이 발견될 것입니다. 오, 죄인 여러분, 죽어가는 강도가 그 안에서 씻음받아 깨끗하게 된 것처럼 오늘날도 죄의 얼룩을 깨끗하게 지워버리는데 충분한 효력을 가진 목욕통이 있습니다. 오, 절망에 빠져 있는 죄인 여러분, 그리스도가 한 여인에게 "네 죄가 사함 받았으니, 평안히 가라"고 말씀하실 때처럼 오늘날 그리스도 안에도 큰 위로가 있습니다. 그리스도의 은혜는 줄어들지 않았습니다. 막달라 마리아가 일곱 귀신에게서 건짐을 받았을 때처럼 그분은 여전히 크신 구주입니다. 시간이 더 이상 계속되지 아니할 때까지 그리스도는 영혼들을 용서하고, 거듭나게 하고, 건지고, 거룩하게 하고, 완전히 구원하는 무한한 능력을 여전히 똑같이 행사하실 것입니다.

그리스도 안에 모든 충만이 영원히 거하기 때문에 이 모든 것으로 말미암아 우리가 그리스도를 찬양하는 것이 당연하지 않습니까? 충만이 거하는 곳에 우리의 찬양도 거하게 합시다. "오, 하나님, 하나님의 모든 역사가 하나님을 찬양합니다. 하지만 하나님의 성도들은 하나님을 경배합니다." 그렇습니다. 성도들은 그리스도의 충만이 결코 감소하지 아니할 것이므로 경배를 결단코 멈추지 아니할 것입니다. 이것은 그리스도를 사랑하는 우리 모두가 만장일치로 동조하는 주제입니다. 우리는 교리들에 대해서는 왈가왈부할 수 있습니다. 그러나 우리 주 예수님에 대해서는 완전히 견해가 하나입니다. 그리스도가 가장 높은 영광의 보좌에 앉게 합시다. 그리스도가 승리의 행군을 하는 그날이 언제 밝아올까요? 잉글랜드와 스코틀랜드, 그리고 민족들이 진실로 이 크신 왕의 통치 아래 있게 될 때가 언제일까요? 우리의 기도는 이 왕이 자신이 보시기에 좋은 대로 복음과 자신의 오심을 속히 전파하기를 기원하는 것입니다. 오, 이 왕이 어서 사람들의 눈에 영화롭게 되기를!

그리고 확실히 말해 모든 충만이 그리스도 안에 영원히 거한다면, 오늘 아침 하나님과 화목하지 못한 자들에게 이 사실을 강조해야 할 충분한 이유가 있습니다. 오, 죄인이여, 그대에게 은혜의 성령이, 예수 그리스도 안에 그대의 소원을 만족시킬 충만이 있다는 것, 그리고 그리스도가 만물을 자기에게 복종시키실 수 있으므로, 그대는 자신의 연약함이나 또는 완고한 마음이나, 아니 심지어는 의지의 옹고집 때문에 위축될 필요가 없다는 것을 보여주기를 바랍니다. 만일 그대가 그리스도를 찾는다면, 반드시 그분을 찾아낼 것입니다. 그리스도를 찾아낼 때까지 그분을 찾으십시오. 여러분의 영혼이 그리스도의 발 앞에 굴복할 때까지 자리를 떠나지 마십시오. 저는 제가 그리스도를 보고 있다고 생각합니다. 그대는 지금은 영광스러운 주님이지만 과거에 죄인들을 위해 십자가에 중죄인처럼 못 박혀 죽으신 구주를 마음속에 그려볼 수 없겠습니까? 그대의 손을 내밀어 그것을 만지는 자에게 생명을 주시는 자비의 홀을 만져보십시오. 한때는 눈물로 고랑이 만들어지고 슬픔으로 깊은 주름이 졌던 그 사랑스러운 얼굴을 바라보십시오.

다시 말하는데, 바라보고 생명을 얻으십시오. 한때는 가시 면류관을 썼으나 지금은 번쩍거리는 수많은 보석으로 빛나는 그분의 이마를 바라보십시오. 그분의 사랑이 회개에 이르도록 여러분의 마음을 녹일 수 있기를 바랍니다. "망해도 거기서 망하리라. 그분이 나의 유일한 소망이다"라고 생각하고, 지금 당장 그분의 품에 뛰어드십시오. 제가 그 앞에 서 있는 주님이 살아 계시니, 예수님께 나아와 그분을 의지하는 자의 영혼은 절대로 잃어버리지 아니할 것입니다. 하늘과 땅은 사라지겠지만 이 하나님의 말씀은 결코 사라지지 아니할 것입니다. "믿고 세례를 받는 사람은 구원을 얻을 것이요"(막 16:16). 주님이 그렇게 말씀하셨습니다. 그렇다면 그분이 그것을 행하시지 않겠습니까? 그분이 그렇게 선언하셨으니, 그 말씀은 굳게 설 것입니다. "이는 그를 믿는 자마다 멸망하지 않고 영생을 얻게 하려 하심이라"(요 3:16). 오, 그대여, 그리스도를 신뢰하십시오! 저는 여러분이 하나님의 자비로 그리고 예수님의 충만으로 지금, 오늘 당장 그리스도를 신뢰하기를 간청합니다! 하나님께서 그리스도로 말미암아 여러분에게 그렇게 할 수 있도록 허락해 주시기를 바랍니다. 아멘.

제
5
장

—

굳게 서라

—

"복음의 소망에서 흔들리지 아니하면 그리하리라."
— 골 1:23

오늘 아침에 우리는 많은 영혼들이 복음의 소망을 얻기 위해 대혈투를 치르고 있다는 사실을 아주 분명히 보여주었다고 생각합니다. 많은 심령들이 백병전을 치르지 않고는 그리스도와 영생을 붙들 수 없습니다. 양심은 종종 골고다 언덕 주변에 철책을 세우고, 그래서 죄를 깨달은 죄인이 구주께 나아가지 못하도록 차단합니다. 악의 군대인 의심과 두려움은 나아오는 자를 퇴각시키고 만세반석 안에 피하기를 갈망하는 자들을 방해합니다. 사탄은 자신의 모든 군대를 동원하여 사람들을 십자가에서 밀어냄으로써 그들이 그리스도에게 나아와 생명을 얻지 못하도록 했습니다. 그러나 성도 여러분, 어떤 사람이 필사적으로 돌진하여 그리스도에게 나아갔다고 하더라도, 싸움이 끝나는 것은 아닙니다. 수많은 사람들 속에서 이 싸움은 새로운 형태로 전개됩니다. 이제 원수는 두려워 떠는 자를 피난처에서 끌어내고 요새에서 축출하려고 획책합니다. 복음의 소망을 얻는 것은 어려운 일입니다. 그러나 얻은 이 소망을 계속 유지하고, 이 소망에서 흔들리지 않는 것은 훨씬 더 어려운 일입니다. 만일 사탄이 큰 능력으로 우리가 이 소망을 얻지 못하도록 훼방한다면, 얻은 소망에서 끌어내려고 획책할 때에도 똑같은 능력을 사용하고, 또 이 소망에서 흔들리도록 유혹할 때에도 똑같은 간계를 사용합니다. 그래서 바울은 우리에게 복음의 소망에서 흔들리지 않도록 권면하는 것입니다.

이 권면은 절박한 위험에 직면했을 때 필요합니다. 여러분이 그리스도를 믿는 순간에 싸움이 끝난다고 생각하지 마십시오. 만약 그렇게 생각했다가는 큰 낭패를 보게 될 테니까요. 그때 싸움은 새로운 단계에 들어가고 모든 길마다 적군으로 우글거릴 것입니다. 이 세상과 천국 사이에서 여러분은 항상 크든 작든 싸워야 하고, 전혀 대비가 되어 있지 않을 때에는 아주 치열한 전투를 자주 치러야 합니다. 여러분의 인생행로에 순탄한 길이 있을 수 있고, 한동안은 광야에서 시험받으신 다음 구주께서 "이에 마귀는 예수를 떠나고 천사들이 나아와서 수종드니라"(마 4:11)는 말씀을 들었던 것처럼 여러분도 이런 상태에 있을 수 있습니다. 그러나 그런다고 해서 "나의 산은 견고히 서고 나는 결코 요동하지 않으리라"고 큰소리를 쳐서는 안 됩니다. 왜냐하면 이런 맑은 날씨는 하루를 넘기지 못할 것이기 때문입니다. 안일한 마음을 자라게 하거나 육적으로 주제넘은 상태가 되지 않도록 조심하십시오. 이 세상에 사는 동안에는 쉴 틈 없이 싸움이 벌어지고 있습니다. 싸움의 형태를 취하고 있지 않을 때에도 사실은 계속 작은 싸움이 벌어지고 있습니다. 천국을 얻고자 하는 자는 싸워서 쟁취해야 합니다. 새 예루살렘을 차지하고 싶은 자는 그곳으로 올라가야 하고, 만약 야곱의 사다리를 들어 그것을 벽에 세우고 그 계단을 올라갈 기지가 있으면 그 성을 취할 수 있습니다. "천국은 침노를 당하나니 침노하는 자는 빼앗느니라"(마 11:12). 여기서 우리의 주제는 이기는 것이 아니라 유지하는 것에 있습니다. 요새를 취하는 것이 아니라 지키는 것에 있습니다. "흔들리지 마십시오." 복음의 소망을 얻은 여러분이여, "복음의 소망에서 흔들리지 마십시오."

1. 복음의 소망의 실체에서 절대로 흔들리지 마십시오.

먼저 복음으로 말미암아 계시된 소망을 조금이라도 포기하지 않으려면 복음의 소망의 실체에서 절대로 흔들리지 마십시오. 그러면 여러분의 소망은 무엇입니까?

첫째, 여러분의 소망은 완전한 구원에 대한 소망입니다. 이 소망은 여러분이 예수 그리스도를 믿었으므로 현재의 모든 정죄에서 벗어나 있고, 장래의 여러분의 모든 죄로 말미암은 모든 정죄에서도 벗어날 것이며, 또한 죄의 정죄를 제거하시는 분이 여러분을 사로잡고 있는 죄의 권세를 박멸하실 것에 대한 소망입니다. 여러분은 이런 소망 곧 여러분이 의를 사랑하게 되었으므로 하나님의 뜻에 순종하며 살 수 있고 "하나님을 두려워하는 가운데서 거룩함을 온전히 이룰 수 있으리라"(고후 7:1)는 소망을 갖고 있는 것입니다. 또 여러분의 소망은 언젠가 여러분이 크신 하나님 아버지 앞에서 거룩하고 흠이 없고 책망받을 것이 전혀 없는 자로 나타나게 되리라는 소망입니다. 여러분은 언젠가 모든 죄책에서 깨끗하게 되고 죄와 부패의 성향에서 완전히 벗어나 처음에 하나님의 손에 온전한 피조물로 지음받을 때처럼 깨끗하게 변화되어 "티나 주름 잡힌 것이나 이런 것들이 없이"(엡 5:27) 나타나게 될 것입니다. 오, 이것은 얼마나 복된 소망일까요! "이 소망을 가진 자마다 그의 깨끗하심과 같이 자기를 깨끗하게 하느니라"(요일 3:3). 우리는 우리가 그리스도와 같이 될 것과 그리스도의 거룩하심의 영광이 우리의 영광이 되고, 우리가 그리스도의 얼굴을 보고, 그리스도의 이름이 우리의 이마에 새겨지고, 우리가 하나님의 보좌 앞에 흠 없이 나타나게 되는 것을 소망합니다.

그러므로 이 소망을 절대로 포기하지 마십시오. 이 소망의 극히 작은 한 부분이라도 줄어들지 않도록 하십시오. 하나님은 더도 덜도 아니라 자신이 말씀하신 대로 행하실 의향을 갖고 계십니다. 아무도 천국의 화폐를 변조시키거나 크신 왕의 나라의 동전을 잘라내지 못하도록 하십시오. 이 소망의 첫 부분 곧 주 예수 그리스도가 모든 죄책과 죄의 형벌에서 깨끗하게 하셨기 때문에 여러분을 고소하거나 정죄할 정도로 죄의 얼룩이 조금도 남아 있지 않다는 것을 굳게 붙드십시오. 나아가 주 예수 그리스도가 이전에 여러분을 씻으셨다면 피로 가득 찬 그 샘에서 다시 씻을 필요가 없다는 사실도 굳게 붙드십시오. 왜냐하면 "이미 목욕한 자는 발밖에 씻을 필요가 없고"(요 13:10), 또 겸손하신 그리스도께서 자신의 손으로 그들의 발 역시 씻어주실 것이기 때문입니다. 그 물은 이미 피가 깨끗하게 하고 제거시킨 것을 치료하는 두 번째 치료제가 될 것입니다. 피로 씻는 것은 모든 죄책이 제거되고 죄가 여러분을 지배할 모든 가능성을 없앤 것입니다. 완전한 용서와 충분한 칭의는 여러분의 주님이 죽음의 형벌을 감당하심으로써 여러분이 더 이상 율법 아래 있지 않고 은혜 아래 있다는 것을 입증하는 증거입니다. 저의 영혼은 오늘 밤 완전한 죄 사함의 기쁨을 누리고 있습니다. 저는 단 한 마디라도 비난의 화살이 우리에게 날아오는 것을 막기 위해 이 소망의 한 조각이라도 절대로 포기하지 않을 것입니다. 우리는 그리스도 안에서 완전합니다.

그리스도를 믿는 자는 모든 것에서 의롭게 됩니다.

> "과거에 지은 죄에 대한 용서가 여기 있네.
> 그 죄가 아무리 흉악해도 문제가 되지 않네.
> 오! 내 영혼아, 놀라지 말라.
> 여기에 장래의 죄에 대한 용서도 있다는 것을!"

모든 용서는 지금 자신의 피의 공로를 변론하기 위해 하늘에 올라가 계시는 피흘리신 우리 주님이 단번에 드리신 큰 속죄 제사로 말미암아 주어집니다. 온전한 구원의 다른 한 측면, 즉 현재 여러분의 본성 속에 내재해 있는 모든 죄악성이 철저히 파괴될 가능성과 절대적 확실성에 대한 소망을 한 조각도 버리지 마십시오. 여러분 속에는 쓴 뿌리나 악의 자국이나 부정의 흔적이 전혀 남아 있지 않을 것입니다. 또 여러분의 영혼 속에는 유혹의 불꽃이 떨어져도 살아남아 불길을 만들 수 있는 부싯깃이 전혀 없을 것입니다. 그리고 이 세상의 임금이 오더라도 그는 여러분 안에서 아무것도 찾지 못할 것입니다. 그때 여러분은 영원한 안식 속에 들어가게 됩니다. 왜냐하면 하나님은 익은 곡식을 들판에 놔두지 않고 곳간에 모아두기에 적당한 때가 되면 집으로 가져가실 것이기 때문입니다. 이것이 복음으로 말미암아 갖게 된 여러분의 소망입니다. 그러므로 복음의 소망에서 흔들리지 마십시오.

이와 관련하여 **궁극적 견인**에 대한 소망이 있습니다. "의인은 그 길을 꾸준히 가고 손이 깨끗한 자는 점점 힘을 얻느니라"(욥 17:9)는 말씀은 하나님의 말씀 가운데 가장 매력적인 교훈의 하나로 저는 생각합니다. 왜냐하면 저는 다음과 같은 말씀들을 굳게 확신하고 있기 때문입니다. "너희 안에서 착한 일을 시작하신 이가 그리스도 예수의 날까지 이루실 줄을 우리는 확신하노라"(빌 1:6). "내가 그들에게 영생을 주노니 영원히 멸망하지 아니할 것이요 또 그들을 내 손에서 빼앗을 자가 없느니라"(요 10:28). "그를 믿는 자는 심판을 받지 아니하는 것이요"(요 3:18상). "무릇 살아서 나를 믿는 자는 영원히 죽지 아니하리니"(요 11:26). 이 외에도 궁극적 견인을 보장하는 구절들은 많습니다. 만일 명확한 어떤 사실이 성경에서 가르쳐지고 있다면, 그 중에서도 궁극적 견인에 대한 이 사상이 이 가르침들 가운데 가장 명확하다고 저는 확신합니다. 그래서 여러분에게 부탁하는데, 제대로 이해되면 이 교리는 사람을 아주 뻔뻔하게 만드는 교리가 절대로 아니므로 그렇게 생각하지 말고, 이 교리를 피하지 않기를 바랍니다.

궁극적 견인 교리의 적절한 결과는 오히려 부주의에 빠지게 하는 것과는 정반대입니다. 만약 일단 여러분이 주의 군대에 입대했기 때문에 이길 때까지 싸워야 하고, 또 싸우지 않으면 안 된다는 것이 사실이라면, 편리한 때에 다시 칼을 잡겠다는 희망으로 한동안 칼을 놓는 유혹에 넘어가지 아니할 것입니다. 어떤 이들이 말하는 것처럼, 여러분이 오늘은 그리스도의 군사인데, 내일은 그 자리를 버리고, 그래서 이후에 다시 입대할 수 있다면, 다시 말해, 어떤 사람이 거듭난 후에 영적 생명을 잃어버리고, 그래서 이후에 다시 회개하고 거듭나고, 다시 회개하고 거듭나고, 또 그렇게 거듭나고, 거듭나고, 몇 번이든 그렇게 거듭나는 것이 진정 사실이라면, 이런 희한한 사상이 제가 갖고 있는 옛날 신약 성경에 나타나 있는지 잘 모르겠습니다. 그러나 성경 속에서 저는 "거듭남"에 대해서는 읽어보지만 계속해서 거듭나는 것에 대해서는 읽어보지 못했습니다. 그러므로 성경 속에서 이런 사상의 흔적을 전혀 찾아볼 수 없다고 말하지 않을 수 없습니다.

반면에, 사실은 불가능하지만, 그 하나의 거듭남이 쓸모없어진다면 더 이상 해야 할 일이 남아 있지 않다고 생각합니다. 하나님의 최고의 사역이 실패하고, 하나님이 그 사역을 다시 시도하는 일은 없을 것입니다. 하나님은 다음과 같이 말씀하셨습니다. "한 번 빛을 받고 하늘의 은사를 맛보고 성령에 참여한 바 되고 하나님의 선한 말씀과 내세의 능력을 맛보고도 타락한 자들은 다시 새롭게 하여 회개하게 할 수 없나니 이는 그들이 하나님의 아들을 다시 십자가에 못 박아 드러내 놓고 욕되게 함이라 땅이 그 위에 자주 내리는 비를 흡수하여 밭가는 자들이 쓰기에 합당한 채소를 내면 하나님께 복을 받고 만일 가시와 엉겅퀴를 내면 버림을 당하고 저주함에 가까워 그 마지막은 불사름이 되리라"(히 6:4-8). 여러분은 소금이 맛을 잃으면 다시 소금이 되게 할 수 없습니다. 따라서 저는 그렇게 되는 것이 불가능하다고 믿고 있지만, 만약 은혜가 완전히 떠난다면, 그 사람에게는 전혀 소망이 남아 있지 않습니다.

이런 견해에 따르면, 하나님의 최고의 활동이 결국은 실패로 끝난 것과 같습니다. 따라서 하늘의 이슬을 받았음에도 불구하고 열매를 맺지 못한 땅은 저주함에 가까워 그 마지막은 불사름이 되는 것 말고 다른 길이 없습니다. "사랑하는 자들아 우리가 이같이 말하나 너희에게는 이보다 더 좋은 것 곧 구원에 속한 것이 있음을 확신하노라"(히 6:9). 저는 다만 여러분이 벼랑 끝에 서 있는 것으로 생각하고, 만약 은혜가 그 위험을 막아주지 않는다면, 그 자리에서 미끄러져 떨어질 위험 속에 있다는 사실을 여러분에게 알려주고 싶었습니다. 만일 여러분이 진실로 그리스도 예수를 믿는다면, 그분이 여러분을 끝까지 지켜주시리라는 것을 이 교리는 여러분에게 보증할 것입니다. 어떤 일이 일어나든 간에, 저는 "사망이나 생명이나 천사들이나 권세자들이나 현재 일이나 장래 일이나 능력이나 높음이나 깊음이나 다른 어떤 피조물이라도 우리를 우리 주 그리스도 예수 안에 있는 하나님의 사랑에서 끊을 수 없으리라"(롬 8:38-39)는 것을 확신합니다. 소중한 생명을 위해 궁극적 보존에 대한 소망을 굳게 붙드십시오. 왜냐하면 이 보배로운 진리에는 순결하게 하고, 용기를 주고, 분발하게 하는 능력이 있기 때문입니다. "그가 그의 거룩한 자들의 발을 지키실 것이요"(삼상 2:9). "복음의 소망에서 흔들리지 아니하면 그리하리라."

우리는 이것 외에도 또 다른 소망을 갖고 있습니다. 왜냐하면 우리는 우리가 부활을 경험하게 될 것을 믿기 때문입니다. 성도들이 죽으면 사람들은 시체라고 부를지라도, 그들은 주님이 보시기에 보배로운 자들입니다. 성도들에게 무덤은 풀무가 되고, 이 풀무로부터 순결하게 된 우리의 몸의 순금이 나오게 될 것입니다. 주님의 말씀에 따라 마른 뼈들이 살아날 것입니다. 그들은 살로 입혀지고, 이어서 피부가 덮여질 것입니다. 그렇게 되면 몸은 다시 살게 됩니다. 또는 그렇지 않다면, 곧 몸이 완전히 다른 형체가 되고, 우리가 전혀 알 수 없는 영광스러운 몸으로 변하게 된다면, 우리는 우리가 살아나 썩을 것이 썩지 아니함을 입고 이 죽을 것이 죽지 아니함을 입을 것이라고 확신할 수 있습니다. 어쨌든 우리의 몸은 다시 살아날 것입니다. 하나님의 은혜는 성도들의 영혼만이 아니라 육체도 안전하게 지킵니다. 그리스도는 사람의 절반만 사신 것이 아니라 인간을 이루는 세 부분 전체가 그리스도로 말미암아 구속받은 기업입니다. 즉 영과 혼과 몸이 그리스도와 함께 영원히 거할 것입니다. 왜냐하면 그리스도는 분할되지 않은 우리의 인간성 전체를 구속하셨기 때문입니다. 그러므로 여러분 자신이나 친구들에 대하여 이 소망을 포기하지 마십시오. 부활에 대한 여러분의 확신을 어느 것도 흔들지 못하게 하십시오. 어떤 철학적 설명도 이 소망을 박살내지 않도록 하십시오.

그리스도의 부활만큼 충분히 입증된 다른 역사적 사실은 없고, 부활이야말로 우리의 확신의 진정한 초석입니다. "만일 죽은 자가 다시 살아나는 일이 없으면 그리스도도 다시 살아나신 일이 없었을 터이요 그리스도께서 다시 살아나신 일이 없으면 너희의 믿음도 헛되고 너희가 여전히 죄 가운데 있을 것이요 또한 그리스도 안에서 잠자는 자도 망하였으리니 만일 그리스도 안에서 우리가 바라는 것이 다만 이 세상의 삶뿐이면 모든 사람 가운데 우리가 더욱 불쌍한 자이리라 그러나 이제 그리스도께서 죽은 자 가운데서 다시 살아나사 잠자는 자들의 첫 열매가 되셨도다"(고전 15:16-20). 아주 가끔 저는 저의 영혼과 몸에 대한 영원한 소망에 있어서 마귀의 시험과 교묘한 간계에 빠져 괴로울 때 다음과 같은 사실 속으로 도망을 칩니다. "예수 그리스도는 죽은 자로부터 살아나셨고, 죽은 자로부터 살아나셨으므로, 그분은 또 다른 세계가 있다는 것과 우리의 영혼뿐만 아니라 육체도 현재 상태보다 훨씬 더 복된 상태를 유업으로 받게 될 것이라고 말씀해 주려고 다시 오셨다." 이 복음의 소망을 굳게 붙들고 다시는 놓지 마십시오.

> "주님은 부활하셨네. 살아 계시네.
> 죽은 자 가운데서 첫 열매로.
> 아버지께서 그를
> 피조물의 머리로 삼으시네.
> 만물을 영원히 다스리도록
> 그는 사망의 열쇠를 갖고 계시네.
> 지옥 — 그가 강하게 억제하고 있는 — 도
> 그의 고도의 작정에 순종하네.
>
> 내게 사망의 골짜기로 드리워진
> 어둠이 이제는 날아가네.
> 오, 그리스도여, 당신 안에서
> 엄습하던 공포가 사라졌나이다!
> 죽음도 더 이상 두렵지 않고,
> 나를 안식으로 인도하네.
> 예수 안에서 잠든 자는

예수님처럼 부활하리라."

또한 여러분은 재림에 대한 소망도 갖고 있음을 명심하십시오. 만일 예수님이 여러분이 죽기 전에 오신다면, 여러분은 그분을 만나볼 것입니다. 이 땅에서 하나님의 아들을 기쁨으로 만나고 환영하게 될 것입니다. 여러분은 변화되어 썩지 아니할 하늘의 영광을 상속받기에 합당한 자가 될 것입니다. 여러분은 훗날 대속자가 땅에 서실 때 그분을 뵙게 될 것입니다. 욥이 말한 것처럼 말입니다. "내가 그를 보리니 내 눈으로 그를 보기를 낯선 사람처럼 하지 않을 것이라"(욥 19:27). 그러므로 주님이 다시 오신다는 생각을 할 때마다 기뻐하십시오. 주님의 재림에 대한 사상을 희미한 예언이나 의심스러운 꿈으로 희석시키지 마십시오. 예수님이 다시 오신다는 사실과 자기 백성을 영원한 본향으로 이끄신다는 사실은 밝히 드러난 진리입니다. "그러므로 이러한 말로 서로 위로하십시오"(살전 4:18). 그리고 우리 주 예수 그리스도의 강림을 아주 달콤하게 담고 있는 복음에 대한 소망에서 결코 흔들리지 마십시오.

그리고 한 가지 더 말씀드린다면 우리에게는 이런 소망도 있습니다. 우리가 시간 속에서 일어나는 모든 것을 다 거치고 영원 속에 들어가게 될 때 곧 해안도 없고 끝도 없는 바다에 이른다고 해도 두려워하거나 무서워할 것이 없고, 우리는 "항상 주와 함께 있게 될 것"이라는 점입니다. 제가 보기에 미래의 영원한 심판을 부정하는 사람들은 확실히 그런 생각 때문에 천국의 난간 자체를 무너뜨리고 성도들의 기쁨을 죄인들의 비참만큼 짧은 것으로 만드는 경향이 있습니다. 저는 개인적으로 회개하지 않는 자들이 죄를 하찮게 여기는 것처럼 천국을 그런 식으로 하찮게 취급하지 않겠습니다. 일단 영원한 천국의 해안에 도착하면 우리의 이 부서지기 쉬운 배들이 무서워할 폭풍이나 두려워할 허리케인은 전혀 없습니다. 일단 우리가 "미항" 곧 영원한 평화의 항구에 닻을 내리면 우리의 평화로운 영을 괴롭힐 고통의 파도는 몰려오지 아니할 것입니다. 고통 속에서 연단을 받는 장소나 연옥이나 선조 림보나, 오랫동안 사제들의 주머니는 채워주고 지금 교만한 사상가들을 통해 세련된 사변의 도움을 받아 새롭게 날조되고 고안된 어떤 희한한 장소가 있어야 하는 것처럼 당황하지 마십시오. 거기서 우리는 연옥과 같은 곳은 전혀 만나지 못할 것입니다. 연옥은 사제들의 탐욕의 저장소요, 이단 장사들의 피난처입니다. 그러나 하나님의 책 어디에도 그런 말은 한 마디도 없습니다. 우리는 다음과 같은 말씀을 굳게 의지합니다. "그리하여 우리가 항상 주와 함께 있으리라"(살전 4:17). "의인들은 영생에 들어가리라"(마 25:46). "썩지 않고 더럽지 않고 쇠하지 아니하는 유업을 잇게 하시나니 곧 너희를 위하여 하늘에 간직하신 것이라"(벧전 1:4). "이기는 자는 내 하나님 성전에 기둥이 되게 하리니 그가 결코 다시 나가지 아니하리라 내가 하나님의 이름과 하나님의 성 곧 하늘에서 내 하나님께로부터 내려오는 새 예루살렘의 이름과 나의 새 이름을 그이 위에 기록하리라"(계 3:12). "그들이 다시는 주리지도 아니하며 목마르지도 아니하고 해나 아무 뜨거운 기운에 상하지도 아니하리니 이는 보좌 가운데에 계신 어린 양이 그들의 목자가 되사 생명수 샘으로 인도하시고 하나님께서 그들의 눈에서 모든 눈물을 씻어 주실 것임이라"(계 7:16,17). "복음의 소망에서 흔들리지 않을" 뿐만 아니라 복음의 소망의 대상들에 대해서도 흔들리지 맙시다.

2. 복음의 소망의 근거에 대해서도 절대로 흔들리지 마십시오.

그러나 이제, 여러분에게 부탁하는데, 사랑하는 성도 여러분, 하나님 앞에서 복음의 소망에서 흔들리지 않을 뿐만 아니라 복음의 소망의 근거에 대해서도 흔들리지 않기를 바랍니다. 그러면 이 소망의 근거가 무엇입니까?

첫째, 이 소망의 근거는 풍성하고 자유롭고 주권적인 하나님의 은혜입니다. 왜냐하면 하나님께서 "내가 긍휼히 여길 자를 긍휼히 여기고 불쌍히 여길 자를 불쌍히 여기리라"(롬 9:15)고 말씀하셨기 때문입니다. 주님은 친히 자비에 대한 권세를 천명하고, 그리스도의 속죄 사역을 통해 자신의 공의를 위반하지 않으면서 긍휼을 베푸실 수 있기 때문에 우리는 사람들이 자신의 본성의 어떤 선한 기질이나 자신이 이미 행했거나 앞으로 행할 어떤 선행으로 말미암아 구원받은 것이 아니라는 사실에 대하여 기뻐하고 즐거워합니다. 자녀들이 아직 태어나지 않아 선이나 악을 아직 행하지 않은 상태에 있지만, 하나님의 작정은 여호와의 주권적인 뜻과 불변의 계획 속에 확고하게 세워져 있었고, 그러기에 그것은 죄인의 괴수를 위해 훌륭한 소망의 근거가 됩니다. 만일 하나님이 죽어가는 강도를 구원하셨다면, 간음한 여자를 구원하셨다면, 심지어는 살인한 자까지 구원하셨다면, 어찌 저를 구원하지 못하시겠습니까? 하나님이 자신이 원하는 대로 무엇이든 하실 수 있고, 또 지극히 은혜롭고 긍휼이 무한히 크시고 아무도 죽음에 이르지 않고 회개에 이르기를 원하십니다. 우리 하나님의 자비 안에서 우리의 모든 소망이 시작되고, 하나님의 자비 자체가 이 자비의 원인입니다. 하나님의 사랑의 이유는 하나님의 사랑 자체입니다. 하나님은 은혜로우시기 때문에 자신의 은혜를 무가치하고 상실한 자들에게 베푸십니다. 그러므로 이 은혜에서 흔들리지 마십시오.

둘째, 우리의 구원의 근거는 **그리스도의 공로** 곧 그리스도의 인격과 그리스도의 사역, 다시 말해, 그리스도가 고난받으신 것입니다. 이것이 하나님이 사람들을 구원하시는 근거입니다. 어쩌면 루터의 강력한 대적, 벨라르민 추기경은 사실은 가장 괜찮은 대적이었는지 모릅니다. 왜냐하면 그의 전체 눈은 복음의 빛 대부분을 보고 있었기 때문입니다. 언젠가 이 추기경은 선행이 구원에 필수적인 것은 사실이지만 어떤 사람도 자신을 구원할 만큼 충분한 선행을 행했다고 확신할 수 없다는 점에서 전체적으로 그리스도의 공로와 고난만을 의지하는 것이 가장 안전하다고 말한 적이 있었습니다. 추기경이여! 그 가장 안전한 길이 제게는 맞습니다. 만일 그것이 가장 훌륭하고 가장 안전한 길이라면 우리 가운데 누가 더 나은 길을 원하겠습니까? 만일 우리의 소망의 근거가 우리의 인격이나 우리의 행위나 우리의 감정에 있다면 우리 영혼의 안식처가 어디에 있겠습니까? 그러나 우리가 예수 그리스도가 이루신 사역을 의지하고 하나님이 우리의 죄만이 아니라 온 세상의 죄에 대하여 화목제물로 정하신 그리스도를 믿을 때, 다시 말하건대, 우리가 그분을 의지할 때, 우리는 의지할 만한 견고한 기초를 갖고 있는 것입니다.

우리가 조금이라도 인간의 공로에 집착하는 한, 우리의 눈은 절대로 영원을 들여다볼 수 없습니다. 그러나 이런 태도를 모두 피하고 십자가에서 피 흘리신 그리스도를 바라볼 때 "모든 지각에 뛰어난 하나님의 평강"이 그리스도 예수로 말미암아 우리의 마음을 가득 채울 것입니다. 성도 여러분, 만일 어떤 사람이 1만 년 동안 하나의 죄도 범하지 않고 선행을 실천하며 살았다고 해도, 이에 대한 보답은 천국에서 한 시간 반 정도 살게 하면 족히 보상이 될 것입니다. 그렇다면 우리가 우리 자신의 어떤 행위로 영원한 지복을 얻는 것을 어떻게 기대할 수 있겠습니까? 아, 전혀 기대할 수 없습니다. 그런 소망은 헛된 것입니다. 천국은 너무 보배로운 곳이라 우리가 할 수 있는 어떤 것으로도 구입이 불가능합니다. 그러나 천국은 그리스도의 피라면 얼마든지 구입할 수 있습니다. 우리는 그리스도의 속죄 앞으로 나아올 때 우리의 닻은 영원히 견고합니다. 그러므로 "복음의 소망에서 흔들리지 마십시오."

셋째, 우리의 소망의 또 다른 근거는 바로 이것입니다. 곧 "그를 믿는 자마다 멸망하지 않고 영생을 얻게 될 것"이라고 하나님이 엄숙하게 서약하셨다는 것입니다. 따라서 우리가 참으로 진실로 예수 그리스도를 믿고 그분을 의지한다면 절대로 멸망할 수 없습니다. 왜냐하면 하나님은 거짓말하실 수 없는 분이기 때문입니다. 그러므로 기록된 대로 "믿고 세례를 받는 사람은 구원을 얻을 것이요"라고 들었다면 그대로 받아들이십시오. 따라서 우리들 가운데 구주를 믿고 오직 그분만을 의지하며 그분이 친히 정해 놓은 방법에 따라 믿는다고 고백한 자들은 하나님의 영원한 성실하심이 우리의 구원을 보장한다는 사실을 틀림없이 깨닫게 됩니다. 주님이 신자를 버리시는 일은 불가능합니다. "의인은 믿음으로 말미암아 살리라"(합 2:4; 롬 1:17; 갈 3:11; 히 10:38)로 기록되어 있지 않습니까? 우리는 항상 살아 계신 분을 믿기에 삽니다. "그를 믿는 자마다 영생을 얻게 하려 하심이니라"(요 3:15). 그러므로 거짓말을 하실 수 없는 하나님이 우리 앞에 두신 복음의 소망에서 흔들리지 마십시오.

> "만왕의 왕의 언약은
> 확실히 굳게 서리라.
> 주의 날개 그늘 아래
> 주의 성도들이 안전하게 쉬리라."

넷째, 우리의 소망의 또 다른 근거는 하나님의 불변성입니다. 하나님은 변덕스러운 분이 아니고, 그러므로 야곱의 후손들은 소멸되지 않습니다. 그리스도의 불변성 역시 우리의 소망을 보증합니다. 왜냐하면 그분은 "어제나 오늘이나 영원토록 동일하시기"(히 13:8) 때문입니다. 그리스도의 피의 변함없는 능력은 우리의 신앙에 힘을 주는 원천입니다.

> "죄 속함 받은 백성은
> 영생을 얻겠네.
> 샘솟듯 하는 피 권세
> 한없이 크도다."

만일 하나님이 불변하시는 분이라면 하나님을 믿는 자들은 변하지 않는 소망을 갖고 있는 것입니다. 그러므로 그 소망을 절대로 팽개치지 말기를 바랍니다.

다섯째, 또 한 가지 우리의 복음의 소망은 성경의 **무오류성**에 근거가 두어져 있습니다. 교황주의자는 오류가 없는 교황을 갖고 있으나 우리는 오류가 없는 성경을 갖고 있습니다. 만약 이 성경책에서 선포되고 있는 말씀이 사실이 아니라면, 우리의 소망도 결코 확실한 것이 될 수 없습니다. 만약 이 사실들이 의심스럽다면 우리의 신뢰도 의심스러운 것이 되고 말 것입니다. 그러나 이 하나님의 말씀이 영원토록 굳게 지속된다면 비록 하늘과 땅은 사라질지언정 이 오류 없는 진리를 믿고 그 위에 서 있는 자는 즐거워하고 굳게 설 수 있을 것입니다. 그러므로 당부하는데, "복음의 소망에서 결코 흔들리지 마십시오."

3. 우리는 어떻게 복음의 소망에서 흔들릴 수 있습니까?

지금까지 저는 온 마음과 뜻을 다해 말씀을 전했는데, 사랑하는 성도 여러분, 저는 여러분이 어쨌든 이 교회 교인으로서 이 점에 대하여 저와 뜻을 같이 해왔습니다. 따라서 이제 우리에게 은혜가 주어지지 않으면 어떻게 복음의 소망에서 흔들릴 수 있는지에 대하여 살펴보도록 합시다.

우리는 다음과 같은 경우에 복음의 소망에서 흔들리게 될 수 있습니다. 때때로 우리는 우리 자신의 자만심 때문에 복음의 소망에서 흔들리게 됩니다. 여러분은 값없이 주어지는 은혜에 대한 확신의 근거에서 벗어나게 되면, "나는 이제는 상당히 중요한 사람이다. 나는 기도회에서 기도하지 않았는가? 친구들은 그 기도회로 인해 힘을 얻었다고 말하지 않았는가? 나는 멋진 설교를 전하지 않았던가? 나는 마음이 넓지 않은가? 나는 교회에 헌금을 많이 하고 가난한 자를 구제하지 않았는가? 난 정말 대단한 사람이 아닌가?" 아! 여러분은 마귀와 합작해서 이처럼 그럴듯한 이야기를 꾸며낼 수 있고, 저는 마귀가 하는 모든 말을 여러분이 쩍쩍 빨아들인다는 것을 조금도 의심하지 않습니다. 왜냐하면 우리는 칭찬 듣는 것을 좋아하고 칭찬이 사탄 자신에게서 오는 것이라도 우리의 교만한 육체의 본성은 그것을 환영하기 때문입니다. 그러나 우리가 나는 대단한 사람이라고 스스로 생각할 때마다 우리는 복음의 소망에서 흔들리게 됩니다. 예수 그리스도는 죄인들을 구원하러 세상에 오셨습니다. 그런데 어떤 사람은 "그러나 나는 죄인이 아니다"라고 말합니다. 아! 그렇다면 그리스도는 당신을 구원하러 오신 것이 아닙니다. "당신 말대로 나는 한때 죄인이었으나 지금은 완전히 잘 자라 죄를 범하지 않고 살고 있습니다." 여러분이 이런 사람이 아닙니까? 그렇다면 자신의 죄를 고백하고 슬퍼하는 사람들에게 속해 있는 소망에서 흔들리고 있는 것입니다. 구주의 은혜로 말미암아 구원받는 죄인들의 명단에서 자신의 이름을 제외시키면 여러분은 스스로를 비(非)그리스도인화 하는 것입니다. 여러분은 죄인이고 그리스도는 여러분을 구원하기 위해 죽으셨습니다. 그러나 더 이상 죄인이 아니라고 주장하는 헛된 관념에 속아 복음의 소망에서 흔들리지 않도록 조심하십시오. 그리스도는 건강한 자가 아니라 병든 자를 치료하러 오셨습니다.

반면에 낙담 때문에 복음의 소망에서 흔들리지 않도록 조심하십시오. 사탄은 뛰어오르든지 아니면 뛰어내리든지 반석에서 벗어나는 것에 대해서는 수단과 방법을 가리지 않습니다. 여러분이 구원의 반석에서 떠나 있다면 어떤 방법이든 그것은 사탄에게는 모두 똑같습니다. 많은 사람들이 자만의 풍선을 타고 올라갑니다. 또 다른 사람들은 낙담과 절망의 낭떠러지로 굴러 떨어질 준비가 되었습니다. 그러나 어느 쪽이든 복음의 소망에서 흔들리지 않도록 조심해야 합니다. 아무리 작은 죄라도 여러분을 겸손하게 만들어야 합니다. 그러나 아무리 큰 죄라도 여러분을 절망 속에 빠뜨려서도 안 됩니다. 만일 여러분이 50명의 죄를 합해 놓은 분량이 될 정도로 큰 죄를 범했다고 해도 그리스도는 여러분을 쉽게 구원하실 수 있습니다. 아니, 그리스도를 신뢰하기만 하면 여러분은 구원받은 것입니다. 그러나 반면에 "나는 죄인이 아니다"라고 주장하거나, 반대로 절망해서 "나는 죄인이지만 그리스도가 나를 용서하실 수 있다는 것을 믿지 못하겠다"고 말한다면 여러분은 어느 쪽이든 복음의 소망에서 흔들리고 있는 것입니다. 영원한 자비로 말미암아 때를 따라 회개하고 믿을 수 있기를 바랍니다. 회개와 신앙은 진주 문에 들어갈 때까지 그리스도인의 양편에서 함께 걷고 있는 것이기 때문입니다.

여러분은 또한 거짓 가르침 때문에 복음의 소망에서 흔들릴 수 있습니다. 예를 들어, 그리스도를 "참 빛과 참 하나님"으로 믿지 않는다면 여러분은 복음의 소망에서 흔들릴 수 있습니다. 왜냐하면 복음의 소망은 그리스도의 신격에 근거를 두고 있기 때문입니다. 만약 사제(제사장)가 구원할 수 있다고 생각한다면 여러분은 다른 모든 제사장이 그분 앞에서 자기들의 향로의 불을 꺼야 하는 유일한 참 대제사장에게서 흔들리고 있는 것입니다. 오직 그분만이 여러분을 구원하실 수 있습니다. 만약 어떤 가르침이든 여러분의 행위나 공로를 그리스도의 위치에 두라고 가르치는 가르침에 귀를 기울인다면 여러분은 오류를 받아 마시는 것이고, 그렇게 되면 값없는 은혜로 믿음으로 말미암아 받은 바, 우리 주 예수 그리스도 안에 있는 여러분의 부르심의 소망에서 벗어나게 될 것입니다.

또한 여러분은 감정을 따라 살기를 원함으로써 자신의 부르심의 소망에서 벗어날 수 있습니다. 아! 이렇게 시험에 빠지는 그리스도인들이 참으로 많습니다. 그들은 무척 행복하다고 느끼고, 그 느낌이 그들이 자기가 구원받았다고 믿는 근거입니다. 그러나 제가 구원받았다고 믿고 있는 근거는 그런 느낌이 아닙니다. 저는 그리스도를 신뢰하기 때문에 구원받았고, 비록 최악의 불행 속에 빠져 있다고 해도 가장 행복할 때와 마찬가지로 참된 구원 속에 있습니다. 구원받은 상태에 있게 하는 것은 신앙이지 감정이 아닙니다. 신앙은 보배롭고, 감정은 변덕스럽습니다. 우리는 어디로 튈지 모르는 감정이 아니라 믿음으로 굳게 섭니다. 참된 감정은 신앙을 따르고, 자체로 가치가 있습니다. 그러나 신앙은 뿌리이며, 나무의 생명은 뿌리에 있지 가지와 잎에 있지 않습니다. 가지와 잎은 제거되더라도 나무는 계속 살아남아 있습니다. 어떤 사람들은 무척 즐거운 감정을 갖고 있습니다. 그들은 황홀과 광희 속을 헤맵니다. 그러나 그들은 모두 잘못되어 있습니다. 여러분은 밝은 대낮이든 어두운 한밤이든 항상 그리스도만 의지하십시오. 그리스도가 여러분을 죽이신다 해도 그분을 신뢰하십시오. 그리스도가 여러분을 자신의 품에 꽉 껴안는다면 그만큼 더 그분을 신뢰하십시오. 신앙은 기쁨이 떠나더라도 계속 유지되어야 합니다. 비록 여러분의 감정이 완전히 바닥으로 가라앉는다고 해도, 도저히 머리를 들 수 없거나 하늘을 향해 고개를 들 수 없을 것처럼 감정이 무거워진다고 해도 염려하지 말고, 어떻게 느끼든 간에 개의치 말고 그리스도의 약속을 붙드십시오. 먼저 죄인들을 구원하기 위해 세상에 오신 주 예수 그리스도를 믿으십시오. 그러면 곧 좋은 감정이 따라올 것입니다. 그러니 지금 당장 여러분이 가장 먼저 할 일은 바로 이것입니다. "그를 믿는 자는 심판을 받지 아니하는 것이요"(요 3:18). "아들을 믿는 자에게는 영생이 있고"(요 3:36). 복음의 소망을 굳게 지키십시오.

많은 사람들이 지성에 현혹되어 자신의 부르심의 소망에서 흔들리고 있습니다. 그들은 예수님을 좀 훌륭한 사람 곧 뇌 속에 많은 지식을 채울 수 있도록 큰 이마와 큰 머리를 가진 사상가로 만나 단순히 그분을 믿는 것으로 만족합니다.

우리는 그 안에 무엇이 있는지 들여다본 적이 없지만 설교자는 그분의 사상과 문화에 대하여 많이 말해 줍니다. 설교자는 여러분을 시대에 뒤떨어진 사람들이라고 말합니다. 곧 하나님을 믿는 신앙은 크롬웰 시대와 머리를 짧게 깎은 청교도 시대에는 충분히 효용 가치가 있었지만 오늘날 우리는 그런 것보다 훨씬 앞서 있는 시대에 살고 있다고 말합니다. 어떤 형제가 그와 같은 것으로 여러분을 현혹시킨다면 현혹시키라고 하십시오. 그가 원하는 대로 마음껏 빛을 비춰보라고 하십시오. 그러나 대신 그에게 이미 태양을 정면으로 바라본 적이 있는 사람은 개똥벌레의 빛에 절대로 현혹되지 않을 것이라고 말해주십시오. "너의 강독으로 돌아가 너의 형제 벌레들이나 현혹시켜라. 너는 나를 결단코 현혹시킬 수 없을 것이다!" 이렇게 말해 주십시오. 이전에 그리스도를 경험적으로 알고, 지금 하나님의 아들을 믿는 신앙에 따라 살고 있는 사람에게, 그가 원한다면, 살아 있든 죽어 있든 신앙의 능력을 조롱하는 여러분의 모든 논문과 논평과 평론을 읽어 보도록 해보십시오. 그러면 그는 그것을 다 읽어 보고, "이것이 고작 그들이 알고 있는 것의 전부로구나"라고 말할 것입니다. 저는 감히 말하는데, 만일 어떤 말(馬)이 한 권의 책을 쓴다면 그 말은 우리에게 구운 고기는 먹기에 너무 안 좋은 음식이라고 쓸 것입니다. 이에 대하여 우리는 "그러나 그것은 말에게 당연한 생각이지요. 말은 귀리나 건초를 먹이는 게 좋으니까요"라고 말할 것입니다. 어떤 사람이 기도는 아무런 힘을 갖고 있지 않다고 말할 때 그것은 그가 기도에 완전히 무지하다는 것을 보여주는 것입니다. 그에게 자신이 알고 있는 것에 대하여 말하고, 모르고 있는 것에 대해서는 잠자코 있으라고 말합시다. 그러면 그는 그럴 수 없다고 말할 것입니다. 그러면 우리는 "아, 하지만 그렇게 될 것입니다"라고 말해 줍니다. 우리가 그것을 맛보고 만져보고 알았을 때 그 위대한 사람의 탁월한 지성에 대하여 전혀 현혹을 당하지 않을 테니까요.

저는 종종 자신의 학문을 자랑하는 자들은 사실은 그 학문에 대하여 정말 모르고 있는 것이 틀림없다고 생각했습니다. 왜냐하면 잉글랜드 은행이 어딘가로 금괴를 보낼 때 운반 차량에 수많은 종을 달아 "여기 금괴가 함께 가고 있다"고 광고하는 경우를 한 번도 본 적이 없다는 말을 저는 수첩에 적어둔 적이 있었기 때문입니다. 그러나 쓰레기 청소부는 그렇게 한다는 것을 잘 알고 있습니다. "교양"에 대하여 이처럼 종소리를 요란하게 울려댈 때 저는 "오, 쓰레기!"라고 생각합니다. 만일 그들이 차 안에 진짜 다이아몬드를 갖고 있다면 그것에 대하여 침묵을 지킬 것입니다. 어쨌든 쓰레기든 다이아몬드든 이 사람들의 차 안에 어떤 짐이 실려 있든 우리에게는 아무것도 아니고, 우리는 우리의 경험이 보증하는 더 확실한 증거의 말씀을 갖고 있습니다. 우리는 그리스도 예수를 믿고 구원을 얻었으며, 하나님의 은혜로 우리의 부르심의 소망에서 결코 흔들리지 아니할 것입니다.

마지막으로, 박해나 냉소나 조롱 때문에 복음의 소망에서 흔들리지 마십시오. 오늘날 우리가 당하는 박해는 우리 선조들이 당했던 것과 비교하면 아무것도 아닙니다. 도레(Dore: 19세기 프랑스 판화가)가 그린 원형경기장의 그림을 보십시오. 다 끝났습니다. 좌석은 모두 비었습니다. 하나님의 눈동자처럼 별들이 경기장을 내려다보고 있습니다. 성도들의 몸이 나뒹굴고 있고 호랑이와 사자들이 모래판 위에서 으르렁거리며 자기들이 죽인 시체들을 찢고 있습니다. 그러나 화가는 원형경기장의 가장 높은 곳 난간에서 아래로 내려오고 있는 천사들의 모습을 그려 놓고 있습니다. 천사들은 그들이 승리했기 때문에 그 보배로운 시체들을 부드러운 눈길로 바라보고 있고, 그들은 맹수들의 입에서 천사들의 보좌로 옮겨졌습니다. 그러므로 여러분도 오직 초기의 성도들이 "무슨 일에든지 대적하는 자들 때문에 두려워하지 아니하고"(빌 1:28) 굳게 섰던 그곳에서 굳게 서십시오. 그들은 보편적 무지를 두려워한 것만큼 지식의 진보에 대해서도 염려했습니다. 우리는 이 세상의 무지와 이 세상의 지혜, 이 두 가지 모두에 맞서 싸워야 합니다. "하나님의 어리석음이 사람보다 지혜롭고 하나님의 약하심이 사람보다 강하니라"(고전 1:25). 하나님의 지혜와 능력이 지식이 많다고 떠드는 자들의 입을 얼마나 쉽게 막아버릴까요! 그러므로 여러분의 부르심의 소망에서 흔들리지 마십시오. "너희 담대함을 버리지 말라"(히 10:35). 이렇게 하면 큰 상으로 보상받을 것입니다. 싸우기 위해 방패를 굳게 붙들었던 헬라 젊은이처럼 하십시오. 그러면 그것이 여러분의 영광이 되고 여러분을 지켜줄 것입니다. 저는 여러분에게 스파르타인 어머니가 자기 아들에게 했던 말을 해주고 싶습니다. "네 방패를 갖고 돌아오라. 그렇지 않으면 그 위에 실려 오라." 복음을 여러분의 팔에 황금 방패처럼 매달고 돌아오십시오. 그렇지 않고 만약 죽는다면 복음이 여러분의 영구차가 되게 하고, 그래서 그리스도 안에서 견고한 신자로서 복음 위에 실려 집으로 돌아오기를 바랍니다. 그러나 여러분의 부르심의 소망에서 흔들리지 마십시오. 흔들리게 되면 여러분의 방패는 수치스럽게 내던짐을 당하게 될 것이니까요.

4. 우리가 복음의 소망에서 흔들려서는 안 되는 이유는 무엇입니까?

마지막으로, 우리가 복음의 소망에서 흔들려서는 안 되는 이유는 무엇일까요? 만약 우리가 흔들리지 않는다면 어떤 결과가 일어날까요?

무엇보다 먼저, 우리는 부르심의 소망에서 흔들리지 않게 될 것입니다. 왜냐하면 그 자리를 대신할 만큼 좋은 것은 아무것도 없기 때문입니다. 만약 호주에 가려고 마음을 먹고 있던 어떤 사람이 이곳보다 호주가 임금은 더 적고, 생활비는 더 들며, 사람들은 더 가난하다는 말을 듣는다면 가고 싶은 생각이 들지 아니할 것입니다. 그는 아마 이렇게 말할 것입니다. "안 되겠다. 작은 재난을 피하여 큰 재난에 빠질 수는 없지. 멀리 가서 임금을 더 적게 받는 것보다 확실히 여기서 그대로 사는 게 더 낫겠다." 그런데 우리도 이렇게 생각해야 합니다. 우리는 어떻게 해야 더 나은지 모르고 있습니다. 조나단 에드워즈는 한 논문에서 어느 정도 이런 취지의 말을 하고 있습니다. "만일 어떤 사람이 복음의 이런 형식이 비현실적이고 단순한 꿈에 불과하다는 것을 증명할 수 있다면, 그가 할 수 있는 최선의 일은 자리에 널브러져 앉아 사람들의 눈에 가장 밝게 비추어졌던 소망을 무용지물로 만들었다는 생각으로 영원히 슬피 우는 것이다." 그렇습니다. 그리스도를 믿고 구원을 받은 우리가 영광스러운 소망을 갖는 것은 참으로 큰 복이요 참으로 엄청난 기쁨이기 때문에 이 소망과 비교할 수 있는 것은 아무것도 없습니다. 그리스도의 양을 훔쳐오기 위해 유혹할 수 있는 들판이 어디 있습니까? 그리스도와 맞서 이길 수 있는 목자가 어디 있습니까? 이 영원한 태양보다 더 밝은 빛이 어디에 있습니까? 오! 너희가 재잘거리며 마치 어린아이인 것처럼 우리를 유혹하는구나. 하지만 다 자란 우리는 그들을 무시합니다. 너희가 진리와 소망과 위로와 기쁨에 대하여 우리가 소유하고 있는 것과 동등한 것을 내놓을 수 있는가? 우리는 각자 우리를 유혹하는 자에게 다음과 같이 합창하여 대답합시다.

> "주는 내 마음의 유일한 주권자,
>   나의 피난처, 나의 전능하신 친구,
>   나의 소망의 유일한 의지이신
>   주에게서 어찌 내 영혼이 떠날 수 있을까?
>   부추기는 세상의 기쁨이 합세하나

주께서 가까이 계시니 그들은 헛되이 부르네.
나의 사랑하는 주님, 주님의 한 번의 미소,
한 번의 복된 미소가 세상의 모든 기쁨을 능가합니다.

주는 나의 생명, 나의 기쁨, 나의 사랑,
내가 혼신의 힘을 다해 주의 이름을 찬양합니다.
주를 떠나는 것! 그것은 죽음, 아니, 그보다
그것은 끝없는 파멸, 깊은 절망입니다!"

우리가 우리의 부르심의 소망에서 흔들리게 되면 우리가 곧 종이 되고 말 것이라는 것을 잊지 맙시다. 어떤 사람이 구원을 위해 그리스도를 믿는다면 그는 종달새처럼 즐거워할 수 있습니다. 그러나 그에게서 그것을 빼앗아 보십시오. 그러면 그는 곧 올빼미처럼 우둔하게 될 것입니다. 그리스도를 떠나면 우리에게 기쁨을 줄 수 있는 것이 무엇이겠습니까? 만약 우리가 그리스도를 믿는 믿음으로 말미암은 주권적 은혜의 길에서 떠나게 된다면 의심의 사슬에 매이지 않겠습니까? 만약 우리가 우리의 부르심의 소망에서 흔들리게 된다면 결코 자라갈 수 없습니다. 자주 흔들리는 나무는 대체로 결국은 죽고 맙니다. 어쨌든 거기엔 성장이 있을 수 없습니다. 그리고 영으로 시작했던 사람이 육으로 완전해지려는 소망을 갖고 있다면, 값없는 은혜로 시작했던 사람이 이후에 자신의 행위의 딱지를 붙인다면, 그리스도를 신뢰하는 것으로 시작했던 사람이 사제에게 찾아가 죄를 고백한다면, 그리스도의 보혈을 의지했던 사람이 성수(聖水)에 몸을 적시고 거기서 구원을 찾기를 바란다면, 그는 결단코 은혜 안에서 자라갈 수 없을 것입니다. 그는 열심히 노를 저을 것입니다. 그러나 온갖 교리의 조류에 따라 이리저리 휩쓸릴 것입니다. 그래서 도저히 전진할 수가 없습니다. 이런 사람이 무슨 선을 행할 수 있을까요? 다른 사람들에게 유익한 영향을 미칠 수가 없습니다. 왜냐하면 오늘은 이런 교훈을, 내일은 저런 교훈을 가르치기 때문입니다. 그는 하나님이 자신을 구원하셨다고 말하지만, 다음 날이 되면 그것을 의심합니다. 그는 속죄는 충분하고 값없이 주어진다고 말하지만, 내일이 되면 고행을 실천해야 한다고 말합니다. 그는 다른 사람들에게 복을 전할 수 없습니다. 왜냐하면 복을 얻는 방법을 자신이 정작 모르고 있기 때문입니다.

　　나아가 만일 우리가 우리의 부르심의 소망에서 흔들린다면 참으로 비천하고 비참한 존재가 되고 말 것입니다. 왜냐하면 그렇게 되면 우리 구주를 버린 것이 되기 때문입니다. 만일 제가 여러분에게 하나님의 은혜가 아니라 육체의 행위로 얻는 구원을 전하기 위해 왔다면 저는 이 수치스러운 머리를 어디에 숨겨야 할지 모르겠습니다. 만약 제가 여러분이 받은 복음이 아니라 어떤 다른 복음을 여러분에게 전하게 된다면 저를 이 강단에서 끌어내리고 저를 따르는 모든 사람에게도 그렇게 하기를 바랍니다. 그러므로 온 힘을 다해 엄숙하게 중대한 옛 신앙을 굳게 붙드십시오. 그렇게 하지 않고 구원의 길을 거부한다면 그것은 여러분 자신을 거부하는 것이 될 것입니다. 만약 우리가 다른 방법으로 구원받을 수 있다면 도대체 그리스도가 무엇 때문에 죽어야 했겠습니까? 천국을 얻는 더 값싼 방법이 있다면 도대체 왜 그리스도가 피를 흘리셨단 말입니까? 여러분이 그리스도 없이 자신의 노력으로 천국에 들어갈 수 있다면 왜 그리스도께서 사망의 음침한 골짜기로 내려가야 했겠습니까? 하지만 다른 방법은 없습니다. 그러므로 우리가 지금 우리가 서 있는 곳에 굳게 서서 오직 우리 구주 예수 그리스도만 의지합시다.

　　이제 말씀을 맺겠는데, 우리가 구원 계획에서 떠나는 것은 난공불락의 요새 안에 몸을 숨기고 있던 군인이 거기서 나오라는 적군의 요청을 수락하는 것과 같다는 것입니다. 여러분도 영국 땅에서 그토록 박해하던 그 흉악한 원수가 우리 십자가 군인들에게 참호 속에서 나오라고 어떻게 소리쳤는지 잘 아실 것입니다. 그는 우리 군인들에게 참호 속에 숨은 쥐라고 조롱했습니다. 만약 그들이 거기서 나오기만 했다면 그는 그들을 잡아먹었을 것입니다. 그러나 우리의 군인들은 정말 지혜롭게도 적당한 때가 될 때까지 절대로 모습을 드러내지 않았습니다. 이처럼 세상과 육신과 마귀와 오류는 "나와라! 나와서 오류 없는 성경과 전능하신 구주와 구주를 믿는 단순한 믿음에 대하여 이야기해 보자. 나와서 우리와 공정하게 싸워보자"고 말합니다. 예, 하지만 우리는 그런 것 모릅니다. 그렇게 할 마음도 없습니다. 우리는 솔로몬이 말한 작은 토끼 같은 존재입니다. 이 작은 토끼는 바위 사이에 몸을 숨겼고 사냥꾼은 틀림없이 "작은 토끼야, 밖으로 나오지 않겠니? 나오렴. 내가 네 친구가 되어 줄게"라고 말했을 것입니다. 그러나 이 토끼는 약하지만 지혜로워서 낯선 사람이 자기를 불렀기 때문에 바위 속에 더 깊이 몸을 숨겼습니다. 여러분도 사탄이 "나와서 자유롭게 되렴. 사람이 되어라. 권위를 항상 신뢰하지는 말라"고 소리칠 때 똑같이 해야 합니다. "아니야. 나는 내 자리를 지킬 거야"라고 말하십시오.

어느 날 프랑스 남부 지역에서 마차를 타고 가는데, 상공에서 멋진 새 한 쌍이 날고 있는 것을 보았습니다. 마부가 프랑스말로 "독수리다!" 하고 외쳤습니다. 그런데 그 아래에는 총을 들고 독수리가 더 가까이 다가오기를 바라는 한 사람이 있었으나 독수리는 더 이상 다가오지 않았습니다. 그는 독수리를 향해 총을 발사했으나 독수리가 너무 높이 있어서 총알은 중간에도 도달하지 못했습니다. 독수리는 높은 곳일수록 활동하기에 적합합니다. 상공이 독수리의 운동장이고, 거기서 독수리는 아직 일어나지 않은 번개와 함께 놉니다. 상공의 증기 및 구름과도 함께 어울립니다. 독수리들아, 그곳에 그냥 있어라! 그곳에 계속 있어라! 만약 사람들이 너희를 사정권 안에 둔다면 너희에게 아무 유익이 없으리라. 그리스도인들이여, 높은 곳에 그대로 있으십시오. 높은 곳에 계속 거하십시오. 곧 예수 그리스도 안에 그대로 계십시오. 철학의 나무들 속에서 안전한 자리를 찾기 위해 내려오지 마십시오.

우리는 무엇을 하든 간에 진리와 평강과 안전의 길에서 절대로 떠나서는 안 됩니다. 우리는 왕의 대로를 따라 가고 있고, 그 길에서 만나는 도둑들이 이렇게 말합니다. "그 도로에서 어서 벗어나게. 그 길은 너무 따분하고 지루하다네. 숲 속으로 들어가게. 우리가 아름다운 꽃과 절묘한 계곡과 고요한 동굴로 안내해 주겠네. 자, 밤낮을 가리지 않고 온종일 즐겁게 노래 부르는 새 소리를 들어보게. 어서 우리와 함께 가세." 하지만 그렇게 하지 않기를 바랍니다. 왕의 대로를 따라 가고 있는 자는 왕의 보호를 받습니다. 그러나 어두운 산과 적막한 수풀 속에 들어가 방황하는 자는 스스로 자신을 보호해야 할 것입니다. 우리는 지금까지 해왔던 대로 할 것입니다. 파멸에서 벗어나는 길을 따를 것입니다. 다시 말해, 구주 곧 오직 구주만 의지하는 길을 따를 것입니다.

여러분이 신앙을 고수할 때 하나님께서는 여러분에게 크게 복을 베푸시고 풍성하게 하실 것입니다. 단순한 마음으로 하나님의 아들의 의를 따라 천국으로 향하는 길을 따라 걷는다면 주님께서 여러분과 함께 계시고 여러분을 위로하실 것입니다. 그러나 돌아선다면, 여러분에게 화가 있을 것입니다! 수치와 죄악의 그날에 여러분에게 저주가 임할 것입니다!

주님께서 신앙을 지키도록 여러분을 인도해 주시기를 바랍니다. 아멘.

제
6
장

—

너희 안에 계신 그리스도

—

"너희 안에 계신 그리스도시니
곧 영광의 소망이니라." — 골 1:27

복음은 커다란 비밀입니다. 신비 중의 신비입니다. 복음은 대대로 감추어져 있었으나 이제 성도들에게 나타났습니다. 복음은 인류 대다수에게 철저히 알려지지 않은 상태에 있었습니다. 오직 택함받은 사람들만이 속죄제사의 연기와 모형들의 상징을 통해 희미하게 알 수 있을 뿐이었습니다. 복음은 지혜로도 파악할 수 없고, 지식으로도 밝혀낼 수 없었던 신비로 계속 남아 있었습니다. 또 하나님께서 무한한 자비로 성령을 통해 나타내기로 하시지 않았더라면 복음의 비밀은 영원히 계속되었을 것입니다. 더 깊은 의미에서 볼 때, 하나님의 영이 우리에게 개인적으로 드러내지 아니하셨다면 지금도 여전히 감추어진 사실이 되었을 것입니다. 왜냐하면 하나님의 말씀 속에 담겨 있는 복음의 계시는 사람들이 영생에 이르도록 저절로 알려지는 것이 아니기 때문입니다. 빛이 아무리 밝아도 눈이 열리기 전까지는 아무 소용이 없습니다. 각 개인은 성령의 역사로 말미암아 자기에게 계시된 그리스도를 자기 안에 소유해야 합니다. 그렇지 않으면 그는 복음 시대에도 여전히 어둠 속에 남아있게 될 것입니다. 선지자와 왕들이 발견할 수 없었고, 심지어는 천사들도 살펴보기를 원했던 하나님의 비밀을 보도록 주님께서 그 눈을 열어놓은 자들은 복이 있고 행복합니다.

성도 여러분, 우리는 복음이 하나님의 말씀 속에 분명히 계시되고 하나님의 말씀의 신실한 설교자들이 충성스럽게 그 가르침을 전하려고 힘쓰는 시대에 살고 있으므로 이제는 귀에 익은 말씀이 된 이 비밀을 무시하지 않도록 조심합시다. 이 복이 보편적으로 알려졌다고 해서 그것을 과소평가하지 않도록 합시다. 광야에서 이스라엘 백성들은 천사들의 음식 곧 만나를 그토록 맛있게 오랫동안 먹었음에도 불구하고, 오직 한 가지만 계속해서 먹고, 또 너무 풍성하게 먹게 되자 결국은 사악한 불만에 가득 차 만나에 대하여 "이 하찮은 음식"이라고 불평했습니다. 저는 이 시대에 많은 사람들이 꿀을 너무 많이 먹은 사람들처럼 복음에 신물이 나지 않을까 두렵습니다. 그들은 심지어 하나님의 말씀을 "진부한 말"로 부르고, 마치 "옛날 옛적의 이야기"인 것처럼 고리타분한 이야기라고 말합니다. 새로운 것을 갈망하고, 기발하고 깜짝 놀랄 만한 사실을 고대하며, 감정적인 설교의 신령한 맛을 즐기기를 갈구하는 많은 사람들이 하늘에서 내려오신 떡이신 십자가에 못 박히신 그리스도에 대해서는 만족하지 못하고 있지 않습니까?

우리는 어떻습니까? 우리는 이런 어리석음에서 벗어납시다. 날마다 "주여, 일용할 양식을 주옵소서"라고 기도하면서 옛 음식으로 만족합시다. 사도 시대에 생명의 말씀을 완전히 거부함으로써 유대인에게 일어났던 일, 곧 진리가 그들에게 걸림돌이 되고 진리를 선포하는 자들이 그들 대신 이방인들에게 발걸음을 돌려야 했던 일이 우리에게는 일어나지 않기를 바랍니다. 만약 우리가 하늘의 메시지를 무시한다면 당시 유대인들보다 더 나은 것을 결코 기대할 수 없을 것입니다. 하늘에서 오셔서 말씀하시는 주님을 거부함으로써 초래하게 되는 위험을 우리는 자초하지 않도록 합시다. 여러분에게 생명이 있다면 생명을 누리십시오. 여러분이 빛 가운데 있다면 빛 안에서 사십시오. 여러분에게 사랑이 있다면 사랑 안에 거하십시오. 전능하신 주 하나님이 그의 은혜의 보고(寶庫)의 문을 드디어 열어 놓으시고 여러분의 손이 미치는 곳에 영원한 지복을 놓아두셨다면, 믿음의 손을 뻗어 그것으로 풍성해지십시오. 절대로 여러분의 하나님, 여러분의 구주에게서 등을 돌리지 마십시오. 왜냐하면 그렇게 할 때 영생과 천국에 등을 돌리게 되기 때문입니다. 하나님께서 그렇게 하지 않도록 여러분을 인도하시기를 기원합니다.

몇 마디 말로 이루어진 본문에서 큰 비밀을 접하게 되는데, 이 비밀은 천국이 산고(産苦) 속에 있다는 것, 곧 이 형편없는 세상이 새 하늘과 새 땅으로 변화되는 신비에 대한 것입니다. 우리는 본문의 일곱 마디 단어 속에 이에 대한 모든 비밀이 담겨 있음을 봅니다. 이 비밀의 부요한 영광이 본문에 공개적으로 드러나 있습니다. "너희 안에 계신 그리스도시니 곧 영광의 소망이니라."

　　하나님의 영의 도우심을 받아 저는 이 비밀을 세 가지로 여러분에게 설명하고자 합니다. 즉 첫 번째로, 이 비밀의 본질은 "그리스도"라는 것, 두 번째로, 이 비밀의 진수는 "너희 안에 계신 그리스도"라는 것, 그리고 세 번째로, 이 비밀의 전망은 "영광의 소망"이라는 것으로 나누어 설명하고자 합니다. "너희 안에 계신 그리스도시니 곧 영광의 소망이니라"(which is Christ in you, the hope of glory) ─ 이 말씀은 신학 전체 체계를 한 마디로 요약해 놓은 것과 같습니다.

1. 이 비밀의 본질은 "그리스도"이십니다.

　　복음의 영원한 신비 곧 이 비밀의 본질은 바로 그리스도이십니다. 저는 본문에서 너희 안에 "계신"(which)의 선행사가 무엇인지 잘 모르겠습니다. 그러나 그것이 "비밀"이든 "풍성함"이든 또는 "영광"이든, 그것이 무엇인지 확인해 보려고 크게 애쓰지 않을 것입니다. 이 세 마디 말 가운데 어느 것을 취하든 문맥에 합당하고, 이 셋을 다 선행사로 삼는다면 그것이 가장 좋을 것 같기 때문입니다. 만일 여기서 선행사가 "비밀"이라면 그리스도가 바로 그 비밀입니다. "크도다 경건의 비밀이여, 그렇지 않다 하는 이 없도다 그는 육신으로 나타난 바 되시고"(딤전 3:15-16). 또 선행사가 "영광"이라면 의심할 여지 없이 우리 주 예수님이 "은혜와 진리가 충만한, 아버지의 독생자로서 영광"(요 1:14)을 입으신 것입니다. 예수님은 "아버지의 영광의 광채"가 아니십니까? 그리고 선행사로 "풍성함"이라는 말을 취한다면 여러분은 종종 그분 안에 신성의 모든 충만이 육체로 거하시기 때문에 "측량할 수 없는 그리스도의 풍성함"(엡 3:8)이라고 표현하는 말씀을 들어보았을 것입니다. 오, 그리스도 예수 안에 있는 우리에게 아버지께서 기꺼이 나누어주시는 하나님의 은혜의 풍성함이여! 그리스도는 "비밀," "풍성함," "영광"입니다. 그리스도는 이 모든 것입니다. 그리스도의 이름을 찬양합시다. 그리스도는, 처음에는 개처럼 자녀의 상에서 떨어지는 부스러기를 먹는 것도 합당치 못한 불쌍한 이방인인 우리 가운데서 이 모든 것이 되시고, 이로 인해 우리는 이제 자녀의 신분을 허락받고 하나님의 상속자, 그것도 그리스도 예수와 공동 상속자가 되었으니 말입니다. 첫 세기에는 이방인에게 영광의 풍성함이 조롱거리로 들렸을 것입니다. 그러나 이 말은 오늘날 이 시대에 가장 적합한 말입니다. 왜냐하면 만물이 그리스도 예수 주 안에서 우리의 것이기 때문입니다.

이 비밀의 본질은 그리스도 자신입니다. 요즘에 보면, 자칭 현자들이 그리스도가 없는 교회를 세우고 구주가 없는 구원을 선포하는데 심혈을 기울이고 있습니다. 그러나 그들의 바벨탑은 무너지는 벽과 비틀거리는 담과 같습니다. 복음의 복된 비밀의 중심은 자신의 인격 안에 계시는 그리스도 자신입니다. 무한하신 하나님이 친히 인간의 본성을 취하신다는 것은 얼마나 놀라운 개념일까요! 이런 낮아지심은 사람들 사이에서는 상상조차 할 수 없었던 일이었습니다. 지금도 이것은 우리의 신앙의 큰 신비입니다. 하나님과 사람이 한 인격 속에 계신다는 것은 하늘과 땅 그리고 지옥에서도 경이입니다. 다윗은 적절하게 다음과 같이 외쳤습니다. "사람이 무엇이기에 주께서 그를 알아주시며 인생이 무엇이기에 그를 생각하시나이까"(시 144:3). 성육신에 대한 최초의 생각은 측량할 수 없이 지혜로우신 하나님의 마음에서 나온 것입니다. "임마누엘 곧 우리와 함께 하시는 하나님"에 대한 관념을 제시하려면 전능한 전지성을 필요로 합니다. 한 번 생각해 보십시오! 무한하신 분이 아기가 되고, 옛적부터 항상 계신 이가 어린아이가 되고, 항상 복을 베푸시는 분이 슬픔과 질고를 아는 사람이 되셨다니 말이 됩니까! 이 관념은 희한하고 경이롭고 신묘한 생각입니다. 오, 두 본성의 연합이 일어난 적이 과연 있었던가! 성도 여러분, 복음의 핵심이 이 진리 속에 고동치고 있습니다. 지극히 높으신 이의 아들이 베들레헴에서 태어났고, 태어났을 때 곧 아직 의의 한 행위를 행하거나 피를 흘리시기 전에 천사들이 "지극히 높은 곳에서는 하나님께 영광이요 땅에서는 하나님이 기뻐하신 사람들 중에 평화로다"(눅 2:14)라고 노래했습니다. 왜냐하면 천사들은 성육신 자체 속에 사람들을 위한 좋은 것이 풍성하게 들어 있다고 알고 있었기 때문입니다. 주님이 친히 우리의 인성을 취하셨을 때 그것은 인류에게 헤아릴 수 없는 복이 주어진 것을 의미했습니다. "한 아기가 우리에게 났고 한 아들을 우리에게 주신 바 되었는데"(사 9:6).

우리는 이 아기와 아들 속에서 우리의 구원을 발견합니다. 우리의 본성을 취하신 하나님은 우리에게 기쁨 외에 다른 것을 의미하지 않습니다. 이런 관점에서 우리 인간은 얼마나 큰 복을 받은 것입니까! 주님이 다른 피조물을 이처럼 위하신 적이 있었습니까? 우리는 주님이 천사의 본성을 취하지 않고 아브라함의 후손의 본성을 취하신 것을 잘 알고 있습니다. 주님은 친히 인간의 본성을 취하셨고, 이런 점에서 우주 속에서 하나님 다음으로 중요한 존재는 인간입니다. 죽음의 고통을 위해 천사보다 조금 못하게 되신 주님은 지금 영광과 존귀로 관을 쓰고 계시고, 여호와의 손이 행하시는 모든 일에 대하여 권리를 갖고 계십니다. 이것이 진실로 복음입니다. 이로 인해 죄인들이 소망을 갖게 되지 않습니까? "참 빛과 참 하나님"이신 분이 여러분의 마음속에 계시지 않습니까? 이것이 여러분에게 유익하다는 것을 알고 있지 않습니까? 사람들 사이에 거하시는 "육신이 되신 말씀"이 여러분의 가슴속에 소망을 불러일으키고, 구원받도록 여러분을 믿음으로 이끌고 있지 않습니까? 확실히 하나님과 인간 사이에 이런 연합이 있다는 사실은 거듭난 모든 사람의 즐거움입니다.

우리 주님의 인격은 지금도 똑같이 구성되어 있습니다. 주님은 여전히 하나님이면서 인간입니다. 지금도 그분은 우리 인간들을 충분히 동정하실 수 있습니다. 왜냐하면 주님은 우리의 뼈 중의 뼈요 살 중의 살이지만 아버지와 동등하신 존재로 아무 제약 없이 우리를 도우실 수 있기 때문입니다. 분명히 신적 존재이지만 예수님은 또 완전히 인간적 존재입니다. 진실로 사람이지만 예수님은 동시에 하나님이십니다. 그리고 이것이 우리에게는 소망의 문이요, 결코 흐름이 멈추지 않는 위로의 샘입니다.

우리는 주님에 대하여 생각할 때 주님의 인격과 더불어 주님이 우리를 위하여 행하고 이루신 영광스러운 사역에 대해서도 기억해야 합니다. 사람의 모양으로 나타나신 주님은 그만큼 자신을 낮추시고 죽기까지 곧 십자가에 죽기까지 복종하셨습니다. 주님은 자기를 비워 종의 형체를 가지셨고 죄 있는 육신의 모양으로 나타나셨는데, 그것은 우리가 복종하지 못해서이고 다른 존재가 우리를 대신해 합당하게 복종하지 않으면 구원받을 수 없었기 때문입니다. 만유의 후사가 섬기는 종으로 우리 가운데 계실 준비를 하셨습니다. 그분의 복종은 얼마나 놀라운 것일까요! 얼마나 힘든 일이었을까요! 얼마나 낮아지신 것일까요! 얼마나 괴로운 일이었을까요! 얼마나 모든 것을 다 바친 일이었을까요! 주님의 삶은 슬픔과 겸비의 삶이었고, 급기야는 고뇌와 조롱의 죽음으로 이어졌습니다. 십자가 위로 주님은 우리의 모든 짐을 옮기셨고, 십자가에서 그 짐을 담당하셨는데, 그것은 아버지의 의로우신 진노가 우리에게 임하지 않도록 하기 위함이었습니다. 오, 그리스도께서 우리를 위해 행하시지 않은 일이 무엇이 있을까요? 그리스도는 우리의 죄를 바다 깊은 곳으로 던져버리셨습니다. 그리스도는 우리가 영원토록 마셔야 할 잔을 대신 마시되, 한 방울도 남기지 않고 다 마셨습니다. 그리스도는 우리를 위해 저주를 받은 바 되사 율법의 저주에서 우리를 속량하셨습니다. 또 범죄를 종식시키고 죄를 끝장내셨으며, 영원한 의를 가져오고, 휘장 안에 있는 아버지의 보좌로 올라가 자신을 신적 제물로 바치셨고, 그렇게 하심으로써 우리를 위해 모든 것이 올바르고 안전하게 하셨으며, 그리하여 결국 우리가 자신을 따르고, 자신이 있는 곳에 자신과 함께 있을 수 있도록 만드셨습니다. 성도 여러분, 오, 정말 그리스도의 인격과 이루신 사역이 우리의 소망의 기둥입니다. 저는 그리스도가 어떤 분인지, 곧 어떤 일을 행하셨고, 어떤 일을 행하고 계시며, 어떤 일을 행하실지를 "그리스도는 나의 구원이시며 나의 모든 소원이라"고 말하지 않고는 생각할 수 없습니다.

성도 여러분, 우리 주님의 모든 직분이 우리에게 위로의 원천입니다. 주님은 선지자, 제사장 그리고 왕이십니까? 주님이 친구입니까? 주님이 형제입니까? 주님이 남편입니까? 주님이 머리입니까? 어떤 방법이나 어디서나 우리가 우리 영혼의 중대한 문제를 주님에게 맡길 때 주님은 우리의 전부가 되십니다. 뿐만 아니라 주님은 우리의 대표자라는 아주 은혜로운 생각이 있습니다. 여러분은 주님이 우리의 언약의 머리가 되고, 우리를 대표해 영원에 대하여 중대한 거래를 하는 데 참여하신 것을 알고 있습니까? 인류를 대표하고 우리를 대신했던 첫 사람 아담이 슬프게도 우리를 대표하여 넘어졌고, 그래서 아담 안에서 우리도 넘어진 것처럼, 이제 둘째 아담도 자신의 모든 백성을 책임지고, 그들을 대표하며, 그들을 위해 언약을 지키셨기 때문에 이제 만물 안에서 지명되었으며, 그 모든 복이 모든 후손에게 틀림없이 확보되었습니다. 신자들은 예수님이 그들을 대표하고 그들을 위해 하나님의 소유를 취하셨으므로 언약의 기업을 소유하게 되어 있고 차지할 것입니다. 그리스도가 어떻게 하시든 간에 그의 백성들은 그분 안에 있습니다. 그들은 그리스도 안에서 십자가에 못 박혔고, 그리스도 안에서 죽었고, 그리스도 안에서 장사되었고, 그리스도 안에서 부활했고, 그리스도 안에서 영원히 살고, 그리스도 안에서 "함께 일으키사 그리스도 예수 안에서 함께 하늘에 앉히시는"(엡 2:6) 하나님 우편에 영광스럽게 앉아 있게 됩니다. 그리스도 안에서 우리는 현재와 영원 속에서 "사랑하시는 자 안에 받아들여진" 자가 됩니다. 그리고 이것이 전체 복음의 본질이라고 말하고 싶습니다. 그리스도를 선포하는 자는 복음을 선포하는 것입니다. 그리스도를 선포하지 않는 자는 복음을 전혀 선포하지 않는 것입니다. 태양이 없는 낮이나 물이 없는 강이나 머리가 없는 산 사람이나 영혼 없이 소생한 인간의 몸보다 그리스도 없는 복음이 존재하는 것이 훨씬 더 불가능합니다. 아니, 그리스도 자신이 하나님의 복음의 비밀의 생명이요 영혼이요 실체요 본질입니다.

다시 말하지만, 그리스도 자신 외에 다른 사람은 아무도 그렇게 될 수 없습니다. 저는 만일 우리 주님이 가셨다면 우리가 뭔가 해야 할 일이 있지는 않은지 생각해 보았습니다. 어떤 사람이 자신의 병을 잘 아는 위대한 의사에 대하여 이야기를 들었다고 가정해 봅시다. 그래서 그는 이 유명한 의사를 만나려고 엄청나게 먼 거리를 무릅쓰고 여행에 나섰습니다. 그러나 집에 도착했을 때 의사가 외출하고 집에 없다는 이야기를 들었습니다. 그래서 그는 "그러면 올 때까지 기다리겠습니다"라고 말합니다. 그러자 그 집 사람들은 "보조 의사가 있으니 기다릴 필요가 없습니다"라고 말합니다. 실망한 이 환자는 이렇게 대답합니다. "저는 보조 의사에 대해서는 관심이 없습니다. 바로 그 의사를 만나야 합니다. 저의 병은 절망적인 병으로, 그 의사가 고칠 수 있다는 소문을 들었습니다. 그러므로 저는 반드시 그를 만나야만 합니다. 저에게 보조 의사는 필요 없습니다." "하지만 그 의사는 집에 없습니다. 대신 그의 책이 있으니 그것을 보는 것이 어떨까요?" "감사합니다. 하지만 그의 책으로는 만족할 수 없고 살아 있는 그 사람을 원하고 다른 사람은 소용없습니다. 제가 이야기를 나누어야 할 사람은 바로 그 의사이고, 그에게서 저는 처방을 받아야 합니다." "그러면 저 캐비닛이 보입니까?" "예, 보입니다." "저 안에 그가 조제해 놓은 약이 가득 차 있습니다." 이에 이 환자는 이렇게 대답합니다. "물론 그 약들도 제게는 무척 유익합니다. 하지만 그 약들은 그 의사가 없으면 제게 아무 소용이 없습니다. 저는 저 약을 조제한 의사가 제게 처방을 내려주기를 바랍니다. 그렇지 않으면 저는 병으로 죽게 될 것입니다." 그러자 한 사람이 이렇게 말합니다. "자, 그러면 그 의사에게 치료받은 사람이 여기 있습니다. 그는 경험이 많고 아주 중대한 수술도 받아보았습니다. 그와 함께 진찰실에 들어가십시오. 그러면 그가 치료법에 대하여 상세히 말해줄 것입니다." 이 말에 이 환자는 이렇게 대답합니다. "당신의 말도 고맙습니다. 하지만 당신의 말을 모두 듣고 보니 그 의사를 만나보고 싶은 심정이 더 간절해집니다. 저는 그를 만나러 왔고, 다른 일로 지체하고 싶지 않습니다. 저는 직접 그 사람 자신을 만나야 합니다. 제 병에 대해서는 그 사람이 전문가입니다. 그만이 제 병을 다루는 법을 알고 있습니다. 그러니 그를 만날 때까지 기다리겠습니다."

사랑하는 성도 여러분, 만일 여러분이 그리스도를 찾고 있다면 이 환자를 그대로 본받으십시오. 그렇지 않으면 여러분은 완전히 실패하게 될 것입니다. 절대로 책이나 대화 따위로 미루어지지 않게 하십시오. 여러분과 대화를 나누는 그리스도인들이나, 여러분에게 설교하는 설교자들이나, 여러분에게 지식을 제공하는 성경이나, 여러분을 위해 드려주는 기도로 만족하지 마십시오. 예수님이 없으면 무엇이든 여러분에게 구원을 제공하는데 부족할 것입니다. 여러분은 그리스도에게 나아가야 하고, 그리스도를 접촉해야 하며, 이것이 결여되면 결코 여러분을 만족시키지 못할 것입니다.

또 탕자가 집에 돌아왔을 때 상황을 생각해 봅시다. 집에 도착했을 때 형이 그를 만나러 나왔을 경우를 상상해 보십시오. 저는 형이 아주 부드럽고 다정한 태도를 취했다고 가정하고, "아우야, 들어오너라. 집으로 돌아온 걸 환영한다!"라고 말하는 것을 상상해 봅니다. 그러나 저는 거기서 돌아온 탕자가 들어가지 못하고 문간에 그대로 서서 눈물을 흘리고 있는 장면을 보고, 그가 슬프게 이렇게 말하는 것을 듣습니다. "아버지를 만나고 싶습니다. 그래서 아버지에게 아버지 보시기에 죄를 범했고, 악을 행했다고 고백해야 합니다." 이어서 늙은 종이 나와 이렇게 속삭입니다. "주인님, 다시 돌아오셔서 정말 기쁩니다. 모든 종이 주인님의 목소리를 듣고 즐거워하니 기뻐하십시오. 주인님의 아버지가 주인님을 만나지 못하는 것은 사실이지만 살진 송아지를 잡아 주인님을 대접하라고 명하셨습니다. 여기 최고급 옷이 있고 반지가 있으며 주인님의 발에 꼭 맞는 신발이 있습니다. 주인님에게 입히고 신기라는 지시를 받았습니다." 그러나 이 모든 것이 회개하는 이 가련한 자에게는 만족스러운 것이 아닙니다. 그리고 여기서 그가 다음과 같이 부르짖는 장면을 생각합니다. "저는 아버지께서 주시는 것이라면 무엇이든 무시하지 않습니다. 왜냐하면 저는 아버지의 종이 될 만한 자격도 없기 때문입니다. 그러나 아버지의 얼굴을 뵙지 못하고 아버지가 저를 용서하신 것을 알지 못하면 이 모든 것이 무슨 소용이겠습니까? 아버지의 얼굴을 뵐 수 없고 아버지와 화해할 수 없다면 잔치의 음식은 아무 맛이 없고, 반지는 전혀 반짝거리지 않고, 신발은 전혀 어울리지 않고, 옷은 전혀 아름답지 않습니다." 탕자의 경우에 진정 큰 문제는 자신의 머리를 자기 아버지의 품에 묻고 "아버지, 제가 죄를 지었나이다"라고 고백하면서 흐느껴 우는 것이라는 것을 여러분도 알고 있지 않습니까? 필요한 일 한 가지는 값없는 용서의 입맞춤, 사랑하는 자의 손길, 그리고 "사랑하는 아들아, 너를 사랑한다. 네 잘못은 모두 지워졌다"고 말씀하는 따스하고 사랑스러운 입술이었습니다. 그것이 탕자의 영혼에 안식과 온전한 평강을 주는 핵심 사실이었습니다. 바로 이것이 우리 설교자가 여러분에게 전하고자 하는 비밀입니다. 곧 하나님 자신이 그리스도 예수 안에서 여러분에게 가까이 나아오신다는 것, 그리고 여러분의 모든 죄악을 용서하신다는 것 말입니다.

우리는 예수님 자신이 주제가 되지 않으면 전하는 것에 만족하지 않습니다. 우리는 그리스도에 대한 어떤 것이나, 그리스도에게 속한 어떤 것이나, 그리스도에 의해 획득된 어떤 것이나, 그리스도를 알았던 어떤 사람이나, 그리스도를 높이는 어떤 진리를 여러분 앞에 제시하는 것이 아니라 십자가에 못 박히신 그리스도를 제시합니다. 우리는 우리 자신이 아니라 주 예수 그리스도를 설교합니다. 우리가 여러분에게 말하는 것은 시므온이 성전에서 구주를 팔에 안았듯이 여러분의 팔에 구주를 안을 때까지 만족하지 말라는 것입니다. 이 존경스러운 성도는 마리아의 품에 안겨 있는 아기를 보기만 했을 때에는 평안히 놓아주셨다고 기도하지 않았습니다. 자신의 팔에 이 사랑하는 분을 안았을 때 "주재여 이제는 말씀하신 대로 종을 평안히 놓아주시는도다"(눅 2:29)라고 고백했습니다. 인격적인 그리스도를 인격적으로 붙잡는 것은 비록 우리가 아기처럼 그분을 아는 것에 불과하다고 할지라도 마음을 충만하게 하고, 다른 것으로는 절대로 그렇게 하지 못합니다.

여기서 한 걸음 더 나아가 설명해 봅시다. 다른 어떤 존재로는 안 되고 반드시 그리스도 자신이어야 하기 때문에, 또한 그리스도가 주시는 어떤 것으로도 안 되고 오로지 그리스도 자신이어야 한다는 것입니다. 저는 언젠가 그리스도는 우리에게 있는 모든 친구 및 조력자와 얼마나 다른 분인지 생각해 본 적이 있었습니다. 친구나 조력자는 우리에게 좋은 것을 주지만 예수님은 우리에게 자기 자신을 주십니다. 예수님은 우리에게 단순히 지혜, 의, 성결, 그리고 구속을 주시는 것으로 그치지 않고 하나님이심에도 불구하고 우리를 위해 친히 이 모든 것이 되신 분입니다. 따라서 우리는 예수님 없이는 아무것도 할 수 없습니다. 크게 아플 때 여러분은 의사를 만나면 기쁠 것입니다. 그러나 회복되고 있을 때 스스로에게 이렇게 말할 것입니다. "저 훌륭한 의사를 다시 안 보았으면 좋겠다. 그것은 내가 더 이상 환자가 아니라는 확실한 표시니까." 아, 그러나 예수님이 한 영혼을 고치면 그는 예수님을 그 전보다 더 간절하게 보고 싶어합니다. 우리가 주님과 지속적인 교제를 갈망하는 것은 우리가 계속 좋아지고 있다는 표시입니다. 예수님이 자기와 함께 영원히 거하기를 바라는 자는 자신의 질병에서 고침을 받은 것입니다. 우리는 결코 그리스도가 필요 없는 수준까지 자라지 않습니다. 오히려 우리는 자랄수록 그리스도를 더 절실하게 필요로 합니다. 음식을 먹고 나면 식욕이 떨어질 것입니다. 그러나 그리스도를 먹으면 먹을수록 여러분은 그리스도에 대하여 더 굶주리고 목말라 할 것입니다. 그리스도에 대한 이처럼 채울 수 없는 갈망은 고통스러운 배고픔이 아니고 거룩하고 즐거운 배고픔으로, 커질수록 그 배고픔에 대한 욕구의 강도도 그만큼 더 커집니다. 그리스도를 조금 소유하고 있는 자는 그리스도에 대하여 별로 관심이 없습니다. 그러나 그리스도에게서 더 많이 얻는 자는 더 충분한 공급을 갈망합니다.

　한 현자가 여러분을 가르친다고 가정해 봅시다. 여러분은 그가 가르칠 만한 것을 다 가르친 후에는 이렇게 말할 것입니다. "이제 다른 사람에게 가서 그를 가르치십시오."그러나 예수님이 가르치실 때에는 우리 자신의 무지가 명명백백하게 드러나기 때문에 우리는 그분이 우리의 평생 스승으로 삼기를 바랄 것입니다. 엠마오로 가는 길에서 두 명의 제자를 가르치셨을 때 주님은 성경을 열어 그들의 지성을 각성시키자 그들의 마음이 뜨거워졌습니다. 그 다음에 일어난 일이 무엇입니까? 이 거룩하신 선생을 보내는 일이었습니까? 아닙니다. 아닙니다. 그들은 "우리와 함께 유하사이다 때가 저물어가고 날이 이미 기울었나이다"(눅 24:24)라고 강권하면서 그분을 붙들었습니다. 주님이 그들을 가르칠수록 그들은 더 배우고 싶은 갈망이 솟아났습니다. 그리스도에 대해서는 항상 이렇습니다. 그리스도는 갈수록 더 소중하고 갈수록 더 필요하신 분입니다. 오, 성도 여러분, 여러분은 그리스도 없이는 아무것도 할 수 없습니다. 만약 여러분이 발을 순금 문지방에 놓거나 손가락이 진주 문의 빗장을 붙잡는다면 여러분은 이전보다 더 그리스도를 필요로 할 것입니다. 저는 여러분이 새뮤얼 러더퍼드 목사(17세기 스코틀랜드 신학자)의 마음과 같이 되기를 바랍니다. 러더퍼드는 자신의 마음이 하늘만큼 넓어져서 그 안에 그리스도를 완전히 담기를 원했고, 심지어는 하늘들의 하늘이라도 그분을 담을 수 없기 때문에 이 우주도 예수님의 무한한 사랑을 담기에는 너무 좁다고 느꼈습니다. 그래서 러더퍼드는 일곱 하늘만큼 자신의 마음이 넓어져서 극진히 사랑하는 주님을 그곳에 담기를 갈망했던 것입니다.

진실로 저는 그리스도를 더 갈망하는 것 말고는 하나님께서 제게 주신 것에 대하여 두루 만족하고 있습니다. 집에서나 들판에서 저의 몫이 더 많아지지 않은 것을 알고 있지만 행복하게 앉아 있을 수 있었습니다. 그러나 저는 나의 주님을 더 많이 갖기 위해 굶주리고 있습니다. 우리는 그리스도로 채워질수록 우리 자신의 자연적 공허감을 그만큼 더 느끼게 됩니다. 그리스도를 더 많이 알수록 우리는 그분을 아는 것을 그만큼 더 갈망하게 됩니다. 바울은 빌립보 교회 교인들에게 편지를 쓰면서, 자신은 그리스도인이 된지 오래 되었지만 "그리스도를 알고자 한다"고 말합니다. 오, 바울이여, 그대는 아직도 그리스도를 알지 못하는가? 바울은 이 질문에 대하여 "긍정"과 "부정"의 대답을 동시에 합니다. 왜냐하면 그는 그리스도의 사랑을 알았지만 그것이 모든 지식을 능가한다고 느꼈기 때문입니다. "모든 강물은 다 바다로 흐르되 바다를 채우지 못하며"(전 1:7). 어떤 면에서 보면 이것은 우리의 경우가 아니지만 다른 면에서 보면 바로 우리의 경우입니다. 왜냐하면 은혜와 사랑과 복의 모든 줄기가 우리 영혼 속으로 흘러들어와 우리를 충만하게 채우고 있기 때문입니다. 하지만 충만해도 우리는 더 충만하게 되기를 갈망합니다. 주여, 은사가 아니라 주님 자신을 갈망합니다. 주님이 우리의 마음의 소원입니다.

그리스도만으로 충분합니다. 이것을 주목합시다. 마치 그리스도에게 뭔가 부족한 것이 있는 것처럼 그분에게 무엇이든 덧붙여서는 안 됩니다. 어떤 이들은 그리스도를 설교할 때 사람의 철학이나 사제(司祭)의 술책을 집어넣음으로써 태양에 촛불을 보탭니다. 복된 비가 하늘에서 신선하게 쏟아질 때 그들은 그들 자신의 환상의 그럴듯한 추출물을 뿌려 향기를 더하려고 합니다. 영원한 산에서 신선하게 풍겨나는 하나님의 복된 공기에 과학적 실험을 통해 그들 자신의 연기와 구름을 마구 집어넣지 않으면 그 공기가 제대로 역할을 할 수 없다고 생각하는 것은 헛된 꿈입니다. 그러므로 그런 부질없는 짓을 멈추고 태양을 바라봅시다! 여러분의 희미한 불빛은 필요가 없습니다. 여러분의 장신구는 내버리고 밝은 햇빛 속으로 들어오십시오! 하늘에서 거룩한 비가 내리게 하십시오. 여러분의 향수는 필요하지 않습니다. 길을 막지 말고 신선한 바람이 불어오게 하십시오. 영혼의 건강과 힘을 위해 그만한 것은 전혀 없습니다. 우리는 그리스도 안에서 오직 그리스도만을 즐거워합니다. 사제의 술책이 아니라 그리스도를 즐거워합니다. 철학이 아니라 그리스도를 즐거워합니다. 현대 사상이 아니라 그리스도를 즐거워합니다. 인간적 완전성이 아니라 그리스도를 즐거워합니다. 그리스도 곧 그리스도의 전부를 즐거워하고, 그리스도 외에는 아무것도 즐거워하지 않습니다. 여기에 하나님의 은혜의 복음의 비밀이 있습니다.

성도 여러분, 그리스도 말고 무엇이 하나님의 공의를 만족시킬 수 있을까요? 죄의식이 느껴질 때 여러분 주위를 둘러보십시오. 무서운 재판정이 여러분 눈앞에 있습니다. 그리스도 말고 어떤 방법으로 속죄를 이끌어 낼 수 있겠습니까? 그리스도에게 무엇을 더할 수 있겠습니까? 그리스도의 피와 공로에 감히 무엇을 더 첨가하겠습니까? 오, 나의 하나님이여, 당신의 아들, 오직 당신의 아들 외에는 당신을 만족시킬 것이 아무것도 없나이다. 다른 무엇으로 양심을 진정시킬 수 있겠습니까? 어떤 고백자들은 사용해 본 적이 없기 때문에 새로운 것이나 진배없는 양심을 갖고 있습니다. 그러나 이전에 자신의 양심을 온전히 사용해 자신의 죄의 무게에 심하게 짓눌려본 자는 하나님 앞에 죄책을 갖고 서는 것보다는 차라리 존재하지 않는 것이 더 낫다고 느끼게 됩니다. 이때 이 사람은 자신의 고통스런 마음을 잠잠하게 할 당사자는 그리스도밖에는 없다고 인정합니다. 피 흘리신 어린 양을 바라보십시오. 그러면 여러분은 진정될 것입니다. 하나님 보좌 앞에서 자신의 의를 내세우고 계신 높아지신 주님을 바라보십시오. 그러면 양심은 젖을 뗀 아이처럼 될 것입니다. 그리고 심령 속에서 일어난 모든 폭풍이 금방 놀라운 고요함으로 바뀔 것입니다.

그리스도와 함께 사는 것 말고 무엇을 할 수 있겠습니까? 저는 영혼이 고통과 낙심에 빠졌을 때 나의 주님 외에 기댈 수 있는 곳을 어디서도 찾을 수 없습니다. 여러분의 마음은 때때로 일부 설교자들이 설교와 글을 통해 차려놓은 진수성찬과 과자들을 맛있게 먹을 수 있습니다. 그러나 심각한 병에 걸렸을 때 여러분의 영혼은 온갖 산해진미도 맛이 없고 하늘의 떡 곧 하나님의 복된 그리스도 외에는 여러분의 뱃속에 남아 있는 양식은 전혀 없게 될 것입니다. 또한 죽게 될 때에 대하여 생각해 보십시오. 그때에 그리스도 외에 다른 무엇이 필요하겠습니까? 오, 저는, 그리스도 안에서 즐거워하기 때문에 영원한 신성이 자기들을 변화시키는 줄을 알고 눈으로 천국을 보면서 죽는 사람들을 보았습니다. 그러나 그리스도가 없는 임종은 영원한 밤의 어두운 그늘이 드리워져 있습니다. 그것은 흑암의 땅 입구를 이루고 있는 음침한 동굴입니다. 간절히 바라는데, 여러분은 예수님 없이는 생사 문제를 감히 맡기지 마십시오. "그리스도만 있으면, 그리스도만 있으면," 이것이 불길 속에서도 순교자들의 외침이었습니다. 생과 사 속에서 이것이 우리의 외침이 되어야 합니다.

2. 이 비밀의 진수는 "너희 안에 계신 그리스도"이십니다.

이제 이 비밀의 진수인 "너희 안에 계신 그리스도"를 살펴보도록 합시다. 여기에 큰 진전이 있습니다. 오늘 아침 이 자리에 상당히 많은 어부들이 참석하고 있는 것으로 아는데, 진심으로 여러분을 환영합니다. 바다에 나가 있을 때 여러분은 여러분의 배 주변에 물고기가 우글거리고 있다는 사실을 알면 매우 좋아할 것입니다. 물고기 떼가 있는 곳으로 들어가는 것은 기분 좋은 일입니다. 당연하지요, 그러나 그보다 더 기분 좋은 일이 있습니다. 바다 속에 있는 물고기도 좋습니다만 배 안에 있는 물고기가 진짜 여러분의 물고기입니다. 일단 물고기를 그물로 끌어들이면, 아니 더 좋은 것은, 배 안에 안전하게 실어놓으면, 여러분은 기분이 정말 좋을 것입니다. 지금 하늘에 계신 그리스도 곧 불쌍한 죄인들에게서 벗어나 계시는 그리스도도 보배롭습니다만 지금 여기서 마음속에 계시는 그리스도가 무엇보다 가장 보배롭습니다. 여기에 골수와 기름진 것이 있습니다. 배 위에 그리스도가 계시면 그 배는 안전하고 고요합니다. 여러분의 집 안에 계시는 그리스도, 여러분의 마음속에 계시는 그리스도 곧 여러분 안에 거하시는 그리스도, 그것이 문제의 정수요, 벌집의 꿀입니다. 금이 아무리 가치가 있다고 해도, 사람들은 자기 주머니 속에 있는 1파운드의 금을 은행 지하실의 금고 안에 있는 거대한 금괴보다 더 소중하게 생각합니다. 빵 한 조각은 소중한 것이지만 입으로 먹을 수 없다면, 그래서 우리 입 안에 들여놓을 수 없다면, 우리는 굶어죽게 될 것입니다. 약은 귀중한 치료제가 될 수 있지만 항상 약병 속에 담겨 있어 한 알도 꺼내 복용할 수 없다면 무슨 유익이 되겠습니까? 그리스도는 여러분 안에 계시는 그리스도가 될 때 가장 잘 좋습니다. 이에 대하여 잠시 살펴봅시다.

너희 안에 계시는 그리스도는 첫 번째로 신앙으로 받아들인 그리스도입니다. 그리스도 예수가 사람 속에 들어가신다는 것은 정말 놀라운 사실이 아닙니까? 당연히 놀랍습니다. 하지만 저는 여러분에게 더 놀라운 사실을 말하고 싶습니다. 그것은 그리스도는 우리의 아주 작은 신앙으로 말미암아 열리게 된 좁은 틈을 뚫고 들어가신다는 것입니다. 해가 있습니다. 해가 지구보다 얼마나 더 큰지 모르겠습니다만 햇빛은 지구의 아주 작은 방이나 좁은 골방에도 들어올 수 있습니다. 더욱이 햇빛은 갈라진 틈만 있으면 뚫고 들어올 수 있습니다. 셔터가 내려져 있을 때 셔터에 나 있는 아주 작은 구멍을 통해 햇빛은 들어온다는 것을 우리는 알고 있습니다. 마찬가지로 그리스도도 작은 신앙 곧 단순히 갈라진 틈과 같은 작은 확신을 통해 들어오실 수 있습니다. 여러분이 형편없는 신자여서 확신을 가질 수 없을 정도라고 해도, 주님을 신뢰하기만 한다면, 햇빛이 좁은 틈새를 통해 확실히 들어오는 것처럼, 참된 신앙이 열어놓은 아주 작은 틈 사이로 그는 여러분의 영혼 속에 들어오실 것입니다. 여러분이 격자 사이로 비치는 주님의 밝은 얼굴을 바라볼 때 다음과 같이 말한다면 얼마나 지혜롭습니까! "이처럼 단순하게 반짝거리고 잠깐 보이는 빛으로는 만족하지 못하겠나이다. 주님의 얼굴의 빛 속에서 살고 싶습니다. 이 덧문을 들어올려 주십시오. 그래서 하늘의 빛이 쏟아져 들어오게 해주십시오. 이 빛의 영광 속에서 즐거워하고 싶습니다." 성령으로 말미암아 여러분의 가장 깊은 영혼 속에 그리스도가 들어오실 때까지 믿음 안에서 자라가고 그리스도를 받아들이는 능력을 확장시키십시오. 그렇게 해야 영광의 소망이 되시는 그리스도께서 신앙으로 말미암아 여러분 안에 계시기 때문입니다.

그리스도가 너희 안에 계신다는 것은 여러분이 그리스도를 소유했다는 뜻입니다. 그 사람 안에 있는 것만큼 확실하게 그의 소유로 볼 수 있는 것은 아무것도 없습니다. 여러분은 빵 한 조각이 있는데, 그것이 저의 것이 아니라면 제가 그 빵에 대하여 아무 권리가 없다고 말하지 않겠습니까? 그러나 제가 그 빵을 먹어버렸을 때 여러분은, 원한다면, 그 빵에 대하여 소송을 제기할 수 있을 수 있어도 그 빵을 제게서 가져갈 수는 없습니다. 그 문제는 이미 결정된 것입니다. 곧 제가 먹은 빵은 이제 제 소유가 된 것입니다. 이 경우에는 무조건 손에 쥔 사람이 임자니까요. 어떤 사람이 그리스도를 자기 속에 받아들이면 마귀는 그리스도를 원상복구시키기 위해 그에게 소송을 제기한다고 하더라도 승소할 수 없습니다. 왜냐하면 그 문제는 이미 해결이 난 문제니까요. 여러분 안에 계시는 그리스도는 진정으로 여러분의 소유입니다. 사람들은 한 평의 땅이나 집이 나의 소유인지 소송을 제기할 수 있으나 제가 어제 먹어버린 고기는 대법원이나 다른 법정에서 돌이킬 수 있는 재산 문제가 아닙니다. 마찬가지로 신자가 자기 안에 그리스도를 두고 있을 때 법은 더 이상 말할 권한이 없습니다. 신앙으로 둘러놓은 울타리 경내는 자체로 권리 증서를 수반하기 때문입니다.

또한 그리스도가 너희 안에 계신다는 것은 그분의 모든 능력으로 그리스도를 경험했다는 뜻입니다. 사람의 고통을 제거하고 질병을 치료하는데 마술과 같이 작용하는 소중한 약이 있다고 해도 그가 그것을 복용하지 않는 한 아무런 효험이 없을 것입니다! 그러나 일단 복용해서 약이 그의 피를 정화시키고 그의 체질을 강화시키기 시작하면 그는 다른 사람들의 증언에 의존하지 않고 약의 효험에 대하여 잘 알게 될 것입니다. 그리스도를 여러분 안에 받아들이고 죄를 치료하십시오. 여러분 안에 계시는 그리스도는 여러분의 영혼을 사랑을 가지고 미덕과 거룩함으로 가득 채우고, 또 신령한 열망으로 영혼을 불타오르게 할 것입니다. 그리고 이때 여러분은 주님이 어떤 분이신지 알게 될 것입니다. 여러분 안에 계시는 그리스도는 믿어진 그리스도요, 소유하게 된 그리스도요, 경험하게 된 그리스도로서, 가장 소중하신 분입니다.

나아가 그리스도가 우리 안에 계신다는 것은 그리스도가 통치하신다는 뜻입니다.「성전(聖戰)」에서 존 번연이 맨소울(인간의 영혼이라는 뜻)이라는 성(城)에 대하여 설명한 묘사를 상기해 봅시다. 임마누엘 왕의 군대가 이 성을 에워싸고 있는데 디아볼루스가 이 성 내부에서 왕을 내쫓으려고 획책합니다. 그때가 맨소울은 가장 힘든 시기였습니다. 그러나 드디어 전투병들이 성문을 부수고, 은 나팔 소리가 신호로 울려 퍼지자 왕의 군사들이 쏜살같이 쇄도해 들어가 성을 차지했고, 그날 왕이 성의 도로를 질주하자 해방된 시민들은 왕을 전심으로 환영하며 깃발을 흔들었으며, 왕이 친히 오셨기 때문에 교회 종탑에서는 다시 축하의 종소리가 울려 퍼지게 되었습니다. 여러분의 마음의 성 정상에서 주님은 승리의 질주를 하시고 이후로 그곳에 자신의 보좌를 세우심으로써 그 성의 유일한 주인과 왕이 되셨습니다. 여러분 안에 계시는 그리스도는 정당하게 왕으로 명령하십니다. 그리스도는 여러분의 존재의 중심에서 자신의 홀을 흔드심으로써 곧 왕권을 행사하심으로써 모든 능력과 재능, 욕구와 결심, 그리고 모든 생각까지 자신에게 복종시키시는데, 오, 이것은 시작된 영광이요, 천국에 대한 확실한 보증입니다. 오, 예수님의 왕적 주권이 더 강하게 나타나기를! 무조건 예수님의 통치 아래 있는 것이 우리의 해방입니다.

그리고 그리스도가 너희 안에 계신다는 것은 그리스도가 여러분을 채우신다는 뜻입니다. 그리스도께서 일단 영혼 속에 들어가시면 점차 어떻게 영혼 전체를 점령하시는지 놀랍습니다. 여러분은 잡초 외에 다른 것은 자라지 못하는 자신의 정원에 드디어 특별한 생명력을 가진 외국산 꽃을 처음으로 얻어 그 꽃을 심게 된 사람에 대한 전설을 들어본 적이 없습니까? 그 사람은 이 꽃씨 한 줌을 잡초가 무성한 자신의 정원에 뿌리고 제멋대로 자라도록 놔두었습니다. 그런데 자고 일어나서 그 꽃씨가 어떻게 자랐는지 알지 못했으나 창문을 열어 정원을 보니 참으로 놀라운 광경이 벌어져 있었습니다. 그는 그 꽃씨가 아주 아름다운 꽃을 피웠다는 것을 알았고, 바로 그 꽃을 보고 있었던 것입니다. 하지만 그 꽃이 정원을 가득 채우리라고는 상상도 하지 못했습니다. 그런데 그런 일이 벌어졌습니다. 그 꽃은 온갖 잡초가 자라지 못하도록 막았고, 급기야는 정원 모든 곳에서 이 진귀한 식물의 아름다운 꽃 외에 다른 것을 볼 수 없게 되었으며, 이 꽃의 감미로운 향기 외에 다른 냄새는 전혀 맡아볼 수 없게 되었습니다. 그리스도는 바로 이 유명한 꽃과 같습니다. 만일 그리스도가 여러분의 영혼의 정원에 심겨진다면 점차 모든 나쁜 잡초와 해로운 식물들의 뿌리를 근절시키고, 결국에는 여러분의 본성 전체 속에 너희 안에 계시는 그리스도만이 자리 잡고 있는 일이 벌어질 것입니다. 하나님께서 우리에게 우리가 우리 자신의 마음속에서 이런 상황을 실현시켜 주시고, 그리하여 우리가 낙원 속에 있게 되기를 원합니다.

이상하게 들릴지도 모르겠지만, 그리스도가 너희 안에 계신다는 것은 그리스도 자신과 같이 될 때까지 그 사람을 변화시킨다는 뜻입니다. 차갑고 검은 철 막대를 불 속에 밀어넣고 불이 달아오를 때까지 그대로 둡니다. 그러면 철은 불과 똑같이 됩니다. 그래서 철을 바라보는 사람은 철이 불과 아무 차이가 없다고 알게 됩니다. 불이 철 속에 스며들어 불덩어리가 되었기 때문입니다. 저는 모세가 신을 벗었던 호렙 산 수풀에서 일어난 사건을 확인해 보기를 좋아합니다. 떨기나무가 활활 타오르자 더 이상 수풀은 없고, 불덩어리 곧 순전한 불길만 보였습니다. 마찬가지로 그리스도가 우리 안에 들어오실 때도 이와 똑같은 일이 우리에게 일어납니다. 그리스도는 우리를 아주 고상한 위치로 높이십니다. 그래서 바울도 이렇게 말했습니다. "이제는 내가 사는 것이 아니요 오직 내 안에 그리스도께서 사시는 것이라"(갈 2:20). 예수님은 우리를 온전히 곧 우리의 영과 혼과 몸을 거룩하게 하시고, 그래서 온전한 상태에서 자신과 함께 거하도록 우리를 높이십니다.

너희 안에 계시는 그리스도 ─ 이것을 어떻게 설명할 수 있을까요? 우리는 접붙여진 작은 가지이고 그리스도는 강하고 살아 있는 줄기입니다. 우리는 그리스도에게 놓여 있고, 묶여 있고, 봉인되어 있습니다. 새 어린 가지와 옛 나무 사이에 아무것도 없을 때 드디어 수액이 접붙여진 가지 속에 흡수되고 가지와 나무는 하나가 됩니다. 여러분은 그리스도가 어떻게 우리 속에 들어와 우리의 생명이 되시는지 아주 잘 알고 있습니다.

그리스도가 너희 안에 계신다는 것은 너희 안에 능력이 있다는 것을 의미합니다. 강하게 무장한 사람은 자기보다 더 강한 자가 올 때까지는 자기 집을 지킵니다. 그런데 더 강한 자가 처음 왔던 곳으로 들어가면 새로 들어온 자의 힘에 밀리고, 똑같은 수단에 의해 쫓겨나게 됩니다. 우리는 그리스도가 오실 때까지 힘이 없었습니다. 그런데 지금은 통치자들과 권세들과 맞서 싸우고 승리를 거둡니다.

너희 안에 계시는 그리스도! 오, 얼마나 놀라운 복일까요! 얼마나 큰 기쁨입니까! 신랑이 우리와 함께 하시니, 우리는 금식할 필요가 없습니다. 왕이 우리와 함께 하시니, 우리는 기쁩니다. 찰스 왕이 뉴마켓에 들어가 살자 찢어지게 가난한 마을이 아주 부유한 마을이 되었던 것처럼 진실로 그리스도가 우리 마음속에 들어와 거하시면 영적 가난이 갑자기 복된 풍요로 바뀌게 됩니다.

너희 안에 계시는 그리스도! 황송스럽게도 그리스도께서 친히 우리 지붕 아래 오신다니, 얼마나 놀라운 일일까요! "문들아 너희 머리를 들지어다 영원한 문들아 들릴지어다 영광의 왕이 들어가시리로다"(시 24:7). 그리스도께서 그 문으로 들어오실 때 동반하는 영광을 보십시오! 그리스도는 잠시라도 자신의 발이 머무는 곳을 영화롭게 하십니다. 예수님이 여러분의 마음속에 들어오시기만 한다면 그분의 궁정이 그분과 함께 옵니다. 영예와 영광과 불멸성과 천국과 다른 모든 신령한 것이 그리스도가 가시는 곳으로 따라옵니다.

어떤 사람은 "오, 저는 그리스도께서 오셔서 제 안에 거하기를 원합니다"라고 말합니다. 정말 그렇게 되기를 바란다면 먼저 겸손하십시오. 왜냐하면 그리스도는 겸손하고 죄를 회개하는 심령을 가진 자와 함께 거하는 것을 좋아하시기 때문입니다. 다음으로 깨끗하십시오. 왜냐하면 하나님의 그릇이 되려는 자가 깨끗해야 한다면 그 그릇 속에 그리스도 자신을 담고자 하는 자들은 훨씬 더 깨끗해야 하기 때문입니다. 다음으로는 마음을 비우십시오. 왜냐하면 그리스도는 자아와 교만과 육적 만족감이 거하고 있는 은신처 속에서는 살지 아니하실 것이기 때문입니다. 그리고 그리스도 안에서 충분히 즐거워하는 법을 배우십시오. 왜냐하면 그리스도를 환영하는 사람은 항상 손님에게 하듯이 그분을 대할 것이기 때문입니다. 예수님은 자신을 원하지 않는 곳에는 결코 머물러 계시지 않습니다. 만약 자신을 환영하는 태도가 사라지면 떠나가십니다. 오, 그리스도를 바라고 그리스도 안에서 즐거워하십시오. 그리스도에 대하여 주리고 목말라 하십시오. 왜냐하면 그리스도는 열심 있는 백성, 배고픈 백성, 자기를 가치 있게 여기는 백성, 자기가 없으면 행복할 수 없는 백성과 함께 거하기를 기뻐하시기 때문입니다.

확실히 말하면, 지금까지 저는 참된 경건의 진수가 너희 안에 계시는 그리스도를 소유하는 것에 있다는 사실을 여러분이 느낄 수 있도록 충분히 설명했습니다.

3. 이 비밀의 전망은 "영광의 소망"입니다.

이제 마지막으로 이 모든 것의 결과는 "너희 안에 계신 그리스도 곧 영광의 소망"이라는 사실에 대하여 살펴봅시다. 지난 주일 아침에 연약함 속에서도 최선을 다해 저는 여러분에게 땅에 있는 우리의 장막 집이 무너지면 하나님께서 지으신 집 곧 손으로 지은 것이 아니요 하늘에 있는 영원한 집이 우리에게 있게 될 때에 대하여 말씀을 전했습니다. 그러나 오늘 아침 예배 설교의 본문은 약간 더 앞으로 나아갑니다. 본문은 영광에 대하여 말하고 있는데, 이 영광은 육체뿐만 아니라 영혼의 소망입니다. 어떤 영광! 영광일까요? 확실히 이 영광은 오로지 하나님께 속해 있는 영광입니다. 오직 하나님께 영광입니다. 그렇습니다. 하지만 그리스도는 이렇게 말씀하셨습니다. "아버지여 내게 주신 자도 나 있는 곳에 나와 함께 있어 아버지께서 창세 전부터 나를 사랑하시므로 내게 주신 나의 영광을 그들로 보게 하시기를 원하옵나이다"(요 17:24). 또 이렇게도 말씀하십니다. "내게 주신 영광을 내가 그들에게 주었사오니"(요 17:22). 이것에 대하여 생각해 봅시다. 어떤 영광이냐 하면, 우리 같이 가련한 피조물을 위한 영광입니다! 자매 여러분, 여러분을 위한 영광입니다. 또 나를 위한 영광입니다! 죄인은 수치 외에는 받을 것이 아무것도 없는데, 어쨌든 영광과 관계가 있다니 이상한 일처럼 보입니다. 우리는 왕도 아니고 왕자도 아닌데, 어떻게 영광과 관련이 있을까요? 그러나 영광은 우리의 거처, 영광은 우리의 빛, 영광은 우리의 면류관, 영광은 우리의 노래입니다. 주님은 영광보다 못한 것을 우리에게 주시는 것으로 만족하지 아니하십니다. 은혜는 아주 달콤합니다. 은혜의 바다에서 영원히 헤엄치는 것에 만족하지 않겠습니까? 그런데 사실은 우리 주님이 "은혜와 영광을 함께 주실 것입니다."

> "필요한 모든 은혜를 하나님께서 주실 것이며,
> 또한 그 은혜에 영광으로 관을 씌우실 것이다."

우리는 영광스러운 몸, 영광스러운 동료, 영광스러운 상, 영광스러운 안식을 갖게 될 것입니다.

그러나 우리가 그런 영광을 갖게 되리라는 것을 어떻게 압니까? 무엇보다 먼저 우리 마음속에서 살기 위해 오셨고, 우리 마음속 깊은 곳에서 주님으로 통치하시는 분은 이렇게 오심으로써 우리를 영광스럽게 하십니다. 그분의 안식은 영광스럽습니다. 그분의 발이 있는 곳도 영광스럽습니다. 그분은 우리를 위해 뭔가 큰 일을 하시고자 하는 것이 틀림없습니다. 그렇지 아니하면 우리 안에 거하실 이유가 없으니까요. 저는 일전에 아주 멋진 마차가 아주 초라한 오두막집 앞에 서는 것을 보았습니다. 그때 저는 혼자서, '저 마차는 집세를 받거나 빗자루를 빌리려고 그곳에 멈춘 것은 아닐 것이라'고 생각했습니다. 오, 아니었습니다. 그 마차에서 나온 숙녀는 가난한 사람을 찾아다니고 있었습니다. 저는 그녀가 가난한 사람들에게서 먹을 것을 거두어가려고 그런 것이 아니었을 것이라고 확신합니다. 그러기를 바랐습니다. 마찬가지로 나의 주 예수 그리스도의 마차가 나의 집 문에서 멈추는 것은 내게서 뭔가 빼앗아가기 위함이 아니라는 것을 확신합니다. 주님은 오실 때마다 한량없는 복을 갖고 오십니다. 주님은 만물을 지배하고 영원히 복을 베푸는 하나님이시기 때문에 헤아릴 수 없는 사랑의 고귀한 계획이 없이는 절대로 우리의 본성을 취하실 수 없는 분입니다. 그래서 우리는 그만한 이유에 따라 큰 양식이 주어질 것을 기대합니다. 만약 상상을 초월하는 사랑의 측량할 수 없는 넓이와 길이를 분명히 나타내시고자 함이 아니었다면, 우리 주 예수님은 결코 그와 같이 많은 일을 행하시지 아니하셨을 것이라고 저는 확신합니다. 저는 주님이 이미 행하신 일만으로도 깜짝 놀랐습니다. 따라서 주님이 장차 어떤 일을 행하신다고 할지라도 이상하거나 믿기 힘들다고 말할 것은 하나도 없을 것이라고 생각합니다. 만일 성경이 나의 주님이 자신의 영광으로 나를 채우고, 나를 그의 우편에 두실 것이라고 말씀한다면, 저는 당연히 믿을 수 있습니다. 나를 위해 오셔서 십자가에 달리신 주님은 제가 결코 수치를 당하게 하지 아니할 것입니다. 자신을 제게 주신 주님은 모든 천국과 그보다 더 큰 것도 제게 주실 것입니다. 저를 깨끗하게 씻어 주기 위한 피와 물을 찾으려고 자신의 가슴을 열어놓으신 주님이 어찌 자신의 나라를 제게서 빼앗아가려고 하시겠습니까? 오, 은혜로우신 주 예수님, 당신은 진실로 우리에게 영광의 소망과 보증과 담보가 되십니다. 성도 여러분, 여러분 속에 계시는 그리스도가 천국의 시작이라는 사실을 느끼고 있지 않습니까?

이 외에도 그리스도는 자기 백성을 영광으로 이끌기 위해 하나님과 언약 속에 들어가신 분입니다. 그리스도는 자신의 모든 양 떼를 아버지 우편으로 안전하게 이끌기로 약속하셨고, 또 이 약속을 반드시 지킬 것입니다. 왜냐하면 지금까지 단 하나의 약속도 지키지 못한 적이 없으시기 때문입니다.

나아가 우리가 또 알고 있는 사실은 우리와 함께 살기 위해 오신 그리스도는 결코 우리에게서 분리되지 아니하실 것이라는 점입니다. 만일 그리스도가 우리 마음속에 거하려고 하지 아니하셨다면 아예 들어오지도 아니하셨을 것입니다. 그리스도가 우리 마음속에 오시도록 유혹할 만한 것은 아무것도 없었습니다. 만일 주권적 은혜로 그리스도가 우리 본성의 빈약한 오두막집에서 살기로 계획하셨다면, 성도 여러분, 그리스도는 자신이 어떤 일을 행하셨는지 아신 것입니다. 즉 그리스도는 치러야 할 대가를 계산하셨고, 우리 안에 그리고 우리 주변에 있는 모든 악을 미리 알고 계셨습니다. 그리스도는 오셨을 때 아예 머무실 생각을 하고 오셨습니다. 일전에 어떤 사람이 다른 사람에게 "당신은 어떤 확신을 갖고 있습니까?"라고 질문하자 그 대답은 이것이었습니다. "내가 확신하노니 사망이나 생명이나 천사들이나 권세자들이나 현재 일이나 장래 일이나 능력이나 높음이나 깊음이나 다른 어떤 피조물이라도 우리를 우리 주 그리스도 예수 안에 있는 하나님의 사랑에서 끊을 수 없으리라"(롬 8:38-39). 성도 여러분, 여러분은 이런 확신을 갖고 있습니까? 만약 갖고 있다면 여러분 안에 계시는 그리스도가 어떻게 영광의 소망인지 알 수 있을 것입니다.

그렇습니다. 성도 여러분, 보십시오. 너희 안에 계시는 그리스도가 영광입니다. 방금 그 점을 증명하지 않았습니까? "문들아 너희 머리를 들지어다 영원한 문들아 들릴지어다 영광의 왕이 들어가시리로다!"(시 24:7). 여러분은 그리스도를 소유할 때 천국을 갖습니다. 왜냐하면 그리스도는 천국에서 가장 큰 부분을 차지하는 분이기 때문입니다. 그리스도는 천국의 영혼으로, 그분을 소유할 때 영광을 갖는 것이 아닙니까? 그리고 무엇보다 그리스도를 얻으면 그리스도의 영광과 여러분의 영광이 하나로 융합되게 됩니다. 만일 그리스도가 여러분을 잃어버린다면 여러분에게도 큰 손실이겠지만 주님에게는 더 큰 손실이 될 것입니다. 만약 제가 제 안에 계시는 그리스도와 함께 멸망할 수 있다면 확실히 저는 두려운 상실자가 될 것입니다. 하지만 정말 그리스도가 그렇게 되어 신자가 멸망한다면 그분의 영예가 어디 있고, 그분의 영광이 어디 있겠습니까? 만약 그리스도를 신뢰하는 한 영혼이 영원히 버림을 받는다면 그리스도의 영광은 사라지고 말 것입니다. 그러므로 이 말씀으로 위로를 받으십시오. 곧 그리스도가 여러분 안에 계신다는 것은 하나님이 살아 계시는 것과 마찬가지로 틀림없이 여러분도 영광 속에 있다는 것을 의미한다는 것입니다. 이에 대해서는 의문의 여지가 전혀 없습니다. 여러분의 길을 가되, 그리스도 예수 안에서 즐거워하십시오. 그리하여 사람들에게 여러분 안에 살고 있는 분이 누구신지 보여주십시오. 예수님이 여러분의 입술을 통해 말씀하게 하고, 여러분의 눈을 통해 울게 하며, 여러분의 얼굴을 통해 미소짓게 하십시오. 예수님이 여러분의 손을 통해 일하게 하고, 여러분의 발을 통해 걷게 하며, 여러분의 마음을 통해 부드러움을 나타내게 하십시오. 또 예수님이 여러분을 통해 죄인들을 찾게 하고, 여러분을 통해 성도들을 위로하게 하십시오. 날이 밝아오고 그림자가 사라질 때까지 그렇게 합시다.

제
7
장

—

우리 속에서의 역사와 우리를 통한 역사

—

**"이를 위하여 나도 내 속에서 능력으로 역사하시는 이의
역사를 따라 힘을 다하여 수고하노라." — 골 1:29**

사도 바울은 자신이 수고하고 고생했다는 점을 아주 진실하게 주장할 수 있었습니다. 성령이 기름을 부으셨을 때, 사도들은 모두 구속주의 나라를 전파하는 데 열렬한 일꾼이 되었습니다. 온 세상 사람을 계몽하도록 자기들에게 책임이 주어졌기 때문에 사도들은 각자 자신의 영역에서 복음 진리를 전파하기 위해 매우 열심히 수고했습니다. 그러나 이방인의 사도 곧 바울은 다른 사도들보다 더 많은 수고를 했습니다. 바울은 얼마나 많은 나라에 그리스도를 증언했습니까! 얼마나 자주 바다를 횡단하고 산을 넘고 강을 건넜습니까! 우리는 바울의 활동 속에서 통상적인 그리스도인의 삶에서는 찾지 못할 특별한 어떤 것을 봅니다. 바울은 확실히 하나님의 도우심 아래에서 인간에게 불가능한 것은 아무것도 없다는 것을 보여줄 정도로 사역을 감당할 때 조금도 지치지 않았습니다. 바울의 공적 활동은 너무 많아 계속적인 내적 갈등의 원인이 되기도 했습니다. 바울은 간절한 기도와 영혼을 불사르는 열심이 없이는 설교한 적도 없고, 서신을 쓴 적도 없으며, 일하려고 시도한 적도 없었습니다. 바울은 그 유익을 위해 열심히 수고한 어떤 교회에 대해서는 밤낮 쉬지 않고 눈물로 훈계했습니다.

　　바울은 자신이 행한 모든 일에 전심전력을 다한 사람이었기 때문에 우리는 그의 수고의 분량만 기억해서는 안 되고 강렬한 열정을 갖고 자신을 불사른 그의 사역의 태도도 기억해야 합니다. 바울만큼 참으로 열렬한 인생을 산 사람은 아마 없을 것입니다. 나아가 이 모든 것 외에도, 바울은 짓눌릴 정도로 많은 염려의 무게도 감당하고 있었습니다. 왜냐하면 바울은 모든 교회의 염려들 곧 교회를 세우고, 기승을 부리는 오류로부터 교회를 보호하고, 양 떼들을 이간시키는 파벌을 예방하고, 회심한 자들을 은혜에서 은혜로 이끌고, 그들을 가르치고, 하나님 앞에서 모든 사람을 온전하게 소개하는 일 등으로 힘들었기 때문입니다. 바울 사도가 짊어진 짐은 한 제국의 짐보다 더 컸습니다. 그리하여 마치 총알받이처럼 바울은 우리가 익히 알고 있는 갖가지 박해를 기꺼이 감당했습니다. 우리는 이것을 성경에서 읽을 때 한 사람이 이토록 많은 일을 감당할 수 있는지 전율을 느끼고, 아울러 한 개인이 하나님을 위해 그토록 많은 일을 감당하고 이루는 것이 가능하다는 사실로 말미암아 인간을 찬양하게 됩니다.

　　그러나 사도 바울이 자신에게 영광을 돌리지 않고 겸손하게 자신이 행하거나 겪은 일은 무엇이든 철저히 주님에게 돌리고 있다는 사실을 크게 주목합시다. 바울은 자신이 수고하고 고생한 것은 분명히 밝히지만 그것이 철저히 자기 안에서 성령을 통해 강하게 활동하신 주 예수 그리스도의 역사로 말미암아 이루어진 일임을 고백합니다. 다른 곳에서 바울은 자신의 많은 수고에 대하여 언급하면서 이렇게 덧붙였습니다. "내가 한 것이 아니요 오직 나와 함께 하신 하나님의 은혜로라"(고전 15:10). 바울은 면류관이 어디에 놓여야 하는지 명심하고 있었습니다. 바울은 영광을 자신을 위해 티끌만큼도 훔치는데 관심이 없었습니다. 대신 바울은 모든 영광을 자기를 사랑하고 자기를 위해 자기 자신을 주신 분의 능력에 돌렸습니다. 여기서 우리는 두 가지 면에서 바울을 본받아야 합니다. 성도 여러분, 사는 동안 힘 있는 삶을 삽시다. 하지만 동시에 모든 일을 행한 후에 우리는 무익한 종에 불과하다는 고백을 합시다. 그리고 우리가 이룬 일에 대하여 어떤 영광과 어떤 찬양이 주어진다면, 모든 것을 구속주의 발 앞에 내려놓도록 유의합시다.

　　오늘 아침에 여러분에게 전하고자 하는 본문의 교훈을 말씀드린다면, 바로 이것입니다. 곧 바울이 여기서 말한 내용에 분명히 나타나 있는 것은 우리 안에서 그리고 우리를 위한 그리스도의 역사는 우리를 이 역사와 섬김에서 배제시키지 않고, 또 성령의 역사도 인간의 수고를 무용지물로 만들지 않고 오히려 자극한다는 사실입니다. 바울은 내적 역사 곧 자기 안에서 일어난 강력한 역사에 대하여 말하지만, 동시에 이렇게 선언합니다. "이를 위하여 나도 힘을 다하여 수고하노라." 성령의 역사는 어쨌든 우리의 마음을 나태에 빠뜨리는데 있는 것이 아니라 성령은 어디서든 역사하실 때마다 항상 사람들을 활동하게 하십니다. 성령이 자신의 뜻과 자신의 선하신 기뻐하심을 위해 우리 안에서 역사하시므로 우리 또한 항상 두렵고 떨림으로 구원을 이루어야 합니다. 이 진리를 두 가지 면에서 예증해보겠습니다. 첫째는 인간 자신의 구원과 관련된 문제입니다. 둘째는 다른 사람들의 구원을 위한 그리스도인의 수고와 관련된 문제입니다. 성령의 역사는 어느 경우든 그리스도인의 수고를 폐지시키지 않습니다.

1. 인간 자신의 구원과 관련된 문제

먼저 신자의 구원과 관련된 문제를 살펴봅시다. 우리는 각자 개별적으로 그리스도를 믿고, 구원에 대하여 성경에 보증을 갖고 있는데, 그것은 만일 어떤 사람이 구원을 받는다면 그의 영혼 속에서 일어난 역사는 철저히 성령의 역사라는 것입니다. 사람은 죄로 죽었고, 죽은 자는 스스로 무덤에서 살아나올 수 없습니다. 소생과 영적 부활은 신적 능력으로 일어나는 사건입니다. 사람은 거듭나야 하고, 이 태어남은 신적 능력으로 말미암아 일어나게 되어 있습니다. 왜냐하면 사람은 위로부터 나지 않으면 하나님의 나라를 볼 수 없기 때문입니다. 구원의 시작이 성령에게 달려 있는 것처럼 구원의 진행 과정도 똑같이 성령에게 달려 있습니다. "나를 떠나서는 너희가 아무것도 할 수 없음이라"(요 15:5)는 것이 그리스도의 증언입니다. 우리는 은혜가 넘어지지 않도록 지켜주지 아니하면 삶을 제대로 유지할 수 없고, 또 성령이 날마다 우리를 성결하게 만들고 빛 가운데서 성도들의 기업에 참여하는데 합당한 자로 이끌지 아니하시면 거룩하신 분 앞에 흠 없는 자로 서는 것을 바랄 수 없습니다. 성도 여러분, 저는 여러분에게 이 교리를 여기서 굳이 강조할 필요가 없다고 생각합니다. 왜냐하면 제가 얼마나 이 교리를 계속적으로 주장해 왔는지 여러분이 잘 알고 있기 때문입니다. 우리 설교자의 나팔은 하나님이 우리 안에서 우리의 모든 행위를 일으키시고 구원은 처음부터 끝까지 주님에게 속해 있다는 중대한 진리에 대하여 결코 불확실한 소리를 내지 않습니다. 그러나 여기서 우리 속에서 능력으로 행하시는 성령의 역사는 신자의 역동적인 노력을 배제하지 않고, 오히려 신자 속에서 성령이 행하시는 모든 역사에 필수적이라는 이 진리를 더 깊이 강조하고자 합니다.

이 진리를 강조하기 위해 저는 먼저 그리스도인의 삶은 항상 활력이 있는 삶으로 설명되고 있다는 점을 지적합니다. 때때로 우리는 그리스도인의 삶을 순례의 삶으로 이해합니다. 비유의 대가 존 번연은 그리스도인(크리스천)을 안락의자에서 잠을 자다 하늘로 옮겨지는 존재로 묘사하지 않았습니다. 번연은 그리스도인을 십자가 밑에서 짐을 벗는 것으로 봅니다. 또 사람의 구원을 죄의 짐을 완전히 주 예수님에게 넘기는 것으로 묘사합니다. 그러나 번연은 그리스도인을 고난의 언덕을 넘어가는 자로 설명합니다. 아, 또 그리스도인은 손과 무릎으로 겸손의 계곡으로 내려가야 하고, 사망의 그림자의 음침한 공포를 거치는 그 위험한 길을 가야 합니다. 그리스도인은 미혹의 땅에서 잠들지 않도록 철저하게 조심하지 않으면 안 됩니다. 그리스도인은 심지어는 마지막 순간에도 검은 강을 건너고 두려운 파도와 싸워야 할 정도로 가는 길 어디서나 곤경에서 벗어나지 못합니다. 그러므로 여러분은 끝까지 수고를 요하고, 천국을 향해 나아가는 순례자로서 여러분은 그 길이 비유가 아니라 실제 현실이라는 것을 깨달을 것입니다. 여러분의 영혼은 크게 분발해야 하고, 여러분은 순례를 위한 지팡이와 갑주가 필요합니다. 여러분은 천국으로 가는 도중 내내 갑주를 입고 이 지팡이로 거인과 싸우고, 사자와 맞서며, 아볼루온 당사자와 격돌해야 합니다.

성경에서 우리의 삶은 순례보다 훨씬 더 힘든 일인 경주로 표현되고 있습니다. 헬라인들이 증명하는 것처럼 이런 달리기 경주는 모든 경우에 경주자는 젖먹던 힘까지 다 쏟을 정도로 혼신의 힘을 다했고, 경주에 적합한 상태를 만들기 위해 미리 엄격한 훈련을 실시했습니다. 때때로, 아니 사실은 빈번하게, 경주자가 너무 많은 힘을 쏟아 결승점에 이르러서는 그만 죽어버리는 일이 일어났습니다. 천국을 향해 달려가는 것도 이와 같으므로 우리는 모든 노력을 다해야 합니다. 우리는 우리가 갖고 있는 모든 힘을 필요로 하고, 지금 우리 신앙의 눈앞에서 번쩍거리고 있는 썩지 아니할 면류관을 얻기 위해서는 더 큰 힘을 필요로 합니다. 만일 우리가 면류관을 얻기 위해 그토록 열심히 달려야 한다면 우리는 남겨둘 힘이 없겠지만, 우리의 천국을 향한 여정 속에서는 없던 힘까지 다 쏟아내야 합니다.

사도 바울은 자주 우리의 영적 삶을 권투 경기로 비유하는데, 헬라어 원어에서 이에 대하여 사용된 말들을 순전한 본토 영어로 번역해 보면, 권투 경기의 링이나, 레슬러들이 우승을 위해 싸우는 장소를 연상시킵니다. 즉 "내가 내 몸을 쳐 복종하게 함은"(고전 9:26)이라는 말이 나오는 이 유명한 본문에서 우리는 학자들을 통해 여기에 사용된 헬라어 단어가 상대방의 머리를 팔로 꼼짝 못하게 쥔 다음 강력한 타격을 가하는 것을 의미한다는 말을 듣습니다. 그렇게 육체도 죽임을 당해야 합니다. 어쨌든 당시에 헬라와 로마 사람들의 경기에서 싸우는 선수는 모든 근육과 힘줄을 다 사용했기 때문에 상대방을 무너뜨리기 위해 사용하지 않은 신체의 부분은 하나도 없었습니다. 그래서 그들은 종종 코에서 피가 쏟아지고 혈관이 터질 때까지 혹독한 고생을 했습니다. 영적인 의미에서 보면, 이것은 그리스도인이 시험을 이기고 죄의 권세를 굴복시키기 위해 겪어야 하는 고뇌를 가리키는 것입니다. 아, 성도 여러분, 천국을 얻는 것은 절대로 어린애 장난이 아닙니다. 반복해서 말하지만 그리스도의 피의 능력으로 말미암아 그리고 우리 속에서 역사하시는 성령의 힘으로 구원받았지만, 그렇다고 해도 우리는 한가롭게 허비할 시간이 전혀 없고 빈둥거리며 놀 여유도 결코 없습니다. 우리는 우리 속에서 능력으로 역사하시는 이의 역사를 따라 힘을 다하여 수고해야 합니다. 그리스도인의 삶을 묘사하는 모든 비유가 아주 정력적으로 힘쓰는 노력의 개념을 함축하고 있습니다.

다음으로 지적되어야 할 사실은 어쨌든 천국은 나태해도 얻게 되어 있다는 가정에 따라 천국 생활을 제시하는 성경 본문은 하나도 없다는 것입니다. 저는 성경에서 그리스도인의 삶을 태만함으로 묘사한 경우를 본 적이 한 번도 없었음을 기억합니다. 대신 언제나 게으름뱅이에게 주는 경고를 발견합니다. 게으름뱅이의 정원에는 가시와 엉겅퀴가 자라고, 그의 몸은 누더기와 질병이 진을 치고 있습니다. "손이 부지런한 자는 부하게 되느니라"(잠 10:4). 게으른 자도 때때로 부자가 될 기회를 가질 수 있으나 이런 영적 부요함에 대해서는 그런 말을 들어 본 적이 없습니다. 하나님의 영은 사람들에게 임할 때마다 구원받은 사람들을 노력하지 않거나 열매 맺지 않는 상태로 방치해 두지 않고, 임하는 순간부터 그들 각자의 능력에 따라 자신의 구원을 이루어가는 삶을 살도록 역사하십니다. 영감받은 성경 저자가 다음과 같이 질문한 것을 기억하십시오. "또 이와 같이 기생 라합이 사자들을 접대하여 다른 길로 나가게 할 때에 행함으로 의롭다 하심을 받은 것이 아니냐"(약 2:25). 라합은 믿음으로 구원을 받았습니다. 비록 아주 빈약하고 아주 무지한 믿음이었지만 그녀의 믿음은 그녀에게 역사했고, 그리하여 라합은 정탐꾼을 숨겨주고 그들의 생명을 구해 주었습니다. 죽어가는 강도를 보십시오. 그는 손과 발이 나무에 박혀 있고 숨을 거두기 직전이었습니다. 그러나 욕을 하는 다른 강도를 책망했는데, 이것은 그가 자신의 구원을 가능하게 할 분으로 신뢰한 주님을 위해 할 수 있었던 최선의 일이었고, 사실 그 상태에서 그가 더 이상 무엇을 할 수 있었겠습니까? 이에 대하여 우리는 "그는 힘을 다했다"고 말할 수 있습니다. 이 말은 우리를 위해서도 참 좋은 말입니다. 성도 여러분, 여러분은 "편안한 꽃 침대"에 누워 천국으로 옮겨질 수 없습니다. 여러분은 통치자가 되려면 싸워야 합니다. 더 먼 해안에 도달하고자 한다면 홍수에 맞서고 파도를 이겨야 합니다. 그럴 때 은혜가 여러분을 도울 것입니다. 그렇지 않으면 그 일은 불가능합니다. 하지만 은혜의 도움이 있다고 할지라도 게으름을 피운다면 영광 속에 들어가지 못하고, 또 가는 길에 잠을 잔다면 결코 하늘의 보좌에 이르지 못할 것입니다. 누구든 하나님의 은혜에서 떨어지지 않으려면 부지런히 깨어서 맹렬히 활동해야 합니다. 덜시머(기타 비슷한 악기)가 아니라 나팔이 울리고, 그때 요구하는 사항은 잔치가 아니라 싸움입니다.

　사랑하는 성도 여러분, 이제 다음 사실을 지적하고자 하는데, 그것은 그렇게 하는 것은 당연한 일이라는 것입니다. 성령이 임하시면 게으름의 정신을 낳는 것이 아니라 부지런히 활동하도록 우리를 깨우시는 것이 피할 수 없는 당연한 순서입니다. 성령이 사람의 마음속에 들어와 역사하신 최초의 결과 가운데 하나가 그 사람으로 하여금 자신의 죄와 위험성을 보도록 하는데 있기 때문에 그것을 당연한 일이라고 말하는 것입니다. 만일 나 자신의 죄책을 느끼고, 하나님이 나에 대하여 진노하신다는 사실과 나는 조만간에 불못 속에 던져지게 될 것이라는 사실을 깨닫는다면, 그 불가피한 결과가 무엇이겠습니까? "도망하여 생명을 보존하라 돌아보거나 들에 머물지 말고 산으로 도망하여 멸망함을 면하라"(창 19:17)고 외치는 음성이 들리지 않겠습니까? 성령이 죄의식을 각성시킬 때마다 죄인은 어쩔 수 없이 "내가 어떻게 하여야 구원을 받으리이까?"(행 16:30)라고 외치기 마련입니다. 성령은 사람에게 그의 죄를 효과적으로 보여주신 다음에, 팔짱을 끼고 "좀 더 자고 좀 더 졸겠다"고 요구하도록 놔두시지 않습니다. 아닙니다. 각성한 영혼은 "저는 죄인입니다. 하나님의 고소 아래 있습니다. 어떻게 피할 수 있을까요? 주여 저를 도와주소서. 안식을 찾을 수 있다면 지금 안식을 찾도록 도와주소서!"라고 외칩니다. 그러면 성령이 계속해서 우리에게 그리스도의 구원의 온전함, 예수님 안에서 안식하는 자들의 행복, 땅에서 하나님을 섬길 때 장차 주어질 상급 등을 계시하실 것입니다. 그러면 어떤 결과가 있게 될까요? 깨달은 영혼은 이렇게 부르짖습니다. "나는 어떤 대가를 지불하더라도 기꺼이 이 진주를 살 것이다. 그리스도 안에 있는 유익으로 더 풍성해질 것이다. 또 복을 받은 사람들과 함께 나도 영원한 기업을 반드시 차지할 것이다."

성령은 구원을 얻겠다는 욕구를 일으키고, 이 욕구에 따라 약속된 복을 갈망하는 기도를 드리도록 하시지 않고는 구원을 깨닫게 하는 역사를 행하실 수 없다는 것을 여러분은 알고 있지 않습니까? 어떤 사람이 그리스도를 찾아 죄 사함을 받았다면, 성령은 기꺼이 그가 더욱더 그리스도를 사모하도록 만드십니다. 그리스도에게 속한 것을 취해 그것을 우리에게 보여주는 것이 성령의 직무입니다. 성도 여러분, 여러분도 잘 아시다시피, 여러분은 그리스도의 보배로움을 볼 때마다 즉시 그분을 영화롭게 하겠다는 감동을 받게 되어 있습니다. 그때 여러분은 다음과 같이 외치지 않습니까?

> "오, 이 사랑을 위해 바위와 산들이
> 영원한 침묵을 깨뜨리게 하소서.
> 인간의 혀들이 모든 힘을 합해
> 구주에 대한 찬양을 외치게 하소서."

저는 그것이 그렇다는 것을 알고 있습니다. 우리가 그리스도를 위해 너무 적은 일을 하는 것은 그리스도를 너무 대수롭지 않게 생각하기 때문입니다. 그러나 그리스도가 생생한 능력으로 마음속에 새겨지면 우리는 즉시 다음과 같이 부르짖게 될 것입니다. "주여, 주님을 위해 제가 어떻게 하기를 원하시나이까?" 그리고 우리는 그리스도를 영화롭게 하는데 힘을 다하여 수고할 것입니다.

성도 여러분, 성령이 사람 안에서 역사하고 계신다는 사실이 절대로 그 사람이 수고하지 않아도 되는 이유가 될 수 없습니다. 오히려 반대로 성령이 자기를 도우신다고 느끼는 순간, 그 사람은 더 부지런히 수고해야겠다는 자극을 받습니다. 그 사람은 '그럼, 나의 일이라면 실패할 수 있으나 성령의 일이라면 절대로 실패할 수 없을 거야'라고 생각합니다. 저는 기도할 때 무릎을 꿇습니다. 이때 받으실 만한 모든 기도는 내 안에서 성령이 일으키신다고 믿고 있고, 그러기에 하나님께서 자신의 영을 통해 내게 구하라고 명하시는 것을 절대로 응답을 거절할 이유가 없다고 굳게 확신합니다. 만약 이스라엘의 거룩하신 분 자신이 저의 마음을 상하게 해서 구주를 갈망하도록 이끄셨다면, 확실히 그분은 저의 애간장을 태우는 악취미를 갖고 계시지 아니할 것입니다. 그분은 제가 구원받을 때까지 자신의 역사를 계속하실 것입니다. 따라서 깨달은 사람은 자신의 부르심과 택하심을 굳게 하기 위해 더욱 부지런히 힘쓸 것이 확실합니다. 나아가 깨달은 사람은 누구나 하나님의 영이 자기 속에서 역사하실 때 자기가 일하지 않는다면 자기는 하나님의 인격을 욕되게 하고, 결코 사함받을 수 없는 죄 곧 성령을 거스르는 죄를 범할 심각한 위험성이 있다고 느끼게 됩니다. 그는 만일 자신이 게으름을 피운다면 "우리가 이같이 큰 구원을 등한히 여기면 어찌 그 보응을 피하리요"(히 2:3)라는 본문의 적용을 받게 될 것이라고 느낍니다. 등한히 여기는 것, 단순히 등한히 여기는 것만으로도 천국에 들어가는 자가 없습니다. 그러나 아, 얼마나 많은 사람이 오직 그렇게 함으로써 멸망을 당합니까!

　이 점에 대하여 결론을 내리면, 구원과 관련된 모든 행위는 구원받는 당사자가 직접 해야 하는 행위라는 것이 아주 확실하다는 것입니다. 믿음은 하나님의 선물이지만 성령이 어떤 사람의 구원을 위해 대신 믿어주는 것은 아닙니다. 믿는 것은 성령의 직무가 아닙니다. 죄인이 믿어야 합니다. 회개는 성령의 사역이 아닙니다. 성령은 결코 회개하신 적이 결코 없었습니다. 성령이 무엇을 회개해야 한단 말입니까? 성령은 죄를 범한 적이 한 번도 없었습니다. 성령이 우리를 대신해 회개하는 것은 가능한 일이 아닙니다. 아니, 회개는 우리 자신이 해야 합니다. 성도 여러분, 모든 정직한 사람에게는 이것이 자명한 사실입니다. 모든 사람마다 개인적으로 믿음이 있어야 하고, 개인적으로 회개해야 합니다. 이 믿음과 회개는 성령으로 말미암아 그 사람 속에서 일어나지만 그 사람 자신의 행위입니다. 믿음과 회개는 어떤 다른 사람의 행위일 수가 없습니다. 만약 다른 사람의 행위라면 그 사람은 믿지 않고 회개하지 않은 것으로, 그 사람 속에는 생명이 전혀 없습니다. 그리스도인의 삶의 목적에 부합하는 모든 행위는 우리를 하나님과의 교제로 이끄는데, 이때 이 모든 행위는 우리 자신의 행위입니다. 예를 들어, 성령은 기도하도록 사람들을 돕습니다. 성령은 그들의 연약함을 돕습니다. 그러나 기도는 그들이 하는 것입니다. 그들 자신이 기도하는 것입니다. 누구든 자기는 기도하지 않는다는 것을 제게 증명해 보십시오. 그러면 저는 그에게 그는 구원받지 못한 사람이라고 확실히 말해줄 수 있습니다. 그리스도의 중보도 효력을 갖고 있지만, 그것 역시 스스로 기도하지 않고 살고 죽는 사람들을 구원하지 못할 것입니다. 하나님에 대한 참된 욕구는 여러분 자신의 욕구여야 합니다. 그 욕구는 여러분 속에서 성령에 의해 일어나지만, 여전히 여러분의 욕구입니다. 또 이 욕구의 표현도 성령의 가르침의 도움을 받으나 여전히 여러분 자신의 표현이고, 그렇지 않으면 여러분은 죽은 영혼이 아니고 무엇이겠습니까? 여러분 속에서 성령으로 말미암아 소생된 생명은 여러분 자신이 자발적으로 제시하는 요소가 있어야 합니다. 이것은 자명하다고 할 만큼 아주 분명합니다.

만일 우리가 능동적이지 못하고 단순히 성령의 인도에 따라 움직인다면 그것은 인간성을 유물론으로 환원시키는 일이라는 것을 주목하십시오. 만일 사람이 믿지 않거나 기도하지 않는다면, 영적 행위가 사람 자신의 행위가 아니고 그 사람 안에 있는 다른 존재의 행위라면 도대체 사람이 무엇이 되겠습니까? 나 자신의 행위가 아닌 행위 속에는 도덕적 선이나 도덕적 악이 들어있지 않습니다. 그렇게 되면 내게는 도덕적 선이나 도덕적 악이 없게 됩니다. 내가 스스로 행하지 않는 어떤 행위가 다른 사람에게 칭찬을 듣거나 욕을 먹거나 간에 나와 아무 상관이 없게 될 것입니다. 한 번 증명해 봅시다. 베네치아에 있는 성(聖) 마가 광장에 있는 시종(時鐘)은 실제 사람만큼 큰 두 개의 청동상이 망치로 두들겨 시간을 알리도록 되어 있습니다. 그런데 이 두 청동상이 아무리 부지런히 종을 쳐 시간을 알려주어도 누구도 감사를 표시할 생각조차 하지 않습니다. 물론 이 두 청동상은 그렇게 할 수밖에 없습니다. 기계장치에 의해 그렇게 하도록 되어 있기 때문입니다. 이 두 청동상은 부득불 기계적으로 종을 두드리는 것입니다. 몇 년 전에 한 낯선 사람이 이 종탑 꼭대기에 올라갔습니다. 이 사람은 무모하게도 이 청동상 가운데 한 청동상이 있는 곳으로 아주 가까이 다가갔습니다. 이 청동상이 시간을 알리기 위해 종을 치는 순간이 되었습니다. 이 청동상은 이 낯선 사람이 있는 종의 벽을 사정없이 두드렸고, 결국 그 사람을 죽였습니다. 이 청동상을 사형에 처해야 한다고 말한 사람은 한 사람도 없었습니다. 이 청동상에게 책임을 묻는 사람은 아무도 없었습니다. 이 청동상은 의지를 가진 존재가 아니었기 때문에 도덕적 선이나 도덕적 악을 전혀 갖고 있지 않았습니다. 지성과 마음이 그렇게 하라고 동의한 적이 없었기 때문에 이 청동상의 행위는 도덕적 행위가 아니었습니다. 그렇다면 제가 은혜는 사람들을 이렇게 만든다고 믿어야 하겠습니까? 성도 여러분, 지금 제가 여러분에게 말하는 것은 여러분이 이런 이론으로 하나님의 은혜를 칭송한다고 생각한다면 여러분이 무슨 짓을 하고 있는지 모르고 있다는 것입니다. 석재를 다듬고 목재를 옮기는 일은 작은 영광이지만, 이것은 하나님의 은혜의 영광입니다. 즉 하나님은 인간적 의지를 위반하지 않고 자신의 목적을 성취하는 것이고, 사람들을 사람으로 대하시는 하나님은 그들의 마음을 사랑으로 정복하고 자신의 은혜를 통해 그들의 마음을 얻으십니다.

저는 지금 여기 참석한 사람들 가운데 인간은 구원에 있어서 단순히 수동적 존재에 불과하다고 생각하는 사람들에게 경고하는 것입니다. 만일 여러분이 "하나님은 그렇게 예정하셨다면 나를 구원하실 것이다. 따라서 나는 앉아서 기다리면 된다"고 말하는 사람들이라면 저는 여러분에게 경고하지 않을 수 없습니다. 성도 여러분, 여러분이 큰 구원을 등한히 한다면, 저는 여러분이 염려스럽고, 그래서 "우리가 이같이 큰 구원을 등한히 여기면 어찌 그 보응을 피하리요?"(히 2:3)라는 경고를 해주지 않을 수가 없습니다. 정말이지 여러분은 희망이 전혀 없다는 것을 알려드립니다. 그러나 반대로 여러분이 "주여, 구원하소서. 그렇지 않으면 저는 멸망하나이다"라고 부르짖는다면, 저는 여러분에게 알려줄 좋은 희망의 소식을 갖고 있는데, 그것은 여러분은 절대로 멸망하지 않는다는 것입니다. 그것은 하나님의 영이 여러분 속에서 역사하셔서 이 욕구들과 이 갈망 및 소원을 일으키셨기 때문입니다. "누구든지 주의 이름을 부르는 자는 구원을 받으리라"(롬 10:13). 저는 여러분이 그 열망을 억누르지 않도록 기도하겠습니다. 성령을 소멸시키지 마십시오. 능력으로 역사하시는 성령으로 말미암아 인도와 지도를 받아 그리스도의 십자가의 발 앞에 나오십시오. 오직 그리스도만 의지하십시오. 그러면 여러분의 마음속에 다음과 같은 음성이 들리게 될 것입니다. "너의 많은 죄가 사하여졌도다"(눅 7:47). 하나님은 기꺼이 그렇게 역사하실 것입니다.

2. 다른 사람들의 구원을 위한 그리스도인의 수고와 관련된 문제

이제 두 번째 주제로 넘어가 살펴보겠습니다. 이 주제는 다른 사람들의 회심을 위해 행하는 성도들의 수고와 관련된 것입니다.

오직 성령만이 영혼을 회심시킬 수 있습니다. 세상에 있는 모든 사역자가 함께 모여 사역한다고 해도 성령이 없으면 한 영혼도 구원할 수 없습니다. "만군의 여호와께서 말씀하시되 이는 힘으로 되지 아니하며 능력으로 되지 아니하고 오직 나의 영으로 되느니라"(슥 4:6). 그러나 일반적으로(예외를 거의 알고 있지 못하다는 점에서 일반적이다) 성령이 역사하는 곳마다 그리스도인들의 열렬한 수고가 개입되어 있습니다.

무엇보다 이것은 본문의 실례로 보아 분명합니다. 사도 바울은 영혼들의 구원은 그리스도의 독점적인 사역이라는 것을 증언하지만 또한 자신이 수고했다는 사실도 선언하고, 그 말에 "힘을 다하여" 곧 헬라어 단어에서처럼 "고민하며"라는 말을 덧붙입니다. 성령이 역사하신 것이지만 이 역사에는 사도의 영혼들에 대한 수고와 고민이 개입되어 있었던 것입니다. 그러므로 성도 여러분, 수고는 많은 일을 의미하는 개념입니다. 누구도 하루에 반시간 정도 일한 사람에게 수고한다고 말할 수 없습니다. 철저하게 수고하는 사람은 오랜 시간 동안 일하고, 또 항상 일하는 사람입니다. 사도 바울이 그랬습니다. 영혼들을 구원으로 인도하는 일이 바울에게는 부업의 하나가 아니었습니다. 그것은 바울의 주업으로서, 그는 이 일에 모든 것을 바쳤습니다. 바울은 "더 많이 수고했습니다." 바울은 아침에 씨를 뿌리고, 저녁에도 손을 거두지 않았습니다. 우리도 영혼들을 구원으로 이끌고자 한다면 바울과 똑같이 해야 합니다. 하루에 1시간 정도만 가게 문을 여는 상인은 번창을 기대할 수 없고, 여러분도 이런 식으로 어쩌다 가끔 영혼을 찾아 나선다면 영혼을 구원으로 인도하는 자가 된다는 기대를 가져서는 안 됩니다. 시간과 능력이 허락하는 한 여러분은 이 일에 자신을 바치고, 더 많은 수고를 해야 합니다.

또한 수고는 힘든 일을 의미하는 개념입니다. 수고는 쉽게 하는 일이 아닙니다. 어린아이가 모래 위에서 삽을 가지고 놀듯이 삽을 잡는 사람은 수고하는 자가 아닙니다. 수고하는 자는 얼굴에서 땀이 흘러내릴 때까지 일하는 사람입니다. 영혼을 얻고자 하는 자도 비록 그 일이 모두 성령의 일이기는 해도 자신이 고된 영적 사역을 감당해야 한다고 알고 있습니다. 백스터는 만약 어떤 사역자가 자신의 사역을 수월하다고 느꼈다면 심판 날에 이에 대하여 답변하기가 아주 곤란할 것이라고 종종 말했습니다. 그리고 저는 만약 여러분 가운데 어떤 사람이 주일학교 학생들을 가르치거나 어떤 기독교 사역을 감당하는데, 그 일이 너무 쉽다면 주님이 오실 때 자신의 청지기 직분에 대하여 해명하기가 난감하다는 사실을 발견하게 될 것이라고 덧붙이고 싶습니다.

수고는 개인적인 수고가 되어야 합니다. 왜냐하면 자신의 종을 시켜 일을 하는 사람은 수고하는 자가 아니기 때문입니다. 그는 고용주로, 어떤 의미에서는 일하는 사람이라고 말할 수 있으나 "나는 수고한다"고 말할 수는 없습니다. 바울은 개인적인 수고를 했습니다. 아! 성도 여러분, 교회의 힘은 대부분 하나님 아래 지체들이 개인적으로 발휘하는 영향력에 있습니다. 이 강단에서 저는 여러분과 매우 멀리 떨어져 있다고 느낍니다. 저는 제 손을 여러분의 가슴속에 집어넣고, 제 영혼이 여러분의 영혼 옆에서 두근거리게 하여 제가 느끼는 것을 여러분도 느끼게 할 수 있는 어떤 설교 방식을 고안해 낼 수 있다면 좋겠습니다. 강단과 회중석 사이에 너무 큰 간격이 놓여 있습니다. 그러나 친구들을 응접실로 불러 영원한 일들에 대하여 대화를 나누었다면, 여러분은 좋은 기회를 가진 것입니다. 이런 기회를 통해 여러분의 개인적인 영향력은 여러분과 대화를 나누고 있는 사람에게 강력한 힘을 발휘하고, 그리하여 여러분은 구원을 받게 할 수 있다는 희망을 가질 수도 있을 것입니다. 여러분의 대적을 보고 배우십시오. 로마 가톨릭교회의 사제들의 힘이 무엇입니까? 그들이 홀로 죄를 고백하는 사람들과 잠시 대화를 나누는 것 말고 무슨 힘이 있습니까? 이런 방식으로 누구에게 도움을 줄 수 있겠습니까? 더 고상한 목적과 목표를 가진 우리는 사람들을 회개와 신앙과 십자가 밑으로 이끌기 위해서는 철저히 정직하고 성실하게 개인적인 교제 관계를 활용해야 합니다.

성도 여러분, 저는 이것으로도 충분하지 않다고 생각합니다. 그리스도인은 다른 사람들을 구원으로 이끌기 위하여 많은 수고, 힘든 수고, 개인적인 수고, 그리고 여기에 내적 영혼의 고민을 동반해야 합니다. 여러분의 영혼이 다른 사람의 영혼을 위해 깨어지지 않는다면 여러분은 다른 사람의 마음을 깨뜨리는 도구가 되지 못할 것입니다. 그러나 "저 영혼을 구원해야겠다. 저 영혼이 버림을 당한다는 것을 생각만 해도 견딜 수 없다"고 말할 수 있는 상태가 되면 여러분은 그 영혼을 구원으로 이끌 것이 거의 확실합니다. 그런 영혼이 여러분의 자녀, 믿지 않는 남편, 여러분의 형제라고 상정해 봅시다. 이때 여러분은 "혈연관계상 친족들에 대하여 계속 부담을 갖게 된다"고 말할 수 있는 상태가 되었다면, 그들을 구원으로 이끌기 위해 여러분 자신의 영혼을 기꺼이 희생시킬 수 있어야 합니다. 그들의 구원을 위하여 눈물로 간구하면 주님은 여러분의 기도를 거부하지 아니하실 것입니다. 성도 여러분, 여러분의 마음이 영혼들에 대하여 사랑으로 부서질 때 그들은 여러분의 것이 될 것입니다. 그러나 분명히 고민이 따를 것입니다. 저는 목사의 삶이 영적으로 계속 안일한 삶이 되는 것이 안타깝습니다. 목사로서 우리는 여러분이 타락하는 것을 보면서 여러분이 다시 십자가 밑으로 돌아올 때까지 어떻게 탄식하지 않을 수 있겠습니까? 저의 설교를 듣는 이 수천 명의 사람들 가운데 어쩌면 이 중 절반이 죄와 허물로 죽어 있다는 것을 알면서 과연 대리석 조상(彫像)처럼 무감각할 수 있겠습니까? 하나님은 여러분과 마찬가지로 제게도 자비를 베푸십니다! 이런 섬김에 전혀 적합하지 못한 목사의 보호에 맡겨져 있는 영혼들은 정말 불행합니다. 정말이지, 마음이 격동해야 합니다. 영혼들에 대한 고민과 열망이 있어야 합니다. 전문가들에 따르면, 바다 속에서는 밑바닥에서 일어나는 파도가 있는데, 이 파도로 말미암아 바다의 땅이 흔들리고 갈라진다고 합니다. 마찬가지로 어떤 수단을 통해 영혼들이 다가올 진노에서 구원받도록 우리 안에서도 거대한 땅을 갈라놓는 욕구의 파도가 일어나야 합니다. 그리고 이처럼 깊이 고민하는 일이 발견되는 곳에서 회심의 역사는 일어나기 마련입니다. 우리가 지금까지 언급한 네 가지 사실은 여러분 속에서 역사하시는 성령의 역사의 결과로서, 이로 말미암아 태양이 남회귀선에서 돌아올 때 봄이 찾아오는 것처럼 영혼들이 구원받게 될 것이 확실합니다.

이제는 이것이 수고 자체로 보아 분명하다는 사실을 더 깊이 살펴보도록 합시다. 성도 여러분, 왜냐하면 영혼은 대체로 누가 됐든 그를 위해 먼저 기도하는 일이 없었다면 회심하는 일이 벌어지지 않기 때문입니다. 그러므로 우리는 분발해서 기도해야 합니다. 그리고 하나님이 들으시는 기도는 반쯤 잠들어 있는 사람들의 기도가 아닙니다. 하나님의 귀를 관통하는 간구는 부주의한 입술에서 나오는 기도 소리가 아닙니다. 이런 간구는 여러분의 마음에서 우러나오는 기도 소리여야 합니다. 그렇지 않으면 하나님의 마음에 결코 도달하지 못할 것입니다. 귀찮게 졸라대며 간청하는 자가 하늘을 움직입니다. 영혼들은 가르침과 같은 수단을 통해 구원받지만 영혼을 구원하는 가르침은 결코 냉랭하고 죽은 가르침이 아닙니다. 하나님은 큰 이적을 행하시기 때문에 때때로 이런 가르침을 사용하실 때도 있습니다. 그러나 일반적으로는 확신시키고 각성시키는 가르침은 진지하고 열정적인 가르침입니다.

우리는 한 여행자에 대한 이야기를 알고 있습니다. 이 여행자는 앞으로 계속 나아가다 한 사람을 만났는데, 그는 다음과 같은 말을 해주었습니다. "선생, 밤이 깊었소. 강을 건너가서는 안 되오. 중간에 다리가 끊어졌소. 그러니 계속 가다가는 강물에 빠져서야 사실을 깨닫게 될 것이오." 그런데 이 말을 부주의한 음성으로 말했기 때문에 여행자는 귀담아 듣지 않고 계속 앞으로 갔습니다. 여행자는 다행스럽게도 재차 경고를 해주는 다른 사람을 또 만났습니다. "다리가 끊어졌습니다! 그러니 계속 가지 마십시오. 만약에 계속 간다면 목숨을 잃게 될 것입니다. 다리가 끊어졌으니 당신을 절대로 강을 건널 수 없습니다." 이에 여행자는 이렇게 대답했습니다. "아, 조금 전에도 그런 이야기를 들었습니다만 그 말을 해준 사람이 건성으로 말했기 때문에 그 말을 완전히 장난하는 말로 알았습니다." "오, 아닙니다. 참말입니다! 저도 간신히 위기를 모면했습니다. 확실히 말하는데, 그건 사실입니다." "그러나 저는 그렇게 쉽게 겁을 먹는 사람이 아닙니다." "다시 한 번 간청하는데, 절대로 가서는 안 됩니다. 가다가는 반드시 죽습니다." 이렇게 말하고 여행자를 갑자기 가로막으면서 계속 이렇게 말했습니다. "당신이 가지 못하도록 막을 것입니다." 그리고 여행자를 붙들고 가지 못하도록 막았습니다. 그때 비로소 여행자는 "이제 당신이 진실을 말하고 있다는 것을 믿겠습니다. 당신과 함께 되돌아가지요"라고 말했습니다. 이처럼 영혼들에게 그들의 위험을 경고할 때 이렇게 건성으로 전하는 사람들이 있어 불신앙을 조장하기 때문에 진지한 음성으로 전하는 많은 사람들의 경고가 힘을 발휘할 수 없게 되고 맙니다. 그러나 여러분이 한 영혼을 붙잡으면 그에게 "네가 절대로 멸망하지 않도록 하겠다"고 말하십시오.

여러분은 친구들에게 말한다면, 휫필드가 자기 교인들에게 말한 것처럼 되지 않게 하십시오. "만약 여러분이 멸망한다면 기도가 부족해서 그렇게 되어서는 안 됩니다. 또 눈물이 부족해서 그렇게 되어서도 안 됩니다. 여러분이 지옥에 떨어진다면 저의 마음이 여러분에게 너무 냉랭해서 그렇게 되어서는 안 됩니다." 여러분이 친구들을 구원으로 이끌기 위해서는 여러분의 진지함 때문에 그들이 믿도록 해야 합니다. 여러분의 진지한 정신 때문에 얼마나 많은 사람이 예수님에게 나아올지 누가 압니까? 기도와 가르침이 효과가 있으려면 진지해야 합니다. 따라서 성령은 사람들을 구원하려고 임하실 때 항상 진지하게 기도하는 사람들과 진지한 교사들을 우리에게 주십니다.

그러나 성도 여러분, 가르쳐주는 것이 전부가 아닙니다. 우리는 사람들을 설복시켜야 하며, 그 설복은 매우 끈질겨야 합니다. 어떤 사람들은 날마다 찾아가 끈질기게 간청해야 합니다. 어떤 영혼들은 한 번의 초대로 나오지 않기 때문에 계속 초대해야 합니다. 죽어가는 노동자를 만나러 간 한 목사님이 생각납니다. 그 노동자는 침상에서 화가 나 소리를 쳤습니다. "꺼지라고 하세요. 나를 괴롭히는 그런 사람은 질색이니까." 그 목사님은 다시 찾아갔습니다. 계단 중간쯤 올라갔는데, 욕하는 소리가 들려서 방안으로 들어가지 못했습니다. 하지만 그 목사님은 스무 번이나 계속 찾아갔고, 드디어 스물한 번째 찾아갔을 때 그 노동자가 "그렇게 소원이라면 들어오시오"라고 말하자 안으로 들어갔습니다. 결국 그 영혼은 하나님께 인도를 받았습니다. 인간적으로 말하면, 그 목사님의 그토록 끈질긴 열심이 없었더라면 그 노동자는 어떻게 되었겠습니까? 주님은 여러분을 통해 사람들을 구원하려고 하실 때 사람들을 찾아가는데 있어서 여러분에게 끈질긴 인내력을 주실 것이고, 그것은 주님이 성령으로 말미암아 여러분 속에서 능력으로 역사하신 결과입니다. 그들이 멸망하기 위해 지치지 않는 열심을 갖고 몸부림칠 때 여러분은 굳게 결심해야 합니다. 어떻게든 그들의 영원한 불행을 예방하려면 끈질기게 그들을 괴롭혀야 합니다.

진지한 열심은 사람들의 영혼에 대한 성령의 자연스러운 역사의 결과입니다. 하나님의 영은 임하실 때마다 임한 사람들 속에 다른 사람들도 자기와 같이 구원으로 이끌어야겠다는 자연스러운 본능을 일으키십니다. 좋든 나쁘든 사람은 다른 사람들을 자신과 같이 만들고 싶어합니다. 성령은 이 점을 포착해서 그리스도인들이 다른 사람들을 자기와 같은 마음 상태로 이끌려는 욕구를 갖도록 능력으로 역사하십니다. 이렇게 하실 때 성령은 그리스도인의 마음속에 다른 사람들에 대한 아름다운 사랑의 원리를 심으십니다. 우리 자신이 구원의 복을 경험했으므로 우리는 다른 사람들도 같은 복을 누리는 것을 보기를 원합니다. 애국자의 가슴은 이전과 똑같은 열정으로 불타고 있지만 지금은 그 열정이 세련되고 순화되어 자기 민족이 단순히 자유를 얻는데 그치지 않고, 하나님의 영을 통해 진정한 자유를 누리기를 진심으로 기도합니다.

성령은 우리 속에 "그리스도께서 저를 구원하셨습니까?"라는 감사의 충동을 촉발시켜, 그러면 "이제 그리스도를 위해 살겠습니다"라고 외치도록 합니다. 성령은 이런 결정에 대한 충동을 제공하고, 우리는 예수님이 우리를 그토록 사랑하시므로 우리의 삶과 우리가 가진 모든 것을 예수님에게 바치겠다고 결심하게 됩니다.

이 외에도, 성령은 다른 많은 자연적 정서들, 예를 들어 사람들이 자기가 속해 있는 공동체의 번영을 바라는 마음 때문에 갖게 되는 협동정신과 같은 감정을 고취시킵니다. 성령은 우리 마음속에 우리가 그리스도와 하나라는 감정을 심고, 교회의 성공을 열렬히 바라게 하십니다. 우리가 영광을 취하기 위해서가 아니라 주님을 영화롭게 하기 위해서 주님을 잘 섬기려는 거룩한 경쟁을 하면서 우리는 달려갑니다. 형제들은 전쟁에 나가 싸우고 있는데, 우리는 가만히 집에 앉아 있는 것을 참을 수 없습니다. 다음과 같은 경고가 우리에게 선포되지 않도록 조심해야 합니다. "여호와의 사자의 말씀에 메로스를 저주하라 너희가 거듭거듭 그 주민들을 저주할 것은 그들이 와서 여호와를 돕지 아니하며 여호와를 도와 용사를 치지 아니함이니라 하시도다"(삿 5:23).

사랑하는 성도 여러분, 여러분도 그와 같이 되기를 기도합니다만, 성령은 또한 어떤 사람들 속에서 영혼이 그리스도를 높이는데 불꽃처럼 타오르게 하기 위하여 그리스도에 대한 사랑을 풍성하게 부어주십니다. 아니, 어떤 사람들 속에서 성령은 거룩한 열심에 사로잡혀 자기들을 불살라 목숨을 희생시킬 때까지 이 거룩한 열정을 쏟아 부어주셨습니다. 영감받은 사람들과 같이, 옛날 사도들과 같이, 어떤 특별한 심령들은 이 땅에서 무시무시한 엄청난 열정을 갖고 그리스도의 삶을 그대로 본받아 살았습니다. 이런 사람들이 일어나는 곳에서 하나님은 영혼들을 구원하실 것입니다. 하나님의 영광에 대한 폭발적인 열정을 갖고 사역을 감당하는 사람에 대하여 들을 때 그는 수많은 사람들을 위해 하나님이 쓰시는 도구라고 결론을 내릴 수 있습니다. 그의 입술은 많은 사람들에게 양식을 제공할 것이며, 신자들의 영적 선구자가 될 것입니다. 이처럼 하나님의 영이 임하는 곳에는 힘이 나타나고 영혼은 구원을 받습니다. 그러나 다른 방법으로는 그런 역사를 보지 못합니다.

다시 한 번, 전체 교회 역사가 제가 말한 사실을 확증하고 있다는 점을 주목하기 바랍니다. 성령이 임하실 때 성령의 임재에 대하여 두 가지 표지가 있었습니다. 하나는 급하고 강한 바람이었고, 다른 하나는 불의 혀였습니다. 만일 성령께서 우리를 열렬한 도구로 사용하지 않고 이 모든 사역을 자신이 직접 행하려고 하셨다면, 첫 번째 표지는 혼탁한 공기에 불과했을 것입니다. 또 두 번째 표지도 단순한 얼음 덩어리거나 또는 여러분은 원하겠지만 불의 혀는 분명히 아니었을 것입니다. 첫 번째 표지는 단순한 바람이 아니라 강한 바람이었고, 그것도 마치

하나님이 우리에게 아주 신속하게 모든 영적 항해를 추진하기를 바란다는 것을 보여주는 것처럼 급하고 강한 바람이었습니다. 또는 새들이 강풍에 휩쓸려 날아가는 것처럼 하나님이 자신의 강력한 영향력을 자기 백성들에게 행사하겠다는 뜻이었을 것입니다. 두 번째 표지는 불이었는데, 불은 소멸시키고 삼켜버리는 위력적인 속성을 갖고 있습니다. 우리는 성령과 불로 세례를 받게 되는데, 이것으로 우리는 이 표지가 무엇을 의미하는지 알게 됩니다. 우리 주님이 복음 사역을 시작하셨을 때 그 특징은 열정이었습니다. 그것이 주님 자신의 경험이었습니다. "세례 요한의 때부터 지금까지 천국은 침노를 당하나니 침노하는 자는 빼앗느니라"(마 11:12). 그리스도의 사역과 생애는 두드러지게 진지했고, 그분은 열심을 외투처럼 입고 활동하셨습니다. 그리스도의 사도들 역시 아주 열정적인 사람들로서, 그들의 초기 구원 사역을 보면 술에 취한 사람들로 생각될 정도였습니다.

교회가 부흥할 때마다 공통적인 특징은 이와 동일한 거룩한 열정이었습니다. 크리소스토무스가 설교하는 것을 들어보십시오. 그는 좋은 악기를 연주하는 사람이 아닙니다. 그는 귀에 듣기 좋은 감미로운 소리를 내지 않습니다. 그가 황후 유독시아를 비난하는 설교를 들어보십시오! 당시의 죄악상을 어떻게 비판하는지 들어보십시오! 사람들에게 임할 심판 때 생명을 얻기 위해 피하라고 얼마나 열정적으로 촉구하는지 보십시오! 아우구스티누스에게도 들어봅시다. 그의 간절한 어조를 여러분은 결코 잊지 못할 것입니다. 그 유명한 종교개혁 당시로 돌아가 봅시다. 종교개혁을 일으킨 사람들은 미지근한 사람들이 아니었습니다. 은근한 설교를 하는 사람들이 아니었습니다. 우아한 태도를 보여주고 고상한 명언을 사용하는 사람들이 아니었습니다. 루터는 모든 종교개혁자 가운데 전형적인 인물로서, 매우 격렬한 열정을 갖고 있었습니다. 저는 그들의 본성적인 열렬함이 종교개혁을 일으킨 힘이었다고 말하는 것이 아니라 성령이 그들의 마음을 열렬한 상태로 만들어 그들이 놀라운 이적을 행했다고 말하는 것입니다. 그리고 사랑하는 성도 여러분, 우리도 오늘날 부흥다운 부흥 곧 참된 신앙의 부흥을 보기 원한다면, 이전에 교회를 달 같이 아름답고, 해 같이 맑고, 깃발을 세운 군대 같이 당당하게 만든 옛 성도들의 열정을 회복해야 합니다. 오, 우리가 살아서 그런 부흥을 보기를 바라고, 주의 이름이 영화롭게 되기를 소원합니다!

이제 전체 주제의 결론을 내려 봅시다. 지금까지 말한 두 가지 사실을 하나로 묶어 보겠습니다. 사랑하는 성도 여러분, 성령을 의지합시다. 아니, 오직 성령만 의지합시다. 홀로 전쟁에 출정해서는 안 됩니다. 주님 없이는 좋은 것이 절대로 일어날 수 없다는 것을 믿읍시다. 그러나 이 교회에 주신 것처럼 기도의 영을 주시는 곳에 예수님도 함께 계신다는 것을 명심합시다. 그리고 지금 이 자리에 참석한 많은 사람들에게 주신 것처럼 자신의 나라를 위해 거룩한 열심을 주시는 사람들을 예수님이 결단코 홀로 버려두시지 않는다는 사실도 잊지 맙시다. 예수님의 임재로 말미암아 힘을 냅시다. 기드온은 양털이 이슬로 젖는 증표를 얻었을 때, 그리고 밤에 꿈속에서 미디안 진영을 무너뜨린 보리떡 한 덩어리 이야기를 들었을 때, 하나님께서 그와 함께 하셨기 때문에 자기 집으로 곧장 내려가 일을 포기하지 않았습니다. 아니, 오히려 정반대로 이처럼 힘을 얻었기 때문에 어두운 밤에 3백 명의 용사들을 모아 항아리를 부수고 횃불을 들고, “여호와와 기드온의 칼이다! 여호와와 기드온의 칼이다!” 하고 구호를 외쳤습니다. 그렇다면 지금 이 순간에 우리에게도 이런 일이 있기를 바랍니다. 성령 하나님이 우리와 함께 계시는 것을 알고 있으니, 우리가 이 시대의 암흑 속에 “여호와와 그의 아들 예수의 칼이다!”라고 소리를 높여 외쳐 봅시다. 그러면 하나님이 어떻게 하실지 곧 알게 될 것입니다. 하나님은 확실히 이교 군대들을 패주시키고 자기의 명예를 드높이실 것입니다.

　　그러나 성도 여러분, 우리는 성령에 대한 이러한 확신은 할 수 있는 모든 힘을 다해 감당하는 열렬한 수고와 결합되어야 합니다. 저는 이 순간 저의 마음의 눈으로 한 장면을 봅니다. 이 교회와 이웃 속에서 사람들이 양식이 없어 굶주리고 있는 산 저편을 바라봅니다. 그들은 양식을 필요로 하고 있고, 그리스도는 그들을 먹이기를 원하셨습니다. 제자들은 자기들의 보리떡과 물고기를 가져와야 합니다. 그런데 그것이 그토록 많은 사람들에게 무슨 도움이 되겠습니까? 그리스도께서 떼어 배가시켜야 합니다. 그리고 제자들은 그리스도의 손에서 그것을 받아야 합니다. 그래서 많은 사람들 곧 오십 명씩, 수백 명씩 무리지어 앉아 있는 사람들에게 가서 그리스도께서 축사하신 떡과 물고기를 배고픈 자들에게 나눠주어야 합니다. 남자들만이 아니라 여자와 어린아이들까지 만족시켜야 합니다.

　　성도 여러분, 이 큰 도시에서 굶주리고 기진하여 죽어가고 있는 사람들을 보십시오. 그리스도의 모든 제자 여러분, 여러분이 갖고 있는 떡과 물고기를 이리로 가져 오십시오. 제 말은 저에게 가져오라는 것이 아니라 주님에게 가져오라는 뜻입니다. 아무리 빈약하더라도 여러분이 갖고 있는 능력을 다 갖고 나오십시오. 여러분이 갖고 있는 것을 전부 내놓을 때 비로소 그리스도는 배가를 시작하실 것입니다. 자연이 궁지에 빠지기 전에는 이적이 기대되어서는 안 됩니다. 그러므로 여러분이 갖고 있는 재능이나 은혜는 무엇이건 다 가져와 예수님에게 바치십시오. 그래서 주님이 배가를 시작하실 때 주님의 종으로 무리의 기대를 충족시켜 줄 준비를 하십시오. 그리고 그들이 밀치고 아우성을 치더라도 지치지 말고 모든 영혼이 충분히 공급 받을 때까지 계속 떡을 떼어 나누어 주십시오. 계속 그렇게 하십시오. 수고가 너무 힘들다고 불평하지 마십시오. 다른 사람들에게 선을 행하는 것은 큰 복이니까요. 죄인을 잘못된 길에서 돌아서게 하고 영혼을 죽음에서 구원하는 것은 세 배, 아니 일곱 배의 복입니다. 그러므로 지치지 마십시오. 아주 오랫동안 그 일을 감당해 여러분의 영이 쇠약해진다고 해도 지치지 마십시오.

성도 여러분, 몸이 피곤하더라도 기운을 내십시오. 여러분은 저 소리가 들리지 않습니까? 부탁하는데, 귀를 기울여 보십시오! 저 위의 자기들의 보좌에서 아래를 내려다보고 있는 천사들이 있는데, 저는 그 천사들이 다음과 같이 말하는 소리를 듣습니다. "주린 자에게 양식을 공급하는 일은 얼마나 복될까! 주님의 소중한 선물을 사람들에게 나누어주도록 허락받은 사람들은 얼마나 영예로울까!" 그리고 그 천사들이 이렇게 속삭이지 않겠습니까? "우리도 저들과 함께 한다면 얼마나 좋을까!" 아무리 빛나는 천사라도 복음을 전파하는 사역에 참여할 수만 있다면 자신의 면류관을 아주 미천한 제자들과 바꾸고 싶다고 생각할 것입니다. 천사들이 여러분을 부러워하지 않을까요? 여러분이 자기들이 할 수 없는 일을 할 수 있기 때문에, 유리 바다 위에서 거문고를 타고 있는 복된 천사들이 말입니다. 여러분은 예수님에 대하여 이야기할 수 있습니다. 여러분은 탕자들을 매료시킬 수 있습니다. 여러분은 주님의 면류관에서 떨어진 잃어버린 보석들을 찾을 수 있습니다!

성도 여러분, 간절히 당부하는데, 여러분의 신앙이 위선이 아니라면 살아계신 하나님으로 말미암아 이번 달에 저를 도와주십시오. 저의 형제인 장로와 집사들을 도와주십시오. 여러분 모두가 우리를 도와주십시오. 여러분이 진실로 구속을 받았다면 여러분을 산 피로 말미암아, 여러분이 버린 자들이 아니라면 여러분 속에서 역사하는 성령으로 말미암아, 그리고 하나님께서 사랑으로 여러분을 위해 행하신 모든 일로 말미암아, 여러분에게 당부하는데, 이 희망이 있는 시간에 주님을 돕는 일에 참여하십시오. 그러면 주님은, 오늘 여러분이 우리에게 하는 대로 여러분을 대하실 것입니다. 만일 여러분이 진실로 주님에게 여러분 자신을 바치고 그분을 섬긴다면, 주님은 갑절로 늘리는 역사를 통해 여러분을 풍성하게 하고, 모든 지각에 뛰어난 하나님의 평강이 여러분의 마음과 생각을 지키실 것입니다. 그러나 주님을 섬기는 것을 거부하면 주님은 여러분을 심판하실 것입니다. 주인의 뜻을 알고도 그 뜻대로 행하지 않는 사람은 호되게 맞을 것입니다.

제
8
장

—

믿음의 생명과 행함

—

**"그러므로 너희가 그리스도 예수를 주로 받았으니
그 안에서 행하되" — 골 2:6**

인간의 본성은 변화를 좋아합니다. 비록 인간이 처음에 하나님의 형상으로 지음받았다고 하더라도 한때 갖고 있었던 불변성이 흔적도 없이 오래 전에 사라져 버린 것이 아주 확실합니다. 거듭나지 않은 상태에 있는 사람은 하늘의 기쁨을 소유하고 있었다고 해도 시간이 흐르면서 이 기쁨에 싫증을 느끼고 변화를 갈망합니다. 광야에서 이스라엘 백성들은 천사들이 공급하는 양식으로 생계를 유지했으나 변화를 요구하고, "우리 마음이 이 하찮은 음식을 싫어하노라"(민 21:5)고 투덜댔습니다. 그런데 우리가 우리의 소망의 근거와 우리의 신앙의 대상을 바꾸는 문제는 크게 조심할 필요가 있는 것이 극히 당연합니다.

또 우리 마음속에는 이처럼 변화를 좋아하는 것과 공조하면서 엄청난 해를 끼치는 다른 나쁜 원리가 있는데, 이것은 우리 자신의 행위를 높이는 본성적 경향입니다. 죄를 자각하게 되면 잠시 동안은 이 치명적인 습성이 고쳐집니다. 율법이 날카로운 도끼로 육체를 신뢰하는 경향의 거만한 삼나무를 잘라버리고 거기서 나오는 이파리들을 시들게 합니다. 그러나 뿌리는 여전히 그대로 남아 있기 때문에 물기가 있는 곳으로 다시 뻗어나가고, 그래서 이전과 같이 날카로운 날과 무거운 힘을 가진 도끼를 다시 사용할 필요가 있게 됩니다. 율법주의는 우리가 확실히 죽었다고 생각할 때 되살아나고, 그래서 변화를 좋아하는 우리의 본성과 결탁하여 만세 반석이신 그리스도 위에 굳게 서는 것을 포기하도록 유혹하고, 우리 눈앞에 율법주의의 현란한 환상들을 차려놓고 그곳으로 이끌며, 우리의 빈약한 지식으로 우리 자신을 더 높이고 영예롭게 하도록 부추깁니다. 그러나 이것은 확실히 그리스도인을 다시 깊은 수렁으로 빠뜨리는 결과를 가져올 것입니다. 왜냐하면 그리스도인이 일단 처음 갔던 길에서 벗어나게 되면 율법의 행위를 수행함으로써 뭔가 되어보고, 뭔가 해 보고, 뭐가 영예를 얻어 보려는 은밀한 옛 욕망이 다시 들어와 고생길이 훤하기 때문입니다. 그러므로 우리는 마음속에서 "그러므로 너희가 그리스도 예수를 주로 받았으니 그 안에서 행하되"라고 말씀하는 지혜의 음성을 들어야 하겠습니다. 여러분이 처음에 가기 시작했던 바로 그 길을 계속 유지하십시오. 처음에 그리스도 예수가 여러분의 생명의 원천과 행동의 원리와 여러분의 영의 기쁨이었던 것처럼, 삶을 마치는 날까지 그분이 변함없이 그런 분이 되도록 하고, 또 여러분이 사망의 음침한 골짜기를 다닐 때와 하나님의 백성을 위해 예비되어 있는 기쁨과 안식 속에 들어갈 때까지 그분이 변함없이 그런 분이 되도록 하십시오.

단순한 교훈이지만 아주 유용한 이 교훈을 여러분에게 가르치고자 저는 본문을 다음 세 가지 방법으로 최대한 가장 단순한 말로 설명하도록 하겠습니다. 첫째는 강해의 방법이고, 둘째는 변론의 방법이며, 셋째는 적용의 방법입니다.

1. 강해의 방법으로 본문을 설명함.

오, 유일하게 우리를 모든 진리 가운데로 인도하실 수 있는 은혜의 성령께서 강해의 방법으로 이 본문을 설명하려고 할 때 저를 도와주시기를 바랍니다.

본문을 설명할 때 우리는 본문을 쉽게 두 부분으로 가를 수 있습니다. 첫 번째 부분에는 믿음의 생명 곧 예수 그리스도를 주로 받았다는 사실이 나옵니다. 두 번째 부분에는 믿음의 행함 곧 예수 그리스도 안에서 행하라는 명령이 나옵니다.

1) 믿음의 생명

여기서 성령은 우리에게 **믿음의 생명** 곧 우리가 다 구원받았다면 여러분과 제가 구원받는 방법을 계시하십니다. 그것을 받는 것으로 표현하고 있다는 것을 유심히 주목하기 바랍니다. 여기서 받는다는 말은 공로 같은 것과는 정반대인 것을 함축합니다. 공로는 구입하는 것입니다. 공로는 수고하여 얻거나 용기로 취득하는 것을 말합니다. 그러나 받는 것은 단순히 어떤 것을 선물로 받아들이는 것입니다. 하나님이 자기 백성들에게 주시는 영생은 노력의 결과가 결단코 아닙니다. 영생은 하나님의 선물입니다. 땅이 비를 마시는 것처럼, 바다가 강물을 받아들이는 것처럼, 밤이 별들로부터 빛을 맞아들이는 것처럼, 우리는 주는 것 없이 하나님의 은혜를 값없이 받습니다. 성도는 본질상 우물이나 시내가 아닙니다. 생명수가 흘러들어가는 물통에 불과합니다. 성도는 단지 빈 그릇일 뿐입니다. 성도는 주권적 자비로 말미암아 배수관 아래 두어집니다. 그리고 거기서 가득 찰 때까지 은혜 위에 은혜를 받습니다. 행위로 구원을 받는다고 말하는 사람, 곧 기도로, 눈물로, 회개로, 육체의 죄를 죽이는 것으로 또는 율법에 열심히 순종하는 것으로 구원을 얻을 수 있다고 생각하는 사람은 잘못을 범하는 것입니다. 왜냐하면 신적 생명의 가장 중요한 제일 원리는 내놓는 것이 아니라 받는 것이기 때문입니다. 나의 구원은 그리스도로부터 나에게 오는 것입니다. 나 자신의 마음 속에서 나오는 것이 아니라 신적 대속자에게서 내게로 와 나의 본성을 변화시키고 새롭게 하는 것입니다. 구원은 내가 내놓는 것이 아니라 받는 것으로, 내게 생명이 되는 것입니다.

또한 받음의 관념은 그 안에 질료를 실재로 만드는 것 곧 **실재화의** 의미를 함축하고 있는 것으로 보입니다. 우리는 그림자를 잘 받을 수 없습니다. 실재적인 것을 받습니다. 금, 은, 보석과 같은 것은 우리가 받을 수 있습니다. 토지, 재산, 떡, 물, 음식, 의복 등과 같은 것은 모두 우리에게 실재들이고, 그러므로 받는 것이 가능합니다. 우리는 꿈은 받지 못합니다. 다시 말하지만, 그림자도 받지 못합니다. 우리는 유령을 받는다고 말하지 못합니다. 환영(幻影)도 받지 못합니다. 받는 것 속에는 실재하는 어떤 것이 있습니다. 믿음의 생명도 충분히 그렇게 말할 수 있습니다. 우리는 그리스도를 실재화합니다. 우리는 믿음 밖에 있을 때 그리스도는 우리에게 하나의 이름 곧 오래 전에 살았고, 그래서 지금 우리에게는 그의 생애가 단순히 하나의 역사에 불과한 한 인물에 불과했습니다! 그런데 믿음의 행위로 그리스도는 우리 마음의 의식 속에서 현실적인 인간 곧 우리의 살과 피와 뼈처럼 우리에게 실존하는 존재가 되고, 우리가 우리의 형제, 아버지, 친구에 대하여 그러는 것처럼 그리스도에 대하여 말하고, 그리스도에 대하여 생각하게 됩니다. 우리의 신앙은 그리스도의 역사와 관념에 실재성을 부여하고, 그리스도의 영과 이름 속에 실제적인 내용을 채워 넣으며, 세상 사람에게는 단지 환영에 불과한, 곧 그저 들어보았거나 말해보았던 그런 대상을 실제적이고 사실적인 존재로 맛보고, 만져보고, 접촉하고, 받아들이도록 만듭니다. 회심하지 못한 사람은 이 모든 사실을 꾸며낸 말로 생각하지만, 구원받은 여러분 곧 그리스도를 받은 여러분은 여기에 실체가 있고, 다른 모든 곳에 그림자가 있다는 것을 잘 알 것입니다. 하나님께서 그리스도 안에서 여러분을 자신과 화목하게 하신다는 것이 여러분에게는 유일하게 중요한 현실이 되었습니다.

그러나 받음에는 세 번째 의미가 있는데, 그것은 받은 것을 붙잡는 것 곧 쥐는 것입니다. 내가 받은 것은 나 자신의 것이 됩니다. 그것이 실재한다고 믿는다고 해서 그것을 받은 것은 아닙니다. 또한 내가 어떤 것을 갖고 있으려면 그것이 내게 주어져야 하고, 내가 스스로 취할 수 없는 것이라면 그것 역시 여전히 받은 것이 아니라고 저는 생각합니다. 받는 것은 **진정으로** 자신의 수중에 넣는 것이고, 내게 주어지는 것을 나 자신의 소유로 삼는 것입니다. 바로 이것이 영혼이 그리스도를 믿을 때 일어나는 일입니다. 그때 그리스도가 나의 그리스도가 됩니다. 그리스도의 피가 나의 죄를 깨끗하게 하고, 그래서 죄가 제거됩니다. 그리스도의 의가 나를 덮고, 그래서 나는 그 의로 옷을 입습니다. 그리스도의 영이 나를 채우고, 그래서 나는 그 영으로 말미암아 살게 됩니다. 그리스도는 내게 나 자신의 것이라고 말할 수 있는 어떤 것처럼 나의 것이 됩니다. 아니, 사실은 이 땅에서 내가 나의 소유라고 말하는 것은 내 것이 아닙니다. 그것은 단지 내게 빌려준 것에 불과하고 결국은 내게서 가져갈 것입니다. 그러나 그리스도는 완전히 내 소유이기 때문에 사망이나 생명이나 현재 일이나 장래 일이나 아무것도 내게서 그리스도를 빼앗아갈 수 없습니다.

오! 사랑하는 성도 여러분, 저는 여러분이 이처럼 효력 있는 복된 믿음을 갖고 "예, 그분은 다른 사람의 그리스도가 아니라 바로 나의 그리스도입니다"라고 말할 수 있기를 바랍니다. 저는 오늘 여러분이 그리스도의 얼굴을 바라보면서 "나를 사랑하고 나에게 자신을 주신 나의 사랑하시는 분"이라고 말할 수 있기를 바랍니다. 또 저는 여러분이 공원 담장 안의 수천 에이커 가운데 1에이커도 권리를 갖고 있지 않으면서 나의 아무개 공원이라고 언급하면서 아름다움을 자랑하는 것과 같이 말하지 않기를 바랍니다. 대신 여러분이 다음과 같이 말할 수 있기를 기대합니다. "주 나의 하나님의 복과 약속들이 전부 나의 것입니다. 은혜 언약에 따라 이해하고 있는 것은 무엇이든 유익하고 선하고 바람직하고, 또 나는 내 귀에 다음과 같이 말하는 음성을 듣습니다. '너는 눈을 들어 너 있는 곳에서 북쪽과 남쪽 그리고 동쪽과 서쪽을 바라보라. 이 모든 땅을 소금 언약으로 말미암아 네가 영원히 소유하도록 내가 네게 주리라.'" 이제 이 세 가지 사실을 하나로 묶어 보십시오. 저는 여러분이 그리스도를 받는 것이 무슨 의미인지 깨달았으리라고 생각합니다. 그리스도를 받는 것은 하나님의 값없는 선물로서 그리스도를 소유하는 것입니다. 그리고 그리스도를 실재화하는 것입니다. 그리고 그리스도를 여러분 자신의 것으로 삼는 것입니다.

"받다"(receive)는 말은 성경에서 대략 10가지 또는 12가지 의미로 사용되고 있습니다. 그 중 5가지는 방금 제가 언급한 목적을 충족시켜줄 것입니다. 이 말은 종종 취하다(take)는 의미로 사용됩니다. 우리는 은 1천 세겔을 받는 것, 돈, 의복, 감람나무 농장, 양, 황소를 받는 것에 대한 기사를 읽습니다. 우리는 다음과 같은 주님의 말씀을 이런 의미로 이해할 수 있습니다. "만일 하늘에서 주신 바 아니면 사람이 아무것도 받을 수 없느니라"(요 3:27. 이 말씀은 사실은 주님의 말씀이 아니라 세례 요한의 말이다 – 역주). "영접하는(곧 받는) 자 곧 그 이름을 믿는 자들에게는 하나님의 자녀가 되는 권세를 주셨으니"(요 1:12). 우리는 그리스도를 우리 안으로 가져갑니다. 제가 앞에서 언급한 비유로 돌아가 말한다면, 시내에서 빈 그릇에 시냇물을 담는 것처럼 우리는 그리스도를 받습니다. 마치 기름이 과부의 그릇 속에 흘러들어오듯이 예수님의 사랑과 생명과 공로와 본성과 은혜가 값없이 우리 속으로 흘러들어옵니다.

그러나 이 말은 또한 성경에서 우리가 취한 것을 보존하는 것을 가리키는데 사용되고 있습니다. 사실 밑 빠진 그릇은 물을 받을 수 있다고 말할 수 없습니다. 놀리는 말이 아니라면 체로 물을 받는다고 말할 사람은 아무도 없다고 생각합니다. 그러나 믿음의 생명은 그리스도께서 우리 속에 두신 것을 그대로 보존하는 것으로 이루어지고, 그럼으로써 예수 그리스도는 우리 속에서 영광의 소망이 되십니다. 생명은 믿음으로 우리 속에 들어옵니다. 그리고 믿음으로 유지됩니다. 믿음은 내가 갖고 있는 것을 내게 줍니다. 믿음은 내가 갖고 있는 것을 유지시킵니다. 믿음은 내가 갖고 있는 것을 나의 것으로 만듭니다. 믿음은 내가 갖고 있는 것을 나의 것으로 유지시킵니다. 믿음은 내가 갖고 있는 것을 한 손으로 붙잡게 하고, 또 이어서 사망이나 생명도 끊을 수 없도록 양손으로 그것을 꽉 끌어안게 합니다.

또 때때로 성경에서 받는 것은 단순히 믿는 것을 의미합니다. "자기 땅에 오매 자기 백성이 영접하지(받아들이지) 아니하였으나"(요 1:11). 우리는 거짓 선지자들을 받아들이는 것, 즉 그들을 믿는 것에 대한 말씀을 읽습니다. 그런 것처럼 그리스도를 받아들이는(영접하는) 것은 그분을 믿는 것입니다. 그리스도는 "내가 너를 구원할 수 있다"고 말씀하십니다. 저는 이 말씀을 받아들입니다. 곧 믿습니다. 또 주님은 "나를 의뢰하라. 그러면 내가 너를 나처럼 만들겠다"고 말씀하십니다. 저는 이 말씀도 받아들입니다. 예수님이 뭐라고 말씀하시든 저는 그분을 믿고, 그분을 진실하게 받아들입니다. 저는 그분의 말씀이 제게 참되다고 보기 때문에 이 말씀에 진실하게 반응하고, 단순히 참될 가능성이 있는 말씀으로 간주하지 않고 하늘과 땅은 사라질지라도 참될 수밖에 없는 말씀으로 받아들입니다. 이것이 그리스도를 받는 것입니다. 곧 그분이 말씀하신 것을 믿는 것입니다.

또한 성경에서 받는 것은 종종 즐거워하는 것을 의미합니다. 그래서 멜리데의 원주민들은 바울과 그의 동료들을 친절하게 받아들이고 불을 피워주었습니다. 아! 우리는 일단 그리스도 안에 있는 모든 것이 우리의 것이 된다는 것을 깨닫고, 믿음으로 우리 자신 속에 그리스도를 받아들인 후에는 주님이 우리 마음속에 들어와 우리와 더불어 먹고 마시기를 간절히 원해야 합니다. 우리는 우리 영혼의 식탁에서 가장 좋은 자리를 그리스도께 드려야 합니다. 우리는 최고의 사랑을 담아 진수성찬을 차려놓고 그리스도를 즐겁게 해야 합니다. 우리는 아침부터 저녁까지 우리와 함께 거하도록 간청해야 합니다. 우리는 날마다, 아니 매순간, 그리스도와 교제를 나누어야 합니다. 이렇게 우리는 그리스도를 환대합니다. 마음속에 응접실을 준비하고 그리스도를 맞이합니다. 따라서 다시 한 번 말하지만, 성경에서 받는 것은 즐거워하는 것을 의미합니다. 우리는 결코 시들지 않는 생명의 면류관을 받는 것에 대하여 듣습니다. 즉 그것을 즐거워하는 것입니다. 천국을 즐거워하는 것입니다. 천국의 온갖 복으로 만족을 얻는 것입니다. 따라서 성도 여러분, 우리가 그리스도를 받아들일 때 이 안에는 그리스도를 즐거워하는 것이 포함되어 있습니다. 저는 지금 다만 매우 단순하게 우리의 믿음에 대하여 말하고 있습니다만 이것이 여러분에게는 매우 개인적인 것이 되기를 바랍니다. 여러분은 이처럼 그리스도를 즐거워하고 있습니까? 만약 여러분이 면류관을 갖고 있다면 그것을 머리에 써야 합니다. 여러분은 그리스도를 소유하고 있습니다. 그렇다면 그리스도를 먹고 마시기 바랍니다. 여러분이 굶주리고 있는데 식탁에 떡이 있다면 그것을 먹어야 합니다.

오! 사랑하는 성도 여러분, 여러분의 주 예수 그리스도를 먹고 마시기 바랍니다. 친구를 갖고 있다면 친구와 교제를 누려야 합니다. 여러분은 그리스도 안에서 친구가 있습니다. 오! 그와 대화를 나누십시오. 마치 힘이 없는 자가 마실 강장제 병이 마개로 꼭 막혀 있는 것처럼 그리스도를 방치해 두지 마십시오. 굶주리고 있는데 최고의 진수성찬을 아직 맛보지 않은 상태로 놔두고 있는 것처럼 그렇게 그리스도를 대하지 마십시오. 오! 그리스도를 받아들이십시오. 왜냐하면 그것이 바로 영혼의 참된 천국이며 안식이기 때문입니다. 그리스도의 살은 참된 양식이고, 그리스도의 피는 참된 음료입니다. 이런 신적 성찬은 천사들도 맛보지 못했습니다. 성도 여러분, 이리로 와 그리스도 안에서 물리도록 맛보십시오. 그리스도를 여러분의 마음속으로 취하는 것, 그리스도를 여러분의 마음속에 보유하는 것, 그리스도가 말씀하는 모든 말씀을 믿는 것, 우리 마음속에 그리스도를 환대하는 것, 그리고 그리스도가 자기의 살을 먹고 자기의 피를 마신 모든 자에게 베풀어주시는 달콤한 교제를 누리는 것 — 이것이 그리스도를 받는다는 말의 의미입니다.

그러나 다른 말씀을 살펴보아야만 이 믿음의 생명의 진정한 의미를 제시할 수 있습니다. 그러므로 그 말씀을 계속 살펴보겠습니다. 여러분은 받았습니다. 그런데 무엇을 받았습니까? 구원은 맹인이 시력을 받는 것, 귀머거리가 청력을 받는 것, 죽은 자가 생명을 받는 것으로 묘사될 수 있습니다. 그러나 사랑하는 성도 여러분, 여기서 한 가지 생각해야 할 것이 있는데, 오, 여러분은 그것을 반드시 붙들어야 합니다! 그것은 곧 우리는 이러한 것들을 받았을 뿐만 아니라 무엇보다 그리스도를 받았다는 것입니다. "너희가 그리스도 예수를 주로 받았으니." 여러분은 이 말씀을 이해합니까? 그리스도께서 우리에게 죽은 자 가운데서 생명을 주셨다는 것이 사실입니까? 그리스도는 우리에게 죄 사함을 주셨습니다. 또 자신의 의를 전가시키셨습니다. 이것들도 모두 귀중한 일이지만, 여러분도 아시다시피, 우리는 이것들로 만족하지 못합니다. 우리는 그리스도 자신을 받았으니까요. 하나님의 아들이 우리 속에 들어왔고, 우리가 그분을 받았으며, 그분을 우리의 것으로 삼았습니다. 그래서 말씀드리는데, 언약의 복들만 주목하지 말고 그리스도 자신을 주목하십시오. 그리스도의 피로 값을 치른 것만 생각하지 말고 자신의 혈관 속의 피를 흘리신 그분 자신이 우리의 것이 되었다는 사실을 생각하십시오. 그러므로 영생을 소유하고 있는 모든 영혼은 지금 주 예수 그리스도를 소유하고 있습니다.

그런데 이것은 여러분에게 개인적으로 적용됩니다. 그러면 내가 기름 부음받은 자이신 그리스도를 받은 것입니까? 그렇습니다. 내 영혼아, 그대는 그리스도를 신적 작정에 따라 아버지의 목적을 실행하기 위해 아버지에게 기름 부음을 받으신 자로 보았는가? 그대는 그리스도를 때가 되자 아버지에게 기름 부음을 받으신 자로 제사장복을 입고 나타나신 분으로 보았는가? 그대는 그리스도를 기름 부음받은 제사장 곧 하나님이 멜기세덱의 반차를 따르는 영원한 제사장으로 삼아 거룩한 기름으로 기름 부음을 받으신 분임에도 불구하고 자신을 또한 제단에 속죄 제물로 바치신 분으로 보았는가? 내 영혼아, 그대는 예수님이 휘장 안에 들어가 그대의 아버지와 그분의 아버지께 다윗이 말한 대로 우리의 방패와 하나님의 기름 부음받은 자로 우리가 내세울 수 있도록 자신을 아버지가 인정하신 분으로 말씀하신 것을 들었는가? 오! 그리스도를, 보냄을 받지 않은 선지자, 자신의 권위를 갖고 온 사람, 자신의 말을 전하는 선생으로서가 아니라, 하나님의 기름 부음을 받고 지극히 높으신 이의 명령을 받은 그리스도로 받았는가? 그러므로 기록된 바와 같이 우리가 예수님을 다음과 같은 분으로 받아들이는 것은 정말 즐거운 일입니다. "내가 능력 있는 용사에게는 돕는 힘을 더하며 (내가) 백성 중에서 택함 받은 자를 높였으되"(시 89:19). "여호와께서 그에게 상함을 받게 하시기를 원하사 (그가) 질고를 당하게 하셨은즉"(사 53:10).

이런 관점에 따라 그리스도를 생각하는 것은 참으로 즐겁습니다! 내 영혼아, 그대는 하나님의 메시아를 이렇게 받아들이는가? 그러나 본문은 "그리스도 예수"라고 말씀합니다. 여기서 예수는 구주를 의미합니다. 그리스도는 하나님과의 관계에서 나온 호칭이고, 예수는 인간 곧 나와의 관계에서 나온 호칭입니다. 나는 그리스도를 나와의 관계 속에서 구주로 받아들였는가? 내 영혼아, 그리스도가 그대를 구원하셨는가? 그런데 이 질문에 대하여 "만약"이나 "모르겠다"는 대답은 없습니다. 그대는 그리스도를 그대의 구주로 받아들였는가? 그대는 그대의 믿음이 그리스도에게 주어졌던 그 행복한 날에 "예, 예수님, 예수님이 저를 구원하셨습니다!"라고 말할 수 있었는가?

오! 그런데 그리스도를 예수로 받아들이지 않은 것처럼 보이는 신앙 고백자들이 더러 있습니다. 그들은 그리스도를 자기들이 구원받는데 도움을 줄 수 있는 분이나 자기들을 위해 상당히 큰 일을 하실 수 있는 분으로 또는 구원 사역을 시작하셨으나 완수할 수는 없는 분으로 간주합니다. 오! 사랑하는 성도 여러분, 우리는 그리스도를 구원 사역을 완수하셨으므로 우리를 구원하신 분으로 붙들어야 합니다. 그리스도의 피가 여러분을 깨끗하게 하셨기에 지금 여러분이 눈보다 더 희게 된 것을 모르겠습니까? 여러분은 지금 과거에 타락하지 않은 천사들보다 하나님께 더 합당한 존재입니다. 왜냐하면 신적 존재의 완전한 의를 옷 입고 있기 때문입니다. 그리스도는 자신의 의로 여러분을 가리어주셨습니다. 여러분은 구원받았습니다. 여러분은 그리스도를 하나님의 기름 부음을 받으신 분으로 받아들였다면 반드시 그분을 여러분의 구주이신 예수로 받아들여야 합니다.

다시 말하지만, 구원으로 이끄는 믿음은 또한 그리스도를 본질상 하나님의 아들로 받아들이는데 있습니다. "너희가 그리스도 예수를 주로 받았으니." 그리스도의 신성을 믿을 수 없다고 말하는 자들은 그리스도를 받은 것이 아닙니다. 또 다른 사람들은 이론적으로 그리스도의 신성을 인정하지만 그분을 믿음의 대상으로 삼지는 않습니다. 그들 역시 그리스도를 받은 것이 아닙니다. 그러나 저는 오늘 아침에 그리스도의 신성을 기꺼이 인정하는 수많은 사람들에게 설교하고 있다고 확신하고 이렇게 말하고 싶습니다. "저는 그리스도의 신성에 대하여 추호도 의심이 없습니다. 나아가 그것에 제 영혼의 운명을 걸고 있습니다. 그리고 그리스도를 만유를 영원토록 지배하고 복을 베푸시는 하나님으로 마음속에 받아들입니다. 아멘. 저는 그리스도의 인성을 바라볼 때 그분의 발에 입맞춤합니다. 하지만 그 발로 바다를 걸으실 수 있는 분이기에 그분을 하나님으로 굳게 확신합니다. 그리스도의 손의 찔린 상처를 바라볼 때마다 그분이 사람이라는 것을 알게 됩니다. 하지만 그 손으로 떡과 포도주를 5천 명을 먹이실 정도로 배가시키는 이적을 행하신 것을 알고 있기에 그분을 하나님으로 굳게 확신합니다. 무덤 속에서 그리스도의 시체를 보고 그분이 사람이라는 것을 알게 됩니다. 하지만 부활하신 그리스도를 바라보고 그분을 하나님으로 굳게 확신합니다. 십자가에 달리신 그리스도의 고난을 보고 그분이 나의 뼈 중의 뼈와 살 중의 살이라는 것을 알게 됩니다. 그러나 다음과 같은 음성을 듣습니다. '하나님의 모든 천사들은 그에게 경배할지어다'(히 1:6). '하나님이여 주의 보좌는 영원하니이다'(시

45:6). 그리고 저는 그리스도 앞에 무릎을 꿇고 이렇게 고백합니다. '오, 주여, 하나님의 아들이자 마리아의 아들이신 당신을 그리스도 예수 주로 받아들입니다.'"

이것이 여러분이 말해주어야 할 매우 분명한 이야기입니다. 여기서 저는 영혼들을 구원하는 것은 매우 분명한 진리로, 사람들의 영혼과 그리스도의 관계는 학문적이거나 형이상학적인 용어로 설명되는 것이 아니라는 사실을 상기시키고 싶습니다. 우리는 그리스도 예수를 믿습니다. 그래서 그리스도 예수를 우리 속에 주로 취하고, 우리 자신의 행위는 전혀 상관없이 이 믿음 행위로 말미암아 온전히 구원받게 됩니다.

저는 여기서 사도 바울이 이 점을 확신의 문제로 말하고 있음을 좀 더 깊이 언급하고, 이 확신에 따라 주장을 계속하고자 합니다. 말하자면 가정에 따라 주장하는 것이 아니라는 말입니다. 주 안에서 사랑받고 있는 성도 여러분, 이것이 여러분에게 확신의 문제라는 것을 분명히 하고자 합니다. 여러분이 "나는 예수님을 받아들였습니다"라고 말할 수 있는 상태가 아니라면 그 다음 요점에 대하여 전혀 말할 수 없습니다. 본문은 "그러므로 너희가 그리스도 예수를 주로 받았으니 그 안에서 행하되"라고 되어 있습니다. 따라서 우리는 이 본문을 "내가 받기를 바라므로"나 "내가 받기를 기대하므로"로 바꿔서는 안 됩니다. 여러분은 받았거나 아니면 받지 못했거나 둘 중의 하나이니까요. 만약 받지 못했다면 하나님의 능하신 손 아래 겸손하게 무릎을 꿇고 그 크신 선물을 달라고 부르짖으십시오. 오, 사랑하는 성도 여러분, 여러분이 받았다면 오직 이렇게 말해야 합니다. "예, 예, 예. 저는 단호하게 그리스도를 받았다고 말할 수 있습니다. 비록 저는 가련하고 연약하고 무가치하지만 하나님은 진실하다는 사실을 겸손하게 인정하고, 그분으로 말미암아 하나님께 나아가는 모든 사람을 구원하실 수 있는 그리스도를 저는 신뢰합니다." 이것이 믿음의 생명입니다.

2) 믿음의 행함

본문을 설명하는데 있어서 이번에 살펴볼 두 번째 요점은 믿음의 행함입니다. "너희가 그리스도 예수를 주로 받았으니 그 안에서 행하되." 무엇보다 먼저 행한다(walk)는 말이 함축하고 있는 의미는 **행동**입니다. 여러분이 그리스도를 받는 것은 여러분에게 단순한 사변의 대상 곧 여러분의 방과 서재에서 생각하고 끝나는 사실이 되어서는 안 되고 여러분의 삶 전체에 영향을 미쳐야 합니다. 만일 여러분이 진정으로 그리스도를 받아들여 구원을 받았다면 구원받은 자로서 기쁨으로, 온유함으로, 확신으로, 믿음으로, 담대하게 행동하십시오. 그리스도 예수 안에서 행하십시오. 나태하게 널브러져 있지 말고 일어나 그리스도 예수 안에서 행하십시오. 그리스도 예수 안에서 행하십시오. 여러분이 믿고 있는 것을 실제로 삶 속에서 드러내십시오. 엄청난 재산을 받은 사람을 보십시오. 그의 지갑은 터질 것 같고 금고는 무겁습니다. 그리고 그가 어떻게 행동합니까? 당연히 부자처럼 행동합니다. 자신을 즐겁게 하는 사치품을 보고 기꺼이 구입합니다. 자기가 원하는 부동산이 있으면 돈을 주고 구입합니다. 그는 부자처럼 행동합니다. 사랑하는 성도 여러분, 여러분은 그리스도를 받았습니다. 그러므로 그 사실에 따라 행동하십시오. 이제는 여러분에게 무한한 재산이 주어졌으니 거지처럼 살지 마십시오.

또 행한다는 말은 견인의 의미를 함축하고 있습니다. 이것은 오늘 그리스도 예수 안에서 견인하는 것, 곧 그리스도 예수 안에 굳게 서서 절대로 그분에게서 떨어져 나가지 않는다는 것을 함축하고 있을 뿐만 아니라 내일과 다음 날 그리고 또 그 다음 날, 계속해서 그렇게 한다는 것을 의미합니다. 곧 여러분의 삶 전체를 그리스도 예수 안에서 행한다는 것입니다. 저는 매튜 헨리가 하나님과 동행한 에녹에 대하여 한 말을 기억합니다. 매튜 헨리는 에녹은 하나님과 한두 번 오고가며 동행하다 하나님을 떠난 것이 아니라 4백 년 동안 하나님과 함께 행했다고 말합니다. 이것이 견인이 함축하고 있는 의미입니다. 여러분은 그리스도를 받았습니다. 그러므로 그리스도를 받은 것을 계속 보존하십시오. 여러분은 그리스도를 신뢰하게 되었습니다. 그러므로 그리스도에 대한 신뢰를 계속 유지하십시오. 여러분은 가난하고 무력(無力)한 죄인으로서 그리스도의 목에 매달려 있습니다. 계속 매달려 있으십시오. 다르게 말하면, 그리스도 예수 안에 계속 거하십시오.

그리고 행한다는 것은 습관의 의미를 함축하고 있습니다. 우리가 어떤 사람의 행함과 생활에 대하여 말할 때 그것은 그의 습관 곧 그의 삶의 지속적인 행로에 대하여 말하는 것을 의미합니다. 사랑하는 성도 여러분, 그러면 여러분과 제가 어쩌다 한 번 그리스도를 누린다면 결국 그분을 잊어 먹게 될 것입니다. 우리는 어쩌다 한 번씩 그리스도가 우리의 것이라고 말하는데, 이렇게 되면 조만간에 그리스도를 붙잡고 있는 힘이 느슨해지고, 이것은 결코 습관이 아닙니다. 그것은 그리스도 예수 안에서 행하는 것이 아닙니다. 그러나 여러분이 그리스도를 받아들였다면 그분과 맞추어 사는 것을 여러분의 습관으로 삼으십시오. 그리스도에게서 벗어나지 마십시오. 그리스도를 꼭 붙드십시오. 절대로 떠나지 말고 그리스도 안에서 살고, 그리스도 안에서 사는 존재가 되십시오.

나아가, 행하는 것은 지속성을 함축하고 있습니다. 본문 속에는 이 행함의 중단에 대한 암시가 전혀 없습니다. 반대로 그리스도 안에 계속 거하라는 내용이 함의되어 있습니다. 아침과 저녁에는 그리스도와의 교제 속에 나아오지만 나머지 시간에는 세상 속에 있을 수 있다고 생각하는 그리스도인들이 얼마나 많을까요. 아! 하지만 우리는 항상 곧 하루 온종일 매순간 그리스도 안에 있어야 합니다. 세상사가 내 생각의 일부를 차지할 수 있지만 내 영혼은 그리스도 안에 거하는 상태가 계속되어야 합니다. 언제든 그리스도를 붙잡고 있다면 그것이 그리스도 안에 있는 것입니다. 아무 때나 누가 내게 "지금 당신은 구원받았나요?"라고 묻는다면 "물론이죠"라고 대답할 수 있어야 합니다. 그리고 그들이 증거를 대라고 묻는다면, 굳이 말로 증거를 대지 않더라도, 그리스도 안에 있는 사람처럼 곧 자기 안에 그리스도를 갖고 있고, 그리스도의 본성을 받음으로 말미암아 자기 본성을 변화시키고, 그리스도를 자신의 삶의 유일한 목적과 목표로 갖고 있는 자로 행하고 있음을 보여주는 것으로 증거를 보여줄 수 있어야 합니다.

또한 저는 행하는 것은 진보를 의미한다고 생각합니다. 그러므로 그리스도 예수 안에서 행하십시오. 은혜에서 은혜로 나아가고, 여러분이 사람이 우리의 사랑하는 주님에 대하여 가질 수 있는 장성한 분량의 지식에 이를 때까지 달려가십시오. "너희가 그리스도 예수를 주로 받았으니 그 안에서 행하라."

그러나 이제 다음 사실을 주목하기를 원합니다. 본문은 "그 안에서 행하되"라고 말씀합니다. 오! 저는 이 본문의 신비 속에 들어갈 엄두를 낼 수가 없습니다. "그 안에서 행하라!" 여러분도 아시다시피, 만약 어떤 사람이 강을 건넌다면, 재빨리 건너고, 건넌 다음에는 즉각 그곳에서 다시 나옵니다. 그러나 항상 그리스도 안에서 행하는 사람에 대하여 생각할 때에는 그 사람이 그리스도 안에 있는 어떤 요소 안에서 행하고 있는지를 염두에 두어야 합니다. 우리가 항상 공기 속에서 사는 것처럼 그리스도 안에서 행해야 합니다. 어쩌다 한 번씩은 아니더라도 가끔 그리스도께 나아갔다 다시 나온다면 그것은 그리스도 안에 있는 요소가 아니라 내 안의 요소에 따라 행하는 것에 불과합니다. 무슨 뜻인지 아시겠습니까? 내면에 영적 생명을 받고 성부 및 그 아들 예수 그리스도와 교제를 갖는 것이 무슨 뜻인지 아는 영혼이 아니면 여기서 어떤 영혼도 정말 미련하게도 허튼 소리를 할 수밖에 없습니다. 사랑하는 성도 여러분, 우리는 그리스도 안에서 행하는 것이 무엇을 의미하는지 바로 알아야 합니다. 우리가 우리 믿음의 유일한 근거인 그리스도를 받아들였던 처음 순간에 서 있었던 바로 그 지점에 우리는 사는 동안에도 그대로 서 있어야 합니다. 여러분은 처음에 그리스도께 나아왔을 때 다음과 같이 노래하지 않았습니까?

> "나는 불쌍한 죄인으로 아무것도 없으나
> 예수 그리스도가 나의 전부가 아닌가?"

그렇습니다. 이것이 여러분이 끝까지 고수해야 하는 것입니다. 다음과 같이 찬송하며 신앙을 계속 견지합시다.

> "빈 손 들고 앞에 가
> 십자가를 붙드네."

여러분이 영예로 빛날 때나 명성에 파묻혔을 때나 주님을 잘 섬겼을 때나 항상 다음과 같이 같은 길을 가야 합니다.

> "연약하고 의지할 데 없는 죄인이
> 그리스도의 친절한 팔에 안깁니다.
> 그는 나의 힘과 의가 되시는
> 나의 예수님, 나의 전부이십니다."

여러분의 경험, 여러분의 거룩함, 여러분의 은혜, 여러분의 업적을 여러분과 그리스도 사이에 두지 말고, 여러분이 처음에 그리스도를 소망의 유일한 기둥으로 삼았던 것처럼 마지막까지 그리스도를 그 위치에 두십시오. 여러분은 그리스도를 여러분의 믿음의 대상으로 받았습니다. 믿음 없는 자들이 여러분을 비웃고 여러분에게 의지할 만한 대상은 아무것도 없다고 말했습니다. 그러나 여러분의 믿음은 그리스도를 여러분에게 실재적 존재로 만들었습니다. 따라서 처음에 예수님께 나아왔을 때 여러분이 여러분 자신의 경험이 보여준 것보다 그리스도의 실재성을 전혀 의심하지 않았던 것처럼 절대로 의심하지 말고 그리스도 안에서 계속 행하십시오. 저는 이런 눈으로 그리스도를 바라보았던 첫 순간을 생생히 기억할 수 있습니다! 아! 제게는 예수님의 피 흘리는 손과 가시 면류관을 쓴 머리만큼 참된 것이 전혀 없었습니다. 저는 항상 이 마음을 갖기를 원했고, 또 당연히 그래야 합니다. 여러분은 그리스도를 진실로 받은 것처럼, 그리스도 안에서 계속 믿음의 실재를 찾고 실현시켜야 합니다.

　그리고 사랑하는 성도 여러분, 그날에 그리스도는 우리에게 우리 영혼의 기쁨이 되셨습니다. 가정, 친구, 건강, 부, 위안 등, 이 모든 것은 별들이 햇빛에 의해 소멸되는 것처럼 그리스도가 등장하신 날에 빛을 잃었습니다. 그리스도는 유일한 주님으로, 우리 인생에 최고의 복을 베푸시는 분이십니다. 영생에 이르게 하는 생수가 흘러나오는 유일한 샘입니다. 저는 그리스도를 만나던 첫 날, 그날 제가 우울했는지 아니면 쾌활했는지는 아무 문제가 되지 않은 것으로 알고 있습니다. 그날 그리스도를 만났습니다. 그것으로 충분했습니다. 그리스도가 저의 구주였습니다. 저의 전부였습니다. 그날 저는 스미스필드(종교개혁자들이 화형당한 장소)의 장작단 위에 서서 얼마든지 그리스도를 위하여 한 몸을 불태울 수 있다고 생각했습니다. 그러므로 처음에 그리스도를 여러분의 유일한 기쁨으로 받아들인 것처럼, 지금도 그리스도를 계속 받고, 그리스도 안에서 행하고, 그리스도를 여러분의 영혼의 모든 즐거움의 원천, 중심 그리고 경계선으로 삼으십시오.

　사랑하는 성도 여러분, 또 그리스도를 받아들인 그날에 우리는 그분을 우리의 사랑의 대상으로 받았습니다. 오! 그때 우리가 얼마나 그리스도를 사랑했던가! 그리스도를 만났던 그날에 우리는 보배로운 향유 옥합을 깨뜨리고 그분의 머리에 향유를 쏟아 부었어야 했습니다. 우리의 눈물로 그분의 발을 씻겨 드리고 우리의 머리카락으로 발을 닦아 드렸어야 했습니다. 아! 예수님, 제가 처음 당신을 받아들였을 때 저는 제가 했던 것보다 훨씬 더 나은 행동을 했어야 했다고 생각했습니다. 저는 당신을 위해 힘을 다 쓰고, 또 써야 한다고 생각했습니다. 또 결단코 당신을 욕되게 하지 않고 또는 저의 신앙과 헌신과 열심을 저버리지 않겠다고 생각했습니다. 그러나 아! 성도 여러분, 우리는 본문이 말하는 기준에 도달하지 못했습니다. 곧 그리스도를 받아들였을 때처럼 그리스도 안에서 행하지 못했습니다. 마땅히 사랑해야 한다고 생각했던 것만큼 그리스도를 사랑하지 못했습니다.

따라서 처음에 그리스도 예수 주가 여러분에게 전부였던 것처럼 한평생 세상을 떠나는 날까지 항상 그분이 여러분의 전부여야 한다는 것을 본문의 의미로 제시합니다.

2. 변론의 방법으로 본문을 설명함.

이제 앞에서 강해한 원리에 대한 변론을 아주 간략히 설명하도록 하겠습니다. 왜냐하면 확실히 이미 이 원리를 받아들인 여러분에게는 이 주님을 여러분의 주님으로 고수하는 것에 대하여 절박하게 설득할 필요가 전혀 없기 때문입니다.

성도 여러분, 이 원리를 변론하는데 있어서 무엇보다 먼저 여러분과 제가 그리스도로 말미암아 구원받았는데, 그리스도가 아니라 어떤 다른 존재 안에서 행하는 삶을 살기 시작한다면 어떻게 되겠습니까? 그렇게 하는 것은 우리 주님을 얼마나 욕되게 하는 것일까요! 여기 그리스도께 나아와 그분 안에서 구원을 얻었다고 말하는 사람이 있습니다. 그런데 몇 개월간 주님을 의존하는 삶을 살아보고는 그렇게 사는 것은 적절한 원리가 아니라고 생각하고, 그래서 그때부터 감정에 따라 살고, 보는 것에 따라 살고, 철학에 따라 살고, 세상 지혜를 따라 살기 시작했습니다. 만일 이런 경우가 생긴다면 우리의 거룩하신 인도자와 대장 되신 주님에게 얼마나 큰 불명예가 되겠습니까? 그러나 여러분이 주님의 은혜를 맛보았다면 이런 경우는 절대로 일어나지 않으리라고 확신합니다. 여러분은 아직까지도 주님이 여러분에게 긍휼이 많고 아량이 크신 친구였다는 사실과 주님을 믿는 믿음이 여러분의 영이 갈망하는 모든 평안을 여러분에게 제공한 사실을 깨닫지 못했습니까? 그래서 여러분을 위해 기도하는데, 주님의 영광을 땅에 떨어뜨리지 않으려면 그리스도를 받아들인 것처럼 그리스도 안에서도 행하기를 바랍니다.

나아가 여러분은 변해야 할 어떤 이유를 갖고 있습니까? 여러분은 과거에 어떤 주장을 했었습니까? 그리스도께서 자신이 전충족적인 존재임을 입증하지 않았습니까? 그런데 오늘 그리스도는 여러분에게 이렇게 말씀하십니다. "내가 너에게 광야였더냐?" 단순히 그리스도를 의지했는데, 여러분의 영혼이 혼란에 빠진 적이 있었습니까? 죄책 있는 죄인으로 나아와 그리스도를 믿었을 때 부끄러움을 당했었습니까? 아니지 않습니까? 여러분의 과거는 여러분에게 아주 강렬하게 그리스도 안에서 행하라고 권면할 것입니다.

또 현재에 대하여 말한다면, 여러분의 현재가 여러분에게 그리스도를 떠나라고 강요할 수 있겠습니까? 오! 교회 안에서 이 세상이나 심각한 시험으로 말미암아 쓰라린 괴로움 속에 있을 때 우리는 과거를 되돌아보고, 구주의 품에 머리를 기대는 것이 얼마나 은혜로운 일인지 깨닫게 될 것입니다. 이것은 우리가 그리스도 안에 있고, 그리스도 안에서 구원받았기 때문에 지금 우리가 갖고 있는 기쁨입니다. 우리가 이 기쁨을 지금 충분히 누리고 있다면 무엇 때문에 변화를 생각해야 하겠습니까! 저는 더 나은 햇빛을 찾을 때까지는 햇빛을 포기하지 않을 것이며, 더 좋은 사랑하는 자가 나타나기 전에는 나의 주님을 버리지 아니할 것입니다. 하지만 이런 일은 결코 일어나지 않을 것이므로 저는 영원히 주님을 꼭 붙들고, 주의 이름을 팔에 질끈 동여매고 다닐 것입니다.

그리고 미래에 대하여 말한다면, 여러분은 미래에 진로를 바꾸거나 급히 돛을 내리거나 다른 선장을 따라가야 하는 일이 일어날 수 있다고 생각합니까? 저는 절대로 그런 일은 일어나지 않을 것이라고 생각합니다. 인생이 아무리 길어진다고 가정해도 주님은 변함이 없습니다. 여러분이 죽는다고 생각해 봅시다. 성경에 다음과 같이 기록되어 있지 않습니까? "사망이나 생명이나 천사들이나 권세자들이나 현재 일이나 장래 일이나 능력이나 높음이나 깊음이나 다른 어떤 피조물이라도 우리를 우리 주 그리스도 예수 안에 있는 하나님의 사랑에서 끊을 수 없으리라"(롬 8:38-39). 여러분은 가난합니다. 믿음 안에서 여러분을 부요하게 만들 수 있는 그리스도를 소유하는 것보다 더 좋은 일이 있을 수 있겠습니까? 여러분이 병이 들었다고 생각해 봅시다. 병들어 있는 여러분에게 침상을 준비해 줄 자로 그리스도 말고 누구를 더 원하겠습니까? 여러분이 그리스도를 위하여 학대를 받고, 조롱을 당하고, 비방을 받았다고 생각해 봅시다. 형제보다 더 가까운 친구로 그리스도를 갖고 있는 것보다 더 원하는 일이 무엇이 있겠습니까? 살아갈 때에, 죽을 때에, 심판받을 때에 여러분은 그리스도께서 베푸시는 것 이상으로 더 요구할 것을 결코 생각할 수 없을 것입니다.

그러나 사랑하는 성도 여러분, 여러분은 어떤 다른 것 때문에 잠시 동안 진로를 바꾸도록 유혹을 받을 수도 있습니다. 그러면 그것이 무엇일까요? 그것은 이 세상 지혜 곧 인간의 절묘한 발명과 발견들이 아닐까요? 그것은 바울 사도가 철학으로 언급하고 있는 것이 아닐까요? 세상의 식자들은 여러분에게 질문하도록 유도했습니다. 그들은 하나님의 비밀들을 상식, 이성 등의 시험 아래 두라고 요청했고, 그렇게 함으로써 하나님의 말씀이 영감받은 것을 믿지 못하게 만들었습니다. 아! 그러나 사랑하는 성도 여러분, 철학이 제공하는 것도 지혜라고 저는 생각합니다만, 이것은 그리스도 곧 지혜와 지식의 온갖 보화가 감추어져 있는 분 안에는 결코 없는 것이 아닙니까? 여러분은 처음에 그리스도를 하나님께서 여러분의 지혜와 거룩함과 의가 되게 하신 분으로 받아들였습니다. 여러분은 이런 철학이 제공하는 지혜를 이미 훨씬 뛰어넘는 지혜를 소유하고 있는데, 그리스도를 포기하겠습니까?

여러분을 유혹하는 것이 의식(儀式)입니까? 사제가 여러분에게 이런 의식을 준수하고, 그래서 여러분은 또 다른 신뢰의 근거를 가져야 한다고 말했습니까? 그럴 수 있습니다. 하지만 의식은 그리스도 안에서 준수하는 것입니다. 만일 유대인들의 할례 속에 어떤 의식이 들어있다면 여러분도 그 의식을 갖고 있습니다. 왜냐하면 여러분은 그리스도 안에서 할례 받은 자이기 때문입니다. 어떤 사람들이 세례를 구원과 관련된 규례로 생각하는 것처럼 세례 속에 어떤 의식이 들어 있다면 여러분은 세례를 받음으로써 그리스도와 함께 장사된 것입니다. 여러분은 이런 의식을 갖고 있습니다. 여러분은 생명을 원합니까? 세례 받을 때 여러분의 생명은 그리스도와 함께 감추어졌습니다. 여러분은 죽음을 원합니까? 여러분은 그리스도와 함께 죽었고, 그리스도와 함께 장사되었습니다. 여러분은 부활을 원합니까? 그리스도는 자신과 함께 여러분을 다시 살리셨습니다. 여러분은 천국을 원합니까? 그리스도는 자기 안에서 여러분을 천국 보좌에 앉히셨습니다. 그리스도를 얻은 여러분은 다른 모든 것이 여러분에게 제공될 수 있는 전부를 얻은 것입니다. 그러므로 여러분의 부르심의 이 소망에서 벗어나는 유혹에 흔들리지 말고, 처음에 그리스도를 받아들였을 때처럼 항상 그리스도 안에서 행하십시오.

추가로 더 말한다면, 여러분은 이것 곧 여러분의 예수님이 하늘에서 오신 주님이라는 사실을 알고 있지 않습니까? 하나님 외에 여러분의 마음이 바랄 수 있는 것이 무엇이겠습니까? 하나님은 무한하신 분입니다. 여러분은 무한하신 분 말고 다른 존재를 원할 수 없습니다. "그 안에는 신성의 모든 충만이 육체로 거하시고"(골 2:9). 그리스도를 소유하고 있는 여러분은 하나님을 소유하고 있는 것이고, 하나님을 소유하고 있는 여러분은 모든 것을 소유하고 있는 것입니다. 바울은 이렇게 말한 다음에 곧바로 "너희도 그 안에서 충만하여졌으니"(골 2:10)라고 덧붙였습니다. 따라서 여러분이 그리스도 안에서 충만하다면 왜 이 세상의 속이는 자들에게 속아서 그리스도 밖에서 어떤 것을 원합니까? 그리스도 안에 거한다면 하나님은 절대적으로 여러분의 것이고, 그러기에 여러분이 수용하기를 바라는 모든 것이 최대한 가장자리까지 채워져 있는데, 아! 어찌하여 어리석은 어린아이들처럼 다른 신뢰와 다른 의지의 대상을 찾아 잘못된 길로 빠져듭니까? 오! 방황하는 여러분, 돌아오십시오. 이 견고한 기초로 다시 돌아와 우리와 함께 다음과 같이 한 번 더 노래합시다.

> "주 나의 반석이시니 그 위에 내가 서리라
> 다른 모든 기초는 가라앉는 모래로다."

3. 적용의 방법으로 본문을 설명함.

이제 마지막으로 적용의 방법으로 본문을 간단히 살펴봅시다.

"그러므로 그 안에서 행하라." 이 말씀을 첫 번째로 적용할 대상은 친교의 부족을 불평하는 사람들, 아니 오히려, 그리스도를 멀리함으로써 우리 모두에게 해를 끼치기 때문에 우리가 불평해야 할 사람들입니다. 여러분 가운데 어떤 이들은 그리스도와 별로 교제를 갖지 않고 있습니다. 여러분은 교인이고, 또 여러분 나름대로 아주 훌륭한 사람들이라고 말하고 싶습니다. 그러나 여러분은 그리스도와 교제를 나누지 않습니다. 어떤 신앙 고백자들에게 "그리스도와 계속 교제를 갖고 있느냐?"고 물어보십시오. 그러면 그들은 어쩔 수 없이 다음과 같이 대답할 것입니다. "글쎄요, 저는 제 인생이 모순적이라고 생각하지 않습니다. 어느 누구도 제가 다른 사람에게 어떤 잘못을 저지른다고 해도 저를 비난할 수 없을 것이라고 생각합니다. 그러나 그리스도와 항상 교제를 갖고 있는지에 대해서 저는 가끔, 그것도 아주 드물게 갖고 있다고 말하지 않을 수 없습니다. 그것은 정말 드물게 일어나는 천사의 방문과 같습니다." 그런데 성도 여러분, 여러분은 그리스도를 받았습니다. 그렇지 않습니까? 그렇다면 여러분이 그리스도를 받아들인 만큼 그리스도 안에서 행하는 것이 곧 이 원리를 적용하는 것입니다. 여러분이 처음에 그리스도께 나아온 것이 참으로 가치 있는 일이었다면 여러분이 항상 그리스도를 가까이 하는 것 역시 참으로 가치 있는 일입니다. 여러분이 그리스도께 나아와 "예수님, 당신이 길입니다"라고 말하는 것이 진정 안전한 일이었다면 지금도 그렇게 하는 것이 안전한 일입니다. 그리스도께 단순히 나오는 것이 여러분에게 복의 기초였다면 지금도 똑같이 하는 것이 여러분에게 복의 기초가 될 것입니다. 그러니 지금 그리스도께 나아오십시오.

여러분이 처음에 그리스도를 신뢰한 것이 어리석은 일이었다면 지금은 그렇게 하지 않는 것이 지혜로운 일입니다. 그러나 여러분이 과거에 그리스도께 다가간 것이 지혜로운 일이었다면 지금 그리스도 옆에 서 있지 않는 것은 어리석은 일이 될 것입니다. 그러므로 여러분이 주님과 혼인한 것을 기억하고 자신을 꾸짖으십시오. 예수님과의 교제를 상실했다면 여러분을 위해 상처를 입으신 그리스도의 몸 곁으로 다시 돌아와 "주 예수님, 과거에 주님을 받아들였을 때처럼 이제부터는 날마다 주님 안에서 행하는 자가 되도록 도와주옵소서"라고 기도하십시오.

여러분 가운데 위로의 부족을 불평하는 사람들이 많이 있습니다. 여러분은 원하는 것만큼 위로를 받지 못하고 있습니다. 그런데 왜 그럴까요? 죄를 범했기 때문입니다. 맞습니다. 맞습니다. 하지만 여러분이 어떻게 그리스도를 받았습니까? 성자로서? 여러분은 당연히 "아닙니다. 아닙니다. 저는 죄인으로 그리스도께 나아왔습니다"라고 말할 것입니다. 그러므로 지금도 죄인으로 그리스도께 나아가십시오. "오! 저는 여전히 죄책감을 느낍니다." 그럴 것입니다. 하지만 처음에 여러분의 소망이 무엇이었습니까? 그때 여러분은 죄책을 갖고 있었으나 그리스도께서 속죄를 이루셨고, 여러분은 그리스도를 신뢰했습니다. 그런데 여러분은 지금도 여전히 죄책감을 갖고 있습니다. 그러므로 처음에 행했던 것과 똑같이 행하십시오. 그리스도 예수 안에서 행하십시오. 처음에 그랬던 것처럼 가련한 죄인으로 계속해서 그리스도를 의지하는 사람이 위로가 없어 계속 죄책감 속에서 삶의 긴장을 자초하는 경우는 상상할 수 없습니다. 하오나 주님, 당신은 마귀가 얼마나 자주 제게 "너는 성도가 아니다"라고 속삭이는지 다 알고 계십니다. 마귀의 말대로 제가 성도가 아니라면 저는 죄인이고, 이에 대해서는 성경에 "그리스도 예수께서 죄인을 구원하시려고 세상에 임하셨다"(딤전 1:15)고 기록되어 있습니다. 그러므로 이렇게 찬송합니다.

　　　"내 죄를 씻는 능력은
　　　주 보혈밖에 없으니
　　　정하게 되기 원하여
　　　주께로 거저 갑니다."(찬송가 282장, "큰 죄에 빠진 날 위해")

　　당연히 여러분은 처음에 그렇게 했던 것처럼 여러분의 보증이자 대리인과 동행하며 그분을 의지하면, 곧 감정이나 경험이나 은혜나 여러분 자신의 어떤 것이 아니라 하나님이 여러분을 위해 여러분의 영혼이 요구하는 모든 것을 담아 놓으신 분만을 오로지 의지하면, 위로를 받지 않을 수가 없습니다.

　　하지만 여기서 주목해야 할 또 한 가지 사실이 있습니다. 그것은 삶이 진정으로 일관적이지 못한 그리스도인들이 많다는 것입니다. 그들은 그리스도 안에서 행하는 자들인데, 실상이 이렇다면 저는 그들을 이해할 수가 없습니다. 사실 사람이 그리스도 안에서 완전히 행하려면 완전한 거룩함 속에서 살아야 할 것입니다. 한 가지 실례를 들어봅시다. 우리는 다른 상인들과 마찬가지로 사실을 과장하고 부풀려서 말하는 한 작은 상인에 대한 이야기를 알고 있습니다. 이 상인은 정확히 말하면 거짓말을 하는 것은 아니지만 상당히 거짓말에 가까운 말을 합니다. 그런데 저는 이 상인이 그렇게 할 때 그리스도 안에서 행하는 것인지 묻고 싶습니다. 만약 그가 스스로 "지금 나는 그리스도 안에 있다"고 말했다면 여러분은 그가 과연 그렇다고 생각하겠습니까? 우리는 일관되게 참지 못하고, 성급하고, 항상 초조하고, 안달하고, 음울한 사람에 대해 알고 있습니다. 저는 그 사람이 하나님의 선하심과 섭리와 인자하심을 의심하고 있을 때 처음에 그리스도를 받아들였을 때처럼 실제로 그리스도 안에서 행하는 사람인지 알고 싶습니다. 확실히 말해 그는 그리스도 안에서 행하는 사람이 아닙니다. 저는 다른 그리스도인 형제에게 "빌린 돈을 갚으라"고 크게 언성을 높여 윽박지르는 완고한 마음을 가진 신앙 고백자들에 대한 이야기를 들었습니다. 여러분은 그들이 그렇게 할 때 그리스도 안에서 행하고 있다고 생각됩니까? 우리는 자기 형제들이 곤경 속에 있을 때 동정심을 차단해 버리고 야박하고 인색하게 구는 사람들에 대하여 듣습니다. 그렇게 할 때 그들은 과연 그리스도 안에서 행하고 있는 것일까요? 그리스도 안에서 행하는 사람이라면 당연히 그리스도가 행동하는 것처럼 행동하는 법입니다. 그 안에 있는 그리스도가 그의 소망과 사랑과 기쁨과 생명이 되기 때문에 그는 그리스도의 형상을 반사합니다. 그리스도를 보여주는 거울입니다. 따라서 그리스도의 형상이 반사되고, 그러면 사람들은 그 사람에 대하여 "그는 그의 주님을 닮았다. 그는 그리스도 안에서 살고 있는 사람이다"라고 말할 것입니다.

오! 사랑하는 성도 여러분, 만일 우리가 처음에 그리스도께 나아왔을 때처럼 지금도 행하고 있다면 현재 우리가 행하고 있는 것과는 매우 다른 모습으로 살아야 할 것이라고 저는 생각합니다. 처음 그리스도께 나아왔던 그날 우리가 그리스도에 대하여 어떻게 느꼈습니까! 우리는 그리스도를 위해 우리가 갖고 있던 모든 것을 내놓았습니다! 그날 우리는 죄인들에 대해 어떻게 느꼈습니까! 그때 저는 아직 애송이였지만 설교하고 싶었습니다. 그래서 다음과 같이 하고 싶었습니다.

> "내가 얼마나 좋으신 구주를 찾았는지
> 주변의 죄인들에게 말하리라."

그날 우리가 하나님에 대하여 어떻게 느꼈습니까! 무릎을 꿇고 기도할 때 하나님과 함께 있게 해달라고 얼마나 절실하게 간구하고, 얼마나 가까이 하나님께 나아갔습니까! 오! 그런데 지금은 얼마나 달라졌습니까! 이 세상은 거친 손으로 한창 핀 꽃에서 어린 열매를 따버립니다. 자연의 꽃과 같이 은혜의 꽃도 우리의 경건이 한창 무르익은 가을철에 죽는다는 것이 사실입니까? 우리는 누구나 늙을수록 더 세속적인 사람이 되어야 합니까? 약혼식 때 가졌던 첫 사랑이 사라지는 것이 당연합니까? 오, 주님, 이 죄악을 용서해 주옵소서. 주님을 위하여 우리를 새롭게 변화시켜 주옵소서.

> "돌아가리라, 오 거룩한 비둘기에게,
> 돌아가리라, 은혜로운 안식의 사자(使者)에게,
> 주님을 슬프게 만들고 우리 가슴에서
> 주님을 끌어내는 죄를 미워하노라.
>
> 우리가 가장 좋아하는 우상,

　　그 우상이 무엇이든 간에,
　　주님의 보좌에서 그 우상을 떼어내도록 도우시고,
　　오직 주님만을 경배하게 하소서.

　　그리하면 우리의 발걸음이 하나님과 더 가까워져
　　우리의 마음은 평온하고 잔잔하리라.
　　그리하면 더 밝은 빛이 길을 밝혀
　　우리를 어린 양에게로 인도하리라.”

　“너희가 그리스도 예수를 주로 받았으니 그 안에서 행하라.” 오! 가련한 죄인이여, 만일 그대가 그리스도를 받아들이지 못했다면, 그리스도가 값없이 그리고 풍족하게, 정말 풍족하게 그대에게 필요한 모든 것을 주시는 분임을 기억하라. 우리가 그대를 초청하는 시 한 편을 노래하노라.

　　“이 샘은 풍성하지만 값없이 주는 것이 아주 확실하네.
　　여기서는 가난한 자, 비천한 자가 환영을 받네.
　　곤고하고 죄 있는 자여, 오라. 역겹고 헐벗은 자여, 오라.
　　불결하고 더러운 자도 그 모습 그대로 즉시 오라.”

　하나님의 기름 부음을 받으신 자를 신뢰하십시오. 그것이 그분을 받는 것입니다. 그리고 그리스도를 신뢰했다면 계속해서 그분을 신뢰하십시오. 그리스도의 영이 그렇게 할 수 있도록 여러분을 인도하고, 그리스도의 이름이 영원토록 영광을 받게 되기를 바랍니다.

제 9 장

받았으니 행하라

"그러므로 너희가 그리스도 예수를 주로 받았으니
그 안에서 행하되" — 골 2:6

본문은 아주 간단하지만 어떤 사람도 그 의미를 충분히 밝혀내지 못했습니다. 본문의 의미는 아주 깊습니다. 따라서 그 깊이가 어느 정도인지 충분히 알고 그 길이와 넓이에 맞추어 쉽게 헤엄치는 사람은 행복합니다. 또 "그러므로 너희가 그리스도 예수를 주로 받았으니 그 안에서 행하되"(As ye have therefore received Christ Jesus the Lord, so walk ye in him)라고 본문이 담고 있는 권면에 계속해서 순종하는 사람은 복이 있습니다.

본문은 믿음과 실천으로 구분됩니다. "너희가 그리스도 예수를 주로 받았으니" 속에는 여러분의 믿음이 들어 있습니다. "그 안에서 행하되" 속에는 매일 적용해야 하는 여러분의 실천이 들어 있습니다. 본문은 또 "as"(받았으니)와 이것의 핵심 요점인 "so"(행하라)의 실천의 한 본보기를 담고 있습니다. "너희가 그리스도 예수를 주로 받았으니 그 안에서 행하라"(As ye have therefore received Christ Jesus the Lord, *so* walk ye in him). 우리가 이미 한 것은 우리가 행해야 할 것으로 우리 앞에 계속 놓여 있다는 것을 암시합니다. "너희가 … 받았으니 … 행하라."

1. 본문에 진술된 사실: "너희가 그리스도 예수를 주로 받았으니."

먼저 본문에 진술된 사실 곧 "너희가 그리스도 예수를 주로 받았으니"를 주목해 봅시다.

여러분이 어떤 다른 일을 행했든 행하지 않았든 간에, 여러분은 그리스도를 받았습니다. 믿음의 행위는 그리스도를 받을 때 신성의 모든 충만을 받기 위해 여러분의 빈손을 내미는 것이었습니다. 여러분이 아직 겪지 못한 보배로운 경험 곧 여러분이 아직 올라가보지 못한 높은 정상이 있지만 여러분은 "그리스도 예수를 주로 받았습니다." 그것이 참된 모든 그리스도인을 구분하는 결정적 표시입니다. 여러분이 모두 같은 교단에 속해 있지 않더라도 단 하나 예외도 없이 이것은 참된 사실입니다. 남녀노소를 불문하고, 교육을 받은 사람이든 받지 않은 사람이든, 신앙이 좋든 좋지 않아 의심이 많든 간에 여러분은 "그리스도 예수를 주로 받았습니다."

이 사실 속에는 여러분이 교만한 생각을 갖게 할 요소가 전혀 들어 있지 않습니다. 여러분은 그저 받았습니다. 이것은 채우기 위해 비어 있는 자가 하는 것이고, 배고픔을 해결하기 위해 굶주린 자가 하는 것이며, 적선을 바라고 얻기 위해 거리에서 거지가 하는 것입니다. 여러분이 받았다는 사실 속에 여러분 자신이 영광을 취할 수 있는 요소는 하나도 없습니다. 저는 여러분이 받았다는 사실을 더 분명히 상기시켜 줄 수 있습니다. 여러분이 그리스도를 받게 만든 믿음도 여러분의 믿음의 대상인 그리스도와 똑같이 하나님의 선물입니다. 여러분도 이 사실을 알고 있을 것입니다. 그러므로 또한 자신이 구원받았다는 사실도 영원히 자랑할 수 없다는 것을 잘 알 것입니다. 여러분은 그리스도 예수를 받았고, 그것이 전부입니다. 저는 여러분이 은사를 받되, 은사를 주신 분을 찬양하기를 바랍니다. 여러분이 종종 사도 바울처럼 "말할 수 없는 그의 은사로 말미암아 하나님께 감사하노라"(고후 9:15)고 외치기를 고대합니다. 여러분의 영혼이 여러분이 받은 구주에 대하여 주 안에서 자랑하도록 만들고, 그 외의 다른 어떤 자랑은 한 순간도 허용해서는 안 됩니다.

사랑하는 성도 여러분, 다시 한 번 여러분에게 여러분은 그리스도를 받았다는 사실을 환기시킵니다. 여러분이 그리스도의 교리를 받은 것과 그 교리를 계속 믿고 있는 것은 사실입니다. 또 여러분이 그리스도의 교훈을 받은 것과 그 교훈에 순종한 것도 사실입니다. 그러나 슬프도다! 여러분의 순종은 완전함과는 거리가 멀었습니다. 여러분이 그리스도의 규례들을 받았다는 것과 그리스도를 믿는 신앙의 고백에 따라 세례를 받고 동료 신자들과 함께 식탁에 앉아 성찬에 참여함으로써 규례들에 순응한 것도 사실입니다. 그러나 결국 중요한 요점은 여러분이 예수 그리스도 자신을 받았다는데 있습니다. 그리스도가 말씀하신 모든 말씀은 꿀과 송이 꿀보다 더 달콤하지만, 더 달콤한 것은 이 말씀들을 발설하는 입술 자체입니다. 그리스도의 모든 명령은 순금보다 더 사랑스럽다고 평가되지만 이 명령을 주신 왕, "그분이야말로 완전하게 사랑스러운 분입니다." 인간의 언어로는 그리스도를 묘사할 수 없습니다. 그런데 여러분은 그분 곧 그분의 자아 자체를 받았습니다. 여러분은 여러분의 마음속에 그리스도를 받아들였고, 그래서 거기서 그분은 여러분의 유일한 주님이자 주인으로 거하십니다. 여러분은 그리스도를 여러분의 생명으로 받아들였고, 그래서 여러분은 그분으로 말미암아 살게 되었습니다. 그리고 날마다 그리스도를 여러분의 영혼이 먹고 자라는 생명의 양식과 여러분의 영혼의 갈증을 해갈시키는 생명수로 받습니다. 여러분은 그리스도의 직분, 그리스도의 은사, 그리스도의 은혜, 그리스도의 약속 등을 받았을 뿐만 아니라 그리스도 자신을 받았습니다. 그리스도는 여러분의 신뢰의 대상이며, 여러분의 소망의 목표입니다.

본문은 여러분이 "그리스도 예수를 주로" 받았다고 말씀합니다. 그분의 많은 이름 가운데 여기에 세 개가 나옵니다. 사랑하는 성도 여러분, 첫째, 여러분은 그분을 그리스도 곧 하나님의 기름 부음을 받으신 자로 받았습니다. 여러분은 그분 안에서 사명을 받지 못한 아마추어 구주를 보는 것이 아니라 아버지께 보내심을 받은 지극히 높으신 이의 권위 있는 대리인 곧 그리스도, 메시야, 옛날에 주어진 다음과 같은 약속에 따라 보내심을 받은 자를 봅니다. "주의 성령이 내게 임하셨으니 이는 가난한 자에게 복음을 전하게 하시려고 내게 기름을 부으시고 나를 보내사 포로 된 자에게 자유를, 눈 먼 자에게 다시 보게 함을 전파하며 눌린 자를 자유롭게 하고 주의 은혜의 해를 전파하게 하려 하심이라"(눅 4:18-19). 그렇습니다. 그리스도는 아버지가 보내셔서 이 세상에 오신 분이었습니다. 그리스도는 유대인들에게 "내가 하늘에서 내려온 것은 내 뜻을 행하려 함이 아니요 나를 보내신 이의 뜻을 행하려 함이니라"(요 6:38)고 말씀하셨습니다. 그리스도는 자신이 행하는 일이 아버지의 뜻이기 때문에 이 땅에서 살고 죽으셨던 것이고, 또 아버지에 의해 하나님의 백성들에게 한량없는 은사를 베풀도록 계속 명령을 받고 계십니다. "아버지께서는 모든 충만으로 예수 안에 거하게 하시고"(골 1:19). 성령이 한량없이 그리스도 위에 임하셨다는 것, 그리스도는 동류들보다 뛰어난 기쁨의 기름 부음을 받으셨다는 것, 그리고 그리스도를 기름 부음을 받으신 분으로 받아들일 때 여러분 역시 거룩하신 분에게서 기름 부음을 받은 것이고, 그러기에 여러분도 하나님께 왕과 제사장으로 지명받는다는 것을 여러분은 믿을 것입니다. 이처럼 여러분은 그분을 기름 부음을 받으신 분 곧 그리스도로 받았습니다.

그러나 여러분은 또한 그분을 예수로 받았고, 여러분은 그 매혹적인 이름을 사랑합니다. 존 뉴턴의 찬송보다 여러분의 감정을 진실하게 표현하는 찬송은 아마 없을 것입니다. 이 찬송은 이렇게 시작됩니다.

> "귀하신 주의 이름은
> 참 아름다워라.
> 내 근심 위로하시고
> 평강을 주시네."(통일 찬송가 81장, "귀하신 주의 이름은")

여러분은 클레르보의 베르나르의 찬송도 부를 수 있을 것입니다.

> "구주를 생각만 해도
> 내 맘이 좋거든
> 주 얼굴 뵈올 때에야
> 얼마나 좋으랴.
>
> 만민의 구주 예수여
> 귀하신 이름은
> 천지에 온갖 이름 중
> 비할 데 없도다."(찬송가 85장, "구주를 생각만 해도")

여러분은 그분을 여러분의 구주로 받았고, 그러므로 그분은 죄의 형벌로부터 여러분을 구원하셨고, 또한 죄의 지배와 권세에서 여러분을 구원하실 것입니다. 만일 여러분이 구원받는다면 철저히 예수님으로 말미암아 구원을 받습니다. 여러분은 다른 어떤 구주도 필요하지 않고, 또 바라지도 않습니다. 여러분은 구원이란 말 속에 들어갈 수 있는 모든 것을 예수님에게서 봅니다. 예수라는 이름은 구주를 의미하고, 그분이 여러분 자신에게 구주가 된다는 사실을 발견했습니다. 이처럼 여러분은 그리스도 예수를 기름 부음받은 구주로 받았습니다.

그리고 여러분은 그분을 주로 받았습니다. 여러분은 그분을, 단순히 기름 부음을 받은 많은 선지자 가운데 하나나 세례 요한과 같이 하나님에게서 보내심을 받은 한 사람으로 받은 것이 아니라 주님으로 경배합니다. 그리고 오, 하나님의 아들을 찬송하는 것은 얼마나 놀라운 복일까요! 우리는 그리스도의 신성을 부인하는 자들과 결코 화평을 논할 수 없고, 그들 역시 우리와 화평을 바라지 않을 것입니다. 왜냐하면 그리스도께서 하나님의 아들이 아니라면 우리가 우상 숭배자가 되기 때문입니다. 그리고 그분이 하나님의 아들이라면 그들은 그리스도인이 아닙니다. 우리와 그들 사이에는 커다란 간격이 있습니다. 우리는 이 간격 양편 가운데 우리가 어느 쪽에 서 있는지 한순간도 지체하지 않고 말할 수 있습니다. 나무에 못 박히신 바로 그 예수님이 우리의 주이시며, 그리스도이십니다. 우리는 믿음으로 그 못 자국에 손가락을 넣어보고, 창에 찔린 옆구리에 손을 대어보았고, 그분이 참된 인간이라는 사실을 추호도 의심하지 않고, 도마처럼 "나의 주 나의 하나님"이라고 즐겁게 말합니다. 예수 그리스도는 진실로 우리에게 "참 하나님"이십니다. 그러하므로 우리는 그분을 우리를 다스리고 지배하는 주로 받았습니다. 영적인 문제에 있어서 그분은 우리의 유일한 왕이시고, 우리는 마르다가 동생 마리아에게 "선생님이 오셔서 너를 부르신다"고 말했던 그 선생님(The Master) 외에 다른 선생이 없습니다. 어떤 선생도 유일하게 오류 없는 선생님에게서 받은 것 외에 어떤 교훈도 우리에게 나눠줄 권리를 갖고 있지 않습니다. "그는 몸인 교회의 머리시라"(골 1:18). 그래서 우리는 다른 머리는 인정하지 않습니다. 그러나 우리는 즐겁게 그분이 영적인 문제에 대하여 우리의 주권적인 주님이라는 사실을 인정합니다. 그분은 우리 영혼의 절대 군주이십니다. 그분은 자신의 신비적인 몸 곧 교회의 참된 머리로서 완전한 신랑이십니다. 오, 우리의 전체 삶의 모든 생각과 소원과 행동 속에서 실제로 더 충분히 수행하도록 하는 모든 것이 예수 그리스도를 주로 받은 사실 속에 함축되어 있습니다!

사랑하는 성도 여러분, 저는 여러분 모두를 돌아보고 여러분의 얼굴을 들여다볼 때 다음과 같은 질문이 마음속에서 솟아나와 묻지 않을 수 없습니다. "여러분은 모두 그리스도 예수를 주로 받았습니까?" 아, 슬프도다! 유감스럽게도 여러분 가운데 그리스도를 받지 못한 자들이 있다는 것을 인정하지 않을 수가 없습니다. 그리스도는 여러분의 마음의 문을 못 박혔던 손으로 계속 두드리고 있지만 여러분은 그분을 안으로 모시지 않았습니다. 이 생명수 샘이 발 옆에서 흐르고 있었지만 여러분은 생명수를 마시지 않았습니다. 그리스도가 생명의 떡으로 앞에 놓여 있었지만 여러분은 그분을 먹지 않았습니다. 지금까지도 그분을 거부했습니다. 여러분은 "아닙니다. 그리스도를 거부했다고 우리를 책망하는 것은 지나칩니다. 우리는 그런 적이 없으니까요"라고 말할 것입니다. 그렇지만 제게는 여러분이 그렇게 한 것으로 보입니다. 그러나 좀 더 부드럽게 말해도, 어쨌든 여러분은 그리스도를 받아들이지 않았습니다. 여러분은 그리스도를 받아들이는 것을 좀 더 편리한 때로 미루어 두었을 텐데, 아마 그날은 결코 오지 않을 것입니다.

　　오, 가련한 영혼들이여, 그리스도 예수를 주로 받지 않는 그대들의 상태는 얼마나 불행합니까! 하늘의 것과 영원한 것을 제쳐두고 그저 눈앞의 오늘에 대해서만 말하며 그리스도를 받아들이지 않는 여러분은 얼마나 비참한 사람들일까요! 태양을 아직 보지 못한 사람을 볼 때 저는 그를 동정합니다. 그러나 그 동정은 의의 태양을 보지 못한 여러분에 대하여 동정하는 것과는 비교가 안 됩니다. 만약 한 어린아이가 아버지의 사랑도 전혀 모르고, 어머니의 얼굴도 본 적이 한 번도 없었다는 이야기를 듣는다면, 이 불쌍한 고아를 동정할 것입니다. 그러나 이 동정은 구주 없이 살고 있는 여러분을 동정하는 것과 비교하면 아무것도 아닙니다. 만약 자신의 건강 상태를 전혀 알지 못하고 있고, 태어날 때부터 항상 병에 시달리며, 고통과 허약함 속에 있는 한 사람을 알고 있다면, 그를 동정할 것입니다. 그러나 그 동정은 죽음 아래 시달리면서도 위대한 의사로부터 치료받는 것을 거부하고 있는 여러분을 동정하는 것과 비교하면 새 발의 피에 불과합니다.

　　지금 하나님께서 항상 그렇게 하시는 것처럼 여러분을 연민의 눈길로 바라보실 뿐만 아니라 그 전능하신 은혜의 능력으로 여러분에게 역사하셔서 돌 같이 굳은 여러분의 마음을 살 같이 부드럽게 하고, 그리스도 예수를 주로 받아들이도록 역사하시기를 바랍니다! 여기서 여러분이 해야 할 일은 마른 땅이 시원한 소낙비를 받아들이고, 시들은 백합이 소생시키는 빗방울을 받아들여 수그러진 머리를 다시 드는 것처럼, 예수님을 받아들이는 것이 전부입니다. 그렇습니다. 예수님을 받아들이는 것, 이것이 전부입니다. 어린아이도 받아들일 수 있습니다. 아무리 허약한 자라도 받아들일 수 있습니다. 그렇습니다. 임종의 자리에 있는 사람, 열병으로 죽어가는 병자도 입술을 적시는 차가운 물 한 모금을 받아들일 수 있습니다. 그리스도 예수를 주로 받아들이는 것, 이것이 여러분에게 요구되는 일의 전부입니다. 오, 여러분이 모두 지금 이 순간에 그리스도를 받아들이기를! 하나님께서 그렇게 하셔서 찬양받기를 바랍니다.

2. 본문에 주어진 권면: "그 안에서 행하되."

이제 주어진 권면을 주목해 봅시다. "그 안에서 행하되." 본문은 우리에게 과거에 행했던 일을 상기시킬 뿐만 아니라 또한 우리가 이제 해야 할 일에 대하여 말씀합니다.

그리스도 안에 있는 성도 여러분, "그 안에서 행하되," 이 권면이 허용으로 간주되어야 하는지 아니면 명령으로 간주되어야 하는지 결정하기는 쉽지 않습니다. 어느 쪽을 취하든 간에 이 말씀은 우리 입에 맛있는 음식과 같습니다. 그러나 저는 허용으로 간주하는 것이 더 좋다고 생각합니다. 내가 가련한 죄인으로 예수님께 나아가자 그분이 나를 구원하셨다고 생각해 봅시다. 그때 예수님은 나에게 이렇게 말씀하셨습니다. "너는 구원을 받았다. 그러니 이제 네 길을 가거라. 너는 탕자였으나 용서받았다. 네 발에는 신이 있고, 네 손가락에는 반지가 끼어 있으며, 네 벗은 몸에는 아주 멋진 옷이 입혀져 있다. 그러니 가서 네 힘으로 할 수 있는 일을 하며 살라." 그러나 나를 환영하고 내가 용서받은 것은 무한한 자비였고, "오라. 내 아들아. 내가 너와 함께 거하리니, 더 이상 방황하지 마라"는 주님의 메시지는 얼마나 은혜롭고 자비롭습니까! 예수님을 믿는 모든 사람에게 하나님은 이렇게 말씀하십니다. "네가 그리스도 예수를 주로 받았으니 이제는 그 안에서 행할 수 있고 항상 그 안에서 행할 수 있을 것이다. 예수는 처음에 네게 했던 대로 계속 네게 행할 것이고, 영원토록 그렇게 행할 것이다. 너는 처음에 예수를 네 영혼의 생명의 떡으로 먹지 않았느냐? 그러면 계속 예수를 먹으라. 또 너는 처음에 영적으로 예수를 생명수로 마시지 않았느냐? 그러면 계속 예수를 마셔라. 예수는 영원히 너의 것이고, 따라서 네가 필요로 하는 모든 것을 예수의 충만 속에서 계속 이끌어 내라. 네가 예수를 받은 것처럼 계속해서 예수를 받으며 살라." 확실히 말하면, 이것은 매우 보배로운 명령이면서 극히 은 혜로운 허용입니다.

"그 안에서 행하되." 이것은 먼저 예수 그리스도를 천국에 이르는 자신의 길로 바라보고, 그 안에서 행하라는 의미가 아닐까요? 그러므로 그리스도를 여러분의 선구자로 바라보고 그분을 따르십시오. 그리스도를 여러분의 동반자로 바라보고 그분을 의지하십시오. 그리스도를 여러분의 기쁨으로 바라보고 그분 안에 살고, 그분 안에 거하십시오. "그 안에서 행하되"라는 표현에는 행동과 진보가 함축되어 있습니다. 여러분의 전체 삶을 실제적으로 그리스도와의 연합이 지배하도록 하십시오. 행동으로 그리스도와의 교제를 보여주십시오. 그러나 행함 속에는 진보도 함축되어 있으므로 그리스도 안에 계속 서 있기만 해서는 안 됩니다. 그리스도를 더 깊이 알아가고, 그리스도인의 삶의 진보를 이루어야 합니다. "오직 우리 주 곧 구주 예수 그리스도의 은혜와 그를 아는 지식에서 자라 가라"(벤후 3:18). 또한 "그 안에서 행하되"라는 명령 속에는 지속성의 관념이 어느 정도 함축되어 있습니다. 다른 곳으로 벗어나지 말고 그리스도 안에서 계속 거하라는 의미로, 여러분의 일상생활과 평소 대화가 그리스도와의 친밀한 교제를 보여주어야 합니다.

"그 안에서 행하되." 저는 적어도 우리 가운데 일부는 "그 안에서 행하는 것"이 무슨 의미인지 알고 있으리라고 생각합니다. 다른 사람들에게 그 의미를 설명해줄 수는 없다고 할지라도 경험을 통해 그렇게 행하는 것이 얼마나 복된 사실인지 알고 있습니다. 그래서 한평생 우리는 하나님의 은혜로 말미암아 "그 안에서 행하기"를 원합니다. 저는 다음과 같이 하는 것이 그 안에서 행하라는 말씀의 의미라고 생각합니다. 곧 아침에 일어나서 가장 먼저 주님에 대한 생각으로 마음을 가득 채우는 것, 하룻동안 우리에게 일어날 모든 일에 대하여 그리스도의 인도와 은혜를 구하는 것, 예수님에게 고정된 마음을 갖고 아침 식사 자리에 앉는 것, 예수님이 우리와 함께 하고 있다는 사실을 충분히 염두에 두고 직장이나 일터로 나가는 것, 우리의 일이 바쁘고 우리의 생각이 거래나 업무에 사로잡혀 있을 때에도 계속 아무도 침범할 수 없는 은밀한 우리의 마음 깊은 곳에 사랑하는 주님이 함께 계신다는 것을 깨닫는 것, 그래서 시간이 흘러 한낮의 열기 아래 있을 때에도 그리스도가 우리의 그늘과 피난처가 되고, 서늘한 저녁에는 그분의 함께하심이 우리에게 최고의 즐거움이 되고, 이어서 잠자리에 들 때 우리의 마지막 생각이 다음과 같이 되는 것 등입니다.

> "우리 구주의 품에서 영원히
> 안식하는 것은 얼마나 달콤한 일일까요!"

성도 여러분, 이것이 여러분의 삶의 방식이어야 합니다. 만약 여러분이 하나님과 올바른 관계 속에 있다면 이것이 여러분이 실제로 살아야 할 삶의 길입니다. "그 안에서 행하십시오." 얼마나 아름다운 정원입니까! 얼마나 즐거운 장소입니까! 공기는 상쾌하고 주변의 광경은 황홀합니다. 혼란스럽거나 어지럽거나 역겨운 것은 전혀 없고, 모든 것이 영을 즐겁게 하고 기쁘게 하고 만족시키고 있습니다. 그러므로 "그 안에서 행하십시오." 죽을 수밖에 없는 운명 속에 있는 인간에게 최대한 허락된 부분까지 그리스도의 무한한 사랑의 모든 높은 언덕을 올라가고, 그리스도의 영원한 목적을 깊이 탐구하십시오. 이런 식으로, "여러분이 그리스도 예수를 주로 받았으니 그 안에서 행하십시오."

3. 본문에 제시된 본보기: "그러므로 너희가 그리스도 예수를 주로 받았으니 그 안에서 행하되."

이번에는 본문이 우리에게 제시하고 있는 본보기를 살펴보겠습니다. "그러므로 너희가 그리스도 예수를 주로 받았으니 그 안에서 행하되"(*As ye have therefore received Christ Jesus the Lord, so walk ye in him*). 본문에서 강조되고 있는 두 개의 단어는 "받았으니"(as)와 "행하되"(so)입니다. 우리는 그리스도 예수를 받았으므로 그분 안에서 행해야 합니다.

항상 최초의 원리로 돌아가는 것이 가장 안전합니다. 올바른 길 속에 있다는 것을 확신하기 위해서는 그 길에 들어서면서 처음 들어왔던 문을 되돌아보는 것이 좋습니다. 여러분도 아시다시피, 일상생활 속에서 서로 간에 사랑에 문제가 생겼을 때 가장 감미롭게 사랑을 나누었던 과거의 경험을 되돌아보게 됩니다. 얼마 전에 저는 한 친한 사람을 만나 이야기를 나누었습니다. 그는 사업에 너무 바빠 여러 해 동안 휴가를 거의 가질 수가 없었는데, 겨우 시간을 내 아내와 하루를 함께 하는 시간을 가졌습니다. 그런데 그 시간이 얼마나 좋은지 마치 신혼여행을 간 것과 같았다는 것이었습니다. 여러분도 여호와께서 이스라엘 백성들에게 "내가 너를 위하여 네 청년 때의 인애와 네 신혼 때의 사랑을 기억하노니 곧 씨 뿌리지 못하는 땅, 그 광야에서 나를 따랐음이니라"(렘 2:2)고 말씀하신 것을 기억할 것입니다. 하나님은 우리가 자신과 교제를 처음 시작했을 때를 되돌아보는 것을 좋아하십니다. 여러분도 그리스도인으로서 하나님에 대한 처음 사랑을 되돌아보기를 바랍니다. 아마 여러분 가운데 어떤 이들은 신앙이 기계적으로 너무 타성에 빠져 있을 것입니다. 신앙 의식들을 준수하는데 있어서 판에 박힌 상태가 되었을 것입니다. 여러분은 처음에 그리스도 예수를 주로 받았던 지점으로 되돌아갈 필요가 있습니다. 거기서 여러분의 신앙과 사랑 그리고 여러분이 받은 다른 모든 은혜를 새롭게 하십시오.

그래서 저는 여기서 여러분이 그리스도를 어떻게 받았는지 묻고 싶습니다. 아마 이 질문에 대한 여러분의 첫 번째 대답은 다음과 같을 것입니다. "나는 영혼이 깊은 슬픔과 겸비 속에 있을 때 그리스도를 받았습니다. 율법의 큰 쟁기로 산산조각이 났고, 죄책에 대한 부담으로 갈기갈기 찢겼습니다. 상처 입은 짐승처럼 신음하고 부르짖으며 십자가 앞에 드러누웠고, 그런 곤경 속에서 내가 필요로 하는 구주가 되시기 때문에 그리스도를 받았습니다. 나는 나 자신이 아무것도 아니라는 것을 느꼈고, 그래서 그리스도를 나의 전부로 받아들였습니다. 죄로 말미암아 헐벗은 것에 몸부림치면서 그리스도의 의를 나의 완전한 덮개로 삼았습니다. 죽음 아래 기진한 상태에서 그리스도를 나의 생명과 생명의 양식으로 삼았습니다. 절망 속에서 그리스도 외에는 붙들 만한 것이 아무것도 없다는 사실을 깨닫고, 그리스도를 붙들었습니다. 영혼의 깊은 고뇌 속에서 다음과 같이 말하면서 그리스도의 자비에 나 자신을 맡겼습니다.

> '내가 해보겠다고 결심한 대로 가면
> 필경은 멸망하고 말리라.
> 떨어져 있으면 영원히
> 죽고 만다는 것을 알고 있기 때문이다.'"

그리스도 안에서 행하는 우리의 일상생활도 이와 매우 흡사할 것입니다. 하지만 정확히 똑같지는 않습니다. 왜냐하면 이 생활 속에는 불신앙이 없기 때문입니다. 나 자신에 대하여 말한다면, 저는 그리스도에게서 떠나 무가치하고 무익하고 지옥에 떨어질 수밖에 없는 죄인이라는 사실을 느낄 때만큼 그리스도의 보배로움을 크게 느낄 때는 없었음을 고백하지 않을 수 없습니다. 때때로 우리 주님이 달콤한 즐거움을 주실 때, 우리는 이 즐거움을 그분과 우리 영혼 사이에 둠으로써 이 즐거움을 지나치게 중시합니다. 그리고 성령이 우리에게 어떤 은혜를 베푸실 때, 우리는 자신을 꽤 괜찮은 사람이라고 생각하고, 거룩하신 하나님의 이름에 영광을 돌리지 않고 아주 교만하게 머리를 꼿꼿이 세웁니다. 그런데 우리가 그와 같이 행한다면, 우리가 자기 자신에 대하여 높은 평가를 내릴 때 그리스도에 대해서는 낮은 평가를 내리는 것이 되고, 그것은 정말로 슬픈 일이 아닐 수 없다는 것을 알아야 합니다. 은혜 안에서 자라가십시오. 하지만 자만에 빠지지는 마십시오. 더 큰 믿음을 가지십시오. 하지만 큰 믿음을 가졌다고 자랑하지는 마십시오. 최대한 열심을 내십시오. 하지만 열심을 내는 것에 대하여 우쭐하지는 마십시오. 가능한 한 여러분의 신분에 어울리게 거룩한 자가 되십시오. 하지만 어떤 이들이 그러는 것처럼 자신의 거룩함을 떠벌리거나 허풍떨지 마십시오. 양 떼 가운데 연약한 자들을 뿔로 받거나 어깨로 밀치는 사람들처럼 되지 마십시오. 왜냐하면 그들은 이처럼 자신이 강하다는 것을 과시할 정도로 높은 수준에 도달한 것이 아니기 때문입니다. 아마 더 연약하고 자기를 더 낮추는 자들이 사실은 이런 식으로 과시하는 자들보다 하나님에게 더 가까운 사람들일 것입니다.

형제 여러분, 자기를 낮추십시오. 자매 여러분, 자기를 낮추십시오. 왜냐하면 과거에 에식스 출신의 한 농부가 제게 해준 말이 사실이기 때문입니다. 그는 "만일 당신이 1인치 높은 땅 위에 있다면 당신은 그 1인치만큼 너무 높은 곳에 있는 것이다"라고 말했습니다. 그러므로 낮은 곳에 거하십시오. 그 자리에서 계속 그리스도 안에서 행하십시오. 그러면 여러분 자신은 아무것도 아니고, 그리스도가 모든 것이 될 것입니다. 여러분도 아시다시피, 만일 여러분이 꽤 괜찮은 사람이 되어버리면, 그리스도는 여러분에게 전부가 될 수 없습니다. 그러나 여러분이 여전히 아무것도 아니게 되고, 자신을 평가할 때 자만심을 버리고 아무것도 아니라고 판단한다면, 여러분의 주님은 여러분의 눈에 그분이 마땅히 올라야 할 위치에 올라가고, 그럼으로써 여러분은 그리스도 안에서 겸손히 행하는 자가 될 것입니다.

여러분이 그리스도를 어떻게 받았는지 다시 한 번 생각해 보십시오. 진실하게 믿음으로 그리스도를 붙잡았다면 여러분은 큰 확신과 함께 그분을 받았다고 저는 생각합니다. 여러분이 그리스도를 받은 것에 대하여 조롱이나 수치는 결코 없었습니다. 여러분은 상실한 죄인이었고, 여러분은 유일한 구주에게 나아갔고, 여러분은 진심으로 그리고 진실하게 "나를 바라보라. 내가 너를 구원하리라"고 말씀하신 분을 바라본 것이니까요. 여러분의 얼굴에 다른 어떤 표정이 보이던 간에 그 얼굴에는 진지한 열정이 들어 있었습니다. 허영이나 과장은 전혀 없었고, 아주 진실했습니다. 여러분은 처음으로 모든 신앙으로 예수님을 바라보았을 때만큼 진지합니까? 처음에 그리스도를 만났을 때처럼 진실하고 단호하게 그리스도 안에서 행하고 있습니까? 사랑하는 형제 여러분, 여러분은 지금 기도를 거짓으로 드리고 있지는 않습니까? 사랑하는 자매 여러분, 여러분은 지금 찬양을 거짓으로 부르고 있지는 않습니까? 우리의 신앙을 그 안에 생명이 없는 빈 껍질로 만드는 아주 심각한 위험성은 없습니까? 하나님께서 우리를 이처럼 거짓된 것으로 이끄는 모든 것에서 구원해 주시고, 우리가 그리스도를 처음 받았을 때처럼 그리스도 안에서 행할 때에도 신실하게 행하는 자가 되도록 이끌어 주시기를 바랍니다! 저는 영혼의 구원을 위하여 예수님을 진심으로 믿었는지 확인해 보려고 애를 썼던 것을 기억합니다. 그때 저는 예수님을 한 번 바라본 것만으로는 만족하지 못했습니다. 조금도 실수가 없도록 그리고 그리스도를 나의 구주로 신뢰하는 것이 거짓이 되지 않도록 거룩한 염려를 갖고 바라보고, 또 바라보았습니다. 저는 우리가 그리스도 안에서 행하는데 있어서도 거룩한 염려를 더 많이 갖기를 바랍니다.

우리는 처음에 회개하고 신앙을 가질 때 무척 진지했을 뿐만 아니라 그리스도도 매우 활력적으로 받았습니다. 구원은 우리에게 죽느냐 사느냐의 문제였습니다. 구원은 약간 관심을 가지면 되는 문제가 아니었습니다. 우리가 날마다 그리스도 안에서 행할 때에도 그때와 같은 활력을 갖고 행한다면 좋겠습니다. 제가 알기로는 신앙을 고백하는 자들 가운데 발목 위로는 살아 있는 것처럼 보이지 않는 사람들이 있습니다. 그들은 무릎 위로는 별로 활력이 없고, 그래서 힘 있게 기도하지 못합니다. 그들이 살아 있기를 바라지만, 그들을 보면 언젠가 보았던 획기적이지만 무시무시했던 부활 장면을 그린 그림이 아주 생생하게 생각납니다. 무덤에서 해골들이 나오는데, 단지 부분적으로만 살이 붙어 있었습니다. 한 사람은 눈이 없는 머리를 갖고 있었습니다. 또 한 사람은 팔을 내밀고 있었는데, 살은 하나도 붙어있지 않고 뼈밖에 없었습니다. 다른 인물들도 비슷한 모습을 보여주었습니다. 화가 편에서 볼 때는 이상한 개념이었겠지만 제게는 무늬만 그리스도인인 수많은 사람들의 영적 상태를 잘 표현하고 있다고 생각되었습니다. 그들은 사실상 죽은 자 가운데서 부활하고 있는 모습이었지만 아직 완전한 생명체로 부활한 상태가 아닌 것으로 보였습니다. 많은 신앙 고백자들이, 살아 있다고 해도, 아주 빈약한 생명력을 갖고 있는 것처럼 보입니다. 그들의 마음은 완고하고 강퍅합니다. 양심은 무감각합니다. 갓 회심한 자가 죄에 대하여 충격을 받는 것처럼 충격을 받는 모습이 없습니다. 악의 등장에 놀라고 경종을 받기는 하지만 곧 무감각해져서 자기 마음을 찢어야 할 상황에서도 아무 상관 없는 것처럼 행합니다. 그리스도 안에 있는 사랑하는 성도 여러분, 주님이 여러분을 이와 같은 무감각에서 철저히 건져 주시기를 바랍니다! 처음에 그리스도를 주로 받았을 때처럼 죄에 대하여 부드러운 민감성을 갖기를 바랍니다. 그리고 처음에 그리스도를 따스하고, 부드럽고, 풍성한 감정으로 주님을 영접했던 것처럼 죽은 자 가운데서 살아난 자로서 곧 온전히 살아난 자로서, 모든 힘과 능력을 적극적으로 사용하여 한평생 그리스도 안에서 행함으로써, 여러분의 전체 영혼이 그리스도에 대한 사랑으로 철철 흘러넘치기를 바랍니다!

사랑하는 성도 여러분, 여러분은 또한 굉장히 열렬하게 그리스도를 받아들였지 않습니까? 여러분은 먹을 것이 없어 여러 끼를 굶은 사람을 도와준 적이 있었습니까? 그런 적이 있었다면, 그가 음식을 먹는 모습을 잘 알고 있으리라고 생각합니다. 그는 고기가 잘 익었는지 알아보려고 고기를 들어보지 않습니다. 어떤 상태든 그에게는 모두 좋은 고기입니다. 접시 안에 음식을 한 조각도 남겨놓지 않습니다. 그리고 얻어먹을 음식이 더 없는지 주위를 살펴봅니다. 우리가 처음에 그리스도를 받아들이고 그리스도를 먹는 잔치에 참여했을 때 상황이 바로 이러했습니다. 우리는 몇 달 동안, 아니 어쩌면 몇 년 동안, 마음을 크게 졸이면서 구주를 찾기 위해 애를 썼습니다. 그리고 드디어 구주를 찾고 그분을 먹는 잔치에 참여했을 때 아무리 먹어도 그분을 충분히 먹을 수 없다고 생각했습니다. 그때 여러분이 복음을 들을 수 있는 곳이라면 어디든 가보려고 얼마나 열심이었는지 기억납니까? 사람이 가득 차 앉을 자리가 없는 데도 불구하고 그곳을 찾아갔습니다. 그때 여러분은 복도에 서 있는 것도 개의치 않고, 조금도 피로를 느끼지 않았습니다. 그러나 지금은 아주 폭신한 방석이 있는 자리를 원하고, 설교가 끝나기 훨씬 전에 이미 지쳐 있습니다. 처음에 여러분은 예수 그리스도에 대한 말씀을 듣기 위해 아주 먼 길도 마다하지 않고 갔습니다. 비록 설교자의 말이 약간 서툴고 거칠어도 성실하게 예수 그리스도와 십자가에 못 박히신 그분에 대하여 설교하기만 하면 얼마나 좋아했습니까? 우리가 그리스도와의 사귐이 참으로 중요하다고 느끼고, 그리스도의 백성들과 만나는 것을 자주 갈망하고, 그리스도를 예배하는 것을 즐거워하며, 그리스도가 말씀하고 행하는 모든 것에 대하여 매력을 느끼는 것, 이것이 지금 그리스도 안에서 열심히 행해야 할 길입니다. 우리는 그리스도를 열렬한 마음으로 받아들였고, 그러므로 이와 똑같은 열심과 진지함을 갖고 그리스도 안에서 행해야 합니다.

또 우리 가운데 많은 사람이 그리스도를 아주 결연하게 받아들였습니다. 저는 "내가 그리스도께 나아가야 하는가?"라는 질문을 수없이 반복해서 물었던 기억이 납니다. 그때 결국 저는 거의 절망에 사로잡혀 이렇게 부르짖었습니다.

> "비록 내 죄가 산같이 쌓였을지라도
> 나는 예수께 가리라.
> 그리스도의 궁전을 내가 아나니,
> 어떤 방해가 있더라도 반드시 들어가리라."

그렇게 참으로 많은 사람이 그리스도 예수를 주로 받았습니다. 우리의 길에 어려움이 많았지만 우리가 구원받는 것으로 결정되었다는 사실을 생각하고 그 어려움들을 극복했습니다. 구원받기로 결정되어 있다면 영혼의 거룩한 끈질김이 얼마나 크겠으며, 경건한 집념이 얼마나 강하겠습니까! 사람은 굶주리면 돌담과 철책도 뚫고 나갈 것입니다. 그러나 그리스도에 굶주리고 갈급한 영혼은 어떤 돌담이나 철책이 있다는 것조차 모르고, 그래서 그리스도께 나아가려는 열정으로 충만합니다. 우리가 그리스도 예수를 주로 받은 것은 바로 이와 같은 열심 때문이었습니다. 그러면 우리가 그리스도 안에서 행할 때에도 이런 열심을 갖고 있습니까? 저는 여러분 가운데 혹독하게 시험을 받은 자가 있다는 것을 알고 있습니다. 여러분은 굳게 서 있습니까? 처음에 예수님을 알게 되었을 때 굳게 서 있었던 것처럼 지금 예수님을 위해 굳게 서 있습니까? 그리스도와 그리스도의 진리에 반대하는 모든 것에 대하여 맞서 반석과 같이 굳게 서 있습니까? 굳게

서 있어야 합니다. 처음에 예수님을 받았을 때 즐겁게 불렀던 것과 같은 찬송을 계속 불러야 합니다.

> "예수님이 이끄신다면 홍수와 불길 속이라도 가리라.
> 예수님이 가시는 곳이라면 어디든 따라가리라."

그때는 사자 같은 정신이 여러분에게 있었습니다. 여러분은 그리스도를 위해 기꺼이 감옥이라도 갔을 것이며, 주님이 요구하신다면 죽음이라도 마다하지 않았을 것입니다. 만일 어떤 사람이 제가 회심했을 때 저에게 그리스도인이 된다면 존 번연처럼 12년 동안 감옥에 있게 된다고 말했다면, 저는 정말로 큰 영예를 바라보면서 기뻐서 펄쩍 뛰었을 것이라고 생각합니다. 진리를 위해 순교자가 되는 것, 그것이 영광으로 바라보였습니다. 우리의 열렬한 기대의 햇빛 속에는 보석 면류관이 번쩍거리고 있고, 우리는 그 면류관을 쓸 특권을 가진 사람들이 부러웠을 것입니다. 그때 우리의 심정이 그랬습니다. 그러나 사랑하는 성도 여러분, 지금도 그렇습니까? 여러분은 그때 그랬던 것처럼 지금도 집요하게 그리스도를 붙들고 있습니까? 지금도 그리스도를 위하여 욕먹는 것을 감수할 수 있습니까? 그리스도 예수를 주로 받았을 때처럼 지금도 그리스도인이라는 이유로 조롱당하는 것을 즐거워할 수 있습니까? 만약 그렇게 할 수 없다면 얼굴을 붉히고 부끄러워하십시오. 그리고 지금부터 그리스도를 받았을 때처럼 불굴의 용기와 결단력을 갖고 그리스도 안에서 계속 행할 수 있게 해 달라고 기도하십시오.

많은 말로 여러분을 피곤하게 하고 싶지는 않습니다만 여러분이 크게 기뻐하며 그리스도를 받은 것을 잊어버리고 있지 않은지 묻지 않을 수가 없습니다. 아, 절대로 잊어버려서는 안 됩니다. 왜냐하면 이전에 여러분이 겪었던 슬픔에 비례해서 그리스도를 여러분의 구주로 받아들였을 때 그만큼 큰 기쁨을 느꼈기 때문입니다. 그러므로 여러분이 다음과 같이 노래하는 것은 이상한 일이 아닙니다.

> "기쁜 날, 기쁜 날,
> 예수께서 내 죄를 씻으신 날!"

우리는 바로의 모든 군대가 홍해에서 몰살당했을 때 미리암과 여인들이 소고를 잡고 춤춘 것에 놀라지 않고, 미리암이 "여호와를 찬송하라 그는 높고 영화로 우심이요"라고 환희의 노래를 부른 것을 기이하게 여기지 않습니다. 왜냐하면 그것은 우리에게 그토록 높고 영화로우신 분을 위해 노래하면서 우리 영혼이 소고를 잡고, 우리의 발이 여호와 앞에서 춤을 춘 것과 같기 때문입니다. 옛날로 돌아가 그때의 즐거움을 여러분에게 상기시키고, 저는 다시 한 번 여러분이 그때처럼 지금도 즐거워하고 있는지 묻고 싶습니다. 여러분은 더 크게 즐거워해야 합니다. 그때보다 지금이 주님을 찬양할 이유가 훨씬 더 많기 때문입니다. 성도 여러분, 그러므로 처음에 예수님께 나아갔을 때처럼 다시 예수님께 나아갑시다. 우리가 가련하고, 죄책 있고, 곤궁한 죄인으로서 이전에는 전혀 그랬던 적이 없었던 것처럼 십자가에 못 박혀 죽으신 예수 그리스도에게 나아갑시다. 만일 그렇게 한다면 저는 여러분에게 처음에 그랬던 것처럼 결과가 어떻게 될지 말해 줄 수 있습니다.

> "우리 구주의 보혈이 흐르는 것을 볼 때
> 　구주께서 하나님과 우리를 화목하게 하신 것을
> 　거룩한 확신을 갖고 알게 되리라."

이렇게 되면 우리는 마치 다시 한 번 갓 회심한 자가 된 것처럼 느끼게 될 것입니다. 우리는 점차 늙고 백발은 늘어가고, 어쩌면 백발이 늘어가는 것만큼 냉담해질 수 있으나 또한 다시 어린아이와 같이 되고, 다윗의 자손이 우리 영혼의 거리로 나귀를 타고 승리의 입성을 하실 때 "호산나! 호산나! 호산나!" 하고 외칠 것입니다. 오, 이곳에 모인 우리 많은 사람들이 그렇게 되기를 바랍니다! 여러분이 회심하고 그리스도 예수를 주로 받았을 때처럼 지금도 그분 안에서 행한다면 그렇게 되어야 하고, 또 그렇게 될 것입니다.

이제 그리스도 예수를 주로 받았을 때 우리가 그분의 전부를 받은 것이라는 사실을 상기시키는 것으로 설교를 끝맺고자 합니다. 우리는 그리스도에 대하여 알고 있던 지식 때문에 그분을 취했고, 과거에 그분에 대하여 생각했던 것보다 그분이 훨씬 더 크신 분이라는 것을 깨달았습니다. 그러나 우리는 취사선택해서 "우리는 그분의 죄 사함은 가질 것이다. 하지만 그분의 거룩하심은 갖지 아니할 것이다"라고 말하지 않습니다. 우리는 다양한 측면을 갖고 계신 그리스도, 다채롭게 은혜의 속성을 가지신 그리스도, 헤아릴 수 없이 무수한 미덕을 소유한 그리스도를 취했습니다. 우리는 우리를 가르치시는 그리스도, 우리를 인도하시는 그리스도, 우리를 기르시는 그리스도, 우리에게 힘을 주시는 그리스도, 우리가 순종해야 할 그리스도, 우리가 즐거워해야 할 그리스도를 취했습니다. 우리는 그리스도 전체를 취했습니다. 따라서 우리도 그리스도께 우리의 전체 자아를 제공했습니다. 그리고 "주님, 우리 곧 우리의 몸과 혼과 영을 취하소서"라고 기도했습니다. 또 우리의 희생이 영원토록 제단 뿔에 묶여 있도록 기도했습니다. 이것은 그리스도와 거래를 한 것이 아닙니다. 우리 영혼의 자유의 소유권을 예수님께 넘겼고, 그것은 우리의 몸도 마찬가지였습니다. 예수님을 위해서가 아니라면 맥박이 뛰거나, 그분이 우리의 참된 생명이 되는 경우가 아니라면 허파가 숨을 내쉬는 것도 허락하지 않겠다고 기도했습니다. 그리고 최소한 제 경우로 본다면, 좋거나 나쁘거나 건강하거나 병들거나 그리스도를 취해 소유하고 보유하고 있기 때문에 죽음도 우리를 그리스도와 갈라놓지 못할 것입니다. 우리는 그리스도의 손에 우리의 손을 얹고 그분에게 우리를 취해 영원히 지켜 달라고 구했습니다. 우리는 그분을 취하고 "우리가 주님을 붙들고 절대로 가지 못하게 하겠나이다"라고 말했습니다.

그날 이후로 어떻게든 우리를 그리스도에게서 끌어내리려고 또는 그리스도가 우리에게서 떠나고 있다고 생각하도록 만들려고 획책하는 사탄의 숱한 공격이 있었습니다. 그러나 우리는 이 순간까지 그리스도에게 붙어 있는데 온 힘을 다했습니다. 아마 여러분은 자신이 그리스도의 옷자락만 붙잡고 있는 것처럼 느낄 것입니다. 만약 그렇게 느끼고 있다면 그분을 더 굳게 붙들려고 애쓰십시오. 그분을 움켜쥐십시오. 그분의 발을 붙드십시오. 팔을 던져 그분을 안으십시오. 그리고 그분의 미소가 없으면 여러분의 영이 안식할 수 없다고 고백하십시오. 또 그리스도를 향해 상사병이 걸려 있고, 그리스도의 얼굴을 보기 원하며, 그리스도의 임재가 계속되기를 바란다고 고백하십시오. 뒤쪽이든 앞쪽이든 여러분 가까이 다가와 달라고 구하십시오. 그리고 이렇게 기도하십시오. "나의 주님, 주님이 저를 사랑하신다면, 오셔서 주님의 사랑을 보여주옵소서. 진정으로 주님과 나 사이에 영원한 본성의 연합이 있다면 제게 와 주옵소서. 주님의 살에 낯선 자가 되지 않게 하시고 과거에 그렇게 하셨던 것처럼 지금도 그렇게 해 주옵소서. 다시 제게 오셔서 주님의 왼손은 저의 머리에 두시고, 오른손으로는 저를 안아

주옵소서.”

오, 이 복된 갈망과 열망이 더욱더 커지기를! 사랑하는 성도 여러분, 우리는 결단코 그리스도를 놓아서는 안 될 것입니다. 우리는 그리스도를 영원히 취하고, 영원히 보유해야 합니다. 그리고 그리스도는 자신의 이름을 영화롭게 하려고 우리를 영원히 보유하실 것입니다. 우리는 그분의 손안에 있고 아무도 우리를 거기서 끌어낼 수 없습니다. 하늘과 땅이 불타고 있을 때에도 우리는 거기 있을 것입니다. 그리스도가 심판석에 앉아 계실 때에도 거기 있을 것입니다. 그리고 그곳은 우리에게 끝이 없는 세상이 될 것입니다. 아멘.

저는 지금 하나님의 백성에게 이 설교를 전하지만, 아직 그리스도를 받지 못한 자들 모두가 그리스도 예수를 주로 받아들일 수 있도록 열심히 기도하고 있다는 사실을 덧붙이지 않을 수가 없습니다. 오, 오늘 밤에 그리스도께 나아오기를 바랍니다! 그리스도는 여러분이 자기를 기꺼이 소유하도록 하실 것입니다. 그리고 그리스도를 소유하기를 바라는 모든 영혼이 그리스도를 소유할 수 있습니다. 왜냐하면 “성령과 신부가 말씀하시기를 오라 하시는도다 듣는 자도 오라 할 것이요 목마른 자도 올 것이요 또 원하는 자는 값없이 생명수를 받으라 하시더라”(계 22:17)고 말씀하고 있기 때문입니다. 아멘, 또 아멘.

제
10
장

—

생명과 죄 사함

—

"또 범죄와 육체의 무할례로 죽었던 너희를 하나님이
그와 함께 살리시고 우리의 모든 죄를 사하시고" — 골 2:13

본문의 가르침은 직전 구절들의 가르침과 똑같습니다. 그러나 바울 사도는 살리는 일과 죄를 사하는 일과 같이 중요한 문제들을 지체 없이 반복해서 언급합니다. 이것들은 근본 진리입니다. 그리스도의 사역자들은 근본 진리는 아무리 자주 언급해도 괜찮습니다. 듣는 자들은 근본 진리를 아무리 자주 들어도 괜찮습니다. 우리는 빈약한 기억력과 둔감한 이해력을 갖고 있기 때문에 근본 진리에 대해서는 특히 반복이 필요합니다. 근본 진리에 대한 우리의 이해는 아주 빈약하고, 그래서 생생하게 기억하고 있지 못하니까요.

영혼을 살리고 죄를 사하시는 하나님의 역사의 실례들을 찾기 위해 바울은 시선을 아주 먼 곳까지 돌리지 않습니다. 본문에서 바울은, 개역(RV)성경에 따르면, "또 너희"(And You)라고 말하고, "너희"라는 말을 이후에도 반복해서 사용합니다. 즉 RV성경의 본문은 "너희의 범죄와 너희 육체의 무할례로 죽은 너희에게, 내가 말하는데, 너희를 그가 자기와 함께 살리시고"로 되어 있습니다. 바울은 개인적으로 골로새 교회의 성도들을 지적합니다. 우리는 천년왕국에서 이루어질 예언을 살펴보고 있는 것이 아니고, 또 달에 살고 있는 익명의 거주자들에 관한 문제들을 다루고 있는 것도 아닙니다. 아닙니다. 본문의 주제는 여러분, 여러분과 관련되어 있습니다. 여러분이 진실로 하나님의 백성이라면 말입니다. 여러분이 신적 역사의 실례들입니다. 그가 여러분을 살리셨고, 그가 여러분을 용서하셨습니다. 우리가 우리와 관련된 문제들에 관심을 갖는 것은 당연히 유익한 일입니다. 저는 여러분에게 제가 생명의 말씀을 맛보고 만져본 실례들을 말하고자 합니다. 그런데 여러분 대부분이 이런 일들을 널리 알려진 말처럼 입술로 익숙하게 말하고 있다는 것이 저의 굳은 확신입니다. 만약 그렇지 않다면 여러분에 대하여 마음이 아플 것입니다. 우리는 성령의 역사가 우리 안에서 명백하게 나타나지 않으면 절대로 만족해서는 안 됩니다. 만약 제가 죽음에 처해 있고 여전히 정죄 아래 있는데, 다른 사람은 생명과 죄 사함을 받는다면 그것이 무슨 소용이 있겠습니까? 사랑하는 성도 여러분, 이 은혜 언약의 핵심 복들, 곧 예수 안에서 얻는 생명, 예수님의 피로 말미암아 얻는 죄 사함을 개인적으로 누리는 단계까지 나아가십시오. 오늘 설교의 모든 내용이 여러분 자신을 가리키는 손가락을 갖고 있습니다. 그러니 여러분, 오직 여러분에게 전하는 이 말씀을 들으십시오.

본문에서 우리는 두 가지 진리 곧 살리심과 용서하심이 하나로 결합되어 있는 것을 봅니다. 우리는 이 두 진리를 서로 연관시켜 살펴볼 것입니다. 그러나 순서를 정하는 것은 어렵습니다. 이 두 진리가 마치 한 가지 사실인 것처럼 설명되고 있기 때문입니다. 새 생명을 받는 것과 죄가 제거되는 것 가운데 어느 쪽이 먼저일까요? 죄 사함이 먼저가 아닙니까? 그러면 하나님이 죽은 사람을 용서하신단 말입니까? 어떻게 용서받지 아니한 사람에게 죄 사함의 증거인 생명을 주실 수 있겠습니까? 반면에 만약 어떤 사람이 자신의 죄책을 충분히 느끼게 해주는 영적 생명을 갖고 있지 못하다면 어떻게 그가 죄 사함을 위해 부르짖을 수 있을까요? 그리고 구하지 않고 어떻게 죄 사함을 받을 수 있겠습니까? 죄의 오염과 짐 아래 신음할 정도로 영적으로 살아 있을 수 있지만 믿음으로 죄 사함을 받지 못한 사람이 있을 수도 있습니다. 우리의 경험에 따르면, 죄 사함을 누리기 전에 생명을 받는 일이 먼저 오는 것이 순서입니다. 우리는 먼저 영적으로 살리심을 받고, 그래서 회개하고, 고백하고, 믿고, 죄 사함을 받아들입니다. 그러므로 죄 아래 탄식하고 있는 생명이 먼저고, 죄 사함에 대하여 노래하는 생명이 그 다음입니다. 먼저 비참을 느끼고, 다음에 자비가 옵니다.

경험 순서에 따라, 첫 번째로, 하나님의 은총을 받은 자들에 대하여 곧 그들이 어떤 자들이었는지 살펴보도록 하겠습니다. "범죄와 육체의 무할례로 죽었던 너희를." 이어서 두 번째로, 그들 속에 어떤 일이 일어났는지 주목할 것입니다. "하나님이 그와 함께 살리시고." 그리고 세 번째로, 하나님이 그들을 위해 어떤 일을 행하셨는지 확인해 볼 것입니다. "우리의 모든 죄를 사하시고." 성령께서 우리를 이 진리들 속으로 인도하시고, 우리에게 하나님의 생명과 신앙의 안식을 베풀어주시기를 바랍니다.

1. 그들은 어떤 자들이었습니까?

먼저 하나님의 은총을 받은 자들이 이전에 어떤 사람들이었는지 살펴보도록 하겠습니다. 사랑하는 성도 여러분, 그들도 다른 이들과 같이 본질상 진노의 자녀였습니다. 율법 앞에서 자연인들의 상태는 차별이 전혀 없습니다. 우리는 모두 아담 안에서 타락했습니다. 우리는 모두 올바른 길에서 벗어나 무익한 존재가 되고 말았습니다. 현재 존재하고 있는 차이는 모두 하나님의 은혜로 말미암은 것입니다. 그러나 본질상 우리는 모두 동일한 정죄 아래 있고 모두 동일한 부패로 더럽혀져 있습니다.

타락 직후에 여호와께서 우리를 보셨을 때 우리가 어디에 있었습니까? 이 질문에 대한 대답은 우리는 율법의 선고에 따라 죽은 상태에 있었다는 것입니다. 여호와께서는 "네가 먹는 날에는 반드시 죽으리라"(창 2:17)고 말씀하셨고, 아담은 따 먹는 것이 금지된 나무의 열매를 먹은 순간에 죽었습니다. 그리고 아담의 후손도 아담 안에서 죽었습니다. 육적 죽음이 무엇입니까? 육체의 생명인 영혼이 육체로부터 분리되는 것입니다. 영적 죽음이 무엇입니까? 영혼의 생명이신 하나님과 영혼이 분리되는 것입니다. 하나님과 연합되어 있는 것이 아담의 참된 생명이었습니다. 아담이 마음으로 하나님과의 연합을 상실했을 때 아담의 영은 끔찍한 죽음에 처했습니다. 이 죽음은 본질상 우리 각자에게도 그대로 임했습니다. 그리고 이보다 더 두려운 사실이 있는데, 그것은 "믿지 아니하는 자는 벌써 심판을 받은 것"(요 3:18)이라는 점입니다. 모든 불신자는 율법으로 이미 죽어 있는 상태에 있습니다. 하늘의 사실들에 대한 자유와 권리와 향유에 관한 한, 믿지 않는 자는 죽은 자로 기록됩니다. 그의 이름은 심판받은 자의 명단 속에 들어 있습니다. 그러나 사랑하는 성도 여러분, 우리가 죽음의 선고 아래 있는 동안 주님이 전능하신 은혜로 우리 가운데 오셔서 새 생명으로 우리를 살리시고 모든 범죄를 용서해 주십니다. 여러분은 율법 아래 정죄 상태에 있기 때문에 떨고 있습니까? 죽음이 확실하고도 정당한 죄의 결과라는 놀라운 진리를 인정합니까?

그렇다면 여러분에게, 오직 여러분에게 영원한 복음의 전파를 통해 생명을 주고 죄를 사하는 말씀이 주어졌습니다. 오, 여러분이 믿고, 그래서 정죄를 피할 수 있기를 바랍니다!

　　이 은혜를 받은 사람들은 원래 자기들의 죄의 행위로 말미암아 죽은 상태에 있던 자들이었습니다. 죄는 마비시키고 죽이는 힘을 갖고 있습니다. 죄가 지배하는 곳에서 사람은 영적 진리, 영적 감정, 영적 행동에 대하여 철저히 무감각한 상태에 있게 됩니다. 그는 하나님이 거룩하게 보시는 모든 것에 대하여 죽어 있습니다. 그는 날카로운 도덕적 지각을 갖고 있을 수 있으나 영적 감정은 전혀 갖고 있지 않습니다. 도덕적 자질들은 사람마다 크게 다릅니다. 모든 사람이 똑같이 나쁜 상태에 있지는 않습니다. 특히 다른 동료들과 비교해 볼 때 어떤 사람은 매우 훌륭하고 칭송할 만한 도덕적 자질을 갖고 있습니다. 그러나 영적 사실들에 대해서는 모든 사람이 똑같이 죽어 있습니다. 우리가 전하는 말씀을 듣는 대다수 청중들을 보십시오. 우리가 어떤 목적으로 그들에게 설교를 하고 있습니까? 여러분은 경건하지 못한 사람들에게 하나님의 진노를 선포할 수 있는데, 그들의 관심은 어디에 있습니까? 여러분은 상실한 자들에게 예수님의 사랑에 대하여 말해줄 수 있는데, 그들은 예수님의 사랑에 대해서는 거의 관심이 없습니다! 그들에게 죄는 두려운 것이 아니고, 구원은 소중한 것이 아닙니다. 그들이 여러분의 가르침을 부정하지 않을 수는 있으나 진리를 깨달을 만한 분별력은 전혀 갖고 있지 못합니다. 그들에게는 진리가 결코 중요한 문제로 다가오지 않습니다. 영원한 문제들은 아무렇게나 방치하고 그들은 다음 세 가지 문제만 해결될 수 있다면 철저히 만족합니다. "무엇을 먹을 것인가? 무엇을 마실 것인가? 무엇을 입을 것인가?" 땅에 집착하는 정신을 가진 사람들은 절대로 하늘의 문제로 골치를 썩지 않습니다. 그들은 신학 공부나 성경 공부를 교육의 하나로 보고, 얼마간 선호할 수 있습니다. 그러나 성경 속에 계시된 진리를 가장 중요한 문제로 여기지 않습니다. 우습게 여깁니다. 뒤로 미룹니다. 그들에게 평안을 제공하는 일들은 한 쪽으로 제쳐둡니다. 그들의 종교는 그들의 생각과 행동에 아무런 영향을 미치지 않습니다. 그들은 죽었습니다. 죄가 그들을 죽였습니다. 저는 그들이 살아 있는 사람들 속에 뻣뻣한 시체가 앉아 있는 것처럼 이 큰 회중 속에 섞여 있는 것을 봅니다. 저는 이 방대한 도시의 다수 대중들을 그렇게 보고, 인구가 밀집해 있는 지역들의 수많은 사람들을 그렇게 봅니다. 그리고 그 속에서 엄청나게 큰 묘지 곧 끔찍한 죽음이 도사리고 있는 영역을 봅니다. 다시 말해, 생명체가 없는 공간을 봅니다.

여기서 지적해야 할 한 가지 사실은 이 영적 죽음이 더 끔찍한 결과를 초래한 다는 것입니다. 그 두려운 사실은 그들은 비록 죽었으나 책임을 져야 한다는 것입니다. 만일 문자 그대로 죽었다면 죽은 사람은 죄를 범할 수 없을 것입니다. 그러나 우리가 지금 설명하고 있는 죽음은 철저히 책임을 수반하고 있는데, 그것도 엄청난 책임을 수반하고 있습니다. 만일 제가 어떤 사람에 대하여 그는 원래 거짓말쟁이라서 진실에 대해서는 말할 수 없다고 말한다면 그러기 때문에 여러분은 그를 비난할 수 없다고 생각하겠습니까? 당연히 아니지요. 오히려 진실과 거짓말을 분별하는 참된 지각을 상실했기 때문에 더 큰 정죄를 받는 것이 마땅하다고 생각할 것입니다. 만일 우리가 어떤 사람에 대하여, 흔히 그렇게 말해야 하는 것처럼, "그는 본래부터 악한이야. 너무 교활해서 정직하게 다룰 수 없고 항상 속임수를 쓰고 있어"라고 말한다면 여러분은 그렇기 때문에 그의 속임수를 두둔하고 그를 동정하겠습니까? 결코 그렇지 못할 것입니다. 그의 무능력은 육체적 무능력이 아니라 도덕적 무능력이고, 그가 스스로 악에 대하여 계속 집착한 결과입니다. 율법은 본성이 가장 성결하게 된 자들만이 아니라 도덕적으로 아주 무능한 사람들도 똑같이 속박합니다. 만일 어떤 사람이 뒤틀린 성격을 갖고 있어서 선을 거부하고 악을 사랑한다면 비난은 그 자신에게 돌아가야 합니다. 그가 죄로 죽었다는 것은 그에게 책임이 없어질 것이라는 의미에서가 아니라 너무 악해서 하나님의 법을 지키지 아니할 것이라는 의미에서 하는 말입니다. 만일 어떤 사람이 내일 런던 시장 앞에 끌려와 절도죄로 고소를 당했을 때, 다음과 같이 말했다고 상정해 봅시다. "시장님, 저를 석방시켜야 합니다. 왜냐하면 저는 본래부터 도벽이 있어 가게에서 물건을 보기만 하면 도저히 참지 못하고 손이 저절로 물건을 훔치기 때문입니다." 그러면 재판장은 이 형편없는 사람을 더욱 가중 처벌하지 않겠습니까? 오, 죄로 죽은 죄인들이여, 여러분은 아무리 죽었다고 할지라도 하나님의 명령을 어기고 그리스도를 거부한 죄책에서 벗어날 수 있는 상태에 있는 것은 아닙니다. 도리어 이 상태에 계속 머물러 있음으로써 날마다 스스로 죄책의 산을 높이 쌓아가고 있는 것입니다.

경건하지 못한 자들은 자신의 상태를 전혀 주의하지 못할 정도로 죽어 있는 상태에 있습니다. 그들은 사실상 은혜로운 것은 모두 멸시합니다. 때때로 예배에 참석하기도 하지만 설교자가 매우 강하게 압박하면 화를 냅니다. 저는 그들이 설교자가 너무 개인적이라는 이유로 설교자의 말을 다시는 듣지 않겠다고 다짐하는 것을 보았습니다. 성도 여러분, 바라건대 설교자가 개인적이 아니면 어떻게 되겠습니까? 설교자가 말씀을 전하는데, 아무런 목표나 목적이 없다는 말입니까? 개인적으로 여러분의 죄에 대하여 다루지 않는다면 설교자의 진정한 직무와 임무가 무엇이란 말입니까? 경건하지 못한 사람들은 하나님 앞에서 자기들의 상태에 대하여 철저하게 분별력이 없습니다. 그들은 자기들이 죽을 수도 있다는 것은 알고 있고, 또 죽으면 상실된 자가 되리라는 것도 알고 있습니다. 그러나 그들은 이런 사실들을 애써 잊어버리려고 합니다. 타조는 사냥꾼을 피하기 위해 모래 속에 머리를 처박고 안전하다고 착각하는 것으로 알려져 있습니다. 이처럼 사람들도 위험에 대하여 잊어버리고 있으면 그것을 피할 수 있는 것으로 착각합니다. 여러분 가운데에도 백발이 성성하게 될 때까지 부주의하게 인생을 사는 사람들이 있습니다. 여러분은 그래도 자신의 영혼을 위험 속에 빠뜨리겠습니까? 슬프게도, 여러분은 자신의 불멸의 영혼보다 주머니 속에서 빠져나간 찌그러진 6펜스 은화에 신경을 더 쓰고 있습니다! 만일 여러분이 여기 앉아 있는 동안에 손가락에 끼고 있던 반지를 잃어버린다면 자신의 영원한 운명보다 그 반지에 관심을 더 쏟게 될 것입니다. 얼마나 어리석은 일일까요! 여러분은 올바른 판단과 분별력에 대하여 철저히 죽은 것입니다! 관심을 갖도록 여러분에게 당부하는 것은 여러분의 영혼, 여러분 자신의 영혼, 여러분의 유일한 영혼, 여러분의 불멸의 영혼입니다. 그러나 여러분은 우리의 말을 거의 견뎌내지 못합니다. 만일 감옥에 갇혀 있는 죄수가 자신이 석방되거나 사형에 처해지거나 하는 문제에 전혀 관심이 없고, 심지어는 처형대나 처형자에 대하여 농담이나 하고 있다면, 여러분은 이 사람은 특별한 자비를 베푸는 사면이 없이는 용서받을 길이 없다고 느낄 것입니다. 아니, 어떤 사람은 그가 형벌에 대하여 아무런 관심을 갖고 있지 않다면 형벌을 당하도록 놔두라고 말할 것입니다. 물론 이런 말은 어느 정도 일리가 있습니다. 그러나 하나님은 우리 가운데 어떤 이들에 대해서는 그렇게 말씀하지 않았습니다. 왜냐하면 우리가 무감각한 상태에 있을 때 하나님의 은혜가 우리에게 임했고, 우리를 살리심으로써 우리가 염려하여 기도하게 하셨기 때문입니다.

　본문은 우리가 육체의 무할례로 죽었다고 덧붙입니다. 저는 여기서 사용된 외적 비유(곧 할례)에 대해서는 깊이 생각해 보지 않겠습니다. 의미가 너무 명확하기 때문입니다. 여기서 육체의 무할례는 우리가 하나님과 언약 속에 들어가 있지 않았다는 것을 의미합니다. 이것은 또한 우리에게 불결함이 임해 있다는 것을 보여줍니다. 이로 인해 우리의 영혼은 스스로 이스라엘 공동체를 떠나 세상에서 하나님 없이 사는 외인이 됩니다. 이것이 우리가 육체의 무할례 상태에 있었다는 말의 의미입니다. 그러나 하나님의 은혜가 우리에게 임했습니다. 오, 제가 이런 사람에 대하여 충분히 묘사할 수 있었으면 좋겠습니다! 그는 이 세상에 대하여 관심을 갖고 있으나 다가올 세상에 대해서는 어떤 관심을 갖고 있습니까? 그는 자신의 일에 대해서는 전문가로 크게 유명합니다. 하지만 하나님과 하나님을 섬기는 것에 대해서는 한 시간도 시간을 할애하지 않습니다. 그는 "은혜 언약, 그게 도대체 무엇이냐?"고 말합니다. 그리고 빌라도처럼 "진리가 무엇이냐?"고 말해놓고는 등을 돌립니다. 하나님의 지속적인 임재에 대한 의식, 하나님에 대한 깊은 의존 의식, 죄 사함의 감미로움, 하나님의 사랑을 누리고 하나님과 동행하는 복에 대해서는 전적으로 무관심합니다. 그리고 기껏해야 "오, 물론 그것은 할 일이 별로 없는 사람들에게는 아주 좋은 일입니다. 그러므로 그들은 할 수 있으면 거기서 즐거움을 찾게 하시오!"라고 말하는 정도입니다. 그에게는 하나님도 아무것도 아니고, 천국도 아무것도 아니고, 지옥은 더 아무것도 아닙니다. 그는 하나님이 사람의 육체를 입고 구속을 위해 피를 흘리신 골고다 언덕도 무시하고 지나가고, 그곳이 그에게는 아무것도 아닙니다. "지나가는 모든 사람들아, 그곳이 너희에게는 아무것도 아니더냐? 보라. 내가 당한 것과 같은 슬픔이 어디에 있는지 보라!"고 그에게 묻는 소리가 십자가에서 들려오지만, 그는 결코 듣지 않습니다. 그는 자신의 영혼을 가장 사랑하시는 분의 상처에 대하여 전혀 관심이 없습니다. 그는 구속자가 제공한 어떤 유익, 특히 자기를 위해 죽으신 죽음의 유익 또는 자기가 누리기를 바라는 그리스도의 부활의 유익에 대하여 전혀 관심이 없습니다. 그 사람은 신앙과 영광과 불멸성에 대하여 죽은 자입니다. 낮고 비천한 것에 대하여 매력을 느끼고, 순전하고 고상한 것에 대해서는 매력을 느끼지 못합니다. 그러나 이 사람에게, 심지어는 이런 사람에게도, 주권적 은혜가 임합니다. "나를 찾지 아니하던 자에게 찾아냄이 되었으며"(사 65:1)라는 하나님의 말씀에 따라 찾지 않고 구하지 않은 자에게도 은혜가 주어집니다.

다시 말하면, 영적으로 경건하지 못한 자들은 죽은 상태로, 스스로의 힘으로는 생명을 얻는데 철저히 무능력합니다. 여러분 가운데 누가 아무리 열심히 수고한다고 할지라도 생명, 아니 최소한 아주 저급한 생명이라도 일으킬 수 있겠습니까? 여러분은 죽어 있는 사람에게 생명을 나누어줄 수 있겠습니까? 그의 수족을 잠시 움직이게 할 수는 있을지 모르나 참된 생명 곧 심장이 뛰고 허파가 숨을 내쉬는 생명을 일으킬 수는 없습니다. 절대로 그럴 수 없다는 것을 여러분도 잘 알고 있습니다! 하물며 죽은 사람 자신이 자기 안에 생명을 일으키는 것이 어떻게 가능하겠습니까? 그리스도가 없는 사람은 자신을 살리는데 철저히 무력합니다. 우리는 "힘이 없어" 우리 자신에 대하여 아무것도 할 수 없는 존재이고, 그러기에 이런 상태 속에 있을 때 은혜가 우리에게 임하는 것입니다.

아하, 그런데 한 가지 요점이 더 남아 있군요! 사람은 죽었고, 그래서 곧 썩게 된다고 말할 수 있습니다. 잠깐 후면 시체는 부패의 징후를 드러냅니다. 이것이 시체의 악의 시초입니다. 있었던 그대로 시체를 놔두어 보십시오. 곧 썩기 시작해서 공기를 오염시키고, 살아 있는 사람의 모든 감각에 역겹게 될 것입니다. "나의 죽은 자를 내 앞에서 내어다가 장사하게 하시오"(창 23:4)라는 말은 애정이 가장 깊은 어머니나 아내의 외침입니다. 그런데 경건하지 못한 많은 사람들이 그렇게 합니다. 그들 가운데 어떤 이들은 애굽인들의 시체 처리법과 같이 향유를 뿌려 썩는 것을 방지하려고 함으로써 더 큰 악을 억제시키고자 합니다. 본보기를 통해, 교훈을 통해, 두려움을 통해, 환경을 통해, 많은 사람들이 죄가 더 부패하는 것을 억제시킴으로써 사회에 해를 덜 끼칩니다. 그럼에도 불구하고 그들은 여전히 하나님에 대해서는 죽어 있습니다. 그러나 사람에 대해서는 대영 박물관 속에 있는 미라보다 큰 반발을 사지 않습니다. 하지만 우리 주변의 많은 사람들은 시체에 도덕이라는 향유를 바르는 것마저 지키지 않았습니다. 그래서 그들은 땅 위에서 벌써 썩습니다. 그들의 불경(不敬)은 세상을 오염시키고, 그들의 음란은 거리를 더럽게 하며, 그들의 환락은 밤을 무서운 시간으로 만듭니다. 죽은 육체의 성향은 역겨운 행동으로 자체를 드러내는 부패를 향하고 있습니다. 심지어는 이런 일이 일어난 곳에, 더러운 악의 벌레가 그 무시무시한 활동을 시작한 곳에, 술 취함과 불경함과 부정직과 불결함이 있는 삶 속에도, 자비가 임하고, 심지어는 살리시는 영이 임할 수 있습니다. 나흘 동안 죽어 있던 나사로에게 생명이 임했던 것처럼 심각한 죄악의 악취 속에 떨어진 사람들에게도 영적 생명이 임할 수 있습니다. 이처럼 심각한 문제를 다루면서 우리는 깊은 겸손으로 마음을 채

위야 함을 깨닫습니다. 왜냐하면 우리도 불과 얼마 전만 해도 이런 상태에 있었기 때문입니다. 하지만 동시에 우리는 다른 사람들에 대해서는 소망으로 마음을 채워야 합니다. 왜냐하면 우리를 살리신 분이 그들에게도 똑같이 하실 수 있기 때문입니다.

2. 그들 속에 어떤 일이 일어났습니까?

그러면 우리 곧 하나님의 은총을 받은 자들 속에 어떤 일이 일어났습니까? 하나님께서 어떤 일을 행하셨습니까?

우리는 살리심을 받았습니다. 정확히 말한다면, 우리 안에서 살리는 일이 어떻게 일어났는지 저는 설명할 수 없습니다. 제 능력 밖입니다. 성령은 죄로 말미암아 죽은 사람에게 임하고, 그때 새롭고 신비로운 생명을 그에게 불어넣으십니다. 우리는 우리의 자연적 생명을 어떻게 받았는지 모릅니다. 마찬가지로 영혼이 육체 속에 어떻게 들어왔는지도 모릅니다. 여러분은 영적 생명이 처음에는 별로 신비롭지 않다고 생각합니까? 하지만 주님은 "바람이 임의로 불매 네가 그 소리는 들어도 어디서 와서 어디로 가는지 알지 못하나니 성령으로 난 사람도 다 그러하니라"(요 3:8)고 말씀하지 않았습니까? 따라서 여러분은 성령의 방법에 대하여 알지 못하고, 성령이 영원한 생명을 어떻게 불어넣는지도 알지 못합니다. 그러나 우리는 생명이 들어왔을 때 우리가 느끼는 최초의 감정은 고통과 불편함이라는 것을 압니다. 거의 익사 직전에 있는 사람들의 경우를 보십시오. 그들은 소생하기 시작할 때 매우 불쾌한 느낌을 경험합니다. 확실히 이런 경우는 영적 사실에 있어서도 마찬가지입니다. 말하자면, 그 사람은 죄가 아주 심각한 악이라는 것을 보게 됩니다. 죄의 불결함이 어떤지 발견하고 깜짝 놀라게 됩니다. 그는 죄에 대하여 충분히 들었으나 죄의 목표에 대해서는 아무것도 몰랐습니다. 그러나 이제는 죄가 근심과 고통과 공포가 되었습니다. 죽었을 때에는 죄의 무게를 느끼지 못했습니다. 그러나 살리심을 받았을 때에는 죄에 대한 근심으로 신음합니다. 그래서 그는 "오호라 나는 곤고한 사람이로다. 누가 나를 건져내랴"(롬 7:24)고 부르짖기 시작합니다. 그러면 천사들이 그가 개인적으로 무릎을 꿇은 것을 봅니다. 보라. 그가 기도하는구나! "하나님, 이 죄인에게 긍휼을 베푸소서." 그는 시간마다 이렇게 탄식합니다. 이제 그는 또한 자신의 나쁜 습관과 씨름하기 시작합니다. 그리고 성경을 읽고 기도하고 하나님의 말씀을 배우는데 전력을 다합니다. 한동안 필사적으로 열심을 냅니다. 그러나 슬프도다! 다시 옛날 죄로 돌아가고 말았도다! 하지만 그는 안식할 수가 없습니다. 다시 주님을 찾습니다. 어떤 사람들을 보면, 영적 생활 초기에 대부분의 시간을 죄의 사슬에서 벗어나기 위한 고뇌의 투쟁과 고통스런 갈등으로 보냈습니다. 이때 그들은 실패를 통해 자신의 연약함을 배웠습니다. 그러나 하나님의 은혜는 결코 실패가 없었습니다.

어떤 이들은 하나님의 영을 통해 죄 사함을 받은 후에도 오랫동안 사죄에 대하여 평안한 느낌을 갖지 못하고 죄와 격렬한 투쟁을 합니다. 그러나 그렇다고 해도 하나님의 생명은 그들 속에서 완전히 소멸되지 않았습니다. 그들의 투쟁은 천국의 씨앗이 그들 속에 살아 있다는 사실과 그들이 악의 세력에 고통스럽게 저항하고 있다는 사실을 증명했습니다. 어떤 사람들은 하나님이 은혜로 켜놓은 빛을 스스로 끄려고 애쓰는 것처럼 행동합니다. 그러나 그들은 결코 끌 수 없습니다. 일단 안주하고 있던 곳에서 불안함을 느끼게 되었을 때 주님은 다시는 그곳에서 안주하도록 허락하지 않았습니다. 그들이 이전에 달콤하게 느꼈던 죄가 이제는 쓴 쑥처럼 쓰디쓰게 되었습니다. 죄를 자각한 사람들이 그 자각을 잊어버리기 위해 더 깊이 죄에 빠져드는 것을 보았습니다. 작살을 맞은 고래처럼 더 깊이 죄 속으로 뛰어들었습니다. 그러나 그들은 다시 뛰쳐나오고, 다시 상처를 입습니다. 그들은 피할 수가 없습니다. 젊었을 때 술고래였던 한 하나님의 사람의 전기를 보면, 알코올 중독을 이겨보려고 온갖 방법을 다 써보았으나 실패했다는 사실을 확인합니다. 그는 일기 속에서 이 철저한 실패에 대하여 다음과 같이 고백하고 있습니다. "4년 반이 지났는데도 아무런 대책이 없었다! 도대체 이 실패의 원인이 무엇이었을까? 죄였다! 그렇다. 이 극악한 죄, 긍휼의 아버지께 가장 악랄하게 배은망덕한 이 죄 때문이다!" 이 방황하는 자는 죄로 말미암아 안식하지 못하고 비참한 상태 속에 있었습니다. 요나와 같이 내면의 생명을 바다 깊은 곳에 던졌습니다. 그러나 그 상태가 싫어 거기서 다시 나오려고 발버둥을 칩니다. 하나님은 자신이 주었던 생명을, 아무리 최악의 상태에 있다고 하더라도, 그대로 내버려 두지 아니하실 것입니다.

그러나 살리는 역사는 결코 여기서 멈추지 않습니다. 조만간에 새 생명은 본래부터 갖고 있는 거룩한 감각을 사용하고, 그리하여 생명의 존재를 더 분명하게 확인하게 됩니다. 그 사람은 자신의 유일한 소망이 그리스도 안에 있다는 것을 깨닫기 시작하고, 겸손하게 주 예수님의 공로 아래 자신을 숨기려고 애쓰게 됩니다. 그는 감히 "나는 구원받았다"고 말하지 않고, 만약 자신이 구원받았다면 주 예수님의 피와 의로 말미암은 것이 틀림없다고 깊이 느끼게 됩니다. 또한 예수님의 보혈을 의지하면서 기도하기 시작합니다. 드디어 그는 소망을 갖기 시작하는데, 그것은 주님의 상처의 창문을 통해서만 보는 소망입니다. 그는 그리스도의 속죄 제사를 통해서만 자비를 기대합니다. 그리고 이 자비가 실제로 자기에게 임했다는 것과 예수님이 십자가에 달려 고난을 당하셨을 때 그분의 마음속에 자기가 들어 있었다는 것을 신뢰하게 됩니다. 필사적인 노력을 통해 그는 자신을 그리스도에게 맡기고, 그분의 발 앞에 드러눕기로 결심합니다. 그리고 자기가 멸망당해야 한다면 멸망을 당할 때에도 예수님을 바라보겠다고 결심합니다. 이것은 영광스러운 결단입니다. 얼마 후에 그가 평안함과 기쁨과 성결함 속에서 일어섰을 때 그를 보십시오! 이제 그의 생명은 그의 주님의 생명과 연합되어 있기 때문에 자신이 주님과 결코 분리되지 않는다는 사실을 즐거워합니다. 그가 다음과 같이 말하는 것을 상상하게 됩니다. "이제 모든 것을 알았습니다. 주 예수님이 저의 죄를 담당하고 처리하셨습니다. 주 예수님이 죽었으므로 저도 죽었습니다. 주 예수님이 살아 계시기에 저도 살아 있습니다. 하나님이 자기 아들을 받으시기에 저도 받으시고, 그래서 저도 '사랑하시는 분 안에서 받아들여진 자가 됩니다.'"

이때부터 살리심을 받은 자는 감사하는 마음으로 힘써 그리스도를 위해 삽니다. 이것이 그가 받은 생명의 본질입니다. 그는 그리스도 안에서 자라가고 모든 면에서 주님을 닮기 위해 애를 씁니다. 이때부터 그와 그의 주님은 영원한 연합으로 하나로 결합되고, 그가 사는 유일한 이유는 예수님 때문이고, 예수님을 위해서라면 죽는 것도 만족스럽게 여깁니다. 그러므로 우리가 여기서 하나님을 찬양합시다. 저는 지금 여러분에게 어떤 새로운 사실을 말하는 것이 아닙니다. 여러분은 제가 하는 말을 다 이해할 것입니다. 40년 동안 저는 이런 사실들을 느꼈고, 여러분 가운데 많은 이들이 더 오랫동안 이 사실들을 느꼈을 것입니다. 처음에 여러분 안에서 갈등하던 생명은 여러분에게 어둠 외에는 아무것도 보여주지 않았으나 지금 여러분은 예수님을 보고, 또 여러분 자신이 예수님 안에서 영원하고 하늘에서 온 생명과 함께 살고 있음을 발견할 것입니다. 죽은 자에게서 예수님을 일으키고, 예수님 안에서 그리고 예수님과 함께 우리를 살리신 하나님을 찬양합시다!

3. 그들을 위하여 하나님이 어떤 일을 행하셨습니까?

이번에는 세 번째 요점을 살펴봅시다. 이 요점에 대하여 거룩하신 분의 새롭게 하시는 기름 부음의 역사가 임하기를 먼저 기도합니다. 이제부터 이 마지막 요점 곧 하나님이 우리를 위해 무엇을 행하셨는지 확인해 보도록 하겠습니다. "우리의 모든 죄를 사하시고." 그리스도 예수를 믿고 저는 죄 사함을 받았습니다. 이제 저는 깨끗합니다. 하나님 앞에서 깨끗합니다. "그러므로 이제 그리스도 예수 안에 있는 자에게는 결코 정죄함이 없나니"(롬 8:1). 이것은 제가 여러분 앞에 제시할 수 있는 가장 즐거운 주제입니다. 먼저 여러분에게 사죄(赦罪)는 하나님의 행위라는 사실을 언급하고자 합니다. "모든 죄를 사하시고." 누가 모든 죄를 사하십니까? 당연히 여러분을 살리신 바로 그분입니다. 저는 방금 하나님 외에는 어떤 존재도 죽은 사람을 살려낼 수 없다는 사실을 증명했습니다. 왜냐하면 생명을 주는 행위는 오로지 하나님 고유의 행위이기 때문입니다. 우리에게 영적 생명을 주시는 그 하나님이 그의 보좌에서 우리에게 죄 사함을 베푸십니다. 그분은 주권적으로 용서를 베푸십니다. 우리는 사면을 받기 위해 다른 인간 제사장을 찾아갈 필요가 없습니다. 왜냐하면 우리는 사형 선고를 집행하거나 죄인을 용서하거나 할 주권적 권리를 유일하게 갖고 계시는 하나님께 직접 나아갈 수 있기 때문입니다. 오직 하나님만이 확실하게 죄 사함을 베푸실 수 있습니다. 만일 어떤 사람이 "그대의 죄를 사하노라"라고 말한다면, 그만한 효력이 있다고 받아들인다고 할지라도, 그 효력은 별로 크지 않을 것입니다. 그러나 율법을 수여하신 분이자 최고의 왕이신 그분이 그렇게 말씀하신다면, 제가 거역을 한 장본인인 그분이 그렇게 말씀하신다면 저는 정말 행복할 것입니다. 죄 사함을 베푸시는 하나님이신 그분의 이름이 영광을 받기를! 하나님이 용서를 베푸실 때 하필이면 제가 용서를 받다니 얼마나 놀라운 복일까요!

오, 성도 여러분, 만약 여러분이 다른 동료에게 잘못을 범했다면 당연히 그에게 용서를 구하십시오. 그리고 용서를 받았다면 감사하십시오. 그러면 여러분의 양심에서 무거운 짐이 제거된 것을 느끼게 될 것입니다. 그러나 어쨌든 이것이 과연 하나님 자신에게서 모든 죄를 사함받는 것과 비교가 되겠습니까? 하나님에게서 모든 죄를 사함받는 것은 흉용하는 영혼의 바다를 완전히 잠잠하게 할 수 있을 것입니다. 아니, 이것은, 가장 사나운 폭풍도 고요하게 만들 수 있습니다. 이것은, 양심이 여러분 머리 밑에 돌덩이를 갖다 놓아 밤에 여러분이 잠을 이루지 못해 베개를 안고 엎치락뒤치락하지 않고 편안한 잠을 잘 수 있도록 만듭니다. 이것은 번쩍거리는 눈, 밝은 얼굴, 힘차게 뛰는 가슴을 여러분에게 제공합니다. 이것은 천국을 땅으로 가져오고, 우리를 천국 가까이 끌어올립니다. 하나님은 우리의 죄의 얼룩을 지우셨고, 그리하여 참으로 쓰라린 우리의 근심의 원천을 제거하셨습니다. 하나님의 사죄는 자유의 대헌장, 지복에 대한 유언입니다.

하나님의 죄 사함은 아무 값없이 주어지는 선물입니다. 본문을 보고, 이 용서가 죄 안에서 죽은 사람들에게 주어진다는 것을 주목하기 바랍니다. 그들은 전적으로 무가치하고, 자비를 구하지도 않았습니다. 죄로 말미암아 죽어 있는 사람들을 찾아오신 하나님은 그들을 살리시고, 죄 사함을 베푸셨습니다. 그것은 그들이 그럴만한 준비가 되어 있기 때문이 아니라 그분이 그렇게 하실 준비가 되어 있었기 때문입니다. 오, 사람아, 귀를 기울여라! 비록 그대의 가슴속에 이 순간 살 같이 부드러운 마음이 아니라 돌 같이 굳은 마음을 갖고 있다고 해도, 그대가 모든 선한 것에 대하여 무감각하다고 해도, 그대 속에 거룩함과 하나님과의 교제에 대하여 그대가 전적으로 무능력하다는 것을 느끼게 만드는 생명만 갖고 있다고 하더라도, 하나님은 그대의 형편이 어떠하든, 그대가 어디에 있든, 그대를 용서하실 수 있으리라!

성도 여러분, 우리가 그런 상태 속에 있을 때 하나님께서 사랑으로 우리를 찾아오셨습니다. "우리가 아직 연약할 때에 기약대로 그리스도께서 경건하지 않은 자를 위하여 죽으셨도다"(롬 5:6). 우리는 예수님이 죽으신 것을 보았습니다. 우리는 예수님이 구원하실 수 있다고 믿었습니다. 우리는 죄 사함을 받았습니다. 사죄는 그렇게 값없이 베풀어졌습니다. 하나님은 죄인 속에서 선한 것을 찾지 아니하십니다. 대신 온갖 좋은 것을 죄인에게 주십니다. 오, 성도 여러분, 만약 하나님이 여러분 속에서 선한 것을 찾으셨다면 한 가지도 찾지 못하셨을 것입니다. 하나님은 여러분이 할 수 없는 것이나, 느낄 수 없는 것이나, 여러분이 하거나 느끼기로 결심할 수 없는 것은 절대로 찾지 아니하십니다. 대신 하나님은 자비를 기뻐하시기 때문에 자비를 나타내십니다. 하나님은 은혜를 베푸시는 것이 자신의 본성이기 때문에 불법과 허물과 죄를 간과하십니다. 하나님의 용서의 원인은 하나님 자신과 하나님의 사랑하시는 아들에게 있습니다. 오, 죄인이여, 그대 속에 용서의 원인이 있지 않도다! 그대의 육체의 무할례로 죽었는데, 그대가 무엇을 할 수 있겠는가? 하나님이 그대를 살리시고 하나님이 그대를 용서하시는 것이다. 그러므로 하나님이 그대에게는 모든 것이 되신다. 얼마나 놀라운 은총입니까!

이 주제를 개진할 때 저는 여러분에게 예증을 제시하거나 적절한 본문을 찾아낼 필요가 없습니다. 이 영광스러운 사실은 이 사실 자체 속에 들어 있는 논리가 모든 것을 대변하기 때문입니다. 무한하신 하나님께서 용서를 받는 인간 속에 있는 어떤 요소 때문이 아니라 자신의 자비하심과 사랑하는 자기 아들의 공로로 말미암아 무한한 용서를 베푸십니다. 이에 대하여 어떤 사람은 "그러나 그 사람이 회개해야 합니다"라고 말할 것입니다. 예, 저도 압니다. 그러나 그가 회개하려면 하나님이 그에게 회개를 제공하셔야 합니다. "하지만 죄는 그 사람이 고백하는 것이지요." 예, 그것도 압니다. 그런데 그가 죄를 고백하는 것은 하나님이 그가 자신의 범죄를 인정하도록 이끄시기 때문입니다. 죄 사함과 같은 경우 모든 것은 하나님이 값없이 주권적으로 베푸시는 은혜로 말미암아 주어집니다. 곧 돈이 없어도 아무 대가를 치르지 않고 무료로 받게 됩니다.

저는 여러분이 모든 죄와 관련하여 이 용서가 얼마나 보편적인지 주목하기를 원합니다. "우리의 모든 죄를 사하시고." 용기가 있으면 기억을 되살려 여러분의 과거의 죄악들을 생각해 보십시오. 완전히 새까만 밤이 될 것입니다! 결코 지울 수 없고 절대로 감출 수 없는 진홍색 얼룩이 남아 있지 않습니까? 많은 경우에 한 가지 특별한 죄가 천 가지 다른 죄들보다 더 큰 고통을 가져옵니다. 그 죄는 다른 어떤 죄보다 더 깊은 상처 자국을 남겨 놓습니다. 여러분은 헛되이 "꺼져라! 이 가증한 얼룩아!"라고 외칩니다. 1만 개의 대서양을 붉게 물들일 정도로 손을 깨끗이 씻는다고 해도, 진홍색 얼룩은 그대로 남아 있어 영원토록 결코 지워지지 아니할 것입니다. 사람들이 알고 있는 어떤 과정을 통해서도 죄의 얼룩은 결코 씻거나가지 않을 것입니다. 그러나 하나님의 무한한 자비가 말할 수 없이 끔찍한 죄를 지워버리고, 그래서 전혀 없었던 것처럼 될 것입니다. 그러나 아마 여러분은 한 가지 범죄보다는 이 범죄들 전체 더미를 기억할 것입니다. 확실히 한 가지 범죄는 크게 두드러지지 않아 언급할 필요가 없는 것처럼 보일 수 있지만, 작은 죄들이 모이면 우뚝 솟아 거대한 알프스 산맥과 같은 더미가 될 것입니다. 우리는 날마다 매시간, 아니 매시간의 거의 모든 순간에 죄를 범합니다. 우리의 죄악은 그 수가 얼마나 무수히 많겠습니까! 부작위의 죄도 계산할 수 없을 정도로 많습니다! 그러나 여러분이 기억하기에는 너무 많고 제가 세어보기에도 너무 많은 이 모든 죄를 그리스도 안에 있는 사람은 사함받습니다. "우리의 모든 죄를 사하시고." 한 개도 제외되지 않고 모든 죄가 사함받습니다. 여러분은 아직 알고 있지 못하고 미처 고백하지 않은 죄도 갖고 있습니다. 하지만 이 죄들도 용서받습니다. 왜냐하면 그리스도의 피가 모든 죄를 깨끗하게 하기 때문입니다.

저는, 회심하기 전에 여러분이 지은 죄를 상기시킴으로써 여러분이 기억을 되살리는 것을 돕고 싶습니다. 죄가 가려진 자가 복이 있습니다. 누구도 자신의 죄가 드러나는 것을 원하지 않습니다. "여호와여 내 젊은 시절의 죄와 허물을 기억하지 마옵소서"(시 25:7). 오랫동안 믿음 안에서 즐거워하는 하나님의 자녀는 그것에 대하여 기도할 필요가 있습니다. 왜냐하면 우리의 죄가 우리의 양심에서 제거되고 오래 된 후에도 우리의 애간장을 태울 수 있기 때문입니다. 우리가 죄 자체를 사함받은 후에도 범죄의 결과는 우리를 괴롭힐 수 있습니다.

이번에는 죄를 자각한 후에 범한 자신의 죄를 생각해 보기 바랍니다. 어느 날 여러분은 심각한 죄의식에 사로잡혀 황급히 집으로 달려가 무릎을 꿇고 "오, 하나님, 저를 용서하소서"라고 부르짖은 적이 있었을 것입니다. 그때 여러분은 다시는 그런 죄를 범하지 않겠다고 결심했을 것입니다. 그러나 다시 그 죄를 저질렀습니다. 개처럼 자신이 토해놓은 곳으로 다시 돌아갔습니다. 여러분은 예배에 참석하기 시작했고, 신앙의 의무들을 부지런히 감당했습니다. 그런데 갑자기 옛날 동료들과 함께 했던 구습으로 되돌아갔습니다. 만일 여러분의 죄가 술 취함이라면, 그것은 이미 극복했으니 문제가 될 것이 없다고 생각할 것입니다. 그러나 극심한 갈증이 일어나면 결국은 참아내지 못하고 옛날처럼 술에 취하고 말 것입니다. 이것을 수치로 기억하십시오.

또는 범하는 죄가 고의적인 타락일 수 있습니다. 이때 고의성은 죄를 크게 가중시킵니다. 특별히 시험을 받지 않았는데도 여러분은 옛날에 즐겼던 쾌락을 갈망하고, 그 쾌락에 대한 탐닉을 거부하는 자신을 억지로 무시하기 시작했습니다. 기도회에 참석하여 자신이 기도한 것을 매우 기뻐했던 한 사람을 저는 알고 있습니다. 그러나 얼마 후에 그는 다시는 기도회에 가지 않겠다고 말했습니다. 이유는 다시 기도하는 자가 되는 것이 두려워졌기 때문입니다. 올바르게 인도받는 것을 두려워하는 것에 대하여 생각해 보십시오. 천국으로 가는 것을 부끄러

위하다니 말입니다! 아, 성도 여러분, 우리는 멍에에 익숙하지 않은 수소, 목줄이 헐거워진 개, 말을 듣지 않는 말과 같았습니다. 회심한 후에도 죄는, 하나님의 사랑에도 불구하고, 아주 심각한 범죄를 일으킵니다. 나방과 같이 여러분도 여러분의 날개를 이미 촛불에 태워 그슬린 상태인 데도 다시 불길 속에 뛰어들었습니다. 만일 여러분이 그 불길 속에서 멸망했다면 누가 여러분을 동정할 수 있겠습니까? 그러나 이런 우매한 짓을 한 후에도 하나님은 여러분에게 긍휼을 베푸셨습니다. "우리의 모든 죄를 사하시고."

그런데 훨씬 더 나쁜 죄가 있음을 기억해야 하겠습니다. 그것은 회심한 후에 범하는 죄, 하나님과 평화를 찾은 후에 범하는 죄, 예수님과 깊은 교제 속에 들어간 후에 범하는 죄입니다. 오, 성도 여러분, 이 죄는 우리 주님에게 큰 상처가 될 것입니다! 이 죄는 우리에게 피눈물을 흘리게 하는 죄악입니다. 세상에! 용서받았는데, 다시 죄를 범하다니! 주님의 사랑을 받는 자들이 계속 거역하다니! 여러분은 아주 감미롭게 다음과 같이 노래를 불렀습니다.

"주님의 뜻이 이루어지이다. 주님의 뜻이 이루어지이다."

그러고는 집에 돌아가 불평했습니다! 여러분은 다른 사람들의 악한 기질에 대하여 말하면서 화를 내기도 했습니다. 여러분은 나이도 먹고 경험도 쌓였습니다. 그러나 소년보다 더 경솔하게 행동했습니다! 오, 하나님, 우리가 아침과 저녁으로 어린 양으로 말미암아 당신을 찬양합니다. 어린 양이 아니었다면 당신의 백성들이 계속해서 속죄 제사를 드려야 했을 테니까요! 우리는 저녁에 악을 거두지 않으려면 아침에 속죄 제사를 드려야 하고, 낮에 범한 죄에 대해서는 저녁에 속죄 제사를 드려야 합니다.

본문에 나타나 있는 큰 복에 대하여 잠시 살펴봅시다. 여러분의 죄가 무엇이든 간에, 여러분이 주 예수 그리스도를 믿는 신자라면, 하나님은 여러분을 그리스도와 함께 살리시고 여러분의 모든 죄를 사해 주셨습니다. 하나님은 가장 효과적으로 용서하십니다. 하나님께 여러분의 죄에 대하여 여쭈어 보십시오. 그러면 하나님은 "그들의 죄와 그들의 불법을 내가 다시 기억하지 아니하리라"(히 10:17)고 말씀하십니다. 만약 하나님이 친히 그 죄와 불법을 다시 기억하지 않는다면, 그것들은 가장 효과적으로 제거된 것입니다. 그 죄와 불법이 어디로 갔는지 성경에 물어보십시오. 그러면 히스기야는 여러분에게 "내 모든 죄를 주의 등 뒤에 던지셨나이다"(사 38:17)라고 말해줄 것입니다. 그것이 어디에 있다고요? 하나님은 모든 것과 모든 곳을 다 보십니다. 그러므로 모든 곳은 하나님의 얼굴 앞입니다. 따라서 하나님이 우리의 죄를 자기 등 뒤로 던지셨다면 우리의 죄를 "어디에도 없는 곳"으로 던지신 것입니다. 즉 그 죄들은 더 이상 존재하지 않습니다. "여호와의 말씀이니라 그 날 그 때에는 이스라엘의 죄악을 찾을지라도 없겠고 유다의 죄를 찾을지라도 찾아내지 못하리니"(렘 50:20). 확실히 이것은 여러분의 마음의 심금을 울리기에 충분한 진리입니다.

사랑하는 성도 여러분, 아울러 이 용서는 가장 완전하다는 사실도 기억하기를 바랍니다. 하나님은 형벌을 경감해 주시는 정도가 아니라 아예 죄를 용서하십니다. 하나님은 오늘 용서하고 내일 생명을 제한하거나, 오늘 용서하고 내일 형벌을 내리시거나 하지 않습니다. 이렇게 하는 것은 하나님께 합당한 일이 아닙니다. 용서는 주어지면 다시는 철회되지 않습니다. 은혜의 행위가 행해지면 다시는 취소될 수 없습니다. 하나님은 자신이 지워 버린 죄를 다시는 기억하지 아니하실 것이며, 사면하신 죄인도 다시는 정죄하지 아니하실 것입니다. 오, 신자여, 하나님이 그대를 온전히 사면하셨으니 그대를 천국에서 벗어나도록 이끌 그대의 모든 죄가 다시는 천국으로 가는 그대의 길을 방해하지 못할 것이로다! 그대를 절망으로 가득 차게 했던 모든 죄가 다시는 그대를 낙심으로 이끌지 못할 것이다. 주님은 그대의 인격에서 죄를 씻겨 내셨으므로 그대의 눈에서 흐르는 눈물을 닦아주실 것이다. 심지어는 죄의 흔적조차 제거될 것이다. 하나님이 주홍 같고 진홍 같은 죄에 대하여 뭐라고 말씀하는지 명심합시다. "내가 그 죄를 씻겨 내리니 주홍색 얼룩 정도만 남기고 나머지는 다 제거할 것이다"라고 말씀하십니까? 또 "내가 그 죄를 씻겨 내리니 진홍색 흔적 정도만 남기고 나머지는 다 제거할 것이다"라고 말씀하십니까? 아닙니다. "너희의 죄가 주홍 같을지라도 눈과 같이 희어질 것이요 진홍 같이 붉을지라도 양털 같이 희게 되리라"(사 1:18)고 말씀하십니다. 전능하신 주님은 죄 사함의 역사를 절대로 완전한 방식으로 수행하시고, 그러기에 죄의 얼룩은 그림자조차 남아있지 않게 될 것입니다.

여기서 잠시 생각해 볼 문제가 하나 있는데, 그것은 이 용서는 공의를 완벽하게 만족시키는 것으로 나타나리라는 것입니다. 만약 제가 사함받았는데, 하나님이 악을 보고도 눈감아주심으로써 자신의 도덕적 통치의 기초를 약화시켰다고 느꼈다면, 저는 용서받은 상태에 대하여 불안감을 느끼고 안식을 얻지 못할 것입니다. 만약 하나님의 공의가 제가 받은 사죄로 말미암아 조금이라도 손상을 입었다면 저는 우주에 대한 중죄인과 하나님의 도둑처럼 느껴야 할 것입니다. 그러나 하나님이 공의를 엄격히 만족시키면서 죄를 사하신 것에 대하여 하나님을 찬양합니다.

이 사죄의 효력을 위해 어떤 대가를 치러야 했는지 주목해 보십시오. 하나님께서 친히 사랑하는 아들의 인격 속에서 이곳에 오셨습니다. 하나님이 친히 자기 백성들의 죄의 짐을 짊어지셨습니다. 하나님이 많은 사람들의 죄를 짊어지고 우리를 위해 저주를 받으셨습니다. 하나님이 친히 놀라운 속죄 제사를 드리심으로써 죄와 저주를 모두 제거하셨습니다. 하늘과 땅에서, 시간과 영원 속에서, 가장 큰 기적은 예수 그리스도의 속죄의 죽음입니다. 이 죽음이야말로 모든 창조와 모든 섭리보다 더 큰 영광을 하나님께 돌리는 신비입니다. 하나님이 우리를 하나님께 이끌기 위해 죄인들 대신, 곧 의인이 불의한 자들 대신 죽임을 당해야 한다는 것이 어떻게 가능할 수가 있겠습니까? 불법을 끝내고 죄를 종결시키는 것은 그리스도의 신성에 합당한 수고였고, 그리스도는 자신의 고난과 죽음을 통해 이 일을 완전하게 수행하셨습니다. 여러분이 지금 그리스도에 대하여 다음과 같이 찬송한다고 해도, 이 찬송은 결코 거짓말이 아닙니다.

> "예수께서 내 대신 형벌을 받으시고,
> 　영문 밖에서 내 죄를 속하기 위해
> 　나의 보증인으로 피를 흘리셨네.
> 　땅에서 하나님이 거하기로 계획하시고,
> 　그 사람의 고통을
> 　무한히 효력 있게 하셨네."

이렇게 우리는 정당하게 죄 사함을 받았습니다. 그리고 그로 인해 하나님의 보좌가 세워집니다. 우리의 대리인이신 우리 주 예수 그분의 죽음으로 말미암아 하나님의 무한하신 자비와 함께 그분의 엄정한 공의도 세워졌습니다. 우리에게는 공의와 자비가 서로 반대되는 것처럼 보이지만, 예수 안에서 우리는 이 두 속성이 조화를 이루고 있는 것을 봅니다. 우리는 주님의 대속의 속죄 제사를 찬미하고, 아울러 우리에게 오셔서 영원한 왕의 손으로 서명을 하고, 우리의 죄를 짊어지고 자신의 몸을 나무에 매달고 우리가 어긴 율법의 죄에 대한 형벌을 완전히 만족시키신 분의 못에 뚫린 손으로 다시 서명을 해 확증을 하심으로써 주어진 죄 사함의 타당성에 대해서는 누구도 왈가왈부할 수 없다는 사실에 무한한 만족을 느낍니다.

모든 죄를 사하신다는 이 요점에 대하여 마지막으로 고찰할 사항을 충분히 주목하기를 바랍니다. 이 사항에 여러분은 형언할 수 없는 행복감을 느껴야 합니다. 이제부터 여러분의 죄 사함은 그리스도의 영광과 밀접한 관계 속에 들어갑니다. 만일 여러분이 받은 죄 사함으로 여러분이 구원받지 못한다면 그리스도는 구주가 아닙니다. 만일 그리스도를 의지함에도 불구하고 여러분의 죄가 사함받지 못한다면 그리스도는 자기 백성들을 죄에서 구원하기 위해 오신 것이 무익한 사명이 되고 말 것입니다. 그리스도께서 흘리신 모든 핏방울은 그 안에서 씻김을 받은 모든 영혼의 영원한 구원을 필수적으로 일으킵니다. 그리스도의 신성과 인성, 그리스도의 중보 사역의 모든 영광이 죄로부터 구원받을 모든 신자를 대변하고 변호합니다. 그리스도께서 죄를 짊어지셨는데, 우리가 또 짊어져야 합니까? 아닙니다. 만약 하나님이 그리스도 안에서 속전을 발견하셨다면 그리스도로 말미암아 대속을 받은 자들은 자유롭습니다. 이전에 범죄와 육체의 무할례로 죽었던 나를 구원하신 것이 그리스도의 영광이 되었기 때문에 저는 제가 구원받게 되리라는 것을 확신합니다. 왜냐하면 그분은 자신의 이름을 결코 더럽히지 아니하실 것이기 때문입니다. 오, 신자 여러분, 여러분을 티나 주름 잡힌 것이나 이런 것들이 없이 거룩하게 하는 것이 여러분의 구주의 소원이 되었고, 그분은 결코 실패하거나 좌절하지 아니하실 것입니다. 그분은 자신의 필생의 사역이나 죽음의 고통을 포기하지 아니하실 것입니다. 결단코 말입니다! 그리고 이것 때문에 그분과 함께 살리심을 받은 여러분은 마지막 날에 하나님의 보좌 앞에 흠 없이 나타나게 될 것입니다.

이제 다음 사실 곧 우리가 사함받는다는 사실을 생각해 봅시다. 저는 여기서 여러분 모두가 우리 속에 포함된다고 말하는 것은 아닙니다. 왜냐하면 만약 여러분이 그리스도 밖에 있다면 이 엄청난 사면에 포함되지 못하기 때문입니다. 주님이 여러분에게 자비를 베풀어 오늘 여러분을 살리시고 여러분을 그리스도께 이끄시기를 바랍니다! 그러나 그리스도를 신뢰하고 그리스도와 연합 속에서 사는 사람들은 **사함받았습니다**. 율법에 의해 정죄를 받았지만 값없이 주어지는 용서를 받은 사람은 감옥에서 걸어 나와 자기가 가고 싶은 곳으로 갑니다. 가다 보니 경찰관이 서 있습니다. 그가 경찰관을 두려워할까요? 아닙니다. 그는 값없이 용서를 받았고, 그러기에 경찰관은 그를 붙잡아갈 수 없습니다. 그러나 그를 알고 있고, 또 그가 죄를 범했다는 것도 알고 있는 사람들이 참으로 많습니다. 그래도 그것은 문제가 되지 않습니다. 그는 값없이 용서를 받았고, 그러기에 아무도 그를 잡아갈 수 없습니다. 그가 아무리 큰 죄를 범했다고 할지라도 다시 체포해 갈 수 없습니다. 값없는 용서로 과거의 죄가 말끔히 씻겨나갔기 때문입니다. 하나님의 자녀여, 그대는 오늘 새롭게 인생을 시작합니다. 그대는 깨끗합니다. 왜냐하면 하나님이 그대를 씻으셨고, 그 일은 온전히 이루어졌기 때문입니다. 우리는 우리의 옷을 씻었고 이 옷은 어린 양의 피로 하얗게 되었습니다. 그러므로 우리는 하나님의 보좌 앞에서 하나님을 찬양하게 될 것입니다. 우리가 밤낮으로 하나님을 찬양하는 것 말고 무엇을 할 수 있겠습니까? 이 일을 언제 멈추겠습니까? 장래의 죄와 시험의 모든 위험에서 벗어나 하나님의 성전에 있게 될 때, 우리는 우리의 모든 죄를 사하신 분을 영원토록 찬양할 것입니다.

그러므로 여러분에게 간곡히 당부하는데, 우리 모두 천국에서 함께 만납시다. 오늘 아침 여러분은 이 나라 원근 각처에서 그리고 미국에서 오셔서 이곳에 모였는데, 우리는 땅에서 다시 만나지 못할 수도 있습니다. 그런데 천국 보좌 주위에서 다시 만납시다. 만나서 "우리를 사랑하사 그의 피로 우리 죄에서 우리를 해방하시고"(계 1:5)라는 찬송을 부릅시다. 우리가 그렇게 할 수 있도록 하나님이 허락해 주시기를 바랍니다. 누가 여기서 제외되기를 바라겠습니까? 그날에 밖으로 쫓겨나고 싶은 자가 한 사람이라도 있겠습니까? 부탁드리오니, 즉시 들어오십시오.

> "죄책 있는 영혼들아 나아오라. 와서 비둘기처럼
> 예수님의 상처가 있는 곳으로 도망하라.
> 지금은 값없는 은혜가 충만한
> 반가운 복음의 시대로다."

제
11
장

—

승리하신 그리스도

—

"통치자들과 권세들을 무력화하여 드러내어 구경거리로
삼으시고 십자가로 그들을 이기셨느니라." — 골 2:15

이성의 눈으로 보면, 십자가는 슬픔과 가장 비참한 수치의 중심입니다. 예수님은 죄수로서 죽음을 맞습니다. 예수님은 자기 친구들을 위해 강도들과 함께 운명의 산에 올라 중죄인의 처형대에 매달리고 피를 쏟으십니다. 조롱과 희롱과 멸시와 욕설과 모욕이 난무하는 가운데 예수님은 운명하십니다. 땅도 그분을 거부하여 지면에서 그분을 들어올렸고, 하늘도 그분에게 빛을 제공하지 않고 그분이 운명하는 순간에 대낮의 해가 빛을 잃었습니다. 구주가 당하신 고통의 깊이는 상상을 초월합니다. 그분에게 쏟아진 혹독한 비방은 사탄의 악의도 그렇게 조작할 수는 없었을 정도였습니다. 그분은 치욕과 침 뱉음에도 얼굴을 돌리시지 않았습니다. 치욕과 침 뱉음이 얼마나 심했습니까! 세상 사람에게 십자가는 항상 수치의 상징인 것이 틀림없습니다. 유대인에게 십자가는 거리끼는 것이요 이방인에게는 미련한 것입니다. 그러나 믿음의 눈에 비친 십자가는 얼마나 다르게 보입니까! 믿음은, 골고다 현장에서 구주를 못 박은 사람들의 수치 외에는 십자가에 대하여 수치를 전혀 느끼지 않습니다. 믿음은 십자가에서 조롱의 근거도 찾지 못하고, 주님을 찌른 원수인 죄에 대하여 세차게 조롱을 퍼붓습니다. 믿음은 십자가에서 진심으로 비애를 보지만 이 비애로부터 자비가 솟아나는 샘을 봅니다. 또 믿음은 죽어가는 구주를 보고 슬퍼하는 것은 사실이지만 그분의 영혼이 사망의 그늘 아래 가리어진 바로 그 순간에 생명과 불멸성을 밝게 드러내는 그분을 봅니다. 믿음은 십자가를 수치의 상징이 아니라 영광의 증거로 봅니다. 벨리알의 자식들은 십자가를 먼지 속에 놓아두지만 그리스도인은 십자가를 성좌로 만들고, 그것이 칠층 하늘에서 빛나고 있는 것을 봅니다. 사람들은 십자가에 침을 뱉지만, 천사들을 친구로 두고 있는 신자들은, 이전에 십자가에 못 박혀 죽으셨지만 항상 살아 계시는 그분 앞에 무릎을 꿇고 경배합니다.

성도 여러분, 본문은 신앙의 눈에 성령의 안약이 발라졌을 때 확실하게 발견하게 될 광경의 한 장면을 우리에게 알려줍니다. 본문은 십자가가 예수 그리스도의 승리의 한 부분이었다는 사실을 우리에게 말해줍니다. 십자가에서 그리스도는 싸우셨고, 또 승리하셨습니다. 십자가에서 승리하신 분으로서 그리스도는 전리품을 나누어 주셨습니다. 아니, 그 이상입니다. 본문에서 십자가는 그리스도가 사로잡혔던 자들을 사로잡으시고 사람들에게 선물을 주셨을 때 타신 승리의 전차가 되는 것으로 설명되고 있습니다.

칼빈은 본문의 마지막 부분을 다음과 같이 아주 탁월하게 설명하고 있습니다. "헬라어 표현법에 따르면 '십자가로'(in it)는 '자기 능력으로'(in Himself)로 읽는 것이 충분히 가능하다. 그러나 본문의 문맥은 이 말을 그렇게 해석하지 않고 다르게 해석할 것을 요구한다. 왜냐하면 그리스도에게 적용시키기에는 약간 빈약한 것이 십자가에 적용시키면 아주 감탄할 정도로 알맞기 때문이다. 앞에서 그리스도께서 원수들을 무력화시킨 십자가를 승리의 기념비 또는 승리의 구경거리로 비유한 것처럼 이 부분에서도 십자가를 그리스도가 아주 웅대하게 자신을 과시하는 승리의 전차로 비유하고 있기 때문이다. 또 그리스도가 죽음과 죽음의 임금인 마귀를 정복하신 처형대만큼 그토록 웅장한 법정은 없고, 그토록 당당한 보좌는 없고, 그토록 두드러진 승리의 구경거리는 없고, 그토록 기세등등한 전차는 없기 때문이다. 아니, 그보다 원수들을 철저히 자기 발로 짓밟으셨기 때문이다."

오늘 아침에 저는 하나님의 도우심을 받아 본문을 두 부분으로 나누어 말씀을 전하고자 합니다. 첫 번째로는 십자가에서 원수들을 박살내신 그리스도에 대하여 설명하도록 하겠습니다. 그리고 두 번째로는 여러분의 상상력과 믿음을 더 자극하여 자기 원수들을 사로잡아 어리둥절한 우주의 눈앞에 공개적으로 그들을 구경거리로 삼으신, 십자가에서 승리의 행진을 하신 구주에 대하여 설명하고자 합니다.

1. 십자가에서 원수들을 박살내신 그리스도.

오늘 아침 우리는 믿음으로 통치자들과 권세들을 무력화시킨 그리스도를 바라보도록 초대를 받습니다. 사탄은 죄 및 죽음과 결탁하여 이 세상을 저주의 집으로 만들어 놓았습니다. 타락한 찬탈자인 공중의 권세 잡은 자가 지옥의 지배자로 만족하지 않고 이 아름다운 땅을 침범했습니다. 사탄은 에덴 동산에서 우리의 첫 조상을 찾아냈습니다. 그런 다음 하늘의 왕에 대한 충성을 포기하도록 그들을 유혹했습니다. 그리하여 그들은 금방 사탄의 종이 되어버렸는데, 하늘의 주님이 그들을 속량하기 위해 개입하지 아니하셨다면, 그들은 영원히 종이 되고 말았을 것입니다. 족쇄가 그들의 발에 단단히 채워져 있을 때 "자유를 얻게 되리라!"는 자비의 음성이 들렸습니다. 때가 되면 뱀의 머리를 상하게 하고 속박의 집에서 갇힌 자들을 구원하실 자가 오실 것입니다. 그 약속은 이루어지기까지 오래 걸렸습니다. 땅은 신음하고 속박 아래 고통을 겪고 있었습니다. 사람은 사탄의 종이었고 사람의 영혼을 묶은 쇠사슬은 무거웠습니다.

드디어 때가 되자 구원자가 여자의 몸에서 태어나 오셨습니다. 이 아기 정복자는 키가 한 뼘밖에 되지 않았습니다. 그리고 구유에 눕혀져 있었습니다. 그런데 그분은 언젠가 옛 용을 결박해서 무저갱에 집어던지고 봉인할 자였습니다. 옛 뱀이 자기 원수가 태어난 것을 알고 그분을 죽이려고 음모를 꾸몄습니다. 헤롯과 결탁해서 죽여야 할 아기를 찾았습니다. 그러나 하나님의 섭리로 이 미래의 정복자는 목숨을 보존했습니다. 그분은 애굽으로 내려가 거기서 얼마 동안 숨어 살았습니다. 얼마 후 때가 이르자 공적으로 출현하여 포로 된 자에게 해방을, 갇힌 자에게 놓임을 선포하기 시작했습니다. 그때 사탄이 다시 그분에게 화살을 쏘았고, 여자의 후손의 존재를 끝장내려고 획책했습니다. 이 화살들은 그분의 때가 되기 전에 그분을 죽이려고 광분했다는 것을 의미합니다. 먼저 유대인들이 돌을 들어 그분을 돌로 치려고 했습니다. 유대인들은 그 시도를 결코 포기하지 않았습니다. 유대인들은 산마루에서 그분을 거꾸로 떨어뜨리려고 시도했습니다. 수단과 방법을 가리지 않고 그분의 목숨을 취하려고 광분했으나 그분의 때는 아직 오지 않았습니다. 온갖 위험이 그분을 에워싸고 있었지만 때가 이를 때까지 손끝 하나 다치지 않았습니다.

드디어 그 엄청난 날이 이르렀습니다. 정복자는 가공할 폭군과 맞서 외롭게 싸워야 했습니다. 그때 하늘에서 "흑암의 세력, 이제 너는 끝이다"라는 음성이 하늘에서 들려왔습니다. 그리고 그리스도께서 친히 "이제 이 세상에 대한 심판이 이르렀으니 이 세상의 임금이 쫓겨나리라"(요 12:31)고 선언하셨습니다. 구속자는 한밤중 만찬석상에서 일어나 전쟁에 나섰습니다. 이 전쟁은 얼마나 무서운 싸움입니까! 처음에는 이 강력한 정복자가 정복을 당하는 것처럼 보였습니다. 첫 공격에 땅에 쓰러져서 그분은 무릎을 꿇고 "내 아버지여 만일 할 만하시거든 이 잔을 내게서 지나가게 하옵소서"(마 26:39)라고 부르짖었습니다. 힘을 다시 얻고 하늘의 도움을 받아 그분은 더 이상 겁내지 않고 이후로는 싸움을 포기하는 것과 같은 말은 한 마디도 하지 아니하셨습니다. 그 두려운 전초전에서 온몸이 피땀으로 붉게 물들은 그분은 치열한 전투의 현장으로 뛰어들어 갔습니다. 말하자면, 유다의 입맞춤이 이 싸움을 알리는 첫 번째 나팔 소리였던 것입니다. 빌라도의 법정은 창이 번득이는 것과 같았습니다. 잔혹한 채찍은 칼이 관통한 것과 같았습니다.

그러나 십자가가 그 전투의 중심 전쟁터였습니다. 골고다 산꼭대기 그곳에서 영원히 남을 그 처절한 전투가 펼쳐졌습니다. 이제 하나님의 아들이 허리에 칼을 차고 일어설 때가 된 것입니다. 무시무시한 정복 또는 영광스러운 승리가 교회의 머리 앞에 기다리고 있습니다. 이 승리는 어떻게 펼쳐질까요? 우리는 이 폭풍이 몰아치는 동안 걱정스런 긴장감 속에서 숨을 죽이게 될 것입니다. 저는 그 나팔 소리를 듣습니다. 지옥의 울부짖음과 부르짖음이 엄청난 아우성 소리로 들려옵니다. 지옥의 구덩이는 텅 비어 있습니다. 사자들처럼 소름끼치고, 이리들처럼 굶주리고, 밤처럼 새까만 마귀들이 무수히 밀려옵니다. 사탄의 예비군 곧 이 날의 그 두려운 전투를 오랫동안 기다렸던 세력들이 그들의 소굴에서 포효하고 있습니다. 그들의 군대가 얼마나 수가 많은지 그리고 그들의 얼굴이 얼마나 험악한지 보십시오. 칼을 휘두르며 대장 마귀는 선봉에 서고 따르는 수하들에게 크든 작든 다른 왕들을 제쳐두고 오직 이스라엘 왕을 대적해 싸우라고 명령을 내립니다. 이 전투의 지도자들은 무시무시합니다. 죄가 그곳에 있고, 죄의 모든 무수한 후예들이 독사의 독액을 품어대고 독니로 구주의 살을 물어뜯습니다. 그 창백한 말을 타고 죽음도 그곳에 있는데, 죽음의 잔혹한 화살이 예수님의 몸을 관통하여 그분의 가장 깊은 심장까지 찔렀습니다. 예수님은 "심히 고민하여 죽게 되었습니다"(막 14:34).

지옥은 그 화염과 불화살을 갖고 찾아옵니다. 그러나 그 세력들 가운데 최고 우두머리는 사탄입니다. 만세 전에 천상에서 벌어진 싸움에서 그리스도에게 내쫓긴 것을 잘 기억하고 있는 사탄은 극렬한 악의를 품고 총공격을 위해 돌진합니다. 공중에 날린 화살이 너무 많아 태양을 가릴 정도였습니다. 어둠이 전쟁터를 뒤덮는데, 과거에 애굽 전역에 드리워졌던 것과 같은 어둠입니다. 전투는 오랫동안 혼란 속에 있는데, 이유는 한 사람이 대적하는 수가 너무 많기 때문입니다. 한 사람, 아니 오해가 없도록 하기 위해 확실히 말한다면, 한 하나님이 헤아릴 수 없이 많은 통치자들 및 권세들과 전투 대형을 이루고 계십니다. 그들이 다가오자 한 하나님이 그들을 한꺼번에 맞이합니다. 처음에는 조용히 그분은 그들의 군대가 자기에게 쇄도하는 것을 허락하고, 그들의 함성 소리가 들려올 때를 준비하면서 끔찍할 정도로 끝까지 참고 인내합니다. 그러나 마침내 그들의 함성 소리가 들려옵니다. 자기 백성을 위해 싸우시는 그분이 함성을 외치기 시작하지만 그 함성은 교회를 전율하게 만드는 외침입니다. 그분은 "내가 목마르다"고 외치십니다. 싸움이 너무 치열하고 먼지가 너무 자욱해 목마름은 숨을 막을 정도입니다.

확실히 결국은 예수님이 패배한 것 같습니까? 아닙니다. 잠시만 기다려보십시오. 저편에 수북이 쌓여 있는 시체를 보십시오. 이 모든 시체는 그분의 팔 아래 쓰러진 것입니다. 그 밖에 두려워할 결과는 없습니다. 원수는 자신의 파멸을 향해 줄달음치고 있을 뿐입니다. 원수의 격노와 분노는 소용이 없습니다. 왜냐하면 마지막 군대가 돌격한 상태에 있고, 이 세기의 싸움은 거의 끝났기 때문입니다. 드디어 어둠이 흩어집니다. 이 정복자가 "다 이루었다"고 외치는 소리를 들어보십시오. 그리고 이제 그의 원수들이 어디에 있습니까? 그들은 모두 죽었습니다. 그곳에 자신의 화살에 찔린 채 공포의 왕이 뻗어서 누워 있습니다! 그곳에 사탄이 머리에 상처가 나 피를 철철 흘리고 쓰러져 있습니다! 저기 등이 부러진 뱀이 핼쑥한 몰골로 몸부림치고 있습니다. 죄에 대하여 말한다면, 산산조각이 나 허공의 바람 속에 흩어지고 있도다! 붉은 옷을 입고 보스라에서 오신 사람처럼 정복자는 "다 이루었다!"고 외치고, 계속해서 다음과 같이 말씀합니다. "내가 홀로 포도즙틀을 밟았는데 내가 노함으로 말미암아 무리를 밟았고 분함으로 말미암아 짓밟았으므로 그들의 선혈이 내 옷에 튀어 내 의복을 다 더럽혔음이니라"(사 63:3).

이제 그분은 계속해서 **전리품을 분배합니다.**

여기서 전리품이 분배된다는 것은 전쟁에서 완전히 승리했다는 것을 입증하는 확실한 증거라는 것을 밝혀두고자 합니다. 원수는 조금이라도 힘이 남아 있는 한 정복자들이 전리품을 나누는 것을 가만히 보고만 있지 아니할 것입니다. 우리는 본문에서 예수 그리스도가 철저히 응징하고 단번에 완벽한 승리를 거두어 모든 원수를 완전히 제압했다는 증거를 확인할 수 있습니다. 그렇지 않다면 그분은 결코 전리품을 분배하지 못했을 것이기 때문입니다.

그러면 그리스도께서 전리품을 분배한다는 표현은 무슨 뜻일까요? 저는 무엇보다 먼저 그 의미를 그분이 자신의 모든 원수를 무장해제시켰다는 것으로 봅니다. 사탄은 그리스도를 대적하려고 왔습니다. 사탄은 율법으로 불리고, 죄의 독이 잔뜩 묻어 있는 날카로운 칼을 갖고 있는데, 이 율법의 칼이 만들어놓은 모든 상처는 참으로 치명적이었습니다. 그런데 그리스도께서 사탄의 손에서 이 칼을 빼앗아 이 어둠의 임금을 무장해제시켰습니다. 사탄의 투구는 두 동강이가 났고, 그의 머리는 철장에 맞은 것처럼 박살이 났습니다. 죽음이 그리스도에 맞서 일어섰습니다. 구주는 죽음의 화살 통을 빼앗아 모든 화살을 쏟아버리고, 두 동강을 냈고, 죽음에게 그 깃털 부분만 돌려주었으며, 다시는 구속받은 자들을 파멸시키지 못하도록 독 묻은 화살촉도 제거해 버렸습니다. 죄도 그리스도를 대적하려고 나아왔습니다. 그러나 완전히 박살이 났습니다. 죄는 사탄의 갑주를 지키는 자였으나 그 방패가 내던져지고, 시체가 되어 전쟁터에 널브러져 있었습니다. 그리스도의 모든 원수들을 바라보는 것은 통쾌한 장면이 아닙니까? 아니, 성도 여러분, 여러분과 저의 모든 원수가 완전히 무장해제 된 것이 아닙니까? 사탄은 이제 우리를 공격할 수 있는 무기를 전혀 갖고 있지 못합니다. 사탄은 우리에게 상처를 입히려고 획책하겠지만 결코 상처를 입힐 수가 없습니다. 사탄은 칼과 창을 완전히 빼앗겼기 때문입니다. 고대 시대 전투, 특히 로마인들의 전투를 보면, 원수를 정복한 다음에는 그들의 모든 무기와 병기를 빼앗아버리는 것이 관례였습니다. 그리고 다음에는 갑주와 의복을 빼앗고 손을 뒤로 묶은 다음 멍에를 짊어지도록 했습니다. 그리스도도 죄와 죽음과 지옥에 대하여 이렇게 하셨습니다. 그리스도는 죄와 죽음과 지옥의 갑주를 빼앗고 모든 무기를 탈취하고 멍에를 짊어지도록 했습니다. 따라서 이제 죄와 죽음과 지옥은 우리의 종이 되고, 그리스도 안에서 우리는 우리보다 더 강력했던 죄와 죽음과 지옥의 정복자가 됩니다.

저는 이것 곧 원수의 완전한 무장해제를 전리품을 분배한다는 말의 첫 번째 의미로 취하겠습니다.

다음으로 전리품을 분배한다는 말의 두 번째 의미를 살펴봅시다. 승리자들은 전리품을 분배할 때 무기는 말할 것도 없고 원수들에게 속해 있던 온갖 보물도 나눠가집니다. 그들은 원수들의 요새를 폐쇄시키고 모든 창고를 샅샅이 약탈함으로써 다음에 원수들이 다시는 공격할 수 없도록 합니다. 그리스도는 자신의 모든 원수에 대하여 이렇게 하셨습니다. 옛날에 사탄은 우리에게서 모든 소유를 빼앗아갔습니다. 사탄은 낙원도 자신의 영토로 삼았습니다. 사탄은 사람의 모든 기쁨과 행복과 평안을 빼앗아갔습니다. 그런데 이것은 그것을 자신이 누리기 위해서가 아니라 우리를 가난과 파멸 속에 밀어넣는 것을 즐기기 위해서였습니다. 그런데 우리가 잃어버렸던 모든 기업을 그리스도께서 다시 찾아주셨습니다. 낙원도 우리의 것이 되었습니다. 아담이 누렸던 것보다 더 큰 기쁨과 행복을 그리스도께서 우리에게 되돌려 놓으셨습니다. 오, 인류의 약탈자여, 그대는 약탈당해 포로로 잡혀갔도다! 그대는 아담에게서 그의 부를 약탈했는가? 둘째 아담이 그대에게서 그것을 다시 빼앗았도다! 온 땅의 망치가 어떻게 두 동강이가 나 박살이 났고, 파괴자는 파멸하게 되었는가! 이제 가난한 자가 다시 기억될 것이며 온유한 자가 다시 땅의 기업을 받을 것이리라. "때가 되면 많은 재물을 탈취하여 나누리니 저는 자도 그 재물을 취할 것이며"(사 33:23).

나아가 승리자들은 전리품을 분배할 때 원수에게서 모든 장식품과 면류관과 보물들을 빼앗는 것이 관례입니다. 십자가에서 그리스도는 사탄에게 바로 이렇게 하셨습니다. 사탄은 자신의 머리에 면류관 곧 오만한 승리의 왕관을 쓰고 있었습니다. 사탄은 이렇게 선언했습니다. "나는 첫째 아담과 싸워 이겼다. 여기 번쩍거리는 나의 왕관을 보라." 그리스도는 뱀의 머리를 상하게 하셨던 순간에 사탄의 이마에서 이 왕관을 벗겨내셨습니다. 따라서 사탄은 단 한순간도 승리를 자랑할 수 없고 처절하게 패배를 당했습니다. 첫 번째 싸움에서 사탄은 인간을 이겼지만 두 번째 싸움에서는 인간이 사탄을 이겼습니다. 사탄은 면류관을 빼앗겼습니다. 이제는 더 이상 하나님의 백성의 임금이 아닙니다. 사탄의 지배력은 상실되었습니다. 사탄은 시험할 수는 있으나 지배할 수는 없습니다. 위협할 수는 있으나 복종시킬 수는 없습니다. 왜냐하면 사탄의 머리에서 왕관이 벗겨졌고, 그 힘 있는 자가 이제는 몰락했기 때문입니다. "오라 우리가 여호와께 노래하며 우리의 구원의 반석을 향하여 즐거이 외치자 우리가 감사함으로 그 앞에 나아가며 시를 지어 즐거이 그를 노래하자"(시 95:1-2). 왜냐하면 그가 놋문을 깨뜨리시며 쇠빗장을 꺾으셨기 때문이고, 그가 활을 꺾고 창을 끊으며 수레를 불사르셨기 때문이며, 그가 원수를 부수고, 강한 자와 함께 탈취한 것을 나누게 하셨기 때문입니다.

그러면 이것이 우리에게는 무엇을 의미합니까? 간단히 말하면 이런 의미가 있습니다. 만약 그리스도가 십자가에서 사탄을 상하게 하셨다면 우리 영혼의 이 끔찍한 원수를 만나는 것을 결코 두려워할 이유가 없다는 것입니다. 성도 여러분, 우리는 범사에 그리스도와 같이 해야 합니다. 우리는 우리의 십자가를 져야 하고, 그 십자가에서 그리스도께서 죄와 죽음과 지옥과 싸우신 것처럼 싸워야 합니다. 결코 두려워하지 맙시다. 이 싸움의 결과는 확실합니다. 왜냐하면 우리 구주이신 주님이 이미 정복하신 것처럼 우리도 그분 안에서 아주 확실하게 정복할 수 있기 때문입니다. 악한 자가 여러분에게 다가올 때 절대로 갑작스러운 두려움에 사로잡히지 않도록 하십시오. 만약 악한 자가 여러분을 고발한다면 그에게 다음과 같은 말씀으로 대응하십시오. "누가 능히 하나님께서 택하신 자들을 고발하리요"(롬 8:33). 만약 그가 여러분을 정죄한다면 "누가 정죄하리요 죽으실 뿐 아니라 다시 살아나신 이는 그리스도 예수시니"(롬 8:34)라고 그를 조롱하십시오. 만약 그가 그리스도의 사랑에서 여러분을 갈라놓으려고 한다면 확신을 갖고 그에게 다음과 같이 대응하십시오. "내가 확신하노니 사망이나 생명이나 천사들이나 권세자들이나 현재 일이나 장래 일이나 능력이나 높음이나 깊음이나 다른 어떤 피조물이라도 우리를 우리 주 그리스도 예수 안에 있는 하나님의 사랑에서 끊을 수 없으리라"(롬 8:38-39). 만약 그가 여러분이 지은 죄를 갖고 왈가왈부한다면 이 지옥의 개에게 다음과 같이 맞서십시오. "만일 누가 죄를 범하여도 아버지 앞에서 우리에게 대언자가 있으니 곧 의로우신 예수 그리스도시라"(요일 2:1). 만약 죽음이 여러분을 위협한다면 죽음의 면전에 이렇게 외치십시오. "사망아 너의 승리가 어디 있느냐 사망아 네가 쏘는 것이 어디 있느냐?"(고전 15:55).

여러분 앞에 십자가를 높이 세우십시오. 십자가를 여러분의 방패와 방어물로 삼고, 여러분의 주님이 원수를 패주시켰을 뿐만 아니라 이후에 전리품을 취하셨는데, 여기에는 여러분의 몫도 있다는 것을 굳게 확신하십시오. 여러분의 사탄과의 싸움은 여러분이 절대로 유리한 위치에 있습니다. 여러분은 적대자 때문에 훨씬 더 부요해질 것입니다. 그들의 수가 많으면 많을수록 전리품에 대한 여러분의 몫도 그만큼 더 많아질 것입니다. 여러분의 환난은 인내를 이루고, 여러분의 인내는 연단을 이루며, 여러분의 연단은 소망 곧 우리를 결코 부끄럽게 하지 않는 소망을 이룰 것입니다. 이토록 허다한 환난을 통해 여러분은 천국을 기업으로 받고, 사탄의 공격으로 말미암아 여러분은 하나님의 백성에게 남아있는 안식을 누리는데 훨씬 더 큰 도움을 받게 될 것입니다. 죄와 사탄에 맞설 전투 대형을 갖추십시오. 죄와 사탄에 맞서 활을 당기는 사람들은 화살을 아끼지 말고 마구 쏘아 대십시오. 왜냐하면 여러분의 원수는 곧 하나님을 거역한 원수이기 때문입니다. 죄와 사탄 위로 올라가 발로 그들의 목을 밟고 두려워하거나 당황하지 마십시오. 왜냐하면 이 싸움은 주님의 싸움이고, 주님이 그들을 여러분의 손에 넘겨주실 것이기 때문입니다.

독침이 없는 용과 싸우고 있다는 사실을 기억하고 용기를 내십시오. 그가 쉿소리를 내겠지만 그의 이빨은 부러졌고 그의 독니는 빠졌습니다. 여러분은 여러분의 주님의 무기에 의해 이미 치명적인 상처를 입은 원수와 싸우도록 되어 있습니다. 여러분은 무방비 상태에 있는 원수와 싸우는 것입니다. 여러분이 내뻗는 모든 가격은 그에게 그대로 명중이 될 것입니다. 그는 자기를 보호할 것이 아무것도 없으니까요. 그리스도께서 그를 완전히 벌거벗겼고, 그의 무장을 해제시키고, 자기 백성 앞에서 방어할 수 없는 상태로 만들어 놓으셨습니다. 그러니 절대로 두려워하지 마십시오. 사자가 으르렁거릴 수는 있으나 결단코 여러분을 갈기갈기 찢어놓을 수는 없습니다. 원수는 소름끼치는 괴성을 지르고 무시무시한 공포를 조성하여 여러분을 엄습할 수는 있으나 그렇다고 해서 두려워할 하등의 이유는 없습니다. 주 안에서 굳게 서십시오. 여러분은 자신의 왕관을 빼앗긴 왕과 싸우고 있습니다. 여러분은 광대뼈가 부서지고 허리의 관절이 망가진 원수를 상대로 싸우고 있습니다. 그러므로 싸우는 동안 즐겁게, 아주 즐겁게 싸우십시오. 왜냐하면 그것은 여러분에게 영원한 승리의 시작에 불과하기 때문입니다.

이와 같이 저는 본문의 첫 번째 부분 곧 그리스도께서 십자가에서 전리품을 나눠주신 것과 똑같은 일을 하도록 우리에게 길을 열어놓으신 것에 대하여 살펴보는 시간을 가졌습니다.

2. 십자가에서 승리의 행진을 하신 구주.

　본문의 두 번째 부분은 전리품을 나누는 것에 대해서 뿐만 아니라 승리의 행진에 대해서도 언급하고 있습니다. 한 로마 장군이 외국에서 큰 공을 세웠을 때 그에게 주어지는 최고의 상은 원로원에서 그의 승리를 선포하는 것이었습니다. 물론 전쟁터에서 전리품을 나누고 모든 병사와 모든 장군도 자신의 몫을 취하는 일이 있었지만 모든 국민이 공개적으로 승리를 축하하는 영광의 날을 고대하고 있었습니다. 한 날을 정해 로마 제국의 문들이 활짝 열리고, 집들은 화려한 장식들로 꾸며졌습니다. 국민들은 집의 지붕으로 올라가거나 거리로 나가 큰 무리를 이루고 있었습니다. 문들이 열리고 이윽고 첫 번째 군대가 휘날리는 깃발과 승리를 알리는 나팔 소리와 함께 들어서기 시작했습니다. 국민들은 엄숙한 병사들이 피로 물든 전쟁터에서 돌아와 거리를 행진하는 모습을 바라보았습니다. 절반 정도의 군대가 일렬로 행진한 다음에, 국민들의 이목을 총집중시키는 주인공이 등장하는 것을 볼 수 있습니다. 백마들이 끄는 멋진 병거를 타고 당당하게 선 모습으로 월계관을 쓴 정복자가 등장했습니다. 그리고 그가 정복한 지역의 왕과 권력자들이 그의 병거에 묶인 채 끌려왔습니다. 그들 바로 뒤에는 전리품 일부가 실려 왔습니다. 상아와 흑단, 그리고 그가 정복한 다른 나라들의 가축들의 행렬이 뒤따랐습니다. 그리고 그 뒤로 나머지 용감한 병사들이 길게, 길게 줄을 이어 행진하는데, 그들은 모두 그들의 대장의 승리에 동참하게 됩니다. 이 병사들 뒤로는 전쟁터에서 드높게 펄럭이던 국기와 낡은 깃발들, 그리고 원수에게서 빼앗은 적국의 기(旗)가 따랐습니다. 그리고 그 뒤에 정복자의 대승리를 그려놓은 거대한 기장(記章)이 따랐습니다. 그 외에도 정복자가 건넌 강을 그린 지도나 정복자의 해군이 횡단한 바다들을 그린 큰 지도가 있었을 것입니다. 모든 것이 하나의 그림으로 표현되었고, 국민은 승리의 모든 기념물을 볼 때마다 힘차게 환호성을 질렀습니다. 그러면 후미에서 국민들의 환호성에 맞추어 나팔 소리가 우렁차게 울려 퍼지는 것으로 행진이 일단락되었습니다. 이날은 고대 로마 제국의 최고의 날이었습니다. 자녀들은 한평생 그 승리를 잊지 못할 것입니다. 그들은 이런 승리의 사건들을 헤아려 볼 것입니다. 중요한 기념일로 지켜졌습니다. 여자들은 정복자 앞에 꽃을 던졌고, 정복자는 그날의 진정한 제왕이었습니다.

사도 바울도 이런 승리를 분명히 눈으로 목격했거나 책에서 읽었거나 했을 것입니다. 그래서 이것을 그리스도가 십자가에서 이루신 사건에 대한 표상으로 제시합니다. 바울은 다음과 같이 말합니다. "구경거리로 삼으시고 십자가로 그들을 이기셨느니라." 여러분은 십자가가 승리의 무대가 되리라는 것을 생각해 본 적이 있습니까? 옛날 주석자들은 대부분 이것이 사실이 되리라고는 거의 상상하지 못했습니다. 그들은 "승리의 무대는 확실히 그리스도의 부활과 승천을 가리킨다"고 말합니다. 그러나 그럼에도 불구하고 성경은 십자가에서도 그리스도가 승리를 누렸다고 말씀합니다. 그렇습니다! 십자가에 못 박힌 손에서는 피가 흐르고 있었지만 그리스도의 머리 위로 천사들의 갈채가 쏟아졌습니다. 못에 박혀 발이 찢겨졌지만 세상에서 가장 선한 영들이 그리스도 주위에 모여 그분을 찬양했습니다. 피로 얼룩진 십자가 위에서 그리스도가 형언할 수 없는 큰 고뇌 속에서 운명하셨을 때 하늘에 있는 속량받은 자들은 이전에는 결코 들어본 적이 없었던 외침("다 이루었다")을 들었습니다. 이에 모든 하나님의 천사가 큰 소리로 조화롭게 그리스도를 찬양하는 노래를 불렀습니다. 그때 온전한 합창으로 하나님의 종이자 어린 양의 종인 모세의 노래가 불렸습니다. 왜냐하면 그리스도께서 진실로 라합을 저미시고 용을 찌르셨기 때문입니다. 그러므로 주님이 영광스럽게 승리하신 것을 찬양합시다. 주님이 영원토록 만왕의 왕과 만유의 주로 다스리실 것입니다.

그러나 오늘 아침에 저는 십자가의 이 승리의 무대를 제대로 설명해낼 수 있을 것으로 느끼지 못하지만, 우리가 그리스도의 십자가에서의 실제적인 승리 곧 그리스도께서 피를 흘리고 상처를 입고 고통 속에서 실제로 승리자가 되신 십자가의 그림은 우리가 어떤 상상을 해서 그리더라도 상상을 뛰어넘는 그림으로서, 이 승리는 모두의 찬양의 대상이 되어야 할 것입니다. 아니, 저는 오히려 본문을 이렇게 설명하고 싶습니다. "십자가는 그리스도의 궁극적 승리의 근거다." 그리스도는 사실상 십자가에서 승리하셨다고 말할 수 있습니다. 왜냐하면 이 십자가에서의 오직 한 행위 곧 자신을 바친 한 행위로 말미암아 모든 원수를 완전히 정복하셨고, 영원토록 하늘에서 지극히 높으신 이의 우편에 앉으셨기 때문입니다. 영적인 눈으로 보면, 십자가에 그리스도의 모든 승리가 들어 있습니다. 사실상 그렇게 볼 수 있다는 것이 아니라 실제로 그렇습니다. 신앙의 눈으로 보면, 그리스도의 영광의 원천은 십자가의 고뇌 속에서 발견될 수 있습니다.

이제 저는 겸손하게 십자가에서 어떤 승리가 일어나게 되었는지 묘사하고자 하는데, 잘 들어주시기를 바랍니다.

그리스도는 영원히 자신의 모든 원수를 정복하셨고, 전쟁터에서 전리품을 나누어주셨습니다. 그런데 오늘날까지도 그리스도는 그 두려운 싸움의 당연한 상급과 승리를 누리고 계십니다. 여러분의 눈을 들어 하늘 곧 하나님의 도성의 전쟁터로 시선을 옮겨보십시오. 진주 문이 활짝 열려 있고, 그 도성은 신부가 신랑을 위해 준비한 것처럼 보석으로 장식된 성벽으로 빛나고 있습니다. 여러분의 눈에는 천사들이 도성의 흉곽을 향해 집결하는 장면이 보입니까? 또 천성 도처에서 아직 도착하지 못한 천사들이 자기들이 가야 할 곳을 열심히 찾아 분주히 움직이고 있는 모습이 보입니까? 드디어 나팔 소리가 울리고, 천사들이 바쁘게 문으로 달려갑니다. 구속받은 자들의 선봉이 도성으로 다가오고 있습니다. 진홍색 옷을 입은 아벨이 홀로 들어오는데, 영광스러운 순교자 군대의 선구자였습니다. 아벨을 보고 지르는 환호성 소리를 들어보십시오! 아벨은 최초의 그리스도의 전사로, 곧 구원받은 군사요 전승 기념품입니다. 그의 발꿈치 바로 가까이 다른 사람들이 따라 들어오는데, 그들은 역사 초기에 장차 오실 구주의 명성을 이미 알고 있었던 사람들이었습니다. 그들 뒤로 강력한 무리들이 따라 들어오는 것이 발견되는데, 이들은 유명한 족장들로 패역한 시대에 주님의 오심을 증언했던 사람들이었습니다. 에녹이 여전히 하나님과 동행하면서 아주 감미롭게 "보라, 주님이 일만 성도 가운데에 강림하셨도다"(신 33:2)라고 찬송하는 모습을 보십시오. 노아도 있습니다. 노아는 주님의 안내인으로 방주를 조종하고 있었습니다. 이어서 아브라함, 이삭, 야곱, 모세, 여호수아, 사무엘, 다윗이 뒤따르는데, 모두 유능한 용사들이었습니다. 그들이 들어올 때 주목해 보십시오! 그들은 모두 공중에 자신의 투구를 흔들면서 "우리를 사랑하사 그의 피로 우리 죄에서 우리를 해방하시고, 그에게 영광과 능력이 세세토록 있기를 원하노라"(계 1:5,6)고 외칩니다.

성도 여러분, 이 성스러운 군대를 찬양하며 바라봅시다! 이 영웅들이 황금 길을 따라 행진할 때 주의해 보십시오. 그들은 도처에서 모인 천사들 곧 자신의 처음 지위에서 이탈하지 않고 본분을 지킨 천사들의 열광적인 환영을 받습니다. 이 무수한 천사 군단이 환영할 때 과연 이런 장관이 있을까요? 그것은 하루의 구경거리가 아니라 항상 있는 "구경거리"입니다. 왜냐하면 4천 년 동안 그리스도의 구속받은 사람들의 군대가 계속 행진하고 있기 때문입니다. 때때로 짧은 행렬이 있기도 합니다. 왜냐하면 사람들이 가끔은 줄어들어서 숫자가 적기도 하기 때문입니다. 그러나 조만간에 또 한 무리가 계속 행진하고, 이런 식으로 행진은 계속됩니다. 그리고 그들이 계속 들어올 때마다 엄청난 환호성, 엄청난 찬양이 그들을 사랑하고 그들을 위해 자신을 바치신 분에 대하여 주어집니다. 그러나 보십시오. 바로 그분이 오십니다! 저는 그분의 직계 사자가 약대 털옷을 입고 가죽 띠를 허리에 두르고 오는 것을 봅니다. 그리고 바로 뒤에 다윗 가문의 왕이 오십니다. 모든 눈을 열고 똑똑히 보십시오! 천사들만이 아니라 구속받은 무리가 하늘의 창문들에 어떻게 모여 있는지 보십시오! 그분이 오십니다! 그분이 오십니다! 그리스도 자신이 말입니다! 그 영원한 산 위로 희고 흰 준마를 타고 힘차게 채찍질하십시오. "문들아 너희 머리를 들지어다 영원한 문들아 들릴지어다 영광의 왕이 들어가시리로다"(시 24:7).

　그분이 환호성이 울려 퍼지는 무리 속으로 들어가는 모습을 보십시오. 바로 그분이십니다! 그러나 그분은 가시 면류관을 쓰신 그분이 아닙니다! 그분의 손에는 상처가 남아 있지만 더 이상 피로 얼룩져 있지는 않습니다. 그분의 눈은 불길처럼 이글거리고, 그분의 머리에는 많은 면류관이 씌워져 있고, 그분의 옷을 입고 계시는데, 넓적다리에는 만왕의 왕, 만주의 주라고 적혀 있습니다. 그분은 "예루살렘 딸들의 사랑이 엮어져 있는" 가마 곧 수레 속에 서 계십니다. 피로 물든 옷을 입고 그분은 하늘과 땅의 제왕임을 보여주며 서 계십니다. 그분이 계속 앞으로 나아갈 때마다 그분 주위에 있는 무리가 많은 물소리와도 같고 큰 우렛소리와도 같은 큰 소리로 환호성을 지릅니다. 요한의 환상이 어떻게 현실이 되고 있는지 보십시오. 왜냐하면 우리가 지금 직접 보고 우리 귀로 새 노래를 들을 수 있기 때문인데, 이에 대하여 요한은 다음과 같이 기록하고 있습니다. "그들이 새 노래를 불러 이르되 두루마리를 가지시고 그 인봉을 떼기에 합당하시도다 일찍이 죽임을 당하사 각 족속과 방언과 백성과 나라 가운데에서 사람들을 피로 사서 하나님께 드리시고 그들로 우리 하나님 앞에서 나라와 제사장들을 삼으셨으니 그들이 땅에서 왕 노릇 하리로다 하더라 내가 또 보고 들으매 보좌와 생물들과 장로들을 둘러 선 많은 천사의 음성이 있으니 그 수가 만만이요 천천이라 큰 음성으로 이르되 죽임을 당하신 어린 양은 능력과 부와 지혜와 힘과 존귀와 영광과 찬송을 받으시기에 합당하도다 하더라 내가 또 들으니 하늘 위에와 땅

위에와 땅 아래와 바다 위에와 또 그 가운데 모든 피조물이 이르되 보좌에 앉으신 이와 어린 양에게 찬송과 존귀와 영광과 권능을 세세토록 돌릴지어다 하니 네 생물이 이르되 아멘 하고 장로들은 엎드려 경배하더라"(계 5:9-14).

그런데 그분의 수레의 바퀴에 매여 있는 자들이 누구입니까? 뒤에서 울부짖으며 끌려오는 험상궂은 괴물들이 누구입니까? 저는 그들이 누구인지 압니다. 무엇보다 먼저 우두머리 원수가 있습니다. 옛 뱀이 사슬에 꽁꽁 묶여 기진맥진한 모습으로 몸을 비틀며 몸부림치고 있는 장면을 보십시오! 먼지 속을 질질 끌려가며 그의 하늘빛 안색은 완전히 흑색이 되었고, 한때 자랑거리처럼 밝게 빛났던 그의 피부의 비늘도 완전히 사라졌습니다. 이제는 사로잡힐 자가 사로잡혔고, 죽음과 지옥은 불못 속에 던져질 것입니다. 반란의 괴수에게 어떤 조롱이 합당할까요? 그가 어떻게 영원한 조소의 대상이 되었습니까? "하늘에 계신 이가 웃으심이여 주께서 그들을 비웃으시리로다"(시 2:4). 뱀의 머리가 어떻게 상하게 되는지, 그리고 용이 어떻게 발 아래 짓밟히는지 보십시오. 아울러 저 가증한 괴물 곧 죄가 그 아비인 사탄과 함께 두 손이 완전히 결박당해 묶여 있는 모습을 유심히 보십시오. 그의 광포한 눈알이 어떻게 휘둥그레졌는지, 그리고 그가 어떻게 몸을 뒤틀며 고뇌 속에서 몸부림치고 있는지 확인해 보십시오. 또 그가 어떻게 거룩한 도성을 노려보고 있는지 보십시오. 그러나 그 독액을 뿜어낼 수 없습니다. 왜냐하면 그는 꽁꽁 묶여 재갈이 물려 있고, 승리자의 수레의 바퀴에 묶인 채 질질 끌려가는 처량한 포로 신세이기 때문입니다. 그리고 그곳에는 또한 옛 사망도 있는데, 그의 화살은 모두 부러지고 그의 손은 뒤로 묶여 있는 처지입니다. 그 소름끼치던 공포의 마왕도 역시 포로입니다. 여기서 이 강력한 죄수들이 질질 끌려가는 것을 보면서 구속받은 자들 곧 낙원에 들어간 자들의 노랫소리를 들어봅시다! "전능하신 아버지를 위해 살고 다스리시니, 그가 위로 올라가실 때에 사로잡혔던 자들을 사로잡으시고 사람들에게 선물을 주셨도다"(엡 4:8).

그리고 그분 뒤에는 주의 백성들이 큰 무리를 이루어 따르는 것을 봅니다. 사도들이 먼저 그들의 주님을 찬송하면서 매우 친밀한 관계 속에서 등장하고, 이어서 사도들의 직계 계승자들이 뒤를 따릅니다. 그리고 그 뒤에는 잔혹한 조롱과 폭력, 불길과 칼을 통과한 사람들의 긴 대열이 주님의 뒤를 따라 행진합니다. 이들은 세상이 감당할 수 없었던 사람들로 하늘의 별보다 더 밝게 빛날 것입니다. 크리소스토무스, 아타나시우스, 아우구스티누스 등과 같은 위대한 설교자와 신앙 고백자들도 보십시오. 그들은 거룩한 마음으로 하나가 되어 조금도 이의가 없이 그들의 주님을 찬양하는 것을 보여줍니다. 이어서 여러분의 시선은 종교개혁 시대에 이르기까지 인물들의 빛나는 대열을 확인하게 될 것입니다. 저는 이 대열 속에서 루터와 칼빈과 츠빙글리, 이 세 명의 거룩한 형제들을 봅니다. 또 그들 직전 대열에서는 위클리프와 후스와 프라하의 제롬을 보는데, 이들은 함께 행진하고 있습니다. 그리고 이어서 하나님께서 이 유능한 종교개혁자들을 통해 회심시킨 헤아릴 수 없이 많은 사람들을 보는데, 그들은 만왕의 왕과 만주의 주가 되시는 분 뒤에서 따라가고 있습니다.

그리고 우리 시대를 돌아보면서 저는 이 대열이 더 길어지고 넓어지는 것을 봅니다. 왜냐하면 이 마지막 때에 주님의 승리에 동참하는 군사들이 지난 시대에 동참하는 자들보다 더 많기 때문입니다. 우리는 그들이 우리 곁에 없는 것을 슬퍼할 수 있겠지만 동시에 그들이 주님과 함께 있는 것을 즐거워해야 합니다. 그러나 이구동성으로 외치는 소리 곧 첫 대열에서 마지막 대열까지 계속 들어오는 사람들의 유일한 노래가 무엇입니까? 그 노래는 바로 이것입니다. "우리를 사랑하사 그의 피로 우리 죄에서 우리를 해방하신 그에게 영광과 능력이 세세토록 있기를 원하노라"(계 1:5,6). 그들이 곡을 바꾸었습니까? 그리스도의 이름을 다른 이름으로 교체했습니까? 그들이 면류관을 다른 머리에 씌우거나 다른 영웅을 마차에 태웠습니까? 아, 아닙니다. 그들은 승리의 행진이 영광스럽게 길게 이어지는 것에 여전히 만족하고 있습니다. 여전히 그리스도의 사랑의 새로운 기념물을 보면서 즐거워합니다. 왜냐하면 그리스도의 군대 안에서 모든 군사가 기념물이고, 모든 전사가 그리스도의 구원 능력과, 죽음과 지옥에 대한 그리스도의 승리에 대한 또 다른 증거이기 때문입니다.

저는 이 행진을 계속 전개할 시간이 없습니다. 이 행진 마지막 부분에 대해서는 인상적인 그림들을 묘사하는 것으로 대신하겠습니다. 왜냐하면 고대 로마 제국에서는 전쟁에서 승리하면 정복자의 행위를 모두 그림 속에 그려놓았기 때문입니다. 정복자가 취한 도시들, 정복자가 통과한 강들, 정복자가 굴복시킨 지방들, 정복자가 싸운 전투들이 그림으로 그려지고, 무리를 이루어 정복자와 함께 가며 크게 즐거워하고 축하하는 사람들이 보도록 제시되었고, 또는 자기 집의 창문을 통해 정복자를 내려다보았는데, 환호성과 갈채 소리로 허공을 가득히 채웠습니다. 여기서 저는 여러분에게 무엇보다 먼저 티끌 같은 먼지로 자욱한 지옥의 구덩이에 대한 그림을 제시할 수 있습니다. 사탄은 하나님의 택함받은 자들을 위해 깊은 어둠 속에 자리 잡고 있는 감옥을 준비해 두었습니다. 그러나 그리스도는 이 감옥의 돌들을 하나도 남겨두지 아니하셨습니다. 그림에서 저는 산산조각이 난 쇠사슬, 불에 타 없어진 옥문, 그리고 기초까지 크게 흔들려버린 방대한 감옥의 깊은 곳을 봅니다. 다른 그림에서는 모든 신자에게 활짝 문이 열려 있는 천국을 봅니다. 그리스도의 속죄의 황금 지렛대로 말미암아 굳게 닫혀 있던 문이 활짝 열리게 된 것을 봅니다. 또 다른 그림에서 저는 무덤이 열려 있는 것을 봅니다. 그 무덤 안에 예수님이 계셨는데, 그곳에 잠시 동안 누워 계셨으나 입구를 막은 돌을 굴려내고 썩지 아니할 몸과 영광으로 부활하셨습니다. 그러나 우리는 그리스도의 사랑의 승리를 담고 있는 이 위대한 그림을 설명하는데 시간을 다 할애할 수 없습니다. 우리는 이 승리의 행진이 끝날 때 곧 마지막으로 구속받은 사람들이 행복과 기쁨의 도성 안으로 들어올 때, 곧 마지막으로 나팔 소리가 울려 퍼지면 그리스도께서 하늘로 올라와 영원무궁토록 하나님 곧 우리의 아버지와 함께 영원무궁토록 다스리실 때가 오리라는 것을 알고 있습니다.

이 설교를 끝마치면서 우리가 묻게 되는 한 가지 질문은 "우리가 은혜로 말미암아 이 놀라운 행진에 참여할 수 있다는 충분한 소망을 갖고 있는가?" 하는 것입니다. 우리가 그 화려하고 영광스러운 날에 행진에 참여할 수 있을까요? 내 영혼아, 그대는 이 영광스러운 행렬에 겸손하게 참여하겠는지 말해보라. 그대는 그리스도의 수레의 바퀴를 따라가겠는가? 그대는 우렛소리 같은 호산나 소리에 참여하겠는가? 그대의 목소리도 영원한 합창 소리를 높이는데 도움이 되겠는가? 때때로 저는 그렇지 못할지도 모른다는 생각에 두렵습니다. 저는 "그리스도께서 명부를 읽으실 때 나의 이름이 빠져 있으면 어떡하나?"와 같은 두려운 질문에 봉착할 때가 있습니다.

성도 여러분, 이런 생각이 여러분을 괴롭히지 않습니까? 그러나 저는 이 질문을 다시 제기합니다. 여러분은 과연 대답할 수 있습니까? 여러분은 명부에 들어 있을 것 같습니까? 그래서 이 화려한 행렬을 볼 것 같습니까? 여러분은 드디어 죄와 죽음과 지옥을 이기신 그리스도를 볼 것 같습니까? 이 질문에 대답할 수 있겠습니까? 또 다른 부류의 질문이 있는데, 그 대답은 두 질문 모두에 대한 대답이 될 것입니다. 이 부류에 속하는 질문들은 다음과 같습니다. 즉 여러분은 주 예수 그리스도를 믿습니까? 그리스도가 여러분의 확신과 신뢰의 대상입니까?

여러분은 영혼을 그리스도의 보호에 맡겼습니까? 그리스도의 능력에 의지하면서 여러분의 불멸의 영혼에 대하여 다음과 같이 말할 수 있습니까?

"저는 다른 피난처가 없나이다.

도움 받을 곳 없는 저의 영혼은 주님만 의지합니다."

만일 그렇게 말할 수 있다면 여러분은 그리스도의 영광의 날에 그분을 뵙게 될 것입니다. 아니, 여러분은 그리스도의 영광에 참여하고, 그리스도께서 승리하셨을 때 그분이 아버지의 보좌에 함께 앉으신 것처럼 여러분도 그분의 보좌에 함께 앉게 될 것입니다. 부끄럽지만 저는 오늘 아침에 제 힘으로는 충분히 전할 수 없는 주제에 대하여 설교했습니다. 하지만 최선을 다해 그렇게라도 해봐야지, 전하지 않고 그대로 방치할 수는 없었습니다. 하나님께서 여러분의 믿음을 확대시키고, 여러분의 소망을 강화시키고, 여러분의 사랑을 불태우고, 빛 속에서 성도들의 기업에 참여할 수 있도록 준비시켜서, 그리스도께서 바람 날개가 달린 구름을 타고 다시 오실 때 그분을 맞이할 준비가 되고, 그분과 함께 들려올라가 영원토록 그분의 영광을 볼 수 있게 하시기를 소원합니다.

하나님께서 그리스도로 말미암아 이 복을 허락해 주시기를 기도합니다. 아멘.

제
12
장

—

신자들에 대한 경고

—

"아무도 너희를 정죄하지 못하게 하라." — 골 2:18

본문 속에는 올림픽 게임에서 경주자에게 주어지는 상에 대한 암시가 들어 있고, 사도 바울이 얼마나 자주 경주에 대한 비유로 우리에게 교훈을 주는지 처음부터 유념하는 것이 좋습니다. 바울은 여러 번에 걸쳐 우리에게 상을 얻도록 달려갈 때 노력하라고 명령하고, 또 다른 곳에서는 분투하라고 명령하면서 씨름과 경쟁에 대하여 말하고 있습니다. 그리스도인의 삶이 얼마나 격렬한지— 졸면서 하거나 대충 해도 되는 일이 아니고, 또 어쩌다 한 번씩 피상적으로 다루어도 되는 일이 아니라 — 느끼도록 하기 위해서 이렇게 말하는 것이 아니겠습니까? 그리스도인의 삶은 우리의 모든 힘을 요구하는 일이므로 우리는 구원받았을 때 우리 속에 우리에게 모든 힘을 다하도록 촉구하고, 이전보다 더 큰 힘을 제공하는 삶의 원리를 갖고 있어야 합니다. 아무렇게나 살아도 천국에 이르는 길을 찾을 수 있을 것이라고 생각하는 자들은 큰 실수를 저지른 것입니다. 지옥의 길은 태만의 길이지만 천국의 길은 전연 다릅니다. "우리가 이같이 큰 구원을 등한히 여기면 어찌 그 보응을 피하리요"(히 2:3). 사소하게 여겨 등한시하면 파멸에 이르지만 우리 주님의 말씀은 다릅니다. "좁은 문으로 들어가기를 힘쓰라 내가 너희에게 이르노니 들어가기를 구하여도 — 단순히 구하는 것을 말한다 — 못하는 자가 많으리라"(눅 13:24). 힘쓰는 것이 구하는 것보다 더 크게 요구됩니다. 성령 하나님께서 우리가 영혼의 구원에 대하여 철저하고 두려운 열심을 갖고 항상 임할 수 있게 해달라고 기도합시다. 우리가 이 문제를 부차적인 문제로 간주하지 않기를 바라고, 하나님의 나라와 그 의를 다른 어떤 문제보다 먼저 추구하기를 원합니다. 그리하여 영생을 붙들기를 원합니다. 부지런히 달려가 얻을 것을 얻기를 바랍니다.

나 자신 속에서 뿐만 아니라 동료 그리스도인들 속에서 내세의 일보다 현세의 일에 더 큰 열심을 갖고 있는 모습을 보기 때문에 이 문제를 특별히 여러분이 명심하도록 강조합니다. 경쟁의 시대인 오늘날에는 가난의 굴레에 치이거나 박살나지 않으려면 열심히 일해야 한다는 사상이 우리 마음속에 깊이 각인되어 있습니다. 지금은 어떤 사람도 우리 조상들이 사용해온 서툰 사업 수완을 답습하는 것으로는 빚에서 벗어날 수 없는 것처럼 보입니다. 우리는 힘써야 합니다. 먹고 살 떡은 열심히 수고한 결과로 얻게 되는 것입니다. 이 가난한 세상은 우리가 최초에 가졌던 생각과 최근에 갖고 있는 관심을 빼앗아가고, 다가올 세상에 대해서는 어쩌다 생각하게 만들지 않습니까? 그러나 그래서는 안 됩니다. 우리는 온 마음과 온 뜻과 온 힘을 다해 우리 하나님을 사랑하고, 그리스도를 섬기는 일에 우리의 몸과 혼과 영을 다 바쳐야 합니다. 이것들이야말로 우리가 하나님께 바쳐야 할 합당한 제사이기 때문입니다.

따라서 바울은 본문에서 우리에게 경고를 발하는데, 이것은 어떻게 해석하든 간에 같은 경고를 줍니다. 그러나 본문은 약간 해석이 어렵고, 여러 가지 해석이 주어졌습니다. 이 해석 가운데 우리가 주목할 가치가 있는 해석으로 세 가지가 있습니다. "아무도 너희를 정죄하지 못하게 하라"(Let no man beguile you of your reward). 첫 번째로 바울은 여기서 다음과 같은 것을 나타내고자 합니다.

1. 아무도 마지막 때에 너희에게 주어질 큰 상을 속이지 못하게 하라.

"아무도 너희를 정죄하지 못하게 하라"(Let no man beguile you of your reward). 이 말씀에서 첫 번째로 바울은 마지막 때에 신실한 자들을 기다리고 있는 큰 상을 위하여 그리스도를 따른다고 고백하는 너희를 아무도 정죄하지, 곧 속이지 못하게 하라고 지적합니다.

성도 여러분, 우리 가운데 많은 사람이 그리스도인의 경주를 시작했거나 시작했다고 고백하고 있습니다만 승리한 자들의 숫자가 출발한 사람들의 숫자보다 무척 적습니다. "운동장에서 달음질하는 자들이 다 달릴지라도 오직 상을 받는 사람은 한 사람인 줄을 너희가 알지 못하느냐"(고전 9:24). "청함을 받은 자는 많되 택함을 입은 자는 적으니라"(마 22:14). 분명히 많은 사람들이 그리스도인으로서 경주를 시작하지만 얼마 후에 보면 잘 달리다 방해하는 것을 만나게 되고, 그로 인해 진리에 순종하지 못하고, 우리에게 속해 있지 않은 탓에 결국은 우리에게서 떨어져 나가게 됩니다. 만약 우리에게 속해 있었다면 의심할 여지 없이 계속 우리와 함께 달려갔겠지요. 어쨌든 우리는 경주를 시작했으므로 어떤 사람이 다가와 공개적으로 경주로에서 벗어나도록 방해하리라는 것을 예상할 수 있습니다. 그럴듯한 말이나 궤변으로가 아니라 공개적이고 노골적인 악함을 가지고 말입니다. 어떤 사람은 분명히 우리에게, 달려가 봐야 상이 전혀 없다고, 우리의 신앙은 완전히 착각이라고, 이 세상의 낙이 유일하게 추구할 가치가 있는 것이라고, 육신과 육신에서 나오는 정욕에 즐거움이 있다고, 그래서 그것을 즐기며 사는 것은 좋은 일이라고 말할 것입니다. 우리는 무신론자의 조롱과 비웃음에 직면하게 될 것입니다. 우리는, 우리의 얼굴에 대고 천국은 없다고, 그리스도는 없다고, 또는 있다고 해도 그리스도를 찾기 위해 그토록 큰 수고를 할 가치는 없다고 말하는 온갖 부류의 사람들을 만날 것입니다. 이런 사람들을 조심하십시오. 불굴의 용기를 갖고 그들에게 맞서십시오. 그들의 조롱에 신경 쓰지 마십시오. 만약 그들이 여러분만 핍박한다면 오히려 영예로 생각하십시오. 핍박은 악인이 의인에게 바치는 찬사가 아니면 무엇이겠으며, 뱀의 후손이 여자의 후손의 발꿈치를 상하게 할 때 그것은 여자의 후손을 인정한다는 것 말고 무엇이겠습니까?

그러나 바울은 이처럼 공개적으로 여러분에게 접근하는 사람들에 대해서는 전혀 경고하지 않습니다. 바울은 여러분이 그런 자들에 대하여 경각심을 갖게 되리라는 것을 잘 알고 있습니다. 바울은 여러분을 속이려고 획책하는 다른 사람들에 대하여 특별한 경고를 줍니다. 말하자면, 그들은 여러분을 올바른 길에서 벗어나게 하려고 하지만 그렇게 할 의도가 없다고 말하는 사람들입니다. 그들은 여러분에게 여러분이 갖고 있는 것보다 더 나은 것을 보여주겠다고, 여러분이 이전에는 알지 못했던 것을 가르쳐 주겠다고, 그리고 여러분이 지금까지 배운 것을 더 진보시켜 주겠다고 주장합니다. 바울 당시에는 하나님에 대한 경배를 천사 숭배로 그리스도인의 관심을 바꿔놓으려고 획책하는 자들이 있었습니다. 그들은 이렇게 말했습니다. "천사, 이들은 거룩한 존재다. 천사가 너희를 지켜줄 것이다. 너희는 천사에 대하여 말할 때 큰 존경심을 갖고 말해야 한다." 그런데 한술 더 떠 그들은 아주 대담하게도 "너희는 천사에게 보호를 구해야 한다"고 말했습니다. 그리고 급기야는 "너희는 천사를 숭배해야 한다. 천사를 중보자로 삼아야 한다"고 말했습니다. 이렇게 한 걸음씩 계속 나가 옛날 이단을 만들어냈고, 이런 공작은 기독교 교회 안에서 오랜 세월에 걸쳐 지속되었으며, 심지어는 지금도 사라지지 않아 천사 숭배 사상이 스며들어 있습니다.

그리고 요즘에 여러분은 다음과 같이 말하는 사람들을 만나게 될 것입니다. "저기 식탁 위에 있는 떡을 보라. 주의 만찬에 참여하게 되면 저 떡은 너희에게 예수 그리스도의 몸을 표상할 것이다. 그러므로 그 떡을 큰 존경심을 갖고 대해야 한다." 그런데 그들은 좀 더 대담해져서 이렇게 말합니다. "그 떡은 그리스도를 표상하므로 너희는 그것을 숭배해도 된다. 마치 그 떡이 그리스도인 것처럼 숭배하라." 그런데 급기야 그들은 떡 부스러기를 떨어뜨리지 않도록 턱 밑에 수건을 둘러야 한다고 말할 것입니다. 또는 성스런 포도주를 마실 때 한 방울이라도 콧수염에 묻으면 불길한 징조라고 말할 것입니다. 고교회파에서 나온 문서들을 보면 그런 지침이 있습니다. 하지만 성스런 떡을 먹는 방법과 성스런 포도주를 마시는 방법 등은 육아실에서나 적용되어야 할 부조리한 지침입니다. 이런 지침은 정말 어처구니없게도 그리스도에 대한 경배를 촉진시킨다는 명분 아래 우상 숭배, 그것도 완전하고 명백한 우상 숭배를 낳습니다. 그러므로 여러분은 이런 첫 걸음을 조심하기를 바랍니다.

또는 이런 일이 여러분에게 다른 형태로 일어날 수도 있습니다. 어떤 사람이 여러분에게 이렇게 말할 수 있습니다. "너희가 경배하는 그 장소가 너희에게 무척 소중하지 않은가? 너희가 익숙하게 앉아 말씀을 듣던 그 자리가 소중하지 않은가?" 그러면 여러분의 본능적인 대답은 "그렇습니다"일 것입니다. 그러면 그 사람은 한 걸음 더 나아갑니다. "그곳은 거룩한 곳이다. 그러므로 그곳은 예배 외에 다른 용도로 사용되어서는 안 된다." 그 다음에는 한 술 더 떠 이렇게 말할 것입니다. "오! 이곳은 하나님의 집이다." 그렇게 되어 여러분은 성령에 대하여 주어진 말씀으로 알고 있는 것 곧 하나님은 손으로 지은 성전, 말하자면 이런 건물 안에 거하시는 분이 아니라는 말씀과는 반대로 믿게 될 것입니다.

이런 식으로 여러분은 점차 장소 숭배, 날짜 숭배, 떡 숭배, 포도주 숭배 등에 빠지게 될 것입니다. 또한 여러분은 다음과 같은 말도 들을 수 있습니다. "너희 사제를 보라. 그가 종종 너희에게 힘을 주지 않았느냐? 그렇다면 그를 존경해야 한다. 그를 '레버런드'(성직자의 높은 말)로 불러라." 이어서 한 걸음 더 나아가 여러분은 그를 "파더"(아버지. 신부)로 불러야 합니다. 또 거기서 한 걸음 더 나아가면, 그는 여러분의 고백자가 되고, 급기야는 여러분의 오류 없는 교황이 됩니다. 한 걸음씩 나아가 그렇게 됩니다. 사실상 첫 걸음은 아무 해가 없는 것처럼 보입니다. 정말이지 그것은 일종의 자발적인 겸손입니다. 여러분은 마치 자신이 무척 겸손한 것처럼 생각될 것입니다. 하나님을 위해 이런 것들을 존중합니다. 그런데 주객이 전도되어 여러분은 하나님 대신 그것들을 공경하게 되고, 바로 이 지점에서 사도 바울의 말이 시작됩니다. "아무도 너희를 정죄하지 못하게 하라." 그들은 종종 신령한 사람들이 경배해야 할 대상 외에 다른 숭배 대상을 내세움으로써 교활한 방법으로 여러분을 공격할 것입니다.

이처럼 그들은 느리지만 점차로 그리스도인의 참된 삶의 방식이 아닌 다른 삶의 방식을 넌지시 심으려고 획책할 것입니다. 예수님을 믿는 여러분은 구원받았습니다. 여러분의 죄는 예수님의 이름을 위해 사함받았습니다. 여러분은 예수님이 베드로에게 "이미 목욕한 자는 발밖에 씻을 필요가 없느니라 온 몸이 깨끗하니라"(요 13:10)고 말씀하신 것에 따라 발을 씻음받으려고 끊임없이 예수 그리스도께 나아가는데 익숙합니다. 여러분은 예수님께 나아가 "우리가 우리에게 죄 지은 자를 사하여 준 것 같이 우리 죄를 사하여 주소서"라고 간구합니다. 그러나 여러분에게, 예수 그리스도를 믿는 단순한 믿음으로 사는 삶의 방식은 최고의 방법이 아니라고 말하는 사람이 있을 것입니다. 그러면 여러분은 한 걸음 더 나아가지 않겠습니까? 그러면 여러분은 결국에는 죄를 전혀 갖지 않게 되는 방법으로 육신을 죽이는 수도사의 삶을 추구하면서 스스로의 힘으로 완전한 삶을 살아보려고 시작하지 않겠습니까? 적어도 어느 정도는 여러분의 영혼의 염려를 어떤 사제에게 또는 어떤 친구에게 맡기지 않겠습니까? 그리고 어디서나 거룩하고, 날마다 거룩한 삶을 살지 않고 한 주 가운데 특정한 날만 금식하고, 이런저런 규칙을 철저하게 지키며, 고대 교회의 일반적 의견이나 영국국교회 지침 또는 천 년 전에 당시 사람들이 그것을 어떻게 사용했는지를 보여준다고 주장하는 어떤 책들을 따라 살아가지 않겠습니까? 이 모든 것은 물론 큰 지혜와 옛 진리와 장점을 보여줄 수 있습니다. 그것에 대해서는 거룩한 모든 것의 모방이 있을 수 있고, 존경심을 갖지 않고는 언급될 수 없는 이름들이 그것에 첨부될 수 있습니다. 그러나 이에 대하여 사도 바울이 "아무도 너희를 정죄하지 못하게 하라"고

전하는 것을 들으십시오. 왜냐하면 만약 그들이 그리스도를 단순히 신뢰함으로써 날마다 가련한 죄인으로 그리스도를 의지하며 살지 못하도록 여러분을 훼방한다면 그들은 여러분을 정죄하는 자가 될 테니 말입니다.

여러분을 정죄하려고 애쓰는 또 다른 무리가 있는데, 그들은 하나님의 말씀의 단순한 진리 대신 여러분을 사변적인 관념으로 끌어들임으로써 여러분을 정죄합니다. 설교는 이해할 수 없을 정도로 어려워야 좋은 설교이고, 항상 많은 말을 해 길게 설교해야 감동을 받는다고 생각하는 부류의 사람들이 있습니다. 이 불쌍한 영혼들은 설교자에게 말려들어 그가 전하는 말이 무슨 뜻인지 모르기 때문에 틀림없이 아주 지혜롭고 학식이 많은 사람이라고 느낍니다. 그리고 얼마 후에 설교자가 전한 심오한 뜻을 깨닫기라도 하면, 그것이 어머니의 무릎에 앉아 또는 아버지의 성경에서 배운 것과 완전히 상반될지라도, 기꺼이 그 사상에 빠져 들어갑니다. 요즘엔 새로운 이론을 만들고, 새로운 체계를 고안하고, 복음을 파괴하고, 복음의 참된 영혼과 창자를 끄집어내 단순한 피부와 외부의 뼈만 남겨놓는데 혈안이 되어 시간을 보내는 것처럼 보이는 사람들이 많습니다. 제가 생각하기로는 복음의 생명과 정수는 그들의 학문과 철학과 세련된 논리, 그리고 우리 모두가 경의를 표하는 이 놀랍게 계몽된 19세기의 시금석인 이성에 따라 모든 것을 판단하는 그들의 힘으로 말미암아 제거되어 버렸습니다. 그러나 한 음성이 우리에게 울려 퍼집니다. "아무도 너희를 정죄하지(속이지) 못하게 하라." 옛 진리를 굳게 고수합시다. 옛 진리는 이 모든 철학을 능가할 것입니다. 이전의 삶의 방식을 굳게 고수합시다. 이전의 삶의 방식은 사람들의 온갖 창작들을 능가할 것입니다. 그리스도로 말미암아 굳게 섭시다. 우리는 그리스도 외에 다른 경배의 대상은 결단코 원하지 않으니까요.

사도 바울은 우리에게 "아무도 너희를 정죄하지 못하게 하라"고 경고하면서 이 사람들이 우리를 정죄하는 것이 아주 쉽다는 사실을 상기시킵니다. 그들은 자기들의 인격으로 우리를 정죄합니다. 저는 종종 젊은이들이 오류를 설교하는 이런저런 설교자에 대하여 "그래도 그는 훌륭한 사람이야"라고 말하는 것을 들었는데, 그것은 잘못된 말입니다. "그러나 우리나 혹은 하늘로부터 온 천사라도 우리가 너희에게 전한 복음 외에 다른 복음을 전하면 저주를 받을지어다"(갈 1:8). 만약 그 사람의 삶이 그리스도의 삶과 같이 흠이 없다고 해도 예수 그리스도의 복음 외에 다른 복음을 전한다면 절대로 그에게 설교를 들어서는 안 됩니다. 그는 단지 양의 옷을 입은 자로 사실은 이리입니다. 어떤 사람은 "하지만 이 사람은 설교를 매우 잘합니다"라고 말하겠지요. 아! 성도 여러분, 여러분의 믿음이 사람들의 말 속에 두어지는 날이 없기를 바랍니다. 결국 그가 유능한 웅변가로 여러분의 마음을 사로잡은들 무엇을 더하겠습니까? 어느 때나 모든 것에 대하여 주목을 끄는 유능한 웅변가는 있지 않습니까? 사람들은 말할 때 유창하게 말하며, 악의 원인에 대해서도 유창하게 말합니다. 우리가 빈약한 언어로 옳은 것에 대하여 말할 때보다 악에 대하여 훨씬 더 유창하고 훨씬 더 웅변적으로 말할 수 있는 자들도 있습니다. 그러나 말, 말, 말, 수사적인 미사여구, 웅변, 이것들이 여러분을 구원하는 것입니까? 여러분은 죄를 자각함으로써 성령 안에서 시작하고, 또 단순히 그리스도께 나아와 그분에게 신뢰를 둠으로써 시작한 것을 이제 사람들의 이런 시적인 말과 수사적 미사여구에 속아 잘못된 길로 나아가고자 합니까? 결코 그럴 수 없습니다! 이런 것들이 여러분을 정죄하도록 해서는 절대로 안 됩니다.

또한 그 사람은 매우 훌륭하고 매우 웅변적일 뿐만 아니라 매우 진지하다는 사실, 그래서 매우 겸손한 마음을 가진 사람처럼 보인다는 사실을 덧붙여 말해야 합니다. 그렇습니다. 옛날에 이러한 자들은 속이기 위해 거친 옷을 걸쳤고, 본문의 문맥에 따르면, 이 사람들은 꾸며낸 겸손을 보여주고 천사 숭배로 유명했다는 것을 확인하게 됩니다. 사탄은 자신이 검은 옷을 입고 나타나면 쉽게 발각되지만 광명의 천사의 옷을 입고 나타나면, 사람들이 자신이 하나님에게서 온 것으로 알게 되고, 그래서 그들을 쉽게 속일 수 있다는 것을 너무 잘 알고 있습니다. "그 열매로 나무를 아느니라"(마 12:33). 만일 그들이 여러분에게 복음을 제공하지 않는다면, 그들이 그리스도를 높이지 않는다면, 그들이 보혈을 통한 구원을 증언하지 않는다면, 그들이 모세가 광야에서 뱀을 든 것 같이 예수 그리스도를 높이 들지 않는다면, 그들이 무슨 말을 하든 간에 그들과 아무 관계를 갖지 맙시다. "아무도 너희를 정죄하지 못하게 하라." 그 사람이 여러분의 친척, 여러분이 사랑하는 사람, 여러분의 관심을 끌 정도로 다른 많은 주장을 할 수 있는 사람일 수 있지만, 그의 말이 아무리 그럴듯하고 그의 인격이 아무리 저명하더라도 아무도, 정말 아무도 여러분을 정죄하지 않도록 하십시오.

신앙을 고백하는 자들이여, 만약 여러분이 상을 얻는 길을 잃어버린다면 그 상을 잃게 된다는 것을 명심하십시오. 달리는 자는 매우 빨리 달릴 수 있으나 만약 상을 얻는 길에서 달리지 않는다면 결코 상을 얻지 못할 것입니다. 여러분은 거짓 교리를 큰 열심을 갖고 믿을 수 있습니다. 하지만 결국은 그 모든 것이 거짓이라는 것을 발견하게 될 것입니다. 여러분은 잘못된 종교를 지칠 줄 모르고 끈질기게 추구할 수 있습니다. 하지만 여러분의 영혼은 파멸을 면치 못할 것입니다. 만약 열심히 하고 신실하기만 하다면 무조건 좋은 결과가 있을 것이라고 하는 사상이 팽배해 있습니다. 만약 북쪽을 향해 매우 열심히 나아간다면 남쪽에는 결코 도달할 수 없고, 청산가리를 열심히 복용한다면 죽게 될 것이며, 열심히 수족을 잘라낸다면 큰 상처를 입게 된다는 것을 결코 잊지 말도록 권면합니다. 여러분은 열심히 하기만 해서는 안 되고 올바른 길에서 그렇게 해야 합니다. 그러므로 "아무도 너희를 정죄하지 못하게 하라"고 말하는 것이 당연하지 않습니까? 사도 바울은 다음과 같이 말했습니다. "내가 증언하노니 그들이 하나님께 열심이 있으나 올바른 지식을 따른 것이 아니니라 하나님의 의를 모르고 자기 의를 세우려고 힘써 하나님의 의에 복종하지 아니하였느니라"(롬 10:2-3). 오! 그러므로 우리가 마지막에 하늘의 상을 빼앗기지 않도록 속지 않기를 바랍니다!

2. 아무도 너희가 마땅히 받을 상에 대하여 너희를 지배하지 못하게 하라.

그러나 저는 오늘 밤 특히 구름이 끼어 우리에게 빛이 없다는 사실을 반복해서 말하고자 합니다. 저는 그것이 곧 닥칠 소나기의 징조라고 생각합니다. 그리고 여기에 본문에서 뽑아낼 수 있는 두 번째 해석이 있습니다.

이 해석 또는 이와 비슷한 해석은 프랑스어 번역에서 나옵니다. 이 본문에 대한 유명한 주석자 중 한 사람은 이 본문을 경주의 끝에 서 있는 심판관들에 대한 언급으로 봅니다. 이 심판관들은 때때로 나쁜 사람에게 상을 주고 실제로 잘 달린 사람에게는 마땅히 받아야 할 상을 박탈할 수 있습니다. 따라서 어떤 사람이 그리스도에게 아무리 가까울지라도 세상은 그것 때문에 그를 존중하는 것이 아니라 오히려 반대로 그를 비난하고 정죄할 것입니다. 그래서 바울은 "아무도 너희를 지배하지 않게 하라"고 권면하는 것입니다.

성도 여러분, 여러분은 자신의 행동 과정에 대하여 무엇보다 이것을 먼저 기억하라고 간곡히 부탁합니다. 곧 여러분이 양심적으로 자신이 행하는 일이 옳다고 믿는다면, 누가 좋아하고 누가 싫어하는지 별로 신경을 쓰지 말라는 것입니다. 만약 여러분의 영혼이 여러분이 믿는 것과 행하는 것이 하나님의 인정을 받게 될 것이라고 확신한다면, 사람의 인정을 받는 것에 대해서는 별로 중요하게 여기지 않을 것입니다. 여러분은 사람의 종이 아닙니다. 여러분은 사람에게 상을 바라지 않습니다. 그러므로 여러분은 이 문제에 있어서 사람의 의견이 어떠하냐에 대해서는 유의할 필요가 없습니다. 사람들의 속삭임에 따라 살지 마십시오. 사람들의 칭찬에 크게 좌우되지 마십시오. 그렇게 되면 사람들의 비난으로 여러분은 힘이 빠질 것이니까요. 이 점에 대하여 아무도 여러분을 지배하지 않도록 하고, 오직 그리스도만이 여러분의 주인이 되게 하고 그분의 얼굴을 바라보십시오.

여러분의 행동 과정에 대해서만이 아니라 여러분의 확신에 대해서도 아무도 여러분을 지배하지 못하게 하십시오. 여러분이 예수 그리스도를 신뢰하는 것은 주제 넘는 일이라고 말하는 사람이 있을 것입니다. 그러면 그들이 그렇게 말하도록 놔두십시오. "지혜는 자기의 모든 자녀로 인하여 옳다 함을 얻느니라"(눅 7:35)고 하는데, 이것은 신앙도 마찬가지입니다. 또 여러분이 하나님의 약속을 택하고 그것을 의지한다면 무모한 광신자라고 욕하는 사람들이 있을 것입니다. 그러면 그들이 그렇게 말하도록 내버려 두십시오. 하나님을 의지하는 자들은 결코 수치를 당하지 않을 것입니다. 오히려 여러분의 신앙을 영예롭게 하는 결과가 임할 것입니다. 여러분은 잠잠히 기다리고 있기만 하면 됩니다. 그러면 아마 지금은 여러분을 비난하는 자들이 놀랍게도 두 손을 들고 항복하며 "하나님께서 행하신 일이 어찌 그리 크냐?"(민 23:23)고 여러분에게 물을 것입니다. 특히 사랑하는 젊은 성도 여러분, 그리스도에 대한 여러분의 확신은 여러분의 지인들의 얼굴의 미소에 따라 좌우되는 것이 아니라는 점을 확실히 해두고자 합니다. 만일 그렇게 된다면 그들이 얼굴을 찌푸릴 때 그 확신은 박살이 날 것입니다. 거룩한 확신을 갖고 겸손하게 여러분의 구주와 동행하십시오. 절대로 여러분의 믿음을 사람에게 두지 말고 하나님의 얼굴에 두십시오.

또한 여러분의 동기를 판단함으로써 아무도 여러분을 지배하지 못하게 하십시오. 사람들은 으레 선한 사람의 행동에 대하여 할 수 있는 한 나쁜 이유를 들어 설명하려고 할 것입니다. 사람의 본성 속에는 어떻게든 옳은 것을 믿지 않으려는 속성이 내재해 있는 것처럼 보입니다. 그래서 오해를 받으면 종종 부드러운 마음을 가진 사람은 크게 상처를 입고, 진심으로 그리스도를 섬기려는 마음으로 행한 그들의 행동도 악하거나 이기적인 동기로 치부당합니다. 그러나 그것 때문에 마음이 상하지 마십시오. 여러분은 그리스도의 심판석 앞에 서야 하니까요. 그러므로 사소한 사람들의 심판석 앞에서는 두려워하지 마십시오. 불굴의 정신으로 두려움 없이 여러분의 주님의 사역을 계속 감당하십시오. 다윗의 형제들이 다윗에 대하여 "나는 네 교만과 네 마음의 완악함을 아노니 네가 전쟁을 구경하러 왔도다"(삼상 17:28)라고 말한 것처럼 말하게 놔두십시오. 그리고 앞으로 나가 골리앗의 머리를 가지고 돌아오십시오. 그것이야말로 이 조롱하는 자들에 대한 최고의 대답이니까요. 그들이 하나님이 여러분과 함께 하고, 그분이 여러분에게 승리를 주신 것을 볼 때, 여러분은, 심지어 지금 여러분을 비웃고 있는 자들의 눈으로 보기에도, 영예를 얻게 될 것입니다. 저는 때때로 그리스도인은 사람들의 판단에 대하여 다윗처럼 다음과 같이 위세를 부려도 된다고 생각합니다. 사울의 딸 미갈이 다윗을 맞으며 "이스라엘 왕이 오늘 어떻게 영화로우신지 방탕한 자가 염치없이 자기의 몸을 드러내는 것처럼 오늘 그의 신복의 계집종의 눈앞에서 몸을 드러내셨다"(삼하 6:20)고 말했을 때, 다윗은 이렇게 말했습니다. "이는 여호와 앞에서 한 것이니라 … 내가 이보다 더 낮아져서 스스로 천하게 보일지라도 … "(삼하 6:21,22). 여러분의 눈을 하나님께 두고 사람들의 눈은 잊어버리십시오. 그리고 그들이 여러분이 하는 것을 알아주든 알아주지 않든 간에 그렇게 사십시오. 그러면 여러분은 염려하지 않아도 될 것입니다. 왜냐하면 여러분의 행위가 그 큰 심판 날에 빛을 발하고, 그러기에 땅에서 받는 비판은 여러분에게 아무런 영향을 주지 못할 것이기 때문입니다. 아무도 여러분을 지배하지 못하게 하십시오.

또 다른 맥락에서도 이 본문을 설명할 수 있습니다. 즉 아무도 여러분을 이끌 정도로 여러분의 양심을 흔들지 못하게 하라는 것입니다. 사랑하는 성도 여러분, 제가 여러분에게서 어떤 존경을 받든지 간에 — 여러분의 존중과 애정을 받고 있다고 믿지만 — 단순히 제가 그렇게 말한다고 해서 여러분이 어떤 교리를 믿는 것이 아니라 하나님의 말씀을 통해 그것이 옳다는 것을 확증하지 않으면 절대로 믿지 않는다는 사실을 항상 명심하고 있습니다. 만약 이것이 주님의 가르침에 따른 것이 아니라면 저는 여러분이 저를 절대로 따르지 않기를 바랍니다. 제가 그리스도를 따를 때에만 저를 따르십시오. 이것은 다른 모든 사람에 대해서도 마찬가지입니다. 그것이 여러분의 영혼 속에서 여러분이 추구하는 하나님의 진리, 하나님의 말씀 그리고 그 말씀에 대한 성령의 증언이 되게 하되, 그것이 절대로 부족하게 되지 않기를 바랍니다. 왜냐하면 여러분이 여러분의 신앙을 단순히 사람들의 지혜에 두게 되면, 여러분에게 믿도록 도움을 준 사람이 사라졌을 때 여러분은 위로의 힘을 가장 필요로 할 때 여러분의 신앙도 함께 사라지게 되기 때문입니다. 그러니 아무도 여러분을 지배하지 못하게 하십시오. 그리고 그리스도인의 경주를 계속하되, 예수님을 바라보고, 오직 예수님만 바라보고 달려가십시오.

3. 아무도 너희의 현재의 상을 너희에게서 빼앗아가지 못하게 하라.

그러나 이제는 본문에서 세 번째 의미를 살펴볼 차례입니다. 설교자가 원고를 사용할 필요가 없다면 이 어두운 밤은 아주 행복한 밤입니다. 왜냐하면 그렇게 되면 설교자의 설교는 확실히 여기서 끝나게 되기 때문입니다. 그러나 "아무도 너희를 정죄하지 못하게 하라," 여기에 한 가지 요점이 더 있습니다. 그것은 바로 이것입니다. "아무도 너희가 그리스도인이 되어 갖게 되는 현재의 상을 너희에게서 빼앗아가지 못하게 하라."

아무도 여러분에게서 여러분의 신앙이 여러분에게 가져다주는 현재의 위로를 빼앗아가지 못하게 하십시오. 이 말을 하는 동안 잠시 몇 분간 주목해 주십시오. 사랑하는 성도 여러분, 여러분과 제가 그리스도 안에 있는 신자라면 지금 완전히 사함받았습니다. 하나님의 책을 보면, 우리는 죄가 전혀 없습니다. 우리는 완전히 그리고 온전히 의롭게 되었습니다. 예수 그리스도의 의가 우리를 머리부터 발끝까지 덮고 있습니다. 그리고 우리는 마치 전혀 죄를 범하지 않은 것처럼 하나님 앞에 서 있습니다. 그러므로 아무도 여러분에게서 이 상을 빼앗아가지 못하게 하십시오. 그리스도 안에 있는 신자의 온전함이 의심스럽다고 말하는 것에 절대로 넘어가지 마십시오. 이 진리를 굳게 붙들고, 그것을 굳게 붙들고 있을 때 그것을 누리십시오. 여러분이 가장 두려워해야 할 사람 곧 여러분 자신도 여러분의 상을 빼앗아가지 못하게 하십시오. 비록 양심이 여러분을 신랄하게 비난하더라도, 또 여러분 생각에 의심할 만한 중대한 이유들이 많이 있다고 하더라도, 여러분이 예수님을 믿고 있다면, 다음 진리 위에 굳게 서십시오. "그러므로 이제 그리스도 예수 안에 있는 나에게는 결코 정죄함이 없다. 그를 믿는 자는 심판을 받지 아니한다. 나는 믿었고, 결코 정죄함이 없으니, 내가 심판을 받는 일은 없을 것이다. 왜냐하면 그리스도께서 나를 위해 죄를 담당하셨고, 그분 안에서 깨끗하게 되었기 때문이다.” 아무도 여러분에게서 자신이 그리스도 안에서 온전하다는 느낌의 상을 빼앗아가지 않도록 하십시오.

나아가 예수 그리스도를 믿은 여러분은 그리스도 안에서 안전합니다. 그리스도는 살아 계시기 때문에 여러분도 역시 살 것입니다. 누가 우리를 우리 주 그리스도 예수 안에 있는 하나님의 사랑에서 끊을 수 있겠습니까? 그리스도는 이렇게 말씀하셨습니다. “내가 그들에게 영생을 주노니 영원히 멸망하지 아니할 것이요 또 그들을 내 손에서 빼앗을 자가 없느니라”(요 10:28). 지금도 여러분에게 여러분이 안전하지 못하다고, 여러분이 안전하다고 믿는 것이 아주 위험하다고 말하는 사람이 있을 것입니다. 아무도 이 상을 여러분에게서 빼앗아가지 못하게 하십시오. 여러분은 구원받았습니다. 만약 여러분이 그리스도를 믿고 있다면 그분은 여러분을 지켜주실 것입니다. 그러므로 여러분은 이렇게 찬양할 수 있습니다. “능히 우리를 보호하사 거침이 없게 하시고 우리로 그 영광 앞에 흠이 없이 기쁨으로 서게 하실 이에게 영광이 있을지어다”(유 1:24). 그러므로 여러분이 예수님 안에 있다는, 그래서 예수 그리스도 안에서 안전하다는 이 복된 진리를 굳게 붙드십시오.

여러분은 용서받고, 그리스도 안에서 안전할 뿐만 아니라, 이 순간 사랑하시는 분 안에서 받아들여졌다는 세 번째 복된 진리가 있습니다. 하나님이 여러분을 받아주신 것은 여러분 안에 있는 어떤 것 때문이 아닙니다. 여러분은 그리스도 안에 있기 때문에, 곧 그리스도로 말미암아 받아들여졌기 때문에 받아들여진 것입니다. 그런데 때때로 여러분은 “하지만 네 안에는 여전히 죄가 있다. 네 기도는 불완전하다. 네 행동도 더럽혀져 있다”고 말하는 소리를 듣게 되는데, 이 소리에 귀를 기울여 넘어가게 되면 여러분은 이 상을 빼앗기게 될 것입니다. 그렇습니다. 그러니 아무도, 비록 죄인이지만 여러분은 여전히 그리스도 예수 안에서 받아들여진 존재라는 이 확신을 여러분에게서 빼앗아가지 못하게 하십시오.

하나님께서 이것을 여러분이 내면적으로 느끼게 하셔서 여러분이 살아 있는 동안 아무도 여러분의 상을 빼앗아가지 못하게 하시기를 바랍니다. 사랑하는 성도 여러분, 그리스도로 말미암아 이 진리를 누리면서 살다 죽기를 바랍니다. 아멘.

제
13
장

—

부활하신 그리스도를 따름

—

"그러므로 너희가 그리스도와 함께 다시 살리심을 받았으면
위의 것을 찾으라 거기는 그리스도께서 하나님 우편에 앉아
계시느니라 위의 것을 생각하고 땅의 것을 생각하지 말라."
— 골 3:1-2

우리의 신적 주님이 죽은 자에게서 살아나신 부활은 기독교 교리의 초석입니다. 어쩌면 그것을 기독교라는 아치의 종석(宗石)이라고 부르는 것이 더 정확한 표현일 것이라고 생각합니다. 왜냐하면 이 사실이 부인되면 복음의 전체 건물이 땅으로 무너져 내리기 때문입니다. 만일 예수 그리스도가 다시 살아나지 못하셨으면 우리가 전파하는 것도 헛것이고, 여러분의 믿음도 헛것이며, 여러분은 여전히 죄 가운데 있을 것입니다. 만일 그리스도께서 다시 살아나신 일이 없으면 그리스도 안에서 잠자는 자도 망하고, 부활의 소망과 같이 영광스러운 소망을 놓치게 되니 모든 사람 가운데 우리가 더욱 불쌍한 자가 될 것입니다.

그리스도의 부활이 엄청나게 중요하기 때문에 주님은 자기를 따르는 자들 앞에 반복해서 나타나심으로써 자신의 부활에 대한 부인할 수 없는 다양한 증거를 남겨놓으셨습니다. 그리스도가 부활한 후에 몇 번이나 나타나셨는지 확인해 보는 것은 흥미롭습니다. 약 16번 정도 나타나신 것을 확인할 수 있다고 생각합니다. 부활하신 그리스도는 제자들 앞에 공개적으로 나타나서서 그들과 함께 먹고 마셨습니다. 제자들은 그리스도의 손과 옆구리를 만져보고, 그분의 목소리를 들

었으며, 십자가에 못 박히신 예수님과 같은 분이라는 것을 알았습니다. 부활하신 그리스도는 눈과 귀에 증거를 제공하는 것으로 만족하지 않고 자신의 부활의 실재성을 심지어는 촉각을 통해서도 증거를 제공하셨습니다. 이 출현은 무척 다양합니다. 때로는 오직 한 사람에게 나타나 대화를 나누셨습니다. 곧 남자로서는 게바, 여자로서는 막달라 마리아에게 나타나셨습니다. 또 엠마오로 가는 길에서는 자기를 따르던 두 명의 제자에게 나타나 대화를 나누셨고, 해변에서는 일단의 제자들에게 나타나 대화를 나누셨습니다. 또한 우리는 부활하신 그리스도가 어느 순간에 유대인을 두려워하여 문을 닫고 숨어 있던 열한 명의 제자들에게 나타나신 것과, 다른 순간에 일시에 500명이 넘는 무리 앞에 나타나신 것을 확인하게 되는데, 그들 대부분은 세월이 흐른 뒤에 그분의 부활을 생생하게 증언했습니다. 그렇게 많은 사람들이 모두 속은 것은 아닐 것입니다. 어떤 역사적 사실도 우리 주님이 죽은 자에게서 부활하신 사실보다 더 확실한 신빙성의 기초를 갖고 있을 수는 없을 것입니다. 그리스도의 부활은 모든 논란과 의심을 초월하고, 기독교 전체 체계에 본질적인 사건이기에 철저히 계획에 따라 일어난 일입니다.

바로 이런 이유로 그리스도의 부활은 빈번하게 기념되고 있습니다. 성경에 그리스도의 죽은 자로부터의 부활을 기념하는 것 외에 다른 이유로 주일을 지키는 규례가 전혀 나타나 있지 않기 때문에 모든 주일이 우리 주님의 부활을 기념하는 날입니다. 차가운 겨울날이나 더운 여름날이나 막론하고 아무 때나 주일에 일어나면 여러분은 다음과 같이 노래할 수 있습니다.

> "오늘 주님이 부활하사 죽은 자에게서 떠나시니,
> 사탄의 제국은 무너졌도다.
> 오늘 성도들이 주님의 승리를 선포하니,
> 모두가 주님의 놀라운 이적을 말하는도다."

부활절을 따로 정해 특별히 부활을 기념하는 것은 성경의 명령이 없는 인간의 고안입니다. 그러나 모든 주일을 부활주일로 지키는 것은 한 주의 첫째 날 아침에 부활하신 분 때문입니다. 우리는 한 주의 마지막 날인 일곱째 날이 아니라 첫째 날에 함께 모입니다. 왜냐하면 구속이 창조보다 훨씬 더 큰 일이고 기념할 가치가 더 크기 때문입니다. 창조로 인한 안식보다 구속의 완수로 인한 안식이 훨씬 더 크기 때문입니다. 사도들과 똑같이 우리도 한 주의 첫째 날에 모여 예수님이 우리 가운데 서서 "너희에게 평강이 있을지어다"라고 말씀해 주시기를 바랍니다. 우리 주님은 율법이 오래 전에 갖고 있던 낡고 녹슨 돌쩌귀에서 안식일을 들어올리고, 자신의 사랑으로 만든 새로운 황금 돌쩌귀에 그것을 집어넣으셨습니다. 주님은 우리의 안식일을 한 주의 마지막 날 곧 수고가 끝난 다음에 두신 것이 아니라 하나님의 백성을 위하여 예비하신 안식의 시작 부분으로 두셨습니다. 매주 첫째 날에 우리는 우리 주님의 부활을 묵상하고, 그분의 부활의 생명 속에서 그분과 교제를 시작하기를 원해야 합니다.

그리고 우리는 그리스도의 부활로 그분 안에 있는 모든 자 역시 죽은 자로부터 부활했다는 사실을 결코 잊어서는 안 됩니다. 부활 사실에 대하여 다음으로 중요한 것은 그리스도의 언약적인 대표 머리 교리와, 그리스도와 그의 모든 백성의 연합 교리입니다. 우리가 그리스도께서 행하신 모든 것에 참여자가 되는 것은 우리가 그리스도 안에 있기 때문입니다. 곧 우리가 그분과 함께 할례를 받고, 그분과 함께 죽고, 그분과 함께 장사되고, 그분과 함께 부활하게 되었기 때문에 그분과 분리될 수 없습니다. 우리는 그리스도의 몸의 지체들이고, 그분의 뼈는 부러져 떨어져 나갈 수 없습니다. 이 연합은 아주 친밀하고, 지속적이고, 불가분리적이기 때문에 그분에 관한 모든 것은 곧 우리에 관한 것이고, 그분이 부활하실 때 그분의 모든 백성 역시 그분 안에서 부활한 것입니다.

그리스도의 모든 백성은 두 가지로 부활합니다. 먼저 대표 머리이신 그리스도를 따라 그리스도의 몸이 부활한 것처럼 우리의 몸도 부활합니다. 택함받은 모든 자는 그리스도께서 무덤을 떠나신 그 날에 그리스도 안에서 부활했습니다. 그리스도는 무덤의 감옥에서 해방되심으로써 의롭게 되셨고, 또는 우리의 죄로 말미암은 모든 책임에서 깨끗이 벗어났다고 선언받으셨습니다. 그리스도를 무덤 속에 가두어둘 명분이 전혀 없었습니다. 그분은 "죄를 위해 단번에" 죽으심으로써 자기 백성들의 빚을 깨끗이 청산하셨기 때문입니다. 그리스도는 우리의 인질이자 우리의 대표자이셨습니다. 그리스도께서 자신의 속박에서 벗어나셨을 때 우리도 그분 안에서 벗어났습니다. 우리는 우리의 대리인 안에서 율법의 선고를 감당했고, 율법의 감옥에 갇혀 있었으며, 심지어는 율법의 죽음의 권능 아래 죽었습니다. 그런데 이제는 더 이상 율법의 저주 아래 있지 않습니다. "만일 우리가 그리스도와 함께 죽었으면 또한 그와 함께 살 줄을 믿노니 이는 그리스도께서 죽은 자 가운데서 살아나셨으매 다시 죽지 아니하시고 사망이 다시 그를 주장하지 못할 줄을 앎이로라 그가 죽으심은 죄에 대하여 단번에 죽으심이요 그가 살아 계심은 하나님께 대하여 살아 계심이니"(롬 6:8-10).

이 대표 머리로서의 부활 다음에 우리의 영적 부활이 옵니다. 이 부활은 우리가 믿음으로 예수 그리스도를 믿도록 인도를 받는 순간에 우리의 것이 됩니다. 따라서 우리에 대하여 "그는 허물과 죄로 죽었던 너희를 살리셨도다"(엡 2:1)라고 말할 수 있습니다.

부활의 복은 결국 우리의 주님이신 구주께서 다시 오실 때 완성될 것입니다. 왜냐하면 그분이 오실 때까지 잠을 자고 있다 그때가 되면 우리의 몸이 다시 살아날 것이기 때문입니다. 그리스도는 우리의 인간성 전체 곧 영과 혼과 육을 구속하셨고, 그러기에 우리의 영에게 임한 부활이 우리 몸에도 임할 때까지 만족하지 아니하실 것입니다. 이 마른 뼈가 살아날 것입니다. 그리스도의 죽었던 몸과 함께 다시 살아날 것입니다.

> "주님은 부활하여 승천하실 때
> 우리의 발을 인도하셨고,
> 그 큰 부활의 날에
> 우리의 육체는 주님에게 날아가리라."

그때 우리는 우리의 부활의 완전한 아름다움 속에서 우리가 진실로 완전하게 그리스도 안에서 부활했다는 사실을 알게 될 것입니다. "아담 안에서 모든 사람이 죽은 것 같이 그리스도 안에서 모든 사람이 삶을 얻으리라"(고전 15:22).

오늘 아침 우리는 우리 자신의 영적 부활에 대해서는 그리스도의 부활 안에서 그분과 우리가 교제를 갖게 되었다는 사실만 말하고자 합니다. 그러므로 제가 마치 부활에 대하여 단지 영적 부활만 생각하고 있는 것처럼 오해하지 마십시오. 왜냐하면 문자 그대로 죽은 자로부터의 몸의 부활은 아직 미래의 일이기 때문입니다. 그러나 본문은 영적 부활에 대하여 말하고 있고, 그러기에 저는 이 부활에 대해서만 설명하고자 하는 것뿐입니다.

1. 그리스도와 함께 다시 살아난 우리의 영적 부활

먼저 그리스도와 함께 다시 살아난 우리의 영적 부활에 대하여 살펴봅시다. "그러므로 너희가 그리스도와 함께 다시 살리심을 받았으면." 이 말씀은 가정처럼 보이지만 가정의 의미는 없습니다. 바울은 추호도 의심도 없고 의구심도 없지만, 단순히 논증을 위해 그렇게 말하고 있을 뿐입니다. 따라서 이 말씀은 "그러므로 너희가 그리스도와 함께 다시 살리심을 받았으므로"라고도 읽을 수 있습니다. 여기서 "받았으면"(if)은 신학적으로가 아니라 논리적으로 사용되고 있는 것입니다. 의심 때문이 아니라 논증을 위해서 말입니다. 그리스도를 믿는 사람은 모두 그리스도와 함께 부활했습니다. 이 진리를 지금부터 상고해 봅시다.

먼저 우리는 "허물과 죄로 죽었으나" 그리스도를 믿은 우리는 성령으로 말미암아 살리심을 받았고, 그래서 더 이상 죽은 자가 아닙니다. 우리는 썩을 준비를 하고 무덤 속에 있었습니다. 아니 우리 가운데 어떤 이들인 이미 썩었습니다. 죄의 벌레의 흔적이 우리의 성품에 있었고, 실제 죄의 더러운 악취가 우리에게서 일어났습니다. 짧거나 길거나 우리가 죽음 속에 거한 시간의 길이에 따라 그리고 우리를 둘러싸고 있는 환경에 따라 우리 안에서 죽음은 썩을 것을 일으켰습니다. 우리는 죽음에 처해 있었기 때문에 우리 스스로는 거기서 일어설 수가 없었습니다. 우리의 눈은 볼 수 없는 눈이었고, 우리의 귀는 들을 수 없는 귀였습니다. 또 우리의 가슴은 사랑할 수 없는 가슴이었고, 말라비틀어진 우리의 손은 신앙이 가까이 다가와도 붙잡을 수 없는 손이었습니다. 우리는 구덩이 속에 내려가는 자들과 같았고, 오랫동안 죽어 있던 자들과 같았습니다. 이 점에서 우리는 실제로 죽은 자들보다 더 심한 곤경 속에 있었습니다. 왜냐하면 우리는 우리의 모든 태만과 무능력에 대하여 책임이 있었기 때문입니다. 어떤 힘이 있는 것처럼 죄책이 있었던 것입니다. 왜냐하면 도덕적 능력의 상실이 도덕적 책임의 상실은 아니기 때문입니다. 그러므로 우리는 참으로 무섭고 두려운 영적 죽음의 상태에 있었습니다. 그런데 성령이 우리를 찾아와 우리를 살리셨습니다. 우리는 처음 생명이 탄생할 때의 느낌을 기억합니다. 우리 가운데 어떤 이들은 우리 영혼의 심장이 날카롭고 신랄한 고통으로 얼마나 얼얼했는지 모릅니다. 물에 빠져 거의 죽은 사람이 소생할 때 큰 고통을 겪습니다. 우리도 마찬가지였습니다. 우리 안에 죄에 대한 자각, 죄의 고백, 임할 심판에 대한 두려움, 그리고 현재의 정죄에 대한 의식 등이 일어났습니다. 그러나 이것들은 생명에 대한 증거로, 그 생명은 눈이 열릴 때까지 점차 더 깊어지고, 더 깊이 전개됩니다. 그리하여 우리의 눈은 그리스도를 볼 수 있게 되고, 손은 말라비틀어지는 것을 멈추고 크게 벌려 그리스도의 옷자락을 부여잡습니다. 발은 순종의 길을 따라 움직이기 시작하고, 가슴은 안에서 감미로운 사랑의 불꽃을 느꼈습니다. 나아가 눈은 보는 것으로 만족하지 못하고 울기 시작했습니다. 이후에 눈물이 닦여지자 눈은 기쁨으로 반짝반짝 빛났습니다.

오, 성도 여러분, 예수 안에 있는 신자 여러분, 여러분은 더 이상 영적으로 죽어 있는 상태가 아닙니다. 여러분은 그리스도를 믿었고, 그 위대한 행위는 여러분이 전혀 죽은 것이 아니라는 것을 증명합니다. 그리스도의 크신 능력의 역사로 말미암아 하나님께서 여러분을 살리셨습니다. 하나님은 그리스도를 죽은 자에게서 살리셨을 때 여러분을 그리스도 안에서 살리셨고, 그분을 하늘에 있는 자신의 보좌 우편에 앉히셨습니다. 사랑하는 성도 여러분, 그러므로 여러분은 그리스도 예수 안에서 새 생명으로 다시 태어난 새로운 피조물 곧 두 번째 탄생의 산물입니다. 그리스도가 여러분의 생명입니다. 이 생명은 이전에 여러분이 결코 알지 못했던 것으로, 그리스도가 없이는 결코 알려지지 않은 것입니다. 그러므로 여러분이 그리스도와 함께 다시 살리심을 받았으면 새 생명을 따라 살게 되지만 세상은 여전히 죽음에 처해 있습니다.

여기서 한 걸음 더 나아가 봅시다. 우리는 그리스도와 함께 부활했고, 그러므로 우리 안에 이미 놀라운 변화가 일어났습니다. 죽은 자는 만약 살아난다면 죽어 있을 때의 상태를 그대로 보여주지 않습니다. 땅에 묻혀 있던 씨는 땅으로 솟아나오지만 씨로 솟아나오는 것이 아닙니다. 씨는 푸른 잎을 내고, 새싹을 틔우고, 줄기를 내고, 점차 자라 꽃과 열매를 맺기 때문입니다. 마찬가지로 우리도 새로운 형체로 바뀝니다. 우리는 우리를 의와 거룩함으로 창조하신 분의 형상을 따라 새롭게 되었기 때문입니다.

저는 하나님의 영이 신자 속에서 일으키신 변화를 생각해 보도록 여러분에게 권면합니다. 참으로 놀라운 변화입니다! 거듭나기 전 우리의 영혼은 몸이 죽을 때와 똑같은 상태에 있었습니다. 그래서 이에 대하여 우리는 "썩을 것으로 심겨졌다"는 말씀을 봅니다. 우리 마음속에 썩을 것이 있었습니다. 그것은 불가항력적으로 온갖 악과 더러운 것을 일으키도록 역사했습니다. 다양한 썩을 것이 겉으로 나타나지 않고 내부에서 활동했습니다. 어떤 사람들의 경우에는 썩을 것이 역력히 드러나 바라보기가 두려울 정도였습니다. 그런데 얼마나 엄청난 변화입니까! 어떻게 이런 변화가 일어났습니까? 지금 우리 안에 있는 썩을 것의 권세가 파괴되었고, 새 생명이 썩을 것을 제압했기 때문입니다. 이 새 생명은 영원히 살고 거하는 것으로, 살아 있고 썩지 아니할 씨이기 때문입니다. 썩을 것은 옛 본성에 속해 있고, 우리의 참되고 진정한 자아인 새 본성을 건드릴 수 없습니다. 이렇게 꺼지지 않는 불이 타오르고 있고 죽지 않는 벌레가 시체를 파먹고 있는 지옥으로 우리를 떨어뜨릴 썩을 것이 궁극적으로 제거된 것은 참으로 엄청난 일이 아니겠습니까?

우리의 옛 상태는 몸이 죽을 때 임하는 것과 같았습니다. 욕된 상태에 있었기 때문입니다. 바울은 몸에 대하여 "욕된 것으로 심겨졌다"고 말한 것을 알 것입니다. 시체가 욕된 것을 입는 것처럼 확실히 허물과 죄로 죽은 사람도 욕된 것을 입습니다. 그러나 세상에 있는 모든 것 가운데 죄인이 가장 큰 수치와 경멸을 당해야 할 존재입니다. 죄인은 창조주를 멸시하고, 구주를 거부하고, 선 대신 악을 선택하고, 자신의 행위가 악하므로 빛을 피하며, 그러기에 어둠을 더 좋아합니다. 순수한 영들의 판단에 죄인은 욕된 존재입니다. 그러나 오, 하나님의 은혜가 안에서 역사할 때 사람이 어떻게 변했습니까? 그때 그는 영광스러운 존재가 되었습니다. "보라 아버지께서 어떠한 사랑을 우리에게 베푸사 하나님의 자녀라 일컬음을 받게 하셨는가"(요일 3:1). 이것은 얼마나 놀라운 영광일까요! 천국 자체도 새롭게 된 사람보다 더 영광스러운 것을 담고 있지는 못합니다. 우리도 다윗처럼 충분히 다음과 같이 외칠 수 있습니다. "사람이 무엇이기에 주께서 그를 생각하시며 인자가 무엇이기에 주께서 그를 돌보시나이까"(시 8:4). 그러나 우리가 예수님의 인격 안에서 사람을 하나님의 손의 모든 작품을 지배할 권세를 가진 존재로 보고, 또 예수님이 우리를 하나님을 위한 왕과 제사장으로 삼으신 것을 알 때 우리는 하나님이 우리를 이토록 크게 높이시는 것에 대하여 크게 놀라지 않을 수가 없습니다. 하나님은 친히 다음과 같이 말씀하셨습니다. "네가 내 눈에 보배롭고 존귀하며 내가 너를 사랑하였느니라"(사 43:4). 이 본문의 원문은 "그러므로 믿는 너에게는 그가 존귀하니라"라고 번역할 수도 있습니다. 보배로우신 그리스도가 우리를 보배롭게 만드십니다. 이런 존귀를 모든 성도가 갖고 있습니다.

몸이 장사될 때 우리는 바울을 통해 "약한 것으로 심겨진다"는 말씀을 듣습니다. 가련한 시체는 마지막 침상에 스스로 누울 수 없고, 사랑의 손길이 도와주어야 합니다. 마찬가지로 우리도 모든 선한 일에 대해서는 철저히 약한 상태에 있었습니다. 우리는 죄의 종이었을 때 선은 전혀 행할 수 없었고, 그래서 심지어 주님은 "나를 떠나서는 너희가 아무것도 할 수 없음이라"(요 15:5)고 말씀하셨습니다. 우리는 그리스도가 없이는 선한 생각조차 할 수 없었습니다. 그러나 "우리가 아직 연약할 때에 기약대로 그리스도께서 경건하지 않은 자를 위하여 죽으셨습니다"(롬 5:6). 그런데 지금 우리는 그리스도와 그리스도의 부활의 능력을 압니다. 하나님은 우리에게 능력과 사랑의 영을 부어주셨습니다. 성경에 다음과 같이 기록되어 있지 않습니까? "영접하는 자 곧 그 이름을 믿는 자들에게는 하나님의 자녀가 되는 권세를 주셨으니"(요 1:12).

이것은 참으로 놀라운 능력입니다! 지금 우리는 "장차 세상에 임할 능력들을 맛보고 있고," "그의 영광의 힘을 따라 모든 능력으로 능하게 되며 기쁨으로 모든 견딤과 오래 참음에 이르고"(골 1:11) 있습니다. 신앙으로 우리는 하나님의 능력을 허리에 매고 있습니다. 왜냐하면 "믿는 자에게는 능히 하지 못할 일이 없기"(막 9:23) 때문입니다. 각 신자는 자랑이 아니라 정직하게 "내게 능력 주시는 자 안에서 내가 모든 것을 할 수 있느니라"(빌 4:13)고 외칠 수 있습니다. 이것은 영적 부활이 우리에게 가져다준 놀라운 변화가 아니겠습니까? 하나님의 능력이 우리가 약할 때 온전하게 되는 것은 영광스러운 일이 아닙니까?

이 큰 변화는 주로 또 다른 요점과 관련되어 있습니다. 성경은 몸에 대하여 "육의 몸으로 심고 신령한 몸으로 다시 살아난다"고 말씀합니다. 이전에 우리는 자연인이었고, 하나님의 영에 속한 일을 분별하지 못했습니다. 우리는 세상의 일을 염려하고 육체의 정욕을 따라 보이는 것들을 추구했습니다. 그러나 이제는 하나님의 능력으로 말미암아 우리 안에 신령한 떡을 먹고, 신령한 목적을 위해 살고, 신령한 동기에 따라 움직이며, 신령한 진리 안에서 즐거워하는 영이 창조되었습니다. 육의 몸에서 신령한 몸으로의 이러한 변화는 오직 하나님만이 일으키실 수 있었던 것으로, 우리는 다만 그것을 경험했을 뿐입니다. 하나님께 영광이 있기를! 이처럼 우리는 그리스도 안에서 살아남으로 말미암아 생명을 받았고 놀라운 변화의 당사자가 되었습니다. "이전 것은 지나갔으니 보라 새 것이 되었도다"(고후 5:17).

우리는 이 생명을 받고 이 변화를 겪은 결과 세상과 죄에 속한 일이 우리에게는 무덤이 됩니다. 죽은 사람에게는 무덤이 그가 바랄 수 있는 가장 좋은 거처입니다. 따라서 굳이 말한다면, 여러분은 무덤을 죽은 자의 침실로 부를 수 있을 것입니다. 왜냐하면 죽은 자는 마치 잠을 자고 있는 것처럼 무의식 상태로 그 안에 누워 있기 때문입니다. 그러나 죽은 자가 살아나는 순간 이 침실 곧 무덤을 견디지 못할 것입니다. 그는 무덤을 두려운 지하 감옥, 지겨운 토굴, 견딜 수 없는 납골당으로 부르고, 즉시 그곳을 떠나게 될 것입니다. 따라서 여러분과 저도 자연인이었을 때 곧 신령한 생명을 갖고 있지 못했을 때 이 세상의 일들로 만족했습니다. 그러나 이제는 완전히 다릅니다. 과거에 우리가 원했던 것은 단순한 외적 종교가 전부였습니다. 죽은 영혼에게는 죽은 형식이 어울렸습니다. 유대교는 복음이 시작될 때 유대교의 멍에 아래 있는 사람들을 만족시켰습니다. 그리스도와 함께 부활하는 것을 몰랐던 사람들에게는 월삭과 절기와 전통적 규례와 금식과 명절이 중요한 일들이었습니다. 이 모든 일은 죽은 사람의 침실을 예쁜 가구로 장식해 놓는 것과 같습니다. 그러나 영생에 들어가면 영혼은 이런 외적 규례들을 내던져 버릴 것입니다. 살아난 사람은 입고 있던 수의를 벗어버리고, 몸을 감았던 천을 찢어내고, 생명에 알맞은 옷을 요구할 것입니다. 그래서 본문 바로 앞 장에서 바울은 아무도 사람의 전통과 죽은 의식(儀式)의 고안으로 우리를 망치지 않게 하라고 말합니다. 왜냐하면 이런 일들은 거듭나 새롭게 된 신령한 사람들의 몫이 아니기 때문입니다.

　　이처럼 단순히 육적인 모든 대상은 죄의 낙이든 아니면 이기적인 이득이든 막론하고 모두 우리에게는 무덤과 같이 됩니다. 죽은 사람에게는 수의, 관, 납골당이 가장 어울립니다. 그러나 시체가 다시 살아나 보십시오. 관 속에서 쉴 수 없습니다. 관을 부수고 나오려고 필사적으로 애를 쓸 것입니다. 온 힘을 다해 관 뚜껑을 밀어내고, 몸을 감은 천을 찢어버리고, 관에서 뛰쳐나올 것입니다. 마찬가지로 은혜로 거듭난 사람도 죄에 거할 수 없고, 죄는 그에게 관과 같습니다. 그는 죄악의 낙을 견딜 수 없고, 이 낙은 그에게 수의와 같습니다. 그는 자유를 위해 몸부림칩니다. 부활한 사람은 무덤을 덮은 흙 위로 뛰쳐나오고, 만약 자기 위에 비석이나 묘석이 있으면 뽑아버릴 것입니다. 어떤 영혼들은 자기 의의 무게 아래 매장되어 있는데, 이것은 마치 부자가 대리석 성골함에 파묻혀 있는 것과 같습니다. 그러나 이 모든 것을 신자는 떨쳐버립니다. 그것들을 제거해 버릴 것입니다. 이 죽은 일들을 견딜 수 없습니다. 신자는 신앙 외에 다른 것으로는 살 수 없습니다. 다른 모든 생명은 그에게 죽은 것입니다. 신자는 이전 상태에서 벗어나야 합니다. 왜냐하면 무덤이 산 사람에게 적합한 장소가 아니듯이 우리가 은혜로 다시 살게 되면 죄와 자아에 속한 일과 육체적 감각은 이제 끔찍한 지하 묘지가 되기 때문입니다. 우리는 이 지하묘지를 우리의 영혼을 매장시킨 것처럼 느끼고, 어떻게든 거기서 벗어나려고 할 것입니다. 죄의 죽음에서 벗어나 다시 살게 된 우리가 어떻게 그곳에서 더 오래 살 수 있겠습니까?

그러므로 사랑하는 성도 여러분, 영적인 의미에서 우리는 지금 죽은 자에게서 온전히 다시 살아났습니다. 우리 주님은 발은 무덤 속에 여전히 남아 있는 상태에서 머리만 다시 사신 것이 아닌데, 이것에 대하여 잠시 생각해 봅시다. 주님은 완전한 전체 몸으로 온전히 살아나 부활하셨습니다. 우리도 모든 면에서 완전히 새롭게 되었습니다. 비록 유아 상태에 있기는 하지만 우리는 완전한 영적 생명을 받았습니다. 우리는 그리스도 예수 안에서 완전합니다. 우리의 내적 인간을 보면, 눈은 열려 있고, 귀는 뚫려 있고, 손은 활동적이고, 발은 민첩합니다. 아직 성숙한 상태는 아니지만 우리의 모든 기능이 존재하고, 발전을 요하고, 죽은 옛 본성과 싸우고 있습니다.

나아가 그리고 무엇보다, 부활한 이상 우리는 다시는 죽지 않을 것입니다. 오, 거룩한 생명을 받은 사람이 은혜를 상실하고 멸망할 수 있다는 끔찍한 이야기는 더 이상 하지 마십시오. 우리 손에 있는 성경으로 우리는 더 잘 알고 있습니다. "그리스도께서 죽은 자 가운데서 살아나셨으매 다시 죽지 아니하시고 사망이 다시 그를 주장하지 못하리라"(롬 6:9). 그러므로 자기 안에 그리스도의 생명을 받은 자는 결코 죽지 않을 것입니다. 주님이 다음과 같이 말씀하시지 않았습니까? "나는 부활이요 생명이니 나를 믿는 자는 죽어도 살겠고 무릇 살아서 나를 믿는 자는 영원히 죽지 아니하리니"(요 11:25-26). 그리스도께서 우리에게 주신 이 생명은 우리 안에서 "영생하도록 솟아나는 샘물"이 될 것입니다. 그리스도는 친히 이렇게 말씀하셨습니다. "내가 그들에게 영생을 주노니 영원히 멸망하지 아니할 것이요 또 그들을 내 손에서 빼앗을 자가 없느니라"(요 10:28). 소생한 바로 그 날에 우리는 영적 죽음 그리고 죄의 지배 아래 누워 있었던 무덤과 작별을 고합니다. 그대 치명적인 죄에 대한 사랑이여, 이제는 안녕! 그대와는 이제 관계가 끝났다네! 죽음의 세계여, 부패한 세상이여, 안녕! 그대와는 이제 관계가 끝났다네! 그리스도께서 우리를 살리셨습니다. 그리스도께서 우리에게 영생을 주셨습니다. 우리는 영원히 끔찍한 죽음의 거처를 떠나 하늘의 처소를 구합니다. 우리 예수님은 살아 계시고, 그분이 살아 계시기에 우리 또한 영원히 살 것입니다.

이와 같이 저는 부활의 은유가 갖고 있는 의미를 밝혀보았고, 이것으로 우리의 영적 거듭남이 충분히 설명된다고 생각합니다.

2. 새 생명의 열매를 맺는 방법

바울은 우리에게 우리가 받은 생명을 사용하도록 권면하고, 그래서 이번에는 새 생명을 사용하여 적절한 열매를 맺는 방법에 대하여 살펴보도록 하겠습니다. "그러므로 너희가 그리스도와 함께 다시 살리심을 받았으면 위의 것을 찾으라." 여러분의 행동은 여러분의 새 생명에 합당해야 합니다.

먼저 우리는 무덤을 떠나야 합니다. 만약 우리가 다시 살아났다면 우리가 할 첫 번째 행위는 죽음의 영역에서 떠나는 일이 되어야 합니다. 단순한 외적 종교의 무덤을 버리고, 영과 진리로 하나님을 예배해야 합니다. 제사 제도와의 관계도 끝내고, 영적 활동에 대한 모든 은밀한 사업 역시 끝내고, 죽은 자들이 죽은 자들을 장사지내도록 해야 합니다. 우리는 그런 일에 상관해서는 안 됩니다. 또 외적 형식, 전례, 의식과도 결별해야 합니다. 이런 것들은 그리스도의 규례에 속한 것이 아니므로 십자가에 못 박히신 그리스도 외에는 아무것도 알지 않기로 해야 합니다. 왜냐하면 살아 계신 주님에게 속해 있지 않은 것은 단순한 장례 행렬의 한 조각으로, 형식주의자들의 묘지에나 적합하고, 이런 종교는 전체적으로 관 뚜껑 위의 흙에 삽질하는 것에 불과하기 때문입니다. "흙은 흙으로, 재는 재로, 먼지는 먼지로 돌아간다." "육으로 난 것은 육이요"(요 3:6).

또한 우리는 사람들이 육체를 위해 예비된 것으로 자신을 만족시키려고 애쓰는 육체의 낙의 무덤도 떠나야 합니다. 우리는 눈에 보이는 것이나 귀에 들리는 것에 따라 살아서는 안 됩니다. 또 재산을 축적하거나 명성을 얻거나 하는 일을 위해 살아서도 안 됩니다. 왜냐하면 이런 것들은 그리스도 안에서 부활한 사람에게는 죽은 일이기 때문입니다. 그리고 우리 눈에 보이는 세상을 위해 살거나, 이 세상이 전부인 사람들의 방식을 따라 살아서도 안 됩니다. 우리는 세상에서 떠나온 사람으로 곧 세상 안에 있지만 세상에는 속하지 않은 사람으로 살아야 합니다. 그리고 아브라함처럼 우리가 남겨놓고 떠나온 세상에 대해서는 마치 이런 세상은 전혀 없었던 것처럼 살고, 이제부터는 우리 하나님과 함께 사는 거주자, 하나님과 함께 가는 거류자로서, "하나님이 계획하시고 지으실 터가 있는 성"을 바라보며 살아야 합니다. 예수 그리스도가 죽음의 모든 거처를 뒤에 남겨 놓으신 것처럼 우리도 똑같이 그렇게 합시다.

이어서 우리는 주님이 무덤을 떠나려고 서두르신 것처럼 온갖 악을 서둘러 잊어버려야 합니다. 어쨌든 주님이 죽은 자 가운데 머물러 계신 시간은 무척 짧았습니다. 주님은 사흘 동안 땅의 심장 속에 누워 계셔야 했지만 가능한 한 그 시간을 단축하셨고, 따라서 사흘 동안도 지내시기가 힘드셨습니다. 사흘은 전체 시간에 비하면 참으로 짧은 기간이지만 확실히 예수님에게는 그 기간도 결코 짧지 않았습니다. 주님은 의(義)로 기간을 단축하셨고, 사망의 고통에서 해방되신 주님은 일찍 곧 새벽에 무덤을 떠나셨습니다. 주님이 성경의 기록에 맞추어 새벽에 무덤을 떠나신 것은 가능한 일이었습니다. 주님은 수건과 세마포를 벗어놓고 무덤을 떠나 동산에 서서 제자들을 만나려고 기다리고 계셨습니다. 마찬가지로 우리도 그렇게 해야 합니다. 머뭇거리거나 늑장을 부리거나 세상을 동경하거나 세상의 허영에 집착하거나 육신을 위해 준비하거나 해서는 안 됩니다. 오, 여러분은 아침 일찍 새벽에 영적으로 살아났습니다! 그러므로 아침 일찍 새벽에 여러분의 안일에서, 육체의 낙에서, 부와 자아에 대한 사랑에서 깨어나고, 어두운 무덤에서 벗어나 합당한 활동 영역으로 들어가십시오. "그러므로 너희가 그리스도와 함께 다시 살리심을 받았으면 위의 것을 찾으라."

유추를 계속 따라가 봅시다. 우리 주님은 이토록 이른 시간에 무덤을 떠나신 후에 제자들과 함께 잠시 땅에 머물러 계셨습니다. 따라서 우리도 주님이 거룩한 섬김의 삶을 살며 그렇게 하셨던 것처럼 여기 이 땅에서 나그네로 살아야 합니다. 우리 주님은 부활하시자 땅에서 떠나야 한다는 사실을 염두에 두고 계셨습니다. 여러분도 기억하겠지만, 주님은 "내가 내 아버지 곧 너희 아버지께로 올라간다."(요 20:17)고 말씀하셨습니다. 주님은 그 일을 장차 일어날 일로 여겨 "내가 올라갈 것이다"라고 말씀하지 않고, 그 일이 일어나는 것이 너무 임박해 있기 때문에 이미 일어난 일인 것처럼 "내가 올라간다"고 말씀하셨습니다. 주님은 그동안 해야 할 사역이 있었기 때문에 부활하신 후 40일 간 머무셨습니다. 그러나 이미 하늘에 올라가신 것처럼 간주하셨습니다. 주님은 세상과 관계를 끊으셨습니다. 무덤과 관계를 끊으셨습니다. 그리고 나서 이렇게 말씀하셨습니다. "내가 내 아버지 곧 너희 아버지께로 올라간다." 우리 역시 이 땅에서 40일 동안 머물러야 합니다. 이 기간은 하나님이 정하시는 섭리에 따라 더 길거나 더 짧을 수 있습니다. 그러나 그 기간은 곧 끝나도록 되어 있고 우리가 떠나야 할 시간이 임할 것입니다. 우리는 예수님이 그렇게 하신 것처럼 부활한 다음 땅에서 삶을 살아야 하는데, 어느 때보다 세상은 더 멀리하고 천국을 더 가까이하며 살아야 합니다.

이미 확인한 것처럼, 우리 주님은 다양하게 자신의 친구와 따르는 자들에게 자신의 존재를 드러내심으로써 증언에 더 많은 시간을 할애했습니다. 마찬가지로 우리도 우리의 부활한 생명의 열매를 더 많이 드러내고 하나님의 능력을 증언해야 합니다. 모든 사람에게 여러분이 부활한 것을 보여주십시오. 또 그리스도의 실제적인 부활과 마찬가지로 여러분의 영적 부활도 더 이상 의심할 수 없도록 삶을 사십시오. 세상에 여러분 자신의 행위를 드러내 세상 속에서 여러분이 영광을 받는 일이 벌어지지 않도록 하십시오. 대신 "이같이 너희 빛이 사람 앞에 비치게 하여 그들로 너희 착한 행실을 보고 하늘에 계신 너희 아버지께 영광을 돌리게 하라"(마 5:16). 여러분이 새 생명을 소유하고 있다는 사실을 의심하지 않게 하여 여러분이 친구와 지인 집에 갔을 때 그들이 "우리가 그의 삶의 능력을 보니 그는 살아 계신 하나님의 자녀가 틀림없다. 우리가 새롭게 된 그의 모습을 보니 그는 변화된 사람이 틀림없다"고 말할 수 있게 하십시오. 예수님은 또한 부활하신 다음 성도들을 위로하는데 시간을 보냈습니다. 예수님은 "너희에게 평강이 있을지어다"라고 말씀하셨습니다. 예수님은 여러 사람들에게 곧 마리 아들에게, 자기를 부인한 가련한 베드로에게, 그리고 다수가 모인 무리에게 기운을 북돋아 주면서 장래의 일을 준비하게 하셨습니다. 예수님은 부활 후 40일 동안 자신의 나라의 질서를 세우는데 필요한 모든 일을 행하셨습니다. 자신이 하늘로 올라갔을 때 있어야 할 일에 대하여 조치를 취하셨고, 자신을 따르는 자들에게 "온 세상에 나가 모든 민족에게 복음을 전파하라"고 마지막 명령을 남기셨습니다. 사랑하는 성도 여러분, 우리도 하나님을 경외하며, 이 땅에 체류하는 동안 하나님을 경배하고, 하나님을 섬기고, 하나님을 영화롭게 하고, 또 무엇을 하든 주님의 나라의 확장을 위해, 주님의 성도들의 위로를 위해, 주님의 거룩한 목적의 성취를 위해 힘쓰도록 합시다.

그러나 지금 저는 여기까지 여러분을 이끌고 왔지만, 더 멀리 그리고 더 높이 올라가기를 원합니다. 주님께서 우리를 도와주시기를! 이제는 우리의 마음을 그리스도 안에서 하늘로 올려놓아야 합니다. 비록 몸은 이곳에 있을지라도 우리는 그리스도와 함께 하늘로 끌려 올라가야 합니다. 그리스도에게 이끌려 올라갔기 때문에 우리는 "그리스도와 함께 일으키사 그리스도 예수 안에서 함께 하늘에 앉히시니"(엡 2:6)라고 말할 수 있습니다. 본문도 이렇게 말씀합니다. "위의 것을 찾으라 거기는 그리스도께서 하나님 우편에 앉아 계시느니라." 이것이 하늘의 것을 찾기 위해 올라가는 것 아니면 무엇이겠습니까? 예수님은 올라가셨습니다. 우리도 그리스도와 함께 올라갑시다. 몸에 대하여 말한다면, 우리는 아직 올라갈 수 없습니다. 몸은 아직 하나님 나라를 상속받기에는 적합하지 않기 때문입니다. 그러나 우리의 생각과 마음은 얼마든지 올라가 높은 곳에서 행복한 안식을 누릴 수 있습니다. 외로운 한 마리 새가 하늘 높이 올라가 노래 부르며 창공을 날아다니는 것처럼 단순히 한 가지 생각이 올라가 그렇게 해서는 안 됩니다. 우리의 전체 생각, 혼, 영, 마음이 비둘기들이 구름 사이를 나는 것처럼 올라가야 합니다. 또한 실천이 있어야 합니다. 그렇게 행함으로 위의 것을 찾읍시다. 그것이 필요하다고 느끼기 때문에 위의 것을 찾아야 합니다. 큰 상이 있을 것이기 때문에 위의 것을 찾아야 합니다. 그것을 차지하기를 바라기 때문에 위의 것을 찾아야 합니다. 어떤 사람은 차지하는 것을 바라지 않기 때문에 위의 것을 충심으로 찾지 않습니다. 우리가 지금도 찾고 있는 위의 것은 바로 다음과 같은 것들입니다. 우리는 거룩한 교제를 추구합니다. 왜냐하면 우리는 더 이상 죽은 자의 명단에 들어 있지 않고, 그리스도의 부활 안에서, 그리고 부활한 모든 자와 사귐을 갖기 때문입니다. "우리의 사귐은 아버지와 그의 아들 예수 그리스도와 더불어 누림이라"(요일 1:3). "우리의 시민권은 하늘에 있는지라"(빌 3:20). 그러므로 살아 계신 하나님과 함께 걷고, 성령의 교제를 아는 것을 추구합시다.

또 우리는 하늘의 은혜를 찾아야 합니다. 왜냐하면 "온갖 좋은 은사와 온전한 선물이 다 위로부터 내려오기"(약 1:17) 때문입니다. 우리는 더 큰 믿음, 더 큰 사랑, 더 큰 인내, 더 큰 열심을 구해야 합니다. 또 더 큰 자비, 더 큰 형제애, 더 큰 겸손의 정신을 구해야 합니다. 그리고 그리스도께서 많은 형제들의 맏아들이 되도록 그리스도를 닮으려고 노력해야 합니다. 하늘에 속한 이의 형상을 입기 위해 힘쓰고, 하늘에 속한 영들로 장식된 보석을 얻기 위해 힘써야 합니다.

또한 하늘에 있는 것들도 찾아야 합니다. 범사에 하나님의 영광을 목표로 삼으십시오. 여러분은 이 세상에서 애쓰고 힘써야 합니다. 여러분은 아직 몸 안에 있으니까요. 세상의 것들을 하나님의 영광을 위해 사용하십시오. 사람으로서 그리고 영국 국민으로서 여러분의 권리를 행사하고 의무를 수행할 때, 사람들의 판단을 개의치 말고, 하나님 앞에서 하는 것처럼 하십시오. 여러분은 사람의 아들들과 함께 섞여 살고 있으므로 그들의 수준으로 내려가거나 그들의 동기에 따라 행하지 않도록 조심해야 합니다. 여러분은 여러분 자신의 이기적인 목표를 추구하거나 한 당파의 이익을 도모해서는 안 되고, 전체의 선을 촉진시키고 진리와 의와 평화와 순결과 같은 유익들을 높여야 합니다. 하나님과 여러분의 이웃에 대한 사랑으로 모든 것을 성결케 하십시오. 특정 당파의 목적을 추구하지 말고, 순전하고, 정직하고, 선한 평판에 속한 것을 추구하십시오. 거짓된 것, 속이는 것, 아래에서 나오는 정책으로 내려서지 말고, 정직하고 신실하고 의롭게 죽은 자로부터 살아난 자에 어울리는 삶을 추구하십시오.

　"위의 것을 찾으라." 여기서 위의 것은 곧 하늘의 기쁨들을 말합니다. 오, 땅에서 하늘의 평화, 하늘의 안식, 하늘의 승리, 하늘의 섬김, 하늘의 교통, 하늘의 거룩함을 알도록 힘쓰십시오. 여러분은 이 모든 것을 미리 맛볼 수 있습니다. 그것들을 추구하십시오. 한 마디로 그리스도가 여러분을 위해 준비하고 계시는 천국에 대하여 대비가 되도록 하십시오. 여러분은 곧 위에 거하게 될 것입니다. 그 큰 잔치에 대비를 하십시오. 여러분의 보화는 위에 있으니, 여러분의 마음도 그곳에 가 있어야 합니다. 여러분이 영원토록 소유해야 할 모든 것은 그리스도가 계시는 위에 있습니다. 그러니 어서 올라가 그것을 누리십시오. 소망으로 예비된 기쁨들을 바라보고, 그리하여 이곳 아래에서 우리의 천국이 시작되도록 합시다. 여러분은 그리스도와 함께 다시 살리심을 받았으면 부활한 여러분의 본성에 따라 살아야 합니다. 왜냐하면 여러분의 생명은 그리스도와 함께 하나님 안에 감추어졌기 때문입니다.

　우리를 천국으로 이끄는 자석은 바로 그리스도께서 하나님 우편에 앉아 계신다는 사실입니다. 남편이 멀리 떠나 있을 때 아내의 생각은 옆에 없는 사랑하는 남편이 있는 곳 말고 어디에 가 있겠습니까? 성도 여러분, 여러분도 아시다시피, 그것은 우리에게도 마찬가지입니다. 우리의 생각은 항상 우리의 사랑의 대상에게 가 있기 마련입니다. 그러므로 예수님을, 우리의 묵상과 애정을 그분 자신에게 이끄는 자석이 되게 하십시오. 예수님은 자신의 사역을 다 행하셨기 때문에 앉아 계십니다. 이것은 기록된 바와 같습니다. "오직 그리스도는 죄를 위하여 한 영원한 제사를 드리시고 하나님 우편에 앉으사"(히 10:12). 그러므로 우리가 올라가 그리스도와 함께 앉읍시다. 그리스도는 보좌에 앉아 계십니다. 그분의 엄위를 주목하십시오. 그분의 권능을 즐거워하십시오. 그분의 지배권을 의지하십시오. 그리스도는 존귀와 은혜의 자리인 하나님 우편에 앉아 계십니다. 이것은 우리가 하나님의 사랑과 호의를 받고 있음을 보여주는 증거입니다. 왜냐하면 우리의 대표자가 최고의 자리 곧 하나님 우편을 차지하고 있기 때문입니다. 여러분의 마음을 들어올려 그리스도와 함께 하는 사랑과 은혜를 누리십시오. 내 생각아, 날개를 달고 예수님이 계신 곳까지 날아가라. 내 영혼아, 그대는 종종 다음과 같이 부르짖지 아니했느냐? "메섹에 머물며 게달의 장막 중에 머무는 것이 내게 화로다. 만일 내게 비둘기 같이 날개가 있다면 날아가서 편히 쉬리로다"(시 120:5; 시 55:6). 그래서 내 영혼아, 그대를 위한 날개가 여기 있다. 예수님이 그대를 위로 끌어 올리시리라. 그대는 예수님이 계시는 곳에 있을 권리를 갖고 있다. 왜냐하면 그대는 예수님과 혼인했기 때문이다. 그러므로 그대의 생각을 그리스도에게 두고, 그리스도 안에서 안식하라. 그리스도 안에서 즐거워하라. 그리스도 안에서 기뻐하라. 계속 즐거워하라. 우리 앞에 거룩한 사다리가 있습니다. 그러니 신앙으로 그 사다리를 타고 올라가 그리스도와 함께 하늘에서 앉읍시다.

이 말씀이 여러분에게 복이 되도록 하나님의 영이 역사하시기를 바랍니다.

3. 적절한 대상들 속에서 즐거워하는 새 생명의 길

이어서 우리는 그리스도와 함께 살리심을 받았으므로 새 생명이 적절한 대상들 속에서 즐거워하도록 해야 합니다. 이것을 확인하려면 두 번째 구절로 가야 합니다. "위의 것을 생각하고 땅의 것을 생각하지 말라." "생각하라"(Set your affection). 이 말은 뒤에 어떤 말을 갖다 붙인다고 해도 거의 뜻이 통하지만 그 의미를 확실히 표현하고 있지는 않습니다. 우리는 이 말을 다음과 같이 해석할 수도 있습니다. "위의 것에 흥미를 가져라." 또는 "위의 것을 부지런히 연구하라." 또 이 구절은 "위의 것을 너희 마음에 두고 땅의 것은 두지 말라"고 해석할 수도 있습니다. 죽은 사람에게 매우 적절한 것은 당연히 부활한 사람에게는 적절하지 않습니다. 죄인이었을 때 우리에게 알맞은 정욕의 대상들은 성도가 된 지금 우리에게는 적합하거나 가치 있는 대상들이 전혀 아닙니다. 우리는 소생했기 때문에 이제는 생명을 전개해야 하고, 하늘로 올라갔기 때문에 땅의 것보다는 위의 것을 더 사랑해야 합니다.

　　우리가 생각해야 할, 곧 우리의 애정을 두어야 하는 이 "위의 것"은 무엇일까요? 지금 저는 여러분에게 여러분의 눈을 들어 저 위의 구름 있는 곳을 바라보라고 요청합니다. 왜냐하면 이 낮은 궁창도 하나님의 거처니까요. 여러분은 거기서 무엇을 봅니까? 첫째, 하나님 자신이 계십니다. 하나님을 여러분의 생각, 여러분의 욕구, 여러분의 감정, 여러분의 사랑의 대상으로 삼으십시오. "또 여호와를 기뻐하라 그가 네 마음의 소원을 네게 이루어 주시리로다"(시 37:4). "나의 영혼아 잠잠히 하나님만 바라라 무릇 나의 소망이 그로부터 나오는도다"(시 62:5). 그분을 "나의 큰 기쁨의 하나님"이라고 부르십시오. 여러분과 하늘에 계신 여러분의 아버지 사이에 아무것도 두지 마십시오. 만일 여러분에게 하나님이 계시지 않다면 여러분에게 온 세상이 무엇이겠으며, 하나님이 계신다면 온 세상이 사라진다고 해도 무슨 대수겠습니까? 하나님이 전부이십니다. 따라서 여러분이 "하나님은 나의 것"이라고 말할 수 있을 때 크로이소스보다 더 큰 부자입니다. 오, 또는 이렇게 말해도 됩니다. "하늘에서는 주 외에 누가 내게 있으리요 땅에서는 주 밖에 내가 사모할 이 없나이다"(시 73:25). 오, 마음을 다하고 목숨을 다하고 뜻을 다하고 힘을 다하여 하나님을 사랑합시다. 그것이 율법이 요구하는 것이고, 복음이 우리로 하여금 할 수 있게 하는 것입니다.

　　그 다음에는 무엇을 봅니까? 하나님이지만 동시에 참 사람이신 예수님을 봅니다. 사랑하는 성도 여러분, 여러분을 가장 사랑하는 그분에게 여러분의 사랑을 두도록 강조할 필요가 충분히 있지 않습니까? 그분이 여러분의 마음을 얻고, 지금 강력한 마력처럼 여러분의 마음을 끌어당기고 있지 않습니까? 저는 여러분이 예수님을 사랑한다는 것을 알고 있습니다. 여러분의 마음을 예수님께 고정시키십시오. 그분의 신적 인격, 그분의 완전한 사역, 그분의 중보자로서의 영광, 그분의 재림, 그분의 영광스러운 통치, 여러분에 대한 그분의 사랑, 그분 안에서의 여러분의 안전, 여러분과 그분의 연합 등에 대하여 자주 묵상하십시오. 오, 이 달콤한 생각들이 여러분의 가슴을 사로잡고, 여러분의 입술을 채우고, 여러분의 삶에 영향을 미치기를 바랍니다. 아침에 그리스도에 대한 생각을 하며 일어나고, 저녁에는 여러분의 마지막 생각이 그리스도의 임재로 감미롭게 되기를 바랍니다. 자신의 애정을 여러분에게 두신 분에게 여러분의 애정을 두십시오.

　　그러나 그 다음에 위에서 보는 것은 무엇일까요? 저는 새 예루살렘을 봅니다.

새 예루살렘은 우리 모두의 어머니입니다. 저는 하늘에서 승리하는 그리스도의 교회를 봅니다. 이 승리하는 교회는 전투하는 교회와 하나입니다. 우리는 종종 이름이 하늘의 생명책에 기록되어 있는 장자들의 총회와 교회 속에 우리가 포함되어 있는 것을 충분히 깨닫지는 못합니다. 어쨌든 땅에 있는 모든 성도를 사랑하십시오. 하지만 위에 있는 성도들도 잊지 마십시오. 그들과 교제하십시오. 왜냐하면 우리에게는 오직 하나의 교통만 있기 때문입니다. 다음 사실을 잊지 맙시다.

> "지금 우리가 그러는 것처럼 그들도 한때
> 이곳 아래에서 눈물로 침상을 적시며 슬퍼하고,
> 죄와 의심과 두려움과
> 힘겹게 씨름하던 자들이었다."

면류관을 얻은 용사들, 훌륭하게 싸움을 치른 영웅들, 그러나 지금은 종려나무 가지를 흔들면서, 수고를 멈추고 쉬고 있는 그들과 대화를 나누십시오. 그들과 함께 영원히 거해야 하니, 여러분의 마음을 이 완전하게 된 자들 가운데 두십시오.

위의 것 가운데 우리의 마음이 사랑해야 할 또 다른 것으로 천국 자체를 제외한다면 무엇이 있겠습니까? 천국은 거룩한 곳입니다. 우리는 천국을 사랑하기 때문에 여기서부터 거룩해져야 합니다. 또 천국은 안식하는 곳입니다. 천국에 있으면 너무 즐겁기 때문에 우리는 신앙으로 천국의 안식에 들어가야 합니다. 오, 성도 여러분, 여러분은 결코 본 적이 없는 방대한 재산을 소유하고 있습니다. 만약 이 땅에서 곧 내 것이 될 재산이 있다면 저는 수시로 찾아가 울타리 너머로 슬쩍 들여다볼 것입니다. 만약 소유할 수 없게 되었다면 소유권이 다시 주어지기를 간절히 바랄 것입니다. 그리고 나와 함께 있는 사람들에게 그렇게 된 상황을 옹호하면서 "머지않아 그 재산은 내 것이 될 것이라"고 말할 것입니다. 그러므로 여러분이 현재 빈곤한 처지에 있다고 할지라도 엄청난 재산이 기다리고 있음을 생각하고 위로를 받으십시오. 또 여러분이 병들어 있을지라도 거민들이 "나는 병들었다"는 말을 결코 하지 않을 땅에서 가질 큰 즐거움을 생각하십시오. 기분이 울적할 때에는 장차 주어질 순전한 지복을 바라보면서 마음의 위로를 삼으십시오.

　　　"더 이상 피곤함도 없고, 더 이상 고통도 없네.
　　　　죄도 죽음도 그곳엔 이르지 못하리라.
　　　　영원한 입술에서 흘러나오는 노랫소리에는
　　　　신음 소리가 전혀 섞여 있지 않네."

　　　오! 그런데 여러분은 땅에 매여 있다고요? 미래의 자신을 마음에 그려볼 수 없다고요? 사망의 강줄기는 좁습니다. 여러분의 상상력과 여러분의 신앙은 이 강을 뛰어넘어 저쪽 강변에 서서 다음과 같이 외칠 수 없단 말입니까? "모두 내 것이야. 내 것은 영원하다. 예수님이 계신 그곳에 나도 있게 되리라. 예수님이 앉아 계신 그곳에 나도 앉으리라."

　　　"슬픔과 죄의 세계를 멀리 떠나
　　　　하나님 안에 영원히 감춰리라."

　　　"위의 것을 생각하라." 오, 안개가 우리를 덮고 있는 것처럼 현재 이 땅에서 우리를 덮고 있는 이 무익한 염려에서 떠나기를 바랍니다! 심지어 그리스도의 종으로 그분의 궁정에서 살고 있는 우리도 때때로 피로를 느끼고, 마치 그분을 섬기는 것이 너무 힘든 일인 것처럼 축 처지기도 합니다. 하지만 그리스도는 그것이 속박이라고 말씀하지 않으므로, 만약 그렇게 된다면, 그것은 전적으로 우리의 잘못입니다. 마르다의 섬김은 적절한 것이지만, 그녀는 많은 섬김으로 괴롭힘을 당하라고 요구받지 않습니다. 그것은 그녀 자신의 문제였습니다. 우리도 충분히 섬기는 사역을 감당해야 하겠지만 마리아와 같이 주님의 발 앞에 앉아 있어야 하겠습니다. 여러분이 사업을 하기 때문에 직업상 세상과 어울리지 않을 수 없는 사람이라고 해도, 이 허탄한 세상의 끈적끈적한 영향력을 완전히 받지 않고 살아가기는 어렵다는 것을 알 것입니다. 세상은 할 수만 있으면 여러분을 방해할 것입니다. 여러분은 땅에 내려오면 항상 위험에 직면하게 되는 새와 같습니다. 덫과 올무와 총이 호시탐탐 노리고 있기 때문에 가련한 새는 날개를 펼치고 높이 날지 않으면 결코 안전하지 않습니다. 그러나 새는 먹이를 찾기 위해서는 내려와야 하고, 내려와서 재빨리 먹이를 모으는 것이 좋고, 그런 다음에는 다시 날개를 펼쳐 얼른 높이 날아올라야 합니다. 우리도 사람들 가운데 내려갔다면 재빨리 다시 올라가야 합니다. 여러분이 세상에 섞여서 세상의 죄와 악을 보아야 할 때 여러분의 아버지가 함께 하지 않으면 땅에 발을 딛지 않도록 조심하십시오. 그리고 보리를 주웠다면 얼른 다시 일어서서 멀리, 멀리 발을 떼야 합니다. 왜냐하면 이곳이 여러분의 안식처가 아니기 때문입니다. 여러분은 광막한 물 위를 날고 있는 노아의 비둘기와 같습니다. 여러분의 발바닥이 예수님이 함께 타고 있는 방주 위에 닿지 않는 한 여러분에게는 절대로 안식이 없습니다. 이 부활의 때에 세상과 담을 쌓음으로써 숲의 멧돼지를 쫓아버리고, 포도나무가 열매를 맺게 하고, 잘 익은 포도송이에서 향기를 풍기게 하고, 사랑하는 분이 오셔서 우리의 영혼의 동산을 거닐게 하고, 대신 우리는 그분 안에서 그리고 그분의 거룩한 은사들로 말미암아 즐거워합시다.

이 거룩한 날에 아래의 것의 무거운 짐을 지지 말고, 안식일처럼 주일을 지킵시다. 안식일에 손으로 일하지 않는 것으로 그치지 말고 마음으로도 일하지 않도록 합시다. 육체에 속하는 염려와 걱정은 거룩한 안식의 날을 더럽힙니다. 안식일을 범하는 주요 원인은 염려, 불평, 불신앙 등이 있는데, 너무 많은 사람들이 이런 것들로 가득 차 있습니다. 사랑하는 성도 여러분, 우리는 그리스도와 함께 살리심을 받았으므로 이런 것들을 치웁시다. 그리고 우리가 무덤 속에서 배회하는 것도 옳지 않습니다. 아니, 그 대신 주님을 위해 새로운 노래로 찬송하고, 온 마음을 다해 주님을 찬양합시다.

제
14
장

—

곧 나타나실 우리의
생명이신 그리스도

—

**"우리 생명이신 그리스도께서 나타나실 그 때에
너희도 그와 함께 영광중에 나타나리라." — 골 3:4**

　　주일 아침 예배에서 저는 매우 빈번하게 그 주간의 생각과 경험들을 모아서 설교를 하곤 했습니다. 이것은 마치 보릿단 속에서 애써 찾아낸 한 줌의 보리와 같았습니다. 그러나 오늘 아침 저는 저의 우둔한 머리와 피곤한 마음, 그리고 지난 주간 동안 고통을 겪은 영적 질고로 말미암아 매우 초라한 밥을 여러분에게 내놓지 않을 수가 없습니다. 정말이지 이것이야말로 여러분을 저의 불행에 동참시키는 가장 확실한 방법일 것입니다. 저는 광야에서 방황했습니다만 여러분에게 뜨거운 모래를 뿌리지는 않겠습니다. 저는 사망의 음침한 골짜기를 지났습니다만 아볼루온의 울부짖는 소리를 반복하지는 않겠습니다. 이 안식의 날은 훨씬 더 나은 목적을 위해 정해진 날이니까요.

　　오늘 아침 정해진 예배를 어떻게 인도해야 할지 전혀 모른 채 앉아서 옛날의 노래하는 시인을 생각해 봅니다. 그는 노래하는 능력이 상실되었을 때에도 감미로운 노래를 부르도록 요구받았습니다. 수금의 현을 손가락으로 튕기면서 오랫동안 익숙하게 연주했던 곡을 연주하며 노래를 부를 수밖에 없었습니다. 처음에 그의 손가락과 입술은 기계적으로 움직였습니다. 처음 몇 연은 단순한 습관의 힘에 의해 노래가 흘러나왔고 생명이나 힘이 없는 돌과 같았습니다. 하지만 이윽고 그는 영혼의 감동을 불러일으키는 현을 튕기고, 활활 타오르는 횃불처럼 선율이 마음에 떨어지고, 영혼의 내면에서는 갑자기 연기를 내는 불이 피어올랐습니다. 하늘에서 내려온 뮤즈가 그와 함께 했고 결국 그는 상태가 매우 좋을 때와 다름없이 노래를 불렀습니다. 오늘 아침 저도 이와 같이 행복한 운명이 될 것입니다. 저의 손가락을 예수라는 이름을 극히 잘 아는 현 위에 두고, 이 예배당의 벽들을 그토록 끊임없이 울렸던 주제를 강론하게 될 것입니다. 비록 처음에는 너무 재미없어 여러분의 귀를 힘들게 하겠지만, 그럼에도 불구하고 황홀한 즐거움은 아닐지 몰라도 여러분의 소망과 기쁨과 사랑을 타오르게 할 노래로 이끌 것입니다.

오, 우리 영혼을 하나님의 보좌로 나아가게 할 독수리 날개가 있다면 얼마나 좋겠습니까! 이미 저의 마음은 은혜에 대한 기대로 따스해지고 있습니다! 첫 빛줄기가 동쪽에서 솟아오르기 전에 땅은 해가 뜨는 것을 느낄까요? 햇빛이 길 위에 비춰게 될 것을 내면으로 느끼고, 그래서 아침이 산을 넘어 오는 것을 동료들을 깨워 알리려고 즐겁게 노래 부르기 시작하는 지혜로운 새들이 있지 않을까요? 소망을 주고 즐겁게 하는 어떤 생각들이 우리 마음속에 들어와 보혜사의 은혜로 찾아오는 것을 미리 알려주어 우리 영혼을 기쁘게 한다면 어떨까요. 온 땅이 행복한 봄날이 오는 것을 예언하지 않습니까? 부풀어 오르는 작은 구근(球根)과 검은 흙 아래에서 피어나기 시작하는 꽃들이 있어 "우리는 다른 것들이 알지 못하는 것을 알고 있지. 그것은 여름이 온다는 거야, 곧바로 말이지"라고 말합니다. 그리고 확실히 오늘 아침 우리 안에는 솟아오르는 소망이 있는데, 이것들은 우리의 무거운 짐들 위로 그들의 황금빛 꽃을 보여주고, 그리스도가 우리의 마음을 즐겁게 하기 위해 다시 오신다는 사실을 기꺼이 동의하도록 우리를 확신시킵니다. 성도 여러분, 여러분은 기분 좋은 그리스도의 임재를 한 번 더 주목하게 될 것입니다. 여러분은 더 이상 심연의 질곡에 빠져 그리스도께 부르짖지 아니하고, 여러분의 영혼은 그분의 팔에 기대고 그분의 사랑을 흠뻑 마시게 될 것입니다. 사랑하는 성도 여러분, 저는 은혜로우신 주님이 가장 무익한 자신의 종에게 은혜를 베풀고, 자신의 자비로 우리의 가장 큰 기대를 만족시키실 것이라는 소망을 계속 갖고 나아갑니다.

본문은 매우 간단하지만 네 가지 사상이 표면에 나타나 있습니다. 첫째, 그리스도는 우리의 생명이라는 것, 둘째, 그리스도는 감추어져 있고, 그래서 우리의 생명도 그 안에 감추어져 있다는 것, 셋째, 그리스도는 언젠가 나타나실 것이라는 것, 넷째, 그리스도가 나타나실 때 우리도 그와 함께 영광중에 나타날 것이라는 것입니다.

1. 그리스도는 우리의 생명이십니다

가장 보배롭고 경험적인 첫 번째 교훈은 "우리 생명이신 그리스도"라는 말씀 속에 들어 있습니다.

우리는 이 지극히 풍성한 표현을 대할 때 우리가 골로새서를 읽고 있는 중이라는 사실을 거의 깨닫지 못합니다. 표현이 요한의 표현법과 매우 비슷하기 때문입니다. 요한복음 첫 부분의 말씀을 보십시오. "그 안에 생명이 있었으니 이 생명은 사람들의 빛이라"(요 1:4). 요한이 나사로의 무덤에서 주님이 하신 말씀을 어떻게 기록하고 있는지 보십시오. "나는 부활이요 생명이니"(요 11:25). 요한이 자신이 쓴 서신에서 얼마나 익숙하게 이와 똑같은 맥락에서 주 예수님에 대하여 전하는지 확인해 보십시오. "태초부터 있는 생명의 말씀에 관하여는 우리가 들은 바요 눈으로 본 바요 자세히 보고 우리의 손으로 만진 바라 이 생명이 나타내신 바 된지라 이 영원한 생명을 우리가 보았고 증언하여 너희에게 전하노니 이는 아버지와 함께 계시다가 우리에게 나타내신 바 된 이시니라"(요일 1:1-2). 요한과 예수님의 거리가 얼마나 가깝습니까! 요한은 오늘 아침의 설교자처럼 그리스도는 "우리의 생명의 양식이다, 우리의 생명의 기쁨이다, 우리의 생명의 대상이다" 등으로 말하지 않고 "그리스도는 우리의 생명이다"라고 말합니다.

저는 베드로나 야고보가 "그리스도는 우리의 생명의 힘 또는 인도자다"라고 말하는 것을 생각해 보지만, 자기 머리를 구주의 품에 기대고 있었던 요한은 멀리 떨어진 자리에서 말하거나 제삼자의 입장에서 속삭이지 않고, 자기 머리가 구주의 뛰는 가슴에 사랑스럽게 안겨 있는 상태를 그대로 전달합니다. 요한은 주님과 가장 가깝고 밀접하게 접촉한 상태에서 주님을 느꼈고, 그래서 "이 생명이 나타내신 바 된지라"고 즉각 진수와 정수가 되는 사실로 나아가 진술했습니다. 바울도 어느 정도 똑같은 사랑의 정신을 갖고 있었고, 비록 "예수께서 사랑하시는 그 제자"라는 호칭은 갖고 있지 않았어도, 천사가 다니엘에게 "큰 은총을 받은 사람이여"라고 말한 것처럼 바울도 충분히 그런 말을 들을 만했습니다. 따라서 여러분도 아시다시피, 바울은 즉시 진리의 심장부로 뛰어들어 거기서 탐구하는 것을 좋아합니다. 다른 사람들은 이스라엘 백성들처럼 그 산을 둘러싸고 있는 지경 밖에 서 있지만, 바울은 모세처럼 하나님이 계시는 곳에 들어가 놀라운 영광을 직접 목격합니다. 우리도 그 안에 충분히 들어가기 전에 이 거룩한 진리의 주변을 파악하고 있어야 한다고 생각합니다. 비록 그 안에 들어가는 것이 훨씬 더 좋기는 하지만 이 진리의 입구에서 기다리는 것도 복이 있습니다. 그러나 본문에서 말하는 생명은 자연적 생명이 아니라 영적 생명이라는 것을 이해해야 하고, 그래야 우리가 무지한 자를 잘못 인도하지 않게 될 것입니다.

1) 그리스도는 우리의 생명의 원천이다.

그리스도는 우리의 생명의 원천이십니다. "아버지께서 죽은 자들을 일으켜 살리심 같이 아들도 자기가 원하는 자들을 살리느니라"(요 5:21). 주님이 친히 하신 말씀도 있습니다. "내가 진실로 진실로 너희에게 이르노니 내 말을 듣고 또 나 보내신 이를 믿는 자는 영생을 얻었고 심판에 이르지 아니하나니 사망에서 생명으로 옮겼느니라 진실로 진실로 너희에게 이르노니 죽은 자들이 하나님의 아들의 음성을 들을 때가 오나니 곧 이 때라 듣는 자는 살아나리라"(요 5:24-25). 마치 여기서 우리를 가르치고 있는 진리의 중요성을 강조하는 것처럼 네 번에 걸쳐 "진실로"라는 말이 등장합니다. 우리는 죄로 죽었습니다. 나사로를 무덤에서 불러낸 그 음성이 우리를 죄의 무덤에서 불러냅니다. 우리는 하나님의 말씀을 듣고, "잠자는 자여 깨어서 죽은 자들 가운데서 일어나라 그리스도께서 너에게 비추이시리라"(엡 5:14)는 약속에 따라 살아납니다. 예수님은 우리의 알파와 오메가가 되십니다. 예수님은 우리의 신앙의 창시자이자 완성자이십니다. 만약 "너희를 하나님이 살리시고"란 말씀이 없었더라면 우리는 지금도 허물과 죄로 죽어 있는 상태에 있었을 것입니다. 우리가 살아난 것은 그리스도의 생명으로 말미암은 것입니다. 그리스도께서 우리에게 생명수를 주시고, 이 생명수는 우리 안에서 영생하도록 솟아나는 샘물이 됩니다.

2) 그리스도는 우리의 영적 생명의 실체다.

그리스도는 우리의 영적 생명의 실체입니다. 생명이란 무엇일까요? 의사도 생명을 발견할 수 없습니다. 해부학자도 살과 신경과 뇌를 통해 생명을 찾는 것이 헛수고일 뿐입니다. 선생님, 수술이 급합니다. 서둘러 주십시오! "생명이 방금 떠나갔습니다"라고 사람들은 말합니다. 어서 가슴을 갈라 죽은 것 속에서 최소한 생명이라고 불리는 것이 흔적이라도 남아 있는지 한번 찾아봐 주세요. 유능한 해부학자여, 그대는 무엇을 찾았습니까? 그 뇌를 보십시오. 거기서 이상한 모양을 한 어떤 물질 덩어리 외에 무엇을 볼 수 있습니까? 그대는 생명이 무엇인지 발견할 수 있습니까? 그 뇌 속이나 척수 어딘가에 생명이 있고, 계속 고동치고 있는 심장이 생명과 어느 정도 관계가 있는 것은 사실이지만 그 실체 곧 생명이라 불리는 것의 참된 실체가 어디에 있습니까? 아리엘의 날개도 생명을 추적할 수 없습니다. 생명은 아주 미묘하니까요. 생각으로는 알고 있으나 생명을 붙잡을 수는 없습니다. 생명은 생명처럼 보이는 현상을 통해 알게 되지만 생명을 묘사할 수 없고, 더욱이 생명이 무엇인지 제시할 수는 없습니다. 그리스도인의 새로운 본성 속에는 많은 신비가 있지만 그 생명이 무엇인지에 대해서는 아무것도 없습니다. 만약 여러분이 거듭난 마음의 중심 속에 들어갈 수 있다면 거기서 신적 생명의 확실한 흔적을 찾게 될 것입니다. 왜냐하면 거기서 예수님에 대한 사랑을 찾을 수 있게 될 것이기 때문입니다. 아니, 거기서 그리스도 자신을 발견할 수 있게 될 것이기 때문입니다. 만일 여러분이 새 본성의 바다의 샘들을 찾고자 한다면 모든 샘에서 주 예수님을 찾아낼 것입니다. 다윗은 "나의 모든 근원이 당신께 있다"고 노래했습니다. 그리스도는 신자의 영혼의 생명의 고동을 창조하시며, 자신의 뜻에 따라 사람을 통해 생명의 홍수를 보내십니다. 만약 여러분이 신자의 뇌를 꿰뚫어볼 수 있다면 그리스도가 중심 생각으로, 다른 모든 생각을 지배하고 다른 모든 생각의 뿌리와 성장의 근간을 이루는 것을 발견하게 될 것입니다. 여러분은 하늘의 생기로 말미암아 살아난 모든 영혼의 영적 본성의 내적 생명의 참된 실체가 그리스도라는 것을 발견하게 될 것입니다.

3) 그리스도는 우리의 생명의 양식이다.

그리스도는 우리의 생명의 양식입니다. 예수님의 살과 피 말고 그리스도인이 먹고 살 수 있는 음식이 무엇이 있을 수 있겠습니까? 그리스도인의 자연적 생명은 떡을 필요로 하지만, 우리가 지금 다루고 있는 영적 생명에 대해서는 "사람이 떡으로만 살 것이 아니요 하나님의 입으로부터 나오는 모든 말씀으로 살 것이라"(마 4:4)는 사실을 배웠습니다. "이는 하늘에서 내려오는 떡이니 사람으로 하여금 먹고 죽지 아니하게 하는 것이니라 나는 하늘에서 내려온 살아 있는 떡이니 사람이 이 떡을 먹으면 영생하리라 내가 줄 떡은 곧 세상의 생명을 위한 내 살이니라 하시니라"(요 6:50-51). 우리는 광야의 모래를 먹고 살 수 없습니다. 우리는 위에서 내려오는 만나를 원합니다. 피조물을 신뢰하는 우리의 가죽 부대로는 한 방울도 목을 축일 수 없지만 우리는 우리가 따르는 반석에서 물을 마시고, 그 반석은 그리스도입니다. 오, 이 죄의 광야에서 여행에 지친 순례자들이여, 여러분은 그리스도 예수 안에서 양식을 발견하지 않으면 여러분의 영의 기갈을 만족시킬 수 있는 음식으로 고기는 고사하고 한 조각 떡도 얻지 못할 것입니다. 여러분이 그리스도를 양식으로 먹을 때 여러분의 영혼은 이렇게 노래할 수 있습니다. "좋은 것으로 네 소원을 만족하게 하사 네 청춘을 독수리 같이 새롭게 하시는도다"(시 103:5). 그러나 여러분에게 그리스도가 없다면 여러분의 포도주 통이 흘러넘치고 여러분의 창고가 가득 차 있다고 할지라도 조금도 여러분을 만족시킬 수 없을 것입니다. 오히려 그것들에 대하여 전도자의 말처럼 "헛되고 헛되며 헛되고 헛되니 모든 것이 헛되도다"(전 1:2)라고 탄식하게 될 것입니다. 오, 예수님이 친히 하신 말씀은 얼마나 진실합니까! "내 살은 참된 양식이요 내 피는 참된 음료로다 내 살을 먹고 내 피를 마시는 자는 내 안에 거하고 나도 그의 안에 거하나니 살아 계신 아버지께서 나를 보내시매 내가 아버지로 말미암아 사는 것 같이 나를 먹는 그 사람도 나로 말미암아 살리라"(요 6:55-57).

4) 그리스도는 우리의 생명의 위안이다.

그리스도는 우리의 생명의 위안입니다. 노아의 방주는 창문이 하나뿐이었고, 우리는 더 이상 기대해서는 안 됩니다. 예수님은 그리스도인이 혹독한 고통 속에 있을 때 그의 영에 빛을 비춰게 하는 유일한 창문입니다. 한밤중의 항해에 대한 커크 화이트의 그림을 보면, 곧 침몰할 것 같은 선원의 배를 평화의 항구로 인도할 수 있었던 것은 모든 별 가운데 오직 하나의 별이었습니다. 이 그림은 희미하지만 위험 속에 있는 그리스도인의 생명을 진실하게 묘사하고 있습니다. 바울은 목숨이 위태로운 항해를 계속하는 동안 "여러 날 동안 해도 별도 보이지 아니하고 큰 풍랑이 그대로 있으매 구원의 여망마저 없어졌더라 … 하나님의 사자가 어제 밤에 내 곁에 서서"(행 27:20,23)라고 말합니다. 바로 이와 같이 주님은 성도들이 극도의 위기 속에 있을 때 나타나심으로써 그들의 기쁨과 안전이 되십니다. 성도 여러분, 만약 그리스도가 나타나시면 우리가 어디에 있은들 그것이 무슨 대수겠습니까?

> "아무리 어두운 그늘 속에 있다고 해도 주님이 나타나시면
> 　나의 새벽은 시작되네.
> 　주님은 내 영혼의 빛나는 새벽별,
> 　그리고 나의 솟아오르는 태양."

가난에 대하여 말하지 마십시오! 그리스도가 함께 하시면 우리의 장막은 연기로 검게 그을린 게달의 장막이 아니라 솔로몬의 아름다운 휘장이 되니까요. 궁핍에 대하여 말하지 마십시오! 그리스도가 나의 오두막집에 들어오시면 나의 사랑하는 자를 위해 준비한 온갖 달콤한 열매가 놓여 있으니까요. 질병에 대하여 말하지 마십시오! 일단 의의 태양이 자신의 날개 아래 치료의 능력을 품고 날아올랐을 때 내 영혼은 사랑의 병 외에는 더 이상 병에 걸리지 않고 거룩한 건강으로 충만할 테니까요. 그리스도는 내 영혼의 생명의 참된 정수입니다. 그리스도의 은혜의 자비가 생명보다 더 낫습니다! 그리스도 외에 위하여 살 만한 가치가 있는 생명은 아무것도 없습니다. "하늘에서는 주 외에 누가 내게 있으리요 땅에서는 주 밖에 내가 사모할 이 없나이다"(시 73:25). 나머지는 탈지유와 응유(凝乳) 같아서 돼지에게나 주기에 적합하고, 그리스도만이 순수한 우유입니다. 다른 모든 것은 모두 찌꺼기와 쭉정이에 불과하고 거친 모래가 섞인 음식에 지나지 않습니다. 남은 것은 모두 왕겨입니다. 바람이 불어보십시오. 다 날아가 버릴 것입니다. 또는 불에 태워보십시오. 재밖에 남아 있는 것이 없을 것입니다. 그리스도는 최고의 곡식으로, 소유할 가치가 있는 유일한 양식입니다. 생명 중의 생명, 참된 심장의 피, 가장 깊은 생명의 근원이 예수님 안에 있습니다.

　5) 그리스도는 우리의 생명의 목적이다.

　참된 그리스도인에게 있어서 그리스도는 그의 생명의 목적입니다. 배가 항구를 향해 신속하게 나아가듯이 신자도 구주의 품의 안식처를 향해 급히 나아갑니다. 화살이 과녁을 향해 날아가듯이 그리스도인도 그리스도 예수와 함께 하는 교제의 완성을 향해 날아갑니다. 군인이 자기 대장을 위해 싸우고 대장의 승리를 자신의 면류관으로 삼는 것처럼 신자도 그리스도를 위해 싸우고 주님의 승리

를 자신의 승리로 취합니다. "내게 사는 것이 그리스도니"(빌 1:21). 최소한 신자
는 그리스도를 추구하고, 그리스도가 없는 모든 삶은 단순히 다른 형태의 죽음
이라고 생각합니다. 그의 악한 육신, 끈질긴 육체, 수많은 시험, 세상과 육체와
마귀의 사악한 삼위일체, 이 모든 것이 신자의 외적 행동을 훼방합니다. 그러나
신자는 마땅히 취해야 할 자세를 취할 수 있으려면 죽임을 당하기 위해 그리스
도의 제단에 바쳐진 황소처럼 서 있거나, 피로 값을 치른 밭을 갈기 위해 그리스
도의 밭고랑에 들어간 황소와 같이 앞으로 나아가야 할 것입니다. 신자는 구주
를 위해서가 아니라면 머리카락 한 올이라도 허비하지 않고 한 번의 호흡이라도
하지 않기를 바랍니다. 또 주님의 영광을 위해서가 아니라면 한 마디의 말도 하
지 않기를 바랍니다. 신자의 마음속의 열망은 하늘에서보다 이 땅에서 할 수 있
는 한 그리스도를 더 크게 영화롭게 하며 살다가 때가 되면, 곧 예수님과 함께 거
하는 것이 그분을 더 좋게 하고 그분에게 더 큰 영광이 될 때 그분에게 가는 것입
니다. 강이 바다를 찾듯이 예수님, 저는 당신을 찾습니다! 오, 당신을 찾아내 나
의 생명이 영원토록 당신 안에서 녹아지게 하소서!

　6) 그리스도는 우리의 생명의 모범이다.
　이상의 모든 사실에서 그리스도는 우리의 삶의 모범이라는 결론이 이끌어져
나옵니다. 그리스도인은 학생이 교과서를 앞에 놓고 공부하듯이 그리스도의 삶
을 자기 앞에 두고 힘써야 합니다. 신자는 그리스도 예수의 생애의 필적을 따라
각 줄에 위 아래로 선을 그대로 그어보려고 애를 씁니다. 신자는 화가가 그리스
조각상 곧 흉상과 토르소를 화실에 두고 있듯이 자기 앞에 그리스도의 초상화를
두고 있습니다. 신자는 그리스도 안에 진정한 덕의 해부학이 있음을 알고 있습
니다. 그래서 인생을 공부하기를 원한다면 그리스도에게서 배웁니다. 또는 고대
의 미(美)를 깊이 배우기를 원한다면 구주에게서 배웁니다. 왜냐하면 그리스도
는 고대인이면서 현대인으로, 옛날에도 계셨으며 지금도 살아 계시기 때문입니
다. 그러므로 자신의 삶을 조각하는 하나님의 화가들은 구주를 계속 지켜보면서
모든 혈관을 모방하고 모든 근육을 그대로 본뜬다면 완전한 인간이 될 것이라고
생각합니다. 여러분이 그리스도와 같이 되려고 하지 않는다면 저는 여러분의 신
앙에 대하여 아무것도 줄 것이 없습니다. 내면에 같은 생명이 있다면 외적으로
이 생명의 발전이 크게 나타날 것이고, 또 나타나는 것이 당연합니다. 진실로 사

이가 가깝고 애틋한 부부애를 갖고 있는 남편과 아내는 완전히 똑같은 모양은 아니더라도 점차 서로에 대한 표현이 닮아간다는 말을 들었고, 또 가끔 당연히 그렇게 될 것이라고 생각했습니다. 만일 마음이 진실로 주 예수님과 결혼한 상태에 있고 그분과 친밀한 교제 속에서 산다면 당연히 그분을 닮아가게 될 것입니다. 은혜는 빛이고, 우리의 사랑하는 마음은 감광판이며, 예수님은 우리의 영혼의 렌즈를 채우시는 분이므로, 곧 예수님의 인격에 대한 하늘의 사진이 찍히게 됩니다. 영과 기질과 동기와 행동이 비슷하게 될 것입니다. 그것은 단순히 큰 일에서만 나타나는 것이 아니라 작은 일에서도 나타나야 할 것입니다. 왜냐하면 우리의 말도 무심코 우리의 마음을 드러내는 것이기 때문입니다.

여기서 여러분은 결국 제가 둑을 따라 힘들게 건너고 있다는 것을 또는 기껏해야 본문에서 은은히 흘러나오는 강물에 여러분이 무릎까지 발을 담그도록 이끌고 있다는 것을 알 것입니다. 이후로는 여러분이 경험을 통해 더 깊은 곳으로 들어갈 수 있어야 합니다. 여기 훨씬 더 깊은 곳이 있기 때문입니다. 바울은 그것을 알고 있었습니다. 왜냐하면 그는 "예수님은 우리의 생명의 근원, 우리의 생명의 실체, 우리의 생명의 위안, 우리의 생명의 목적, 우리의 생명의 모범이다"라고 제가 말한 것처럼 말하지 않기 때문입니다. 바울은 "그리스도는 우리의 생명이다"라고 말합니다. 정말로 그리스도는 우리의 생명입니다. 우리가 우리 자신이 거의 잘 모르는 자연적 생명을 갖고 있는 것처럼 훨씬 더 신비롭고, 이마저 그 결과와 작용이 없으면 이보다 훨씬 더 잘 모르게 되는 영적 생명을 갖고 있습니다. 그리스도가 바로 그 생명이고, 우리가 그리스도를 얻으면 이 생명을 소유하게 되며, 우리가 이 영생을 소유한다면 그것은 다만 우리 안에 그리스도를 영광의 소망으로 갖고 있기 때문입니다.

여기서 잠시 우리의 영적 생명에 대하여 참된 사실을 한 가지 말하고 싶은데, 그것은 지금 갖고 있는 이 생명은 하늘에서의 우리의 영적 생명과 똑같다는 것입니다. 하늘에서의 생명과 땅에서의 생명의 환경은 각기 다르지만 참된 본질에 있어서는 오직 한 생명이 있을 뿐입니다. 하늘에 있는 성도들은 그들이 이곳에서 살 때 갖고 있던 것과 엄밀히 똑같은 생명으로 살고 있습니다. 은혜의 나라의 영적 생명과 영광의 나라의 영적 생명은 동일하고, 다만 이곳 은혜의 나라에서는 단련되고 계발된 상태에 있는 것이 아니고, 저곳 영광의 나라에서는 단련되고 계발된 상태에 있는 것입니다. 곧 이곳에서는 아직 다 자라지 않은 아기 곧 어린

아이 상태이고, 저곳에서는 다 자라 장성하고 완전하게 된 상태입니다. 그러나 실제로 그 생명은 엄밀하게 동일합니다. 성도들은 한 번 거듭나면 또다시 태어날 필요가 없습니다. 거듭난 여러분은 지금 여러분 속에 영원토록 존속할 생명을 갖고 있습니다. 여러분은 끝없이 영광 속에서 불타오를 하늘의 불길과 완전히 동일한 생명의 불꽃을 갖고 있습니다.

만약 여기서 그리스도를 소유하면 영생을 소유하고 있는 것이므로 이것이 우리의 존귀함을 나타낸다고 말해도 그릇된 주장은 아닐 것입니다. "그리스도가 우리의 생명이니까요!" 그러나 세상의 고관이나 왕들에 대하여 이렇게 말할 수 없습니다. 그들의 생명이 무엇입니까? 왕족 혈통이나 가문에 대하여 말하겠지요. 그렇다고 해도 여기 그보다 더 나은 혈통과 가문이 있습니다. 하나님 자신의 아들 곧 우리의 생명이 여기 있습니다! 그리고 천사들에 대해서도 이렇게 말할 수 없습니다. 빛나는 영들이여! 너희의 노래는 아름답고 너희의 삶은 복되다. 하지만 그리스도가 너희의 생명은 아니다! 아니, 이것은 천사장에게도 해당되는 일이 아닙니다. 가브리엘 천사장이여! 그대는 하나님의 보좌 앞에 엎드려 나보다 하나님을 더 크게 찬양하며 경배할 수 있으나, 내가 확실히 내세울 수 있는 주장 곧 "그리스도는 내 생명!"이라는 말로 자랑할 수 없으리라. 심지어는 에스겔서와 요한계시록을 통해 알고 있는 네 생물로 불리는 그 신비로운 천사들도, 비록 그들이 하나님의 보좌를 둘러싸고 있고 신적 권능과 영광을 구현하는 것처럼 보이는 피조물이라고 해도, 이들 중 어느 하나에 대해서도 그리스도가 그들의 생명이라고 기록되어 있지 않습니다. 여기 사람들 속에 구속받고 택함받고 은총을 입어 초자연적 높이까지 올라간 사람들이 있습니다. 왜냐하면 그들은, 피로 구속받은 사람들 외에는 아무도 감히 "그리스도는 우리의 생명!"이라고 주장할 수 없는 사실을 말할 수 있기 때문입니다. 이것이 그리스도인의 거룩함을 설명해 주지 않습니까? 그리스도가 그의 생명이라면 어떻게 사람이 죄 가운데 살 수 있겠습니까? 예수님이 그리스도인 안에 살고 계시는데, 계속 죄를 범합니까? 불가능합니다! 그리스도의 생명이 없으면 죄를 범할까요? 당연히 죄를 범하게 되어 있습니다. 사람이 죄를 범한다면 그리스도의 생명이 없는 것이 틀림없습니다. 왜냐하면 그리스도는 죄를 범할 수 없고, 그리스도가 그의 생명이기 때문입니다. 따라서 정말 자기를 부인하고, 열심을 내고, 아주 진지하고, 그리하여 주님을 크게 닮은 성도들을 볼 때 그리스도가 그의 생명이라고 결론을 내리는 것은 조금도 이상하지 않습니다.

그리스도인이 얼마나 안전한지 확인해 봅시다. 어떤 칼로도 그의 생명을 해할 수 없습니다. 왜냐하면 그의 생명은 하늘 너머에 감추어져 있기 때문입니다. 어떤 유혹이나 어떤 무시무시한 재앙이나 어떤 음침한 지옥의 시험이 몰아닥쳐 아무리 뜨거운 열기가 몰아치거나 으스스한 파멸이 임한다고 해도 영적으로 그리스도인의 생명을 해할 수는 없습니다. 그렇습니다. 그리스도인의 생명은 그리스도와 함께 감추어져 있고, 그리스도인의 생명은 곧 그리스도이고, 그리스도가 죽지 않는 한 그리스도인의 생명도 죽지 않습니다. 오, 그리스도인은 얼마나 안전하고, 얼마나 존귀하고, 얼마나 행복할까!

그러나 우리는 여기서 더 오래 머무를 수 없습니다. 시간이 재촉하기 때문입니다. 본문에는 우리가 이끌어 낼 수 있는 것보다 훨씬 더 많은 진리가 들어 있습니다. 여러분의 두레박을 여기 담그십시오. 이 샘은 충분히 깊습니다. 저는 그 두레박에 담아 끌어낼 것이 있기를 바랍니다. 안에 생명이 있는 여러분은 끌어낼 것이 있습니다. 그러나 생명이 없다면 샘을 내려다볼 수는 있으나 그저 어둠이나 물의 반사를 볼 뿐이고, 시원한 물이 솟아나는 것에는 도달할 수 없습니다. 이 생수의 우수함을 알고 그 물을 끌어낼 수 있는 자는 오직 생명을 가진 여러분입니다. 저는 주님께서 여러분을 도와 계속해서 여러분의 두레박에 가득 채워 물을 끌어낼 수 있도록 기도합니다. 이 깊은 하나님의 진리의 헤아릴 수 없이 풍성한 샘은 고갈될 염려가 전혀 없기 때문입니다.

2. 그리스도는 감추어져 있고, 우리의 생명도 그 안에 감추어져 있습니다.

우리 주 예수님이 아직 영광중에 나타나지 아니하셨으므로 우리의 생명은 그 안에 감추어져 있습니다.

"피조물이 고대하는 바는 하나님의 아들들이 나타나는 것이니"(롬 8:19). 그러나 아직 그들은 알려져 있지 않고 나타나 있지 않습니다. 신자의 삶의 대부분은 전혀 가시적이지 않고, 영안을 갖고 있지 못한 사람은 결코 볼 수 없습니다. 그리스도가 어디 계십니까? 지금 이 순간 세상 사람의 눈에는 그리스도와 같은 사람이 전혀 없습니다. 그는 "나는 그리스도를 볼 수도, 만질 수도, 들을 수도 없다. 그리스도는 나의 감각의 모든 인식 범주에서 벗어나 있다. 따라서 나는 그리스도를 믿을 수 없다"고 말합니다. 불신자에게는 영적 생명도 이와 똑같이 그의 인식 범주에서 벗어나 있습니다. 여러분은 그리스도인이므로 불신자가 여러분을 칭찬하면서 "놀라운 신비로구나! 이 사람은 자기 속에 새 생명이 있어. 얼마나 놀라운 일인가, 얼마나 갈망하던 소유인가! 우리도 똑같이 참여하기를 바란다"라고 말하기를 기대해서는 안 됩니다. 절대로 그런 말은 하지 않을 것입니다. 그들은 여러분이 이런 생명을 갖고 있는지 전혀 모릅니다. 그들은 여러분의 외적 행동은 볼 수 있겠지만 여러분의 내적 생명은 그들의 관찰 대상에서 확실히 벗어나 있으니까요. 그리스도는 지금 하늘에 계시고 기쁨으로 충만하십니다. 그러나 세상은 그리스도의 기쁨을 알지 못합니다. 세상에 속한 사람은 그리스도가 하늘에서 기뻐하시는 것 때문에 자랑하고 즐거워하는 마음이 전혀 없습니다. 지금 그리스도는 아버지 보좌 앞에서 중보하고 계시지만 세상은 그리스도의 약속을 전혀 모릅니다. 그리스도의 직무는 육에 속한 사람의 눈에는 완전히 감추어져 있습니다. 지금 이 순간에도 그리스도는 다스리고 계시며, 하늘과 땅과 지옥에 대한 권세를 갖고 계십니다. 하지만 세상 사람이 그것을 어찌 알겠습니까? 예수님은 모든 곳에 있는 자기 성도들과 교제를 갖고 계십니다. 하지만 경건치 못한 자가 그것을 어찌 알겠습니까? 저는 한밤중까지 저의 주님에 대하여 이렇게 서서 설교할 것입니다. 하지만 회심하지 못한 자들이 아무리 제가 말하는 것을 듣고 "아마 사실일지도 몰라"라고 말할 수 있을지는 모르겠지만 그 말을 바르게 분별할 수는 없을 것입니다. 왜냐하면 그것은 그들의 인식의 범주에서 벗어나 있기 때문입니다.

우리의 영적 생명도 마찬가지입니다. 사랑하는 성도 여러분, 여러분은 죄를 다스릴 수 있으나 죄인은 여러분이 왕이라는 사실을 전혀 파악하지 못합니다. 여러분은 하나님 앞에서 제사장으로 직무를 감당할 수 있으나 경건치 못한 자는 여러분의 제사장 직분과 여러분의 경배를 제대로 파악 못합니다. 그가 그렇게 하리라고 기대하지 마십시오. 이 신비들에 대하여 어떻게든 그에게 소개해 주려고 애쓴다 하더라도 여러분의 수고는 수포로 돌아갈 것입니다. 여러분이 들어간 똑같은 문을 그도 들어가게 하는 것 외에는 말입니다. 저는 말에게 천문학을 가르치는 어리석은 짓은 절대로 하지 않겠습니다. 마찬가지로 회심하지 못한 자에게 영적 경험에 대하여 가르치는 것도 똑같이 어리석은 짓입니다. 우리의 내적 생명에 대하여 전혀 모르는 사람이 「천로역정」을 읽어보고 "야, 그것 참 놀라운 풍유입니다"라고 말할 수 있습니다. 하지만 거듭나지 못한 사람의 지성으로는 그 내용을 전혀 포착하지 못할 것입니다. 때때로 「천로역정」에 대한 해설을 읽게 될 때 그 해설의 저자가 과연 제대로 해설하고 있는지 물어보지 않을 수 없습니다. 왜냐하면 그는 껍질만 묘사하고, 알맹이는 그의 손이 미치지 않는 훨씬 더 깊은 곳에 있기 때문입니다. 그는 껍질을 까고 알맹이를 먹는 법을 먼저 배워야 할 것입니다.

그리스도가 우리의 생명이라면 우리도 당연히 그렇게 되어야 합니다. 그리스도는 올라가셨고, 그래서 볼 수 없습니다. 영적 생명도 대부분 영안이 열리지 않은 자들의 눈에는 영원히 비밀로 남아있게 될 것입니다. 그런데 사람들이 보게 되는 측면이 있는데, 그것은 그리스도가 땅에 계셨을 때 보여준 그리스도와 닮은 모습일 것이라고 생각합니다. 그리스도는 사람들과 천사들에게 보였습니다. 세상은 그리스도를 보았을 때 어떻게 하려고 했습니까? 그분에게 주권자의 자리를 내놓고, 그분 앞에 엎드리며, 그분의 절대적인 속성을 경배했습니까? 아닙니다. 절대로 그렇게 하지 않았습니다. "그는 멸시를 받아 사람들에게 버림 받았으며 간고를 많이 겪었으며 질고를 아는 자라"(사 53:3). 그분의 자리는 영문 밖에 있었습니다. 십자가를 짊어지는 것이 그분의 일이었는데, 그것은 하루가 아니라 날마다 감당할 일이었습니다. 세상이 그분에게 위로와 안식을 주었습니까? 여우도 굴이 있고 공중의 새도 거처가 있었으나 인자는 머리 둘 곳이 없었습니다. 땅은 그분에게 침상이나 집이나 안식처를 제공하지 않았습니다. 급기야는 그분을 죽음으로 내몰아 십자가에 못 박아 죽였으며, 그분이 무덤에 장사되는 것조차 거부했습니다. 그분의 제자 가운데 하나가 그분의 시체를 내어달라고 하지 않았더라면 말입니다.

사람들이 여러분의 영적 생명을 한 부분이라도 볼 수 있다면 아마 여러분도 이런 운명을 예상해야 할 것입니다. 그들은 그것이 영적 생명이라는 것을 확인할 때 구주를 대할 때와 똑같이 대할 것입니다. 그들은 영적 생명을 멸시하고, "정말! 멋진 환상, 그럴듯한 의견, 훌륭한 관념이군" 하고 빈정거릴 것입니다. 여러분은 그들이 여러분에게 위로를 줄 것이라고 예상합니다. 하지만 세상에 속한 사람들이 여러분에게 위로를 주다니요! 천만의 말씀입니다. 여러분은 그리스도가 1,800년 전보다는 지금이 이 세상 속 어느 곳이든 머리를 두기가 더 수월하다고 생각합니까? 여러분은 하나님이 여우와 새들에게 주시는 것을 찾을 수 있겠지만 여러분이 이 세상에서 여러분의 머리를 둘 만한 곳은 찾을 수 없을 것입니다. 여러분이 자신의 머리를 둘 수 있는 곳은 저 너머 여러분의 구주의 품이지 이곳은 아닙니다. 여러분은 사람들이 여러분을 칭찬하고, 여러분이 더 거룩해지고, 그리스도를 더 닮아갈수록 사람들이 여러분과 더 평화로운 관계를 도모할 것이라고 꿈꾸겠지요. 하지만 사랑하는 성도 여러분, 여러분은 여러분이 당할 일을 모르고 있는 것입니다. "제자가 그 선생보다, 또는 종이 그 상전보다 높지 못하나니 제자가 그 선생 같고 종이 그 상전 같으면 족하도다 집 주인을 바알세불이라 하였거든 하물며 그 집 사람들이랴"(마 10:24-25). 만일 우리가 그리스도를 더 닮게 된다면 그리스도의 친구들에게는 더 큰 사랑을 받게 되겠지만 그리스도의 원수들에게는 더 큰 미움을 받게 될 것이라고 저는 확신합니다. 또 교회가 세상에 대하여 스스로 만족하는 태도를 취하지 않는 한 세상은 절대로 교회에 대하여 관대해지지 않을 것이라고 생각합니다. 우리가 아무리 담대하게 말하더라도 돈을 목적으로 하는 동기가 우리에게 들어 있다면 우리의 말은 곧 번복되고 우리는 사람들에게 혐오감을 줄 것입니다.

성도 여러분, 우리는 평강이 없을 때 평강하다, 평강하다고 예언한 선지자들처럼 되어버렸기 때문에 좋은 게 좋다는 식으로 넘어갑니다. 그러나 우리 주님께 진실해야 합니다. 주님처럼 굳게 서서 입장을 분명히 해야 합니다. 우리 주님이 겪은 것과 똑같은 대접을 받아야 합니다. 그리고 우리가 그런 대접을 받을 때에만 다음과 같이 내가 기대한 것이 이것이라고 말할 수 있게 될 것입니다.

> "우리가 인정받지 못하는 것은 전혀 놀랍지 않다.
> 유대인 사회는 하나님의 영원하신 아들,
> 그들의 왕을 몰라보았다."

3. 그리스도는 언젠가 나타나실 것입니다.

그리스도는 언젠가 나타나실 것입니다. 본문은 그리스도의 나타나심을 당연한 사실로 전제하고 말합니다. "우리 생명이신 그리스도께서 나타나실 그 때에." 기독교 교회에서는 그리스도가 나타나실지 여부에 대해서는 의심의 문제가 전혀 아닙니다. 그리스도가 한 번 나타나지 아니하셨습니까? 예, 육체를 입고 나타나셨습니다. 저는 한 옛날 신학자가 색다르게 표현한 글을 읽은 적이 있는데, 그는 계시(Revelation)의 책(요한계시록)은 앞으로 일어날 일들에 대해 계시하기보다는 오히려 감추고 있기 때문에 가리심(Obrevelation)의 책으로 불리는 것도 충분히 가능하다고 말했습니다. 따라서 예수님이 오셨을 때 계시의 책은 거의 계시한 것이 없고, 오히려 우리 주님을 감추었습니다. 주님이 "육체로 나타나신" 것은 사실이지만 육체는 주님의 영광을 가리고 감춘 것 역시 똑같이 사실입니다. 첫 번째 나타나심은 매우 부분적이었습니다. 그것은 거울을 통해 본 그리스도, 슬픔과 비하의 구름 속에 계신 그리스도였습니다. 그리스도는 앞으로 아주 강력한 의미의 "나타나심"에 따라 다시 오실 것입니다. 그리스도는 나타나셔서 번쩍번쩍 빛날 것입니다. 그리스도는 멸시와 수치의 옷을 벗어버리고 아버지의 영광으로 그의 모든 거룩한 천사들과 함께 오실 것입니다.

　　그리스도가 나타나실 것이라는 것, 이것이 하나님의 말씀의 한결 같은 가르침이고, 교회의 지속적인 소망입니다. 이 사실에 대해서는 수많은 질문이 제시됩니다. "그리스도는 어떻게 나타나실까? 그리스도는 언제 나타나실까? 그리스도는 어디에 나타나실까?" 등등. 우리는 하나님이 대답하실 것을 묻기도 하지만 우리가 묻는 질문들 가운데에는 부적절한 질문도 더러 있습니다. "그리스도는 어떻게 나타나실까?" 저는 그리스도가 인격적 존재로 나타나실 것이라고 확신합니다. 재림에 대하여 생각할 때마다 저는 영적 재림에 대한 관념을 도저히 참을 수가 없습니다. 그리스도는 영적으로 오실 수 없기 때문에, "볼지어다 내가 세상 끝 날까지 너희와 항상 함께 있으리라"(마 28:20)는 말씀에 의지하여 그리스도가 항상 이곳에 계신다는 식으로 생각을 전개하는 것은 너무 속이 빤히 보이는 어리석음으로 보일 뿐입니다. 그리스도의 영적 재림으로는 성경에서 우리의 해방의 날로 말씀하는 것이 있을 수 없게 됩니다. 때때로 저는 성도들에게 "여러분은 그리스도가 지금 영적으로 재림하신다면 우리가 의식을 더 잘 준수하게 되리라고 생각합니까?"라고 묻습니다. 그러면 그들은 "그럼요, 확실히 더 잘 지키게 되겠지요"라고 대답합니다. "예를 들어 주의 만찬에 대한 의식에 더 잘 참석하게 될 것이라고 생각합니까?" "예, 의심할 것 없이 그렇게 할 것입니다." 물론 그렇게 하겠지요. 하지만 성경은 그분이 오실 때까지 그리스도를 기념하여 성찬을 준수하도록 명백히 진술하고 있기 때문에 성경이 말씀하는 그리스도의 오심은 영적 재림이 아니라는 것을 분명히 증명합니다. 영적 재림의 관념으로 우리는 성찬 의식을 더 열심히 준수할 수도 있습니다. 그러나 우리가 성찬 의식을 완전히 그만두는 것을 정당화시키는 다른 형식의 재림이어야 하고, 그것은 인격적 재림의 성격을 갖고 있어야 합니다. 왜냐하면 그래야, 오직 그래야만 성찬 의식이 적절하게 종료될 수 있기 때문입니다. 우리는 인물 자체가 우리 가운데서 자신의 교회를 다스리고 승리로 이끌기 위해 임하실 때 그 인물을 기억하기 위해 성찬을 가질 필요가 없게 될 것입니다. 우리는 우리 주 예수 그리스도의 인격적 통치와 재림을 믿습니다.

그러나 그리스도가 어떻게 오실까요? 그리스도는 의심할 것 없이 큰 영광 속에서 오실 것입니다. 하나님의 천사들이 그리스도를 호위할 것입니다. 우리는 성경에서 그리스도가 자기 백성들 속에 오셔서 다스리고, 이스라엘의 집이 그분을 왕으로 인정하고, 아니 모든 민족이 그분 앞에 무릎을 꿇으며, 왕들이 그분에게 신하의 예를 다하게 될 것이라는 사실을 확인합니다. 아무도 그리스도를 대항할 수 없게 될 것입니다. "그를 찌른 자들도 … 그로 말미암아 애곡하리니"(계 1:7). 그리스도는 오셔서 의인과 악인을 구별하고 양과 염소를 분리시키실 것입니다. 그리스도는 오셔서 은혜롭게 자기 백성들에게 그들의 행위에 따라 상을 베푸실 것입니다. 그리스도는 작은 일에 충성한 자들에게 많은 일을 다스리게 하실 것입니다. 그리고 많은 일에 충성했던 자들은 많은 성읍을 다스리게 하실 것입니다. 그리스도는 오셔서 자기 백성들의 행위 곧 공적을 분별하실 것입니다. 그 공적을 나무나 풀이나 짚으로 세운 것이면 불에 타 없어질 것입니다. 그러나 금이나 은이나 보석으로 세운 것이면 불에 견딜 것입니다. 그리스도는 오셔서 악인은 영벌에 처하고, 자기 백성은 하늘에 있는 영원한 집으로 데려갈 것입니다. 우리는 이런 재림을 기다리고, 상세한 설명을 하지 않아도, 도표로 표시하지 않아도, 그림을 그려놓지 않아도, 그리스도가 영광중에 오셔서 자신이 어떤 분이셨는지 곧 만왕의 왕, 만주의 주, 만군의 하나님, 만물 위에 계셔서 세세에 찬양을 받으실 하나님, 찬양과 경배를 받으시고 더 이상 사람들의 멸시와 거부를 당하시지 않으실 하나님이라는 것을 역력히 드러내실 것이라고 믿는 것으로 우리는 만족합니다.

그러면 그리스도는 언제 오실까요? 이것은 불신앙이 처음에 묻는 질문입니다. 신앙은 이 질문에 대하여 "때와 시기는 너희가 알 바 아니요, 그 날과 그 때는 아무도 모른다"고 대답합니다. 어떤 얼간이는 "그러나 우리는 그 주와 달과 연도는 알 수 있다"고 말합니다. 여러분은 때에 대해서는 전혀 모르고, 또 앞으로도 모를 것이므로 하나님의 말씀을 가지고 놀지 말고 스스로 바보가 되지 마십시오. 그리스도는 우리가 그리스도를 찾지 않을 때, 어쩌면 세상과 교회가 깊이 잠들어 있을 때, 지혜로운 처녀와 미련한 처녀가 똑같이 깊은 잠에 떨어져 있을 때, 청지기들이 동료 종들을 구박하고 술에 취해 있을 때 곧 한밤중에 아니 어쩌면 새벽이 되기 전에 도둑 같이 오시고, 집이 갑자기 부서질 것입니다. 그러나 여러분과 저는 그리스도가 오실 것이라는 것, 그것을 아는 것으로 충분합니다. 그리스도가 오실 때 우리도 나타날 것입니다. 왜냐하면 그분이 나타나실 때 우리도 영광중에 오시는 그분과 함께 나타날 것이기 때문입니다.

4. 그리스도가 나타나실 때 우리도 그와 함께 영광 중에 나타날 것입니다.

이제 그리스도가 나타나실 때 우리도 그와 함께 나타나게 된다는 사실에 대하여 살펴보도록 합시다.

여러분은 동물원의 우리 속에서 사자들이 끊임없이 왔다갔다 어슬렁거리는 모습을 보았을 것입니다. 외견상으로 보면, 사자들은 자기들이 좁은 구역 안에 갇혀 있다는 사실을 전혀 느끼지 못한 것처럼 보이지 않습니까? 그런데 때때로 사자들은 마치 자유를 갈망하는 것처럼 창살 사이로 머리를 들이밀다 뒤로 물러나거나 자기들의 토굴 뒤를 쥐어뜯거나 자기들 아래의 바닥을 파헤쳐놓거나 합니다. 여러분도 그런 감정을 느껴본 적이 있습니까? 여러분의 영혼이 가옥에서 벗어나 자유를 얻으려고 애쓴 적은 없습니까? 여기 죄와 의심의 철창살이 있고, 또 다른 불신과 허물의 철창살도 있습니다. 오! 만약 여러분이 이 철창살을 찢어버릴 수만 있다면, 그것들을 완전히 제거해 버릴 수만 있다면, 여러분은 그리스도를 위해 뭔가 해볼 것입니다. 곧 그리스도를 닮게 될 것입니다. 오! 여러분이 이런저런 수단을 통해 이 속박의 사슬을 부술 수만 있다면! 그러나 그럴 수가 없으니, 여러분은 불편함을 느낍니다. 발이 사슬에 묶여 바위 위에 서 있는 독수리를 본 적이 있을 것입니다. 아, 얼마나 불쌍한 모습입니까! 일직선으로 태양을 향해 날아보려고 태양을 응시하며 날개를 퍼덕거려 봅니다. 거무스름한 구름 위에 펼쳐져 있는 창공을 알고 있기에 창공을 향해 힘차게 날아가기를 원하지만, 나는 것은 꿈에 불과하고 사슬, 그 잔혹한 사슬이 통탄스럽게도 독수리를 결코 놓아주지 않습니다. 여러분에게도 종종 이런 일이 일어나지 않습니까? 여러분도 다음과 같이 느낍니다. "이것은 내가 원하는 내 모습이 아니야. 나는 원래 이렇지 않아. 더 낫고 더 높은 것에 합당한 것이 내 안에는 있어. 높이 날아오르고 싶어. 그런데 이 사슬이, 죄와 사망의 몸의 사슬이 나를 끌어내리는구나." 그런데 본문은 여러분과 같은 사람에게 주어지고, 여러분에게 이렇게 말합니다. "그래, 너의 현재 상태는 네 영혼의 참된 상태가 아니다. 네 안에는 감추어진 생명이 있다. 너의 생명은 속박하는 사슬과 족쇄에서 벗어나기를 간절히 바라고 있는데, 곧 해방될 것이다. 왜냐하면 그리스도가 오실 것이기 때문이다. 그리스도가 나타나시면 너도 나타나게 될 것이다. 그리스도가 나타나실 때 너도 똑같이 나타날 것이다. 그리스도가 오실 것이고, 그러면 너의 참된 행복과 기쁨과 평강 그리고 네가 갈망하고 열망하는 모든 것이 확실히 이루어질 날도 오게 될 것이다."

저는 도토리 열매 안에 작은 오크나무가 들어 있는 것이 무척 신기합니다. 왜냐하면 그 열매 안에 오크나무 전체가 들어 있기 때문입니다. 모든 뿌리와 모든 가지, 아니 오크나무의 모든 것이 들어 있습니다. 여러분과 저도 도토리 열매와 같습니다. 우리 각자의 내면에는 큰일의 작은 싹이 들어 있습니다. 그 안에는 우리가 되어야 할 나무가 들어 있습니다. 저는 여기서 우리가 되어야 할 영적인 것이 지금도 우리 안에 몸과 영혼 모두에게 있다고 말하는 것입니다. 때때로 이 곳 아래에서도 행복한 순간에 우리는 우리가 되어야 할 상태를 약간은 알아챌 수 있게 됩니다. 정말이지 우리가 껍질을 깨뜨리고 도토리 밖으로 나와 오크나무가 되기를 얼마나 염원하고 있습니까! 맞습니다. 하지만 잠시 멈추십시오. 성도 여러분, 그리스도가 아직 오시지 않았으니까요. 여러분은 예수님이 나타나실 때가 될 때까지는 거기서 나올 수 없습니다. 그리스도께서 영광중에 나타나실 그때 여러분도 거기서 나오게 될 것입니다. 여러분은 고인 빗물 속에서 헤엄치며 뒤엉켜 있는 더러운 작은 생물들을 자주 볼 것입니다. 그런데 이 작은 생물들은 항상 표면에 닿아 어떻게든 자기들의 몸의 한 부분을 통해 살아보려고 몸부림을 칩니다. 이 작은 생물들은 얼마나 활력적인지 모릅니다. 아주 작은 올챙이와 같은 이 무수한 작은 생물들이 왜 그토록 활동적일까요? 아마 그것들도 자기들이 앞으로 되어야 할 존재에 대한 이상이 있기 때문일 것입니다. 때가 되면 갑자기 고인 물에서 헤엄치고 있던 피조물 곧 얇은 천 같은 반짝거리는 두 날개와 긴 두 다리를 가진 벌레가 나타나 허공을 날아다니고, 여름날 저녁에 햇빛이 비취는 곳에서 춤을 출 것입니다. 물론 그것은 한낱 모기에 지나지 않는 미물입니다. 그런데 여러분도 초기 단계에서는 모기처럼 헤엄치고 있습니다. 여러분은 정확히 그와 같은 상태입니다. 아직 분화되지 못한 존재입니다. 아직 날개가 없습니다. 때때로 그리스도를 위해 활동을 하고, 여러분은 더 나은 상태에 대한 강렬한 열망이 있을 때, 앞으로 주어질 지복을 미리 맛보기 위해 높이 뛰어볼 것입니다. 저는 제가 어떤 존재가 될지 잘 모르겠습니다. 하지만 내 안에는 이 갈빗대로 감싸기에는 너무나 거대한 마음이 들어 있고, 이 비참한 땅에서 타올라 소멸될 수 없는 불멸의 불꽃을 갖고 있다고 느낍니다. 이 불꽃은 천국의 제단에서 활활 타오르도록 되어 있습니다. 잠시만 기다립시다. 그리스도가 오시면 여러분은 자신이 어떤 존재인지 알게 될 것입니다.

우리는 지금 번데기 상태에 있습니다. 우리 가운데 매우 활력적인 번데기들은 자랄수록 번데기 상태를 더 불안하게 느낍니다. 어떤 사람들은 그 상태에 너무 오래 고정되어 있어서 장차 일어날 일을 잊어버리고, 영원히 번데기로 남아 있는 것에 만족하는 것처럼 보이기도 합니다. 그러나 다른 사람들은 우리가 현재의 우리 상태보다 더 나은 날이 영원히 임할 것이라고 느끼고, 마치 우리가 우리의 속박을 풀어버린 것처럼 느낍니다. 속박이 풀리는 때가 올 때, 번데기가 그 아름다운 날개를 얻어 꽃들이 있는 땅으로 날아오르게 될 때, 그때 우리는 만족을 얻게 될 것입니다. 본문은 우리에게 "우리 생명이신 그리스도께서 나타나실 그 때에 ― 곧 그리스도가 모든 영광중에 임하실 그 때에 ― 너희도 그와 함께 영광중에 나타나리라"고 말합니다. 만약 여러분이 몸에 대하여 상세히 언급한 은혜로운 약속을 좋아한다면, 다음과 같은 말씀도 들어보았을 것입니다. "육의 몸으로 심고 신령한 몸으로 다시 살아나나니 … 첫 사람은 땅에서 났으니 흙에 속한 자이거니와 둘째 사람은 하늘에서 나셨느니라 무릇 흙에 속한 자들은 저 흙에 속한 자와 같고 무릇 하늘에 속한 자들은 저 하늘에 속한 이와 같으니"(고전 15:44, 47-48). 그리스도의 몸은 하늘에서 어떠하든 간에 우리의 몸도 그리스도의 몸과 같이 될 것입니다. 그리스도의 몸의 영광과 힘과 능력이 어떠하든 간에 우리의 낮은 몸도 그리스도의 영광의 몸의 형체와 같이 변화될 것입니다. 우리의 영혼에 대하여 말한다면, 그리스도가 소유하고 계시는 절대적인 속성이 무엇이든 간에 그리고 불멸의 기쁨이 무엇이든 간에, 우리도 똑같이 소유하게 될 것입니다. 존귀에 대하여 말한다면, 그리스도가 지성적 존재들로부터 받을 수 있는 공경과 사랑이 무엇이든 간에, 우리도 똑같이 나누어 갖게 될 것입니다. 하나님 앞에서의 위치에 대하여 말한다면, 그리스도께 어떤 위치에 서 계시든 간에 그분이 서신 자리에 우리도 서게 될 것입니다. 그리스도의 원수들이 혼란에 빠지게 됩니까? 우리의 원수들도 그렇게 됩니다. 모든 말이 그리스도의 영광을 드러냅니까? 우리의 영광도 똑같습니다. 그리스도에게서 모든 치욕이 씻겨나갑니까? 우리에게서도 마찬가지입니다. 가해자들이 모욕과 침 뱉음, 십자가와 못 박음을 영원히 잊어버립니까? 우리에게도 똑같이 그럴 것입니다. 영원토록 영광과 존귀, 권세와 주권, 그리고 지복이 있게 됩니까? 우리의 경우도 마찬가지일 것입니다. 그러므로 이런 말로 우리가 서로 위로합시다. 그리고 번데기와 애벌레 상태에서 벗어나 우리가 그리스도와 같이 될 더 행복하고, 더 나은 날을 바라봅시다. 그때가 되면 우리가 그와 같을 줄을 알고 있으니 말입니다.

이 모든 일은 여러분 가운데 많은 사람들과는 상관이 없습니다. 여러분은 죽겠지만 결코 그리스도와 같이 다시 살지는 못할 것입니다. 여러분은 죽을 것이고, 또 죽을 것입니다. 왜 제가 "또 죽을 것"이라고 말했을까요? 여러분은 둘째 사망을 겪어야 하고, 그 둘째 사망은, 천사의 나팔 소리가 오늘 아침 들을 수 있는 설교자의 음성보다 훨씬 더 끔찍한 것처럼, 첫째 사망보다 훨씬 더 끔찍하기 때문입니다. 오, 저는 그리스도께서 여러분의 생명이기를 간절히 바라지만, 여러분은 죽었고, 하나님은 어느 한 날에 여러분에 대하여, 아브라함이 사라에게 말한 것처럼, "내 앞에서 내어다가 장사하게 하라"고 말씀하실 것입니다. 그러면 여러분은 하나님 앞에서 불쾌한 악취가 나는 시체로 치워지게 될 것입니다. 오, 하나님께서 오늘 여러분을 살리시기를! 한 찬송가는 "십자가에 못 박히신 자를 바라볼 때 생명이 있네"라고 노래합니다. 하나님께서 여러분을 도우셔서 제가 전한 그리스도를 바라보고, 그리하여 여러분이 하나님의 백성들에게 가담하여 "그리스도는 우리의 생명이시라"고 찬송하게 되기를 바랍니다.

하나님께서 이 부족한 설교에 복을 베풀어 주시고, 이 설교의 부족함 때문에 하나님의 은혜와 능력이 더 크게 드러나기를 예수님의 이름으로 기도합니다. 아멘.

제
15
장

—

그리스도는 만유시요

—

"오직 그리스도는 만유시요 만유 안에 계시니라."
— 골 3:11

사도 바울은 거룩함에 대한 논증을 하고 있었습니다. 죄에 대해서는 대항하고, 그리스도의 은혜에 대해서는 지지하기 위해 열심히 싸우고 있었습니다. 그러나 바울은, 복음 전도자를 자처하며 값없는 은혜의 복음과 부합하지 않는 이유들에 의존하기를 좋아하는 어떤 사람들처럼 하지 않았습니다. 바울은 하나의 법적 논증을 전개하고 있는 것이 아닙니다. 바울은 "이것을 해라. 하면 상을 받게 될 것이다" 혹은 "이것을 하지 마라. 하게 되면 주님의 사랑 받는 자가 되지 못할 것이다"라고 말하지 않았습니다. 바울은 신자들 곧 율법 아래 있지 않고 은혜 아래 있는 자들에게 편지를 쓰고 있음을 알고 있었고, 그리하여 은혜에서 나오는 논증 곧 "하나님이 택하사 거룩하고 사랑받는 자"의 성격과 상태에 알맞은 논증을 사용했습니다. 바울은 적절한 연료로 그들의 사랑의 불길을 돋우고, 적절한 적용으로 그들의 열심을 자극했습니다.

바울이 성도들에게 그들이 그리스도와 함께 다시 살리심을 받은 것을 상기시키는 것으로 이 3장을 시작하고 있음을 주목하십시오. 성도들이 진실로 그리스도와 함께 다시 살리심을 받았다면 범죄의 무덤에서 떠나고, 죄의 수의를 벗어버리고, 죄를 사망과 멸망에 처하는 더 높은 생명을 받은 자에 합당하게 행동하라고 바울은 주장합니다. 이어서 바울은 신자의 생명이 그리스도 안에 있다고 선언합니다. "이는 너희가 죽었고 너희 생명이 그리스도와 함께 하나님 안에 감추어졌음이라"(골 3:3). 바울은 이 사실에서 또한 거룩함도 이끌어 냅니다. 그리스도를 자신의 생명으로 갖고 있는 자들이 자신을 죄로 더럽혀야 되겠습니까? 만일 이스라엘의 거룩하신 이가 그들 속에 그들의 생명으로 계신다면 그들의 삶이 범사에 덕스럽고 선한 행실로 가득 차야 하는 것이 당연하지 않겠습니까? 계속해서 바울은 세 번째 논증으로 나아갑니다. 그것은 기독교 교회 안에서 그리스도는 유일하게 독보적인 인물이라는 사실입니다. 거듭날 때 우리는 둘째 아담인 예수님의 형상으로 지음받고, 그러기에 옛 창조에 속해 있던 모든 특징은 무익한 것으로 간주됩니다. "거기에는 헬라인이나 유대인이나 할례파나 무할례파나 야만인이나 스구디아인이나 종이나 자유인이 차별이 있을 수 없나니 오직 그리스도는 만유시요 만유 안에 계시니라." 이 사실에서 나오는 논증은 이렇습니다. 곧 새 창조 속에 나타나 있는 유일하게 영속적인 특징은 그리스도이므로, 우리가 혀로 그리스도인이라는 사실을 고백할 뿐만 아니라 우리의 삶과 전체 인격 또한 그 사실을 말해줄 정도로 그리스도의 형상이 우리에게 가장 분명하게 새겨지도록 해야 한다는 것을 유념해야 한다는 것입니다. 여러분이 유대인은 얼굴의 인상으로, 헬라인은 정중한 태도로, 야만인은 난폭한 행동으로 식별할 수 있는 것처럼, 그리스도인도 그리스도를 닮은 모습 곧 그에게서 흘러나오는 그리스도의 빛과 사랑과 생명으로 식별되어야 합니다. 이것이 신실한 자들의 이마에 찍혀 있는 하나님의 인(印)이고, 이것이 적절한 때에 택하심받은 모든 자의 오른손에 새겨진 선택의 표지입니다.

따라서 그리스도인을 다른 사람들과 구분하는 유일한 표지와 새로운 은혜의 세계의 본질적인 특징은 그리스도에게 있기 때문에, 우리는 이 사실 배후에서 중대한 한 가지 근본 교리를 보게 됩니다. 그것은 은혜의 영역에서는 보이는 그대로가 사실이라는 것입니다. 그리스도는 분명히 만유이신데, 그것은 그분이 실제로 모든 것이기 때문입니다. 사람이 그리스도를 소유하고 있다는 사실은 교회에서 전부와 같은 사실인데, 그 이유는 본질상 그리스도가 전부이시기 때문입니다. 그리스도인 안에서 참된 모든 것 곧 거룩하고 성결하고 순전하고 영속적이고 구원하는 모든 것은 주 예수님에게 속해 있는 것입니다. 이 중대하고 견고한 사실이 기독교 전체 체계의 기초로 놓여 있습니다. 그리스도는 그의 교회 안에서 실제로 그리고 진실로 전부가 되시고, 그리스도를 소유한 각 개인 속에서도 마찬가지입니다.

　　오늘 아침 우리는 성령의 도우심을 받아 이 보배 같은 주제를 다루고자 하는데, 다음과 같은 순서로 다루겠습니다. 첫째, 이 진리를 인정하는 자가 누구인지 살펴보겠습니다. 둘째, 이 진리에 포함되어 있는 것이 무엇인지 확인해 보겠습니다. 셋째, 이 진리에 관련되어 있는 것이 무엇인지 다루어 봅시다. 넷째, 이 진리가 우리에게 요청하는 것이 무엇인지 생각해 봅시다. 살펴보면 본문 다음 구절이 "그러므로"란 말로 시작되는데, 여기서 논리적으로 이끌어 낸 결론이 있습니다.

1. 이 진리를 인정하는 자는 누구입니까?

　　먼저 이 진리를 인정하는 자가 누구인지 살펴보겠습니다. 바울은 그리스도가 모든 사람에게 전부가 된다고 말하지 않고, 새 창조가 있는데, 이 창조를 통해 사람이 "자기를 창조하신 이의 형상을 따라 지식에까지 새롭게 하심을 입는"(골 3:10)데, 거기서 모든 민족적, 의식적 차별이 제거되고 그리스도가 만유시요 만유 안에 계신다고 말합니다. 그리스도가 만유시요 만유 안에 계시는 것은 모든 사람에게 해당되는 사실이 아닙니다. 그런데 슬프도다! 이 세상에는 그리스도가 아무것도 아닌 사람들이 많습니다. 그들의 생각 속에 그리스도가 전혀 들어 있지 않습니다. 수준이 낮은 어떤 사람들은 그리스도의 이름을 욕할 때만 사용합니다. 다른 많은 사람들에 대하여 말한다면, 그들은 종교를 갖는다면 구주를 배척하는 오만한 종교를 가질 것입니다. 자기의(自己義)의 신조 속에는 죄인의 구주를 위한 공간이 전혀 들어 있지 않습니다. 경건치 못한 자들을 의롭게 하시는 분이 그들에게는 아무것도 아닙니다. 세속적인 자들, 경솔한 자들, 부정한 자들, 방탕한 자들, 이들은 거룩하신 대속주에 대한 생각을 추호도 허용하지 않습니다. 아마 지금 이 자리에도 그런 자들이 있을 것입니다. 오늘 아침에 그분에 대하여, 아니 오직 그분에 대해서만 듣게 되겠지만 그들은 "참 따분하다"고 말하고 설교가 끝나면 기뻐할 것입니다. 예수님은 사람들에게 마른 땅에서 나온 뿌리 같아서 고운 모양도 없고 풍채도 없으니, 그들은 예수님 안에서 흠모할 만한 아름다운 것을 보지 못합니다.

　　그러나 아, 그리스도께서 영광 속에서 자신의 권능을 나타내실 때 과연 그들이 어떻게 할까요? 그들은 그리스도의 십자가 옆을 지나가면서 자기들과는 아무 상관이 없다고 생각했습니다. 그러나 그리스도의 보좌 앞에서 유죄 판결을 받고

서 있을 때 그분을 결코 멸시할 수는 없을 것입니다. 오, 예수님이 아무것도 아니라고 생각하는 사람들이여, 그분이 진노하지 않도록 아들에게 입맞춤하십시오. 그리스도의 진노에 불이 붙으면 여러분은 졸지에 그 길에서 멸망할 것이니까요. 그리스도가 없으면 여러분은 오늘 평안이 없고, 또 영원히 소망이 없게 될 것입니다! 마지막 날에 그리스도가 없는 영혼들에게 심판과 격렬한 분노에 대한 두려운 예상 말고 남아 있는 것이 아무것도 없습니다. 저는 여기서 멈추어, 불신자 곧 구주 없이 살고 있는 사람들을 위해 기도함으로써 그들이 더 이상 이 정죄 상태에 남아 있지 않도록 하자고 말하는 바입니다.

이 세상에는 그리스도를 약간은 인정하지만 크게 인정하지는 않는 또 다른 사람들이 있습니다. 그들은 스스로 구원하는데 관심이 있으나 약간의 불완전함을 고백하고 이 약간의 불완전함을 보충하는 일종의 첨가물로 그리스도의 공로를 사용합니다. 그들의 제복은 충분히 길기 때문에 구속주의 은혜의 작은 옷자락만 덧붙이면 모든 것이 충분하게 채워집니다. 기도문을 암송하는 것, 교회에 나가는 것, 성례에 참여하는 것, 성 금요일을 준수하는 것, 이것들은 수많은 종교주의자가 핵심적으로 의지하는 대상입니다. 그리하여 만약 자기들의 마차가 평소보다 약간 더 깊이 땅에 바퀴가 박히면 주 예수에게 도움을 청해 그분이 자신의 어깨로 박힌 바퀴를 들어올리기를 바랍니다. 그들은 흔히 "물론 우리는 최선을 다해야 한다. 그러면 그리스도가 우리 구주가 되시고, 하나님은 크게 자비를 베푸실 것이다"라고 말합니다. 그들은 완전히 충분한 복된 일을 인정하고, 구주의 희생을 통해 자기들의 실패를 채우려고 합니다. 그들이 그런 정도라도 그리스도를 인정하는 것은 굉장히 겸손한 모습을 보여준 것임을 명심합시다. 그들에게 예수님은 미봉책 이상도 이하도 아닙니다.

저는 이런 사람들의 상태가 예수님을 전혀 모르는 자들의 상태보다 어떤 점에서 더 나은지 잘 모르겠습니다. 왜냐하면 그리스도가, 스스로 구원하도록 여러분을 돕기 위해 오셨다고 생각하는 것, 그리스도는 제한적인 구주로, 구원 사역과 영광을 죄인과 나누어 갖는다고 상상하는 것은 정말이지 그리스도를 아주 비열하게 무시하고 멸시하는 것이기 때문입니다. 죄인과 구주가 함께 멍에를 메고 부분적으로 각자 맡은 일을 행한다고 보는 자들은 그리스도에게서 모든 영광을 박탈하는 것입니다. 그리고 이것은 정말로 피 흘리신 하나님의 어린 양으로부터 그분의 고통에 대한 적절한 보상을 도둑질하는 강도 행위입니다. "만민 가운데 그와 함께 한 자가 없이 그가 홀로 포도즙 틀을 밟았습니다"(사 63:3). 구원 사역에 있어서 예수님은 홀로 서 계십니다. 구원은 주님에게 속한 일입니다. 만일 그리스도가 여러분에게 만유가 아니시라면 그분은 여러분에게 아무것도 아닙니다. 그리스도는 사람들의 제한적 구주로서는 결코 참여하지 아니하실 것입니다. 만약 그리스도가 어느 정도 중요하다면 그분은 전부가 되어야 하고, 그분이 전부가 아니라면 그분은 여러분에게 아무것도 아닙니다.

무의식적으로는 예수 그리스도를 크게 중요한 분으로 생각하지만 그분이 전부가 되신다는 것은 인정하지 못하는 사람들도 많이 있습니다. 저는 지금 "오늘 아침에 예수님을 의지하고 싶지만 반드시 그렇게 해야 한다고는 느끼고 있지 않습니다"라고 말하는 많은 구도자들을 말하는 것입니다. 제가 보기에 여러분은 자기에게 효력이 미치기 전까지는 최소한 구주의 사역에 대하여 덧붙여져야 할 약간의 느낌이 있다고 생각합니다. 여러분은 이렇게 말합니다. "그러나 나는 해야 할 만큼 죄를 뉘우치지는 않는다. 그러므로 나는 예수님을 의지할 수 없다." 제가 보기에 여러분의 뉘우침은 아직 끝나지 않은 구주의 사역에 머릿돌을 더하는 것입니다. 아마 어떤 사람이 자신의 구원을 이루기 위해 자신이 뭔가 해야 하거나 뭔가 있도록 해야 한다는 관념을 버리는 것은 세상에서 가장 힘든 일로, 성령의 역사가 없으면 불가능할 정도로 힘든 일입니다. 죄인이여, 그대는 공허합니다. 그런데 그리스도는 충만합니다. 그대는 더럽습니다. 그런데 그분은 깨끗합니다. 그대는 아무것도 없습니다. 그런데 그분은 만유 중의 만유입니다. 그러므로 그대가 이 사실에 빨리 동의하면 할수록 좋습니다. "이런저런 조건이 구비되면 구주에게 나아가겠다"고 말하는 것을 그만두십시오. 왜냐하면 이런 구차한 변명은 그대를 속이고, 지체시키고, 파괴하기 때문입니다. 지금 당장 있는 모습 그대로 나오십시오. 그리스도는 거의 모든 것이 아니라 전부가 되시는 분이니까요.

또 그리스도는 어떤 일에서는 만유가 되신다고 생각하지만 본문의 가르침을 충분히 깨닫지 못한 사람들도 더러 있습니다. 왜냐하면 본문은 "오직 그리스도는 만유시요 만유 안에 계시니라"고 말씀하기 때문입니다. 그들은 다음과 같이 말합니다. "칭의에 있어서 그리스도는 만유이시다. 그분이 우리의 모든 죄를 사하시고 자기의 의로 우리를 덮으신다. 하지만 우리의 성화에 대하여 말한다면, 확실히 우리는 스스로 성화를 이루어야 한다. 또 우리의 최종적 견인에 대하여 말한다면, 견인은 우리가 스스로 얼마나 깨어 있느냐에 전적으로 달려 있다. 우리는 여전히 위태로운 상태에 놓여 있지 않은가? 우리 자신의 미덕과 선행에 좌우되는 일이 어느 정도는 있지 않겠는가?" 사랑하는 성도 여러분, 결단코 저는 여러분에게 아주 열정적인 여러분의 깨어 있음, 매우 부지런한 여러분의 노력에 대하여 경고하는 말을 하고 싶고, 여러분에게 이런 태도를 잘못된 위치에 두지 않도록, 또는 신자의 궁극적인 구원이 이런 허망한 모래 위에 세워져 있는 것처럼 말하지 않도록 간곡히 당부합니다.

우리는 그리스도 안에서 완전합니다. 우리는 그리스도 예수 안에서 거룩하게 되었습니다. "예수는 하나님으로부터 나와서 우리에게 지혜와 의로움과 거룩함과 구원함이 되셨으니"(고전 1:30). 그리스도는 나의 칭의에 있어서 뿐만 아니라 나의 성화에 있어서도 전부가 되십니다. "주 하나님이 이르시되 나는 알파와 오메가라"(계 1:8). 지옥의 문과 천국의 문 사이에 신자가 "그리스도가 여기서는 나를 포기하시니, 여기서부터는 나 자신의 노력에 의지해야 한다"고 말해야 하는 어떤 지점은 결코 없습니다. 우리의 부패성이 자리 잡고 있는 더러운 집에서 우리의 완전함의 보좌에 오르는 동안 위험한 곳이나 우리의 보충을 필요로 하는 곳은 없습니다. 우리의 구원은 그리스도와 함께 시작하고, 그리스도와 함께 계속 나아가며, 그리스도와 함께 끝나게 되는데, 그것은 구원받아야 할 자로 여자의 몸에서 태어난 모든 사람에게 모든 면에서 항상 해당됩니다. 피조물이 공로를 주장하거나 힘을 발휘하거나 부족한 부분을 보충할 지점은 없습니다. "그리스도는 만유시요 만유 안에 계시느니라." 성도들은 "그리스도 예수 안에서 완전합니다." 그리스도는 "다 이루었다"고 말씀하셨고, 말씀하신 대로 다 이루었습니다. 그리스도는 우리의 신앙의 창시자일 뿐만 아니라 완성자이기도 합니다. 그리스도는 만유 중의 만유이고, 사람은 아무것도 아닙니다.

이것이 모든 신자가 인정하는 진리입니다. 신자들 사이에는 굉장히 많은 차이가 존재하지만 이 본질적 진리에 있어서는 전혀 차이가 없습니다. 유감스럽게도 기독교 교회가 분파로 갈라져 있으나 이런 분열이 그리스도는 만유시라는 이 한 가지 진리에 동조하는 우리의 신앙을 흔들지는 못합니다. 이 진리를 받아들이지 않는 사람은 그리스도인이 아니라고 말한다고 해도 사랑이 없는 것이 아닙니다. 또 이 진리를 마음속에 품고 있는 사람은 누구나 가장 확실하게 신자라고 주장하는 것도 지나치게 너그러운 태도인 것은 아닙니다. 오로지 그리스도만을 신뢰하고, 자신의 유일한 교사와 왕과 구주로 그리스도에게 복종하는 사람은 이미 구원받은 사람입니다. 그러나 사람의 방언과 천사의 말을 할지라도, 예언하는 능력이 있어 모든 비밀과 모든 지식을 알고 또 산을 옮길 만한 모든 믿음이 있을지라도, 그리고 모든 덕을 갖춘 것처럼 보일지라도, 그가 그리스도에게 영광을 돌리지 않고 그리스도를 약간 존경하는 정도에 그치거나, 만유 중의 만유 보다 못한 어떤 존재로 생각한다면 그리스도인이 아닙니다. 왜냐하면 새 창조에서는 이 한 가지 사실이 새롭게 지음받은 자들의 표지이기 때문입니다. 즉 다른 사람들에게는 그리스도가 어떤 분일지 모르나 그들에게는 "그리스도는 만유시요 만유 안에 계십니다."

2. 이 진리에 포함되어 있는 것은 무엇입니까?

지금까지 이 진리가 어디서 인정받는지 확인했으므로 이제는 이 진리가 포함하고 있는 것이 무엇인지 살펴보도록 하겠습니다.

나이 먹은 교사가 젊은 학생들에게 주는 충고는 지나치게 거창한 본문을 택하지 말라는 것이었습니다. 오늘 아침 제 귀에도 이 경고가 들렸습니다. 하지만 이 작은 본문은 성경 전체 가운데 가장 중요한 본문 가운데 하나이고, 저는 이 본문의 진리에 끝없는 방대함에 압도됨을 느낍니다. 이 본문의 진리는 보기에는 너무 작아 아주 진귀한 보석 가운데 하나와 같지만 그것을 가지고 다니는 자는 제국이 자기 손 안에 있는 것과 같은 가치를 느낍니다. 저는 이 청옥 같은 본문의 가치를 파악하는 것은 수학의 범주 안에 있지 않습니다. 저는 몇 마디에 불과한 이 작은 본문에 담겨 있는 모든 사실을 파악하기보다는 내 손으로 세계를 들고 나르는 것이 더 빠를 것이라고 생각합니다. 제가 가진 보트는 너무 작고 바다는 너무 방대하기 때문에 저는 이 바다를 다 항해할 수 없고 단지 해안을 따라 가 볼 따름입니다. 누가 "모든 사실"을 한 설교에 담을 수 있겠습니까? 저는 여러분에게 오늘 아침 저의 설교가 본문이 담고 있는 것에 대해서보다 빠뜨리고 있는 것에 대하여 더 주목하게 될 것이라고 장담하고, 정말이지 저는 여기 모인 모든 그리스도인이 제가 말하지 않는 것에 더 주목하게 되기를 바랄 것입니다. 왜냐하면 그렇게 되면 제가 묵상과 반성을 자극하는 일을 하게 되어 여러분에게 아주 좋은 일을 하게 되기 때문입니다. 제가 이 한량없는 본문의 모든 의미를 여러분에게 전하겠다고 시도한다고 해도, 모든 시간과 영원을 필요로 할 것이고, 또 그렇다고 하더라도 인간과 천사의 모든 혀를 동원하여 전해도 이 본문의 전체 의미를 다 전할 수 없을 것입니다. 어쨌든 다 헤엄칠 수는 없겠지만 우리는 이 바다를 헤엄칠 것이고, 그 값은 다 헤아릴 수 없겠지만 이 식탁의 진수성찬을 마음껏 즐길 것입니다.

　1) 그리스도는 민족 간의 차별, 자랑의 주체, 관습의 근거를 초월하는 만유이시다.

　본문의 문맥에 따르면, 그리스도는 민족 간의 차별, 자랑의 주체, 그리고 관습의 근거를 초월하는 만유이십니다. 새 창조 속에는 "헬라인이나 유대인이나 할례파나 무할례파나 야만인이나 스구디아인이나 종이나 자유인이 차별이 있을 수 없나니"라고 말씀하고, 이어서 "오직 그리스도는 만유시요 만유 안에 계시니라"고 말씀하는 것을 주목하십시오. 새로운 세계 속에는 유대인과 이방인의 차별이 없습니다. 야만인의 단순성과 헬라인의 교양이 아무것도 아닙니다. 우리가 육체 안에 거하고 있는 동안에는 민족이 어느 정도 중요하고, 바울처럼 자유인으로 태어난 것이 약간은 자랑이 될 것이라고 생각합니다. 그러나 새로운 세계에서는 이것이 적을수록 더 좋습니다. 기독교 교회의 문 안에서 우리는 세계주의자, 아니 오히려 단지 새 예루살렘의 시민입니다. 사람의 하나로서 저는 제가 영국인인 것을 기뻐하지만, 제가 그리스도인이라는 사실을 생각할 때에는 저를 가득 채우는 거룩한 기쁨은 이 기쁨과 같은 것이 아닙니다. 하나님을 경외하는 다른 사람을 만날 때 저는 그가 저를 영국인으로 생각하는 것을 바라지 않고, 또 저도 그가 미국인이나 프랑스인이나 독일인이냐 하는 것을 생각하고 싶지 않습니다. 왜냐하면 우리는 더 이상 외인과 외국인이 아니라 동료 시민이기 때문입니다. 만약 어떤 사람이 육체로는 외국인인데 그리스도인이라면, 제게는 영국인이지만 불신자인 사람보다 영적으로 일만 배는 더 가깝게 느껴집니다. 국가들의 격동으로 그리스도인들이 정치적으로 서로 반목하는 것은 정말 통탄할 일입니다. 그리스도의 몸의 한 부분이 다른 부분과 싸울 수는 없습니다. 땅의 국적으로 하늘의 시민권을 억압하는 일을 겪는 것은 정말 수치스러운 일입니다. 빅토리아 여왕과 그랜트 대통령이 그들의 지위에서는 무척 대단하지만 왕이신 예수님이 만유의 주이십니다. 우리는 무엇보다 먼저 평강의 왕이신 그리스도의 제국의 신하들입니다. 아무도 유대인이나 이방인으로 교회에 들어오지 않습니다. 또 그가 이전에 어떤 존재였든 간에 헬라인이나 스구디아인으로 계속 남아 있지 않습니다. 그리스도인이 되면 그에게는 그리스도가 만유이십니다. 땅에서의 계급 차이는, 여전히 존재한다고 해도, 이 세상에 사는 동안 교회 안에서는 최소한으로 줄어들기 때문에 거의 소멸되고, 남아 있는 것도 거룩한 목적을 위해 성별되게 됩니다.

그리스도는 교회 안에서 영광의 대상으로서 만유가 되십니다. 헬라인은 이렇게 말했습니다. "헬라인은 영웅 민족이다. 스파르타와 아테네를 기억해 보라. 문명에 있어서는 우리가 최고가 아니며, 전쟁에 있어서도 주역이 아닌가? 누가 페르시아의 압제자에게 경계를 제한하고 그 교만한 군주에게 굴욕을 안겨주었던가? 마라톤 전쟁과 살라미스 해전을 생각할 때 우리는 어깨가 으쓱하다." 그러나 헬라인은 기독교 교회 안에 들어오게 되자 민족적 자부심을 잊고 그때부터 그 한 팔로 사탄의 군대를 격파하고 사로잡혔던 자들을 사로잡으신 분의 십자가만 영화롭게 합니다. 유대인은 멸시를 당할 때 멸시로 앙갚음하고, 헬라인과 로마인에게 이렇게 말했습니다. "너희는 마라톤을 얘기하겠지만 우리는 홍해에 대하여 노래한다. 너희는 페르시아를 멸망시킨 것을 자랑하겠지만 우리는 이집트를 정복한 것을 자랑한다. 우리의 영광은 아주 먼 옛날에 만군의 여호와의 영광이다. 우리는 너희가 아직 알려지지 않았을 때 이미 한 민족을 이루었고, 우리는 여호와의 총애하는 선민이다."

유대인은 복음의 만찬 자리에 앉은 순간, 대대로 물려받은 교만과 편협한 신앙을 버리고 헬라인도 히브리인 신자와 똑같이 한 형제라는 것을 인정했습니다. 스구디아인도 마찬가지였습니다. 스구디아인이 기독교 교회 안에 들어왔을 때 더 이상 야만인이 아니었고, 헬라인 동료 그리스도인과 정확히 똑같이 가나안 말을 사용했습니다. 종들도 기독교 교회의 공기를 마시자마자 그를 속박했던 사슬로부터 벗어나게 됩니다. 그는 상전과 함께 집에 있을 때는 종이겠지만 교회 안에서는 더 이상 종이 아니었습니다. 자유인도 태어날 때부터 자유롭거나 큰 대가를 치르고 자유를 얻었겠지만 기독교 교회에서는 결코 종을 무시하지 못했습니다. 그리스도 예수 안에서는 종이나 자유인이나 하나였습니다. 개인적으로 영광을 받을 근거를 가진 자는 아무도 없었습니다. 인종이나 혈통이나 신분이나 지위를 막론하고 말입니다. 그러나 그리스도는 만유이십니다. "크리스티아누스 숨"(나는 그리스도인이다)은 모든 성도의 보편적 영광이었고, 또 현재도 영광입니다.

동시에 이것은 그들의 죄악적인 민족적 관습들을 모두 일소시켰습니다. 헬라인은 원래 "스파르타 사람들이 항상 이 관습을 준수했기 때문에 나는 이 악습에 빠져도 괜찮다"고 말했습니다. 유대인은 아마 "나는 비속한 것이나 부정한 것을 절대로 먹지 아니할 것이다. 또 우리 선조들이 그렇게 하지 않았기 때문에 이방인과는 결혼하지 않을 것이다"라고 말할 것입니다. 야만인은 "내 아버지가 광야에서 살았기 때문에 나도 문명화 된 삶의 방식을 받아들일 수 없다"고 말했습니다. 그리고 스구디아인은 이렇게 말했습니다. "나는 사나운 사람이므로 도둑질하고 약탈하고 죽이겠다. 내가 왜 그러면 안 되는가? 우리 조상들이 대대로 그렇게 살아오지 않았던가?" 다양한 족속들이 기독교 교회 안에 들어왔을 때 즉시 분파적이고 죄악적인 모든 관습을 포기했습니다. 그리스도께서 뭐라고 말씀하셨습니까? 그리스도께서 어떻게 하셨습니까? 그리스도께서 우리에게 무엇을 감추셨습니까? 이것들이 우리에게는 법 외에 다른 것이 아닙니다.

따라서 민족의 차별, 국적에 대한 자랑, 다양한 민족의 습성과 관습은 모두 무익한 것이 되고 말았습니다. 왜냐하면 기독교 교회 안에서 예수 그리스도가 만유 중의 만유가 되시기 때문입니다. 그것이 문맥에 입각해서 볼 때 본문의 의미라는 것을 추호도 의심하지 않습니다. 그리스도는 차별을 넘어 만유이시고, 만유 안에 계십니다.

2) 그리스도는 하나님께, 우리 원수들 앞에서, 우리 자신 안에서 만유이시다.

그리스도는 또 다른 3중 방식으로, 곧 하나님께, 우리 원수들 앞에서, 우리 자신 안에서 우리에게 만유가 되십니다. 오, 하나님의 자녀 여러분, 여러분은 온 땅의 위대한 심판자와의 모든 관계 속에서 그리스도가 그대에게 만유가 되시다니, 복 있는 자입니다. 여러분은 여러분과 하나님 사이에 설 중보자가 필요합니다. 그리스도가 바로 그분입니다. 여러분은 자신의 희생을 통해 여러분의 기도와 찬양을 하나님께 제시할 대제사장이 필요합니다. 그리스도가 바로 그분입니다. 여러분은 항상 하나님 앞에 서실 대표자가 필요합니다. 여러분을 위해 변론해 줄 대언자 곧 여러분 편이면서 동시에 하나님 편으로서, 자신의 손으로 양편의 손을 잡아주는 중재자로 활동할 수 있는 분이 필요합니다. 그리스도가 바로 여러분에게 그런 분입니다. 하나님은 그리스도 안에서 여러분을 바라볼 때마다 그리스도 안에 있어야 할 모든 것을 여러분 안에서 보십니다. 하나님이 그리스도와 상관없이 여러분을 보신다면 여러분 속에서 칭찬할 만한 것을 아무것도 보실 수 없을 것입니다. 그러나 여러분은 "사랑하시는 자 안에서 인정받았습니다."심지어는 하나님의 전지하신 눈도 그리스도의 의로 덮여 있는 영혼을 정죄할 만한 것을 조금도 찾지 못하십니다. "누가 능히 하나님께서 택하신 자들을 고발하리요 의롭다 하신 이는 하나님이시니"(롬 8:33). 전체 교회는 그 대표자이자 머리이신 그리스도 예수의 인격 속에 나타나 있는 대로 보이기 때문에 티나 주름 잡힌 것이나 이런 것들이 전혀 없습니다. 그리스도는 하나님의 보좌 앞에서 우리를 위한 만유이십니다.

그러나 아아! 우리는 우리와 우리 원수 사이에 서 줄 사람을 필요로 합니다. 사탄이 있습니다. 제가 어떻게 그를 상대할까요? 사탄은 저를 고소할 것입니다. 저를 위해서는 누가 변론해 줄까요? 그리스도가 그 일을 위해 만유가 되십니다. 사탄이 아무리 불 같은 화살을 쏜다고 해도 그리스도는 이 화살들을 떨어뜨리는 방패이십니다. 만일 사탄이 저를 시험한다면 그리스도께서 시험이 오기 전 저를 위해 변론하실 것입니다. 제가 사탄과 맞서 싸워야 할 때마다 이것이 제가 무장해야 하는 무기입니다. 만약 제가 사탄과 맞서 대결한다면, 제가 스스로 힘을 발휘하여 사탄에 맞선다면, 사탄은 제게 "예수는 내가 아는데, 너는 누구냐?"고 물을 것입니다. 그러나 제가 이 싸움을 예수님께 맡기고 예수님의 피의 공로와 그분의 신실하신 약속을 사용한다면, 이 파괴의 천사는 뿌려진 예수님의 피를 정복할 수 없을 것입니다. 우리는 어린 양의 피로 말미암아 승리합니다. 그리스도 예수는 우리의 방패이자 칼입니다. 전쟁의 갑주이자 무기입니다.

우리가 세상과 싸울 때도 마찬가지입니다. 사랑하는 성도 여러분, 여러분에게 임하는 시험이 무엇이든 간에 그리스도는 시험을 물리치는데 만유가 되십니다. 여러분은 가난합니까? 그리스도께서 위로하시는 임재로 여러분의 가난함을 부요하게 만드실 것입니다. 여러분은 병들었습니까? 그리스도께서 여러분의 병상에 오셔서 여러분의 병상을 건강한 자들의 발걸음보다 더 좋게 만드실 것입니다. 여러분은 박해를 받고 있습니까? 그리스도를 위해 받는 박해가 되게 하십시오. 그러면 여러분은 기쁨으로 펄쩍 뛰게 될 것입니다. 여러분은 압제를 받고 있습니까? 그리스도께서 어떻게 압제받고 고통을 당하셨는지를 상기하십시오. 그러면 여러분은 고난당하신 그리스도와 교제를 나누게 될 것입니다. 현세의 삶의 온갖 변화 속에서 그리스도는 신자가 붙들고 지탱하고 견디기를 바라는 만유가 되십니다. 이 구명부대에 매달리는 사람을 가라앉게 할 파도는 결코 없습니다. 그는 파도 위에서 영광스럽게 헤엄칠 것입니다.

또 그리스도는 나 자신 속에서도 만유이십니다. 만약 제가 저의 내적 본성의 방들을 들여다본다면 온갖 결함과 부족한 태도들을 보게 되고, 따라서 당연히 실망으로 가득 차게 될 것입니다. 그러나 거기서 그리스도를 볼 때 저의 마음은 위로를 받습니다. 왜냐하면 그리스도께서 마귀의 행위들을 멸하실 뿐만 아니라 그분이 내 속에서 시작하신 일을 완전하게 하실 것이기 때문입니다. 저는 죄인이지만 저의 마음은 구주를 의지합니다. 저는 이 죄와 사망의 몸으로 괴로움을 겪고 있지만, 구주를 바라볼 때 그분은 내 안에서 영광의 소망이 되십니다. 저는 본질상 다른 사람들처럼 진노의 자녀이지만 둘째 아담의 집에서 태어났고, 그래서 지극히 높으신 이의 사랑을 받고, 그리스도와 공동상속자가 되었습니다. 사랑하는 성도 여러분, 여러분의 마음속에 그리스도가 있습니까? 그러면 여러분에게 슬프게 할 모든 것이 오히려 기쁨의 주제로 바뀔 수 있습니다. 성도는 고백할 죄를 갖고 있다는 것을 생각하면 근심하게 되지만 죄를 고백할 수 있다는 것을 생각하면 기뻐하게 됩니다. 성도는 너무 많은 결함을 갖고 있기 때문에 괴롭습니다. 그러나 그리스도의 능력이 그에게 있기 때문에 연약함 속에서도 기뻐합니다. 성도는 날마다 자신의 탈선을 확인하고 근심합니다. 하지만 또한 선한 목자가 어떻게 자기를 따르고 자기 영혼을 회복시키는지 알고 기뻐합니다. 저는 제 안에 있는 모든 죄악과 허물로 슬퍼하지만 동시에 예수님이 제 안에 계시는 것을 볼 때 기뻐합니다. 제 자신 속에서 제가 보는 모든 것은 부족하거나 죄악된 것이지만, 저는 만유이신 그리스도 안에서 이에 대한 충분한 치료를 봅니다.

지금까지 저는 여러분에게 본문에 대한 두 번째 묵상 주제를 제시했습니다. 그리스도는 모든 차별을 넘어 만유이실 뿐만 아니라 하나님에 대해서도 만유이시고, 우리와 우리 원수 사이에서도 만유이시며, 우리 자신 안에서도 만유이십니다.

3) 그리스도는 우리를 위해 만유이시고, 우리에게 만유이시며,
　우리 안에서 만유이시다.

세 번째 주제를 취해 말한다면, 우리는 같은 의미의 다른 국면을 볼 수 있게 됩니다. 그것은 그리스도는 우리를 위해 만유이시고, 우리에게 만유이시며, 우

리 안에서 만유가 되신다는 것입니다.

그리스도는 우리를 위해 만유이신데, 저당물 곧 우리 대신 우리의 죄책을 짊어지신 대리인이시라는 점에서 그렇습니다. "여호와께서는 우리 모두의 죄악을 그에게 담당시키셨도다"(사 53:6). "그가 징계를 받으므로 우리는 평화를 누리고"(사 53:5). "하나님이 죄를 알지도 못하신 이를 우리를 대신하여 죄로 삼으신 것은 우리로 하여금 그 안에서 하나님의 의가 되게 하려 하심이라"(고후 5:21). 그리스도는 또한 우리에 대한 모든 의를 이루기 위해 우리 대신 일하는 일꾼입니다. 그리스도는 모든 믿는 자에게 의를 이루기 위하여 율법의 마침이 되십니다. 하나님이 우리에게 요구하시는 모든 것을 우리 대신 그리스도께서 하십니다. 그리스도는 자신이 이루신 것의 한 부분을 하나님께 드리신 것이 아니라 자기 백성들이 빚진 모든 것을 한 푼도 남기지 않고 모조리 지불하셨습니다. 하늘에서 우리의 선구자로 활동하시는 그리스도는 우리의 기업을 소유하고 계시고, 우리의 저당물로서 그리스도는 우리가 그곳에 들어가는 것을 우리에게 보증하십니다. 우리 모두를 위해 예수님은 만유이십니다.

그리고 오늘날 그리스도는 우리에게 만유이십니다. 우리는 그리스도를 완전히 신뢰합니다. 저는 종종 그리스도인의 많은 은혜들에 대하여 스스로 질문을 해보는데, 거기서 추호도 의심할 수 없는 한 가지 사실이 있습니다. 그것은 제가 아는 한, 예수 그리스도의 피와 의에 대한 소망 말고 다른 소망은 갖고 있지 않다는 것입니다. 만일 어떤 영혼이 구주께서 이루신 사역을 온 힘을 다해 의지했는데도 멸망할 수 있다면 저는 멸망하겠습니다. 그러나 구원의 신앙이, 죄를 속하기 위해 하나님이 보내신 분을 전적으로 의지하는 것을 말한다면 하나님의 말씀이 폐해지기 전에 저는 결코 멸망하지 않을 것입니다. 사랑하는 성도 여러분, 여러분은 그것이 전혀 위로를 주지 못할 것이라고 말할 수 있겠습니까? 여러분은 의지할 수 있는 다른 어떤 대상이 있습니까? 자신이 의지할 수 있는 선행이 하나라도 있습니까? 여러분 자신의 구원의 소망을 위해 버팀목으로 사용하거나 어느 정도 지주로 삼을 만한 것을 위해 지금까지 그런 기도를 드려보거나 또는 그런 감정을 느껴 본 적이 있습니까? 저는 여러분의 대답을 압니다. "아무것도, 아무것도, 아무것도, 아무것도 갖고 있지 않습니다. 하지만 나의 구주이신 그리스도께서 나의 구원의 만유이시고, 나의 소원의 만유이시기에 저는 다른 어떤 것을 그분과 나란히 하나님 앞에서 나의 의존의 근거로 삼는다는 바로 그 생각을 혐

오합니다." 오, 이렇게 대답하는 여러분은 확실히 그리스도의 양의 표지를 갖고 있습니다. 왜냐하면 그들 모두에게 그리스도는 만유이시기 때문입니다.

또한 저는 그리스도는 우리 안에서 만유이시라고 말했는데, 당연히 그분은 그렇습니다. 우리 안에 그리스도와 성령의 역사에 속하지 않는 것은 무엇이든 간에 우리에게서 나온 것으로, 그것을 물리칠 때 그 날은 복된 날입니다. 만일 제가 성장하고 진보하고 있지만 그것이 육체의 성장이고 자아의 진보라면 그것은 가짜 버섯의 성장입니다. 그리고 요나의 박 넝쿨처럼 하룻밤 사이에 소멸될 것입니다. 나무, 풀, 짚은 빨리 쌓을 수 있지만 또한 쉽게 타버립니다. "내 안에서 영광의 소망이 되신 그리스도"에게 속하는 것만이 금, 은, 보석으로 판명될 것입니다. 이것은 쉽게 쌓을 수 없지만 불을 견뎌낼 것입니다. 오, 그리스도인 여러분, 여러분 안에 그리스도를 갖기 위해 많이 기도하고, 많이 노력하십시오. 왜냐하면 그리스도야말로 여러분 안에 모실 만한 가장 가치 있는 만유이시니까요. 마음속에 그리스도라는 보배로운 핵을 갖고 있지 못한 그리스도인은 껍데기 그리스도인입니다. 십자가의 그리스도가 마음속의 그리스도가 되실 때 그분은 우리를 구원하십니다. 예수님은 진실로 우리를 위해 만유이시고, 우리에게 만유이시며, 우리 안에서 만유이십니다.

4) 그리스도는 만유의 통로, 만유의 보증, 만유의 총체이시다.

만화경을 돌려 이 동일한 진리를 다양한 각도에서 살펴봅시다. 그렇게 보면, 그리스도는 만유의 통로, 만유의 보증, 만유의 총체입니다.

먼저 그리스도는 만유의 **통로**입니다. 모든 사랑과 자비는 중보자이신 그리스도를 통해 하나님에게서 나옵니다. 우리는 그리스도를 떠나서는 아무것도 얻지 못합니다. "나로 말미암지 않고는 아버지께로 올 자가 없느니라"(요 14:6). 다른 통로들은 말랐지만 이 통로는 항상 흘러넘칩니다. "자기를 힘입어 하나님께 나아가는 자들을 온전히 구원하실 수 있으니 이는 그가 항상 살아 계셔서 그들을 위하여 간구하심이라"(히 7:25).

다음으로 그리스도는 만유의 보증입니다. 하나님은 우리에게 그리스도를 주셨을 때 사실은 다음과 같이 말씀하신 것입니다. "내가 너희에게 다 주었느니라." "자기 아들을 아끼지 아니하시고 우리 모든 사람을 위하여 내주신 이가 어찌 그 아들과 함께 모든 것을 우리에게 주시지 아니하겠느냐"(롬 8:32). 그리스도는 우리에게 언약 곧 약속된 안식에 대한 권리증서입니다.

그리고 진실로 그리스도는 만유의 통로와 만유의 보증일 뿐만 아니라 만유 자체라고 바울은 말합니다. 그래서 저는 그것을 그리스도는 만유의 **총체**라고 말하는 바입니다. 만일 여러분이 대륙을 여행하려고 한다면 침대는 가지고 갈 필요가 없고, 집이나 식탁이나 약이나 음식도 가지고 다닐 필요가 없습니다. 단지 여러분의 주머니 속에 금 덩어리가 들어 있으면 이것들을 모두 압축해서 갖고 있는 것이니까요. 금 덩어리는 그것으로 살 수 있는 모든 것을 대표합니다. 그것은 소유자가 원하는 것은 무엇이든 만들어낼 수 있는 일종의 도깨비 방망이와 같습니다. 저는 어느 나라에서도 그 의미를 이해하지 못한 사람을 만나보지 못했습니다. "돈은 범사에 이용되느니라"(전 10:19)고 전도자는 말하고, 이 말은 제한적인 의미에서는 사실입니다. 그러나 그리스도를 갖고 있는 자는 제한적인 의미에서가 아니라 진정으로 전부를 갖고 있는 것입니다. 그는 모든 것의 본질 곧 실체를 갖고 있는 것이니까요. 저는 단지 아버지의 보좌 앞에서 예수님의 이름으로 탄원할 따름이고, 그러면 하나님은 아무것도 거절하지 않으십니다. 만일 그리스도가 여러분의 소유라면 모든 것이 여러분의 것입니다. 여러분에게 그리스도를 주신 하나님은 시간과 영원 속에서 여러분이 원할 모든 것을 총체적으로 담아 하나의 선물을 주셨으니, 이로 말미암아 여러분은 과거의 죄를 지워버리고, 현재의 필요를 채우고, 미래의 모든 일과 복에 대하여 완전한 삶을 살게 될 것입니다.

5) 그리스도는 우리가 필요로 하는 것의 만유, 우리가 바라는 것의 만유,
   우리가 생각할 수 있는 좋은 것의 만유이시다.

다시 한 번 본문을 다른 각도에서 살펴보도록 합시다. 그리스도는 우리가 필요로 하는 것의 만유, 우리가 바라는 것의 만유, 우리가 생각할 수 있는 좋은 것의 만유이십니다. 그리스도는 제가 필요로 하는 것의 전부이십니다. 예수님은 저의 목마름을 해갈시키는 생수, 저의 굶주림을 만족시키는 하늘의 떡, 저를 덮어주는 눈같이 흰 옷, 안전한 피난처, 내 영혼의 행복한 거처, 저의 양식과 약, 저의 위로와 노래, 저의 빛과 즐거움입니다.

그리스도는 제가 바라는 것의 전부이고, 제가 가장 탐을 내는 것은 오직 그분의 임재입니다. 저의 가장 큰 야심은 그리스도와 함께 하는 것입니다. 제가 한

없이 욕심을 부리는 것이 있다면 그것은 오직 그리스도가 계신 곳에 저도 함께 있기를 갈망하는 것입니다. 그리스도는 제가 선에 대하여 **생각할 수 있는** 것의 전부입니다. 저의 상상력이 독수리의 날개가 미쳤던 곳을 넘어선 영역으로 날아가기 위해 온갖 상상의 날개를 펼칠 때에도 그리스도 예수가 약속한 영광의 높이까지는 전혀 미치지 못했습니다. 저의 상상력은 그리스도 곧 저의 그리스도, 제 자신과 같은 그리스도, 저의 모든 것인 그리스도보다 더 부요하고 더 보배로운 어떤 능력은 아무리 상상력을 확대시켜도 상상할 수 없습니다. 오, 만일 여러분이 천국이 무엇인지, 그리스도가 누구신지, 특히 천국에 이르는 길을 알기 원한다면 예수라고 하는 두 글자와 함께 시작해야 합니다. 여러분은 예수를 얻을 때 그분은 여러분에게 만유가 되어 여러분의 영화롭게 된 몸이 필요로 하고 여러분의 영화롭게 된 영이 생각할 수 있는 모든 것이 되실 것이니까요. 오, 보배로운 그리스도여, 당신은 만유이십니다.

3. 이 진리에 관련되어 있는 것은 무엇입니까?

저는 매우 급하게 이 진리가 포함하고 있는 것이 무엇인지를 여러분에게 설명했습니다. 이번에는 훨씬 더 간략하게 이 진리에 관련되어 있는 것이 무엇인지 살펴보도록 하겠습니다.

이 진리는 아주 많은 사실들과 관련되어 있습니다. 첫째, 이 진리는 그리스도의 영광 및 탁월함과 관련되어 있습니다. 그리스도 말고 누가 만유라고 말해질 수 있겠습니까? 이 세상에는 좋은 것이 많이 있지만 모든 것에 대하여 좋은 것은 하나도 없습니다. 어떤 식물은 좋은 약이 될 수 있지만 좋은 강심제는 아닙니다. 하지만 "파종할 좋은 땅"(겔 34:29)은 모든 면에서 좋습니다. 좋은 옷은 여러분의 굶주림을 해결할 수 없지만 하늘의 떡이신 그리스도는 또한 아버지의 최고의 옷이기도 합니다. 여러분은 어떤 유한한 것이 모든 것에 좋다고 기대할 수 없겠지만 그리스도는 무한히 좋습니다. 이 생명나무는 온갖 종류의 열매를 맺고, 그 잎은 민족들을 치유하는데 유용합니다. 그리스도는 힘과 아름다움, 안전과 신성함, 평화와 풍성함, 치유와 도움, 위로와 정복, 현세의 생명과 영원한 생명이십니다. 주 예수 그리스도에게 영광이 돌아가기를! 만약 그리스도가 만유이시라면 하나님보다 못한 것이 무엇이 있을 수 있겠습니까? "만유." 이 말은 하나님과 동의어가 아닙니까? 우리는 한 하나님이 모든 곳에 계시고 모든 공간을 채우시기 때문에 두 하나님이 있을 수 없다고 말합니다. 그러면 "만유"로 불리시는 그분이 "참 하나님"이 아니시라면 누구겠습니까? 성도 여러분, 온 마음을 다해 그리스도를 경배하십시오. 그리스도를 즐거워하고, 날마다 그리스도를 송축하십시오. 그래서 세상이 그리스도 안에서 참으로 부요한 여러분을 가난하다고 생각하지 않도록 합시다. 누구도 영원히 찬양받으실 임마누엘 안에서 완전한 행복을 누리고 있는 여러분을 불행하다고 생각하지 않도록 합시다.

이번에는 신자의 안전과 복에 대하여 생각해 봅시다. 그리스도는 만유이십니다. 그러나 신자는 "그 그리스도가 나의 것입니다"라고 말할 수 있습니다. 그리하여 신자는 모든 것 곧 자기가 원하는 모든 것뿐만 아니라 자기가 원할 모든 것을 갖고 있습니다. 어떤 황제도 그리스도를 갖고 있지 않다면 그리스도를 갖고 있는 거지보다 훨씬 가난합니다. 그리스도를 갖고 있는 사람은 아무리 극빈자라도 모든 것을 소유하고 있습니다. 그런데 그리스도를 갖고 있지 못한 사람은 온 천하를 차지하고 있다고 해도 참된 행복과 기쁨을 위해서는 아무것도 소유하고 있지 못합니다. 오, "그리스도는 나의 것"이라고 말할 수 있는 사람의 행복이여! 반면에 구주를 갖고 있지 못한 사람의 비참함을 보십시오. 그리스도가 만유이시라면 그리스도를 믿지 않는 자는 그리스도가 없는 상태이므로 만유가 전혀 없기 때문입니다. 그러나 여러분은 "저는 최선을 다하려고 합니다. 공중 예배에 출석하고, 최대한 선을 행하고자 합니다"라고 말할 수 있습니다. 하지만 여러분이 그리스도를 갖고 있지 않다면 아무것도 갖고 있지 않습니다. 영적인 일에 선을 보태고 있다고 우쭐해하지 마십시오. 만약 여러분이 구주를 갖고 있지 않다면 여러분은 헐벗고 가난하고 비참합니다. 여러분이 만유이신 그리스도를 갖고 있지 않다면 여러분에게는 아무것도 없습니다. 그러므로 그리스도인은 부자이지만 그리스도가 없는 사람은 누구든 극도로 가난합니다.

또 이 진리 속에는 수많은 구도자들의 의심을 책망하는 질책이 담겨 있음을 명심합시다. 그들은 "나는 이것이나 저것이 없다"고 말할 것입니다. 여러분이 갖고 있지 않은 것에 대하여 생각해 봅시다. 만약 그것이 좋은데 사용되는 것이라면 그리스도는 그것을 갖고 계십니다. "저는 오늘 그리스도 안에서 하나님의 자비에 자신을 맡기고 싶습니다. 하지만," 아, "하지만"이라고 말하지 마십시오. 여러분은 무엇을 원합니까? 어떤 사람은 "저는 참된 믿음을 원합니다"라고 말합니다. 그러면 그리스도께 나아와 그것을 얻으십시오. 다른 사람은 "저는 상한 마음

을 원합니다"라고 말합니다. 만약 여러분이 상한 마음을 갖고 그리스도께 나아
올 수 없다면, 상한 마음을 얻기 위해 그리스도께 나아오십시오.

> "참된 믿음과 참된 회개,
> 우리를 가까이 이끄는 모든 은혜,
> 돈 없이
> 예수 그리스도께 나아와 사라."

우리는 석탄 주산지인 뉴캐슬로 석탄을 가지고 가는 것, 곧 헛수고의 어리석
음을 지적하는 옛 속담을 알고 있습니다. 그러나 어떤 사람이 만유이신 그리스
도께 뭔가 가지고 갈 수 있다고 생각한다면 그것은 얼마나 어리석은 짓일까요.
불쌍한 죄인이여, 그리스도께 나오십시오, 나오십시오, 나오십시오. 그래서 그
분을 그대에게 모든 것이 되게 하십시오. 단순히 그리스도를 의지하고 평강을
누리십시오.

또한 이 진리 속에는 성도들의 냉랭함을 책망하는 질책이 담겨 있습니다. 만
일 그리스도가 만유이시라면 우리가 어떻게 그분을 그토록 적게 사랑할 수 있을
까요? 만일 그리스도가 그토록 보배롭다면 우리가 어떻게 그분을 그토록 적게
소중히 여길 수가 있을까요? 오! 나의 무디고 둔감하고 냉랭한 마음이여, 그대는
도대체 뭘 하고 있는가? 그대는 이와 같은 주님을 향해 열정과 뜨거운 감정을 갖
고 전혀 움직이지 않으니, 참으로 너무 완고하고 너무 야만적이 아닌가? 성도 여
러분, 그리스도는 만유이시지만 우리가 그분에게 제공하는 것은 얼마나 적습니
까? 우리의 실체에 비해 얼마나 적은 부분입니까? 얼마나 적은 시간을 드리고,
우리가 가진 재능 가운데 얼마나 적은 부분을 드리고 있습니까! 만약 그리스도
가 우리를 위해 만유이시라면 우리도 그리스도를 위해 모든 것이 될 수 있도록
하나님은 우리의 거룩한 열정을 자극하십니다. 우리가 하나님께 새로운 힘을 구
하여 우리의 능력을 아끼지 말고 최대한 사용하여 유한한 인간으로서 할 수 있
는 일은 모두 할 수 있도록, 하나님이 우리와 함께 하실 수 있는 일은 모두 할 수
있기를 바라고, 그리하여 그것이 하나님의 영광을 나타내는 일이 되는 것을 하
나님이 볼 수 있기를 바랍니다.

본문을 통해 우리는 또 다른 교훈을 받습니다. 우리는 여기서 갓 회심한 자를

어떻게 판단해야 하는지를 배웁니다. 우리는 그들이 철학자나 신학자가 되는 것을 기대해서는 안 됩니다. 그리스도는 만유이십니다. 만일 그들이 그리스도를 알고 그리스도 안에 거하고 있다면 "어서 오십시오. 환영합니다"라고 말해야 합니다. 그들이 아무리 가난하다고 해도, 아무리 교육을 받지 못했다고 해도, 만일 예수 그리스도가 그들의 마음속에 들어 있다면, 비록 우리가 그들의 마음속에서 그리스도를 희미한 윤곽만 볼 수 있다고 해도, 문을 활짝 열고 예수님이 우리를 받아주신 것처럼 받아들여야 합니다.

또 이 본문 속에는 사역자들에 대한 척도도 들어 있습니다. 세상의 풍조는 수사학적으로 말을 아주 잘하는 사람을 크게 칭찬합니다. 그러나 기독교 강단에서 웅변이 너그럽게 받아들여지는 시대는 저주를 받았습니다. 그것은 하나님의 교회에 파멸과 재앙이었습니다. 이런 식으로 미사여구를 찾아내는데 열심을 다하고, 세련된 문단과 번지르르한 문장을 추구하는 것은 단지 세상에 영합하는 일로, 화해의 사역을 팔아먹는 짓입니다. 사람들이 바울이 "형제들아 내가 너희에게 나아가 하나님의 증거를 전할 때에 말과 지혜의 아름다운 것으로 아니하였다"(고전 2:1)고 말했을 때 그 의미가 무엇인지 알았다면 그들이 전한 것과는 완전히 다른 방식으로 설교하게 되었을 것입니다. 우리는 단순히 마음에서 우러나오는 말로 복음을 선포해야 하고, 그래야 사람들의 마음은 진리에 감동을 받게 될 것입니다. 그런데 슬프게도, 이와 같이 진리의 말씀으로 말장난을 하고 기분 좋은 표현을 추구하는 것, 또 이런 식으로 진리를 거짓의 화려한 장신구로 포장하는 것은 복음을 빛내는 것이 아니라 오히려 퇴색시키고, 영혼에 헤아릴 수 없는 폐해를 끼치며, 진리의 진보를 가로막습니다. 이것으로 사역자들을 평가할 때 그들에게 그리스도에 대한 것이 무엇이 있겠습니까? 어떤 사역이든 간에 그리스도의 향기가 없는 목회는 주님이 인정하지 못할 사역이므로, 여러분도 인정해서는 안 될 것입니다. 이런 사역자는 하나님이 보내신 사역자가 아니므로, 여러분도 받아들여서는 안 됩니다. 아주 창조적인 사상가들이 고안해 낸 참으로 훌륭한 사상이라고 하더라도 그 안에 예수 그리스도가 결여되거나 그분이 높임을 받지 못하는 사상이라면 그런 사상을 듣기보다는, 매우 세련되지 못한 말로 전하는 것이라고 하더라도 그 안에 그리스도 예수가 담겨져 있다면 그 말을 듣겠습니다.

성도 여러분, 본문은 또한 여러분 자신의 헌신을 평가하는데 도움을 줄 것입니다. 여러분은 일전에 성찬식에는 참여했으나 그리스도와의 교제는 나누지 못했습니다. 아! 그때 기회를 놓쳤습니다. 여러분은 오늘 아침 기도할 때 기도실에 있었지만 예수님의 이름을 부르지 못했습니다. 아! 그때 또 헌신의 기회를 놓쳐 버렸습니다. 여러분은 성경을 읽는 사람이고, 여러분의 눈은 거룩한 말씀들을 흘긋 들여다보았으나 각 면에서 예수님을 만나지는 못합니다. 그렇게 되면 여러분은 성경 읽기에 실패한 것입니다. 여러분은 최근에 가난한 자에게 도움을 베풀었습니다. 그러나 그것이 그리스도를 위해 한 일이었습니까? 여러분은 전도해서 영혼을 구원으로 이끌었습니다. 그런데 그것이 그리스도의 힘으로 한 일이었습니까? 만일 예수님이 빠져 있다면 여러분은 마음이 없는 제사를 드린 것입니다. 로마인들 사이에서는 희생제사에서 마음이 빠져 있는 것만큼 치명적인 징조는 없다고 알려져 있었습니다. 따라서 그리스도가 없으면 받아들여지는 것도 있을 수 없고, 그리스도가 충만하면 하나님께 받아들여진 것도 충분하다는 것을 증명합니다.

4. 이 진리가 우리에게 요청하는 것은 무엇입니까?

본문 속에서 우리가 말할 수 있는 다른 사실들이 많이 있지만, 시간이 부족하기 때문에 이 진리가 우리에게 요구하는 것이 무엇인지 지적하는 것으로 설교를 마치고자 합니다.

그리스도는 만유이십니다. 그러므로 "너희는 하나님이 택하사 거룩하고 사랑 받는 자처럼 긍휼과 자비와 겸손과 온유와 오래 참음을 옷 입고"(골 3:12)라고 말씀합니다. 성도들 속에서 그리스도의 생명이 나타나는 것은 그리스도가 그들에게 만유이시라는 사실에서 나오는 타당한 추론입니다. 만일 그리스도가 만유이시지만 제가 그리스도인으로서 그리스도를 닮지 않았다면, 저의 기독교는 명백한 수치이고, 저는 비열한 위선자에 불과하며, 저의 외적 의는 오만한 허세로 저의 영혼은 지옥으로 떨어질 것입니다. 정말이지 그 이상도 그 이하도 아닙니다. 그것은 생명 없는 영을 위해 도금한 관과 같습니다. 만약 제가 내 안에 기독교의 본질을 갖고 있지 않아 그리스도의 이름을 사칭해서 그 이름을 모독한다면 갑절의 파멸에 처해지는 멸망을 당할 것입니다. 정통성은 가장 확실한 사상에 속해 있기는 하지만 정통성에 생명이 없게 되면 가장 헛된 것이 되고 말 것입니다. 만약 육신의 죄를 떨쳐 버리고 거룩함의 옷을 입은 것을 보여주지 않으면 경험도, 사람이 그것에 어떤 말을 하든 간에, 한갓 꿈이고, 그 자신의 상상의 허구에 불과할 것입니다.

　오, 성도 여러분, 이것들은 우리 모두에게서 찾아져야 할 일들입니다. 우리 가운데 누가 집에서 당연히 살아야 할 모습으로 살고 있습니까? 여러분은 여러분의 집을 방문한 천사가 그곳에서 본 모든 것을 구름 같은 증인들 앞에서 말하는 것을 견딜 수 있겠습니까? 신앙을 고백하는 여러분, 여러분은 여러분의 가게나 사업장에서 그리스도인으로서 조금도 부끄럽지 않게 항상 정직하고 솔직해야 합니다! 여러분이 그리스도인이라고 고백하는 상인이라면 다른 사람들처럼 탐욕스럽고 남을 속여먹는 사람은 아닙니까? 여러분에게 당부하는데, 만약 여러분이 그리스도를 조금이라도 존중한다면, 그분의 이름을 영화롭게 할 작정이 아니면 들먹거리지 마십시오. 돈을 탐내고, 땅만 보고, 이 세상을 위해서 사는 사람이라면, 여러분은 상실된 자가 될 것입니다. 여러분이 확실히 상실된 자가 되리라는 것은 의심할 필요가 없습니다. 하지만 여러분이 그리스도인을 자처함으로써 비열하게 속이면, 이로 말미암아 자신의 정죄를 갑절로 자초하게 될 것이 확실합니다. 구스인이 자기 마음대로 자신을 백인으로 부르게 놔두십시오. 또 표범이 자기는 반점이 없다고 떠들게 놔두십시오. 이런 일들은 그리 문제가 되지 않습니다. 그러나 그리스도인을 자처하면서 그리스도가 없이 사는 사람의 거짓은 십자가에 못 박히신 분을 모독하는 것입니다. 사람의 신앙은 거룩함에서 나타나므로, 살아 계신 하나님의 입장에서 여러분에게 당부하는데, 신앙을 참되게 하려는 마음이 없으면 신앙을 고백하지 마십시오. 만일 여러분이 당연히 살아야 할 삶을 살지 못하고 있다면 아닌 것을 아닌 것이 아닌 것처럼 가장하지 마십시오. 하나님을 찾되, 그리스도의 생명이 여러분 안에 있게 하고, 여러분의 삶 속에 그 생명을 나타내도록 하십시오. 비록 세례를 받았다고 해도, 비록 교인이라고 해도, 비록 집사와 장로와 목사로 높이 존경을 받고 있다고 해도, 그리스도가 없으면 여러분은 아무것도 아닙니다. 오, 모든 곳에서, 모든 일 속에서 그리스도를 갖고 있는 것을 나타내십시오. 그러면 사람들은 여러분에게 다음과 같이 말하지 않을 수 없을 것입니다. "그 사람에게 그리스도는 만유이시다. 나는 그 특징을 찾았다. 그는 예수님과 함께 하는 사람이었다. 예수님에게 배운 사람이었다. 왜냐하면 그는 예수님처럼 행동했기 때문이다." 하나님께서 이 설교의 말씀을 축복해 주시기를 그리스도의 이름으로 기도합니다. 아멘.

제
16
장

—

하나님의 용서를 찬미하고 본받음

—

"누가 누구에게 불만이 있거든 서로 용납하여 피차
용서하되 주께서 너희를 용서하신 것 같이 너희도
그리하고" — 골 3:13

이 권면은 누구에게 주어진 것일까요? 바울은 12절에서 "하나님이 택하사 거룩하고 사랑 받는 자"라고 말했습니다. 여기에 세 가지 구체적인 사실이 담겨 있습니다. 그들은 무엇보다 먼저 "하나님의 택함 받은 자" 즉 하나님의 영원한 목적에 따라 택하심을 받은 자입니다. 그들은 이처럼 택하심을 받아 선택받은 사람들이 되었습니다. 다음으로 그들은 하나님의 영으로 말미암아 성결하게 된 자이고, 그러기에 "거룩하다"는 말을 듣습니다. 이 거룩함은 그들의 인격과 그들의 추구 목표, 그들의 부르심과 그들의 생활과 관련되어 있습니다. 하나님의 영은 자신의 사역을 충분히 행하셔서 그들의 마음속에 하나님의 사랑을 풍성하게 부어주십니다. 그러면 그들은 경험을 통해 자신이 "사랑받는" 자라는 것을 느낍니다. 하나님의 사랑 안에 거하는 것은 선택의 열매이자 거룩함의 결과입니다. 만일 여러분이 겸손한 확신을 갖고 이 세 가지 특징 곧 "하나님이 택하사 거룩하고 사랑 받는 자"로 간주할 수 있다면, 여러분은 모든 사람 가운데 가장 총애를 받는 자입니다. 아버지께서 여러분을 특별히 선택하셨고, 여러분 안에서 성령이 특별한 역사를 행하셨으며, 여러분은 영혼 속에 하나님의 사랑 안에서 사는 특별한 기쁨을 소유하고 있습니다. "하나님이 택하사 거룩하고 사랑 받는 자." 여러분이 지금 여러분 앞에 있는 교훈 곧 "누가 누구에게 불만이 있거든 서로 용납하여 피차 용서하되 주께서 너희를 용서하신 것 같이 너희도 그리하고"라는 권면을 쉽게 실천할 수 있을 때는 바로 이 세 가지 사실을 누리고 있을 때입니다.

본문에 대하여 충분한 설명을 진행하기 전에 신약 성경이 우리 주 예수 그리스도에게 어떤 영예를 돌리고 있는지 주목하기를 바랍니다. 에베소서 4장 32절을 보면, 비슷한 교훈이 약간 다른 형태로 나와 있습니다. 거기 보면, "하나님이 그리스도 안에서 너희를 용서하심과 같이 하라"고 되어 있습니다. 마치 그리스도와 하나님의 참되고 진정한 동등성을 보여주기 위한 것처럼, 본문에서는 "그리스도께서 너희를 용서하신 것 같이"로 되어 있습니다. RV(개역)성경을 보면 "주께서 너희를 용서하신 것같이"로 되어 있습니다(개역개정성경도 "주께서"로 되어 있다 – 역주). 그러나 RV성경 번역자는 난외주에서 "고대의 많은 사본들이 그리스도로 해석했다"고 지적했습니다. 이 경우에 우리는 고대의 권위자들이 생존했을 당시에 주와 그리스도가 상호 교체적으로 사용된 용어였음을 알 수 있습니다. 하나님 외에 죄를 사할 수 있는 자는 아무도 없습니다. 하나님만이 죄를 범한 자를 용서하십니다. 그러므로 죄는 그리스도에 대하여 저질러지는 것이고, 그리스도는 죄를 사하실 수 있기 때문에 우리는 그리스도께서 죄 사함을 베푸실 수 있을 정도로 높아지신 분임을 알게 됩니다. 죄를 사하실 수 있는 것으로 볼 때, 그리스도는 하나님의 높고 고귀한 주권적 권세를 공유하신 분입니다.

이 표현은, 바울과 영감받은 다른 저자들은 기록할 것이 참으로 많았음에도 불구하고 항상 그들의 마음속에 새겨져 있던 한 가지 사실은 곧 주님을 영화롭게 하는 것이라고 말하고 있는 것처럼 보이지 않습니까? 이것은 그들이 철저히 예수님이 "그가 내 영광을 나타내리니"(요 16:14)라고 말씀하신 하나님의 영의 감동 아래 있었다는 것을 보여주는 증거가 아닙니까? 무엇을 가르치든 간에, 어떤 의무를 수행하든 간에, 어떤 약속을 제시하든 간에, 바울은 그로 말미암아 주 예수 그리스도가 그의 백성들의 마음속에서 높아지게 하려고 그토록 신경을 쓰고 있는 것입니다. 그러므로 우리도 우리 마음속에서 기름 부음받으신 이 곧 나사렛 그리스도 예수, 하나님의 아들을 높이고, 아버지를 영화롭게 하는 것처럼 아들도 영화롭게 하는 일을 주저하지 맙시다. 또 구주께서 죄를 사하실 권세를 갖고 계시고 모든 허물에서 구속받은 수많은 사람들을 깨끗하게 하시는 것을 생각하고, 회개한 자로서 용서하시는 구주를 찬양합시다.

그러나 성도 여러분, 이 교훈은 그리스도에게 영광이 돌리는 것이지만 동시에 우리 주님의 본보기와 권세로 지지를 받으므로 얼마나 더 큰 가치가 부여되는지 모릅니다. "그리스도께서 너희를 용서하신 것 같이 너희도 그리하고." 우리 앞에 얼마나 훌륭한 본보기가 서 계실까요! 우리가 나타내야 하는 사랑의 정신은 얼마나 완전합니까! 그리스도께서 우리를 용서하신 것 같이 우리도 남을 용서하라고 명령 받습니다. 이보다 더 고귀한 명령이 주어질 수 있겠습니까? 확실히 이 교훈을 하찮게 여기는 자나 이 교훈에 순종하거나 불순종하는 것을 자신의 선택의 문제로 간주하는 자는 못 박힌 손으로 이 법을 우리 눈앞에 세워 놓으신 그리스도의 위엄을 제대로 파악할 수 없을 것입니다. 이 명령을 지키십시오. 이 명령은 죄를 사하시는 그리스도의 인격과 참으로 놀랍게 연계되어 있기 때문에 보통 중요한 명령이 아닙니다. 만일 모세로 말미암아 주어진 율법이 그토록 엄격한 구속력이 있다면 주 예수님의 생애 속에 구현된 이 법에 대해서는 어떻게 말해야 하겠습니까? 확실히 그리스도의 제자인 여러분에게 이 가르침을 최대한 마음을 집중시켜 준수하라고 굳이 간청할 필요가 없겠지요. 여러분의 주님이 직접 여러분 앞에 서 계십니다. 여러분은 주님이 여러분의 모든 허물을 어떻게 용서하셨는지 기억할 것입니다. 저는 여러분이 용서하라는 주님의 권면을 진지한 관심을 갖고 실천할 것이라고 확신합니다. 비둘기 같은 성령께서 지금 이 무리를 품에 품어 우리 모두의 가슴속에 사랑을 낳아 주시기를 바랍니다.

이 권면을 실천하기 위해서는 두 가지가 이루어져야 합니다. 하나는 본문에서 우리 앞에 두고 있는 용서의 방식을 배워야 한다는 것입니다. 다른 하나는 우리에게 죄를 범한 자들을 용서할 때 우리 스스로 이 방식을 본받아야 한다는 것입니다.

1. 용서의 방식을 배워야 합니다.

본문에서 우리 앞에 두고 있는 용서의 방식을 상세히 공부해 봅시다.

"그리스도께서 너희를 용서하신 것 같이 너희도 그리하고." 여기서 그리스도의 용서는 무엇을 말하는 것입니까? 여러분은 그리스도께서 일상생활 속에서 이 용서를 어떻게 보여주셨는지 잘 알고 있을 것입니다. 그리스도는 많은 시련을 거쳤으나 결코 화를 내지 않으셨습니다. 친구와 원수들에게 그리스도는 고난을 당했으나 어느 편에 대해서도 자신의 크신 아버지께 고소하지 않으셨습니다. 그리스도는 자신을 욕하는 사람들에게 결코 욕하지 않고, 때리는 자들에게 등을 대주고, 머리를 끌어당기는 자들에게 뺨을 대줌으로써 그들의 악행을 끝까지 참으며 견뎠습니다. 그리스도는 제자들을 조용히 책망하셨으나 결코 노여움에 싸여 그들에게 말한 적은 없었습니다. 그리스도의 용서하는 인생의 클라이맥스 사건은 운명을 앞두고 자기를 박해하는 자들을 위해 "아버지 저들을 사하여 주옵소서 자기들이 하는 것을 알지 못함이니이다"(눅 23:34)라고 기도하신 일에 있었습니다. 그리스도는 자신의 원수들을 사랑하셨습니다. 자신의 원수들을 위해 사셨습니다. 자신의 원수들을 위해 죽으셨습니다. 그리스도는 신사의 모델이자 용서의 거울과 귀감이었습니다.

그리스도께서 가장 극악한 죄악을 용서하신 것을 주목합시다. 주 예수님이 순수한 사랑을 갖고 이 세상에 오셨을 때 전혀 환영을 받지 못하고 헤롯이 어린 아기들을 죽이려고 획책한 것은 끔찍한 사건이었습니다. 이후에 그리스도께서 사람들 앞에 공적으로 등장하셨을 때 유대인들은 그분을 돌로 치려고 했습니다. 그리스도는 모욕적인 대접을 받았습니다. 그리스도가 행하신 이적은 마귀가 행한 것으로 치부되었습니다. 그리스도의 거룩하고 흠 없는 인격은 주정뱅이로 불리는 비난을 받았습니다. 그리스도는 포도원 주인의 장자였으나 농부들은 그분을 보자마자 이렇게 말했습니다. "이는 상속자니 자 죽이고 그의 유산을 차지하자"(마 21:38). 고난을 당할 때 유대인들이 얼마나 경멸적이고 잔혹한 방법으로 그리스도를 학대했는지 여러분도 잘 알 것입니다. 사람들이 자기들을 크게 사랑하시는 분에게 가한 경멸과 잔인함보다 더 악의적인 학대가 있을 수 있겠습니까? 사람들이 더 이상 비열해질 수 없을 정도로 그리스도가 받으신 고난은 참으로 잔혹했습니다. 사람들은 그리스도에게 저지를 수 있는 악은 모두 저질렀습니다.

여러분 자신은 이같이 죄를 범한 적이 결코 없다고 말하지 마십시오. 오, 성도 여러분, 우리의 죄를 여호와께서 그분에게 전가시킨 것으로 보아 우리도 그리스도를 십자가에 못 박았습니다. 우리 역시 "그는 멸시를 당하였고 우리도 그를 귀히 여기지 아니하였도다"(사 53:3)라고 고백해야 합니다. 지금은 그리스도를 따르는 우리가 이전에는 "그에게서 얼굴을 가리는 것 같이"(사 53:3) 했던 때가 있었습니다. 그리스도는 우리를 부르셨으나 우리는 아무 대답을 하지 않았습니다. 그리스도는 우리에게 구애하셨으나 우리는 그분의 아름다움에 눈이 멀었습니다. 우리는 깊이 뉘우치는 감정 없이는 이것을 기억할 수 없습니다. 우리는 다른 친구는 그렇게 나쁘게 대한 적이 없었습니다. 우리는 그분의 사랑에 대한 거절로 우리가 할 수 있는 한 최대한 악하게 그리스도를 십자가에 못 박았고 그분을 죽였습니다. 그러나 그분은 우리를 용서하셨습니다. 그리스도는 자신의 얼굴을 찾는 자들은 모두 용서할 준비가 되어 있습니다. 오, 우리의 죄와 같은 더러운 죄를 깨끗이 지워버리는 그리스도의 사랑의 광채여! 우리의 죄의 산들의 꼭대기 위까지 흘러넘쳐 영원히 그것들을 덮어버리는 그리스도의 은혜의 홍수여! 우리의 죄악이 얼마나 검은지 또는 얼마나 붉은지 그것은 문제가 아닙니다. 우리가 예수님에게 나아오는 순간 그분은 우리를 눈보다 더 희게 만드니까요. 그리스도는 가장 끔찍한 죄악들, 가장 지독한 허물들을 한순간에 제거하십니다. 그리스도는 "내가 너를 용서하노니 가서 다시는 죄를 범하지 말라"고 말씀하십니다. 그리고 우리는 바로 거기서 완전한 용서를 받게 됩니다. 저는 이 은혜를 구하지 않았던 여러분 모두가 이 복된 사실에 마음이 끌려 자신의 모든 죄를 가지고 그리스도께 나아와 여러분의 주님의 손에 직접 사죄의 은총을 받기를 바랍니다.

또한 여러분이 그리스도에 대하여 저지른 이 죄악들이 전혀 근거가 없고, 정당성이 없었다는 사실을 기억하면, 그리스도의 용서에 대한 감동은 더 커질 것입니다. 그리스도는 자기 대적들에게 "그 중에 어떤 일로 나를 돌로 치려 하느냐"(요 10:32)고 요구할 수 있었습니다. 그리스도는 아무에게도 부당하게 행동하거나 심지어는 거칠게 대한 적도 없었습니다. 그리스도는 어디서나 모든 사람에게 항상 온유하고 겸손했으나 어떤 사람들은 그분이 선하시기 때문에 도리어 화를 냈습니다. 그들은 그리스도께서 전적으로 사랑을 베푸시기 때문에 그분의 사랑을 거절하지 않았습니까? 그들은 그리스도께서 참으로 위대하시기 때문에 그분을 멸시한 것이 아닙니까? 그리스도의 참된 미덕이 사람들의 적개심을 일으킨 것은 인간의 마음의 부패성 때문입니다. 나의 주 그리스도가 여러분 가운데 어느 누구에게 어떤 해를 끼친 적이 있었습니까? 그런데 어찌하여 여러분은 그리스도를 거절합니까?

저는 많은 사람들이 다음과 같이 말하는 것을 들었습니다. "만약 내가 이 나쁜 의지를 발동시켜 어떤 나쁜 짓을 했다면 그것에 대하여 책임을 질 것이다. 그러나 그들은 그런 이유가 없는데도 부당하게 나를 박해하고 있다." 이것이 우리 주님의 경우에는 극히 더 현저하게 나타나고 있고, 그래서 시편에 보면, "그들이 까닭 없이 나를 미워했다"(시 35:9)고 말했습니다. 그러나 그리스도는 이 까닭 없는 악의를 용서하셨습니다. 그리스도는 이 까닭 없는 죄악을 계속 용서하십니다. 그리스도는 자신의 피로 자신의 인격, 자신의 백성, 자신의 복음, 자신의 사랑에 가해지는 끔찍한 모욕을 깨끗이 지우십니다. 심지어는 자신의 나라를 반대하고 자신의 섬김을 거부하는 여러분도 자기 앞에 마음을 굽히고, 무릎을 꿇고, 항상 베풀 준비를 하고 있는 자기 손의 풍성한 자비를 받아들이면 즉시 용서하실 것입니다. 가장 크고 가장 악의적인 죄악들이 이 땅 주변에서 어떤 방식으로 일어나고 있는지 보십시오! 이런 사랑의 임재에 어떻게 그런 미움이 생생하게 살아 꿈틀거릴 수 있을까요?

그리스도는 이 용서를 가장 무가치한 사람들에게 보여주셨습니다. 그리스도가 이 땅 아래에 계실 때 용서한 모든 사람 가운데 이 자비를 받을 자격이 있는 사람은 하나도 없었습니다. 사실은 용서받을 자격 운운하는 것 자체가 논리적 모순입니다. 성도 여러분, 그리스도의 무한한 자비를 맛본 저와 여러분 속에도 그분의 자비를 받을 만하다고 주장할 근거는 전혀 없다는 것을 저는 확실히 알고 있습니다. 만일 그리스도께서 우리를 죄 가운데 내버려 두셨다면, 그분이 우리를 지나치고 멸망하도록 놔두셨다면, 우리가 그분에 대하여 도대체 뭐라고 불평할 수가 있겠습니까? 그리스도는 자기 자신 안에 있는 어떤 것 때문에 우리를 사랑하고 용서하신 것입니다. 우리 안에 있는 어떤 것에 기인한 것이 절대로 아니었습니다. 우리는 무가치하지만 그리스도는 은혜로우십니다. 그러기에 그리스도는 우리에게 죄를 범하는 자들의 전혀 근거 없고 가치 없는 행위를 용서하라고 우리에게 가르치십니다.

만약 그리스도께서 그렇게 하기 원하신다면 우리 가운데 누구에게든 항상 복수를 행할 능력을 갖고 계신다는 것을 결코 잊지 마십시오. 어떤 사람들은 처벌할 능력이 없기 때문에 어쩔 수 없이 용서합니다. 그들은 복수를 행하기에는 너무 약하고, 그러기에 복수를 포기합니다. 세상에서 일어나는 용서는 용서하는 마음보다 연약한 손에서 나오는 경우가 더 많습니다. 그러나 그리스도는 원하기만 하면 자신의 대적들을 순식간에 박살낼 수 있지만 값없이 용서하셨습니다. 그들이 "십자가에서 내려오라"고 말했을 때, 만약 그분이 순간적으로 못을 빼고 그들 속으로 뛰어내렸다면 어떻게 되었을까요? 만약 그리스도께서 자신의 권능을 영광스럽게 나타내셨다면, 그들은 그분을 피하기 위해 바위들에게 자기들을 가려달라고, 산들에게 자기들을 숨겨 달라고 애걸복걸했을 것입니다. 그러나 그리스도는 그들의 비난에 대하여 십자가에서 뛰어내릴 정도로 자극을 받지도 않았고, 또 자신의 고난의 침묵을 깨뜨리지도 않았습니다. 그리스도의 가슴속에는 꿀 같은 자비가 쌓여 있었고, 그분의 입술에서는 용서의 자비가 뚝뚝 떨어졌습니다. 주님은 한순간에 우리를 파멸시킬 수 있었지만 우리 자신에 대하여 정말 오래 참으셨습니다. 우리는 사고로 쉽게 멸망을 당할 수도 있고 또는 각종 질병으로 죽을 수도 있고, 그리하여 언제든 지옥 바닥으로 떨어질 수도 있었습니다. 그러나 우리를 죽이는 대신 주님은 오히려 우리를 구하기 위해 곧 우리의 생명이 거역 속에 있을 때 우리를 구하시려고 개입하셨습니다. 그리스도는 우리의 생명을 아주 쉽게 제거할 수 있었으나 그렇게 하지 않고 한량없는 자비로 우리의 죄를 지우셨습니다. 그러므로 우리는 그분의 놀라우신 은혜를 찬양하고, 삶 속에서 그 은혜를 본받아야 합니다.

잠시 그리스도께서 어떻게 용서하셨는지 생각해 보기를 원합니다. 우리 주님의 용서 방식은 용서 자체만큼이나 주목할 만합니다. 주 예수님은 그 은혜의 행위를 부탁하지 않았는데도 오셔서 우리를 용서하셨습니다. 우리가 자비에 대하여 생각해 보기 전에 그리스도는 우리에 대한 자비를 이미 생각하고 계셨습니다. 저는 한 잡지에서 한 도시 선교사에 대한 이야기를 읽은 기억이 납니다. 이 도시 선교사는 모범적인 생활에서 벗어나 방황하던 한 불쌍한 소녀를 만나 어떻게든 더 나은 삶으로 이끌려고 애를 쓰고 있었습니다. 그는 소녀가 어느 정도 마음이 풀릴 때까지 대화를 나누었습니다. 소녀의 가족에 대하여 물어보고, 그녀가 이전에 행복한 가정에서 살았으며, 아버지의 포근한 사랑을 받았다는 것을 파악했습니다. 소녀는 이렇게 말했습니다. "하지만 이제 아빠는 저를 결코 보려고 하지 않을 거예요. 절대로 그럴 것이라고 생각해요. 이렇게 타락한 사람이 되었으니 집문 앞에 감히 다가갈 자신도 없어요." "아빠에게 편지를 쓴 적은 있니?" "없어요. 도저히 편지를 쓸 수 없었어요. 써도 아무 소용이 없을 걸요. 아빠가 답장을 보내줄 것이라고 기대할 수 없는데, 그렇게 거절당하면 제 마음이 더 찢어질 거예요." "우리가 해볼게. 우리가 아빠에게 편지를 써볼게." 이 선교사는 소녀의 아버지에게 편지를 썼고, 곧바로 봉투에 "지급(至急)"이라고 적힌 답장이 왔습니다. 봉투 안에 들어있는 편지의 내용은 "무조건 용서하겠다"는 것이었습니다. 소녀는 아빠에게 돌아갔습니다. 곧 아빠의 품에 안겼습니다. 모든 것을 용서받았습니다. 방황하던 자가 회복되었습니다. 딸이 집을 떠난 이후로 이 아빠가 밤낮으로 딸을 위해 기도하고 있었고, 다시 집에 돌아오면 딸을 받아주겠다는 간절한 마음을 갖고 있었다는 사실을 잊지 맙시다. 소녀가 아빠에게 용서를 구한 것이 원인이 아니었습니다. 이미 오래 전부터 아빠의 마음속에 있었습니다. 의심할 것 없이 아빠가 부르짖으며 눈물로 기도했기 때문에 하나님께서 자비로 소녀의 마음을 감동시켜 집으로 돌아오게 했던 것입니다. 오, 죄인 여러분, 여러분이 그리스도를 생각하기 전에 그리스도는 이미 여러분에 대한 사랑을 생각하고 계셨습니다. 그리스도는 이렇게 말씀하십니다. "내가 네 허물을 빽빽한 구름 같이, 네 죄를 안개 같이 없이하였으니 너는 내게로 돌아오라 내가 너를 구속하였음이니라"(사 44:22). 용서가 먼저고, 주님께 돌아오는 것은 용서의 결과로 요구되는 것입니다. 우리의 개인적 경험 속에서는 용서가 먼저가 아니지만, 하나님의 입장에서는 용서가 먼저입니다. 오, 우리가 우리 자신의 죄를 알기도 전에 자신의 보혈로 그 죄를 속하신 주 그리스도의 자비여!

　　주 예수 그리스도는 죄를 용서하는 가장 참되고 건전한 방식으로 용서의 본보기를 보여주신 분으로 간주되어야 합니다. 계산적이고 의도적인 말로 인간의 입술에서 나오는 용서는 고려할 가치가 없습니다. 왜냐하면 그 안에 용서하는 마음이 없기 때문이고, 무엇보다 용서는 더 자유롭고, 더 기쁘게 이루어져야 하기 때문입니다. 주 예수 그리스도는 자신의 온 마음으로 죄인들을 용서하십니다. 결코 냉랭하고 형식적인 태도로 용서하시는 것이 아닙니다. 그리스도는 외적으로만 용서하고 은밀하게 진노를 품고 있지 않습니다. 대신 온전히, 전적으로, 기쁘게 자신이 용서하는 사람들의 죄를 제거하시는데, 그것도 영원히 제거하십니다. 그리스도는 용서하실 때 우리의 허물, 미련함, 실패, 그리고 죄악을 몽땅 용서하십니다. 죄는 확실히 연대 책임을 갖고 있고, 그래서 한 덩어리를 구성합니다. 저는 일전에 한 신학자가 그리스도에 대하여 말하면서 그리스도는 원죄는 제거하셨지만 자범죄는 그대로 남겨 두셨다고 말하는 것을 보았습니다. 당찮은 말입니다! 죄는 하나이고, 불가분리적입니다. 범죄는 다른 우산 속에 들어가 있는 것이 아닙니다. 사람들의 죄와 범죄는 성경에서 항상 한 가지 사실로 말해집니다. 비록 우리가 각기 다양한 시기에 죄를 범하더라도 다양한 죄들의 물줄기는 모두 한 죄의 바다로 흘러들어갑니다. 죄는 용서받으면 모든 죄가 제거됩니다. 한 조각도, 한 토막도, 한 분자도 남아 있지 않습니다. 주 예수님은 죄의 모든 덩어리를 바다 깊은 곳에 빠뜨리셨고, 우리의 모든 죄책이 영원히 삼켜졌습니다. 이것이 진실로 큰 용서입니다. 이 큰 용서를 베푸시는 주님께 영광이 있기를! 그러므로 그분의 진실함과 성실함으로 그리스도를 따라갑시다.

다시 말해, 주 예수 그리스도께서 베푸신 용서는 가장 완전한 방법으로 주어집니다. 그리스도는 뒤끝이 없으십니다. 진노를 비축해서 따로 남겨놓지 아니하십니다. 용서하시고 다 잊어버리십니다. 그것이 그리스도의 용서의 놀라운 효력입니다. 그리스도는 "네 죄를 기억하지 아니하리라"(사 43:25)고 말씀하십니다. 그리스도는 우리의 죄를 자기 등 뒤로 던져버리십니다. 우리의 죄는 완전히 그리고 온전히 그리스도의 시야 또는 관심에서 사라졌습니다. 그러나 가련한 인간의 본성은 그렇게 못합니다. 심지어는 아버지도 방탕한 자녀를 용서해 주지만 그가 다시 죄를 범하면 옛날 죄까지 들추어내 책망하기도 합니다. 그러나 그리스도는 절대로 그렇게 하시지 않습니다. 그리스도는 "그가 본래 범한 모든 죄가 결단코 영원히 기억되지 아니하리라"고 말씀하십니다. 그리스도는 자기 백성들의 죄를 아주 효과적으로 처리하셨기 때문에 그들의 죄에 대해서는 입도 벙긋하지 않아 그들이 근심에 빠지도록 하지 않습니다. 진심으로 회개하기만 하면 그들의 죄는 절대로 기억되지 아니할 것입니다. 그러나 주님은 지난날의 거역을 빌미로 그들에게 겁을 주시지 않습니다. 이처럼 완전한 용서를 베푸신 그리스도의 이름이 찬양받기를 바랍니다.

주 예수 그리스도는 자기 백성들을 지속적인 방법으로 용서하십니다. 그리스도는 오래 전에 우리를 용서하셨습니다. 그리고 계속 우리를 용서하십니다. 그리스도는 용서해놓고 후에 다시 고소하지 않으십니다. 그리스도의 용서는 영원합니다. 그분이 신자인 여러분에게 베푸는 용서는 집행유예가 아니라 왕의 손과 옥새 아래 주어지는 값없는 용서로, 여러분을 효과적으로 고소와 처벌에서 보호해줄 것입니다. "여호와의 말씀이니라 그 날 그 때에는 이스라엘의 죄악을 찾을지라도 없겠고 유다의 죄를 찾을지라도 찾아내지 못하리니 이는 내가 남긴 자를 용서할 것임이라"(렘 50:20). 그리스도는 범죄를 끝내고 죄를 종결시키고, 영원한 의를 세우셨습니다. 용서받은 죄인을 지옥에 보내다니요! 이것은 하나님의 참된 본성에 모순되는 일이었습니다. 예수님이 위해서 죽은 자들을 정죄하다니요! 그러나 바울은 그리스도의 죽음에 대한 도전에 마지막 대답으로 다음과 같이 언급합니다. "누가 정죄하리요 죽으실 뿐 아니라 다시 살아나신 이는 그리스도 예수시니 그는 하나님 우편에 계신 자요 우리를 위하여 간구하시는 자시니라"(롬 8:34). 그리스도께서 우리를 위해 중보하시면서 어떻게 동시에 우리를 고소할 수 있겠습니까? 그리스도께서 같은 사람들에게 구속자이면서 동시에 정죄하는 자가 되는 것은 불가능합니다. 그리스도의 용서는 매우 완전하기 때문에 우리의 죄는 존재를 멈추었습니다. 그리스도는 친히 드린 속죄 제사를 통해 영원토록 죄를 제거하셨습니다.

　저는 이 용서가 참으로 은혜로운 방법으로 주어지는 것에 크게 경탄하지 않을 수 없습니다. 어떤 사람들은 무정한 방법으로 용서를 베풉니다. 그들은 다른 동료들을 용서할 때 아주 높은 자리에서 내려다보는 듯이 행세합니다. 그들은 자기에게 잘못을 범한 불쌍한 형제에게 죄가 없는 자신의 빛나는 위치에서 큰 위엄을 갖고 당당하게 내려옵니다. 그리고 이런 식으로 말합니다. "나같이 천사와 같은 사람에게는 터무니없이 굴종적인 일이지만 부끄러움을 무릅쓰고 그렇게 하는 것이다." 그러나 이런 태도를 그리스도에게서는 결코 느끼지 못할 것입니다. 왜냐하면 그리스도는 용서하실 때 가장 낮은 자리에 오셔서 "나의 자비를 받아들여다오. 그렇게 해주기를 간절히 바란다"라고 말하는 것처럼 하시기 때문입니다. 그리스도는 마치 죄인이 자신의 용서를 받아들일 때 자신에게 유익이 있는 것처럼 말씀하십니다. 그리스도는 스스로 낮추시되, 경멸하는 동정심을 갖고 죄인의 기를 죽이지 않습니다. 그리스도는 모든 사람의 겸손을 합친 것보다 더 겸손하게 자신을 낮추시지만, "벌레는 참으로 비천한 다른 동종 벌레들보다 더 고상한 상태가 될 수는 없기 때문에"그분의 낮아지심은 그 안에 허세가 전혀 들어 있지 않을 정도로 참으로 진실하고 고귀합니다. 그리스도는 태어날 때도 그렇게 태어나셨습니다. 그리스도는 낮아지심이 자신의 자아인 것처럼 그렇게 자연스럽게 자기를 낮추십니다. 어떤 이들은 자기는 낮추면서 아주 교만합니다. 그러나 예수님은 은혜로 우리와 같은 수준으로 자신을 낮추시는 것처럼 보입니다. 아니, 사실은 우리를 들어올리기 위해 우리보다 더 낮은 자리로 들어가십니다. 그러므로 그리스도가 베푸시는 용서와 마찬가지로 그분이 용서하시는 방법에 대해서도 찬양합시다. 그리스도께 용서를 구했을 때 그리스도께서 제게 보여주신 그 크신 사랑을 생각하면 가슴이 벅차오릅니다. 진실로 "후히 주시고 꾸짖지 아니하십니다." 그리스도는 제가 제 자신의 의를 바라보았을 때 얼굴을 찡그리고 크게 호통을 치셨지만 제가 자신의 값없는 은혜의 복음으로 눈을 돌리자

거친 말을 거두시고, 죄인의 괴수인 저를 한량없는 사랑과 자비로 대해 주셨습니다.

무엇보다 그리스도의 크신 용서는 인간의 죄악이 세상 속에 큰 문제를 일으켰는데, 그분이 그 문제를 친히 담당했다는 사실 속에서 나타납니다. 죄인은 자신의 잘못된 행위로 말미암아 큰 상실과 재앙 속에 떨어졌습니다. 따라서 우리에게 잘못을 저지른 사람을 용서할 때 우리는 다음과 같이 말하게 됩니다. "나도 아무 조건 없이 당신을 용서한다. 하지만 당신은 당신이 감당해야 할 어떤 결과를 초래하게 되었는데, 그것에 대해서는 나도 어쩔 수가 없다." 은혜로우신 우리 주님은 아마 다음과 같이 말씀하실 것입니다. "죄인아, 너는 죄를 범해 하나님의 저주 아래 들어갔다. 너는 죄를 범해 비참과 죽음 속에 들어갔다. 내가 너를 값 없이 용서하는 증거로 이 모든 고통과 죽음을 내가 친히 담당하겠다. 너는 방탕하고 사악하게 죄악을 범했으나 내가 그 결과를 대신 감당하겠다. 너는 채찍을 만들었는데, 그 채찍으로 내 어깨를 칠 것이다. 너는 못을 날카롭게 가다듬었는데, 그 못으로 내 손과 발을 박을 것이다. 너는 스스로 저주와 형벌 아래 떨어졌으나 네가 자유를 얻을 수 있도록 내가 사망의 저주를 받을 것이다."

지금까지 이와 같은 자비가 있었던 적이 있었습니까? 이 사랑을 아는 사람이라면 누구나 기쁘게 받아들이지 않겠습니까? 죄인 여러분, 여러분은 이것을 모르겠습니까? 들어본 적도 없습니까? 주님, 아니 하나님의 아들인 예수님이 여러분의 모든 죄악을 용서하실 수 있다는 것, 그렇게 하는 것이 그분의 마음에 기쁨이므로 즉시 그렇게 하신다는 것을 모르겠습니까? 오, 시간이 가기 전에 여러분이 "그리스도께서 내 죄를 제거하셨으므로 결코 정죄함은 없다"고 말할 수 있기를 바랍니다. 이것은 사람의 방식에 따른 것이 아닙니다. 하나님의 방식입니다. 이것은 예수님이 하나님이라는 확실한 증거입니다. 하나님의 아들이 아니라면 누가 이와 같이 행할 수가 있겠습니까?

지금까지 저는 빈약한 설명이지만 이 크신 용서와 이 용서의 방식에 대하여 설명했습니다. 저는 여러분이 이 크신 용서를 경험했으리라고 믿습니다. 확실히 우리는 모두 이 크신 용서를 필요로 합니다. 여러분 가운데 누가 그것을 부정하겠습니까? 성령께서 여러분의 멀어 있는 눈을 열고, 얼어붙은 마음을 녹여 주시기를! 본문에 따르면, 용서를 받은 사람들은 자기가 용서를 받았다는 것을 알고 있습니다. 왜냐하면 바울은 적극적으로 다음과 같이 말하기 때문입니다. "그리스도께서 너희를 용서하신 것 같이." 마치 그것이 하나님의 백성들에게는 익히 알려져 있는 사실인 양 바울은 그렇게 말합니다. 우리는 용서를 받아도 용서받은 것을 알지 못한다는 이론이 널리 퍼져 있습니다. 이 이론은 예수님은 용서하셨지만 우리가 죽는 순간까지는 그것을 알 수 없다고 말합니다. 그러나 이런 주장은 가증스런 복음에 불과합니다. 참된 복음을 통해 우리는 우리가 용서받았다는 사실을 알 수 있고, 또 그것을 확신합니다. 보면 볼수록 우리는 "내가 너를 사하였느니라"는 말씀을 그리스도께서 친필로 새겨 놓으신 것을 더 확실하게 보게 될 것입니다. 눈들은 속일 수 있으나 마음속에서 역사하는 하나님의 영의 증언은 결코 우리를 속일 수 없습니다. 만약 여러분이 예수님이 그리스도라는 것을 믿는다면, 또 여러분이 오직 그리스도만 의지한다면, 아무리 많더라도 여러분의 죄는 사함받게 될 것입니다. "그 아들 예수의 피가 우리를 모든 죄에서 깨끗하게 하실"(요일 1:7) 것이기 때문입니다. 우리가 그리스도로 말미암아 사함받았다는 것을 안다면 깨끗하게 되고, 또 다른 사람들을 용서하기로 결심합시다. 말로만 하지 말고 행함과 진실함으로 용서의 정신을 보여주도록 합시다.

2. 용서의 본보기를 본받아야 합니다.

여러분은 여러분의 본보기를 본받아야 합니다. 우리가 두 번째로 기억해야 할 말은 여러분은 스스로 용서의 본보기를 본받으라는 것입니다. 만약 성령께서 여러분이 이 본받음에 따라 글을 쓸 수 있게 하신다면, 여러분은 여러분 안에 거하시는 주님의 인정을 받게 될 것입니다. 그 글자들이 얼마나 크고 분명한지 보십시오! 여러분이 그 글자들을 다시 쓸 수 있다면 그것은 결코 작은 성공이 아닙니다. "그리스도께서 너희를 용서하신 것 같이." 이 본받음은 가능한 한 정확해야 합니다. "같이"라는 글자를 주목하고, 은혜의 주님에게서 뒤처지지 않도록 힘쓰십시오.

그러나 본문 속에서 용서할 때 그리스도를 본받으라는 이 권면은 **보편적으로** 적용할 수 있다는 점을 주목하기 바랍니다. 본문은 전혀 길지 않지만 적용 범주가 얼마나 제한이 없는지 확인해 보십시오. "누가 누구에게 불만이 있거든 서로 용납하여 피차 용서하되." 여러분도 아시다시피, 본문은 위에 있는 사람에게 아래에 있는 사람을 용서해야 한다고 못 박고 있지 않습니다. 또는 반대로 작은 자가 큰 자를 용서해야 한다고 못 박고 있지도 않습니다. 명령의 범주가 전체를 망라

합니다. "서로 용납하여"라고 말씀합니다. 부자는 가난한 자를 용납하고, 가난한 자는 부자를 용납해야 합니다. 연장자는 연소자의 경솔함을 용납하고, 연소자는 연장자의 불쾌한 언동과 느릿함을 용납해야 합니다. 이것은 포괄적인 임무로, 오늘날 저는 여러분을 용서하고 여러분은 저를 용서해야 한다는 뜻을 함의하고 있습니다. 개인적으로, 저는 여러분에게 저를 용납해 달라는 부탁을 드립니다. 그리고 아무리 큰 교회라도 서로 간에 용서할 필요가 있다는 것은 말할 것이 없습니다. 우리는 누구나 나름대로 입장과 기준을 갖고 있고, 이것들은 다른 사람들과 흔히 부딪칩니다. 우리는 모두 전체 조각 그림의 부분들로, 언젠가는 각자 자기 자리에 맞추어져 온전한 하나를 이루게 될 것입니다. 그러나 지금은 보기 흉하고 적합한 존재가 아닙니다. 우리의 모난 부분은 둥글게 될 필요가 있습니다. 때때로 이 모난 부분들은 다른 사람들의 모난 부분과 부딪쳐서 다듬어지기도 합니다. 물론 다른 사람들과 부딪칠 때 마음은 편안하지 않습니다. 생명수가 흐르는 강의 조약돌처럼 우리는 둥글게 되고 부드럽게 되는데, 그것은 생명수가 흘러가면서 우리를 서로 교제 속으로 밀어넣기 때문입니다. 누구나 서로 간에 다듬어주고, 또 다듬어집니다. 이 과정 속에서 약간 불편함을 느끼는 것은 불가피합니다. 하지만 그것을 염려할 필요는 없습니다. 왜냐하면 그것은 전체 과정의 한 부분이고, 이 과정을 통해 우리는 모두 적절한 모양으로 다듬어지고 끝없는 교제를 이루게 되기 때문입니다.

"서로 용납하여 피차 용서하되." 우리는 여기서 두 가지 측면을 보아야 합니다. 어떤 이들은 "아, 난 도저히 이해할 수 없다. 사람들은 나를 훨씬 더 많이 용납해야 한다"고 말합니다. 그럴 수 있습니다. 그러나 여기서 첫 번째 요점은 여러분이 그런 자들을 용서해야 한다는 것입니다. 참으로 많은 교인들이 교회의 의무를 자기 입장에서만 생각합니다. "내가 병들었는데, 아무도 나를 찾아오지 않았습니다." "찾아오도록 누구를 보낸 적이 있습니까?" "아니요, 그런 적이 없습니다." 형제여, 그대 자신의 잘못을 찾고, 그대의 허물을 기억하기를 바라오. 그대는 "너희 중에 병든 자가 있느냐 그는 교회의 장로들을 청할 것이요"(약 5:14)라는 계명을 어긴 것이니 말이오. 그러면 그대는 "하지만 아무도 그리스도인의 사랑을 보여주지 않았단 말입니다"라고 말하겠지요. 이것이 여러분의 경우입니까? 저는 사랑이 없다고 말하는 사람은 대체로 자기 자신에 대해서도 사랑이 없는 사람이라고 알고 있습니다. 교회를 바라보는 눈이 얼마나 다양할까요. 어떤 사람은 일천 가지 미덕을 보고 찬사를 보냅니다. 그런데 다른 사람은 악한 세계로 단정합니다. 어떤 사람은 감사하면서 "내가 병들었을 때 사랑하는 형제들이 너무 자주 찾아와 그러지 말라고 말할 정도였지요"라고 말합니다. 하지만 다른 사람은 불평하면서 "한 달이나 병상에 누워 있었지만 아무도 찾아오지 않았지요"라고 말합니다. 우리는 이 차이의 이유를 알고 있습니다. 말투가 이 수수께끼의 열쇠입니다. 대체로 우리는 평가하는 것만큼 평가를 받습니다. 저는 저 자신에게서 찾아내는 결점을 그리스도의 사람들에게서는 반밖에 찾아내지 못합니다. 저는 알고 교제하는 것이 자랑스럽게 생각되는 그리스도인들을 많이 만납니다. 반면에 다른 부류의 사람들은 제게 경고를 주기 때문에, 그리고 제가 은혜를 베풀 수 있는 기회를 주기 때문에 유익합니다. 용서와 용납은 모든 사람에게 필요하고, 서로 주고받아야 합니다. 예수님의 감미로운 사랑으로 이 일에 실패가 없도록 합시다.

　　이제 이 일이 절대로 본질적이라는 것 곧 이 용납과 용서가 필수적이라는 것을 말할 차례입니다. 속지 마십시오. 하나님은 업신여김을 받지 아니하십니다. 하나님을 닮지 않은 자는 하나님의 자녀가 아닙니다. 용서하지 않는 사람은 용서받을 자격이 없습니다. 중세 시대에 한 남작이 다른 한 귀족과 불화 속에 있었는데, 실제든 상상이든 자신이 받았다고 생각하는 모욕에 대하여 복수를 결심하고 있었습니다. 마침 그의 원수가 얼마 안 되는 종자들(從者)과 함께 성곽을 지나갔습니다. 그래서 남작은 잠복해 있다 그를 죽이든지 아니면 최소한 가혹하게 형벌을 가하고 몸값을 받아낼 참이었습니다. 그런데 성 안에 살고 있는 한 거룩한 사람이 남작에게 피 흘리는 일을 그만두고 평화를 도모하도록 간청했습니다. 얼마 동안은 아무 소용이 없었습니다. 남작은 복수심을 누그러뜨리지 않고 원수에 대한 복수를 맹세했습니다. 그래서 이 경건한 사람은 남작에게 자기에게 한 가지 호의를 베풀어 달라고 부탁했는데, 그것은 복수를 하기 전에 자기와 함께 교회에 가서 기도를 하자는 것이었습니다. 그들은 함께 기도하려고 무릎을 꿇었습니다. 무릎을 꿇자 이 거룩한 사람이 "나를 따라 주의 기도를 드릴 수 있겠소?"라고 말했습니다. 이 사람은 한 마디 한 마디 주의 기도를 읊조렸고, 남작도 따라서 읊조렸습니다. 드디어 "우리가 우리에게 죄 지은 자를 사하여 준 것 같이 우리 죄를 사하여 주시옵고"라고 읊조려야 할 부분에 이르렀습니다. 그런데 이 경건한 사람이 거기서 멈추더니 이렇게 말했습니다. "진심으로 그렇게 하지 않을 것이라면 이 부분 기도를 드리지 않기를 바랍니다! 주님을 업신여겨서는 안 되니까요. 만약 이 기도를 드리고 난다면 나가서 복수해서는 안 될 것입니다. 만약 그렇게 한다면 하나님 앞에 나타나 그대의 죄를 심판받아야 할 것입니다. 왜냐하면 용서하지 않으면 용서받지 못하기 때문입니다. 그러니 이 기도를 아뢰고 용서하고 구원받을 것인지 아니면 이 기도를 거부하고 나가 복수를 하고 멸망할 것인지 양자택일 하십시오." 남작은 멈추고 입술을 깨물었는데, 결국은 선한 마음이 승리했고, 그래서 이렇게 외쳤습니다. "하늘에 대한 소망을 버릴 수가 없습니다. 용서에 대한 소망도 포기할 수 없습니다. 그러므로 원수가 안전하게 성곽을 지나가도록 놔두겠습니다. 그러니 '우리가 우리에게 죄 지은 자를 사하여 준 것 같이 우리 죄를 사하여 주시옵고' 라고 기도하겠습니다."

하나님을 속이려고 하지 맙시다. 만약 여러분이 동료에게 거짓말을 하고 그를 속이고 기만하고자 한다면 조물주의 비위를 맞추거나 전지하신 분을 속일 수 있다고 상상하지 마십시오. 만약 여러분이 용서할 수 없을 것이라면 그렇게 말하고 영원한 파멸을 예상하십시오. 그러나 그리스도인이라고 자처한다면 이 중대하고 본질적인 교훈에 순종하고, 그리스도가 여러분을 용서하신 것처럼 용서해 주십시오. 하나님 앞에서 정직하고, 하나님께 솔직하십시오. 그래야 하나님께서도 여러분을 정직하고 솔직하게 대하실 테니까요. 그러나 여러분이 용서할 수 없거나 용서하지 않는다면 고통을 당할 것을 예상해야 합니다. 사랑의 예수님까지도 "너희 아버지께서도 너희 잘못을 용서하지 아니하시리라"(마 6:15)고 말씀하시기 때문입니다.

이렇게 그리스도를 본받도록 권면하면서 저는 우리에게 죄를 범한 자들을 용서할 때 우리는 영광스러운 기품을 갖게 된다는 것을 알려드리고 싶습니다. 우리는 절대로 품위를 떨어뜨릴 의무를 행하도록 요구받지 않습니다. 보복은 아무 가치가 없지만 용서는 위대한 정신입니다. 굴 속에서 사울의 목숨을 보존하고, 전쟁터에서 잠든 사울을 치지 않은 다윗은 사울보다 무한히 더 큰 자가 아니겠습니까? 사울 왕은 자신이 용서받은 것을 알았을 때 다윗 앞에서 겸비해지지 않았습니까? 만일 여러분이 가장 고결한 승리자가 되기를 바란다면 먼저 자신을 정복하십시오. 만일 칼과 총으로 싸웠다면 그 싸움에서 승리한 것은 별 것 아닙니다. 그러나 하나님의 방법에 따라 무기가 아니라 사랑과 인내와 용서로 승리를 거둔다면 이것이야말로 가장 영광스러운 승리입니다. 다툼 속에서 상처를 전혀 입히지 않고 악으로 선을 이기는 자는 정복자 이상으로 복이 있습니다. 전사는 이 정복 과정 속에서 이미 승자가 됩니다. 전쟁 속에 있는 나라는 비록 전쟁에서 승리한다고 해도 큰 대가와 목숨의 손실을 감수해야 합니다. 그러나 사랑으로 승리하는 자는 자신이 치른 싸움을 통해 더 훌륭하고 더 강한 사람이 됩니다. 그는 그 싸움을 통해 대적을 물리치는 승리를 얻을 뿐만 아니라 자기 속에 있는 죄에 대해서도 승리자가 되고, 악에 맞서는 장래의 전쟁도 훨씬 더 쉽게 치를 수 있습니다. 그는 하나님을 영화롭게 하고 자신은 은혜 안에서 더 강하게 됩니다. 사랑보다 더 영광스러운 것은 없습니다. 만왕의 왕이신 여러분의 주님을 악을 견딤으로써 영광을 얻으신 본보기로 삼으십시오. 만일 여러분이 그리스도의 군대의 기사가 되고자 한다면 그분의 은혜로우심을 본받으십시오.

이같이 그리스도를 본받는 것이 논리적으로 여러분 모두에게 합당한 일이라는 것을 명심하십시오. 성도 여러분, 그리스도께서 여러분을 용서하셨다면 우리가 방금 읽은 비유는 동료를 용서하는 것이 우리의 의무라는 것을 보여줍니다. 주님이 우리의 만 달란트 빚을 탕감해 주셨다면 우리가 어떻게 백 데나리온 빚진 동료의 목을 잡고 "빚을 갚으라"고 말할 수 있겠습니까? 우리가 진실로 그리스도의 지체라면 당연히 우리의 머리를 닮아야 하지 않겠습니까? 우리가 그분의 종이라고 고백한다면 자기 제자들의 발을 씻기신 주님보다 더 큰 위엄을 주장할 수 있겠습니까? 주님이 아무 값없이 우리를 용서하셨다면 우리의 영이 완악하고 우리 안에 악의가 머물러 있을 때 우리가 어떻게 감히 그분의 형제를 자처할 수 있겠습니까?

결론적으로, 이같이 그리스도를 본받는 것은 본문에 주어진 본보기를 그대로 따를 때 가장 강력하게 유지될 수 있다고 강조하지 않을 수 없습니다. 우리는 용납하고 용서해야 합니다. "주께서 너희를 용서하신 것 같이 너희도 그리하고." 저는 이런 말을 들은 적이 있었습니다. "당신은 온갖 방탕한 죄악을 간과하고 전혀 주의하지 않는다면 곧 경멸을 받고 질 나쁜 사람으로 대접받게 될 것이다. 당신의 존귀는 증명을 필요로 한다." 그리스도께서 여러분을 용서하셨을 때 그 용서로 말미암아 그분의 존귀가 상처를 입었습니까? 여러분은 가장 악랄하게 죄를 범했으나 주님은 여러분을 용서하셨습니다. 그런데도 여러분은 그런 죄를 간과하시는 주님의 마음 때문에 그분의 존귀가 손상되었다고 말할 수 있겠습니까? 절대로 그럴 수 없습니다. 용서하시는 것은 주님에게 영광입니다. 주님의 부요한 은혜와 주님의 값없는 자비로 말미암아 성도들의 할렐루야 찬양과 천사들의 노래가 더 진실하게 그분의 보좌로 올라갑니다. 우리와 같은 비천한 피조물이 자신의 존귀에 대하여 말하는 것 자체가 얼마나 큰 치욕일까요! 얼마나 큰 교만일까요! 복수에도 영광이 있단 말입니까? 여러분에게 상처를 주는 자와 똑같이 하는 것이 정말 치욕적인 일입니다!

한 이교도 철학자가 이렇게 말했습니다. "만일 나귀가 그대를 걷어찬다면 그 나귀를 똑같이 걷어차는 것으로 그대의 영예가 과연 지켜지겠는가?" 이 말은 고상한 말처럼 들리지만 경멸의 뜻을 진하게 풍기는 말입니다. 여러분은 여러분에게 잘못을 저지른 어떤 사람에 대하여 말하거나 심지어는 생각할 때 마치 그가 짐승 같은 자로 취급될 가치밖에 없는 것처럼 말하거나 생각한다면 여러분의 정신이 올바르지 못한 것이고, 여러분의 마음속에 악이 여전히 남아 있다는 증거입니다. 죄를 범한 자에게 원한도 갖지 말고 경멸도 하지 마십시오. 구원해야 할 형제로 믿으십시오. 그리고 이렇게 생각하십시오. '만약 그가 내게 상처를 준다면 나는 바로 그렇기 때문에 그를 두 배로 섬겨야겠다. 나의 유일한 복수는 사랑을 두 배로 베푸는 것이다. 절대로 그에 대하여 나쁘게 생각하지 않으리라. 그가 행하는 모든 일을 최대한 좋게 생각할 것이다. 그리하여 내 안에 그리스도의 마음이 있다는 것을 보여주고, 그럼으로써 내 안과 그 안에 있는 부패한 인간성을 극복하도록 할 것이다.'

어떤 사람들은 "만약 우리가 항상 죄악을 눈감아 준다면 다른 사람들도 우리에게 악을 행하려는 똑같은 유혹을 받게 될지 모른다"고 말할 것입니다. 그런데 본문은 이에 대해서도 준비된 답변을 제공합니다. 그 답변은 주 예수 그리스도께서 우리를 용서하셨다는 것입니다. 주님이 용서하셨다는 이유로 죄를 저지르려는 유혹을 받은 사람을 만나 본 적 있습니까? 가련하고 무가치한 무수한 죄인들을 값없이 용서하셨는데, 그것이 죄를 조장하는 요인을 갖고 있습니까? 절대로 아닙니다. 예수님이 참으로 은혜로우셔서 죄를 사하신다는 것이야말로 거룩함의 참된 근거와 원인이 되지 않습니까? 그렇다면 어찌하여 여러분의 용납이 해가 되는 일이겠습니까? 너무 지혜로운 척하지 마십시오. 왜냐하면 그렇게 할 때 여러분은 주님을 비방하는 결과가 되기 때문입니다. 여러분은 세상의 지배자가 아닙니다. 악한 결과가 일어날까봐 우려해서 선을 행하지 않는 것은 합당한 일이 아닙니다. 여러분이 마땅히 가야 할 길을 고수하십시오. 형제의 모든 허물을 용서하고 하나님께 결과를 맡기십시오.

또 어떤 이들은 "오, 하지만 나는, 무척 경건하지만 결코 용서하지 않는 사람들을 알고 있다"고 말할 것입니다. 하지만 이런 인격을 갖고 있는 사람 가운데 정말 경건한 사람은 없을 것입니다. 용서하는 정신을 갖고 있지 못하다면 진실로 경건한 사람은 없다고 저는 감히 말할 수 있습니다. 기꺼이 용서하지 못하는 것은 누구든 치명적인 인격의 결함입니다. 그런데 만약 용서하지 않으면서 훌륭한 사람들이 있다면, 여러분은 그들에 대하여 어떻게 하겠습니까? 종이라면 동료 종에게서 특히 그의 결점을 모방하겠습니까? 여러분 앞에 두어진 본보기는 "주께서 너희를 용서하신 것 같이"입니다. 주님을 본받아 용서하는 것은 성도나 죄인을 가리지 않습니다. 주님은 여러분에게 "네게 무슨 상관이냐 너는 나를 따르라"(요 21:22)고 말씀하십니다. 아마 여러분은 여러분 생각에 경건한 사람이 용서하지 않는 사람으로 판명된 이야기를 다 알고 있지 못할 것입니다. 만약 그 이야기를 다 알고 있는 것이 아니라면 여러분은 다른 사람들을 판단할 자격이 없습니다. 남의 일에는 상관하지 말고 "주께서 너희를 용서하신 것 같이 너희도 그리하십시오."

그러나 또 다른 사람이 "이 사람들은 나를 용서하지 아니할 것이다"라고 말하는 것을 듣습니다. 그렇겠지요. 하지만 그때에도 여러분은 하나님의 자녀이고, 여러분은 "택함받고, 거룩하고, 사랑받은 자"입니다. 여러분은 기준을 세리와 죄인들의 기준으로 낮추어서는 안 됩니다. 계속해서 그리스도께서 이렇게 말씀하지 않습니까? "너희가 너희를 사랑하는 자를 사랑하면 무슨 상이 있으리요 세리도 이같이 아니하느냐"(마 5:46). "너희가 만일 너희를 사랑하는 자만을 사랑하면 칭찬 받을 것이 무엇이냐"(눅 6:32). 그러나 여러분을 멸시하는 자들을 사랑한다면 사람들이 여러분을 학대할지라도 복이 있을 것입니다. 이때 여러분은 주님께 여러분의 사랑을 보여줄 기회를 갖게 될 것입니다. 더프 박사가 처음에 공립학교에서 몇몇 젊은 브라만 교도들에게 "너희 원수를 사랑하며 너희를 미워하는 자를 선대하며 너희를 저주하는 자를 위하여 축복하며 너희를 모욕하는 자를 위하여 기도하라"는 교훈을 가르쳐 주자 그들 가운데 한 명이 기쁨이 충만하여 이렇게 외쳤습니다. "멋진 말입니다! 정말 멋진 말입니다! 이 말은 참 하나님으로부터 온 말이 틀림없습니다. 나를 사랑하는 자를 사랑하라는 말은 들었으나 반드시 그렇게 행하지는 못했습니다. 그러나 원수를 사랑하라는 말은 사람이 아니라 신의 생각입니다." 이 젊은이는 그 교훈의 영향을 받아 그리스도인이 되었습니다. 이 빛을 어둡게 하지 마십시오. 여러분의 삶 속에 이 빛을 확실하게 드러내십시오. 그러면 많은 사람들이 이 빛을 따라 그리스도께 나아올 것입니다. 아무리 악한 사람들에게라도 그리스도를 위해 여러분의 선한 뜻을 보여주십시오. 그분의 선을 바라볼 때마다 그들의 악을 잊어버리십시오.

또 어떤 사람은 "그러나 나는 동료를 용서할 용의가 있지만 그는 용서를 받을 가치가 없다"고 말합니다. 그런데 그것이 바로 여러분이 그를 용서해야 하는 이유입니다. 만약 그가 용서 받을 자격이 있다면 여러분은 그가 요구하는 정의를 그에게 보여주어야 할 의무가 있게 됩니다. 하지만 그는 그렇게 할 자격이 없기 때문에 여러분은 바로 여기서 여러분의 기독교적 사랑에 의존하게 되는 것입니다. 이때 감사하지 않는 자들과 악을 행하는 자들에게 하늘에 계신 아버지의 좋은 것들을 제공하지 않겠습니까? 예수님이 여러분을 용서하셨을 때 그분은 아무 가치가 없는 자를 용서하신 것이 아닙니까? 예수님은 우리에게 자비를 베푸실 때 우리의 비열한 성격을 간과하시는 것이 아닙니까?

또 다른 사람은 "나는 절대로 용서할 수 없다!"고 말합니다. 이런 말은 끔찍한 고백입니다. 이방인의 사도 곧 바울은 "내게 능력 주시는 자 안에서 내가 모든 것을 할 수 있느니라"(빌 4:13)고 말했습니다. 여러분에게도 유효한 동일한 능력이 아닙니까? 어떤 사람들은 용서하는 일과 잊어버리는 일을 무척 힘든 일로 생각합니다. 그러나 그렇게 해야 할 의무가 있고, 또는 그렇게 하지 않으면 천국에서 벗어나게 되기 때문에 하나님께 도움을 청하고 결단을 해서 그 일을 해야 합니다. 만약 여러분이 진정으로 하나님의 자녀라면 그런 어려움은 곧 사라지게 된다는 것을 알게 될 것입니다. 진실로 용서가 쉬운 일이 될 것입니다. 용서받는 것은 너무 달콤해서 꿀맛과 비교할 수 없습니다. 그러나 그보다 훨씬 더 달콤한 일이 있는데, 그것은 바로 용서하는 일입니다. 받는 것보다 주는 것이 더 복이 있는 것처럼 용서하는 것이 용서받는 것보다 더 높은 단계에 속해 있는 경험입니다. 말하자면, 용서받는 것은 뿌리이고, 용서하는 것은 꽃입니다. 우리가 용서받았기 때문에 우리 속에 평강을 집어넣으실 때 성령은 우리의 영과 함께 증언하십니다. 그러나 우리에게 저질러진 온갖 죄를 진실로 용서할 수 있을 때 성령은 우리의 영과 함께 더 깊이 증언하십니다.

동료 그리스도인들이 서로 악의를 품고 있다는 말이 결코 들려지지 않도록 합시다. 저는 여러분이 과연 어떤지 잘 모릅니다. 결단코 어디서도 그런 일은 없어야 할 것입니다. 어떤 그리스도인에 대해서도 그가 매정하고, 무례하고, 악의를 품기 쉽고, 금방 화를 낸다는 말이 들려지지 않도록 합시다. 마음에 풍성한 수확이 있을 때까지 용납하는 태도를 계발합시다. 불친절한 모든 행위는 금방 잊어먹도록 기도합시다. 자신에게 저질러진 모든 죄악을 용서하고 잊어버리는 것이 쉽다는 것을 알고 있는 한 사람을 알고 있습니다. 그는 그렇게 함으로써 어떤 공(신망)도 인정받는 것이 없습니다. 왜냐하면 기억할 가치가 있는 방법으로 그에게 죄를 범하는 사람은 아무도 없기 때문입니다. 그는 불합리하고 불친절한 사람들의 악행이 계속해서 생각났고, 그래서 정직하게 "난 확실히 잊어먹었다"고 말했습니다. 그는 이렇게 잊어먹는 것을 자신의 미덕으로 주장하지 않습니다. 왜냐하면 사실상 그의 기억은 그 방향에서는 크게 약해져 있고, 그런 기억을 강화시킬 마음이 전혀 없기 때문입니다. 그는 자신이 겪은 불친절함을 굳이 상기하려고 하지 않았고, 지금은 오랫동안 사용하지 않음으로써 다행스럽게도 이런 문제들에 대해서는 기억력이 없습니다. 이 사람은 종종 자신에게 해를 끼친 사람들에게 선을 행함으로써 고결한 즐거움을 느꼈습니다. 그리고 이 순간 자기는 땅 위에 사는 어떤 영혼에 대해서도 전혀 악의를 갖고 있지 않다고 진심으로 말할 수 있습니다. 그는 이것을 어떤 하나의 공로로 생각하지 않습니다. 왜냐하면 예수님을 따르는 자는 누구나 같은 마음을 갖고 있다고 믿기 때문입니다.

여러분도 그렇게 생각하지 않습니까? 저는 그럴 것이라고 생각합니다. 저는 언젠가 이 사람이 다른 사람에 대하여 이렇게 말하는 것을 들었습니다. "그는 내게 거짓말을 했지만 만약 그가 나를 더 깊이 알았더라면, 더 악한 말을 할 수도 있었고, 사실은 그것이 진실에 더 가까울 것입니다. 아마 내게 거짓말을 한 그 사람은 내가 말한 것을 그대로 믿었던 것이고, 그래서 내가 잘못했다고 자신이 생각한 것으로 항의를 제기할 때 자신은 옳은 일을 행하고 있다고 생각했을 것입니다. 어쨌든 제가 스스로 그렇게 하지 않는 한 아무도 제 인격에 해를 끼칠 수는 없습니다." 참이든 거짓이든 온갖 비방 때문에 더 낫게 되려고 노력한다면, 그것은 지혜로운 일입니다. 우리도 "갓 태어난 어린 아기처럼 모든 사람과 화평 속에 있다"고 말할 수 있는 삶을 살도록 합시다. 성도 여러분, 한 마디로 말하면 이것입니다. "주께서 너희를 용서하신 것 같이 너희도 그리하라."아멘.

제
17
장

—

끔찍한 동풍!

—

"그리스도의 평강이 너희 마음을 주장하게 하라 너희는
평강을 위하여 한 몸으로 부르심을 받았나니
너희는 또한 감사하는 자가 되라." — 골 3:15

저는 지금도 알쏭달쏭하지만 지난 2, 3주 동안 무척 짧은 기간에 이전에는 거의 겪어 보지 못한 엄청난 슬픔을 공감하도록 인도를 받았습니다. 불행의 사자가 각각 심각한 소식을 들고 연속해서 달려왔습니다. 그뿐만이 아닙니다. 저는 걷잡을 수 없는 범죄와 다툼과 비방 속에서 너무 당혹스러웠습니다. 사람들은 도처에서 투덜거리고, 불평하고, 안달하고, 싸우고 있었습니다. 이런 일로 너무 시달렸기 때문에 저는 위로자로 활동하는 것이 거의 불가능하다고 느꼈습니다. 왜냐하면 제 자신이 위로를 필요로 하고 있었기 때문입니다. 저는 다른 사람들의 슬픔의 잔을 마시고 그 맛으로 입술이 얼얼할 때까지 그들의 기운을 북돋우려고 애를 썼습니다. 나 자신의 평강을 잃는 것이 어느 정도 두려워질 때까지 다른 사람들의 평강을 위해 힘썼습니다. 제 자신에 대하여 불만을 느끼는 유혹을 받을 때까지 사람들의 불평에 응하고 있었습니다. 아마 저는 전하고 싶은 설교를 통해 마음을 바로잡았을 것입니다.

저는 크게 존경하는 한 사람에게 "왜 그런지 잘 모르겠지만 지금은 누구나 다른 모든 사람에 대하여 왠지 불쾌한 느낌을 갖고 있는 것 같습니다"라고 말했습니다. 그러자 그는 지혜롭게 "동풍이 불고 있으니까요"라고 대답했습니다. 이 대답은 많은 것을 설명해 줍니다. 왜냐하면 다음과 같은 이유 때문입니다.

> "동풍이 불면
> 사람에게나 짐승에게나 좋지 않네."

이것은 나쁜 바람이 부는 것은 어느 누구에게나 좋지 않게 보인다는 뜻입니다. 어떤 사람들은 동풍을 끔찍하게 여깁니다. 동풍은 이를 날카롭게 세우고 누구든 만나기만 하면 물어뜯을 것처럼 보입니다. 저는 동료 그리스도인들을 위하여 어떻게든 변명거리를 찾았으면 좋겠고, 다른 곳에서는 찾을 수 없다면 동풍에서라도 찾아보고, 그것을 최대한 이용할 것입니다. 그러나 저는 잠깐 휴식을 취하고 새로운 인내의 버팀목을 마련할 때까지는 동풍이 다시 불지 않고 바람이 곧 다른 방향에서 불어오기를 간절히 바랍니다. 만약 치명적인 바람이 절망과 괴로움과 불만과 안달하는 마음을 일으킨다면, 부드러운 미풍이 자주 불어와 그 날개로 우리를 치료해 주기를 바랍니다. 화창한 날씨는 영원히 계속되지는 않을 것이므로 강풍이 불어올 때를 대비하고 있는 것이 좋습니다. 바람이 불면 사라져 버릴 종교를 갖는 것은 아무 유익이 없을 것입니다. 우리의 종교는 그보다 더 나은 재료로 만들어져야 합니다. 그러나 이 바람은 비난을 받게 될 것이므로 곧 사라질 것으로 생각됩니다. 만약 잔혹한 동풍이 전혀 느껴지지 않는 아늑한 구석을 찾을 수 있다면 제가 언급하지 않을 어떤 사람들의 이주를 권장하고 싶은 생각입니다.

나 자신으로 말하면, 저는 그 바람이 완전히 차단되는 것은 제게 좋지 않다고 생각됩니다. 왜냐하면 이 사역을 감당하도록 부르심을 받은 사람에게는 시련이 필수적이기 때문입니다. 환난과 동풍은 하나님의 종에게 임하게 되어 있고, 유익을 주려고 보내집니다. 왜냐하면 우리 등 뒤에 보호의 담이 세워져 있어서 영원히 햇살 속에 앉아 있고 동풍의 방해가 전혀 없다면 곧 우리는 잠에 떨어질 것이기 때문입니다. 또는 깨어 있더라도 이 세상을 사랑하거나 이 세상을 떠나는 것을 싫어하게 될 것이기 때문입니다. 남풍이 살며시 불어와 우리 뺨을 간지럽게 하며, 우리의 귀에 대고 살며시 기쁨이 땅에서 오랫동안 계속될 것이라고 속삭이는 것은 우리 모두에게 두려운 일이 될 것입니다. 그렇게 되면 우리는 널브러져 앉아 "영혼아, 안심하자. 드디어 시간의 시련 속에서 벗어난 곳을 찾았구

나. 그러므로 먹고 마시고 즐거워하자. 내일 세상 염려는 내일로 맡기자"고 말하게 될 것이니까요.

지난 며칠 동안 사건들이 제 마음속을 뒤집어 놓았기 때문에 다른 어느 때보다 지금 세상 속에 불협화음이나 불만족이 더 많다고 생각하지는 않습니다. 그러나 수많은 검은 줄이 내 인격의 중심에 그어져 있고, 생각을 더 복잡하게 만드는 일이 일어나기 마련입니다. 모든 일이 충분히 괴롭지만 **동풍이 불어올 때**는 더 괴롭습니다. 그것은 겹쳐서 오지만 똑같은 일이 이전에도 일어났습니다. 저는 다른 사람들에 대한 사랑 때문에 한평생 수없이 많은 엉킨 실타래를 풀어야 했습니다. 실타래를 엉키게 한 적이 없지만 사람들이 자기들이 엉클어 놓은 것을 제게 가지고 와 풀어 달라고 합니다. 그때 저는 최선을 다하면 풀릴 것이라는 소망을 갖고 있습니다. 저는 기꺼이 피스메이커가 되고 싶지만 엉클어 놓는 것이 다시 푸는 것보다는 훨씬 더 쉽습니다. 특히 **동풍이 불 때**는 더 그렇습니다. 저는 사태를 바로잡으려고 애를 썼고, 그러는 동안 "이런 재난들에 대한 대책은 없지 않는가?"라고 자문해 보았습니다. 하지만 저는 이런 대책은 있다고 굳게 믿습니다. 가정불화, 화합을 이룰 수 없는 부부, 가정사의 어려움, 사이가 틀어진 형제와 자매, 교회 문제, 다른 사람들(일반적으로 친절한 사람들의 부류에 속하지 않는 사람을 가리킴)에게 친절한 대우를 받지 못하는 지체, 사업상의 어려움, 설교의 어려움 등 — **동풍이 불 때** 세상은 이런 일들로 가득 차 있습니다. 우리는 사람들 속에서 임금을 충분히 받지 못하는 사람들, 태어난 후로 좋은 대접을 받아본 적이 없다고 믿는 사람들을 많이 만납니다. 또 다른 사람들은 자기는 좋은 대우를 받을 자격이 있지만 그만한 대우를 받아본 적이 없다고 믿는 사람들도 만납니다. 이런 사람들은 **동풍이 불 때** 떼를 지어 나타납니다. 좋은 사람들이 새로운 것에 열광적이 되고, 옛 친구들에게서 결점을 찾으며, 논쟁을 야기하고, 아무것도 아닌 것을 갖고 다툽니다. 그리고 이런 일은 **동풍이 불 때** 가장 빈번하게 나타납니다.

그리스도인들 사이에서 이런 정신이 팽배해지는 것은 정말 슬픈 일입니다. 그러나 이에 대한 대책은 확실하게 존재합니다. 수많은 묘책이 제시되고, 허다한 돌팔이 의사가 문제와 불화에 대한 이런저런 처방을 내놓지만 동풍의 결과는 그런 방식으로는 제거되지 않습니다. 더 큰 능력이 요구됩니다. 저는 지진에 대한 알약과 혜성에 대한 약품이 있다는 말을 들었습니다. 하지만 동풍에 대해서는 이런 특효약을 전혀 갖고 있지 않습니다. 제가 여러분에게 해주는 말은 모두 옛날 책(성경)에서 인용하는 것인데, 이 책 안에 가장 지혜로운 처방이 담겨 있고, 이 처방은 만약 받아들여지기만 한다면 너무나 탁월해서 "아프다"고 말할 사람은 하나도 없게 될 것입니다.

동풍이 부는 이 밤에 저는 여러분을 위대한 영혼의 의사 곧 여호와 라파(우리를 치료하시는 여호와, 곧 우리의 모든 질병을 치료하고 모든 악에서 영원토록 우리를 벗어나게 하실 수 있어서 우리의 영이 안식할 수 있게 하시는 하나님)에게 이끌고자 합니다. 저는 본문 속에 처방이 있다고 믿습니다. 잘 지키기만 한다면, 이 처방은 우리를 모든 문제에서 벗어나게 하고, 한평생 노래하게 하고, 땅에서 하늘로 여행하도록 도우며, 항상 공중의 새처럼 행복하게 만들 것입니다. 처방인 본문은 바로 이렇습니다. "그리스도의 평강이 너희 마음을 주장하게 하라 너희는 평강을 위하여 한 몸으로 부르심을 받았나니 너희는 또한 감사하는 자가 되라."

본문을 분석해 보면 거기서 우리는 네 가지 권면을 발견하게 될 것입니다.

1. 하나님의 평강을 소유하십시오.

"그리스도(하나님)의 평강이 너희 마음을 주장하게 하라." 만일 능력을 맛본 적이 없다면 하나님의 평강이 여러분의 마음을 주장할 수 없습니다. 그러므로 예수 그리스도로 말미암아 여러분이 하나님과 진실로 화목하다는 사실을 확신하십시오. 많은 사람들이 평강을 갖고 있습니다. 그러나 슬프게도 그것은 거짓 평강입니다! 그들은 안일하고, 유순하고, 소심하고, 편의적인 성격의 평강을 갖고 있습니다. 이것은 수준 낮은 평강으로, 다른 어떤 사람에게 해를 끼치지 않는다면 자주 이 평강의 소유자를 파멸시킵니다. 어떤 사람들은 무지에서 오는 평강, 우매함에서 오는 평강, 철저한 무관심에서 오는 평강 등을 갖고 있는데, 이것들 역시 거짓 평강입니다. 이들은 평강이 전혀 없는 곳에서 "평강하다. 평강하다"고 외치는 거짓 선지자들을 따르는 자들입니다. 거대한 폭포 근처에서 치명적인 급류가 부드럽게 흐르는 것처럼 이런 마음의 평강을 갖고 있는 자에게는 화가 있을 것입니다! 많은 사람들이 지혜로운 사람이라면 하룻밤 사이에 머리가 희어질 수 있을 정도로 심각한 그런 상황 속에서도 편안합니다. 그들의 그릇은 결코 비워진 상태가 아니고, 그래서 찌꺼기가 그대로 가라앉아 있습니다. 그러나 그들은 이 찌꺼기를 마시고 극도의 혼란에 빠질 것입니다. 그들은 자기들이 괜찮다고 생각하지만 이미 심판의 도끼가 그들을 향해 놓여 있습니다.

우리가 소유해야 할 평강은 하나님의 평강입니다. 제가 생각하기에 이 평강은 무엇보다 먼저 하나님과의 화평을 의미합니다. 오, 우리의 부패한 영과 크신 성령 간에 불화의 결정적 원인이 제거되었다는 것(하나님의 아들의 죽음으로 말미암아 우리가 하나님과 화목하게 되었다는 것, 즉 하나님과 우리 사이를 갈라놓은 결정적인 원흉인 죄가 깊은 바다 속으로 던져졌다는 것, 우리와 하나님 간에 행복한 교제가 가능하도록 되어 있다는 것)을 느끼는 것은 얼마나 큰 행복일까요! 여러분 가운데 많은 사람이 이 순간에 이런 평강을 누리기를 소원합니다. 따라서 여러분이 하나님과 화평을 누리고 있다면 그 화평이 의심스럽거나 미덥지 못한 것처럼 행동하지 마십시오. 문제가 아직 미정 상태에 있는 것처럼 탄식하거나 외치지 마십시오. 우리가 예수 그리스도를 믿는다면 "믿음으로 의롭다 하심을 받았으니 우리 주 예수 그리스도로 말미암아 하나님과 화평을 누립시다." 오! "동이 서에서 먼 것 같이 우리의 죄과를 우리에게서 멀리 옮기셨고"(시 103:12), 그러므로 그 죄과가 너무 먼 곳에 있어 다시는 돌아오지 못하리라는 것을 알고 있는 이 기쁨이여! 그렇습니다. 주 예수 그리스도께서 바다 깊은 곳에 우리의 죄과를 던져버리셨습니다. 그러므로 찾는다고 할지라도 찾아낼 수가 없습니다. 절대로 찾지 못할 것이라고 주님은 말씀하셨습니다. 속죄의 피로 말미암아 하나님과 화평을 누리는 사람이 복이 있도다!

이 화평이 있는 자라면 하나님의 모든 섭리와 관련하여 다음 두 번째 하나님과의 화평이 오게 되는데, 이 화평은 오직 하나님의 뜻에 철저하고 온전하게 복종할 때에만 올 수 있습니다. 어떤 사람들을 보면, 몇 년 전에 자기들을 괴롭게 한 어떤 섭리 때문에 하나님과 화평하지 못합니다. 그들은 사랑하는 아내나 자녀나 어머니를 사별한 것 때문에 하나님과 다투고 있는데, 하나님께서 자신의 정원에서 꽃을 하나 꺾으신 것에 대하여 하나님을 용서할 수 없습니다. 그들은 지혜롭다면 이처럼 거역하지 않고 사랑하는 구주 안에서 잃어버린 것에 대한 모든 보상을 다 받게 될 것입니다. 안드로마케(그리스 신화에 나오는 인물)가 남편을 제외하고 모든 친족을 잃어버렸을 때 기쁘게 남편을 바라보며 다음과 같이 한 말은 정말 멋지지 않습니까?

"나의 헥토르가 살아 있는 동안에는
나의 아버지, 어머니, 형제들을 모두 그 안에서 보지 않는가?"

신자도 주 예수님에 대하여 똑같은 말을 할 수 있지 않겠습니까? 하나님이 섭리를 통해 이미 행하신 일에 대해서는 우리가 왈가왈부할 것이 전혀 없습니다! 그 일은 무조건 옳으니까요.

중요한 것은 현재 일어나고 있는 섭리에 계속 복종하는 것입니다. 당분간 주님의 뜻이 제게 가난과 궁색함과 고통과 피곤과 비난을 보내시는데 있다면 저는 이 모든 일에도 불구하고 하나님과 화평 속에 있어야 합니다. 주님이 제게 "바다를 건너가 친구들을 모두 떠나라"고 말씀하신다면 지체해서는 안 됩니다. 주님이 "너를 원수로 만드는 환영받지 못하는 진리를 선포하라."고 말씀하신다면 절대로 주저하지 않겠습니다. 또 주님이 "류머티즘을 앓으며 집 안에 누워 있으라"고 말씀하신다면 문 밖으로 나와서는 안 됩니다. 나아가 주님이 "누워서 기침을 하라"고 말씀하신다면 그분과 다투는 것은 저의 일이 아니고, 그렇게 하는 것이 옳지 않다고 항의해서도 안 됩니다. 우리 생각에 우리를 더 행복하게 할 뿐만 아니라 더 유익한 것을 주님이 부인하신다고 해도 우리가 반항하는 것은 아무 소용이 없습니다. 하나님이 정하신 일은 확실하게 이루어지고, 우리에게 임하는 불행은 그 멍에에 반대하여 싸우기보다는, 하나님의 사랑과 무한한 지혜가 그 멍에가 임하도록 정하신 것 외에 다른 이유는 없다고 생각하고 그 멍에를 짊어지려고 애쓰는 것이 좋습니다. 만약 여러분의 자리를 바꿀 수 없다면 그 자리가 마음에 들도록 여러분의 마음을 바꾸십시오. 그러면 여러분은 그 자리를 사랑하게 될 것입니다.

그러나 하나님의 도우심을 받아 자기 십자가를 끌어안음으로써 자아를 정복한 사람들이 있습니다. 언젠가 자기는 자신의 십자가를 그리스도보다 더 많이 사랑할까 봐 약간 두려운 마음이 들었다고 말한 사람이 러더퍼드 목사였던 것으로 생각합니다. 이런 두려움은 우리 마음속에 거의 떠오르지 않을 두려움입니다. 그러나 오, 우리는 하나님을 기쁘시게 하는 것으로 철저히 만족하고 철저히 즐거워해야 합니다! "만일 이것이 주의 뜻이라면 곧 나의 뜻이다." 이 말은 행복한 사람의 마음에서 나오는 말입니다. 그러나 만약 하나님이 어떤 뜻을 갖고 있는데, 우리는 다른 뜻을 갖고 있다면 그것은 분명히 하나님의 평강이 아직 우리 마음을 지배하고 있는 상태가 아닌 것입니다. 비록 용서를 받았지만 그리고 다툼의 결정적인 원인이 사라졌지만, 여전히 우리는 사소한 이견을 가질 수 있고, 이것이 분란을 일으킵니다. 이것은 사건의 중대한 모든 사안에 대해서는 결정이 이루어졌으나 다시 원고가 사소한 쟁점을 거론하고, 작은 문제점을 지적하며, 새로운 소송을 제기하는 중대 법률 사건과 같습니다. 여기서 우리가 견지해야 할 요점은 다음과 같습니다. "모든 것을 포기했나이다. 주님, 주님이 원하시는 것은 무엇이든 그대로 행하겠나이다. 아니면 최소한 그렇게 하기를 바랍니다. 주님이 그렇게 하기를 원하시므로 제가 그렇게 할 수 있도록 은혜를 베풀어 주옵소서." 우리 아버지의 정하신 뜻에 이처럼 자원하여 복종하는 것이 하나님의 평강입니다.

이 하나님의 평강은 또한 하나님이 명하시는 평강입니다. 곧 이 평강은 하나님이 인정하시는 평강입니다. 여러분도 아시다시피, 이 평강은 먼저 하나님과의 완전한 화평이고, 모든 사람 곧 확실히 말하면, 하나님의 백성들뿐만 아니라 모든 인류와의 완전한 화평입니다. "할 수 있거든 너희로서는 모든 사람과 더불어 화목하라"(롬 12:18). 죄를 범하지 않도록 조심하십시오. 그리고 혹시라도 다른 사람들이 여러분에게 죄를 범했다면 보복하지 말고 인내하며 그 범죄를 받아들이십시오. 용서해주고 잊어버리십시오. 용서하십시오. 그리고 그렇게 용서했다면 다시 용서하십시오. 다시 용서했다면, 또 용서하십시오. 일곱 번을 용서했다고 해도 계속 용서하십시오. 저는 일곱 번을 일흔 번씩 하라는 교훈을 반복해서 말하지는 않겠습니다. 아무리 많이 말한다고 해도 주 예수님이 우리에게 보여주신 용납과 용서의 수준을 넘어서지는 못할 것입니다. 어쨌든 동료 인간들과 완전하게 화평을 누릴 정도로 하나님과 화평을 누리십시오.

저는 중대한 잘못을 저질러 고통을 겪을 때마다, 나의 주 예수 그리스도가 나의 죄악과 죄과를 위해 속죄를 이루셨다면 하나님뿐만 아니라 내게 저질러진 죄악에 대한 속죄로서 그분의 속죄를 바라볼 수 있다고 느낄 때 크게 만족하게 됩니다. 왜냐하면 그분은 그 다툼 속에 있는 모든 당사자를 만족시켰기 때문입니다. 그래서 저는 기꺼이 이렇게 말할 수 있습니다. "확실히 이 가련한 영혼을 내가 충분히 용서할 수 있을 것이다. 왜냐하면 주님이 죄인들의 대리자가 되어 죽으셨기 때문이다." 나 자신이 하나님께 저지른 죄악과 비교해 보면, 이 사람의 죄악을 아무것도 아닌 것처럼 생각할 수 있게 될 것입니다. 사람들이 우리에게 저지를 수 있는 가장 악한 일을 저지른다면 어떻게 하겠습니까? 그게 무엇일까요? 그들이 우리를 죽이는 일일까요? 그러나 그리스도인에게는 죽는 것은 사소한 손실에 불과합니다. 그러므로 우리는 원한을 품지 말고 이렇게 느껴야 합니다. "아니, 우리는 하나님의 휴전 속에 들어갔다. 그러므로 호흡하고 있는 모든 사람이 친구다." 저로 말하면, 저는 마귀와 모든 악을 대적하는 십자군을 갖고 있습니다. 그러나 저의 모든 동료 인간들에 대하여 저는 하나님과 휴전을 맺었고, 이후로 베들레헴에서 천사들을 통해 선포된 평화가 제게도 효력을 미칠 것입니다. "땅에서는 하나님이 기뻐하신 사람들 중에 평화로다." 이것은 하나님의 평강의 달콤한 한 부분입니다. 그러므로 주의 깊게 이 평강을 계발하십시오.

그러나 이 평강은 하나님이 영혼 속에 일으키시는 평강이기 때문에 하나님의 평강으로 불립니다. 저는 여러분이 이 평강에 대하여 다음과 같이 외치는 것이 들린다고 생각합니다. "내가 이와 같은 평강 곧 충분한 용서에 대한 완전한 의식, 하나님의 뜻에 대한 완전한 동의, 모든 인류에 대한 완전한 용서, 성도와 죄인을 망라한 모든 사람과의 완전한 화평 속에서 살고 싶은 간절한 열망 등을 갖고 있는데, 내 안에 어떻게 이런 평강을 가질 수 있을까?" 아, 진실로 여러분이 어떻게 이런 평강을 가질 수 있단 말입니까? 거듭나지 않은 본성을 가진 사람에게는 불가능한 일입니다. 사람은 본성상 어떤 짐승보다 더 악합니다. 사람 속에는 동물원이 들어 있으니까요. 사람 속에는 사자가 들어 있습니다. 호랑이가 들어 있습니다. 이리가 들어 있습니다. 개가 들어 있습니다. 그리고 무엇보다 마귀가 들어 있습니다. 타락 이후로 사람은 반은 짐승이고 반은 마귀입니다. 이것은 사람을 풍자해서 하는 말이 아닙니다. 사람의 몸은 짐승과 결합하고, 죄는 사람을 사탄의 자식으로 만듭니다. 휫필드는 부패한 본성을 이런 식으로 설명하곤 했는데, 거의 정확한 묘사입니다. 이 거친 짐승을 어떻게 사랑으로 가르칠 수 있겠습니까? 사자가 황소처럼 여물을 먹을 수 있겠습니까? 사자가 되기를 포기하기 전에는 그렇게 못할 것입니다. 결코 그렇게 할 수 없습니다. 사자는 짚을 먹기에 적합한 이빨을 갖고 있지 않고, 풀을 소화시킬 위도 갖고 있지 않습니다. 하나님께서 변화시키기 전에는 사자는 황소처럼 여물을 먹고 살 수 없습니다. 이것은 우리에게도 마찬가지입니다.

우리가 하나님과의 평강을 소유하려면 새 본성을 필요로 합니다. 그러나 어떻게 그런 일이 가능하겠습니까? 구스 인이 피부를 바꿀 수 있겠습니까? 아니, 절대로 그렇게 할 수 없습니다. 설사 그럴 수 있다 하더라도, 우리가 필요로 하는 기적과는 비교할 수 없습니다. 우리의 결점은 단순히 피부 깊이 정도 박혀 있는 것이 아닙니다. 그보다 훨씬 더 깊이 박혀 있습니다. 피부를 바꾸는 것도 어렵지만, 마음을 바꾸는 것은 하나님을 제외하고는 아예 불가능합니다. 표범이 반점을 제거할 수 있습니까? 물론 그것도 어려운 일입니다. 하지만 표범의 반점을 제거하는 일은, 짐승 같은 우리의 마음의 중심에서 악을 제거하고 그곳에 우리를 사랑으로 이끄는 하나님의 평강을 심는 이적과 비교하면 아무것도 아닙니다. 하나님만이 그렇게 하실 수 있기 때문입니다. 하나님의 평강을 심는 이적은 하나님의 전능하신 영이 부활할 때 무덤 속에서 죽은 자를 일으키실 때 사용할 것과 같은 능력을 사용해야 합니다. 왜냐하면 창조와 부활의 능력만이 이 야수 같고 악마 같은 우리의 마음을 하나님의 평강이 주권적으로 지배하는 마음으로 변화시킬 수 있습니다. 그래서 그것이 하나님의 평강으로 불리는 것입니다.

　사랑하는 성도 여러분, 여러분은 이 평강을 알고 있습니까? 만약 알고 있다면 여러분은 그 탁월함 때문에 그것이 하나님의 평강으로 불린다는 것도 이해하게 될 것입니다. 이것은 히브리 사상에서 나온 호칭입니다. 왜냐하면 히브리인들 사이에서 어떤 산은 다른 산보다 더 높기 때문에 하나님의 산으로 불리고, 또 레바논의 백향목과 같은 거대한 나무는 수액이 충분해서 하나님의 나무로 불렸기 때문입니다. 마찬가지로 이 평강도 다른 모든 평강보다 월등히 뛰어나기 때문에 하나님의 평강으로 불립니다. 다시 말해, 가장 거룩하고, 가장 심오한 평강이라는 뜻입니다. 따라서 이것은 "완전한 평강" 곧 아무도 깨뜨릴 수 없는 평강, 깊은 평강입니다. "모든 지각에 뛰어난 하나님의 평강"(빌 4:7)입니다. 여러분이 거의 경외감 속에서 바라보는 장엄한 평강입니다. 이 평강은 불화나 두려움에 대해서는 전혀 아무 소리도 들려오지 않고, 스랍들이 속죄소 위에 조용히 좌정하고 있는 휘장 안 지성소 속에서 유지되고 있는 것과 같은 고요함이 지배하고 있는 영혼의 침묵입니다. "하나님의 평강"은 끝이 없는 평화 곧 영원한 평화를 의미합니다. 다시 말해, 우리가 불멸의 땅에 들어갈 때까지 멸망할 이 땅에서 체류하고 있는 동안 우리가 누리게 될 평강입니다.

　　"하늘의 안식의 바다에서

　　　　내 지친 영혼은 헤엄치리라.
　　　　내 평화로운 가슴 위로
　　　　환난의 파고는 덮쳐오지 못하리라."

　　"하나님의 평강." 오, 저는 이 평강을 알았습니다! 성도 여러분, 여러분도 주님이 친히 여러분의 마음속에 거하고 계속 모든 대적을 물리치실 때 이 평강을 알았을 것입니다. 이때 여러분은 땅에서 하늘의 날들에 대하여 알았습니다. 따라서 여러분에게 남은 것은 영원 자체 외에는 바랄 것이 없습니다. 왜냐하면 여러분은 주님의 호의로 만족을 얻고 인자하심으로 가득 차 하나님의 모든 충만하심으로 충만해서 굳게 정착하고, 굳게 서 있고, 굳게 세움받았기 때문입니다.

　　　　"오, 나의 하나님! 제 마음이 안식하니,
　　　　감사와 찬송을 드립니다.
　　　　제 마음속에 온갖 보배로운 것의
　　　　은밀한 원천이 있습니다."

　　이것이 하나님의 평강입니다.
　　사랑하는 성도 여러분, 하나님의 평강을 취하십시오. 하나님의 평강을 입으십시오. 하나님의 선하신 영으로 말미암아 이 고요한 항구에 들어가십시오. 주 안에서 안식하십시오. 주 안에서 행복하십시오. 왜냐하면 그분이 우리의 평강이니까요! 평강의 주인과 수여자가 여러분의 마음속에 머무르기 위해 오신다면 그분이 거기서 안식하게 하십시오. 그리고 그분이 기뻐하실 때까지 들판의 노루와 암사슴 때문에 여러분의 사랑이 방해받지 않도록 조심하십시오.

　　2. 하나님의 평강이 마음을 주장하게 하십시오.
　　이제 본문에서 이끌어져 나오는 두 번째 권면을 확인해 봅시다. 만약 여러분이 하나님의 평강을 소유하고 있다면 이 평강이 여러분의 마음의 보좌의 자리를 차지하게 하십시오. 하나님의 평강이 여러분의 마음을 주장하게 하십시오.
　　마음속이나 다른 어떤 곳에 평강이 있게 하려면 지배자가 있어야 합니다. 왕권들과 통치자들과 권세들을 쓰러뜨리기 위해 획책하는 자들은 평강과는 거리를 둘 것입니다. 무정부 상태를 만들고 싶어하는 사람은 칼라일의 「프랑스 혁명」을 세심하게 읽어보고, 어쨌든 아무리 나쁜 왕이라도 군중의 폭동, 광란의 무질서보다는 더 나은 것이 아닌지 자문해 보아야 합니다. 무정부 상태에서는 모든 사람이 자기 소견에 옳은 대로 행하고, 모든 눈이 빛보다는 어둠을 더 사랑하기 때문입니다. 정부의 통치를 느슨하게 하고, 모든 사람을 똑같이 대하면, 여러분은 곧 혼란이 어떻게 야기되는지 보게 될 것입니다. 그렇게 했을 때 집 안에서 어떤 일이 벌어지는지 보십시오! 저는 인구 조사를 할 때 많은 가정에서 실제로 누가 머리인지 알아보았다는 말을 들었습니다. 그러나 그 질문에 대답하는데 시간이 오래 걸린 가정은 결코 행복한 가정이 아닐 것으로 저는 굳게 확신합니다. 왜냐하면 남편은 아내의 머리이고, 남편이 아내의 머리가 되지 못하는 가정은 모든 것이 엉망진창이고, 뒤죽박죽이고, 무법천지가 될 것이기 때문입니다. 머리가 머리 역할을 하지 못하는 곳에서 손은 손의 역할을 하지 못하고, 눈은 눈의 역할을 하지 못하며, 마음은 마음의 역할을 하지 못합니다. 이 상태는 정말 아무것도 아닙니다. 모든 것이 당연히 있어야 할 자리에서 벗어나 있고, 모두가 불행합니다.

　여러분은 어딘가에 지배권을 갖고 있어야 합니다. 만약 아무것도 지배하는 것이 없다면 여러분 자신의 영혼은, 감히 말하는데, 마귀가 지배하게 됩니다. 자신을 통제하지 않는 사람은 마귀에게 통제를 받습니다. 왜냐하면 그는 어디서든 주인을 두고 있어야 하기 때문입니다. 우리는 두 주인을 가질 수 없지만 한 주인을 갖고 있다는 것은 명백한 사실입니다. 한 권세가 아니면 다른 권세가 여러분을 주장할 것입니다. 그 주인이 여러분의 창조주입니까, 아니면 창조주의 원수입니까? 여러분의 구주입니까, 아니면 여러분의 파괴자입니까?

　만일 사람이 성령으로 말미암아 "하나님의 평강이 내 마음을 주장하고 있다"고 말할 수 있다면, 그것은 엄청난 은혜의 선물입니다. 바울은 "하나님의 평강이 너희 마음을 주장하게 하라"고 권면했습니다. 만약 여러분의 마음속에 하나님의 평강이 조금이라도 있다면 이 평강이 여러분의 마음을 주장하게 해야 합니다. 왜냐하면 하나님의 평강은 모든 반역을 잠재울 수 있는 능력을 갖고 있기 때문입니다. 여러분도 아시다시피, 우리는 정부와, 권세를 갖고 있는 관료들이 있어서, 만약 소동이 일어나면, 우리가 나아가 보호해 달라고 적법한 권세에 호소하면 이 권세가 소동을 진압합니다. 우리 마음도 이와 똑같습니다. 우리 마음속에 지배원리가 있는데, 이 지배원리가 하나님의 평강이라면, 우리는 정당하게 이렇게 기도할 수 있습니다. "오, 주님, 이 소동을 진압시켜 주소서. 제 마음은 상황 때문에 갈팡질팡하고 있습니다. 저는 이 상황을 좋아하지 않습니다. 이 상황 때문에 하나님과 다투고 있습니다. 하나님의 평강이여, 오소서. 오셔서 제 마음의 불평을 진압하소서. 오셔서 저의 악하고 불만에 찬 영을 진정시켜 주소서." 또는 저의 영이 제가 사랑해야 할 자와 불화를 느끼고 있습니까? 그러면 이렇게 부르짖을 수 있습니다. "하나님의 평강이여, 오소서. 오셔서 저의 이 나쁜 기질을 체포하소서. 수갑을 채우소서. 감옥에 가두소서. 고된 일을 시키고, 음식을 충분히 주지 마소서. 그리고 더 이상 거역하지 못할 때까지 꼼짝달싹못하게 하소서. 하나님의 평강이여. 오셔서 일상생활의 투쟁에서 저를 도와주셔서 분노와 성냄과 악의 그리고 온갖 무정함을 드러낼 수 없게 하소서. 하나님의 평강이여, 오셔서 그 강력한 힘으로 제 영혼을 제압하소서." 하나님의 평강이 마음을 주장하게 하는 것이야말로 내면의 불화와 외부의 불협화음을 제거하는 중대한 치유책입니다. 곧 동풍의 모든 질병과 그 외의 모든 것을 고치는 결정적인 치료법입니다.

하나님의 복된 평강의 심판에 자신을 복종시키십시오. 왜냐하면 "하나님의 평강이 너희 마음을 주장하게 하라"는 이 헬라어 본문에서 그런 힘을 발견하기 때문입니다. 여러분도 아시다시피, 헬라의 경기에서 심판은 경주자가 어떻게 달려야 하는가, 씨름꾼이 어떻게 씨름을 해야 하는가를 결정하고, 축제의 법에 따라 경기의 진행을 주관했습니다. 또 심판은 싸울 때 이러이러한 가격은 반칙이라고 말해주고, 만약 그렇게 말했다면 심판에게 이의를 제기하지 못했습니다. 그대로 결정된 것입니다. 심판은 경주자가 들어오는 결승점에 서서 가장 빨리 들어온 경주자를 승자로 선언했습니다. 심판의 지시에 이의를 제기한 사람은 아무도 없었습니다. 심판의 말은 모든 논쟁을 종식시켰습니다. 심판은 경기에서 판정하는 사람이었고, 그의 판정은 논란의 여지가 없었습니다. 따라서 하나님의 평강도 우리 마음속에서 이 심판과 똑같이 해야 합니다. 우리는 하나님의 평강이 모든 것을 판단하도록 맡겨야 합니다. "이 경우에 난 어떻게 해야 할까? 겸손해져야 할까? 나는 겸손을 좋아하지 않는데, 정말 어떻게 해야 할까? 굴복할까?" 교만은 이렇게 대답합니다. "절대로! 하지마라, 하지마라. 남자답게 행동해라. 절대로 굴복해서는 안 된다." 그러나 하나님의 평강은 뭐라고 말할까요? 하나님의 평강은 이렇게 말합니다. "굴복해라. 복종해라." 그리스도는 이렇게 말씀합니다. "나는 너희에게 이르노니 악한 자를 대적하지 말라 누구든지 네 오른편 뺨을 치거든 왼편도 돌려 대며 또 너를 고발하여 속옷을 가지고자 하는 자에게 겉옷까지도 가지게 하라"(마 5:39-40). 그리스도는 복수하는 자가 되기보다는 고통을 받는 자가 되는 것이 낫다고 판단하십니다. 우리는 하나님의 평강이 우리의 마음을 주장하도록 해야 하고, 하나님과의 화평에 일치하는 일을 행해야 합니다.

여러분은 어떻게 하는지 모르겠지만, 저는 제가 화를 내서는 안 된다고 알고 있습니다. 화를 내는 것은 제게서 나오는 가치 있는 것을 많이 빼앗아 갑니다. 그렇다는 것을 저는 확신합니다. 화를 내는 사람은 육체적으로 막대한 해악을 끼칩니다. 어떤 사람들에게는 흥분하는 것이 위험한 일입니다. 흥분은 그들의 생명을 위험 속에 빠뜨리기도 합니다. 그러나 영적으로는, 어떤 사람에 대하여 증오의 감정을 품는 것이야말로 그리스도인이 빠질 수 있는 가장 치명적인 질병 가운데 하나라고 생각합니다. 이렇게 증오감을 갖게 되면 여러분은 평소처럼 기도할 수 없습니다. 평소처럼 성경을 읽을 수도 없습니다. 가장 사랑하는 분의 얼굴을 바라보면서 "저는 당신을 기쁘시게 하는 길을 따라 살고 있습니다"라고 말할 수 없습니다. 그러므로 주 예수 그리스도 안에 있는 신자가 자신의 평강을 깨뜨리는 것은 자기 자신에게나 자기 주변 사람들에게 매우 심각한 일입니다. 사랑하는 성도 여러분, 그러므로 간절히 바라기는 기질을 시험하는 모든 일 속에서, 악을 참는데 있어서, 그리고 논쟁과 분열을 이끄는 문제들 속에서, 하나님의 평강이 여러분을 판단하도록 하십시오. 수레에 평강을 싣고, 고삐를 꼭 잡으십시오. 왜냐하면 옛날의 파에톤(그리스 신화. 태양신 헬리오스의 아들. 태양의 전차를 몰다 제우스에 의해 떨어졌다)처럼 분노는 세상을 깜짝 놀라게 할 것이기 때문입니다. 오, 하나님의 평강이여, 그대가 나를 주장하소서!

이 평강의 능력이 지속적으로 여러분을 지배하도록 하나님께 기도하십시오. 만일 여러분이 하나님과의 화평을 상실한다면 어려울 때 판단 능력을 상실하게 될 것입니다. 도발적인 상황 속에서 자제력을 상실하게 될 것입니다. 홀을 쥐고 있는 최고의 주권자를 상실하게 될 것입니다. 만일 어떤 사람이 빛 속에서 하나님과 동행하고 하늘과 충분한 교제를 누리고 있다면, 아무리 혼란스럽더라도 어떤 모임이든 참석하고, 또 아무리 무질서하더라도 어떤 사회 속이든 들어가야 한다고 생각합니다. 그러나 그런다고 할지라도 그는 지혜롭게 대답하고, 지혜롭게 침묵을 지키고, 지혜롭게 행동을 하게 될 것입니다. 왜냐하면 하나님의 평강이 그를 고요하고 조용하게 지켜줄 것이기 때문입니다. 일단 마음이 주님 앞에서 완전히 혼란에 빠지고 어지럽게 되면, 여러분은 다른 사람과 똑같이 연약해지고, 해서는 안 될 말을 하게 되며, 피눈물을 흘리게 될 일을 하게 됩니다. 영혼의 안식이 사라지면 강퍅한 말을 하게 되고, 강퍅한 일을 저지르며, 그렇게 되어 자애로우신 주님과 교제를 나누지 못하게 됩니다. 그러므로 하나님의 평강이 항상 주장하도록 하십시오. 그렇지 않으면 여러분은 항상 안전하지 못할 것입니다. 특히 하나님의 평강이 여러분의 감정을 주장하도록 하십시오. 여러분이 하나님을 사랑하는 것, 여러분의 마음이 하나님께 굳게 결합되어 다른 어떤 것을 따르지 않는 것에 만족하십시오. 마음으로 하나님과 화평하십시오. 마음이 그렇게 될 때, 그리고 감정이 하나님에 대한 의식적인 사랑에 의해 지배를 받을 때, 여러분은 자신에 대해서는 위로를 받고, 여러분의 주인이신 주님의 이름에 대해서는 영광을 돌리며, 선한 싸움을 싸우게 될 것입니다.

3. 하나님의 평강을 위하여 성령의 권면으로 자신을 강화시키십시오.

본문에서 이끌어져 나오는 세 번째 권면을 매우 간단하게 살펴보도록 하겠습니다. 사랑하는 성도 여러분, 하나님의 평강이 여러분의 마음을 주장할 수 있도록, 그리고 하늘의 평강이 조금도 깨뜨려지지 않도록 하나님의 영으로 말미암아 변론을 사용하여 자신을 강하게 하십시오.

여러분은 하나님의 평강을 지키는 한 마음으로 행복하고, 영으로 건강할 수 있다는 사실을 명심하십시오. 그러나 하나님의 평강이 사라지면 비참하고 불행하게 될 것이 확실하고, 또 여기저기서 과오에 걸려 넘어질 것이 확실합니다. 이 땅에 사는 동안 가능한 한 최선을 다해 기쁨으로 하나님과 동행한다면 여러분의 평강을 기대하십시오. 이것은 단순한 권면이 아닙니다. 그 힘을 느끼도록 힘쓰십시오.

그리고 다음으로 생각할 점은, 오직 이렇게 할 때에만 하나님의 교회가 부흥할 수 있다는 것입니다. 다른 교회에서 온 교인들을 받아들일 때 마음이 아픕니다. 왜냐하면 그렇게 오는 사람들은 자기들의 안식을 깨뜨린 끊임없는 말다툼과 질투로 지쳐 버렸다고 말하기 때문입니다. 저는 평강이 없는 곳에서는 복도 있을 수 없다고 확신합니다. 스스로 분쟁하는 집은 결코 설 수 없습니다. 다툼이 있는 교회는 자살하는 교회입니다. 참으로 많은 교회가 분쟁으로 내부에서 피를 흘림으로써 죽을 지경에 이르렀습니다. 그렇지만 않았다면 온 세상과 지옥 자체도 문제가 되지 않았을 것입니다. 시시한 일로 크게 다투는 교회는 일반적으로 작은 교회들입니다. 다른 일에 뛰어난 점이 없다면 그런 교회들은 분명히 우리는 다투는데 일등이라고 주장하는 것입니다. 하나님을 예배하기 위해 힘을 모으는 그리스도인들은 소수이고, 마귀는 곧장 그들의 귓가로 다가갑니다. 그들은 선하고 진실하지만 사탄은 그들을 미혹해 아무것도 아닌 일에 대해서도 다투게 합니다. 논쟁을 해결해야 할 때마다 저는 항상 그 안에서 뭔가 결정적인 나쁜 문제를 찾아내는 것을 좋아합니다. 저는 그것을 찾아낼 수 있고, 그들은 문제를 해결하는 데 곧 동의합니다. 현미경을 통해 들여다보는데도 사태를 확인할 수 없을 때 형제와 자매들이 화해하기가 무척 어렵다는 것을 발견합니다. 모기보다 올빼미를 쏘아 맞추는 것이 더 쉽습니다. 작은 이견들이 계속 괴롭히는데, 작은 가시처럼 여러분은 그것들을 육체에서 뽑아낼 수 없습니다. 오, 하나님의 영이 교회들에 임해 불길처럼 역사하시기를! 그렇게 되면 교회들은 내부 분쟁으로 쓰러지지 아니할 것입니다! 영혼들을 구원할 때, 복음을 누릴 때, 그리스도께서 영광을 받으실 때, 교회가 안에 갖고 있는 하나님의 능력으로 극복하고 정복해서 승리할 때, 교회 도처에 평강이 임하고 교인들은 최고의 알곡이 되어 아름답게 될 것입니다. 그러나 일단 하나님의 생명을 약화시키고 하나님의 영을 떠나가게 하면 평강도 같이 떠나갑니다. 오, 하나님께서 이 교회를 구원하되, 모든 교회가 이 복된 평강을 놓치지 않도록 구원하시기를! 사랑하는 성도 여러분, 교회를 위해 하나님의 평강이 여러분의 마음을 주장하게 하십시오.

다음으로 기억할 것은, 하나님의 평강이 우리 마음속에 없으면 하나님은 절대로 영광을 받으실 수 없다는 것입니다. 사랑하는 성도 여러분, 만약 여러분이 항상 문제와 괴로움과 염려 속에 있다면 여러분은 하나님을 조금도 영화롭게 할 수 없다고 저는 생각합니다. 더 큰 신앙, 더 큰 신뢰, 더 큰 확신, 더 큰 마음의 평안을 구하십시오. 그러면 여러분은 개인적으로 하나님을 영화롭게 할 것입니다. 항상 누구에게서든 흠을 찾아내는 그리스도인은 우리 주님의 진리와 나라를 위해 전혀 헌신하는 사람이 아니라고 생각합니다. 그는, 시체가 어디 있는지 찾고 시체 위에 내려앉는 것 외에 다른 목적은 전혀 없이 하늘 위를 날고 있는 까마귀와 같아서 어디를 가든 하나님의 마음을 따르는 사람이 아니고, 사람들 속에서 주님의 사역을 진전시키지 못할 것입니다. 여러분이 동료 그리스도인을 사랑하고, 그래서 그들의 허물을 사랑으로 감싸고, 그들의 단점은 감춰주고, 그들의 장점은 칭찬해 줄 때 하나님은 여러분을 통해 영광을 받게 될 것입니다. "이 그리스도인들이 서로 사랑하는 것을 보라"고 말할 수 있는 행복하고 평화로운 사람들은 세상을 빛처럼 비추고, 어둠은 그들의 권세를 느낄 것입니다.

본문은 우리에게 또 다른 권면을 제공합니다. 곧 이렇게 권면합니다. "너희는 평강을 위하여 한 몸으로 부르심을 받았나니." 여러분은 하나님의 평강을 위해 부르심을 받았습니다. 사랑하는 성도 여러분, 만약 평강의 사람이 아니라면, 여러분은 참된 부르심을 받은 것이 아닙니다. 주님은 여러분을 세상에서 불러내셨을 때 피스메이커가 되도록 불러내신 것입니다. 주님은 여러분을 부르셔서 평강의 영을 여러분 마음속에 부으시고, 이후로 여러분과 함께 하는 평강을 여러분의 가족과 모든 이웃에게 심고, 또 세상 모든 곳에 전파하게 하셨습니다. 주 예수님이 사람을 분쟁을 일으키는 자로 부르시지 않았습니다. 만약 어떤 그리스도인 여성이 그것이 마치 자신을 부르신 목적인 것처럼 집집마다 다니면서 수다를 떤다면, 하나님은 결단코 그렇게 하라고 그녀를 부르신 것이 아닙니다. 저는 이 점을 굳게 확신합니다. 어떤 설교자는 강단에 올라가 자신의 울분을 토해내기 위한 목적으로 개인적인 설교를 합니다. 하나님은 그렇게 하라고 그를 부르신 것이 아닙니다. 왜냐하면 하나님은 그런 선동자는 좋아하지 않기 때문입니다. 울분과 고뇌를 설교하는 한, 그는 다른 분야에서 부르심받은 사자인지는 모르겠지만 하늘에서 부르심받은 사자는 확실히 아닙니다. 또 어떤 이들은 어디를 가거나 최대한 빨리 문제를 일으킵니다. 그들의 사명은 다툼으로, 그것만 보아도 그들은 확실히 하나님의 부르심을 받은 자가 아닙니다.

천국의 참된 상속자인 여러분은 평강을 위하여 부르심을 받았습니다. 그러므로 평강을 추구하고 평강을 따르십시오. 어디를 가든 진지하게 평강을 도모하는데 힘쓰십시오. 만일 두 소년이 싸우고 있는 모습을 보았다면, 싸움을 말리십시오. 두 소녀가 감정이 상해 있는 것을 보았다면 서로 화목하게 만드십시오. 두 사람이 사업상 불화하는 것을 보았다면 그들 가운데 한 사람에게 가서 "법정으로 가라"고 선동하지 말고 평화와 상호 양보를 간청하십시오. "화평하게 하는 자는 복이 있나니"(마 5:9). 여러분이 한 가정에서 어떤 위치에 있든 간에, 곧 아버지거나 자녀거나, 남편이거나 아내거나, 상전이거나 종이거나, 양자거나 계모거나 막론하고, 여러분의 영혼은 "평강"이라는 이 복된 말로 간을 맞추고 맛을 내기를 바랍니다. 잉글랜드에는 항상 전쟁 파티가 있습니다. 저는 주전론자들이 외국인이 아니라 순수 영국인 후손이라는 것이 두렵습니다. 회개하지 않은 영국인은 피와 불과 영광만 생각합니다. 그리고 회개하지 않은 자가 우리 가운데 다수이기 때문에 우리는 여전히 호전적인 민족으로 남아 있습니다. 싸우는 것, 우리가 얼마나 좋아합니까! 아프가니스탄을 타도하라! 줄루족을 박살내라! 보어 사람, 쳐부수자! 우리는 무릎을 피에 깊이 담그지 않고서는 영광과 영예를 채울 수가 없습니다. 평화 정책은 치욕적인 것으로 거부되고, 그래서 우리는 영국인의 손에 의해 피로 얼룩지지 않은 나라가 거의 없을 때까지 세계 전역으로 출정하고 있습니다. 이에 대한 영국인들의 이야기는 얼마나 격렬합니까! 그러나 그것은 그리스도인의 이야기는 아닙니다. 주님께서 우리에게 평강의 언어를 가르쳐 주시기를! 평강 속에 있는 여러분은 또한 "평강을 위하여 부르심을 받았습니다."

그런데 본문은 여기서 "한 몸으로 부르심을 받았나니"라고 말씀합니다. 그러므로 우리는 평강을 위하여 한 몸으로 부르심을 받았기 때문에 그리스도인들 간에 평강이 있어야 합니다. 만일 내 손이 "나는 눈과는 화평할 수 없다. 저 흘끔흘끔 엿보는 눈이 언젠가 나를 날카롭게 응시하더니 얼룩을 찾아냈거든. 가만두지 않을 거야"라고 말한다면 여러분은 제 손에 대하여 어떻게 생각하겠습니까? 몸의 지체들이 이같이 불화한다면 우리는 큰 행복을 누리지 못할 것입니다. 내 발이 다음과 같이 말한다고 생각해 봅시다. "나는 이 무거운 몸을 끌고 다니지 않을 거야. 그것 때문에 내가 수시로 얼마나 고생하는지 보라." 또 내 무릎이 다음과 같이 말한다고 생각해 봅시다. "나는 이제 그렇게 하지 않을 거야. 류머티즘으로 얼마나 고통을 많이 겪었는데. 더 이상은 이 무거운 조직을 갖고 다니지 않을 거야." 내 몸의 지체들이 이같이 다툼에 빠져 있다면 저는 어떻게 되겠습니까? 그리고 그리스도의 몸의 지체들이 다툼 속에서 살고 있다면 그리스도의 영광은 어떻게 되겠습니까? 그리스도의 한 신비적인 몸을 구성하는 지체들이 서로 싸우는 것 외에 아무것도 하지 않는다면 머리는 어떻게 되겠습니까? 오, 안 됩니다. 여러분이 어떤 이견을 갖고 있다면 오늘 밤에 끝내십시오. 할 수만 있으면 아무리 동풍이 거세게 불더라도 그렇게 하도록 기도합니다. 만일 여러분이 모르는 새에 다른 사람들을 아프게 하는 일을 행했다면 친절하고 신속하게 용서를 구함으로써 문제를 해결하십시오. 모든 것이 동풍과 함께 끝나게 하십시오. 우리는 한 몸으로 부르심을 받았습니다. 그러므로 진정한 평강 속에 거해야 합니다. 우리가 한 몸으로 부르심을 받았으므로 화평의 주이자 수여자이신 성령 하나님께서 우리를 하나님의 평강으로 이끌고 거기 계속 머무르게 하시기를 바랍니다.

4. 감사하는 자가 되어 마음을 건강하게 만드십시오.

마지막으로 살펴볼 요점은 이것입니다. 곧 여러분 자신을 올바르게 유지하여 마음을 건강하게 만들라는 것입니다. 그러면 여러분은 "어떻게?"라고 물을 것입니다. 본문은 "감사하는 자가 되라"고 말씀합니다. 감사하는 자가 되는 것이 우리가 하나님과의 화평을 지키는 길입니다. "감사하는 자가 되라." 불평하지 말고 범사에 하나님의 이름을 복되게 하십시오. 하나님과 다투지 말고 감사하십시오. 이렇게 말하십시오. "우리가 하나님께 복을 받았은즉 화도 받지 아니하겠느냐? 주신 이도 여호와시요 거두신 이도 여호와시오니 여호와의 이름이 찬송을 받으실지니이다"(욥 2:10, 1:21). 항상 감사하는 것, 이것이 하나님과 화평을 이루는 비결입니다. 여러분의 은혜뿐만 아니라 불행에 대해서도 하나님께 감사하십시오. 여러분의 소득뿐만 아니라 손실에 대해서도 하나님께 감사하십시오. 여러분의 즐거움과 기쁨뿐만 아니라 고통과 아픔에 대해서도 하나님께 감사하십시오. 하나님에게서 오는 모든 힘든 일에 대해서 하나님께 감사하십시오. 왜냐하면 쉬운 일 속에서처럼 힘든 일 속에도 하나님의 큰 사랑이 담겨 있기 때문입니다. 그리고 하나님은 채찍으로 때리실 때에도 입맞춤하실 때와 똑같이 자비롭습니다. "너희는 또한 감사하는 자가 되라!" 아침부터 저녁까지 그리고 밤을 지새우더라도 하나님께 감사하십시오. 병이 나아 퇴원하는 것은 얼마나 큰 자비일까요! 손발을 사용하고, 생각하는 능력이 있는 것은 얼마나 큰 복일까요! 감옥에서 풀려나는 것은 얼마나 큰 은총일까요! 지옥에서 벗어나게 된 것은 얼마나 큰 은혜일까요! "우리의 죄를 따라 우리를 처벌하지는 아니하시며"(시 103:10). 감사하는 자가 됩시다.

지난 주일 아침에 수많은 회중 앞에서 이 장을 낭독할 때 저는 어떻게든 큰소리로 울려 퍼지게 하려고 애썼습니다. 지금도 모든 종(鐘)을 모아 울리게 하는 것처럼 울려 퍼지게 하고 싶습니다. 여러분이 원하신다면 결혼식 주악 소리처럼 울리게 하고 싶습니다. "너희는 감사하는 자가 되라! 너희는 감사하는 자가 되라! 너희는 감사하는 자가 되라!" 불평하는 자여, 일어나라! 불만을 품은 자들이

여, 일어나라! "너희는 감사하는 자가 되라!" 너희 언짢은 자들아, 어서 일어나라! 자신이 짊어져야 할 것보다 더 무거운 짐을 짊어지고 있다고 생각하고, 가인처럼, "내 죄벌이 지기가 너무 무거우니이다"라고 말하는 자들이여, "너희는 감사하는 자가 되라." 젊었거나 늙었거나 너희 모든 자들아, "너희는 감사하는 자가 되라." 이것이 여러분이 하나님과의 화평과, 여러분의 동료 인간들과의 화평을 유지하는 길입니다.

그러나 이 말은 "하나님께 감사하라"는 의미일 뿐만 아니라 동료 인간들에게도 감사하라는 의미입니다. 대다수 사람들이 그리스도인의 온갖 친절을 당연지사처럼 받아들입니다. 그들은 형제들에 대한 그리스도인들의 자발적인 친절을 받는 것을 일종의 권리로 간주합니다. 가난한 자가 그리스도인의 관대한 베풂을 통해 도움을 받아야 한다는 것은 확실히 성경에 입각한 명령이기는 합니다. 하지만 이것은 빚이 아니라 은혜에 따른 의무입니다. 어떤 자선이나 구제든 이런 행위는 감사하는 마음으로 그리고 진실하게 받아들여져야 합니다. 공손하게 "감사합니다"라고 말하지 않는 것은 거룩하지 못한 태도입니다. 우리는 서로에 대하여 감사하는 정신을 갖고 있어야 합니다. 자녀는 부모에게 얼마나 감사해야 할까! 자녀들이 자기들을 길러주고 오랜 세월 동안 자기들을 보살펴준 사람들에게 진심으로 감사의 큰 빚을 지고 있음을 인정한다면 얼마나 행복한 가정이 되겠습니까! 남편은 아내의 온갖 자상한 친절 — 보이지 않는 무수한 사랑의 사역 — 에 대하여 얼마나 감사해야 할 의무가 있을까요! 또 아내는 남편의 모든 수고와 노고에 대하여 얼마나 감사해야 하겠습니까! 아내는 남편에게서 삶을 평안하게 만드는 것들을 수없이 받습니다. 만약 우리 각자가 다른 모든 사람에게 은혜를 빚지고 있음을 인정하고 서로 감사하며 산다면 가정의 수레바퀴는 얼마나 잘 굴러가고, 우리 주변에서 사랑의 가정을 얼마나 많이 접하게 되겠습니까!

저는 세상 어느 누구보다 모든 사람에 대하여 빚을 많이 진 자입니다. 그것을 깊이 그리고 진실로 느끼고 있습니다. 이 강단에서 보면 얼마간이라도 제가 기독교적 사랑의 빚을 지지 않은 사람이 거의 없습니다. 모두가 제게 친절했고, 저는 그것을 절대로 잊을 수 없습니다. 제가 아프거나 병이 들어 침상에 누워 있을 때 여러분 모두가 보여주신 사랑에 크게 놀랐습니다. 저는 여러분이 왜 그토록 제게 사랑을 베푸시는지 의아합니다. 대학이든 고아원이든 모든 거룩한 사역 속에서 여러분은 준비된 조력자였고, 지금도 그렇습니다. 그래서 "하나님께서 여러분에게 복을 베푸시기를 바란다"고 말하지 않을 수 없습니다. 확실히 한두 번 바람이 변하고 있습니다. 우리는 이 예배당을 떠날 때 바람이 다른 방향에서 불어오는 것을 발견하게 될 것입니다. 제 영혼 속에는, 주변의 사랑하는 형제들과 저와 함께 그리스도를 위해 수고하는 자매들에 대하여 깊이 감사하는 마음이 있습니다. 여러분은 제가 부족함에도 불구하고 친절하고 관대하게 주님을 위해 저와 함께 수고함으로써 종종 저는 무척 행복하고 즐거웠습니다. 그리고 평안함을 느끼고, 이 평안함이 여러분이 연합하는 공동체의 중심을 이루고 있기 때문에 감사하게 생각합니다. 저는 누구와도 다투고 싶지 않습니다. 30초라도 싸우기보다는 한 발자국이라도 앞으로 달려가겠습니다. 저는 싸우고 싶은 사람이 세상에 하나도 없습니다. 저의 마음은 모든 사람에 대하여 선한 의도로 가득 차 있습니다. 저는 싸우기 전에 그 사람이 어떤 사람인지 헤아려보는 것이 일종의 규칙입니다. 만일 그가 나보다 더 큰 자라면 싸우더라도 제가 패할 것이라는 것을 알기 때문에 싸우지 않을 것입니다. 그리고 나보다 더 작은 자라면 무척 쉽게 그를 패배시킬 수 있겠지만 그것은 잔인하고 비겁한 일이므로 싸우지 않겠습니다. 현세의 유익을 위해 싸울 만한 가치가 있는 사람이 세상에는 전혀 없습니다. 심지어는 필요한 법률도 귀찮고 고민거리에 불과합니다. 그러므로 여러분은 감사하는 자가 되십시오. 하나님과 여러분 주변에 있는 사람들에 대하여 감사하는 것으로 하루를 채울 수 있다면 얼마나 행복한 날들이 되겠습니까! 그렇게 되면 가정과 사업을 통해 하나님께서 영광을 받으실 것입니다. 교회는 더욱 행복하고, 하나로 연합될 것입니다. 우리는 더 나은 날들을 맞이하고, **동풍**이 불더라도 더 이상 불평하지 아니할 것입니다.

　하나님께서 여러분에게 복을 베푸시기를 바랍니다!

제
18
장
—

거룩하고 행복한
삶의 방법과 음악과 동기

—

"또 무엇을 하든지 말에나 일에나 다 주 예수의 이름으로
하고 그를 힘입어 하나님 아버지께 감사하라." — 골 3:17

한 나라의 법이 가능한 한 간명하면 언제나 그만한 이점이 있습니다. 이 나라는 법이 너무 엉망이어서 소송과 이로 인한 폐해가 너무 많다고 말할 수 있는 사람은 아무도 없을 것입니다. 프랑스의 법을 감탄할 정도로 잘 요약한 기념비적인 법전인 "나폴레옹 법전"을 발효시켰을 때 나폴레옹은 제국에 가장 큰 혜택 가운데 하나를 선사했고, 자신이 지혜로운 통치자임을 증명했습니다. 우리는 이처럼 쉽게 이해되고, 다양한 사건들에 즉각 적용이 이루어질 수 있는 법을 원합니다. 우리는 하나님의 도덕적 통치 속에서 이 점에 대하여 불평할 여지가 조금도 없습니다. 거룩함에 대한 교훈은 그리 많지 않고, 또 포괄적입니다. 무엇보다 먼저 전체 도덕은 십계명에 요약되어 있고, 두 돌판에 새겨졌습니다. 그런데 이 것도 그리 간명하지 않은 것처럼 우리는 전체 율법을 "네 마음을 다하고 목숨을 다하고 뜻을 다하여 주 너의 하나님을 사랑하고, 네 이웃을 네 자신 같이 사랑하라"는 두 계명으로 압축시킨 것을 갖고 있습니다. 그런데 이것을 더 짧은 한 마디 말로 표현할 수 있는데, 그것은 전체 하나님의 법의 본질인 "사랑"이라는 말입니다.

　　그리스도인으로서 우리는 본문에서 하나님의 교훈의 간결함, 간단함, 명료함의 실례를 보게 됩니다. 여기서 우리는 모든 신자에게, 곧 모든 상황 속에서 모든 곳에 있는 신자의 모든 행동과 말과 생각에 적용할 수 있는 법을 갖고 있습니다. 그러나 이 포괄적인 명령은 단지 몇 마디 말로 표현되어 있습니다. 기술자는 재료를 조정하고, 오류를 발견하고, 정확하게 재며, 마친 다음 자신의 일을 평가할 수 있는 도구인 자나 곱자를 되도록 작게 만들어 휴대하고 다니면 무척 편리할 것입니다. 이런 자가 없으면 기술자는 무척 곤란할 것입니다. 그러나 이것이 있으면 일할 준비가 되어 있는 것입니다. 마찬가지로 우리도 간결한 삶의 잣대 곧 도덕 기준, 거룩함에 대한 지침이 있는데, 아무런 어려움이 없이 우리 기억 속에 갖고 다닐 수 있습니다. 그리고 그것을 써먹을 의지를 갖고 있기만 하면 어떤 경우에도 실패가 없다는 것을 발견하게 될 것입니다. 나침반이나 북극성이 선원에게 갖고 있는 역할처럼 본문도 똑같은 역할을 우리에게 할 것입니다. 본문은 거룩함의 길에 대하여 오류 없는 지침을 제시합니다. 의와 진리의 문제에 있어서 판단을 내리는 자는 불신을 가질 이유가 전혀 없습니다.

　　본문을 자세히 읽어 보십시오. 그런 다음 본문 속에 담겨 있는 요점들을 주목해 보십시오. "또 무엇을 하든지 말에나 일에나 다 주 예수의 이름으로 하고 그를 힘입어 하나님 아버지께 감사하라." 첫 번째로, 거룩함의 방법이 묘사되어 있음을 주목하기 바랍니다. 두 번째로, 거룩함의 음악이 규정되어 있음을 주의하기 바랍니다. 그리고 세 번째 요점을 마칠 때까지 저와 함께 인내하며 본문 전체를 따라가 살펴보는데, 여기에는 거룩함의 동기가 새겨져 있음을 유념하기 바랍니다. 그런데 저는 이것이 우리 마음속에 새겨져 있음을 확신합니다.

1. 거룩함의 방법이 묘사되어 있습니다.

　　본문에는 거룩함의 방법이 묘사되어 있습니다. "무엇을 하든지 말에나 일에나 다 주 예수의 이름으로 하고." 이 법칙은 현재 이곳에 있는 모든 사람에게 해당되는 것은 아닙니다. 거듭난 자만이 실천할 수 있습니다. 그리스도의 이름으로 무엇을 행하려면 반드시 먼저 그리스도 안에 있어야 합니다. 여러분의 본성이 새롭게 되지 않으면, 여러분이 그리스도의 의에 복종하지 않으면, 그리스도께서 여러분 속에 영광의 소망으로 자리 잡고 계시지 않으면, 여러분은 이 고상하고 신성한 방식에 따라 살 수 없습니다. "여러분은 거듭나야 합니다." 거듭나지 않은 여러분에게 즉각 주의를 촉구하는 교훈은 이 본문이 아니라 다른 본문의 교훈입니다. 사도행전에 나오는 베드로의 말이 여러분에게 적합합니다. "너희가 회개하여 각각 예수 그리스도의 이름으로 세례를 받고 죄 사함을 받으라 그리하면 성령의 선물을 받으리니"(행 2:38). 또는 이런 말씀도 있습니다. "주 예수를 믿으라 그리하면 네가 구원을 받으리라"(행 16:31). 여러분은 처음부터 시작해야 합니다. 만약 제가 여러분에게 내적 생명을 받기 전에 신자로서 행하라고 권면한다면 그것은 잘못 인도하는 것이 될 것입니다. 열매가 더 좋아지려면 뿌리가 변해야 합니다. 여러분이 아직 회심하지 않았다면 근본적인 변화를 필요로 하고, 그 변화가 없으면 여러분은 영원히 멸망할 것입니다. 기독교적인 방법을 모방하면 구원받게 될 것이라고 상상하지 마십시오. 여러분의 생명 없는 가지에 비슷한 열매를 매달아놓는다고 해서 여러분이 주님이 심으신 의의 나무로 변화될 것이라고 착각하지 마십시오. 오! 아닙니다. 여러분 안에 있는 수액이 변화되고, 하나님의 생명이 여러분의 영혼 속에 주입되고, 그리하여 여러분이 그리스도와 하나가 되어야 합니다. 그렇지 않으면 여러분은 절대로 하나님을 섬길 수 없습니다. 그러므로 이 교훈은 예수 그리스도를 믿지 않는 여러분에게는 전혀 해당되지 않고, 여러분 가운데 진실과 성실로 예수 그리스도의 이름으로 불리는 사람에게만, 곧 그리스도의 다스림에 자신을 복종시키고 구원을 위해 그분을 믿고 있는 사람에게만 예외 없이 해당될 것입니다. 저는 여러분이 사랑하는 주님에게서 온 이 메시지를 경청하고 진지하게 받아들일 것이라고 확신합니다.

그러면 무엇을 하든지 말에나 일에나 다 주 예수의 이름으로 하라는 말씀의 의미가 무엇일까요? 이에 대한 대답은 다음과 같습니다. 곧 이 교훈을 공손하게 받아들일 것을 요청하는 여섯 가지 요점이 있습니다. 첫째는, 무엇을 하든지 그리스도의 중보자로서의 직분과 이름을 통해서 해야 한다는 것입니다. 그리스도인으로서 여러분은 날마다 찬양할 의무가 있습니다. 종종 감사의 노래와 시로 하나님께 여러분의 마음을 바쳐야 하는데, 이 모든 찬양을 주 예수님의 이름으로 해야 한다는 사실을 명심하십시오. 여러분의 크신 대제사장을 통해 드러지지 않으면 여러분의 어떤 찬양도 감미로운 것이 될 수 없습니다. 그러므로 여러분의 감사의 선물을, 바치는 자와 선물을 성결케 하는 이 제단으로 갖고 오십시오. 그리고 항상 예수 그리스도로 말미암아 하나님께 복을 구하십시오. 또한 여러분은 풍성한 기도를 드리십시오. 기도는 여러분의 생명의 호흡입니다. 여러분은 끊임없이 하나님께 나아가 간구하지 않으면 그리스도인으로서 번성할 수 없지만 여러분의 간구는 항상 예수 그리스도의 이름으로 제공되어야 합니다. 예수 그리스도의 이름이 기도에 효력을 줍니다. 여러분의 기도에 효력이 있는 것은 여러분의 열심이나 성실함이 아니라 하나님의 귀에 직접 말씀하고 여러분을 위해 중보하시는 그리스도의 보혈 때문입니다. 그러므로 항상 완료된 속죄제사와 살아 계신 중보자에게 시선을 고정시키고 기도하십시오. 항상 임마누엘 하나님의 공로를 내세우십시오. 그러면 하늘 문이 여러분에게 열릴 것입니다.

또 기도와 찬양 외에, 여러분은 무지한 자에게 구원의 길을 가르치고, 회심하지 않은 자들을 구원으로 이끌고, 성도들을 교화시킬 때 여러분에게 위임된 능력에 따라 그리스도를 섬겨야 합니다. 그러나 이런 경우에도 여러분의 섬김은 예수 그리스도의 이름으로 제공될 때에만 받아들여질 수 있다는 것을 명심하십시오. 십자가에 못 박히신 분이 자신의 손으로 여러분이 돈 주고 산 향품과 희생의 기름을 여러분을 대신하여 드려야 합니다. 비록 여러분이 소유하고 있는 모든 재산, 현세에서 여러분에게 주어진 모든 시간, 여러분에게 주어진 모든 재능을 하나님께 바칠 수 있다고 해도, 그리고 여러분이 이후에 완벽하게 그렇게 할 수 있다고 해도, 예수 그리스도를 통해 드려지지 않는다면 아무것도 드리지 않은 것처럼 되고 말 것입니다. 그렇게 되면 여러분이 드리는 번제와 모든 번제 제물은 전혀 받아들여지지 않을 것입니다. 왜냐하면 여러분은 부패한 본성으로 오염되기 때문입니다. 그렇다면 우리가 거룩한 일을 행할 때 잠시 멈추어 다음과 같이 생각해 보는 것이 얼마나 필수적일까요? "내가 지금 하나님을 위하여 하고 있으나 정해진 방법으로 하고 있는가? 만약 내가 하고 있는 일 속에 조금이라도 공로가 들어 있는 것을 본다면 복음의 법칙에 반하여 행하는 것이고, 나는 거부를 당할 것이다. 그러므로 나는 무엇을 하든 간에 대제사장에게 가지고 가 그분을 통해 드려야 할 것이다."

"거룩한 것에 대한 우리의 모든 죄악은
　　모든 죄악을 덮는 그리스도의 피로 말미암아 깨끗하게 되고
　　하늘의 향기에 풍성한 향내를 더하고,
　　빈약한 기도, 불완전한 찬송,
　　그리고 심지어는 서글픈 죄악으로 손상된 섬김에 대해서까지

하나님의 보좌 앞에 받아들여지네."

사랑하는 성도 여러분, 여러분이 하나님을 위해 행한 섬김에 피가 뿌려져 있는지 유의하십시오. 율법 아래에서는 거의 모든 것이 피로 정결케 되었으나, 복음 아래에서는 예외 없이 모든 것이 피로 정결케 되어야 하나님께 향기롭게 됩니다. 우리가 우리 주 하나님을 위해 행하려고 애쓰는 모든 일 속에서 속죄 제사 곧 유일하게 지정된 중보자이신 그리스도 예수의 승리의 중보가 우리의 마음속에 항상 있어야 합니다. 철저히 실패하지 않으려면 이것을 절대로 망각해서는 안 됩니다.

이 교훈의 두 번째 의미는, "여러분의 왕이신 주 예수님의 권세 아래 모든 일을 행하라"는 것입니다. 이런저런 의심스럽거나 악한 행동에 대해서는 다음과 같이 말하십시오. "나는 이것을 할 수 없다. 나의 주님이자 구주이신 예수 그리스도의 어떤 교훈이나 본보기에 따라 이것을 행할 권리를 갖고 있다고 느낄 수 없었다. 나는 이것을 할 수 없다. 왜냐하면 그렇게 되면 그리스도께 바쳐야 할 충성에서 벗어나야 하기 때문이다. 그러므로 그 결과가 손실이나 고난이 되더라도 이것을 하지 않겠다. 나는 그리스도로 말미암아 이 과정을 따를 권리를 갖고 있지 않다. 따라서 그것이 좋건 나쁘건 간에 하지 않겠다." 반면에 그 행위가 성경에서는 허용되지만 사람들의 전통에서는 금할 때 여러분은 안전하게 이렇게 말할 수 있습니다. "나는 이 일을 할 수 있다고 느낀다. 나의 주님이 이 일을 전혀 금하고 있지 않고, 그러므로 사람의 전통이나 법칙에 얽매이지 않을 것이다. 자의적인 예배가 내게 과하는 명령은 절대로 이행하지 않을 것이다. 왜냐하면 거룩함을 위장하는 의식들은 단지 법도에 어긋난 의식에 불과하기 때문이다." 적극적으로 감당해야 할 의무에 대하여 말한다면, 여러분은 이렇게 말할 수 있을 것입니다. "이 행동은 반드시 행해야 할 일로 알고 있다. 왜냐하면 이 행동에 대한 명시적인 명령을 알고 있기 때문이다. 그러므로 이 행동은 반드시 실천해야 한다. 아무리 어렵더라도 실천해야 한다. 불가능하다면 믿을 때 산을 옮길 수 있으신 분을 기다릴 것이다." 오, 모든 그리스도인이 전적으로 그리고 항상 하늘의 법에 순종할 수 있기를 바랍니다.

지구가 정해진 법칙에 따라 속박력과 추진력을 갖고 있기 때문에 궤도를 따라 일정하게 운행하는 것처럼 우리도 신적 교훈에 대하여 듣고 규정된 길로 우리를 이끄시는 성령의 거룩하신 능력을 느끼기 때문에 우리의 의무를 감당해야 합니다. 성도 여러분, 만약 우리가 우리의 모든 행동에 대하여 크신 왕의 권세를 갖고 있다는 것을 확신한다면 얼마나 안전하다고 느끼고, 양심상 얼마나 행복하겠습니까! 이 땅에서 그리스도인의 일은 독자적인 일이 아닙니다. 그리스도인은 독자적으로 행동하지 않고 그리스도의 청지기로 행동합니다. 그리스도인을 자신이 대표하고 있는 회사의 업무를 처리하기 위해 사장에게서 충분한 권세를 위임받아 회사의 이름으로 해외에 파견받은 업무 대행자로 비유하면 어떻겠습니까! 그는 자신을 위해 거래를 하는 것이 아니고 자신에게 권한을 위임한 회사의 이름으로 모든 일을 처리합니다. 그는 회사의 지시를 받고, 그가 해야 할 일은 지시 사항을 이행하는 것이 전부이며, 그의 모든 시간과 능력은 사장의 절대적인 조처에 분명히 일치되어야 합니다. 그런데 만약 이 사람이 반대편 회사를 위해 일하거나 독자적으로 거래를 한다면 자신의 계약에 충실하지 않은 것이고, 자신의 행위에 대하여 책임을 져야 합니다. 그러나 자신이 속해 있는 회사를 위해 최선을 다해 활동하는 한 그의 길은 편안하고 안전할 것입니다. 그는 사장의 지시를 따르는 한 모든 책임에서 벗어나게 될 것입니다. 회사에서 받은 명령을 성실하게 따랐다면 자신의 거래가 이익이 되든 되지 않든 상관없이 걱정으로 괴로워할 필요가 없습니다. 그의 행위는 본부에서 권위를 인정받은 것이고, 그래서 안전합니다. 그는 자신에게 지시를 내린 사장을 의지하고 사장의 이름으로 행동한 것이니까요. 마찬가지로 우리가 우리 자신이나 세상을 섬긴다면 불충성의 결과를 감수해야 하지만, 정직하게 주님을 섬긴다면 모든 것이 결백합니다. 그리스도인은 어떤 행동을 하든 간에 "나는 나의 주 그리스도 예수에게 이것을 하도록 명령받았고, 나의 행위에 권위를 부여하는 장과 절을 찾을 수 있다"고 말할 수 있을 때, 그리고 사악한 목표와 이기적인 동기가 아니라 하나님의 영광을 위한 일념으로 자신이 아니라 그리스도를 위해 행하고 있다는 것을 느낄 수 있을 때, 그리스도인은 반석 위에 서 있는 것이고, 원수들의 비난을 무시할 수 있습니다. 그러므로 우리가 주님의 말씀을 깊이 유의하고, 조심스럽게 그분의 명령을 따라 걸어갑시다. 그래야 그리스도의 권세가 우리를 보호하고, 우리를 반대하여 목소리를 높이는 모든 혀를 심판 때에 정죄할 수 있을 테니까요.

　　그리스도의 권세 아래 행동하는 이 법칙은 그리스도의 나라를 특별히 섬기도록 부르심을 받은 사람들에게 특별히 적용시킬 수 있습니다. 모든 사람이 할 수 있는 한 모든 선을 행하도록 부르심을 받지만 어떤 사람들은 특별히 그리스도의 사역을 위해 수고하도록 구별됩니다. 그러므로 이들은 무슨 일이든 주님의 이름으로 행할 때 갑절로 조심해야 합니다. 만약 어떤 사람이 부서지기 쉬운 얼음으로 인해 가라앉고 있다면, 우리 가운데 누구든 그를 구하기 위해 무엇이든 할 수 있는 권한을 갖고 있겠지만 목숨을 구할 수 있는 자로 특별히 지정받은 얼음 전문가는 자신의 등에 왕립인명구조대의 이름을 붙이고 있으므로 자신의 목숨을 바치더라도 얼음이 깨져 생명이 위태로운 사람을 구하는 일을 감당할 특별한 권한을 갖고 있습니다. 만약 배가 곤경에 처해 난파되고 있고 승객이 죽음에 처할 상황이라면 우리는 누구를 막론하고 난파선을 구하기 위해 할 수 있는 모든 힘을 다할 권한이 있습니다. 그러나 구조선에 탑승한 지정된 승무원은 누구보다 앞장서서 노를 저어 위기에서 벗어나도록 해야 할 권한을 갖고 있습니다. 그들은 용감하게 그리고 위험을 무릅쓰고 선봉에 설 권한이 있습니다. 성도 여러분, 그러므로 여러분 속에 신적 소명 곧 동료 인간들을 구원으로 이끄는데 헌신하도록 여러분을 이끄는 거룩한 충동을 느끼고 있다면 담대히 그리고 변명할 필요 없이 그렇게 해도 됩니다. 여러분의 권한은 그 사역을 위해 성령께서 여러분을 따로 구별하신 것으로, 그리스도에게서 온 것이니까요. 그러므로 어떤 사람도 여러분을 방해하거나 기를 꺾지 않도록 하십시오. 자기를 부인하는 일에 있어서는 첫 번째가 되십시오. 오, 여러분을 트집 잡고 비판하는 자들은 열렬한 마음을 주제넘은 일이라고 말하겠지만 사실은 거룩한 용기입니다. 그러므로 하나님의 사람들이여, 용기와 자기희생으로 충만해서 앞으로 나아가십시오. 다른 사람들이 여러분의 열심을 악한 동기로 취급한다고 해도, 마음을 살피시는 주님께서 여러분을 이해하고, 여러분에게 사명을 주신 한, 자신의 신실한 종들을 반드시 지켜주실 것이기 때문입니다.

본문의 세 번째 의미는 중요합니다. 그것은 우리는 무엇을 하든 간에 우리의 본보기이신 주 예수님의 승인 아래 해야 한다는 것입니다. 우리가 곤란한 상황 속에 처하게 되었을 때 "예수 그리스도께서 나와 같은 상황에 놓였다면 어떻게 하셨을까?"라고 자문해 보고 대답을 찾는다면 매우 칭찬할 만한 일입니다. 이 질문에 대한 대답이 여러분에게 어려운 일이 닥쳤을 때의 해결책입니다. 무슨 일이든 예수님이 하신 일을 여러분도 한다면 충분히 안전할 것입니다. 예수님이 불신앙에 빠지지 않으신 것은 확실합니다. 또 예수님이 자신을 구하기 위해 잘못된 일을 행하지 않으신 것도 확실합니다. 우리는 예수님이 성급하고 반역적이고 혹은 절망적인 모습을 보여주지 않았다는 것도 확신합니다. 예수님은 쉽게 분노하거나 까다로운 면도 없다는 것을 확신합니다. 그렇다면 저는 제가 가져서는 안 되는 것이 무엇인지 알고 있고, 같은 지침에 따라 저의 긍정적인 행위와 부정적인 행위를 배우는 것도 가능합니다. 저는 복음서의 내용을 읽으면서 구주의 생애의 어떤 부분이 저의 부분과 비슷한지 찾아볼 수 있습니다. 그 상황 속에서 예수님이 취하신 태도를 나도 취할 수 있게 해달라고 은혜를 구하고, 그렇게 하면 저는 확실히 지혜의 길로 인도를 받게 될 것입니다.

　　그리스도인의 제일법칙은 유행을 따르는 것이 아닙니다. 왜냐하면 우리는 이 세상의 풍조를 따르는 자들이 아니기 때문입니다. 또 이익을 추구하는 것도 아닙니다. 왜냐하면 이익 추구는 결국 우리를 탐욕스럽게 상을 바라는 발람의 길로 이끌 것이기 때문입니다. 그렇다고 사회의 일반적인 규범에 따르는 것도 아닙니다. 왜냐하면 종종 사회의 규범은 그리스도의 가르침과 상충되기 때문입니다. 심지어는 신앙 고백자들의 행위를 따르는 것도 아닙니다. 왜냐하면 바울이 우리에게 말하는 것처럼, 참으로 많은 신앙 고백자들이 심지어는 눈물로 고백하는 사람들 가운데에도 그리스도의 십자가의 원수로 행하기 때문입니다. 슬프도다! 성도 여러분, 현재 교회의 거룩함은 성경 기준에 크게 미달입니다. 우리가 안심하고 따를 수 있는 것 같은 신앙 고백자들 가운데에도 공통적인 행동 법칙이 없습니다. 안전한 본보기는 어디에도 없고, 오직 예수 그리스도 자신의 삶 속에서만 발견됩니다. 심지어는 아무리 경건한 사람들이라도 그들이 그리스도를 따르는 동안에만 본받을 것이 있고, 그렇지 않으면 본받을 것이 아무것도 없습니다. 성도 여러분, 만약 여러분이 "주님이 나보다 앞서 행하신 것 외에는 아무것도 하지 않겠다. 나는 예수님의 순례의 발자취를 따라가려고 힘썼다"고 느낄 수 있다면 여러분의 마음은 얼마나 평온하고, 엄습하는 고난을 얼마나 담담하게 받아들일 수 있겠습니까! 그렇습니다. 예수님이 하신 것처럼 한다면 여러분은 안전하고, 또 인정받게 될 것입니다. 왜냐하면 그리스도의 본보기는 단 한 영혼도 타락의 길로 이끌 수 없기 때문입니다.

　　"거룩한 목자이신 그리스도께서 길을 인도하는 곳에서는
　　　항상 영혼들이 따르기에 안전하리라."

네 번째로, 우리는 무엇을 하든지 중보자로서의 그리스도의 직분을 통해, 왕으로서의 그리스도의 권세 안에서, 본보기가 되시는 그리스도의 승인 아래 해야 하는 것처럼, 우리는 무엇을 하든지 우리의 주님과 하나님이 되시는 주 예수님의 영광을 위하여 해야 합니다. 스페인 탐험가들은 새로운 땅을 발견하기 위해 바다를 항해했을 때 하찮은 섬이든 주요 대륙의 한 부분이든 새로운 땅에 상륙했을 때에는 즉각 페르디난드 국왕과 이사벨라 여왕의 기를 꽂고 스페인 가톨릭 왕조의 이름으로 땅을 점령했습니다. 그리스도인도 어디를 가든 첫 번째 생각은 주 예수님의 이름으로 모든 사람의 마음을 점령하고, 그들이 구속자를 섬기도록 이끄는데 모든 기회를 선용하고 영향력을 행사하는데 두어져야 합니다. 먹고 마시는 일상적인 일들도 경건한 감사를 드리는 것으로 이루어져 그리스도의 이름을 영화롭게 해야 합니다. 아무리 통상적인 일이라도 하나님의 말씀과 기도로 성결하게 되지 않으면 합법적인 행위가 되지 못합니다. 우리가 육체 안에 있는 동안 우리의 영의 절실한 소원이 하나님을 영화롭게 하는데 두어져 있다면 우리는 우리의 목적을 성취하는 수단과 방법을 발견하고, 성령께서는 우리의 연약함을 도와주실 것입니다.

사랑하는 성도 여러분, 우리의 영혼의 소원은 항상 어떤 육체적 동기나 이기적인 욕심은 묵인하지 않고, 매우 순수하게 그리스도께 성실하게 되는데 있어야 합니다. 그러나 우리는 얼마나 쉽게 이 소원을 자기 영광을 추구하는 것으로 바꾸고 마는지 모릅니다! 우리가 얼마나 무감각하게 사람들에게서 영광을 받기를 기대합니까! 우리는 이런저런 형태로 출몰하는 자기중심에서 벗어나 자신을 지키는 것이 정말 어렵습니다. 왜냐하면 심지어는 자기부인까지도 자기부인의 반대가 되는 목적에 따라 이용될 수 있기 때문입니다. 옛날 한 철학자는 화려한 옷을 차려 입은 한 멋쟁이를 보고 그를 가리키며 "저것은 교만이다"라고 말했습니다. 그런데 이 철학자는 무척 간소하게 옷을 입은 한 스파르타 사람을 보았을 때에도 "저것은 교만이다"라고 말했는데, 이것 역시 똑같이 옳은 말이었습니다. 교만은 종종 문간에 서 있어 다 드러나지만, 또한 구석에 박혀 쉽게 정체를 숨길 수도 있습니다. 자기희생의 교만과 외관상 겸손의 교만이 있는데, 이런 교만은 모든 면에서 오만한 허영의 교만과 똑같습니다. 사랑하는 성도 여러분, 우리는 그리스도를 위하여 살 때 항상 조심할 필요가 있습니다. 절대로 여기서 실패하면 안 됩니다. 아무리 소중하더라도 한 당파나 한 분파, 아니 심지어는 어느 한 교회를 위하여 살아서는 안 되고 반드시 그리스도를 위하여 살아야 합니다. 우리가 교회를 위하여 살아야 하는 것은 오직 그로 말미암아 하나님이 영화롭게 될 때로 한정됩니다. 처음과 나중과 중간, 그리고 모든 곳에서 그리스도인의 삶에 대한 일관된 생각은 "모든 것을 예수님을 위하여"가 되어야 합니다.

> "모든 고동 곧 심장의 맥박과 신경의 떨림이 있을 때마다
> 바쁜 낮과 조용한 밤의 모든 시간에
> 인간으로서 최대한 힘이 닿을 때까지
> 조금도 주저 없이 모든 것을 주님을 위하여 하리라."

　사랑하는 성도 여러분, 그리스도는 전부 나의 것이고, 나는 전부 그리스도의 것이라는 사실을 아는 것은 즐거운 일입니다. 우리의 본성이 받아들일 수 있는 것만큼 그리스도를 누리고, 은혜가 우리에게 계시해 주는 것만큼 그리스도를 최대한 드러내기를 바라는 것은 거룩한 열망입니다. "모든 것을 그리스도를 위하여." "그리스도는 만유시요 만유 안에 계시니라." 이것이 모든 신자의 모토가 되어야 합니다. "무엇을 하든지 말에나 일에나 다 주 예수의 이름으로 하고." 항상 그리스도의 영광을 목표로 하라는 말입니다.

　본문이 제공하는 다섯 번째 의미는, 무엇을 하든지 여러분의 돕는 자이신 주 예수님의 힘으로 하라는 것입니다. 성령의 역사도 그리스도와 함께 합니다. 그러므로 하나님의 영은 신자의 능력입니다. "나를 떠나서는 너희가 아무것도 할 수 없음이라"(요 15:5)고 주님은 말씀하고, 우리는 이 말씀의 진리성을 서글픈 실패로 끝나고만 우리의 지혜롭지 못한 노력들을 통해 깨닫게 됩니다. 그러나 장차 우리는 이 말씀의 진리성을 실제 삶 속에서 확인하게 될 것입니다. 그러므로 우리는 위에서 오는 힘을 구하지 않고는 어떤 일이든 시작하지 맙시다. 우리는 마치 그렇게 하고 있다는 표시를 나타내려고 하는 듯이 너무나 자주 그리스도인의 활동을 쉽게 시작합니다. 우리는 하나님께 마음을 준비시켜 달라고 구하지 않고 무작정 기도를 시작합니다. 찬송할 때도 마찬가지입니다. 성령께 우리의 찬양을 불타오르게 해달라고 전혀 구하지 않고 찬송합니다. 아! 성도 여러분, 우리가 얼마나 흔히 그렇게 합니까? 그리고 우리 가운데 어떤 이들은 슬프게도 때때로 설교가 마치 성령이 우리를 통해 행하시는 사역이 아니라 전적으로 우리의 사역인

것처럼 설교하고 있다는 사실을 고백해야 하는 것이 저는 두렵습니다. 설교를 듣는 자로서 여러분은 설교를 듣는 것이 자신의 영혼에 유익이 되게 하기 위해 먼저 하나님을 기다리고 있는 대신에, 단순히 듣고만 있으면 유익이 될 것이라고 생각하거나, 아무개 설교자의 설교가 자신에게 확실히 은혜가 될 것이라는 생각을 갖고 그의 설교만 너무 자주 듣지 않습니까? 그러지 말고 모든 것을 주님의 능력으로 하십시오. 그러면 이루어지는 모든 것이 얼마나 다르게 나타나겠습니까! 항상 수고할 때 여러분의 힘은 오직 주님에게서 온다는 사실을 명심하십시오.

그리고 자신은 경험 많은 그리스도인으로서 일에 숙달되어 있어서 경험 없는 그리스도인에게 필요한 신적 도움을 위한 기도가 필요 없다고 생각하는 것도 금물입니다. 여러분이 오랜 세월에 걸쳐 사역을 잘 감당해왔고, 따라서 지금도 새로운 능력이 없어도 잘할 수 있다고 생각해서는 안 됩니다. 그렇게 되면 우리는 타성에 젖고, 자동인형 종교인으로 전락하고, 형식주의자와 위선자가 되고 말 것입니다. 이것이 하나님의 능력과 경건의 생명력이 교회들 속에서 거의 사라지게 된 이유입니다. 만일 우리가 지속적으로 약해지고 있고, 그 결과 지극히 높으신 이에게서 새로운 힘을 필요로 하고 있다는 것을 날마다 의식하지 않는다면 은혜는 곧 고갈되고 말 것입니다. "나의 모든 근원이 네게(주님께) 있다"(시 87:7)는 말씀을 마음 판에 새기고, 오늘부터 무엇을 하든지 말에나 일에나 다 주 예수의 이름으로 하십시오. 그러면 여러분의 모든 영적 힘이 그분에게서 올 것입니다.

본문이 제공하는 여섯 번째 의미는, 우리는 그분이 우리의 삶의 핵심 요소가 되어야 하기 때문에 무엇을 하든지 주 예수의 이름으로 해야 한다는 것입니다. 현대 그리스인들은 정신적으로는 결함이 있을 수 있다고 해도 육체적으로는 결함이 없다고 말해집니다. 왜냐하면 그리스 농부는 감독이 자리에 없고 다른 사람의 시선이 없더라도 절대로 예의 없는 태도를 보여주지 않기 때문입니다. 예의가 아예 몸에 배여 그리스인의 성격의 한 부분이 되어버렸습니다. 마찬가지로 주 예수 그리스도가 여러분의 자아 속에 융합되어 어떤 상황에서도 그리스도를 닮은 행동 외에 다른 행동은 할 수 없도록 하십시오. 주여, 우리를 이렇게 만들어 주소서! 항상 그리스도의 삶을 살도록 그리스도의 영이 충분히 스며들게 하는 것은 은혜로운 일입니다. 아메리카 대륙의 온갖 종류의 새들에 대하여 정확한 그림과 묘사를 제공한 저명한 조류학자, M. 오두본(Audubon)은 이 작업을 완수하는 것을 필생의 과업으로 삼았습니다. 이 일을 완수하기 위해 오두본은 초상화를 그리거나 다른 노동을 함으로써 생계를 꾸려야 했습니다. 오두본은 꽁꽁 얼어붙은 바다, 삼림, 등마무 숲, 정글, 대초원, 산, 물이 불은 강, 더러운 습지 등을 찾아다녔습니다. 오두본은 각종 위험에 노출되었고 온갖 고초를 겪었습니다. 그렇지만 무엇을 하든지 미국 새들의 역사를 써내는 것, 이 한 가지 목적을 향해 길을 뚫고 나갔습니다. 한 숙녀의 초상화를 그리든, 카누를 젓든, 너구리를 사냥하든 또는 나무를 넘어뜨리든 오두본의 유일한 목적은 새에 대한 책을 쓰는 것이었습니다. 오두본은 스스로 이렇게 다짐했습니다. "나는 미국을 위해 완전한 조류 활동을 파악함으로써 자연주의자들 속에 내 이름을 새겨놓고 싶다." 이 결심이 오두본을 사로잡았고, 일생을 지배했습니다. 오두본은 이 목적에 전적으로 자신을 바쳤기 때문에 작업을 완수했습니다. 이것이 그리스도인이 그리스도를 자신의 삶의 핵심 요소로 삼는 방법입니다. 그리스도인이 하는 모든 일은 이 한 가지 일에 도움이 되어야 합니다. 곧 "기쁨으로 이 일을 마칠 수 있도록, 그리스도에 대한 나의 증언을 잘 할 수 있도록, 살든지 죽든지 하나님을 영화롭게 할 수 있도록" 도움이 되어야 합니다.

　　지금까지 무엇을 하든지 주 예수의 이름으로 해야 한다는 것이 무슨 뜻인지 살펴보았습니다. 이제 잠시 멈추고 본문이 신앙을 고백하는 많은 그리스도인들에게 혹독한 비판을 가하는 말씀임을 상기시키고자 합니다. 매우 많은 교인들이 그리스도의 이름으로 아무 일도 하지 않습니다. 그들은 성부와 성자와 성령의 이름으로 세례를 받은 이후로 그 이름으로 행한 다른 일이 아무것도 없었습니다. 아, 위선자들이여! 아, 위선자들이여! 하나님께서 여러분에게 자비를 베푸셨도다! 슬프게도, 매우 많은 다른 일들을 하지만 그리스도의 이름으로 하는 일은 극히 적도다! 한 목사에게서 받은 편지의 내용을 언급하자면, 그 목사님은 자기 교회의 3분의 1에 해당하는 교인들이 그리스도를 위하여 아무것도 하지 않고 있다고 생각한다고 말했는데, 이것은 결코 심하게 하는 말이 아니라고 저는 생각합니다. 저는 여러분에 대해서는 그 정도로 안타깝게 말할 수는 없습니다만 이 교회의 많은 힘이 주님을 위해 쓰임받지 못하고 있음을 크게 염려합니다. 대다수 다른 교회들보다 우리 교회가 더 많이 쓰임받고 있다고는 생각하지만 여전히 낭비되고 있는 힘이 상당히 많고, 사장되고 있는 달란트도 상당히 많으며, 그로 인해 예수님은 속고 계십니다. 한 미국 신문에서 노스캐롤라이나 소재 침례교회들에 대한 주목할 만한 기사를 보았습니다. 이 교회들에 대하여 정통한 한 사람이 이렇게 말했습니다. "다양한 단체에 보고된 교인들의 숫자는 10만여 명에 달한다. 세례받은 사람들도 10만 명이나 된다. 그러나 그들 가운데 7만 5천 명은 단지 '죽은 머리로 세례를 받은' 자들이다." 이 말은 미국에서 쓰는 말이지만 저는 우리가 이 말을 수입해서 쓸까 봐 두렵습니다. 왜냐하면 신앙을 고백하는 자들의 수와 "죽은 머리로 세례를 받은" 자들의 수가 똑같다는 것이 끔찍하게도 사실이기 때문입니다. 그들은 아무 쓸모가 없습니다. 일하지 않습니다. 아마 불평만 할 것입니다. 그리고 이것이 그들이 갖고 있는 유일한 삶의 표지일 것입니다. 그러나 그들은 그리스도를 위하여 자기들의 재산을 나누지도 않고 다른 달란트도 사용하지 않습니다. 만약 이런 사람이 여기 있다면 저는 본문이 여러분의 옆구리를 찌르는 가시가 되어 여러분에게 자극제로 작용하기를 기도합니다. 그리하여 여러분의 능력으로 무엇을 하든지 주 예수의 이름으로 하기를 바랍니다.

　　본문은 또한 일부 저명한 그리스도인의 이름으로 많은 일을 하는 그리스도인들을 책망합니다. 저는 지금 어느 특정 교파를 비난하는 것이 아닙니다만 진리가 그들을 비판한다면 그들이 진리의 소리를 듣기를 바랍니다. 조지 횟필드가 새로운 교파를 만들자는 제안을 거부하고, "내 이름은 사라지고 그리스도의 이름만 영원히 계속되기를 원한다"고 말한 것은 주님이 자기에게 하신 것 때문에 그렇게 한 것입니다. 바울이 여러분을 위해 십자가에 달려 죽은 것이 아니었습니다. 아볼로도 여러분을 위해 죽지 않았습니다. 그러므로 이들의 이름으로는 아무것도 하지 말고, 오직 그리스도의 이름만이 여러분 속에서 울려 퍼지게 하고, 여러분도 그리스도의 이름으로 알려지게 하십시오. 루터파가 있는 것에 대하여 루터는 비록 과격한 말이지만 다음과 같이 무척 좋은 말을 했습니다. "나는 무엇보다 먼저 내 이름이 감추어지기를 바라고, 그리스도파라는 이름 외에는 어느 것도 루터파란 이름으로 불리지 않기를 바란다. 루터가 누구인가? 나의 교리는 내 것이 아니라 그리스도의 것이다. 나는 어느 누구를 위해서도 십자가에 못 박혀 죽지 않았다. 나는 더럽고 역겨운 벌레 같은 존재인데 어떻게 내 이름으로 하나님의 아들들을 지칭하는 일이 벌어질 수 있겠는가? 이런 분파주의적인 이름은 없애라. 오직 우리의 교리의 유일한 원천이신 그리스도에게서 나온 이름으로 부르도록 하자." 모든 교회는 같은 영으로 지배될 때 온전할 것입니다. 교리의 차이를 가리키는 각각의 이름들은 그리스도가 다시 오실 때까지 존속하겠지만 사람의 이름을 사용하는 것은 금하는 것이 좋을 것입니다.

나아가 본문은 이름에 합당하게 살겠다고 고백하지만 그 이름을 욕되게 하는 사람들을 크게 책망합니다. 아메리카에 상륙했을 때 스페인 사람들은 너무 잔인하고, 황금에 대한 욕심이 너무 컸습니다. 인디언을 회심시키기 위해 선교사가 파송되었을 때 인디언들은 자기들이 배우고 있는 종교가 스페인 사람들의 종교인지 알아보기를 원했습니다. 왜냐하면 그들은 스페인 사람들의 종교와는 정반대되는 종교를 믿고 싶었기 때문입니다. 그리고 스페인 사람들이 가는 곳 외에 천국이 없다면 그들과 함께 천국에 가기보다는 차라리 지옥에 가는 게 더 낫다고 생각했습니다. 정말이지 어떤 신앙 고백자들의 삶은 기독교에 이와 똑같은 평판을 제공합니다. 사람들은 "이처럼 비열하고, 탐욕스럽고, 다투기 좋아하고, 포악하고, 오만한 사람들이 그리스도인이란 말입니까? 그렇다면 우리는 그리스도인보다는 이교도가 되겠습니다"라고 말합니다. 여러분에 대하여 말한다면, 경건을 가소롭게 흉내 내는 사람이 있습니다. 만일 여기에 그런 사람이 있다면 양심이 찔릴 것입니다. 여러분은 주님을 또 한 번 십자가에 못 박고, 공개적으로 모욕을 가한 것입니다. 만약 여러분이 현재 상태로 그냥 죽는다면 가해질 형벌이 얼마나 끔찍하겠습니까! 죄를 회개하고 진실한 고백을 하게 해달라고 하나님께 은혜를 구하십시오. 이렇게 하지 않을 것이라면 최소한 거짓 고백을 포기하고 어떻게든 정직해지십시오. 왜냐하면 그렇게 하지 않으면 여러분은 그저 여러분이 했던 고백과 여러분 자신을 더럽히는 것이 되고 말기 때문입니다. 확실히 말하면, 수많은 죄에 이 위선의 죄를 더 보탤 필요는 없습니다. 그렇게 한다고 얻는 유익이 무엇입니까? 아무것도 없습니다. 만약 여러분이 맘몬(돈)과 마귀를 섬겨야 한다면 그렇게 하십시오. 왜 굳이 직무유기죄를 범하면서 그리스도를 섬기는 척해야 합니까?

2. 거룩한 음악이 규정되어 있습니다.

첫 번째 요점에 대한 설명을 여기서 끝내고, 본문의 두 번째 요점 곧 거룩한 음악이 규정되어 있는 것에 대하여 살펴봅시다. "그를 힘입어 하나님 아버지께 감사하라."

나팔과 북 소리가 활력을 불어넣는 가락으로 자극할 때 군사들은 가장 힘차게 싸우러 행군합니다. 선원들은 밧줄을 당길 때마다 흥겨운 노래를 부름으로써 힘든 노동을 상쾌하게 합니다. 마찬가지로 그리스도인들이 일하는 법과 더불어 노래하는 법을 알 때, 그래서 거룩한 섬김에 거룩한 음악이 가미될 때 멋진 결과가 있습니다. 그리스도인에게 최고의 음악은 하나님에 대한 감사에 있습니다. 신자는 사람들에게 공통적인 모든 행위에 대하여 감사해야 합니다. 먹는 것, 마시는 것, 사회적인 모임, 상호 간의 조용한 대화 등 우리는 모든 일 속에서 하나님 아버지께 감사해야 합니다. 또한 소명에 따라 특별히 수고할 때에도 감사해야 합니다. 여러분의 직업과 소명이 무엇이든 간에, 바쁘게 일하는 동안에도, 큰 소리로 노래할 수는 없지만 마음으로는 얼마든지 노래할 수 있습니다. 여러분은 오르간 건반을 만드는 망치 소리와 함께 하나님에 대한 찬양을 울려 퍼지게 할 수 있습니다. 재봉틀 위에 얹혀 있는 여러분의 발은 거룩한 음률에 박자를 맞출 수 있습니다. 여러분은 채찍질을 하는 동안에도 시편의 운율에 맞추어 노래할 때와 똑같이 하나님을 찬양할 수 있습니다. 왜 그렇게 못하겠습니까? 마음이 올바르다면 여러분은 어떤 장소에 있거나 어떤 일을 하거나 간에 하늘까지 올라갈 수 있습니다. 직업이 무엇이든 간에, 영안을 사용하기만 한다면, 여러분은 얼마든지 거기서 하나님을 높이는데 도움이 될 특별한 요소를 찾아낼 수 있을 것입니다.

우리는 신앙을 행사할 때 특히 더 하나님을 찬양해야 합니다. 하나님의 백성들은 모일 때마다 거룩한 기쁨이 넘쳐나야 합니다. 어떤 사람들은 기뻐하는 것을 두려워하기 때문에 경건한 사람은 무조건 불행해야 한다는 망상을 갖고 수고하는 경향이 있습니다. 만약 우리가 바알 신을 숭배한다면 칼로 자신을 찌르는 것이 적합한 일이고, 우리가 크리슈나 신이나 칼레 신 숭배자들이라면 자해를 통한 고통이 허용될 수 있습니다. 또한 우리가 로마 교황을 섬긴다면 머리에 수건을 두르고 채찍질을 실천하는 것이 적절할 수 있습니다. 그러나 우리는 영원히 찬양받으실 하나님 곧 자신의 피조물을 행복하게 만드심으로써 기쁨을 누리시는 하나님을 경배하므로 거룩한 행복은 경배의 한 부분이고, 주 안에서 누리는 기쁨은 성령의 공인된 은혜 가운데 하나입니다. 성도 여러분, 하나님을 찬양할 때 우리는 행복해야 합니다. 저는 사람들이 가능하면 찬송할 때 행복한 말을 담고 있는 가사를 빼고 괴롭게 찬송하는 것을 보았습니다. 예를 들면, 시편 100편은 다음과 같이 되어 있습니다.

"온 땅이여 여호와께 찬송을 부를지어다
　　기쁨으로 여호와를 섬기며

　　　노래하면서"

그런데 그들은 어떻게 합니까? 본문을 다음과 같이 바꿉니다.

　　　"두려움으로 여호와를 섬기며"

그러나 제가 믿기로는 옛날 형식은 다음과 같습니다.

　　　"기쁨으로 여호와를 섬기며 노래하면서
　　　그의 앞에 나아갈지어다."

　일부 다른 사본이 "즐거운"이라는 말을 생략하지 않은 것이 놀랍습니다. 그런데 어떤 이들은 그곳에 다른 말을 집어넣습니다.

　　　"온 땅이여 여호와께 슬픈 찬송을 부를지어다."

　이렇게 이 시편은 경배의 요소를 얼마간 바꿔버릴 정도로 "개작될" 수 있습니다. 여기서 제가 말하는 의미는 "기쁨으로 여호와를 섬기며"라고 노래한다는 것이고, 기쁘고 즐거운 마음으로 나의 하나님을 찬양하라는 것입니다. 만일 여러분이 하나님의 자녀라면 아버지 앞에서 즐거워하십시오. 용서받았다면 여러분의 죄를 씻겨낸 자비에 대하여 즐거워하십시오. 비록 시험과 환난 속에 있더라도 여러분의 고난이 여러분의 선을 위해 합력하고 있으므로 즐거워하십시오. "주 안에서 항상 기뻐하라 내가 다시 말하노니 기뻐하라"(빌 4:4).
　본문은 하나님께 이와 같이 감사드릴 때 우리가 하나님과 어떤 관계 속에 있는지에 대하여 말해줍니다. "하나님 아버지께 감사하라"고 말할 때 본문은 하나님이 주 예수에 대해서 그런 것처럼 우리에 대해서도 똑같은 관계 속에 있다는 것을 말해줍니다. 하나님을 아버지로 믿는 믿음은 확실히 하나님의 자녀들을 행복하게 만들 것입니다. 특별히 감사의 대상이 아버지로 나타나 있는 것은 그만한 이유가 있습니다. 저는 그 이유가 아버지를 찬양하는 것을 쉽게 잊어먹기 때문이라고 생각합니다. 우리가 예수 그리스도를 사랑하는 것은 우리를 위해 죽으셨기 때문입니다. 성령도 우리 안에 내주하시기 때문에 잊지 않습니다. 그러나 하나님 아버지에 대한 통념적인 관념으로 인해 우리는 그분을 그리 존귀하게 여기지 않습니다. 하나님 아버지는 모든 공의의 원천으로 간주되고, 사랑의 원천으로는 거의 간주되지 않고 있지 않습니까? 그런데 영원한 목적 속에서 모든 일의 배후에 계시는 분은 성부 하나님이십니다. 아들을 죽음에 내놓으신 분도 성부 하나님이십니다. 그리스도의 의로 말미암아 우리를 의롭게 하시고, 우리를 자신의 가족의 일원으로 받아들이는 분도 성부 하나님이십니다. 하나님 아버지는 성령 및 성자와 똑같이 사랑받고 경배받으실 분입니다. 우리가 참으로 두려우신 분이었던 하나님께 이제는 예수 그리스도로 말미암아 자비를 받았기 때문에 감사의 기쁨을 갖고 아버지이신 하나님께 나아갑니다.

　　사랑하는 성도 여러분, 이 두 번째 교훈의 요점은 여러분은 마음을 자극하여 즐거운 영을 계발해야 한다는 것입니다. 그리하여 즐거운 영을 통해 감사의 말을 함으로써 친구와 이웃들에게 여러분에 대한 하나님의 인자하심을 증언하라는 것입니다. 그리하여 이 말들이 종종 노래로 승화되어야 한다는 것입니다. 그리하여 이 노래들이 불꽃 날개를 타고 있는 것처럼 온전한 영들이 밤낮으로 하나님을 찬양하는 하늘까지 올라가야 한다는 것입니다. 오, 구주를 사랑하는 성도 여러분, "찬양하는 자로 하나님을 영화롭게 하는" 일을 등한시하지 마십시오. 그렇게 하나님을 영화롭게 하십시오. 이 찬양 곧 이 즐거운 영이 다른 사람들을 구원으로 이끕니다. 여러분이 어떻게 감사하는지 주목하고 그들은 여러분의 구주와 여러분의 하나님에게 이끌리고, 아울러 "주의 기쁨이 여러분의 힘"이기 때문에 여러분 자신도 힘을 얻게 될 것입니다. 그리스도를 영화롭게 하려고 수고할 때 낙심과 불평은 여러분을 크게 방해할 것입니다. 그러나 내면에 감사의 원천을 두고 있는 것이야말로 영적 건강을 유지하는 최고의 비결 가운데 하나입니다. 따라서 이 두 교훈을 지키도록 하나님께서 여러분을 도와주시기를 바랍니다.

　　"일하며 찬양하라! 마음을 격려하라!
　　여러분을 가득 채우도록 기쁨을 마셔라!
　　온종일 그리스도를 섬기는 일에
　　수고한 자는 행복하다.
　　그들의 노래가 그들을 더 강하게 하고,

> 그들의 수고를 준비하게 하리니,
> 땅에 속하지 않은 그들의 기쁨을
> 슬픔도 해할 수 없으리라."

3. 거룩한 동기가 새겨져 있습니다.

세 번째 요점 곧 순종을 위해 우리 마음속에 새겨진 거룩한 동기에 대해서는 간략하게 말해 봅시다. 이 동기들은 네 가지입니다. 각각 따로 살펴봅시다.

그리스도 안에서 사랑하는 성도 여러분, 여러분이 갖고 있는 것은 모두 하나님 아버지에게서 그리스도로 말미암아 받은 것입니다. 여러분이 지옥에 있지 않은 것은 그리스도께서 오래 참으셨기 때문입니다. 여러분이 영적으로 살리심을 받은 것은 그리스도의 은혜로운 사역 때문입니다. 여러분이 죄 사함받은 것은 그리스도의 보배로운 피 때문입니다. 모든 것이 그리스도로 말미암은 것일진대, 여러분의 마음속에 감사 외에 무엇이 일어나겠습니까? 그러면 감사를 명하는 것이 무엇입니까? 이것은 이런 대가를 치르고 여러분을 사신 분에게 복종하는 것이 여러분의 당연한 섬김이라고 가르치지 않습니까? 그러나 아, 아무리 보답한다고 해도, 그리스도께서 우리를 위해 하신 것과 비교하면 얼마나 빈약합니까! 만약 여러분이 그리스도를 위해 몸을 불사르게 내어준다고 해도, 그분이 높고 높은 영광의 보좌에서 내려와 자기를 낮추고 십자가의 극도의 고난 속에 들어가 속죄 제물로 가장 고통스러운 죽음을 당하신 것과 비교하면 그분의 희생의 가치가 무한히 더 큽니다. 그러므로 그리스도에 대한 감사 때문에 무엇을 하든지 예수님을 위해 하도록 하십시오.

제가 오늘 변호하고 있는 지극히 사랑하시는 분의 존귀함에 대해서도 반성해 봅시다. "하나님 아버지께서 그리스도를 높이셨습니다." 여러분은 그리스도의 높아지심에 이의를 제기하겠습니까? 오히려 여러분은 그것을 즐거워하지 않습니까? 다음과 같은 노래가 정말 참된 노래가 아닙니까?

> "이전에 죽임을 당하신 분은 존귀하시니,
> 신음하며 죽으신 평강의 왕이시라.
> 전능하신 아버지 우편에 앉아
> 일어나고 살고 다스리시기에 합당하도다."

그런데도 여러분은 그리스도께서 존귀함을 받으실 만한 분이라는 것을 부인하겠습니까? 그리스도는 천사들의 면류관을 받고, 온전한 모든 자들의 찬송을 받으시기에 합당합니다. 그러므로 여러분은 그리스도께 여러분이 갖고 있는 최고의 것, 심지어는 여러분의 마음까지 드리지 않겠습니까? 저는 이 순간 여러분의 판단을 지배하고 있다고 믿고 있는 공의에 호소합니다. 예수 그리스도가 여러분의 삶의 유일한 목적이 되어야 하지 않겠습니까?

나아가 여기에 참석한 우리 가운데 많은 이들이 그리스도의 제자가 되겠다고 고백했습니다. 우리는 침례받을 때 그리스도와 함께 죽어 장사된 것을 잘 기억합니다. 우리는 자발적으로 나아와 그리스도의 본보기를 모방하고, 그리스도의 명령에 순종함으로써 그리스도의 이름 속에 우리 자신을 적셨습니다. 그 행위가 어떤 것을 상징한다면 그것은 곧 우리가 이후로는 세상에 대하여 죽고 그리스도와 함께 다시 살아났음을 고백했다는 것을 상징할 것입니다. 사랑하는 성도 여러분, 그러므로 그때 이루어진 고백으로 말미암아, 그때 누렸던 교제로 말미암아, 여러분이 무엇을 하든지 말에나 일에나 다 주 예수의 이름으로 하도록 기도합니다. 여러분의 명예에 대한 이 당부를 절대로 잊지 마십시오.

마지막으로, 이제 더 이상 여러분에게 당부할 필요가 없을 것 같습니다. 왜냐하면 지금은 여러분의 마음이 여러분에게 탄원하고 있기 때문입니다. 저는 여러분이 이름만 들어도 향유를 쏟아부을 것 같이 주님을 사랑한다는 것을 알고 있습니다. 또 여러분의 마음의 덩굴손이 그리스도의 십자가 둘레를 얼마나 칭칭 휘감고 있는지 잘 알고 있습니다. 여러분의 모든 사랑은 그리스도의 인격에 고정되어 있고, 여러분은 그분과 교제하며 걸을 때에만 행복합니다. 그리스도는 여러분의 영혼의 태양이고, 그분 없이는 살 수 없습니다. 그러므로 사랑이 지시하는 대로 행하십시오. 향유 옥합을 가지고 와 깨뜨려서 거룩한 나드 향을 주님의 머리에 부으십시오. 그리고 누가 "왜 그렇게 낭비하느냐?"고 물으면, 그분은 그만한 가치가 있다고, 그리고 그분에게서 큰 용서를 받았기 때문에 그분을 크게 사랑한다고 말해주십시오. 오늘 여러분의 창고에서 가장 좋은 술 곧 여러분이 석류로 담은 향기로운 술을 가져와 주님 앞에 두십시오. 그래서 예수님이 여러분과 함께 마시고 여러분은 예수님과 함께 마시기를 바랍니다. 다시 말하지만, 더 활력적으로 살면서 여러분 안에 있는 힘과 능력, 그리고 일곱째 하늘(칠층천)에서 빌려올 수 있는 모든 것을, 여러분을 사랑하고, 여러분을 위해 자신을 내놓

으신 주님께 몽땅 바치십시오. 예수님으로 말미암아 이 말씀과 함께 주님의 은
혜가 이 말씀을 듣거나 읽는 모든 사람에게 주어지기를 기도합니다. 아멘.

제
19
장

—

모든 것을 예수님을 위하여

—

"너희는 주 그리스도를 섬기느니라." — 골 3:24

복음은 거룩한 삶에 대한 지침을 제공할 뿐만 아니라 순종에 대한 이유도 제공하고, 아울러 순종할 능력이 어디에 있는지도 말해줍니다. 따라서 이 장 곧 골로새서 3장을 시작할 때 바울은 어떤 실제적인 권면을 주기 전에 먼저 우리의 위치와 권리를 상기시킵니다. 바울은 그리스도를 믿는 신자로서 우리가 누구이고 어떤 사람인지 상기시키고, 그리하여 그 신분에 따라 행하도록 명령합니다. 우리는 그리스도와 함께 살았고, 그러므로 우리의 관심은 땅의 것에 두어져서는 안 됩니다. 우리는 세상에 대하여 죽었고, 그러므로 죄 가운데 살아서는 안 되고, 또 살 수도 없습니다. 그리스도는 우리의 생명이고, 그러므로 우리는 그리스도의 본보기를 따라 행해야 합니다.

바울은 이 땅에서 신자들의 상태가 다양하다는 것을 익히 알고 있었고, 그러기에 각각의 상태에 따라 구별된 교훈을 제시했습니다. 어떤 이들은 상전이고, 다른 이들은 종입니다. 또 어떤 이들은 부모이고, 다른 이들은 자녀입니다. 경우마다 요구사항이 다릅니다. 그러나 바울은 각자에게 맞는 권면을 다르게 제공하지만 모두에 대하여 공통적인 동기를 제시했습니다. 바울은, 아내든 남편이든, 자녀든 부모든, 종이든 상전이든 막론하고 모든 신자에게 더 나은 다른 삶이 있는데, 이 삶은 참으로 바랄 만한 가치가 있고, 이 삶을 따라 살려면 우리의 모든 힘을 집중시켜야 한다는 사실을 상기시켰습니다. 바울은 이 고귀한 삶에 관심을 갖도록 골로새 교회 교인들에게 촉구했습니다. 왜냐하면 그들은 예수 그리스도의 인격 안에서 대표적으로 가장 높은 하늘로 올림을 받았고, 그들의 마음과 소원은 항상 그리스도와 함께 있어야 하기 때문입니다. 그래서 바울은 이곳 아래에서 하늘의 삶을 살고, 일시적인 시간에 속한 것들이 아니라 영속적인 영원에 속한 실재들을 따라 가는 발걸음이 되라고 명령했습니다. 그렇게 할 때 현재의 고난은 장차 임할 영광 속에서 망각되고, 오늘의 시련은 장래의 기쁨으로 상쇄되고도 남는다는 사실을 바울은 알고 있었습니다.

우리가 갖고 있는 흠정역 성경은 직설법으로 이 사실을 "너희는 주 그리스도를 섬기느니라"라고 진술합니다. 성도 여러분, 이것이 여러분 각자에게 사실입니까? 이 자리에 있는 얼마나 많은 사람들에게 진실로 "너희는 주 그리스도를 섬기느니라"고 말할 수 있을까요? 저는 이 말씀이 또한 정확하게 명령법으로 번역될 수 있다는 것도 알았습니다. 곧 "너희는 주 그리스도를 섬겨라." 이런 의미에서 이 명령은 실제로 주님을 섬기지 않는 상태에 있는 사람들에게도 주어질 수 있습니다. 어쨌든 우리는 이 두 의미를 다 취해야 합니다. 만약 우리가 주 그리스도를 섬기기를 원한다면, 추가적인 권면을 경청하고, 그분을 더 잘 섬깁시다. 하나님이 우리 속에서 이루신 섬김의 역사에 대하여 감사합시다. 그리고 우리 속에서 더 큰 역사를 이루어 주시기를 간절히 기도합시다. 그러나 여러분 가운데 누구든 예수님을 "선생과 주님"으로 부르는 거룩한 무리에 아직 속해 있지 않다면 어서 나아와 여러분의 전 자아를 그분께 복종시키십시오. 진실로 여러분이 예수님으로 말미암아 진노에서 구원받은 자라면 여러분에게 주어진 의무를 충실히 준수하고, 이 순간부터 "주 그리스도를 섬기는" 것을 여러분의 기쁨으로 삼도록 부탁드립니다.

제게는 이 본문이 제가 지금까지 설교한 본문 가운데 가장 큰 기쁨을 주는 한 본문입니다. "너희는 주 그리스도를 섬기느니라." 사탄의 노예가 그리스도의 종이 되다니, 얼마나 놀라운 변화입니까! 제가 주님을 위해 무엇이든 하도록 허락받다니, 얼마나 엄청난 기쁨입니까! 그리스도로 말미암아 복을 받는 것, 그리스도의 관대한 손으로부터 돈으로 살 수 없는 선물들을 받아 부요하게 되는 것, 이것이야말로 사랑입니다. 그러나 그 보답으로 감사의 표현을 할 기회를 허락받은 것은 모든 일 가운데 가장 즐거운 일입니다. 진실로 우리는 이런 겸손에 대하여 "당신의 관대하심이 저를 이렇게 위대하게 만들었습니다"라고 말할 수 있습니다. 주님이 거지였던 우리를 쓰레기 더미에서 들어 올려 왕자, 아니 심지어는 자기 백성들의 왕자로 삼으셨으니, 주님은 우리에게 무엇이든 받으실 자격이 있습니다. 카이사르의 보좌를 차지하는 것보다 비록 보잘것없는 능력이라도 그것으로 그리스도를 섬기는 것이 훨씬 더 영예롭습니다. 저는 지금 영예에 대하여 말하고 있고, 또한 예수님을 섬기는 일의 행복에 대하여 상세히 설명할 수 있습니다! 그것은 가장 순전한 즐거움입니다. 우리는 열심 있는 행위를 통해 예수님에 대한 애정을 표현하기를 열망합니다. 사랑은 표현을 갈망하고, 순종은 사랑의 입술이 아니겠습니까? 이런저런 실제적인 형태로, 곧 자비나 은사나 희생이나 인내나 진심어린 찬양과 같은 행위로 표현되지 않는 사랑은 가짜입니다. 사랑하는 성도 여러분, 예수님을 위해 무엇이든 행하는 것을 그 어떤 영예와도 비견할 수 없는 즐거움으로 삼읍시다. 이 섬김을 위해 무한한 야심을 품고, 어떤 희생을 치르더라도 우리의 왕에 대한 충성을 보여주겠다고 굳게 결심합시다. 예수님은 우리를 섬기기 위해 영광의 옷을 벗고 종의 옷을 걸치셨습니다. 우리를 위하여 대야와 수건을 준비하고 허리를 굽혀 제자들의 발을 씻기셨습니다. 우리를 위하여 죽기까지, 심지어는 십자가에 달려 죽기까지 순종하셨습니다. 그러므로 이제는 우리가 예수님이 당하신 모든 수모, 예수님이 겪으신 모든 수고, 예수님이 감당하신 모든 고뇌로 말미암아 그분을 섬기되, 오로지 그분만 영원토록 섬깁시다.

그리스도인의 섬김을 주제로 다루면서 세 가지 사실을 지적하고자 합니다. 첫째, 우리는 일상적인 삶의 행위를 통해 주 그리스도를 섬겨야 합니다. 둘째, 우리는 항상 신앙 행위로 불리는 일을 통해 주 그리스도를 섬겨야 합니다. 셋째, 우리는 여기서 더 나아가 주님에게 직접 충성하는 특별한 행위를 통해 주 그리스도를 섬겨야 합니다.

1. 일상적인 삶의 행위로 주님을 섬기십시오.

먼저 일상적인 삶의 행위로 "너희는 주 그리스도를 섬기느니라"는 사실에 대하여 살펴봅시다. 본문이 세상적인 관점에서 볼 때 가장 높은 자리에 있는 자가 아니라 가장 낮은 자리에 있는 자에게 주어졌다는 사실은 무척 시사적입니다. 바울은 한 가정을 방문하여 아내와 남편에게 한 마디씩 말씀을 전했고, 이어서 자녀와 아비에 대하여 권면과 경고를 전했습니다. 그리고 그 다음에는 상전에게 메시지를 전했습니다. 그러나 바울은 "너희는 주 그리스도를 섬기느니라"는 최고의 말씀을 상전이나 아내나 자녀에게 주지 않고 종들에게 주는 것으로 준비했습니다. 여기서 종들로 번역된 헬라어 단어는 "노예들"을 의미할 수 있습니다. 물론 그 의미가 노예들로 한정되는 것은 아니지만, 노예들이 주로 포함되고, 바울 시대에 기독교 교회 안에는 이런 노예들이 많았습니다. 곧 이들은 진실로 회심한 남자와 여자들로, 여전히 잔인한 로마법의 속박을 받고 있었습니다. 바울은 부엌, 지하실, 마당, 포도즙 짜는 통, 마구간 등에 들어가 거기서 일하고 있는 형제들에게 "너희는 주 그리스도를 섬기느니라"라고 말해줍니다. 바울은 경건한 신자로 알고 있는 문지기 노인의 귀에 대고 속삭입니다. 이때 그가 속삭이는 말은 비밀입니다. "형제여, 두려워하지 마라. 비록 종이지만 그대는 주 그리스도를 섬기느니라." 이 힘든 시대에, 곧 바울이 로마에서 골로새로 편지를 쓸 당시에 많은 노예가 가이사의 집을 몰래 빠져나와 은혜의 말씀을 들었고, 가난한 일꾼들이 바울에게 몰려들었으며, 그 결과 회심하게 되었습니다. 그들을 깊이 동정한 바울은 다른 많은 설교자들처럼 단순히 정직하고, 근면하고, 양심적이고, 순종적이 되라고 권면하는 것으로 그치지 않았습니다. 더 나아가 그들이 주 예수님을 섬겼고, 주 예수님에게서 상을 받을 것이라고 확신시킴으로써 기쁨으로 의무를 수행하도록 그들을 격려했습니다. 바울은 그들의 슬픔과 울분을 알고 있었고, 그러므로 그들에게 풍성한 위안과 자극을 주었던 것입니다. 바울은 그들에게 "그리스도의 종들처럼 마음으로 하나님의 뜻을 행하고 기쁜 마음으로 섬기기를 주께 하듯 하고 사람들에게 하듯 하지 말라"(엡 6:6-7)고 권면했습니다. 바울은 이 말을 특별히 다른 부류에게가 아니라 종들에게 전했습니다. 바울이 이렇게 한 것은 아내와 남편과 상전과 자녀는 그리스도를 섬기지 않아도 되고, 또 섬기지 않았다는 뜻이 아닙니다. 만약 받은 것이 거의 없는 종들이 그렇게 그리스도를 섬겼다면 책임과 기회가 훨씬 더 크고 많은 사람들은 얼마나 그리스도를 더 잘 섬겨야 하겠느냐는 것입니다. 만일 저의 가련한 종이 예수님을 섬긴다면 저는 얼마나 더 잘 섬겨야 하겠습니까? 무지하고 재산이 전혀 없는 종들이 그렇게 주님을 섬긴다면 열 달란트를 받은 사람들은 주님의 영광을 위해 얼마나 더 힘써야 하겠습니까?

　성도 여러분, 여러분도 아시다시피, 바울이 말한 대상은 교회의 설교자나 집사나 장로들이 아니었습니다. 또 관리나 유력인사들도 아니었습니다. 그들은 단순히 가사에 종사하는 종들이었습니다. 그러나 바울은 그들에게 "너희는 주 그리스도를 섬기느니라"고 말했습니다. 제가 말하고자 하는 것은 이 자리에 참석한 모든 사람에게 해당되지만 저는 이 사실이 자연스럽게 제시하는 사고의 흐름을 따라 설명할 것입니다.

낮은 자리에 있는 사람들은 자신을 그 자리에 둔 섭리의 역사에 묵묵히 순종함으로써 주 그리스도를 섬깁니다. 인류가 현재 상태로 존재하는 한 누군가는 섬기는 자리에 있어야 한다는 것을 누구나 알고 있습니다. 만약 종들이 전혀 없다면 사실상 우리가 모두 종이 되어야 한다는 것은 역설이지만 또한 진실입니다. 만일 각 사람이 스스로 모든 일을 수행할 의무를 갖고 있다면 특히 힘들고 싫은 일이 천 가지는 있을 것입니다. 그러나 지금 우리는 별로 힘들지 않게 그 일들을 처리할 능력을 가진 사람들을 통해 그 일을 하고 있습니다. 현재와 같은 상황에서는 가난한 자와 부자가 있고, 상전과 종이 있기 마련입니다. 어떤 사람이 "나는 나를 쳐서 하늘에 계신 아버지의 섭리에 복종하기 때문에 어떠한 형편에든지 나는 자족하기를 배웠다"고 말한다면, 그 사람은 마음으로 주 그리스도를 섬기고 있는 것입니다. 주님이 우리를 두신 자리에 서서 그 자리를 즐겁게 지킬 때 그 안에 순종의 본질이 들어 있습니다.

다음으로 우리는 직업에 종사할 때 섬김으로 또는 어떤 다른 삶의 형식으로, 성령의 은혜들을 행사한다면, 그것은 주님을 섬기는 것입니다. 범사에 믿을 만하고, 자기 상전의 시간이나 재산을 허비하지 않는 종은 상전이 눈에 보이지 않을 때 빈둥거리기 위해 상전의 발길을 살피지 않고, 자신이 받는 임금에 합당하게 양심적으로 업무를 잘 감당하고, 위치가 바뀌어 자신이 상전이 되었을 때 종에게서 받고 싶은 대접에 따라 상전을 대합니다. 신실함과 온화함과 침착함과 정직함과 근면함을 보여주는 이런 종은 일할 때에 마치 자신이 복음 전도자나 사도인 것처럼 주 그리스도를 섬깁니다. 그는 말로 설교하지 않지만 그의 생활이 강력한 설교입니다. 이것이야말로 신앙의 능력에 대한 살아 있는 증거, 곧 논리로 반박하거나 교활한 궤변으로 뒤집을 수 없는 논증입니다. 거룩한 생활은 목사가 들어갈 수 없는 곳에서 설교하는 것과 같습니다. 거룩한 생활은 육아실에서 세속적인 어머니에게, 가게에서 품위 없는 상인에게, 작업실에서 불경건한 고용자에게 설교합니다. 우리의 말이 들려지지 않는 곳에서 우리의 생활은 그럼에도 불구하고 이목을 집중시킵니다. 처음에는 복음이 종을 통해 로마의 귀족 가정들에게 크게 전파되었습니다. 귀족들은 복음을 받아들인 자신의 종이 다른 종들과 크게 다르다는 것을 알았고, 복음을 받아들인 종의 행동을 보고 종을 그토록 크게 변화시킨 이 새 종교가 무엇인지 물었습니다. 그때 그리스도인들은 진정한 그리스도인이었습니다. 그들은 주님을 자기들의 처음과 마지막 목표로 삼았고, 자기들의 전체 삶을 주님을 섬기는데 복종시켰으며, 그리하여 모든 곳에서 기독교의 힘을 보여주었습니다. 가장 가난하고 비천한 자들이 복음을 전파하는 거룩한 의무에서 자신을 제외시키는 것을 꿈에도 생각하지 않았습니다. 정말이지, 이 싸움에서 퇴각을 요구하는 자는 아무도 없었습니다. 가사를 담당하는 종들은 자기들이 속해 있는 가정에서 선교사가 되었고, 사도들이 들어갈 수 없는 집안에서 사도처럼 처신했습니다.

우리도 이런 자리에서 주님을 즐겁게 섬기는 것을 보여줌으로써 그리스도를 섬깁니다. 저는 이 점을 특별히 강조하는 바입니다. 많은 영혼들이 가난한 그리스도인들의 즐거워하는 모습을 보고 주 예수님에게 돌아왔습니다. 만약 한 이교도 상전이 그리스도인 종을 두었다면 그는 이 종이 힘든 노역과 형편없는 식사를 얼마나 만족하며 받아들이는지 알게 되고, 이 종의 얼굴이 즐거움으로 빛나는 것을 보게 되며, 심지어는 이 종이 기쁘게 노래하는 소리까지 듣게 될 것입니다. 그래서 이 상전은 당연히 그 즐거움의 이유가 무엇인지 알아보고 싶을 것입니다. 종들은 로마인 상전과 여주인의 운명을 슬퍼했습니다. 저는 방탕한 폼페이 도시에서 상전의 숙소를 지키는 문지기 노예가 기거하는 누추한 방을 보았습니다. 그러나 그 초라한 거처에서 시와 찬송과 신령한 노래가 흘러나왔고, 상전의 자녀들은 그 소리를 들었고, 여주인 또한 들었습니다. 그리하여 진리가 전파되었습니다. 그리스도인은 흥청망청하는 이교도의 축제에 참가하지 않았고, 상전의 온 가족이 원형극장에서 구경하기를 원했을 때에도 자신은 빠졌습니다. 그러나 그는 자기만의 확실한 즐거움과 영혼의 평안을 갖고 있었고, 집안에 환난과 고난이 있을 때 그는 진정한 위로자와 친구가 되어 주었습니다. 그가 병이 들자 보살펴주는 사람이 아무도 없었지만 결코 낙담하지 않았고, 죽음이 목전에 닥쳤을 때 그의 즐거움은 절정에 달했으며, 그의 영혼은 찬송을 부르며 떠나갔습니다. 이 종이야말로 주님을 가장 잘 섬긴 사람이었습니다. 저는 이 좋은 시대에 예수님의 이름이 존중받지 못하는 집안에서 이와 똑같이 가치 있는 섬김을 행하는 사람이 우리 교회 안에 많기를 바랍니다. 우리 또한 우리가 활동하는 영역에서 이와 똑같이 행해야 합니다. 우리가 누리는 거룩한 즐거움은 친구들을 예수님께 데리고 가는 초청장이 되어야 합니다. 종들이 주인을 섬길 때 불행한 모습을 보여준다면 우리는 주인을 믿도록 사람들을 이끌지 못합니다. 혼인 잔치에 조종(弔鐘) 소리를 울리는 것은 극히 불합리한 일입니다. 사람들을 구원의 은혜를 베푸는 연회에 사람들을 초대할 때 우리는 미소 띤 얼굴로 해야 합니다. 사랑하는 성도 여러분, 우리의 엄격한 성실함과 장엄한 삶의 목적에 그리스도인의 가장 자연스럽고 가장 매력적인 특징인 즐거움과 기쁨을 가미시킵시다.

일상적인 삶의 행위 속에서 주님을 섬기는 참된 길은 모든 일을 주님께 하듯이 행하는 것입니다. 그리고 이것은 행하는 것이 적법한 모든 일에 대하여 이루어질 수 있습니다. 하나님은, 어떤 이들이 그러는 것처럼, 우리가 세속적인 일과 종교적인 일을 칼같이 날카롭게 구분하는 것을 금하십니다. 이처럼 악한 시대에 거룩한 공간과 거룩한 날들을 따로 갖고 있어야 한다는 것은 어불성설입니다. 그렇게 되면 건물들 대부분이 불결하고 날들도 대부분이 불결하다는 고백 외에 무슨 고백이 있겠습니까? 천국에 대하여 말씀하는 것을 보면, "성 안에서 내가 성전을 보지 못하였으니"(계 21:22)라고 기록되어 있고, 거룩한 장소와 거룩한 물건에 대한 미신적인 관념을 단번에 일소시킬 때 우리는 비로소 천국의 상황에 가장 가까이 다가가 있는 것입니다. 하나님을 위해 사는 사람에게 세속적인 것은 아무것도 없고, 모든 것이 거룩합니다. 작업복을 입고 있어도, 그것이 그에게는 예복이 됩니다. 식사하기 위해 식탁에 앉아 있어도, 그것이 그에게는 성찬이 됩니다. 일하러 출근하면, 그는 거기서 제사장의 직무를 수행하게 됩니다. 그의 숨결은 향이고, 그의 삶은 제사입니다. 그는 하나님의 품 안에서 잠을 자고, 신적 임재 속에서 살고 활동합니다. 굳고 단단한 선을 그어놓고, "여기는 성결하고, 저기는 세속적이다"라고 말하는 것은, 제 생각으로는, 그리스도의 가르침과 복음의 정신과는 정반대입니다. 바울은 "내가 주 예수 안에서 알고 확신하노니 무엇이든지 스스로 속된 것이 없으되"(롬 14:14)라고 말했습니다. 베드로는 잡아먹는 것이 금지된 각종 들짐승과 네 발 달린 피조물이 담겨 하늘에서 보자기 같은 그릇이 내려오는 것을 보았습니다. 그것들이 부정한 것인 줄 알고 그가 잡아먹기를 거절했을 때 하늘에서 "하나님이 깨끗하게 하신 것을 네가 속되다고 하지 말라"(행 11:9)는 소리가 들려왔습니다. 성도 여러분, 주님은 이미 여러분의 집을 깨끗하게 하셨습니다. 또 여러분의 침상과 식탁과 가게도 깨끗하게 하셨습니다. 여러분의 말(馬)에 달린 종(鐘)도 주님이 거룩하게 만드셨습니다. 여러분이 일상적으로 사용하는 부엌의 접시와 냄비도 제단의 그릇처럼 만드셨습니다. 만약 여러분이 자신의 고귀한 부르심에 따라 존재하고 살고 있다는 것을 알고 있다면 말입니다. 자, 어부들이여, 요리사들이여, 보모들이여, 농부들이여, 주부들이여, 상인들이여, 선원들이여, 여러분이 일할 때 주님을 위해 마땅히 살아야 할 삶을 살아감으로써 주님을 섬긴다면 여러분의 일은 거룩합니다. 거룩한 것이 속된 것을 흡수했고, 온 하늘에 펼쳐져 있는 주의 성전이 여러분의 모든 집과 밭을 뒤덮고 있습니다.

성도 여러분, 이것이 삶을 고상하게 합니다. 이제는 속박 속에 있는 자들이 자유롭게 되어 사람이 아니라 하나님을 섬깁니다. 갤리선의 노예는 예수님을 위해 노를 당기고, 하인은 주님을 위해 수고합니다. 우리는 더 이상 우리의 운명의 고단함에 대하여 불평하지 않고, 가장 어두운 그늘 속에 있을 때에도 힘을 내 오히려 그 안에서 가장 즐거워합니다. 왜냐하면 우리는 예수님을 위해 모든 것을 감수하고, 우리가 짊어지는 짐은 예수님의 십자가로, 그분이 친히 우리 어깨 위에 올려주시는 것이기 때문입니다. 이것은 우리가 행하는 모든 것에 대하여 우리에게 상급을 보장합니다. 우리가 섬길 때 사람에게서 거의 감사를 받지 못한다고 해도, 그리고 수고의 삶을 살았는데도 노후에 대한 보장이 거의 되어 있지 않은 것을 알았을 때에도 우리는 불평하지 않을 것입니다. 왜냐하면 우리의 보상은 확실하고, 우리의 상급은 자신의 종들을 결코 잊지 않으시는 분의 손 안에 있기 때문입니다. 주 그리스도를 섬길 때 수고가 절대로 보상받지 못하는 경우는 없습니다. 심지어는 냉수 한 잔을 베푼 것까지도 주님은 기억하실 것입니다. 그리스도를 섬기는 사람은 마지막에 "잘하였도다. 착하고 충성된 종아"라는 말을 듣게 되고, 주님의 충만한 기쁨 속에 들어가 사람들의 아들들 속에서 잠시 보상 없이 살았던 삶을 완전히 잊게 될 것입니다.

성도 여러분, 이것으로 열심을 자극받기 바랍니다. 기왕에 여러분이 주 그리스도를 섬긴다면 잘 섬기도록 하십시오. 여러분이 여왕을 위해 일하게 되었다면 아마 최선을 다해 수고할 것입니다. 여왕이 명령으로 여러분을 영예롭게 한다면 여러분은 즐겁게 순종할 것입니다. 그렇다면 여러분을 위하여 피 흘리신 무한한 엄위의 주님의 부르심에 대해서는 얼마나 더 부지런히 순종해야 하겠습니까! 여러분 속에 다른 것은 절대로 일으킬 수 없는 성실함으로 여러분의 일상적인 업무를 수행하십시오. 기쁜 마음으로 주님을 섬기고, 무엇을 하든지 주님의 이름을 사랑하는 마음으로 하십시오.

저는 이것이 가장 중요한 제시 사항이라고 생각했고, 원하는 것만큼 충분히 말할 수는 없지만, 경건은 가정에서 가장 크게 빛난다는 사실과, 참된 신앙은 삶의 통상적인 삶의 의무를 실천할 때 회심하지 않은 사람들에게 가장 크게 주목받는다는 사실을 여러분 모두가 기억하기를 간절히 바랍니다. 그들은 기도회에서 우리가 얼마나 멋지게 기도하는지 관심을 두지 않습니다. 그들은 주일학교에서 여러분이 전하는 탁월한 강의에 별로 신경 쓰지 않습니다. 그러나 경건하고 건전하고 의롭게 사는 것, 다른 사람들을 행복하게 만드는 것, 기질이 온화한 것, 순종적이고 용서하는 것, 동료 인간들을 대할 때 철저하게 솔직하고 정직한 것, 이것이 세상이 판단하고 인정하는 것이고, 이런 것들을 여러분 속에서 볼 때 그들은 복음에 이끌리고, 예수님 안에 있는 그대로 진리를 훨씬 더 귀담아 듣게 될 것입니다.

2. 신앙적 행위로 주님을 섬기십시오.

성도 여러분, 부정확하지만 우리가 흔히 그렇게 부르는 것처럼, 우리는 종교적 행위로 불리는 것을 통해 주 그리스도를 섬겨야 합니다. 모든 신앙 고백자는 무엇이 됐든 주 그리스도를 위해 할 일이 있습니다. 우리 교회의 권징은 게으른 자를 무조건 교회에서 출교시키지는 않지만 저는 거의 그렇게 하기를 원합니다. 이런 법을 적용시키면 교인 숫자가 줄어드는 것이 염려되기는 하지만 실질적으로는 교회의 힘을 더 크게 만들 것입니다. 벌통 속의 수벌은 꿀을 만들어 내는데 있어서 거의 쓸모가 없습니다. 수벌은 온갖 다툼의 근원이지만 사실상 꿀벌 세계를 이롭게 하는 것은 하나도 없습니다. 하나님은 우리가 수벌이 되지 않도록 구원하십니다. 진실로 예수님의 피로 구속받은 사람은 누구나 무엇이든 할 일이 있고, 그 일을 해야 합니다. 저는 오늘 아침에 전체 교인을 찾아다니며 이렇게 묻고 싶습니다. "형제님, 당신은 주 그리스도를 섬기고 있습니까? 자매님, 그대도 그렇게 하고 있습니까?" 그러나 양심을 저의 대리인으로 삼고, 여러분의 양심이 이 질문을 묻게 하고, 이에 대해서는 여러분의 마음이 대답하도록 남겨두겠습니다. 성도 여러분, 여러분은 진정 그리스도를 섬기고 있습니까, 아니면 설교를 듣는 것은 좋아하고 찬송을 부르는 것은 좋아하지만 예수님을 위해서는 아무것도 하고 있지 않습니까? 성도 여러분, 각성합시다. 여러분의 달란트에 이익을 남기십시오. 주님은 "내가 돌아올 때까지 장사하라"고 말씀하셨습니다. 주님이 오셔서 여러분의 달란트가 땅 속에 묻혀 있고, 주님의 돈이 녹이 슬고, 여러분의 수건이 흙 속에서 썩는 상태로 발견되지 않도록 조심하십시오. 각자 자신의 능력에 따라 항상 그리스도를 섬기십시오.

그러나 우리가 생각하는 대로 우리는 그리스도를 섬기고 있다고 가정하고, 여기서 다른 질문을 제기해 보는 것이 좋습니다. 곧 "우리는 온 마음을 다해 그리스도를 섬기고 있는가?"라는 질문이 그것입니다. 그런데 여기서 여러분은 실수하기가 쉽습니다. 우리는 율법주의에 빠져 일할 수 있고, 그래서 그리스도를 섬기지 못할 수가 있습니다. 의심할 것 없이 많은 사람들이 공로를 쌓기 위해 또는 신적 복을 받을 만한 준비를 하기 위해 종교의 외적 규정을 준수합니다. 저는 어떤 사람들이 보여주는 열심과 열정에 놀라지 않습니다. 만약 자기들의 행함으로 천국에 가기를 이르기를 바란다면 그들은 정말 열심을 다하지 않으면 안 될 테니까요. 그 안에는 율법주의가 강력한 힘을 발휘하고 있습니다. 채찍질 때문에 노예는 박차를 가하고, 형벌에 대한 두려움 때문에 사람들은 더 열심히 수고합니다. 그러나 우리는 이런 속박에서 자유롭습니다. "너희가 법 아래에 있지 아니하고 은혜 아래에 있음이라"(롬 6:14). 그러므로 주의 손에서 좋은 것을 받아내려는 의도로 무엇을 하지 마십시오. 이것은 주님이 아니라 자기 자신을 섬기는 일이니까요. 여러분은 구원받았고, 그러므로 여러분의 구주를 감사해서 섬기십시오. 생명을 얻기 위해서가 아니라 이미 생명을 얻었기 때문에 수고하고, 생명을 주신 분의 영광을 위해 즐겁게 그 생명을 사용하십시오. 저는 어떤 이들이 자기들이 하는 일 속에서 그리스도를 섬기지 못하는 것이 염려됩니다. 왜냐하면 그들은 자기들의 삶의 자연스러운 과정의 한 부분으로 이 섬김을 행하기 때문입니다. 그들은 예배 장소에 가는 것이 당연한 일이기 때문에 갑니다. 그들의 위치상 그렇게 하는 것이 일반적으로 기대되기 때문에 그들은 주일학교에서 가르칩니다. 그들은 모든 일을 그런 식으로 합니다. 그들은 명단에서 친구의 이름을 보면 한 기니를 내놓아야 한다고 생각하고, 그래서 그렇게 합니다. 저는 그리스도를 위한 일을 일종의 몽유병 환자처럼 하나님을 영화롭게 하겠다는 생각이나 감정이나 의지가 전혀 없이 하는 경우가 상당히 많은 것이 두렵습니다. 성령께서 우리가 이처럼 단순한 기계적 행동에서 벗어나도록 그리고 주님의 뜻을 마음과 영혼 속에 심어주셔서 열렬한 일꾼이 되도록 역사하시기를 바랍니다.

또 저는 어떤 이들이 분파주의에 따라 그리스도를 섬기는 것이 두렵습니다. 그들은 섬기면서 자기들이 섬기는 대상이 그리스도라고 생각하지만 사실은 그들 자신의 교파나 자기들의 교회를 위해 섬깁니다. 그들은 다른 교파에 속한 그리스도인들이 하나님을 영화롭게 했다는 소식을 들으면 매우 당혹스러워합니다. 그들은 부흥이 일어나기를 바랍니다. 그러나 자기들이 속해 있는 교회의 울타리를 넘어가지 않는 선에서 부흥을 좋아합니다. 그들은 그리스도를 섬기는 것이 아니라 당파를 섬깁니다. 그들의 동정(공감)은 자기들이 속해 있는 교회의 특정 영역을 결코 넘어가지 않습니다. 그들은 하나님의 영광에 대한 열심 때문이 아니라 그들 자신의 의견이 관철되는 것을 보기 위한 경쟁심 때문에 활동합니다. 오, 성도 여러분, 그들이 여러분을 붙들고 있다면 그 유대를 끊으십시오. 우리는 전체 진리를 위해 열심을 내야 하고, 순전한 복음을 지키는 그리스도인들의 숫자를 늘리는데 전력해야 합니다. 그러나 순전한 신앙을 위한 우리의 열심이 결단코 편협한 신앙주의로 전락해서는 안 됩니다. 그리고 부분보다 전체 교회를, 그리고 무엇보다 최고로 그리스도를 사랑합시다.

아주 빈번하게 이기주의가 예수님의 자리를 찬탈하려고 파고듭니다. 우리의 열심을 분석해 보면, 그 속에 튀고 싶은 욕망, 중요한 사람으로 생각되기를 바라는 야심, 동료 인간들 속에서 두드러지고 싶은 욕심으로 판명되는 부분이 얼마나 많을지 궁금합니다. 저는 여기서 풀무를 설치할 수도 없고, 나 자신의 열심이나 여러분의 열심을 지금 당장 풀무불 속에 집어넣어 시험해 볼 수도 없지만, 다시 한 번 여러분의 양심을 저의 대리인으로 삼아 정직하게 여러분을 좌우하는 동기가 무엇인지 분석해 보고, 여러분이 얼마나 자기 자신을 섬기는지 그리고 얼마나 그리스도를 섬기는지 분명히 말해보기를 요구합니다.

우리가 가장 잘하고 있다고 생각할 때에도 반드시 그리스도를 섬기는 것이 아니라는 점을 저는 우려합니다. 왜냐하면 그럴 때에도 우리의 주요 목표가 동료 인간들을 즐겁게 하는데 있기 때문입니다. 부모는 우리가 교회에서 적극적으로 활동하기를 바라고, 그래서 우리는 부모의 뜻에 따라 그렇게 합니다. 친구들은 우리가 게으르면 좋아하지 않고, 그래서 우리는 열심을 냅니다. 우리는 위치상 기독교 사역의 어떤 분야에서 수고할 것이 기대되고, 그래서 우리는 그렇게 합니다. 성도 여러분, 우리는 여기서 더 나아가야 합니다. 학교에서 가르치든,

병자를 방문하든, 전도지를 나누어주든 또는 복음을 전하든 막론하고 우리가 하는 일은 오직 그리스도만을 위하여 해야 하고, 다른 모든 동기는 완전히 파괴해 버릴 핵심 동기는 바로 이것 곧 "우리는 주 그리스도를 섬기느니라"는 것이 되어야 합니다. 성도 여러분, 다른 사람들은 자기들의 모토에 따라 자기들이 할 일을 취하도록 놔둡시다. 그러나 여러분은 성령으로 말미암아 여러분의 깃발에 "우리는 주 그리스도를 섬기느니라"고 써넣기를 부탁드립니다. 만일 어떤 사람이 여러분에게 이 문학 동아리나 저 정당을 섬기거나 어떤 중대한 도덕적 개혁에 심혈을 기울여 달라고 요청한다면, 여러분의 대답은 "우리는 주 그리스도를 섬기느니라"가 되어야 합니다. 선하고, 좋은 평판을 갖고 있고, 인류의 유익을 위하는 일이라면 열심히 도우십시오. 그렇게 할 의무가 있습니다. 그러나 그럴 때에도 여전히 여러분의 힘을 완전히 몰아넣어야 하고 여러분을 철저히 사로잡고 있는 필생의 업무 곧 참된 사업은 "우리는 주 그리스도를 섬기느니라"에 있습니다. 그들은 이제부터 "와서 우리를 도우라"고 외치면서 우리에게 손짓합니다. 또는 다른 편에서 "와서 우리와 함께 일하자"고 외칩니다. 그러나 이때 우리의 대답은 다음과 같아야 합니다. "우리는 독립 단체입니다. 우리는 이미 가장 고귀한 목적에 헌신했습니다. 우리는 누구도 대적할 수 없는 대장에게 맹세했습니다. 여러분이 선을 행하면 여러분의 동지가 되겠지만 여러분 가운데 어느 한편이 되겠다고 약속할 수는 없습니다. 우리는 예수님을 섬기고 다른 자는 절대로 섬기지 않습니다. 우리 주 예수 그리스도의 십자가 외에 다른 것은 영화롭게 하지 말라고 하나님이 금하셨습니다." 하나님께서 항상 이렇게 할 수 있도록 우리를 도와주시기를!

3. 주님을 위해 직접 충성하는 특별한 행위로 주님을 섬기십시오.

이제 마지막 요점을 살펴보도록 하겠습니다. 저 개인적으로는 이 요점이 가장 흥미롭고, 여러분에게도 그럴 것이라고 확신합니다. 우리는 주님을 위해 직접 특별한 활동을 함으로써 주 그리스도를 섬겨야 합니다. 여러분은 이것을 어떻게 느끼는지 말할 수 없으나 저는 종종 개인적으로 주님 자신을 위해 뭔가를 할 수 있었으면 하는 간절한 마음을 갖습니다. 저는 하나님께서 저의 사역을 돕도록 보내주신 영혼들을 자주 만나는데, 그들은 저의 사역에 맡겨진 여러 가지 일들을 도와줌으로써 하나님에 대한 감사와 저에 대한 사랑을 표현합니다. 그래서 저는 그들에 대하여 깊이 감사합니다. 그러나 가끔 한 친구가 이렇게 말합니다. "자네의 사역에 즐겁게 참여할 거야. 하지만 개인적으로 자네에게 감사를 표하고 싶네. 자네를 위해 무엇을 할까?" 그런데 우리가 존중하는 자들에게 이것은 자연스러운 감정이고, 영적으로 우리의 신적 은인 곧 그리스도에 대해서도 우리는 비슷한 열망이 있습니다. 우리의 마음은 예수님을 위해, 곧 직접 예수님 자신을 위해 뭔가 하고 싶습니다. 예수님은 우리에게서 떠나셨습니다. 만약 옆에 계신다면 우리는 기꺼이 우리의 물질을 그분에게 바치고, 그분을 대접하고, 그분에게 방을 제공하고, 그분의 발을 씻겨드렸을 것입니다. 우리가 예수님에게 우리의 배와 나귀와 손님방 또는 우리가 소유하고 있는 것 가운데 무엇이든 빌려드리는 것은 얼마나 기쁩니까! 만약 예수님이 여기 계신다면, 우리는 그분에게 부족한 것이 무엇인가 살펴보고, 그것을 채우려고 애를 쓸 것입니다. 그러나 그분은 가셨습니다. 그러므로 우리가 개인적으로 그분을 섬길 기회가 봉쇄되고 있습니까? 저는 그렇다고 생각하지 않습니다. 이제 즐거운 마음으로 우리가 직접 그리고 특별히 그분을 위해 할 수 있는 일이 무엇인지 살펴보는 시간을 가집시다.

첫 번째로, 우리는 **주님을 경배해야** 합니다. 우리는 그분의 발 앞에 나와 절할 수 있고 그분을 우리의 주님과 우리의 하나님으로 예배할 수 있습니다. 우리는 하나님의 아들에 대한 경배 행위로 빈번하게 우리의 마음을 표시하는 것이 좋습니다. 저는 여기서 중요하기는 하지만 기도와 간구를 드리는 것을 말하는 것이 아닙니다. 예수님에 대한 경건한 명상과 묵상과 찬미와 감사와 예배를 말하는 것입니다. 우리가 성삼위 하나님 가운데 어느 한 위격에 대한 경배를 소홀히 하는 것은 심각한 죄였습니다. 그러나 예수님을 예배하는 것은 성부나 성령을 잊어버리게 할 염려가 없습니다. 여러분의 눈을 예수님의 인격에 고정시키고, 땅에서의 예수님의 사역을 조망하고, 예수님의 거룩한 생애와 속죄의 죽음을 성찰하십시오. 예수님의 크신 사랑, 죽음으로 보여주신 사랑, 살아 있는 사랑을 묵상하십시오. 무덤에서 감람산까지, 그 산마루에서 천국 문과 아버지 우편까지 예수님을 따라가 보십시오. 예수님의 보좌 앞에서 여러분의 경의를 표하고, 그분을 송축하고 찬양하고 경배하십시오. 우리는 우리의 눈에 말할 수 없이 자애로우신 예수님에 대한 우리의 사랑과 공경이 담긴 개인적인 특별한 감사 행위 없이 만족해서는 안 됩니다. 사실 이런 마음을 갖지 않으면 우리는 동료 인간들을 위해 아무것도 할 수 없습니다. 하지만 예수님은 우리에게 전체 인류보다 더 소중하고, 그러므로 우리가 영원히 복된 그분의 발 앞에 경배하며 무릎을 꿇을 때 그것은 그분이 마땅히 받으셔야 할 것입니다.

성도 여러분, 여러분이 예수님을 은밀하게 경배했다면 아울러 공개적인 자리에서도 똑같이 예수님을 찬양하고, 다른 사람들 앞에서도 그들의 유익과 그리스도의 영광을 위하여 예수님을 높여야 합니다. 저는 개인적으로 제가 가장 사랑하는 주님에 대하여 가장 좋은 말을 하는 설교를 가장 좋아한다고 고백하지 않을 수 없습니다. 만약 제가 여러분에게 권면하는 것보다 주님을 선포해야 한다면 저는 그것이 가장 즐겁습니다. 다른 할 일도 많습니다만 이것이야말로 가장 행복한 업무입니다. 저는 설교할 때 사람의 눈에 예수님을 사랑스럽게 보이게 만들고, 저에게 말씀을 듣는 사람들이 존경하는 마음으로 예수님을 영광스러운 높은 보좌에 올려놓을 때 가장 큰 보람을 느낍니다. 성도 여러분, 일상적인 대화를 나눌 때에도 이렇게 하십시오. 대화를 진행할 때 반드시 대화의 내용이 예수님을 향하도록 이끄십시오. 자주 예수님에 대한 이야기로 대화를 시작하고, 상대방에게 여러분이 그분을 영화롭게 한다는 사실을 알려주십시오. 예수님의 인격에 이처럼 특별히 헌신하는 행위가 여러분에게 충만하도록 기도합니다.

두 번째로, 우리는 주님을 위하여 기도해야 합니다. 무슨 뜻인지 이해하시겠습니까? 어떤 이들은 이해하지 못합니다. 시편 기자는 "그를 위하여 항상 기도하고"(시 72:15)라고 말합니다. 죄인들을 위해 그리고 성도들을 위해 기도하는 것은 매우 즐겁습니다. 그러나 예수 그리스도를 위해서는 더 특별한 기도가 있어야 합니다. 우리는 그리스도의 나라의 확장을 위하여 곧 예수님이 자신의 영혼의 산고(產苦)의 결실을 볼 수 있도록, 그리고 그분의 재림이 신속하게 이루어질 수 있도록 기도해야 합니다. 우리는 그리스도의 신격을 부인하는 사람들과 그리스도의 대리적 속죄에 대하여 치명적인 오류에 빠져 있는 사람들의 회심을 위해서도 기도해야 합니다. 우리는 신실한 자들의 마음속에서 예수님에 대한 사랑이 불타오르도록, 그리고 불순종하는 자들이 진리의 지식에 이르도록 열렬히 간구해야 합니다. 우리는 그리스도를 위하여 그리고 그리스도의 영광을 보기 위하여 이런 기도를 매우 자주 해야 합니다. 우리는 이런저런 기도 제목을 갖고 기도하지만 확실히 예수님이 우리의 간구의 큰 비중을 차지해야 합니다.

성도 여러분, 세 번째로, 우리는 주님과 많은 교제를 나누어야 합니다. 이 말에 어떤 사람은 "그것이 그리스도를 섬기는 일인가? 나는 그것을 그리스도를 누리는 것으로 본다!"고 말할 것입니다. 물론 맞습니다. 저도 그렇게 생각합니다. 하지만 여러분은 원한다면 얼마든지 그리스도와의 교제를 그분을 섬기는 일로 취할 수 있습니다. 왜냐하면 주님이 "사람이 나를 섬기려면 나를 따르라 나 있는 곳에 나를 섬기는 자도 거기 있으리니"(요 12:26)라고 말씀하기 때문입니다. 따라서 여러분이 그리스도를 섬긴다면 확실히 그분과 함께 있게 될 것입니다. 그분에게 가까이 있는 것이 참된 섬김의 중대한 본질 가운데 하나입니다. 그리스도께서 죽으시기 전에 "이를 행하여 나를 기념하라"(눅 22:19)고 당부하신 것을 기억하십시오. 그것이 무엇이었습니까? 그것은 바로 그리스도와의 친교의 외적 및 가시적 표시인 주의 만찬을 준수하는 것이었습니다. 만일 그리스도께서 외적 표시에 그토록 중요성을 부여하신다면 자신과의 내적 교제 행위에 대해서는 얼마나 더 큰 가치를 부여하시겠습니까! 사실 그분의 품에 머리를 기대는 것은 그분의 사랑에 대한 헌신을 의미하고, 그분을 섬기겠다는 뜻을 밝힌 것과 같습니다. 그리스도께서 입술로 입맞춤한 뺨은 그분이 최고의 공경을 표시하는 것으로, 그분의 최대의 호의를 받은 것을 의미합니다. 예수님에게서 멀리 떨어져 건지 마십시오. 그렇지 아니하면 여러분은 그분을 슬프게 만들 것입니다. 그리스도 안에 거하십시오. 그러면 여러분은 그분을 위해 열매를 맺을 것입니다.

예수님과 한 마디 대화도 없이 보내는 날이 절대로 없도록 합시다. 여러분은 그분의 배우자이니까요. 여러분은 남편의 사랑의 밀어가 없이 살 수 있겠습니까? 여러분은 그분의 살이자 뼈입니다. 그러므로 끊임없는 교제를 평생 동안 여러분의 참된 습관으로 삼으십시오. 성도 여러분, 주의 만찬은 예수님께 드리는 예배로, 무엇보다 예수님에게서 시작해서 예수님으로 끝나는 행위입니다. 주의 만찬을 통해 여러분은 예수님의 죽음을 기념하고, 예수님의 몸과 피를 먹고 마시는 것입니다. 여러분이 그리스도와 친교와 교제를 나누는 것은 다른 사람들에게 유익을 주고자 하는 것이 아니라 오직 그리스도에게 모든 것을 바치고자 하는 것입니다. 그러므로 그리스도를 위하여 주의 만찬에 참여해야 합니다. 여러분의 눈을 오직 그리스도에게만 고정시키십시오. 다른 사람들이 여러분이 예수님 안에서 누리는 환희와 즐거움에 대하여 어떻게 생각하든, 그들이 감정적이고 비현실적이라고 아무리 비판한다고 할지라도, 개의치 말고 그리스도를 위해 그렇게 하는 것으로 만족하십시오.

이제 여러분이 개인적으로 예수님을 섬길 수 있는 다른 방법들에 대하여 언급하겠습니다. 여러분은 하나님의 말씀을 공부하고 그 의미를 조명해 주시기를 성령께 간구하면서, 그리스도의 발 앞에 앉아 그리스도에 대하여 배움으로써 그렇게 할 수 있습니다. 마르다는 예수님을 위해 잔치를 준비했고, 우리 주님은 마르다를 말리지 않았습니다. 그러나 예수님은 자기 발 앞에 앉은 마리아를 더 좋게 여기셨습니다. 무리 중에서 한 여자가 그리스도에 대하여 이렇게 말했습니다. "당신을 밴 태와 당신을 먹인 젖이 복이 있나이다"(눅 11:27). 예수님의 어린 시절을 언급한 것은 이 세상에서 최고의 찬사에 해당되는 말이었지만 예수님은 이렇게 대답하셨습니다. "오히려 하나님의 말씀을 듣고 지키는 자가 복이 있느니라"(눅 11:28). 이 복을 여러분의 것으로 삼고, 예수님의 입술에서 직접 하나님의 말씀을 듣고, 매 구절을 소중히 여기고, 본질적인 정신에 도달하기 위해 힘쓰고, 죽이는 율법 조문에 사로잡히지 마십시오. 그러면 여러분은 개인적으로 주님을 섬기게 될 것입니다. 왜냐하면 선생으로서 예수님은 우리가 열심히 공부하는 학생일 때 가장 기뻐하시기 때문입니다. 이것은 주 그리스도를 기쁘게 하는 행복한 방법입니다.

성도 여러분, 또 여러분이 그리스도를 개인적으로 섬기려면 그분에게 순종해야 한다는 사실을 명심하십시오. 여러분은 "오, 나는 그것이 그리스도를 섬기는 최고의 방법이라고는 생각하지 않는다"고 말할 것입니다. 들어보십시오! "너희가 나를 사랑하면 나의 계명을 지키리라"(요 14:15). 예수님은 순종을 우리의 사랑의 특별한 보증과 증거로 정하셨습니다. 그러면 여러분은 이렇게 말할 것입니다. "나는 교회를 세우거나 목사나 선교사를 물질로 지원하고 싶다." 저는 여러분이 그렇게 할 수 있기를 바랍니다. 그러나 예수님은 그것을 사랑의 증거로 정하시지 않았고, 이렇게 말씀하셨습니다. "너희가 나를 사랑하면 나의 계명을 지키리라"(요 14:15). 그리스도에 대한 온전하고 경건하고 습관적인 순종은 우리가 우리 주님에게 표현할 수 있는 사랑의 최고의 증거입니다. 하나님께서 무한한 자비로 이런 사랑을 나타낼 수 있도록 우리를 도우시기를 바랍니다.

다음으로 우리는 그리스도를 위하여 기꺼이 비난을 감수함으로써 그리스도를 개인적으로 섬길 수 있게 됩니다. 여러분이 어떤 사람의 인격을 옹호하는 책임을 떠맡고, 그 사람에게 쏟아지는 비난을 여러분이 받게 될 정도로 기꺼이 몸을 던지게 되면 그 사람에 대한 사랑을 확실히 증명하는 것이 될 것입니다. 오, 성도 여러분, 만약 그들이 그리스도를 위한다고 여러분을 조롱한다면 그리스도 대신 조롱을 받는 것으로 여기고 크게 기뻐하며 박수를 치십시오. 만약 여러분의 선한 행실을 비방하거나 여러분의 인격을 중상하는 것을 기쁘게 받아들인다면, 그리고 "기뻐하고 즐거워하라 하늘에서 너희의 상이 큼이라 너희 전에 있던 선지자들도 이같이 박해하였느니라"(마 5:12)는 말씀의 의미를 알고 있다면, 여러분은 여러분이 사랑하는 주님을 개인적으로 섬긴 것입니다. 그러므로 앉아서 주님의 잔을 마시고, 주님이 받으실 세례를 받도록 허락받은 것에 대하여 감사하십시오.

나아가 여러분은 그리스도의 교회를 돌봄으로써 주님을 개인적으로 섬길 수 있습니다. 주님은 베드로를 용서하셨고, 베드로는 말할 것도 없이 자신의 사랑을 다시 증명하는 어떤 일을 하기를 원했습니다. 주님은 세 번에 걸쳐 "요한의 아들 시몬아 네가 나를 사랑하느냐?"(요 21:15, 16, 17)라고 물으심으로써 베드로를 약간 당혹스럽게 만들었습니다. 그리고 이 제자가 자신의 사랑을 변론했을 때, 주님은 그에게 "내 양을 치라," "내 어린 양을 먹이라"고 말씀하셨습니다. 그러므로 가서 어린 자들을 가르치고, 오래된 사람들을 훈계하십시오. 주님이 여러분에게 가르치신 것을 다른 사람들에게 가르쳐 주십시오. 그러면 여러분은 주님을 개인적으로 섬기게 될 것입니다. 주님은 여러분에게 그것을 그렇게 생각하도록 명하십니다. 왜냐하면 자기를 사랑하는 여러분에게 주님은 "내 양을 먹이라"고 말씀하시기 때문입니다.

여러분이 입술로 예수님을 섬길 수 없다면 예수님을 기쁘게 할 수 있는 또 다른 방식이 있습니다. 배고픈 자를 먹이고, 헐벗은 자를 입히며, 병든 자를 방문하고, 온갖 고통에 시달리는 자를 구제하십시오. 여러분은 "하지만 그것은 그리스도를 섬기는 방식이 아니다"라고 말하겠지요. 그러나 저는 이에 대하여 최고의 근거를 갖고 있습니다. 다음 말씀을 보십시오. "그 때에 임금이 그 오른편에 있는 자들에게 이르시되 내 아버지께 복 받을 자들이여 나아와 창세로부터 너희를 위하여 예비된 나라를 상속받으라 내가 주릴 때에 너희가 먹을 것을 주었고 목마를 때에 마시게 하였고 나그네 되었을 때에 영접하였고 헐벗었을 때에 옷을 입혔고 병들었을 때에 돌보았고 옥에 갇혔을 때에 와서 보았느니라 … 너희가 여기 내 형제 중에 지극히 작은 자 하나에게 한 것이 곧 내게 한 것이니라"(마 25:34-36, 40). 가난한 자에게 실제로 선물을 제공하는 것, 도움을 필요로 하는 자들에게 도움을 베푸는 것은 주 예수 그리스도에 대한 감사의 사랑을 표현하는 증거입니다. 예수님은 여기 계시지 않으나 그분의 가난한 성도는 그리스도의 가시적인 형상입니다. 부자보다 가난한 자에게서 우리는 그리스도의 모습을 더 많이 볼 수 있습니다. 가난한 자가 주님이 겪은 세부적인 조건과 상황을 더 많이 갖고 있습니다. 그러므로 여러분이 주님이 여기 계셨다면 그분에게 했을 것을 주님 자신의 지체들에게 하십시오.

그러나 가끔은 예수님을 위하여 특별히 사랑을 조금은 낭비하는 것도 괜찮다고 저는 생각합니다. 매우 값진 향유를 담은 옥합을 가진 한 여인은 매우 즐겁게 물질로 그리스도를 섬긴 거룩한 사람들의 대열에 동참했습니다. 예수님이 지친 몸으로 집안에 들어오셨다면 그녀는 기꺼이 예수님의 발을 씻겨 드렸을 것이고, 또는 예수님이 식사하실 때 시중들려고 식탁에 대기하고 있었을 것이라고 추호도 의심하지 않습니다. 그러나 이 모든 것으로도 그녀의 열렬한 사랑을 충족시키지 못했던 것입니다. 그래서 그녀는 무엇을 하든지 예수님을 위하여 특별한 일을 하고 싶었습니다. 그녀는 그 귀한 향유옥합을 보고 그것을 깨뜨리지 않을 수가 없었습니다. 왜냐하면 그녀는 주님께 자신이 날마다 제공할 수 없었던 특별한 것을 드리고 싶었기 때문이고, 그래서 사실 그녀는 평생에 단 한 번밖에 드릴 수 없는 것을 드렸던 것입니다. 성도 여러분, 예수님을 위하여 할 수 있는 특별한 것에 대하여 생각해 보십시오. 어떤 희생을 치러야 한다면 그렇게 하십시오. 예수님 때문에 고난을 참는 것은 행복한 일이니까요. 만일 그런 일로 비난받게 된 것을 생각하게 된다면, 신중하게 여러분이 정당화할 수 없었던 어떤 일을 생각해 보십시오. 주님을 위해 일하되, 이후로는 다른 사람들에게 상의하지 말고, 다른 사람들의 비난에 신경 쓰지도 말고 오직 주님을 위해 일하십시오. 따라서 그들이 그것을 폭로하더라도 화낼 필요가 없습니다. 왜냐하면 예수님이 "온 천하에 어디서든지 복음이 전파되는 곳에는 이 여자가 행한 일도 말하여 그를 기억하리라"(막 14:9)고 말씀하셨기 때문입니다. 그렇다고 예수님을 위한 자신의 수고를 자랑삼아 드러내지도 말고, 또 감추려고 굳이 애쓰지도 마십시오. 왜냐하면 그것을 알게 되면 다른 사람들도 선을 행하고 그 행위를 본받도록 이끌기 때문입니다. 그러나 오직 예수님을 위해서만 그렇게 하십시오.

저는 여러분이 어떻게 해야 하는지 가르쳐 줄 수는 없고, 제가 그렇게 하려고 한다면 그것은 주제넘은 짓이 되고 말 것입니다. 제삼자가 어떤 아내에게 개인적인 특별한 사랑의 표시로 남편에게 어떻게 해야 할지 일일이 가르쳐 준다면 어떻게 생각하겠습니까? 오, 안 됩니다. 이런 일은 다른 사람의 일에 지나치게 간섭하는 행위이고, 그런 일은 주님과 택함받은 자들 간의 비밀로, 외부에서 어떤 영향을 미칠 수 없는 개인적인 사랑의 동기들입니다. 여러분은 "나는 예수님을 찬양하기 위해 어떻게 해야 할까?"라고 묻겠습니까? 그렇게 하지 마십시오. 다만 여러분이 진정한 마음으로 드릴 준비가 최대한 되어 있다면 갖고 있는 것 가운데 최고의 것을 갖고 나아가십시오. 제가 갖고 있는 것과 나 자신을 나의 주이신 예수님께 드리고 싶기 때문에 저의 온 영혼은 종종 그렇게 하기를 갈망합니다. 주님에게서 받은 것 외에는 세상에서 단 한 가지도 갖고 있지 못한 사람이 여기 여러분 앞에 서 있습니다. 그분에게 빌린 것 외에는 한 푼도 없고, 사랑으로 옷이 입혀지고 오직 자비를 먹고 자란 그는 본래 극빈자였으나 지금은 백만장자보다 더 큰 부자입니다. 왜냐하면 그는 그리스도 예수 안에서 날마다 하나님의 은혜를 먹고 살기 때문입니다. 여기 여러분 앞에 최고의 주인의 가장 무가치한 종, 가장 자비로운 호주의 가난한 친척이 서 있습니다. 그런데 이런 형편 속에 있는 것이 행복합니다. 모든 것을 주님께 의존하는 다른 사람들이 여기 있습니까? 있다면 그들에게 "너희는 주 그리스도를 섬기느니라"고 말해줍시다. 또 그 말은 한평생 죽을 때까지 그들에게 말해야 합니다. 그들이 그것 이상 바랄 것이 무엇이 있을 수 있겠습니까? 나 자신으로 말하면, 저는 하나님의 은혜로 말미암아 저의 온 몸과 혼과 영을 저의 전부가 되고 제가 섬기는 주님께 온전히 바치기로 결심했습니다. 이 은혜가 여러분에게도 함께 하기를 기원합니다. 아멘.

데
살
로
니
가
전
서

제
1
장
—

복음에 수반된 능력

—

"이는 우리 복음이 너희에게 말로만 이른 것이 아니라
또한 능력과 성령과 큰 확신으로 된 것임이라
우리가 너희 가운데서 너희를 위하여 어떤 사람이 된 것은
너희가 아는 바와 같으니라." — 살전 1:5

바울은 여기서 기독교 사역을 성공적으로 감당하는데 있어서 절대 필수적인 두 가지 사실을 주장했습니다. 바울은 복음을 "우리 복음"으로 불렀는데, 이것은 보내심을 받은 예수 그리스도의 종에게 가장 본질적인 요소입니다. 여기서 직접 이름이 언급되고 있는 바울, 실라, 디모데는 자기들 자신에게 특별한 의미를 지닌 말씀을 선포합니다. 모든 참된 사역자는 이와 똑같이 할 수 있어야 합니다. 우리는 구원을 선포하기 전에 먼저 구원받아야 합니다. 시편 기자는 "(내가) 말할 때에도 나는 믿었도다"(시 116:10)라고 말합니다. 또 사도들도 "우리 또한 믿고, 그러기에 말한다"고 말합니다. 믿음이 없으면 신앙의 교사는 결코 존경받지 못하는 단순한 위선자에 불과합니다. 그러나 기독교 사역자는 자신이 주장하는 것의 진리성을 믿을 뿐만 아니라 그 진리를 직접 경험으로 누려야 합니다. 수고하는 농부는 자신이 먼저 열매를 거두어야 합니다. 에스겔은 두루마리에 기록된 예언을 사람들에게 전하기 전에 먼저 "인자야, 이 두루마리를 먹으라"는 음성을 들었습니다(겔 3:1). 에스겔은 그것을 입에 넣어 꿀처럼 단 맛을 보았을 뿐만 아니라 배에 넣고 창자를 채워 그것을 가장 깊은 자아와 섞어야 했습니다. 우리는

다른 사람들에게 전할 때 주님이 짊어지신 짐의 무게를 느껴야 하고, 그렇지 않으면 사도들과 같은 사역자가 되지 못하고, 오히려 짊어지기를 싫어해 무거운 짐을 다른 사람들의 어깨에 올려놓고 자기들은 손가락 하나 까딱하지 않는 위선적인 바리새인들의 후손이 되고 말 것입니다. 사도 바울은 매우 정당하게 복음을 자신의 복음으로 부를 수 있었습니다. 다메섹으로 가는 길에 바울은 복음의 강력한 능력을 특별히 체험했고, 이후로 종종 임하는 시련 속에서, 허다하게 겪는 어려움 속에서, 다양한 경험 속에서, 격렬한 시험 속에서 바울은 그 달콤한 맛을 보고, 그 힘을 접하고, 그 위로를 증명하고, 그 능력을 시험함으로써 성경의 각각의 진리를 자신의 진리로 삼았습니다.

젊은 사역자 여러분, 여러분의 참된 영혼 속에 진리가 기록되기 전에는 설교를 생각하지 마십시오. 그것은 항해의 기본 원리를 전혀 모르면서 대양을 횡당하기 위해 〈그레이트 이스턴〉 호를 조종하겠다고 생각하는 것과 같습니다. 복음이 여러분 자신의 복음이 아닌데도 불구하고 기독교 사역에 뛰어드는 것은 여러분 조국의 비준이 없이 대사로 세움받는 것으로 생각하는 것입니다. 아무리 옥스퍼드나 케임브리지 대학 또는 다른 어떤 대학에서 공부했다고 하더라도, 아무리 고전이나 수학 공부를 많이 했다손 치더라도, 여러분이 가장 먼저 필요로 하는 것 즉 예수 그리스도로 말미암아 구원받은 것에 대한 개인적 관심이 결여되어 있다면, 여러분은 결코 예수 그리스도의 사역자가 될 수 없습니다. 여러분의 이마에 나병의 흔적이 있는데, 도대체 어떻게 의사가 되겠다고 공언할 수 있겠습니까? 여러분 자신이 영적 생명을 갖고 있지 못하는데, 산 자와 죽은 자 사이에 서고자 할 수 있겠습니까? 옛날에 제사장들은 자기들의 온 몸이 성별되었음을 보여주기 위해 엄지손가락과 발가락과 귀에 피를 발랐습니다. 무엇보다 먼저 우리가, 깨끗하게 하고 소생하게 하고 정결하게 하고 성결하게 하는 주 예수 그리스도의 피의 능력을 알고 있지 않으면, 우리 가운데 하나님을 위해 하나님의 백성들 속에서 어떤 직분을 행할 수 있는 자는 아무도 없습니다. 고상하고 거룩한 복음 사역의 직분을 감당하겠다고 생각하기 전에 먼저 복음이 우리 복음이 되어야 합니다.

그러나 이것만으로는 충분치가 않습니다. 그리스도인 사역자는 바울을 본받고자 한다면 무엇보다 사람들 속에서 바울이 보여준 삶의 방식을 크게 주목해야 합니다. "우리가 너희 가운데서 너희를 위하여 어떤 사람이 된 것은 너희가 아는 바와 같으니라"고 스스럼없이 말할 수 있어야 합니다. 이타적인 모습이 우리의 주도적인 태도가 되어야 하고, 모든 일을 우리 교인들을 위해 행해야 합니다. 그렇게 함으로써 우리는 삶 속에서 우리의 이타적인 사역의 진실성을 보여주어야 합니다. 오, 하나님, 하나님의 종들이 모든 사람의 피를 깨끗하게 하고 자신의 사역을 충분히 증명하기 위해서는 얼마나 많은 은혜가 필요한지요! 우리는 움직이지 않고 한 곳에 고정되어 생명력 없는 정확성과 아무 감정 없는 냉정함을 갖고 길을 가리키는 도로 표지판처럼 서 있으라고 지정받은 것이 아닙니다. 많은 사람들이 이렇게 해왔고, 그렇게 길을 가리키는 동안 그들은 그 자리에서 한 치도 움직이지 않았습니다. 이런 사람들은 마지막 날에 끔찍한 심판을 받게 될 것입니다. 우리는 순례자들을 삶의 언덕 너머로 인도하라는 사명을 받았고, 우리 역시 그들과 발걸음을 같이하면서 우리 자신도 그 길을 가야 합니다. 모든 난관의 언덕을 기어오르고 모든 겸손의 계곡을 내려가면서, 순례자들에게 "우리가 그리스도 예수를 따르는 것처럼 여러분은 우리를 따르시오"라고 외쳐야 합니다. 우리는 "가시오!"라고 외치는 것이 아니라 "오시오!"라고 외쳐야 합니다. 우리는 우리 자신이 먼저 행하지 않고는 여러분에게 행하라고 명령하지 않습니다. 설교자가 "내가 행하는 대로 하지 말고 내가 말하는 대로 하십시오"라고 말할 수밖에 없는 것은 좋지 않습니다. 왜냐하면 나쁜 습관이 최고의 설교를 익사시키고 말 테니까요. 오! 거룩한 삶, 진지한 열심, 영혼 구원에 대한 열렬한 갈망, 간절하고 끈질긴 기도, 겸손과 신실함을 우리의 삶과 대화 속에서 잘 조화시킴으로써 복음이 우리 복음이 되어 "여러분을 위한" 기독교 사역이 충분히 적합한 사역이 되고, 우리에게 듣는 여러분으로 말미암아 우리가 주 예수 그리스도의 날에 무익한 자로 발견되지 않기를 바랍니다.

지금까지는 사역 자체에 대하여 많은 말을 했지만 본문은 주로 듣는 자들에 대하여 다루고 있고, 그러므로 본문이 여러분을 위한 말씀이라는 사실을 확인하게 됩니다. 우리는 본문을 두 가지 목적을 위해 사용하게 될 터인데, 하나는 분별을 하기 위해서이고, 다른 하나는 교훈을 얻기 위해서입니다.

1. 분별의 수단

본문은 또한 철저하게 마음을 살피는 **분별** 곧 우리가 스스로 택함받은 사실을 증명하거나 거듭나지 아니한 것을 확인하거나 하는 시험 방식을 매우 강하게 제시하고 있습니다.

복음은 듣는 모든 사람에게 임합니다. 우리나라에서, 특히 지속적으로 예배에 참석하는 여러분 속에서 복음은 여러분 모두에게 임합니다. 만약 제가 성경을 올바르게 이해하고 있다면 복음은 거듭난 자에게나 거듭나지 아니한 자에게 똑같이 임합니다. 그러나 복음은 어떤 사람들에게는 "사망으로부터 사망에 이르는 냄새"가 되고, 다른 사람들에게는 "생명으로부터 생명에 이르는 냄새"가 됩니다. 그러나 이 구분은 복음 속에 있는 것이 아니라 복음을 받아들이거나 거부하거나 하는 태도 속에 있습니다. 하나님의 작정을 수행하는데 큰 관심을 갖고 있는 우리 형제들 가운데 어떤 이는 하나님이 친히 이 일을 행하신다는 사실을 믿지 않고, 항상 죄인들에게 전하는 복음과 다른 부류의 사람들에게 전하는 복음을 달리 제공함으로써 자신이 전하는 설교를 구분하는 경향이 있습니다. 그들은 옛날에 씨 뿌리는 자들과 전연 다릅니다. 옛날에 씨 뿌리는 자들은 씨를 뿌리러 밖에 나가 가시들과 돌밭과 길가에도 씨를 뿌렸습니다. 그러나 이런 형제들은 한층 깊은 지혜를 동원해 좋은 땅이 어딘지 찾아내려고 애를 씁니다. 그들은 단 한 장의 초대장이라도 아무 데나 던지지 않고 준비된 땅에만 던졌다고 주장할 것입니다. 그들은 너무나 지혜로워서 에스겔처럼 죽어 있던 골짜기 마른 뼈들에게는 복음을 전하지 못합니다. 그들은 복음의 메시지를 한 마디도 전하고 있지 않다가 뼈들 속에서 약간이라도 생명이 꿈틀대는 일이 있을 때 비로소 활동을 개시합니다. 그들은 대로와 울타리로 나아가 눈에 띄는 사람 모두에게 잔치에 나오라고 명령하는 것을 자신의 의무로 생각하지 않습니다. 오, 안 됩니다! 그들은 주님의 뜻을 따르기에는 너무나 정통적입니다. 그들은 먼저 잔치에 나아오도록 정해져 있는 사람이 누구인지 알아보고, 그런 다음에 그들을 초대하려고 합니다. 말하자면, 그들은 그렇게 할 필요가 전혀 없는 일을 한다는 것입니다. 그들은 믿음이 충분하지 않습니다. 곧 크신 주님의 명령에 복종하여 오직 믿음으로 마른 뼈에게 살아나라고 말하고, 손이 마른 사람에게 팔을 벌리라고 명하고, 중풍 병자에게 침상을 들고 걸어가라고 말할 만한 충분한 믿음을 갖고 있지 않습니다. 각양각색의 사람들에게 예수님을 선포하지 않고, 예수님께 나아오라고 초청하는 것을 제한하는 것은 큰 잘못이라고 저는 생각합니다.

저는 다윗이 사람들의 능력에 맞추어 권면하고 있다고 보지 않습니다. 다윗은 경건치 못한 사람들에게 명령합니다. "그런즉 군왕들아 너희는 지혜를 얻으며 세상의 재판관들아 너희는 교훈을 받을지어다 여호와를 경외함으로 섬기고 떨며 즐거워할지어다 그의 아들에게 입맞추라 그렇지 아니하면 진노하심으로 너희가 길에서 망하리니 그의 진노가 급하심이라"(시 2:10-12). 다윗은 그들이 너무 반역적이어서 하나님의 아들에게 입맞춤하지 않거나 입맞춤할 수 없을 것이라는 것을 이유로 자신의 명령을 철회하지 않았습니다. 아닙니다! 오히려 다윗은 그들이 할 수 있든 없든 간에 그렇게 하라고 말했습니다. 선지자들도 마찬가지였습니다. 선지자들은 담대하게 "너희는 스스로 씻으며 스스로 깨끗하게 하여 내 목전에서 너희 악한 행실을 버리며 행악을 그치고 선행을 배우라"(사 1:16-17)고 외칩니다. 선지자들 가운데 하나는 단호하게 "너희는 마음과 영을 새롭게 할지어다"(겔 18:31)라고 외칩니다. 그러나 저는 에스겔 선지자가 "구스인이 그의 피부를, 표범이 그의 반점을 변하게 할 수 있느냐?"(렘 13:23)고 두 가지 주목할 만한 질문을 통해 사람의 무력함을 가르친 다른 선지자(예레미야)의 의견에 철저히 동조했다는 사실을 의심하지 않습니다. 이 선지자들은 듣는 자들의 능력 수준에 따라 자기들이 전하는 것을 판단해야 한다고 생각하지 않았습니다. 대신 그들은 자기들이 전하는 말을 효력 있게 하는 것을 그들의 하나님 속에 거하는 능력에 따라 판단했습니다. 그렇게 하기로는 사도들도 선지자들과 마찬가지였습니다. 베드로는 성전 미문에 모인 무리에게 "그러므로 너희가 회개하고 돌이켜 너희 죄 없이 함을 받으라."(행 3:19)고 역설했습니다. 사도들은 그 복음 곧 산 자에게나 죽은 자에게나 똑같은 복음, 택함받은 자에게나 택함받지 못한 자에게나 똑같은 복음을 전했습니다. 여기서 차이점은 복음에 있는 것이 아니라 성령으로 말미암아 복음을 받아들이느냐 아니면 복음이 사람의 거부를 받은 상태에 있느냐 하는데 있습니다. 본문 속에서 제가 발견하는 사실은 동일한 복음이 모든 사람에게 임하는데, 복음이 마음속에서 어떻게 작용하느냐에 따라 차이가 생긴다는 것입니다.

1) 어떤 사람들에게 복음은 말로만 다가간다.

첫 번째로 어떤 사람들에게 복음은 단지 말로만 다가가는 것으로 나타납니다. 심지어는 여기에도 단계가 있습니다. 어떤 사람들에게는 복음이 이처럼 말로만 임하기 때문에 그들은 복음이 무엇인지 거의 모르고 있습니다. 여러분 가운데 어떤 이는 그것이 좋은 일이라는 이유로 예배에 참석하고, 그래서 한 시간 반 정도 자리에 앉아 고행의 시간을 갖다 자리를 뜹니다. 그렇게 할 때 여러분은 매우 적절한 행위를 했다고 느낄지 모르지만 설교가 어떤 내용이었는지 모르게 될 것입니다. 설교가 들려지기는 했지만 그렇게 들을 때 여러분은 사실상 듣지 못한 것입니다. 왜냐하면 여러분은 귀가 멀어 둔한 상태에 있기 때문입니다. 다메섹으로 가는 길에서 사울과 함께 있었던 사람들이 음성은 들었지만 음성을 발하는 사람의 모습은 보지 못한 것처럼 여러분도 신적 지성에 대하여 전혀 깨닫지 못합니다. 교회에 출석하는 대다수 사람들이, 요나단의 수하에 있던 아이가 영문도 모르고 화살을 주워온 것처럼 설교 내용이 무엇인지 전혀 모르고 있다고 저는 생각합니다. 아이의 달음질의 이유를 다윗은 잘 알고 있었으나 그 아이는 아무것도 알지 못하고 있었습니다. 실로 많은 사람들이 둔감하게 아무 생각 없이 잠에 빠져 미지의 하나님을 예배하는 자들에 불과합니다.

또 다른 사람들의 경우는 말씀이 좀 더 나은 의미를 갖고 임하지만 여전히 말로만 다가갑니다. 그들은 말씀을 받고, **말씀을 이론적으로** 이해하고, 특히 자기들의 구미에 맞게 전해지거나 자기들의 이성에 딱 맞아 떨어지면 말씀에 대하여 크게 기뻐하기도 할 것입니다. 그들은 말씀을 듣고 나서 확실히 잊어버리지 않습니다. 그들은 기억하고, 예화, 교리적 진리 등에 대하여 만족스러워 합니다. 그러나 여러분이 말하는 것은 그것이 전부입니다. 효능 있는 약이 아무 효능을 발휘하지 못하고 약사의 서랍 속에 방치되고 있는 것처럼 복음은 이런 사람들 속에서 효력을 일으키지 못하고 방치되고 있습니다. 복음은 장전되지 않은 대포가 덜거덕거리며 격납고 속으로 들어가는 것처럼 또는 한 통의 탄약이 탄약고 속에 굴러들어가듯이 그들에게 다가옵니다. 그 안에 하나님의 영의 불이 결여되어 있기 때문에 아무런 힘이 없는 것입니다. 설교자는 이런 사람들에게 설교할 때 허공을 내려치고 물을 휘갈기며, 바람을 쫓아다니고 구름을 끌어당기는 것과 같습니다. 그들은 듣기는 들으나 무감각한 쇳덩어리처럼 헛되이 듣습니다.

다른 사람들에게 복음은 이보다 더 나은 모습으로 다가가지만 말로만 들려진다는 점에서는 여전히 똑같습니다. 그들은 실제로 복음의 영향을 받습니다. 설교를 듣다 뺨으로 눈물이 흘러내립니다. 어떻게 앉아 있어야 할지 몸 둘 바를 몰라 합니다. 집에 돌아가면 기도해야겠다고 결심합니다. 삶을 고쳐야겠다고 생각합니다. 과거의 어리석은 행동과 현재의 위험들이 눈앞에 어른거려 어떻게든 경각심을 갖습니다. 그러나 아침구름이 금방 흩어지고 새벽이슬이 순식간에 사라지는 것처럼 그들에게 일어난 이 좋은 일들도 금방 사라집니다. 그들은 자신의 본래 모습을 말씀의 거울에 비추어보지만 그 자리를 벗어나면 자기들이 어떤 모습이었는지 잊어버립니다. 왜냐하면 느껴진 감정이 진리의 영과 생명에 의해서가 아니라 단순한 말에 의해서 일어난 것이기 때문입니다.

그러나 성도 여러분, 사람들이 많은 예배 자리에서보다 극장에서 훨씬 더 많이 웁니다. 그러므로 단순히 설교를 듣고 우는 것은 거기서 유익한 결과를 얻었다는 표지가 아닙니다. 우리 교인 가운데 어떤 이는 시체를 발굴하는데 매우 유능하고, 그래서 여러분에게 여러분의 부모의 유골을 찾아주거나 사별한 자녀들을 생각나게 하기도 합니다. 아마 그들은 이런 식으로 여러분의 감정에 영향을 미쳐 여러분이 좀 더 고양된 감정을 갖도록 하는 도구가 되어줄 것입니다. 그러나 저는 그렇게 생각하지 않습니다. 예배의 자리에서 사람들의 눈에서 흘러내린 성스러운 물이 아무리 많더라도 가톨릭 성당의 문에서 흐르고 있는 성수 이상의 가치가 있다고 생각하지는 않습니다. 그것은 어쨌든 단순한 눈물에 불과하고, 마음의 참된 슬픔은 아닙니다. 웅변이 만들어낸 단순한 흥분은 목적을 달성하는데 이용하는 세상 사람들의 무기에 지나지 않습니다. 영적 목적을 위해서는 우리에게 그 이상의 것이 요구됩니다. 우리가 "사람의 방언과 천사의 말을 할지라도" 그리고 고대 희랍의 데모스테네스가 불러일으킨 것과 같은 큰 열정을 우리가 일으킨다고 할지라도, 만약 그것이 설교자의 감동적인 말과 세련된 태도의 결과에 불과하다면, 복음은 여러분에게 "말로만" 이른 것에 지나지 않을 것입니다. 육에서 난 것은 육이요, 그 이상도, 그 이하도 아닙니다.

여기서 저는 여러분은 현재 **말로만** 진리를 알고 있는 교인으로 이루어진 교회에서 사역하고 있는 것은 아닌지 매우 엄숙하게 묻고 싶습니다. 사람들 가운데 특별한 부류의 사람들이 있습니다. 이 부류에 속한 사람들 가운데 얼마는 오늘 아침 이 예배에 참석하고 있습니다. 그들은 설교를 듣는 자를 자처합니다. 여러분은 어느 주일에는 A 목사님의 설교를 들으러 가고, 다른 주일에는 B 목사님의 설교를 들으러 갑니다. 그때마다 여러분은 당분계(糖分計), 곧 각 설교의 당도의 양을 재는 도구를 갖고 가서 설교자의 설교 스타일과 내용을 잽니다. 여러분은 설교자가 실수를 얼마나 하는지 그리고 설교에 개선의 여지는 있는지 일일이 평가하고, 또 마치 중국산 고급 홍차와 저질 홍차를 맛보는 차 도매상인 것처럼, 또는 영국산 치즈와 미국의 치즈를 시험해 보는 치즈 장수인 것처럼, 그 설교자와 다른 설교자를 비교하거나 대조시킵니다. 이런 부류에 속한 사람들 가운데 어떤 이들은 일정한 거처도 없고 직업도 없이 떠도는 영적 방랑자와 똑같습니다. 이들은 이곳저곳을 돌아다니면서 이런저런 설교를 듣지만 어디서도 유익을 얻지 못합니다. 아무리 애를 써도 그들의 뇌리 속에 생각이 들어오지 못합니다.

여러분은 복음이 죽이는 문자와 다른 어떤 것으로 여러분에게 이를 것이라고 기대할 수 없습니다. 왜냐하면 여러분은 그것을 단순한 말로 들으러 가기 때문입니다. 여러분은 열매를 구하지 않습니다. 만약 잎을 본다면 여러분은 그것으로 충분히 만족합니다. 여러분은 복을 바라지 않습니다. 만약 바란다면 받을 수 있는데 말입니다. 하나님의 말씀과 하나님의 사역자들을 계속 비판하는데 시간을 허비하는 것은 당연히 가장 악하고 가장 어리석은 습관 가운데 하나입니다. 신앙 시인 조지 허버트는 "설교자를 판단하지 마십시오. 오히려 설교자가 당신의 판단자입니다"라고 올바르게 지적했습니다. 하나님의 사자의 말이 세련되게 선포되지 않는다 하더라도, 여러분이 그에 대하여 무슨 말을 할 수 있겠습니까? 만일 하나님이 하나님의 사자를 통해 말씀하신다면 하나님은 누가 자신을 위해 가장 말씀을 잘 전할지 알고 계십니다. 또 그의 주님이 그를 보내셨다면 여러분은 그를 냉대하지 않도록 조심하십시오. 여러분은 옛날에 다윗의 사자를 냉대하고, 그리하여 다윗으로 하여금 그들과 전쟁을 선포하게 만든 사람들처럼 행하지 마십시오.

2) 다른 사람들에게 복음은 세 가지 부수물과 함께 임한다.
본문에 따르면, 다른 사람들에게 복음이 세 가지 부수물과 함께 임합니다. 바울은 "능력"과 "성령"과 "큰 확신"에 대하여 말합니다. 저는 하나님의 말씀이 대부분의 사람들에게 이 세 가지를 동시에 갖고 임한다고 생각하지 않습니다. 하나님의 말씀은 많은 사람들에게 "능력"을 갖고 임합니다. 또 이보다 적은 사람들에게 "능력과 성령"을 갖고 임합니다. 그리고 특별히 선택받은 더 적은 사람들에게는 "성령과 큰 확신"을 동반합니다.

교리로 삼을 만큼 확신할 수 있을 정도는 아니라도 저는 이 본문의 의미를 알고 있는데, 그것은 복음에 의해 일어난 결과에는 세 단계가 있다는 것입니다. 어쨌든 우리가 복음이 일으키는 결과 가운데 때때로 구원하는 능력은 아니지만 "능력"이라고 부를 수 있는 것이 있다고 말하는 것이 잘못은 아닙니다. 사랑하는 성도 여러분, 여러분 가운데 많은 이들에게 우리 복음의 말씀은 여러분의 지성에 능력과 함께 임합니다. 여러분은 복음을 듣고, 숙고하고, 판단해 보고, 참되고 신적 권위에 속한 것으로 받아들였습니다. 여러분의 지성은 우리가 그리스도에 대한 교리로 선언한 다양한 진술들에 동조했습니다. 여러분은 다른 진리들은 절대로 그럴 수 없다고 느낍니다. 이 진리들은 여러분의 부패한 본성과 그 본성의 최대의 열망에 그대로 일치하고 부합하기 때문에 여러분은 어떤 사람들처럼 복음에 대하여 반대하지 않습니다. 여러분은 복음으로 말미암아 복음의 진정성과 권위를 확신하게 되었습니다. 아마 여러분은 "페일리의 신(神) 존재 증명"을 읽은 적도 없고, "버틀러의 유비론"을 공부한 적도 없겠지만 복음이 스스로 자체를 여러분에게 증언할 정도로 충분한 능력과 함께 여러분에게 임했고, 여러분의 지성은 기쁘게 복음이 하나님의 말씀이라는 것을 인정하고, 복음을 액면 그대로 받아들이고 있을 것입니다.

　그런데 복음은 그 이상의 역사를 일으켰습니다. 복음이 여러분 가운데 어떤 이들에게는 양심에 능력을 갖고 임했습니다. 복음이 여러분에게 죄를 납득시켰습니다. 여러분은 이제 여러분이 자기 의를 주장하는 것은 어리석은 짓이라는 것을 인정합니다. 여러분은 자기 의에 사로잡힐 수 있으나 여러분의 눈에는 그것이 분명히 보입니다. 여러분은 이제 이전처럼 아무 생각 없이 죄를 범하지 않습니다. 죄의 해악을 어느 정도 알고 있기 때문입니다. 나아가 여러분은 죄의 궁극적 결과에 대해서도 어느 정도 경각심을 갖고 있습니다. 복음은 여러분에게 죄의 삯이 사망이라는 것을 알려 주었습니다. 여러분은 영원히 불타는 곳에 거해서는 안 된다는 것도 알고 있습니다. 여러분의 마음은 다가올 진노에 대하여 생각할 때마다 편안하지 않습니다. 벨릭스처럼 여러분도 "임할 공의와 심판"을 생각하면 두려워 떨립니다. 여태까지는 여러분의 양심이 복음을 거부하고, "좀 더 편안한 마음을 가질 수 있도록 네 길로 가라"고 말했다손 치더라도, 이제 복음이 여러분의 양심에 능력을 갖고 임했습니다.

　이것만이 아닙니다. 복음은 여러분의 양심뿐만 아니라 여러분의 감정에도 효력을 미쳤습니다. 복음은 여러분의 욕구도 일깨웠습니다. 여러분은 때때로 "오, 나도 구원받았으면" 하고 말했습니다. 여러분은 지금 어쨌든 "나는 의인의 죽음을 죽기 원하며"(민 23:10)라고 말한 발람처럼 되었습니다. 여러분의 소망감은 크게 고조되었습니다. 영생을 소유할 수 있기를 바라고, 두려움은 완전히 사라진 것은 아닙니다. 여러분은 하나님의 말씀 아래 있을 때 두려워 떱니다. 영적 감정처럼 보이는 자연적 감정이 말씀을 들을 때 여러분 속에서 일어났습니다. 그러나 아직도 복음은 여러분 속에 성령과 함께 임한 것은 아닙니다. 이 모든 것 외에도, 복음은 여러분의 삶 속에 능력과 함께 임하기도 했습니다. 저는 여러분 가운데 어떤 이들을 불안한 즐거움을 갖고 바라볼 수 있습니다. 왜냐하면 저는 복음이 여러분을 아직 구원하지 않은 상태에서 여러분에게 참으로 많은 역사를 행했다는 것을 알고 있기 때문입니다.

그러나 슬프도다! 또 어떤 사람들에게 복음은 재갈과 굴레 역할을 하는데, 결국 그들은 복음을 피해 버리고 맙니다. 여기에도 개처럼 자기가 토해 놓은 곳을 다시 찾아가고, 씻긴 암퇘지처럼 시궁창에서 뒹구는 사람들이 있습니다. 우리는 한때 여러분에 대하여 희망을 가졌지만 이제는 거의 포기하지 않으면 안 됩니다. 어떤 사람들은 죄의 악함을 알고 있고 죄를 미워한다고 고백하면서 한동안 금주하다 다시 술 취함에 빠져 듭니다. 그들은 극복하기에는 욕망이 너무 강하고, 그래서 주님을 거역하는 많은 사람들이 빠져서 파멸당한 깊은 수렁 속에 다시 빠져들었습니다. 오, 하나님께서 무한한 자비를 베푸셔서 복음이 여러분의 영혼 속에서 이러한 통상적인 능력 이상의 역사를 행하시기를 바랍니다! 복음이 임할 때 능력은 말할 것도 없고 "성령"도 함께 동반하시기를!

여러분도 아시다시피, 우리는 점차 수준을 높여 상당한 높이까지 이르렀습니다. 그러나 이제 훨씬 더 높은 고귀한 위치에 이르렀고, 구원의 은혜에 대하여 말하고 있습니다. 지금 이 자리에 참석한 많은 사람들에게 데살로니가 교회 교인들에게처럼 "성령 안에서" 말씀이 임했습니다. 성도 여러분, 저는 성령께서 말씀을 통해 어떻게 역사하시는지 여러분에게 설명할 수 없습니다. 성령의 역사는 출생이나 바람 부는 것 같이 신비스러운 일로 비유됩니다. 성령의 역사는 큰 비밀이고, 그러므로 충분히 설명할 수 없습니다. 그러나 여러분 가운데 많은 이들이 성령의 역사를 경험으로 알고 있습니다. 성령은 무엇보다 먼저 위대하신 살려주시는 분으로 여러분에게 오셨습니다. 여러분은 성령께서 여러분을 어떻게 살리셨는지 모르지만 이것은 알고 있습니다. 곧 전에는 갖고 있지 못했던 것을 지금은 갖고 있다는 것을 말입니다. 지금까지 갖고 있었던 통상적인 삶의 불꽃과는 전연 다른 하늘의 불길의 활력적인 불꽃이 여러분 안에서 타오르고 있습니다. 여러분은 지금 이전에 알고 있었던 것과는 확실히 다른 감정, 다른 기쁨, 다른 슬픔을 갖고 있습니다. 왜냐하면 여러분이 죽이는 문자에 귀를 기울이고 있는 동안 하나님의 영이 그 문자와 함께 임하셨고, 그 살리시는 영이 여러분을 새롭고 더 고상하고 더 복된 생명을 갖고 살도록 하셨기 때문입니다.

여러분은 여러분 안에 생명과 죽지 아니할 것이 되시는 예수 그리스도를 갖고 있습니다. 여러분은 여러분의 마음속에서 시작된 천국을 소유하고 있습니다. 여러분은 사망에서 생명으로 옮겨졌고, 결코 정죄를 받지 않을 것입니다. 또한 여러분에게 하나님의 말씀은 살리신다는 의미에서 성령과 함께 임했습니다. 또한 하나님의 말씀은 성령의 조명의 능력과 함께 임했습니다. 하나님의 말씀이 성령의 조명의 역사를 통해 여러분의 죄를 여러분에게 밝히 드러냈습니다. 성령께서 여러분의 죄에 빛을 비추자 여러분은 여러분의 죄가 얼마나 새까만지 알게 되었습니다. 성도 여러분, 여러분은 자신이 이런 죄인으로 판명되리라는 것을 생각도 못했습니다. 성령의 조명을 통해 여러분의 영혼 속에서 물결치고 있는 크고 헤아릴 수 없는 부패의 심연이 드러날 때 여러분은 기절초풍했습니다. 여러분은 경고를 받고, 콧대가 꺾이고, 먼지 속에 나뒹굴었습니다. 아마 절망에 빠졌을 것입니다. 그런데 그때 성령의 동일한 조명으로 위로를 받게 되었습니다. 그때 성령께서 여러분에게 자신의 피의 무한한 능력으로 여러분의 무한한 죄를 제거하고, 여러분을 있는 그대로 기꺼이 받아주시며, 여러분의 처지와 여러분의 상황에 자신을 맞추시는 그리스도 예수를 보여주셨기 때문입니다. 그리고 여러분은 성령의 빛 속에서 예수님을 보는 순간, 그분을 바라보고, 빛을 받게 되며, 그때부터 여러분의 얼굴은 결코 수치를 당치 않게 되었습니다.

또 하나님의 영은 여러분에게 빛으로 오셔서 여러분의 어둠을 제거하고, 여러분에게 기쁨과 평강을 주셨습니다. 그 순간부터 여러분은 성령을 위로의 영으로 경험했습니다. 아무리 어두운 그늘 속에 있을지라도, 성령은 여러분의 영혼을 비추는 햇빛으로 솟아올랐습니다. 은혜의 파라클레테(보혜사) 곧 성령께서 여러분의 짐을 제거하셨습니다! 성령께서 그리스도와 그리스도께서 하신 일을 여러분이 기억할 수 있도록 하셨습니다. 성령께서 여러분에게 보배로운 약속들을 열어놓으셨습니다. 성령께서 껍질을 깨뜨려서 여러분이 은혜 언약의 특권의 핵심 속에 들어가도록 하셨습니다. 성령께서 뼈를 부러뜨려 여러분이 하나님의 깊은 것의 골수와 지방으로 만족하게 하셨습니다. 성령께서 비둘기 같은 날개로 여러분을 덮어주실 때마다 혼란에서 벗어나 질서를 회복했고, 혹독한 역경의 와

중에서도 편안한 위로를 느낍니다.

여러분은 또한 성령에게서 불타게 하는 에너지를 느꼈습니다. 여러분이 말씀을 들을 때 성령께서 불타게 하는 영으로 여러분에게 임하셨습니다. 그때 여러분의 죄는 죄에 대한 적대감을 느끼는 거룩한 복수심으로 말미암아 소멸되었습니다. 여러분은 그리스도에 대한 사랑이 다음과 같이 노래할 수 있을 정도로 매우 높은 위치까지 올라가게 되었습니다.

> "내게 천만 개의 혀가 있다면
> 절대로 잠잠하지 않으리라.
> 내게 천만 개의 심장이 있다면
> 모두 당신께 바치리라."

성령이 말씀을 복되게 하실 때, 여러분의 마음은 항상 향이 불타고 있는 제단과 같고, 지극히 높으신 이가 받으시기에 합당한 위로 올라가는 아름다운 향연이 될 것입니다.

사랑하는 성도 여러분, 여러분은 또한 말씀과 함께 임하신 성령을 즐거움의 영으로 느꼈을 것입니다. 오! 우리가 수시로 맛보던 축복이 아니었던가! 저는 자주 영이 침체에 빠집니다. 그러나 오! 성령께서 나에 대한 하나님의 영원한 선택, 그리스도 예수 안에서의 나의 위치, 사랑하시는 분 안에서의 나의 온전함과 용납됨, 영원하신 하나님의 신실하심으로 말미암은 나의 안전 등의 사실을 알려 주셨을 때 내 마음이 맛보았던 황홀함이여! 여러분은 영원한 사랑, 절대로 흔들리지 않는 신실하심, 결코 변함없는 애정, 놋 기둥처럼 굳건하고 영원한 산처럼 견고한 목적 등에 대하여 읽을 때 영혼 속에 얼마나 큰 기쁨이 흘러들어왔을까요! 그런데 사랑하는 성도 여러분, 오! 저는 우리가 장차 나타날 영광을 고대하면서 때때로 느껴왔던 기쁨이 얼마나 대단한 것인지 말하고 싶습니다. 우리는 광경 아래를 바라보지만, 모세가 바라볼 수 있었던 것보다 더 잘 보이는 느보 산의 기슭에서 이미 젖과 꿀이 흐르는 땅의 강물을 이미 마시고, 천상의 나무에서 잘 익은 과실들을 따먹고 있습니다. 그리스도 예수와 교제하는 동안 우리는 남아 있는 영광을 미리 최고로 맛봅니다. 따라서 이것은 "성령 안에서" 말씀을 받아들이는 데서 오는 것입니다. 사랑하는 성도 여러분, 저는 우리가 이것이 무엇을 의미하는지 알기를 원하고, 그것을 알지 못하는 여러분은 여기 있는 살아 있는 모든 영혼에게서 일어나 "주여, 성령께서 예수 그리스도에 대한 설교와 함께 임하게 하시고, 효과적으로 구원을 이루도록 하소서"라고 기도할 수 있게 되기를 바랍니다.

사랑하는 성도 여러분, 본문에서 가장 중요한 요점은 세 번째 부수물인 "큰 확신"입니다. 만약 제가 본문을 바로 이해하고 있다면, 이 말은 바로 이런 뜻입니다. 첫째, 그들이 복음의 진실성에 충분히 설복당해 복음에 대한 흔들리거나 맹목적인 의심이 전혀 없었다는 것입니다. 둘째, 그들이 자기들에게 전해진 진리의 유익에 최대한 충분한 확신을 가졌다는 것입니다. 그들은 구원받았습니다. 그러나 더 좋은 것은 그들이 자기들이 구원받았다는 사실을 알고 있었다는 것입니다. 그들은 깨끗해졌습니다. 그러나 더 좋은 것은 자기들이 그렇게 되었다는 사실을 알고 있었다는 것입니다. 그들은 그리스도 안에 있었습니다. 그러나 정말 더 즐거운 사실은 그들이 자기들의 순결함을 알고 있었다는 것입니다. 그들은 여러분 가운데 어떤 이들이 갖고 있는 것과 같은 의심이 전혀 없었습니다. 그들은 일말의 의혹을 갖고 있지 않았습니다. 말씀이 참으로 확실한 증거와 함께 임하여 모든 가나안 사람의 의심을 그들의 마음속에서 깨끗하게 씻어냈습니다. 주석가 매튜 풀(Matthew Poole)에 따르면, 여기서 사용된 헬라어 단어 속에는 항로에서 출렁거리는 파도에도 조금도 아랑곳하지 않고 전속력으로 항해하는 배의 관념이 들어 있습니다. 완전한 순풍이 불고 전속력으로 곧장 항구를 향해 돌진할 때 배는 밀어닥치는 물결에 조금도 흔들리지 않습니다. 정말이지, 배는 흔들릴 수 있지만 좌우로 치우치지 않습니다. 물결이 아무리 거셀지라도, 부는 바람이 물결의 반발을 이겨낼 정도로 충분히 강력하고, 그래서 배는 곧장 직진해 들어갑니다. 일부 그리스도인들도 이런 식으로 복음에 도달합니다. 그들은 복음이 참되다는 사실에 대하여 추호도 의심의 그림자가 없습니다. 그들은 복음 안에 있는 자기들의 유익에 대하여 의심의 기미가 전혀 없습니다. 그러므로 그들은 키를 잡고 계시는 하나님의 강하신 손을 통해 하늘의 바람을 따라 배가 곧장 앞을 향해 나아갈 때 하나님의 뜻을 행하고 하나님의 이름을 영화롭게 하는 것 외에 할 일이 아무것도 없습니다. 사랑하는 성도 여러분, 말씀이 임할 때 "능력" 및 "성령"과 함께 "큰 확신"이 동반되는 경우는 극히 소수의 사람들에게만 임하는 경우지만, 말씀이 여러분에게 이와 같이 임하기를 바랍니다!

3) 이것이 하나님의 택하심을 아는 방법이다.

이제 이것이 하나님의 택하심을 알려주는 방법이라는 사실을 살펴보고, 본문의 목적에 대한 첫 번째 고찰을 마치고자 합니다. 바울은 "하나님의 사랑하심을 받은 형제들아 너희를 택하심을 아노라"(4절)고 말합니다. 그런데 어떻게요? 그것을 추측으로는 알 수 없습니다. 여러분은 자신이 죄인인지를 깨닫고 있는지, 곧 자신이 감각 있는 죄인인지 아니면 감각 없는 죄인인지 질문해 보는 것으로도 알 수 없습니다. 또 복음을 들을 준비가 되어 있을 때 여러분에게 복음이 전해지기를 기다린다고 해서 알 수 있는 것도 아닙니다. 하지만 우리는 여러분이 어떤 상태에 있든 간에 여러분에게 복음을 전했습니다. 그리고 우리는 누가 택함받은 자인지 이것으로 알아냈습니다. 곧 하나님의 택하심받은 자는 복음이 전해져 "능력과 성령과 큰 확신으로" 다가갔을 때 그가 복음을 받은 것을 확인했습니다. 말씀의 복을 베푸시는 성령, 이것이 택하심에 대한 시금석입니다.

사랑하는 성도 여러분, 만약 성령이 여러분에게 말씀의 복을 베푸셨다면 여러분은 신적 작정에 대한 비밀스러운 책들의 책장을 넘겨볼 필요가 없습니다. 왜냐하면 여러분의 이름이 그 말씀 속에 있기 때문입니다. 여러분은 그것에 대하여 저의 말을 갖고 있는 것이 아니라 하나님의 말씀을 갖고 있습니다. 하나님께서 창세 전에 여러분을 영생으로 이끌기로 정하시지 아니하셨다면 여러분은 내주하시는 성령의 생명을 결코 느끼지 못할 것입니다. 그러나 여러분, 주목해 보십시오. 이어지는 문맥에 나오는 사실을 보면, 여러분은 자신이 택함받았다는 사실에 대하여 충분한 증거를 제시해야 한다는 것입니다. 그렇지 않다면 우리는 이렇게 말할 수 없고, 또 바울도 "하나님의 사랑하심을 받은 형제들아 너희를 택하심을 아노라"고 말할 수 없었을 것입니다. 이에 상응하는 결과가 없다면 우리는 말씀이 여러분에게 성령 안에서 그리고 큰 확신으로 임했는지 여부를 말할 수 없습니다. 이어지는 말씀을 귀 기울여 들어보십시오. "또 너희는 많은 환난 가운데서 성령의 기쁨으로 말씀을 받아 우리와 주를 본받은 자가 되었으니 그러므로 너희가 마게도냐와 아가야에 있는 모든 믿는 자의 본이 되었느니라 주의 말씀이 너희에게로부터 마게도냐와 아가야에만 들릴 뿐 아니라 하나님을 향하는 너희 믿음의 소문이 각처에 퍼졌으므로 우리는 아무 말도 할 것이 없노라 그들이 우리에 대하여 스스로 말하기를 우리가 어떻게 너희 가운데에 들어갔는지와 너희가 어떻게 우상을 버리고 하나님께로 돌아와서 살아 계시고 참되신 하나님을 섬기는지와 또 죽은 자들 가운데서 다시 살리신 그의 아들이 하늘로부터 강림하실 것을 너희가 어떻게 기다리는지를 말하니 이는 장래의 노하심에서 우리를 건지시는 예수시니라"(6-10절). 그래야 여러분은 사도의 본보기 곧 각처에 퍼진 소문난 믿음, 환난 속에서도 꺾이지 않는 기쁨, 역경에도 굴하지 않는 인내, 끔찍하게 소중히 여기던 우상을 포기하고, 그리스도에게 연합시키고, 깨어서 하나님을 기다리게 하는 회심을 본받게 됩니다. 따라서 이 모든 것은 말씀과 함께 임하신 성령에 대한 증거로 필수적입니다.

오, 사랑하는 성도 여러분, 저는 이 교회의 교인으로서 여러분이 회심했을 뿐만 아니라 확실히 회심해서 회심에 대하여 조금도 의심이 없기를 바랍니다. 저는 여러분이 그리스도인으로 그치는 것이 아니라 이처럼 열매를 맺는 그리스도인이 되어 "큰 확신"으로 말씀을 받았다는 것을 확실히 보여줄 수 있기를 바랍니다. 그렇게 할 때 여러분은 하나님의 택하심을 받은 자라는 것이 확실하게 드러날 것입니다. 주님께서 여기서 전하는 말씀이 쇠붙이와 재가 섞여 있는 더미 속에서 강력한 자석이 잿더미를 꿰뚫고 쇠붙이를 끌어당기는 것처럼 되게 하시기를 바랍니다. 그것이 바로 복음이 하는 일이기 때문입니다. 곧 복음은 보배로운 것과 무가치한 것을 분리시킵니다. 복음은 하나님의 택하심받은 자와 파멸 속에 남겨져 있는 자들을 분리시키는 하나님의 키입니다. 그리고 그것은 오직 복음을 받은 방식을 통해서 일어날 수 있고, "성령 안에서" 복음을 받은 자들의 택하심을 증명합니다. 이와 같이 복음은 분별의 수단입니다.

2. 실천적 교훈

이제 본문에서 실천적 교훈을 찾아보는데 잠시 인내할 시간을 냅시다.

본문의 실천적인 교훈에 따르면 복음을 전하는 것으로는 충분하지 않다는 것이 분명합니다. 그것보다 더 중요한 일은 영혼의 회심을 바라는 것입니다. 사랑하는 성도 여러분, 저는 여러분에게 복음 전파를 위해 부르심받은 젊은이들을 효과적으로 훈련시키는 일을 하는데 있어서 도와달라고 자주 부탁을 드렸고, 여러분은 기꺼이 저를 도와주었습니다. 그러나 하나님께서 자신을 위해 수고하는 수많은 종들을 파송하는 특권을 우리에게 베풀어 주셨지만 그들의 힘만으로는 단 한 건의 회심도 일어날 수 없다는 사실을 우리는 항상 유념해야 합니다. 우리는 날로 번창하는 이 도시에 새로운 예배당을 세우는데 최선을 다하기를 바라고, 새로운 예배당을 세우기 위한 머릿돌을 볼 때마다 저는 정말 행복합니다. 그러나 단순히 예배당이 세워지거나 그 안에서 예배가 드려진다는 단순한 사실만으로는 한 영혼도 그리스도 예수 안에서 즐거워할 수 없습니다. 우리는 성령의 능력을 소유하고 있어야 합니다.

따라서 여기에 정말 중요한 한 가지 문제가 있습니다. 이에 대한 실제적인 문제가 무엇입니까? 그것은 성령의 임하심에 대하여 하나님께 우리가 간절히 기도하는 것이 더욱더 절박하게 필요하다는 것입니다. 교회로서 우리는 우리 가운데 기도의 영을 소유하고 있습니다. 저는 여러분이 그 영을 절대로 상실하지 않기를 간절히 당부드립니다. 이곳에 모인 형제, 자매들 가운데 월요일 저녁에 열리는 대(大)기도회에 한 번도 결석하지 않은 사람들이 있고, 그들의 기도는 많은 역사를 일으켰습니다. 그러나 솔직히 말씀드리면 여기 모인 사람들 가운데에는 기도회에 참석하는 것을 좋아하지 않는 사람들도 있고, 또는 굳이 말한다면, 기도회에서 하나님의 역사를 기다리는 행복을 좋아하지 않는 사람들도 있습니다. 그런 여러분은 최고의 교인이 아닙니다. 만일 여러분이 정당한 사유 없이 참석하지 않는다면 최고의 교인이 될 수 없습니다. 저는 지금 제가 알고 있는 결석자에게만 이런 말을 하는 것이 아닙니다. 또 남편을 만나려고 외출한 여자들이나 직장에 출근한 남자들에게만 이런 말을 하는 것도 아닙니다. 이 자리에 없는 사람들만이 아니라 이 자리에 참석함으로써 무엇이든 손해는 없을 것이라고 생각하는 사람들에게도 이런 말을 하는 것입니다. 그리고 저는 기독교계 안의 다른 어떤 사람보다 이런 교인에 대하여 큰 불평을 하지 않는 사람이라는 것을 짚고 넘어가야 하겠습니다. 왜냐하면 저는 오늘 이렇게 모인 것처럼 주일 예배에 나온 것에 비례해서 월요일 기도회에도 충분히 참석했다는 것을 알아보았거나 들어본 적이 지금까지 한 번도 없기 때문입니다. 그러나 성도 여러분, 여러분 모두가 기도하는 자가 되기를 바랍니다. 저는 여러분 모두가 기도하는 모습을 보기를 원합니다! 오! 만약 우리가 월요일 저녁 기도회 자리가 가득 차는 모습을 볼 수 있다면, 얼마나 행복하겠습니까! 그런데 어떤 이유로 그렇게 될 수 없는지 모르겠습니다. 만일 여러분의 마음이 완전히 뜨거워진다면 이 집이 기도의 자리로 가득 채워질 것이라고 저는 확신합니다. 그리고 그때 우리가 받을 것으로 기대되는 복은 얼마나 크겠습니까!

그런데 우리는 이미 이 복을 받았기 때문에 지금은 더 채울 잔이 없습니다.

그러나 잔이 넘치기 시작했다면 더 넘쳐흐르게 합시다. 이렇게 넘쳐흐르는 것을 받을 수 있는 교회들이 이웃에는 많고, 그렇게 함으로써 그 교회들은 유익을 얻게 될 것입니다. 할 일이 늘어날수록 기도도 늘어나야 합니다. 저는 마르틴 루터가 다음과 같이 한 말을 좋아합니다. "오늘 내가 해야 할 일이 너무 많기 때문에 세 시간 이하의 기도로는 그 일을 제대로 해낼 수 없을 것이다." 그런데 대다수 사람들은 이렇게 말할 것입니다. "오늘 해야 할 일이 너무 많기 때문에 딱 3분 간만 기도해야겠다. 도저히 기도할 시간을 낼 수 없다." 그러나 루터는 해야 할 일이 많을수록 더 많이 기도해야 하고, 그렇지 않으면 그 일을 해낼 수 없을 것이라고 생각했습니다. 그것이야말로 참으로 복된 논리입니다. 이 논리를 이해할 수 있기를 바랍니다! "기도와 식사는 사람의 여정을 조금도 방해하지 않습니다." 만일 여러분이 기도하려고 멈춘다면 그것은 기수가 말굽의 편자를 단단히 고정시키기 위하여 편자공 앞에서 멈출 때처럼 일과를 전혀 방해하지 않습니다. 왜냐하면 기수가 편자공에게 들리지 않고 계속 길을 간다면 오래지 않아 훨씬 더 심각한 문제로 길 가는 것을 멈추지 않으면 안 되는 일이 벌어질 것이기 때문입니다.

우리는 본문에서 우리 자신이 차별적인 주권적인 은혜에 힘입고 있다는 사실을 배워야 합니다. 사랑하는 성도 여러분, 복음이 모든 사람에게 성령의 능력을 동반하여 임하는 것은 아니라는 점을 주목하십시오. 그런데도 복음이 성령의 능력을 동반하여 우리에게 임했다면 복음이 그렇게 우리에게 임하게 한 차별적인 은혜를 축하하고 찬양하는 것 외에 할 일이 무엇이 있겠습니까? 그리고 이 차별이 사람들 자신 속에 있는 것이 아니라 복음이 임하는 방식에 있다는 것을 주목하십시오. 이 차별은 심지어는 복음 속에 있는 것도 아니라 복음을 효력 있게 하는 동반된 성령 속에 있습니다. 사랑하는 성도 여러분, 만일 여러분이 능력을 동반한 말씀을 들었다면, 그것은 여러분이 그만한 준비가 되어 있었기 때문이나 여러분이 죄에 덜 치우치고 하나님께 친밀하게 더 나아갔기 때문이 아니었습니다. 여러분은 외인, 나그네, 외국인, 원수였습니다. 여러분은 다른 사람들이 이전에 그랬던 것처럼 그리고 지금 그러고 있는 것처럼 "허물과 죄로 죽었던" 존재였습니다. 교황주의자들이 뭐라고 그러든 간에, 여러분 속에는 그리스도의 은혜에 호응할 수 있는 은혜가 없었습니다. 교황주의자들은 인간 속에는 하나님의 은혜에 호응하는 어떤 것이 있기 때문에 구원의 은혜가 이 호응의 은혜를 갖고 있는 사람들에게 임하면 그들은 구원받게 된다고 말합니다. 저는 제 속에 있는 모든 것은 하나님과 호응하지 못하고, 하나님을 반대하는 것이 전부라는 것을 알고 있습니다. 어둠이 있었는데, 빛이 임했습니다. 죽음이 있었는데 생명이 들어왔습니다. 미움이 있었는데, 사랑이 미움을 몰아냈습니다. 사탄의 지배가 있었는데, 그리스도께서 그 반역자를 굴복시키셨습니다.

> "모든 영광이 하나님께 속하였나니,
> 모든 영광을 그의 거룩하신 이름에 돌려라.
> 그의 이름을 외치는 것이 너의 큰 기쁨이 되게 하고,
> 모든 노래로 하나님을 찬양하라."

우리가 본문에서 찾아볼 수 있는 세 번째 실천적 교훈은 곧 심지어 성령이 동반된 말씀을 받은 자들도 도달의 수준이 다르다는 것을 확인하게 된다는 것입니다. 우리는 가장 높은 수준을 추구해야 합니다. 여러분은 일반적으로 단순한 생활필수품으로는 만족하지 못하고, 편의품과 사치품도 소유하기를 원할 것입니다. 저는 여러분이 이것을 영적인 일에도 적용하기를 권면합니다. 단순히 구원받은 것으로, 단순히 영적으로 살아 있다는 것으로 만족하지 마십시오. 진리의 용사가 되기를 바라십시오. 저는 조국을 지키는 군인으로 부름을 받는다면 최고의 군사가 되는 것을 큰 영예로 생각할 것입니다. 그러나 항상 그 계급에 머물러 있는 것으로 만족해서는 안 된다고 고백하지 않을 수 없습니다. 저는 최소한 빠른 시일 내에 상병이 되기를 바라고, 가능한 한 빨리 하사관이 되기를 바랄 것입니다. 만약 장교들 가운데 진급을 할 수 없게 되었다면 크게 불평을 터뜨릴 것입니다. 어쨌든 저는 최선을 다하는 모습을 보여주고 싶어하고, 현재의 계급보다 더 높은 계급에서 조국을 위해 봉사할 수 있다면 어떻게든 가장 영향력 있는 계급에 오르고자 할 것입니다. 저는 이것이 그리스도인에게도 해당되어야 한다고 생각합니다. 그리스도인은 사람들 속에서 자신의 영예를 추구해서는 안 됩니다. 대신 더 큰 은혜를 받음으로써 할 수 있는 한 하나님을 더 잘 섬기고, 하나님의 이름을 더 영화롭게 해야 합니다. 그리스도인에게는 이것만큼 절박한 일은 없습니다. 아, 사랑하는 성도 여러분, 그런데 여러분이 가만히 앉아서 "이것으로 충분하다"고 말한다면 무슨 일을 하겠습니까? "안락과 감사"의 정책은 정치학에서는

크게 환영받지 못합니다. 종교에서도 이런 정책은 호응을 받지 못할 것입니다. 그러므로 앞으로! 전진! 위로! 전진! 독수리가 "더 높이"를 모토로 삼고, 처음에 높은 곳에 나는 것이 두려워 떠는 어린 날개가 강한 날개로 자라 태양과 동료가 되고 번개와 친구가 될 때까지 계속 위로, 위로, 위로 올라가는 것처럼 그리스도인도 그렇게 해야 합니다. 만약 그리스도인이 "달음박질하여도 곤비하지 아니하다"는 것을 배웠다면 "독수리가 날개 치며 올라감 같이 올라가는 것"을 추구해야 합니다. 동료 군사여, 앞으로 나아가라! 그대의 이름이 3등 안에 들 때까지 더 담대해지십시오.

본문에서 우리는 마지막 네 번째 실천적 교훈으로 특권이 어떻게 저주로 바뀔 수 있는지를 간접적으로 보게 됩니다. 그렇지 않습니까? 하나님의 말씀이 여러분 모두에게 임했습니다. 저는 여기 모인 사람들 가운데 그리스도 예수 안에 나타나 있는 하나님의 사랑에 대한 이야기를 들어보지 못한 사람은 하나도 없다고 생각합니다. 여러분은 인간은 타락하고 하나님을 거역했지만 하나님은 고난받으신 자신의 아들, 그리스도 예수를 속죄 제물로 보내셨고, 그분의 이름을 믿는 믿음으로 말미암아 "그를 믿는 자마다 멸망하지 않을 것"이라는 사실을 누누이 들었습니다. 또 하나님이 은혜로 기다리고 계시고, "그리스도를 찾는 자는 살고, 주님을 부르는 자는 구원을 받을 것"이라는 말도 들었습니다. 따라서 누가 어떤 말을 하건 여러분이 이런 사실에 대하여 들었다는 것을 전제로 하면, 복음이 "말로만" 여러분에게 임한다면, 하나님이 보실 때 그것은 여러분의 정죄를 증가시키는 일이 될 것이라고 경고하지 않을 수 없다고 느낍니다. 어떤 설교자들은 말씀은 누구에게든 "사망으로부터 사망에 이르는 냄새"가 아니라고 생각하지만 그것은 사실이 아닙니다. 그들의 논리가 무엇이든, 극단적 칼빈주의 신학이 뭐라고 말하든, 심판 날에 말씀을 들었지만 회개하지 않은 가버나움과 벳새다와 같은 도시들보다 두로와 시돈이 견디기 쉽다는 것이 하나님의 말씀입니다.

여러분은 기계가 아닙니다. 여러분은 단순히 반응하기만 하는 피조물이 아닙니다. 여러분은 수동적으로 움직일 뿐만 아니라 능동적으로 행동해야 합니다. 여러분의 귀에 들리는 좋은 모든 말씀은 여러분의 빚으로 기록되게 됩니다. 만약 선포된 예수 그리스도의 복음을 거부한다면 여러분은 이전보다 더 큰 불순종의 죄를 범하게 됩니다. 사도가 그 점을 어떻게 말하는지 명심하십시오. "믿지 아니하는 자에게는 건축자들이 버린 그 돌이 모퉁이의 머릿돌이 되고 또한 부딪치는 돌과 걸려 넘어지게 하는 바위가 되었다 하였느니라 그들이 말씀을 순종하지 아니하므로 넘어지나니 이는 그들을 이렇게 정하신 것이라"(벧전 2:7-8). 물론 순종할 의무가 없다면 불순종에 대한 책임도 없었을 것입니다. 법이 없으면 누구에게도 불순종은 없습니다. 그러므로 모든 죄인이 복음을 듣고 믿는 것은 의무이고, 만일 믿지 않는다면 이 같은 돌이 그 위에 떨어져 그를 박살을 내버릴 것입니다. 그러므로 하나님의 아들이 진노하지 않도록 그분과 입맞춤하십시오. 그분의 진노가 조금이라도 불이 붙으면 여러분은 그 길에서 멸망할 것입니다. 복을 베푸시는 구주가 동시에 진노하실 것입니다. 자기 백성들을 사랑하시는 그분이 자신을 거부하는 자들에게는 화를 내실 것입니다. 그분의 진노가 조금이라도 불타오른다면 그 대상들에게는 화가 미칠 것입니다! 구주를 의지하는 자는 누구나 복이 있으니, 우리가 그분 자신의 정하신 신적인 뜻에 따라 우리를 다르게 대하시는 그분의 은혜를 찬양하고 영광돌리는 복된 사람들 속에서 발견될 수 있기를 바랍니다. 하나님께서 예수 그리스도로 말미암아 이 교회를 축복하시기를 바랍니다. 아멘.

제
2
장

—

주의 말씀의 전파

—

"주의 말씀이 너희에게로부터 마게도냐와 아가야에만
들릴 뿐 아니라 하나님을 향하는 너희 믿음의 소문이
각처에 퍼졌으므로 우리는 아무 말도 할 것이 없노라."
— 살전 1:8

바울은 몸은 아팠으나 건강한 마음을 갖고 빌립보에서 데살로니가로 갔습니다. 바울은 주님을 위해 그곳에 머물기로 결심하고 데살로니가에 간 것입니다. 처음 세 번의 주일에 바울은 회당에서 유대인들에게 말씀을 전했지만 그들이 나사렛 예수를 메시야로 받아들이지 않기로 완강하게 결심한 것을 곧 알아챘습니다. 그리하여 바울은 데살로니가의 이방인에게 관심을 돌렸고, 그들에게 복음을 전하는데 놀라운 성공을 거두었습니다. 일부 고관을 포함하여 수많은 사람들이 우상을 버리고 살아 계신 하나님을 예배하게 되었고, 열광적인 사람들을 자기 주변에 모았습니다. 데살로니가에 머무르는 동안 바울은 거의 기진맥진했습니다. 왜냐하면 당시 몹시 궁색한 상태에 있는 것으로 보이는 사람들에게서 물질적인 도움을 받지 않기로 결심했기 때문입니다. 바울은 밤낮으로 천막 만드는 일을 했으나 그마저 수입은 충분하지 못했고, 빌립보 교회 교인들이 그를 돕기 위해 두 번 정도 돈을 보내주지 않았더라면 생계를 유지할 수 없을 정도였습니다. 따라서 사람들을 예수님께 인도하려는 간절한 마음을 갖고 있었던 바울은 기꺼이 그들에게 하나님의 복음만이 아니라 자신의 목숨까지도 바칠 마음을 갖고 있었습니다. 주님은 그 기꺼운 희생을 허락하고, 바울이 구한 상을 베푸셨습니다.

데살로니가 교회 교인들은 성령의 기쁨으로 말씀을 받았을 뿐만 아니라 말씀을 전파하는 일에도 열심을 냈습니다. 그들의 굳센 믿음은 복음을 전파하는데 도움을 주었습니다. 왜냐하면 그들의 삶이 현저하게 복음의 영향을 받았고, 그들의 열심과 경건에 대한 소문이 각처에서 들려왔기 때문입니다. 많은 사람들이 왕래하는 교역 도시에 살고 있던 데살로니가 교회 교인들의 주 예수를 믿는 신앙에 대한 굳건한 헌신은 그리스 전역에서 대화의 주제가 되었고, 그리하여 복음에 대한 관심이 고조되고 광범하게 복음이 전파되었습니다. 그들의 경우에는 선생들 때문에 신속하게 배우는 자들이었습니다. 따라서 주 예수님은 그들이 마실 물을 주셨을 뿐만 아니라 수많은 사람들의 갈증을 해소시킬 수 있도록 흘러 넘치는 샘으로 인도하셨습니다. 그들은 복음 나팔 소리를 들었고, 이제는 그들 자신이 나팔수가 되었습니다. 그들의 삶 속에는 바울의 설교의 메아리가 담겨 있었습니다. 이것은 시련을 겪은 사도에게는 더없이 행복한 상황이었고, 그의 영을 크게 북돋아 주었습니다.

데살로니가 교회 교인들은 바울이 그토록 충심으로 칭송할 만큼 특별히 은혜를 받은 사람들이었습니다. "도가니로 은을, 풀무로 금을, 칭찬으로 사람을 단련하느니라"(잠 27:21). 많은 사람들이 칭찬을 견딜 수 있어야 비방도 잘 견딜 수 있게 됩니다. 많은 사람들이 칭찬을 들으면 득의양양하게 됩니다. 그러나 데살로니가 교회 교인들은 이처럼 복된 영적 상황 속에 있었고, 그래서 바울은 "너희가 마게도냐와 아가야에 있는 모든 믿는 자의 본이 되었느니라"고 안심하고 말할 수 있었습니다. 이 칭찬은 입에 발린 것이 아니기 때문에 더욱 보배로웠습니다. 속담에 나오는 것처럼 그것은 "허풍떠는 말이 아니었습니다."

데살로니가 교회 교인들 가운데에도 잘못을 범하는 자들이 있었습니다. 현존하는 교회 가운데 아무리 좋은 교회라도 그 안에 불완전한 교인이 있기 마련입니다. 그런데 데살로니가 교인들의 참된 미덕은 이런 잘못을 상쇄하고도 남았습니다. 그들은 주님의 오심을 고대하는 것으로 유명했는데, 그들 가운데 일부는 마지막 날이 거의 임박했다는 이유로 망상에 빠져 일도 하지 않았습니다. 바울은 이 점을 두 번의 서신을 통해 언급하지 않을 수 없었고, 매우 강력하게 원칙을 천명했습니다. "누구든지 일하기 싫어하거든 먹지도 말게 하라"(살후 3:10).

사람들이 일상적인 생업을 팽개치는 구실이 무엇이든 간에, 형제에게 부양책임을 지워서는 안 되었습니다. 선량한 이 사람들은 아무 대비가 되어 있지 않아 이적이 일어날 것이라는 근거 없는 소문에 속임을 당하곤 했습니다. 심지어는 데살로니가 교회도 그 오점으로 얼룩이 졌습니다. 그러나 태양도 흑점을 갖고 있지만 우리는 흑점에 대하여 말하지 않습니다. 왜냐하면 빛이 훨씬 더 강하기 때문입니다. 데살로니가 교회의 큰 결점도 우리의 정직한 사도가 당연하게 여기고 전한 칭찬을 가로막지 못했습니다. 사람의 마음이 건전할 때 칭찬은 취하게 하는 술이 아니라 원기를 북돋는 강장제가 됩니다. 자신이 진정 칭찬을 받을 만한 사람이 못 된다는 것을 겸손하게 두려워하는 선량한 사람은 자기에게 부여된 성품에 합당한 삶을 살려고 고심할 것입니다. 그러나 이것은 단지 영적 삶을 활력 있게 유지하는 사람들에게 해당될 것입니다.

사랑하는 성도 여러분, 이 데살로니가 교회 교인들을 본받음으로써 이들로부터 실제로 배우기를 바랍니다. "주의 말씀이 너희에게로부터 들릴 뿐 아니라." 진실로 우리도 이런 말을 들을 수 있기를 바랍니다. 이것은 지금도 어느 정도는 사실입니다. 그러나 훨씬 더 그렇게 되기를 바랍니다! 제가 여러분의 주의를 촉구하고 싶은 표현은 곧 "주의 말씀이 너희에게로부터 들릴 뿐 아니라"입니다. 이것은 우리에게 나팔과 멀리 울려 퍼지는 나팔 소리를 상기시킵니다. 내면에서 울리는 복음을 들은 그들은 답례로 복음이 밖에서 울려 퍼지게 했습니다.

첫째, 나팔을 부는 사람들에 대하여 상고해 봅시다. 하나님의 말씀이 울려 퍼지도록 만드는 이들은 어떤 사람들일까요? 둘째, 나팔 부는 사람들에 대하여 말할 때 우리는 그들의 나팔을 주목하고, 그들이 어떻게 그런 소리를 냈는지 확인해 볼 것입니다. 셋째로, 이 나팔의 연주가 지금 당장 필요하다는 사실에 대하여 살펴보겠습니다. 그리고 마지막으로는, 우리가 그 나팔 소리를 내도록 부르심 받은 것은 아닌지 고찰하는 것으로 마치고자 합니다.

1. 나팔 부는 자들은 어떤 자입니까?

나팔 부는 사람들은 어떤 자인지 살펴보는 것으로 시작해 봅시다. 주의 말씀을 울려 퍼지게 하는 이들은 누구일까요? 성급하지만 바울이 그들에게 보낸 편지들에 묘사된 이 데살로니가 교회 교인들의 모습을 여러분에게 제시하고자 합니다.

먼저 그들이 세 가지 핵심 은혜가 두드러진 사람들이었다는 점을 주목합시다. 3절을 읽어 보시기 바랍니다. "너희의 믿음의 역사와 사랑의 수고와 우리 주 예수 그리스도에 대한 소망의 인내를 우리 하나님 아버지 앞에서 끊임없이 기억함이니." 이 세 명의 신적 자매들 — 믿음, 소망, 사랑 — 은 그들의 삶 속에서 손을 맞잡고 있었습니다. 믿음의 역사, 사랑의 수고, 소망의 인내, 이 세 자매는 가장 좋은 상태로 그들과 함께 있었습니다. 역사가 없는 믿음은 죽은 믿음입니다. 힘 있게 역사하는 믿음이 진실로 살아 있는 믿음입니다. 바울은 데살로니가 교회 신자들이 참된 믿음의 생명력 있는 역사를 이루는 것을 보았습니다. 믿음은 홀로 역사하도록 남겨져 있지 않았습니다. 믿음의 오른편에는 그들의 모든 역사를 향기롭게 하고 빛나게 하는 사랑이 있었습니다. 그들의 사랑은 말에, 또는 성품의 단순한 온화함에 있지 않았습니다. 그들의 사랑은 진심으로 행사되었습니다. 그들은 온 마음을 하나님을 위하는데 바쳤습니다. 그들은 예수님을 사랑하고, 예수님이 다시 오시는 것을 열렬하게 기다렸습니다. 그들은 서로 사랑하고, 박해받을 때 그들의 지도자의 고난에 동참했습니다. 그들은 사랑의 수고를 보여주었습니다. 그것은 단순히 일이 아니라 강도(强度)에 있어서 "수고"라고 불릴 만한 가치가 있었습니다. 이번에는 소망에 대하여 말해 봅시다. 소망은 밝은 눈을 갖고 있으나 수건에 덮여 있어서 아직은 보이지 않는 대상을 식별하는 미덕으로, 데살로니가 교회 교인들에게는 특별한 은사였습니다. 그들은 소망 때문에 허위 고소를 당하거나 재산을 약탈당하거나 그리스도를 위해 당하는 고난을 인내하며 견딜 수 있었습니다. 따라서 그들에게는 "그런즉 믿음, 소망, 사랑, 이 세 가지가 항상 있었다"고 말할 수 있었습니다. 성도 여러분, 만일 우리가 이 세 가지 미덕 속에 들어 있고, 가장 중요한 위치를 갖고 있는 신령한 말의 능력을 갖고 있지 못하다면 주의 말씀을 울려 퍼지게 하려고 아무리 애를 써도 아무 소용이 없습니다. 이 보배로운 진리는 믿음으로 믿고, 사랑으로 기뻐하고, 소망으로 의지하는 것으로, 우리가 부지런히 알려야 할 진리입니다. 우리는 믿습니다. 그러므로 말합니다. 우리는 사랑합니다. 그러므로 증언합니다. 우리는 소망합니다. 그러므로 전파합니다.

다음으로 이 데살로니가 교회 교인들에게서 주목하는 것은 그들은 택함받은 것이 확실한 사람들이었다는 것입니다. 여기서 4절을 읽어 봅시다. "하나님의 사랑하심을 받은 형제들아 너희를 택하심을 아노라." 바울은 데살로니가후서

(2:13)에서도 그들에 대하여 똑같은 말을 했습니다. "주께서 사랑하시는 형제들아 우리가 항상 너희에 관하여 마땅히 하나님께 감사할 것은 하나님이 처음부터 너희를 택하사 성령의 거룩하게 하심과 진리를 믿음으로 구원을 받게 하심이니." 그들은 일부 학자들이 그러는 것과는 달리 선택 교리를 믿는 것을 주저하지 않았습니다. 처음부터 하나님의 택하심을 받은 것을 즐거워했습니다. 그들은 선택의 실제 본질을 바로 파악하고 있었습니다. 왜냐하면 그들은 거룩함을 위해 택함받았다고 알고 있었기 때문입니다. 그들의 삶은 그들이 주님의 택하심받은 사람들이라는 것을 증명했습니다. 왜냐하면 그들은 최고의 사람들이 되었기 때문입니다. 그들은 자기들의 거룩한 삶을 통해 하나님의 은밀한 선택을 받은 증거를 보여주었습니다. 저는 이것이 백성으로서 우리에게도 해당되기를 바랍니다. 우리는 하나님의 선택의 사랑을 충분히 즐거워할 정도로 고지식한 사람들입니다. 값없는 은혜가 우리 귀에 달콤한 소리를 들려줍니다. 만약 이것이 사실이라면 우리는 이 사실에 합당한 열매를 맺어야 합니다. 우리는 주권적 은혜와 영원한 사랑에 대하여 깊은 감사를 표현해야 합니다. 율법의 종들은 등에 채찍을 맞으며 자기 일을 하도록 놔둡시다. 하지만 하나님의 택하심을 받은 자들은 즐겁게 하나님을 섬겨야 하고, 다른 사람들이 대가를 바라고 일하는 것보다 사랑으로 열 배 더 섬겨야 합니다. 하나님의 특별한 사랑을 맛보고, 그 사랑의 형언할 수 없는 달콤함을 알고 있는 사람들만큼 하나님에 대한 찬양을 보여줄 수 있는 사람은 아무도 없습니다.

이 나팔 부는 사람들은 큰 확신과 큰 능력으로 하나님의 말씀을 받았습니다. 5절을 읽어 봅시다. "이는 우리 복음이 너희에게 말로만 이른 것이 아니라 또한 능력과 성령과 큰 확신으로 된 것임이라." 바울은 또한 2장 13절에서 이렇게 말합니다. "이러므로 우리가 하나님께 끊임없이 감사함은 너희가 우리에게 들은 바 하나님의 말씀을 받을 때에 사람의 말로 받지 아니하고 하나님의 말씀으로 받음이니 진실로 그러하도다 이 말씀이 또한 너희 믿는 자 가운데에서 역사하느니라." 사랑하는 성도 여러분, 복음을 단지 말로만 받는 것은 가련한 일입니다. 그때 여러분은 "맞습니다. 그것은 사실이고, 나는 그것을 믿습니다"라고 말합니다. 그런데 여러분은 거기서 그치고 맙니다. 전능하신 주님에게서 나오는 말씀이기에 말씀의 능력을 느낌으로써, 말씀으로 여러분의 마음이 상하고, 이어서 말씀으로 상한 마음이 치유받는 것은 이와는 전연 다른 문제입니다. 복음을 명백하고 무오류하고 신적인 것으로 받아들여야 진실로 그것을 받아들이는 것입니다. 복음을 받아들이는 것은 여러분이 어떤 사고방식을 갖고 있기 때문이 아니라 복음이 복음에 대하여 확신을 주고, 복음의 불가항력적인 힘이 여러분을 밀고 가기 때문입니다. 이것이 바로 복음을 그 능력으로 받는 것입니다.

사랑하는 성도 여러분, 저는 어떤 사람이 자신의 영을 결코 사로잡지 못한 교리를 전파하는데 삶을 바친다는 말을 저는 믿지 않습니다. 그러나 진리가 어떤 사람을 사로잡고, 무장을 한 강한 자가 자신의 집을 차지하는 것처럼, 그를 힘으로 제압할 때, 그는 자신의 깃발을 들어올리고 안에서 다스리고 계시는 전능하신 분을 공개적으로 시인하게 될 것입니다. 믿고 확신하는 사람은 믿음을 선전하고, 다른 사람들이 그 믿음을 받아들이기를 바라는 사람입니다. 진리의 전능성을 느낀 사람과 단순히 건전한 견해를 갖고 있다고 고백하는 다른 사람 간에는 얼마나 큰 차이가 있을까요! 만약 전능한 말씀이 여러분을 사로잡았다면 여러분은 또한 그 말씀을 굳게 붙들 것이고, 그것을 굴복시키거나 그것을 억누르도록 여러분을 설복시킬 수 있는 것은 아무것도 없을 것입니다.

데살로니가 교회 교인들은 불굴의 의지가 입증된 사람들이었습니다. 그들은 "많은 환난 가운데서" 말씀을 받았습니다. 바울은 이렇게 말합니다. "형제들아 너희가 그리스도 예수 안에서 유대에 있는 하나님의 교회들을 본받은 자 되었으니 그들이 유대인들에게 고난을 받음과 같이 너희도 너희 동족에게서 동일한 고난을 받았느니라"(2:14). 사도행전 17장에 기록된 폭도에게 당한 폭력은 말할 것도 없이 그들이 겪은 숱한 시련 가운데 하나에 불과했습니다. 그들은 온갖 환난 속에서도 견고함과 열정을 잃지 않았습니다. 복음은 바로 이런 그들을 통해 울려 퍼졌습니다. 겁쟁이들은 입을 다물었지만 용감한 사람들은 주저앉아 있지 않았습니다. 이미 온갖 비방과 비난과 왜곡을 겪었지만 우리는 당황하지 않고, 오히려 강하게 인내하며 이전보다 더 거리낌 없이 우리의 믿음을 선전합니다. 우리는 숨길 것도 없고 두려워할 것도 전혀 없습니다. 더 이상의 비방이 있을 수 없습니다. 그러므로 우리는 하나님의 말씀을 더 담대하게 선포합니다. 성도 여러분, 거친 세태를 견디지 못하고 반대를 참아낼 수 없으면 여러분은 하나님의 말씀을 전파하는 일을 거의 할 수 없을 것입니다. 나팔은 단단한 금속으로 만들어야 하며, 나팔 부는 사람은 나팔 부는 일에 대하여 군인처럼 담대해야 합니다. 그렇지 않으면 아무 일도 이루어지지 않을 것입니다.

따라서 다시 말하지만 이 사람들은 진실로 그리고 사랑으로 하나님을 섬겼습니다. 9절을 읽어 보십시오. "그들이 우리에 대하여 스스로 말하기를 우리가 어떻게 너희 가운데에 들어갔는지와 너희가 어떻게 우상을 버리고 하나님께로 돌아와서 살아 계시고 참되신 하나님을 섬기는지와." 저는 이 사람들 가운데 많은 이가 심각한 우상 숭배자들이었다는 것을 믿어 의심치 않습니다. 왜냐하면 우상 숭배자들이 자기들의 신을 섬기는 것을 정말로 놀랍기 때문입니다. 오늘날 힌두교도들이 우상 신전에 바치는 제물은 그리스도인이 주님께 바치는 제물을 부끄럽게 합니다. 여러분은 그들이 우상을 싣고 가는 마차의 바퀴 아래 뛰어들어 예사로 목숨을 던지는 것에 대하여 들어본 적이 없습니까? 살아 계신 하나님을 섬길 때에는 보여주지 못한 열심을 나무와 돌로 만든 가증한 우상들은 강요하지 않습니까? 저는 이 데살로니가 교회 교인들이 이전에 자기들의 우상의 열렬한 신봉자였던 것처럼 이제는 살아 계신 여호와의 열렬한 경배자가 되었을 것이라고 확신합니다. 그들은 우상을 버리고 하나님을 섬기는 자로 돌아왔습니다. 그들은 견해만 돌아선 것이 아니라 실제 삶이 돌아섰습니다. 참으로 많은 기독교 신앙 고백자들에게 종교는 의견이고, 회심은 감정에 지나지 않는 것은 얼마나 유감스러운 일일까요! 많은 사람들이 하나님은 하나의 신화이고, 하나님을 섬기는 것은 위선인 것처럼 살고 있지 않습니까? 하나님이 하나님이시라면 하나님을 섬기십시오. 섬김은 하나님에 대한 의무입니다. 하나님이 친히 "내가 아버지일진대 나를 공경함이 어디 있느냐 내가 주인일진대 나를 두려워함이 어디 있느냐"(말 1:6)고 말씀하시지 않습니까? 오, 주님을 섬기는 일이 우리에게 기쁨이 되고, 나아가 우리가 주님의 말씀을 전파하는 일이 새가 지저귀는 것처럼 자연스러운 일이 되기를 바랍니다.

　데살로니가 교회 교인들에게는 특별히 주목할 만한 점이 한 가지 더 있었습니다. 곧 그들은 주 예수 그리스도의 재림을 열렬히 대망한 사람들이었습니다. 바울은 10절에서 그들이 하나님의 아들이 하늘로부터 강림하실 것을 기다렸다고 말합니다. 그들은 진심으로 그리스도가 오실 것을, 그것도 곧 오실 것으로 보고 고대했습니다. 그들의 이 대망은 도가 지나칠 정도였습니다. 왜냐하면 그들은 주님의 재림이 지연되는 것을 참지 못했기 때문입니다. 그들 가운데 얼마가 죽었고, 이로 인해 그들은 자기들의 소망이 무너진 것처럼 슬퍼했습니다. 그래서 어쩔 수 없이 바울은 다음과 같이 편지에 써야 했습니다. "형제들아 자는 자들에 관하여는 너희가 알지 못함을 우리가 원하지 아니하노니 이는 소망 없는 다른 이와 같이 슬퍼하지 않게 하려 함이라"(살전 4:13). 그들은 죽었다고 해서 상실된 자가 되는 것은 아니었습니다. 왜냐하면 예수님이 재림하실 때까지 살아 남은 자들이라고 해서 자는 자들보다 더 나은 것이 결코 없었기 때문입니다. 그들의 경우에 "때와 시기"에 관하여는 쓸 것이 없었습니다. 그들은 주님이 밤에 도둑처럼 오신다는 것을 익히 알고 있었기 때문입니다. 그런데 그들은 주님이 곧 오실 것이라고 예상하고 있었기 때문에 재림에 대하여 건전하지 못한 흥분에 빠져든 것이었습니다. 그래서 바울은 그들이 광신자가 되는 것을 막기 위해 다음과 같이 말할 필요가 있었습니다. "형제들아 우리가 너희에게 구하는 것은 우리 주 예수 그리스도의 강림하심과 우리가 그 앞에 모임에 관하여 영으로나 또는 말로나 또는 우리에게서 받았다 하는 편지로나 주의 날이 이르렀다고 해서 쉽게 마음이 흔들리거나 두려워하거나 하지 말아야 한다는 것이라"(살후 2:1-2). 바울은 그들이 그리스도의 재림을 기다리는 모습을 보는 것이 좋았습니다. 그러나 동시에 이렇게 기도했습니다. "주께서 너희 마음을 인도하여 하나님의 사랑과 그리스도의 인내에 들어가게 하시기를 원하노라"(살후 3:5). 바울은 불안 속에 있는 자들의 마음이 안정되기를 바랍니다. 그러나 이런 불안은 장점이 너무 지나쳤기 때문에 초래된 것이었습니다.

우리 가운데 많은 사람들이 주님의 재림 문제에 있어서 지나치게 집착하는 것을 우려할 필요는 없습니다. 오히려 주님의 재림을 잊어버리거나 비현실적인 사변으로 치부해 버릴 우려가 더 큰 것이 염려스럽습니다. 만약 어떤 진리가 우리에게 주어졌다면 아마 그렇게 될 것입니다. 그러나 심지어는 미련한 처녀와 마찬가지로 슬기 있는 처녀들도 신랑이 오시는 것이 지연되면 졸고 잠에 빠지기가 쉽습니다. 그런데 밤중에 외치는 소리가 들리지 않습니까? 이 소리가 여러분을 놀라게 하지 않습니까? "보라 신랑이로다 맞으러 나오라"(마 25:6). 만일 이 소리를 듣는다면 여러분은 어디를 가든 주의 말씀을 전하는 자가 될 것입니다. 교회와 하나님의 백성으로서 우리가 주님의 재림에 대한 대망에 더 큰 영향을 받는다면 주의 복음을 전파하는데 더 열심을 낼 것입니다. 주님이 당장 오실 수 있다는 사실을 명심하십시오. 바울이 주님의 재림을 지연시키는 것으로 말한 일들은 일어났다 사라졌습니다. 바울이 이 편지를 쓴 이후로 18세기 이상의 세월이 흘렀고, 주님은 곧 오실 것입니다. 그러므로 깨어 부지런히 힘쓰십시오. 주의 말씀을 전하되, 여러분의 힘이 닿는 대로 온 세계로 나아가 모든 사람에게 복음을 전하십시오. 오, 주님을 고대하고 계시는 여러분, 여러분은 주의 이름을 모든 곳에서 분명히 증언함으로써 주의 재림의 전달자가 되어야 할 사람들입니다.

지금까지 저는 여러분에게 어떤 사람이 하나님의 말씀을 전파할 자격이 있는지 제시했습니다. 성도 여러분, 여러분 자신은 이 자격을 구비하고 있는지 판단해 보십시오. 여러분 가운데 많은 자가 이 자격을 갖추고 있어야 한다는 것이 저의 솔직한 심정입니다.

2. 그들의 나팔은 어떻게 그런 소리를 냈습니까?

이제 그들의 나팔에 대하여 살펴봅시다. "주의 말씀이 너희에게로부터 들릴 뿐 아니라." 데살로니가 교회 교인들의 증언은 명확하고, 명쾌하고, 공감적이고, 널리 미쳤습니다. 우리는 사람들을 한 곳으로 모으기 위해 불었던 성소의 은 나팔에서 이에 대한 예증을 찾을 수 있습니다. 여러분의 나팔을 크게 불어 사람들이 집결해야 할 장소 곧 참된 실로가 되시는 우리 주 예수님에게 모일 수 있도록 호출 신호를 보내십시오. 나아가 희년 나팔을 생각할 수 있습니다. 이 나팔을 이른 아침에 불면서 채무의 소실과 속박에서의 해방, 잃어버린 기업의 회복 등을 선포했습니다. 복음의 기쁜 선포도 이와 같습니다. 그러므로 우리도 서둘러 복음을 선포합시다. 나팔은 또 전쟁의 시기에 불었습니다. 성경에는 이에 대한 암시가 많습니다. 오, 오늘날 하나님의 교회가 담대하게 부정함과 무절제와 거짓 교훈과 방탕한 삶에 대하여 전쟁 나팔을 불 수 있기를 바랍니다! 우리 주님은 이런 문제들 때문에 땅에 칼을 보내려고 오셨습니다. 오, 우리 각자에게서 두려움이나 주저함이 없이 전쟁 나팔 소리가 들릴 수 있기를 바랍니다! 또한 사도들에게 주어진 "천하를 어지럽게 하던 이 사람들"(행 17:6)이라는 별명을 우리도 얻기를 바랍니다. 오늘날은 세상이 거꾸로 되어 있으니까요. 나팔은 또한 단순하게 음악의 목적으로 사용되고, 이와 같이 주 예수님에 대한 교회의 증언도 사람의 귀가 지금까지 들은 소리 가운데 가장 선율이 아름다운 음악이 되어야 합니다.

"귀하신 주의 이름은 참 아름다워라!"

오, "나팔과 호각 소리로" 그 영광스러운 이름을 전파하여 무리가 그 소리를 듣게 만듭시다! 오, 온 땅과 하늘에 그 귀하신 이름이 울려 퍼지게 합시다! 본문에 대하여 기록하면서 어떤 이는 그 소리를 교회 종소리의 울림으로 비유합니다. 저는 여러분이 산 속을 거닐다 날짜에 대한 감각을 잃어버리지는 않을까 걱정이 됩니다. 여러분이 저 멀리에 있는 종탑에서 울리는 아름다운 소리를 듣고 지금이 주일 아침이구나 하고 말하는 모습이 생생합니다! 그 소리는 숲과 광야를 뚫고 다가와서 "오늘은 주일이니 이리 와 예배를 드리시오"라고 말하는 것처럼 보입니다. 각 교회는 살아 있는 지체들 속에서 가장 아름다운 종소리를 찾아야 합니다. 크든 작든 모든 개인이 자신의 소리를 내야 합니다. 한 사람도 벙어리가 되어서는 안 됩니다. 오, 항상 그러기를 바랍니다! 누구든 주님에 대한 찬양을 변함없이 보여주기를 바랍니다! 만군의 주께서 우리와 함께 하십니다. 그러므로 왕을 부르는 소리를 크게 외칩시다. 주님은 우리에게 전부가 되십니다. 그러므로 우리가 그분을 알립시다. 하나님은 우리가 다시 오실 왕을 위해 은 나팔 팡파르를 크게 불 수 있다는 것을 깨닫기를 원하십니다!

이 훌륭한 데살로니가 교회 교인들로 하여금 복음을 전파하게 만든 수단은 무엇이었습니까? 그것은 그들 속에서 일어난 **주목할 만한 회심**이었습니다. 이 사람들은 우상 숭배자들이었고, 당시 팽배해 있던 온갖 정욕에 빠져 있었습니다. 바울의 설교는 아무도 예상치 못했던 변화를 일으켰습니다. 그들은 참 하나님을 섬기고, 하늘로부터 오실 하나님의 아들을 고대하고, 고결한 부르심에 합당한 삶을 살게 되었습니다. 누구나 이렇게 말했습니다. "아니, 이 데살로니가 사람들에게 무슨 일이 일어났는가? 이 사람들은 자기들의 우상을 박살냈다. 그리고 유일하신 하나님을 예배한다. 예수님을 신뢰한다. 더 이상 술 취하거나 부정직하거나 부도덕하거나 다투기를 좋아하지 않는다." 모두가 이 회심한 사람들에게 일어난 일에 대하여 말했습니다. 오, 그들의 회심은 충분하고, 분명하고, 독보적이고, 명시적이었습니다. 하나님의 말씀도 그렇게 전파되기를 바랍니다! 오늘날도 회심한 자들은 최고의 선전이자 증언입니다. 여러분도 한 큰 죄인이 회심할 때 마을 전체가 깜짝 놀라는 것을 알고 있지 않습니까? 명백하고 분명한 회심은 종종 교구 전체를 놀라게 하고, 사람들로 하여금 "이 주의 말씀은 무엇인가?"라는 질문을 하게 만듭니다. 성도 여러분, 여러분 자신의 회심과 여러분 주위의 많은 사람들의 회심이 하나님의 말씀의 능력과 예수님의 보혈을 믿는 신앙의 효력을 크게 선포하는 역할을 하기 바랍니다.

　데살로니가 사람들의 회심으로 촉발된 관심은 그들의 흠 없고 나무랄 데 없는 성품으로 더욱 촉진되었습니다. 그들은 크게 경건하고, 정직하고, 청렴하고, 착실하고, 거룩한 사람들이 되었기 때문에 그들을 본 사람이라면 누구나 그들의 훌륭한 모습을 주목했습니다. 그들은 참된 그리스도인이었습니다. 행위가 그리스도인이었기 때문입니다. 가정에서나 밖에서나 그들의 전체 삶이 신앙의 영향을 받았습니다. 그들은 이미 구원받은 자들의 본보기가 될 정도로 칭찬할 만한 성품을 갖고 있었습니다. 7절에서 주목할 만한 표현을 보십시오. "그러므로 너희가 모든 믿는 자의 본이 되었느니라." 믿지 않는 자들의 본이 되는 것은 그리 어렵지 않습니다. 왜냐하면 그들의 삶의 수준은 별로 높지 않으니까요. 그러나 하나님을 경외하는 자들의 본이 되는 것은 그만큼 높은 수준에 있다는 것입니다. 이런 수준에 이르기 위해서는 큰 은혜를 필요로 합니다. 심지어는 성도들도 여러분을 본받게 하려면 여러분은 성숙한 삶을 보여주어야 했을 것입니다. 데살로니가 교회 교인들은 이런 수준에 도달했고, 그럼으로써 그들은 복음을 전할 수 있었던 것입니다.

　거룩한 삶은 위대한 강단입니다. 경건한 성품은 가장 웅변적인 혀보다 더 큰 음성을 갖고 있습니다. 성품이 우리의 크리소스토무스(황금의 입)입니다. 거룩함은 황금의 입을 갖고 있습니다. 그들의 삶이 완전하게 복음을 선포하고 있었기 때문에 바울은 다시 주의를 촉구할 필요가 없었다고 말합니다. 바울은 "우리는 아무 말도 할 것이 없노라"고 편지에 쓰고 있습니다. 이 말은 "우리는 너희를 가리키기만 하면 된다"고 말하는 것처럼 보입니다. 우리 교인들이 자신의 삶을 통해 훨씬 더 나은 설교를 하기 때문에 제가 말로 설교할 필요가 거의 없다면 얼마나 좋겠습니까? 그렇습니다. 여러분 가운데 제가 그렇게 말할 수 있는 사람들이 많이 있습니다. 이런 친구의 삶을 지켜보십시오. 그러면 복음이 무엇인지 보게 될 것입니다. 제가 여러분에게 복음에 대하여 말할 필요가 없습니다. 여름 대낮에 일어서서 위를 가리키며 "해가 떠 있다"고 말할 사람은 아무도 없습니다. 아니, 그 큰 빛은 어디든 광채를 발산하고, 누구도 해를 달이나 별로 착각하지 않습니다. 오, 우리 모두 이런 성품을 가짐으로써 어느 누구도 우리를 잘못 보지 않도록 하기를 바랍니다! 우리가 마음속에 더 큰 은혜를 소유하고, 삶 속에 더 큰 거룩함을 담고 있지 않으면 복음을 전파하는 가장 큰 수단을 갖고 있지 못하게 될 것입니다. 사람들이 우리의 빛을 보게 하려면 우리의 행위로 빛을 비추어야 합니다. 오, 여러분의 거룩한 삶은 말씀을 얼마나 크게 울려 퍼지게 할까요! 거룩한 삶이 없으면 모든 것이 허사입니다. 만약 삶이 말과 모순된다면, 이것은 나팔이 틀어 막혀 아무리 불어대도 소리가 나지 않는 것과 같을 것입니다.

데살로니가 교회 교인들은 그들의 성품 외에도 진리의 전파를 위해 다양하게 진지한 노력을 했다는 사실을 저는 조금도 의심하지 않습니다. 그들은 자기들이 듣고, 믿고, 누렸던 것에 대하여 말하고 다녔습니다. 그들 가운데 어떤 이들은 가정에서 하나님의 말씀의 설교자가 되었고, 다른 이들은 밖으로 나가 기쁜 소식을 선포했습니다. 예수님은 데살로니가의 빈민가에도 알려졌을 것이고, 배의 갑판 위의 선원들과 부두의 상인들에게도 전해졌을 것입니다. 사랑하는 성도 여러분, 여러분은 모두 예수님을 알리고 있습니까? 침묵하고 있는 사람은 아무도 없습니까? 우리 가운데 지금 해외에서 근무하고 있는 사람은 없습니까? 거리에 나가 소리를 내야 할 사람이 이 자리에 많지 않습니까? 우리는 소유한 모든 달란트를 사용하기 전에는 해야 할 일을 다 하지 않은 것입니다. 우리는 이 일을 열심히 해야 하고, 항상 해야 하고, 모든 힘을 다해 해야 합니다. 우리는 아직 이 수준에 이르지 못했습니다. 그리스도의 사랑이 그 수준까지 이르도록 우리를 강권하기를 바랍니다!

한편 그들의 가르침이 그토록 명백하고 힘이 있었던 것은 그들의 믿음 때문이었습니다. 그들은 열렬한 신자였고, 그래서 바울은 "하나님을 향하는 너희 믿음의 소문이 각처에 퍼졌다"고 말합니다. 그들은 어중간하게 믿은 것을 어중간하게 전한 것이 아니었습니다. 그들은 사도의 가르침을 사람의 말이 아니라 하나님의 말씀으로 받았습니다. 따라서 그들은 강한 확신을 갖고 말했습니다. 그들의 말을 들은 사람들은 그들을, 의심으로 약화된 모습이 아니라 영원한 진리에 대한 큰 확신으로 가득 차 있는 모습으로 느꼈습니다. 그들은 재산을 약탈당하고, 재판관 앞에 끌려갔지만 믿음으로 굳게 서서 추호도 불신을 드러내지 않았습니다. 비록 철학자들이 그들을 비웃고 미신에 사로잡힌 자들이 그들을 박해했지만 그들은 조금도 흔들리지 않았습니다. 그들은 포효하는 바다 속에서 굳게 서 있는 바위와 같았습니다. 이것은 애매한 소리는 조금도 내지 않는 복음의 나팔과 같았습니다. 거룩한 지조가 비난과 조롱에 직면했을 때 복음은 나팔 소리처럼 울려 퍼지고, 사람들은 그 소리를 듣지 않을 수 없게 됩니다. 성도 여러분, 이런 확신을 가지십시오. 더욱 크게 가지십시오!

우리 가운데 주목할 만한 회심, 나무랄 데 없는 성품, 진지한 노력, 열렬한 믿음이 있고, 이것들이 우리 모두에게 우리가 필요로 하는 나팔이 되기를 바랍니다. 우리는 우리 자신의 나팔을 불거나, 정치나 유희의 휘파람을 빌려서는 안 되고, 주의 말씀이 이 나팔을 통해 우리 주변의 모든 사람에게 들려져야 합니다. 저는 이 점을 말하는데 여러분을 오랫동안 붙들고 있지는 않겠습니다. 저의 목표는 시간을 채우는데 있는 것이 아니라 하나님의 진리를 울려 퍼지게 하겠다는 간절한 열망으로 여러분을 채우는데 있기 때문입니다.

3. 지금 이 순간 이런 나팔 소리가 필요합니다.

지금 이 순간 이런 나팔 소리가 필요하다고 말하는 동안에, 오, 성령께서 저의 설교에 불을 붙이심으로써 활활 타오르는 석탄이 여러분의 가슴에 닿을 수 있게 하시기를 기원합니다.

성도 여러분, 주의 말씀은 하나님의 말씀이므로 전파되어야 합니다. 만약 주의 말씀이 사람의 말이라면 어떻게든 주님이 홀로 전파하도록 놔둡시다. 우리는 주님을 도울 필요가 없습니다. 사람의 말은 죽어가는 원천에서 나오고, 결국은 그리로 되돌아갈 것입니다. 그러나 주의 말씀은 영원히 존재할 것입니다.

> "그대 바람이여, 실어 나르라. 실어 나르라!
> 그대 물이여, 흘러 나르라. 주님의 이야기를,
> 　영광의 바다처럼
> 　온 세상에 전파될 때까지."

주의 말씀은 너무 중요하므로 자유롭게 어디로든 전해져서 영광을 받아야 합니다. 주님은 말씀을 주실 때 이 말씀을 전하는 자들의 집단이 물밀듯이 일어나야 합니다. 만약 여러분이 복음을 하나님의 말씀으로 믿는다면 복음을 전하는 일을 억제해서는 안 됩니다. 여러분이 침묵을 지키고 있으면 돌들이 소리를 지를 것입니다.

우리 많은 사람들에게 이것은 엄숙한 의무의 문제입니다. 하나님의 말씀은 우리에게 죽은 자를 살리는 생명, 속박으로부터의 해방, 배고픔에 대해서는 양식,

약함에 대해서는 힘, 슬픔에 대해서는 위로, 마음을 채우는 만족이었습니다. 그러므로 이 말씀을 전파합시다.

> "위에서 온 지혜로 빛나는
> 너희, 너희의 영혼은
> 생명의 등불을 부인하는
> 몽매한 자들에게 비출 수 있는가?"

하나님의 말씀이 여러분에게 능력으로 임하고 여러분을 악에서 구원했으므로 여러분은 그 말씀을 널리 전파해야 합니다.

또한 이것은 멸망하는 자들에게 구원이 된다는 점을 잊지 마십시오. 우리의 사랑하는 형제이자 집사인 한 성도가 월요일 밤에 매우 간절하게 "그들은 멸망하고 있습니다. 그들은 멸망하고 있습니다. 그들은 멸망하고 있습니다. 주여, 그들을 구원해주소서!"라고 반복해서 기도하지 않았습니까? 여러분은 사람들이 죄로 병들어 있고, 그리스도께서 유일한 치료자가 되신다는 것을 알고 있습니다. 이 치료자에 대하여 말해주지 않겠습니까? 여러분은 소망 없이 죽어가고 있는 사람들을 보고 있습니다. 장차 소망이 어디에 있는지 그들에게 말해주지 않겠습니까? 여러분은 영혼들이 구주를 영접하지 않고 죽으면 영원한 저주라는 것을 절실히 느끼고 있습니다. 그들이 하나님과 화목하도록 그리스도를 대신하여 기도해 주지 않겠습니까? 오, 성도 여러분, 불신앙 속에서 죽는 사람들이 당할 끔찍한 파멸 때문에, 저는 여러분에게 권면하는데, 제발 주의 말씀을 전파하십시오! 조만간에 그리스도의 심판대 앞에 나타나게 될 때 여러분은 모쪼록 모든 사람의 피에 대하여 깨끗하기를 바랍니다. 복음은 오늘 구원하는 능력을 갖고 있을 뿐만 아니라 영원히 구원하는 능력을 갖고 있으니, 어서 복음을 전파하십시오.

지금은 주의 말씀이 크게 멸시받고 있는 때입니다. 많은 사람들이 주의 말씀은 능력을 상실했고 시대에 맞지 않는 것으로 판명되었다고 감히 주장합니다. 그들은 주의 말씀보다 앞서 우리에게 필요한 것이 무엇인지를 우리에게 말합니다. 오, 주의 말씀을 사랑하는 여러분은 삶 속에서 말씀의 능력을 드러냄으로써, 그리고 이 옛날 복음을 새로운 활력을 갖고 전파함으로써 이 모욕에 복수를 하십시오. 거룩한 성품을 통해 그리고 끊임없는 수고를 통해 사람들에게 주의 말씀의 능력을 보여주십시오. 말씀의 은밀한 능력을 여러분의 실천적인 성결을 통해 구현하고, 끊임없는 증언을 통해 널리 선포하십시오. 저는 정말 말을 잘하고 싶었을 때 혀가 제대로 말을 듣지 않았습니다. 저는 빈약한 변론자입니다. 그러나 오, 경건치 못한 자들의 부정한 입으로 인해 더럽혀진, 영원히 복 주시는 분의 영광으로 말미암아 당부하는데, 십자가에 못 박히신 그리스도와 그리스도를 믿는 믿음으로 말미암은 구원의 길을 알리기 위해 일곱 배의 능력을 구하십시오! 만약 지금까지 졸고 있었다면 원수가 문 앞에 당도했으니 "일어나십시오. 일어나 힘을 내십시오!" 여러분에게 당부하는데, 그리스도의 면류관과 보좌가 그분의 대적에 의해 공격을 받고 있으므로 갑주를 입고, 칼을 잡고, 거룩한 목적을 위해 진군하십시오.

지금은 다른 많은 목소리가 왁자지껄 시끄럽게 들려오고 있습니다. 허공은 소음으로 가득 차 있습니다. 사람들은 경쟁을 부추기는 새로운 방법들을 고안해 내고, 사람이 만들어 낸 묘책들을 선전하는 소리가 진동하고 있습니다. 어떤 사람은 "우리가 목청을 높이면 우리의 말이 들리겠습니까?"라고 외칩니다. 그렇습니다. 여러분이 복음 나팔을 들고 있다면 듣게 할 수 있을 것입니다. 대다수 후원자들이 고아원에 모인 어느 날 저녁에 고아 소년들이 미국산 오르간의 반주와 함께 종소리에 맞추어 감미롭게 찬송가를 연주하고, 모인 모든 고아 소년들이 최선을 다해 노래를 부름으로써 노도 같은 음악의 홍수를 이루고 있었습니다. 바로 그 순간 저는 후원자인 맨턴 스미스 씨에게 그가 갖고 있는 은 코넷(트럼펫 비슷한 악기)으로 연주에 동참하도록 조용히 눈짓을 했습니다. 스미스 씨가 코넷을 입술에 대고 숨을 불어넣자 우리 모두에게는 그 한 사람의 연주만 들렸습니다. 종, 오르간, 합창 소리 등 모든 것이 맑은 코넷 연주 한 소리에 굴복하는 것 같았습니다. 복음도 바로 이와 같습니다. 오직 복음을 하나님 자신의 말씀으로 울려 퍼지게 하고, 성령의 능력이 복음에 동반되게 하십시오. 그러면 복음이 다른 모든 음악을 압도할 것입니다. 아무튼 그렇게 되면 여러분은 자신의 몫을 다한 것이고, 사람들이 듣지 않는다고 할지라도, 여러분의 영혼 속에서 우러나와 주의 말씀을 울려 퍼지게 한 것이라면 여러분에게 더 이상 책임은 없습니다.

지금 당장 하늘의 교훈을 말로 전하고, 그리하여 이 전파로 온 땅에 구원이 선포되도록 하는 것이 얼마나 절실하게 필요한지 더 이상 증명할 필요가 있겠습니까?

4. 바로 우리가 나팔 소리를 내야 할 사람들입니다.

남은 몇 분 동안, 이 교회 교인들에게 그리고 은혜로 저를 도와 거룩한 사업에 동참해준 원근 각처의 수많은 후원자들에게, 저는 우리가 바로 이 소리를 전해야 할 사람들이라는 사실을 강조하고 싶습니다.

첫 번째로, 그것은 우리의 위치로 말미암아 우리의 의무가 됩니다. 데살로니가는 번화한 도시였기 때문에 나팔을 불기에 최적의 중심지였습니다. 배가 쉴 새 없이 항구를 드나들었습니다. 데살로니가에서 무슨 일이 벌어지면 금방 모든 지역에 알려졌습니다. 우리는 런던의 중심 지역에 위치해 있습니다. 이 태버너클 예배당을 모르는 사람이 누가 있습니까? 온갖 부류의 사람들이 이곳으로 몰려오고, 여기서 많은 무리가 계속 모입니다. 시골에서 온 형제들도 이곳으로 몰려들고, 여름철 주일에는 세계 각 지역에서 온 사람들이 이 예배당의 좌석과 통로를 가득히 채웁니다. 저는 지금 이 예배당이 모든 민족에게 어느 정도 알려져 있고, 그러므로 여기서 일어나는 일은 영국의 심장부 곧 세계의 중심지에서 일어나는 일이라고 단순히 말하고 있는 것입니다. 만약 교회로서 여러분이 성품과 노력을 통해 하나님의 말씀을 울려 퍼지게 할 수 있다면 여러분은 하나님의 말씀을 전파하는데 가장 적합한 위치가 될 것입니다. 하나님의 말씀은 여러분에게 그 위치를 요구합니다. 그러므로 가치 없이 행동하지 마십시오.

하나님의 섭리로 말미암아 우리는 특별한 존재가 되었습니다. 우리는 그렇게 되기를 바란 적이 없지만 무리에게 알려지고 주목의 대상이 되고 있습니다. 사랑하는 성도 여러분, 만약 우리가 여기서 불을 일으킨다면 먼 곳에서는 그것이 횃불로 보일 것입니다. 만약 우리가 성결한 사람들이라면 많은 기회가 주어질 것입니다. 만약 저를 돕는 자들이 이곳에서 실패하는 일이 없다는 것을 확인하게 된다면 많은 사람들을 도울 수 있게 될 것입니다. 그러나 여기서 주님이 우리를 돕고 계시는 데도 우리가 활력 있게 사역을 감당하지 못한다면 수많은 사람들을 낙심에 빠뜨리게 될 것입니다.

저는 우리 교회 교인들을 결코 잊을 수 없습니다. 우리 교회보다 규모가 더 큰 교회가 있는지 모르겠지만 그런 말을 들어본 적은 없습니다. 이 점을 저는 자랑하는 것이 아닙니다. 오히려 이 점 때문에 제게 일어난 고민을 여러분에게 굳이 숨기고 싶지 않습니다. 만일 이처럼 큰 교회가 하는 일이 별로 없다면, 그것은 우리에게 큰 불명예가 될 것입니다. 여기서 교회 교제를 통해 하나로 연합된 5천

명의 영혼만큼 제 생각을 사로잡고 있는 것은 없습니다. 큰 규모가 우리의 약점일 수 있습니다. 우리는 권징도 없고, 통일성도 없고, 힘도 없는 단순한 오합지졸 군단에 불과할 수도 있습니다. 그러나 크신 주님께서 그렇게 되도록 하지 않으시리라는 것을 저는 믿습니다. 만일 하나님이 우리 교회를 거의 다른 교회 10개를 합쳐놓은 것과 같은 큰 교회로 이끄셨다면 우리 주 예수 그리스도의 복음을 널리 전파하는데 10배의 힘을 쏟아 노력하도록 우리에게 요청하지 않으시겠습니까? 저는 이 큰 교회에 대하여 엄청난 부담을 느낍니다. 여러분은 그것이 짐이 되도록 하겠습니까? 그것을 기쁨으로 바꾸지 않겠습니까? 신앙을 고백하는 이 모든 신자들로 혼잡한 병원을 만들겠습니까? 오히려 이 예배당은 군인들의 병영이 되어야 하지 않겠습니까? 비록 우리가 5천 명이 아니라 5백 명에 불과하다고 할지라도, 우리 주님을 위해 더 큰 소리를 내야 하지 않겠습니까? 제가 그 방법을 알고 있다고 해도, 얼마나 여러분에게 간청을 해야 할까요! 이 공동체를 대 실패작으로 만들지 맙시다. 하나님께서 우리가 우리의 규모를 명심하고 예수님에 대하여 가늘고 희미한 소리를 외치는 것으로 만족하지 않도록 역사하시기를 바랍니다. 우리의 소리는 노도와 같은 물소리여야 합니다. 과연 그렇습니까? 마땅히 내야 할 소리를 내고 있습니까? 오, 하나님의 영이 우리 속에서 거세게 불어 닥치는 바람처럼 임하기를 바랍니다!

우리의 기관을 통해 주의 말씀이 매우 크게 울려 퍼져야 합니다. 지금 이때까지 여러분은 우리 교회가 운영하는 신학교를 통해 700명 이상의 말씀 사역자를 온 나라에 보냈습니다. 오, 그들이 한결같이 자신의 사역에 신실하기를 바랍니다! 여러분이 운영하는 선지자 학교에서 훈련받은 사람들이 사역하고 있는 교회들이 많습니다. 주님이 그들과 함께 하시기를 위해 기도하십시오. 여러분이 운영하는 고아원의 고아들이 잘 자라고 있습니다. 오, 그들이 주님을 섬기는 후손들이 되기를 바랍니다! 여러분 가운데 신앙 서적 판매인들이 경건한 책들을 들고 곳곳을 다니고 있습니다. 오, 하나님의 능력이 그들의 힘든 수고에 함께 하기를 기원합니다! 복음 전도자로 수고하는 여러분들의 말이 수많은 사람들에게 들려지고 있습니다. 하늘에서 그들에게 기름이 부어지도록 간구하십시오. 이곳에서 선포되는 설교는 우리나라의 말로만 출판되는 것이 아니라 그 중 많은 설교들이 다른 나라의 언어로 번역되어 광범하게 읽혀지고 있습니다. 이것은 영원히 무시하지 못할 수단입니다. 이 모든 것과, 말하지 않을 더 많은 것을 저는 자랑으로 말하는 것은 아닙니다. 오히려 우리가 책임을 통감하고 겸손해지고, 이 책임을 감당할 수 있도록 하나님의 능력을 간구하기를 바랄 따름입니다. 만약 성령이 우리와 함께 하신다면 이 모든 것은 놀라운 결과를 일으킬 것입니다. 그러나 성령이 함께 하시지 않는다면 ― 그리고 우리가 거룩하고 경건하고 진지하고 그리스도를 사랑하는 백성이 아니라면, 성령이 우리와 함께 하시지 않겠지요 ― 아무런 결과를 얻지 못할 것입니다. 우리의 전신갑주가 되어야 할 것이 우리의 삶의 무덤이 되어버리면 우리의 행위는 오히려 짐이 되고 말 것입니다. 저는 다른 누구보다 이것을 더 절실하게 느끼고 있습니다. 왜냐하면 주님이 저를 도와주시지 않았다면 저는 이 막중한 사역을 위해 재원을 모금하고 사용하는 일에 짓눌려 박살이 나고 말았을 테니까요.

사랑하는 성도 여러분, 저는 여러분의 기도가 있기 때문에 하나님의 말씀을 전파해야 할 의무를 여러분에게 강력하게 역설합니다. 만일 하늘 아래 수많은 사람들 속에서 기도하기 위해 끊임없이 만나는 사람들이 있다면, 우리가 바로 그들입니다. 비록 여러분 가운데 이 점에 대하여 둔감한 사람이 있다고 해도 저는 여러분이 기도하기 위해 모이는 것을 즐거워한다고 말하고 싶습니다. 이런 점에서 여러분은 저의 기쁨이자 면류관입니다. 하나님께서 그것을 축복해 주실 것입니다! 그러나 아무리 하나님께 부르짖는다고 해도 하나님을 위해 수고하지 않는다면 그것은 얼마나 큰 위선일까요! 우리가 하나님께 영혼들을 구원해 달라고 기도해놓고 복음을 전파하기 위해 손가락 하나 까딱 하지 않는다면 무슨 소용이 있을까요! 이것이 올바른 모습입니까? 우리가 나팔을 벽에 걸어두고 "주여, 나팔이 소리를 내게 해주소서"라고 기도해야 하겠습니까? 아닙니다. 나팔 소리가 울려 퍼지기를 바란다면 정직한 마음으로 여러분의 입술에 나팔을 대십시오. 그리고 그 나팔에 여러분의 생기를 불어넣으십시오. 힘차게 여러분의 목소리를 높이십시오. 목소리를 높이십시오. 절대로 두려워하지 마십시오.

다시 말하지만, 시대의 타락에 엄숙하게 항의하는 일을 하는데 있어서 여러분은 저와 함께 보조를 맞추었습니다. 만사를 다 알고 계시는 분은 이 일이 저에게 어떤 대가를 치르게 했는지 알고 계십니다. 그러나 여러분의 사랑이 쓰라린 슬픔 속에 있을 때 제게 큰 힘이 되었습니다. 우리는 오류와 공모하는 자가 되어서는 안 될 것입니다. 복음의 능력의 자물쇠를 탈취해가는 블레셋 사람들을 도와서는 안 될 것입니다. 이에 저항하면서 삶을 통해 우리의 입장을 정당화해야 합니다. 우리는 아무리 작은 일이라도 특별히 하나님의 능력을 의지하지 않으면 수치를 당하게 될 것입니다. 나아가 진리 자체도 치욕을 당하게 될 것인데, 우리는 이것을 도저히 참을 수 없습니다. 복음이 진실로 사실이라면 그리고 우리가 복음을 조금도 의심하지 않는다면, 진리의 하나님께서 거룩하신 팔로 우리를 막아주심으로써 하늘에서의 표적과 보증을 우리에게 허락해 주시기를 기도합시다. 다시 말해, 오늘 저는 시대의 쇠락에 대하여 옛날 복음을 재천명함으로써 제단에 제물을 놓습니다. 불로 응답하시는 하나님, 그분을 하나님으로 모십시다! 불의 혀가 내려와 여러분에게 머물기를 바랍니다! 런던에서든 땅의 맨 끝에서든 저와 함께 여러분이 열정으로 불타오르고 사랑으로 뜨거워지기를 바랍니다. 한때 바알에게 미혹되었던 사람들이 "여호와 그는 하나님이시로다! 여호와 그는 하나님이시로다!"라고 외칠 때까지 도랑 속의 물이 불길에 핥아져 없어지고, 전체 제물이 하늘에서 내려온 불로 타 없어지기를 바랍니다. 그리스도의 대리적 속죄가 땅에서 승리를 거두고, 항상 그랬던 것처럼, 주의 영광을 드러나게 하는 진리가 되기를 바랍니다. 주께서 그렇게 하시기를 기원합니다. 그러므로 여러분 모두도 그 일을 위해 수고하십시오.

저는 오늘 죄인들에게 설교하지 않았습니다. 이번에는 여러분에게 설교합니다. 여러분 각자가 주의 말씀을 전파함으로써 "우리는 아무 말도 할 것이 없노라"라고 말할 수 있도록 이 짐을 여러분에게 맡깁니다. 하나님께서 예수님을 위하여 그렇게 해주시기를 기원합니다! 아멘.

제
3
장

—

경험의 요약과 신학의 본체

—

"그들이 우리에 대하여 스스로 말하기를 우리가 어떻게 너
희 가운데에 들어갔는지와 너희가 어떻게 우상을 버리고 하
나님께로 돌아와서 살아 계시고 참되신 하나님을 섬기는지
와 또 죽은 자들 가운데서 다시 살리신 그의 아들이 하늘로
부터 강림하실 것을 너희가 어떻게 기다리는지를 말하니 이
는 장래의 노하심에서 우리를 건지시는 예수시니라."

— 살전 1:8-9

데살로니가에서 회심하고 신앙을 가진 자들이 나온 것은 주목할 만한 일이
었습니다. 바울은 명성도 없고, 친구도 없이 가장 비천한 상황 속에서 그곳에 왔
습니다. 왜냐하면 빌립보에서 매를 맞고 옥에 갇혀 있다 금방 도망쳐온 신세였
기 때문입니다. 그러나 하나님의 대사는 어떤 상황에 있든 간에 그것이 문제는
아니었습니다. 연약한 도구를 사용하여 큰 일을 행하시는 하나님께서 자신의 종
인 바울의 말에 복을 베푸셨습니다. 의심할 것 없이 바울은 동족들에게 복음을
전하기 위해 회당에 들어갔을 때 그들을 그들이 갖고 있던 성경으로 설명함으로
써 예수님이 그리스도라는 사실을 그들에게 납득시킬 수 있었습니다. 그러나 바
울은 불과 몇몇 사람만이 성경을 상고하고 그 점에 대하여 판단을 해볼 것이라
는 것을 곧 깨달았습니다. 대신 그들 대다수는 그렇게 하기를 거부했습니다. 그
렇게 볼 수 있는 이유는 바울이 데살로니가에서 피신한 곳인 베뢰아의 유대인들

에 대하여 다음과 같은 기사를 보기 때문입니다. "베뢰아에 있는 사람들은 데살로니가에 있는 사람들보다 더 너그러워서 간절한 마음으로 말씀을 받고 이것이 그러한가 하여 날마다 성경을 상고하므로"(행 17:11). 바울은 동족에게 실망을 한 것이 틀림없었습니다. 사실 바울은 그런 일을 종종 겪었습니다. 바울의 마음은 동족에 대하여 감정적으로 따스했지만 그들의 마음은 바울에 대하여 무척 냉혹해서 바울을 변절자와 배교자로 간주하고 거부했습니다. 그러나 바울은 유대인들에게는 실패한 것처럼 보였지만 이방인들에게는 놀라운 성공을 거둔 것이 분명했습니다. 이방인들은 살아 계신 하나님을 섬기기 위해 자기들의 우상을 버렸고, 그들의 돌아섬은 유대인들이 바울과 실라를 "천하를 어지럽게 하던 이들"이라고 비난할 정도로 주목할 만한 현상이었습니다.

　당시에는 실천적 무신론이 크게 만연되어 있었고, 그러기에 사람들이 자기들의 우상을 버리고 살아 계신 하나님께 돌아서는 일은 정말 놀라운 일이었습니다. 그 일은 데살로니가 전역에서 화제가 되었고, 유대인들은 폭력을 행사함으로써 이 일을 더 유명하게 만드는데 일조했습니다. 왜냐하면 폭도들이 떼를 지어 다니고, 야손의 집에 침입한 사건으로 말미암아 소문이 더욱 가속화되었기 때문입니다. 누구나 이 초라한 세 명의 유대인의 갑작스런 등장과 회당에서의 그들의 주목할 만한 가르침과 수많은 경건한 헬라인들의 회심과 회심한 자들 가운데 상류층 여성들이 많은 것에 대하여 말했습니다. 그토록 많은 사람들이 즉각 제우스와 헤르메스 신에 대한 숭배를 포기하고 보이지도 않고 형상도 없는 미지의 하나님을 경배하고, 십자가에 못 박혀 죽으신 예수님의 나라에 들어간 것은 결코 작은 일이 아니었습니다. 그것은 마게도냐와 아가야 전 지역을 뒤흔들었습니다. 그것은 나팔 소리처럼 그 지역의 모든 거주자를 일깨웠습니다. 데살로니가에서 온 모든 배가 그 도시를 뒤흔들고 있던 이상한 소동에 대한 소식을 전해왔습니다. 사람들은 종교에 관심을 갖게 되고, 과거의 신념을 포기하고 새롭고 더 나은 신앙을 추구했습니다. 대규모 교역의 중심지로서 로마 제국의 대로 가운데 한 곳에 위치한 데살로니가는 이제 복음의 중심지가 되었습니다. 참된 회심이 있는 곳은 어디나 크든 작든 이런 식으로 복음이 울려 퍼지는 역사가 있을 것입니다. 데살로니가는 특히 더 그랬습니다. 그러나 그것은 하나님의 영이 사람들을 악의 쓰레기 속에서 들어올리고, 술 취함과 부정직과 부정함과 세속화 속에서 건져내고, 위대하신 주님을 위해 거룩하고 진실한 사람으로 만드는 모든 교회에서 똑같이 사실입니다. 은혜가 승리할 때 화제가 되는 것은 당연합니다. 이 화제는 복음 전파에 큰 도움을 줍니다. 사람들이 복음의 결과를 통해 복음에 끌리도록 주의를 집중시키는 것은 결코 작은 일이 아닙니다. 왜냐하면 생각이 깊은 사람들이라면 교훈을 그 결과를 통해 판단하는 것이 자연스러우면서도 타당하기 때문입니다. 만약 말씀 사역을 통해 무척 유익한 결과가 일어난다면 편견이 사라지고 극렬한 반대자들도 잠잠하게 될 것입니다.

여러분은 이 전반적인 화제 속에서 회심한 자와 복음 전도자들이 함께 섞여 있는 것을 알아차렸을 것입니다. "그들이 우리에 대하여 스스로 말하기를 우리가 어떻게 너희 가운데에 들어갔는지와." 저는 설교자가 자신을 통해 회심했다고 고백하는 사람들과 자신을 구분하는 것이 가능한지 잘 모르겠습니다. 설교자는 그들의 영혼을 사랑할 때 그들과 기꺼이 하나가 되지만, 그들의 전체 행동에 대해서는 책임을 질 수 없다는 것도 깨닫게 될 것입니다. 어느 사역자의 영향으로 회심했다고 고백하는 사람들은 그 사역자에게 어떤 반대자보다 큰 해를 끼칠 수 있는 힘을 갖고 있습니다. 세상 사람들은 거짓 신앙 고백자를 발견했을 때 "그것 봐라! 이것이 그 설교의 결과가 아니냐?"고 혹평합니다. 저는 그들이 잘못 판단하는 것이라고 생각합니다. 그러나 대부분의 사람들이 매우 성급하게 그렇게 판단하고, 반대편의 논리는 조금도 검토하지 않을 것입니다. 다른 많은 사람들이 악의적으로 판단하는데 더 열심이기 때문에 매우 사소한 진실이나 아무것도 아닌 풍문에 따라 설교자와 설교자의 교훈을 냅다 비판합니다. 하나님을 위해 순결한 삶을 살고 있는 사람이라면 누구나 자신을 회심으로 이끈 복음과 자신이 속해 있는 공동체, 그리고 진리에 대한 지식을 갖게 한 설교자의 설교에 대하여 영예를 돌리기 마련입니다. 그러나 무익한 신봉자들의 경우를 보면 그 반대가 사실입니다.

성도 여러분, 이 사실을 부디 명심하기 바랍니다. 만약 여러분이 불명예를 초래하면 여러분의 악한 행실로 여러분의 목사도 비난을 받습니다. 저는 여러분 가운데 한 사람도 자신의 명성에 대해서는 흠집을 남길지언정 여러분의 목사에게 수치와 고통을 안겨주고 싶어하지 않을 것이라고 확신합니다. 오, 우리는 바울이 다음과 같이 말하고 있는 사람들과는 상관이 없기를 바랍니다. "내가 여러 번 너희에게 말하였거니와 이제도 눈물을 흘리며 말하노니 여러 사람들이 그리스도의 십자가의 원수로 행하느니라 그들의 마침은 멸망이요 그들의 신은 배요 그 영광은 그들의 부끄러움에 있고 땅의 일을 생각하는 자라"(빌 3:18-19). 이런 사람들은 교회 안에 있을 때 저주가 됩니다. 데살로니가 교회 교인들은 그렇지 않았습니다. 그들은 바울이 그들이 행한 일에 자신을 연루시키는 것이 부끄럽지 않은 사람들이었습니다. 바울은 외부의 사람들이 "우리에 대하여 스스로 말하기를 우리가 어떻게 너희 가운데에 들어갔는지와 너희가 어떻게 우상을 버리고 하나님께로 돌아와서 살아 계시고 참되신 하나님을 섬기는지와 또 죽은 자들 가운데서 다시 살리신 그의 아들이 하늘로부터 강림하실 것을 너희가 어떻게 기다리는지를 말했다"고 기쁘게 말했습니다.

　　여기서 이에 대한 생각을 멈추고, 잠시 이 두 구절이 특별히 풍부하게 제게 미친 영향에 대하여 살펴보도록 하겠습니다. 이 본문 속에서는 바다처럼 많은 교훈이 발견됩니다. 첫 세기 당시 교부들은 "나는 성경의 무한성을 찬미한다"고 습관적으로 외쳤습니다. 이 말은 제가 성경을 공부할 때 제 입에서도 끊임없이 흘러나왔습니다. 성경책은 단순한 책이 아니고, 책들의 어머니, 진리의 광산, 의미의 산입니다. 알렉산드리아 도서관을 파괴할 때 이슬람교도들은, 도서관 안에 있는 모든 좋은 것은 이미 코란 속에 들어 있고, 따라서 이 도서관은 허물어도 좋다고 주장했는데, 미련한 말이 아닐 수 없습니다. 그러나 영감받은 하나님의 말씀에 대하여, 영생에 관련된 모든 것이 다 그 안에 들어 있다고 말한다면, 그 말은 사실입니다. 영감받은 하나님의 말씀은 어느 누구도 측량할 수 없는 계시로, 하늘과 땅, 시간과 영원을 모두 포괄하고 있습니다. 그것이 무한자에 의해 기록되었다는 최고의 증거는 그 자체의 무한성에 있습니다. 아주 넓은 공간을 충분히 향기롭게 할 수 있는 향수가 단지 몇 방울의 장미유 속에 농축되어 있는 것처럼, 그 말씀 몇 마디 속에 헤아릴 수 없는 숨겨진 의미가 들어 있습니다.

　　우리가 살펴보고 있는 본문의 첫 번째 부분은 그리스도인의 경험의 요약을 담고 있습니다. 그리고 두 번째 부분에는 신학의 본체가 포함되어 있습니다. 여기에는 충분한 방과 공간이 있습니다. 이 주제를 다 파헤치는 것은 불가능합니다.

1. 경험의 요약

　　본문의 첫 번째 부분은 그리스도인의 경험의 요약을 담고 있습니다. "우리가 어떻게 너희 가운데에 들어갔는지와 너희가 어떻게 우상을 버리고 하나님께로 돌아와서 살아 계시고 참되신 하나님을 섬기는지와." 여기서 우리는 그리스도인의 일대기의 축소판을 봅니다.

첫째, 이 부분은 말씀이 안으로 들어간 것에 대한 언급으로 시작됩니다. "우리가 어떻게 너희 가운데에 들어갔는지와." 우리가 말씀을 전할 때 여러분은 먼저 말씀을 듣고, 그런 다음에 말씀이 받아들여집니다. 이것이 매우 바람직한 상황입니다. 그러나 외적인 귀로 듣는 것은 상대적으로 사소한 일입니다. 또는 최소한 거기서 따라나올 수 있는 결과 때문에 큰 의미를 갖게 되는 것입니다. 설교자는 어떤 사람이 귀를 기울이고 듣는다고 하더라도 설교자는 그가 문 밖에 있다고 느낍니다. 설교자는 그가 문을 두드리고, 안으로 들어와 듣기를 바랍니다. 그러나 진리는 아직 받아들여지지 않고, 문은 여전히 닫혀 있고, 입장은 허용되지 않으며, 설교자는 문 밖에 있는 사람에게 말씀을 전하는 것으로 결코 만족할 수 없습니다. 그는 말씀을 위해 안으로 들어가기를 바랍니다.

그리스도가 마음속에 들어오시기 전에는 결코 열매는 없습니다. 저는 다음과 같은 장면을 본 적이 있었습니다. 문이 약간 열려 있었는데, 안에 있는 사람이 사자(使者)를 보더니 그가 무슨 말을 하는지 더 상세히 들어보려고 나왔습니다. 그러나 그는 문고리를 걸어 두고 있거나 손으로 문고리를 꽉 잡고 있었습니다. 환대를 바라고 있는 사자를 안으로 맞아들일 준비가 되어 있지 않기 때문입니다. 왕의 사자는 문이 조금이라도 열리면 안으로 발을 들여놓으려고 수시로 시도했습니다. 하지만 결코 성공하지 못했고, 격렬한 힘으로 문이 강하게 닫힐 때 고통스러운 상처를 입는 것을 피할 수 없었습니다. 우리는 계속 반복해서 메시지를 들고 찾아갔지만, 성벽으로 둘러싸인 도시를 포위하고 들어가려고 애를 쓰고 있으나 문에서 끌려 나가는 사람들과 같았습니다. 그러나 결국은 보상을 받았습니다. 왜냐하면 성령께서 완악한 마음을 부드럽게 녹이셨을 때 성문이 저절로 열리고, 우리는 기쁘게 환영을 받았기 때문입니다. 우리는 다음과 같이 진심으로 외치는 소리를 들었습니다. "진리 속에 들어가게 해주세요! 복음 안에 들어가게 해주세요! 그리스도 안에 들어가게 해주세요! 그리스도 안에 있는 것은 무엇이든 우리는 기꺼이 받아들이겠습니다. 그리스도께서 요구하는 것은 무엇이든 기꺼이 드리겠습니다. 그리스도께서 우리에게 제공하는 것은 무엇이든 기쁘게 받겠습니다. 어서 오십시오. 환영합니다! 손님방이 준비되어 있습니다. 어서 들어와 우리 집에 영원히 거해 주십시오!"

진리는 들어갈 때 고유의 방법을 갖고 있습니다. 그러나 일반적으로 진리는 먼저 지성에 영향을 미칩니다. 그러면 그 사람은 이렇게 말합니다. "나는 그것을 알고 있다. 하나님이 얼마나 의로우신지, 또한 하나님은 예수님을 믿는 자를 의롭게 하시는 분이라는 것을 알고 있다. 나는 내가 짊어져야 할 죄를 그리스도께서 짊어지실 수 있다는 것을 알고 있다. 또 내가 예수 그리스도를 믿으면 내 죄가 그리스도의 속죄로 말미암아 제거되리라는 것을 알고 있다." 많은 사람들에게 바라는 것은 이 근본 진리를 이해하는 것입니다. 왜냐하면 그들의 지성은 하나님이 진리를 받아들이도록 준비하신 것이기 때문입니다. 단지 진리를 명확히 만들어 놓으십시오. 그러면 배고픈 사람이 빵 조각을 쥐듯이 그들은 진리를 붙잡게 됩니다. 그들은 우리 주 예수님의 복음 속에서 자기들이 오랜 세월 고대해 왔던 바로 그것을 발견하고, 그리하여 진리는 지성의 문을 통해 마음속에 들어갑니다.

이어서 진리는 일반적으로 양심 곧 도덕적 진리에 작용하는 이성인 양심에 역사하기 시작합니다. 그 사람은 자신을 죄인으로 보고, 이전에 알고 있지 못했던 죄책을 발견하고, 그래서 그리스도의 죄 사함의 은혜를 받아들일 준비를 하게 됩니다. 그는 하나님을 생각하지 않고, 하나님을 사랑하지 않고, 하나님을 섬기지 않고 살아온 것이 극악한 죄라는 것을 봅니다. 그는 이 무관심이 얼마나 무례한 것인지 느낍니다. 두려워 떨립니다. 율법이 선하다는 것에 동조합니다. 그리고 율법이 자기를 정죄한다면 정죄받아 마땅한 존재라는 것을 인정합니다.

이렇게 진리 곧 하나님의 말씀이 지성 속에 들어가 양심에 영향을 미치면, 다음에는 일반적으로 감정을 자극합니다. 경외감이 일깨워지고, 소망이 솟아납니다. 그 사람은 전에는 결코 느끼지 못했던 것처럼 느낍니다. 그의 전체 인간성은 하늘의 매력에 홀린 상태가 됩니다. 그의 참된 육체는 깜짝 놀란 영혼에 보조를 맞추어 활동합니다. 그는 놀라고 두려워하며, 울고 떨며, 바라고 의심합니다. 이렇게 감정은 결코 잠잠하지 않습니다. 범사에 활력이 넘칩니다. 눈에서 눈물이 흐르면 그는 눈물을 닦아내지만 곧 또 눈물을 흘리게 됩니다. 회개는 이 파수꾼을 차례로 불러냅니다. 그토록 교만했던 사람이 깨어지고, 그토록 완고했던 사람이 부드러워집니다. 구주를 보내주신 하나님의 사랑, 허물과 불법과 죄를 간과하시는 헤아릴 수 없는 하나님의 은혜, 이것들은 회개하는 자를 놀라게 하고 압도합니다. 그는 이전에는 철석같이 단단했지만 자신이 갑자기 해체되는 것을 발견합니다. 왜냐하면 말씀이 그 속에 들어가 부드럽게 하시는 능력으로 역사했기 때문입니다.

드디어 진리가 들어가는 일은 완료됩니다. 왜냐하면 진리가 인간 영혼의 중앙 성곽을 함락시키고 그의 마음을 포로로 잡기 때문입니다. 전에는 복음을 미워했던 사람이 이제는 복음을 사랑합니다. 처음에는 반대가 되는 것을 두려워하는 마음이 있으나 복음이 자신의 것이 되기를 바라면서 복음을 사랑합니다. 또 복음이 자기에게 복이 되지 않으면 어떡하나 하는 두려움을 갖고 있으나 사랑하고 바라는 일이었습니다. 이윽고 그 사람은 진리를 붙잡기로 마음먹고, 영생을 얻으라고 명령하는 말씀에 용기를 얻습니다. 자신의 땅을 파다 보물을 발견한 사람은 처음에는 다른 사람이 자기 것이라고 주장하지 않을까 불안한 마음으로 주위를 둘러봅니다. 그리고 곧이어 자신의 보물을 조심스럽게 살펴봅니다. 그리고 마지막으로 그 보물을 품에 안고 자신의 집으로 돌아옵니다. 이것은 복음에 대해서도 마찬가지입니다. 사람이 지성을 통해 복음을 발견하면 곧 자신의 가슴 속에 복음을 품습니다. 그리고 복음이 일단 마음속에 들어가면 대(大)원수도 다시는 복음을 거기서 꺼낼 수 없을 것입니다. 오, 이처럼 복음이 들어가는 일이 일어나 이 자리에 참석한 사람들 가운데 아직 구원받지 못한 모든 사람이 영적 삶을 새롭게 시작할 수 있기를 바랍니다.

그러면 다음에는 어떤 단계가 올까요? 예, 다음 두 번째 단계는 회심입니다. "그들이 우리에 대하여 스스로 말하기를 우리가 어떻게 너희 가운데에 들어갔는지와 너희가 어떻게 우상을 버리고 하나님께로 돌아와서 살아 계시고 참되신 하나님을 섬기는지와." 전환 곧 결정적인 전환이 이루어졌습니다. 그 사람은 이전에는 부주의한 삶을 살았고, 이전에는 죄와 불신앙 속에서 살았습니다. 그러나 이제는 그만둡니다. 결연히 돌아섭니다. 그리고 그때까지 등을 돌렸던 방향으로 돌아섭니다. 회심은 자신이 사랑했던 것으로 미워하고 자신이 미워했던 것을 사랑하는 것으로 완전히 돌아서는 것입니다. 회심은 지성과 의지의 행위 및 행실을 통해 하나님께 단호하게 그리고 확실하게 돌아서는 것입니다. 어떤 의미에서 우리는 수동적으로 돌아서게 됩니다. 그러나 다른 의미에서 보면, 이 데살로니가 교회 교인들처럼 우리는 능동적으로 돌아섭니다. 회심은 여러분이 돌아서야겠다고 생각하거나 돌아설 것이라고 약속하거나 또는 돌아서겠다고 결심하는 것이 아니라 말씀이 여러분의 마음속에 진실로 들어간 결과 실제로 그리고 진실한 행위로 돌아서는 것입니다. 여러분은 개혁으로 만족해서는 안 됩니다. 혁명이 있어야 합니다. 옛 왕좌는 몰락하고 새 왕이 등극해야 합니다. 여러분은 그렇게 하고 있습니까?

이 데살로니가 교회 교인들은 자기들의 우상에서 돌아섰습니다. 여러분은 우상을 갖고 있지 않다고 제게 말할 수 있겠습니까? 다시 한 번 생각해 보십시오. 그러면 아마 확실히 그렇지는 못할 것입니다. 런던의 거리는 물신(物神) 숭배로 가득 차 있으며 거의 모든 거주지가 우상들로 득실거리는 사당입니다. 물론 대다수 사람들이 금송아지 우상 대신 휴대하기 좋은 형태로 만든 금을 숭배합니다. 금과 은으로 만든 자그마한 고리 형태의 우상을 많이 숭배합니다. 어떤 사람들을 그런 것들을 매우 열렬하게 숭배하고, 그것들의 힘을 높이 평가합니다. 저는 이런 미국제 우상들을 "전능자"란 별칭으로 부르는 것을 들었습니다. 금을 숭배하지 않는 사람들은 대신 지위, 명성, 쾌락 또는 명예를 숭배할 것입니다. 대부분의 사람들이 자기를 숭배하고, 저는 사람이 자신을 받침돌 위에 올려놓고 그 앞에서 절하며 그것을 숭배하는 것보다 더 타락적인 우상 숭배 형태는 없다고 생각합니다. 여러분이 신명을 바쳐 여러분 자신을 숭배하는 것은 고대 이집트 사람들이 고양이와 악어를 숭배하는 것과 다를 바가 없습니다. 가장 미개한 족속이 세워 놓은 나무 형상도 우리가 자신을 숭배하는 것보다 더 추하거나 부패한 것은 아닐 것입니다.

사람들은 바쿠스(술의 신)를 여전히 섬기고 있습니다. 그렇지 않다고 말하지 마십시오. 당연히 거리 구석마다 바쿠스 신전이 있습니다. 다른 모든 매매는 가게나 창고로 만족하는데, 이 악마는 자신의 궁전을 갖고 있고, 그 안에서 질펀한 술잔치를 벌이며 자신의 영예를 쏟아 붓습니다. 우리 속에는 아직도 부정과 악덕의 신들이 진을 치고 있습니다. 이런 일들이 은밀하게 행해지고 있는 것은 입으로 말하기조차 수치스러운 일일 것입니다. 심지어는 소문이 나는 것을 좋아하지 않는 많은 사람들이 육체의 정욕을 숭배하고 있습니다. 우리는 이 땅에서 많은 신과 많은 주인을 갖고 있습니다. 하나님께서 복음에 대한 설교를 통해 많은 사람들이 이런 우상들로부터 돌아서는 것을 우리가 볼 수 있도록 역사하시기를 기원합니다. 만약 하나님보다 다른 어떤 것을 더 사랑한다면, 여러분은 우상 숭배자입니다. 만약 여러분에게 하나님을 위하여 포기하지 못하는 어떤 것이 있다면, 그것이 바로 여러분의 우상입니다. 만약 여러분이 하나님의 영광을 추구하는 것보다 더 열렬하게 추구하는 어떤 것이 있다면 그것도 여러분의 우상이고,

회심은 이런 모든 우상으로부터 돌아서는 것을 의미합니다.

그러나 그것으로 충분한 것은 아닙니다. 왜냐하면 어떤 사람들은 한 우상에서 다른 우상으로 돌아섭니다. 그들은 바쿠스를 숭배하지 않는다면 술을 입에도 대지 않는 대신 금송아지를 숭배함으로써 탐욕적인 사람이 될 것입니다. 사람들은 탐욕을 버린다면 때때로 방탕한 낭비자로 돌아섭니다. 그러므로 거짓 신들을 바꾼다고 해서 구원의 길로 바꾸는 것은 아닙니다. 우리는 하나님께 돌아서고, 하나님을, 오직 하나님만을 의지하고, 사랑하고, 영화롭게 해야 합니다.

회심 다음 단계는 **섬김**입니다. 우리는 참된 회심을 할 때 "살아 계신 참 하나님을 섬기게" 됩니다. 하나님을 섬기는 것은 하나님을 예배하는 것, 하나님께 순종하는 것, 자신의 전 존재를 하나님의 존귀와 영광을 위해 성별시키며, 하나님의 헌신적인 종이 되는 것을 의미합니다.

사랑하는 성도 여러분, 우리는 "살아 계신" 하나님을 섬겨야 합니다. 많은 사람들이 여전히 죽은 하나님을 섬기고 있습니다. 그들은 하나님이 자기들의 기도를 들으신다고 느끼지 못합니다. 자기들의 마음과 삶에 대하여 역사하시는 하나님의 영의 능력을 느끼지 못합니다. 그리고 주님을 염두에 두고 있지 않습니다. 그들에게 주님은 기쁨의 대상이 아닙니다. 그렇다고 두려움에 삶을 약화시키는 대상도 아닙니다. 그들에게 하나님은 비현실적이고 비활동적인 존재입니다. 그러나 진실로 회심한 자는 모든 곳에 계시는 살아 계신 하나님께 돌아서고, 그분의 임재는 그의 삶 전체에 영향을 미칩니다. 그는 이 하나님을 경배하고 순종하고 섬겨야 합니다.

그러므로 여기서 참 하나님을 섬기는 것이 하나의 단계로 추가됩니다. 참 하나님을 거짓으로 섬길 수는 없습니다. 많은 사람들이 분명히 거짓 신을 섬깁니다. 왜냐하면 그들은 마음에도 없이 기도하고, 그것은 거짓 기도이고, 영과 진리로 예배를 받아야 할 대상인 참 하나님에게는 부당한 일이기 때문입니다. 사람들의 삶이 거짓되고 가식적일 때 진리의 하나님을 합당하게 예배하는 것이 아닙니다. 삶이 영혼의 참된 결과가 아닐 때, 삶이 유행의 영향을 받고, 여론의 지배를 받고, 이기적인 동기로 제한을 받고, 인간적인 칭찬에 대한 사랑으로 규제를 받을 때, 그 삶은 거짓입니다. 사람이 자신의 의지에 반하여 행동하는 것은 사실상 자발적인 행동이 전혀 아닙니다. 만약 의지가 바뀌지 않는다면 그 사람은 회심한 것이 아니고, 그의 신앙생활은 참된 것이 아닙니다. 참 하나님을 인정할 만하게 섬기는 사람은 기쁨으로 그분을 섬깁니다. 그에게 죄는 비참이고, 거룩함은 행복입니다. 이것이 우리가 회심한 자들에게서 기대하는 섬김의 본질입니다. 우리는 반역자들이 아들이 되는 것을 보고 싶습니다. 오, 사람들을 죄의 종에서 의의 종으로 돌아서게 하실 수 있는 성령의 거룩한 연금술이여!

지금까지의 삶의 진행 단계를 조심스럽게 확인해 봅시다. 먼저 말씀이 안에 들어가 회심을 일으킵니다. 회심은 다시 섬김을 일으킵니다. 이 순서를 바꾸지 마십시오. 만일 여러분이 말씀이 여러분 속에 들어오는 일 없이 회심한 자라면, 여러분은 회심하지 않은 것입니다. 또 말씀에 의해 돌아서는 일이 없이 말씀을 받았다고 고백한다면 여러분은 말씀을 받은 것이 아닙니다. 그리고 회심하지 않고 하나님을 섬긴다고 자랑한다면, 여러분은 하나님을 섬기는 것이 아닙니다. 이 세 가지 단계는 서로 밀접하게 연계되어 있습니다.

네 번째 단계는 그리스도인의 일대기를 완결시키는 마지막 단계인데, 그것은 바로 기다림입니다. "그의 아들이 하늘로부터 강림하실 것을 너희가 어떻게 기다리는지를." 기다림으로 이어지지 않는 회심은 거짓 회심이고, 아무 소용이 없을 것입니다. 사랑하는 성도 여러분, 우리는 신앙의 거룩한 인내로 기다립니다. 우리 주 그리스도 예수와 함께 시작한 우리는 그리스도 안에 거하고 있습니다. 우리는 먼저 믿고, 그런 다음에는 기다립니다. 우리는 구원을 단지 잠깐 동안의 신앙을 필요로 하고, 이후에는 모두 끝나는 일시적인 사건으로 보지 않습니다. 구원은 평생의 업무입니다. 우리는 순간적으로 구원을 받지만 한평생 두렵고 떨림으로 구원을 이루어 갑니다. 구원받은 자는 계속 구원받아야 하는데, 모든 죄와 모든 악에서 날마다 구원받아야 합니다. 우리는 주님을 기다리며, 주님이 주신 삶의 능력을 새롭게 해야 합니다. 종이 주인을 기다리듯이 또는 신하가 왕을 기다리듯이 우리는 주님을 기다려야 합니다.

이 기다림은 또한 장래의 삶을 형성합니다. 기다리는 사람은 현재의 보상에 따라 살지 않고 다가올 날의 보상에 따라 살아갑니다. 이것이 그리스도인의 표지로서, 그리스도인은 자신의 삶을 시간보다 영원 속에 바치고 자신의 시민권을 땅이 아니라 하늘에 두고 있는 사람입니다. 그리스도인은 깨어서 기다리게 만드는 믿음의 소망을 받았습니다. 그리스도인은 주 예수님이 다시 오시는데, 그것도 속히 오실 것으로 기대합니다. 그리스도인은 주님이 하늘로 올라가신 것에 대하여 읽고, 그것을 믿습니다. 그리스도인은 주님이 하늘로 올라가실 때와 같은 방법으로 다시 오실 것이라고 알고 있습니다. 그리스도인은 주님의 재림을 조용한 소망을 갖고 기다립니다. 그리스도인은 재림이 언제 있을지는 모르지만 주인이 돌아오시는 것을 기다리는 종처럼 깨어서 기다립니다. 그리스도인은 그 일이 오늘 일어날 수 있기를 바랍니다. 그러나 내일 일어난다고 해도 놀라지 않습니다. 왜냐하면 항상 하나님의 아들의 오심을 고대하고 갈망하고 있기 때문입니다. 주님의 오심이 그리스도인이 고대하는 보상입니다. 그리스도인은 사람들에게서 보상을 기대하지 않습니다. 심지어는 하나님에게서도 현세에서 땅의 것으로 받는 보상은 기대하지 않습니다. 왜냐하면 그는 장차 나타날 것 곧 영원하고 무한한 것에 관심을 두고 있기 때문입니다. 그리스도가 오실 때 곧 그리스도를 받아둔 하늘이 그분을 다시 땅으로 보내실 때 그리스도는 세상을 공의로, 그의 백성들을 그의 진리로 판단하고, 그리하여 우리의 시대는 열리고 우리의 그림자는 사라질 것입니다. 참 신자는 이처럼 임박한 미래를 안고 삽니다. 참 신자의 소망은 보좌에 앉으신 예수님 곧 집결한 우주 앞에서 면류관을 쓰신 예수님과 함께 하는 것입니다.

회심한 자는 이 상태에 이미 이르렀고, 자기의 구원을 확신하게 됩니다. 회심한 자가 처음에 마음의 문을 약간 열어 두었을 때 어떤 일이 일어났는지 주목해 보십시오. 왜냐하면 바울은 회심한 자를 장차 임할 진노에서 구원받을 자로 묘사하고 있기 때문입니다. 그러므로 회심한 자는 주 예수 그리스도의 재림을 거룩한 기쁨을 갖고 기다립니다. 이전에는 이것을 두려워했지만 지금은 주님이 나타나실 때 자신이 의롭다는 것이 모든 사람 앞에 분명히 드러나리라는 것을 알고 있습니다. "그 때에 의인들은 자기 아버지 나라에서 해와 같이 빛나리라 귀 있는 자는 들으라"(마 13:43). 따라서 회심한 자는 "주 예수여 오시옵소서!"라고 외칩니다. 회심한 자는 주님의 나타나심이 미루어지기보다는 앞당겨지기를 바랍니다. 그는 하나님의 아들들의 나타남을 고대하며, 고통을 겪고 있는 피조물과 같은 마음을 갖고 탄식합니다. 또 구주의 영광의 날을 위해 구속받은 모든 무리와 함께 부르짖습니다. 그날이 자신의 파멸을 보장하는 날이 아니라 자신의 충분한 구원을 드러내는 날이라는 것을 철저히 확신하고 있지 않다면 그는 그렇게 할 수 없었을 것입니다.

지금까지 여러분은 그리스도인의 일대기를 간략히 요약한 이야기를 들었습니다. 단순히 인간이 쓴 글이었다면 이처럼 짧은 구절 속에 이처럼 많은 내용을 담는 것이 불가능할 것이라고 저는 생각합니다. 이 구절은 작은 상자 속에 헤아릴 수 없는 부(富)를 담고 있는 것과 같습니다. 여러분은 이 사실을 이해하고 있습니까? 이것이 여러분의 삶의 요약입니까? 그렇지 않다면, 오늘 아침에 주님이 자신의 말씀을 여러분 속에 들여보내시고, 그럼으로써 여러분이 이제는 예수 그리스도를 믿고 그리스도의 영광스러운 재림을 기다릴 수 있는 자로 삼아 주시기를 바랍니다.

2. 신학의 본체

이제 이 중대한 기록의 두 번째 부분을 간략히 살펴보기를 원하는데, 힘들더라도 인내하며 들어주시기를 부탁드립니다. 여기서 우리는 앞부분보다 더 작지만 내용이 알찬 본문을 접하게 됩니다. 아주 작은 그릇 속에 신학의 본체가 압축되어 담겨 있습니다. "죽은 자들 가운데서 다시 살리신 그의 아들이 하늘로부터 강림하실 것을 너희가 어떻게 기다리는지를 말하니 이는 장래의 노하심에서 우리를 건지시는 예수시니라."

신학의 본체를 시작할 때 여기서 저는 먼저 그리스도의 신성을 봅니다. "그의 아들을 기다리는지를." "그의 아들." 하나님은 가장 좁은 의미에서 볼 때 단 한 아들을 두고 계십니다. 주 예수 그리스도는 모든 신자에게 하나님의 자녀가 되는 권세를 주셨지만, 모든 신자가 하나님의 자녀가 된다는 것은 그리스도, 오직 그리스도만이 하나님의 아들이라는 의미와는 다른 의미입니다. "하나님께서 어느 때에 천사 중 누구에게 너는 내 아들이라 오늘 내가 너를 낳았다 하셨으며 또다시 나는 그에게 아버지가 되고 그는 내게 아들이 되리라 하셨느냐"(히 1:5). "또 그가 맏아들을 이끌어 세상에 다시 들어오게 하실 때에 하나님의 모든 천사들은 그에게 경배할지어다 말씀하시며"(히 1:6). 성부와 성자의 영원한 부자관계는 꼬치꼬치 파고들지 않는 것이 더 좋은 신비에 속하는 문제입니다. 그 사실을 믿으십시오. 하지만 여러분이나 저나 확실히 그것이 어떻게 그렇고, 또 어떻게 그럴 수 있었는지 설명하는 것이 합당하지 않습니다. "하나님이시고, 아버지의 본질을 갖고 계시며, 모든 피조물보다 앞서 나신" "지극히 높으신 이의 한 아들"이 계시는데, 그분은 우리가 온 마음을 다해 경배하고, 더없이 참되신 하나님으로 인정하는 분입니다. 특히 축도할 때마다 그렇게 말함으로써 우리는 그분을 성부 및 성령과 함께 복을 베푸시는 한 하나님으로 간주합니다.

본문에서 이와 병행하여 찾아볼 수 있는 신학의 본체는 그리스도의 인성입니다. "죽은 자들 가운데서 다시 살리신 그의 아들이." 사람은 반드시 죽습니다. 하나님은 절대로 죽지 않으십니다. 그러므로 그리스도는 친히 우리의 멸망할 육체를 취하고, 사람의 모양이 되셨습니다. 그리하여 기꺼이 우리를 위하여 극한의 고통을 겪고, 십자가에 못 박혀 죽으시고, 심지어는 죽은 자들과 마찬가지로 장사되기도 하셨습니다. 그리스도는 "이성적인 영혼과 인간의 육체를 가진 존재로 생활하신" 진정한 인간이었고, 우리는 이 점을 믿어 의심치 않습니다. 요즘에는 이 문제에 대한 논란이 거의 없지만 오랜 세월 전에는 이 문제에 대하여 왈가왈부가 많았습니다. 사람들이 의심하지 않거나 어리둥절하지 않을 만큼 그렇게 분명한 일이 어디 있겠습니까? 그러나 우리로서는 우리를 경외심으로 가득 채우는 그리스도의 신성에 대해서나 우리를 기쁨으로 사로잡는 그리스도의 인성에 대해서는 의심의 여지가 전혀 없습니다. 그리스도는 하나님의 아들이고, 동시에 마리아의 아들입니다. 하나님으로서 그리스도는 "불멸하고 불가시적인" 분입니다. 그러나 우리를 위하여 그리스도는 사람들과 천사들에게 나타나셨고, 가멸적인 존재로서 고통을 받고 죽음을 당하셨습니다. 그리스도는 진실로, 진실로 인간이 되셔서, 우리의 구원을 위해 고난당하고, 십자가에서 죽으시고, 아리마대 요셉의 무덤에 장사되셨습니다.

이제 본문에 나타나 있는 세 번째 신학의 본체를 주목합시다. 그것은 우리 주님의 신성과 인성의 연합입니다. 왜냐하면 바울은 주님을 하늘로부터 강림하실 하나님의 아들로서 그리고 죽으신 분으로 묘사하지만, 거기에 "예수시니라"고 덧붙이기 때문입니다. 여기서 이 말은 곧 알려지고 분리되지 않은 하나의 인격을 가리킵니다. 비록 주님이 하나님이자 인간이라고 할지라도 그분은 둘이 아니라 한 그리스도이십니다. 우리의 은혜롭고 경배받으실 주님은 오직 한 인격을 갖고 계십니다. 주님은 하나님이십니다. 주님은 사람이십니다. 곧 완전한 하나님이시면서 동시에 완전한 인간이십니다. 이 자격으로 예수 그리스도는 하나님과 사람 사이에 유일한 중보자이십니다. 이에 대해서도 교회 안에서 많은 오해가 있었습니다. 그러나 이 자리에 참석한 여러분 가운데 그런 오해를 하는 사람은 아무도 없을 것으로 믿습니다. 우리는 신성과 인성의 연합 속에 있는 주 예수 그리스도를 사람들의 유일한 구주로 경배합니다.

나아가 본문에서 우리는 우리 자신에 대한 교리 곧 인간은 본질상 죄책이 있다는 사실이 매우 분명하게 함축되어 있음을 확인합니다. 왜냐하면 그렇지 않으면 사람들은 예수님을 구주로 필요로 할 이유가 없기 때문입니다. 사람들은 잃어버린 존재이고, 따라서 하늘에서 땅으로 오신 그분은 "자기 백성을 그들의 죄에서 구원할 자이시기에" 예수라는 이름을 갖게 된 것입니다. 성도 여러분, 그러므로 우리가 신적 진노 아래 있었던 것이 분명합니다. 그렇지 않다면 "이는 장래의 노하심에서 우리를 건지시는 예수시니라"는 말씀이 나올 수 없었을 것입니다. 지금 구원받은 우리도 이전에는 "다른 이들과 같이 진노의 자녀"였습니다. 그리고 구원받았을 때 우리가 "여호와여 주께서 전에는 내게 노하셨사오나 이제는 주의 진노가 돌아섰고 또 주께서 나를 안위하시오니 내가 주께 감사하겠나이다"(사 12:1)라고 노래하는 것이 적절합니다. 우리는 죄책이 있고, 그렇지 않다면 우리는 구주의 죽음을 통한 속죄가 필요 없었을 것입니다. 우리는 잃어버린 존재이고, 그렇지 않다면 우리는 잃어버린 자를 찾아 구원하실 분을 필요로 하지 않았을 것입니다. 또 우리는 소망 없이 상실된 존재였습니다. 그렇지 않다면 하나님께서 친히 우리의 구속을 강력하게 이루시려고 우리의 본성을 취하실 이유가 없었을 것입니다. 본문에는 이 진리가 들어 있고, 지금 제가 여기서 언급할 수 있는 것보다 더 명확하게 들어 있습니다.

그러나 본문에서 이번에 살펴볼 신학의 본체는 복음의 근본 진리 가운데 하나인데, 그것은 주 예수 그리스도께서 이 타락한 사람들을 위하여 죽으셨다는 것입니다. 그리스도가 죽지 아니하셨다면 죽은 자로부터 다시 살 수도 없었을 것입니다. 그 죽음은 고통스럽고 수치스러운 죽음이었습니다. 그러나 동시에 대속의 죽음이었습니다. "그가 살아 있는 자들의 땅에서 끊어짐은 마땅히 형벌 받을 내 백성의 허물 때문이라"(사 53:8). 그리스도의 죽음 속에 우리의 구원의 본질이 들어 있습니다. 저는 여러분이 그리스도의 삶을 그분의 죽음과 분리시키지 않기를 바랍니다. 그리스도의 삶은 그분의 죽음을 핵심 요소의 하나로 삼고 있으니까요. 왜냐하면 어떤 면에서 우리가 삶을 시작하는 순간부터 죽기 시작하는 것처럼 이 슬픔의 사람도 죽음을 위한 삶을 사셨고, 그분의 삶은 그분의 고난을 철저히 준비한 삶이었기 때문입니다. 그리스도는 자신이 받기로 되어 있던 세례를 갈망하면서 죽기 위해 사셨고, 그 세례를 향해 나아가셨습니다. 그러나 예수님이 우리의 죄를 제거하신 것은 특히 십자가에서의 죽음을 통해서였습니다. 피흘림이 없으면 죄에 대한 사함도 없습니다. 그리스도께서 자신을 우리를 위하여 속죄 제물로 주지 아니하셨다면 그리스도의 눈물도, 그리스도의 수고도 우리를 구속할 수 없었을 것입니다. "그분이 죽으시든지 아니면 공의가 죽거나" 인간이 죽어야 합니다. 전체 구원 역사를 이루신 것은 그분이 머리를 숙이고 자신을 죽음에 내어주신 것 때문이었습니다. "다 이루었다"는 말씀은 그리스도께서 피 흘리고 죽으시지 않았다면 나올 수 없는 말씀이었습니다. 그리스도의 죽으심이 우리의 생명입니다. 우리는 항상 이 핵심 진리를 고수해야 하고, 우리가 부활하신 그리스도, 다스리시는 그리스도, 또는 다시 오시는 그리스도에 대하여 설교할 때에도 이 진리들이 십자가에 못 박혀 죽으신 그리스도를 가리지 않도록 설교해야 할 것입니다. "우리는 십자가에 못 박히신 그리스도를 전합니다." 어떤 이들은 "우리는 영광의 그리스도를 전합니다"를 기치로 내세웁니다. 물론 우리도 똑같이 설교합니다. 하지만 우리에게는 죄인이 예수님에 대하여 가져야 할 첫 번째 가장 중요한 관점은 세상 죄를 지고 가는 하나님의 어린 양으로서의 관점으로 보입니다. 그러므로 우리는 동시에 하나님의 자녀의 복된 소망, 즉 하늘에서 곧 내려오실 영광의 그리스도도 잊지 않고 설교하지만 무엇보다 첫 번째로 십자가에 못 박히신 그리스도를 설교합니다.

본문에서 발견하는 그 다음 신학의 본체는 아버지께서 그리스도의 죽음을 인정하셨다는 것입니다. "그런 말씀이 어디 있습니까?"라고 여러분은 물을 것입니다. 그러나 자, 보십시오! "죽은 자들 가운데서 다시 살리신." 아버지는 예수님을 죽은 자로부터 다시 살리셨을 뿐만 아니라 특별히 그 일에 개입하셨습니다. 하나님은 하나님으로서 그리스도를 죽은 자로부터 다시 살리심으로써 그리스도의 속죄 제물을 받아들였다는 증거를 제공하셨습니다. 때때로 우리가 다음과 같이 찬송하는 것처럼 그것은 사실입니다.

"예수님이 빚을 갚지 아니하셨더라면
그는 결코 자유를 얻지 못하였으리라."

예수님의 보증 계약이 해지되지 않았다면, 자기 백성에 대한 모든 책임을 말소시키지 아니하셨다면, 그 보증은 지금도 여전히 구속력을 갖고 있습니다. 그러므로 "예수는 우리가 범죄한 것 때문에 내줌이 되고 또한 우리를 의롭다 하시기 위하여 살아나셨느니라"(롬 4:25)는 말씀이 기록되어 있는 것입니다. 그리스

도께서 영광스럽게 죽은 자로부터 다시 살아나신 사건 속에는 우리가 받아들여
졌다는, 곧 사랑하시는 분 안에 받아들여졌다는 보증이 들어 있습니다. 사랑하
시는 분 자신이 확실히 받아들여진 것은 하나님이 그분을 죽은 자로부터 다시
살리셨기 때문입니다.

또한 우리는 이 외에도 많은 교리를 담고 있는 본문 속에서 또 하나의 신학의
본체를 발견합니다. 그것은 우리 주님의 부활에 대한 교리입니다. 이 교리에 대해
서는 그리스도의 속죄 제물이 받아들여진 사실을 언급할 때 다루었습니다. 그리
스도는 죽은 자로부터 부활하셨습니다. 그러므로 여러분은 주 예수 그리스도가
지금도 여전히 죽어 계신 것처럼 생각하지 않기를 바랍니다. 겟세마네와 골고다
와 가바다에 대하여 묵상하는 것도 좋습니다만 빈 무덤과 엠마오와 갈릴리와 감
람산도 기억하기를 바랍니다. 예수님이 영원히 십자가에 달려 있거나 무덤 속에
계시는 것으로 생각하는 것은 잘못입니다. "여기 계시지 않고 살아나셨느니라"
(눅 24:6). 여러분은 "주님이 누워 계셨던 곳을 가서 볼" 수 있지만 주님은 더 이
상 그곳에 계시지 않습니다. 주님은 사망의 사슬을 끊어버렸고, 그 결박은 그분
을 묶어둘 수 없었습니다. 왜냐하면 하나님의 거룩하신 분이 썩는 것을 보는 것
은 가능한 일이 아니기 때문입니다. 예수님이 죽은 자로부터 부활하신 것은 기
독교를 역사적 기초 위에 세워 놓고, 동시에 모든 신자의 죽은 자로부터의 부활
을 보증하는 사실 중의 사실입니다. 그리스도는 부활의 첫 열매이고, 우리는 그
추수입니다.

나아가 본문 속에는 그리스도의 승천 교리가 담겨 있습니다. "그의 아들이 하
늘로부터 강림하실 것을 너희가 어떻게 기다리는지를." 예수님은 분명히 하늘에
계십니다. 그렇지 않다면 하늘로부터 강림하실 수 없을 테니까 말입니다. 그리
스도는 우리의 선구자로 우리보다 앞서 올라가셨습니다. 자신의 안식과 상을 위
해 올라가셨습니다. 구름이 그분을 가리어 보이지 않게 되었습니다. 그리스도는
자신의 영광 속에 들어가셨습니다.

우리 시인이 천사들에 대하여 다음과 같이 노래했을 때, 그 노래가 옳다는 것
을 저는 의심치 않습니다.

"천사들이 그의 병거를 위로 이끌어
　그가 자신의 보좌에 앉게 한 후에

승리의 날개를 퍼덕이면서
'영광의 일을 다 이루었다!'고 외쳤네."

그리스도의 승천으로 우리에게 성령이 임하게 되었습니다. 그리스도는 "사로잡혔던 자들을 사로잡으시고 사람들에게 선물을 주셨고," 또 성령을 아버지의 궁정에 기쁘게 들어가신 선물로 주심으로써 땅에 있는 사람이 전투를 마치고 돌아온 승리자의 기쁨에 참여할 수 있도록 하셨습니다. 그 기쁜 날에 부르는 노래는 바로 이것이었습니다. "문들아 너희 머리를 들지어다 영원한 문들아 들릴지어다 영광의 왕이 들어가시리로다"(시 24:7).

그러나 본문은 우리에게 그 이상의 사실을 말해줍니다. 곧 그리스도는 하늘로 올라가셨을 뿐만 아니라 그곳에 계속 머무르고 계신다는 것입니다. 데살로니가 교회 교인들은 그리스도가 "하늘로부터" 강림하시는 것을 고대하고 있었고, 그러므로 그리스도는 그곳에 계신 것이 틀림없었습니다. 그러면 그리스도는 그곳에서 무엇을 하고 계십니까? "내가 너희를 위하여 거처를 예비하러 가노니"(요 14:2). 또 그리스도는 거기서 무엇을 하고 계실까요? 그리스도는 보좌 앞에서 권세를 갖고 중보하고 계십니다. 또 무엇을 하고 계실까요? 그리스도는 거센 풍랑과 맞서 싸우며 바다 위에 떠있는 배와 같은 자신의 교회를 저 멀리 언덕에서 지켜보고 계십니다. 여러분은 한밤중에 그리스도께서 물 위를 걸어오시는 것을 보게 될 것입니다. 왜냐하면 그리스도는 노가 팽팽해지고, 늑재(肋材)에 물이 스며들고, 돛이 찢어지고, 기관사가 당황하고, 선원들이 공포에 질리는 모습을 다 알고, 우리에게 다가와 우리를 구원하실 것이기 때문입니다. 그리스도는 지친 자기 백성들에게 하늘의 구조대를 보내주십니다. 그리스도는 자신의 택함받은 자들의 구원과 자신의 목적의 성취를 위해 요구되는 모든 일을 주관하고 계십니다. 부디 그리스도의 복된 이름이 영화롭게 되기를!

예수님은 구원의 능력을 갖고 하늘에 계시는데, 이 교리 역시 본문에 나타나 있습니다. "그의 아들이 하늘로부터 강림하실 것을 너희가 어떻게 기다리는지를 말하니 장래의 노하심에서 우리를 건지시는 예수시니라." 각 동사의 격이 현재 분사이기 때문에 저는 뒷부분의 번역을 다음과 같이 바꾸겠습니다. "이는 장래의 노하심에서 우리를 건지고 계시는 예수시니라." 그리스도는 이 순간에도 구원하고 계십니다. "그러므로 자기를 힘입어 하나님께 나아가는 자들을 온전히 구원하실 수 있으니 이는 그가 항상 살아 계셔서 그들을 위하여 간구하심이라"(히 7:25). 그리스도는 멀리 하늘에 계시지만 우리와 분리되어 계시는 것은 아닙니다. 그리스도는 거기 계시기 때문에 여기 계시는 것보다 더 잘 일하고 계십니다. 그리스도는 여기 이 땅에 계실 때 섬김과 고뇌에서 벗어나신 적이 없고, 가장 잘 지켜보고 도울 수 있는 위치에 계셨습니다. 전투할 때 진두지휘하며 전투를 승리로 이끄는 위대한 지휘관처럼 예수님도 우리를 진두지휘하며 도우십니다. 예수님은 천군천사의 사령관으로 자신의 천사들에게 영적인 도움을 필요로 하는 곳이라면 어디든 날아가 도와줄 것을 명하십니다. 저는 믿음으로 그리스도께서 땅 한가운데에서 승리하시는 장면을 목도합니다. 나의 하나님, 나의 왕이시여, 당신은 주도권을 갖고 영광스럽게 모든 일을 행하고 계시고, 머지않아 전투의 신음 소리와 다툼 소리는 전능하신 주 하나님을 높이는 할렐루야 소리로 끝나게 될 것입니다! 본문에는 분명히 그리스도께서 하늘에 계신다는 교리가 나타나 있습니다.

　본문에는 우리의 모든 시대를 지배해온 강력한 주제인 재림 교리가 두드러지게 선포되고 있습니다. "하늘로부터 강림하실 것을 너희가 어떻게 기다리는지를." 데살로니가전서의 모든 장은 재림으로 끝을 맺고 있습니다. 오, 나사렛 예수를 무시하는 경건하지 못한 사람들이여, 자신을 속이지 마십시오! 여러분이 나사렛 예수에 대한 생각을 바꿀 때가 반드시 올 것입니다. 예수님은 자신이 죽은 것만큼 확실하게 살아 계시고, 살아 계신 것만큼 확실하게 이 땅에 다시 오실 것입니다! 수많은 천군천사를 대동하고 자신의 모든 원수의 간담을 녹일 나팔 소리와 함께 예수님이 오시리라! 그리고 예수님이 오시면 심판의 시간이 있고, 죽은 자가 다시 살아나고, "각 사람의 눈이 그를 보겠고 그를 찌른 자들도 볼 것이요 땅에 있는 모든 족속이 그로 말미암아 애곡할 것입니다"(계 1:7). 예수님은 내일 오실지도 모릅니다! 우리는 예수님이 오실 때와 시기를 모릅니다. 때와 시기는 아버지의 소관입니다. 그러나 예수님이 오신다는 것은 확실하고, 또 경건하지 못한 자들에게는 밤의 도둑처럼 오실 것이라는 것도 확실합니다. 십자가에 못 박히셨을 때 예수님이 끝장 난 것처럼 여러분의 영혼을 감언이설로 속이지 마십시오. 여러분은 예수님을 거부하지만, 예수님은 이제 여러분을 다루기 시작한 것에 불과합니다. "그의 아들에게 입 맞추라 그렇지 아니하면 진노하심으로 너희가 길에서 망하리니 그의 진노가 급하심이라 여호와께 피하는 모든 사람은 다 복이 있도다"(시 2:12).

본문에서 추가로 찾아낼 수 있는 신학의 본체가 있다면, 그것은 그리스도는 구원자라는 사실입니다. "이는 장래의 노하심에서 우리를 건지시는 예수시니라." 이 이름은 얼마나 복된 이름입니까! 구원자시니 말입니다! 이 신나는 이름을 여러분의 가슴에 새기십시오. 예수님은 자원하여 죄의 형벌을 감당하심으로써 구원하십니다. 예수님은 자기를 의지하는 자들을 구원하셨고, 구원하고 계시고, 또 항상 구원하실 것입니다.

그러나 구원을 필요로 하는 상황이 있는데, 그것은 본문에 언급된 대로 장래의 노하심입니다. 어떤 사람은 "오, 장래의 노하심, 그것은 까마득한 나중 일이지요"라고 말할 것입니다. 그것이 까마득한 나중 일이라고 해도 이 일에 대비하는 것이 지혜롭습니다. 아무리 파멸이 멀리 있다고 해도, 파멸당할 자는 불안하다는 사실은 아주 확실합니다. 지혜로운 사람이라면 자신의 눈으로 예수님을 바라볼 수 있는 한, 황소가 먼 산 바라보는 것처럼 바라보는 것으로 만족해서는 안 됩니다. 왜냐하면 아무리 멀리 떨어져 있다고 해도 보이는 것은 확실하기 때문입니다. 그러나 여기에 언급되어 있는 노하심은 먼 미래의 일이 아닙니다. 본문은 예수님을 "장래의 노하심에서 우리를 건지시는 분"으로 말씀하는데, 여기서 장래의 노하심은 지금 임해 있는 노하심입니다. 왜냐하면 지금도 믿지 않는 자들에게 노하심이 임하고 있기 때문입니다. 그리스도를 거부한 유대인들에 대하여, 바울은 2장 16절에서 다음과 같이 말합니다. "우리가 이방인에게 말하여 구원받게 함을 그들이 금하여 자기 죄를 항상 채우매 노하심이 끝까지 그들에게 임하였느니라." 예루살렘의 포위와 이스라엘의 무지는 이 말씀에 대한 무서운 결론입니다. "악을 행하는 각 사람의 영에는 진노와 분노, 환난과 곤고가 있으리니 먼저는 유대인에게요 그리고 헬라인에게며"(롬 2:9). 그리스도 예수를 믿지 않는 모든 사람에게는 "하나님의 진노가 그 위에 머물러 있다"고 언급됩니다. "매일 분노하시는 하나님이시로다"(시 7:11). 이 노하심은 여러분 가운데 어떤 이에게도 머물러 있습니다. 불신자들에게 매일 임하고 있고, 만일 신자들도 속죄 제물을 통해 이 노하심에서 구원받지 못했다면 그들에게도 임했을 이 노하심에서 신자들이 구원받은 것은 큰 기쁨입니다.

본문에는 또 사람과 사람 간의 엄청난 분리에 대한 교리가 들어 있습니다. "우리를 건지시는 예수시니라." 모든 사람이 신앙을 갖고 있지는 않고, 그러므로 모든 사람이 노하심에서 구원받는 것이 아닙니다. 오늘날 이 차이는 엄연합니다. "이미 정죄 받은 사람들"과 "의롭게 된 사람들"이 함께 살아가고 있습니다. 하지만 머지않아 분리가 좀 더 명확해질 것입니다. 어떤 사람들은 영벌에 처해지게 될 것입니다. 그러나 하나님의 백성은 사함받고 면제받아 영원히 영광 속에 들어갈 것입니다.

마지막으로, 본문에는 확신 교리가 들어 있습니다. 어떤 이들은 "당신은 자신이 구원받은 것을 어떻게 아느냐?"고 묻습니다. 구원받은 것은 알려질 수 있습니다. 알려져야 합니다. 어떤 사람은 "사실 구원받은 것이 확실하다고 말하는 것은 추측에 지나지 않는다"고 말합니다. 그러나 자신이 노하심에서 구원받았다는 것을 알지 못하고 산다는 말이 억측입니다. 본문에서 바울은 "장래의 노하심에서 우리를 건지시는 예수시니라"고 말함으로써 구원을 잘 알려지는 사실로 말합니다. 바울은 "만일" 또는 "어쩌면"이라고 말하지 않고, 구원받은 것은 사실이라고 쓰고 있고, 그리하여 바울은 구원받은 것을 알고 있었으며, 우리도 구원받은 것을 알 수 있습니다. 성도 여러분, 여러분은 자신이 구원받은 것을 알 수 있습니다. 그래서 어떤 사람은 "구원받은 것 때문에 나는 말할 수 없이 행복하다"고 외칩니다. 정말 그렇습니다. 그것이 우리가 오늘 여러분이 자신이 구원받은 것을 알아야 할 이유 가운데 하나입니다. 하나님은 "믿는 자는 영생을 가졌다"(요 6:47)고 말씀하고, 그러므로 신자는 자신이 영생을 갖고 있다는 것을 확신할 수 있습니다. 결론적으로 저의 메시지는 "믿고 세례를 받는 사람은 구원을 얻을 것이요 믿지 않는 사람은 정죄를 받으리라"(막 16:16)는 것입니다. 하나님은 여러분이 그 두려운 운명을 피할 수 있도록 역사하십니다! 여러분이 예수님으로 말미암아 장래의 노하심에서 구원받기를 바랍니다! 아멘.

제
4
장

—

주목할 만한 세 가지 장면

—

"이러므로 우리가 하나님께 끊임없이 감사함은 너희가 우리에게 들은 바 하나님의 말씀을 받을 때에 사람의 말로 받지 아니하고 하나님의 말씀으로 받음이니 진실로 그러하도다 이 말씀이 또한 너희 믿는 자 가운데에서 역사하느니라 형제들아 너희가 그리스도 예수 안에서 유대에 있는 하나님의 교회들을 본받은 자 되었으니 그들이 유대인들에게 고난을 받음과 같이 너희도 너희 동족에게서 동일한 고난을 받았느니라." — 살전 2:13-14

바울은 데살로니가 교회에 편지를 쓸 때 매우 편안한 마음을 갖고 있는 것처럼 보입니다. 이처럼 호의를 갖고 있는 사람들에게 쓴 편지에서 바울은 자신의 마음속 깊은 감정을 숨기지 않습니다. 바울은 아주 편안한 마음을 느낄 때 더 잘 그렇게 하는 경향이 있습니다. 그것은 바울이 누구에게나 편함을 주지 못하는 폐쇄적인 사람이 전혀 아니기 때문입니다. 바울은 은혜를 모르는 사람들과 다툴 때에는 신랄한 말과 강렬한 주장을 노골적으로 드러내지 않습니다. 그러나 사랑하고, 마음을 나누고, 다정한 교회에 편지를 쓸 때에는 자신의 마음의 비밀을 숨기지 않고, 그들 앞에 자신의 은밀한 감정을 적나라하게 표현합니다. 저는 마치 우리가 오늘 밤에 바울과 인터뷰를 하는 것처럼 느낍니다. 곧 우리가 바울과 실라와 디모데가 있는 방에 함께 앉아 그들의 개인적인 대화를 듣고 있는 것처럼 느낍니다. 우리는 그들과 함께 원탁에 둘러앉아 그들이 하나님이 그들에게 맡기신 사역에 대하여 대화를 나누는 것을 듣고 있습니다. 심지어는 이 두 구절 속에서 우리는 이 거룩한 설교자들이 얼마나 복음을 사랑하고, 복음을 전하며, 복음이 청중들의 마음을 사로잡는 것을 목격했는지를 듣게 됩니다.

그들은 자기들의 활동이나 데살로니가의 친구들과 함께 나눈 경험에 대하여 말을 아낄 이유가 전혀 없었습니다. 그들은 처음부터 데살로니가 교회와 나눈 교분에 대하여 이야기할 수 있었습니다. 목사에게 자신의 마음을 기탄없이 토로할 수 있는 교회가 있다는 것은 행복한 일입니다. 경우에 따라 우리 주변의 사람들의 성격을 더 깊이 알 때까지 우리 자신의 마음을 드러내지 않는 신중함이 필요합니다. 이것은 결코 유쾌한 일이 아닙니다. 사실은 갑옷을 입고 있는 사람처럼 폐쇄적으로 인생을 사는 것은 고통스러운 일이고, 이런 사람은 방심하고 있을 때 누군가 자신을 해치지 않을까 염려해서 한 장의 철판이라도 떼어내려고 하지 않습니다. 오해받을 염려가 전혀 없기 때문에 형제가 자기 형제들 사이에서 느끼는 것과 같은 편안함을 느끼고, 아버지가 자기 자녀들 속에서 느끼는 것과 같은 안정감을 느끼는 교회가 이 땅에 있다는 것을 아는 것은 즐거운 일입니다. 오랜 세월 동안 수넴 여인이 "나는 내 백성 중에 거주하나이다"(왕하 4:13)라고 말한 것처럼 말할 수 있는, 이토록 편안한 교회를 만난 것은 저의 기쁨입니다. 여기서 본문으로 다시 돌아가 봅시다. 우리는 자유롭게 자신의 생각을 개진하는 바울의 모습 속에서 편안함을 발견합니다. 진실로 바울은 가장 흥미로운 세 가지 장면을 우리에게 보여주고 있다고 저는 생각하는데, 이 장면들을 주의 깊게 고찰해 보면 유쾌하고 유익한 시간이 될 것입니다. 이 세 가지 장면을 하나씩 살펴보도록 하겠습니다.

첫 번째 장면은 감사를 표현하는 사역자들의 모습입니다. "이러므로 우리가 하나님께 끊임없이 감사함은." 이어서 우리는 이에 대한 이유를 발견하는데, 거기서 두 번째 아름다운 장면을 보게 됩니다. 곧 말씀을 받는 청중들의 모습입니다. 바울은 이들에 대하여 이렇게 말합니다. "너희가 우리에게 들은 바 하나님의 말씀을 받을 때에 사람의 말로 받지 아니하고 하나님의 말씀으로 받음이니 진실로 그러하도다 이 말씀이 또한 너희 믿는 자 가운데에서 역사하느니라." 이 말씀 속에서 우리는 데살로니가 교회 그리스도인들의 마음을 들여다보는 창문을 발견하고, 이때 우리가 보는 것은 보석 진열장과 같습니다. 이어서 우리는 매우 흥미로운 세 번째 장면을 보게 되는데, 그것은 가족을 닮아가는 새로운 개종자들의 모습입니다. 이들은 더 오래된 교인들의 모습을 닮아가는 것으로 판명되었습니다. 유대 지역에서 아주 멀리 떨어져 있는 지역 곧 최초로 복음이 전파된 땅과 바다로 갈라져 있는 곳에서 태어난 데살로니가의 이방인들은 개종했을 때 유대인 개종자들과 놀라울 정도로 닮은 모습을 보여주었습니다. "형제들아 너희가 그리스도 예수 안에서 유대에 있는 하나님의 교회들을 본받은 자 되었으니 그들이 유대인들에게 고난을 받음과 같이 너희도 너희 동족에게서 동일한 고난을 받았느니라."

1. 감사를 표현하는 사역자들

이제 첫 번째 장면을 살펴봅시다. 여기서 우리는 조촐한 교제 모임으로 초대를 받습니다. 우리는 아늑한 방의 구석에 자리를 잡고 감사를 표현하는 사역자들을 바라볼 수 있도록 허용됩니다.

바울, 실라, 디모데가 작은 모임을 갖고 있습니다. 의심할 것 없이 주님이 그들과 함께 계시는데, 그것은 그들이 주님이 한 구성원이 되는 모임을 갖고 있기 때문입니다. 그들은 약속된 정족수를 채우고 있습니다. "두세 사람이 내 이름으로 모인 곳에는 나도 그들 중에 있느니라"(마 18:20). 이 세 명의 경건한 사역자들은, 헬라어로 말한다면, 거룩한 유카리스트 의식(감사 의식)이라고 부를 수 있는 예식을 치르고 있는 중입니다. "이러므로 우리가 하나님께 끊임없이 감사함은." 누가 됐든 하나님께 감사하는 장면을 보는 것은 즐거운 일입니다. 왜냐하면 불평으로 윙윙거리는 분위기는 탁하고, 불만과 탄식으로 얼룩진 길은 무겁기 때문입니다. 수고하고 열심 있는 그리스도의 사역자들이 함께 모여 감사하는데 시간을 보내는 장면을 보는 것은 유쾌한 일입니다. 왜냐하면 많은 사람들이 공론과 의심과 논쟁으로 시간을 허비하기 때문입니다. 우리는 옆으로 비켜서서 그들의 미소짓는 얼굴을 주목합시다! 이 선한 사람들이 어떤 사람이었는지 알아보고, 그들이 어떻게 이토록 감사하는 상태에 이르게 되었는지 확인해 보는 것은 우리에게 큰 유익이 될 것입니다.

첫째, 그들의 이 감사는 쓰라린 산고를 거친 후에 나온 것이라는 것을 주목해야 합니다. 밭을 갈거나 씨를 뿌린 적이 없으면서 "추수에 대하여 하나님께 감사해야겠다."고 말하는 것은 무익한 일입니다. 수고와 인내가 없이 추수할 수는 없을 것입니다. "눈물을 흘리며 씨를 뿌리는 자는 기쁨으로 거두리로다"(시 126:5). 하지만 씨 뿌리는 일과 눈물을 흘리는 일이 없으면 어떤 수확에 대한 약속도 있을 수 없습니다. 젊은 설교자들이 많은 사람을 회심으로 이끈 설교자를 부러워한다는 것을 잘 알고 있습니다. 그들이 그러는 것을 이상하게 생각하지 않습니다. 그러나 그들이 정말 쓰임받고 성공적인 사역자가 되기를 바란다면 그들이 부러워하는 다른 설교자들이 했던 것처럼 똑같이 해야 합니다. 그리스도의 진리와 나라에서는, 비록 경주가 순식간에 진행되고 끝나는 것은 아니지만, 그렇다고 해서 완만하게 진행되는 것도 아닙니다. 비록 구원이 바란다고 해서 또는 경주한다고 해서 주어지는 것은 아니지만, 그렇다고 해서 바라지 않고 경주하지 않은 사람에게 주어지는 것은 확실히 아닙니다. 우리는 얼마든지 원하는 대로 주저앉아 한탄할 수 있지만 그런 무기력한 상태에서는 아무 결과를 얻지 못할 것입니다. 죽은 벌은 은혜의 땅에서나 자연의 땅에서 꿀을 만들어 낼 수 없습니다. 그렇다고 소매를 걷어 붙이고 용감한 척하는 것만으로는 아무것도 이루어 낼 수 없습니다. 우리는 마음을 먹고, 계획을 세우고 할 수 있습니다. 또 제안을 하고, 기대할 수도 있습니다. 그러나 하나님의 이름으로 분발하거나 온 힘을 다해 사랑의 수고를 행함과 믿음으로 감당하지 않는다면 여러분의 기대와 제안은 열매를 맺을 능력이 없는 사과 꽃처럼 땅에 떨어지고 말 것입니다. 우리는 자연이 우리에게 제공하는 것보다 훨씬 더 큰 힘을 구하지 않는다면 실패하고 말 것입니다. 우리는 응답받을 때까지 결코 포기하지 않는 열정을 갖고 주님께 간구해야 합니다. 왜냐하면 이와 관련하여 "천국은 침노를 당하나니 침노하는 자가 빼앗기"(마 11:12) 때문입니다. 그렇습니다. 바울과 실라와 디모데인 여러분은 오랫동안 크게 힘쓰지 않으면 함께 둘러앉아 하나님께 감사하는 결과는 없게 될 것입니다. 여러분은 많은 수고와 산고를 겪으며 사람들에게 기꺼이 복음뿐만 아니라 필요하면 여러분 자신의 목숨까지도 나누어주지 않는다면, 결단코 여러분이 생각한 대로 함께 모여 즐거워하는 일은 없을 것입니다. 하나님께 감사하는 사역자들은 수고를 아끼지 않은 사역자들입니다.

그리고 그들의 이 사역은 거룩한 삶으로 뒷받침되었습니다. 왜냐하면 바울은 담대하게 "우리가 너희 믿는 자들을 향하여 어떻게 거룩하고 옳고 흠 없이 행하였는지에 대하여 너희가 증인이요 하나님도 그러하시도다"(2:10)라고 선포하기 때문입니다. 성도 여러분, 우리는 거룩한 삶을 통해 승리를 구하지 않는다면 결코 승리를 얻지 못할 것입니다. 여러분은 여러분이 가르치는 주일학교 학생들이 회심하는 것을 보고 싶을 것입니다. 자신이 속해 있는 교구가 복을 받기를 간절히 바랄 것입니다. 또 이 작은 선교 회관이 사람들로 가득 차 영혼들이 회심하는 것을 보고 싶을 것입니다. 그렇다면 여러분 자신의 삶을 돌아보는데서 사역을 시작하십시오. 그 사람의 존재가 그것에 의존하는 것처럼 그의 필생의 사역도 그것에 의해 결정될 것입니다. 우리가 갖고 있지 못한 것이 우리 속에서 나올 수는 없는 법입니다. 먼저 물주전자를 채워야 합니다. 그렇지 않으면 애타게 여러분에게 물을 달라고 구하는 사람들을 찾아가 그들의 잔을 채워줄 수 없습니다. 여러분이 은혜나 생명을 나누어주고 싶다면 먼저 여러분 자신 속에 은혜와 생명을 채워야 합니다. 하나님께서 여러분에게 그것을 주실 때 여러분은 그것을 여러분의 것으로 내놓을 수 있게 될 것입니다. 여러분 속에 생명수가 솟아나는 생명수의 샘이 있어야 하고, 그래야 "그 배에서 생수의 강이 흘러나오리라"(요 7:38)는 말씀이 여러분 속에서 이루어지게 될 것입니다. 인격적인 경건이 하나님을 섬기는 사역의 성공의 중심축입니다. 그것을 확신하십시오. 사역 자체 속에서 범하는 우리의 실수와 실책은 일반적으로 골방의 과실(過失)에서, 가정의 과실에서, 우리 자신의 영혼의 과실에서 비롯됩니다. 우리가 더 나은 사람이 된다면 우리의 사역도 그만큼 더 나아질 것입니다. 만약 우리가 하나님과 반대로 행한다면 하나님은 우리와 반대로 행하실 것입니다.

우리가 주님께 쓰임받기를 열망한다면 아무리 행동을 조심해도 지나칠 수 없습니다. 주님은 자신의 모든 종에 대하여 신경을 쓰시지만, 특히 섬김을 통해 자신을 영화롭게 하는 자들에게는 더 세밀하게 신경을 쓰십니다. "여호와의 기구를 메는 자들이여 스스로 정결하게 할지어다"(사 52:11). 주님이 자신의 평범한 종들에 대해서는 간과하시는 것을 더 큰 복을 베푼 종들에 대해서는 못 본 척 눈 감고 넘어가지 아니하실 것입니다. 그러므로 사랑하는 성도 여러분, 하나님의 기뻐하시는 종들은 하나님의 거룩한 종이 되어야 한다는 사실을 명심합시다. 그들이 거룩한 본보기가 되지 못한다면 자기 교인들의 순결함에 대하여 감사하게 되는 일은 벌어지지 아니할 것입니다. 이것 때문에 그리스도를 위한 모든 사역은 매우 엄숙하게 진행되어야 합니다. 우리는 항상 그렇게 생각하고, 그것을 사소한 것으로 여겨 결코 가볍게 취급하지 않으면서, 주인이 쓰기에 합당한 그릇으로 우리를 깨끗하고 적절하게 만들고 유지시켜 주시도록 이스라엘의 거룩하신 분께 간절히 기도합시다!

　사랑하는 성도 여러분, 여러분은 함께 만나 하나님께 감사를 드리고 있는 이 세 형제는 수고를 아끼지 않고, 거룩한 삶을 산 사람들이라는 것을 잘 알고 있습니다. 그러나 동시에 그들은 서로 축하할 때 감사로 자기들의 기쁨을 표현하는 이런 태도 속에 자기 칭찬과 같은 교만이 전혀 내포되어 있지 않다는 것을 주목하기 바랍니다. 바울도 실라도 디모데도 거기서 자기들의 영광은 조금도 취하지 않았습니다. 그들은 자기영광을 위해 또는 서로를 칭송하기 위해 함께 만난 것이 결코 아니었습니다. 그들은 하나님을 영화롭게 하고, 쉬지 않고 하나님께 감사했습니다. 우리도 이 거룩한 사람들을 본받읍시다. 성도 여러분, 주님께 크게 감사합시다. 만일 여러분의 가르침을 통해 한 영혼이 회심했다면 하나님께 감사하십시오. 만일 여러분의 주일학교 학급에서 또는 여러분 자신의 가정에서 회심하는 자가 있었다면 하나님께 감사하십시오. 우리는 감사가 부족하다고 저는 생각합니다. 우리는 복을 구하고, 받은 복에 대한 감사는 잊어버립니다. 우리의 감사는 충분하지 못합니다. 저는 지난 화요일에 자신을 꾸짖었습니다. 교회를 찾아온 많은 사람들 가운데 28명을 교회에 출석하도록 만든 것이 생각납니다. 얼마나 많은 숫자일까요! 저는 그날 그 사역으로 크게 피곤했고, 그래서 하나님을 찬양하고 찬송해야 할 때 피곤함을 느낀 것에 대하여 자신을 책망했습니다. 저의 연약함은 어쩔 수 없는 것이었지만, 그럼에도 불구하고 감사하는 것이 더 우선이라고 생각했습니다. 오, 그날 제 눈길이 28명의 회심자들에게 돌아가 있었던 것이 생각납니다!

　저는 지금도 이런 복을 위해서는 저의 모든 것을 희생할 수 있다고 느낍니다. 하나님께서 한 주 동안 그렇게 많은 사람들을 보내주셨고, 아울러 더 많은 사람들을 보내주실 수 있다는 증거를 주셨다고 생각해 보십시오! 이것이 즐거운 일이 아니고 무엇이겠습니까? 더 많은 수의 사람들이 계속 그리스도를 고백하러 나오고 있습니다. 당연히 우리는 이에 대하여 크게 기뻐해야 합니다. 온 교회는 이토록 많은 사람들을 보내주신 것에 대하여 하나님을 찬양하고, 더 많이 보내 달라고 기도해야 합니다. 20년의 사역을 통해 한 영혼을 구원으로 이끌었다고 하더라도, 우리는 우리가 춤추며 기뻐할 이유를 갖고 있고, 그 정도 수고는 아무 것도 아니라고 여길 수 있어야 합니다. 그런데 수백 명의 사람들이 교회에 더해졌다면, 삼층천에 올라간 것과 같은 즐거움이 우리에게 있어야 합니다. 야곱이 사랑하는 라헬을 드디어 아내로 맞이했을 때 그 간의 모든 고생을 잊어버린 것처럼, 우리도 영혼들이 구원받는다면 그동안 힘들고, 고통스럽고, 고생했던 것을 아무것도 아닌 것처럼 여겨야 합니다. 오, 영혼들을 하나님께 인도하기를! 그것을 생각할 때마다 또는 그것이 이루어지는 것을 볼 때마다 이 세 거룩한 사람들처럼 "이러므로 우리가 하나님께 끊임없이 감사하노라"고 말합시다.

이 감사가 사회적인 요소를 갖고 있었다는 점을 주목합시다. "우리가 하나님께 감사함은." 그들 모두가 감사하는 일에 동참했습니다. 그렇습니다. 만일 어디서든 한 영혼이 구원받게 되었다면 우리 모두 그것에 대하여 하나님께 감사해야 합니다! 저는 이번 주에 월워스 로드에서 열리는 특별 집회에서 몇 명이라도 그리스도께 나아가는 역사가 일어나기를 바랍니다. 그리고 그런 일이 일어나면 하나님께 영광을 돌립시다. 그들이 교인이 되는 것이 얼마나 중요합니까? 우리는 미국에서 무디 목사님을 비롯해서 다른 많은 사역자를 하나님이 축복하신 것에 대하여 듣습니다. 그것에 대해서도 하나님께 영광을 돌립시다! 어느 교회가 성공하든 그 성공은 곧 우리의 성공입니다. 모든 교회가 한 가족이니까요. 그러므로 그것에 대하여 하나님께 찬양합시다. 그러나 어떤 이들은 하나님이 다른 교파나 다른 설교자들을 축복하시는 것에 대하여 오히려 질시의 눈으로 바라보는데 익숙해져 있습니다. 우리는 이런 정신에 맞서 싸워야 합니다. 오, 성도 여러분, 하나님의 복을 가장 많이 받은 우리가 우리보다 더 낫고 더 유용한 사람들에게 뒤진다고 하면, 그것도 얼마나 큰 은혜입니까! 더 밝은 별들이 반짝거리고 있고, 그래서 더 많은 영혼들이 복된 빛을 본다면, 우리의 별은 멈추어도 괜찮습니다. 여러분 가운데 어떤 사람들에게 하나님이 복을 베푸셨다고 느낀다면 여러분은 그들에게 길을 기꺼이 비켜주고, 주님이 여러분보다 다른 어떤 사람들을 더 사용하신다면 깨끗한 길을 남겨두는 것이 좋지 않겠습니까? 만약 그렇게 느끼지 못한다면 저는 여러분이 주님의 영광에 철저히 참여하지 않기 때문에 주님께서 여러분을 그 길에서 완전히 퇴출시키지 않을까 두렵습니다. 우리가 아무리 목숨 걸고 헌신한다고 할지라도 그 헌신이 하나님께 영광이 될 수 없다면 조금도 쓰임받지 못하게 될 것입니다. 우리가 우리 자신은 쓰임받지 못하고 있는 상태에서 다른 사람들이 그리스도께 영광을 돌리는 것을 만족스러운 마음으로 바라볼 수 없다면, 그것은 자아가 약간이라도 남아 있다는 것이고, 어떻게든 그것을 제거하는데 주력해야 합니다.

　　어쨌든 우리는 즐거워하는 자들과 함께 즐거워하고, 우리 형제들의 성공을 축하해 줍시다. 하나님이 우리 모두를 통해 행하시는 모든 일로 하나님을 찬양하는데 있어서 우리가 모두 공동 참여자가 됩시다! 하나님이 우리에게 복을 베푸실 때 우리가 더 자주 함께 만나 "이러므로 우리가 하나님께 감사합니다"라고 말할 수 있다면 얼마나 행복한 일이 되겠습니까! 우리는 교회가 은혜로 구원받은 영혼들로 말미암아 할렐루야로 찬양할 때 모두 동참해야 합니다. 우리는 이 사람, 저 사람에게 성공을 할당하는 일로 시간을 허비해서는 안 됩니다. 즉시 하나님께 모든 영광을 돌립시다! 어떤 사람은 "그 일을 한 사람은 디모데였습니다"라고 말할 것입니다. 그러자 다른 사람이 "오, 아니지요. 나를 그리스도께 인도한 사람은 바로 실라였답니다"라고 응수합니다. 그러면 또 다른 사람이 이렇게 말합니다. "아! 하지만 나는 바울에게 듣는 것을 더 좋아합니다. 그가 수석 설교자입니다. 연소한 디모데, 그는 아무것도 아니지요. 실라는 바울 옆에 낄 수 없습니다." 이런 비교는 가증합니다. 이런 식의 대화는 악의적입니다. 왜냐하면 하나님의 종은 누구든 여러분 모두에게 속해 있고, 여러분은 그들에게서 취할 수 있는 유익은 모두 취해야 하지만 그들을 비교하고 대조하는 것은 하찮은 일이기 때문입니다. 그러므로 사역자들은 교인들이 서로 간에 충심으로 사랑하도록 함으로써 그들 사이에 이런 부질없는 말이 나오지 않도록 해야 합니다. 하나님의 종들이 함께 만나 자기들의 성과를 서로 나누고, 같이 수고해서 얻은 결과에 대하여 감사하는 것은 좋은 일입니다. "이러므로 우리가 하나님께 끊임없이 감사함은." 그렇습니다. 성도 여러분, 우리도 그렇게 합시다! 저는 오늘 밤 이곳에서 저와 함께 감사를 드릴 수 있는 사람들이 얼마간 있다는 것을 알고 있습니다. 왜냐하면 저는 그들을 생각할 때마다 충심으로 그들과 하나가 되기 때문입니다. 저는 그들로 말미암아, 저로 말미암아, 그리고 하나님의 모든 일꾼으로 말미암아 영혼들을 구원하시는데 있어서 하나님이 베푸신 놀라운 자비에 대하여 찬송하고 찬양할 것입니다.

　　여기서 한 가지 더 주목할 사항이 있습니다. 그것은 이것이 지속적인 감사였다는 것입니다. 왜냐하면 바울은 "이러므로 우리가 하나님께 **끊임없이** 감사함은"이라고 말하기 때문입니다. 하나님에 대한 우리의 감사는 한평생, 곧 증언을 담고 있는 은혜가 계속되는 한 지속되어야 합니다. 우리의 미국 친구들은 해마다 한 번씩 감사절을 지키고 있습니다만, 바울과 실라와 디모데는 데살로니가 교회 교인들을 생각하면서 일 년 내내 감사절을 지켰습니다. 그들은 마치 자기들이 데살로니가 교회 교인들에 대하여 하나님께 감사하는 것을 결코 그만둘 수 없는 것처럼 느꼈습니다. 왜냐하면 그들은 모든 교회가 이와 같이 행복한 상태에 있는 것이 아니라는 사실을 슬픈 경험을 통해 알고 있었기 때문입니다. 고린도 교회 교인들은 끊임없이 다투는 상태에 있었고, 그래서 바울은 근심하지 않을 수 없었습니다. 바울은 "하지만 괜찮다. 우리는 데살로니가 교회 교인들 때문에 하나님께 감사할 수 있으니까"라고 말합니다. 오, 하지만 갈라디아 교회 교인들이 있습니다! 그들은 유대화주의자 선생들의 미혹을 받아 궤도에서 이탈했습니다. 그들은 일종의 "현대 사상" 속에 빠져들었고, 옛날 정통 신앙을 버렸습니다. 그래서 바울은 이렇게 말합니다. "물론, 갈라디아 교회 교인들은 내게 짐이지요. 하지만 데살로니가 교회 교인들 때문에 하나님께 감사합니다." 그러므로 우리도 본분을 지킨 사람들에 대하여, 참된 사람들에 대하여, 신실한 사람들에 대하여 하나님께 감사해야 한다고 저는 생각합니다. 사역의 한 부분이 지지부진하고 열매가 없어 수금을 버드나무 위에 걸어놓고 있을 때에도 우리는 번창하고 있는 사역의 다른 부분에 대하여 끊임없이 주 우리 하나님을 찬양하고 그분께 감사드려야 합니다. 하나님의 이름을 널리 알리고 있는 자들로 말미암아 하나님을 찬양합시다. "이러므로 우리가 하나님께 끊임없이 감사함은 너희가 우리에게 들은 바 하나님의 말씀을 받을 때에."

이 감사의 정신을 통해 우리는 더 강해짐으로써 앞으로 주어질 수고를 더 잘 감당하게 됩니다. 그러므로 우리가 우리 자신에 대하여 한탄하기보다는 주님에 대하여 찬송합시다! 가장 낙심하는 순간에도 하나님에 대한 찬양을 찬탈하지 맙시다. "내 집이 하나님 앞에 이같지 아니하냐 하나님이 나와 더불어 영원한 언약을 세우사 만사에 구비하고 견고하게 하셨으니"(삼하 23:5). 사탄이 하늘에서 떨어지는 것을 보지 못하면 어떻습니까? 귀신들이 우리에게 굴복하지 않은 것처럼 보이면 어떻습니까? 그렇다고 할지라도 우리는 우리의 이름이 하늘에 기록된 것으로 즐거워합시다. 오, 하나님의 자녀들이여, 주님이 행하신 일에 의지하십시오. 그러면 어떤 어려움이든 담대하게 대처할 수 있을 것입니다! 주님이 행하신 일은 또 그분이 장차 행하실 일에 대한 증거가 됩니다. 그러니 절대로 굴복하지 말고 더 나은 때를 바라봅시다. 힘을 잃거나 후퇴하는 것은 꿈도 꾸지 맙시다. 절대로 "갈라디아 교회 교인들 때문에 그것을 포기하겠다"고 말하지 마십시오. 절대로 그렇게 말하지 말고, 데살로니가 교회 교인들 때문에 다시 그렇게 해보겠다고 말하십시오. 또 "고린도 교회 교인들 때문에 걱정 되고 지친다"고 말하지 마십시오. 절대로 그렇게 말하지 말고, 오히려 많은 데살로니가 교회 교인들이 말씀을 사람의 말이 아니라 하나님의 말씀으로 받은 것을 생각하고 마음을 기쁘게 갖고 인내하며 주님을 계속 섬기십시오. 할렐루야, 아직도 찬미해야 할 것이 남아 있습니다! 나팔을 갖고 오십시오. 우리는 잠잠해서는 안 됩니다. 주님이 살아 계시는 한 절대로 가만히 있어서는 안 됩니다. 여리고 성의 성벽은 우리의 두려움이 아니라 우리의 나팔 소리 앞에서 무너져 내릴 것입니다.

지금까지 저는 여러분에게 옛날 실내의 한 장면을 묘사했습니다. 거기서 여러분은 데살로니가의 회심한 자들을 생각하면서 하나님을 찬양하는 세 명의 선한 사람들을 보았을 것입니다.

아, 성도 여러분, 여러분은 우리 설교자들을 매우 행복하게 만들 수 있었습니다! 만약 여러분이 마음을 주님께 드렸다면 우리가 얼마나 신이 나고 위로가 되겠습니까! 그리고 주님을 사랑하는 여러분들이 나아와 여러분의 영혼을 위해 주님이 행하신 일에 대하여 말한다면 우리에게 엄청나게 큰 힘이 될 것입니다. 복을 받았다면 그것을 숨기지 마십시오. 만약 숨긴다면 여러분은 우리에게서 우리의 보상을 빼앗는 것입니다. 왜냐하면 하나님이 우리의 사역을 축복하셨다는 것을 아는 것으로 우리는 매우 많은 보상을 받은 것이기 때문입니다. 이것을 생각하고, 우리가 여러분의 유익을 위해 힘써온 것처럼 여러분도 우리를 공평하게 그리고 정당하게 대해 주십시오. 저는 이리를 사냥하는데 너무 힘든 시간을 보냈기 때문에 어린 양들을 지키고 양들이 자라는 모습을 지켜보는 은은한 기쁨을 누리는 것이 정말 좋습니다.

이제 사역자들에게서 사람들로 시선을 옮겨 살펴보겠습니다.

2. 말씀을 받는 청중들

우리가 살펴보아야 할 두 번째 장면은 말씀을 받고 있는 청중들입니다. 본문을 자세히 읽어 보겠습니다. "너희가 우리에게 들은 바 하나님의 말씀을 받을 때에 사람의 말로 받지 아니하고 하나님의 말씀으로 받음이니 진실로 그러하도다 이 말씀이 또한 너희 믿는 자 가운데에서 역사하느니라."

첫째, 이 사람들이 하나님의 말씀을 받았다는 것을 주목하십시오. 그들은 하나님의 말씀을 기쁘게 들었습니다. 하나님의 말씀을 듣기를 갈망했습니다. 그들은 하나님의 말씀을 듣되, 그것을 듣는데 심혈을 기울였습니다. 들을 귀와 준비된 마음을 갖고 있었습니다. 그들은 트집을 잡거나 문제를 삼거나 의심을 갖지 않고 하나님의 말씀을 받아들였습니다. 이와 같이 하나님의 말씀을 대하는 사람들을 교인으로 둔 설교자는 얼마나 행복하겠습니까! 만약 우리가 그런 교인들을 갖고 있지 못하다면 열심히 노력해서 그런 사람들을 모읍시다! 사람들이 듣거나 듣지 않거나 막론하고, 우리 주님의 메시지를 전해줍시다. 그러나 하나님이 우리에게 받아들일 준비가 된 청중들을 허락하신다면 때를 얻든지 못 얻든지 즉시 전합시다. 아무리 좋은 땅이라도 정말 부지런히 경작하고 씨를 뿌려야 합니다. 이곳에 모인 사람들 가운데 하나님의 말씀의 의미를 기꺼이 배우고, 알고 싶어 하고, 또 그 능력을 맛봄으로써 그 말씀을 기꺼이 받아들인 사람들이 많이 있는 것에 대하여 하나님께 감사합시다! 여러분 속에서 행하는 수고로 말미암아 우리는 소망으로 불타오르고, 기대로 힘을 얻게 됩니다.

　　그러나 이 사람들은 하나님의 말씀을 이중으로 받았습니다. 적어도 우리가 갖고 있는 번역 성경에는 "받다"는 말이 두 번 언급되어 있습니다. "너희가 우리에게 들은 바 하나님의 말씀을 받을(파랄라본테스) 때에 사람의 말로 (받지 아니하고) 하나님의 말씀으로 받음이니(에덱사스테)." 그러나 헬라어 원문을 보면, 이 두 말은 완전히 다른 단어입니다. 두 번째 "받았다"는 말은 아마 "영접했다"는 뜻으로 이해하는 것이 더 나을 것입니다. 따라서 "너희가 하나님의 말씀을 환영했다(영접했다)"는 뜻으로 이해한다고 해서 의미를 왜곡시킨다고 생각하지 않습니다. 그들은 먼저 열심히 듣는 것으로 하나님의 말씀을 받았습니다. 그들은 하나님의 말씀이 과연 어떤 것인지 알고 싶어했습니다. 그들은 하나님의 말씀을 주목하고, 그것을 이해하기를 원했습니다. 그들은 하나님의 말씀을 들었을 때, 즐거워하면서 "오, 예, 예, 예, 이것이 우리가 원하는 바로 그것입니다!"라고 말했습니다. 그들은 하나님의 말씀을 포옹했습니다. 그러니까 이 말은 "그들은 하나님의 말씀을 포옹했다"고 이해할 수 있습니다. 그들은 자기들의 팔로 하나님의 말씀을 끌어안고 놔주지 않았습니다. 그들은 복음에 호의적이고, "들어오라. 그대는 주님의 복된 말씀이니, 우리 마음속에 들어와 거하라!"고 말했습니다. 그들은 주의 말씀에 찬성하고 동의했습니다. 그들은 처음에는 복음을 평가했지만 나중에는 믿음으로 복음을 붙잡았습니다. 그들은 외국 땅에서 배가 고파도 사람들에게 그 사실을 납득시키지 못하다 사람들이 먹고 싶은 음식의 메뉴판을 가져오는 순간 확실하게 "바로 그 음식을 주시오"라고 말하는 배고픈 사람과 같았습니다. 이와 같이 우리 주변에 복음을 갈망하는 사람들이 있다는 것에 대하여 하나님께 감사합시다! 그들은 사람들이 복음을 전하기만 하면 언제든지 들을 준비가 되어 있습니다. 그리고 그들은 복음을 접하면 진실한 심정이 되어 왕성한 식욕을 갖고 말씀을 받아먹습니다.

저는 말씀을 사모하는 사람들을 먹이는 것이 얼마나 기쁜 일인지 모르겠습니다! 그것은 정말 큰 즐거움입니다. 영적으로 배고픈 사람들은 하늘 양식을 환영합니다. 그들은 하늘 양식을 자기 속으로 섭취하고 자기들의 영혼이 갈망하는 양식으로 삼습니다. 오, 영혼을 먹이는 설교가 전해지고, 사람들이 그것을 받아먹기 위해 열심히 듣는 것은 얼마나 복된 일일까요! 충만한 그리스도와 비어 있는 죄인들이 만나는 날은 얼마나 행복하겠습니까! 사랑하는 성도 여러분, 만약 여러분 가운데 누군가가 복음을 알지 못하고 — 진실로 알지 못하고 — 영이 괴롭고 안식할 수 없고 불행하다면, 복음이 무엇인지 아는 것은 참으로 복된 일이라는 것을 저는 확신합니다. 여러분 가운데 많은 이가 여러분에게 선포되는 교훈이 하나님의 복음이라는 것을 여러분이 진실로 깨달을 때 여러분은 그것을 영혼 속에 받아들이고, "이와 같은 것은 어디에도 없다. 이것이야말로 우리가 한평생 애타게 찾고 있던 바로 그것이 아니던가"라고 말하는 상태 속에 있다는 것을 저는 굳게 확신합니다. 여러분 가운데 하나가 다음과 같이 말하는 것을 저는 듣습니다. "나는 오랫동안 이것을 찾아 헤맸다. 그와 같은 것이 있을 것이라고는 생각지도 못했다. 그것이야말로 내게 딱 맞다. 열쇠가 자물쇠에 맞는 것처럼 내게 꼭 맞다. 마치 나를 위해 만들어진 것처럼 내 영혼의 방의 모든 자물쇠에 다 들어간다."

성도 여러분, 예수 그리스도의 복음을 받아들였을 때 저는 마치 예수 그리스도가 저를 위해, 오직 저만을 위해 복음을 마련하신 것처럼 생각되었습니다. 만일 세상 속에 다른 사람은 아무도 없는데, 예수님이 오직 저만을 위해 복음을 마련하신 것이라면 복음이 그 이상 제게 적합할 수는 없었을 것입니다. 예수님의 복음이 얼마나 적합한지, 어느 눈 오는 날 아침에 예수님을 바라본 이 가련한 죄인(스펄전)은 빛 속에 들어갔습니다. 사랑하는 성도 여러분, 여러분도 예수님을 여러분 자신을 위한 참된 구주로 발견할 수 있습니다. "하지만 나는 이미 끝난 사람이야"라고 외치는 자도 있을 것입니다. 여러분은 무지한 자도, 끝난 자도 동정하실 수 있는 예수님에 대하여 듣지 못했습니까? 여러분에게, 곧 이미 끝난 여러분에게 얼마나 놀라운 말씀일까요! 예수님은 이미 끝난 여러분을 동정하실 수 있습니다. 복음 속에는 여러분의 병을 고칠 치료제가 들어 있습니다. 여러분이 앓고 있는 특수한 병을 찾아낼 특별한 눈을 주님을 갖고 계십니다. 하나님의 아들, 예수님은 여러분을 특히 괴롭히는 고통에 딱 맞는 고약을 갖고 계십니다. 여러분의 특별한 필요를 채워줄 의약품을 갖고 계십니다. 데살로니가 교회 교인들이 그랬던 것처럼 여러분이 복음을 받아들이도록 성령께서 역사하시기를 바랍니다!

그런데 여기서 본문 가운데 13절을 다시 한 번 주의 깊게 살펴봅시다. "이러므로 우리가 하나님께 끊임없이 감사함은 너희가 우리에게 들은 바 하나님의 말씀을 받을 때에 (그것을) 사람의 말로 받지 아니하고(ye received *it* not *as* the word of men) 하나님의 말씀으로 받음이니 진실로 그러하도다 이 말씀이 또한 너희 믿는 자 가운데에서 역사하느니라." 여러분은 거기서 "it"(그것 곧 하나님의 말씀)와 "as"(-로, -처럼)를 이탤릭체로 표기된 것을 발견할 것입니다. 그 부분을 다시 읽어 봅시다. "너희가 우리에게 들은 바 하나님의 말씀을 받을 때에 사람의 말로 받지 아니하고." 여러분도 아시다시피, 저는 이 두 단어를 생략하고 읽었습니다. 이 단어들은 실제로는 그곳에 없었고, 다만 번역자들이 사도가 말하는 의미를 정확히 전달하기 위해 첨가한 것입니다. 축자적으로 보면, 이 두 단어는 본문에는 없습니다. 그러나 전후 문맥을 떠나 의미를 취해 말하는데, 이 데살로니가 사람들은 사람들의 말은 받지 않았다고 말하는 바입니다. 그리고 그것 때문에 저는 그들을 좋아합니다. 오, 하지만 그 당시에도 높은 지식을 갖춘 사람들이 있었습니다! 바울이 살던 당시에 그리고 그보다 약간 앞선 시기에 매우 탁월한 지성을 가진 훌륭한 일부 지식인들이 그리스에서 사람들을 가르치고 있었습니다. 그러나 데살로니가 교회 교인들은 사람들의 말을 받지 않는 상태에 있었습니다. 그들은 플라톤의 말에 귀를 기울이지 않았습니다. 또는 소크라테스의 말을 받아들이지 않았습니다. 왜냐하면 그들에게는 철학자들에게서 느꼈던 것보다 더 큰 갈망을 느끼게 하는 어떤 것이 있었기 때문입니다. 하나님의 택함받은 자는 그런 정신을 갖고 있습니다. 여러분도 아시다시피, 주님의 양은 "타인의 음성은 알지 못하는 고로 타인을 따르지 아니하는" 것을 보고 알아낼 수 있습니다. 그들은 사람의 말은 받지 아니할 것입니다. 그들에게는 사람의 말은 너무 가볍고, 너무 시시하고, 너무 천박합니다. 여러분은 그들 앞에서 사람의 말을 매우 고상한 것처럼 포장하고, 그것을 시로 예중하고, 과학의 가설들로 증명할 수 있습니다. 그러나 그들은 이런 바람에 휩쓸리지 않습니다. 그들은 사람들의 말은 받지 않습니다. 그들은 사람들의 말은 갖지 않을 것입니다. 그들은 더 본질적인 것을 원합니다.

다시 번역되어 있는 문장으로 돌아가 봅시다. 그들은 복음을 사람의 말로 받지 않았습니다. 요즘에 복음을 받아들이는 사람들이 더러 있지만 그들은 복음을 사람의 말로 받아들입니다. 그들의 정신은 이렇습니다. "그래, 나는 이것이 블랙 씨가 주장한 견해라는 것을 알고 있다. 하지만 화이트 씨가 주장한 다른 견해도 있지. 그런데 그레이 교수는 또 다른 견해를 주장하고 있다. 이처럼 다양한 모든 '견해'는 모두 거기서 거기라는 생각이 든다." 사랑하는 성도 여러분, 이것은 우리의 태도가 아닙니다. 하나님의 진리가 있고, 거짓말이 있습니다. 저는 여러분이 항상 진리와 거짓은 엄연한 차이가 있고, 거짓말은 진리에 속하지 않는다는 것을 느끼기를 원합니다. "영을 다 믿지 말고 오직 영들이 하나님께 속하였나 분별하라"(요일 4:1). 만약 어떤 사람은 "맞다"고 말하고, 다른 사람은 "아니다"라고 말한다면, 둘 다 참인 경우는 절대로 있을 수 없습니다. 구원은 은혜에 속해 있든지 아니면 행위에 속해 있든지 둘 중 하나입니다. 둘 다일 수는 없습니다. 구원은 하나님의 일이든지 아니면 사람의 일이든지 할 것입니다. 결코 합작 업무가 될 수 없습니다. 진리가 있고, 오류가 있습니다. 진리와 오류는 서로 반대됩니다. 수많은 사람들이 속임을 당하는 다음과 같은 어리석음 속에 여러분은 빠지지 마십시오. "진리가 오류가 될 수 있고, 오류가 진리가 될 수 있다. 검은 것은 흰 것이고, 흰 것은 검은 것이다. 둘 사이에 회색이 존재한다는 것, 이것이야말로 모든 것 중에 최고의 결론이다."

사람의 말과 하나님의 말 사이에는 본질적인 차이가 있습니다. 그러므로 이 둘을 혼동하는 것은 치명적인 착각입니다. 만약 여러분이 복음을 사람의 말로 받는다면 복음으로부터 복을 받을 수 없을 것입니다. 왜냐하면 복음의 단맛은 복음이 하나님의 말씀이라는 사실을 우리의 마음이 확신할 때 주어지기 때문입니다. 여러분은 쑤시는 마음의 고통 속에서 성경을 베고 누웠습니다. 그러나 아무리 약속의 베개가 부드럽게 느껴진다고 해도 여러분이 분명하게 "그것이 하나님의 말씀이라는 것을 난 알고 있다"고 말할 수 있을 때까지 편안하게 잠을 이룰 수는 없습니다. 조금이라도 복음에 대하여 의심의 그림자를 드리운다면 위로는 사라지고 맙니다. 곤궁이 문 앞에 이르면 사랑이 창문에서 도망친다는 말처럼 위로의 삶은 의심 앞에서 달아나고 맙니다. 바늘 끝으로 심장을 찔러보십시오. 그러면 삶은 그것으로 끝날 것입니다. 아무리 작은 의심일지라도 그것으로 믿음의 심장을 찔러보십시오. 그러면 기쁨의 삶은 사라지고 말 것입니다! 여러분이 주님의 말씀을 신뢰하지 못하면 믿음의 기쁨, 아니 믿음의 힘 그리고 믿음의 생명은 그대로 사라집니다.

그러면 우리는 흠이 없습니까? 아닙니다. 그러나 성경은 흠이 없이 완전합니다. 그러면 우리가 성경을 흠 없이 완전하게 이해합니까? 아닙니다. 그러나 하나님의 영은 우리에게 주님의 뜻이 무엇인지 가르쳐 주실 것입니다. 그래서 하나님의 영이 우리에게 가르쳐 주시는 진리를 굳게 붙잡은 다음 우리는 다음과 같이 말합니다. "아니요, 아닙니다. 저는 더 이상 이에 대하여 왈가왈부하지 않겠습니다! 제 마음과 영혼 속에 증명되어 의심은 완전히 사라졌습니다. 경험을 통해 체득했습니다. 제 양심 속에 깊이 각인되었습니다. 제게는 어떤 거짓말로도 현혹할 수 없는 일이 일어났습니다. 이것은 하나님의 계시이고, 죽을 때까지 저의 어떤 행동을 통해서도 이에 대하여 의심하는 일은 절대로 없을 것입니다." 성도 여러분, 여러분은 하나님의 말씀을 오류 없는 진리로 받아들입니까? 저는 그리스도의 복음이 이와 같다고 배웠습니다. 여러분도 이렇게 배웠습니까? 그러면 여러분도 복음을 제대로 받은 것입니다.

복음을 사람의 말로 받는 것은 복음을 받은 것이 아닙니다. 그러나 복음을 하나님에게서 온 참되고, 확실하고, 흠 없는 계시로 받고, 그래서 복음에 여러분의 영혼을 과감하게 맡기고 아무 위험성을 느끼지 않는다면 여러분은 복음을 진실로 받은 것입니다. 이런 식으로 가장 깊은 존중심을 갖고 우리도 복음을 받습니다. 곧 내가 판단해야 할 대상으로서가 아니라 나를 판단하는 주체로서, 의견의 문제가 아니라 내 의견이 동조해야 하는 확실한 진리로서 복음을 받습니다. 우리가 진리를 지배하느냐, 아니면 진리가 우리를 지배하느냐에 따라 완전히 달라집니다. 주의 말씀을 이해하고, 이 이해에 따라 겸손하게 순종하는 것이 성화의 핵심 요소입니다.

복음을 하나님의 말씀으로 받는 것은 강한 확신을 갖고 복음을 받아들이는 것입니다. 다른 것들도 참될 수 있지만 복음은 당연히 참됩니다. 다른 것들은 의심받을 수 있지만 복음은 절대적으로 믿어져야 합니다. 이 예수 그리스도의 복음은 여러분이 살고 있는 동안 확실하게 하나님의 복음이고, 여러분은 복음이 하나님의 말씀이라는 것을 알고 있지 못하다면 복음을 전혀 받은 것이 아닙니다.

복음은 순종으로 받아야 합니다. 왜냐하면 복음은 권세를 갖고 오기 때문입니다. 우리는 다음과 같이 말해야 합니다. "나는 복음에 순종해야 한다. 다른 것에 대해서는 내가 주인이 될 수 있으나 복음은 나의 주인이다. 나는 다른 진리들을 취할 수도 있고 취하지 않을 수도 있다. 그것들은 내가 그 앞에 무릎을 꿇기에는 충분히 중요하지 않다. 그러나 이 진리는 그 안에 하나님 자신을 담고 있고, 그러므로 나는 이 하늘의 계시에 순종하지 않을 수가 없다." 사람의 말과 함께 할 때 우리는 여전히 사람이지만, 하나님의 진리 앞에서는 어린아이처럼 바뀌게 됩니다. 복음이 여러분을 그렇게 만들지 않습니까?

이 복음은, 만약 하나님의 말씀으로 받는다면, 권능을 갖고 임합니다. 그러나 우리가 여기서 오해하지 맙시다! 우리가 여기서 말하는 권능은 절대로 일상적인 능력이 아니라는 것입니다. 그것은 설득력이나 수사학의 힘이 아닙니다. 그것은 신적 능력 곧 하나님의 손입니다. 세상에는 여전히 이적적인 역사 곧 성령의 신적 에너지가 있습니다. 그것은 혀로 우리에게 말하지 않고, 강력한 바람이 불 때 그 말을 듣는 것도 아닙니다. 그러나 그것을 갖고 있는 사람들에게는 마치 그것이 특별한 표적을 갖고 임하는 것처럼 확실하게 일어납니다. 때때로 진리가 효력과 확실성에 대하여 모든 논증을 능가하는 내적 증거를 갖고 영혼 속에 각인되기도 하는데, 여러분도 이와 똑같이 말할 수 있을 것으로 저는 생각합니다. 비록 진리가 논리적이지 못하더라도 추론에 의해 정복당하는 것보다 더 큰 확신을 줍니다. 우리 자신의 확신에 관한 한, 우리는 수학의 증명보다 확신을 더 선호합니다. 제 자신의 경우를 말한다면, 눈으로 볼 수는 없었지만 보는 것 이상으로 나아갔습니다. 눈이 없는 내면의 영혼이 진리의 본질적 원리를 본 것입니다. 그것을 만져보지 못했습니다. 그러나 저의 내면의 영혼은 그것을 집어들고, 그것을 맛보고, 그것을 먹고 살았습니다. 그것은 저의 존재의 은밀한 원천과 샘 속에 들어와 그 첫째 원리 가운데 하나가 되었습니다. 만약 어떤 사람이, 주 예수님은 구원할 능력이 없고, 그의 복음은 참되지 않다고 말한다면, 저는 그를 경멸하였습니다. 저는 그가 자명한 사실을 고의로 부인하는 것 같기 때문에 반박하지 않을 수가 없었습니다. 그런데 지금은 그런 어리석은 태도에 대하여 굳이 반응하지 않습니다. 성령이 제 마음속에 복음을 보증하실 때 어떤 사람이 제게 복음은 참되지 않다고 말한다면, 그 말은 아무 소용이 없습니다. 제가 태양이 밝게 비치는 경치를 바라보고 서 있는데, 그는 빛이 없다고 말할 수 있습니다. 또는 거센 북풍이 제 얼굴을 할퀴고 지나가는데, 공기와 같은 것은 없다고 저를 확신시키려고 할 수 있습니다. 또 제가 허기에 빠져 있다가 금방 음식을 먹고 기운을 차렸을 때 그는 음식에 양분이 전혀 없다고 말할 수도 있습니다. 우리 주변에는 굳이 논쟁을 벌일 이유가 없는 일들이 있습니다. 우리는 그런 일들에 대해서는 더 이상 논의할 가치가 없습니다.

만일 여러분이 영적 진리에 대하여 모르고 있다면 그것들을 알려 달라고 하나님께 구하십시오. 그러나 여러분은 증인으로서는 거부를 당할 것입니다. 여러분은 자신의 부정적인 견해를 입증할 수 없고 또는 여러분의 부정적인 견해도 우리의 입장을 논박할 수 없습니다. 우리는, 죄 안에서 죽어 영적 감각을 아직 받지 못한 여러분과 논쟁할 수 없습니다. 여러분이 무엇을 알 수 있겠습니까? 우리가 색깔에 대하여 색맹인 사람들과 무슨 논쟁을 벌일 수 있겠습니까? 귀머거리인 사람들과 음악에 대하여 어떻게 토론할 수 있겠습니까?

어떤 사람은 "오, 하지만 나는 당신의 영적 체험을 믿지 않아!"라고 말할 것입니다. 저는 여러분이 믿었다고 말하지 않았습니다. 오히려 반대로 그것을 믿지 않을 것이라고 예상했습니다. 그러나 그것이 무엇을 증명합니까? 단지 여러분이 영적 지각을 전혀 갖고 있지 못하다는 것을 증명할 뿐입니다! 여러분은 영적 사실을 지각하지 못한다는 것은 사실입니다. 그러나 아무도 지각하지 못한다는 증거도 전혀 없습니다. 이 경우는 전반적으로 증거가 없다는 이유로 증거를 완전히 무시해 버리는 아일랜드 사람의 경우와 같습니다. 4명의 증인이 그가 살인하는 장면을 목격했습니다. 그는 자신은 죄를 저지르지 않았다고 항변하고, 그가 살인하는 장면을 목격하지 못한 40명의 사람들을 내세워 자신의 결백을 입증하고 싶어했습니다. 그러나 그렇게 하는 것이 무슨 소용이 있겠습니까? 마찬가지로 40명의 사람이 말씀에 성령의 능력이 수반되지 않는다고 선언한다면, 이것은 단지 40명의 사람이 다른 사람은 알고 있는 것을 모르고 있다는 것을 증명할 뿐입니다. 만일 그것을 알고 있는 사람이 우리 가운데 4명뿐이라면 우리는 절대로 우리의 증언을 멈추어서는 안 됩니다. 우리는 하나님의 말씀을 하나님의 말씀으로 받습니다. 왜냐하면 하나님의 말씀은 믿는 자들 속에서 효과적으로 역사하는 능력과 함께 우리에게 임하기 때문입니다. 하나님의 말씀은 우리 안에서 죄에 대한 두려움, 자기신뢰에 대한 혐오감, 거룩하고 경건한 일을 따라 살겠다는 열망을 일으킵니다. 하나님의 말씀은 우리 안에서 하나님에 대한 사랑과 사람들에 대한 친절을 불러일으킵니다. 하나님의 말씀은 우리 안에서 신령한 것에 대한 열망을 자극합니다. 하나님의 말씀은 우리 안에서 날마다 악을 이기고 승리하게 하고, 하나님의 말씀이 그렇게 역사하는 한, 우리 안에는 그에 대한 증거가 있기 마련입니다. 복음 진리에 대한 증거와 보증이 우리 자신의 성품과 존재 속에 있고, 그러기에 우리는 이 확신을 포기할 수 없습니다. 이 수준까지 도달한 사람들은 자기들의 목회자를 기쁘게 만듭니다. 바울, 실라 그리고 디모데는 신적 권세와 권능 속에서 복음을 받아들인 사람들에게 둘러싸였을 때 더없이 행복한 사람들이었습니다.

3. 가족을 닮아가는 새로운 회심자들

벌써 시간이 다 갔습니다. 하지만 세 번째 요점은 매우 흥미로운 주제가 될 것입니다. 바울과 실라와 디모데, 이 세 사람은 가족으로서 자기들과 닮은 점을 보여주는 회심한 자들에 대하여 기뻐하고 있습니다.

저는 여러분에게 바울이 "형제들아, 너희가 그리스도 예수 안에서 유대에 있는 하나님의 교회들을 본받은 자 되었으니"라고 말한 사실에 주의를 환기시키고자 합니다. 여기에 유대에서 개종한 사람들이 있고, 그들은 유대인 색채를 강하게 갖고 있습니다. 또 데살로니가에 사는 다른 유형의 사람들이 그리스도에게 돌아섰고, 그들은 철저히 헬라인 색채를 갖고 있었지만 유대에서 개종한 사람들과 똑같이 닮았습니다. 그들은 모세 율법에 대해서는 아무것도 모릅니다. 그들은 이교도였고, 우상을 숭배했습니다. 그러나 회심했을 때 그들은 우상 숭배를 가증하게 여긴 저 먼 곳의 유대인 그리스도인과 현저하게 닮았다는 것은 이상한 일입니다. 헬라인 그리스도인들은 히브리인 그리스도인들과 닮았습니다. 그들은 서로 말을 주고받은 적이 없었고, 아무도 그리스도인의 특성에 대하여 말해준 적이 없었지만 가족이 서로 닮은 것처럼 비슷한 모습을 현저하게 보여주었습니다.

오늘날 복음을 선포함으로써, 우리가 높은 지위를 가진 사람과 매우 낮은 지위를 가진 사람을 주 예수에게 인도했는데, 그들이 동일한 경험을 갖고 있고, 매우 중대한 주제들에 대하여 똑같이 말하고 있다면 여러분은 이런 모습에 놀라지 않겠습니까? "오, 하지만 그들은 그런 말만 골라서 하는 거야"라고 말할 것입니다. 하지만 아닙니다! 절대로 아닙니다! 그들은 말투는 다릅니다. 닮은 것은 그들의 마음과 성품입니다. 저는 이 예배당에 여섯 번 이상 출석하지 못한 사람들을 자주 만나는데, 그들은 이미 회심했고, 그들이 자기들의 내면생활에 대한 이야기를 하려고 올 때 여러분은 그들이 우리 가운데서 태어난 자라고, 우리의 삶의 방식을 이미 터득한 사람들이라고 생각하게 될 것입니다. 왜냐하면 그들은 우리가 사용하는 말과 똑같은 말을 사용하지는 않지만 똑같은 사실에 대하여 말하기 때문입니다. 사실 우리는 모두가 똑같이 잃어버리고 파멸한 자들이고, 똑같은 방식으로 거듭나고, 똑같은 방식으로 구원을 얻고, 똑같은 방식으로 구주를 발견한 것에 대하여 구주 안에서 즐거워하고, 거의 똑같은 방식으로 우리 자신을 표현합니다. 신자들은 여러 가지 면에서 다르지만 주요 사실에서는 똑같습니다. 하나님의 모든 가족 속에 완전히 똑같은 두 사람은 하나도 없습니다. 그러나 맏형(예수 그리스도)을 닮은 모습을 크든 작든 서로 간에 보여주기 마련입니다.

만약 여러분이 미개인인 호텐토트 사람을 그의 오두막집에서 만나 전도했는데, 그가 회심했다면, 또 모든 학위 과정을 거친 대학 교수를 만나 전도했는데, 그가 회심했다면, 여러분은 그 두 사람과 하나님의 일에 대하여 대화를 나눌 때 이 흑인과 박사의 차이를 별로 느끼지 못할 것입니다. 이것이야말로 제가 보기에는 진리에 대한 증거와 마음속에서 일어난 은혜의 역사의 신적 본질 가운데 하나입니다. 호텐토트 사람의 영어는 신통치 않겠지만 그의 신학은 건전합니다. 배우지 못한 이 사람의 말은 서투르겠지만 그의 심장은 고동을 칠 것입니다. 파멸, 구속, 거듭남은 모든 경우에 핵심 주제가 될 것입니다.

저는 때때로 회심한지 오래 되지 않은 신자들과 대화를 나누는데, 그들은 말할 때 무척 서투르고 무지합니다. 그럴 때마다 저는 노년에 접어든 테일러 신부를 생각했습니다. 이 노인은 때때로 자신의 강론의 줄기를 잊어버리는데, 그럴 때마다 그는 "내가 말꼬리는 찾아낼 수 없지만, 그래도 나는 천국을 향해 가고 있습니다! 형제 여러분, 저는 천국을 향해 가고 있습니다!"라고 말하곤 했습니다. 당연히 그는 다른 어떤 곳으로 가고 있지 않았습니다. 왜냐하면 문장을 완전하게 종결시킬 수는 없었지만 진짜 천국을 향해 나아가고 있었기 때문입니다. 어떤 형제, 자매들은 자기들의 경험을 제대로 정리해 전하는 것을 볼 수 없습니다. 하지만 그들은 천국을 향해 나아가고 있습니다. 그들은 논리정연하게 말할 수 없지만 여러분도 그들이 천국을 향해 나아가고 있다는 것을 알 수 있을 것입니다. 똑같은 회개의 눈물, 똑같은 신앙의 눈, 똑같은 기쁨의 전율, 똑같은 확신의 노래가 있습니다. 그가 진실로 천국을 향해 나아가고 있다면 정도는 각각 다를지라도 똑같은 삶을 누리고 있을 것입니다. 어린 아이도 어른과 같고, 어른은 여러분에게 아기를 상기시켜 줄 것입니다. 우리는 그리스도 예수 안에서 한 영입니다.

　우리가 우리 자신 속에서 하나님의 자녀들과 닮은 점을 볼 수 있을 때 즐겁게 노래하지 않을 수 없다고 말하는 것 외에 다른 말은 하지 않겠습니다. 우리 역시 우리의 경험이 초기의 성도들과 같습니다. 그들이 겪은 것과 같은 반대와 환난이 우리 수준에 맞게 우리에게도 임합니다. 그리스도의 사역이 이루어지는 곳에서는 모두 똑같은 환난, 똑같은 박해, 똑같은 시험이 있습니다. 그러나 은혜의 역사를 수행하시는 똑같은 능하신 하나님과 모든 신자에게 성취되도록 되어 있는 똑같은 은혜의 약속들이 있습니다.

　사랑하는 성도 여러분, 여러분은 주 예수 그리스도를 믿는 신자입니까? 그렇다면 저와 함께 기뻐하고 즐거워합시다. 그러나 그렇지 못하다면 오, 여러분이 그렇게 되기를 정말 간절히 바랍니다! 여러분이 누리는 삶의 위로가 무엇이든 간에 여러분은 삶을 가장 가치 있게 만드는 유일한 위로를 놓치고 있는 것입니다. 만일 여러분이 아직도 그리스도 예수를 의지하지 못하고 있다면 열매 속에서 알맹이를 찾지 못한 것입니다. 여러분은 삶의 단단한 껍데기에 지겨워하고 있고, 그래서 그리스도께 돌아서지 않는 한, 껍데기를 걱정하고 지겨워하다 죽고, 결코 달콤한 알맹이를 맛보지 못할 것입니다. 만약 우리 주 예수를 알기만 한다면, 우리 주 예수를 의지하기만 한다면, 우리 주 예수를 믿고 구원을 얻기만 한다면, 여러분은 땅이 천국이 될 수는 없겠지만 놀랍게도 땅이 천국과 같이 될 수 있다는 사실을 깨닫게 될 것입니다. 심지어는 이 땅에서도 우리의 영원한 기업의 증거를 누릴 수 있을 것입니다. 하나님께서 여러분이 나의 주님과 주인을 찾도록 해주시기를 바랍니다. 왜냐하면 여러분이 그분을 찾기만 하면 그분은 여러분에게 발견될 것이기 때문입니다! 만약 이 순간 모든 자가 복음을 하나님의 말씀으로 받는다면 얼마나 기쁘겠습니까! 하나님의 영이 예수님으로 말미암아 그렇게 역사하시기를 바랍니다! 아멘.

말씀으로 받는다면 얼마나 기쁘겠습니까! 하나님의 영이 예수님으로 말미암아 그렇게 역사하시기를 바랍니다! 아멘.

제
5
장

—

사탄의 훼방

—

"사탄이 우리를 막았도다." ― 살전 2:18

바울과 실라 그리고 디모데는 데살로니가 교회를 방문하고 싶은 강한 열망이 있었습니다. 그러나 그들은 본문에서 말하는 단 한 가지 이유 곧 "사탄이 우리를 막았다"는 이유 때문에 그렇게 할 수가 없었습니다. 그것은 그들이 가고 싶은 마음이 없어서가 아니었습니다. 그들은 데살로니가 교회 성도들에게 가까이 나아가 그들의 얼굴을 보기를 간절히 원했습니다. 그들은 데살로니가 교회 성도들에 관해 이렇게 말했습니다. "우리가 너희 모두로 말미암아 항상 하나님께 감사하며 기도할 때에 너희를 기억함은 너희의 믿음의 역사와 사랑의 수고와 우리 주 예수 그리스도에 대한 소망의 인내를 우리 하나님 아버지 앞에서 끊임없이 기억함이니"(살전 1:2-3).

그들은 데살로니가 교회를 함께 방문하고 싶은 마음이 가득했지만, 교회의 행복이 깨질 것을 염려하여 디모데만 잠시 목회자로 그곳에 파송했습니다. 그들이 갈 수 없었던 것은 보고 싶은 마음이 없어서가 아니라 가고 싶어도 갈 수가 없어서였습니다.

그들은 하나님의 특별한 섭리로 말미암아 방해받은 것이 아니었습니다. 언젠가 바울은 하나님이 허락하지 않아서 자신이 가고 싶은 곳에 가지 못한 적이 있음을 우리는 압니다. "비두니아로 가고자 애쓰되 예수의 영이 허락하지 아니하시는지라"(행 16:7). 그들은 "성령이 아시아에서 말씀을 전하지 못하게 하셔서"(6절)

그렇게 못했습니다. 그 대신 그들은 그리스도의 헤아릴 수 없는 부요함을 유럽에서 선포하도록 드로아로 내려가라는 지시를 받았습니다.

그러나 그들은 데살로니가 교회를 떠나 있는 사실에 대해서는 하나님의 섭리를 전혀 느낄 수 없었습니다. 그들은 대원수로부터 훼방을 받았습니다. "사탄이 우리를 막았도다." 사탄이 어떻게 그들을 막았는지, 그것을 교리적으로 설명하기는 쉽지 않지만, 우리는 그것에 대해 합리적인 추측을 해볼 수는 있습니다. 강단에 비치되어 있는 제 성경책 여백에 보면, 어떤 주석가가 비교적 정확하게 지적하고 있는 메모가 다음과 같이 적혀 있습니다. "사탄은 베뢰아와 또 다른 곳에서 폭풍을 일으켜 바울을 훼방했다. 그래서 폭풍이 어느 정도 가라앉을 때까지 그의 방문은 지연될 수밖에 없었다."

그러나 저는 이것을 유일한 방해라고 생각할 수 없습니다. 왜냐하면 바울은 아주 용감해서 폭풍을 전혀 두려워하지 않았을 것이기 때문입니다. 데살로니가를 방문하려는 강한 소망을 갖고 있었던 그가 방해에 대한 두려움 때문에 그 방문을 주저했던 것은 아니었습니다. 그는 격렬한 전투의 현장을 피하지 않았고, 진실로 영웅적인 챔피언처럼 원수들이 가장 기승을 부릴 때 더 즐거워했습니다. 아마 그가 아덴에서 만난 수많은 철학자들과, 이 서신(데살로니가서)이 기록된 지역으로 보이는 고린도에서 접한 명백한 이단들의 반대 때문에 그들에게 갈 수 없었던 것으로 보입니다. 그는 전투하는 교회를 원수들에게 넘겨줄 수 없다고 생각했습니다. 그는 탐욕으로 으르렁거리는 이리들과 싸우고, 광명의 천사를 가장하고 있는 악한 자들의 가면을 벗겨야 했습니다.

사탄은 건설적인 반대라는 이유로 진리의 원수들을 선동했고, 그래서 사도와 그의 동료들은 데살로니가로 가는 길을 그 원수들에게 방해받았습니다. 사탄은 바울이 방문하는 교회들마다 분쟁과 불화를 일으켰기 때문에, 그는 해야 할 중요한 일을 제쳐두고, 그 분란들을 해결하는데 먼저 나서야 했고, 그리하여 교회 안의 다양한 분파들을 하나로 통일시켜 회복시키는데 영적 부담을 크게 느끼고 있었을 것입니다. 물론 박해나 철학적 이단이나 또는 교회의 분열을 일으키는 당사자들이 눈에 보이는 어떤 외적 기관들이라고 해도, 그 배후에는 사탄이 있었고, 확실히 그가 주동자였습니다.

여러분은 마귀가 바울과 그의 소재에 관해 왜 그토록 큰 관심을 갖고 있는지 의아해할지도 모르겠습니다. 사탄은 왜 이 세 사람을 이 특별한 교회로부터 떼어놓는데 그토록 관심이 많을까요? 이것을 통해 우리는 목회자들의 사역이 얼마나 중요한지 다시 한 번 깨닫게 됩니다. 모든 악의 주인, 곧 공중의 권세 잡은 자는 집중적으로 겸손한 세 사람의 일거수일투족을 감찰하고 있었습니다. 그는 네로나 티베리우스 같은 로마 황제들의 활동보다 그들의 움직임에 훨씬 더 촉각을 곤두세웠습니다. 이 멸시받는 은혜의 전달자들이 그가 가장 두려워하는 대적이었습니다. 그들은 지옥을 떨게 하는 이름을 선포했습니다. 그들은 사탄이 최강의 능력으로 치를 떠는 의(義)를 선포했습니다. 이 대원수는 악의적인 눈길로 그들의 매일의 행보를 철저하게 감시했습니다. 교활한 손들이 모든 면에서 그들을 얼마나 크게 방해했을까요!

　사탄은 데살로니가 교회가 어리고 약했기 때문에, 그 교회로부터 이 세 사람의 사명자들을 떼어놓기 원했음을 우리는 깨닫습니다. 그래서 그는 바울이 설교를 통해 교회를 돕지 못하도록 막는다면, 이 힘없는 성도들을 신앙에서 떠나게 할 수 있으리라고 생각했습니다. 더구나 오래 전부터 그는 복음을 설교하는 것에 대해 맹렬한 분노를 드러냈고, 어쩌면 바울이 떠나갔기 때문에 데살로니가 교회에 진리를 공개적으로 선포하는 일은 더 이상 없을 것이라고 보았을 것입니다. 그는 복음의 진리의 횃불이 사람들 사이에 또다시 던져져서 은혜의 불꽃이 활활 타오르지 않을까 겁을 냈습니다.

　게다가 사탄은 항상 그리스도인의 친교를 두려워했습니다. 그리스도인들을 갈라놓는 것이 그의 정책입니다. 성도들을 갈라놓는 일이라면 무엇이든 그는 즐거워했습니다. 그는 우리가 하는 사역 자체보다 영적 관계를 훨씬 더 중요하게 생각합니다. 연합이 강할수록 그는 그 연합을 파괴하는데 심혈을 기울입니다. 바로 그것 때문에 사탄은 바울과, 그의 마음을 기쁘게 했던 성도들을 떼어놓으려고 했습니다. 그는 그들의 형제 같은 친밀감을 훼방함으로써 그리스도인의 친교와 사랑으로부터 항상 흘러나오는 연합의 힘을 감소시키려고 했습니다.

　그러나 이것만이 사탄이 신실한 사람들을 훼방했던 경우는 아닙니다. 참으로 이것은 모든 시대의 성도들에게 가해졌던 그의 공격 무기였습니다. 우리는 이 한 가지 특수한 사건만으로도 사탄에 의해 방해받은 사람들에게 위로를 줄 수 있고, 그래서 우리는 이 혹독한 시험이 자기에게 일어난 것을 이상하게 생각하는 사람들에게 도움이 되고 힘이 되는 말을 전해 줄 기회를(하나님의 영이 우리로 그렇게 할 수 있도록 하신다면) 가질 수 있습니다.

1. 사탄의 방해 습관

우리는 사탄이 어디서든 할 수 있는 한 가장 악랄하게 하나님의 일을 훼방하는 것이 그의 오래 전부터의 습관임을 명심해야 합니다.

"사탄이 우리를 막았도다"라는 사실은 천국에 있는 모든 성도들이 대원수에 대해 갖고 있는 확실한 증거입니다. "사탄이 우리를 막았도다." 이것은 역사의 페이지 위에 거룩한 이름을 올려놓거나 영원의 반석 위에 성별된 이름을 새겨 넣은 모든 사람들의 증거입니다.

성경에서 우리는 사탄이 성도 개개인의 완전한 인격을 훼방하기 위해 간섭하는 것을 발견합니다. 우스 사람 욥은 흠이 없고 하나님 앞에서 의로운 사람이었습니다. 그는 하나님을 믿는 성도가 가져야 할 완전한 모습을 갖추고 있었습니다. 참으로 욥은 대원수가 그의 행실에 대해 흠을 잡거나 감히 그에게서 잘못된 동기들을 찾아낼 수 없을 정도로 완벽한 인생을 살아왔습니다. 사탄은 욥을 살펴보았지만 그에게서 잘못된 점을 찾아낼 수가 없었습니다. 그러나 그때 사탄은 여호와께 나아와 "주께서 그와 그의 집과 그의 모든 소유물을 울타리로 두르심 때문이 아니니이까"(욥 1:10) 하고 넌지시 말했습니다.

사탄은 욥이 하나님으로부터 받은 축복을 저주로 바꾸기로 작정했습니다. 그리하여 그는 그를 심하게 공격했습니다. 사탄은 욥에게서 그의 모든 소유를 빼앗아 갔습니다. 악의 사자들이 번갈아가며 그에게 바싹 붙어 따라다녔고, 그들의 재난의 폭격은 그를 완전히 파산시키고, 그의 자녀들을 모두 죽여 버린 후에야 멈추었습니다. 이어서 고통에 빠진 불쌍한 아버지는 재 가운데 앉아 질그릇 조각으로 몸을 박박 긁어댈 정도로 그의 뼈와 육체는 공격받았습니다. 심지어 그때에도 욥이 그리는 인생의 그림 속에는 그런 재난을 초래할 만한 죄의 얼룩은 전혀 그려져 있지 않았고, 그는 인내심 강한 자의 흔들리지 않는 손으로 연필을 쥐고 있었습니다. 그러므로 사탄은 욥의 경건한 인격이 조금도 흔들리지 않자 다른 방법을 써서 그를 훼방하려고 시도했습니다.

사탄은 그의 아내에게 "당신이 그래도 자기의 온전함을 굳게 지키느냐 하나님을 욕하고 죽으라"(욥 2:9)고 저주하도록 자극했습니다. 이것은 욥이 훌륭한 인격을 유지하는데 참으로 가혹한 방해거리가 되었습니다. 그러나 이 인내의 사람은 하나님께 영광을 돌리고 사탄을 극복했을 뿐만 아니라 더 높은 단계의 찬란한 미덕에 이르는 디딤돌을 놓았습니다. 여러분은 욥의 인내에 관해 잘 압니다. 만일 사탄이 타오르는 고통의 불꽃으로 그것을 계발시켜 주지 않았다면, 여러분은 그것을 몰랐을 것입니다. 토기가 용광로 속에서 구워지지 않는다면, 아름다운 무늬가 그토록 오랫동안 지속적으로 유지되지 못할 것입니다. 욥이 통과한 시련은 하나님에 대한 복종과 인종(忍從)을 통해 그의 탁월한 인내의 광채를 밝혀 주었습니다.

그런데 옛 원수가 탁월하게 정도를 걷는 욥의 인내를 방해하기 위해 매복해서 괴롭혔던 것처럼, 그는 우리도 똑같이 다룰 것입니다. 여러분은 자축하면서 "나는 시종일관 사탄과 멀리 떨어져 걸어왔다. 누구도 나의 신실함을 방해할 수 없다"고 말할 수 있습니다. 그러나 그렇게 자랑하지 마십시오. 왜냐하면 여러분의 장점이 오히려 시험의 대상이 될 수 있으니까요. 사탄은 여러분이 자랑하는 최고의 장점을 훼방하기 위해 자신의 무기를 발동시킬 것입니다. 만일 여러분이 여기서도 변함없이 견고한 믿음을 보여준다면, 그 믿음은 곧 공격을 받을 것입니다.

지금까지 여러분이 모세처럼 온유했다면, 여러분의 입술을 분별없이 놀리도록 유혹을 받게 될 것을 염두에 두기 바랍니다. 새들은 여러분의 논밭의 가장 좋은 열매를 쪼아 먹고, 멧돼지는 그의 엄니로 여러분의 포도원의 가장 좋은 포도넝쿨을 파헤쳐 놓을 것입니다. 오, 우리가 더 탁월한 경건, 더 고상한 인격, 더 신실한 행실을 견지하고 있으면 말할 수 없이 좋겠지요! 많은 사람들이 이 모든 미덕들을 갖추기를 얼마나 바라는지 의심하지 않습니다. 그러나 슬프게도, 얼마나 자주 그들이 "사탄이 우리를 막았도다"라고 부르게 되었는지요!

그런데 이것만이 우리를 훼방하는 원수의 유일한 방법은 아닙니다. 그는 주님의 구속받은 자의 해방을 무력화시키는 데 아주 진지한 노력을 하고 있기 때문에 온갖 수단과 방법을 가리지 않습니다. 여러분은 모세에 관한 유명한 기사를 잘 알고 있을 것입니다. 이스라엘 백성들이 애굽에 포로로 잡혀 있을 때, 하나님의 종은 손에 지팡이를 들고 그들을 괴롭혔던 오만한 박해자 앞에 서 있었습니다. 여호와의 이름으로 그는 "여호와의 말씀에 내 백성을 보내라 그들이 나를 섬길 것이니라"(출 8:1)고 선포했습니다.

표적이 요구되었습니다. 지팡이가 땅으로 던져졌고, 그것은 뱀이 되었습니다. 그러나 여기서 사탄의 방해가 시작되었습니다. "얀네와 얌브레가 모세를 대적한 것같이"(딤후 3:8) 우리는 요술사들이 그들의 요술로 똑같은 이적을 행했다는 기록을 성경으로부터 읽습니다. 그것이 악마의 술법이든 아니면 손의 속임수든 간에 우리가 지금 그것을 확인할 필요는 없습니다. 다만 어떤 경우든 간에 그들은 마귀의 역사를 받았고, 그 역사에 철저하게 복종했다는 것입니다. 왜냐하면 바로의 마음이 요술사들이 모세가 행한 이적을 똑같이 행하는 것을 보고 강퍅해졌기 때문입니다.

사랑하는 형제들이여, 우리는 이것을 하나님의 말씀에 대한 사탄의 훼방의 한 형태로 보아야 합니다. 그리스도의 종들은 복음을 선포하도록 보냄을 받았습니다. 그들의 사역 속에 표적과 이적들이 충만했습니다. 그러자 악의 임금은 "내 나라가 흔들리고 있다. 그러니 나는 팔짱만 끼고 있을 수 없다"고 외쳤습니다. 곧장 그는 수많은 거짓 표적들과 이적들을 행하도록 요술사들을 보냈습니다.

거짓 이적들이 있고, 그것들은 애굽의 개구리 숫자만큼이나 많습니다. 사도들이 그리스도의 희생을 선포했습니까? 그러면 똑같이 마귀의 사도들도 대중들의 희생을 선포했습니다. 성도들이 십자가를 높였습니까? 마귀의 종들도 십자가를 지지했습니다. 하나님의 사역자들이 예수님은 교회의 유일한 머리라고 말했습니까? 마귀의 종들도 로마교회의 거짓 제사장을 예수님과 똑같은 지위에 있는 자로 선언했습니다. 로마교회는 복음을 아주 교묘하게 모방하는 악의 세력입니다. 그것은 "요술사들이 자기 요술대로 그와 같이 행하는"(출 8:7) 그런 세력입니다.

만일 여러분이 적그리스도의 영과 능력을 깊이 연구한다면, 그 탁월한 능력이 주 예수 그리스도의 복음을 참으로 교묘하게 모방하는데 집중되어 있다는 사실을 알게 될 것입니다. 도금한 금은 겉으로 보기에는 번쩍거릴 수 있고, 촛불은 그 광채로 태양을 대적하고, 양동이 속의 물은 그 힘에서 바다를 모방할 수 있지만, 단지 그 정도로만, 적그리스도의 영은 하나님의 위대하신 걸작품인 우리 주 예수 그리스도의 복음을 모방할 뿐이었습니다. 오늘날까지 하나님의 종들이 진리의 순금 조각들을 여기저기 뿌릴 때, 그 가장 악한 원수들은 거짓 임금의 형상과 이름을 악의적으로 새겨 넣은 가치 없는 동전들을 만들어 뿌리는 사람들입니다.

여러분은 역사 속에서 — 구약성경의 전체 역사는 오늘날 우리에게서 일어나는 일들의 모형입니다 — 또 다른 실례를 만나게 됩니다. 하나님은 광야에서 모형과 의식을 통해 이스라엘과 인류에 대해 아주 놀라운 교훈을 주시고자 하셨습니다. 아론과 그의 자손들은 우리의 구원을 위해 대제사장 곧 주 예수 그리스도를 표상하는 역할로 지명받았습니다. 그들이 입는 모든 의복은 상징적인 의미가 있었습니다. 그들이 사역했던 성소의 모든 기물들은 각기 나름대로의 영적 교훈을 가르쳐 주었습니다. 예배의 모든 형식들 곧 피 뿌림이나 향을 피우는 의식들은 인간들에게 보배롭고 중대한 진리를 가르쳐 주기 위해 마련되었습니다. 시내 산 아래 광야에서 얼마나 중대한 일들이 전개되었을까요! 하나님이 스스로 선포하셨다는 것과, 아론과 그의 자손들의 인격 속에 앞으로 오실 메시야의 영광이 감추어져 있다는 것은 얼마나 놀라운 사실일까요!

그런데 그때 어떤 일이 벌어졌습니까? 이 거룩한 일들 속에 사탄이 개입했습니다. 모세와 아론은 "사탄이 우리를 막았도다"라고 말할 수 있는 일을 겪었습니다. 고라, 다단 그리고 아비람은 교만하게도 제사장의 권리를 주장했습니다. 어느 날 그들은 손에 향로를 잡고 서서 하나님이 아론과 그의 후손들에게 허락하신 직분을 무례하게 행사하고 있었습니다. 그러자 밑의 땅이 갈라지고 그 입을 열어 그들을 산 채로 삼켜 버렸습니다(민수기 16:1-35을 참조하십시오). 이것은 오직 예수 그리스도만 설 수 있는 제사장직에 그들 스스로를 세우려는 사람들에 대해 주어지는 하나님의 진노의 참된 예표였습니다.

여러분은 오늘날 그와 관련된 기사를 신약성경에서 보게 됩니다. 그리스도 예수는 피의 희생제물을 제공하시는 유일한 제사장입니다. 그분은 더 이상 계속적으로 제물을 드리지 않아도 되는 희생제물을 드렸습니다. 왜냐하면 한 번의 제사로 영원히 온전하게 하는 희생제물을 드리셨기 때문입니다(히 10:14). "오직 그리스도는 죄를 위하여 한 영원한 제사를 드리시고 하나님 우편에 앉으사"(12절). 바울은 그리스도는 희생 제물을 계속적으로가 아니라 단번에 드림으로써 그분의 사역을 완성시키셨고, 그래서 지금 그분은 아버지 보좌 우편에 앉아 계신다는 사실을 강력한 변론으로 증거했습니다.

완성된 속죄와 완결된 희생제사에 대한 이 교리는 세상을 완전히 압도한 것처럼 보입니다. 그것은 사탄이 그것을 훼방하지 않고는 건딜 수 없을 정도로 하나님의 뜻을 크게 드러내는 은혜의 교리입니다. 그러므로 사탄의 훼방의 모든 손을 보십시오. 영국 성공회와 로마 가톨릭 교회가 고라와 다단과 아비람이 행한 죄악에 빠져 있는 것을 볼 수 있을 것입니다. 오늘날까지 그들은 스스로를 "제사장"으로 자칭하고, 교리문답서에 "제사장이 가라사대 …"라는 문구가 적힌 기도문을 낭송합니다. 이들은 거짓되게 모든 성도들에게 공통적으로 주어진 제사장직을 그들 스스로에게만 적용시킵니다.

그들 가운데 어떤 이들은 심지어 그들이 제단이라고 부르는 곳에서 매일 피 흘림이 없는 제사를 드리는 것이 가능하다고 주장합니다. 그들은 죄 사함의 권세가 있다고 주장하면서 병들거나 죽어가는 사람들에게 "내게 위임된 권위로 내가 너의 모든 죄를 사하노라" 하고 말합니다. 이것은 복음 전파에 커다란 방해가 됩니다. 이것은 하나님의 제사장이 아닌 인간집단이 제사장직을 수행하는 것으로 바알 종교의 제사장들이 하는 짓입니다. 따라서 예수님의 사역자들은 이런 일들을 볼 때, "사탄이 우리를 막았도다"라고 외치게 되는 것입니다.

사탄의 역사에 대한 또 다른 실례를 들어보겠습니다. 여호수아가 이스라엘 각 지파들을 인도하여 요단 강을 건넜을 때, 그들은 하나님이 그들에게 기업으로 주신 땅을 공격하도록 명령을 받았습니다. 단에서 브엘세바까지, 온 땅이 그들의 것으로 주어졌습니다. 여리고 성을 취한 후 그들이 이방 가나안 족속과 처음 맞닥뜨렸을 때, 하나님의 백성들은 처절한 패배를 당했습니다. "아이 사람 앞에서 도망하니"(수 7:4). 여기서 다시 한 번 우리는 "사탄이 우리를 막았도다"라는 부르짖음을 듣습니다. 여호수아는 그 땅에서 이방 족속들을 모조리 쫓아냈습니다. 그러나 아간이 전리품 중에 몇 가지 물건을 그의 처소에 감추어 두었습니다. 그 결과 그의 절도죄와 신성모독죄가 처리될 때까지 이스라엘은 전쟁에서 승리를 거둘 수가 없었습니다.

사랑하는 형제들이여, 이 사건은 기독교 교회에 대한 상징입니다. 우리는 가정에 아간이 취한 물건을 감추어 두고 있지 않아야 승리할 수 있고, 가정 구원을 이룰 수 있으며, 우리의 영적 행위들이 소기의 성과를 거둘 수 있습니다. 교회가 회심하지 아니하면 교회 속에 숨어 있는 위선자들이 주님의 축복을 차단시킬 가능성이 충분합니다. 말과 행실이 모순된 성도들, 물질적인 축복만을 신앙의 고백으로 삼는 성도들, 자신을 하나님의 백성으로 의심치 않으나 동시에 값비싼 바벨론 의복과 금고리를 걸치고 있는 성도들은 사실은 시온의 힘의 근육을 꺾어버리는 사탄의 사람들입니다. 그들은 하나님의 백성들로부터 승리를 차단시킵니다. 사랑하는 형제들이여, 사탄이 얼마나 우리를 방해하는지 여러분은 알고 있습니까?

우리는 교회로서 하나님께 감사해야 할 무수한 이유들을 갖고 있습니다. 그러나 만일 어떤 성도들이 그 감사에 무감각하고, 무관심하고, 모순적이고, 세속적이라면 교회에 주어지는 은혜는 얼마나 줄어들까요? 사탄은 우리를 직접 반대하거나 우리의 공동체 안에 야간 일당들을 보냄으로써 우리를 훼방합니다.

저는 여러분에게 또 한 가지 사례를 소개하고 싶습니다. 바벨론에 의해 훼파된 예루살렘 성벽을 한 번 보시기 바랍니다. 에스라와 느헤미야가 그 중건을 단행했을 때, 마귀는 산발랏과 도비야를 격동시켜 크게 훼방했습니다. 종교의 부흥에는 반드시 옛 원수도 발흥합니다. 하나님의 교회가 세워지는 때는 환난의 때가 될 것입니다. 하나님의 종들이 활동할 때 사탄도 그들의 수고를 무산시키기 위해 자기 수하들을 출동시킵니다.

구약성경 교회의 역사는 하나님의 역사를 훼방하기 위해 광분했던 사탄의 수고의 역사입니다. 저는 주 예수 그리스도께서 이 땅에 오신 이후에도 상황이 똑같다는 것을 여러분이 인정하리라고 믿습니다. 그분이 땅 위에 계셨을 때 사탄은 그분을 훼방했습니다. 사탄은 그리스도의 얼굴을 향해 인격적으로 공격했습니다. 그것이 실패로 돌아가자 그는 바리새인과 사두개인, 그리고 헤롯당과 모든 부류의 사람들을 동원해서 그분을 훼방했습니다.

사도들이 사역을 시작하자 헤롯과 유대인들이 그들을 훼방했습니다. 외부적 핍박이 없었을 때에는, 온갖 이단과 분파들이 기독교 교회 안에서 준동했습니다. 사탄은 끊임없이 그들을 훼방했습니다. 우리 주님이 승천하고 난 직후 정금으로 비유되는 시온의 보배로운 후손들은 흙으로 만든 주전자처럼 시달림을 받았습니다. 영광은 떠났고, 진리의 광채는 거짓 교리들, 무관심 그리고 세속화를 통해 훼방을 받았기 때문에 그 빛이 희미해졌습니다. 종교개혁이 시작되자 하나님은 루터를 일으켜 세우셨지만, 마귀는 이그나티우스 로욜라(예수회 창시자)를 일으켜 그를 훼방하도록 했습니다. 하나님에게 그의 개혁가들, 래티머 같은 사람들(Latimers)과 위클리프 같은 사람들(Wycliffes)이 있었다면, 마귀에게는 그의 반대자들, 가디너 같은 사람들(Gardiners)과 보너 같은 사람들(Bonners)이 있었습니다. 근대 개혁기에는 휫필드와 웨슬리가 하나님의 목소리로서 천둥소리를 내었다면, 그들을 훼방하고 그들을 거부하고 조롱하기 위해 정해진 자들 역시 똑같이 활동을 했습니다.

선이 악을 깨닫게 된 첫 시간부터 사탄은 우리를 훼방하는 것을 한순간도 멈추지 않았습니다. 모든 면에서, 전쟁의 모든 전선을 따라, 전후방 모두에서, 새벽부터 한밤중까지 사탄은 우리를 훼방했습니다. 만일 우리가 밭에서 일하고 있다면, 그는 보습을 파괴시키기 위해 찾아옵니다. 우리가 담을 쌓고 있다면, 그는 돌들이 허물어지도록 역사합니다. 우리가 고난과 갈등 속에서 하나님을 섬기고 있다면, 사탄은 모든 것을 동원해서 우리를 방해합니다.

2. 사탄의 방해 전술

그 다음 두 번째로 우리는 사탄이 우리를 훼방하기 위해 가지고 있는 다양한 방법들을 살펴볼 차례입니다.

악의 임금은 예수 그리스도에게 방금 나아온 사람들을 훼방하는데 아주 분주합니다. 여기서 그는 그의 궤계의 핵심적인 방법을 사용합니다. 구주를 알고 있는 우리들 가운데 어떤 이들은 신앙생활을 처음 시작하면서 십자가를 바라볼 때, 사탄으로 말미암아 갖고 있던 심각한 갈등들을 기억할 것입니다.

우리들 가운데 또 어떤 사람들은 현재 시험 기간 중에 있을 것입니다. 저는 여러분에게 다음과 같이 권면하고 싶습니다. 사랑하는 형제들이여, 여러분은 누구나 구원받기를 소원할 것입니다. 그러나 영원한 일들에 대해 관심을 둔 이후로 여러분의 마음은 깊은 고뇌로 큰 괴로움을 겪었을 것입니다. 그러나 이것 때문에 놀라지 마십시오. 이것은 흔히 일어나는 일로서, 그리스도인이라면 누구에게나 거의 보편적으로 일어나는 일입니다.

저는 여러분이 선택 교리에 대해 혼란이 없기를 바랍니다. 그것은 여러분이 예수님을 믿기 전에는 이런저런 사실을 알지도 못하고 또는 알 수도 없기 때문에, 비록 상식이 여러분에게 어떤 사실을 가르쳐 준다고 할지라도, 여러분이 하나님의 택함받은 자가 아니라고 생각하게 만들 수도 있습니다. 여러분의 현재 관심사는 감추어져 있는 선택에 관한 개념이 아니라 이미 드러나 있는 개념입니다. 여러분의 관심사는 "주 예수를 믿으라 그리하면 너와 네 집이 구원을 받으리라"(행 16:31)는 권면에 있습니다.

예정과 자유의지 사이에서 일어나는 모순적인 갈등으로 인해 여러분의 영혼은 삭막한 광야에서 방황할 수도 있습니다. 그때 여러분은 거기서 어떤 안락도 누리지 못할 것입니다. 가장 지혜로운 사람이라도 그 두 가지 문제의 모순을 해결하는 데에는 절망했고, 여러분이 그것에 대해 염려하고 있는 동안에는 절대로 평안함이 없습니다. 그러나 여러분의 관심은 형이상학적 난제가 아니라 극히 단순하고 아주 간단한 주 예수 그리스도의 속죄를 믿는 믿음에 있습니다.

　　여러분이 지은 죄에 대한 기억이 지금 마음속에 있다면, 여러분에게 용서받기에는 그 죄가 너무 크다고 속삭이는 사탄의 음성을 듣는 역사는 얼마든지 가능합니다. 저는 여러분에게 "사람에 대한 모든 죄와 모독은 사하심을 얻되"(마 12:31)라는 이 진리를 제시합니다. 그러나 그 구절은 계속해서 "성령을 모독하는 것은 사하심을 얻지 못하겠고"라는 말씀으로 이어집니다. 성령을 모독하는 죄는 여러분을 크게 고통스럽게 할 것이 자명합니다. 여러분은 "성령을 모독하는 자는 사하심을 받지 못하리라"(눅 12:10)는 말씀을 읽습니다. 여기서도 여러분은 크게 시험당할 수 있습니다. 저는 여러분이 그렇게 되지 않기를 바랍니다. 왜냐하면 이것은 가장 풀기 어려운 난제이기 때문입니다. 하지만 한 가지 사실이 여러분을 기쁘게 할 수 있습니다: 만일 죄를 회개한다면, 여러분은 용서받지 못할 죄를 저지른 것이 결코 아니라는 것입니다. 왜냐하면 죄는 항상 마음의 완악함의 소산이기 때문입니다. 사람이 양심의 부드러움과 영혼의 선함을 조금이라도 갖고 있다면, 그는 성령의 임재하심을 상실할 만큼 성령을 거부하지는 않은 것입니다.

　　여러분은 불경스러운 생각들로 고통을 당할 수도 있습니다. 지옥의 오물들이 홍수처럼 여러분의 영혼 속에 쏟아집니다. 이때 놀라지 마십시오. 그 이유는 우리가 거룩과 마음의 순전함을 기뻐함에도 불구하고, 때때로 우리의 마음속에는 그 속에서 일어나지 않았지만 사탄이 집어넣어 스며들어온 악한 생각들로 심히 괴로워할 수 있기 때문입니다. 이런 생각들은 지옥에서 나오는 것으로 우리 영혼의 소산이 아닙니다. 그들은 그것들을 미워하고 싫어하지만, 우리를 혼란시키고 훼방하기 위해 사탄이 우리 마음속에 던져 넣은 것들입니다.

　　사탄은 예수님께 나아온 아이처럼 여러분을 훼방할 수 있습니다. 우리는 "올 때에 귀신이 그를 거꾸러뜨리고 심한 경련을 일으키게 했다"(눅 9:42)는 말씀을 성경에서 읽습니다. 그럼에도 불구하고 나아오십시오. 일곱 귀신들이 그 안에 있었지만, 예수님은 자기에게 나아오는 죄인을 물리치지 아니하셨습니다. 비록 여러분이 용서받을 수 없는 죄를 저지르고 타락의 운명 속에 빠졌다는 회오감이 느껴진다고 할지라도, 담대하게 예수님을 의지하십시오. 만일 여러분이 그런 죄를 범했다면, 저는 "우리를 가로막은" 사탄을 이길 수 있다고 믿을 때 기쁨과 평강이 있음을 여러분에게 보장합니다.

그러나 저는 그 많은 방법들 가운데 어느 하나만 소개하고 싶지 않습니다. 사탄은 그리스도인들이 기도에 열중할 때 그들을 훼방합니다. 사랑하는 형제들이여, 여러분은 그것을 종종 경험하지 않습니까? 여러분이 열심히 간구하고 있을 때, 그 간구를 멈추도록 이런저런 잡념들이 여러분의 마음속에 파고들지 않습니까? 그것은 우리가 나무를 흔들어도 그 나무로부터 열매가 전혀 떨어지지 않도록 획책합니다. 한 번 더 흔들어 달콤한 열매가 떨어지면, 마귀가 우리에게 어깨를 들이밀고 접근해서 이제 그만둘 때라고 말하고, 그 말에 넘어가 우리는 얻어야 할 축복을 놓쳐 버립니다. 저는 여기서 우리의 기도가 아주 성공적으로 이루어질 때에도 아무 효력이 없도록 유혹을 받는다는 사실을 말하는 것입니다. 제 영혼이 때때로 주의 사자를 붙들고 씨름할 때, 그 간구를 멈추도록 시험을 당하고, 주님의 뜻을 이루는데 나는 없고 주님만 남아 있는 경우를 심각하게 느끼곤 합니다. 만일 그때 시험이 오지 않았다면, 그것은 또 다른 때 오게 되는데, 그때에는 기도의 효력을 막을 수 없기 때문에 기도 자체를 못하도록 획책할 것입니다. 오, 사랑하는 형제들이여, 저는 만일 여러분이 기도를 많이 한다면, 쿠퍼(Cowper)의 찬송시처럼 노래할 수 있기를 바랍니다:

"우리가 만나는 수많은 훼방들은
우리를 은혜의 보좌로 이끈다네."

그리스도인들이 하나님의 영의 인도 아래 있을 때 또는 어떤 선한 사역을 계획하고 있을 때에도 똑같은 사실이 적용됩니다. 그때 여러분은 성령의 인도로 말미암아 그것을 누군가에게 말하고 싶은 충동을 갖습니다. "어서 가서 그 젊은이에게 말해 주어라"는 것이 여러분 귀에 들리는 메시지였습니다. 그러나 여러분은 그렇게 하지 못했습니다. 사탄이 여러분을 훼방했기 때문입니다.

여러분은 어떤 기회에 — 어떻게 알았는지 잘 모르지만, 이 내면의 속삭임에 크게 귀를 기울이도록 믿게 하는 — 어떤 사람을 돕도록 방문하라는 말을 듣습니다. 그러나 여러분은 그렇게 하지 못했습니다. 사탄이 여러분을 방해했기 때문입니다. 여러분은 어느 날 밤 난롯가에 앉아 아프가니스탄이나 아직 진리가 들어가지 못한 어떤 지역에 대한 선교보고서를 읽고 있었습니다. 여러분은 '지금 나는 이들을 돕기 위해 쓸 수 있는 돈이 조금 있다'고 생각했습니다. 그때 여러분의 마음속에는 그 돈으로 우리 가족들을 위해 써야 한다는 다른 생각이 떠오르게 되었습니다. 그때 사탄은 여러분을 방해한 것입니다.

또 여러분은 어느 지역에 설교나 교육 또는 다른 형식의 기독교 사역이 필요하다고 생각했습니다. 여러분이 확신을 갖고 그에 관한 계획을 세우기 시작했을 때, 어떤 다른 일이 일어났습니다. 그때 사탄이 여러분을 방해한 것입니다. 만일 그가 우리를 방해하는 것이 가능하다면, 그는 하나님의 백성들이 하나님의 일에 대해 생각과 열심과 준비가 충만할 때, 그들에게 역사해서 그들의 계획을 말살시키고 성령의 인도를 그들의 마음으로부터 퇴출시킵니다.

또 사탄은 우리가 사역을 시작했을 때 얼마나 자주 그 일을 훼방할까요! 사랑하는 형제들이여, 우리는 마귀가 떠드는 소리를 들을 때까지 성공했다고 자만해서는 안 됩니다. 저는 마귀가 조용할 때 별로 좋은 일을 하지 못한다는 것을 하나의 신조로 삼고 있습니다. 사람들이 여러분을 대적하고, 여러분을 중상하며, 세상이 소란 속에서 여러분의 이름을 악하게 부르기 시작할 때, 그것은 일반적으로 그리스도의 나라가 임하고 있다는 징조입니다.

오, 복된 폭풍이여! 공기가 잔잔하고 무거울 때, 무감각이 저의 영혼 위로 기어오를 때 저에게 온화한 날씨를 허락하지 마소서. 주여, 허리케인을 보내 주소서. 우리에게 조금이라도 폭풍이 부는 날씨를 주소서. 번개가 번쩍이고 천둥이 우르르 꽝 울릴 때, 하나님의 종들은 주님이 함께 하신다는 것, 그분의 오른손이 더 이상 잠잠히 계시지 않는다는 것, 영적 기압이 쾌청하리라는 것, 하나님의 나라가 임하고 그분의 뜻이 하늘에서처럼 땅에서도 이루어지리라는 것을 알고 있습니다.

"평화, 평화, 평화"는 용 곧 사탄의 날개의 퍼덕거림입니다. 선전포고하는 우렁찬 목소리가 우리의 구원의 주인의 목소리입니다. 여러분은 "이것이 어떻게 그럴 수 있습니까?"라고 물을 것입니다. "내가 세상에 화평을 주러 온 줄로 생각하지 말라 화평이 아니요 검을 주러 왔노라 내가 온 것은 사람이 그 아버지와, 딸이 어머니와, 며느리가 시어머니와 불화하게 하려 함이니 사람의 원수가 자기 집안 식구리라"(마 10:34-36).

그리스도는 물리적 평화를 만드시는 분입니다. 폭력 없는 분쟁, 무력 없는 분쟁은 없습니다. 그러나 도덕적·영적 평화는 예수 그리스도가 계시지 않는 한 이 세상에는 존재할 수 없습니다.

사랑하는 형제들이여, 여러분은 선을 행할 때 반드시 마귀가 여러분을 방해한다는 것을 알아야 합니다. 그때 여러분은 어떻게 해야 합니까? 사탄을 대적하십시오. 겁먹은 표정으로 바라보고 힘없이 타협하는 것은 십자가 군사가 취할 태도가 아닙니다. 한판 전쟁을 기대하고 절대로 낙망하지 마십시오. 휫필드는 "어떤 사역자들은 1월 첫 날부터 12월 마지막 날까지 아무 대책 없이 완전히 벗은 몸으로 산다"고 말하곤 했습니다. 마귀는 그들을 공격할 가치가 없다고 생각했습니다. 그러나 우리는 예수 그리스도의 복음을 온 힘과 영과 정성을 다하여 선포해야 하는데, 그러면 곧 사람들은 우리를 조롱하고 비웃을 것입니다. 만일 그들이 그렇게 한다면, 결과는 그만큼 더 좋아질 것입니다. 우리는 사탄이 우리를 훼방하기 때문에 결코 놀랄 필요가 없습니다.

사탄은 사역할 때에만 우리를 훼방하는 것이 아닙니다. 그는 우리가 서로 하나로 연합하려고 할 때에도 방해합니다. 우리는 런던에 있는 교회들이 서로 연합할 수 있도록 노력해야 합니다. 저는 성공의 징조들을 보는 것이 즐겁습니다. 그러나 저는 사탄이 우리를 훼방한다고 해도 놀라지 않습니다. 저는 사탄이 이 문제에서 손을 떼도록, 그래서 우리의 교회들의 연합이 이루어질 수 있도록 여러분의 기도를 부탁드립니다. 저희 교회로 말하면 우리는 오랫동안 평화를 유지했습니다. 그러나 만일 사탄이 사랑, 평화 그리고 연합을 통해 우리가 하나가 되는 것을 방해한다고 해도 놀라지 않습니다.

사탄은 우리가 예수 그리스도와 교제하는 것을 방해할 것입니다. 그분의 성찬에서 우리가 스스로 '나는 지금 이 순간 참으로 행복하다'고 생각할 때, 즉각 우리 마음속에는 허망한 생각이 들어옵니다. 아브라함처럼 여러분도 희생제물을 드리지만, 불결한 새들이 날아와 그것을 덮치고, 그러면 여러분은 그것들을 내쫓아야 합니다. "사탄이 우리를 막았도다." 사탄은 전능자는 아닙니다. 하지만 무수한 그의 종들을 통해 그는 전능자처럼 모든 곳에서 활동하고 있고, 성도들이 주님을 섬길 때 어떻게든 미혹시키기 위해 광분하고 있습니다.

3. 사탄의 역사를 식별하는 법

세 번째로 사탄의 이러한 훼방을 식별해 낼 수 있는 방법이 우리에게는 몇 가지 있습니다.

저는 어떤 사람이 "그럼, 사탄이 나를 방해만 하지 않았더라면, 나는 지금 세상에서 출세하고, 부자가 되었을 거야"라고 말하는 것을 듣습니다. 사랑하는 형제여, 그것을 믿지 마십시오. 저는 사탄이 일반적으로 사람들이 부자가 되는 것을 막는다고 믿지는 않습니다. 그는 사람들을 가난하게 하는 것만큼 부하게 하기도 합니다. 그는 하나님의 종들이 성전 꼭대기에 서는 것을 보고 즐거워합니다. 왜냐하면 그는 그곳이 위험한 자리라는 것을 알기 때문입니다. 높은 곳에서 하나님을 찬양하기는 거의 불가능합니다. 만일 여러분이 부자가 되는 것을 방해받았다면, 오히려 시험을 받을 수 없는 곳에 여러분을 두신 하나님의 선한 섭리를 감사해야 할 것입니다.

또 다른 사람은 "예, 나는 어떤 지역에서 살면 더 잘 살 수 있다고 생각했으나 갈 수가 없었습니다. 아마 갈 수 없도록 훼방한 자는 마귀였을 것입니다"라고 말했습니다. 아마 그럴지도 모르겠습니다. 그러나 그것이 그렇지 않을지도 모릅니다. 하나님의 섭리는 우리가 있어야 할 위치를 가장 잘 아십니다. 우리가 반드시 우리 자신의 위치를 더 잘 선택하는 것은 아닙니다. 우리는 사탄의 방해를 받아 우리의 뜻이 좌절됨으로써 실망에 빠졌을 때, 거기에 종종 하나님의 선하신 섭리가 작용하고 있음을 보지 못하고 합당한 결론에 이르지 못할 때가 있습니다.

그러나 사탄이 저를 방해할 때 저는 뭐라고 말할 수 있을까요? 저는 여러분이 첫째로, 그 목적으로 식별할 수 있다고 생각합니다. 사탄이 우리를 훼방하는 목적은 우리가 하나님께 영광돌리는 것을 막기 위해서 입니다. 만일 여러분에게 여러분의 거룩, 유익, 겸손, 그리고 성결과 같은 미덕을 방해하는 어떤 일이 일어난다면, 여러분은 그 일이 사탄으로부터 온 것이라고 생각할 수 있습니다. 만일 여러분의 인생의 일반적 흐름을 방해하는 어떤 사건이 일어나 의를 죄로 바꾸어 버렸다면, 그 사건으로부터 여러분은 그 원흉을 짐작할 수 있습니다. 그 원흉은 하나님이 아니라 바로 사탄입니다. 그러나 하나님이 때때로 그의 백성들의 길에 심지어는 은혜와 유익을 베푸는 과정에서도 분명한 방해물을 두기도 한다는 사실을 염두에 두기 바랍니다. 하지만 그분이 역사하는 방해물은 그의 성도들을 연단하는 것으로 그들을 오히려 강하게 하기 위해서라는 것을 알아야 하겠지요. 하지만 사탄의 목적은 그들이 올바른 길에서 실족하여 타락의 길로 가도록 하는 것입니다.

다시 말해 여러분은 사탄이 역사하는 **방법**을 통해 그의 역사들이 어떠한지

식별할 수 있습니다. 말하자면 하나님은 선한 동기를 사용하시지만 사탄은 악한 동기를 사용합니다. 만일 여러분의 관심을 주님으로부터 돌리도록 만든 것이 잘못된 생각, 잘못된 교리, 잘못된 가르침, 잘못된 동기라면, 그것은 절대로 하나님으로부터 온 것이 아니라 사탄으로부터 온 것이 틀림없습니다.

다시 말해 여러분은 그 본질을 살펴보면 그 역사들이 어디서 온 것인지 식별할 수 있다는 말입니다. 하나님의 역사를 가로막는 것이 여러분을 즐겁게 하거나 만족스럽게 할 때마다 그것이 사탄으로부터 온 것임을 기억하기 바랍니다. 사탄은 그의 새의 깃털들을 잘못된 길에서 털어내지 않습니다. 그는 일반적으로 우리의 취미나 취향에 맞추어 역사합니다. 그는 그의 물고기로 미끼를 삼습니다. 그는 각 사람을 어떻게 다루어야 하는지, 그리고 육체의 본성의 욕구들을 일으키는 동기를 어떻게 사용해야 하는지, 정확하게 알고 있습니다. 그런데 만일 여러분의 인생에 주어지는 어려움이 자신을 위하기보다 오히려 자신에 반대되는 결과를 가져온다면, 그것은 하나님으로부터 온 것입니다. 만일 지금 여러분에게 어떤 면에서든 이득, 쾌락, 또는 이점을 주는 방해물이 있다면 그것은 사탄으로부터 온 것이 틀림없습니다.

우리가 사탄의 역사에 대해 한 가지 더 말할 것이 있다면 그것은 그 역사의 때에 관한 것입니다. 예를 들면, 만일 그것이 사탄으로부터 온 것이라면, 기도를 훼방하는 방해물은 인간적 잡념들의 자연적 과정과 관계로부터 온 것입니다. 하나의 생각이 서로 연결되어 있는 쇠사슬처럼 다른 생각을 일으키고, 그것은 또 다른 생각을 연쇄적으로 일으킨다는 것은 마음의 법칙입니다. 그러나 사탄의 시험은 규칙적인 사고의 법칙을 따라서 오지 않습니다. 그것들은 마음을 혼란스럽게 합니다. 내 영혼이 기도하고 있을 때, 불경스러운 생각이 드는 것은 부자연스러운 일입니다. 그런데 그런 생각이 든다면 그것은 내 자신의 마음으로부터 나온 것이 아니라 사탄으로부터 온 것입니다. 만일 제가 주님의 뜻을 행하려고 할 때, 부정적인 생각이 마음속에 들어온다면, 그 생각은 내 마음과 사고의 자연적 성향과는 상관이 없고, 내 속에서 연원하는 것이 아니라 마귀로부터 주어지는 것으로, 그것의 참된 아비는 사탄입니다.

이런 방법들을 통해 우리는 사탄이 훼방하는 때인지, 그 훼방이 우리 자신의 마음으로부터 나오는 때인지, 아니면 하나님이 주시는 때인지 알 수 있다고 생각합니다. 우리는 우리가 잘못된 말 위에 안장을 두지 않았는지 주의 깊게 살펴보아야 합니다. 그것이 여러분 자신일 때 마귀를 비난하지 마십시오. 반대로 주님이 여러분의 길에 방벽을 두셨을 때, 이것을 사탄의 탓으로 돌리지 말고, 그래서 하나님의 섭리에 역행하지 않기를 바랍니다. 때때로 당연히 해야 할 일을 보기가 어려울 수 있지만, 만일 여러분이 기도를 통해 하나님 보좌 앞으로 나아간다면, 여러분은 곧 그것을 발견하게 될 것입니다. 다윗은 곤경에 처하자 "에봇을 이리로 가져오라"(삼상 23:9)고 했습니다. 여러분도 똑같이 말합니까? 그 사명이 중보자이신 크신 대제사장에게 나아가십시오! 그분의 가슴 위에는 우림과 둠밈이 걸려 있고, 여러분은 그분을 통해 곤경과 위기에 빠질 때마다 그 해결책을 얻을 수 있을 것입니다.

4. 훼방에 대한 대처

우리의 인생을 가로막는 방해물들이 실제로 사탄으로부터 온 것임을 확인하게 되었다면, 그때 우리는 어떻게 해야 할까요? 제가 한 가지 권면을 여러분께 드린다면, 그것은 방해가 있거나 말거나 성령 하나님이 여러분을 인도하는 대로 그 길을 따라 곧장 달려가라는 것입니다.

만일 사탄이 여러분을 방해한다면, 저는 이 반대가 여러분을 즐겁게 할 것이라는 사실을 이미 말했습니다. 한 목회자가 다음과 같이 말했습니다. "나는 이 특별한 목회 사역이 쉬운 사역이 되리라고 기대하지 않았습니다. 그렇지 않다면 저는 여기 오지도 않았을 것입니다. 나는 언제나 내가 그의 원수라는 것을 마귀에게 보여주는 것을 나의 의무로 삼고 있습니다. 그리고 그렇게 한다면 그는 내 밥이라는 것을 그가 나에게 보여주리라고 확신합니다." 만일 여러분이 지금 반대하고 있는데, 그 반대가 분명히 사탄에 대한 것이라면, 그것으로 말미암아 스스로를 축하하십시오. 앉아서 초조해하지 마십시오. 그러나 여러분과 같은 연약한 피조물이 실제로 흑암의 임금을 괴롭히고 그의 진노를 무력화시킬 수 있다는 것은 큰 사건입니다. 인간이 영계의 존재들과 갈등을 일으키고, 흑암의 왕자와 대면하여 서 있다는 것은 인간을 그만큼 우수한 존재로 격상시킵니다.

여러분이 이런 원수에 의해 훼방을 받는 것은 의심할 여지 없이 두려운 일인 것은 사실입니다. 그러나 그것은 가장 소망스러운 일입니다. 왜냐하면 만일 그가 여러분의 친구라면 여러분은 정말 두려운 상황 속에 빠졌을 것이기 때문입니다. 사탄에 대항하여 일어나십시오. 여러분은 지금 팔짱만 끼고 앉아 있을 때 할 수 있는 것보다 훨씬 더 큰 일을 할 수 있는 기회를 갖고 있습니다. 여러분은 그와 갈등을 일으키지 않는 한 그를 이기는 승리를 얻을 수 없습니다. 힘이 없는 성도는 시험당하지 않는 한 그의 천국길이 영광스럽지 않습니다. 하지만 시험 속에 있을 때 그의 모든 발걸음은 영광스러운 발걸음이 될 것입니다. 오늘날 우리의 위치는 「천로역정」에서 존 번연이 묘사한 것과 같습니다. 순례 길의 그리스도인은 하늘 궁전 꼭대기에서 울려 퍼지는 다음과 같은 찬송소리를 들었습니다.

> "들어오라, 들어오라,
> 영원한 영광이 그대에게 있으리라."

그런데 하늘 궁정의 계단들을 올라가는 것은, 안전한 길이기는 해도 결코 폼내며 걸어갈 수 있는 고상한 길은 아니었습니다. 그러나 원수들이 문 주위에 몰려 있고, 모든 계단마다 막아설 때, 그리스도인 영웅은 잉크병을 들고 문 앞에 앉아 있는 사람에게 나아가 "제 이름을 적어 주세요"라고 말했습니다. 그때 맨 아래 계단으로부터 눈부시게 반짝거리는 사람들이 찬송을 부르고 있는 꼭대기 계단에 오를 때까지 한 걸음 한 걸음이 영광으로 충만했습니다. 만일 마귀들이 땅에서 천국에 이르는 저의 길을 방해하지 않았다면, 저는 즐겁고, 평화롭고, 안전한 순례의 길이 되었겠지만, 확실히 그 길에 명예는 없었을 것입니다. 그러나 지금, 모든 계단이 우리의 길을 영광의 승리로 이끄는 전쟁이 될 때, 그 한 계단 한 계단은 불후의 명성으로 채워질 것입니다. 그러므로 그리스도인이여, 대적하십시오. 대항이 클수록 영광도 큽니다.

만일 여러분이 사탄을 대적하지 못하고 그에게 승리하지 못해서 잃는 것을 헤아려 본다면 그의 훼방들이 얼마나 우리에게 치명적인 것이 될지 생각해 보아야 합니다. 사탄이 여러분을 이기도록 한다면 여러분의 영혼에 주어지는 결과는 영원한 파멸입니다. 확실히 그것은 우리에게 주어질 모든 소망을 영원히 앗아가 버릴 것입니다. 만일 제가 전쟁의 날에 후퇴해서 백기를 들어버린다면, 하나님의 종들의 안식에 관해 무엇을 말하겠습니까? 선전포고가 얼마나 부끄러운 조롱거리가 되겠습니까? 언약의 깃발이 얼마나 비참하게 수렁 속에 던져져 버리겠습니까? 그러나 우리는 겁쟁이도 아니고 또 겁쟁이가 되어서도 안됩니다. 우리는 사탄의 교묘한 역사에 굴복해서는 안되고, 주님으로부터 등을 돌려서도 안됩니다. 왜냐하면 그렇게 되면 그 패배가 도저히 견딜 수 없는 두려움을 우리에게 가져다주기 때문입니다.

　　사랑하는 형제들이여, 저는 여러분이 여러분의 주님이 이기신 것을 상기함으로써 용기를 내기를 바랍니다. 여러분 앞에 계시는 그분을 바라보십시오. 가시면류관을 쓰신 그분은 원수와 싸우셨고, 그의 머리를 상하게 했습니다. 사탄은 여러분의 구원의 주인에 의해 완전히 박살이 났습니다. 그 승리는 상징으로서, 그분이 싸우고 승리하신 것은 바로 우리를 위한 것이었습니다. 여러분은 이미 패배당한 원수와 싸워야 합니다. 사탄은 자신의 패배를 알고 있고, 또 느끼고 있습니다. 그는 절망 속에서 싸우고 있습니다. 그는 참된 용기를 가지고 싸울 수가 없습니다. 그는 궁극적인 승리는 자기 것이 아님을 알고 있기 때문입니다. 그러므로 그를 치십시오. 그리스도께서 이미 그를 쳐서 박살냈으니까요. 그를 때려 눕히십시오. 예수님이 그를 그분의 발로 짓밟았으니까요. 만물 중에 가장 연약한 자인 여러분에게 승리가 있습니다. 주님이 여러분 앞에서 승리하셨기 때문입니다.

　　마지막으로, 여러분은 전쟁을 준비하는데 도움을 주는 약속의 말씀이 있다는 것을 기억해야 합니다. 그 말씀들은 지금도 우리에게 힘을 줍니다. "마귀를 대적하라 그리하면 너희를 피하리라"(약 4:7). 목회자들이여, 사임하지 마십시오. 교회가 분열되고 원수가 쳐들어온다고 해서 사임에 대한 생각을 가지면 안됩니다. 마귀를 대적하십시오. 도망가지 말고, 그를 도망시키십시오. 젊은 사역자들이여, 여러분이 길에서 복음을 전하거나 전도 소책자를 나누어 주거나 가가호호 방문하기 시작할 때, 사탄은 여러분을 크게 훼방할 것입니다. 그러나 그럴수록 기죽지 말고 그 수고를 가속화하기를 부탁드립니다.

　　사탄이 지금 여러분에게 베풀어지고 있는 축복을 박탈하려고 획책하는 것은 여러분을 두려워하고 있기 때문입니다. 그를 대적하고 견고하게 서십시오. 기도로 간청하는 여러분은 지금 언약의 천사를 붙들고 있는 손을 놓아서는 안됩니다. 지금 사탄이 여러분을 훼방하고 있다면 그것은 축복이 여러분에게 임하고 있기 때문입니다. 그리스도를 구하십시오. 그래서 골고다의 무성한 나무로부터 눈을 감거나 얼굴을 돌리지 마십시오. 사탄이 여러분을 훼방하는 이유는 밤이 거의 지나고 새벽별이 빛을 발하기 시작하고 있기 때문입니다. 사랑하는 형제들이여, 고난 속에 있고, 슬픈 시험 속에 있고, 무거운 짐을 짊어지고 있습니까? 그러나 여러분에게는 더 밝은 소망이 있습니다. 지금 힘내십시오. 하나님을 위해, 그리스도를 위해, 여러분 자신의 영혼을 위해 투쟁하십시오. 여러분이 주님과 함께 죄, 죽음, 그리고 지옥을 포로로 잡고 여러분이 타고 있는 전차의 바퀴로 내달리며, 또 주님과 더불어 어린 양의 피로 승리한 승리자로서 영광의 면류관을 쓰고 새 예루살렘의 길을 통과할 때가 곧 임할 것입니다.

사랑하는 형제들이여, 하나님이 여러분을 축복하시기를 바랍니다. 저는 이 설교가 누구에게 가장 적합한지 잘 모르겠지만, 특별히 시험당한 성도들이 들으시면 좋겠다고 생각합니다. 주님이 이 설교를 통해 그들에게 위로를 베푸시기를 기도합니다. 아멘.

제
6
장

—

항상 주와 함께 있으리라

—

"그리하여 우리가 항상 주와 함께 있으리라." — 살전 4:17

우리는 이 말씀이 위로로 가득 차 있다고 알고 있습니다. 왜냐하면 바울은 다음 구절에서 "그러므로 이러한 말로 서로 위로하라"고 말하기 때문입니다. 이 말씀은 보혜사 성령께서 주시는 것으로, 고단한 영혼들의 마음속에서 근심을 제거하기 위해 성도들이 서로 반복해서 말하도록 주어진 것처럼 보입니다. 이 위로는 이미 잠들어 있는 자들과 관련해서 말한다면, 우리에게 소망을 주기 위해 주어진 것이었습니다. 주 안에서 사랑했지만 여러분을 떠나 이미 고인이 됨으로써 여러분에게 가장 큰 슬픔을 안겨 주었던 사람들의 명단을 살펴보십시오. 오늘 본문의 말씀이 여러분의 눈물을 닦아주는 손수건이 될 것입니다. 소망 없는 다른 이와 같이 슬퍼해서는 안 됩니다. 왜냐하면 이미 죽은 자들은 여러분과는 헤어져 함께 있지 못하지만 주님과 함께 있고, 머지않아 여러분의 주님이 영원무궁토록 교제의 주인공이 되실 곳에서 그들을 만날 것이 확실하기 때문입니다. 이별은 매우 일시적이고, 재회는 영원할 것입니다.

본문의 말씀은 또한 성도들 자신과 관련해서 말한다면, 성도들에게 위로를 주기 위해 주어진 것이고, 저는 그것이 두려움에 사로잡혀 있는 사람에게 강심제가 되고, 모든 신자의 두통을 신기하게 제거하는 신통한 약이 되기를 바랍니다. 여러분이 죽어가는 몸을 갖고 있다는 사실은, 여러분 가운데 어떤 이들에게 자주 찾아오고 증가하는 허약함과 고통들로 보아 매우 분명하고, 이것은 영의 침체의 원인이 틀림없을 것입니다. 여러분도 아시다시피, 몇 년 안에 여러분은 다시는 돌아올 수 없는 곳으로 갈 수 있습니다. 그러나 낙심하지 마십시오. 왜냐하면 여러분은 아무도 없는 이상한 나라로 따로 가는 것이 아니니까요. 형제보다 더 가까운 친구가 한 분 계시는데, 그분은 여러분을 실망시키거나 저버리거나 하시지 않을 것입니다. 그리고 무엇보다 여러분은 본향으로 가는 것입니다. 여러분의 주님은 여러분이 떠나는 동안 여러분과 함께 있을 것이고, 이후로 여러분은 영원토록 그분과 함께 있을 것입니다. 그러므로 질병이 찾아와 죽음이 거의 다가왔다고 여러분에게 경고한다고 할지라도 절대로 낙담하지 마십시오. 고통과 피곤함이 여러분의 마음과 육체를 힘들게 한다고 해도 구속자의 피로 말미암아 얻게 될 승리를 조금도 의심하지 마십시오. 또 때때로 범한 허다한 죄와 빈약한 믿음이 생각날 때 여러분의 육신이 두려워 떤다고 할지라도, 좋은 기분을 가지십시오. 왜냐하면 여러분의 죄와 빈약한 믿음은 곧 여러분에게서 영원히 제거될 것이기 때문입니다. 그때 여러분은 주님의 임재 앞에서 충만한 기쁨을 누리고 주님의 오른편에 앉아 영원히 즐거워할 것입니다. 그러므로 이미 여러분 곁을 떠난 사람들과 여러분 자신의 죽음에 대한 생각과 관련해서 스스로 위로하십시오.

바울이 여기서 우리에게 제시하는 위로는 부분적으로 부활이라는 사실에서 연원하고 있지만 그것이 핵심적인 이유는 아니라는 것을 주목하십시오. 왜냐하면 바울은 "주 안에서 죽은 자들이 다시 살아날 것"이라는 말씀을 언급하지 않고 이 마지막 말씀 곧 "그리하여 우리가 항상 주와 함께 있으리라"는 말씀을 언급하기 때문입니다. 여러분이 다시 살게 된다는 것은 중대한 진리입니다. 그러나 여러분이 "항상 주와 함께 있을" 것이라는 것은 더 소중한 진리입니다. 우리 모두 공중에서 주님을 영접하기 위해 구름 속으로 끌려올라가 사별했던 형제들을 만나게 될 것이라는 사실에서도 우리는 얼마간 위로를 받습니다. 구속받은 자들의 전체 총회는 복된 일로, 다시는 흩어지지 아니할 것입니다. 다시는 헤어지지 않을 이 모임의 기쁨은 지난날 겪은 이별의 쓰라림에 대한 획기적인 치료제가 될 것입니다. 그 안에는 큰 위로가 들어 있습니다. 그러나 가장 큰 위로는 거기에 있는 것도 아닙니다. 천상에 있는 거룩한 자들의 영원한 교제는 생각만 해도 즐겁습니다. 그러나 가장 큰 위로는 우리 주님과의 약속된 교제에 있습니다. "그리하여 우리가 항상 주와 함께 있으리라." 여러분이 위로를 이끌어 내는 다른 원천이 무엇이든 간에, 이 깊고, 깨끗하고, 흘러넘치는 기쁨의 샘을 등한히 하지 마십시오. 천국은 다양한 기쁨을 갖고 있는 곳이므로, 장차 나타날 영광과 관련해서 말한다면, 기분 좋게 만드는 다른 원천들이 있습니다. 그러나 예수 그리스도와 함께 교제하는 영광을 능가할 수 있는 기쁨은 아무것도 없습니다. 그러므로 첫 번째로 그리고 정말 끊임없이 이 말씀으로 곧 "그리하여 우리가 항상 주와 함께 있으리라"는 말씀으로 서로 위로하십시오.

이제 우리의 위로를 위해 세 가지 관점에 따라 본문을 살펴보도록 하겠습니다. 첫 번째로, 본문을 지속성의 관점에서 살펴보겠습니다. 우리는 지금도 주님과 함께 있고, 또 항상 함께 있게 될 것입니다. 두 번째로, 본문을 진보성의 관점에서 살펴보겠습니다. 우리는 머지않아 지금보다 주님과 더 충분한 상태에서 함께 있게 될 것입니다. 세 번째로, 긴밀성의 관점에서 본문을 살펴보겠습니다. 우리는 주님과 지금도 함께 있고, 장차는 더 친밀하고 놀라운 방법으로 함께 있게 될 것입니다.

1. 지속성의 관점에서 본 본문

저는 먼저 본문을 우리의 현재 상태의 지속성의 관점에서 보게 됩니다. "그리하여 우리가 항상 주와 함께 있으리라." 제 생각으로는, 이렇게 설명하는 것이 정확하다고 생각합니다. 왜냐하면 바울은 우리가 계속 주님과 함께 있는 것을 방해할 것은 아무것도 없다는 것을 암시하기 때문입니다. 죽음도 우리를 주님과 갈라놓지 못하고, 천사장의 소리와 하나님의 나팔 소리가 들리는 그 두려운 날의 공포도 우리를 주님과 갈라놓지 못할 것입니다. 하나님의 계획과 작정으로 말미암아 모든 것이 그렇게 정해져 있고, "그리하여 우리가 항상 주와 함께 있을 것입니다." 구름 속으로 끌려 올라가 우리는 어떻게든 그리스도 안에 거하게 될 것인데, 이 거주는 결코 중단되지 않을 것입니다. 우리가 그리스도 예수를 주로 받은 것처럼 삶 속에서나 죽음 속에서나 그리스도 안에서 행하게 될 것입니다.

바울은 본문을 통해 지금도 우리가 주님과 함께 있고, 우리를 주님에게서 갈라놓을 것은 아무것도 없다는 것을 우리에게 전하고 있다고 저는 생각합니다. 에녹과 같이 지금도 우리는 하나님과 동행합니다. 그리고 하나님과의 교제를 빼앗기지 아니할 것입니다. 장차 우리와 그리스도 사이를 갈라놓는 심연을 만들어 버리는 어떤 일이 일어날지 모른다고 우리는 두려워할 수 있지만 바울은 그런 일은 없을 것이고, "우리가 항상 주와 함께 있게 할" 계획과 방법이 있다는 점을 우리에게 보장합니다. 어쨌든 이것이 본문이 의도하는 그 진리는 아니라고 해도 설명할 가치가 있는 한 진리라고 생각하고, 그러므로 지체 없이 이에 대하여 설명을 확대시키고자 합니다.

우리는 현세에서 고도로 영적인 의미에서 주님과 함께 있습니다. 골로새서에서 여러분은 다음과 같은 말씀을 읽어보지 않습니까? "이는 너희가 죽었고 너희 생명이 그리스도와 함께 하나님 안에 감추어졌음이라"(골 3:3). "너희가 세례로 그리스도와 함께 장사되고 또 죽은 자들 가운데서 그를 일으키신 하나님의 역사를 믿음으로 말미암아 그 안에서 함께 일으키심을 받았느니라"(골 2:12). 여러분은 그리스도 안에서 세상에 대하여는 죽고 그리스도와 함께 신비로운 삶을 산다는 것이 무슨 뜻인지 모르겠습니까? 여러분은 그리스도와 함께 일으키심을 받지 않았습니까? 그렇다면 여러분은 그리스도와 함께 일으키심을 받고, 그리스도 예수 안에서 하늘에 함께 앉게 된다는 것을 어느 정도나 이해하고 있습니까? 성도 여러분, 만일 여러분이 그리스도와 함께 있지 않는다면 여러분은 전혀 그리스도인이 아닙니다. 왜냐하면 그리스도와 함께 하는 것, 이것이야말로 그리스도인의 핵심적인 표지이기 때문입니다. 그리스도의 우리에 들어 있는 양이 되는 것이 구원의 본질적인 요소이고, 나아가 그리스도의 생명에 참여하는 것, 그리스도의 신비로운 몸의 지체가 되는 것, 신령한 포도나무의 가지가 되는 것도 마찬가지입니다. 그리스도에게서 분리되면 우리는 영적으로 죽은 것입니다. 그리스도께서는 친히 "사람이 내 안에 거하지 아니하면 가지처럼 밖에 버려져 마르나니 사람들이 그것을 모아다가 불에 던져 사르느니라"(요 15:6)고 말씀하셨습니다. 예수님은 자기 백성 가운데 하나에게서도 멀리 떨어져 계시지 않습니다. 아니, 주님이 어디로 가시든 그분을 따라가는 것은 우리의 특권입니다. 주님이 사랑으로 가득 차 우리에게 주시는 말씀은 "내 안에 거하라 나도 너희 안에 거하리라"(요 15:4)입니다. 주님이 이 사실을 즐겁게 깨달을 수 있도록 우리에게 역사하시기를 바랍니다.

사랑하는 성도 여러분, 우리는 그리스도와 지속적으로 연합한다는 의미에서 끊임없이 그리스도와 함께 있는 것입니다. 왜냐하면 우리는 주님에게 붙어 있고 주님과 한 영이기 때문입니다. 때때로 이 연합은 우리에게 매우 달콤하게 나타납니다. "이로써 우리가 그의 안에 있는 줄을 아노라"(요일 2:5) 그리고 그 결과 우리는 깊은 기쁨을 느끼고, 심지어는 그리스도 자신의 기쁨이 우리 안에서 이루어집니다. 왜냐하면 그리스도 안에 있고, 그리스도와 함께 있기 때문에 우리는 그분의 고난에도 참여하고, 그분의 죽음에도 동참합니다. 이것은 너무 감미로운 슬픔이기 때문에 이것을 경험할수록 더 좋습니다.

> "살거나 죽거나, 일하거나 고난당하거나
> 지친 내 영혼은
> 모든 것이 변한다고 할지라도
> 주님 곁에 확실하고 굳건하게 거하리라.
>
> 아무것도 내 길을 가로막을 수 없고,
> 아무것도 내 안식을 훼방할 수 없다.
> 어디서 방황하더라도
> 내 영혼은 주님의 품을 의지하리라."

이 교제는 그 열매로 다른 사람들에게 드러나게 된다고 우리는 확신합니다. 또 항상 그렇게 되어야 합니다. 그리스도인의 삶은 분명히 그리스도와 함께 하는 삶이 되어야 합니다. 사람들은 우리의 모습을 보고 우리가 예수님과 함께 하고 있는 것과 우리가 예수님에게서 배운 것을 깨달아야 합니다. 사람들은 우리가 하나님의 아들이 아니라면 결코 없었을 어떤 것이 있다는 것을 우리 안에서 보아야 합니다. 우리의 기질, 정신, 삶의 과정 등은 본성만으로는 형성된 것일 수 없고, 그 안에 은혜가 충만히 거하시는 분 곧 우리 주 예수 그리스도에게서 받은 은혜로 말미암아 우리 안에서 형성된 것이 틀림없습니다. 성도 여러분, 만일 우리가 마땅히 존재해야 할 존재라면 우리의 삶은 주 예수 그리스도와의 지속적인 연합에서 나오는 풍성한 의식적인 친교로 채워질 것이고, 만약 그렇게 산다면, 우리는 사랑받은 제자 요한이 "너희는 처음부터 들은 것을 너희 안에 거하게 하라 처음부터 들은 것이 너희 안에 거하면 너희가 아들과 아버지 안에 거하리라"(요일 2:24)고 쓴 대로 풍성한 확신을 갖게 될 것입니다.

사랑하는 성도 여러분, 우리는 다음과 같은 의미에서도 주님과 함께 있습니다. 곧 주님의 변함없는 사랑이 항상 우리에게 있고, 우리의 사랑도, 비록 때때로 연약하기는 하지만, 결코 소멸되지는 않는다는 것입니다. 이 두 의미에서 "누가 우리를 우리 주 그리스도 예수 안에 있는 하나님의 사랑에서 끊을 수 있을까?"(롬 8:35, 39)라는 사도 바울의 도전은 사실입니다. 우리는 "나는 내 사랑하는 자에게 속하였도다 그가 나를 사모하는구나"(아 7:10)라고 말할 수 있습니다. 다른 한편으로 우리는 "나는 내 사랑하는 자에게 속하였고 내 사랑하는 자는 내게 속하였으며"(아 6:3)라고 증언할 수도 있습니다. 주님은 우리를 주장하고, 우리는 주님을 주장합니다. 주님은 우리를 사랑하고 우리는 주님을 사랑합니다. 주님과 우리들 간에는 마음의 연합이 있습니다. 우리는 주님과 함께 있고 주님을 거역하지 않습니다. 우리는 주님과 동맹을 맺고, 주님의 깃발 아래 편입되고, 주님의 영에게 순종합니다. 이제는 우리가 사는 것이 아니라 그리스도께서 사십니다. 우리는 다른 목적을 갖고 있지 않습니다.

그리스도는 성령의 지속적인 내주를 통해 우리와 함께 있습니다. 성령은 우리와 함께 하고 우리 안에 영원토록 거하실 것입니다. 성령의 기름 부음이 우리에게 머물러 있고, 그로 말미암아 우리는 그리스도 예수 안에 거합니다. 그리스도는 자신을 대표하도록 우리에게 보혜사를 보내셨습니다. 거룩하신 보혜사(파라클레테)를 통해 그리스도는 계속 우리와 함께 계시고, 그리하여 지금도 우리는 항상 주님과 함께 있습니다.

우리 주님은 또한 우리가 주님의 사역에 종사할 때마다 우리와 함께 있겠다고 약속하셨습니다. 큰 격려의 말씀이 여기 있습니다. "볼지어다 내가 세상 끝날까지 너희와 항상 함께 있으리라"(마 28:20). 그러므로 우리가 주님을 영광 중에 뵐 때가 우리가 그리스도와 함께 있게 되는 첫 순간이 될 것이라고 생각하지 마십시오. 왜냐하면 지금 이 순간도 주님은 세상에는 자신을 나타내지 아니하실 때에도 우리에게는 자신을 나타내시기 때문입니다. 주님이 가끔 다음과 같은 자신의 약속을 지키시지 않은 적이 있었습니까? "두세 사람이 내 이름으로 모인 곳에는 나도 그들 중에 있느니라"(마 18:20). 주님의 심부름을 가고 있을 때 우리는 뒤에서 따라오시는 주님의 발걸음 소리를 들었습니다. 우리가 주님을 위해 싸우려고 최전선에 나서면 주님의 손길이 함께 하는 것을 느꼈습니다. 주님은 성령을 통해 우리 안에 내주하시고, 우리의 사역에 개입하시는 능력을 통해, 그리고 우리가 선포한 복음으로 말미암아 그분이 행하신 역사를 통해 우리와 함께 하시는 것을 우리는 알고 있었습니다. 주 예수님은 자신의 이름을 위해 환난 중에 있는 자기 교회와 함께 계셨고, 항상 그렇게 하실 것입니다. 왜냐하면 주님은 성도들을 절대로 버리실 분이 아니기 때문입니다. "두려워하지 말라. 내가 너와 함께 하느니라"는 말씀은 구약 시대와 마찬가지로 복음 아래에서도 똑같은 주님의 말씀입니다. 영광스러운 성령의 능력을 통해 예수님은 우리와 함께 계시고, 지금 이 시대에도 그분은 우리가 "항상 주와 함께" 있도록 하실 수 있습니다.

　　그러나 성도 여러분, 주님이 호령과 천사장의 소리와 하나님의 나팔 소리로 친히 하늘로부터 강림하시는 일이 먼저 일어나지 않는다면, 우리가 죽게 될 날이 다가오고 있습니다. 그런데 확실히 말하면, 죽는 순간에도 우리는 여전히 주님과 함께 있을 것입니다.

> "죽음이 내 영혼을
> 이 육체의 집에서 분리시킬 수 있고,
> 온갖 우울한 일을 거친다고 해도,
> 　사랑이 나를 주님 곁에 있도록 지켜주리라."

　　"내가 사망의 음침한 골짜기로 다닐지라도 해를 두려워하지 않을 것은 주께서 나와 함께 하심이라 주의 지팡이와 막대기가 나를 안위하시나이다"(시 23:4). 그러므로 하나님의 백성들에게는 죽는 것이 달콤한 일입니다. 왜냐하면 그때 예수님을 특별히 더 가까이 있는 것을 보기 때문입니다. 하나님의 백성들은 죽음을 통해 죽음에서 벗어나게 되고, 그리하여 그들에게 죽는 것은 더 이상 죽음이 아닙니다. 예수님이 성도들을 만나시는 그때에 성도들이 통과해야 할 철문이 없을 것이고, 한순간에 그들은 땅에서 눈을 감고 영광 중에 눈을 뜨게 될 것입니다. 사랑하는 성도 여러분, 죽음에 대한 두려움 때문에 속박을 받는 일은 절대로 없어야 합니다. 왜냐하면 무덤으로 내려가는 바로 그 순간에도 그리스도께서 자기 백성들과 함께 계시고, 병상에 누워 있는 자들에게 힘을 불어넣어 주시기 때문입니다. 이 사실로 말미암아 죽어가는 많은 성도들이 큰 기쁨을 얻었습니다. 임종을 앞둔 한 신자가 있었습니다. 또 그를 돌보는 의사가 있었는데, 그 역시 하나님의 자녀였습니다. 의사는 죽어가는 신자가 자신에게 속삭이는 것을 보고 마지막 말이 무엇인지 들어보려고 그의 입술에 귀를 갖다댔습니다. 그리고 그 신자가 계속 반복해서 속삭이는 소리를 듣게 되었는데, "영원히 주님과 함께, 영원히 주님과 함께"라는 말이었습니다. 마음과 육신이 무너져 내릴 때 죽어가던 그 신자는 하나님이 자신의 인생의 힘이었고, 영원토록 자신의 분깃임을 알고 있었고, 그래서 그는 부드럽고 은은히 속삭이는 음성으로 임종의 노래를 불렀던 것입니다. "영원히 주와 함께."

죽은 후에 우리는 잠시 동안 육체를 벗고 육체와 영혼이 분리된 상태 속에 있게 되고, 우리의 영혼이 여전히 주님과 함께 있게 되는 것을 알게 될 것입니다. 바울이 뭐라고 말합니까? "우리가 담대하여 원하는 바는 차라리 몸을 떠나 주와 함께 있는 그것이라"(고후 5:8). 죽어가던 강도는 그날 즉시 그리스도와 함께 낙원에 있게 되었고, 우리의 영혼도 이 육체의 집에서 벗어나자마자 우리가 지금은 너무나 조금 알고 있는 그 놀라운 상태 속에 들어가게 될 것입니다. 우리의 순결한 영들은 즉시 다음 상태에 있게 될 것입니다. "너희가 이른 곳은 시온 산과 살아 계신 하나님의 도성인 하늘의 예루살렘과 천만 천사와 하늘에 기록된 장자들의 모임과 교회와 만민의 심판자이신 하나님과 및 온전하게 된 의인의 영들과 새 언약의 중보자이신 예수와 및 아벨의 피보다 더 나은 것을 말하는 뿌린 피니라"(히 12:22-24). 이런 전망이 자기 앞에 펼쳐질 때 실망할 사람이 누가 있겠습니까?

그렇습니다. 잠들게 될 이 몸은, 비록 외관상으로는 썩어질 몸이지만, 절대로 그렇게 되지 않고 단지 잠깐 잠을 자는 것이고, 곧 다시 깨어나 "내가 깰 때에도 여전히 주와 함께 있나이다"(시 139:18)라고 말하게 될 것입니다. 항상 죽음은 예수님 안에서 잠을 자는 것으로 묘사됩니다. 죽음과 부활 사이, 곧 중간 기간에 성도의 몸은 죽을 당시의 몸의 상태입니다. 그때 천사들이 우리의 몸을 지킬 것입니다. 동일한 우리의 몸을 완비하는데 본질적인 모든 요소는 확실히 보존되고, 그리하여 땅 속에 심겨진 씨가 소생하여 아름다운 꽃을 만발하게 하는 것처럼 다시 살아날 것입니다. 필수적인 모든 요소는 여전히 그리스도와 함께 있기 때문에 본래대로 보존될 것입니다. 이것은 바울이 데살로니가전서 5장 9-10절에서 진술하고 있는 영광스러운 교리입니다. "하나님이 우리를 세우심은 노하심에 이르게 하심이 아니요 오직 우리 주 예수 그리스도로 말미암아 구원을 받게 하심이라 예수께서 우리를 위하여 죽으사 우리로 하여금 깨어 있든지 자든지 자기와 함께 살게 하려 하셨느니라."

때가 되면 마지막 나팔 소리가 울려 퍼지고 그리스도께서 오실 것입니다. 그때 성도들은 그리스도와 함께 있게 될 것입니다. "예수 안에서 자는 자들도 하나님이 그와 함께 데리고 오시리라"(살전 4:14)고 기록되어 있는 것으로 보아 그리스도께서 자기 백성들과 함께 오신다는 것은 무한한 섭리를 통해 정해져 있는 사실입니다. 성도들은 지금과 마찬가지로 재림 때에도 그리스도와 함께 있게 될 것입니다. 우리 영혼은 승리의 함성을 듣고, 그 함성에 참여할 것입니다. 천사장의 음성이 실제로 구속받은 주님의 모든 백성의 귀에 들리고, 하나님의 나팔 소리가 주님이 사랑하는 모든 사람의 귀에 들릴 것입니다. 왜냐하면 그때 우리는 영광스럽게 변화되어 예수님과 함께 있게 될 것이기 때문입니다. 재림의 영광과 광채가 어떠하든 간에 우리는 그때 예수님과 함께 있게 될 것입니다. 저는 지금 여러분에게 계시된 미래에 대하여 언뜻 보여주거나 앞으로 더 기록되어야 할 웅대한 역사에 대하여 어떤 암시를 주려고 하는 것이 아닙니다. 매우 확실하게 최후의 전체 심판이 있을 것인데, 그날에 우리는 그리스도의 배석 판사로서 그분과 함께 있게 될 것이라고 말하는 것입니다. 먼저 무죄 판결을 받았기 때문에 우리는 그리스도와 함께 심판석에 앉게 될 것입니다. 성령께서 바울을 통해 뭐라고 말씀합니까? "성도가 세상을 판단할 것을 너희가 알지 못하느냐 … 우리가 천사를 판단할 것을 너희가 알지 못하느냐"(고전 6:2-3). 타락한 천사들은 그들의 수치에 대하여 부분적으로 사람들의 입술로부터 정죄의 판결을 받게 되고, 따라서 그들이 사람들에게 저지른 모든 악행에 대하여 복수가 행해질 것입니다. 오, 그 장면을 상상해 보십시오. 무섭고 끔찍한 두려움의 와중에서도 우리는 하나님의 사랑 안에서 안식하면서 그리스도의 영광을 바라보면서 안심하고, "그리하여 우리가 항상 주와 함께 있게 될 것입니다."

　　그뿐만이 아닙니다. 그리스도의 다스림이 있게 될 것입니다. 저는 땅에 대하여 천년 동안의 통치가 있고, 의로 충만한 새 하늘과 새 땅이 있게 될 것이라는 말씀을 빼고는 성경을 읽을 수가 없습니다. 그런데 그리스도의 통치가 어떠하든 간에 우리 또한 다스리게 될 것입니다. "이기는 자와 끝까지 내 일을 지키는 그에게 만국을 다스리는 권세를 주리니 그가 철장을 가지고 그들을 다스려 질그릇 깨뜨리는 것과 같이 하리라 나도 내 아버지께 받은 것이 그러하니라"(계 2:25-26). "그들로 우리 하나님 앞에서 나라와 제사장들을 삼으셨으니 그들이 땅에서 왕 노릇 하리로다"(계 5:10). 그리스도께서 다스리시면, 그것은 "그 장로들 앞에서 영광을 나타내실 것입니다"(사 24:23). 우리는 심판 이후에 어떤 날이 펼쳐지든지 간에, 그 광휘 속에 참여하고, "그리하여 우리가 항상 주와 함께 있을 것입니다."

본문의 특별한 사건은 상세하게 기록되어 있지는 않지만 여러분은 이 말씀을 하나님의 자녀의 전체 생애 속에 적용시킬 수 있습니다. 썩지 아니할 주님의 영적 자녀로 태어난 첫날부터 일곱째 하늘로 받아들여져 그곳에서 하나님과 함께 거할 때까지 그들의 역사는 "그리하여 우리가 항상 주와 함께 있으리라"는 말씀으로 요약될 것입니다. 구름 속으로 끌려 올라가든지 이 피곤한 고통의 땅에서 살거나, 낙원에 있거나 회복된 땅에 있거나, 무덤 속에 있거나 영광 속에 있거나, 우리는 항상 주님과 함께 있을 것입니다. 그리고 마지막 날이 오고, 오직 하나님만이 다스리실 것입니다. 천년왕국도 끝나고, 수많은 세월이 지나가고, 또 지나가고, 계속 지나가겠지만 "그래도 우리는 항상 주와 함께 있을 것입니다." 영원히 죽지 않을 성도들은 자기들의 언약의 머리와 함께 있고, 그분과 같이 슬픔에서 해방될 것입니다. 죄의 모든 성향은 사라지고, 변화나 죽음에 대한 모든 두려움도 사라질 것입니다. 그리고 친밀한 교제가 영원토록 계속될 것입니다.

"복된 상태여! 상상을 초월하도다!
누가 그 엄청난 기쁨을 다 표현할 수 있을까?
나의 복된 분깃은
거기서 내 구주와 함께 거하는 것이라."

저는 본문이, 이미 시작된 일이 지속되는데, 갈수록 더 수준이 높아지고 좋아지는 것처럼 보이는 것으로 생각합니다. 그리스도와 함께 있는 것이 영생입니다. 우리는 이미 영생을 얻었고, 또 계속 누릴 것이며, "그리하여 우리가 항상 주와 함께 있을 것입니다."

2. 진보성의 관점에서 본 본문

성도 여러분, 이제 살펴볼 것은 본문이 매우 확실하게 큰 진보에 대하여 말하고 있다는 사실입니다. "그리하여 우리가 항상 주와 함께 있으리라."

현재 상태에서도 진보가 있습니다. 왜냐하면 우리가 아무리 영적인 마음을 갖고 있다고 할지라도, 또 그 결과 우리가 아무리 우리 주 예수님을 가까이 한다손 치더라도, 여전히 우리가 아는 것은 현재 육체 안에 있는 동안 우리는 주님에 게서 떨어져 있다는 사실입니다. 아무리 가장 완벽하더라도 현세에서 우리는 상 대적으로 주님에게서 떨어져 있고, 다가올 세상에서 좀 더 완전하게 주님과 함 께 있게 될 것입니다. 따라서 현세에서 우리는 가장 완벽한 의미에서 주님과 함 께 있을 수 없습니다. 왜냐하면 바울의 표현대로 우리는 "세상을 떠나서 그리스 도와 함께 있어야 하는데, 그것이 훨씬 더 좋은 일이고"(빌 1:23), 거기서 우리는 영원히 조금도 가려지지 않은 그리스도의 얼굴을 바라볼 수 있게 될 것이기 때 문입니다. 비록 신자가 이 땅에서 천국의 삶을 시작하기는 해도, 땅은 천국이 아 닙니다. 우리는 현재 장소적으로나 실제 시각적으로는 그리스도와 함께 있는 것 이 아니지만, 영광의 나라에서는 그렇게 될 것입니다.

다음으로 이미 죽은 자들의 현재 상태에 진보가 있습니다. 왜냐하면 현재 그 들의 영혼은 주님과 함께 있지만 그들의 몸은 썩어질 것에 예속되어 있기 때문 입니다. 그러나 무덤 속에는 우리의 이스라엘의 위대한 선배들의 복된 티끌이 들어 있고, 또는 순교자들의 몸은 사방으로 흩어져 지금도 여전히 우리와 함께 있습니다. 영화롭게 된 성도들도 완전한 인간의 측면에서 보면 아직도 의식적으 로는 "주님과 함께 있지" 않습니다. 그러나 여기서 바울이 말하는 그 중대한 사 건이 일어나면 몸은 부활할 것입니다. 이것이 우리의 영광스러운 소망입니다. 우리는 족장 욥처럼 다음과 말할 수 있습니다. "내가 알기에는 나의 대속자가 살 아 계시니 마침내 그가 땅 위에 서실 것이라 내 가죽이 벗김을 당한 뒤에도 내가 육체 밖에서 하나님을 보리라 내가 그를 보리니 내 눈으로 그를 보기를 낯선 사 람처럼 하지 않을 것이라 내 마음이 초조하구나"(욥 19:25-27). 성도 여러분, 여 러분은 혈과 육은 하나님의 나라를 이어 받을 수 없다는 것을 알지 못합니까? 그 들은 그렇게 될 것입니다. 하지만 이 썩어질 것이 썩지 아니할 것을 입고, 이 죽 을 것이 죽지 아니할 것을 입게 될 것이고, 그때 비로소 완전한 인간성이 될 것입 니다. 현재의 이 인간성은 단지 시들은 씨앗과 같다고 한다면, 충분히 계발되고 완전히 거룩한 상태 속에 들어간 완전한 인간성, 곧 충분히 진보된 인간성은 영 원히 주님과 함께 있게 될 것입니다. 그러므로 이것이 이미 죽은 성도들이 현재 낙원에 있는 상태에 있어서 일어나는 진보입니다.

이제 우리가 진보되어 이르게 될 이 영광스러운 상태가 구체적으로 무엇인지 생각해 봅시다. 우리는 생각할 수 있는 가장 강한 의미에서 주님과 함께 있게 될 것입니다. 이렇게 주님과 함께 있게 되므로 우리는 땅의 일을 다시는 염려할 것이 없고, 도시로 일하러 갈 일도 없으며, 공장에서 들판에서 일할 것도 없습니다. 또 주님과의 교제를 방해하는 성향이 우리 안에 전혀 없기 때문에 영원토록 주님과 함께 있는 일에 종사하는 것 외에 다른 할 일은 아무것도 없습니다. 우리는 주님을 바라보는 것을 가로막을 죄가 전혀 갖고 있지 않기 때문에 얼마든지 주님과 함께 있을 수 있습니다. 지성이 죄로 말미암아 그 안에서 일어났던 모든 훼손에서 벗어나게 되고, 그래서 우리는 우리가 알고 싶어하는 대로 마음껏 주님을 알게 될 것입니다. 우리는 주님을 익숙한 친구처럼 만나 주님의 혼인 잔치에서 주님과 함께 앉아 있게 될 것입니다. 그때 우리는 주님이 다시 슬퍼하시면서 우리에게서 얼굴을 다시 숨기시지 않을까 두려워하는 마음이 전혀 없이 주님과 함께 앉아 있게 될 것입니다. 우리는 다시는 쓰라린 마음으로 "오, 내가 주님을 어디서 뵐까?" 하고 다시는 부르짖지 않게 될 것입니다. 우리는 항상 주님의 사랑을 알고, 항상 주님의 사랑에 보답하고, 항상 주님의 사랑의 풍성한 물줄기 속에서 헤엄치며, 항상 주님의 사랑을 충분히 누릴 것입니다. 우리의 교제를 손상시킬 미지근함은 전혀 없을 것입니다. 주님은 절대로 우리에게 "네가 차든지 뜨겁든지 하기를 원하노라"(계 3:15)고 말씀하지 아니하실 것입니다. 우리의 끝없는 복을 뒤로 물릴 정도로 지루함도 결코 없을 것입니다. 우리의 체질이 우리의 마음의 흘러넘치는 기쁨으로 말미암아 너무 피곤해지고, 그 그릇이 새로운 포도주로 채워져 다시 힘을 얻어야 되는 이유로 주님과의 교제를 멈추어야 하는 일과 같은 경우는 결코 벌어지지 않을 것입니다. 우리의 안식을 침해할 의심은 추호도 없고, 교리적 의심이나, 주님에 대한 우리의 관심에 대한 어떤 의구심도 없을 것입니다. 왜냐하면 우리는 그런 암울한 상태에서 일만 번이라도 털고 일어설 정도로 주님과 의식적으로 함께 있게 될 것이기 때문입니다. 우리는 주님을 우리의 것으로 알게 될 것입니다. 왜냐하면 주님은 왼손으로 우리의 목을 감싸고, 오른손으로는 우리의 허리를 포옹하실 것이기 때문입니다. 그렇게 우리는 주님에게서 떨어질 위험성을 전혀 갖지 않고 주님과 함께 있게 될 것입니다.

제가 보기에 가장 중요한 복은 바로 이것 곧 우리가 주님과 함께 있는 것, 그것도 항상 함께 있는 것입니다. 지금 우리는 때로는 의식적인 즐거움 속에서 주님과 함께 있지만, 또 때로는 주님에게서 떨어져 있습니다. 그러나 그때에는 지속적이고 결코 흔들림 없는 교제가 될 것입니다. 성도들과 그리스도의 친밀한 교제가 한순간도 끊어지지 않을 것입니다. 여기서 우리는 명절과 밝은 주일에 매우 즐거운 날을 갖지만 저녁이 되면 수고하며 일해야 하는 한 주간이 이어진다는 것을 잘 알고 있습니다. 그러나 거기서는 주일이 영원하고, 예배도 영속적이고, 찬양은 끝이 없고, 복은 다함이 없습니다. "영원히 주와 함께"입니다. 여러분은 천년 동안 다스리는 것에 대하여 말하겠습니까? 그것이 "영원히 주님과 함께 있는 것"과 비교가 됩니까? 천년은 "영원"과 비교가 안 됩니다. 천년이 일천 번 계속된다고 해도 영원과는 비교가 되지 않습니다. 우리에게는 끝이란 있을 수 없고, 우리의 지복도 끝이 없습니다. 왜냐하면 주님에게는 끝이 있을 수 없기 때문입니다. "이는 내가 살아 있고 너희도 살아 있겠음이라"(요 14:19).

"항상 주와 함께 있으리라." 이게 무슨 뜻입니까? 한 저명한 설교자가 이 본문에 대하여 설교한 것을 들은 기억이 납니다. 그때 설교의 제목은 다음과 같았습니다. "영원한 생명에 대하여, 영원한 빛에 대하여, 영원한 사랑에 대하여, 영원한 평화에 대하여, 영원한 안식에 대하여, 영원한 기쁨에 대하여." 얼마나 즐거운 교리들일까요! 이보다 더 좋은 것을 마음이 상상하거나 소망이 바랄 수 있겠습니까? 이것들을 여러분의 마음속으로 가지고 가십시오. 그러면 그것들을 흡수할 수만 있으면 주님과 항상 함께 있을 때 주어지는 복에 대하여 어느 정도 관념을 갖게 될 것입니다. 그러나 이것들은 단지 열매에 불과하고 기쁨의 뿌리는 아니라는 사실을 기억하십시오. 이 모든 것보다 예수님이 더 좋습니다. 예수님이 함께 계시는 것이 거기서 얻는 기쁨보다 더 좋습니다. 저는 영원한 생명보다, "영원한 빛"보다 "항상 주님과 함께 있는 것"이 더 좋습니다.

오, 주님과 함께 있게 되기를! 저는 주님과 함께 있는 것 외에 다른 복은 구하지 않습니다. 또 그것보다 더 좋은 천국의 복은 상상할 수 없습니다. 자, 보십시오. 주님의 옷자락을 만지는 것만으로 병든 여인이 낫지 않았습니까? 그렇다면 주님을 바라보는 것만으로도 우리가 죽었을 때 충분히 우리에게 생명이 주어지지 않겠습니까! 그러면 실제로, 의식적으로, 그리고 항상 주님과 함께 있다는 것은 무슨 뜻일까요? 곧 더 이상 믿음으로 주님과 함께 있는 것이 아니라 실제로 행함을 통해 주님과 영원히 함께 있다는 것이 무슨 의미일까요? 제 영혼은 이 생각을 조금만 해도 너무 큰 기쁨으로 졸도해 버릴 지경입니다. 그래서 더 이상은 말을 못하겠습니다. 다만 여러분의 영혼이 스스로 그 속에 들어가 즐기도록 남겨놓겠습니다. 왜냐하면 여러분의 영혼이 이 엄청난 기쁨을 다 헤아려보려면 조용한 사색과 거룩한 상상에 자유롭게 빠져보는 여유가 필요하기 때문입니다. "하나님이 자기를 사랑하는 자들을 위하여 예비하신 모든 것은 눈으로 보지 못하고 귀로 듣지 못하고 사람의 마음으로 생각하지도 못하였다 함과 같으니라 오직 하나님이 성령으로 이것을 우리에게 보이셨으니"(고전 2:9-10).

> "내가 나의 하나님 곁에 있으며 그분과 같다니,
> 오, 영광스러운 시간이여! 오, 복된 거처여!
> 육신과 죄는 내 영혼의 거룩한 즐거움을
> 다시는 주관하지 못하리라."

본문이 특별히 우리에게 암시하고 있는 측면에 따라 예수님과 함께 있는 것을 생각해 보는 것이 좋습니다. 우리는 구속자와 영원히 함께 있게 될 것인데, 그것은 구주 예수님과만 함께 있는 것이 아니라 주 예수님과도 함께 있게 될 것입니다. 이 땅에서 우리는 십자가에 달리신 예수님만 본 것이 아니라 십자가의 능력으로 사신 예수님도 보았습니다. 우리는 지금 그분이 십자가를 짊어지고 수치를 당하셨던 예수님과 함께 있고, 그것으로 족합니다. 그러나 예수님과 우리의 영원한 교제를 나눌 때 우리는 예수님을 우리의 **주로** 기뻐할 수 있습니다. 우리 주님께서 그 복된 기도에서 뭐라고 말씀하셨습니까? "아버지여 내게 주신 자도 나 있는 곳에 나와 함께 있어 아버지께서 창세 전부터 나를 사랑하시므로 내게 주신 나의 영광을 그들로 보게 하시기를 원하옵나이다"(요 17:24). 영원토록 주가 되시는 예수님과 함께 있는 것이 우리에게는 천국입니다. 오, 우리의 주이신 예수님께 순종하는 것은 얼마나 즐겁겠습니까! 만유를 다스리시는 주로 예수님을 바라보는 것, 그리고 자신의 모든 원수를 물리치시는 승리자로서 예수님을 바라보는 것이 우리로서는 얼마나 득의양양한 일입니까! 예수님 앞에 굴복하는 만물을 보게 될 때 예수님은 우리에게 주님으로 더 가까이 계실 것입니다. 그때 우리는 영원히 만왕의 왕과 만주의 주로 예수님을 찬송할 것입니다. 영광 속에 계시는 예수님을 바라볼 때 우리가 예수님을 얼마나 찬양하게 되겠습니까! 우리는 지금도 예수님을 경배합니다. 그 나사렛 사람이 "참 하나님 중의 참 하나님"이라고 믿는 것을 조금도 부끄러워하지 않습니다. 그런데 오, 우리가 그런 예수님께 가까이 다가갈 때 그분의 신성이 얼마나 무한한 광채로 우리를 비추겠습니까! 그분의 이름에 대하여 감사합시다. 그러면 그 장면을 볼 수 있을 정도로 강하게 되고, 그분의 영광의 충만한 광채 속에서 우리 자신의 모습을 보면 즐거워하게 될 것입니다. 그때 우리는 우리의 시인이 다음과 같이 힘써 묘사한 것이 무슨 뜻인지 알게 될 것입니다.

> "경배하는 성도들이 주님 둘레에 서 있고,
> 　보좌와 권세들이 그분 앞에 엎드렸도다.
> 　하나님은 그 사람을 통해 은혜를 비추시고,
> 　그들 모두에게 감미로운 영광을 나타내시도다."

우리는 항상 주님과 함께 있게 되고, 주님의 주재권이 우리의 마음속에 가장 강하게 각인될 것입니다. 주님은 영광과 존귀 속으로 높아져서 더 이상 수치를 당하시지 않을 것입니다.

> "피 묻은 창도 더 이상 없고,
> 　십자가와 못도 더 이상 없으리라.
> 　이제는 지옥도 주의 말씀에 떨고,
> 　하늘의 모든 것이 주를 찬양하리라."

3. 긴밀성의 관점에서 본 본문

이제 세 번째 요점에 이르렀고, 더 좋은 말이 없어 긴밀성이라는 말을 붙였는데, 이 요점을 살펴보도록 하겠습니다. 헬라어에 익숙한 사람들은 본문에서 "함께"에 해당되는 단어가 어떤 사람과 같은 장소에 있는 것을 의미하는 메타가 아니라 쉰이라는 것을 알고 있는데, 이 단어는 메타보다 훨씬 더 깊은 의미로, 긴밀성 곧 두 사람이 서로 밀접하게 연결되어 있는 것을 의미합니다. 이게 무슨 뜻인지 증명해 보도록 하겠습니다. 우리는 항상 주님과 함께 있어야 합니다. 그런데 지금 그리스도인의 삶은 주님의 삶을 따라 사는 삶이고, 그래서 그리스도인의 삶은 그리스도와 함께 하는 삶입니다. 주님은 모든 면에서 자기 형제들과 함께 하셨고, 우리는 은혜로 말미암아 주님과 함께 하게 됩니다.

지금 속히 여러분의 영적 경험과 여러분의 주님의 삶을 주목해 보고, 얼마나 평행적인 모습이 있는지 확인해 보십시오. 여러분은 그리스도인으로 거듭났을 때 예수 그리스도께서 태어나신 것과 같이 태어난 것입니다. 왜냐하면 여러분도 성령으로 태어났기 때문입니다. 그리고 이후에 어떤 일이 일어났습니까? 헤롯이 여러분의 주님을 죽이려고 획책했던 것처럼 마귀가 여러분 속에 있는 새 생명을 파괴하려고 광분했습니다. 이처럼 처음부터 그리고 임박한 위험 속에서 여러분은 그리스도와 함께 있었습니다. 여러분은 키와 은혜가 자라갔습니다. 하지만 은혜가 아직 어렸을 때 여러분은 말하는 것과 행동하는 것과 느끼는 것에 있어서 여러분 주변 사람들을 당혹스럽게 했습니다. 왜냐하면 그들이 여러분을 이해할 수 없었기 때문입니다. 마치 우리 주님이 성전에 올라가 자기 주위에 몰려든 박사들을 깜짝 놀라게 만든 것처럼 말입니다. 똑같은 분량은 아니지만 하나님의 영이 여러분 위에 있었고, 사실상 여러분의 주님 위에 임했던 것과 같이 여러분에게도 임했습니다. 여러분은 요단 강에서 주님과 함께 있었고, 거기서 진실로 하나님의 자녀라는 신적 인정을 받았습니다. 여러분의 주님은 시험을 받기 위해 광야로 인도를 받으셨습니다. 그리고 여러분도 똑같이 마귀에게 시험을 받았습니다. 여러분은 처음부터 지금까지 줄곧 주님과 함께 있었습니다. 만약 여러분이 은혜로 말미암아 마땅히 살아야 할 삶을 살 수 있었다면 예수님과 함께 구별된 삶을 살아온 것입니다. 여러분은 세상 속에 있으나 세상에는 속하지 않고, 죄인들과 달리 거룩하고 순전하고 순결하고 분리된 삶을 산 것입니다. 그러므로 여러분은 멸시를 받았을 것입니다. 여러분은 무명이 되거나 오해를 받는 것을 자신의 운명처럼 알고 있었을 것입니다. 세상에서 주님이 그랬던 것처럼 말입니다. "그러므로 세상이 우리를 알지 못함은 그를 알지 못함이라"(요일 3:1). 주님이 이 땅에서 섬기는 삶을 사신 것처럼 여러분도 주님과 함께 종으로 지냈고, 주님의 멍에를 메고, 그 멍에를 가볍게 여겼습니다. 여러분은 주님과 함께 세상에 대하여 십자가에 못 박혔습니다. 여러분은 주님의 십자가의 의미를 알고 있고, 그 십자가를 짊어지고 주님을 따라가는 것을 좋아합니다. 여러분은 주님과 함께 세상에 대하여는 죽은 자이고, 세상에 대하여 장사된 자가 되기를 원합니다. 여러분은 이미 여러분의 수준에서 주님의 부활에 참여했고, 새 생명 안에서 살고 있습니다.

여러분의 생애 이야기는 여러분의 주님의 생애 이야기와 같아야, 곧 오로지 축소판이어야 합니다. 여러분이 그리스도의 생애를 살피면 살필수록 그 생애 안에 묘사된 신령한 사람의 생애를 더 분명하게 보게 되고, 또 성도들의 미래가 어떻게 전개될지 더 분명하게 보게 될 것입니다. 여러분은 한평생 그리스도와 함께 있었고, 죽은 뒤에도 그리스도와 함께 있게 될 것입니다. 여러분은 주님의 운명이었던 속죄의 죽음을 죽지는 않겠지만 "다 이루었다"고 느끼며 죽을 것이고, 영혼이 떠날 때 여러분은 "아버지 내 영혼을 아버지 손에 부탁하나이다"라고 말할 것입니다.

이어서 우리 주님은 낙원으로 올라가셨고, 여러분도 그곳으로 가게 될 것입니다. 여러분은 주님이 육신을 벗은 중간 상태로 머물러 계신 곳에 여러분도 즐겁게 머무를 것입니다. 여러분은 주님과 함께 있고, 주님처럼 되며, 이어서 여러분의 삼일 아침이 밝으면 주님처럼 부활할 것입니다. "여호와께서 이틀 후에 우리를 살리시며 셋째 날에 우리를 일으키시리니 우리가 그의 앞에서 살리라"(호 6:2). "주의 죽은 자들은 살아나고 그들의 시체들은 일어나리이다"(사 26:19). 여러분은 또한 그리스도처럼 승천할 것입니다. 무슨 말인지 아시겠습니까? 그리스도께서 어떻게 올라가셨습니까? 구름 속으로 올라가셨습니다. "구름이 그를 가리어 보이지 않게 하더라"(행 1:9). 구름이 여러분을 가리어 보이지 않게 할 것입니다. 여러분은 구름 속으로 끌어 올려져 공중에서 주를 영접하게 되고, 그리하여 여러분은 항상 주와 함께 있게 될 것인데, 그것은 여러분이 주님과 같은 경험을 하고, 주님이 겪은 것과 똑같은 사건들을 겪음으로써 주님과 같이 된다는 의미에서 그렇습니다. 이처럼 닮은 모습은 영원무궁토록 계속될 것입니다. 우리의 삶은 우리의 주님의 삶과 평행을 이루게 될 것입니다.

사랑하는 성도 여러분, 이어서 우리가 생각해야 할 것은 우리의 성품이 그리스도를 닮게 된다는 것입니다. 우리는 주님을 도덕적으로 및 영적으로 닮음으로써 주님과 함께 있게 됩니다. 주님의 형상을 따름으로써 우리의 인격은 주님의 장점으로 채색될 것입니다. 다리우스(BC 4세기 페르시아 제국 마지막 왕)의 어머니는 두 사람이 자기 천막으로 들어오는 것을 보자 알렉산더라고 생각되는 한 사람 앞에 죄인으로 무릎을 꿇었습니다. 그러나 그 사람은 알렉산더 대왕이 가장 총애하는 신하인 하이페스티온으로 판명되었습니다. 그가 알렉산더가 아니라 하이페스티온이라는 것을 확인하게 되자 그녀는 겸손하게 다른 사람에게 경의를 표한 것에 대하여 알렉산더에게 용서를 빌었습니다. 그러나 알렉산더는 이렇게 말했습니다. "부인, 부인은 실수하지 않았소. 그 사람도 알렉산더니까요." 이 말은 알렉산더가 하이페스티온을 자신의 분신으로 생각할 정도로 총애했다는 것을 의미합니다. 우리 주님도 자신이 사랑하는 자들을 자기 자신과 하나로 여기시고, 그들을 자기 자신처럼 대합니다. 성도 여러분, 여러분도 요한이 환상 중에 하늘에서 자기와 같은 종들 곧 선지자 가운데 하나를 보고 어떻게 엎드렸는지 잘 알 것입니다. 그것은 큰 실수였습니다. 하지만 감히 말하건대, 아마 여러분과 저도 똑같이 그런 실수를 하게 될 것입니다. 왜냐하면 성도들 역시 그들의 주님과 같기 때문입니다. 여러분은 "그가 나타나시면 그의 참 모습 그대로 볼 것이기 때문에 우리가 그와 같을 줄을" 알고 있지 않습니까? 그리스도는 자기 아버지께서 자기에게 주신 영광으로 둘러싸여 있는 것을 보고 크게 기뻐하실 것입니다. 그리스도는 그들을 형제로 부르기를 부끄러워하지 아니하실 것입니다. 온통 연약함에 싸여 있고, 연약함에 대하여 그토록 크게 애통해하던 가련한 그리스도의 백성들이 그리스도와 같이 되어 즉각 그리스도의 형제로 보이게 될 것입니다. 이런 호의를 입은 자들이 어디에 있겠습니까?

우리의 찬양받으실 주님이 지금 누리고 있는 모든 복과 영광 속에 참여하게 될 것이라는 의미에서 우리는 그리스도와 함께 있게 될 것입니다. 우리는 그리스도와 함께 받아들여질 것입니다. 그분이 하나님의 사랑하시는 분입니까? 주님의 아버지의 마음은 주님을 기뻐하시고, 그것이 당연합니다. 여러분도 헵시바로 불리게 될 것인데, 그것은 하나님의 기쁨이 여러분에게 있기 때문입니다. 여러분은 아버지의 마음에 사랑하는 자가 될 것입니다. 주님은 상상할 수 없는 온갖 복으로 풍성하게 되지 않았습니까? 여러분도 그렇게 될 것입니다. 왜냐하면 하나님께서 그리스도 예수 안에서 우리를 택하신 그대로 그분 안에서 모든 신령한 복을 우리에게 베푸실 것이기 때문입니다. 그리스도께서 높아지셨습니까? 오, 그리스도께서 얼마나 높이 들리셔서 영광스러운 높은 보좌에서 영원히 앉아 계시는지요! 그러나 여러분도 그리스도와 함께 그분의 보좌에 앉게 되고, 여러분이 그분의 낮아지심에 참여한 것처럼 그분의 높아지심에도 참여하게 될 것입니다. 오, 그렇게 그리스도와 함께 하는 상속자가 되고, 그분과 함께 그분이 소유하고 계시는 모든 소유에 참여하는 기쁨은 얼마나 크겠습니까!

천국이 어떤 곳입니까? 천국은 그리스도의 사랑이 나타나는 곳, 그리스도의 능력이 발휘되는 곳, 그리스도의 풍성함이 제공되는 곳, 그리스도의 왕권이 찬양받는 곳, 그리스도의 지혜가 준비되어 있는 곳, 그리스도 자신이 영화롭게 되는 곳입니다. 그 천국에서 여러분은 그리스도와 영원히 함께 있을 것입니다. 여러분은 왕 자신의 궁정에서 거할 것입니다. 그 궁정의 진주 문과 황금의 거리도 여러분에게는 그렇게 좋은 것이 아닐 것입니다. 그리스도를 사랑하는 여러분은 그리스도와 함께 항상 거할 것인데, 그 자리가 주인의 저택 문간방에 살고 있는 종처럼 두 번째 자리가 아니라 우주의 수도에 있는 한 궁정에서 그리스도와 함께 살 것입니다.

한 마디로, 신자들은 영원토록 그리스도와 동일시될 것입니다. 제가 보기에는 그것이 본문의 핵심 요소이자 본질입니다. 항상 주님과 함께 있다는 것은 곧 영원히 그리스도와 동일시된다는 것입니다. 그들이 그리스도를 목자로 부릅니까? 그러나 그리스도께서 자기 양들에게 둘러싸여 있지 않다면 온전한 목자로 간주할 수 없을 것입니다. 그리스도께서 훌륭한 왕이십니까? 그렇다면 그분의 신하들이 사라지고 없다면 어떻게 되겠습니까? 그들이 신랑을 찾아옵니까? 그들은 그분의 신부가 없으면 충만한 기쁨 속에 있는 그리스도를 상상할 수 없습니다. 머리가 복을 받게 되어 있습니까? 그러나 지체들과 분리된다면 그것을 복이 될 수 없습니다. 그리스도께서 영원히 영화롭게 됩니까? 하지만 그분이 자신의 보화를 잃어버리셨다면 어떻게 영화롭게 될 수 있겠습니까? 그리스도는 기초이십니다. 그런데 그분의 모든 백성이 그분 위에 궁전으로 지어지지 않는다면 그분이 무엇이 되겠습니까? 오, 성도 여러분, 그리스도인들이 없으면 그리스도도 없을 것입니다. 구원받은 자들이 없으면 구주도 없을 것입니다. 형제들이 없다면 맏형도 없을 것입니다. 구속받은 자들이 없으면 대속자도 없을 것입니다. 우리는 그리스도의 충만이고, 그리스도는 우리가 자기와 함께 있도록 해야 합니다. 우리는 항상 그리스도와 동일시됩니다. 우리를 그리스도와 갈라놓을 수 있는 것은 아무것도 없습니다. 오, 항상 기뻐하라. 항상 기뻐하라. 할렐루야!

> "그리스도와 우리는 하나인데,
> 　우리가 어찌하여 의심하거나 두려워해야 할까?
> 　그리스도께서 하늘에 있는 자기 보좌에 앉으셨으니,
> 　그의 지체들도 그곳에 앉히시리라."

이제 마지막으로 적용에 대하여 몇 마디 전하고 설교를 마치겠습니다. 첫

째, 이 "주와 함께 있는 것"은 지금 시작해야 한다는 것입니다. 여러분은 주님과 항상 함께 있기를 바랍니까? 그러면 현세에서 그분의 제자가 되는 것으로 그분과 함께 있어야 합니다. 지금 이 땅에서 주님과 함께 있지 않는 자로서 내세에서 주님과 함께 있을 자는 아무도 없습니다. 사랑하는 성도 여러분, 이 형언할 수 없는 특권이 여러분의 것이 되지 않는 일이 없도록 유의하십시오. 유의하십시오.

둘째, 모든 그리스도인은 주님과 함께 있기를 더욱 추구해야 합니다. 왜냐하면 그리스도인의 삶의 성장과 영광이 거기에 달려 있기 때문입니다. 여러분은 아래 이 땅에서 천국을 갖기를 원합니까? 지금부터 그리스도와 함께 있으십시오. 여러분은 지금 영원한 복이 무엇인지 알기 원합니까? 지금 주님과 함께 사는 것으로 그것을 아십시오.

셋째, 주님과 함께 있는 삶의 방식은 매우 쉽다는 것입니다. 죄인 여러분, 여러분은 구원받기를 바란다면 "주님과 함께 있어야" 합니다. 여러분에게 다른 길은 없습니다. 주님께 가까이 나아가십시오. 그리고 주님을 믿음으로 붙드십시오. 생명이 거기에 있습니다. 겸손하고 눈물을 쏟는 믿음으로 주님께 나아가십시오. 즉시 나아가십시오.

넷째, 마지막으로, 주님 없이 산다면 어떻게 될까요? 주님을 거역하고 산다면 어떻게 될까요? 주님은 "나와 함께 아니하는 자는 나를 반대하는 자"(마 12:30)라고 말씀하십니다. 주님 없이 영원히 있다는 것은 주님의 사랑, 빛, 생명, 평강, 안식, 기쁨에서 멀어진다는 것입니다! 이것은 얼마나 큰 상실일까요! 주님을 거역하고 영원히 산다면 어떻게 될까요? 그것을 생각하십시오. 예수님을 항상 미워하는 것, 예수님을 반대하여 항상 음모를 꾸미는 것, 예수님에 대하여 항상 이를 가는 것, 이것이 지옥입니다. 사랑과 생명과 빛의 주님을 반대하는 것, 이것이야말로 무한한 비참입니다. 그러므로 제발 여러분은 이 치명적인 길에서 돌아서십시오. 그리고 예수님을 믿으십시오. "그의 아들에게 입 맞추라 그렇지 아니하면 진노하심으로 너희가 길에서 망하리니 그의 진노가 급하심이라 여호와께 피하는 모든 사람은 다 복이 있도다." 아멘.

제
7
장

—

깨어라! 깨어라!

—

**"그러므로 우리는 다른 이들과 같이 자지 말고
오직 깨어 정신을 차릴지라."** — 살전 5:6

　　죄가 벌여놓은 것은 얼마나 서글픈 것일까요! 우리가 살고 있는 이 끔찍한 세상은 한때는 영광스러운 성전이었습니다. 세상 속에 있는 모든 기둥이 하나님의 선하심을 반영했고, 세상의 모든 부분이 선의 상징이었습니다. 그러나 죄는 땅에서 이끌어 낼 수 있는 온갖 은유와 비유들을 망가뜨리고 손상시켰습니다. 죄가 자연에 대한 신적 경륜을 교란시켰기 때문에 미덕과 선, 그리고 풍성한 신적 복의 독특한 형상들이었던 것들이 이제는 죄의 상징과 대표자가 되고 말았습니다. 이렇게 말하는 것은 이상하지만 하나님의 최고의 선물들이 인간의 죄로 말미암아 가장 극렬한 인간의 죄책의 표상이 되어버렸다는 것은 희한하게도 사실입니다. 홍수를 보십시오! 홍수는 근원지에서 발원하여 그 넉넉한 가슴에 풍성한 것을 안고 들판을 스치며 지나갑니다. 홍수는 잠시 동안 들판을 덮고 있다 조만간에 빠져나가 평지 위에 비옥한 퇴적물을 남겨놓습니다. 농부는 그곳에 씨를 심고 풍성한 추수를 합니다. 사람들은 홍수가 발원하는 것을 풍성한 섭리 곧 인류를 향하신 하나님의 웅대하신 선하심에 대한 명확한 상징으로 간주했습니다. 그러나 우리는 죄가 이 상징을 원천적으로 바꿔 버린 것을 발견합니다. 죄의 시작은 홍수가 발원하는 것과 같습니다.

　　이번에는 불을 보십시오! 겨울의 추위에서 우리를 따스하게 하기 위해 하나님께서 얼마나 자애롭게 우리에게 불을 허락하셨습니까! 눈과 추위 속에서 얼른 집안의 불로 달려가 그곳에 있는 난로를 통해 손을 따스하게 녹이고 크게 기뻐합니다. 불은 성령의 신적 능력에 대한 유용한 상징이자 그리스도인의 열심을 가리키는 거룩한 표상입니다. 그러나 슬프게도 죄가 불에 개입했고, 그 결과 혀가 "불"로 불리는 일도 벌어지게 되었습니다. 우리는 "그 사르는 것이 지옥 불에서 나느니라"(약 3:6)는 말씀을 듣고, 혀가 불경한 말을 하고 비방하는 말을 할 때 그것이 얼마나 자주 증명되는지 모릅니다. 그래서 야고보는 손을 들고 죄가 일으키는 악을 보고 이렇게 외칩니다. "보라 얼마나 작은 불이 얼마나 많은 나무를 태우는가"(약 3:5).

이어서 잠이 있습니다. 하나님이 주신 가장 달콤한 선물 가운데 하나가 단잠입니다.

"달콤한 잠이여, 그대는 지친 자연의 감미로운 회복자로다."

하나님께서는 잠을 복 있는 자들에 대한 참된 상징으로 택하셨습니다. 성경은 "예수 안에서 자는 자들"이라고 말씀합니다. 다윗은 잠을 특별한 은혜의 선물 가운데 하나로 봅니다. "그러므로 여호와께서 그의 사랑하시는 자에게는 잠을 주시는도다"(시 127:2). 그러나 슬프도다! 죄는 잠조차 가만히 놔둘 수 없었습니다. 죄는 이 천상의 은유까지도 짓밟았습니다. 하나님께서 친히 잠을 복 있는 자들의 행복한 상태를 묘사하는 상징으로 사용하셨음에도 불구하고 죄는 그렇게 표현될 수 있기도 전에 이것마저 더럽혔습니다. 본문에서 잠은 죄악된 상태에 대한 비유로 사용되고 있습니다. "그러므로 우리는 다른 이들과 같이 자지 말고 오직 깨어 정신을 차릴지라."

서론은 여기서 마치고 곧장 본론으로 들어가겠습니다. 첫 번째로, 본문에서 "잠"은 피해야 할 악으로 나타납니다. 두 번째로, "그러므로"라는 말은 이 잠을 피해야 할 몇 가지 이유들이 있다는 것을 암시하기 위해 사용되고 있습니다. 그리고 바울이 이 잠을 근심하며 말하는 것은 그가 "다른 이들"이라고 부르는 자들이 있는데, 그들은 잠을 자고 깨어 있지 못하고, 그래서 정신이 없기 때문에 그들에 대하여 슬퍼하는 것이 우리의 일이라는 것을 가르치기 위함입니다.

1. 피해야 할 악으로서의 잠

이제 첫 번째 사실 곧 바울이 잠이라는 말 아래 묘사하고자 하는 악이 무엇인지 살펴보도록 하겠습니다. 바울은 잠을 자고 있는 "다른 이들"에 대하여 말합니다. 원문을 보면 "다른 이들"로 번역된 이 말이 강조적인 의미가 크다는 것을 알게 될 것입니다. 이 말은 혼(Horne)이 그렇게 번역하고 있는 것처럼 "거절하는 자들"이라는 뜻으로 번역될 수 있습니다. 곧 "그러므로 우리는 거절하는 자들과 같이 자지 말고 오직 깨어 정신을 차릴지라"고 말입니다. 여기서 거절하는 자들은 땅의 고민들에 대하여 아무 생각이 없는 사람들, 속물들, 저속한 사람들을 가리킵니다. 다시 말해 우리는 그리스도인의 고귀하고 거룩한 부르심에 대하여 무감각한 비천한 무리들인 "다른 이들과 같이 자지 말자"는 것입니다. "그러므로 우리는 거절하는 부류의 사람들과 같이 자지 말고." 그리고 원문에서 "자다"는 말도 강조적인 의미를 더 강하게 갖고 있음을 보게 될 것입니다. 이 말은 깊은 잠 곧 곯아떨어진 상태에 있는 것을 의미합니다. 여기서 바울이 암시하는 것은, 거절하는 인류는 지금 세상 모르고 자고 있다는 것입니다. 이제 바울이 무엇을 의미하는지 설명할 수 있는 한 설명해 보도록 합시다.

첫째, 바울이 의미한 것은 거절하는 인류는 통탄할 만한 무지의 상태 속에 있다는 것입니다. 잠을 자고 있는 그들은 아무것도 모릅니다. 가정에 어떤 즐거운 일이 있을 수 있지만 게으름뱅이들은 그 즐거움을 함께 누리지 못합니다. 가족 가운데 죽음이 있을 수도 있습니다. 그러나 잠을 자고 있는 자의 뺨에는 눈물이 한 방울도 흘러내리지 않습니다. 세계 역사 속에서 대형 사건들이 일어날 수 있습니다. 그러나 잠자는 자들은 아무 감각이 없습니다. 지진이 일어나 도시를 완전히 뒤집어엎고, 전쟁이 일어나 한 국가를 초토화시킬 수 있고, 또는 승리의 깃발이 바람에 휘날리고, 국가가 울려 퍼지는 승리의 기쁨을 만끽할 수 있습니다. 그러나 잠자는 자는 아무것도 모릅니다.

"그들의 수고와 그들의 사랑은
　　부지불식간에 사라지고 말도다."

잠자는 자는 아무것도 모릅니다. 이 점에 있어서 거절하는 인류가 얼마나 비슷한지 보십시오! 어떤 일들에 대해서는 그들도 많이 알고 있습니다. 그러나 영적인 일에 대해서 그들은 아무것도 모릅니다. 찬양받으실 구속자의 신적 인격에 대하여 그들은 아무 생각이 없습니다. 경건한 삶의 감미로운 누림에 대하여 그들은 상상조차 할 수 없습니다. 그리스도인의 고귀한 열정과 내적 기쁨을 향해 그들은 나아갈 수 없습니다. 그들에게 신론에 대하여 말해 보십시오. 그들에게는 수수께끼에 불과합니다. 그들에게 놀라운 체험에 대하여 말해 보십시오. 그들에게는 열광적인 몽상처럼 보일 것입니다. 그들은 다가올 세상에서 가질 기쁨에 대하여 아무것도 모릅니다. 아, 슬프도다! 그 죄악을 계속 행하면서도 자기들에게 임할 악을 안중에 두고 있지 않다니 말입니다. 인류 대다수가 무지합니다. 그들은 모르고 있습니다. 그들은 하나님에 대한 지식이 없습니다. 그들은 자기들 눈앞에 계시는 여호와를 두려워하지 않습니다. 그러나 이 세상의 무지로 말미암아 눈이 멀어 있는 그들은 정욕의 길을 따라 감으로써 확실하고 두려운 결말 곧 자기들의 영혼의 영원한 파멸로 치닫고 있습니다. 성도 여러분, 우리가 성도라면 다른 이들과 같이 무지해서는 안 됩니다. 성경을 상고합시다. 성경을 통해 우리가 영생을 얻으니까요, 성경은 예수님에 대하여 증언하니까요. 부지런히 그렇게 합시다. 우리가 시냇가에 심은 나무처럼 될 수 있도록 주야로 성경을 묵상합시다. "그러므로 우리는 다른 이들과 같이 자지 말고."

　　또한 잠은 **무감각의 상태**를 상징합니다. 잠자는 자는 자신의 지성 속에 쌓아 놓은 숨겨진 많은 지식을 갖고 있을 수 있습니다. 그 지식은 깨어 있기만 할 수 있다면 그 지식은 충분히 계발될 수도 있습니다. 그러나 감각을 갖고 있지 못합니다. 그래서 아무것도 모르고 있습니다. 강도가 집 안에 들어왔습니다. 금과 은이 강도의 손에 들어갑니다. 어린 자녀가 잔인한 강도에게 살해당하고 있습니다. 그러나 아버지는 쿨쿨 잠만 자고 있습니다. 그의 모든 금과 은이 강도의 수중에 있고, 가장 사랑하는 보배 같은 자녀가 파괴자의 손아귀에 들어가 있는데도 말입니다. 아버지는 의식이 없습니다. 잠이 그의 감각을 완전히 묶어놓아 버렸는데, 어떻게 느낄 수가 있겠습니까! 보십시오! 길거리에서 통곡 소리가 진동하고 있습니다. 방금 불이 나 가난한 자들의 집을 다 태워 버렸습니다. 집 없는 거지가 되어 거리에 나앉게 된 것입니다. 그들은 어떤 사람의 창문 앞에서 울면서 도와달라고 간청하고 있습니다. 그러나 그 사람은 잠을 자고 있습니다. 밤은 차갑고, 가련한 자들은 삭풍 속에서 벌벌 떨고 있지만 그 사람은 무엇을 알고 있겠습니까? 그 사람은 의식이 없습니다. 그들에 대하여 아무것도 느끼지 못하고 있습니다. 자! 그의 부동산 문서를 꺼내 불에 태워 버립시다. 그의 농장에 불을 질러 들판에 있는 모든 것을 다 태워 버립시다. 그의 소유의 말과 가축들을 다 죽여 버립시다. 이번에는 하나님의 불이 내려 그의 양을 불태워 죽여 버리도록 합시다. 원수가 그가 갖고 있는 모든 것을 무너뜨리고 삼켜 버리도록 합시다. 그래도 그는 주의 천사가 지켜주기라도 하는 것처럼 아무 감각 없이 쿨쿨 잠만 잡니다.

이것이 거절하는 인류의 모습입니다. 그러나 슬프도다! 우리는 이 "거절"이라는 말 속에 대다수의 인류를 포함시켜야 합니다! 영적으로 감각을 갖고 있는 자는 얼마나 적은지요! 그들은 자기들 몸에 생긴 상처나 재산에 생긴 손해에 대해서는 매우 예민하게 느낍니다. 그러나 슬프도다! 그들의 영적 관심에 대하여 말한다면, 그들은 아무런 감각을 갖고 있지 않습니다! 그들은 지옥 입구에서 서성대고 있으나 떨지 않습니다. 여호와의 진노가 그들을 향해 불타고 있으나 그들은 두려워하지 않습니다. 여호와의 칼이 칼집에서 뽑혀 있으나 그들에게는 두려움이 조금도 엄습하지 않습니다. 그들은 계속 즐겁게 춤을 춥니다. 도취시키는 쾌락의 잔을 마시고 있습니다. 그들은 거역하고 반역합니다. 여전히 음탕한 노래를 부르고 있습니다. 그뿐만 아니라 그들은 한 술 더 뜹니다. 그들이 꾸는 헛된 꿈을 보면 지극히 높으신 이를 무시합니다. 그러나 그들이 자기들의 상태를 의식하도록 이전에 일깨움을 받았다면 그들의 골수가 녹아 버렸을 것이고, 그들의 마음은 그들의 창자 속에서 밀랍처럼 녹아 내렸을 것입니다. 하지만 그들은 잠을 자고 있고, 그래서 무관심하고 무감각합니다. 여러분이 그들에게 할 수 있는 일이 있다면 해주십시오. 그들에게 바람직한 것 곧 그들이 죽을 때 활력을 줄 수 있는 것이라면 무엇이든 해보십시오. 그러나 그들은 아무것도 느끼지 못합니다. 잠자는 자가 무엇을 느낄 수 있겠습니까? "그러므로 우리는 다른 이들과 같이 자지 말고 오직 깨어 정신을 차릴지라."

다음에, 잠자는 자는 자신을 방어할 수 없습니다. 저기 저 시스라 군대장관을 보십시오. 그는 강한 사람입니다. 아니 무장을 한 강한 사람입니다. 그는 한 여인의 장막으로 들어갔습니다. 그는 지쳐 있었습니다. 그리고 그 여인이 주는 우유를 마셨습니다. 그녀가 주는 "귀한 그릇에 담긴 엉긴 우유"를 마셨습니다. 그는 곧 바닥에 쓰러져 잠이 들어 곯아떨어졌습니다. 그때 그녀가 다가왔습니다. 그녀의 손에는 말뚝과 방망이가 들려 있었습니다. "전사여! 그대는 그대의 억센 팔로 단 한 방에 그녀를 날려 버릴 수 있었으리라. 그러나 그대는 지금 자신을 방어할 수가 없구나." 방망이가 그의 귀를 강타합니다. 그 여인은 힘껏 방망이를 내려치고 말뚝은 그의 두개골을 박살냅니다. 어떻게 그럴 수 있습니까? 그가 잠에 빠져 방어 능력이 전혀 없었기 때문입니다. 강력한 적들을 물리치고 승리한 시스라의 깃발은 의기양양하게 나부꼈었습니다. 그러나 지금은 한 여인에 의해 더럽혀졌습니다. 그것을 말하십시오! 그것을 말하십시오! 그것을 말하십시오! 깨어 있을 때에는 민족들을 두려움에 떨게 했던 그 사람이 잠이 들었을 때에는 연약한 한 여인의 손에 죽습니다.

이것이 거절하는 인류의 모습입니다. 그들은 잠을 자고 있습니다. 그들은 유혹에 저항할 힘이 없습니다. 하나님이 그들을 떠나셨기 때문에 도덕적 힘도 떠나갔습니다. 정욕에 대한 유혹이 있습니다. 그들은 사업 문제에 있어서는 정당한 원칙을 지키는 사람들이고, 아무것도 그들이 정직함에서 벗어나게 할 수 없습니다. 그러나 정욕이 그들을 파괴시킵니다. 그들은 덫에 걸린 새와 같습니다. 함정에 빠져 있습니다. 그래서 철저히 굴복합니다. 또는 그들을 굴복시키는 또 다른 방법이 있습니다. 그들은 부정한 행위는 하지 않고, 아니 심지어는 음탕한 생각조차 하지 않으려고 하는 사람들입니다. 그들은 그런 짓을 조소합니다. 그러나 다른 약점을 갖고 있는데, 곧 술잔에 사로잡혀 있다는 것입니다. 그들은 술 취함에 빠져 그것 때문에 망합니다. 또는 그들이 이런 일들은 극복할 수 있고, 삶의 느슨함이나 방탕함에 빠지지는 않는다고 할지라도, 탐욕에 빠질 수가 있습니다. 신중함의 이름으로 탐욕이 그들의 마음속에 스며들어와 그들은 보물을 모으거나 금을 축적하는데 혈안이 됩니다. 그런데 그렇게 할 때 그들은 가난한 자나 고아들의 피를 빨아먹는 일도 서슴지 않습니다. 그들은 자기들의 욕심에 저항할 수 있는 능력이 없는 것처럼 보입니다. 얼마나 자주 사람들에게 다음과 같은 말을 하는지 모릅니다. "목사님, 저는 정말 어쩔 수 없는 놈입니다. 어찌해야 좋을까요? 결심하고, 또 결심하고, 하지만 결과는 똑같습니다. 대책이 없습니다. 시험을 이겨낼 수가 없습니다." 오, 잠자고 있다면 당연히 여러분은 이겨낼 수 없습니다. 오, 살아 계신 하나님의 영이여! 잠자는 자들을 깨워 주소서! 죄악된 게으름과 신념을 깜짝 놀라게 해 그들을 깨움으로써 모세가 우연히 그곳을 지나가다 그들이 잠자고 있는 모습을 보고 영원히 치욕적인 교수대에 그들을 매달지 않게 해야 합니다.

이제 "잠"이라는 말의 또 다른 의미를 찾아봅시다. 지금까지 세 가지 사실을 묘사하는 동안 쉽게 인내하며 앉아 있었던 교인들이 더러 있었을 것이라고 봅니다. 왜냐하면 자기는 이 문제들에서 벗어나 있다고 생각했을 것이니까요. 그러나 잠은 또 비(非)활동을 상징합니다. 농부는 잠을 자는 동안에는 밭을 갈 수 없습니다. 또 이랑에 곡식을 뿌리거나 구름을 관찰하거나 추수를 하거나 할 수도 없습니다. 선원은 잠에 곯아떨어져 있는 동안에는 돛을 올리거나 배를 끌고 바다를 항해할 수도 없습니다. 사람들은 증권거래소나 시장이나 사업장에서 잠에 빠져 눈을 무겁게 내리고 있는 동안에는 업무를 처리하는 것이 불가능할 것입니다. 어떤 나라에 잠꾸러기들만 있는 것을 본다면 희한한 일일 것입니다. 그렇게 되면 게으른 사람들의 나라가 되고 말 것입니다. 결국은 모두 굶어죽고 말겠지요. 땅에서 부를 창출해낼 수도 없을 것입니다. 등에는 아무것도 없고, 먹을 것이나 입을 것도 전혀 없을 것입니다. 그러나 우리가 세상에서 잠을 자기 때문에 활동하지 않는 것이 얼마나 많습니까!

그렇습니다. 저는 지금 비(非)활동을 말하는 것입니다. 제 말 뜻은 이렇습니다. 곧 그들은 한 방향에서는 충분히 활동적이지만 올바른 방향에서는 비활동적이라는 것입니다. 오, 하나님의 영광을 위해서나 동료 인간들의 복지를 위해서는 완전히 비활동적인 사람들이 얼마나 많은지요! 자기들 자신을 위해서 그들은 "일찍 일어나고 늦게 누우며 수고의 떡을 먹을" 것입니다. 또 자신의 분신인 자기 자녀들을 위해서도 그들은 손가락이 아플 때까지 수고할 것입니다. 눈동자가 빨갛게 충혈이 될 때까지, 머리가 빙빙 돌 때까지 죽도록 수고할 것입니다. 더 이상 일할 수 없을 정도로 일할 것입니다. 그러나 하나님을 위해서는 손 하나 까딱 하지 않습니다. 어떤 사람들은 그럴 시간이 없다고 말합니다. 다른 사람들은 솔직히 그럴 마음이 없다고 말합니다. 그들은 이 세상의 쾌락을 위해서는 한 달이라도 기꺼이 소비할 수 있지만 하나님의 교회를 위해서는 한 시간도 시간을 할애하지 않을 것입니다. 그들은 가난한 자를 위해서는 시간과 관심을 할애할 수 없습니다. 그들은 자기들 자신을 위해서는 그리고 자신의 즐거움을 위해서는 아무 계획이 없었어도 시간을 낼 수 있습니다. 그러나 거룩한 일을 위해서는, 자선 행위를 위해서는, 경건한 활동을 위해서는 그럴 여유가 조금도 없다고 잘라 말합니다. 하지만 사실은 그럴 뜻이 없는 것입니다.

성도 여러분, 신앙을 고백하는 그리스도인들 가운데 얼마나 많은 이들이 이런 식으로 잠에 빠져 있는지 보십시오! 그들은 비활동적입니다. 수백 명의 죄인들이 거리에서 죽어가고 있습니다. 사람들이 영원한 진노의 불길 속으로 뛰어들고 있습니다. 그러나 그들은 팔짱만 끼고 있습니다. 그들은 멸망하는 가련한 죄인을 동정하지만 그 동정이 진실이라는 것을 보여줄 일은 전혀 하지 않습니다. 그들은 예배당의 자리를 지키고 있습니다. 폭신하고 아늑한 의자에 앉아 있습니다. 주일마다 목회자가 자기들을 양육해 주기를 바랍니다. 그러나 주일학교에서 학생들을 가르치지 않습니다. 불쌍한 사람의 집을 찾아가 전도지 한 장 나누어 준 적이 없습니다. 영혼을 구원하기 위한 수단이 될 만한 행위를 한 적이 결코 없습니다. 우리는 그들을 좋은 사람이라고 부릅니다. 그들 가운데 어떤 이들은 집사 직분에 선출되기도 합니다. 그들이 좋은 사람이라는 것을 추호도 의심하지 않습니다. 안토니우스가 브루투스가 존경할 만한 사람이었다는 것을 말하려는 의도로 "우리 모두 존경할 만한 사람들이다"라고 말한 것처럼, 그들도 그런 식으로 좋은 사람들입니다. 만약 그들이 좋은 사람들이라면 우리도 모두 좋은 사람들입니다. 그러나 이들이 그렇게 좋은 사람들이라면 어떤 의미에서 아무 까닭 없이 좋은 사람들입니다. 그들이 좋은 사람인 것은 밭을 가는 수고를 해서가 아니라 그저 식탁에 앉아 밥을 먹기 때문입니다. 그들이 좋은 사람인 것은 포도주를 생산하는 포도나무를 경작해서가 아니라 그저 포도주를 마시기 때문입니다. 그들은 "우리 중에 누구든지 자기를 위하여 사는 자가 없고 자기를 위하여 죽는 자도 없도다"(롬 14:7)라는 사실을 망각하고, 자기 자신을 위해 살아야 한다고 생각합니다.

오, 우리의 예배당에서 잠을 자고 있는 교인들이 얼마나 많습니까! 진실로 우리의 교회들이 일단 깨어 있기만 한다면, 진실로 회심한 사람들이 충분히 많고, 그들에게 충분한 달란트가 있고, 그들에게 충분한 돈이 있으며, 그들에게 충분한 시간이 있을 것이며, 하나님께서는 성령을 풍성하게 허락하실 것입니다. 그들이 열심만 있다면 하나님은 얼마든지 그렇게 역사하실 것입니다. 그리하여 그들은 땅 끝까지 이르러 복음을 충분히 전할 것입니다. 교회는 도구가 부족해서 또는 일하는 자가 없어서 멈추는 경우는 없을 것입니다. 우리는 지금 하고자 하는 의지 외에는 다 갖추고 있습니다. 우리는 하나님께서 세상 사람들의 회심을 위해 주실 것으로 기대하는 것은 모두 갖고 있습니다. 다만 일하려는 마음이 없어서 하나님의 영이 우리 가운데 부어지지 않고 있다는 것만 빼고는 말입니다.

오! 성도 여러분, "우리는 다른 이들과 같이 자지 맙시다." 여러분은 교회와 세상 속에서 "다른 이들"을 발견할 것입니다. 교회와 세상 속에서 잠을 자는 것을 "거절하는 것"이 건전한 잠입니다.

그러나 이 첫 번째 사실을 설명하는 것을 마치기 전에 바울 자신이 본문에 대하여 직접 강해한 내용을 언급하는 것이 필요합니다. 왜냐하면 본문의 두 번째 문장인 "오직 깨어 정신을 차릴지라"고 말씀하는 것이 바로 우리가 지금까지 설명한, 자는 것의 반대를 함의하고 있기 때문입니다. "우리가 오직 깨어." 깨어 있지 못한 사람들이 많습니다. 그들은 죄에 대하여 깨어 있지 못합니다. 그들은 원수의 시험에 대하여 깨어 있지 못합니다. 또 그들은 자기들 자신에 대하여 또는 "육신의 정욕과 안목의 정욕과 이생의 자랑"에 대하여 깨어 있지 못합니다. 그들은 선을 행할 기회에 대하여 깨어 있지 못합니다. 무지한 자를 가르치고, 연약한 자를 붙들어 주고, 고통받는 자를 위로해 주고, 곤경 속에 있는 자를 도와줄 기회에 대하여 깨어 있지 못합니다. 그들은 예수님을 영화롭게 하거나 교제의 시간을 갖는 것에 대하여 깨어 있지 못합니다. 그들은 자기들의 기도가 응답받는 것에 대하여 깨어 있지 못합니다. 그들은 우리 주 예수님의 재림에 대하여 깨어 있지 못합니다. 이들이 세상의 거절하는 자들입니다. 그들은 잠을 자고 있기 때문에 깨어 있지 못합니다. 그러나 우리는 깨어 있어야 합니다. 그래야 우리가 잠을 자고 있지 않다는 것을 증명할 수 있을 것입니다.

또한 우리는 "정신을 차려야 합니다." 앨버트 반스는 이 말씀은 대부분 먹거나 마시는데 있어서 절제하거나 자제하는 것을 가리킨다고 말합니다. 칼빈은 그렇게 말하지 않고, 이 말씀은 좀 더 구체적으로 세상 것에 대한 절제의 정신을 가리킨다고 말합니다. 둘 다 맞습니다. 이 말씀은 둘 다 가리킵니다. 정신을 차리지 못한 사람들이 많습니다. 그들이 정신을 차리지 못하기 때문에 잠을 자게 됩니다. 정신을 차리지 못하는 것이 잠자는 것을 낳습니다. 그들은 정신을 차리지 못해 술 취합니다. 폭식합니다. 그들은 정신을 차리지 못해 작은 일에는 만족할 수 없습니다. 무조건 큰 일만 원합니다. 그들은 정신을 차리지 못해 확실한 거래는 성이 차지 않습니다. 투기를 해야 합니다. 그들은 정신을 차리지 못하기 때문에 재산을 잃으면 그들의 영은 활기를 잃습니다. 쓴 쑥물을 마신 사람 같이 됩니다. 반면에 부자가 되면 그들은 정신을 차리지 못합니다. 땅의 것에 집착한 상태에 있으므로 재물 때문에 교만에 도취되고 맙니다. 재산을 자랑하게 되고, 그들의 머리가 별에 부딪히지 않도록 하려면 하늘을 더 높여야 합니다. 정신을 차리지 못한 사람들이 얼마나 많습니까!

오! 사랑하는 성도 여러분, 이 순간 저는 여러분에게 이 교훈을 특별히 강조하고자 합니다. 우리에게는 힘든 시기가 다가오고 있고, 지금도 충분히 힘든 시기입니다. 그러므로 우리가 정신을 차립시다. 미국에서 일어난 그 두려운 공황은 주로 "정신을 차릴지라"는 명령에 불순종한 결과로 일어난 것입니다. 만약 미국의 신앙 고백자들이 이 명령에 순종하고 정신을 차렸더라면 어쨌든 공황은, 완전히 피하지는 못했다고 할지라도, 크게 완화되었을 것입니다. 그런데 은행에 돈을 저축한 사람들은 은행이 파산할까 봐 겁을 먹고 금방 달려가 돈을 인출해 버릴 것입니다. 여러분은 동료 인간들에 대한 신뢰를 조금은 갖고 있고 그들의 어려움을 도와줌으로써 공공복리에 이바지할 정도로 정신을 차리지 못할 것입니다. 그리고 고리로 돈을 빌려줌으로써 이득을 얻고자 생각하는 사람들은 여러분에게 돈을 빌려주는 것으로 만족하지 못하고 채무자들을 협박하고 강요해서 재산을 빼앗아갈 것입니다. 사람들은 서서히 부자가 되는 것에 거의 만족하지 않습니다. 단시일에 부자가 되고자 하는 자는 죄를 범하지 않고는 그렇게 될 수 없을 것입니다. 성도 여러분, 그러므로 조심하십시오. 어떤 어려운 시기가 런던에 닥친다면, 상점들이 문을 닫고 은행들이 도산하는 일이 벌어진다면 정신을 차리도록 주의하십시오. 우리 모두가 정신을 차리려고 애쓰는 것만큼 공황에 대처할 수 있는 효과적인 방법은 없습니다. 아침에 일어나면 이렇게 말하십시오. "시대가 매우 어렵다. 오늘 내가 가진 모든 것을 잃어버릴 수도 있다. 고민한다고 그것을 피할 수 있는 것이 아니다. 그러므로 어떤 근심에 대해서든 담대한 마음을 갖자. 사업의 수레바퀴가 멈출 수도 있다. 그러나 나의 보화는 하늘에 있음을 하나님께 감사하자. 나는 절대로 파산할 수 없다. 하나님의 것들에 마음을 두자. 하나님의 것들은 결코 잃어버릴 수 없다. 거기에 내 보석이 있다. 거기에 내 마음이 있다!" 모든 사람이 그렇게 할 수 있다면 공적 신뢰는 창출될 것입니다.

그러나 많은 사람들의 큰 파멸의 원인은 모든 사람들의 탐욕과 어떤 사람들의 두려움입니다. 만일 우리가 확신 있게, 담대하게 그리고 용기 있게 세상을 헤쳐나간다면 그것만큼 충격을 잘 피할 수 있도록 하는 것은 세상에 아무것도 없을 것입니다. 그러나 충격은 반드시 올 것이라고 저는 추측합니다. 지금 예배에 참석하고 있는 사람들 가운데 매우 지체가 높은 사람들이 많이 있는데, 머지않아 거지가 될 것으로 예상되는 사람들이 있습니다. 여러분의 사업은 무엇보다 여호와께 신뢰를 두고 다음과 같이 말할 수 있는 것이 되어야 합니다. "땅이 사라지고 산이 바다 속에 던져진다고 할지라도 하나님은 나의 피난처와 힘이요, 환난 날의 참된 도움이시다. 그러므로 내가 절대로 두려워하지 않으리라." 그리고 그렇게 함으로써 여러분은 여러분 자신의 파멸을 피할 수 있는 가능성을, 사람의 지혜로 지시할 수 있는 다른 어떤 수단에 의해서 창출해 낼 수 있는 것보다 더 크게 창출해 낼 수 있을 것입니다. 그러므로 사업할 때 다른 이들처럼 무절제하지 않도록 조심합시다. 대신 깨어 있도록 합시다. "활동에 있어서 잠을 자지 말고 잠자는데 욕심을 부리지 맙시다." 곧 세상의 몽유병에 빠지지 맙시다. 여기서 몽유병이라고 말했는데, 이 말보다 더 좋은 말이 무엇이 있겠습니까? 대신 "오직 깨어 정신을 차립시다." 오, 성령께서 깨어 정신을 차리도록 우리를 도와주시기를 바랍니다.

2. 잠을 피해야 할 몇 가지 이유들

지금까지 첫 번째 요점 곧 바울이 말하는 잠은 무엇이었는가를 설명하는데 상당히 많은 시간을 할애했습니다. 이제 여러분은 "그러므로"란 말이 이에 대하여 어떤 이유가 있다는 것을 함축하고 있다는 것을 알아차렸을 것입니다. 지금부터 여러분에게 이 이유들을 제시하겠습니다. 그런데 제가 이 이유들을 어느 정도 드라마 형식으로 제시한다고 해도 여러분은 놀라서는 안 됩니다. 그렇게 하는 것이 기억하는데 더 좋기 때문입니다. 바울은 "그러므로 우리는 자지 말고"라고 말합니다.

먼저 이 이유들을 확인하려면 5장 전체를 살펴보아야 합니다. 바울은 "너희는 다 빛의 아들이요 낮의 아들이라 우리가 밤이나 어둠에 속하지 아니하나니 그러므로 우리는 다른 이들과 같이 자지 말고"(5-6절)라고 말합니다. 해가 저문 후에 거리를 걸어갈 때 모든 가게의 문이 닫히고 모든 창문의 블라인드가 내려와 있는 모습을 볼 때, 그리고 사람들이 쉬기 위해 집으로 물러나 있는 것을 뜻하는 다락방의 불빛을 볼 때 저는 의아하게 여기지 않습니다. 또 반시간 후에 주변이 너무 조용해 제 발걸음 소리에 제가 놀라고 거리에서 사람들의 흔적을 찾아보지 못한다고 해도 저는 이상하게 여기지 않을 것입니다. 계단을 올라가 잠자는 자들의 평온한 얼굴을 본다고 해도 이상하게 생각하지 아니할 것입니다. 왜냐하면 때가 밤으로, 당연히 잠을 자야 할 시간이니까요. 그러나 오전 11시나 12시경에 거리로 나가 걷고 있는데, 저 혼자 걷고 있고, 모든 가게의 문이 닫혀 있고, 집집마다 문이 굳게 닫혀 있으며, 아무 소리도 듣지 못한다면 저는 당연히 "그것 참 이상하다. 정말 이상해. 희한하구나. 이 사람들이 도대체 어떻게 된 일이야? 이 대낮에 모두 잠을 자고 있다니 말이야"라고 말할 것입니다. 그래서 저는 발견되는 대로 첫 번째 집의 문을 두드리고 싶을 것이고, 그렇게 계속 두드린 후에는 다음 집으로 찾아가 문을 두드릴 것이며, 급기야는 종을 울리며 온 거리를 돌아다닐 것입니다. 아니면 경찰서로 달려가 경찰관들을 깨워 거리에서 소리를 지르도록 하거나 소방서를 찾아가 소방관들에게 소방차로 경적을 울리며 도로를 질주하도록 함으로써 사람들을 깨우려고 할 것입니다. 그러면서 저는 속으로 이런 생각을 할 것입니다. '이곳에 어떤 전염병이 창궐한 게야. 죽음의 사자가 밤 사이에 이 거리를 돌아다니며 사람들을 모두 죽여 버렸구나. 그렇지 않다면 사람들이 깨어 있어야 하는 것이 확실하니까.' 대낮에 잠을 자는 것은 정말 부조리한 일입니다. 그러니까 바울은 이렇게 말하는 것입니다. "글쎄, 이 하나님의 백성들아, 너희에게 지금은 대낮이다. 의의 태양이 너희 위에 떠올라 자신의 날개로 치료하고 있다. 하나님의 영의 빛이 너희 양심을 비추고 있다. 너희는 어두운 데서 불러냄을 받아 그의 기이한 빛에 들어가게 된 사람들이다. 그런데 너희가 잠자는 것은, 교회가 잠에 빠져 있는 것은 대낮에 온 도시 사람이 침상에 있는 것, 또는 해가 비추고 있는 동안 온 마을이 잠에 곯아떨어져 있는 것과 같다. 이것은 시의적절하지 못하고 부적당한 일이다."

따라서 본문을 다시 살펴본다면 거기서 또 하나의 주장이 있음을 발견하게 될 것입니다. "우리는 낮에 속하였으니 정신을 차리고 믿음과 사랑의 호심경을 붙이고." 마치 때가 전시(戰時)인 것처럼 보입니다. 그러므로 다시 말해, 잠을 자는 것을 온당치 못합니다. 저기 인도 먼 곳에 한 요새가 있습니다. 그 지독한 세포이(인도인 반란군)의 군대가 요새를 포위하고 있습니다. 피에 굶주린 지옥의 사냥개들에게 일단 침투를 허용하게 되면 그들은 어머니와 자녀들을 학살하고 건장한 남자들을 산산조각을 낼 것입니다. 그들은 요새 문 앞에 있고, 대포로 무장하고 있으며, 그들의 총은 피를 갈망하고 있고, 그들의 칼은 살육에 굶주려 있습니다. 이번에는 요새를 살펴봅시다. 요새 안의 사람들은 모두 잠에 떨어져 있습니다. 망루에는 보초가 있는데 총검을 든 채 꾸벅꾸벅 졸고 있습니다. 막사 안에는 대장이 있는데, 처리할 급보들이 쌓여 있는데도, 책상 앞에 앉아 손에 펜을 들고 잠을 자고 있습니다. 전투에 대비해 병사들은 자기들의 막사 안에서 대기하고 있는데, 모두 졸고 있습니다. 깨어 있는 것으로 보이는 사람은 하나도 없습니다. 그곳에 파수꾼은 한 명도 없습니다. 모두가 잠에 빠져 있습니다. 성도 여러분, 이에 대하여 여러분은 틀림없이 이렇게 말할 것입니다. "도대체 이곳에 무슨 일이 있는가? 어떻게 이럴 수가 있단 말인가? 무서운 마력을 지닌 마법사가 지팡이를 휘둘러 그들 모두에게 마법이라도 걸었단 말인가? 아니면 그들이 모두 미쳤단 말인가? 정신이 나갔단 말인가? 정말이지, 전시에 잠을 자고 있다는 것은 터무니없는 일이다. 자! 나팔을 들고 가 대장의 귀에 대고 불어 보라. 그래도 그가 일어나지 않는지 확인해 보라. 당장 성벽에서 자고 있는 병사에게서 총검을 빼앗아 찔러 보라. 그래도 그가 깨어나지 않는지 확인해 보라." 그러나 확실히, 확실히, 원수가 요새를 포위하고 있고 문 앞에서 진을 치고 있는데 사람들이 잠을 자고 있는 것을 참고 있을 자는 아무도 없습니다.

　　그런데 성도 여러분, 이것이 여러분의 상황입니다. 여러분의 삶은 전투하는 삶입니다. 세상과 육신과 마귀가 지옥의 삼위일체를 이루고 있고, 여러분의 허약한 본성은 밑이 깨져 있는 보잘것없는 질그릇입니다. 그런데도 여러분은 잠을 자고 있습니까? 사탄이 정욕의 불덩이를 여러분의 눈의 창문 안으로 던져 넣을 때, 사탄이 여러분의 마음속에 시험의 화살을 쏘고 있을 때, 사탄이 여러분의 발을 걸어넘어뜨리려고 덫을 놓고 있을 때 잠을 자고 있습니까? 사탄이 여러분의 존재를 허물고 있을 때, 사탄이 주권적 은혜가 막아주지 않는다면 당할 수밖에 없는 파멸의 불을 댕기고 있을 때 잠만 자고 있겠습니까? 오! 십자가 군사들이여, 그만 잠을 멈추십시오! 전시에 잠을 자는 것은 완전히 부당한 일입니다. 하나님의 영께서 우리가 더 이상 졸지 않도록 막아 주시기를 바랍니다.

　　이제 이 장을 마치기 전에 그리스도인이 잠에서 깨어나게 할 수 있는 한두 가지 이유를 제시하고자 합니다. "시체를 끌어내라! 시체를 끌어내라! 시체를 끌어내라!" 이어서 조종(弔鐘) 소리가 울립니다. 이게 무슨 뜻입니까? 여기에 큰 흰 십자가가 표시되어 있는 문이 하나 있습니다. 주여, 우리에게 자비를 베풀어 주소서! 길거리에 늘어서 있는 모든 집이 그 흰 죽음의 십자가 표시가 되어있는 것처럼 보입니다. 이것은 무슨 뜻입니까? 여기 길거리에는 잡초가 자라고 있습니다. 콘힐과 칩사이드는 황폐한 상태에 있습니다. 한적한 도로 위로 오가는 사람들은 하나도 발견할 수 없습니다. 돌들 위로 죽음의 청황색 말이 달리고 있는 말발굽 소리, 많은 사람들에게 죽음의 신호로 울리고 있는 조종 소리, 장의차의 삐걱거리는 바퀴 소리, 그리고 "시체를 끌어내라! 시체를 끌어내라! 시체를 끌어내라!"고 외치는 소리 외에 다른 소리는 전혀 들려오지 않습니다.

그런데 여러분은 저 집을 보고 있습니까? 그 집에는 의사가 살고 있습니다. 그는 훌륭한 의술을 갖추고 있고 하나님에게서 지혜를 받은 자입니다. 그러나 얼마 전에 그가 연구를 하는 동안 하나님의 인도를 받아 그 전염병의 원인을 알아냈습니다. 그런데 그 자신이 전염병에 감염되어 죽을 처지에 놓여 있었습니다. 하지만 그는 자신이 만든 약병을 들어 입으로 그 약을 마셨고, 그렇게 스스로 치료를 받았습니다. 여러분은 제가 무슨 말을 하려고 하는지 알겠습니까? 이런 일을 상상할 수 있겠습니까? 그 사람이 전염병에 걸려 있는 모든 사람을 고칠 수 있는 처방을 갖고 있다는 것을 말입니다. 그 사람은 그 처방을 자기 주머니에 갖고 있습니다. 그는 길거리에서 나누어 준다면 전염병에 걸린 자들을 즐겁게 하고, 사람이 죽었다는 것을 알리는 조종 소리를 멈추게 할 수 있는 약을 갖고 있습니다. 그런데 그가 잠을 자고 있습니다! 그가 잠을 자고 있습니다! 그가 잠을 자고 있습니다! 오, 저런! 저 못된 놈을 왜 처단하지 않고 그냥 놔둡니까? 오, 세상에! 여러분은 이 못된 놈을 어떻게 가슴에 품어줄 수 있단 말입니까? 왜 그를 속히 내치지 않습니까? 그는 약을 갖고 있습니다. 그런데 너무 게을러서 치료받으라고 말하지 않습니다. 그는 치료법을 알고 있습니다. 그런데 너무 나태해서 병자들과 죽어가는 자들에게 나아가 조치를 취하지 않습니다! 성도 여러분, 절대로, 이런 비인간적인 놈은 살려둘 수 없습니다!

그러나 저는 오늘 여기서 그와 같은 사람을 봅니다. 여러분이 바로 그 사람입니다! 여러분은 세상이 죄라는 전염병에 걸려 있음을 알고 있고, 여러분 자신이 제공된 치료법으로 치료를 받았습니다. 그런데 여러분은 잠을 자고 있고, 활동하지 않고, 빈둥거리고 있습니다. 여러분은 나아가 다음과 같이 하지 않고 있습니다.

"여러분이 발견한 사랑의 구주가 어떤 분인지
주변 다른 사람들에게 말해주라."

보배 같은 복음을 갖고 있습니다. 그런데도 여러분은 나가서 죄인의 입술에 그것을 넣어주지 않고 있습니다. 참으로 소중한 그리스도의 피를 갖고 있습니다. 그러나 여러분은 죽어가는 자들에게 나아가 구원받도록 말해주지 않습니다. 세상은 전염병보다 더 무서운 병으로 멸망하고 있습니다. 그런데도 여러분은 게으릅니다! 여러분은 복음의 사역자입니다. 여러분은 그 거룩한 직분을 스스로 취했습니다. 그런데도 주일에 두 번, 그리고 주중에 한 번 설교하는 것으로 만족합니다. 여러분 안에는 이에 대한 불만이 전혀 없습니다. 여러분이 전하는 것을 듣는 무리를 매혹시킬 욕구가 없습니다. 여러분은 열정을 갖고 무리를 모아 그들에게 말씀을 전하는 것보다는 오히려 빈 강단을 지키고 예의에 대하여 연구하는 것을 더 좋아합니다. 여러분은 저술가입니다. 여러분은 글을 쓰는데 큰 능력을 갖고 있습니다. 여러분은 자신의 재능을 문헌을 조명하거나 즐거움을 줄 수 있는 다른 것들을 창출하는데 전념하지만 영혼에 유익은 줄 수 없습니다. 여러분은 진리를 알고 있으나 그것을 밖으로 나타내지 않습니다. 저쪽 어머니는 회심한 부인입니다. 그녀에게는 자녀가 있는데, 천국의 길을 가르치는 것을 잊고 있습니다. 저쪽 젊은이는 주일에 아무것도 하지 않습니다. 주일학교가 있는데도 그곳에서 아이들에게 병든 영혼을 치료하도록 하나님이 제공하신 주권적 치료법을 말해주지 않습니다. 조종은 지금도 울리고 있습니다. 지옥은 사람들의 영혼에 굶주려 악을 쓰며 "죄인을 끌어내라! 죄인을 끌어내라! 죄인을 끌어내라! 그를 죽여 파멸시키자!"고 외치고 있습니다. 여러분은 그리스도인을 자처하고 있으면서, 영혼을 구원하는 도구로서 당연히 해야 할 일을 전혀 하지 않고 있습니다. 주님의 손 안에 있는 도구로서 자신의 손을 내밀어 불붙은 장작더미 같은 죄인들을 끄집어내는 일을 결코 하고 있지 않습니다! 오! 하나님의 은총이 여러분에게 임해 여러분이 이 악한 길에서 돌아서고, 다른 이들과 같이 잠을 자지 않으며, 깨어서 정신을 차릴 수 있기를 바랍니다. 세상에 임박한 위험 때문에 우리는 졸지 말고 활동할 것이 요구됩니다.

돛대가 얼마나 삐걱거리는 소리를 내는지 들어보십시오! 파도를 가르고 전진하는 저기 배를 보십시오. 그런데 폭풍이 몰려오고 있습니다! 배가 암초를 향해 곧장 달려가고 있습니다. 선장이 어디에 있습니까? 갑판장은 어디에 있습니까? 선원들은 어디에 있습니까? 어이, 저기를 좀 보십시오! 도대체 다들 어디로 갔습니까? 지금 폭풍이 몰려오고 있는데 말입니다. 모두 어디에 있단 말입니까? 모두 아래충 선실에 있습니다. 선장은 살짝 잠이 들었습니다. 조타수는 그 어느 때보다 깊이 잠들어 있습니다. 선원들은 자신의 침대에서 모두 잠을 자고 있습니다. 보세요! 폭풍이 몰려오고 있지 않습니까? 보세요! 2백 명의 승객들의 생명이 위험 속에 있는데, 이 무감각한 선원들은 계속 자고 있지 않습니까? 그들을 당장 발로 걷어차십시오. 이와 같이 위급한 때에 이처럼 잠이나 자고 있는 선원들을 가만히 내버려 두면 무슨 유익이 있겠습니까? 당장 해고시키십시오! 만약 화창한 날씨에 잠들어 있었다면 용서할 수도 있었을 것입니다. 선장, 당장 일어나시오! 도대체 무얼 하고 있었단 말이오? 당신 미쳤소? 그러나 들어보십시오! 배가 암초에 부딪혔습니다. 배는 곧 파선하고 말 것입니다. 이제야 일하겠다고요? 이제 아무 소용이 없을 때 일하겠다고요? 당신의 저주스러운 태만으로 말미암아 마땅히 받아야 할 보호를 받지 못해 물에 빠져 죽어가는 승객들의 비명 소리가 지옥 입구에서 메아리칠 때 이제야 일하겠다고요? 그러나 그것이 우리 시대에 우리 대다수 사람들의 경우와 똑같습니다.

우리 국가의 이 자랑스러운 배가 죄의 폭풍에 밀려 비틀거리고 있습니다. 이 위대한 나라의 큰 돛대가 이 고귀한 배를 휩쓸고 지나가고 있는 악의 태풍으로 삐걱거리고 있습니다. 배의 모든 갑판과 기둥이 흔들거리고 있습니다. 하나님이여, 이 아름다운 배를 도와주소서. 그러나 슬프게도 아무도 배를 구할 자가 없습니다. 하나님의 사역자과 신앙 고백자들 말고 누가 이 나라의 선장과 선원이겠습니까? 이들이 이 배를 조종하도록 하나님께서 은혜를 베풀고 있는 자들입니다. "너희는 세상의 소금이니"(마 5:13). 오, 하나님의 자녀들이여, 여러분이 이 배를 안전하게 보호해야 할 자들입니다. 그런데 지금 여러분은 잠을 자고 있습니까? 만약 악의 소굴들이 없다면, 매춘부들이 없다면, 불경한 집들이 없다면, 살인자와 범죄자들이 없다면, 오! 그렇다면 세상의 소금인 여러분은 잠을 자도 괜찮습니다. 그러나 오늘날 런던의 죄는 하나님의 귀를 따갑게 때리고 있습니다. 이 거대한 도시가 범죄로 가득 차 있고, 하나님은 이 도시로 골치를 썩고 계십니다. 그런데도 우리가 아무 일도 하지 않고 잠만 자고 있습니까? 그런데도 하나님은 우리를 용서하십니다. 그러나 확실히 말하면, 하나님이 용서하시는 모든 죄 가운데 이 죄가 가장 큰 데, 그것은 세상이 파멸을 향해 치닫고 있을 때 잠을 자는 죄, 곧 사탄이 광분하며 사람들의 영혼을 삼키기 위해 분주히 활동하고 있을 때 게으름을 피우는 죄입니다. 이와 같은 때에 "성도 여러분, 우리가 잠을 자지 맙시다." 우리가 그렇게 잠을 잔다면 우리에게 감당하기 힘든 저주가 임할 것이기 때문입니다.

　감방 안에 한 가련한 죄수가 갇혀 있습니다. 그의 머리카락은 눈을 덮을 정도로 무척 헝클어져 있습니다. 몇 주 전에 판사는 법모를 쓰고, 그에게 사형 선고를 내렸습니다. 이 가련한 죄수는 밧줄에 묶여 교수대에 올라서는 자신의 모습과 그리고 죽음 이후의 자신의 모습을 생각하니 마음이 찢어졌습니다. 오! 그가 모든 것을 남겨두고 한 번도 가본 적이 없는 미지의 세계로 떠나야 한다는 것을 생각하면서 그의 마음이 갈래갈래 찢어지고 부수어지는 것을 누가 헤아릴 수 있겠습니까? 그런데 저기 침대 위에 편안히 잠을 자고 있는 한 사람이 있습니다. 그는 이틀 동안 거기서 잠만 자고 있었습니다. 그런데 그의 베개 밑에는 죄수의 사면장이 놓여 있었습니다. 저는 이 나쁜 놈을 채찍으로 혼쭐을 내주고 싶습니다. 저 가련한 사람을 이틀 동안이나 더 고통 속에 있게 만들었으니 말입니다. 그러나 만일 제가 그 사람의 사면장을 가지고 있었다면 저는 절대로 그렇게 잠을 자고 있지 않았을 것입니다. 번개 같이 그에게 달려갔을 것입니다. 아무리 빠른 기차를 타고 간다고 해도 이 가련한 사람에게 그 소식을 전해 주기에는 느리다고 생각했을 것입니다. 그러나 이 짐승 같은 사람은 이 가련한 죄수가 절망에 사로잡혀 마음이 찢어지는 그 순간에 자기 베개 밑에 사면장을 놔두고 쿨쿨 자고 있습니다! 아! 그래도 그에게 너무 심하게 욕은 못하겠군요. 그가 오늘 여기 있으니 말입니다.

　오늘 아침에 이 가련한 죄인이 여러분과 나란히 앉아 있습니다. 하나님은 그를 용서하셨고, 그래서 여러분이 그 기쁜 소식을 전해주기를 바라고 계십니다. 지난 주일에 그는 여러분 옆에 앉아 설교를 듣는 도중 내내 울었습니다. 자신의 죄책을 느꼈기 때문입니다. 만일 여러분이 그에게 말할 기회가 있었다면 여러분 말고 누가 말해줄 수 있겠습니까? 그때 그는 위로받았어야 했습니다. 그러나 그가 지금 저기에 있습니다. 그런데도 여러분은 그에게 그 기쁜 소식을 말해주지 않습니다. 여러분은 그 일을 저에게 맡길 생각입니까? 아! 성도 여러분, 여러분은 하나님을 섬기는 것을 대리인에게 맡길 수 없습니다. 목사가 하는 일이 여러분의 몫이 되는 것이 아닙니다. 여러분은 여러분 자신이 직접 해야 할 개인적인 의무가 있고, 하나님께서는 여러분에게 보배로운 약속을 주셨습니다. 그것은 지금 여러분의 마음에 달려 있습니다. 여러분의 이웃을 돌아보고 그에게 그 약속을 말해주지 않겠습니까? 오! 이 구원의 기쁜 소식을 말해주는 일에 우리가 너무 게으르기 때문에 고통을 겪고 있는 사람들이 참으로 많습니다.

우리 교회 교인 가운데 주일이면 항상 이 자리에 있다가 눈물을 흘리고 있는 젊은이들을 찾아내 그 약속을 전해줌으로써 많은 사람들을 교회로 인도한 한 교인이 있습니다. 그는 찾아낸 젊은이에게 다가가 "여보게, 내가 자네에게 해줄 이야기가 있네"라고 말합니다. 그는 젊은이의 얼굴을 바라보면서 "여기서 자네를 그렇게 자주 보지 못했는데"라고 말합니다. 그러면 그 젊은이는 "맞습니다"라고 대답합니다. 그리고 대화는 계속 이렇게 이어집니다. "내가 보기에 자네는 예배에 굉장히 많은 관심을 갖고 있다고 생각되는데, 그렇지 않은가?" "그렇습니다만 왜 그런 질문을 하시는지요?" "지난 주일에 자네 얼굴을 보았는데, 자네에게 무슨 일이 일어났다는 생각이 들었다네." "오! 선생님, 제가 이곳에 나온 후로 지금까지 아무도 제게 말을 붙이지 않았습니다. 선생님께 다 말씀드리겠습니다. 어머니와 함께 고향에서 살 때 저는 어느 정도 신앙심을 갖고 있다고 생각했습니다. 그러나 고향을 떠나 신앙이 없는 사람들이 대다수인 공장에서 일하게 되었는데, 어울리다 보니 해서는 안 되는 일을 수없이 저질렀습니다. 그래서 선생님, 울면서 회개하기 시작한 것입니다. 어떻게 해야 구원받을 수 있는지 알고 싶습니다! 선생님, 구원에 대하여 설교를 들었지만 누군가 개인적으로 제게 말해주기를 원하고 있습니다." 이 말을 듣고 난 그는 주변을 돌아본 다음, 그 젊은이의 손을 붙잡고 이렇게 말합니다. "사랑하는 젊은 친구, 자네에게 이 말을 해주게 된 것이 정말 기쁘네. 주님이 지금 이 자리에서 뭔가 계속 일하고 계신다는 생각을 하니, 이 늙은이의 마음이 정말 즐겁네. 조금도 걱정하지 말게. 왜냐하면 자네는 '미쁘다 모든 사람이 받을 만한 이 말이여 그리스도 예수께서 죄인을 구원하시려고 세상에 임하셨다 하였도다' (딤전 1:15)라는 말씀을 알고 있지 않은가?" 젊은이는 손수건을 눈물을 닦고, 잠시 후 이렇게 말했습니다. "제가 만나고 싶을 때 만나달라고 요청해도 될까요?" "그럼, 얼마든지 환영하네." 그는 그렇게 그 젊은이와 계속 대화를 나누며 그를 인도했습니다. 드디어 하나님의 은혜로 이 행복한 젊은이는 앞으로 나와 하나님께서 자기 영혼에 대하여 행하신 일을 간증하고, 자신의 구원은 목사의 설교에 힘입은 것 못지않게 그 사람의 겸손한 도움이 있었기 때문이라고 고백했습니다.

사랑하는 성도 여러분, 신랑이 오십니다! 깨십시오! 깨십시오! 땅은 곧 풀어질 것이고, 하늘도 곧 녹아내릴 것입니다. 그러니 깨어 있으십시오! 깨어 있으십시오! 오 성령께서 우리 모두를 일으키고, 깨어 있게 하시기를 바랍니다.

3. 잠을 자는 자들에 대한 통탄

이제 마지막 요점을 전해야 하는데, 시간이 별로 없군요. 그러므로 여러분을 오래 붙들어놓지는 않겠습니다. 경고를 전하는 것으로 만족하겠습니다. 여기 탄식할 만한 악이 있습니다. 잠자고 있는 사람들이 있고, 바울은 그것을 탄식합니다.

아직 회심하지 않은 죄인 여러분, 제게 몇 마디 말씀만 듣고 돌아가시기를 바랍니다. 회심하지 못한 남성 여러분! 회심하지 못한 여성 여러분! 여러분은 지금 폭풍이 불어오는데 돛대 끝에 올라가 잠을 자고 있는 자와 같습니다. 여러분은 홍수가 걷잡을 수 없이 몰려와 여러분의 집이 무너지고, 급류에 휩쓸려 바다로 점점 떠내려가고 있을 때 잠을 자고 있는 자와 같습니다. 또 집이 불타고 있고 머리카락에 불이 붙어있는 데도 다락방에서 곯아떨어져 자기에게 어떤 파멸이 닥치고 있는지 전혀 모르고 있는 자와 같습니다. 곧 사망과 파멸이 아래에 놓여 있는 벼랑 끝에서 잠이 들어 있는 자와 같습니다. 일단 잠이 들기 시작하면 끝장이 날 상황이지만 그는 그것을 전혀 모르고 있습니다. 여러분은 오늘 잠을 자고 있습니다. 여러분이 잠을 자고 있는 곳은 일단 붕괴되면 지옥으로 떨어질 곳으로 너무 지반이 약한 곳입니다. 만일 여러분이 그때까지 깨어나지 않는다면 결국 어떻게 되겠습니까! "그가 음부에서 고통 중에 눈을 들어"(눅 16:23) 물 한 방울 달라고 절규했으나 거절당했습니다. "믿고 세례를 받는 사람은 구원을 얻을 것이요 믿지 않는 사람은 정죄를 받으리라"(눅 16:16). 이것이 복음입니다. 여러분도 예수님을 믿으십시오. 그러면 "말할 수 없는 영광스러운 즐거움으로 기뻐하게 될 것입니다"(벧전 1:8).

제
8
장

—

그리스도인의 투구

—

"구원의 소망의 투구를 쓰자." — 살전 5:8

1. 그리스도인은 군사입니다.

본문에 투구라는 말이 언급되어 있는 것은 이곳에 있는 모든 그리스도인에게 그가 군사라는 사실을 상기시켜 주는 역할을 하고 있습니다.

만일 여러분이 군사가 아니라면 갑주가 필요하지 않습니다. 그러나 군사라면 그 증거로 전신 갑주를 입어야 합니다. 이 자리에 있는 모든 그리스도인이 이론상 자신이 그리스도의 군사이고, 십자가의 깃발 아래 소속되어 승리할 때까지 흑암의 세력과 싸워야 한다는 사실을 알고 있을 것이라고 저는 생각합니다. 그러나 우리는 이 문제에 대하여 우리의 기억을 새롭게 할 필요가 있습니다. 왜냐하면 어쨌든 전시에 군사가 된다는 것은 별로 환영할 만한 직업이 아니고, 육신은 끊임없이 그 직업을 포기하도록 획책하기 때문입니다. "우리가 여기에는 영구한 도성이 없다는 것"(히 13:14)은 우리 모두 알고 있는 진리이지만 우리 대부분은 이 땅이 우리의 영원한 거처인 것처럼 우리 자신의 안식처로 삼으려고 합니다. 우리는 모두 군사입니다. 우리가 그것을 잘 알고 있습니다. 그러나 많은 그리스도인들이 자신이 마치 세상의 친구이면서 동시에 하나님의 친구가 될 수 있는 것처럼 행세합니다. 그런데, 그리스도인 여러분, 여러분은 군사라는 사실을 철저히 명심하십시오. 젊은이 여러분, 여러분은 세례를 받고 교인이 되자마자 싸움은 끝났다고 생각했습니까? 아, 그러나 싸움은 그때부터가 시작이었습니다. 카이사르처럼 여러분도 그때 루비콘 강을 건넜고, 여러분의 치명적인 원수에게 선전포고를 했습니다. 여러분은 그때 칼을 뽑아 들었습니다. 그리고 뽑아든 칼을 칼집에 꽂지 않았습니다. 여러분이 교인이 된 것에 대한 적절한 입장은 마치 이미 승리를 얻은 것처럼 축하하는 입장이 아니라 준비하는 입장입니다. 왜냐하면 이제 나팔 소리가 울려 퍼지고 싸움이 시작될 것이기 때문입니다.

그리스도인 여러분, 여러분은 항상 군사입니다. 식탁에 앉을 때에도 군사가 앉는 것처럼 앉아야 하고, 세속으로 나갈 때에도 특별히 군사가 나가듯이 나가야 합니다. 절대로 갑주를 벗지 마십시오. 왜냐하면 만약 벗는다면 방심하는 순간에 심각한 부상을 입을 수가 있기 때문입니다. 대신 항상 갑주를 입고 깨어 있어야 합니다. 여러분은 항상 어디에 있든지 원수 가운데 있게 될 것이기 때문입니다. 심지어는 여러분을 둘러싸고 있는 사람들이 여러분의 친구들이라고 해도, 여러분의 주둔지를 지키고 있는 사람들에게 보이지 않는 악한 영들이 진을 치고 있습니다. 그러므로 절대로 칼을 칼집에 꽂아서는 안 됩니다. 여러분의 싸움은 통치자들과 권세들과 이 어둠의 세상 주관자들과 하늘에 있는 악의 영들을 상대하는 것이므로 여러분은 항상 깨어 있어야 하기 때문입니다. 성도 여러분, 여러분은 군사입니다. 이 사실을 명심하십시오.

그런데 여러분은 막사나 집 안에 있는 군사가 아니라 원수의 나라 안에 있는 군사입니다. 여러분의 위치는 참호 속 아니면 치열한 전투가 벌어지는 현장입니다. 병이 들어 움직일 수 없는 사람은 참호 속에 있는 군사와 같습니다. 말하자면 여러분은 인내하며 성벽이 무너지기를 바라고 그때가 오기를 조용히 기다립니다. 그러나 생업에 종사하고 삶의 중대한 일들에 참여하는 다른 사람들은 전투에 앞장서서 돌격하는 기병과 같습니다. 상황에 따라 크든 작든 차이는 있겠지만 여러분은 모두 원수에게 노출되어 있고, 삶의 모든 순간이 그렇습니다.

저는 여러분이 인정사정 봐주지 않는 원수의 나라가 아니면 다른 어디에 있는지 묻고 싶습니다. 여러분은 쓰러지면 그것은 곧 죽음입니다. 세상은 그리스도인을 결코 용납하지 않습니다. 세상은 그리스도인을 철저히 미워하고, 어떻게든 해를 끼치고자 합니다. 그러므로 세상에 최대한 실수하지 않는 모습을 보여주십시오. 세상은 그리스도인의 실수를 본다면 어떻게든 그것을 떠벌리고 과장해서 비난할 것이니 말입니다. 다른 사람들이 했다면 간과해 버릴 일도 그리스도인이 했다면 주목하고, 떠벌리고, 왜곡할 것입니다. 세상은 여러분을 당연한 대적으로 간주합니다. 사탄은 여러분이 자신의 오랜 원수인 주 예수님의 대표자라는 것을 잘 알고 있고, 여러분은 사탄이 여러분을 박살낼 기회를 일단 포착하면 인정사정 봐주지 않는다는 것을 명심해야 합니다. 이 원수를 잊지 마십시오. 절대로 잊지 마십시오. 왜냐하면 그는 악의로 충만한 영이기 때문입니다.

여러분은 또한 절대로 휴전을 하지 않는 원수와 싸워야 합니다. 여러분은 대화와 회담을 하러 나올 수 있지만 악의 세력은 절대로 그렇게 하지 아니할 것입니다. 여러분은 원한다면 백기 투항을 할 수도 있습니다. 그러나 그 원수는 잠깐 동안은 여러분을 신뢰하는 것처럼 보일지 모르지만 여러분은 결코 그 원수의 신뢰를 얻지 못할 것입니다. 그는 여러분에게 가장 큰 사랑을 베푸는 것처럼 보일 때에도 여러분을 미워합니다. 옛말에 "헬라인들이 선물을 줄 때 그들을 두려워하라"는 말이 있습니다. 그리스도인은 세상이 가장 부드러운 말을 할 때 세상을 가장 두려워해야 할 때입니다. 그러므로 십자가 군사들이여, 가장 두려움이 없어 방심할 때 알랑거리는 원수가 우정을 가장하고 여러분 뒤로 살짝 다가와 푹 찌르고 달아나는 일을 저지르지 않도록 조심하십시오. 여러분의 주님은 입맞춤 받으면서 배신을 당했고, 따라서 여러분도 깨어서 기도하지 않으면 그렇게 될 것입니다.

여러분은 여러분과 결단코 화평할 수 없거나 여러분도 그와 절대로 화평할 수 없는 원수와 맞서 싸워야 합니다. 만약 여러분이 죄와 화평을 이루게 된다면 죄가 여러분을 정복한 것입니다. 여러분이 싸움을 포기하고 영원한 속박 속에 목을 내놓지 않는 한, 단 한순간도 화평을 기대하기란 불가능합니다. 오, 성도 여러분, 어떻게 경계해야 하는지 명심하십시오. 전신 갑주로 무장하는 것이 얼마나 필요한지요! 온전한 갑주를 준비하는 것, 갑주를 품질 좋게 유지하는 것, 그리고 갑주를 신속하게 입는 것이 얼마나 필요한지요! 여러분은 군사 곧 전투하는 군사, 원수의 나라 안에 있는 군사, 휴전이나 회담에 대해서는 전혀 모르고 인정사정 봐주지 않고 여러분이 죽을 때까지 여러분과 맞서 싸우는 잔인하고 악의에 찬 원수와 싸우는 군사입니다. 여러분이 칼을 칼집에 꽂아야 할 곳은 천국입니다. 여러분은 천국에 승리의 깃발을 높이 매달 것입니다. 그러나 여기서는 원수와 싸워야 하고, 죽음의 강을 건널 때까지 그렇게 해야 합니다. 그 강의 기슭에 도착할 때까지 싸움은 계속되어야 합니다. 한 걸음씩 서서히 나아가 가나안 강변의 아름다운 땅에 도달할 때까지 모든 땅을 차지해야 할 것입니다. 싸움과 투쟁이 없이는 한 발자국도 옮겨놓을 수 없습니다. 그러나 일단 거기 도착하면 여러분은 투구를 벗고 대신 면류관을 쓰게 되고, 칼을 내던지고 대신 종려나무 가지를 취하게 될 것입니다. 여러분의 손가락은 더 이상 전쟁을 배울 필요가 없으며, 여러분의 마음은 하늘의 행복한 가수들의 노래를 배우게 될 것입니다. 이상이 여러분이 군사라는 사실에 대한 첫 번째 생각입니다.

2. 군사는 머리를 조심해야 합니다.

이제 두 번째 생각을 살펴보겠는데, 그것은 군사로서 여러분의 머리를 주의해야 한다는 것입니다.

군사들이여, 여러분의 머리를 조심하십시오. 머리에 상처를 입는 것은 치명적인 일입니다. 우리는 치명적인 머리를 잘 보호할 필요가 있습니다. 가슴은 호심경으로 보호할 필요가 있습니다. 하지만 머리도 그와 같이 보호되어야 합니다. 왜냐하면 비록 사람이 충실하다고 할지라도 총알이 머리를 관통한다면 군사로서 아무 가치가 없기 때문입니다. 그의 몸은 바닥에 고꾸라지고 말 것입니다. 머리는 세밀하게 보호되어야 합니다. 머리에 대하여 전혀 고민하지 않는 그리스도인들이 참으로 많습니다. 따스한 가슴을 갖고 있는 신자들이 더러 있고, 그것으로 족하다고 생각합니다. 저도 무엇보다 먼저 따스한 가슴을 갖기를 원합니다. 그러나 오, 그 따스한 가슴에 세심하게 보호되고 있는 머리를 함께 갖기를 원합니다. 여러분은 뜨거운 머리와 뜨거운 가슴이 함께 하면 실수를 많이 하게 된다는 것을 아십니까? 하지만 뜨거운 가슴과 차가운 머리가 함께 하면 주님에 대한 섬김이 충분히 펼쳐질 것입니다. 머리에 올바른 교리를 갖추고 영혼에 불을 붙이십시오. 그러면 여러분은 곧 세상을 이기게 될 것입니다. 머리와 가슴이 모두 올바른 사람의 길을 멈추게 할 것은 아무것도 없습니다. 그러나 머리를 등한시 하는 많은 그리스도인들이 심각한 폐해를 끼쳤습니다. 그들은 머리를 보호하지 않았기 때문에 쓰임받는데 거의 무력한 자들이 되고 말았습니다. 그들은 결국 천국에 이르겠지만 그 길에서 그리 많은 승리를 얻지는 못할 것입니다. 왜냐하면 그들은 교리를 분명히 이해할 수 없었기 때문입니다. 그들은 자기들 속에 있는 소망에 대한 이유를 제시할 수가 없었습니다. 그들은 사실상 머리에 써야 할 투구를 주목하지 않았습니다.

본문은 투구에 대하여 말씀하므로 사실은 우리의 머리에 대하여 말하고 있는 것입니다. 왜냐하면 투구는 머리 외에 다른 부분에 대해서는 아무 소용이 없기 때문입니다. 우리가 싸울 때 머리를 보호해야 하는 여러 가지 이유들 가운데 다음과 같은 것이 있습니다. 무엇보다 먼저, 머리는 특별히 사탄과 자아와 명예에 대한 시험에 쉽게 넘어가기 때문입니다. 여러분도 아시다시피, 높은 봉우리에 서면 머리가 띵 해져 현기증을 느끼지 않기가 쉽지 않습니다. 만일 하나님이 한 사람을 들어 쓰시려고 높은 봉우리에 두신다면, 그는 머리를 조심할 필요가 있습니다. 만일 어떤 형제가 상당히 많은 재산을 소유하고 있다면, 금으로 이루어진 재산에 은혜의 재산이 들어있지 않는 한, 그 재산에는 큰 위험이 있습니다. 어떤 사람이 좋은 평판을 얻고 있다고 할지라도, 좋은 평가를 해주는 사람들의 분포가 특정한 부류로 한정될 수 있습니다. 그러나 모든 사람이 그를 칭찬한다면 그는 자신의 머리를 특별히 보호할 필요가 있습니다. 왜냐하면 비록 칭찬이 바보들에게서 온 것이라고 할지라도, 작은 칭찬도 바보에게는 버겁기 때문입니다. 은은 도가니로 단련되고 사람은 칭찬으로 단련됩니다. 만일 어떤 사람이 칭찬에 견딜 수 있다면 어떤 것에도 견딜 수 있을 것입니다. 그리스도인이 견뎌야 하는 가장 호된 시험은 아마 친절하지만 분별력이 없는 친구들에게서 오는 시험일 것입니다. 이런 친구들은 말할 기회만 있으면 그가 참으로 멋진 사람이라고 말함으로써 그가 우쭐한 마음을 갖도록 하기 때문입니다. 만약 여러분의 친구들이 그런 말을 해주지 않는다면, 아마 여러분은 여러분 자신의 마음속에 여러분에게 그렇게 말해줄 친구를 갖고 있을 것입니다. 그리고 여러분은 그를 잊고 있을지언정 그 친구 곧 마귀는 여러분을 잊고 있지 않을 것입니다.

존 번연의 설교를 들은 한 친구가 그에게 "번연, 오늘 아침 자네가 전한 설교는 정말 최고였네"라고 말했습니다. 이에 번연은 이렇게 대답했습니다. "자네는 너무 늦었네. 강단에서 내려오기 전에 마귀가 이미 그렇게 말했다네." 그렇습니다. 마귀는 틀림없이 그렇게 말할 것입니다. 그러므로 머리에 투구를 써야 할 필요가 있고, 그래야 여러분이 성공했을 때, 인생에서 승승장구할 때, 친구들이 칭찬할 때 여러분은 그것에 도취되지 않게 될 것입니다. 오, 여러분의 머리가 칭찬으로 조금 뜨거워지기 시작할 때 성능 좋고 차가운 투구를 쓴다면, 여러분은 허영에 빠져 넘어지지 않고, 계속 굳게 설 수 있을 것입니다. 오, 허영, 허영, 허영이여, 그대가 얼마나 많은 사람들을 죽였던가! 또 위대함 근처까지 올라간 것처럼 보였던 얼마나 많은 사람들이 이 걸림돌에 걸려 넘어졌습니까! 천국에 들어갈 것처럼 보였던 사람들이 약간의 명예, 눈을 어지럽히는 약간의 뇌물, 약간의 달콤한 이득에 빠져 어긋난 길을 가다 결국 넘어졌습니다. 성도 여러분, 여러분의 머리를 조심하십시오.

　다음으로, 머리는 회의주의의 공격에 쉽게 현혹되지 않습니까? 머리(생각)가 없는 사람들은 의심에 사로잡히는 경우가 별로 없지만 머리가 있는 사람들은 아마 의심하기로 결심하기 전에 이미 머리가 의심에 빠져 있는 경우를 느꼈을 것입니다. 부모가 자녀에게 해로운 책은 읽지 말라고 훈계하는 것은 참 좋은 일입니다. 그러나 그럼에도 불구하고 우리는 그런 책을 읽습니다. 우리는 젊은이들에게 이런저런 이단적인 책들은 읽지 말라고 권면하고, 그들이 우리의 권면을 받아들이기를 바라지만 어떻게든 그들은 이런 책들을 입수해 탐독합니다. 성도 여러분, 모든 것이 너무 자유롭고 토론이 일반화되어 있는 요즘과 같은 시대에 우리는 젊은이들이, 보지 않으면 더 좋은 것들을 보고 있고, 그들의 머리가 그것 때문에 위험에 처하게 되리라는 사실을 예상해야 합니다. 왜냐하면 회의주의의 총탄들이 그들의 머리를 관통하기 위해 계속 위협하고 있기 때문입니다. 그러면 이에 대하여 어떻게 해야 할까요? 우리는 그리스도인들을 총탄이 쏟아지는 길에서 끌어낼 수 없기 때문에 이후로 그들의 머리를 보호해줄 투구를 그들에게 주어야 합니다. 구원의 소망 ─ 자신이 구원받게 되리라는 선한 소망, 자신이 결국은 기쁨 속에서 그리스도의 얼굴을 보게 되리라는 소망 ─ 을 갖고 있는 사람은 회의주의의 어떤 궤변도 두려워하지 않습니다. 그는 궤변들을 다 듣고, 갑작스런 충격을 받거나 부상을 입은 군사처럼 한동안은 현기증을 느낄 수 있으나 곧 회복되어 다시 전투에 임할 충분한 마음의 자세를 갖고 있다고 느낍니다. 이런 그리스도인은 다음과 같이 말할 수 있습니다.

> "사람들이 고안해 낸 모든 것들이
> 　위험스런 방법으로 내 신앙을 공격한다고 해도,
> 　나는 그것들을 허영과 거짓말로 부르고
> 　내 마음을 복음에 붙들어 맬 것이다."

　사람이 약간의 돈을 은행에 저금한 후에는 종종 철저한 민주주의자가 되지 못하는 경우는 자주 목격해온 사실입니다. 그런데 저는 사람이 자기 나라에서 약간의 기득권을 갖게 될 때 매우 철저한 보수주의자가 되기 시작한다고 생각합니다. 마찬가지로 어떤 사람이 기독교 안에서 어떤 이득을 얻고 자신이 예수 그리스도 안에서 구원을 받았다고 느끼게 되면 전통적인 진리에 대하여 매우, 매우 보수적인 사람이 됩니다. 그때 그는 성경을 절대로 포기할 수 없습니다. 왜냐하면 성경이 그에게는 엄청난 재산을 가져다주는 땅이기 때문입니다. 그는 그리스도를 절대로 포기할 수 없습니다. 왜냐하면 그리스도는 자신의 구주이고, 자신의 구원이기 때문입니다. 또 그는 단 하나의 약속도 포기할 수 없습니다. 왜냐하면 그 약속은 그의 영혼에 너무 소중하기 때문입니다. 따라서 구원의 투구는 회의주의에 빠질 때 머리를 보호해 줄 것입니다.

또 머리는 개인적 불신앙의 공격으로 큰 위험에 처하게 됩니다. 우리 가운데 그리스도 안에서 자신이 얻을 유익에 대하여 의심해 보지 않은 자가 있겠습니까? 이런 고민에서 해방된 여러분은 정말 행복한 사람입니다. 그러나 우리 가운데 더러는 우리의 권리 증서를 뒤집어볼 때가 있는데, 때때로 그것이 진짜가 아니면 어떻게 될까 두려워할 때가 있습니다. 우리는 할 수만 있으면 우리가 그리스도의 소유라는 것을 세상에 알려주고 싶을 때가 있습니다. 하지만 때때로 우리는 다음과 같이 하고 싶지만 그렇게 할 수 없습니다.

> "하늘에 있는 저택들이
>   우리의 소유라는 것을 분명히 하리라."

그러나 사랑하는 성도 여러분, 이런 의심과 두려움이 찾아올 때가 우리의 머리에 매우 위험한 때입니다. 하지만 딱 맞고 튼튼하고 하나님이 주신 구원의 소망의 투구를 쓴 사람 곧 성령 하나님에게서 제가 지금부터 하나씩 설명하고자 하는 투구를 받은 사람은 이런 의심과 두려움이 찾아올 때 잠시 혼란에 빠질 수 있으나 화약 냄새를 잘 알고 있고, 결코 두려워하지 않습니다. 사탄의 온갖 고소가 난무하거나 자신의 부패한 옛 본성이 준동하거나 육신과 세상의 위협이 닥쳐올 때에도 구원의 소망의 투구를 쓰고 있기 때문에 그는 평정심을 유지하고 흔들리지 않습니다.

머리가 노출되어 겪게 되는 위험은 이것이 전부가 아닙니다. 어떤 사람들은 세상에서 오는 위협으로 공격을 받습니다. 세상은 양날을 가진 칼과 같아 많은 그리스도인들의 머리를 강하게 내리칩니다. 세상은 여러분에게 이렇게 말합니다. "당신은 지금처럼 그렇게 광신적으로 행한다면 그리스도 때문에 모든 것을 잃게 될 것이다. 당신이 그처럼 바보같이 군다면, 당신은 가난하게 되고, 당신의 자녀는 굶게 될 것이며, 당신의 아내는 과부보다 더 비참하게 될 것이다." 이럴 때 그리스도인은 "아, 하지만 나는 구원의 소망이 있다"고 대답하고, 세상의 공격이 임한다고 해도 그 공격은 그리스도인의 머리를 가격하지 못하고 단지 투구만 건드릴 뿐이며 세상의 칼은 무뎌지고 맙니다. 존 길(John Gill) 박사는 자신의 설교의 구독자 가운데 한 사람이, 특정 교리를 설교하면 구독을 포기하고 설교를 듣지 않겠다고 말했을 때 "나는 얼마든지 가난하게 될 준비가 되어 있다"고 말했습니다. 그리스도인도 바로 그렇게 말하는 사람입니다. "나도 가난하게 될 준비가 되어 있다. 나는 멸시를 받을 준비가 되어 있다. 나는 천국에 훨씬 더 많은 영원한 물질을 소유하고 있다." 그리스도인은 이 복된 투구를 사용함으로써 세상의 위협에 의해 파멸당하지 않습니다.

우리 젊은이들도 시대의 오류로 말미암아 이 투구를 머리에 쓰기를 바랍니다. 시대의 오류들은 다양합니다. 우리에게는 단순히 회의주의만 있는 것이 아닙니다. 미신도 있습니다. 그리스도인들은 이편에서 유혹을 받고, 또 저편에서 유혹을 받습니다. 여러분도 이런저런 외침 소리를 들을 것입니다. "여기를 보라." "저기를 보라." 그렇게 하나님의 백성이 아닌 자들이 수없이 미혹을 당할 것입니다. "할 수만 있으면 택하신 자들도 미혹하리라"(마 24:24). 그러나 택함받은 자들은 그들의 머리는 이런 오류들로 상처를 입지 않기 때문에 속임을 당하지 않습니다. 그들이 상처를 입지 않는 이유는 구원의 소망의 투구를 쓰고 있어서 세상의 온갖 "사상"이나 "주의"를 두려워하지 않기 때문입니다. 그 사람은 자신이 구원 받았다는 것을 압니다. 일단 여러분이 직접 그리스도를 인격적으로 알게 되면 그리고 그리스도께서 여러분을 사랑해서 여러분을 위해 자신을 내주셨다는 것을 알게 되면, 그리하여 여러분은 그리스도로 말미암아 죄 사함 받고 의롭게 되었다는 것을 즐거워하게 되면, 세상은 여러분을 미련하고 고지식한 자로 간주할 것입니다. 그러나 여러분은 그렇다고 할지라도 굳게 서고, 세상의 온갖 조소와 조롱을 이겨낼 수 있을 것입니다. 예수 그리스도를 피난처로 삼은 사람은 세상이 온통 오류로 횡행하고 있다고 할지라도 안전하게 설 수 있습니다.

세상 사람들은 우리에게 하나님의 교회가 큰 위험 속에 있고, 교황의 세력이 온 땅을 뒤덮을 것이라고 말합니다. 저도 그렇게 될 것이라고 믿습니다. 하지만 그렇다고 해도 하나님의 교회를 뒤덮는 일은 절대로 일어나지 않을 것입니다. 아니 그보다 훨씬 더 나은 일이 벌어질 것이라는 것을 저는 압니다. 곧 하나님의 교회는 결코 위험에 처하지 않을 것입니다. 하나님의 생명을 소유하고 있는 사람은 누구나 메리 여왕 시대에 우리 선조들이 그랬던 것처럼 내일이라도 기꺼이 죽을 준비가 되어 있습니다. 시대가 요구한다면 불타고 있는 장작더미 속에 들어가 설 수 있는 사람들이 있다는 것을 확신합시다. 그리고 진리가 고난을 겪더라도, 아니 심지어는 죽음을 통해서라도 지켜져야 한다면 우리의 감옥은 곧 천국을 바라보고 사는 자들로 가득 차게 될 것입니다. 지금은 위험 곧 큰 위험이 있습니다. 현대에 들어서서 지금처럼 교황의 세력이 땅을 뒤덮고 있는 위험한 시기가 없었습니다. 그러나 투구를 머리에 쓰고 있는 사람에게는 위험이 없습니다. 그렇습니다. 화살을 우박처럼 쏘아 보십시오. 원수들이 온갖 정치권력을 갖게 하고, 고대로부터 이어져온 모든 특권을 갖게 해보십시오. 참된 마음을 가진 소수의 그리스도인 전사들은, 무참한 살육이 자행될 때에도 굳게 서 있고, 모든 원수를 물리치고 승리를 쟁취하고 영광에 이를 것입니다. 왜냐하면 그들의 머리가 구원의 소망의 투구로 보호받기 때문입니다. 그러므로 십자가 군사들이여, 여러분의 머리를 조심하십시오. 이 두 번째 요점에 대해서는 이 정도 설명하는 것으로 그치겠습니다.

3. 머리를 보호하도록 주신 투구에 대하여 살펴봅시다.

하나님께서 여러분의 머리를 보호할 투구를 주셨고, 그러므로 이제부터는 하나님께서 여러분의 머리를 보호하기 위해 주신 그 투구에 대하여 살펴보도록 하겠습니다.

"구원의 소망!" 이것은 아침에 말한 그 소망이 아닙니다. 왜냐하면 그것은 구원을 가능하게 하는 소망이었기 때문입니다. 이 투구는 그리스도 예수 안에서 이미 구원을 받은 여러분이 삶 속에서 영생을 누려야 한다는 실제적인 소망으로 만들어져 있습니다. 이것은 개인적인 확신에 기반을 둔 개인적인 소망이고, 성령으로 말미암아 우리 속에 이루어진 소망입니다.

그러면 지금부터 이 투구에 대하여 설명을 시작해 봅시다. 이 투구를 주시는 자는 누구입니까? 여러분은 친구인 한 군인에게 군복을 어디서 얻었느냐고 물어보면 그는 정부 병기고에서 얻었다고 대답할 것입니다. 그는 군복을 군통수권자인 왕에게서 받고, 그것이 우리가 투구를 받아야 하는 지점입니다. 여러분 가운데 어떤 이가 스스로 소망의 투구를 만들었다고 해도 그것은 전투의 날에 아무 소용이 없을 것입니다. 참된 소망의 투구는 하늘의 병기고에서 보급되어야 합니다. 여러분은 하나님의 병기고로 가지 않으면 안 됩니다. 왜냐하면 구원은 하나님께 속해 있고, 구원의 소망은 하나님의 값없는 은혜로 주어져야 하기 때문입니다. 구원의 소망은 돈을 살 수 있는 것이 아닙니다. 우리의 크신 왕은 자신의 갑주를 팔아먹는 분이 아니고, 자신의 군대에 입대한 모든 자에게 값없이 주십니다. 그들은 입대하면 신앙을 받습니다. 그들은 그리스도를 신뢰하면 십자가의 군사로 등록이 되고 무료로 갑주를 보급받습니다. 머리부터 발끝까지 그들은 은혜로 무장을 갖추게 됩니다.

　　여러분은 이 투구를 만드신 자가 누구인지 묻겠지요? 무기는 그것을 만든 자가 누구냐에 따라 종종 가치가 결정됩니다. 유명한 제작자는 자신의 무기에 대하여 자신이 정한 가격을 받습니다. 고대에 무기 제작자는 투구를 만들 때 무척 심혈을 기울였습니다. 왜냐하면 사람의 목숨이 투구라는 매우 유용한 방어 수단에 달려 있었기 때문입니다. 마찬가지로 우리도 여기서 성령 하나님의 이름을 이 투구에 제작자로 새겨놓고 있습니다. 구원의 소망은 성령 하나님이 우리 영혼 속에서 이루신 사역입니다. 우리를 예수님에게 이끌고, 우리에게 예수님에 대한 우리의 필요를 보여주고, 우리에게 예수님을 믿는 믿음을 주시는 분은 성령입니다. 또 우리가 끝까지 견디고 영생에 들어갈 수 있으리라는 소망을 가질 수 있도록 이끄시는 분도 성령입니다. 그러므로 자연적인 소망으로 만족하지 말고 초자연적인 소망을 가지십시오. 본성의 작업장에서 만들어진 것으로 결코 만족하지 마십시오. 스스로의 힘으로 사고파는 사람들에게 나아가지 마십시오. 대신 후히 주시고 꾸짖지 아니하시는 은혜의 성령께 나아가십시오.

　　또한 여러분은 이 투구가 어떤 금속으로 만들어졌는지 물어볼 것입니다. 우리는 이 투구는 소망으로 만들어졌다는 말을 듣습니다. 그러나 그 소망이 좋은 소망이어야 최상의 결과를 얻게 될 것입니다. 천박한 소망 곧 무가치한 금속으로 만들어진 투구가 되지 않도록 조심하십시오. 옛날에 단순히 쓰고 다니기 위해 보기에만 좋은 투구가 있었는데, 이런 투구는 갈색 종이로 만든 것으로 실제로는 아무 쓸모가 없었습니다. 군사가 이런 투구를 쓰고 전투에 나선다면 금방 칼에 머리를 맞아 두개골이 박살이 나고 말 것입니다. 그러므로 양질의 금속으로 만든 좋은 투구를 얻어야 합니다. 이런 투구가 바로 그리스도인의 소망으로 만들어진 투구입니다. 그는 그리스도께서 죄인들을 구원하기 위해 세상에 오신 것을 믿습니다. 그는 그리스도께서 자기를 구원하신다는 사실을 굳게 신뢰합니다. 그리고 그리스도가 다시 오실 때 그분과 함께 세상을 다스릴 것과, 나팔 소리가 울릴 때 그리스도와 함께 있게 될 것, 그리고 천국에서 아버지 우편에 안전한 거처를 갖게 되리라는 것을 기대합니다.

이 소망은 몇 가지 진실한 진술들로부터 이끌어낸 적절하고 합당한 추론들로 구성되어 있습니다. 이런 진술들로는 다음과 같은 것이 있습니다. "그리스도께서 죄인들을 위해 죽으셨다는 것은 사실이다. 그리스도께서 자기를 신뢰하는 모든 자를 구원하기 위해 죽으셨다는 것은 사실이다. 내가 그리스도를 신뢰하는 것도 사실이다." 그리고 이 진술들로부터 다음과 같은 사실이 이끌어져 나옵니다. "그러므로 내가 구원받은 것이 사실이다. 그리고 구원받았으므로 내가 그리스도의 모든 약속을 물려받는 것도 당연한 사실이다." 어떤 사람들은 소망을 갖고 있지만 그 소망을 어디서 얻게 되었는지 모르고 있고, 또는 그 소망에 대한 이유를 모르고 있습니다. 어떤 사람들이 죽을 때 여러분은 "나는 그가 천국에 갔기를 바란다"는 식의 말을 듣습니다. 물론 저도 그가 천국에 갔기를 바랍니다. 그러나 어떤 사람들에 대해서는 그렇게 되기를 바란다는 말을 감히 말하지 않겠습니다. 왜냐하면 소망은 그만한 이유를 갖고 있어야 하기 때문입니다. 닻은 닻가지가 없으면 아무 소용이 없습니다. 닻은 견고하게 고정시킬 수 있어야 합니다. 닻 — 어쨌든, 현대의 닻도 마찬가지 — 은 닻을 고정시킬 수 있는 정도의 무게를 가진 것이 바닥에 있어야 합니다. 소망도 닻가지가 있어야 합니다. 소망도 그 이유를 갖고 있어야 합니다. 소망도 그 무게를 갖고 있어야 합니다. 만일 제가 나는 이런저런 것을 소망한다고 말하면서 소망에 대한 이유를 갖고 있지 못하다면 그것을 소망하는 것에 대하여 저는 미련한 사람이 되고 맙니다. 만약 여러분이 여러분 옆에 앉아 있는 사람이 나에게 천 파운드의 돈을 주기를 원한다고 말한다면 그것은 정말 부조리한 소망이 되고 말 것입니다. 여러분은 원하는 대로 바랄 수는 있겠지만 어떤 근거로 그런 소망을 갖고 있습니까? 하지만 어떤 사람이 여러분에게 천 파운드의 빚을 지고 있고, 그 채무에 대한 영수증을 갖고 있다면, 여러분은 그가 그 돈을 갚기를 바란다고 당연히 말할 수 있을 것입니다. 왜냐하면 여러분은 그것을 기대할 만한 적법한 권리를 갖고 있기 때문입니다. 바로 이런 권리를 갖고 있는 소망이 그리스도인의 소망입니다.

　　하나님은 믿는 자들을 구원하겠다고 약속하셨습니다. 그래서 이렇게 말할 수 있습니다. "주여, 제가 주를 믿나이다. 주께서는 저를 구원하겠다고 약속하셨습니다. 그래서 저는 주께서 그렇게 하실 것을 바랍니다. 주께서 그렇게 하실 것으로 알고 있습니다." 그리스도인의 소망은 환상도 아니고 분별없는 욕망도 아닙니다. 그리스도인의 소망은 요나의 박 넝쿨처럼 하룻밤 사이에 나타났다 하룻밤 사이에 사라지는 것이 아닙니다. 그리스도인의 소망은 곤봉으로 내리쳐도 끄떡없고 날카로운 칼로 잘라도 견딜 수 있는 어떤 것입니다. 그리스도인의 소망은 양질의 금속으로 만들어진 것입니다. 존 번연은 어떤 칼에 대하여 "참 예루살렘 칼"이라고 말했지만, 저는 이 투구를 참 예루살렘 투구로 부르겠습니다. 그리고 이 투구를 쓰는 자는 두려워할 이유가 전혀 없을 것입니다.

　　이 투구가 어떤 금속으로 만들었는지 설명했으므로 이제는 이 투구의 힘에 대하여 설명하도록 하겠습니다. 이 투구는 무척 강하고, 그래서 이 투구를 쓰고 있는 자는 어떤 공격을 당하더라도 능히 견딜 수 있습니다. 그는 가격을 당해 잠시 비틀거릴 수 있지만 그 가격으로 어떤 해도 입을 수 없습니다. 다윗이 한 말을 명심하십시오. 한때 다윗은 세상에서 일어나는 온갖 환난이 임해 그를 압박하기 시작했고, 그에게 끔찍한 공격을 퍼부었습니다. 이 환난들은 다윗을 확실히 파멸시켰다고 생각했습니다. 다윗은 피를 철철 흘렸고 상처투성이였습니다. 다윗도 자신이 죽을 것이라고 거의 생각했습니다. 그런데 기진맥진해 쓰러질 것 같았지만, 그래도 자기에게는 믿음이라고 불리는 강심제 한 병이 있었다고 말합니다. 다윗은 "내가 믿지 못했더라면 쓰러져버렸을 것"(시 27:13)이라고 말합니다. 그러나 다윗이 기진해서 죽을 것이라고 생각했던 바로 그 순간에 골리앗을 죽인 옛날의 영웅 다윗은 "내 영혼아 네가 어찌하여 낙심하며 어찌하여 내 속에서 불안해 하는가 너는 하나님께 소망을 두라"(시 42:5)고 부르짖음으로써 자기 앞에 있는 원수들을 모조리 쫓아 보냈습니다. 그리고 다윗은 당연한 듯이 하나님 곁에 편안히 누웠습니다. "그가 나타나 도우심으로 말미암아 내가 여전히 찬송하리로다"(시 42:5).

　　그리스도인 여러분, 하나님께 소망을 두십시오. 오, 소망이라는 말은 얼마나 은혜로운 말일까요! 여러분도 뉴질랜드 사람들이 소망을 무엇이라고 부르는지 잘 알 것입니다. 그들은 소망을 자기들의 언어로 "헤엄치는 생각"이라고 부릅니다. 왜냐하면 소망은 항상 헤엄치듯이 항상 움직이기 때문입니다. 여러분은 소망을 익사시킬 수 없습니다. 소망은 항상 파도 위로 머리를 내밀고 있으니까요. 여러분이 그리스도인의 소망을 익사시켰다고 생각할 때 소망은 물결 위로 불쑥 튀어나와 물방울을 뚝뚝 흘리면서 다시 이렇게 외칩니다. "너는 하나님께 소망을 두라 그가 나타나 도우심으로 말미암아 내가 여전히 찬송하리로다." 소망은 밤중에 노래하는 나이팅게일입니다. 믿음은 천국을 향해 날아오르는 종달새입니다. 그러나 소망은 캄캄한 어둠 속에 있는 골짜기를 즐겁게 하는 나이팅게일입니다. 오, 그리스도인 여러분, 여러분이 이와 같이 튼튼한 투구를 갖고 있는 것을 감사하십시오. 이 투구는 어떤 공격에도 견딜 수 있고 격렬한 싸움의 와중에서도 상처 하나 입지 않도록 여러분을 보호할 수 있습니다.

이 구원의 소망은 **절대로 벗겨지지 않을 투구**입니다. 여러분도 아시다시피, 전투할 때 정말 중요한 것은 절대로 벗겨지지 않을 투구를 쓰는 것입니다. 그것이 경찰관들이 평소 입던 것과는 다른 복장을 하는 이유입니다. 왜냐하면 그렇지 않으면 평소 쓰던 모자가 가장 먼저 벗겨질 것이기 때문입니다. 이것은 어떤 사람들이 평범한 소망을 갖는다면 그들의 투구도 이와 똑같이 될 것입니다. 그러나 그리스도인들은 어떤 상황에서도 벗겨지지 않을 투구를 착용합니다. 이전에 예수 그리스도의 훌륭한 군사가 있었습니다. 그런데 이 군사는 여자로 판명되었습니다. 지금까지도 그리스도 수하에 있는 최고의 군사들 가운데 일부는 여성들입니다. 그녀들은 그리스도의 참된 여장부입니다. 이 훌륭한 여성은 회의적인 사상을 가진 한 사람에게 심한 공격을 받았습니다. 그의 곤란한 질문들로 크게 혼란스럽게 되자 그녀는 한 바퀴 빙 돌더니 그에게 이렇게 말했습니다. "당신 질문에 대답할 수가 없군요. 하지만 당신도 제 질문에 대답할 수 없을 것입니다. 제 속에는 당신이 이해할 수 없는 것이 있기 때문입니다. 그것 때문에 저는 그리스도에 대하여 제가 알고 있는 것을 절대로 포기할 수 없다고 느끼게 됩니다." 여러분도 아시다시피, 그 사람은 그녀의 투구를 벗겨낼 수 없었습니다. 그리스도인이 일단 딱 맞는 투구를 쓰고 있다면 마귀도 그 투구를 벗겨낼 수 없습니다. 세상은 그리스도인의 소망을 줄 수도 없고 빼앗아갈 수도 없습니다. 구원의 소망은 하나님에게서 오고, 하나님은 주신 소망을 절대로 거두지 아니하실 것입니다. 왜냐하면 하나님의 은사와 부르심에는 후회하심이 없기 때문입니다. 일단

이 투구를 써 보십시오. 그러면 하나님은 이 투구를 절대로 벗겨내지 아니하실 것이고, 우리는 마지막 날에 하나님의 얼굴을 뵐 때까지 계속 소망하고, 그리고 항상 소망할 것입니다.

군대 사령관이 수시로 그렇게 하는 것처럼 저도 이 군대를 순시하며 여러분을 검열하고 싶습니다. 이 투구는 구식 군장입니다. 옛날에는 장교들이 군대를 순시할 때 군인들이 자신의 투구를 갖고 있는지 검열했을 뿐만 아니라 기름칠이 잘 되어 있는지도 검열을 했습니다. 왜냐하면 당시 군인들은 빛이 나도록 투구에 기름칠을 하고, 다양한 이음 촉과 죔쇠 등을 차례로 손질하는 것이 관례였기 때문입니다. 투구에 녹이 스는 것은 절대로 용납되지 않았고, 그래서 군사들이 놋으로 된 투구에 흰 깃털을 달고 행진할 때에는 햇빛 속에서 눈부시게 빛이 났다고 전해집니다. 여러분도 아시다시피, 다윗은 "방패의 기름 부음"에 대하여 말합니다. 다윗은 기름을 칠하도록 되어 있는 놋 방패에 대하여 말한 것이었습니다. 따라서 하나님이 자기 백성들의 소망에 기름을 부으실 때, 하나님이 그들에게 기쁨의 기름을 주실 때, 그들의 소망은 구주의 얼굴의 빛 속에서 밝게 빛나기 시작하고, 그때 그 군사들의 행렬은 얼마나 멋지겠습니까! 사탄은 그들의 칼의 섬광에 벌벌 떨 것입니다. 사탄은 그들의 투구를 감히 바라볼 수조차 없을 것입니다. 그러나 여러분 가운데 일부는 자신의 소망을 분명히 견지하지 못하고 있습니다. 밝은 빛을 유지하지 못할 것입니다. 녹이 슬어 쓸모가 없게 될 것입니다. 머지않아 여러분에게 불편하게 되고, 싸움에서 나가떨어지게 될 것입니다. 오, 성령이여, 우리의 머리에 새 기름을 발라 부으소서. 그리하여 군기를 들고 전진하는 군대처럼 오늘 밤 성도들이 무섭게 전진하게 하소서.

그리고 투구가 일반적으로 영예의 상징으로 간주되었다는 사실도 간과되어서는 안 됩니다. 군사는 자신의 투구에 자주 장식하는 털로 깃털을 꽂았습니다. 치열한 전투 속에서 대장의 깃털은 전투로 인한 뿌연 연기와 먼지가 자욱한 가운데에서도 눈에 보였고, 군사들은 깃털이 있는 곳에 주의를 집중했습니다. 따라서 그리스도인의 소망은 그의 영예와 영광입니다. 저는 저의 소망을 결코 부끄럽게 여기지 않을 것입니다. 가치와 존엄성 때문에 구원의 소망의 투구를 쓸 것이고, 올바른 좋은 소망을 갖고 있는 자는 다른 사람들의 지도자가 될 것입니다. 다른 사람들은 그것을 보고, 새로운 용기를 얻어 싸우게 될 것입니다. 그가, 승리를 거두고 아버지 보좌에 함께 앉으신 그의 주님과 선생을 따르는 것처럼, 그가 원수들 사이로 길을 열어놓으면 다른 이들도 그를 따를 것입니다. 저는 이 자리에 자신의 투구를 번쩍거리게 닦아놓고 그 투구로 자신을 보호할 뿐만 아니라 자신의 신앙 고백을 영광스럽게 할 열망을 가진 그리스도인들이 더 많이 있기를 바랍니다.

4. 투구를 쓰고 있지 않은 사람이 더러 있습니다.

그러나 이 자리에는 투구를 쓰지 않은 사람들이 더러 있습니다. 그 이유는 분명합니다. 그들은 그리스도의 군사가 아니기 때문입니다.

당연히 주 예수님은 아무에게나 갑주를 제공하지 않고 자신의 군대에 속한 사람들에게만 제공하십니다. 그러나 사탄도 여러분에게 투구를 주는 법을 알고 있습니다. 사탄이 주는 투구는 매우 강력한 효능을 갖고 있습니다. 성령의 검으로는 그 투구를 뚫을 수 있지만 다른 것으로는 절대 뚫을 수 없습니다. 사탄은 여러분의 머리를 완전히 덮을 수 있는 투구를 여러분에게 줄 수 있고, 여러분 가운데에는 이미 그것을 받은 자들도 있습니다. 무척 두꺼운 이 투구는 곧 무관심의 투구로, 이 투구를 쓰고 있으면 어떤 설교가 들려지든 여러분은 아무 관심이 없습니다. 여러분은 "나와 무슨 상관입니까?"라고 말하고, 그것이 여러분의 투구입니다.

다음에 사탄은 자신이 주는 투구 앞에 놋 이마로 불리는 조각을 붙입니다. "나와 무슨 상관이 있는가?" 이것이 여러분의 외침입니다. 이어서 사탄은 여러분이 볼 수 없도록 눈을 가릴 정도까지 투구를 푹 눌러 씌웁니다. 그렇습니다. 그로인해 지옥이 여러분 앞에 있어도 여러분은 지옥을 보지 못합니다. "나와 무슨 상관이 있는가?" 이어서 사탄은 투구를 꽉 조이게 하는 법을 알고 있고, 그래서 그투구가 여러분의 입의 입마개와 같이 작용하도록 함으로써 여러분이 기도하지 못하도록 합니다. 여러분은 그런 상태에서 저주는 할 수 있겠지만 기도는 할 수 없습니다. 그러나 여러분은 예의 그 외침, 곧 "나와 무슨 상관이 있는가?"라고 외칩니다.

아, 제가 갖고 있는 어떤 칼로도 여러분의 머리를 뚫는 것이 불가능할 것입니다! 논증으로 여러분을 움직이지 못할 것입니다. "나와 무슨 상관이 있는가?"라고 반응할 것이니 말입니다. 이 질문은 논증으로 해결될 수 있는 질문이 아닙니다. 여러분이 그런 질문을 하는 것은 너무나 당연합니다. 그러나 오, 저는 성령

하나님께서 그 두꺼운 투구에도 불구하고 여러분의 머리를 관통하도록 기도합니다. 그렇게 하지 않으시더라도 하나님께서는 여러분과 같은 사람들을 처리하는 방법을 갖고 계십니다. 여러분은 죽을 때 다른 노래를 부르게 될 것입니다! 여러분은 병상에 눕게 될 때 소름끼치는 영원의 날이 눈에 보이게 되고, 그래서 여러분은 무척 쾌활하게 지금 "나와 무슨 상관이 있는가?"라고 말하는 것처럼 그렇게 말할 수는 없을 것입니다. 그리고 나팔 소리가 땅과 하늘에 울려 퍼지고 여러분의 몸이 무덤 속에서 일어나고, 여러분이 보좌에 앉으신 크신 심판자를 보게 될 때, 여러분은 결단코 "나와 무슨 상관이 있는가?"라고 말할 수는 없을 것입니다. 그때 여러분의 머리는 무자비한 신적 진노의 태풍 앞에서 완전히 벗겨질 것입니다. 벗겨진 머리로 여러분은 여러분에게 엄습하는 영원한 폭풍에 그대로 노출되어 있을 것입니다. 그리고 큰 천사가 여러분과 여러분의 동료들을 함께 묶어 활활 타고 있는 불더미 속에 던져 넣을 때 여러분은 감히 "나와 무슨 상관이 있는가?"라고 말할 수 없음을 느끼게 될 것입니다. 왜냐하면 여러분이 버림받은 존재로 하나님 앞에서 끌려 나가 모든 소망이 사라질 때 대홍수처럼 여러분에게 염려가 몰려올 테니까요.

　오, 그래서 저는 여러분에게서 그 투구를 벗겨내고 싶습니다! 하나님께서 여러분에게 은혜를 베푸셔서 오늘 밤에 그 투구를 벗겨내고 다시는 그것을 쓰지 않도록 하시기를 바랍니다! 제발 관심을 가지십시오. 성도 여러분, 여러분은 바보가 아닙니다. 그렇지 않습니까? "나와 무슨 상관이 있는가?"라고 말하는 사람이 바로 바보입니다. 확실히 여러분은 자신의 영혼에 대하여 관심을 갖고 있고, 확실히 지옥은 피해야 할 곳이고, 확실히 천국은 취할 가치가 있고, 확실히 우리 구주가 죽으신 십자가는 생각할 가치가 있으며, 확실히 여러분의 불쌍한 영혼은 관심을 가질 가치가 있습니다! 저는 여러분이 생각하고, 성급하게 가지 않기를 바랍니다. 오, 여러분과 같은 자들을 위해 죽으신 예수 그리스도께서 자신을 믿도록 여러분을 이끌기를 바랍니다. 그러면 여러분은 "나와 무슨 상관이 있는가?"라고 말하는 악한 갑주를 모두 벗어던지고 그리스도의 십자가 앞에 무릎을 꿇고 그분의 손에 입맞춤을 할 것이고, 그리스도는 여러분에게 구원의 소망의 황금 투구를 씌워 주시고, 여러분은 그 왕의 군사 중 하나가 되어 일어나 그분의 전쟁을 치르며, 영원한 승리의 썩지 아니할 관을 얻게 될 것입니다. 우리 모두가 그렇게 되기를 간절히 바랍니다!

제
9
장

—

항상 기뻐하라

—

"항상 기뻐하라." — 살전 5:16

1. 서론 —"항상 기뻐하라"

이 말씀은 태양과 같은 교훈입니다. 우리는 이 말씀을 읽을 때 새들이 노래할 때가 온 것처럼 느꼈습니다. 기쁨이 의무가 된 것이 새 언약의 축복에 대한 확실한 증거입니다. 예수님이 고난을 받으셨기 때문에 우리가 기뻐할 힘을 얻고, 기뻐하라고 명령 받고, 기뻐할 수 있게 됩니다. 단시 그 슬픔의 사람과 그분이 택하신 사도들만이 이 말씀 — "항상 기뻐하라" — 과 같은 교훈을 가르칠 수 있습니다. 이 권면을 받을 수 있는 사람은 복이 있습니다! 우리는 기뻐하라는 명령이 있음을 기뻐해야 합니다. 자기 자녀에게 행복하라고 명령하시는 행복의 하나님께 영광이 있기를 바랍니다.

이 본문에 대하여 묵상하면 제 마음은 푸른 나무숲과 그 숲의 그늘 속에 들어와 있는 것처럼 느낍니다. 반쯤 돋아난 떡갈나무 잎들 사이로 햇빛이 저에게 미소를 짓고 있고, 초롱꽃들로 온통 푸르른 작은 골짜기에 있는 것처럼, 저는 밑에 앉아 사랑의 선율로 노래하는 행복한 공중의 새들의 노랫소리를 듣습니다. 그들의 음악은 오직 이렇게 노래합니다. "항상 기뻐하라." 제가 보고 듣고 느끼는 모든 것이 기쁨의 화관이 되어 저를 둘러싸고 있습니다. 샤론의 모든 목자 가운데 가장 멋진 목자가 이렇게 감미로운 목가를 제게 불러줍니다. "항상 기뻐하라." 바로 이 말씀이 제 영혼 속에 봄기운을 불어넣고, 제 마음은 활짝 꽃을 피웠습니다.

또한 저는 오랜 세월 땅 속에 숨어 있던 나팔수선화처럼 솟아올라 드디어 노란 꽃망울을 터뜨리고 황금의 종소리를 울리고 있습니다. 사랑하시는 분의 음성이 "항상 기뻐하라"고 외칠 때 누가 슬퍼하거나 잠잠할 수가 있겠습니까?

바울은 기뻐하는 것을 하나님의 백성이라면 항상 수행해야 할 개인적이고 영속적인 의무로 말합니다. 주님은 우리가 슬퍼하거나 기뻐하는 것을 우리 자신의 선택에 맡겨두지 않았습니다. 오히려 주님은 강경한 명령으로 "항상 기뻐하라"고 말씀하심으로써 우리가 꼼짝 못하고 그렇게만 하도록 하셨습니다. 주님은 처음과 나중에 곧 시작이나 중간이나 끝이나 "항상 기뻐하라"고 말씀하셨습니다. 어떤 일들은 어떤 순간에 행해져야 하고, 다른 일들은 다른 순간에 행해져야 합니다. 그러나 기뻐하는 일은 항상, 영원히, 영원토록 해야 할 일입니다. 제 생각으로는 그렇게 더 할 수만 있다면 영원히 하는 것보다 더 영원히 해야 합니다. 삶의 바다를 기쁨으로 채울 때 최고 수위가 되도록 채우십시오. 기뻐하는 것이 하루의 명령이라면 아끼지 말고, 아까워 말고 마음껏 기뻐하십시오. 끝까지 기뻐하십시오. 기쁨의 황금 컴퍼스를 사용해 원을 그릴 때 최대한 크게 그리십시오.

어떤 일들은 한 번만 하면 그것으로 끝나고, 그 일에 다시 매달릴 필요가 없습니다. 그러나 여러분은 기뻐하는 일은 결코 그만두어서는 안 됩니다. "항상 기뻐하라."

본문은 여러 가지 교훈들 가운데 중간에 들어 있습니다. 14절부터 바울이 교회의 사역자와 교인들이 서로에 대하여 수행해야 할 다양한 의무들을 함께 묶어 제시하고 있음을 주목하십시오. "또 형제들아 너희를 권면하노니 게으른 자들을 권계하며 마음이 약한 자들을 격려하고 힘이 없는 자들을 붙들어 주며 모든 사람에게 오래 참으라." 이 모든 일은 경우에 따라 차례로 적용되어야 합니다. 그러나 "항상 기뻐해야 합니다." 여러분은 충분히 기뻐해야 합니다. 그러나 항상 기뻐해야 합니다. 여러분은 어떤 거룩한 일들이 없기 때문에 팔짱을 끼고 있을 수 없습니다. 그러나 걱정하지 마십시오. 해야 할 일 때문에 안달하지 마십시오. 반면에 그 거룩한 의무들을 신속히 수행하되, 그 일들을 각각 기꺼이 시작하고, 기쁨으로 감당하십시오. 여러분은 "항상 기뻐해야" 하므로 모든 일을 기쁨으로 해야 합니다. 여러분은 게으른 자들을 권계해야 하는데, 아마 그들의 거역하는 기질이 여러분의 화를 자극할 것입니다. 또는 여러분은 참으며 여러분의 영혼을 다스린다고 해도 이처럼 우울하게 의무를 수행하는 것에 대하여 슬픔이 가중될 수도 있습니다. 그러나 상처받은 사랑의 슬픔 때문에 너무 괴로워해서는 안 됩니다.

게으른 자들을 권계하되, "항상 기뻐하십시오." 여러분이 마음이 약한 자들을 격려하도록 부르심받았을 때에도 기뻐하는 복된 사역을 중단해서는 안 됩니다. 마음이 약한 자들이 여러분의 격려를 빼앗아 버릴 위험이 있지만, 그렇다고 해도 그렇게 하지 마십시오. 물에 빠진 자들을 건져내려고 애쓰다가 여러분이 익사 위험에 빠질 수도 있습니다. 그럴 때 "항상 기뻐하라"는 달콤한 말씀 속에 여러분의 구조가 달려 있습니다. 만약 기쁨을 잃어버린다면 여러분은 게으른 자들을 권계하고 마음이 약한 자들을 격려하다 힘이 쭉 빠질 것입니다. 이 모든 일 속에서 주님의 기쁨이 여러분의 힘이 될 것입니다. 그러므로 "항상 기뻐하십시오."

여러분 주위에는 붙들어 주기를 바라는 힘이 없는 자들이 있을 것인데, 그때 여러분은 아마 속으로 이렇게 말할지도 모릅니다. "우리는 우리 자신의 연약한 군사를 지원하기 위해 힘을 집안에서 소모하기보다는 하나님의 모든 백성을 강하게 해서 원수와 맞서 싸우는데 우리의 온 힘을 하나로 모으기를 바란다." 그러나 그런 이유로 낙담하지 마십시오. 힘이 없는 자들을 붙들어 주는 동안에 "항상 기뻐하십시오." 여러분의 기뻐하는 모습이 힘이 없는 자들에게 큰 힘이 될 것입니다. 여러분이 기뻐하지 않으면 유감스럽게도 그들의 슬픔을 확증시켜 줄 것입니다. 힘이 없는 자들에게 손을 빌려주되, 즐겁게 노래하는 것도 멈추지 마십시오. 어머니는 자기 아기를 돌보면서 동시에 노래를 부르지 않습니까?

뒤를 돌아보면 모든 사람이 여러분을 방해하고, 여러분을 슬프게 하기 위해, 여러분을 비방하기 위해, 또는 자기들의 얄팍한 목적을 위해 여러분을 이용해 보려고 모이는 것을 보게 될 것입니다. 그렇다고 하더라도 슬퍼하지 마십시오. 주님이 여러분에 대하여 참으신 것처럼 가련한 동료 인간들에 대하여 참고, 기뻐하는 것을 멈추지 마십시오. 여러분이 모든 사람에 대하여 참을 때, 여러분의 인내 속에 기쁨의 향기가 들어 있게 하십시오. 아무리 큰 도발을 여러분이 참고 있다고 하더라도 "항상 기뻐하십시오." "네 모든 예물에 소금을 드릴지니라"(레 2:13)고 기록되어 있는 것처럼, 여러분의 모든 의무에 기쁨을 드리는 것을 고정된 목적으로 삼으십시오.

성도 여러분, 만일 우리가 마르다처럼 너무 과중한 섬김으로 불편한 마음을 갖는다면 큰 실수를 하는 것입니다. 왜냐하면 그렇게 불편한 마음을 갖는 것은 주님을 잘 섬기는 것이 되지 못하기 때문입니다. 주님은 자기 집에서 즐거운 얼굴로 섬기는 사람들을 보는 것을 좋아하십니다. 주님은 자신의 보좌를 아름답게 꾸밀 종들을 원하시지 않습니다. 주님은 자기 백성들이 주님의 얼굴을 반사하여 그들의 얼굴에 빛을 발하며 자신을 섬기는 모습을 보기 원하십니다. 주님은 자신의 기쁨이 자기 백성들 속에서 나타나 그들의 기쁨이 충만하게 되기를 바라십니다. 주님을 기쁨으로 섬기는 것이 주님의 최고의 즐거움이고, 주님을 기쁨으로 예배하는 것이 천국이며, 주님 앞에 기쁨으로 서는 것이 영광입니다. 여러분의 마음을 성결하게 하고 절대로 괴롭게 하지 마십시오. 천 가지 의무를 수행하더라도 한 가지 걱정이 없이 감당하십시오. 범사에 하나님을 영화롭게 하기를 바라더라도, 여호와의 궤를 안정시키려고 손을 댄 웃사처럼 되지 않으려면 하나님의 일과 섬김에 대한 염려로 너무 부담을 갖지 마십시오. 여호와께서는 제사장들이 땀에 젖은 의복을 입는 것을 금하셨고, 우리가 주님의 일로 불안을 일으킬 정도로 초조해하거나 걱정하지 않기를 바라셨습니다. 복을 위해 씨름하되, "항상 기뻐하십시오."

기뻐하라는 명령은 여러 가지 의무들 가운데 중간에 위치해 있습니다. 이 모든 의무를 어떻게 수행해야 하는지 가르치기 위해 그곳에 두고 있습니다.

또한 본문이 괴로움과 쓰라림을 맛본 직후에 나와 있다는 점을 주목하십시오. 15절을 읽어 봅시다. "삼가 누가 누구에게든지 악으로 악을 갚지 말게 하고 서로 대하든지 모든 사람을 대하든지 항상 선을 따르라." 하나님의 자녀는 악에 희생되는 일을 겪기 쉽습니다. 또 비방하는 말을 들을 수도 있습니다. 상상도 못했던 일로 비난을 당할 수도 있습니다. 당연히 친구로 여겼던 사람들의 배신으로 마음이 찢어질 수도 있습니다. 그러나 그런 와중에서도 여전히 "항상 기뻐하라"는 명령을 받고 있습니다. 심지어는 박해와 중상이 가해지는 상황에서도 기뻐해야 합니다. "나로 말미암아 너희를 욕하고 박해하고 거짓으로 너희를 거슬러 모든 악한 말을 할 때에는 너희에게 복이 있나니 기뻐하고 즐거워하라 하늘에서 너희의 상이 큼이라 너희 전에 있던 선지자들도 이같이 박해하였느니라"(마 5:11-12). 우리 주님이 이렇게 말씀하십니다. 주님은 "기뻐하고 즐거워하라"고 말씀하십니다. 영어로 결코 번역되지 않았고, 또 번역되지 못할 헬라어 표현이 있는데, 그 말은 아갈리아스데(즐거워하라)라는 말입니다. 옛날에 트랩 목사(John Trapp: 17세기 영국 주석가)는 아갈리아스데라는 말을 "가리어드를 추다"는 뜻으로 재미있게 해석합니다. 저는 "가리어드"가 어떤 춤인지 잘 모르겠습니다만 매우 즐거워서 추는 일종의 춤으로 추측됩니다. 확실히 우리는 우리 주님이 하신 이 말을 번역할 때 기뻐서 날뛰거나 펄쩍펄쩍 뛰는 것보다 더 나은 번역을 알지 못합니다. 심지어는 여러분의 선한 이름이 악인들의 악의로 인해 더럽혀질 때에도 여러분은 펄쩍펄쩍 뛰며 기뻐해야 합니다. 그렇게 하면 여러분이 언제 비참하게 되겠습니까? 확실히 낙심은 사라질 것입니다. 만약 비방을 받을 때에도 우리가 춤을 춘다면 언제 초조할 시간이 있겠습니까?

여러분에게 임하는 다른 시험들에 대해서도 생각해 보십시오. 그때에도 여러분은 항상 주 안에서 기뻐해야 합니다. 가장 친한 친구가 죽었습니다. "항상 기뻐하십시오." 사랑하는 아기가 병이 들어 있고, 사랑하는 가족이 하늘나라로 갈 것입니다. "항상 기뻐하십시오." 사업이 망하고, 번창이 사라지고 있고, 급기야는 거리에 나앉을 정도로 가난해질 수도 있습니다. "항상 기뻐하십시오." 여러분의 건강이 쇠해지고, 여러분의 폐가 약해지고, 여러분의 심장이 규칙적으로 뛰지 않습니다. 곧 죽어야 할 병에 걸릴 수도 있습니다. "항상 기뻐하십시오." 조만간에 여러분은 이 육체의 장막을 완전히 벗게 될 것입니다! 곧 눈을 감고 죽어야 한다는 것을 보여주는 증상들이 여러분에게 경고합니다. "항상 기뻐하십시오." 이런 식의 권면은 끝이 없습니다. 어느 때나 있습니다. 불을 통과하거나 물을 통과하거나, 살거나 죽거나 "항상 기뻐하십시오."

가끔 한 주석가는 본문의 명령은 우리가 기뻐하지 못하는 기간이 반드시 있기 때문에 기뻐하는 습관을 들여야 한다는 것을 의미한다고 말합니다. 한 훌륭한 사람이 기쁨은 "지속적이지만 간헐적인" 것이라고 말합니다. 어떻게 그럴 수 있는지 저는 잘 모르겠지만 그가 하는 말의 의미는 알겠습니다. 그는 기뻐하는 것이 우리의 삶의 일반적인 경향이 되어야 한다는 뜻으로 한 말입니다. 하지만 그는 항상 비취는 햇빛을 가로막는 검은 구름이 가끔 있다고 느끼는 것이 분명합니다. 그는 증기 롤러가 쑥돌이 박혀 있어 바닥을 제대로 다지지 못해 울퉁불퉁한 도로의 부분이 있을 수 있다고 경고하는 것입니다. 그러나 그것은 본문에 대한 해석으로는 맞지 않을 것입니다. 왜냐하면 바울은 명확히 "항상 기뻐하라"고 말하기 때문입니다. 즉 계속해서 기뻐하고, 절대로 기뻐하는 것을 멈추지 말라는 것입니다. 어떤 일이 일어나도 기뻐하라는 것입니다. 그러므로 무슨 일이 닥치더라도 기뻐하십시오. 만일 설상가상으로 어둠에 어둠이 더해진다고 할지라도, 곧 밤이 칠흑 같은 암흑으로 덮여 있다고 해도, "항상 기뻐하십시오." "너희 하나님의 성도들아, 모든 순간에, 모든 곳에서 그리고 모든 상황 속에서 기뻐하라. 기뻐하라. 영원토록 즐거워하라. 즐거워하라. 늘 기뻐하라. 천 가지 의무를 수행할 때에도, 천 가지 시험의 파도가 몰려올 때에도 계속 기뻐하라." 그리스도인에게는 지속적인 기쁨이 있어야 합니다.

　저는 교회에서 벌어지고 있는 기이한 일들 가운데, 영적으로 깊이 있다고 알고 있는 사람들이 기뻐하기를 두려워하는 현상에 대하여 말하지 않을 수가 없습니다. 참된 신앙을 가진 많은 사람들이 "병자처럼 누워 창백한 생각을 하는" 모습을 보여주었습니다! 어떤 사람들은 이런 신앙관을 갖고 우울해지는 것을 신성한 의무로 간주합니다. 그들은 불만족을 거룩함으로, 불평을 신성함으로 믿습니다. 그러나 감사의 기쁨은 마치 마귀가 광명의 천사를 가장한 것인 것처럼 회피합니다. 성도들이 지키는 불행한 계명 가운데 하나는 "주일에는 차양(블라인드)을 내려라"라는 것입니다. 또 하나는 "설교 중에는 웃지 마라. 그것은 악한 것이다"라는 것입니다. 그리고 세 번째 계명은 바로 이것입니다. "절대로 편히 쉬지 마라. 한순간도 다른 사람을 편하게 만들지 마라. 누구에게든 죄악으로 가득 찬 세상에서 편안한 순간을 갖도록 할 이유가 있겠는가? 세상에 들어가 사람들에게, 산다는 것은 두려운 일이라는 관념을 각인시켜라."

　저는, 매우 선량하지만 기뻐하는 것은 악한 일이라는 신념에 깊이 천착함으로써 실제로는 크게 무익하고 주 예수 그리스도와 같이 되는데 있어서도 크게 어긋난 사람들을 얼마간 알고 있습니다. 저는 열심 있는 한 부인을 잘 알고 있는데, 그 부인은 제가 처음 회심했을 때 주님에 대한 기쁨으로 충만하고, 그리스도 예수 안에서 구원을 얻은 것을 기쁘게 확신했던 저를 목격한 사람이었습니다. 그 부인은 제가 엄청나게 기뻐하는 것을 보고 근심하는 것 같았습니다. 머리를 절레절레 흔들었습니다. 그녀처럼 선량한 사람들이 넉넉히 갖고 있는 천사와 같은 동정심을 갖고 저를 바라보았습니다. 갓 회심한 그리스도인이 감히 자기가 믿게 된 분을 알고 있는 것처럼 행동하는 것이 그녀에게는 끔찍한 일처럼 보였겠지요. 만약 한 백 년 동안 그리스도인으로 살아왔다면 그때나 구원받는 것이 가능하다는 생각이 들기 시작했을지도 모르겠습니다. 그러나 어린 아이 같은 사람이 곧장 주 예수 그리스도를 믿고, 그분이 베푸신 구원을 즉시 기뻐하는 것은 이 고상한 그리스도인 노부인에게는 그저 고상한 머리를 흔들고 온갖 끔찍한 일을 예상할 수밖에 없을 정도로 충격적인 무모한 행동처럼 보였을 것입니다. 이후로 저는 그 부인과 같은 사람들을 굉장히 많이 발견했고, 그들이 머리를 흔드는 모습을 보았을 때 그들은 처음에 그분이 제 마음을 흔들어놓은 것처럼 제 마음을 흔들어놓지는 못했습니다. 왜냐하면 저는 지금 그들이 어떤 사람들인지 알고, 또 머리를 흔드는 것 속에 결국은 아무것도 없다는 것을 알기 때문입니다. 오히려 그들은 본문인 "항상 기뻐하라"는 말씀이 성경책에 기록되어 있는 한, 이처럼 서글픈 상태 속에 빠져 있는 그들 자신에 대하여 머리를 흔들어야 할 것입니다. 이처럼 명백한 말씀의 교훈을 무시하는 것은 지혜롭고 분별력 있는 일일 수가 결코 없습니다. 우리가 하도록 명령받은 것을 하는 것이 불안한 일일 수는 결코 없습니다. 신자가 그토록 분명하고 그토록 노골적으로 성령께서 "항상 기뻐하라"고 명하시는 말씀을 마음속에 계속 거하게 하는 것이 잘못된 일일 수는 결코 없습니다.

오, 사랑하는 성도 여러분, 여러분도 기뻐해야 합니다. 하나님은 기뻐하는 것에 대하여 금지령을 내리신 적이 없습니다. 하나님은 행복에 대하여 제한을 두신 적이 없습니다. 여러분은 행복하도록 허락받았다는 사실을 믿으십시오. 여러분이 불행해지는 것을 하나님이 명하신 규정이 전혀 없다는 것을 믿으십시오. 성경책을 뒤적여보고 주님이 여러분에게 주신 교훈 가운데 "주 안에서 항상 신음하라. 내가 다시 말하노니, 신음하라"는 교훈이 있는지 확인해 보십시오. 여러분은 원한다면 신음할 수 있습니다. 그리스도인으로서 여러분은 그렇게 할 자유가 있습니다. 그러나 동시에 여러분은 기뻐할 더 큰 자유를 갖고 있음을 믿으십시오. 여러분 앞에 그럴 자유가 놓여 있기 때문입니다. 주님은 여러분에게 기뻐하라고 명하시고, 또다시 "기뻐하라"고 명하십니다. 하나님의 양 가운데 어떤 양은 주님의 목장 안으로 감히 들어가지 못하고 있습니다. 그 목장에는 기름지고 맛있는 음식이 풍성합니다. 그들의 목자는 그들을 이미 그 들판 안으로 이끌었습니다. 그러나 그들은 문이 있는데, 그 문이 닫혀 있으며, 그 문에 "주제넘음"이라는 말이 적혀 있다고 생각합니다. 그들은 주제넘는 태도를 보여주는 것이 두렵기 때문에 하나님이 그들을 위해 자라게 하신 최상급 풀을 두신 곳으로 들어가 뜯어먹는 것을 두려워합니다. 그 두려움은 근거가 없는 것이지만, 너무 흔히 접하게 됩니다.

오, 제가 참 신자를 이런 악한 영향으로부터 벗어나게 할 수 있다면 얼마나 좋겠습니까! 만일 여러분이 예수 그리스도 안에서 안식하고 있다면, 그분을 믿는 것을 이제 막 시작했다고 하더라도, 은혜의 언약 전체가 그 무한한 모든 혜택과 함께 여러분에게 속해 있고, 여러분은 은혜로 주어진 이 모든 것에 참여할 권리를 갖고 있습니다. 예수님은 여러분을 풍성히 먹고 마시도록 초청하십니다. 주 안에서 사랑받는 성도 여러분, 여러분이 사랑의 잔치에서 범할 수 있는 유일한 죄는 음식을 먹는 것을 억제하는 것이 될 것입니다. 이 잔치는 왕이 직접 배설했고, 왕이 은혜로 여러분에게 오라고 명하십니다. 부끄러움이나 두려움 때문에 뒤로 물러서지 마십시오. 와서 여러분의 영혼을 좋은 것으로 가득 채우십시오. "너희가 좋은 것을 먹을 것이며 너희 자신들이 기름진 것으로 즐거움을 얻으리라"(사 55:2). 하나님께서 여러분에게 이와 같이 허락하시기를 바랍니다.

그러나 여기서 한 걸음 더 나아가 말씀드리는데, 그것은 기뻐하지 않는 것은 죄라는 것입니다. 이 말을 가혹하게 전하고 싶지는 않습니다. 할 수 있는 한 부드럽고 온건하게 전하기를 바라지만, 반드시 해야 할 말이고, 부드럽게 말한다고 해서 그 의미를 제거해서는 안 될 것입니다. 만일 "항상 기뻐하라"는 말씀이 명령이라면 항상 기뻐하지 않는 것은 그 명령을 어기는 것입니다. 그리고 명령을 어기는 것이 무엇입니까? 교훈에 순종하는 것을 무시하는 것이 무엇입니까? 그것이 바로 죄가 아닙니까? 적극적인 범죄는 아니라고 해도 부족함에서 오는 죄가 아닙니까? 사랑하는 성도 여러분, 여러분의 얼굴은 왜 그토록 우울한 기색을 띠고 있습니까? 왜 여러분은 믿지 않습니까? 왜 여러분은 슬퍼합니까? 왜 여러분은 계속 하나님의 신실하심을 의심합니까? 처음에는 허락되고 다음에는 명령되는 기뻐하라는 하나님의 말씀이 있는데도 불구하고 왜 여러분은 기뻐하지 않습니까?

자, 불행하고 슬퍼하는 신앙 고백자들이여, 다른 사람들보다 여러분 자신에게 더 물어보십시오. 오, 외로운 성도 여러분, 몹시 기뻐 눈이 번쩍거리는 사람들을 판단하지 마십시오. 다음에 기뻐하는 그리스도인을 만나거든 그를 비난하지 말고, 기뻐하지 못하는 여러분 자신을 조용히 꾸짖으십시오. 발이 빠른 성도들에 대하여 말한다면, 저는 여러분이 두 발을 모두 절뚝거리는 불쌍한 므비보셋에 대하여 매정한 말을 하지 않기를 바랍니다. 왜냐하면 므비보셋은 다윗의 사랑을 받고 있었고, 다윗의 식탁에 함께 앉아 식사를 할 자이기 때문입니다. 그러나 반면에 므비보셋은 자신이 불구자라는 이유로 비관적이고 비판적인 성격이 형성되어, 젊은 노루처럼 발이 빠른 아사헬을 비난해서는 안 됩니다. 그렇게 하는 것은 너무 미련한 짓처럼 보일 것입니다. 정말이지 그래서는 안 됩니다. 마음이 무거운 성도 여러분, 기뻐하는 자들을 비난하지 마십시오. 기뻐하는 마음을 가진 성도 여러분, 슬퍼하는 자들을 가혹하게 대하지 마십시오. 서로 짐을 짊어지고 서로 기쁨도 나누십시오. 만일 어떤 비난이 있다면 믿음이 적은 것에 대한 비난으로 간주하십시오. 자신의 은혜의 빈약함을 슬프게 탄식하는 것이라고 여기십시오. 오, 하나님께서 우리 자신의 경험에 대하여 신실한 자가 되도록 우리를 도와주시고, 그리하여 우리가 다른 사람들을 비판하지 않고, 우리 자신을 판단하게 하도록 역사하시기를 바랍니다.

여기까지는 모두 서론입니다.

2. 이 기쁨의 특성

이제 잠깐 동안 본문 속에 명령되어 있는 이 기쁨의 특성에 대하여 살펴보고자 합니다. 성령께서 신자의 평생의 기쁨의 특별한 맛과 특별한 질을 여러분 앞에 잘 제시할 수 있도록 저를 도와주시기를 바랍니다! "항상 기뻐하라."

성도 여러분, 이것은 육신의 기쁨이 아닙니다. 만약 육신적인 기쁨이라면 항상 유지하는 것이 불가능할 것입니다. 추수의 기쁨이 있습니다. 하지만 겨울에는 그 기쁨을 어디서 얻을 수 있겠습니까? 부(富)의 기쁨이 있습니다. 하지만 재산이 날개를 달고 날아가 버릴 때 이 기쁨을 어디서 찾을 수 있겠습니까? 건강의 기쁨이 있습니다. 하지만 건강은 항상 우리를 기쁘게 하지 못합니다. 왜냐하면 반드시 힘든 날이 임하고 연약함과 슬픔의 세월이 찾아오기 때문입니다. 자녀를 여러분 주변에 두고 있는 기쁨이 있습니다. 가정의 기쁨은 감미롭습니다. 하지만 이것도 영원히 계속되지는 못합니다. 정말 행복한 가정의 집 문을 죽음의 손이 똑똑 두드립니다. 여러분의 기쁨이 땅의 샘에서 나오는 것이라면 이 샘은 결국 마르게 되고, 그리하여 여러분의 기쁨도 사라지게 됩니다. 만일 사람의 기쁨의 원천이 땅에 있는 어느 것에 두어져 있다면, 그 기쁨은 흔들리기 마련입니다. 왜냐하면 온 땅이 흔들릴 때가 곧 다가올 것이기 때문입니다. 지금도 그 기쁨은 안정된 것과는 거리가 멉니다. 바닷물 위에 집을 세우지 마십시오. 외적 환경은 요동하는 바다의 파도 외에 무엇이겠습니까? 사랑하는 성도 여러분, 그렇습니다. 본문에 명령되고 있는 말씀은 절대로 육신적인 기쁨일 수가 없습니다. 왜냐하면 본질상 육신적인 기쁨은 영원할 수 없기 때문입니다. 성경 어디에 육신적인 기쁨을 명령하고 있는지 저는 모르겠습니다. 사람들은 현세의 것들에 대하여 기뻐하는 것이 허용됩니다. 그러나 말이 그렇지 사실은 그렇지 못합니다. 현세의 것들은 지나치게 기뻐하는 것이 금지되어 있습니다. 왜냐하면 그것들은 실컷 먹으면 물릴 수 있는 꿀과 같기 때문입니다. 하나님이 명령하시는 기쁨은 물리는 것이 절대로 불가능한 기쁨입니다. 그것은 영원토록 지속될 것들에 기초를 둔 천상의 기쁨입니다. 그렇지 않다면 우리는 "항상 기뻐하라"고 명령받을 수 없었을 것입니다.

　　또 이 기쁨은 육신적인 것이 아니기 때문에 저는 이 기쁨이 주제넘은 것이 아니라고 굳게 확신합니다. 어떤 사람들은 기뻐해서는 안 됩니다. 호세아 선지자가 다음과 같이 말하지 않았습니까? "이스라엘아 너는 이방 사람처럼 기뻐 뛰놀지 말라 네가 음행하여 네 하나님을 떠나고"(호 9:1). 기뻐하는 사람들이 더러 있는데, 충성된 손이 잽싸게 그들의 입에서 잔을 빼앗아 버리는 것이 좋을 것입니다. 그들은 그리스도께 달려가 피난처를 삼는 자들이 아니었습니다. 그들은 거듭난 자들이 아니었습니다. 그들은 하나님의 의(義)에 복종하는 자들이 아니었습니다. 그런데도 불구하고 시온에서 편안합니다. 아, 비참한 편안함이로다! 많은 사람들이 자신의 파멸에 대하여 무지하고, 은혜의 구원에 대하여 생소하며, 대속을 이룬 피에 대하여 무감각합니다. 그럼에도 불구하고 그들은 자신의 의를 기뻐합니다. 그들은 거짓된 신앙 고백, 위선적인 의식, 헛된 자랑을 오랜 세월 되풀이하며 쌓아온 기쁨을 갖고 있습니다. 이와 같은 것들을 두고 "항상 기뻐하라"고 말하는 것이 아닙니다. 지금 기뻐하는 것에 대해서는 정당한 이유들이 있어야 합니다. 그렇지 않으면 항상 기뻐해야 할 이유가 있을 수 없습니다. 만약 여러분의 기쁨이 정당한 이유를 갖고 있지 않다면 당장 그만두십시오. 만일 여러분이 건강할 때 자기점검에서 지친다면, 죽을 때 어두운 생각이라는 흑기사와 경쟁할 때에는 어떻게 되겠습니까? 항상 견지해야 하는 기쁨이 우리가 추구해야 할 기쁨입니다. 그러나 정당화할 수 없는 기쁨은 "항상" 견지해야 할 기쁨으로 간주되어서는 안 됩니다. 여러분의 소망이 예수님이 죄인들을 위해 나무에 달려 행하신 일에 고정되어 있습니까? 여러분은 진실로 예수님 안에 있는 생명에 참여하고 있는 자입니까? 여러분은 죽은 자 가운데서 살아나신 예수 그리스도의 부활로 말미암아 산 소망을 가진 자로 거듭났습니까? 만일 그렇다면 여러분은 즉시 기뻐하는 것이 안전합니다. 또 여러분이 "항상 기뻐하는" 것도 똑같이 안전할 것입니다. 본문에서 명령하는 기쁨은 주제넘은 기쁨이나 육신적인 기쁨이 아니라는 것이 분명하지 않습니까?

사랑하는 성도 여러분, 여기서 추가로 말하고 싶은 것은 이 기쁨은 광신적인 기쁨이 되어서는 안 된다는 것입니다. 어떤 신자들은 마음이 들떠 흥분해서 광분합니다. 그들은 정신이 반쯤 나가기 전에는 좋은 것을 느끼지 못합니다. 여러분은 화가 나 삐쭉 선 고슴도치의 가시처럼 그들의 머리카락이 곤두선다고 해도 이상하게 여겨서는 안 됩니다. 그들은 이런 정신 상태에서 외치거나 부르짖거나 구르거나 춤추고 싶어하기 때문에 아무런 의미 없이 "할렐루야"를 외칩니다. 저는 그들의 망상을 정죄하지는 않겠지만 왜 그렇게 하는지 정말 궁금합니다. 형제여, 이리 와 보십시오. 우리 이야기 좀 해봅시다. 당신이 알고 있는 것이 도대체 무엇입니까? 정말 무엇입니까? 제가 당신 안에 있는 소망의 이유를 묻는 것이 당신을 방해한다는 것이 가능합니까? 그것은 당신이 은혜 교리를 전혀 모르고 있다는 것이 아닙니까? 당신은 은혜 교리를 배운 적이 없었습니다. 당신이 소속되어 있는 기관의 목적은 당신에게 교리를 가르치는데 있는 것이 아니라 단지 당신을 흥분시키는데 있습니다. 그 기관은 당신에게 끓는 물을 부어넣지만 젖을 먹이고 양육하지 않습니다. 그것은 정말 허탄한 짓입니다. 우리는 적절한 흥분을 좋아하고, 고상하고 거룩한 기쁨을 열렬히 추구합니다. 하지만 우리의 기쁨이 하나님의 일들에 대한 명확한 이해를 통해 나오는 것이 아니라면, 그리고 그 기쁨의 바닥에 진리가 놓여 있지 않다면 그것이 우리에게 무슨 유익이 되겠습니까? 이유도 모르고 기뻐하는 자들은 이유도 모르고 절망에 빠질 수 있습니다. 그리고 이런 사람들은 머지않아 정신병원에서 보게 될 수도 있습니다. 예수 그리스도의 종교는 진실하고 합리적이고 논리적인 원리에 따라 활동합니다. 그것이 거룩한 상식입니다. 그리스도인은 스스로 정당화시킬 수 있고, 또 "그것에 대한 이유를 갖고 있다"고 말할 수 있는 기쁨을 보여주어야 합니다. 저는 여러분이 그에 합당한 이유를 갖고 있기 때문에 영원히 지속시킬 수 있을 것으로 기대할 수 있는 기쁨을 갖고 있는지 유의하기를 바랍니다. 본능적인 열광에서 나오는 흥분은 아궁이 속에서 가시덤불이 타는 것처럼 소멸될 것입니다. 우리는 영원한 진리의 연료를 공급받는 우리의 영혼의 난로에서 타오르고 있는 불길을 소유하고, 그리하여 영원히 불타오르기를 바랍니다.

이제 한 가지만 더 말씀드리겠습니다. 제가 보기에 본문에서 "항상 기뻐하라"고 명령되고 있는 이 기쁨은 그리스도인들이 특별한 경우에 느끼는 고도의 신적 황홀경 상태도 아닙니다. 우리는 천국 자체는 아니지만 그와 거의 유사한 상태인 미칠 듯이 기쁜 황홀경과 형언할 수 없는 기쁨 등에 대하여 말할 수 있고, 이런 경우 우리는 우리 주님의 보좌 가장 가까운 곳을 차지하고 있는 가브리엘과 자리를 바꾸려고 하지 않을 것입니다. 오, 하나님의 선지자 엘리야는 하늘로부터 불이 내려오게 한 후에 구경하는 자들은 도저히 이해할 수 없는 신적 열정에 사로잡혀 허리를 졸라매고 아합의 전차 앞으로 달려갈 때와 같은 순간이 있었습니다. 또 베드로가 바보가 아님에도 불구하고 산 정상에서 "초막 셋을 짓자"고 말하던 것과 같은 순간이 있었습니다. 우리는 그곳에 머무는 것이 너무 좋기 때문에 그 산 위에 기꺼이 계속 머물고, 다시는 패역한 세상의 혼잡과 소란과 죄 속으로 내려오고 싶지 않습니다. 그런데 여러분은 본문에서 이처럼 고상하고 고양되고 황홀한 정신 상태 속에 항상 머물러 있으라는 명령을 받지 않습니다. "항상 기뻐하라." 그러나 여러분은 그런 식으로는 절대로 항상 기뻐할 수 없습니다. 저는 여러분이 그럴 수 없다고 말했고, 그 말은 문자 그대로 그런 뜻입니다. 그것은 육체적으로 불가능합니다. 항상 그런 상태 속에 있게 된다면 정신적인 긴장이 감당할 수 없을 정도로 클 것입니다. 때때로 우리는 깊은 물속을 헤엄칠 수 있습니다. 하지만 누가 항상 헤엄칠 수 있겠습니까? 우리는 독수리의 날개를 달고 별들 너머로 높이 날아갈 수 있습니다. 하지만 우리는 콘도르가 아니고, 따라서 항상 날 수는 없습니다. 우리는 하나님의 제단 옆에서 둥지를 찾는 참새들에 더 가깝습니다. 우리는 날개를 달고 날아오를 수 없을지라도, 달음박질하여도 곤비하지 아니하겠고 걸어가도 피곤하지 아니하다면, 그것으로 정말 충분하다고 생각합니다.

본문에서 명령하고 있는 기쁨은 그리스도인의 통상적인 기쁨입니다. 그것은 희년의 기쁨이 아니라 매년의 기쁨입니다. 추수 때의 기쁨이 아니라 매달의 기쁨입니다. "항상 기뻐하라." 하지만 미리암은 항상 소고를 잡고 춤을 추지는 못합니다. 날마다 "여호와를 찬송하리니 그는 높고 영화로우심이요"라고 노래하지는 못합니다. 여러분에게는 다른 할 일이 있습니다. 또, 모세는 날마다 "여호와여 주의 오른손이 원수를 부수시니이다"라고 노래하지는 못합니다. 그렇습니다. 여러분은 그 원수들 속에서 다른 할 일을 갖고 있습니다. 그 일도 이스라엘의 승리의 찬송을 기록하는 것만큼 여러분의 하나님을 영화롭게 하고, 확실히 유용한 일입니다. 그렇습니다. 야고보와 요한과 베드로도 항상 다볼 산 정상에 있지 못합니다. 때로는 여러분의 주님이 어린 소녀를 다시 살리셨던 죽음의 집에 있기도 해야 하고, 또 때로는 겟세마네 동산에서 주님이 땀이 땅에 떨어지는 핏방울 같이 될 정도로 간절히 기도하시는 동안 할 수만 있으면 깨어 있기도 해야 합니다. 여러분은 "항상 기뻐해야 합니다." 하지만 고음을 내는 심벌즈를 항상 두드리고 있을 수는 없습니다. 때로는 좀 더 부드러운 현악기를 퉁김으로써 여러분의 손을 만족시켜 주기도 해야 합니다. 모든 날이 휴일은 아닙니다. 욥은 가축과 자녀를 잃어버린 날이 있었습니다. 하지만 여호와의 이름을 송축했습니다. 모든 날이 결혼식 날은 아닙니다. 욥은 "이 모든 것이 나를 대적하는구나"라고 절규했던 날이 있었습니다. 모든 날이 땅에 천국이 임해 있는 날은 아닙니다. 날이 새고 어둠이 달아날 때까지 우리는 항상 낮의 태양보다는 밤의 등불과 같은 기쁨 곧 우리를 황홀경 속으로 끌어들이는 기쁨보다 우리가 넘어졌을 때 우리를 기쁘게 하는 기쁨을 간직하고 있어야 합니다.

제가 너무 희미하게 말한 것은 아닌지 염려스럽지만 제 생각을 잘 포착하기를 바랍니다. 방금 전한 말은 여러분에게 어떤 기쁨이 우리가 항상 지닐 수 없는 것인지를 보여줍니다. 우리가 항상 간직할 수 있는 기쁨은 우리 자신의 한 부분으로, 하나님께서 자신의 영을 통해 우리 안에 일으키시는 새 본성의 능력입니다. 이 기쁨은 거듭난 기질을 크게 즐거워하는 것, 하나님이 행하시는 일은 무엇이든 다 옳다는 충분한 확신을 갖는 것, 하나님의 섭리 곧 하나님이 자유롭게 정하신 대로 일어나는 모든 일에 기꺼이 동조하는 것, 하나님 자신과 하나님의 사랑하는 아들의 인격을 아낌없이 즐거워하는 것, 그리고 그 결과로 말미암아 영혼에 주어지는 아늑함과 온화함과 고요함 곧 "모든 지각에 뛰어난 하나님의 평강" 속에 있습니다. 이 거룩한 기쁨은 천국의 본질의 작은 한 부분입니다. 여러분은 "무언가(無言歌)"라는 말을 들어보았을 것입니다. 이것이 영혼 속에 있는 주님에 대한 기쁨입니다. 영혼 속에서 항상 울려 퍼지는 일종의 침묵의 노래, 심장의 모든 박동으로 만드는 은은한 음악, 하나님 앞에서 허파의 모든 호흡으로 부르는 살아 있는 성가입니다. 그것이 무엇을 의미하는지 여러분이 알기를 바라고, 또는 알지 못한다면 곧 배울 수 있기를 바랍니다. 이 기쁨은 절대로 갈수록 줄어드는 기쁨이 아닙니다. 여러분은 세월이 거듭되어도 이 길의 방향에서 벗어나지 않을 수 있습니다. 왜냐하면 이 길은 사람들이 마음으로 발걸음을 정하는 길이기 때문입니다. "항상 기뻐하라." 여러분은 이런 식으로 산다면 므두셀라만큼 오래 살 수 있습니다. 왜냐하면 이 기쁨은 여러분을 박살내는 것이 아니기 때문입니다. 이 기쁨은 여러분을 보존하고, 여러분의 육체적·　정신적·　영적 인격의 소금으로 작용할 것입니다.

지금까지 이 기쁨의 특성에 대하여 상세히 살펴보았습니다.

3. 이 기쁨의 대상

사랑하는 성도 여러분, 이제 여러분이 이 기쁨에 빠지는 것을 돕기 위해 이 기쁨의 대상에 대하여 몇 마디 전하도록 하겠습니다. "항상 기뻐하라." 우리가 무엇으로 이 기쁨의 향연을 유지할 수 있을까요? 이와 같은 기쁨의 대상은 무엇일까요?

하나님께서 우리를 돕고 계시므로, 우리는 항상 하나님 안에서 기뻐할 수 있습니다. 우리가 모시고 있는 하나님은 어떤 분입니까? 시편 기자는 "나의 큰 기쁨의 하나님"(시 43:4)이라고 말했습니다. "또 여호와를 기뻐하라"(시 37:4). 하나님의 모든 속성, 곧 하나님의 모든 특성은 하나님과 화목한 모든 사람에게는 보배로운 기쁨이 무진장한 금광입니다. 성부 하나님 곧 그분의 택하시는 사랑, 그분의 불변하시는 은혜, 그분의 한량없는 능력, 그분의 초월적인 영광, 그리고 그분의 자녀가 된 것과, 그분이 여러분을 위해 만물을 다스리는 그 섭리를 기뻐하십시오. 여러분의 아버지 하나님을 기뻐하십시오. 또한 "우리와 함께 계시는 하나님"이신 성자 하나님을 기뻐하십시오. 그분을 우리의 보증과 우리의 대표자가 되게 한 언약 회의를 가지신 이후로 성자 하나님은 항상 땅에서 우리와 함께 계십니다. 우리와 함께 계시는 하나님은 사람의 아들들과 함께 계시는 것을 기뻐하십니다. 그러므로 우리를 동정하기 위해 고난당하신 사람으로서 그분을 기뻐하십시오. 여러분에게 무한한 지혜와 능력을 주시기 위해 오신 하나님으로서 그분을 기뻐하십시오. 저는 우리에게 기쁨의 대상이 되는 우리 주님의 신적·　인간적 성품의 다양한 특성들을 조금만 제시하려고 해도 한 달은 걸릴 것입니다. 그저 하나님에 대하여 생각만 해보십시오. 한순간만 그분의 사랑에 대하여 생각해 보십시오. 여러분의 마음이 온전한 상태에 있다면 그 생각은 여러분에게 형언할 수 없는 기쁨을 선물할 것입니다.

> "예수님, 당신을 생각만 해도
> 제 가슴은 감미로움으로 가득 찹니다."

이어서 성령에 대하여 생각해 보고, 여러분 안에 거하시고, 여러분을 살리시고, 여러분을 위로하시고, 여러분을 조명하시고, 영원토록 여러분과 함께 하실 하나님으로서 성령을 기뻐하십시오. 삼위일체 하나님을 생각하십시오. 그러면 은혜가 넘칠 것입니다.

다음에는 은혜 언약에 대하여 묵상하십시오. 피로 말미암은 구속에 대하여 생각해 보십시오. 신적 주권과 사람들에게 은혜의 형태로 임하는 모든 것에 대하여 생각해 보십시오. 여러분의 효과적인 부르심, 여러분의 칭의, 사랑하는 자 안에 받아들여진 여러분의 용납에 대하여 생각해 보십시오. 여러분의 궁극적 견인에 대하여 생각해 보십시오. 여러분의 지극히 사랑하시는 분의 영광스러운 인격과의 연합과 그 놀라운 진리 속에 들어 있는 모든 생명과 온갖 은혜에 대하여 생각해 보십시오. "항상 기뻐하라." 이런 하나님을 갖고 계신 여러분은 항상 기쁨의 원천을 갖고 있는 것입니다.

사랑하는 성도 여러분, 저는 우리가 올바른 마음을 갖고 있다면 복음의 모든 교리가 우리를 기쁘게 하고, 복음의 모든 약속이 우리를 기쁘게 하며, 복음의 모든 교훈이 우리를 기쁘게 할 것이라고 확신합니다. 만약 여러분이 하나님의 백성에게 속해 있는 모든 특권 목록을 훑어본다면 각 항목마다 멈춘 다음, "다른 것은 하나도 없더라도 이것 하나만 있으면 항상 기뻐할 수 있겠다"고 말할 것입니다. 만일 여러분이 항상 기뻐하지 못한다면 성령의 은혜들이 매우 적극적으로 역사해서 각각의 은혜가 여러분 속에서 일어나도록 하라고 권면하고 싶습니다. 무엇보다 먼저 믿음과 함께 시작하십시오. 믿으십시오. 하나님이 약속하신 만 가지 복 가운데 이런저런 복을 믿으면 여러분의 영혼 속에서 기쁨이 솟아날 것입니다. 그렇게 믿음을 행사했습니까? 그러면 자매 은혜인 소망을 행사해 보십시오. 부활에 대한 소망을 가져 보십시오. 재림에 대한 소망을 가져 보십시오. 이어서 나타날 영광에 대한 소망을 가져 보십시오. 이런 소망들은 얼마나 큰 기쁨의 원천일까요!

여러분이 소망을 행사했다면 이번에는 사랑으로 가십시오. 천상의 세 자매 가운데에서도 가장 아름다운 이 자매가 여러분에게 기쁨의 길을 가리켜 줄 것입니다. 그렇게 계속 더욱 하나님을 사랑하고, 하나님의 백성을 사랑하고, 불쌍한 죄인들을 사랑하십시오. 여러분은 사랑할 때 절대로 기쁨을 놓치지 않게 될 것입니다. 왜냐하면 기쁨은 사랑의 아들이기 때문입니다! 사랑은 왼손에는 사랑하는 자들의 아픔을 위하여 슬픔을 들고 있고, 오른손에는 동료들을 사랑한다는 바로 그 사실로 말미암아 주어지는 거룩한 기쁨을 들고 있습니다. 왜냐하면 사랑하는 자는 즐겁게 행하기 때문입니다.

만일 소망이나 믿음이나 사랑으로 말미암아서도 기쁨을 얻을 수 없다면 인내로 계속 나아가십시오. 하늘 아래에서 가장 달콤한 기쁨 가운데 하나가 극도의 고통 속에서 인내가 제 역할을 할 때 나옵니다. 토플레디(A. M. Toplady, 1740-1778. 영국 국교회 찬송가 작사자. 칼빈주의 설교자)는 "주님의 손에 기대고 누워 주님 외에 다른 것은 전혀 알고 싶어하지 않을 때 참으로 행복하다"고 말합니다. 제 경험으로 보아도 어떤 상황 아래에서 온전한 인내로 말미암아 얻게 되는 기쁨은 참으로 달콤하고 형언할 수 없을 정도로 감미롭고, 이 기쁨이야말로 하늘 이 편에서 그리스도인들이 알고 있는 온갖 기쁨 중에 가장 신성한 기쁨입니다. 고뇌의 심연 속에는 진주가 들어 있는데, 쾌락의 동산에서는 찾아볼 수 없습니다. 그러므로 인내를 온전히 이루십시오. 그러면 인내가 여러분에게 항상 기뻐하는 능력을 제공할 것입니다.

여러분이 이 모든 것을 거쳤는데도 여전히 "원하는 것만큼 기뻐할 수 없다"고 말한다고 가정해 보겠습니다. 사랑하는 성도 여러분, 그렇다면 어서 일어나 허리를 동여매고 경건의 연습을 시작하십시오. 그리고 기도를 시작하십시오. 기도는 먹구름을 제거해 줄 것이고, 그로 인해 여러분은 기뻐할 수 있게 될 것입니다. 그런데 간구가 끝났는데도 기뻐할 수 없다면 찬송을 부르기 바랍니다. "내게로 거문고 탈 자를 불러 오소서"(왕하 3:15). 종종 경건한 음악이 엘리사 선지자를 감동시켰던 것입니다. 우리도 주님에 대한 찬송을 부릅시다. 만일 우리가 마음속에 이미 기쁨이 없다면, 아라비아인들의 메마르고 음침한 장막을 촉촉이 적시는 이슬방울과 같이 기쁨이 우리에게 임할 때까지 많은 찬송을 부르십시오. 기도나 찬송으로도 기쁨을 얻지 못한다면 말씀을 읽으십시오. 조용히 앉아 주님이 주시는 말씀을 묵상하십시오. 그리고 친교의 식탁으로 나아가 하나님의 백성들과 달콤한 대화를 서로 나누십시오. 아니면 밖에 나아가 죄인들에게 말씀을 전하십시오. 주일학교에 참여해 사랑스러운 아이들에게 그리스도에 대하여 이야기해 주십시오. 그리스도인으로서 수고할 때 여러분은 집에서 빈둥거리고 있었더라면 맛보지 못했을 기쁨을 주 안에서 맛볼 수 있을 것입니다.

어쨌든 기뻐하지 않을 때 여러분 자신에게 "자, 마음아, 그러면 안 돼. 오, 내 영혼아, 어찌하여 낙망하느냐?"고 말하십시오. 저는 자녀가 울면서 보챌 때마다 "약 먹자"고 말했다는 한 어머니에 대하여 들은 적이 있었습니다. 이 어머니는 자녀가 건강이 좋지 않아서라고 확신했던 것입니다. 여러분도 안절부절못하고 걱정이 되기 시작하면 자신에게 다음과 같이 말해주어야 합니다. "상태가 좋지 못하니 하늘의 약을 먹어야겠다. 성경의 잎사귀가 치료에는 그만이지. 내 영혼의 건강을 위해 그 잎사귀를 먹어야겠다. 만약 내 마음이 건강했다면 당연히 주 안에서 기뻐해야겠지. 그러나 지금은 기뻐하고 있지 않으므로 위대한 의사에게 치료를 받아야겠다."

성도 여러분, 우리는 기뻐해야 합니다. 그런데 왜 모든 것이 우리의 것임에도 불구하고 기뻐하지 못합니까? 하늘은 장차 우리의 것이고 땅은 현재 우리의 것입니다. 과거와 과거의 모든 죄가 지워졌고, 미래와 미래의 모든 결핍은 불변하시는 하나님의 풍성한 선물로 충족될 것입니다. 그런데도 우리가 왜 낙심해야 합니까? 우리가 기뻐하지 않는다면 별들이 어둠 속에서 반짝거리는 것으로 우리를 책망할 것입니다. 우리가 하나님의 빛을 비추지 못한다면, 태양이 우리를 책망할 것입니다. 그러므로 성도 여러분, "항상 기뻐하라"는 말씀에 복종합시다.

4. 이 기쁨의 이유

마지막으로, 어떤 사람은 "하지만 우리가 왜 기뻐해야 합니까?"라고 물을지 모르겠습니다. 정말 이 기쁨에 대한 이유가 무엇일까요? 여기서 우리는 그렇게 하면 우리가 행복해지기 때문이라는 논증을 원해서는 안 됩니다. 세상 사람도 "기쁨이 암울한 염려를 몰아내는데 가장 현명한 일 가운데 하나로 생각한다"고 말합니다. 하나님의 자녀는 자기의 염려를 하나님께 맡기는 것을 염려를 몰아내는 가장 지혜로운 일로 간주해야 합니다. 여러분은 기쁨에 대한 논거(論據)를 원하지 않습니다. 만약 원한다면, 여러분에게 "항상 기뻐하라"고 말씀하시는 여러분의 주님의 명령 속에서 찾아야 할 것입니다.

기쁨은 시험을 퇴치시킵니다. 그리스도인은 시험을 받을 수 있습니다. 하지만 만약 주 안에서 행복하다면 아무리 달콤한 유혹도 큰 인상을 주지 못할 것입니다. 이에 대하여 바울이 한 말이 있습니다. 그런데 어디에 있는지 지금은 생각이 나지 않는군요. 어쨌든 거기서 바울은 빛의 갑옷을 입는 것에 대하여 말합니다. 우리가 빛의 갑옷을 입는 것은 멋진 시(詩)이면서 엄연한 사실입니다. 그리고 그 부분적인 의미는, 우리가 스랍 천사가 가졌던 것과 같은 기쁨으로 충만하기 때문에 어떤 것도 우리를 유혹할 수 없다는 것입니다. 우리가 입고 있는 기쁨은 마귀가 우리에게 제공할 수 있는 어떤 것보다 훨씬 더 우월합니다. 따라서 마귀의 시험은 효력을 상실하게 됩니다. 마귀가, 기뻐하는 그리스도인에게 무엇을 제공할 수 있겠습니까? 따라서 마귀가 "만일 내게 엎드려 경배하면 천하만국과 그 영광을 네게 주리라"(마 4:9)고 속삭인다면, 신자는 이렇게 대답해줄 수 있을 것입니다. "마귀야, 나는 그것보다 훨씬 더 많은 것을 갖고 있다. 나는 완전히 만족하고 있다. 나는 하나님 안에서 절대적인 기쁨을 누리고 있다. 내 영혼은 하나님에 대하여 생각할 때마다 행복의 깊은 바다에서 헤엄치고 있다." 마귀는 그런 사람은 금방 떠나게 될 것입니다. 왜냐하면 주님에 대한 기쁨은 마귀의 시험의 단검이 꿰뚫을 수 없는 갑주이기 때문입니다.

　주님에 대한 이 기쁨은 마음속에서 세상 쾌락을 몰아낼 것입니다. 기뻐하는 그리스도인은 저녁 시간을 극장에서 보내기를 바라는 그런 부류의 사람이 아닙니다. 그는 "흥, 내가 거기서 무얼 할 수 있겠어?"라고 말합니다. 여러분은 이전에 빵을 먹어온 사람에게 다음과 같이 말해 보십시오. "당신에게 진수성찬을 제공하겠소. 구정물을 먹고 있는 돼지 떼를 보여주겠소. 저 돼지들을 보시오. 얼마나 맛있게 먹고 있소! 당신도 마음껏 먹을 수 있소. 먹고 돼지들처럼 행복해지시오." 그러면 그는 이렇게 대답할 것입니다. "당신은 나를 전혀 모르고 있소. 나를 전혀 이해하지 못하고 있단 말이오. 나는 돼지와 관련될 만한 것을 하나도 갖고 있지 않소. 나는 절대로 돼지들이 먹는 것을 먹을 수 없소."

　일단 하나님 안에서 행복하게 된 사람은 세상 사람이 알고 있는 가장 큰 행복을 경멸합니다. 그런 행복은 그가 알고 있는 행복에서 완전히 벗어나 있습니다. 바다의 물고기도 자기들의 성격에 알맞은 기쁨을 갖고 있다고 저는 생각합니다. 하지만 저는 물고기의 행복을 조금도 시샘하지 않습니다. 그 행복을 위해 결코 바닷물 속으로 뛰어들지 않을 것입니다. 하나님의 자녀가 바로 이와 같습니다. 하나님의 자녀는 주 안에서 행복할 때 세상의 일들을 결코 추구하지 않습니다. 그러나 의무 때문에 단순히 예배당에 가고, 훌륭한 신자인 체하는 가련한 자들은 주 안에서 누리는 기쁨이 전혀 없습니다. 그들은 자기들의 기쁨을 위해 마귀에게 갑니다. 그들은 수시로 쾌락을 맛보아야 한다고 공공연히 말하고, 그래서 문제가 다분한 오락을 추구합니다. 그들은 주의 길에서는 기쁨을 전혀 찾지 못하기 때문에 즐거움을 위해 사탄의 궁정으로 가서 거기서 사탄을 바라보는 모습을 보는 것은 이상한 일이 아닙니다.

주 안에서 항상 기뻐하는 사람은 동료 그리스도인들에게 큰 힘이 되어줄 것입니다. 그가 방 안에 들어오면 여러분은 그의 얼굴만 보아도 좋을 것입니다. 그를 만나는 것이 반(半)공휴일처럼 느껴집니다. 그가 말할 때는 으레 약한 자와 고통 속에 있는 자에게 용기를 주는 달콤한 말이 흘러나옵니다. 설교하기 전에 항상 새 힘을 주는 얼굴을 가진 형제들이 제 주변에 있습니다. 그들의 말은 원기를 주고 힘을 줍니다. 주 안에서 항상 기뻐하는 자들은 그들이 있는 방 안을 기쁨의 향기로 가득 채우지 않을 수가 없습니다. 다른 사람들은 그들의 만족에 복되게 감염되고, 그래서 똑같이 행복하게 됩니다.

이것이 죄인들을 매료시키는 바로 그런 일입니다. 옛날에 사람들은 비둘기를 잡기 위해 비둘기 날개에 달콤한 연고를 발라 내보냈습니다. 그러면 다른 비둘기들이 그 비둘기의 향기를 맡고 따라와 비둘기장으로 들어가 붙잡혔습니다. 저는 우리 모두가 우리의 날개 위에 평강과 기쁨과 안식의 신적 향기를 풍기는 하늘의 기름을 바르기를 원합니다. 그렇게 하면 다른 사람들이 예수님에게 매료되어 천국으로 인도를 받게 될 테니까요.

예수님으로 말미암아 그렇게 될 수 있도록 하나님께서 허락하시기를 바랍니다! 아멘.

제
10
장

—

쉬지 말고 기도하라

—

"쉬지 말고 기도하라." — 살전 5:17

본문의 위치가 무척 시사적입니다. 본문이 어떤 말씀 뒤에 나오는 주의해 보십시오. 본문은 "항상 기뻐하라"는 명령 바로 다음에 나옵니다. 마치 그 명령이 독자를 약간 멈칫하게 해서 "어떻게 항상 기뻐할 수 있는가?"라는 질문을 유발시키는 것처럼 보입니다. 바울은 그 답변으로써 "쉬지 말고(항상) 기도하라"는 명령을 덧붙였습니다. 더 많이 기도할수록 더 많이 기쁘게 됩니다. 기도는 영혼의 우울한 슬픔이 빠져나가는 통로를 제공하고, 대신 마음속에 거룩한 기쁨이 쏟아져 들어오는 강줄기가 됩니다. 마찬가지로 더 많이 기뻐할수록 더 많이 기도하게 됩니다. 마음은 고요한 상태 속에 있고 주 안에서 기쁨으로 충만할 때, 경배하는 자세로 주님께 가까이 나아갈 것이 확실하니까요. 거룩한 기쁨과 기도는 이렇게 서로 영향을 주고받습니다.

그러나 본문 바로 다음에는 어떤 말씀이 오는지 주목해 보십시오. "범사에 감사하라." 기쁨과 기도가 결혼해서 낳은 첫째 아들이 감사입니다. 우리가 갖고 있는 것에 대하여 하나님 안에서 기뻐하고, 그리하여 믿음으로 더 많이 하나님께 기도하면, 우리 영혼은 우리가 갖고 있는 것을 누리는 것에 대하여, 그리고 앞으로 가질 것을 바라보고 하나님께 감사하기 마련입니다. 이 세 본문은 참된 그리스도인의 삶을 표상하는 세 친구에 대한 그림으로, 가운데 그림이 양쪽 옆 그림을 서로 연결시키고 있습니다. 이 세 교훈은 모든 신자의 목에 걸고 다니는 은혜의 훈장입니다. 여러분 모두 영광과 아름다움을 위해 "항상 기뻐하십시오," "쉬지 말고 기도하십시오," "범사에 감사하십시오."

그러나 우리는 문맥 전체를 살펴보는데 시간을 할애할 수 없고 이번 설교의 본문만 살펴보아야 합니다. 본문은 굉장히 짧지만 희한하게 의미로 충만하고, 우리는 다음과 같은 제목 아래 그 의미를 다룰 작정입니다. 첫째, 이 말씀이 암시하고 있는 것은 무엇인가? 둘째, 이 말씀이 실제로 의미하는 것은 무엇인가? 셋째, 우리는 이 말씀에 어떻게 순종해야 할까? 넷째, 우리는 왜 특별히 이 말씀에 순종해야 하는가?

1. 쉬지 말고 기도하라는 말씀이 암시하고 있는 것은 무엇인가?

"쉬지 말고 기도하라." 이 말씀이 암시하고 있는 것은 무엇일까요? 이 말씀은 먼저 목소리를 내어 기도하는 것이 기도의 필수 요소는 아니라는 것을 암시하는 것이 아닐까요? 비록 쉬지 않고 큰 소리를 내어 기도하는 것이 가능하다고 할지라도 그렇게 하는 것은 너무 격에 맞지 않는 일이 될 것입니다. 그렇게 되면 당연히 설교하거나 설교를 들을 기회도 없고, 친구와 교제할 시간도 없고, 사업이나 다른 어떤 삶의 의무를 수행할 여유도 갖지 못하게 될 것입니다. 또한 너무 시끄러운 소리를 계속 낸다면 이웃들에게 시온의 예배가 아니라 바알 숭배라는 인상을 주게 될 것입니다. 우리의 목청과 허파와 혀가 쉬지 않고 계속 수고하는 것이 우리 주 예수님의 계획은 결코 아니었습니다. 우리는 쉬지 말고 기도해야 하지만 쉬지 않고 목소리를 내어 기도할 수는 없기 때문에 소리를 내어 들을 수 있는 말로 기도하는 것이 기도의 본질은 아니라는 것이 분명합니다. 기도처럼 보이지만 사실은 기도가 아닌 천 마디의 말을 할 수도 있습니다. 반면에 하나님의 귀에는 매우 호소력 있게 들리지만 사실은 말로는 한 마디도 하지 않는 기도도 있을 수 있습니다. 출애굽기에서 하나님은 모세에게 "너는 어찌하여 내게 부르짖느냐?"(출 14:15)고 말씀하셨습니다. 그러나 그때 모세가 한 마디라도 말을 입 밖에 내어 기도했다는 기록이 없습니다. 목소리를 사용하는 것이 기도에 도움을 준다는 것은 사실입니다. 저는 개인적으로 홀로 있을 때 혼자만 알아들을 수 있는 말로 기도할 때 가장 효과적인 기도를 하게 된다는 것을 발견합니다. 동시에 소리를 내어 기도하는 것이 필수적인 일은 아닙니다. 그렇게 기도하면 기도의 수용성, 실재성 또는 포괄성은 동반할 수가 없습니다. 침묵이 경건의 옷으로 적합하다면 언어는 모양을 낼 수 있는 것으로 적합할 것입니다.

　　또한 기도의 자세도 그렇게 중요한 것은 아니라는 것을 본문은 암시하고 있습니다. 왜냐하면 만약 우리가 무릎을 꿇고 기도하는 것이 필수적이라면 무릎 꿇는 자세는 너무 힘들고 불편하므로 결코 쉬지 않고 기도할 수가 없기 때문입니다. 우리가 발로 서는 것을 원하시는 것이 아니라면 창조주께서 무슨 목적으로 우리에게 발을 주었겠습니까? 우리가 무릎 꿇고 쉬지 않고 기도하는 것을 원하셨다면 창조주께서는 우리의 몸을 다른 모양으로 만드셨을 것이고, 그렇게 불필요한 긴 수족을 주시지 않았을 것입니다. 무릎을 꿇고 기도하는 것은 좋은 일입니다. 그것이 가장 좋은 자세입니다. 그것은 겸손을 보여주는 자세이고, 겸손이 진실로 느껴질 때 무릎을 꿇는 것은 겸손에 대한 자연스럽고 아름다운 증거입니다. 그러나 동시에 많은 훌륭한 사람들이 엎드려 기도하고, 앉아서 기도하고, 서서 기도하고, 다양한 자세로 기도했습니다. 그러므로 자세는 기도의 본질에 속하는 문제가 아닙니다. 죄를 뉘우치는 마음보다 무릎을 꿇는 자세를 더 중요하게 여기는 사람들에게 좌우되지 말기를 바랍니다.

　　본문이 또 분명히 암시하는 것은 기도 장소도 기도의 필수 요소는 아니라는 것입니다. 왜냐하면 우리는 쉬지 말고 기도해야 하는데, 기도를 받아주시는 어떤 거룩한 장소가 따로 있다면 우리가 기도하는 예배당은 엄청나게 커야 하고, 또 항상 예배당에서 살아야 하며, 예배당은 인간이 거주하는데 필요한 온갖 필수품을 구비하고 있어야 하기 때문입니다. 벽돌 담 안쪽이 바깥보다 더 성스러운 것이 사실이라면, 새로운 공기가 은혜를 날려 버린다는 것이 사실이라면, 응답을 가장 잘 받기 위해서 아치형 천정, 대각(臺閣), 측랑(測廊), 성단소(聖壇所), 수랑(袖廊), 그리고 거기에 푸른 길, 멋진 정원, 탐스러운 나무 등을 갖추고 있어야 하는 것이 사실이라면, 이후로 우리는 쉬지 않고 여러분의 향취와 상쾌함을 맛볼 수 없는 곳에서 거주해야 합니다. 그러나 이것은 우스꽝스러운 일이 아닐 수 없습니다. 그러므로 저는 어떤 특정한 장소에 가서 기도해야 한다는 것은 기도와 거의 아니 전혀 관계가 없다고 결론을 내립니다. 이런 결론은 바울이 아레오바고 언덕에서 했던 연설과도 일치합니다. "우주와 그 가운데 있는 만물을 지으신 하나님께서는 천지의 주재시니 손으로 지은 전에 계시지 아니하시고"(행 17:24).

　　"쉬지 말고 기도하라." 이 명령은 다른 때에 기도하는 것보다 **특정한 때에 기도**

하는 것이 더 응답이 잘되거나 더 적절하다는 관념도 즉시 물리칩니다. 만일 제가 쉬지 않고 기도해야 한다면 모든 순간이 기도에 합당한 시간이 되어야 하고, 시간 중에 거룩하지 않은 순간은 한순간도 없고, 하루 중에 응답받기에 적합하지 않은 시간은 한 시간도 없으며, 일 년 중에 성스럽지 않은 날은 하루도 없습니다. 주님은 특정한 주간을 기도 주간으로 정하신 적이 없고, 매주가 기도 주간이 되어야 합니다. 또 주님은 하루 중의 어느 한 시간이 다른 시간보다 더 응답받기에 좋은 시간이라고 말씀하지 않았습니다. 모든 시간이 똑같이 간구에 적합하고, 똑같이 거룩하고, 똑같이 하나님이 받으실 만한 시간입니다. 만약 그렇지 않다면 우리는 쉬지 말고 기도하라고 명령받아서는 안 됩니다. 여러분이 기도 시간을 갖는 것은 좋은 일입니다. 특별히 간구를 위한 시간을 따로 갖는 것도 좋은 일입니다. 그렇게 하는 것이 좋다는 것을 우리는 의심하지 않습니다. 그러나 아침에 기도하기에 거룩한 시간이 따로 있고, 저녁에 기도에 특별히 합당한 시간이 따로 있고, 또 일 년 중에 어떤 시기에 기도를 위해 성별된 시간이 따로 있다는 미신에 빠지지 않도록 조심해야 할 것입니다. 우리가 주님을 진실한 마음으로 찾는 곳은 어디서나 우리는 주님을 발견할 것입니다. 우리가 주님께 부르짖을 때마다 주님은 듣고 계십니다. 성결한 마음을 가진 자에게는 모든 장소가 성결한 장소이고, 거룩한 사람에게는 모든 날이 거룩한 날입니다. 1월부터 12월까지 달력에 기도가 금지된 날로 정해진 날은 하루도 없습니다. 모든 날이 붉은 글씨로 된 날이고, 주일이나 주중의 날이나 모든 날이 기도가 허용된 날입니다. 따라서 목소리, 자세, 장소, 시간은 어느 것도 기도의 필수 요소에 들어가지 않고, 만약 들어간다면 이 경우 우리는 실천이 불가능한 명령을 받은 것이 되는 것이고, 그러기에 이것은 우리 주 하나님의 방식이 아닌 것이 매우 확실합니다.

　본문에는 또 한 가지 다른 사실이 암시되어 있습니다. 그것은 곧 그리스도인은 계속 기도할 수 없는 곳은 어디든 갈 권리를 갖고 있지 않다는 것입니다. 쉬지 말고 기도하라고 명령하지 않습니까? 그렇다면 저는 쉬지 말고 기도할 수 없는 곳에는 절대로 가지 않겠습니다. 따라서 일일이 열거하지 않더라도 허다한 세속적 오락들이 우리가 가서는 안 될 곳으로 즉시 판단되고 규정되어야 할 것입니다. 어떤 사람들은 모든 경우에 획일적으로 적용되는 기성품 기도를 믿습니다. 동시에 그들은 사람들이 삶은 전혀 그리스도인답지 않아도 세례만 받으면 거듭나게 된다고 믿습니다. 그런데 쉬지말고 기도하라는 말씀대로 하기 위해서는, 그들은 거듭났지만 은혜가 없는 사랑하는 아들과 딸들이 접하게 되는 모든 상황에 맞추는 기도문을 제공해야 하지 않겠습니까? 예를 들면, 사냥 대회에 나가야 할 젊은 왕자나 귀족을 위해 드리는 기도문이 있는데, 이것은 심하게 상처를 입고 비참한 처지가 될 불쌍한 비둘기들에게 가할 그의 잔인함을 용서 받기 위한 기도입니다. 또 경마 대회에 출전하는 신앙적이고 거듭난 신사를 위한 기도문도 있고, 견진성사의 은혜를 받은 젊은이가 크게 외설적인 연극을 보려고 극장에 가는 것에 대한 기도문도 있습니다. 이런 특별한 기도들을 명하는 것으로 볼 수는 없지 않습니까? 여러분은 이런 관념에 반감을 일으킬 것입니다. 맞습니다. 그러므로 여러분은 하나님의 복으로 구할 수 없는 것과는 아무 관계를 맺지 마십시오. 그런 기도와는 절대로 관련을 맺지 마십시오. 왜냐하면 하나님이 주실 수 없는 복이라면, 그것은 마귀가 저주한 것을 의존하는 것이기 때문입니다. 여러분이 행하기에 정당한 것이라면 여러분은 기도로 얼마든지 성결하게 할 수 있을 것입니다. 그러므로 여러분에게 주어져 있는 것에 대하여 주님의 복을 구하는 것이 하늘의 위엄을 모독하는 것이라고 느낀다면 이것이 여러분에게 확실한 수단과 시금석이 되게 하고, 거룩하지 않은 일에 대해서는 분연히 맞서십시오. 만일 하나님이 인정하시지 않는다면 여러분도 즉시 교제를 끊어야 합니다.

이상의 사실들이 "쉬지 말고 기도하라"는 명령 속에 분명히 암시되어 있습니다.

2. 쉬지 말고 기도하라는 말씀이 실제로 의미하는 것은 무엇인가?

그러면 이 말씀이 실제로 의미하는 것은 무엇일까요? 만일 이 말씀이 항상 무릎 꿇고 기도하라거나, 항상 목소리를 내어 기도하라거나, 항상 교회나 기도회에서 기도하라는 것을 의미하는 뜻이 아니라면, 또 어떤 날은 기도하는데 적합지 않은 날로 간주해야 한다는 것을 의미하지 않는다면, 그러면 무엇을 의미할까요? "쉬지 말고 기도하라." 이 말씀은 첫째는 **특권**, 둘째는 **교훈**을 의미합니다.

이 말씀을 통해 우리 주 예수 그리스도는 여러분이 쉬지 않고 기도할 수 있다는 것을 **특권**으로 보장합니다. 여러분이 기도할 수 없는 시간은 절대로 없습니다. 여러분은 여기서 원할 때 속죄소 앞에 나아갈 수 있도록 허락받고 있습니다. 왜냐하면 지성소의 휘장이 위에서 아래로 찢어져 둘로 갈라졌고, 따라서 우리가 속죄소에 나아가는 것이 아주 당연하고, 또 논의의 여지가 전혀 없기 때문입니다. 세상의 왕들은 정해 놓은 날에 접견을 하고 그날에만 신하들의 접견이 허락됩니다. 그러나 만왕의 왕은 항상 접견이 가능합니다. 수산 궁의 왕은 자신이 오라고 하지 않는 한 아무도 자기에게 나아오지 못하도록 했습니다. 그러나 만왕의 왕은 그의 모든 백성이 부르심을 받고 그들은 항상 나아갈 수 있습니다. 아하수에로 왕에게 나아가는 자들은 왕이 그들에게 홀을 내밀지 아니하면 죽임을 당했습니다. 그러나 우리의 왕은 절대로 자신의 홀을 거두어들이지 아니하십니다. 항상 내밀어져 있고 그분에게 나아오기를 원하는 자는 누구나 당장 나아갈 수 있고, 언제든 나아갈 수 있습니다. 바사 사람들 가운데 자신이 원하는 대로 왕을 알현할 수 있는 특수하고 특별한 권리를 가진 고관은 극히 일부에 지나지 않았습니다. 그런데 그토록 희귀하고 엄청나게 고귀한 특별한 권리가 하나님의 모든 자녀의 특권이 되었습니다. 하나님의 자녀는 언제든 만왕의 왕께 나아갈 수 있습니다. 쥐 죽은 듯이 고요한 한밤중이라도 하나님에게는 너무 늦은 시간이 아닙니다. 최초의 희미한 빛이 스며들어오는 새벽의 여명도 지극히 높으신 이에게는 너무 이른 시간이 아닙니다. 한낮에도 그분은 너무 바빠 만나주시지 못하는 법이 없습니다. 저녁이 찾아오면 그분이 너무 지쳐 자기 자녀들의 기도를 들어주시지 못하는 경우도 없습니다. "쉬지 말고 기도하라." 이 말씀은, 제가 바로 이해했다면, 주님 앞에 언제든 자신의 마음을 토로해도 좋다고 신자에게 주신 가장 달콤하고 가장 보배로운 허락입니다. 저는 이 말씀 속에서 다음과 같이 울리는 매우 세미한 음성을 듣습니다. "오, 내 아들아, 네가 원할 때마다 속죄소로 나아오라. 바랄 때마다 은혜의 보좌로 나아오라."

> "은혜의 복음의 복된 문이
> 밤낮으로 활짝 열려 있네."

하나님의 사랑의 성전의 문은 절대로 닫히지 않을 것입니다. 기도하는 영혼과 하나님 사이에는 어떤 장애물이 있을 수 없습니다. 천사들의 길과 기도의 길은 활짝 열려 있습니다. 우리는 기도의 비둘기를 날려 보내기만 합시다. 그러면 그 비둘기가 입에 평화의 감람나무 잎을 물고 우리에게 다시 돌아온다는 것을 확신할 수 있습니다. 주님은 항상 자신의 종들의 간구에 관심을 갖고 계시고, 그들에게 은혜를 베풀기 위해 기다리고 계십니다.

　　그러나 쉬지 말고 기도하라는 이 말씀은 또한 교훈이기도 합니다. 이 말씀이 무슨 뜻일까요? 그것은 중대한 진리라는 것을 의미합니다. 저는 몇 마디 말로 이 뜻을 여러분에게 전달할 수 없습니다. 그러므로 네 가지나 다섯 가지 요점으로 나누어 제시하도록 하겠습니다.

　　첫째, 그 뜻은 기도를 절대로 포기하지 말라는 것입니다. 기도를 멈추어야 할 어떤 이유나 원인은 절대로 없습니다. 여러분은 구원받을 때까지만 기도하고, 이후에는 멈추어도 된다고 상상하지 마십시오. 죄 사함받은 자들도 죄 의식으로 괴로워하는 자들만큼 기도를 필요로 합니다. "쉬지 말고 기도하십시오." 왜냐하면 여러분은 은혜 안에서 인내할 수 있으려면 기도 안에서 인내해야 하기 때문입니다. 여러분은 은혜를 경험하고 영적 지식을 풍성하게 가지려면 이미 받은 은사와 은혜로 말미암아 기도를 줄이려는 일은 꿈도 꾸어서는 안 됩니다. "쉬지 말고 기도하라." 그렇지 않으면 여러분의 꽃은 시들고 여러분의 영적 열매는 결코 맺지 못할 것입니다. 여러분의 생명이 끝나는 마지막 순간까지 기도를 계속하십시오.

> "그리스도인은 한평생 기도해야 하는데,
> 　그것은 기도하는 동안만 살기 때문이다."

　　우리는 쉬지 않고 숨을 쉬는 것처럼 쉬지 말고 기도해야 합니다. 숨을 쉬지 않으면 삶 속에서 건강이나 힘이나 육체의 기력을 얻지 못하는 것처럼, 기도하지 않으면 영적 성장이나 은혜 안에서 자라감의 징조는 결코 나타나지 않을 것입니다.

> "기도하라! 우리의 삶이 기도니까.
> 　시간이 끝날 때까지 기도하라.
> 　그러면 하늘에서 하나님의 뜻이 이루어지고,
> 　삶은 찬송과 평강으로 가득하리라."

　　사탄이 여러분에게 하나님께 부르짖는 것은 헛된 일이라고 속삭인다고 할지라도 절대로 기도를 멈추지 마십시오. 사탄의 입 속에서도 기도하십시오. "쉬지 말고 기도하라." 만약 한동안 하늘이 노랗게 보이고, 여러분의 기도가 머리 위에서 빙빙 돌다 천둥이 되어 메아리처럼 돌아온다고 할지라도 계속 기도하십시오. 달을 거듭해도 여러분의 기도가 전혀 상달되는 것 같지 않고, 그래서 여러분에게 응답이 주어지지 않는다고 할지라도 계속 주님께 가까이 나아가 기도하십시오. 어떤 이유를 막론하고 은혜의 보좌에 나아가는 것을 포기하지 마십시오. 만약 기도가 여러분에게 하도록 요구받은 좋은 일이라면, 그리고 그것이 하나님의 뜻에 따르는 것이라는 확신이 있다면, 묵시는 정한 때가 있으므로 계속 기다리며, 여러분이 기도한 바를 얻을 때까지 계속 기도하고, 부르짖고, 간청하고, 씨름하고, 필사적으로 노력하십시오.

만약 기도할 때 여러분의 마음이 차갑다면 마음이 따스해질 때까지 기도를 멈추지 마십시오. 여러분의 영혼이 우리의 연약함을 도우시는 성령의 역사로 말미암아 뜨거워질 때까지 기도하십시오. 철이 뜨겁게 되면 망치로 두드리십시오. 철이 식었다면 망치로 두들겨 뜨겁게 하십시오. 어떤 이유나 주장을 막론하고 기도를 멈추지 마십시오. 만약 철학자가 여러분에게 모든 사건은 결정되어 있고, 그러므로 기도로는 어떤 것도 바꿀 수 없으며, 그러기에 기도하는 것은 미련한 짓이라고 말한다면, 그리고 설상가상으로 여러분이 그 철학자에게 아무런 대답을 할 수 없고 약간 당황한다고 할지라도, 조금도 개의치 말고 계속 간구하십시오. 소화에 어떤 문제가 생겼다고 할지라도 먹은 결과가 먹은 행동을 정당화시키기 때문에 먹는 것을 중단할 수는 없습니다. 그런 것처럼 어떤 변명도 기도를 멈추게 할 수 없습니다. 왜냐하면 기도의 보장된 성공이 기도하도록 우리에게 명령하기 때문입니다. 여러분도 하나님이 뭐라고 말씀하셨는지 잘 알고 있습니다. 비록 사람이 제시하는 모든 난제에 대답할 수는 없다고 할지라도 하나님의 뜻에 순종하겠다고 결심하고, 여전히 "쉬지 말고 기도하십시오." 기도의 습관이나 기도의 능력에 대한 확신을 절대로, 절대로, 절대로 포기하지 마십시오.

둘째, 그 뜻은 기도를 규칙적으로 드리는 것을 절대로 미루지 말라는 것입니다. 여러분이 깨어 있는 그리스도인이라면 미신이 아니라 여러분의 편의와 기억을 위해 고정된 시간에 날마다 경건의 시간을 가져야 합니다. 다윗처럼 하루에 세 번, 또 다른 성도처럼 하루에 일곱 번이라도 주님을 찾으십시오. 이 매일 기도를 중단하지 말고 고수하십시오. 이 권면을 본문의 전체 의미로 삼을 수는 없고, 그렇게 하지도 않겠습니다. 저는 다만 지금 이 권면을 부차적 의미로 취해 언급하는 것입니다. "쉬지 말고 기도하라." 곧 아침 기도를 포기하지 마십시오. 저녁 기도를 포기하지 마십시오. 여러분의 습관이 그렇게 되어 있다면 한낮에 기도하는 것도 멈추지 마십시오. 여러분이 원하는 대로 때와 시간을 바꿀지언정 규칙적으로 반복하는 은거(隱居), 묵상, 기도의 습관은 계속 유지하십시오. 여러분이 습관적 기도를 유지할 때 항상 기도하는 자라는 말을 듣게 될 것입니다. 확실히 말하면, 저는 런던에서 산 이래로 항상 구걸을 해온 한 사람을 알고 있다고 말하는 것이 정확할 것입니다. 저는 그곳을 지날 때마다 거기서 그를 보지 않은 적이 한 번도 없었다고 생각됩니다. 그는 맹인이고 교회 근처에 서 있습니다. 제가 기억하는 한, 그는 쉬지 않고 구걸하는 자였습니다. 물론 잠을 잘 때는 구걸하지 않았습니다. 집에 돌아가 식사를 할 때도 구걸하지 않았습니다. 하지만 수년 동안 그가 쉬지 않고 구걸했다고 말한다고 해서 여러분은 그 말이 불합리하다고 생각하지 않을 것입니다. 마찬가지로 여러분이 평소 하는 일에서 벗어나 적당한 시간에 계속 은혜의 보좌에 나아가 인내하며 기도한다면, 여러분을 쉬지 말고 기도하는 자로 부른다고 해도 비교적 정확한 말이 될 것입니다.

　　제게는 모든 시간이 다 똑같은 시간이지만 정해진 시간에 하나님을 만나는 것은 참으로 유익하다는 것을 발견합니다. 왜냐하면 이런 시간은 시계의 태엽을 감아주는 것과 같기 때문입니다. 시계는 온종일 똑딱거리며 가지만 태엽을 감아주는 시간이 있습니다. 우리가 하나님과 교제하기 위해 구별해서 따로 지키는, 작지만 특별한 시간은 나머지 하루의 삶을 위해 태엽을 감아주는 것과 같습니다. 그러므로 여러분은 쉬지 말고 기도하려면 아침과 저녁 제사를 드리는 것을 멈추지 말고, 그것이 여러분의 지속적인 규칙이 되게 하여 여러분의 기도 시간이 와해되지 않도록 하십시오.

　　그러나 이런 시간을 갖는 것은 쉬지 않고 기도하는 일을 보조적으로 돕는 것에 지나지 않습니다. 사실은 다음과 같은 일이 더해져야 합니다. 셋째, 그 뜻은 이런 기도 시간들 외에도 기도가 나오도록 힘쓰라는 것이기 때문입니다. 여러분의 손은 세상 일로 바쁘더라도 여러분의 마음은 여전히 하나님과 대화해야 합니다. 이런 식으로 기도할 때는 스무 마디도 말하지 못할 것입니다. 왜냐하면 대화의 간격이 여러분이 필요로 하는 순간과 일치되지 못하고, 단편적인 말과 감탄사만 나열하게 되기 때문입니다. 우리가 다른 것을 희생시키고 한 가지 의무에만 전력을 다하는 것은 잘못된 일입니다. 또 공부를 그만두고, 일을 하지 않으면서 항상 기도만 하는 것은 잘못된 일입니다. 대신 우리는 그렇게 하지 않으면서 짧은 기도문을 하늘로 올려 보내야 합니다. 우리는 위로 우리의 부르짖음을 올려 보낼 수 있고 "아"나 "오"나 "제발"과 같은 한 마디로 기도할 수 있고, 또는 말 없이 눈으로 위를 바라보거나 마음의 탄식으로 기도할 수 있습니다. 쉬지 않고 기도하는 사람은 경건한 소원이 담긴 다양하게 작은 창과 수류탄을 사용합니다. 그는 이런 것들을 틈만 나면 던집니다. 때때로 그는 규칙적인 기도를 통해 매우 뜨겁게 달아오른 자신의 소원의 풀무를 가동시키고, 그 결과 다른 시기에 그 불꽃들을 짧은 말과 표정과 소원의 형태로 계속 하늘로 올려 보낼 것입니다.

넷째, 우리가 쉬지 않고 기도하려면 항상 기도의 영으로 충만해 있어야 한다는 것입니다. 성령으로 말미암아 새롭게 된 우리의 마음은 항상 북극을 가리키는 경향을 갖고 있는 나침반의 바늘과 같습니다. 물론 그 바늘은 항상 북극을 가리키고 있는 것은 아니고, 여러분이 원한다면 다른 방향으로 돌려놓을 수도 있습니다. 철로 만든 배에서 나침반은 심각한 결함을 드러내고, 모든 상황 속에서 그것이 정확히 사실은 아닙니다. 그러나 만약 여러분이 손가락에 힘을 주어 그 바늘을 동쪽으로 향하도록 돌려놓으면 즉시 자기가 가리키기 좋아했던 북극 방향으로 다시 돌아갈 것입니다. 마찬가지로 여러분의 마음도 기도를 가리키는 자성을 띠게 하십시오. 따라서 의무의 손가락이 당장 기도하는 행동에서 다른 곳으로 방향을 돌려 놓는다고 할지라도 여러분의 영혼 속에서는 기도에 대한 갈망이 여전히 존재할 것이고, 그렇게 할 수 있는 순간이 되면 여러분의 마음은 좋아하는 기도 활동으로 돌아가게 될 것입니다. 돌풍으로 향내를 풍기지 못할 때에도 향은 꽃 속에 있는 것처럼 기도도 여러분의 마음속에 있도록 하십시오.

그러나 마지막으로 제시하는 것이 본문의 의미를 가장 잘 드러낼 것입니다. 다섯째, 본문의 뜻은 바로 이것입니다. 곧 여러분의 모든 행동이 여러분의 기도와 일치되게 하고, 그렇게 하여 여러분의 기도가 사실상 연속되게 하라. 만일 제가 쉬지 않고 기도해야 한다면 그것은 항상 기도에 직접 종사해야 한다는 것을 의미할 수 없습니다. 왜냐하면 현재와 같은 구조 속에서 인간의 마음은 다양한 일에 종사할 필요가 있고, 미치거나 바보가 되지 않고서는 항상 한 가지 기능의 일만 계속할 수는 없기 때문입니다. 그러므로 우리가 쉬지 말고 기도를 계속하려면 기도의 양식이나 방법을 바꾸어야 합니다. 우리는 계속 기도하기를 추구해야 하지만 다른 방식으로 그렇게 해야 합니다. 예를 들어 봅시다. 오늘 아침에 저는 하나님께 하나님의 백성들을 일깨워 기도하게 해 달라고 간구했습니다. 정말 열심히 기도했습니다. 예배당으로 와서도 제 영혼은 계속 절규했습니다. "오, 주여, 당신의 자녀들을 일깨워 기도하게 하소서." 또 여러분에게 설교하고 있는 이 순간에도 똑같은 요점을 강조하고 있습니다. 이것은 제가 기도하는 것이 아닙니까? 제가 지금 똑같은 사실을 갈망하고 목표로 하고 있는데, 저의 설교는 기도를 계속하고 있는 것이 아니겠습니까? 우리가 기도하는 것을 얻고자 최선의 방법을 사용하고 있을 때 그것은 계속 기도하고 있는 것이 아니겠습니까? 여러분은 제가 전하는 말의 요점을 모르겠습니까? 동료 인간을 위해 기도하고 그들의 유익을 구하는 자는 계속 기도하고 있는 것입니다. 이런 의미에서 옛날 시 한 구절 속에 진리가 담겨 있습니다.

> "기도를 가장 잘하는 자가
> 인간과 새와 짐승을 가장 사랑하는 자라."

사랑하는 것은 기도하는 것입니다. 만일 제가 동료 인간의 유익을 추구하고, 그렇게 되도록 노력한다면, 사실상 저는 제 행동을 통해 그의 유익을 위해 기도하고 있는 것입니다. 만일 제가 당연히 그래야 하는 것처럼 다른 무엇보다 하나님의 영광을 추구하고, 저의 모든 행동이 하나님의 영광을 구하는 행동을 의도한다면, 비록 저의 생각이나 입술로는 기도하고 있지 못하더라도, 사실상 계속 기도하고 있는 것입니다. 오, 우리의 전체 삶이 기도가 될 수 있기를 바랍니다. 그리고 그렇게 될 수 있습니다. 비록 대다수 사람들이 기도라고 부르는 것을 자주 쉬는 일이 벌어질지라도 주님 앞에서 얼마든지 쉬지 않고 기도할 수 있습니다. 성도 여러분, 쉬지 말고 기도하십시오. 여러분의 전체 삶이 기도가 되게 하십시오. 여러분의 기도 방법은 바꾸더라도 기도를 추구하는 마음은 바꾸지 마십시오. 그러나 경배와 찬양은 계속 드리십시오. 이것이 본문의 의미라고 저는 생각합니다. 곧 "절대로 조금이라도 기도를 포기하지 마라. 규칙적인 기도를 미루지 말라. 항상 간절한 갈망을 갖고 있으라. 기도의 영으로 언제나 충만해 있으라." 여러분의 삶 전체가 기도와 일치되게 하고, 기도의 한 부분이 되게 하십시오.

3. 쉬지 말고 기도하라는 말씀에 어떻게 순종해야 할까?

우리가 이 명령에 어떻게 순종할 수 있을까요? 첫째, 우리는 할 수 있는 한 최선을 다해 온갖 악한 방해들을 차단할 수 있어야 합니다. "쉬지 말고 기도하라." 항상 기도 행위를 하는 것이 불가능하다면 최소한 가능한 한 많이 기도 행위를 해야 합니다. 그리고 설교 앞부분에서 전했던 방해들, 곧 우리 자신의 죄로 말미암아 자초한 방해들을 피해야 합니다. 할 수 있는 한 우리 속에 있고 우리 주변에 있는 것은 무엇이든 우리가 충분히 기도하는 것을 방해하지 못하도록 깨끗이 정돈합시다. 그리고 다른 사람들의 죄로 말미암아 방해받지 않도록 조심합시다. 다른 사람이 기도를 못하게 합니까? 그들의 분노를 두려워하지 마십시오. 다니엘을 기억합시다. 다니엘은 사자 굴에 던져지는 처벌 규정이 있었음에도 불구하고 예루살렘을 향해 창문을 열고 앞서 해왔던 대로 하루에 일곱 번씩 기도했습니다. 위협이 있고 대가가 없으면 우리는 으레 기도를 쉬게 됩니다. 개인적으로 항상 기도하되, 다른 사람들이 우리를 지켜보는 가운데 기도할 의무가 있게 된다면 사람의 눈을 두려워하지 말고 하나님의 눈을 더 크게 두려워합시다.

다음에 우리는 우리의 기도를 가로막는 온갖 **불필요한** 방해들을 피해야 합니다. 만약 피할 수 있는 어떤 문제가 우리 안에서 기도의 영을 훼방하는 경향을 갖고 있다는 것을 알고 있다면, 우리는 그것을 어떻게든 피해야 합니다. 가능한 한 우리는 기도의 향기를 소멸시키지 않도록 애써야 합니다. 사탄의 방해는 마음을 흩어놓고, 마음을 궤도에서 벗어나게 하고, 마음의 목적을 어긋나게 하겠지만 하나님 앞에서 굳게 결심하고, 하나님을 굳건하게 따르는 길에서 절대로 벗어나지 않도록 합시다. 토머스 에브니 경은 오랜 세월 동안 가족 기도를 규칙적으로 실천했습니다. 그러던 그가 런던 시장에 당선되었고, 당선되던 날 밤에 축하 연회에 참석해야 했습니다. 그러나 가족을 모아놓고 기도할 시간이 되자 그는 바리새인처럼 보이는 것도 싫었고 기도회를 포기하는 것도 싫었습니다. 그래서 참석자들에게 이렇게 핑계를 댔습니다. 곧 매우 가까운 친구와 중요한 약속이 있으니, 몇 분간만 양해해 달라고 말입니다. 그런데 이 말은 대부분 사실이었습니다. 그의 가장 가까운 친구는 주 예수님이었고, 가족 기도회는 중요한 약속이었기 때문입니다. 그렇게 해서 그는 가족 기도회를 위해 잠시 자리를 비웠고, 그렇게 함으로써 쉬지 말고 기도하게 되었습니다. 우리는 때때로 선한 일로 우리의 기도를 방해받고, 그래서 그 일을 악한 일로 만들고 맙니다. 로우(Rowe)

부인은 한 편지 속에서 이렇게 말합니다. 만일 열두 사도가 자신이 살고 있는 마을에서 설교하고, 그 설교를 다시는 들을 기회가 없다고 할지라도, 그 시간이 자신의 개인기도 시간이라면, 설교를 듣고 싶은 마음 때문에 골방을 박차고 뛰어나오지는 않을 것이라고 말입니다. 물론 저는 이 부인이 개인기도 시간을 다른 시간으로 옮기고, 그래서 기도도 하고 설교도 듣는 혜택을 누릴 수도 있지만, 동시에 기도 시간을 잃는 대신 설교를 듣는 선택을 할 수도 있다고 생각하지만, 그것은 금을 은으로 바꾸는 것이 될 것이라는 이 부인의 말에 동조합니다. 이 부인은 말씀을 듣는 것보다 기도하는 데서 더 큰 유익을 얻었습니다. 기도가 설교의 목표니까요. 설교가 밀의 줄기라면 기도는 황금빛 열매 자체이고, 그 열매를 얻는 자가 가장 좋은 것을 얻는 자입니다.

　때때로 우리는 너무 바빠 기도할 시간이 없다고 생각합니다. 이것 역시 큰 착각입니다. 왜냐하면 기도하는 것이 시간을 절약하는 길이기 때문입니다. 여러분은 루터가 한 말을 기억할 것입니다. "오늘은 할 일이 너무 많기 때문에 최소한 세 시간 동안 기도하지 않고는 기도를 끝마칠 수 없다." 루터는 평소에 기도하는 데 그렇게 많은 시간을 보내지 않았지만 그날은 바쁜 날이었기 때문에 하나님과 더 많은 교제를 가질 필요가 있었던 것입니다. 그러나 어쩌면 우리의 일이 아주 이른 시간에 시작될 수 있고, 그래서 우리는 "어떻게 홀로 기도로 하나님과 만날 수 있겠는가?"라고 말합니다. 이에 대해서는 헨리 해블럭(Henry Havelock) 경에 대하여 할 말이 있습니다. 해블럭 경은 매일 아침 6시에 근무를 시작했는데, 항상 4시에 일어나 성경을 읽고 하나님과 교제하는 시간을 빼먹지 않았습니다. 만일 우리가 기도할 시간이 없다면 기도할 시간을 만들어 내야 합니다. 왜냐하면 부차적인 의무를 감당할 시간을 우리에게 주셨다면, 일차적인 의무를 감당할 시간도 당연히 주셨을 것이고, 하나님께 가까이 나아가는 것은 일차적인 의무에 속하며, 우리는 어느 한편에만 시간을 할애할 이유가 전혀 없기 때문입니다. 어떤 의무든 희생할 실제적인 필요는 전혀 없습니다. 우리는 게으르지만 않다면 모든 의무를 충분히 감당할 시간을 갖고 있습니다. 진실로 전자와 후자는 상충되는 것이 아니라 서로를 도울 것입니다. 에드워드 페이슨(Edward Payson)은 대학에 다닐 때 수업에 참석하고 시험을 준비하는 등 할 일이 너무 많아 개인기도 시간을 충분히 가질 수 없다는 것을 알았습니다. 그러나 결국은 습관 때문에 경건의 의무를 실천해야겠다고 느끼고 적절한 때에 경건의 시간을 갖게 되었습니다. 그는 일기에서, 기도를 통해 하나님과 함께 보낸 후에 한 주간 동안 공부하며 이룬 것이 그 전에 1년 동안 공부하며 이룬 것보다 더 많았다고 지적합니다. 하나님은 시간을 활용하는 우리의 능력을 배가시키실 수 있습니다. 만약 우리가 주님께 마땅히 드려야 할 것을 드린다면 모든 필요한 목적을 이루기에 충분한 것을 받게 될 것입니다. 무엇보다 먼저 하나님의 나라와 그 의를 구하십시오. 그러면 이 모든 것을 여러분에게 더해주실 것입니다. 여러분이 하나님과의 약속을 잊지 않는다면 다른 약속들도 순조롭게 이루어질 것입니다.

사랑하는 성도 여러분, 쉬지 말고 기도하기 위해서는 기도에 대한 게으름을 타파해야 합니다. 저는 성령께서 기도의 달콤함과 가치를 가르쳐 주기 전에는 아무도 기도를 좋아하지 못할 것이라고 생각합니다. 만약 여러분이 항상 쉬지 않고 기도해 왔다면 앞으로도 쉬지 않고 기도하게 될 것입니다. 기도하는 것을 좋아하지 않는 사람들은 기도의 은밀한 기쁨에 대해서는 남이 될 것입니다. 기도가 기계적인 행위가 되고 그 안에 혼이 담겨 있지 않다면, 기도는 속박이고 피곤한 일입니다. 그러나 진정 살아 있는 기도가 될 때, 그리스도인이기에 기도할 수밖에 없어서 기도할 때, 길을 가면서 기도하고 사업장에서 기도하고 집에서 기도하고 들판에서 기도할 때, 그의 전 영혼이 기도로 충만할 때 기도가 부담이 되는 일은 있을 수 없습니다. 기도할 때 예수님을 만나는 자는 기도할 때 주저하는 법이 없습니다. 그러나 지극히 사랑하시는 분을 모르는 자는 기도를 고된 일로 간주할 것입니다.

다른 무엇보다 우리는 기도할 때 무감각과 무관심을 피해야 합니다. 오, 우리의 마음이 떠난 말로 하늘의 엄위를 모독하는 것은 얼마나 두려운 일일까요! 내 영혼아, 내가 반드시 그대에게 그대는 하나님과 교제해야 하고, 만일 그대의 기도 속에 하나님과 대화하지 않는다면 그렇게 될 때까지 계속 기도해야 한다는 사실을 가르쳐줄 것이다. 그러니 기도할 때까지 속죄소를 떠나지 말라.

사랑하는 성도 여러분, 여러분의 영혼에게 이렇게 말해 주십시오. "지금 나는 은혜의 보좌 앞에 나아가 하나님을 경배하고 하나님의 복을 구하고 있다. 이 일을 다 이룰 때까지 돌아가지 않을 것이다. 절대로 무릎을 털고 일어서지 아니할 것이다. 지금까지는 습관적으로 잠시 기도했지만 이제는 복을 받을 때까지 기도할 것이다." 여러분이 이처럼 결연하게 기도하는 것을 볼 때 사탄은 종종 시험을 포기하고 떠나갈 것입니다. 성도 여러분, 우리는 깨어 있어야 합니다. 우리 안에서 판에 박힌 일이 자라납니다. 우리는 연자 맷돌을 돌리는 말의 길로 들어섭니다. 맷돌을 돌리고, 돌리고, 또 돌립니다. 이런 상태에서 하나님께서 우리를 건져내시기를 바랍니다. 그것은 치명적이니까요. 어떤 사람은 20년 동안 규칙적으로 기도했습니다. 그러나 시간이 흐를수록 형식화되고 그 기간에 단 한 번도 참된 기도를 드리지 못했습니다. 마음속에서 우러나온 한 마디의 참된 신음 소리는 백만 번의 기도문 암송과 같은 가치가 있고, 한 번의 살아 있는 호흡이 만 번의 기도문보다 효력이 있습니다. 하나님의 은혜로 쉬지 말고 기도하는 자가 되도록 우리가 깨어나기를 바랍니다.

사랑하는 성도 여러분, 우리가 쉬지 말고 기도하라는 의무를 실천하려면 응답에 대한 절망 같은 것과 싸워야 한다는 것을 명심합시다. 만약 우리가 여섯 번 기도한 후에도 응답받지 못했다면 엘리야처럼 일곱 번째 다시 나아가야 합니다. 우리의 베드로가 옥에 갇혀 있고, 교회가 베드로가 풀려나게 해달라고 하나님께 기도했는데도, 옥 안에 갇혀 여전히 사슬에 매여 있다면 베드로가 문을 두드리는 날이 이를 때까지 계속 기도해야 합니다. 두드리고, 두드리고, 또 두드리십시오. 두드리는 것에 구하는 것을 더하고, 구하는 것에 찾는 것을 더하십시오. 참된 응답을 받을 때까지 만족하지 맙시다.

또한 주제넘음 때문에 기도를 멈추는 일이 없도록 하십시오. 그것을 조심하십시오. 오, 그리스도인 여러분, 여러분은 항상 기도할 필요성을 느껴야 합니다. "나는 부자라 부요하여 부족한 것이 없다"(계 3:17)고 말하지 마십시오. 여러분은 본질상 아직도 헐벗었고, 가난하고, 비참합니다. 그러므로 계속 기도하고, 주님에게서 순금과 깨끗한 옷을 구입해야 부자가 되고, 어울리는 옷을 입게 될 것입니다.

사랑하는 성도 여러분, 지금까지 저는 여러분에게 주제넘음과 절망과 게으름과 무감각을 물리침으로써, 그리고 죄악된 것을 비롯한 온갖 방해들을 피함으로써 쉬지 않고 기도하는 법에 대하여 설명했습니다.

4. 쉬지 말고 기도하라는 말씀에 왜 순종해야 하는가?

이제 마지막으로 매우 간략히 전할 말씀은 우리가 이 교훈에 복종하는 이유입니다. 물론 우리는 이 교훈이 신적 권위가 있기 때문에 복종해야 합니다. 그러나 더 나아가 우리는 주님이 항상 경배받기에 합당하신 분이기 때문에 이 교훈을 받들어야 합니다. 기도는 경배의 한 방식입니다. 그러므로 쉬지 말고 기도함으로써 여러분의 창조자, 여러분의 보존자, 여러분의 구속자, 여러분의 아버지께 항상 경의를 표하십시오. 이런 왕께 우리는 경의를 표하는데 느슨해져서는 안 됩니다. 그분께 지속적으로 찬양의 세금을 납부해야 합니다. 항상 그분의 이름을 높이고 송축해야 합니다. 주님의 원수들은 그분을 저주합니다. 그러나 우리는 쉬지 말고 그분을 찬송해야 합니다. 성도 여러분, 나아가 우리 안에 있는 사랑의 영이 쉬지 말고 하나님께 가까이 나아가도록 촉구한다는 것을 확실히 기억합시다. 그리스도는 우리의 신랑입니다. 신부가 소중한 신랑을 사랑하지 않는다면 결혼 서약이 참된 것이 되겠습니까? 하나님은 우리 아버지가 되십니다. 어떤 아들이 아버지의 무릎에 앉기를 바라지 않고 아버지의 얼굴의 미소를 받고자 하지 않겠습니까? 만약 여러분과 제가 날마다 하나님과 전혀 교제가 없이 살 수 있다면, 어떻게 우리 안에 하나님의 사랑이 거하겠습니까? "쉬지 말고 기도하십시오." 왜냐하면 주님은 여러분을 사랑하는데 결코 쉬지 않고, 여러분을 축복하는데 결코 쉬지 않고, 여러분을 자신의 자녀로 간주하는데 결코 쉬지 않기 때문입니다.

　"쉬지 말고 기도하십시오." 왜냐하면 여러분은 여러분이 하고 있는 모든 일에 대하여 복을 받기 원하기 때문입니다. 그것이 일상적인 일입니까? "여호와께서 집을 세우지 아니하시면 세우는 자의 수고가 헛되며"(시 127:1). 그것이 사업입니까? 여러분이 일찍이 일어나고 늦게 누우며 수고의 떡을 먹음이 헛됩니다. 왜냐하면 하나님이 없이는 여러분은 번성할 수 없기 때문입니다. 여러분은 "오늘 우리에게 일용할 양식을 주시옵고"라고 기도하도록 배웠습니다. 이것은 세상 것에 대한 영감받은 기도입니다. 오, 기도로 여러분의 세상사를 성결하게 하십시오. 그리고 여러분이 하나님을 섬기는 일에 종사하고 있다면 하나님의 복을 받지 않고 성공에 대한 소망을 가질 수 있는 일이 무엇이 있겠습니까? 젊은이들을 가르치는 것, 복음을 설교하는 것, 전도 책자를 나누어주는 것, 무지한 자를 깨닫게 하는 것, 이 모든 일은 하나님의 복을 받아야 하는 일이 아닙니까? 하나님의 은혜를 받지 못한다면 어떻게 되겠습니까? 그러므로 일하는 동안 기도하십시오.

　여러분은 항상 시험받을 위험 속에 있습니다. 여러분이 원수에게서 공격받지 않을 지점이 삶 속에는 없습니다. 그러므로 "쉬지 말고 기도하십시오." 어떤 사람이 어두운 길을 가는데 그곳에 원수들이 있다는 것을 알고 있다면, 그리고 홀로 가야 하는데 그에게 칼이 있다면, 손에 칼을 쥐고 감으로써 원수들에게 자신이 대비하고 가고 있다는 것을 알려줄 것입니다. 이와 같이 그리스도인도 쉬지 말고 기도해야 합니다. 여러분의 손에 기도의 칼을 들고 가십시오. 존 번연이 말하는 모든 기도의 강력한 무기를 휘두르십시오. 절대로 칼집에 꽂지 마십시오. 그 칼은 쇠로 된 갑옷도 뚫어버릴 것입니다. 여러분은 기도만 할 수 있다면 어떤 원수도 두려워할 필요가 없습니다. 여러분은 쉬지 않고 시험을 받으므로 쉬지 말고 기도하십시오.

여러분은 항상 기도해야 합니다. 왜냐하면 무엇이든 항상 부족하기 때문입니다. 여러분은 하나님께 무엇인가 구하지 않아도 될 만큼 부유한 상태에 있었던 적은 결코 없습니다. 여러분이 "나는 모든 것을 갖고 있다"고 말하는 것은 불가능합니다. 또는 그렇게 말할 수 있다면 오직 그리스도 안에서 그것을 가질 수 있고, 그리스도에게서 그것들을 계속 구해야 합니다. 여러분은 항상 부족한 상태에 있기 때문에 항상 자비의 문에서 구해야 합니다. 더구나 복은 항상 여러분을 기다리고 있습니다. 천사들은 여러분이 알지 못하는 은혜들을 준비하고 있고, 여러분은 그것을 구하기만 하면 갖게 됩니다. 오, 그렇게 꾸물거리지 않고 구할 때 무엇을 얻을 수 있는지 여러분이 보기를 바랍니다. 아직도 하늘 저편에는 값으로 따질 수 없는 복들이 쌓여 있으니, 오, 그 복들이 여러분이 기도하기만 기다리고 있음을 알아차렸다면, 한순간도 지체하지 말고 기도해야 할 것입니다. 농사가 유익하고, 자신의 땅이 풍성한 수확을 안겨줄 것을 알고 있는 사람은 기꺼이 다음 해에 더 넓은 땅에 씨를 뿌릴 것입니다. 마찬가지로 하나님께서 기도에 응답하시고, 또 계속 응답하실 준비를 하고 계신다는 것을 알고 있는 사람은 입을 크게 벌려 하나님께서 가득 채우도록 하실 것입니다.

성도 여러분, 계속 기도하십시오. 왜냐하면 비록 여러분 자신에 대한 기도는 부족하지 않다고 할지라도 여러분의 기도를 필요로 하는 다른 사람들이 있기 때문입니다. 죽어가는 자, 병든 자, 가난한 자, 무지한 자, 타락한 자, 하나님을 모독하는 자, 국내의 이교도와 해외의 이교도 등이 여러분의 기도를 필요로 하고 있습니다. "쉬지 말고 기도하십시오." 왜냐하면 원수가 끊임없이 활동하고 있고, 아직도 하나님의 나라가 시온에 임하지 않았기 때문입니다. 여러분은 절대로 "나는 기도를 끝냈다. 기도할 것이 없기 때문이지"라고 말할 수 없습니다. 하늘 이

편에서는 아직도 기도해야 할 것이 창공의 별들만큼 무수히 많습니다.

이제 왜 우리가 특별히 기도해야 하는지 간단히 말씀드리고 설교를 마치도록 하겠습니다. 사랑하는 성도 여러분, 이 교회는 쉬지 말고 기도해야 합니다. 우리는 지난 세월 동안 기도에 크게 힘썼습니다. 만약 교회가 항상 기도했다면, 우리 교회가 바로 그랬습니다. 저는 기도를 훼방하는 일부 사람들에게서 많은 잘못을 발견하기도 했지만 하나님 보시기에 오랜 세월 동안 이 교회에 살아 있는 기도가 있었고, 그래서 오랫동안 평강과 부흥의 역사가 있었던 것을 알고 느낀다는 것을 말하고 싶습니다. 우리는 기도가 부족하지 않았기 때문에 부족한 것이 없었습니다. 우리가 드린 것보다 더 많은 기도를 드렸더라면 훨씬 더 부흥했으리라는 것을 저는 의심하지 않습니다.

지금도 이 교회에서 기도는 매우 강력하게 드려지고 있습니다. 그런데 성도 여러분, 여러분에게 목사가 없다고 가정해 보십시오. 설교자가 여러분을 떠났다고 상정해 보십시오. 이 강단의 검은 천이 고인이 된 장로를 위한 것이 아니라 설교자 자신을 위한 것이라고 생각해 보십시오. 그렇다면 아마 여러분은 설교자를 위해 기도할 것입니다. 그렇지 않겠습니까? 그러므로 제가 살아 있는 동안 여러분은 저를 위해 기도해 주시지 않겠습니까? 만약 여러분이 앞으로 부임할 다른 설교자를 위해 기도할 생각이라면 제가 여기 있는 동안 저를 위해 기도해 주시지 않겠습니까? 저는 여러분 앞에서 하나님 보시기에 모든 열심을 다해 사역을 감당하고 싶습니다. 그러나 여러분의 기도가 없으면 저는 절대로 그렇게 할 수 없습니다. 그리고 제가 여러분을 떠나면 여러분은 많은 한숨을 쉬고 후임자를 찾기 위해 기도할 것입니다. 그러니 아직 여러분과 함께 있을 때 저를 위해 기도해 주십시오. 사랑하는 성도 여러분, 목사가 병이 들었을 때 그를 위해 매우 간절히 기도해 주었습니다. 여러분의 기도는 목사에게 위안이 되고 회복제가 되었습니다. 이제는 목사가 복음을 잘 전할 수 있도록, 건강할 때 하나님을 성결하게 섬길 수 있도록, 진리의 사역이 영혼들을 힘 있게 구원할 수 있도록 기도해 주시지 않겠습니까? 제가 여러분에게 기도를 요청합니다. 여러분에게 기도를 요구할 수 있다고 생각합니다. 성도 여러분, 여러분에게 간청하는데, 우리 목사들을 위해 기도해 주십시오.

사랑하는 성도 여러분, 우리 가운데 회심하는 역사가 없었다고 가정해 봅시다. 그러면 여러분은 기도하지 않겠습니까? 그리고 회심의 역사가 매우 많이 일어났다는 것이 기도를 멈추는 이유일 수 있겠습니까? 하나님께서 우리에게 많은 것을 주셨다고 해서 우리가 하나님을 덜 섬겨야 되겠습니까? 회심의 역사가 일어나지 않는 한 번의 기도를 올려 보내는 대신 이제 우리는 우리 속에서 하나님이 계속 구원을 일으키는 열 번의 기도가 있어야 할 것입니다.

우리가 분열되어 많은 파당과 시기와 언쟁이 있다고 상정해 봅시다. 신실한 성도들은 쓰라린 마음을 갖고 기도하지 않겠습니까? 분열이 없고 기독교적 사랑이 풍성하기 때문에 기도하지 않습니까? 확실히 다시 말하는데, 여러분은 하나님께서 여러분을 더 잘 대해 주신다고 해서 하나님을 더 나쁘게 대하지는 아니할 것입니다. 그것은 정말 미련한 짓이니까요.

오늘날 우리가 수많은 박해자들에게 둘러싸여 있고, 도처에서 우리 안에 오류가 파고들어 우리에게 해를 끼친다고 생각해 봅시다. 그러면 주님을 사랑하는 여러분은 기도하지 않겠습니까? 그런데 지금 우리는 평화롭게 살고 있고, 우리 주변에는 오류가 진을 치고 있지만 우리 진영 안에는 없습니다. 그래서 여러분은 주님과 더욱 교제하지 않습니까? 세 번째로 말하는데, 하나님께서 우리에게 더 많이 베푸시는 것 때문에 덜 기도해야 하겠습니까? 오, 안됩니다. 하나님께서 더 많이 베푸실수록 우리는 하나님의 이름을 더 높이고 더 찬미해야 합니다.

지금 당장 우리는 기도를 필요로 합니다. 왜냐하면 어떤 성도들은 냉랭해지고 과거의 죄로 돌아가고 있기 때문입니다. 우리는 지금 기도를 필요로 합니다. 왜냐하면 우리가 그리스도를 위해 많은 일을 하고 있기 때문입니다. 모든 기관이 할 일이 가득합니다. 우리는 큰 수고에 대하여 큰 복을 원합니다. 우리는 기도를 통해 많은 성과를 얻었습니다. 왜냐하면 처음으로 그 성과에 대하여 들은 사람은 귀를 의심할 정도로 깜짝 놀라기 때문입니다. 교회로서의 우리의 역사는 사도 시대 교회의 역사와 비교해도 뒤지지 않았습니다. 우리는 모든 사람의 눈에 하나님의 팔이 나타나는 것을 보았습니다. 그리고 이 강단에서의 증언이 땅 끝까지 이르렀고 수많은 사람들이 구주를 만났습니다. 이 모든 것은 많은 기도의 응답이었습니다. 그러므로 쉬지 말고 기도하십시오.

오, 태버너클 교회여, 그대가 갖고 있는 것을 굳게 붙들어 아무도 그대의 면류관을 빼앗지 못하게 하라. 오, 그리스도의 심판대 앞에 섰을 때 목사와 교인 모두 기도하지 않았거나, 주님의 일을 소홀히 했다는 참소를 당하지 않도록 우리가 합심하여 계속 기도하는 교회가 되도록 합시다. 제가 말한 이 모든 것이 내일 기도할 때 더 간절하고 강렬하게 기도하도록 만들기를 절실하게 바랍니다. 그러나 우리 모두가 항상 더 열렬하고 자주, 즉시, 지속적으로 기도할 수 있기를 바랍니다. 예수님의 이름으로 성령 안에서 기도하기를 바랍니다.

데살로니가후서

제

1

장

—

믿음의 성장의 필요성

—

"형제들아 우리가 너희를 위하여 항상 하나님께 감사할지
니 이것이 당연함은 너희의 믿음이 더욱 자라고 너희가 다
각기 서로 사랑함이 풍성함이니." — 살후 1:3

지난 주일에는 "작은 믿음"을 성원하고 격려하는 말씀을 전하는데 힘써 전했습니다. 구주로부터 "믿음이 작은 자여 왜 의심하였느냐?"는 말씀을 들은 자들을 보혜사 성령께서 전한 말씀으로 강건하게 하셨을 것이라고 믿습니다. 그러나 우리 가운데 작은 믿음을 가진 자들 속에 남아 있기를 바라는 사람은 하나도 없습니다. 우리는 좋은 곳으로 나아가기를 간절히 소망합니다. 우리가 이제 막 천국 경주를 시작했다면 그것은 좋은 일입니다. 올바른 길로 처음 몇 단계를 거치는 동안에는 위로의 땅이 있습니다. 그러나 우리는 출발 지점에 계속 멈춰 있으려고 하지는 않습니다. 우리의 갈망은 결승점과 면류관을 향해 달려가는데 있습니다. 이 설교를 시작하면서 저의 기도는 우리 각자가 작은 믿음에서 벗어나 더 높은 확신의 땅으로 올라가고, 그리하여 우리를 지극히 사랑하는 자들이 "형제들아 우리가 너희를 위하여 항상 하나님께 감사할지니 이것이 당연함은 너희의 믿음이 더욱 자라고"라고 말할 수 있도록 만드는데 있습니다.

데살로니가에 있는 예수 그리스도의 교회는 매우 좋지 않은 상황에서 시작했습니다. 베뢰아 사람들에 대하여 자주 인용되는 본문을 생각해 보십시오. "베뢰아에 있는 사람들은 데살로니가에 있는 사람들보다 더 너그러워서 간절한 마음

으로 말씀을 받고 이것이 그러한가 하여 날마다 성경을 상고하므로"(행 17:11). 이 기록은 데살로니가의 회심한 자들에게 하는 말이 아닙니다. 회당에서 바울의 설교를 듣고, 구약 성경에 대한 언급을 통해 바울이 가르친 것을 시험해 보기를 거부한 유대인들에게 하는 말입니다. 그들은 고상한 사람들이 아니었지만 그들 가운데에는 강력한 은혜에 사로잡혀 참 메시야를 믿게 된 사람들이 있었습니다. 그래서 그들은 베뢰아 사람들보다 더 고상한 사람들이 되었습니다. 그 이유는 우리는 베뢰아에는 교회가 세워졌다는 말을 듣지 못하고, 또 사도는 베뢰아에 편지를 보낸 적도 없었기 때문입니다. 데살로니가 교회 교인들은 진심 어린 칭찬으로 빛나는 두 편의 편지를 받았습니다. 바울은 빌립보 교회 교인들을 칭찬했으나 데살로니가 교회 교인들에 대해서는 더 큰 칭찬을 했습니다. 그들을 기억할 때마다 하나님께 감사했고, 하나님의 교회들에게 그들의 인내와 믿음을 자랑했습니다.

여러분의 성경책을 펼쳐놓고 이 놀라운 상황을 얼마나 파악할 수 있는지 확인해 보기를 바랍니다. 본문은 데살로니가 교회 교인들의 믿음과 사랑의 성장에 대하여 하나님께 감사하는 것으로 가득 차 있습니다. 제 마음속에는 이 감사가 데살로니가전서의 메아리처럼 들립니다. 데살로니가전서는 데살로니가후서의 열쇠이자 원인입니다. 사람은 어느 지역에서 성공했을 때, 매우 자주 자신의 성공을 그 지역과 연계시켜 말하는 마음을 갖게 됩니다. 우리는 뿌린 대로 거둡니다. 하나님의 은혜로 말미암아 바울은 큰 소망과 신뢰와 기도를 갖고 데살로니가 사람들에게 씨를 뿌릴 수 있었고, 그 결과 풍성한 열매를 거두었습니다.

바울이 데살로니가 교회에 믿음과 사랑이 존재한다는 사실을 분명히 인정하는 것으로 편지를 시작했다는 점(살전 1:2, 3)을 주목하기 바랍니다. "우리가 너희 모두로 말미암아 항상 하나님께 감사하며 기도할 때에 너희를 기억함은 너희의 믿음의 역사와 사랑의 수고와 우리 주 예수 그리스도에 대한 소망의 인내를 우리 하나님 아버지 앞에서 끊임없이 기억함이니." 뿌리를 먼저 인정하고, 다음에 꽃을 봅시다. 믿음이 영혼 속에 있는 것을 보고, 그 믿음에 미소를 짓고 그 믿음을 자라게 합시다. 그러면 그 믿음이 지속적으로 증가하는 것을 예상할 수 있습니다. 본문에서 바울은 믿음을 자라는 것으로, 사랑은 풍성한 것으로 언급하고, 다음 구절에서는 인내를 언급하는데, 인내는 소망의 결과 ― "소망의 인내" ― 입니다. 바울은 데살로니가 교회 교인들 속에서 영적 세 자매 곧 믿음과 소망과 사랑의 탄생을 지적했습니다. 바울은 자신이 기꺼이 인정한 것이 이후로 크게 자라난 것을 보았습니다. 씨를 소중히 여기는 사람은 그 씨에서 자라난 식물을 보고 즐거워할 것입니다. 여러분의 보호 아래 있는 자녀 속에서 어떤 좋은 새로운 현상이 나타나는 장면을 보십시오. 그러면 여러분은 자녀가 자라는 것을 곧 보게 될 것입니다. 작은 상태에 있을 때를 무시하지 마십시오. 싹의 모습으로 존재하는 믿음을 인정하는 법을 배우면 여러분은 곧 꽃이 핀 믿음, 열매로 맺어진 믿음을 보게 될 것입니다. 그러므로 아직 불완전하다는 이유로 연약한 은혜를 무시하거나 비판하지 마십시오. 대신 그 시작에 대하여 감사하십시오. 그러면 그 성장을 기쁨으로 보게 될 것입니다.

믿음의 시작을 인정한 다음 바울은 그 믿음을 자라게 하기 위해 열심을 다했습니다. 데살로니가전서 2장에서 7-8, 11-12절을 보십시오. "우리는 그리스도의 사도로서 마땅히 권위를 주장할 수 있으나 도리어 너희 가운데서 유순한 자가 되어 유모가 자기 자녀를 기름과 같이 하였으니 우리가 이같이 너희를 사모하여 하나님의 복음뿐 아니라 우리의 목숨까지도 너희에게 주기를 기뻐함은 너희가 우리의 사랑하는 자 됨이라." "너희도 아는 바와 같이 우리가 너희 각 사람에게 아버지가 자기 자녀에게 하듯 권면하고 위로하고 경계하노니 이는 너희를 부르사 자기 나라와 영광에 이르게 하시는 하나님께 합당히 행하게 하려 함이라." 바울은 데살로니가 교회를 돌보는데 온 힘을 다해 밤낮으로 수고했습니다. 그리고 그 결과 바라는 것을 얻었습니다. 왜냐하면 하나님의 농사법에서도 눈물을 흘리며 열심히 씨를 뿌리고 경작하는 자는 의심할 여지 없이 기쁨으로 단을 다시 거두어 돌아온다는 것이 사실이기 때문입니다.

바울은 공적 수고에 개인 기도를 동반했습니다. 데살로니가전서 3장 12절과 본문이 어떻게 일치하는지 확인해 봅시다. "또 주께서 우리가 너희를 사랑함과 같이 너희도 피차간과 모든 사람에 대한 사랑이 더욱 많아 넘치게 하사." 이것은 바울의 기도였습니다. 그리고 정확히 기도한 대로 응답받았습니다. 바울은 각각 피차간에 사랑이 넘치는 것을 보았습니다. 주님께서 바울의 편지의 기도를 기록해 두고 그 간청에 일치되도록 응답하신 것 같았습니다. 만약 우리가 입을 크게 벌린다면 주님은 가득 채우실 것입니다. 성도 여러분, 우리는 그 은혜로운 시작을 얼마나 편안하게 인식하고 있습니까? 또 그 은혜가 자라도록 얼마나 힘쓰고 있으며, 얼마나 기도로 진지하게 보좌하고 있습니까? 그렇게 하고 있다면 때가 되면 우리에게 그 결과가 허락될 것입니다!

그뿐만이 아닙니다. 바울은 계속해서 사랑과 믿음으로 충만하라고 그들에게 권면했습니다. 데살로니가전서 4장 9-10절을 보십시오. "형제 사랑에 관하여는 너희에게 쓸 것이 없음은 너희들 자신이 하나님의 가르치심을 받아 서로 사랑함이라 너희가 온 마게도냐 모든 형제에 대하여 과연 이것을 행하도다 형제들아 권하노니 더욱 그렇게 행하고." 바울은 데살로니가 교회를 위해 조용히 기도했을 뿐만 아니라 간절한 당부도 잊지 않았습니다. 바울은 그들에게 더욱 그렇게 행하라고 명령합니다. 이에 반응해 그들은 더욱 그렇게 행했고, 그래서 본문에서 바울은 "너희의 믿음이 더욱 자라고"라고 말합니다. 사람이 "더욱"(more and more)이라고 말할 때에 그것은 "크게"라는 말을 다르게 표현하는 것입니다. 그렇지 않습니까? 데살로니가 교회 교인들에 대하여 바울은 큰 마음을 갖고 있었습니다. 바울은 믿음과 사랑이 "더"(more) 자라기를 원했고, 그래서 한 걸음 더 나아가 그렇게 하도록 "더"라는 말을 한 번 더 사용해 "더욱"(more and more)이라고 말합니다. 보십시오. 이 권면은 간절한 마음에서 나온 것이고, 하나님께서 자기 종에게 이루어 주신 것으로, 데살로니가 교회 교인들은 기꺼이 사도의 권면을 따랐습니다.

그러나 바울은 자기의 기도와 권면에 믿음을 더하였습니다. 데살로니가전서 5장 23-24절을 보고, 그렇지 않은지 확인해 보십시오. "평강의 하나님이 친히 너희를 온전히 거룩하게 하시고 또 너희의 온 영과 혼과 몸이 우리 주 예수 그리스도께서 강림하실 때에 흠 없게 보전되기를 원하노라 너희를 부르시는 이는 미쁘시니 그가 또한 이루시리라." 우리가 하나님께서 그것을 이루실 것을 확신할 때 그것은 확실히 이루어질 것입니다. 우리는 믿음 없이 구하기 때문에 수많은 복을 놓칩니다. 바울은 자신이 주님께 구한 간구가 이루어질 것으로 믿었습니다. 그리고 그의 믿음대로 응답을 받았습니다. 굳게 믿는 자는 머지않아 감사를 열렬하게 쏟아낼 것입니다. 바울의 기도의 아들이요 수고의 아들이요 믿음의 아들인 데살로니가 교회는 놀라운 믿음의 진보를 이루었고 엄청나게 따스한 사랑을 보여주었습니다. 주님은 일꾼인 우리에게도 바울의 마음과 정신을 주시고, 다른 사람들에 대한 태도에 있어서 바울을 따르도록 우리를 이끄실 것이므로, 저는 우리의 선한 뜻이 이루어질 것을 믿어 의심치 않습니다. 만약 우리가 올바르다면 우리가 잘 되기를 구하는 교회나 학급이나 가정이 부흥하는 것을 보게 될 것입니다. 우리는 그들에 대하여 기도할 의무를 느낄 때 그들에 대하여 하나님께 감사하게 될 것도 느끼게 될 것입니다.

　설교에 들어가기 전에 잠시 멈추어 그리스도인으로서 우리에게 바울이 "형제들아 우리가 너희를 위하여 항상 하나님께 감사할지니 이것이 당연함은 너희의 믿음이 더욱 자라고 너희가 다 각기 서로 사랑함이 풍성함이니"라고 말할 수 있을지 물어보고 싶습니다. 여러분은 어떻게 생각합니까? 여러분의 목사가 여러분에 대하여 하나님께 감사할 수 있겠습니까? 여러분과 가장 가깝고 절친한 그리스도인 친구가 여러분에 대하여 항상 하나님께 감사한다고 느낄 수 있겠습니까? 그렇지 못하다면 왜 그럴까요? 오, 우리가 다른 사람들 속에서 감사의 원인을 찾을 수 있는 행복한 상태에 들어갈 수 있기를 바랍니다! 당연히 그렇게 되어야 할 것입니다. 우리는 하나님을 영화롭게 함으로써 사람들이 우리의 선한 행실을 보고 하늘에 계신 우리 아버지를 찬양해야 합니다.

　한 가지만 더 물어보겠습니다. 여러분은 우리가 어떤 사람이 우리를 칭찬할 정도로 안심할 만한 상태에 있다고 생각합니까? 우리 자신은 이처럼 칭찬을 받고 감사의 대상이 될 정도로 안전한 상태에 있습니까? 칭찬을 받을 정도가 되려면 큰 은혜가 요구됩니다. 비난은 우리에게 큰 상처를 주지 않습니다. 사람은 비방과 낙심과 맞서 싸우지만 거기서 나오는 것은 순전한 악이 될 수 없습니다. 그러나 칭찬은 곧 교만이 되고, 그러므로 순전한 선이 아닙니다. "도가니로 은을, 풀무로 금을, 칭찬으로 사람을 단련하느니라"(잠 27:21). 바울이 데살로니가 교회 교인들을 칭찬한 것처럼 이 자리에서 여러분에 대해서도 그렇게 좋은 말을 할 정도로 칭찬이 안전하겠습니까? 칭찬은 데살로니가 교회 교인들은 진실하고 수준 높은 신자라는 사실을 증명하지 않았습니까?

　마지막으로 하나만 더 묻겠습니다. 여러분은 동료 그리스도인에 대하여 이런 칭찬을 해주고 싶은 마음을 느껴본 적이 있습니까? 바울은 자기 형제들을 그렇게 칭찬할 수 있는 수준 높은 상태에 있었습니다. 충심으로 다른 사람을 칭찬할 준비가 되어 있는 사람은 별로 없습니다. 우리는 칭찬을 받는 데는 매우 욕심이 많습니다. 그러나 칭찬을 하는 데는 지독히 인색합니다. 우리는 상대방을 좋게 말하는 일은 거의 잘 못합니다. 어쩌다 여러분은 어떤 사람이 "교회 안에 사랑이 전혀 없다"고 말하는 것을 들을 것입니다. 저는 그런 신사를 매우 잘 아는데, 그 사람 안에서 사랑이 넘치는 것을 한 번도 본 적이 없었습니다. 저는 어떤 사람이 "형제 사랑은 완전히 가짜다. 기독교적 사랑은 알맹이가 없다"고 말하는 것을 들었습니다. 사실 그는 자신의 마음속을 매우 정확히 판단한 것입니다. 대부분의 사람들은 자기들 자신의 눈이 더 밝아진다면 다른 사람들을 자기보다 더 낫게 판단할 것입니다. 사람이, 동료 그리스도인들이 대부분의 경우 자신보다 더 낫다고 정직하게 느끼고, 그래서 그들의 발 앞에 기꺼이 앉을 용의를 갖고 있다면, 그는 건강한 상태에 있게 될 것입니다. 저는 주변의 많은 사람들 속에 있는 하나님의 은혜를 찬미합니다. 저는 그들의 불완전함을 보지만 마치 보지 않은 것처럼 처신합니다. 가시보다 꽃을 봅니다. 그렇게 볼 때 제 마음은 기쁘고 영으로 주님의 이름을 송축합니다.

자신에 대하여 말하지 않고 다른 사람 속에서 일어난 주의 역사를 칭찬할 수 있는 사람은 그 사실로 말미암아 좋은 성품을 갖고 있는 것입니다. 그의 눈은 사랑의 샘에서 씻긴 것이 분명합니다. 그래서 교만, 시기, 자아의 먼지가 씻겨나간 것이고, 그렇지 않으면 그렇게 보거나 그렇게 말하지 못했을 것입니다. 저는 이 본문이 참 좋은데, 그 이유는 큰 은혜를 소유하고 하나님의 영의 감동 아래 있으면서, 확실히 아직은 완전하지 않은 교회를 열렬하게 칭찬하는 한 사람의 말의 실례이기 때문입니다. 저는, 허물에 대해서는 약간 눈을 감고 하나님에 대하여 훌륭하고 칭찬할 만한 것은 모두 볼 수 있는 좋은 시각을 가진 눈을 좋아합니다.

그러면 이제 본문으로 돌아갑시다. 본문의 주제는 이렇습니다. 첫 번째로, 우리의 믿음이 자라는 것은 거룩한 감사의 주제가 된다는 것이고, 두 번째로, 우리의 믿음이 자라는 것은 부지런한 노력의 목표라는 것입니다. 그리고 세 번째로, 우리의 믿음이 크게 자라면 그것이 다른 은혜들의 성장의 원천이 된다는 것입니다. 왜냐하면 믿음이 자라갈수록 사랑, 인내, 그리고 다른 모든 미덕도 자라가기 때문입니다.

1. 우리의 믿음이 자라는 것은 거룩한 감사의 주제입니다.

우리의 믿음이 자라고 증가하는 것은 거룩한 감사의 주제입니다. 바울은 대단히 따스하고 진심 어린 데살로니가 교회를 칭찬합니다. 어떤 비평가는 본문의 말은 약간 과장된 표현으로, 바울이 강조하고자 할 때 사용하는 특유의 어법으로 간주할 수 있다고 말합니다. 바울은 열정적인 마음으로 편지에 씁니다. "너희의 믿음이 더욱 자라고 너희가 다 각기 서로 사랑함이 풍성함이니." 이 말은 강렬하고 거리낌 없는 칭찬입니다. 이미 언급한 것처럼, 데살로니가 교회는 절대로 완전한 교회는 아니었습니다. 왜냐하면 모든 교인의 서로에 대한 사랑과 가난한 자에 대한 큰 사랑으로 말미암아 그렇지 못한 일부 교인들이 그들의 자비를 이용해 먹었기 때문입니다. 좀 거친 말을 사용한다면, 그들 속에 놀고먹는 자들이 많이 포함되어 있었습니다. 아량이 넘치는 곳에는 으레 이런 자들이 들끓기 마련입니다. 그런데 그렇게 된 것은 부끄러운 일입니다. 3장 11절을 읽어보십시오. "우리가 들은즉 너희 가운데 게으르게 행하여 도무지 일하지 아니하고 일을 만들기만 하는 자들이 있다 하니." 또한 그들 속에는 여기저기 신앙생활은 느슨하게 하고 사업에만 바쁜 사람들도 있었습니다. 바울은 이런 사람들에 대해서는 데살로니가전서에서 말했습니다. 하지만 향수병 속에 빠져 있는 파리가 향기를 없애지는 못했습니다. 그런 자들은 바울이 칭찬하는 전체 몸에 비하면 상대적으로 소수에 불과했습니다. 우리의 믿음이 자라고 우리의 사랑이 풍성해질 때 목사가 주님이 이루신 일에 대하여 아무리 찬사를 많이 보내도 부족할 것입니다.

믿음이 자라는 축복은 말할 수 없는 가치를 갖고 있고, 그러므로 믿음이 자라도록 크게 힘써야 합니다. 작은 믿음도 구원할 능력을 갖고 있지만 강한 믿음은 교회를 높이 세워 세상을 이기고, 죄인들을 얻고, 하나님을 영화롭게 하도록 만듭니다. 작은 믿음은 느슨하고 연약합니다. 작은 믿음을 가진 자와 보조를 맞추기 위해서는 전체 무리가 천천히 움직여야 합니다. 작은 믿음은 상처 입은 군사로, 주의 군사들이 끄는 구급차로 이동해야 합니다. 그러나 더욱 자라는 믿음은 군기를 높이 들고, 선봉에 서고, 우리 왕의 원수들을 차례로 맞아 패주시킵니다. 만약 우리가 교회의 복을 위해 기도하고 있다면 모든 형제가 강한 믿음을 갖고 하나님께 영광을 돌리게 해달라는 것보다 더 큰 복은 결코 없을 것입니다. 강한 믿음은 그리스도를 위해 큰 일을 과감히 시도하고, 따라서 다양한 사역들을 계획합니다. 강한 믿음은 거룩한 열정으로 계획들을 수립하고, 그래서 대담하게 생각들을 실천에 옮깁니다. 강한 믿음은 오류의 창들을 막아내는 방패이고, 그래서 이단의 경멸과 조롱의 대상입니다. 강한 믿음은 시온의 성벽을 쌓고, 여리고 성벽을 무너뜨립니다. 강한 믿음은 블레셋 사람의 허리와 허벅다리를 치고, 이스라엘이 평화 속에 거하도록 만듭니다.

오, 작은 믿음의 밤이 지나가고, 영광스러운 믿음의 낮이 속히 임하기를 원합니다! 우리 가운데 더욱 믿음이 있으면 우리 젊은이들은 환상을 보고 우리 늙은 이들은 꿈을 꾸게 될 것입니다. 인자가 올 때에 세상에서 믿음을 보게 될까요? 믿음의 부흥이 있을 때 우리는 급한 강한 바람 같은 소리와 불의 혀같이 갈라지는 것들이 있는 또 다른 오순절 사건을 보게 될 것입니다. 그러나 믿음을 갖고 있지 못할 때에는 여전히 연약함 속에 머물러 있고 원수가 우리를 압박할 것입니다. 오, 하나님이여, 구하오니, 주님의 얼굴을 우리에게 향하셔서 우리의 믿음이 더욱 자라게 하시고, 우리의 사랑이 더욱 풍성하게 하시옵소서. 그리하여 주님의 임재 앞에서 새롭게 되는 역사가 있게 하소서.

이어서 바울은 데살로니가 교회에 적당한 때에 놀라운 복이 주어졌기 때문에 하나님께 열렬히 감사를 표현합니다. 데살로니가 사람들은 교회를 반대하고 교회를 박해했습니다. 따라서 밖으로는 싸움이었지만 안으로는 두려움이 없었습니다. 왜냐하면 형제들이 믿음으로 굳게 서 있었고, 사랑으로 뜨거웠기 때문입니다. 데살로니가 교회는 계속 환난을 당했습니다. 그러나 그로 인해 믿음이 크게 자랐습니다. 주의 백성들에게는 이런 일이 흔하지 않습니까? 구름이 끼고 비가 쏟아질 때가 성장하는 시기였습니다. 바로는 이스라엘을 혹독하게 다루었습니다. 그러나 바로가 그렇게 억압할수록 이스라엘은 더욱 번성했습니다. 하나님의 교회는 짓밟힐수록 힘과 영향력은 그만큼 더 커집니다. 숲은 불에 타도 완전히 소멸되지는 않습니다. 아니, 오히려 불길 속에서 더 번성합니다. 여기서 저는 믿음이 자라는 것이 박해의 직접적 결과라고 말하는 것이 아니라 이상하게도 박해를 수반한다는 것입니다. 하나님은 연약한 종들이 옥으로 끌려갈 때, 그들이 자신의 이름 때문에 통치자와 왕들 앞으로 끌려나올 때, 그들의 재산을 다 빼앗길 때, 그들이 더 큰 힘을 원한다는 사실을 알고 계셨고, 그리하여 그들의 믿음을 자라게 하심으로써 힘을 주셨습니다. 박해가 대홍수처럼 들이닥쳤을 때 그들의 하나님에 대한 확신이 노아의 방주처럼 수면 위로 떠올라 물이 깊어질수록 더 높이 떠올랐습니다. 그들은 시험의 때에 굳게 섰고, 박해를 받든 받지 않든 간에 다른 모든 교회의 본보기가 되었고, 그렇게 된 것은 그들의 믿음이 크게 자랐기 때문이었습니다.

사랑하는 성도 여러분, 저는 우리 교회의 각 교인을 위해 기도하는데, 무엇보다 여러분의 하나님에 대한 확신이 썰물에서 밀물로 바뀌도록 기도합니다. 우리는 지금 당장 그렇게 될 필요가 있습니다. 지금은 경기 침체기입니다. 많은 사람들이 궁핍으로 고통받고 있고, 거의 모두가 재산이 줄어든 것을 발견합니다. 우리는 믿음의 부자가 되어야 합니다. 왜냐하면 주머니가 점점 얄팍해지고 있기 때문입니다. 하나님의 많은 자녀들이 빵을 얻기 위한 직업을 찾을 수 없습니다. 더구나 지금은 악이 충만한 시대입니다. 아마 최근에 형언할 수 없는 가증한 것들을 발견함으로써 받은 충격을 우리는 결코 잊지 못할 것입니다. 우리의 믿음은 크게 자라야 할 필요가 있습니다. 죄가 거리마다 급류처럼 몰려오고 있기 때문입니다. 또한 지금은 이전과는 달리 성도들이 믿음에서 떠나는 슬픈 시기입니다. 젊은 날을 돌아보면, 우리는 오류가 이처럼 팽배해진 것에 대하여 놀라게 됩니다. 그때 우리는 사람들이 복음 교리를 하찮게 여기는 것을 통탄했습니다. 그러나 지금 이 시대에는 사람들이 복음 교리를 비웃고, 구시대적인 우화로 조롱할 때 무슨 말을 할 수 있을까요? 땅의 기초가 무너질 때 여러분은 여기저기서 무너져 가는 기둥을 붙들고 있는 사람을 보게 될 것입니다. 그러므로 우리의 믿음이 크게 자라야 할 필요가 있는 것입니다. 성도 여러분, 여러분에게 당부하는데, 믿음 속에 뿌리와 기초를 두기를 바랍니다. 때가 악하니까요! 이 시대의 가득 찬 위험들에 대해서는 아무리 강조해도 부족할 것입니다. 이런 시대에 그것들은 우리에게 의심하는 마음을 갖지 말고, 오류 없는 진리를 굳게 붙들고, 보이지 않는 분을 보는 것처럼 인내하라고 요구합니다. "믿고 확신합니다"라고 말할 수 없는 자는 잘못된 때에 태어난 자입니다.

　바울의 칭찬은 합당하고 적절했습니다. 왜냐하면 만약 믿음에 어떤 성장이 있다면 그것은 하나님의 영의 역사이기 때문입니다. 믿음은 시작도 하나님의 선물이고, 성장도 똑같이 하나님의 선물입니다. 만약 여러분이 겨자 씨 한 알만한 믿음을 갖고 있다면 그것도 하나님께서 여러분에게 주신 것입니다. 여러분이 쭉쭉 뻗어나가는 나무와 같은 믿음을 갖고 있다면 하나님께서 그렇게 자라게 하신 것입니다. 믿음의 유아기도 하나님께 속한 것이고, 장성한 성인기도 하나님께 속한 것입니다. 자연계 속에서 우리는 창조에 대해서와 마찬가지로 피조물을 자라게 하시는 하나님의 손길에 대해서도 크게 찬양해야 합니다. 왜냐하면 진실로 생명이 터져 나오는 봄, 무성한 여름, 무르익는 가을은 모두가 세세히 들여다보면 일종의 창조이기 때문입니다. 이와 마찬가지로 믿음의 성장도 신앙의 시작과 똑같은 능력을 계시합니다. 만일 여러분이 더 큰 믿음을 하나님께 구하지 않는다면 결코 갖지 못할 것입니다. 세차고 거대하게 흐르는 강물과 같은 큰 믿음도 졸졸 흐르는 작은 시내와 같은 그리스도 안에서의 소망과 똑같이 은혜의 원천에서 흘러나옵니다. 그러므로 하나님께서 알파에서 오메가까지 믿음의 모든 영광을 차지해야 합니다. 만일 여러분이 그리스도 예수 안에서 강한 사람이라면, 마치 스스로의 힘으로 하나님의 일에 대하여 강하거나 부요하게 된 것처럼, 자신의 기준에 따라 제사를 드리거나 자신의 판단에 따라 향을 피우거나 자신의 경험을 높이거나 하지 않도록 조심하십시오. 우리는 모든 감사를 하나님께 돌려야 합니다. 그렇게 해야 하는 것이 마땅합니다. 바울이 어떻게 말하는지 보십시오. "우리가 너희를 위하여 항상 하나님께 감사할지니." 저는 이 감사에 나타나 있는 겸손을 좋아합니다. 바울은 항상 하나님께 감사했지만 단순히 하나님께 감사하다고 말하지 않고 깊은 겸손을 갖고 충분히 갚을 수 없는 빚을 진 것을 인정합니다. 바울은 자신의 감사가 충분하다고 판단하지 않고, 더 많은 찬양을 드릴 의무에 속박되어 있다고 생각했습니다.

저는 날마다 그리고 온종일 하나님께 감사할 속박 의식을 갖는 것이 즐겁습니다. 저는 이 황금 사슬을 차고, 그것을 최고의 장식품으로 생각합니다. "밧줄로 절기 제물을 제단 뿔에 맬지어다"(시 118:27). 저는 평안을 지키는 것보다 영원토록 찬양을 하는 것에 매이고 싶습니다. 향단에 항상 향이 타오르도록 하십시오. 아니, 사랑과 감사의 감미로운 향료로 더 높이 불꽃이 오르도록 하십시오. 하나님께서 자기 백성들을 위해 행하시는 일에 대하여 하나님께 감사합시다. 하나님께서 믿음을 자라게 하시는 것에 대하여 하나님께 감사합시다. 복이 참으로 크고 헤아릴 수 없을 정도이므로 우리의 찬양은 큰 소리로 할렐루야를 외쳐 하늘까지 닿고, 하나님의 영광이 되도록 해야 합니다. 성도 여러분, 우리는 믿음이 자란 우리가 알고 있는 모든 좋은 남성에 대하여, 교회 안에서 모두에게 사랑을 베푸는 모든 경건한 여성에 대하여 하나님께 감사해야 합니다. 그렇게 한 다음에는 우리의 눈을 하나님께 돌리고 이렇게 기도하십시오. "주여, 또한 다른 사람들이 저를 보고 하나님을 영화롭게 할 수 있도록 저를 만들어 주소서. 저는 아직도 너무 연약하고 크게 미숙합니다. 하나님의 모든 형상이 제 안에 나타날 때까지 저를 자라게 하시고, 동료 그리스도인들이 저 때문에 하나님을 찬양하게 하옵소서." 지금까지 믿음의 성장을 감사의 주제로 여러분에게 제시했습니다. 이것은 정말이지 인도보다 더 값진 보석입니다.

2. 우리의 믿음이 자라는 것은 부지런한 노력의 목표입니다.

　　믿음이 자라는 것은 부지런히 노력해야 할 목표로서 가치가 있습니다. 만일 여러분이 믿음이 자라지 못했다면 어서 그것을 얻기 위해 노력하십시오. 상인이 좋은 진주를 찾아다니듯이 자라는 믿음을 구하십시오. 가장 소중한 은사와 가장 고귀한 은혜를 열렬히 사모하십시오. 절대로 스스로 만족에 빠지지 말고 야베스처럼 "주께서 내게 복을 주시려거든 나의 지역을 넓히소서"(대상 4:10)라고 기도한 것처럼 부르짖으십시오.

　　왜요? 믿음의 증거가 믿음의 성장에 있기 때문입니다. 만일 여러분이 죽은 믿음을 갖고 있다면 그것은 항상 똑같을 것입니다. 그러나 하나님이 주신 믿음을 갖고 있다면 반드시 자라갈 것입니다. 만일 몇 년 전에 태어난 아기가 조금도 자라지 않았다는 말을 들었다면 저는 아마 그 이야기를 하는 친구가 저를 속이거나 아기가 태어날 때부터 죽었다고 생각할 것입니다. 생명은 첫 단계부터 성장을 수반하기 마련입니다. 성도 여러분, 여러분은 더욱 믿음이 자라야 합니다. 만약 그렇지 못하면 우리는 여러분이 믿음을 갖고 있지 못하다고 생각하게 될 것입니다. 여러분은 더욱 사랑이 자라야 합니다. 그렇지 못하면 여러분은 사랑을 전혀 갖고 있지 못한 것이 확실합니다. 하나님을 위해 자라지 않는 것은 하나님을 위해 사는 것이 아닙니다.

　　우리는 하나님의 진리는 그럴 만한 가치가 있기 때문에 더욱 믿음을 가져야 합니다. 우리가 하나님을 의지하는 것은 세상에서 가장 쉬운 일이어야 합니다. 주님의 모든 말씀을 믿는 것은 굳이 권면을 받아 행할 필요가 없는 행위여야 합니다. 허파가 숨을 쉬거나 심장이 고동치는 것과 같이 자연스러운 일이 되어야 합니다. 하나님의 자녀로서 우리는 독수리 새끼가 어미 독수리의 날개 아래 숨는 것처럼 본능적으로 우리 아버지를 믿어야 합니다. 우리는 눈으로 보고, 귀로 듣는 것처럼 믿음을 행사해야 합니다. 그렇게 하도록 우리는 성령을 통해 지음 받았기 때문입니다. 우리는 영적인 존재로서 필연적으로 주 예수 그리스도를 더욱 신뢰해야 하고, 신뢰할 것입니다. 저는 그렇게 되도록 기도합니다. 불신앙은 두려운 죄악이니까요. 여러분은 하나님을 의심한 적이 있습니까? 어쨌든 하나님을 신뢰하지 못한 적이 있습니까? 이스라엘의 거룩하신 이를 제한한 적이 있습니까? 그렇다면 다시는 죄의 종으로 계속 있지 말고 지금부터 그리고 영원토록 여러분의 마음의 신뢰를 하나님께 두기를 바랍니다.

　　나아가 우리는 우리 자신의 영적 건강, 힘, 기쁨을 위해 믿음은 너무 중요하므로, 믿음이 자라야 합니다. 작은 믿음도 믿음이 자라 큰 믿음이 되면 어떻게 되고, 어떻게 행하며, 어떻게 즐거운지 알고 있지 않습니까? 그리스도인이 되는 과정은 여러 가지가 있습니다. 영국인이 되는 과정이 여러 가지가 있는 것과 같습니다. 그러나 이런 과정 모두가 똑같이 바람직한 것은 아닙니다. 저는 유배지나 공장이나 감옥에서 영국인이 될 수 있습니다. 그러나 저는 집에서, 건강하게, 자유롭게 영국 사람이 되는 것을 더 좋아합니다. 마찬가지로 여러분도 연약하고, 소심하고, 서글프게 그리스도인이 될 수 있습니다. 그러나 이것은 바람직하지 않습니다. 행복하고, 거룩하고, 활력 있고, 쓰임받는 그리스도인이 되는 것이 더 좋습니다. 여러분이 영국인이 되는 것이 여러분의 건강이나 부에 달려 있는 것이 아닌 것처럼 여러분의 구원도 여러분의 믿음의 힘이나 기쁨에 달려 있지 않습니다. 그러나 구원을 제외한 많은 것이 그것에 좌우됩니다. 천국으로 가는 길에 왜 하나님을 영화롭게 하지 않습니까? 천국의 맛을 지금 왜 맛보지 않습니까? 세상을 비참한 모습으로 통과하는 것을 저는 바라지 않습니다. 다음과 같이 항상 노래하면서 말입니다.

> "나는 주님을 사랑하는가, 아니면 주님을 사랑하지 않는가?
> 나는 주님의 것인가, 아니면 주님의 것이 아닌가?"

저는 하나님을 굳게 신뢰해 평강이 강 같고, 의가 바다 물결 같이 되는 것을 한없이 좋아합니다. 믿음의 조상 아브라함과 그의 조카 롯의 차이를 주목해 봅시다. 롯은 의로운 사람이었으나 아브라함만큼 믿음이 강하지는 못했고, 그래서 별로 위대하거나 행복하지 못했습니다. 아브라함은 평온하고, 담대하고, 당당했습니다. 롯은 욕심이 많고, 겁이 많고, 두려움이 많았습니다. 소돔에서 롯은 곤경에 처해 목숨을 보존하려고 도망쳐야 했으나 아브라함은 홀로 하나님을 만나 다른 사람들을 위해 중보하고 있었습니다. 롯은 모든 것을 잃어버리고 불타는 성읍에서 도망쳐 나오지만 아브라함은 하늘과 땅의 주인이신 주님과 함께 평화롭게 삽니다. 아브라함의 믿음은 그를 알프스 산만큼 높이 들어올려 하나님이 계신 바로 그 하늘에 닿게 합니다. 롯처럼 되는 것도 좋지만 아브라함처럼 되는 것은 무한히 더 좋습니다. 가장 높은 믿음의 수준을 구하십시오. 왜냐하면 이런 믿음이 여러분 속에 풍성히 거한다면 여러분은 결실을 맺지 못하거나 열매를 맺지 못하는 일이 없게 되기 때문입니다. 하늘은 믿음의 길에 놓여 있습니다. 믿음이 클수록 마음의 안식도 그만큼 더 커집니다. 거룩함이 자라려면 우리는 믿음이 더욱 자라야 합니다.

여기서 물어야 할 질문은 믿음이 자라는 것을 어떻게 이룰 수 있느냐는 것입니다. 내 믿음을 어떻게 크게 자라게 할 수 있겠습니까? 저는 이미 여러분에게 이 일이 성령의 사역이라고 말했습니다. 그러나 성령은 우리를 사용해서 우리의 믿음이 자라게 하십니다. 만일 우리가 믿음이 자라려면 어떻게든 악은 철저히 피해야 합니다. 교리를 계속 변질시키는 것을 피하십시오. 만일 정원에 나무가 한 그루 있는데, 그 나무를 자주 옮겨 심는다면 나무는 과실을 거의 맺지 못할 것입니다. 무엇이든 수시로 바꾸고 오래가지 못하는 사람은 "항상 배우나 끝내 진리의 지식에 이를 수 없는 법입니다"(딤후 3:7). 물처럼 불안정한 사람들은 뛰어난 사람이 될 수 없습니다. 오늘은 이것을 믿고, 내일은 저것을 믿고, 다음 날에는 또 다른 것을 믿는 형제들은 아무것도 진지하게 믿지 못하는 사람입니다. 그들은 자랄 수 없습니다. 뿌리를 박거나 기초를 가질 수 없습니다. 달처럼 그들은 항상 변하고, 그들이 갖고 있는 빛은 차갑고 희미합니다. 자신의 믿음을 바꾸는 자는 아무것도 바꿀 수 없습니다. 그리스도보다 철학을 더 좋아하는 사람은 그리스도를 전혀 모르는 자입니다.

또한 정원에 나무 한 그루가 있는데, 그 나무를 옮겨 심지는 않지만 나무가 서 있는 곳의 땅을 파내 그곳의 흙을 없앤다면, 그 나무는 메마르게 되어 열매를 맺지 못할 것입니다. 제가 아는 어떤 교인들은 자기들의 영혼이 자라야 할 땅을 포기하고 있습니다. 교리를 하나씩 포기하고, 급기야는 중요하다고 주장되는 것은 아무것도 없습니다. 그들은 지금도 많은 것을 믿지 않습니다. 그들은 아무것도 믿지 못할 길로 나아가고 있습니다. 한 프랑스인이 자기 말에게 하루에 짚을 한 자락만 주고 살 수 있는지 실험하다 말이 그만 굶어 죽고 말았는데, 이런 일이 우리 속에서도 반복되어 믿음이 문자 그대로 굶어 죽었습니다. 어떤 사람들은 영혼에 대하여 얼마나 다이어트를 하고 있는지 모릅니다! 영양 많은 음식과 기름진 것은 냄새조차 맡지 않습니다! 생명의 진리를 포기하거나, 힘없이 붙들고 있을 때 여러분의 믿음이 어떻게 자랄 수 있겠습니까? 오, 청교도 군단의 신자들이여! 오, 영적 철기병 군대들이여!

또한 나무는 햇빛과 비와 이슬이 없으면 자랄 수 없습니다. 하늘의 영향력이 없으면 우리는 불모지가 될 수밖에 없습니다. 작은 나무를 큰 참나무 밑에 심어 보십시오. 그러면 항상 그늘이 지고, 그래서 자랄 수가 없습니다. 큰 나무를 잘라내야 합니다. 그렇지 않으면 이 어린 나무는 시들어 죽고 말 것입니다. 어떤 사람들의 믿음은 세속화 때문에, 묵인한 죄 때문에, 재물에 대한 사랑 때문에, 이생의 자랑 때문에, 저속한 것에 대한 관심 때문에 그늘이 덮여 자랄 수가 없습니다. 십자가에 못 박혀 죽으신 그리스도를 따르려면 그분에게 철저히 열중해야 하고, 그렇지 않으면 효과가 없을 것입니다. 자신이 무엇을 믿는지 알고, 그 안에 굳게 거하는 것, 이것이 믿음을 자라게 하는 길입니다. 자신의 일에 마음이 없는 사람들, 그래서 변덕스럽고 자주 변하는 사람들, 이들은 〈가제트〉 지(잡지의 이름)에 이름이 등장하는 사람들입니다. 허다한 영적 파산도 이와 똑같은 이유 때문이 아니겠습니까?

영적 농부는 믿음을 자라게 하기 위해 여러 가지 방법을 사용합니다. 첫째, 믿음은 지식의 증가로 자라게 됩니다. 많은 사람들이 배우지 못해서 의심합니다. 어떤 사람들은 자기들이 끝까지 견인할 수 있을지 의심합니다. 그들은 성도의 최종적 견인 교리에 대하여 무지합니다. 어떤 사람들은 자기들의 마음속에서 악한 욕망을 발견하기 때문에 절망에 빠져 있습니다. 그들은 두 본성과 영과 육의 싸움에 대한 성경의 가르침을 모르고 있습니다. 많은 사람들이 율법을 온전히 지킬 수 없다는 이유로 정죄받을 것으로 생각합니다. 그들은 믿음으로 의롭게 된다는 진리를 모릅니다. 아침 해처럼 지식이 흐리게 하는 것을 몰아내면 불신앙도 상당히 사라질 것입니다. 불신앙은 밤의 올빼미이고, 해가 떠오르면 올빼미는 어두운 구석으로 가 숨습니다. 하나님의 말씀을 공부하십시오. 하나님의 말씀을 탐구하는데 마음을 쏟으십시오. 내적 가르침에 이르기에 힘쓰고 신앙의 유비를 배우십시오. 깊은 바다에 가서 고기를 잡으십시오. 그러면 영혼의 은밀한 재산인 그 신비로운 진리들을 얻게 될 것입니다. 이 진리들은 지금 크게 멸시당하고 있습니다. 그러나 진리 안에서 즐거워하는 자들은 자기들의 믿음이 크게 자라는 것으로 보게 될 것입니다.

단순한 지식은 단지 여러분의 마음을 부풀어 오르게 할 뿐이고, 이보다 훨씬 더 나은 것이 있습니다. 그것은 곧 믿음은 경험으로 자란다는 것입니다. 사람이 어떤 일을 시험하고 증명했을 때 확신이 크게 증가하게 됩니다. 약속을 취하고 시험해 보십시오. 그러면 "과연 그렇다는 것을 알겠다"고 말하게 될 것입니다.

여러분은 그것을 다시, 또다시, 또다시 시험했을 때 아무도 여러분을 흔들 수 없을 것입니다. 그리고 이렇게 말하게 될 것입니다. "나는 이 좋은 말씀을 맛보고 겪어보았다. 이 말씀을 나의 것으로 만들었다. 이제는 이 말씀에서 절대로 떨어지지 않을 것이다." 경험 있는 그리스도인은 굳게 선 그리스도인입니다. 모든 사실을 증명한 사람은 선한 것을 굳게 붙드는 사람입니다. 하나님은 지식과 경험을 통해 우리의 믿음을 자라게 하는 은혜를 베푸십니다.

믿음은 또한 많은 **묵상**과 하나님과의 **동행**을 통해 자라게 됩니다. 만약 여러분이 어떤 사람을 믿기 원한다면 그를 알아야 합니다. 그리스도인들 사이에 일어나는 분쟁의 절반은 그들이 서로 모르고 있는데서 연원합니다. 생키(Sankey) 씨의 찬송을 저는 다음과 같이 가사를 바꾸어 불러 봅니다.

"서로를 더 잘 알 때
 안개는 걷혀 사라지리라."

우리가 서로를 알면 의심과 편견과 싫어하는 마음이 신속하게 사라질 것입니다. 이것은 하나님에 대해서도 마찬가지라고 생각합니다. 하나님과 동행할 때, 하나님과의 교제가 친밀하고 지속적일 때 하나님에 대한 여러분의 믿음은 크게 자랄 것입니다. 여러분 가운데 하루에 5분도 묵상에 시간을 할애하지 않는 사람들이 있는 것이 염려스럽습니다. 여러분은 묵상에 시간을 할애하기에는 너무 바쁩니다. 런던에서 생활하는 사람들은 바쁘게 일어나고, 바쁘게 잠자리에 들고, 바쁘게 잠을 잡니다. 그들은 바쁘게 아침식사를 합니다. 음식을 소화시킬 겨를이 없습니다. 역에서는 종소리가 울리고, 그들은 서둘러 기차를 탑니다. 바쁘게 일을 시작하고, 바쁘게 일을 하며, 바쁘게 일을 마치고 돌아갑니다. 사람들은 눈을 깜박거릴 시간조차 없을 정도로 바쁘기 때문에 생각할 겨를이 없습니다. 한 시간 정도 묵상하고, 성경을 읽고, 하나님과 교제를 나누어야 합니다. 그런데 현세를 위해 바치는 시간을 반시간만 내세를 위한 묵상에 할애하도록 한다면, 요즘 교인들은 이 세상의 신에 대하여 강도짓을 저질렀다고 생각할 것입니다. 그러나 우리의 믿음이 크게 자라려면 하나님과 지속적인 교제를 유지해야 합니다.

믿음을 자라게 하는 또 하나의 방법은 기도를 많이 하는 것입니다. 믿음을 구하는 기도를 하고 믿음으로 기도하십시오. 그렇게 하면 여러분의 영혼은 견고하게 약속들을 의지하게 될 것입니다. 우리는 천사와 씨름할 때 허벅지 힘줄이 수축되어 무릎을 꿇게 되므로 자신의 약점을 확인하게 될 것입니다. 그러나 동시에 우리는 왕자들로서 하나님과 씨름해서 이기므로 하나님이 주신 힘을 증명합니다. 기도의 능력뿐만 아니라 기도에서 나오는 능력이 우리가 원하는 것입니다. 무릎을 꿇을 때 우리는 힘을 얻어 의심과 두려움은 사라지게 됩니다.

또한 우리는 하나님에 대한 **복종**을 하는데 유의해야 합니다. 죄 가운데 살고 있는 사람은 하나님을 신뢰할 수 없습니다. 온갖 불순종의 행위는 하나님에 대한 신뢰를 약화시킵니다. 믿음과 순종은 같은 다발 속에 묶여 있습니다. 하나님께 순종하는 자는 하나님을 신뢰합니다. 하나님을 신뢰하는 자는 하나님께 순종합니다. 믿음이 없는 자는 행함도 없습니다. 행함이 없는 자는 믿음이 없는 자입니다. 믿음과 선행은 서로 대립하는 것이 아닙니다. 왜냐하면 둘 사이는 복된 관계가 형성되어 있기 때문입니다. 충분히 복종한다면 여러분의 믿음도 크게 자랄 것입니다.

또한 믿음은 **사용**으로 자라게 됩니다. 작은 믿음이라도 자꾸 사용하면 큰 믿음이 될 것입니다. 그러나 "이 일을 하기에는 믿음이 충분하지 않다"고 말하는 자는 움츠러들고, 더욱 겁이 나 결국은 겁쟁이처럼 도망치고 말 것입니다. 작은 믿음을 가졌더라도 계속 전진하십시오. 그러면 놀랍게도 여러분이 전진한 것만큼 믿음도 자라게 될 것입니다. 그렇게 많은 것을 이루십시오. 그러나 더욱 전진해서 더욱 많은 것을 이루십시오. 저는 종종 키가 자라는 비법을 가르치는 사람에게서 들은 예화를 들곤 했습니다. 물론 저는 그 비법을 믿지 않습니다. 우리는 아직까지 우리의 키를 한 자라도 더할 수 없습니다. 그러나 그 사람이 말하는 비법의 한 부분은 이것입니다. 곧 아침에 일어나 할 수 있는 한 손을 쭉 뻗어 높은 곳에 닿게 하고, 매일 아침 백 분의 일 인치라도 조금씩 더 높은 곳에 닿도록 마음먹는 것입니다. 그 방법대로 하면 키가 자란다는 것입니다. 이것은 믿음에도 그대로 적용됩니다. 여러분은 할 수 있는 모든 것을 다하되, 날마다 조금씩 더 노력하십시오. 그것을 할 수 있게 되었을 때에는, 할 수 있는 것보다 조금 더 많이 하십시오. 항상 여러분이 현재 갖고 있는 능력보다 약간 더 무거운 것을 손에 들고 계십시오. 그렇게 거기까지 자라게 하고, 거기까지 자라면 더욱 자라게 하십시오. 조금씩 많은 것들이 더해지면 큰 집이 세워집니다. 벽돌들이 모여 거대한 피라미드가 형성되었습니다. 믿고, 또 믿으십시오. 신뢰하고, 또 신뢰하십시오. 소망은 믿음이 되고, 믿음은 지극히 높으신 이에 대한 충분한 확신과 온전한 신뢰로 자라게 될 것입니다.

성도 여러분, 이상이 제가 여러분에게 권면하는 것입니다. 성령 하나님께서 여러분 모두가 믿음에서 믿음에 이르도록 도우시기를 바랍니다.

3. 우리의 믿음이 자라는 것은 다른 은혜들의 중심입니다.

마지막으로, 이 자라는 믿음은 다른 기독교적 은혜들의 중심이 됩니다. "너희의 믿음이 더욱 자라고 너희가 다 각기 서로 사랑함이 풍성함이니." 복음 진리에 대한 굳은 믿음은 우리를 서로 사랑하게 만들 것입니다. 왜냐하면 진리의 각각의 교훈이 사랑에 대한 논증이기 때문입니다. 하나님의 택함받은 백성으로서 하나님을 믿는다면 여러분은 하나님의 택함받은 자들을 사랑할 것입니다. 하나님의 백성들을 위해 속죄를 이루신 분으로 그리스도를 믿는다면 여러분은 구속받은 자들을 사랑하고 그들과 화평을 도모할 것입니다. 여러분이 거듭남의 교리를 믿고 우리가 거듭나야 한다는 사실을 알고 있다면 여러분은 거듭난 자들을 사랑할 것입니다. 참된 교리는 어떤 것이든 간에 심령에 대한 사랑을 일으킵니다. 여러분은 진리에 대한 사랑으로 진리를 굳게 붙들고 있는 사람들 속에서 서로에 대한 깊고 견고하고 뜨거운 연합을 찾게 될 것이라고 확신합니다. 만일 여러분이 형제 사랑으로 충만하지 못하다면, 그것은 여러분이 사랑으로 역사하는 진리를 굳게 믿지 못하기 때문이 틀림없습니다.

굳건한 믿음은 교회의 연합을 일으킵니다. 데살로니가 교회는 어떤 사람들이 그렇게 부르는 것처럼, 탈퇴나 분열이 없었습니다. 데살로니가 교회는 박해의 압력 아래에서도 분열되지 않았습니다. 그들은 서로 긴밀하게 밀착되었고, 두드려 맞을수록 그만큼 더 똘똘 뭉쳤습니다. 그들은 박해의 망치와 사랑의 불로 하나의 견고한 덩어리로 결합되었고, 그 이유는 그들이 서로 진리를 견고하게 붙들고 있었기 때문입니다. 저는 혼합된 요소들로 이루어진 교회 곧 어떤 이들은 칼빈주의자이고, 어떤 이들은 아르미니우스주의자이고, 어떤 이들은 침례주의자이며, 어떤 이들은 유아세례주의자인 혼합된 교회가 항상 염려스럽습니다. 그들을 하나로 묶고 있는 목사가 죽으면 그들은 곧 해체될 것입니다. 지금 그들을 하나로 결합시키는 이유들이 사라질 때 교회는 수은처럼 갈라져 작은 덩이들은 더 작은 덩이로 갈라질 것이고, 그리하여 그들은 수없이 많은 파당이 되어 여기저기 굴러다닐 것입니다. 그러나 깊고 강한 믿음으로 진리를 굳게 붙들고 있는 교회는, 비록 목사가, 아니 20명의 목사들이 죽는다고 해도, 그들은 영원히 살아 계시는 목자를 믿고, 누가 오고가든 상관 없이 그들이 붙들고 있는 진리가 그들을 살아 있는 연합으로 이끕니다. 교회로서 여러분은 이미 받은 진리 안에 지식적으로 굳게 서 있는 것보다 다가올 세월 속에서 더 큰 축복은 상상할 수 없습니다. 강한 믿음의 힘으로 그리스도 안에서 하나가 된 사람들을 누가 나눌 수 있겠습니까? 저는 여러분이 다가올 세월 속에서 사랑의 원천과 연합의 수단으로서 온 마음을 다해 믿음을 굳게 붙들기를 권면합니다.

이 믿음은 사람들 속에 인내를 낳고, 인내는 사랑을 돕습니다. 사실을 말한다면, 하나님의 백성들 가운데 상식에서 벗어난 사람들이 있을 수 있습니다. 어떤 시골 사람이, 만약 하나님이 자기 백성들을 그들이 태어나기 전에 택하시지 않았더라면 이후에는 결코 택하시지 못했을 것이라고 말하곤 했습니다. 그렇게 말하는 것은 일리가 있습니다. 그러므로 어떤 사람이 동료 그리스도인을 단순한 본성에 따라 사랑한다면 종종 사랑하지 못하는 자신을 느끼게 될 것입니다. 그는 이렇게 말할 것입니다. "그들은 내게 너무 불친절했다. 그토록 버릇없고 배은망덕한 사람들을 누가 사랑할 수 있겠는가?" 그러나 믿음이 강하면 이렇게 말하게 될 것입니다. "그게 내게 무슨 상관인가? 나는 그리스도로 말미암아 그들을 사랑하겠다. 내가 상을 받는다면 그것은 나의 주 그리스도에게서 올 것이다. 하나님의 백성에 대하여 말한다면, 나는 그들을 그들의 허물에도 불구하고 사랑한다. 그들이 나에 대하여 잘못된 판단과는 상관 없이 나는 내 모든 형제를 사랑한다." 사람들을 더 낫게 만드는 길은 항상 그들을 비난하는데 있는 것이 아니라 그들을 더 깊이 사랑하는데 있습니다.

죄인을 구원으로 이끄는 가장 빠른 길은 그를 사랑하여 그리스도께 이끄는 것입니다. 신자를 성화시키는 가장 빠른 길은 그를 사랑하여 순결함과 거룩함에 이르게 하는 것입니다. 오로지 믿음만이 이렇게 할 수 있습니다. 그러므로 믿음이 크게 자랄 수 있도록 합시다. 그렇게 되면 믿음이 인내를 일으킴으로써 다른 사람들에 대하여 참는데 도움을 줄 것이기 때문입니다. 당당하고 좋고 바람직한 어떤 것, 그리스도를 닮는 것, 하나님을 닮는 것이 있다면, 그렇게 되는 길은 여러분의 믿음이 크게 자라는 것입니다. 우리 교회가 그렇게 기도해온 것처럼 더욱 선교하는 교회가 되려면 여러분의 믿음이 크게 자라야 합니다. 만일 여러분이, 한때 성도들을 구원했던 믿음에서 떠나고 있는 이 시대에 방파제로서 굳게 버티고 있으려면, 여러분의 믿음이 크게 자라야 합니다. 여러분이 이 패역한 도시에 복이 되고, 이 런던이라는 바다 위를 등대처럼 비추고자 한다면, 여러분의 믿음이 크게 자라야 합니다. 하나님께서 교회로서 여러분을 다른 교회들과 함께 이와 같은 시대를 위해 하나님의 나라로 이끄셨다면, 그리고 여러분이 여러분에게 주어진 몫을 이루고, 하나님을 위해 수고하며, 하나님의 이름을 영화롭게 하려면 여러분의 믿음이 크게 자라야 합니다. 겁이 많고 소심한 사람은 집으로 돌아가십시오. 그런 사람은 전투의 날에 적합하지 않습니다. 시대는 영웅을 요구합니다. 겁 많은 사람은 이 위험한 시대에 적절하지 않습니다. 알아야 할 것을 알고 있고, 믿어야 할 것을 믿고 있는 여러분의 발걸음은 두려움 없는 전사의 발걸음으로, 여러분은 고귀한 소명을 갖고 있는 것이니, 그것을 이루십시오. 여러분은 하나님이 여러분을 위해, 그리고 여러분과 함께 무엇을 하실지 보게 될 것입니다. 이런 시대에 교회가 믿음이 자라고, 그러므로 하나님께서 그의 영광을 위하여 그 교회를 사용하실 때, 그것은 영원한 책에 기록될 것입니다. 그렇게 되기를 바랍니다. 우리 가운데 믿음이 없는 자들이 그리스도께 나아갈 수 있기를 바랍니다.

오, 성도 여러분, 오늘 아침에 집으로 돌아갈 때 불신자들에게 복음을 전함으로써 여러분의 믿음을 시험해 보십시오. 오늘 오후, 주일학교에서 그리스도를 위하여 사랑하는 아이들을 가르침으로써 여러분의 믿음을 시험해 보십시오. 하나님께서 자신의 이름을 위해 여러분 각자에게 복을 베풀어 주시기를 기원합니다. 아멘.

제
2
장

—

작은 믿음을 위한 강론

—

**"형제들아 우리가 너희를 위하여 항상 하나님께 감사할지니
이것이 당연함은 너희의 믿음이 더욱 자라고
너희가 다 각기 서로 사랑함이 풍성함이니" — 살후 1:3**

"형제들아 우리가 너희를 위하여 항상 하나님께 감사할지니 이것이 당연함은." 우리가 하나님을 찬양하는 것의 여부는 우리의 의사에 달려 있지 않습니다. 비록 "여호와를 찬양하라"는 명령이 주어져 있지 않다고 해도 찬양은 하나님께서 받으시기에 가장 합당한 것입니다. 하나님의 은혜의 수혜자로서 모든 사람, 특히 모든 그리스도인은 당연히 하나님을 찬양해야 합니다. 사실 우리는 날마다 하나님을 찬양해야 한다는 예배 규정을 갖고 있거나, 어떤 시간에 찬송과 감사를 돌리라고 규정하는, 기록으로 남겨진 계명을 갖고 있지 않습니다. 하지만 마음속에 기록된 율법은 우리에게 하나님을 찬양하는 것이 당연하다는 것을 신적 권위를 갖고 가르치고 있습니다. 이 기록되지 않은 명령은 천둥치는 시내 산 정상에서 돌판에 기록되어 우리에게 넘겨진 것처럼 큰 권세와 권위를 갖고 있습니다. 그리스도인의 의무는 하나님을 찬양하는 것입니다. 항상 슬퍼하는 여러분은 슬퍼하는 것에 아무런 죄책이 없다고 생각하지 마십시오. 찬양의 노래를 부르지 않아도 하나님에 대한 의무를 다할 수 있다고 생각하지 마십시오. 여러분의 의무는 하나님을 찬양하는데 있으니까요. 여러분은 한평생 하나님의 이름을 찬송하기 위해 하나님의 사랑의 끈으로 묶여 있습니다. 여러분이 그렇게 하는 것은

당연하고 합당한 일입니다. 하나님을 찬양하는 것은 즐거운 일일 뿐만 아니라 그리스도인의 삶의 필수 의무입니다. 우리는 본문에서 이것을 배웁니다. "형제들아 우리가 너희를 위하여 항상 하나님께 감사할지니 이것이 당연함은."

슬퍼하는 주의 자녀 여러분, 여러분의 거문고를 버드나무 가지 위에 걸어두지 마십시오. 여러분의 의무는 거문고를 퉁겨 큰 음악 소리를 내는데 있습니다. 여러분이 하나님을 찬양하는 일을 멈추는 것은 죄악입니다. 여러분이 복을 받는 것은 그것으로 하나님을 찬송하도록 하기 위해서입니다. 그러므로 하나님을 찬양하지 않는다면 여러분은 열매를 맺지 못하는 것입니다. 신적 농부이신 하나님께서 여러분의 손에서 열매를 기대하는 것은 당연한 일입니다. 그러므로 하나님의 자녀 여러분, 나아가 하나님을 찬양하는 노래를 부르십시오. 매일 아침 일어날 때마다 감사의 찬송을 부르고, 매일 저녁 지는 해에 여러분의 노래를 들려주십시오. 땅을 여러분의 찬양으로 두르고, 그 음률로 감싸게 함으로써 하나님께서 하늘에서 내려다보게 하시며, 여러분의 찬송을 비록 수준은 동등하지 않지만 종류에 있어서는 그룹 및 스랍의 찬양과 똑같이 받으실 수 있도록 합시다.

그러나 여기서 사도 바울은 자신을 위해서가 아니라 다른 사람들을 위해, 곧 데살로니가 교회를 위해 찬양을 드린 것으로 보입니다. 만약 여러분 가운데 알지 못해 바울이 왜 그토록 이 성도들의 구원과 믿음의 성장에 깊은 관심을 갖고 있는지 묻는다면 저는 이것이 자녀를 낳아 길러보고, 그래서 그를 사랑해본 사람들에게만 알려진 비밀이라고 말하고 싶습니다. 사도 바울은 데살로니가 교회를 설립했고, 이 교인들 가운데 대부분이 바울의 영적 자녀였습니다. 성령의 능력이 동반된 바울의 입에서 나온 말씀으로 그들은 어두운 데서 나와 기이한 빛에 들어갔습니다. 영적 자녀를 가져본 사람들은 여러분에게 영적 아버지가 영적 자녀에 대하여 느끼는 관심을 말해줄 수 있고, 이 관심은 엄마가 아기에게 베푸는 자상한 사랑과도 비교가 되지 않는 것입니다. 바울은 "도리어 너희 가운데서 유순한 자가 되어 유모가 자기 자녀를 기름과 같이 하였으니"(살전 2:7)라고 말했습니다. 그리고 다른 곳에서는 자신이 그들의 영혼을 위해 "해산하는 수고"(갈 4:19)를 했다고 말합니다. 이것은 삯군 목자에게는 알려져 있지 않은 비밀입니다. 오직 하나님께서 친히 정하고 그 일을 하도록 맡기신 자만이, 곧 주의 제단에서 가져온 달아오른 숯불에 입술을 댄 자만이, 여러분에게 사람들이 회심하기 전에 그들의 영혼을 위해 겪는 고뇌가 어떤 것인지, 그리고 하나님의 택함받은 자들의 영혼의 고통이 그들의 구원 속에서 나타날 때 형언할 수 없는 기쁨으로 즐거워하고 영광으로 가득 차는 것이 무엇인지 말해줄 수 있습니다.

사랑하는 성도 여러분, 지금까지 저는 본문에서 자연스럽게 떠오르는 두 가지 생각을 여러분에게 말씀드렸습니다. 이제 곧바로 오늘 아침 강론의 주제로 들어가도록 하겠습니다. 바울은 데살로니가 교회 교인들의 믿음이 크게 자란 것에 대하여 하나님께 감사를 표현합니다. 본문의 나머지 부분은 제외하고, 오늘 아침에는 믿음의 성장에 대한 주제로 설교를 하도록 하겠습니다. 믿음은 여러 단계를 거칩니다.

첫 번째로, 작은 믿음의 약점에 대하여 말씀드리도록 하겠습니다. 두 번째로, 믿음의 성장을 촉진시키는 수단에 대하여 말씀드리도록 하겠습니다. 세 번째로, 우리가 부지런히 물을 주고 경작한다면 믿음이 확실하게 자랄 어떤 높은 수준에 대하여 말씀드리도록 하겠습니다.

1. 작은 믿음의 약점

먼저 작은 믿음의 약점에 대하여 말씀드리겠습니다. 믿음은 처음에 영혼 속에서 시작될 때 겨자씨 한 알과 같습니다. 구주는 겨자씨에 대하여 씨 중에 가장 작은 씨라고 말씀하셨습니다. 그러나 성령 하나님께서 은혜의 거룩한 이슬로 촉촉하게 적시면 싹을 내고 자라고 퍼지기 시작하고, 결국은 큰 나무가 됩니다. 또 다른 비유를 사용해 봅시다. 믿음은 영혼 속에서 시작할 때 단순히 예수님을 바라보는 정도에 지나지 않습니다. 그때에는 참으로 많은 의심의 먹구름이 끼어 있고, 너무 눈이 희미해 십자가를 바라보려면 십자가 위를 성령의 빛이 비출 필요가 있습니다. 믿음이 조금 자라게 되면 그리스도를 바라보는 데서 그리스도께 나아오는 것으로 바뀝니다. 십자가를 멀리서 바라보았던 자가 점차 용기를 내어 그리스도께 나아갈 마음을 품고 십자가로 달려갑니다. 또는 달려가지 못하고 십자가에 다가설 때까지는 끌려갈 수도 있습니다. 심지어는 그때에도 구주 그리스도께 가까이 나아가는 것은 절뚝거리는 걸음걸이일 수 있습니다. 그러나 이 단계를 거치면 믿음은 조금 더 앞으로 나아갑니다. 곧 그리스도를 **붙듭니다**. 여기서 믿음은 그리스도의 공로를 보기 시작하고, 어느 정도 그리스도를 인정하고, 그리스도를 참된 그리스도와 참된 구주로 인식하며, 그리스도의 합당하심을 확신합니다.

이상의 단계를 거치면 믿음은 또 한 걸음 더 나아갑니다. 믿음은 그리스도를 의지합니다. 사랑하는 주님을 의존합니다. 염려와 슬픔과 근심의 모든 짐을 이 복되신 구주의 어깨에 내려놓고, 모든 죄가 구주의 피로 이루어진 거대한 붉은 바다 속에 삼켜진 것을 인정합니다. 그리고 믿음은 여기서 더 계속 나아갈 수 있습니다. 그리스도를 바라보고, 그리스도께 달려가고, 그리스도를 붙들고, 그리스도를 의지한 다음 이제 믿음은 **겸손해집니다.** 그러나 그리스도께서 누구신지 그리고 그리스도께서 행하신 것에 대하여 확고하고 **확실하게 주장하고,** 그런 후에는 오직 그것만 신뢰하고 모든 것을 자신에게 적용시킴으로써, 믿음은 **충분한 확신**에 이르게 됩니다. 하늘 아래 그것보다 더 황홀하고 복된 상태는 없습니다. 그러나 설교 시작 부분에서 살펴보았던 것처럼, 믿음은 매우 작고, 이곳에 참석하는 동안 내내 작은 믿음으로 아무것도 얻지 못한 그리스도인들이 있습니다.

여러분은 존 번연의 「천로역정」에서 그가 작은 믿음을 얼마나 많이 언급하는지 알 것입니다. 우리의 옛 친구 망설임 씨가 있는데, 그는 천성을 향해 가는 도중 목발을 짚고 있습니다. 하지만 요단 강을 건너자 목발을 버렸습니다. 다음으로 작은 심약씨가 있는데, 그는 요단 강 제방까지 올 동안 내내 연약한 마음을 갖고 와서 거기서 그것을 버렸고, 아무도 그것을 물려받지 못하도록 똥더미 속에 묻어버리도록 명령했습니다. 이어서 두려움 씨가 있습니다. 그 역시 지푸라기 하나에도 걸려넘어진 자로, 빗방울 하나만 보아도 하늘의 홍수가 자기에게 임하지 않을까 생각하고 항상 두려워했습니다. 그리고 여러분은 낙심 씨와 겁쟁이 양을 기억할 것입니다. 이들은 오랫동안 거인 절망의 토굴 속에 갇혀 있었고, 그래서 거의 굶어 죽을 지경에 이르러 피골이 상접한 상태에 있었습니다. 가련한 심약 씨는 거인 살선(殺善)의 굴에 갇혀 잡아먹히려고 할 때에 담대 씨가 구출해 주었습니다. 존 번연은 정말 지혜로운 사람이었습니다. 번연은 이런 인물들이 굉장히 많기 때문에 자신의 책 속에 이런 인물들을 매우 많이 등장시켰습니다. 번연은 망설임 씨만을 우리에게 남겨놓은 것이 아니라 일곱 또는 여덟의 생생한 인물들을 제시했습니다. 왜냐하면 번연 자신이 당시에 그런 인물 가운데 하나였고, 같은 길을 걸어온 다른 많은 사람들을 알고 있었기 때문입니다. 저는 오늘 아침 바로 이 자리에 모인 매우 많은 회중이 바로 이런 부류에 속하는 인물들이라는 것을 믿어 의심치 않습니다. 이제 작은 믿음의 약점에 대하여 살펴보도록 하겠습니다.

작은 믿음의 첫 번째 약점은 천국에 대하여 큰 확신을 갖고 있지만 거의 그렇게 생각하지 못하는 것입니다. 작은 믿음도 큰 믿음만큼 확실히 천국에 대한 확신을 갖고 있습니다. 예수 그리스도는 마지막 날에 자신의 보석을 취하실 때 큰 진주들뿐만 아니라 작은 진주들도 함께 취하실 것입니다. 다이아몬드는 아무리 작더라도, 그것이 가치가 있는 것은 바로 다이아몬드이기 때문입니다. 믿음도 마찬가지입니다. 믿음도 아무리 작더라도, 참된 믿음이라면, 그리스도는 자신의 관의 가장 작은 보석도 결코 잃어버리지 아니하실 것입니다. 작은 믿음도 항상 천국을 확신합니다. 왜냐하면 작은 믿음을 가진 사람의 이름이 영원한 생명책 속에 들어 있기 때문입니다. 작은 믿음을 가진 사람도 창세 전에 하나님의 택하심을 받았습니다. 작은 믿음을 가진 사람도 그리스도의 피로 산 사람들입니다. 그렇습니다. 그리스도는 큰 믿음과 똑같이 작은 믿음을 위해서도 값을 치르셨습니다. "누구나 똑같이 한 세겔"이 속전의 값이었습니다. 큰 자거나 작은 자거나, 왕이거나 농부이거나 모든 사람이 똑같이 한 세겔로 구속을 받아야 했습니다. 그리스도는 모두 곧 큰 자와 죽은 자를 똑같이 가장 보배로운 피로 값을 치르고 사셨습니다. 작은 믿음은 항상 천국을 확신합니다. 왜냐하면 하나님께서 작은 믿음을 가진 사람 속에 착한 일을 시작하셨고, 그 일을 계속 행하실 것이기 때문입니다. 하나님은 그를 사랑하고, 끝까지 그를 사랑하실 것입니다. 하나님은 그를 위해 면류관을 예비해 놓으셨고, 면류관을 씌울 머리가 없어서 그냥 걸어두지는 아니하실 것입니다. 하나님은 그를 위해 천국에 저택을 지으셨고, 그곳에 들어가 살 자가 없어서 그대로 비워 두지는 아니하실 것입니다. 작은 믿음도 항상 안전합니다. 그러나 그는 그 사실을 거의 알고 있지 못합니다.

그를 만나보면 수시로 지옥에 대하여 염려합니다. 하나님의 진노가 자기에게 있을 것이라고 매우 자주 염려합니다. 그는 강 저편에 있는 나라가 자기와 같은 비천한 벌레에게 주어질 수는 없을 것이라고 말합니다. 어떤 때에는 그것이 그가 자신을 지나치게 무가치한 존재로 느끼기 때문이고, 다른 때에는 하나님의 것이 너무 좋아 현실적인 것일 수 없기 때문이라고 말합니다. 또는 그것은 자기와 같은 사람에게는 절대로 현실적인 것이 될 수 없다고 생각합니다. 때때로 그는 자신이 택함받은 자가 아닐 것이라고 두려워합니다. 또 다른 때에는 자신이 올바른 소명을 받지 못했기에 그리스도께 올바르게 나아온 것이 아니라고 두려워합니다. 또 다른 때에 그의 두려움은 자신이 끝까지 견디지 못할 것이므로 자기는 견인하지 못할 것이라는데 있습니다. 여러분이 그의 천 가지 두려움을 없애버린다고 해도, 그는 내일이면 또 다른 수많은 두려움을 갖게 될 것이 확실합니다. 왜냐하면 불신앙은 여러분이 절대로 없앨 수 없는 것 가운데 하나이기 때문입니다. 번연은 "불신앙은 고양이만큼 긴 생명을 갖고 있다"고 말합니다. 아무리 죽이고, 또 죽여도 불신앙은 계속 살아 있습니다. 불신앙은 불탄 후에도 여전히 흙 속에 숨어 있는 해로운 잡초 가운데 하나이고, 약간의 자극만 있으면 다시 자라기 마련입니다. 그런데 큰 믿음은 천국을 확신하고, 또 그는 그것을 알고 있습니다. 그는 비스가 산 정상에 올라가 아래 전경을 바라봅니다. 그는 진주 문 안에 들어가기 전에 낙원의 신비를 마십니다. 금으로 포장된 도로를 봅니다. 보석으로 만들어진 성벽과 기초를 바라봅니다. 영광 속에 들어간 자들이 부르는 신비한 음악 소리를 듣습니다. 그리고 땅 위에서 천국의 향내를 맡기 시작합니다. 그러나 가련한 작은 믿음은 해를 거의 바라볼 수 없습니다. 빛도 거의 보지 못합니다. 골짜기에서 더듬거리고 있습니다. 모든 것이 안전하지만 그는 항상 불안전하다고 생각합니다. 그것이 작은 믿음의 약점 가운데 하나입니다.

　작은 믿음의 또 다른 약점은 항상 충분한 은혜를 소유하고 있지만(작은 믿음에 대한 약속이 "내 은혜가 네게 족하도다"이기 때문이다) 자신이 충분한 은혜를 갖고 있다고 결코 생각하지 않는 것에 있습니다. 그는 천국에 가기에 충분한 은혜를 갖고 있고, 큰 믿음도 그 이상 갖고 있는 것이 아닙니다. 아무리 위대한 성도라도 천국에 들어갔을 때 자신이 빈 지갑을 갖고 들어간 것을 발견했습니다. 그는 천국에 들어갔을 때 자신의 마지막 빵 부스러기를 먹었습니다. 이스라엘 백성들이 가나안 땅에 들어갔을 때 만나가 그쳤습니다. 그들은 가나안 땅에 만나를 조금도 갖고 들어가지 않았습니다. 그들은 광야에서 주어졌던 만나가 그쳤을 때 가나안 땅에서 나는 곡식을 먹었습니다. 그러나 작은 믿음은 항상 자신이 충분한 은혜를 갖고 있지 못한 것을 두려워합니다. 여러분은 그가 고민에 사로잡혀 있는 것을 봅니다. 그는 "오! 나는 머리를 물 위로 내밀 수 없을 거야"라고 말합니다. 그렇다손 치더라도 그를 결코 익사시키지 않으시는 하나님을 찬양합시다. 만일 여러분이 번영 속에 있는 그를 본다면 그는 교만에 빠져 발람처럼 되지 않을까 염려할 것입니다. 여러분이 원수의 공격을 받고 있는 그를 만난다면 그는 자신을 위해 세 마디의 말도 못하고, 원수가 자신을 압도하도록 만들고 말 것입니다. 또 그가 주 예수 그리스도를 위한 싸움을 하고 있는 장면을 본다면 그는 충분하고 좋은 군사처럼 칼을 단단히 움켜쥐겠지만 그의 팔에는 힘 있게 칼을 휘두를 만한 힘이 없습니다. 그는 작은 일 외에는 할 수 있는 일이 없습니다. 왜냐하면 하나님의 은혜가 자기에게 충분하지 않을 것을 두려워하기 때문입니다.

반면에 큰 믿음은 세상을 흔들 수 있습니다. 그가 환난, 시련 또는 의무에 대하여 어떤 염려를 하던가요?

> "그를 도우신 주님이 그를 끝까지 붙드시고
> 그를 정복자 이상의 존재로 만드시리라."

그는 하나님이 명령을 내리시면 한 손으로도 원수를 맞이하고, "나귀의 턱뼈로 한 더미, 두 더미를 쌓고 수천 명을 죽일 것입니다." 자신의 힘이 빠지는 것을 두려워하지 않습니다. 무엇이든 할 수 있고, 또는 어떤 고통도 참을 수 있습니다. 왜냐하면 주님이 계시니까요. 무슨 일이 일어나든 그의 팔은 항상 자신만만합니다. 그는 원수를 짓밟고, 그가 날마다 외치는 것은 드보라가 외치는 것과 같습니다. "내 영혼아 네가 힘 있는 자를 밟았도다"(삿 5:21). 작은 믿음도 원수를 짓밟지만 그는 정작 그것을 모르고 있습니다. 또 원수를 죽이지만 그 살해를 확인할 충분한 시력을 갖고 있지 못합니다. 그도 종종 매우 강하게 공격하기 때문에 원수들이 퇴각하지만 원수들이 여전히 그 자리에 있다고 생각합니다. 그리고 천 가지 망상에 사로잡히고, 실제 원수를 패주시켰음에도 불구하고 다르게 생각하고 자신이 만든 망상에 두려워 벌벌 떱니다. 작은 믿음도 자신의 옷이 절대로 낡지 않는다는 것과, 그의 신발이 철과 놋쇠 같다는 것, 그리고 항상 힘 있는 날이 되리라는 것을 알 것입니다. 그러나 내내 불평을 쏟아냅니다. 왜냐하면 자신의 옷은 낡아지고, 발은 부르트고 욱신거릴 것이라고 생각하고, 감당하기에는 너무 힘든 날이 되지 않을까 그리고 악한 날이 은혜를 누린 날보다 더 많지 않을까 두려워하기 때문입니다. 그렇습니다. 작은 믿음을 갖고 있으면 이런 약점이 있습니다. 작은 믿음은 모든 것을 슬픔과 근심으로 바꿔버리기 때문입니다.

또 작은 믿음이 갖고 있는 치명적인 약점이 있는데, 그것은 작은 믿음은 심하게 죄의 유혹을 받으면 죄에 빠지기 쉽다는 것입니다. 강한 믿음은 원수와 맞서 잘 싸울 수 있습니다. 사탄은 졸졸 따라다니며 "만일 내게 엎드려 경배하면 이 모든 것을 네게 주리라"(마 4:9)고 유혹합니다. 그때 우리는 "안 돼. 너는 이 모든 것을 우리에게 줄 수 없다. 이미 우리 것이 되었으니까"라고 말합니다. 사탄은 "아니다. 너는 가난하고 헐벗고 비천하다"고 말합니다. 이에 대하여 우리는 이렇게 맞섭니다. "맞다. 그러나 이런 것들은 우리의 문제이고, 우리는 가난한 것이 좋고, 땅의 재물 없이 사는 것이 좋다. 그렇지 않다면 우리 아버지께서 그것들을 우리에게 주실 것이다." 사탄은 "오, 너는 스스로 속고 있다. 너는 이런 것들에 대한 분깃이 없다. 하지만 나를 섬긴다면 내가 여기서 너를 부유하고 행복하게 만들어주겠다"고 응수합니다. 강한 믿음은 이런 말에 이렇게 대응합니다. "이 악마야! 너나 너를 섬겨라. 당장 물러가라! 네가 내게 은을 주겠다고? 보라, 하나님께서는 내게 금을 주신다. 네가 내게 '네가 불순종하면 이것을 네게 주마' 라고 말하는가? 정말 미련하구나! 나는 순종하면 불순종에 대하여 네가 주는 것보다 천 배나 되는 큰 삯을 받게 된다." 그러나 사탄은 작은 믿음을 만나면 그에게 이렇게 말합니다. "네가 만일 하나님의 아들이어든 뛰어내리라"(마 4:5). 그러면 가련한 작은 믿음은 자신이 하나님의 자녀가 아니면 어떻게 하나 덜컥 겁을 먹고 사탄이 제시한 가정에 따라 해보기가 십상입니다. 이어서 사탄은 "자, 네가 하나님께 불순종하면 내가 이 모든 것을 네게 주리라"고 유혹합니다. 이에 작은 믿음은 "나는 내가 하나님의 자녀라는 것과 성도들 가운데 내가 받을 분깃을 별로 확신하지 못하겠다"고 반응합니다. 그리고 작은 믿음은 믿음이 작기 때문에 죄에 빠지기가 매우 쉽습니다.

　　그러나 동시에 일부 작은 믿음을 가진 자들은 다른 사람들보다 죄에 빠지는 경향이 훨씬 덜한 경우를 보았는데, 살펴보도록 하겠습니다. 그들은 너무 조심스러워 다른 사람 앞에서는 한 발자국도 앞으로 나가지 못했습니다. 왜냐하면 잘못되지 않을까 두려워하기 때문입니다. 그들은 감히 입을 열지 못하고, 그저 "오, 주여, 제 입술을 열어주소서"라고 기도할 뿐이었습니다. 또 그들은 말하다 잘못된 말을 할까 두려워했습니다. 매우 부드러운 양심을 갖고 모르는 사이에 죄에 빠지지 않도록 항상 조심합니다. 물론 저는 이런 사람들을 좋아합니다. 때때로 작은 믿음을 가진 자가 다른 어느 누구보다 그리스도를 단단히 붙들고 있다는 생각이 들었습니다. 거의 익사 직전에 있는 사람은 당연히 젖 먹던 힘까지 다 내어 붙들고 있는 널빤지를 더욱 단단히 붙들 것입니다. 그런데 더욱 단단히 붙들수록 이를 악물고 붙들수록 삶에 대한 희망은 그만큼 줄어듭니다. 자, 사랑하는 성도 여러분, 작은 믿음은 죄를 범하는 것을 피할 수가 있는데, 그것은 작은 믿음의 열매가 아니라 부드러운 양심의 열매입니다. 조심스러운 발걸음은 작은 믿음의 결과가 아닙니다. 물론 작은 믿음 때문에 조심스럽게 걸어갈 수 있고, 작은 믿음이 파멸을 피하게 할 수는 있지만 작은 믿음은 본질상 위험한 것으로, 허다한 시험 속에 우리를 노출시키고, 시험에 저항할 힘을 우리에게서 크게 빼앗아 갑니다. "주님을 기뻐하는 것이 여러분의 힘입니다." 만일 이 기쁨이 사라지면 여러분은 연약해지고 실족하기가 매우 쉽습니다.

작은 믿음을 가진 사랑하는 성도 여러분, 제가 여러분에게 말하고 싶은 것은 여러분이 항상 그 상태에 머물러 있는 것은 여러분의 약점이라는 것입니다. 그렇게 되면 여러분은 밤이 대부분이고, 낮은 거의 없을 것이기 때문입니다. 여러분의 세월은 노르웨이인의 세월과 같습니다. 곧 매우 긴 겨울과 무척 짧은 여름 말입니다. 여러분은 수없이 소리를 질러대지만 그 중에 환호성은 거의 없습니다. 여러분은 종종 슬픔의 피리를 불어대지만 승리의 나팔 소리는 거의 불지 못합니다. 저는 하나님께 여러분의 목소리를 약간 바꿔 달라고 기도하겠습니다. 왕자들이 왜 맨날 슬퍼하며 살아야 합니까? 여러분이 항상 슬퍼하며 사는 것이 주님의 뜻은 아닙니다. "주 안에서 항상 기뻐하라 내가 다시 말하노니 기뻐하라" (빌 4:4). 오, 금식하고 있는 성도 여러분, 머리에 기름을 바르고 얼굴을 씻고, 사람들에게 여러분이 금식한 것을 나타내지 마십시오. 오, 마음에 근심이 있는 성도 여러분, 다음 말씀을 잊지 마십시오. "의인을 위하여 빛을 뿌리고 마음이 정직한 자를 위하여 기쁨을 뿌리시는도다"(시 97:11). 그러므로 하나님을 찬양하기 위해 기뻐하십시오. 그리고 여러분 자신에게 이렇게 말하십시오. "내 영혼아 네가 어찌하여 낙심하며 어찌하여 내 속에서 불안해 하는가 너는 하나님께 소망을 두라 나는 그가 나타나 도우심으로 말미암아 내 하나님을 여전히 찬송하리로다" (시 42:11).

2. 믿음의 성장을 촉진시키는 수단

지금까지 작은 믿음의 약점과 단점을 지적했으니, 이제는 작은 믿음을 강하게 하는 몇 가지 규칙에 대하여 살펴보도록 하겠습니다. 만일 여러분이 작은 믿음을 큰 믿음으로 자라게 하려면 **믿음을 잘 먹여야** 합니다. 믿음은 먹는 은혜입니다. 믿음은 보이는 것을 믿으라고 요구하지 않고, 보이지 않는 것 곧 영원한 것에 대한 약속을 믿으라고 요구합니다. 여러분은 자신이 작은 믿음을 갖고 있다고 말합니다. 저는 여러분에게 하나님의 말씀을 묵상하는 시간을 갖는지, 약속들을 연구해 보았는지, 날마다 경건한 일들 가운데 하나라도 실천해 보려고 애를 써보았는지 묻고 싶습니다. 그러면 여러분은 "아닌데요"라고 대답하겠지요? 그러므로 저는 여러분의 불신앙이 조금도 이상하지 않다고 말해줄 것입니다. 하나님의 약속들을 진지하게 받아들이는 사람은 은혜 아래 그 약속들을 믿을 만한 충분한 이유가 있다는 것을 금방 발견하게 될 것입니다.

사랑하는 성도 여러분, 날마다 약속을 붙들고, 어디를 가든 약속과 함께 가십시오. 약속에 표시를 해두고, 약속을 배우며, 약속을 내면으로 소화시키십시오. 절대로 어떤 사람들이 하는 것처럼 하지 마십시오. 그 사람들은 매일 아침 성경 한 장을 읽는 것이 그리스도인의 의무라고 생각하고 전혀 이해하지 못하면서 해야 할 일 가운데 하나로 무작정 한 장을 읽습니다. 그렇게 하지 말고 몇 개의 좋은 본문을 선택해 그 말씀을 진심으로 깨닫게 해달라고 하루 동안 주님께 기도하십시오. 루터가 말하는 것처럼 하십시오. "한 가지 약속을 붙들면 나는 과일 나무를 살피듯이 그 약속을 살핀다. 그리고 이렇게 생각한다. 곧 내 머리 위에 과일이 달려 있고, 이 과일을 따려면 이리저리 나무를 흔들어야 한다." 마찬가지로 저도 약속을 붙들고 묵상합니다. 약속을 이리저리 흔들고, 그러면 수시로 잘 익은 열매가 제 손에 떨어지고, 그렇지 않으면 열매가 잘 떨어지지 않습니다. 하지만 저는 열매를 얻을 때까지 떠나지 않습니다. 하루 종일 흔들고, 또 흔듭니다. 그렇게 저는 본문을 계속해서 뒤집고, 그러면 드디어 과실이 떨어지며, 제 영혼은 사랑으로 병들었기 때문에 이 과실로 만족합니다. 그리스도인 여러분, 그렇게 하십시오. 약속들을 많이 취하십시오. 이 향료를 상인에게서 많이 사두십시오. 하나님의 모든 약속은 향기가 풍성합니다. 향기를 취하십시오. 하나님의 약속은 향유옥합입니다. 묵상을 통해 그 옥합을 깨뜨리고, 믿음의 감미로운 향기를 여러분의 집에 가득 채우십시오.

또 약속을 증명하십시오. 그렇게 할 때 여러분은 믿음이 강해질 것입니다. 어느 때든 곤경에 처할 때 약속을 취해 그것이 사실인지 확인해 보십시오. 여러분이 양식이 거의 없다고 상정해 봅시다. 이때는 다음 약속을 취하십시오. "그의 양식은 공급되고 그의 물은 끊어지지 아니하리라"(사 33:16). 찬장이 비었을 때 아침에 일어나 이렇게 말하십시오. "하나님께서 이 약속을 지키시는지 내가 확인해 보리라." 그리고 하나님이 그렇게 하신다면 절대로 그것을 잊지 마십시오. 여러분의 책에 기록해 두십시오. 성경책에 그것에 대하여 표시를 해두십시오. 약속에 대하여 T와 P자 표시를 해둔 노부인처럼 하십시오. 이 노부인은 자기 목사님에게 그것이 "시험해 보니 증명되었다"(Tried and Proved)는 뜻이라고 말했습니다. 그래서 이 노부인은 다시 곤경에 처할 때에도 믿지 않을 수 없었습니다. 여러분은 사탄에게 공격을 받았습니까? 이에 대해서는 "마귀를 대적하라 그리하면 너희를 피하리라"(약 4:7)는 약속이 있습니다. 이 약속을 취하고, 그것을 증명하십시오. 그리고 그것을 증명했을 때 그것에 대하여 표시를 해두고, "나는 이것이 사실이라는 것을 안다. 왜냐하면 그렇다는 것을 증명했기 때문이다"라고 말하십시오. 증명만큼 믿음을 확증할 수 있는 것은 세상에 아무것도 없습니다. 어떤 사람이 "내가 원하는 것은 사실이다"라고 말했는데, 그리스도인이 바로 그렇습니다. 그리스도인이 원하는 것은 믿게 만드는 사실입니다. 여러분은 나이가 들수록 믿음이 더 강해져야 합니다. 왜냐하면 나이가 들수록 여러분의 믿음을 지지하고 하나님을 믿도록 이끄는 사실들을 더 많이 갖게 되기 때문입니다. 70세가 된 사람에 대하여 한 번 생각해 봅시다. 그가 하나님의 선하신 모든 섭리와 인자하신 역사를 다 기억하고 있다면 증거 파일을 얼마나 많이 축적할 수 있었겠습니까? 여러분은 하늘의 빛으로 머리카락이 하얗게 된 사람이 일어나 다음과 같이 말하는 것을 듣는다고 해도 이상하게 여기지 않을 것입니다. "지난 50년 동안 하나님을 섬겼는데, 하나님은 한 번도 저를 버리신 적이 없었습니다. 저는 기꺼이 하나님의 신실하심을 증언할 수 있습니다. 주님이 약속하신 모든 좋은 약속이 하나도 실패한 적이 없고 전부 이루어졌습니다." 그러므로 이제 신앙생활을 시작하는 새신자로서 우리는 세월이 흐른다고 해서 저절로 우리의 믿음이 강하게 되리라고 기대해서는 안 됩니다.

하나님의 사랑의 모든 실례를 통해 우리는 하나님을 더욱 믿게 됩니다. 각 약속이 주어지고, 이어서 우리가 그 약속의 성취를 볼 수 있을 때 우리는 하나님께서 이 많은 약속들을 지키셨고, 남은 약속들도 끝까지 지키실 것이라고 말하지 않을 수 없을 것입니다. 그러나 가장 나쁜 것은 우리가 그것들을 모두 망각해 버린다는 것입니다. 그래서 우리는 머리에 흰 머리카락이 휘날리기 시작할 때 신앙생활을 처음 시작했을 때보다 믿음이 더 없습니다. 왜 그렇습니까? 하나님께서 반복해서 주신 응답을 잊어버렸기 때문입니다. 하나님은 약속을 이루셨지만 우리는 망각 속에 묻어버려 그것을 거짓말로 만들어 버렸습니다.

　　여러분의 믿음을 강하게 하기 위해 제가 여러분에게 권면하는 또 하나의 규칙은 앞에서 언급한 것만큼 중요한 것은 아니지만, 경건하고 많은 시험을 겪은 사람들과 사귐을 갖는 것입니다. 신앙생활을 시작한지 얼마 되지 않은 신자들은 나이가 많고 앞선 그리스도인들과 대화를 나눔으로써 그들의 믿음이 새롭게 되는 것은 놀라울 정도입니다. 여러분은 큰 의심과 곤경에 빠져 있을지도 모르겠습니다. 여러분은 나이 많은 형제에게 달려가 이렇게 말합니다. "오, 사랑하는 형제님, 저는 제가 하나님의 자녀가 아닐까봐 두렵고, 정말 큰 고민입니다. 제 마음속에는 하나님을 모독하는 생각들이 많습니다. 만일 제가 하나님의 자녀라면 절대로 그런 느낌을 가져서는 안 되는 것이 아니겠습니까?" 그러면 이 형제는 미소를 지으며 이렇게 대답합니다. "아! 자네는 천국의 길을 그리 많이 가지 않았네. 그렇지 않다면 더 많이 알고 있었겠지. 나도 자주 이런 생각들에 사로잡히곤 한다네. 나이를 많이 먹은 만큼 오랫동안 충분한 확신을 갖기를 소원했지만, 그리고 겨자씨 한 알만한 믿음으로 천국을 소유할 수 있는데, 또 그만한 믿음이 있었음에도 불구하고, 천국을 나의 것이라고 생각할 수 없었던 때가 내게도 있었다네." 또 그는 여러분에게 자신이 겪은 위험들과 자신을 지켜준 주권적인 사랑에 대하여, 그리고 자기를 유혹하기 위해 다가온 시험들과 자신의 발걸음을 인도한 지혜에 대하여 말해줄 것입니다. 나아가 자신의 약점과 하나님의 전능하심, 자신의 공허함과 하나님의 충만하심, 자신의 변덕스러움과 하나님의 불변하심에 대해서도 말해줄 것입니다.

　　만일 이런 사람과 대화를 나누고 난 후에도 여러분이 믿지 못한다면, 확실히 여러분은 죄인일 것입니다. 왜냐하면 "두 증인의 입으로나 또는 세 증인의 입으로 그 사건을 확정할 것이기"(신 19:15) 때문입니다. 그러나 하나님에 대하여 증언해 준 사람이 많이 있음에도 불구하고 우리가 하나님을 의심한다면 정말이지 그것은 더러운 죄악입니다.

　　여러분이 믿음을 자라게 할 수 있는 또 다른 방법은 가능한 한 자아로부터 많이 벗어나기 위해 노력하는 것입니다. 저는 온 마음을 다해 다른 사람의 의견에 좌우되지 않는 입장을 갖기 위해 노력했습니다. 때때로 저는 사람들의 칭찬을 많이 받고, 약간 마음이 방심에 빠졌던 것을 발견했고, 그것을 알았을 때 즐거움을 느꼈습니다. 그런데 그 다음 순간 저는 매우 혹독하게 비난을 받고 욕을 먹는 일을 겪었습니다. 왜냐하면 칭찬을 들은 바로 그 사실이 비난을 일으키는 요인이 되었기 때문입니다. 그래서 저는 항상, 특히 최근에는, 사람의 비난보다 사람의 칭찬을 더 무시하려고 노력하고, 마음으로 이것을 잊지 않으려고 힘썼습니다. 저는 제가 하려고 하는 일에 올바른 동기가 들어 있다는 것을 알고 있습니다. 저는 하나님의 영광을 한 눈으로 바라보면서 하나님을 섬기려고 노력하고 있음을 알고 있고, 그러므로 저는 사람의 칭찬이나 비난에 좌우되지 않고 올바른 행위의 한 반석 위에 독자적으로 서 있는 것입니다.

여러분도 이와 똑같을 것입니다. 아마 여러분도 언젠가 미덕과 은혜로 충만한 자신을 발견하게 될 것입니다. 그때 마귀가 여러분에게 이렇게 아첨할 것입니다. "야! 너는 이제 현명한 그리스도인이야. 교회에서 한가락 할 수 있겠어. 확실히 교회에 자랑거리가 될 거야. 네가 얼마나 잘하는지 봐라." 여러분은 자신도 모르게 그 사이렌(Siren: 그리스 신화. 아름다운 노랫소리로 뱃사람들을 홀렸던 바다 요정)의 음악 소리를 믿고, 절반은 실제로 은혜가 풍성히 넘친다고 믿습니다. 그러나 다음 날이 되면 여러분은 몇몇 죄를 저지르고, 그때 마귀가 이렇게 속삭입니다. "야! 이제 너는 하나님의 자녀가 아니다. 네 죄를 봐라." 사랑하는 성도 여러분, 여러분이 믿음을 유지할 수 있는 유일한 길은 자아에 대한 칭찬과 자아에 대한 비난을 똑같이 초월하고 사는 것입니다. 곧 단순히 우리 주 예수 그리스도의 피와 공로에 따라 사는 것입니다. 자신의 온갖 미덕에도 불구하고 "이것들은 단지 쓰레기와 똥에 불과하다. 내 소망은 오로지 예수 그리스도가 이루신 속죄 사역에만 고정되어 있다"고 말할 수 있는 사람은 죄가 넘칠 때에도 자신의 믿음이 계속 유지되는 것을 발견할 것입니다. 왜냐하면 그는 다음과 같이 말할 수 있기 때문입니다. "나는 한때 미덕이 충만했으나 그때 나 자신을 믿지 않았다. 그런데 지금 나는 미덕이 하나도 없다. 그러니 더욱 구주만 의지할 것이다. 무엇보다 나는 변덕스럽지만 그분은 결코 변함이 없으시니까. 만일 내가 극히 조금이라도 나 자신을 의지했다면 기복이 무척 심했을 것이다. 그러나 그리스도께서 이루신 것을 믿기 때문에, 그분이 내 소망의 결코 흔들리지 않는 기둥이시므로 내 영혼은 안전하고 확신 있는 믿음을 갖게 될 것이다."

자아가 약해진다고 해도 믿음은 약해질 수 없습니다. 그러나 자아가 강해진다고 해도 믿음이 강해질 수는 없습니다. 왜냐하면 자아는 정원사가 흡지(吸枝)라고 부르는 것과 거의 비슷하기 때문입니다. 흡지는 나무 밑둥치에 붙어있는 것으로 열매는 맺지 못하고 단지 나무의 자양분만 빼앗아가는 것입니다. 자아는 믿음으로부터 자양분을 빨아들이는 홉지이고, 여러분은 그것을 잘라 버려야 하지, 그렇지 않으면 여러분의 믿음은 항상 작은 믿음으로 그칠 것이고, 여러분은 영혼의 위로를 유지하는데 어려움이 많을 것입니다.

그러나 어쩌면 대부분의 사람들이 자신의 믿음을 자라게 하는 유일한 방법은 큰 환난을 거치는 방법일 것입니다. 우리는 햇빛 비치는 낮에는 믿음을 강하게 하기가 어렵습니다. 사람이 믿음을 얻는 것은 단지 강풍의 날씨 속에서입니다. 믿음은 하늘에서 은밀하게 떨어지는 이슬방울처럼 얻어지는 것이 아닙니다. 믿음은 일반적으로 돌풍과 폭풍 속에서 옵니다. 오래된 참나무를 보십시오. 그 나무가 어떻게 그토록 땅 속 깊이 뿌리를 박게 되었습니까? 3월의 바람에게 물어보면 그 바람이 여러분에게 말해줄 것입니다. 그렇게 한 것은 4월의 소나기도 아니고, 따사로운 5월의 햇살도 아니라 3월의 거친 바람, 곧 나무를 세차게 뒤흔들고, 그 뿌리들이 바위를 꽉 붙들게 만드는 북풍이 호되게 몰아치는 3월이었습니다. 이것은 우리에게도 마찬가지입니다. 우리는 막사 안에서는 훌륭한 군인을 조련할 수 없습니다. 훌륭한 군인은 총알이 날아들고 대포 소리가 진동하는 전장에서 만들어지는 법입니다. 우리는 공원의 연못에서 훌륭한 선원이 만들어지리라고 기대할 수 없습니다. 훌륭한 선원은 저 멀리 깊은 바다 곧 거친 바람이 윙윙거리고, 하나님의 군대가 행군할 때 울리는 북소리처럼 파도소리가 으르렁거리는 곳에서 만들어지는 법입니다. 폭풍과 태풍이 사람들을 억세고 용감한 선원으로 만듭니다. 그들은 심해에서 주님의 역사와 주님의 경이를 봅니다. 이것은 그리스도인도 마찬가지입니다. 큰 믿음은 큰 시련을 수반해야 합니다. 「천로역정」에서 담대 씨는 큰 환난 씨가 없었다면 담대 씨가 되지 못했을 것입니다. 진리의 용사 씨는 원수들이 먼저 그를 공격하지 않았더라면 원수들을 맞아 싸우는데 그토록 용감하지는 못했을 것입니다. 우리도 마찬가지입니다. 우리는 큰 믿음을 얻기 전에 큰 환난을 예상해야 합니다.

이어서 큰 믿음을 갖고자 하는 자는 자신이 갖고 있는 믿음을 사용해야 합니다. 저는 나가서 말에 편자를 끼우거나 편자를 모루 위에 놓고 망치로 두들기는 것을 좋아하지 않습니다. 저는 그렇게 무거운 망치를 들었다 내려치는 일을 오래하면 처음에는 팔이 많이 아플 것이라고 생각합니다. 시간이 얼마가 됐든 간에 시간 안에 해낼 수 없을 것입니다. 대장장이의 팔이 지치지 않는 이유는 그 일에 익숙해져 있기 때문입니다. 대장장이는 오랜 세월 동안 하루 종일 그 일만 해왔고, 그리하여 여러분에게 보여줄 만한 팔을 갖게 되었습니다! 대장장이는 소매를 걷어붙이고 결코 지치지 않는 강한 근육을 보여주는데, 계속 사용함으로써 그런 팔을 갖게 된 것입니다. 여러분은 믿음을 강하게 하기를 원합니까? 그러면 믿음을 사용하십시오. 게을러빠진 늦잠꾸러기 그리스도인 여러분, 일어나 교회에 가서 자리에 앉아 설교를 듣고 유익한 대화를 나누기만 할 뿐, 선을 행하는 것은 생각도 하지 않는 여러분, 자기 주변에 지옥을 가득히 허용하고, 너무 게을러 손을 내밀어 영원한 불길 속에서 타는 나무를 끄집어내려고 하지 않는 그리스도인 여러분, 거리를 휩쓸고 있는 죄를 보면서도 그 흐름 속에서 발길을 돌리거나 그 흐름을 막아보려고 하지 않는 그리스도인 여러분, 저는 여러분이 작은 믿음에 대하여 불평하는 것이 조금도 의아하지 않습니다. 작은 것이 당연하니까요. 여러분은 작은 일밖에는 하지 못합니다. 하나님께서 어찌 여러분에게 여러분이 사용하기를 바라는 것보다 더 큰 힘을 주시겠습니까? 강한 믿음은 항상 믿음을 사용하기 마련입니다. 믿음을 사용하지 않는 자는 그 이상의 믿음은 갖지 못할 것입니다. "그에게서 그 한 달란트를 빼앗아 열 달란트 가진 자에게 주라 무릇 있는 자는 받아 풍족하게 되고 없는 자는 그 있는 것까지 빼앗기리라"(마 25:28-29).

횟필드 목사의 생애 속에서, 여러분은 그가 믿음이 작다고 불평하는 것을 전혀 발견하지 못할 것입니다. 또는 설사 그가 불평했다고 하더라도 그가 한 주에 아홉 번밖에 설교하지 않았을 때였습니다. 횟필드 목사는 한 주에 열여섯 번 설교할 때에도 불평한 적이 결코 없었습니다. 그림쇼의 생애를 읽어 보십시오. 여러분은 그가 한 주에 스물네 번 설교했을 때 절망에 빠져 고민했다는 것을 전혀 발견하지 못할 것입니다. 그가 고민한 때가 있었다면 그것은 약간 게을러져서 한 주에 열두 번밖에 설교하지 못할 때였습니다.

그러므로 항상 믿음을 행사하십시오. 철저히 사용하십시오. 그런다고 믿음이 약해질 것이라는 두려움은 조금도 없습니다. 우리의 믿음은 겨울철의 아이들과 같습니다. 겨울철에 아이들은 난롯가에 앉아 손을 비비거나 문지름으로써 혈액을 순환시키고, 난롯가 가까운 자리를 차지해 몸을 따스하게 하려고 서로 싸우다시피 합니다. 드디어 아버지가 와서 이렇게 말합니다. "애들아, 그렇게 해서는 따스하지 않다. 이런 소극적인 방법으로는 몸을 따스하게 할 수 없다. 밖에 나가 운동을 좀 하자." 그러면 아이들은 모두 밖으로 나가고, 잠시 후에 그들의 뺨은 붉게 상기된 채 다시 들어오고, 그들의 손은 더 이상 떨리지 않습니다. 그리고 이렇게 말합니다. "아빠, 그렇게 하니까 이렇게 따스하게 되는 줄 정말 몰랐어요." 이것은 여러분에게도 마찬가지입니다. 여러분도 믿음이 강하고 따스하게 자라게 하려면 행함이 있어야 합니다. 물론 행함이 여러분을 구원하는 것은 아닙니다. 그러나 행함이 없는 믿음은 죽은 믿음, 곧 얼어 죽은 믿음입니다. 하지만 행함이 있는 믿음은 열정으로 붉게 타올라 안정된 힘을 갖게 됩니다. 그러니 어서 가서 주일학교에서 가르치십시오. 또는 밖에 나가 일곱이나 여덟 명 정도 누더기를 걸친 가난한 아이들을 교회로 데리고 오십시오. 또는 오두막집에 살고 있는 불쌍한 노파를 찾아가십시오. 또는 이 큰 도시 뒷골목에서 가련하게 죽어가는 영혼들을 찾아가 돌보십시오. 그러면 "정말! 일을 하니 내 믿음이 놀랍게 새로워지는구나"라고 고백하게 될 것입니다. 다른 사람들을 돕는 것은 여러분 자신을 돕는 것입니다.

　이제 마지막 권면을 드리겠는데, 그것은 다음과 같습니다. 곧 여러분이 충분한 믿음의 힘을 얻는 최고의 길은 **그리스도와의 교제**를 갖는 것에 있다는 것입니다. 그리스도와 교제를 갖게 되면 여러분은 절대로 불신앙을 가질 수 없게 될 것입니다. 그리스도께서 왼손으로 제 머리를 안고, 오른손으로 제 몸을 얼싸안을 때 저는 결코 의심할 수 없습니다. 사랑하는 주님이 식탁에 앉아 저를 그 잔칫집으로 인도하시고, 제 위에서 나부끼는 그분의 깃발이 그분의 사랑의 깃발일 때 저는 진실로 믿지 않을 수 없습니다. 주님과 축제를 즐길 때 저의 불신앙은 수치를 느껴 머리를 숨깁니다. 그러면 말해 봅시다. 푸른 초장으로 인도를 받고 잔잔한 물가에 누워 있게 된 여러분, 주님의 지팡이와 막대기를 보았고, 사망의 음침한 골짜기를 다닐 때에도 그것을 보기를 바라는 여러분, 또 마리아처럼 주님의 발 앞에 앉아 있었거나, 크게 사랑받은 요한처럼 주님의 품에 머리를 기대었던 여러분, 여러분은 그리스도를 가까이 할 때 믿음이 강하게 되지만 멀리 떨어지게 되면 믿음이 약하게 되는 것을 발견하지 않았습니까? 그리스도의 얼굴을 보면서 그분을 의심하는 것은 불가능합니다. 여러분은 주님을 만날 수 없으면 그분을 의심하게 될 것입니다. 그러나 주님과 교제하며 산다면 여러분은 나단 선지자의 비유 속에 나오는 가장 소중한 암양과 같습니다. 왜냐하면 여러분은 주님의 품에 눕고, 주님의 식탁에서 먹고, 주님의 잔에서 마시기 때문입니다. 여러분은 가장 사랑하는 분이 여러분에게 "나의 사랑, 나의 어여쁜 자야 일어나서 함께 가자"(아 2:13)고 말씀하실 때 그분을 믿지 않을 수 없습니다. 그때는 주저함이 없습니다. 여러분은 의심의 골짜기에서 나와 확신의 산으로 올라가게 될 것입니다.

3. 부지런히 계발했을 때 도달하게 되는 믿음의 높은 수준

그러므로 결론적으로 말하면, 믿음은 부지런히 계발하면 확실히 도달하게 될 높은 수준이 있다는 것입니다. 어떤 사람이 믿음이 매우 강하게 되면 이후로는 절대로 의심을 할 수 없게 될까요? 이에 대한 저의 대답은 "아니다"입니다. 아무리 강한 믿음을 가진 자라도 낙심에 빠지는 비통한 기간이 있기 마련입니다. 어느 때든 사랑하는 주님을 받아들이는데 있어서 매우 고통스러운 의심이 없었던 그리스도인은 거의 없을 것이라고 저는 생각합니다. 하나님의 자녀는 모두가 평소에는 강한 믿음을 보여줄 수 있다고 해도 때때로 의심의 발작을 일으키게 됩니다. 다시 말해, 사람이 자신의 믿음을 크게 계발하면 그 순간에는 자신이 하나님의 자녀라는 것을 절대적으로 확신할 수 있습니까? 자신은 조금도 죄를 범하지 않는다고 무조건 확신할 수 있습니까? 자기에게 임할 수 있는 온갖 의심과 두려움이 자기를 조금도 해하지 못하게 할 수 있을 것이라고 굳게 확신할 수 있습니까? 이에 대한 대답은 "그렇다"이고, 분명히 그렇게 할 수 있을 것입니다. 어떤 사람은 현세에서 자신의 실존을 확신할 수 있듯이 자신이 사랑하는 분에게 받아들여졌음을 확신할 수 있습니다. 아니, 그만 그렇게 할 수 있는 것이 아니라 오랫동안 이 보배로운 지위와 특권을 누려온 우리 가운데에도 이런 사람들이 있습니다. 하지만 우리가 이 기간 내내 그랬다는 것은 아닙니다. 우리는 가끔 의심에 사로잡혀 있기도 했습니다. 그러나 저는 이런 사람들을 얼마간 알고 있는데, 특히 그 중에 30년 동안 거의 변함없이 자신이 그리스도 안에서 받아들여진 존재가 된 것을 충분히 의식하며 살았다고 고백한 한 사람을 알고 있습니다. 그는 이렇게 말했습니다. "저는 자주 죄의식에 사로잡혔지만 그리스도의 피의 능력에 대한 의식도 함께 갖고 있었습니다. 또 가끔 잠시 동안 큰 낙심에 빠지기도 했지만 30년 동안 사랑하는 분에게 받아들여졌다는 충분한 확신을 갖고 있었다는 점을 일반법칙처럼 말할 수 있습니다." 상당히 많은 하나님의 백성들이 여러 달 또는 여러 해 동안 다음과 같이 노래하지 못한 기간이 있었다고 말할 수밖에 없다고 저는 생각합니다.

"이것이 내가 간절히 알기 원하는 것이다."

　그러나 그들은 다음과 같이 말할 수 있습니다. "내가 믿는 자를 내가 알고 또한 내가 의탁한 것을 그 날까지 그가 능히 지키실 줄을 확신함이라"(딤후 1:12).
　이제 이런 그리스도인의 상태를 설명해보도록 하겠습니다. 그는 가난할 대로 가난한 자이지만 사실은 부자입니다. 내일 일에 대하여 염려하지 않습니다. 왜냐하면 내일 일은 내일 염려할 것이기 때문입니다. 그는 하나님의 섭리에 자신을 맡깁니다. 그는 백합화를 입히시고 까마귀를 먹이시는 하나님께서 자기 자녀들이 굶주리거나 맨발로 다니도록 방치하지 않으실 것이라고 믿습니다. 그는 세상 재물에 대해서는 집착이 거의 없습니다. 그는 팔짱을 끼고 노래를 부르며 섭리의 물결을 따라 유유히 흘러갑니다. 어둡고 황량하고 유해한 진흙 제방 곁을 흘러가거나, 화려한 궁전과 즐거운 계곡 옆을 지나가거나 자신의 입장을 바꾸지 않습니다. 또 움직이거나 다투거나 하지도 않습니다. 어느 쪽으로 헤엄쳐 갈지 의도하거나 바라지도 않습니다. 그의 유일한 욕구는 "하나님의 손에 모든 것을 맡기고, 오직 하나님의 뜻만 알고자 하는 것"입니다. 폭풍이 머리 위로 지나갈 때 그는 그리스도가 이 폭풍의 피난처인 것을 깨닫습니다. 뜨거운 열기가 엄습할 때에는 그리스도가 황량한 사막에 있는 거대한 바위의 그림자가 됨을 깨닫습니다. 바람이 불어올 때는 바다 깊숙이 닻을 내리고 잠이 듭니다. 태풍이 그의 귓가를 스치고, 돛대가 삐걱거리고, 모든 선재(船材)가 부러질 듯이 구부러지며, 박혀 있는 모든 못이 빠져나갈 것 같아도, 그는 거기서 잠을 잡니다. 그리스도께서 키를 잡고 계시기 때문입니다. 그래서 그는 이렇게 말합니다. "나의 닻은 휘장 안에 있고, 그 닻이 나를 지켜줄 것이라는 것을 알고 있다." 땅이 그의 발 아래에서 흔들리지만 그는 다음과 같이 말합니다. "하나님은 우리의 피난처시요 힘이시니 환난 중에 만날 큰 도움이시라 그러므로 땅이 변하든지 산이 흔들려 바다 가운데에 빠지든지 바닷물이 솟아나고 뛰놀든지 그것이 넘침으로 산이 흔들릴지라도 우리는 두려워하지 아니하리로다"(시 46:1-3).
　그에게 영원한 관심사가 무엇인지 물어보십시오. 그러면 그는 자신의 유일한 확신을 그리스도 안에 두는 것과 그 상태에서 죽는 것이라고 말할 것입니다. 왜냐하면 그는 마지막 큰 날에 자기 구주의 의의 옷을 입고 담대하게 서게 되리라는 것을 알고 있기 때문입니다. 그는 결코 자랑하는 것이 아니라 굳은 확신을 갖고 말합니다. 촐랑대는 오만의 춤을 추는 것이 아니라 확신의 반석 위에 굳게 서 있습니다. 아마 여러분은 그가 교만하다고 생각할지도 모르겠습니다. 그러나 아! 그는 겸손한 사람입니다. 여러분 앞이 아니라 십자가 앞에 낮게 엎드리는 사람입니다. 그는 담대하게 여러분의 얼굴을 바라보면서 그리스도는 자신이 그분에게 의탁한 것을 능히 지키실 수 있다고 말합니다. 그는 다음과 같이 알고 있습니다.

> "주님의 영예는 가장 비천한
> 자신의 양을 구원하는 것이네.
> 하늘에 계신 아버지께서 주신 모든 것을
> 자신의 손으로 안전하게 지키시리라."

그리고 그는 죽을 때 약속의 베개에 머리를 눕히고 버둥거림이나 불평이 없이 구주의 가슴에 안겨 마지막 숨을 쉬면서 죽음의 군대를 향해 "승리!"라고 외치며, 죽음에게 침을 쏘라고 도전하고, 무덤에게 그 승리를 요구하는 것입니다. 이것은 강한 믿음의 결과입니다. 다시 말한다면, 세상에서 가장 약한 믿음을 가진 자라도 부지런히 계발하면 그렇게 될 수 있다는 것입니다. 그러니 오로지 새롭게 하시는 하나님의 영의 능력을 구하고, 그리스도의 계명들을 지키며, 그리스도를 가까이 하며 사십시오. 이렇게 하면 삭개오처럼 난쟁이인 여러분도 거인이 될 것입니다. 담에 자라는 우슬초가 레바논의 백향목의 위엄을 갖게 될 것입니다. 원수 앞에서 도망치던 여러분이 천 명의 원수를 쫓고, 여러분 두 명이 모이면 만 명의 원수를 도망치게 할 수 있을 것입니다. 주님이 작은 믿음을 가진 가련한 자들의 믿음을 자라게 하시기를 바랍니다!

마지막으로, 그리스도를 믿는 믿음을 갖고 있지 못한 자들에 대하여 한 가지 슬픈 사실을 상기하고자 합니다. 그것은 곧 "믿음이 없이는 하나님을 기쁘시게 하지 못한다"(히 11:6)는 것입니다. 만일 여러분이 그리스도를 신뢰하지 않았다면 하나님께서는 날마다 여러분에게 진노하십니다. "사람이 회개하지 아니하면 그가 그의 칼을 가심이여 그의 활을 이미 당기어 예비하셨도다"(시 7:12). 그래서 당부하는데, 자신을 그리스도께 맡기십시오. 그리스도는 여러분의 신뢰를 받으실 가치가 있습니다. 신뢰할 다른 존재는 없습니다. 그리스도는 여러분을 기꺼이 받아주실 것입니다. 그리스도는 여러분을 초대하십니다. 여러분을 위해 피를 흘리셨습니다. 여러분을 위해 중보하십니다. 그리스도를 믿으십시오. 그분이 "믿고 세례를 받는 사람은 구원을 얻을 것이요"(막 16:16)라고 약속하시니까요. 이 두 가지 사실을 꼭 실천하십시오. 그리스도를 믿으십시오. 그리고 세례를 통해 그 믿음을 고백하십시오. 그러면 주님은 여러분을 축복하고, 끝까지 여러분을 붙드실 것이며, 하나님의 영광을 위해 여러분의 믿음이 크게 자라게 하실 것입니다. 주님이 복을 더해 주시기를 간절히 바랍니다!

제
3
장

—

믿는 자에게 놀랍게
여김을 얻으신 예수

—

"그 날에 그가 강림하사 그의 성도들에게서 영광을 받으시
고 모든 믿는 자들에게서 놀랍게 여김을 얻으시리니 이는
(우리의 증거가 너희에게 믿어졌음이라)" — 살후 1:10

우리 주님의 초림과 재림은 얼마나 큰 차이가 있을까요! 주님이 다시 오실 때
에는 영광을 받고 놀랍게 여김을 얻는 역사가 있겠지만, 주님이 처음 오셨을 때
에는 사람들의 멸시와 거부가 있었습니다. 주님은 다시 오실 때에는 전무후무한
광채 속에 오셔서 다스리실 것이지만, 처음 오셨을 때에는 수치와 슬픔의 상황
속에서 죽으셨습니다. 빛의 자녀들이여, 눈을 들고 일어날 변화를 상상해 보십
시오. 여러분의 주님처럼 여러분의 변화도 엄청날 것입니다. 왜냐하면 주님이
감춰졌던 것처럼 여러분도 감춰져 있고, 주님이 사람들 사이에서 행하셨을 때
오해를 받으신 것처럼 여러분도 오해를 받고 있기 때문입니다. "그가 나타나시
면 우리가 그와 같을 줄을 아는 것은 그의 참모습 그대로 볼 것이기 때문이니"
(요일 3:2). 주님의 나타나심은 우리의 나타남이 되고, 주님이 영광 속에서 나타
나시는 그 날에 그분의 성도들도 그분과 함께 영광스럽게 될 것입니다.

우리 주님이 영광 가운데 오신다는 것과, 하나님을 알지 못하고 복음에 순종
하지 않는 자들에게 타오르는 불길로 복수하신다는 것이 함께 말씀되고 있는 것

을 주목하십시오. 이것은 하나님을 모르고 있고, 악하게도 그리스도를 믿지 않는 모든 사람에게는 큰 두려움을 안겨주는 기록입니다. 주님은 원수들을 타도함으로써 영광을 받으시고, 자기 앞에 무릎을 꿇지 않는 사람들을 비참하게 자기 앞에 무릎을 꿇게 하실 것이므로 그들이 이 말씀을 주목하게 합시다. 그들은 주님의 발 앞에서 엎드러질 것입니다. 그들은 두려움에 벌벌 떨며 고꾸라질 것입니다. 그리고 주님의 눈길에 완전히 주눅이 들고, 기록된 것처럼, 그들은 "주의 얼굴과 그의 힘의 영광을 떠나 영원한 멸망의 형벌을 받게 될 것입니다"(살후 1:9). 그러나 이것이 그리스도가 오시는 핵심 목적은 아닙니다. 또한 이것이 주님이 일차로 영광을 받으시는 일도 아닙니다. 왜냐하면 주님은 다른 목적을 위해 오실 때 이 일을 하시는 것이기 때문입니다. 곧 악인을 멸하는 것은 필수적인 일이지만 주님의 영이 즐거움을 얻는 일은 못됩니다. 왜냐하면 본문에 따르면 주님은 이 일을 행하기 위해 오시는 것이 아니라 다른 목적 곧 "그의 성도들에게서 영광을 받으시고 모든 믿는 자들에게서 놀랍게 여김을 얻으시는" 목적을 위해 오실 때 그 일을 행하게 되기 때문입니다.

그리스도의 최고의 영광은 주의 백성들 속에서 나타나고, 이것이 마지막 때에 주님이 이 땅에 다시 오실 목적입니다. 그때 주님은 그의 성도들 속에서 예증되고 그들 속에서 크게 높임을 받게 될 것입니다. 물론 지금도 성도들은 주님을 영화롭게 합니다. 그들이 거룩함을 따라 살 때 주님을 영화롭게 합니다. 말하자면, 주님의 빛을 반사합니다. 그들의 거룩한 행실은 의의 태양이신 주님으로부터 나오는 광선입니다. 그들은 주님을 믿을 때에도 주님을 영화롭게 합니다. 왜냐하면 우리가 주님을 의뢰하고 주님을 우리의 전부로 고백하는 믿음의 은혜보다 예수님의 보좌 앞에 겸손하게 경의를 표하는 은혜는 없기 때문입니다. 우리는 지금도 은혜의 주님을 영화롭게 합니다. 하지만 사랑하는 성도 여러분, 우리가 원하는 것만큼 충분히 영화롭게 하지는 못하고 있다고 고백하지 않을 수 없습니다. 왜냐하면 슬프게도, 우리는 너무 자주 주님을 욕되게 하고 주님의 영을 근심하게 만들기 때문입니다. 열심이 부족해서 그리고 허다한 죄악으로 우리는 복음에 대한 평판을 나쁘게 하고 주님의 이름을 부끄럽게 만드는 죄책이 있습니다. 그러나 복되고, 복되고, 복된 그 날에는 이런 일이 더 이상 벌어지지 않고, 그 날에는 지금 밖으로 죄를 범하도록 역사하는 내적 부패가 완전히 제거되어 다시는 그리스도를 욕되게 하지 아니할 것입니다. 그 날에는 태양을 정면에서 바라보고, 가장 밝게 땅을 비추는 유월절 밤의 달처럼 밝고 순수한 광채가 비칠 것입니다. 오늘날 우리는 녹로 위에 놓인 토기와 같아 반쯤 빚어져 있는 상태에 있습니다. 그러나 심지어는 지금도 하나님의 솜씨가 어느 정도 하나님의 작품인 우리 속에서 보입니다. 그러나 여전히 형태를 갖추지 못한 흙덩이가 부분적으로 보이고, 앞으로 빚어져야 할 것도 많이 남아 있습니다. 그렇다면 위대하신 토기장이의 손에서 완전한 작품이 될 때에는 그분의 창조하시는 지혜와 성결케 하는 능력이 얼마나 크게 나타나겠습니까! 우리의 새 본성이 싹과 유아 상태에 있을 때에도 조물주를 영화롭게 한다면, 완성된 상태에서는 이 세상을 끝나게 하신 분에게 훨씬 더 큰 영광을 돌리게 될 것입니다. 새로운 창조가 끝나고, 하나님께서 자신의 은혜의 사역이 심히 좋았다고 선언하시고 영원한 안식에 들어가실 때에 예수님은 우리 모두에게서 영광을 받고 놀랍게 여김을 얻으실 것입니다.

오늘 아침에 하나님께서 저를 도와주시기를 바라면서 다음 두 가지 사실을 살펴보도록 하겠습니다. 첫째, 본문이 의도하는 그리스도의 특별한 영광에 대하여 살펴보겠습니다. 둘째, 이 웅대한 진리가 함축하고 있는 특별한 사항들을 여러분에게 제시하는 것으로 설교를 마치고자 합니다.

1. 본문이 의도하는 그리스도의 특별한 영광

먼저 본문이 의도하는 그리스도의 특별한 영광에 대하여 주의 깊게 살펴봅시다. 주목해야 할 첫 번째 사실은 때(시기)입니다. 본문은 "그 날에 그가 강림하사 그의 성도들에게서 영광을 받으시고"라고 말씀합니다. 성도들 속에 있는 그리스도의 충분한 영광은 확실한 예언의 말씀을 따를 때 그분이 재림할 때가 될 것입니다. 지금도 그리스도는 그들을 통해 영광을 받고 계십니다. 왜냐하면 그분은 "내 것은 다 아버지의 것이요 아버지의 것은 내 것이온데 내가 그들로 말미암아 영광을 받았나이다"(요 17:10)라고 말씀하시기 때문입니다. 그러나 아직 그 영광은 바깥세상으로 드러난 것이 아니라 주님 자신이 그렇게 인식하고 있는 것입니다. 등불들이 손질되고 있고, 머지않아 불을 비추게 될 것입니다. 지금은 무한히 큰 날인 그 위대한 안식의 날 이전 예비일입니다. 에스더에 대하여 말해진 것과 같습니다. 에스더는 왕궁에 들어가기 전에 왕후가 되기 위해 여러 달 동안 향품과 몰약 기름으로 몸을 정결하게 함으로써 준비를 했습니다. 마찬가지로 우리도 지금 정결하게 됨으로써, 신부로서 완성된 교회가 신랑이신 그리스도께 나타나게 될 그 장엄한 날을 준비하고 있습니다. 요한은 교회에 대하여 "그 준비한 것이 신부가 남편을 위하여 단장한 것 같더라"(계 21:2)고 말합니다. 지금은 우리에게 밤이므로 우리는 깨어 있어야 합니다. 그러나 아침 곧 구름 한 점 없는 아침이 오는 것을 보십시오. 그때에는 사랑하는 주님이 오셨기 때문에 우리는 일곱 배나 더 밝은 빛 속에서 살게 될 것입니다. 주님의 재림은 주님을 나타내는 사건이 될 것입니다. 주님은 이 땅에 계실 때 구름 아래 있었습니다. 주님의 영광을 본 소수의 사람들을 제외하고 사람들은 주님을 알아보지 못했습니다. 그러나 주님이 재림하실 때에는 모든 휘장이 제거되고, 모든 눈이 주님의 얼굴의 영광을 보게 될 것입니다. 주님은 이때를 기다리고 계시고, 그의 교회도 주님과 함께 기다리고 있습니다. 우리는 정해진 때가 언제인지 모르지만 점점 그 시간은 가까워지고 있습니다. 그러므로 우리가 허리를 동여매고 굳게 서서 그 시간을 기다립시다.

　주목해야 할 두 번째 사실은 이 그리스도의 영광이 **누구에게서 발견되느냐** 하는 것입니다. 본문은 그리스도께서 그의 성도들에 "의하여"(by) 영광을 받게 될 것이라고 말씀하지 않습니다. 오히려 "그의 성도들에게서"(in) 영광을 받게 될 것이라고 말씀합니다. 이 두 단어 사이에는 약간의 차이, 아니 사실은 약간 이상의 차이가 있습니다. 우리는 지금도 행실에 의하여 그리스도를 영화롭게 하려고 애씁니다. 그러나 그때에 그리스도는 우리 자신의 인격과 성품과 상태 속에서 영광을 받으실 것입니다. 그리스도는 우리의 행함에 의하여 영광을 받으시지만, 마지막 날에는 우리의 존재 안에서 영광을 받게 될 것입니다. 예수님이 영광을 받고 놀랍게 여김을 얻으실 이들이 누구입니까? 두 가지 묘사로 이들이 언급됩니다. 곧 "그의 성도들에게서"와 "모든 믿는 자들에게서"입니다.

　먼저 "그의 성도들에게서"를 살펴보겠습니다. 그리스도께서 영광을 받을 모든 자는 거룩한 자 또는 성도들로 묘사됩니다. 이들은 성결하게 되고 순전하게 된 사람들 곧 은혜로운 삶을 통해 자기들이 성령의 가르침 아래 있었음을 보여주고, 순종의 행위를 통해 자기들이 "거룩하고 악이 없고 더러움이 없고 죄인에게서 떠나 계시는"(히 7:26) 거룩하신 주님의 제자라는 것을 증명하는 사람들입니다. 그러나 이 성도들이 또한 믿는 자들로 불린다는 점에 있어서 마지막 날에 그리스도를 영화롭게 할 거룩함은 그리스도를 믿는 믿음에 기반을 둔 거룩함 곧 믿음이 뿌리가 되는 거룩함을 가리킨다고 저는 생각합니다. 곧 그들은 먼저 그리스도를 믿었고, 그렇게 구원받은 그들은 주님을 사랑하고, 주님께 순종했던 것입니다. 그들의 믿음은 사랑으로 말미암아 생겼고, 그들의 영혼을 정결하게 했으며, 그리하여 그들의 삶을 깨끗하게 했습니다. 그것은 살아 있고 활력적인 믿음의 원리 속에서 일어난 내적·외적 순결을 모두 포함합니다. 만일 어떤 사람이 그리스도를 믿는 믿음이 없이 거룩함에 이를 수 있다고 생각한다면 그것은 밭에 씨를 뿌리지도 않고 추수를 거두기를 바라는 사람과 똑같이 잘못하는 것입니다. 믿음은 뿌리이고, 성도다운 모습은 거듭난 마음의 토양 속에 그 뿌리가 심겨졌을 때 거기서 아름답게 자라나는 향기로운 꽃입니다. 그러므로 여러분에게 당부하는데, 여러분 자신에게서 나오고 여러분 자신의 독자적인 의지의 힘으로 유지되는 거룩함으로 거룩한 척하지 않도록 조심하기를 바랍니다. 또한 그렇게 하는 것은 가시 떨기에서 포도를, 또는 엉겅퀴에서 무화과를 따내는 것을 바라는 것과 같습니다. 참된 성도의 모습은 죄인들의 구주를 확신하는 데서 나오는 것이 틀림없습니다. 만일 그렇지 않다면 진리의 가장 중요한 요소가 빠져 있는 것입니다. 기초를 자아 존중에 두고 있는 것 속에서 어떻게 완전한 인격이 나올 수 있겠습니까? 그리스도를 신뢰하지 않는 성도들에 의하여 어떻게 그리스도께서 영광을 받을 수 있겠습니까?

이번에는 두 번째 묘사인 "모든 믿는 자들에게서"에 한 번 더 주의를 집중해 주기 바랍니다. 이 말은 괄호 안에 있는 문장 ─ "우리의 증거가 너희에게 믿어졌음이라" ─ 에 따르면, 이들은 어떤 증거를 믿는 자들을 가리킨다는 것을 암시합니다. 그런데 사도들의 증거는 그리스도에 대한 것이었습니다. 사도들은 육체로 거하신 그리스도를 보았고, 그래서 그리스도를 "육체 안에 나타나신 하나님"으로 증언했습니다. 사도들은 그리스도의 거룩한 삶을 보았고, 그래서 그것에 대해서도 증언했습니다. 사도들은 그리스도의 비통한 죽음을 보았고, 그래서 "하나님께서 그리스도 안에 계시사 세상을 자기와 화목하게 하셨다"(고후 5:19)고 증언했습니다. 사도들은 그리스도께서 죽은 자로부터 부활하신 것을 보았고, 그래서 "우리가 다 이 일(주님의 부활)에 증인이로다"(행 2:32)라고 말했습니다. 사도들은 그리스도께서 하늘로 올라가시는 것을 보았고, 그래서 하나님께서 그리스도를 자기 우편에 앉게 하신 것을 증언했습니다. 따라서 이 증거를 믿는 자가 모두 구원받습니다. "네가 만일 네 입으로 예수를 주로 시인하며 또 하나님께서 그를 죽은 자 가운데서 살리신 것을 네 마음에 믿으면 구원을 받으리라"(롬

10:9). 단순한 믿음을 갖고 나아와 자신을 성육신하신 하나님 곧 사람들을 위해 살고 죽으시고, 항상 하나님 우편에 앉아 그들을 위해 중보하시는 하나님께 맡기는 모든 자 — 이들이 마지막 큰 날에 그리스도께 영광을 돌리고 그분을 놀랍게 여길 사람들입니다. 그러나 그들이 먼저 성도들로 언급되고 있으므로 이 믿음은 살아 있는 믿음 곧 죄에 대한 미움을 일으키는 믿음, 그리스도의 고상한 본보기를 따라 인격을 새롭게 하고 삶을 형성시키는, 따라서 죄인을 성도로 바꾸는 믿음이라는 사실을 결코 망각해서는 안 됩니다. 이 두 묘사는 억지로 따로 떼 놓아서는 안 됩니다. 여러분은 은혜를 입은 사람들이 믿음으로 말미암아 의롭게 된다는 사실을 기억하지 않고 그들이 거룩하게 되었다고 말해서는 안 됩니다. 또한 그들이 거룩함이 없이는 아무도 주를 보지 못하리라는 사실을 기억하지 않고 믿음으로 의롭게 되었다고 말할 수 없습니다. 마지막 날에 그리스도를 놀랍게 여길 사람들이 그리스도를 믿는 믿음으로 말미암아 구원을 받게 된 거룩한 사람들이 될 것입니다.

　　지금까지의 설명으로 우리는 우리의 상태를 보게 되는데, 여기서 한 가지 질문이 일어납니다. 곧 그리스도께서 이처럼 영광을 받고 놀랍게 여김을 얻으시는 것을 누가 볼까요? 그리스도는 자기 백성들 속에서 빛나는데, 누가 그 영광을 볼까요? 대답한다면, 먼저 그의 백성들이 볼 것입니다. 모든 성도가 본질상 그리스도를 영화롭게 할 것이며, 본질상 그리스도를 놀랍게 여길 것입니다. 성도는 이렇게 말할 것입니다. "나처럼 보잘것없는 피조물이 이처럼 온전하게 되다니 얼마나 놀라운가! 내게 이 기적을 행하신 주님을 얼마나 은혜로우실까!" 확실히 우리가 깨끗해지고 거룩해진 것을 의식하게 되면 우리는 방금 우리가 불렀던 존 베리지(John Berridge)의 찬송 시가 마음에 가득 차게 될 것입니다.

　　　"주님은 영원한 미소로 그들을 격려하시고,
　　　그들은 그동안 내내 호산나를 부르네.
　　　아니, 황홀한 기쁨에 압도되어
　　　주님의 발 앞에 엎드려 찬양하네."

　　저도 개인적으로 천국에 들어갈 때 저를 천국에 데려온 영원한 사랑을 영원토록 찬양하고 송축할 것이라는 것을 이제는 압니다. 그렇습니다. 우리는 모두 구주께서 무한하신 은혜로 우리 속에 이루신 것에 대하여 그분께 영광을 돌리고 그분을 놀랍게 여길 것입니다.

성도들은 또한 서로 간에 그리스도를 놀랍게 여길 것입니다. 제가 여러분에게서, 그리고 여러분이 여러분의 형제자매들이 그리스도 안에서 완전하게 된 모습을 보게 될 때, 우리는 놀라움과 감사와 기쁨으로 충만하게 될 것입니다. 거기서 여러분은 모든 질투에서 벗어나고, 그리하여 여러분은 동료 성도들의 모든 미덕을 즐거워할 것입니다. 그들의 천국은 여러분의 천국이 되고, 구속받은 모든 이들의 기쁨을 여러분이 기뻐할 때처럼 여러분이 소유하게 될 천국도 얼마나 많겠습니까! 우리는 우리 자신과 마찬가지로 다른 사람들 속에서 주님의 솜씨를 놀랍게 여길 것이고, 또 각자가 나머지 모든 사람을 구원하신 것에 대하여 주님을 찬양할 것입니다. 여러분은 여러분의 모든 형제 속에서 주님을 보고, 이것 때문에 여러분은 주님을 끝없이 찬양하고 경배하며, 영원한 기쁨을 갖고 계속 놀라워할 것입니다.

그러나 그것이 전부는 아닐 것입니다. 그리스도께서 피로 값 주고 사 대속한 사람들 외에도 그리스도께서 다시 오시는 그 큰 날에 거룩한 천사들이 옆에 서서 바라보고 놀랍게 여길 것입니다. 천사들은 처음에 그리스도께서 하늘에서 땅에 내려오셨을 때 크게 놀랍게 여겼습니다. 천사들은 그 일을 확인해 보기를 원했으나 그것은 신비였습니다. 그러나 천사들이 사랑의 왕이 수하에 만만의 구속받은 성도들 곧 모두가 그분의 피로 옷이 깨끗하게 씻기고 희게 된 성도들을 동반하고 다시 오시는 것을 볼 때, 통치자들이나 권세들이 구속받은 모든 성도들 속에서 그분을 얼마나 놀랍게 여기겠습니까! 천사들은 정복자의 팔이 전쟁에서 승리하고 집으로 이 모든 전리품을 가져온 것을 얼마나 찬양하겠습니까! 그분이 사랑의 사슬로 사로잡은 자들을 끌고 오면서 자신의 승리를 기쁘게 장식하고, 자신의 완전한 승리를 보여주실 때, 하늘 군대가 어떻게 그분을 찬양하지 않겠습니까!

우리는 다른 타락하지 않은 피조물에 속해 있는 또 어떤 **종족**이 있는지 잘 모릅니다. 하지만 이 세상은 하나님의 피조물 가운데 극히 작은 한 부분에 불과하기 때문에 우리 주변의 셀 수 없이 많은 세계 속에 수백만의 다른 종족이 있을 수 있고, 이 모든 종족이 주의 날에 성도들에게서 나타나는 구속의 사랑의 경이를 보도록 초대받을 수 있다고 믿는 것은 단순한 상상의 나래가 아니라고 저는 생각합니다. 저는 이 타락하지 않은 지성적 존재들이 구름 같은 증인들로 성도들을 에워싸고, 황홀한 환상 속에서 구속의 주님의 사랑과 은혜를 바라보고 있는 것을 보는 것 같습니다. 얼마나 감미로운 노래일까요! 이 모든 존재가 항상 복되신 하나님을 찬양하기 위해 내는 소리가 어떤 외침이겠습니까! 우주가 얼마나 멋진 찬양의 오케스트라가 되겠습니까! 별과 별 사이에 거룩한 찬송이 울려 퍼지고, 전체 우주 속에 놀라워하는 영들의 호산나 소리가 울릴 것입니다. "기묘자, 모사, 전능하신 하나님, 영존하시는 아버지, 평강의 왕"(사 9:6)은 놀랍게 여기는 모든 사람을 하늘 본향으로 끌어올리고, 그들은 그분과 함께 영원토록 놀랍게 여기는 자들이 될 것입니다.

그 다음에는 사탄과 패배한 그의 군대, 그리고 경건치 않은 사람들의 상실된 영들이 그 날에 시기와 격노로 이를 갈며 예수님의 위엄 앞에 벌벌 떨 것입니다. 그들은 패배를 자인하고 절망을 드러냄으로써 그의 백성들 속에 자기들을 철저히 패배시킨 그리스도를 영화롭게 할 것입니다. 그들은 그리스도께서 피로 구속하신 자는 하나도 잃어버리지 않은 것을 보게 되고, 아버지께서 그리스도에게 주신 양들을 하나도 빼앗기지 않은 것을 보게 될 것이고, 전쟁의 날에 그리스도의 깃발 아래 등록된 전사는 쓰러진 자가 하나도 없다는 것을 보게 될 것이며, 무엇보다 그 모든 자가 자기들을 사랑하는 그리스도로 말미암아 정복자 이상의 존재가 되었음을 알게 될 것입니다. 악령들은 자기들의 완전한 패배를 확인하게 될 때 얼마나 큰 절망에 사로잡히게 되겠습니까! 그들은 한때 자기들이 종으로 부렸던 사람들에게 패배한 것입니다! 자기들이 간계를 통해 너무 쉽게 속일 수 있었던 형편없는 얼간이들, 바로 그들에게조차 패배를 당한 것입니다! 사자의 입 속에서 어린 양들을 빼앗아 오고, 그들의 세력으로부터 자신의 연약한 양들을 구출해 내심으로써 승리하신 예수님은 구속받은 자들 속에서 그들이 철저히 수치를 당하도록 하실 것입니다. 그들은 지금 하늘과 땅 그리고 모든 별이 분노에 차 "할렐루야, 할렐루야, 할렐루야, 전능하신 주 하나님이 다스리시고, 어린 양이 그의 피로 승리하셨도다"라고 크게 외치는 소리를 듣고 있기 때문에 자기들을 위해 마련된 지옥에 떨어져 끔찍한 고통을 당하게 될 것입니다.

따라서 그리스도께서 그의 성도들에게서 영광을 받으실 때에 관객들이 충분히 많이 있다는 것을 여러분도 알았을 것입니다. 그러면 이제 네 번째로 주 예수님이 어느 정도 영광을 받게 되시는지 확인해 봅시다. 이에 대한 답변은 최고의 영광을 받게 되실 것이라는 것입니다. 예수님은 그의 성도들에게서 최고의 영광을 받기 위해 오실 것입니다. 왜냐하면 "놀랍게 여김을 얻으시리니"라는 말씀으로 이것이 분명하기 때문입니다. 영역될 때 당시 영국인들에게는 "놀랍게 여김"(admired)이라는 이 말이 지금 우리 시대보다 놀라움에 대한 강도가 훨씬 더 강했습니다. 우리는 종종 어떤 것에 대하여 좋아한다는 뜻을 좀 더 부드럽게 표현해 그것에 대하여 놀랐다(감탄했다)고 말합니다. 그러나 이 영어 단어의 실제 의미는 헬라어 단어와 마찬가지로 경이(wonder)입니다. 우리 주님은 모든 믿는 자들에게서 경이롭게 될 것입니다. 성도들을 바라보는 자들은 거룩한 기쁨으로 의외의 경이를 느끼게 될 것입니다. 그들은 성도들이 보여주는 주님이 행하신 일에 대한 엄청난 영광에 깜짝 놀라게 될 것입니다. "우리도 주님이 큰 일을 행하실 것으로 생각했다. 하지만 이 정도일 줄이야! 완전히 상상을 초월하는구나!"

모든 성도는 자기 자신에 대하여 경이를 느끼게 될 것입니다. "내가 누릴 복이 크다고 생각은 했지만 이 정도일 줄은 상상조차 못했다." 주님의 모든 형제가 온전하게 된 신자에 대하여 경이를 느끼게 될 것입니다. 그는 이렇게 말할 것입니다. "성도들이 온전하게 되리라는 것은 나도 생각했지만 변화된 이 엄청난 영광이 그들 각자에게 임할 줄은 상상조차 못했다. 주님께서 그토록 인자하고 은혜로울 줄은 상상을 넘어섰다." 하늘의 천사들은 자기들도 이런 정도의 은혜 행위를 예상한 적은 결코 없다고 말할 것입니다. 천사들은 주님이 큰 일을 행하신 것은 알고 있었지만, 주님이 자기 백성들을 위해 그리고 자기 백성들 속에서 그토록 큰 일을 행하신 것은 알지 못했습니다. 옛날부터 기이한 큰 일들을 숱하게 보아온 빛의 맏아들들(천사들)은 임마누엘 하나님의 값없는 은혜와 죽음을 통한 사랑의 작품을 볼 때 새로운 경이로 넋을 잃게 될 것입니다. 한때 성도들을 멸시해 그들을 점잖은 척하는 위선자로 부르고, 그들을 짓밟았던, 아니 사실은 죽였던 사람들, 곧 신발 한 짝을 위해 의인을 팔아먹은 땅의 왕과 방백들이, 구주를 따르는 자들 가운데 가장 작은 자가 땅에서 가장 큰 자보다 훨씬 더 높은 지위의 왕자가 되고, 그리스도께서 이 은혜 받은 자 모두에게서 영광을 받으시는 것을 볼 때 뭐라고 말하겠습니까? 성도들의 높아짐 때문에 예수님은 한때 예수님과 성도들을 멸시했던 사람들에 의하여 놀랍게 여김을 얻게 될 것입니다.

다음에 살펴볼 요점은 이 설교의 핵심 주제입니다. 곧 그리스도는 어떤 면에서 영광을 받고 놀랍게 여김을 얻게 되실까요? 저는 이 점에 대하여 여러분에게 십분의 일도 말해줄 수 없다고 생각합니다. 단지 이것이 무엇을 의미하는지 몇 가지 실례만 제시해 보고자 합니다. 상세한 설명은 사실상 불가능합니다. 저는 그의 성도들에게서 예수님이 영광을 받고 놀랍게 여김을 얻는 것 가운데 하나는 그들의 엄청난 수 – "아무도 능히 셀 수 없는 큰 무리"(계 7:9) – 에 있다고 생각합니다. 요한은 훌륭한 수학자였고, 그래서 이스라엘의 모든 지파의 자손들의 수를 144,000까지 계산할 정도였습니다. 그러나 그 수는 단지 유대인 교회에 대한 상징적인 수에 불과했습니다. 이방인 교회까지 포함된 하나님의 교회에 대해서 요한은 계산을 포기하고 그 수는 "아무도 능히 셀 수 없는 큰 무리"라고 고백했습니다. 요한은 그들이 찬송하는 소리를 듣고 이렇게 말합니다. "내가 하늘에서 나는 소리를 들으니 많은 물소리와도 같고 큰 우렛소리와도 같은데"(계 14:2). 그들의 찬송 소리는 폭풍으로 말미암아 거세게 몰아치는 지중해 바다의 포효 소리와 같았습니다. 아니, 하나의 대양이 으르렁거리는 것이 아니라 한 대양과 다른 대양이 함께 으르렁거리는, 곧 대서양과 태평양이 서로 합해져서 으르렁거리고, 북극해와 또 다른 바다들이 합해져서 함께 으르렁거리고, 그렇게 모든 바다가 한데 힘을 모아 가장 강력한 포효 소리를 내는 것과 같을 정도로 소리가 컸습니다. 구속받은 자들의 찬송 소리는 이 정도가 될 것입니다. 왜냐하면 이 엄청난 찬송을 부르는 무리를 계수하는 것이 불가능하기 때문입니다. 보라, 그리스도의 나라를 비웃던 자들아 보라. 작은 자 하나가 어떻게 천 명이 되었는지 보라! 자, 산꼭대기에서 한 줌의 밀알을 본 너희 그리스도의 원수들아, 보라. 거기서 맺어진 열매가 어떻게 레바논의 백향목처럼 흔들리는지 보라. 그리고 예루살렘 성읍에서 살던 그들이 땅의 풀처럼 무성하게 번성하는 것을 보라. 누가 이슬방울이나 해변의 모래알을 셀 수 있겠습니까? 설사 그들이 이것들은 셀 수 있다손 치더라도 그리스도께서 영광으로 이끌 구속받은 자들의 무리는 절대로 셀 수 없을 것입니다.

그리고 이 모든 수확은 한 알의 밀에서 거둔 것으로, 이 밀이 땅에 떨어져 죽지 아니했더라면 한 알 그대로 있었을 것입니다! 말씀이 뭐라고 말씀합니까? "죽으면 많은 열매를 맺느니라"(요 12:24). 예언이 성취되지 않았습니까? 오, 사랑하는 성도 여러분, 저 외로운 나사렛 사람으로부터 얼마나 엄청난 수확이 있습니까! 그 영광의 사람, 그 가지로부터 얼마나 많은 열매가 맺혔습니까! 사람들은 그분이 하나님께 버림받아 채찍과 매를 맞고 고난을 당한다고 생각했습니다. 사람들은 그분을 무시했습니다. 그러나 (죽은 자와 같았던) 그분에게서 하늘의 별과 같이 많은 이 무리가 나왔습니다. 그렇다면 그분이 그들에게서 영광을 받고 놀랍게 여김을 얻지 않겠습니까? 반드시 그렇게 선포하는 날이 올 것입니다.

그러나 양(量)이 전부가 아니라 질(質)도 있습니다. 그리스도께서 그의 성도들에게 놀랍게 여김을 얻는 것은 성도들 모두가 악에서 구원하신 그분의 능력에 대한 증거이기 때문입니다. 저는 흰 옷 입은 자들의 눈부신 행렬을 눈으로 거의 바라볼 수 없고, 상상해 보는 것에 불과하지만, 그들은 각각 해보다 더 밝게 빛나고, 모두가 대낮보다 일곱 배나 더 밝은 빛으로 옷을 입을 것입니다. 그러나 제가 그들을 바라보니, 그들 모두가 제게 이렇게들 말합니다. "우리는 우리의 옷을 씻었다. 전에는 우리의 옷이 더러웠기 때문이다. 우리는 옷을 하얗게 했다. 하지만 이 하얀색은 어린 양의 피로 말미암은 것이다." 이들도 다른 이들과 똑같이 진노의 자식들이었고, 죄와 허물로 죽은 자들이었습니다. 이들도 모두 양 같이 길을 잃고 제 갈 길로 갔던 자들이었습니다. 그러나 그들을 보십시오. 그리스도께서 그들을 어떻게 구원하고, 어떻게 씻으시고, 어떻게 깨끗하게 하고, 어떻게 온전하게 하셨는지 보십시오! 그리스도의 능력과 은혜가 그들 모두에게서 보입니다. 만일 여러분이 여기저기 눈을 돌려 확인한다면 지극히 완고했던 자들을 발견하게 될 것입니다. 그들의 목은 쇠심줄 같았으나 그리스도께서 그들을 사랑으로 정복하셨습니다. 어떤 이들은 극도로 무지했지만 그리스도께서 그들의 멀어 있던 눈을 여셨습니다. 어떤 이들은 정욕의 나병에 심하게 감염되어 있었지만 그리스도께서 그들을 고치셨습니다. 어떤 이들은 매우 끔찍한 사탄의 힘에 사로잡혀 있었지만 그리스도께서 그들에게서 마귀를 쫓아내셨습니다. 오, 그리스도께서 이런 특별한 일들로 얼마나 영광을 받게 되겠습니까! 저 주정뱅이가 성도로 바뀌었습니다. 저 불경한 자가 사랑의 제자로 변했습니다. 위협의 숨길을 뿜어내던 저 박해자도 영원히 찬송을 부르는 법을 배웠습니다! 그리스도는 이런 사람들에게서 특별히 영광을 받으실 것입니다. 주 안에서 사랑하는 성도 여러분, 우리는 각자 구원받을 때 나름대로 특별한 어려움 속에 있었습니다. 이 어려움은 우리에게는 항상 불가능한 것이었지만 하나님께는 가능한 그런 불가능성이었습니다.

또한 온전하게 된 이 모든 성도들은 하나님의 아들의 대속의 희생이 없었더라면 지옥에 있었어야 할 사람들이었다는 것을 기억합시다. 그들은 이 사실을 더욱 생생하게 기억할 것입니다. 왜냐하면 그들은, 다른 사람들이 이전에 저질렀던 죄로 말미암아 정죄를 받는 것을 볼 것이기 때문입니다. 경건하지 못한 자들에 대한 충격적인 복수로 말미암아 성도들은 자기들이 구원받은 것을 볼 때 주님을 더욱 찬송하게 될 것입니다. 그들은 각자 다음과 같이 느낄 것입니다.

> "오, 하나님의 은혜가 아니었더라면
> 저토록 두려운 운명이 내 것이 되었으리라."

　성도들은 각각 자기들이 빠져 있었던 끔찍한 구덩이와 빠져 나왔던 진창에 대한 기억 때문에 자기들의 구주를 더욱 영화롭게 하고, 더욱 놀랍게 여길 것입니다.

　아마 그리스도께서 가장 핵심적으로 영광을 받으실 사실은 모든 성도가 절대적으로 온전한 상태에 이르는 것일 것입니다. 그때 성도들은 "티나 주름 잡힌 것이나 이런 것들이" 전혀 없게 될 것입니다(엡 5:27). 우리는 온전한 상태를 경험해본 적이 없고, 그러므로 우리는 그것이 어떤 것인지 상상도 할 수 없습니다. 우리의 생각 자체는 죄의 영향을 크게 받고 있기 때문에 우리는 절대적 온전함이 어떤 상태를 가리키는지 충분한 관념을 갖고 있지 못합니다. 사랑하는 성도 여러분, 그러나 우리는 우리 안에 전혀 죄가 남지 않은 상태가 될 것입니다. 왜냐하면 성도들은 "하나님의 보좌 앞에서 흠이 없는 자들"(계 14:5)이기 때문입니다. 우리는 죄의 성향은 조금도 갖고 있지 않게 될 것입니다. 의지 속에는 악의 성벽(性癖)이 조금도 없고, 선한 성벽이 영원토록 고정될 것입니다. 감정은 다시는 방탕에 빠지지 않고 그리스도를 위해 순결을 지킬 것입니다. 지성은 결코 오류를 범하는 법이 없을 것입니다. 여러분은 쓴 것으로 단 것을 삼으며 단 것으로 쓴 것을 삼지 아니할 것입니다. 여러분은 "하늘에 계신 너희 아버지의 온전하심과 같이 너희도 온전할" 것입니다(마 5:48). 성도 여러분, 진실로 이 일을 우리 안에서 행하시는 분을 우리는 놀랍게 여길 것입니다. 그리스도는 이 엄청난 결과를 통해 영광을 받고 놀랍게 여김을 얻을 것입니다.

　오, 전능하신 주님이여, 얼마나 희한한 도덕적 연금술을 갖고 계시기에 이처럼 뒤틀린 기질을 갖고 있는 사람을 사랑 덩어리로 만드시는지요! 주님은 어떻게 이기적인 저 황금만능주의자를 그가 긁어모은 재물 속에서 들어올려 주님 안에서 이익을 찾는 자로 만드셨는지요! 주님은 그 교만한 영, 그 변덕스러운 영, 그 게으른 영, 그 탐욕적인 영을 어떻게 정복하셨을까요? 어떻게 이 모든 자를 사로잡을 묘안을 짜내셨을까요? 어떻게 죄의 참된 뿌리를 근절하고, 어떻게 자신이 구속하신 자들에게서 죄의 모든 잔뿌리까지 뽑아내 가는 뿌리 하나도 찾을 수 없도록 만드셨을까요? "여호와의 말씀이니라 그 날 그 때에는 이스라엘의 죄악을 찾을지라도 없겠고 유다의 죄를 찾을지라도 찾아내지 못하리니"(렘 50:20). 죄의 가책과 죄의 성향이 모두 소멸될 것입니다. 그리스도께서 그렇게 하실 것이고, 그리하여 그분은 "그의 성도들에게서 영광을 받으시고 모든 믿는 자들에게서 놀랍게 여김을 얻으실" 것입니다.

그러나 이것은 다만 시작에 불과합니다. 이 놀라운 마지막 날에 모든 성도에게서 인생의 모든 시험을 이기도록 이끄신 그리스도의 지혜와 능력과 사랑이 나타날 것입니다. 그리스도는 그렇게 하지 않으셨다면 죽어 버렸을 그들의 믿음을 살아 있도록 지켜 주셨습니다. 그리스도는 그렇게 하지 않으셨다면 기진해 쓰러졌을 그들을 시련 속에서 지켜 주셨습니다. 또 시험이 다가와 거의 실족할 뻔했을 때에도 그들의 성실함을 지키도록 굳게 붙들어 주셨습니다. 정말입니다. 그리스도는 그들 가운데 일부가 옥에 갇혔을 때, 고문대 위에 있을 때, 화형대에 묶여 있을 때, 그들을 지키고 계속 충성된 자가 되게 하셨습니다! 순교자가 되기를 바라는 자는 거의 없을 것입니다. 그러나 순교자는 우리 모두의 칭송의 대상이 되고, 아니 오히려 그리스도께서 순교자들로 말미암아 놀랍게 여김을 얻게 되실 것입니다. 순교자들이 아무리 그리스도를 위하여 극도의 고통을 견뎠다고 할지라도, 그리스도께서 자기 지체들 속에서 고통을 당하신 것을 우리는 압니다. 지성적인 모든 영들이 그리스도께서 환난이나 곤고나 박해나 기근이나 적신이나 위험이나 칼이 자기들을 그분의 사랑에서 끊을 수 없도록 어떻게 붙들어 주셨는지 알게 될 때, 그분은 그들에게서 영원토록 놀랍게 여김을 얻게 될 것입니다. 이들은 양과 염소의 가죽을 입고 유리하여 궁핍과 환난과 학대를 받고, 세상이 감당하지 못한 사람들이었으나 이제는 왕과 제사장으로서 영원토록 크고 놀라운 영광 속에 들어갈 것입니다. 진실로 그들의 주님은 그들에게서 놀랍게 여김을 얻게 되실 것입니다. 여러분은 그렇지 않다고 말하겠습니까?

사랑하는 성도 여러분, 그 날에 복되신 그리스도께서 "만물 위에 계시는 교회의 머리"로서 어떻게 자기 백성들의 성결에 대한 모든 섭리를 주관하셨는지 회상해 봅시다. 곧 흑암의 날들에 쏟아진 소나기가 어떻게 주의 식물들을 자라게 했는지, 식물들을 뿌리째 말려 버리겠다고 위협하던 태양이 어떻게 식물들을 신적 사랑의 따스함으로 가득 채우고 그 아름다운 열매를 무르익게 했는지 생각해 보십시오. 또 은혜의 불길을 꺼버리겠다고 위협했던 것이 어떻게 도리어 은혜의 불길을 더 타오르게 만들었는지, 그들의 믿음을 죽여 버리겠다고 위협했던 돌이 어떻게 오히려 그들의 떡으로 바뀌었는지, 선한 목자의 지팡이와 막대기가 어떻게 항상 그들과 함께 있어 그들을 안전하게 본향으로 인도했는지 등 성도들이 해야 할 이야기는 얼마나 많겠습니까! 저는 때때로 이런 생각을 했습니다. 만약 제가 천국에 간신히 들어가게 된다면 영광의 해변에 앉아 갑판에서, 아니 파선한 배의 파편 위에서 내 영혼을 안전하게 그곳으로 인도하신 주님을 영원토록 찬송할 것이라고 말입니다. 확실히 충분하게 천국에 들어갈 자격을 얻은 자들 곧 돛을 모두 올린 배처럼 파선의 위험이 없이 안전하게 항구에 들어오는 자들은 자기들이 그렇게 복된 평화의 항구에 들어오게 된 것으로 말미암아 주님을 찬송할 것입니다. 각각의 경우에 주님은 특별히 영광을 받고 놀랍게 여김을 얻으실 것입니다.

이에 대한 이야기를 저는 여기서 멈출 수가 없습니다. 그러나 여기서 여러분이 알아두기를 바라는 것은 왕이 왕관을 쓰고 치장하는 것처럼 그리스도께서도 자신의 보석으로 치장할 그 날에 그리스도 자신의 광채를 성도들 위에 두신다는 것입니다. 로마의 한 귀족 부인이 친구들의 집에 초대받아 갔을 때 잡다한 장신구들을 보고, 다음 날 친구들을 자기 집으로 초대해서 자신의 보석들을 보여주었습니다. 친구들은 루비와 진주와 다이아몬드를 보리라고 기대했지만 그녀는 자신의 두 아들을 보여주면서 "이들이 내 보석입니다"라고 말했습니다. 예수님도 이렇게 하실 것입니다. 예수님도 에메랄드, 자수정, 줄마노, 황옥 대신 그의 성도들을 보여주실 것입니다. 예수님은 "이들이 내가 가장 자랑스러워하는 나의 최고의 보석이다"라고 말씀하십니다. 솔로몬이 성전을 건축했을 때 모든 지파가 함께 모여 그 귀한 건물을 보고 "터가 높고 아름다워 온 세계가 즐거워함이여"(시 48:1)라고 고백했을 때만큼 영광스러웠던 적이 없었습니다. 그러나 모든 산 돌이 제자리에 놓이고, 그리스도의 교회가 마노(瑪瑙)로 된 창문과 홍옥으로 된 문을 갖추고, 모든 가장자리가 보석으로 단장이 될 때 그리스도의 영광이 어떠하겠습니까? 새 예루살렘의 열두 기초석이 전에는 본 적이 없는 가장 귀한 보석으로 놓일 때 진실로 그리스도께서 영광을 받으실 것입니다.

이제 본문이 **믿음**을 특별히 강조하고 있으므로 잠시 성도들과 믿는 자들로서 구원받은 자들이 어떻게 그들의 주님을 영광스럽게 할 것인지 살펴보도록 하겠습니다.

첫째, 참으로 많은 자들이 그리스도를 믿는 믿음으로 나아오게 되리라는 것에 놀라게 될 것입니다. 하나님이 없는 자들, 다른 많은 신들을 섬기는 자들, 무지에 빠져 있는 자들, 세상 지혜로 의기양양한 자들, 위대한 자와 가난한 자들이 한 구속주를 믿고, 크신 구원에 대하여 그분을 찬양할 것입니다. 그리스도께서 그들의 공통적인 믿음으로 말미암아 영광을 받지 못하시겠습니까? 이들은 모두 그들 자신의 공로가 아니라 믿음으로 말미암아 구원을 받게 될 것이므로 믿음이 그분을 영화롭게 할 것입니다. 그들 가운데 자신의 선행으로 구원을 받았다고 자랑할 자는 하나도 없고, 모두가 "믿으면 살리라"는 그 복된 단순한 방법으로, 곧 속죄의 피로 말미암은 주권적 은혜로 말미암아 눈물 어린 단순한 믿음의 눈으로 바라보는 것으로 구원을 받은 것을 기뻐할 것입니다. 또한 그들 모두가 연약한 상태에 있었지만 믿음으로 말미암아 강하게 된 것에 대하여 예수님을 영화롭게 할 것입니다. 그들은 모두 개인적으로 싸움을 치르기에 적합하지 못했지만 어린 양의 피로 얻게 된 믿음으로 말미암아 싸움에서 승리하게 되었습니다. 그들은 모두 자기들의 믿음이 영예롭게 된 것과 그리스도께서 자신의 약속에 충실하신 것, 그리고 자기들이 헛되이 믿은 것이 아니라는 것을 보여줄 것입니다. 그들은 모두 믿음으로 말미암아 구원받아 하늘의 거처에 서서 오직 주 예수님께 영광을 돌리는데 참여할 것입니다.

> "승리가 어디서 왔는지 내가 물으니
> 그들은 지체 없이 그 승리를
> 어린 양에게 돌리고
> 그 승리를 그분의 죽음에 돌리도다."

그들은 믿고 구원받았습니다. 그러나 믿음은 자체로 공로를 갖고 있는 것이 아닙니다. 믿음은 자기를 부인하는 은혜로, 그리스도의 머리에 면류관을 씌워드리는 것입니다. 그러므로 그리스도께서 그의 성도들에게 영광을 받으시고, 모든 믿는 자들에게서 놀랍게 여김을 얻으실 것이라고 기록되어 있는 것입니다.

지금까지도 우리는 주제의 가장자리에도 가지 못했습니다. 그런데 시간이 너무 없습니다. 저는 여러분에게 예수님이 그의 모든 성도의 부활한 몸을 통해 영광을 받으실 것이라는 사실을 묵상해 보기를 원합니다. 지금 그들은 하늘에서 순수한 영이지만 그리스도께서 다시 오실 때가 되면 육체를 다시 입게 될 것입니다. "가련한 몸아, 그대는 잠시 잠을 자고 있어야 한다. 하지만 지금은 나타나지 않지만 그대가 다시 깨어났을 때에는 어떤 일이 벌어질까! 그대는 지금 주름 잡힌 씨에 불과하지만 그대에게서 꽃이 필 터인데, 그 꽃의 아름다움은 상상을 초월할 것이다." 약한 것으로 심지만 이 몸은 강한 것으로 다시 살 것입니다. 썩을 것으로 심지만 썩지 아니할 것으로 다시 살아날 것입니다. 약함, 피곤, 고통, 죽음이 영원히 사라질 것입니다. 결함과 결점도 남의 일이 될 것입니다. 주님께서 우리의 몸을 다시 살리셔서 자신의 영광스런 몸과 같이 만드실 것입니다. 오, 우리 앞에 어떤 광경이 펼쳐지게 될까요! 이 복된 부활이 그리스도께서 부활하셨기 때문에 우리에게 일어나게 된다는 사실을 명심합시다. 왜냐하면 머리가 부활했기 때문에 지체도 부활하는 것이 당연하기 때문입니다. 오, 몸과 혼과 영이 온전한 상태로 부활한 사람의 매력은 얼마나 클까요! 이 모든 매력은 그리스도로 말미암아 주어지고, 따라서 그리스도께서 우리에게서 놀랍게 여김을 얻으실 것입니다.

둘째로, 수적인 면에서 교회의 절대적인 완전에 대하여 생각해 봅시다. 그리스도를 믿은 모든 자가 그리스도와 함께 영광 속에 들어갈 것입니다. 본문은 그리스도께서 "모든 믿는 자들에게서 놀랍게 여김을 얻으시리니"라고 말씀합니다. 따라서 만일 믿는 사람들 가운데 얼마라도 멸망하는 사람이 있다면 그리스도는 그들에게서 놀랍게 여김을 받지 못할 것입니다. 하지만 그들은 큰 자에서부터 작은 자에 이르기까지 모두가 천국에 있게 될 것입니다. 여러분이 "주여 내가 믿나이다"라고 말하고 "나의 믿음 없는 것을 도와주소서"라고 덧붙일 수밖에 없을 정도로 참으로 연약한 존재라고 할지라도, 여러분은 천국에 있을 것입니다. 한 명의 예외도 없이 모든 신자가 그리스도를 놀랍게 여길 것이고, 아마 강한 신자들보다 약한 신자들이 천국에 갈 때 더 큰 경이가 있게 될 것입니다.

담대 씨는 천국에 당도해서 자신의 승리를 주님께 돌리고 자신의 월계관을 주님 발 앞에 내려놓습니다. 그러나 기진맥진한 심약 씨, 목발을 짚고 있는 망설임 씨, 두려움에 떨고 있는 작은 믿음 씨는 천국에 들어갔을 때 보잘것없는 땅의 벌레 같은 자기들이 전능하신 은혜로 승리를 얻은 것에 대하여 더욱 크게 놀라는 음성으로 천국을 울릴 것입니다. 그들 가운데 하나가 결국은 잃어버린 자가 된다고 생각해 보십시오! 거문고 소리를 멈추십시오! 노래를 멈추고 잠잠하십시오! 한 아이가 아직 들어오지 않았으니 즐거워하는 것을 멈추십시오! 이 장면은 다음과 같은 장면과 똑같다고 생각합니다. 우리 가족이 기쁨과 감사의 저녁 찬송을 부르려고 하는데, 어머니가 "작은 아이가 어디 있지? 우리 집 막내가 어디 있지?"라고 외칩니다. 그러면 잠시 정적이 흐를 것입니다. 만일 "막내를 잃어버렸어요"라고 말해야 하는 상황이라면, 찾을 때까지는 더 이상 기쁨과 감사와 저녁 찬송을 부르지도 못하고 쉬지도 못할 것입니다. 목자로서 예수님은 자신의 양들을 하나도 잃어버리지 않는 것이 그분의 영광입니다. 구원의 대장으로서 예수님은 많은 사람들을 영광으로 이끌고, 하나도 잃어버리지 않으며, 그래서 믿는 자들 중에 일부나 단 한 사람이 아니라 "모든 믿는 자들에게서 놀랍게 여김을 얻으십니다."

연약함과 두려움 속에 있는 성도 여러분, 예수님이 여러분에게서 놀랍게 여김을 얻는다는 사실이 여러분을 기쁘게 하지 않습니까? 죄를 뉘우치며 회개를 하는 처지인 현재 여러분에게서 놀랄 일이 거의 없을 것입니다. 그러나 지금 그리스도께서 여러분 안에 계시고, 앞으로 여러분 안에 충분히 나타나실 것이므로 머지않아 크게 놀라게 될 것입니다. 그러므로 여러분이 우리의 신적 주님의 훌륭함을 본받고 그분을 닮아감으로써 여러분 속에서 그분이 충분히 나타나고, 여러분에게서 주님이 영광을 받게 되기를 바랍니다.

또 한 가지 놀라운 요소는 모든 믿는 자들에게 영원한 안전이 주어질 것이라는 점입니다. 그들은 천국에서 해 받을 두려움에서 완전히 벗어나 안전합니다. 너희 지옥의 개들아, 믿는 자들의 발뒤꿈치에서 으르렁거리고 그들을 집어삼키려고 광분했으나, 보라, 그들이 너희에게서 완전히 벗어났도다! 원수의 사정거리에서 벗어나는 곳, 곧 더 이상 경계해야 할 필요가 없고 사탄의 포격 소리가 전혀 들릴 수 없는 곳으로 올라가다니요? 오, 영광스러운 그리스도여, 그들 모두를 안전한 곳으로 인도하신다니, 참으로 영원토록 놀랍게 여김을 얻으시기에 합당하십니다.

더구나 모든 성도들은 크게 영예를 얻고, 크게 행복하고, 크게 주님을 닮음으로써 그들 자신과 그들과 관련된 모든 것이 결코 끝이 없는 놀라움의 주제가 될 것입니다. 여러분은 사방에 거울이 걸려 있는 방에 들어와 그 방 한가운데 섰을 때 사방에서 여러분의 모습이 비칠 것입니다. 여러분은 여기서도 보이고, 저기서도 보이고, 또 저기서 다시 보이고, 사방 팔방에 여러분의 모습이 반사될 것입니다. 하늘에서도 마찬가지입니다. 예수님이 중앙에 서 계시고, 그의 모든 성도들이 거울처럼 그분의 영광을 반사합니다. 예수님이 사람입니까? 그들도 사람입니다! 예수님이 하나님의 아들입니까? 그들도 하나님의 아들들입니다! 예수님이 온전하십니까? 그들도 온전합니다! 예수님이 높아지셨습니까? 그들도 높아집니다! 예수님이 선지자입니까? 그들도 선지자입니다! 왜냐하면 그들은 통치자와 권세들에게 예수님의 다양한 지혜를 알려주기 때문입니다. 예수님이 제사장입니까? 그들도 제사장입니다! 예수님이 왕이십니까? 그들도 왕입니다. 왜냐하면 그분이 우리를 하나님을 위해 왕과 제사장으로 삼으셨고, 또 영원무궁토록 다스리는 자가 될 것이기 때문입니다. 어디가 됐든 구속받은 자들의 행렬을 주목해 보십시오. 한 가지 사실이 명확하게 드러날 터인데, 그것은 그리스도 예수의 영광이 참으로 놀랍고 경이롭게 펼쳐지고 있다는 것입니다.

2. 본문이 함축하고 있는 특별한 사항들

처음에 전하려고 의도했던 사항들을 전할 시간이 없습니다. 그래서 분문이 제시하려고 했던 사항들을 간단히 전하고 넘어가겠습니다.

첫째, 본문은 우리 모두에게 자기 점검이 중요한 주제가 되어야 한다는 것을 제시합니다. "나는 성도인가? 나는 거룩한가? 나는 그리스도를 믿는가? '예' 인가 '아니요' 인가?" 이 질문에 '예' 냐 '아니요' 냐에 따라 여러분이 그리스도를 영화롭게 하는 일에 참여하느냐, 아니면 그분 앞에서 쫓겨날 것이냐가 결정되기 때문입니다.

둘째, 본문은 사람의 의견은 별로 가치가 없다는 것을 주목하도록 합니다. 그리스도께서 세상에 계셨을 때 세상은 그분을 아무것도 아닌 존재로 취급했습니다. 따라서 그의 백성들도 이 세상에 사는 동안 똑같은 취급을 받을 것을 각오해야 합니다. 세상 사람들이 그것에 대하여 뭘 압니까? 그들의 판단은 곧 뒤집어질 것입니다! 우리 주님이 다시 오실 때 심지어는 조롱하던 자들도 놀랍게 여기지 않을 수가 없을 것입니다. 그의 백성들 모두가 그리스도께 영광을 돌리는 장면을 보게 될 때 경이감에 사로잡혀 우리에게 아무 말도 못할 것입니다. 아니, 그 날에는 악랄한 비방자의 거짓된 혀도 감히 뱀 소리를 내지 못할 것입니다. 그러므로 그런 자들을 신경 쓰지 마십시오. 순식간에 잠잠하게 될 그들의 비난을 견디십시오.

셋째, 본문은 그리스도를 찾고 있는 구도자들에게 큰 격려를 주는 말씀을 제공합니다. 그 사항을 큰 죄인인 여러분에게 제시합니다. 만일 예수님이 구원받은 죄인들에게서 영광을 받게 되어 있다면, 그분이 여러분을 구원하셨을 때 진실로 영광을 받지 않겠습니까? 만일 예수님이 여러분 같은 반역자를 지금까지 구원하셨다면 영원토록 놀라운 일이 아니겠습니까? 저는 마을에서 악당으로 알려져 있거나 저속한 욕쟁이로 알려져 있는 사람을 말하는 것입니다. 그런데 주님이 이런 자들을 성도로 만드신다면 어떻겠습니까? 그렇게 질이 나쁜 원료로 말입니다! 그러나 예수님은 여러분을 보석으로 변형시키고, 하나님이 거룩하신 것처럼 여러분을 거룩하게 만드셨다면 여러분은 그분에 대하여 뭐라고 말하겠습니까? 여러분은 "주님에 대하여 말하라고요? 저는 그분을 영원토록 찬양할 것입니다"라고 말하겠지요. 그렇습니다. 여러분도 주님께 나아와 그분을 믿는다면 그렇게 말할 것입니다. 그러므로 주님을 믿으십시오. 그러면 주님께서 여러분이 그렇게 하도록 즉시 도우실 것입니다. 그리하여 주님은 여러분에게서도 영원토록 놀랍게 여김을 얻게 될 것입니다.

넷째, 본문은 또한 신자들에게도 권면을 제공합니다. 예수 그리스도는 모든 성도에게서 존귀와 영광을 받게 됩니까? 그렇다면 우리는 성도들 전부를 좋게 생각하고 그들 모두를 사랑해야 합니다. 하나님의 귀한 어떤 자녀들은 보기 흉한 몸을 갖고 있거나 맹인이거나 불구이거나 합니다. 이들 가운데 많은 이들이 가난하고, 그래서 그들 대부분이 자선을 바라고 교회에 오는 것을 교회도 잘 알고 있습니다. 더구나 그들은 지식도 거의 없고, 남을 만족시킬 능력도 거의 없습니다. 또 거친 태도를 갖고 있고, 사회의 최하급 계층에 속해 있습니다. 그러나 그들을 멸시하지 마십시오. 왜냐하면 언젠가 주님께서 그들에게서 영광을 받으실 것이니까요. 저 드러누워 있는 가련한 부인이 구빈원에서 일어나 가장 밝게 빛나는 자들 틈 속에서 하나님과 어린 양께 할렐루야 찬송을 부를 때 주님은 그녀로부터 참으로 놀랍게 여김을 얻게 될 것입니다. 그렇습니다. 생각해 보면, 이 곳 아래에서 성도들이 겪는 고통과 가난과 연약함과 슬픔은, 그들이 은혜가 어떻게 무거운 짐을 감당하고 환난 속에서도 즐거워하도록 자기들을 도왔는지 말할 때 그들의 구원의 대장을 크게 영화롭게 할 것입니다.

다섯째, 마지막으로, 본문은 예수님을 사랑하는 여러분 모두에게 다른 사람들에게 예수님에 대하여 계속 말하고 예수님의 이름을 위해 증언하도록 권면하고 있습니다. 여러분도 아시다시피, 바울 사도는 괄호를 통해 몇 마디 말을 삽입시켰습니다. 괄호 속에서 그 말씀을 끄집어내 자세히 살펴보십시오. "우리의 증거가 너희에게 믿어졌음이라." 여러분은 우상 숭배에 빠진 이교도들의 무리가 보입니까? 그리고 보좌 앞에서 구원 받은 자들의 무리가 보입니까? 이 두 부류를 연결시킨 수단이 무엇입니까? 어떤 가시적인 수단을 통해 죄인들이 성도가 됩니까? 시력이 좋지 않은 눈을 갖고 있고 하찮은 존재처럼 보이는 사람을 봅니까? 그 사람의 몸은 약하고, 말은 시원치 않습니다. 여러분은 그의 돗바늘과 바늘 상자를 보지 못합니까? 그는 천막을 만들고 수선하는 사람이었습니다. 그는 천막 만드는 자에 불과했습니다. 그런데 그리스도의 영광을 내뿜으며 해처럼 빛나는 저 밝은 영들은 이 천막 만드는 자의 설교와 기도를 통해 그렇게 밝은 영이 되었습니다. 데살로니가 교회 교인들은 죄에 빠져 있던 이교도들이었습니다. 이 가난한 천막업자는 그들 속에 들어와 그들에게 예수 그리스도와 그분의 복음에 대하여 말해 주었습니다. 그의 증거가 믿어졌고, 그 믿음은 그의 증거를 들은 사람들의 삶을 변화시키고 그들을 거룩한 자로 만들었습니다. 그리고 이렇게 새롭게 된 그들은 결국 온전히 거룩한 자가 되었고, 지금은 천국에 있으며, 예수 그리스도는 그들에게서 영광을 받게 됩니다.

사랑하는 성도 여러분, 오늘 오후에 여러분이 주일학교 시간에 참석해 말을 제대로 못할 정도로 두렵기도 하지만 여러분이 눈가에 이슬을 맺으며 예수 그리스도에 대하여 말했을 때, 한 사랑스러운 소녀가 여러분의 증거를 통해 구원하시는 주님의 이름을 믿게 된 것을 추억한다면 영원토록 즐거운 일이 아니겠습니까? 세월이 흐르면 이 소녀는 영원토록 그리스도의 영광을 밝게 비추는 사람들 속에 있게 될 것입니다. 또는 오늘 저녁에 하숙집으로 돌아가 저 가난하고 멸시받는 떠돌이들에게 예수님에 대하여 말해 주는 것도 좋을 것입니다. 불쌍한 부랑인들이나 타락한 여자들 가운데 하나에게 여러분의 주님의 사랑과 피에 대하여 이야기해 주는 것도 괜찮습니다. 그러면 그 불쌍한 상한 심령이 은혜의 말씀을 붙들고 예수님께 나아올 것이고, 그렇게 천국의 인물이 또 한 명 탄생하고, 구속자의 왕관에 또 하나의 보석이 박히게 된 것입니다. 아마 여러분은 그때 주님의 왕관을 더욱 놀랍게 여기게 될 것입니다. 왜냐하면 주님의 왕관에서 반짝거리는 보석들을 보고 다음과 같이 말할 것이니까요. "주님의 이름을 영원토록 송축하리라. 주님이 도와주셔서 바다 속에 뛰어들어 저 진주를 찾아드렸었지." 지금 그 진주가 주님의 이마를 장식하고 있습니다. 성도 여러분, 여러분도 그런 진주를 얻으십시오. 예수님을 위해 아무것도 하지 않은 사람은 부끄럽게 여기고, 주님께 주님을 위해 일을 시작할 수 있게 해달라고 기도하십시오. 하나님께 영원무궁토록 영광이 돌아가기를 바랍니다. 아멘, 아멘.

제
4
장

—

하나님의 사랑과 하나님의 은사

—

"우리 주 예수 그리스도와 우리를 사랑하시고 영원한 위로
와 좋은 소망을 은혜로 주신 하나님 우리 아버지께서 너희
마음을 위로하시고 모든 선한 일과 말에 굳건하게 하시기를
원하노라." — 살후 2:16-17

데살로니가 교회 교인들은 그리스도의 날이 임박했다고 예언하는 몇몇 사람들 때문에 큰 혼란에 빠져 있었습니다. 예언의 말씀을 받았다고 잘난 척하는 사람들은 항상 있었습니다. 그들은 세상 끝날에 대한 날짜를 정확히 제시했습니다. 그리고 그들의 광신주의로 말미암아 많은 사람들이 광란 상태에 빠지고 다른 사람들의 평안을 해쳤습니다. 일부 이런 광신자들은 데살로니가 교회 성도들을 불안하게 만들었습니다. 바울은 이런 미련한 일에 마음이 쉽게 흔들리거나 괴로워하지 말라고 부탁한 다음에, 위조된 글이나 거짓 선지자들에게 속임을 당하지 말도록 당부하고, 그들이 지속적인 위로를 소유하고 조용히 거룩함을 유지할 수 있도록 기도했습니다. 바울의 기도는 무척 강한 어조입니다. 바울은 주 예수 그리스도 자신과 하나님 우리 아버지께 그들의 마음을 위로해 주고, 이 위로가 그들에게 큰 확신을 주어 그들이 거룩한 사업이나 증언에서 이탈하는 일이 벌어지지 않게 해달라고 간구합니다. 아마 그들 가운데 일부는 두려워하는 마음으로 세상의 종말이 거의 다가와 어떤 일을 하는 것은 헛되다고 생각하고, 일하는 것을 그만두기도 했던 것으로 보입니다. 그러므로 바울은 그들의 마음을 진

정시켜 그들이 그리스도인으로서의 삶을 부지런히 감당할 수 있도록 하고 싶었던 것입니다. 우리로 하여금 의무를 감당하지 못하도록 만드는 것은 절대로 좋은 일일 수 없습니다. 참된 위로는 우리를 모든 선한 말과 일에 굳건하게 만듭니다.

누구에게나 어떤 유익을 주지 못하는 바람(風)은 좋은 바람이 아닙니다. 우리는 데살로니가 교회 교인들의 쓸데없는 놀람 때문에 바울이 드린 이 기도는 그들에게만 유용한 것이 아니라 오늘날 우리에게도 교훈을 줍니다. 우리가 이 말씀을 살펴보는 동안 하나님의 사랑에 대하여 깊이 생각해 보되, 생각만 할 것이 아니라 그 사랑을 개별적으로 누리기를 바라고, 그리하여 오늘 아침에 우리에게 주어지는 성령으로 말미암아 우리 마음속에 하나님의 사랑이 풍성하게 흘러넘치기를 기도합니다. 하나님의 사랑에 대하여 듣는 것은 달콤하고, 하나님의 사랑을 믿는 것은 정말 보배롭습니다. 하지만 하나님의 사랑을 누리는 것은 하늘 아래 낙원에 있는 것입니다. 하나님께서 우리에게 오늘 아침에 이 사랑을 맛보도록 허락해 주시기를 바랍니다.

먼저 본문에 기록된 이 복된 사실에 여러분의 진지한 관심을 촉구합니다. 본문을 보십시오. "우리 주 예수 그리스도와 … 하나님 우리 아버지께서 우리를 사랑하시고." 이어서 그 사랑이 과거에 나타난 것에 대하여 상고해 볼 것입니다. "영원한 위로와 좋은 소망을 은혜로 주신." 그리고 그 다음에는 바울이 이 사랑과 이 사랑이 나타난 것에 기초를 두고 전하는 기도를 잠시 살펴보도록 하겠습니다. "너희 마음을 위로하시고 모든 선한 일과 말에 굳건하게 하시기를 원하노라."

1. 본문에 나타나 있는 하나님의 사랑에 대한 묵상

사랑하는 성도 여러분, 여러분의 마음과 지성으로 이 영광스러운 사실을 묵상해 보십시오. "우리 주 예수 그리스도와 … 하나님 우리 아버지께서 우리를 사랑하시고." 저는 제가 자주 반복했던 언급, 곧 하나님의 사랑은 공개적으로 발언하거나 설명하는 것보다 각 사람이 홀로 묵상하는데 더 적합한 주제라고 말하지 않을 수 없습니다. 하나님의 사랑은 느껴지는 것으로서, 말로 설명될 수 있는 것이 아닙니다. 누가 사랑을 말로 할 수 있겠습니까? 우리가 사랑의 달콤함을 어떤 말로 노래할 수 있겠습니까? 다른 어떤 말이나 말의 단위로는 사랑의 의미를 표현할 수 없습니다. 여러분은 길게 정의를 내리며 사랑 주위를 맴돌 수는 있으나 사랑을 정의하지는 못합니다. 사랑으로 불타오르는 마음을 느껴본 적이 없는 사람은 사랑에 대하여 어떻게 설명하더라도 사랑에 대하여 철저한 이방인으로 남아 있게 될 것입니다. 사랑은 마음으로 느껴야 하는 것으로, 사전에서 배울 수 있는 것이 아닙니다. "하나님께서 우리를 사랑하시고." 저는 여러분이 이 놀라운 사실에 대하여 제가 전하는 말을 무조건 따르는 것이 아니라 여러분 스스로 이에 대하여 힘써 생각해 보는 시간이 되기를 바랍니다. 하나님께서 우리를 사랑하셨습니다. 이 진리를 입에 넣기를 바랍니다. 그리고 여러분의 혀 밑에 넣고 여러분의 전체 영혼을 감미롭게 할 때까지 꿀로 만든 과자처럼 살살 녹이십시오.

　하나님께서 우리를 사랑하셨다고 되어 있습니까? 이 말씀이 "하나님께서 우리를 동정하셨다"고 말하지 않는 것을 주목합시다. 그렇게 말해도 참될 것입니다. 왜냐하면 "아버지가 자식을 긍휼히 여김 같이 여호와께서도 자기를 경외하는 자를 긍휼히 여기시기"(시 103:13) 때문입니다. 동정(긍휼)은 사랑보다 한 단계 아래의 것이고, 종종 사랑으로 나아갑니다. 하지만 사랑은 아닙니다. 여러분은 어떤 사람을 마음으로는 싫어하지만 그가 고통당하는 것을 보고 동정할 수 있습니다. 그를 참을 수 없지만 그가 아픔 속에 있는 것은 슬퍼할 수 있습니다. 그러나 본문은 하나님께서 우리에게 긍휼을 베푸셨다고 선언하지 않습니다. 저는 이것을 이해할 수 있습니다. 그렇습니다. 하나님께서 자신의 긍휼을 영원토록 유지하시므로 영원토록 하나님을 찬양합시다. 선하고 은혜로우신 하나님께서 자신의 피조물에게 긍휼을 베푸신다는 것은 제 마음에도 충분히 이해되는 사실입니다.

　하지만 하나님께서 우리를 사랑하신다는 것은 훨씬 더 큰 일입니다. 사랑은 단순한 긍휼보다 훨씬 더 가치가 큰 감정입니다. 사람은 자신이 키우는 가축에 긍휼을 베풀지만 가축을 사랑하지는 않습니다. 많은 사람들이 원수에게 자비를 베풀지만 그것은 사랑의 수준에서 베푸는 것이 아니었습니다. 그러나 하나님은 우리를 동정하고 긍휼히 여기실 뿐만 아니라 우리를 사랑하십니다. 이 말은 박애와도 바꿀 수 없습니다. 하나님은 박애를 갖고 계시고, 자신이 지으신 만물이 잘되기를 바라시기 때문에 모든 피조물을 사랑하는 측면이 없는 것은 아닙니다. 그러나 바울은 "하나님께서 우리를 사랑하시고 [우리에게] 영원한 위로를 주셨다"고 말할 때 단순히 박애 측면을 생각하고 있는 것이 아닙니다. 어머니는 자기 자녀를 박애한다거나 신랑이 신부를 냉정하게 박애한다고 말하지 않습니다. 박애는 사랑을 대신하는 말치고는 너무나 빈약하고, 빈약합니다. 왕들의 금이 채석장의 돌보다 훨씬 더 큰 가치를 갖고 있는 것처럼, 사랑도 박애를 무한히 크게 능가합니다. 우리는 신학자들이, 택하신 자에 대한 하나님의 사랑을 자기만족을 위한 사랑으로 선언하는 것을 자주 들었습니다. 그러나 이 말이 사실일지는 모르지만 너무 냉정한 표현입니다. 우리는 "사랑"이라는 말을 지우고 그 자리에 "자기만족"이라는 말을 집어넣기를 바라지 않을 것입니다. 그것은 태양이 있는 자리에 얼음으로 된 별을 두는 것과 같습니다. 사랑은 햇빛과 같이 빛을 내고, 자기만족은 기껏해야 빛을 반사하는 차가운 달빛에 불과합니다. 그러나 우리는 "우리를 사랑하시고"라는 말씀을 굳게 붙들어야 합니다. 진실로 주님은 자기 백성들에 대하여 만족감을 갖고 계십니다. 왜냐하면 그들을 그리스도 안에서 보시기 때문입니다.

하지만 주님은 그것보다 훨씬 더 큰 것을 갖고 계십니다. 주님은 자기 백성들과 모든 피조물에 대하여 박애를 갖고 계시지만 그것보다 훨씬 더 큰 것을 우리에 대하여 갖고 계십니다. 주님은 자비롭고, 동정을 베푸시며, 무엇에 대해서든 선하십니다. 하지만 그 이상입니다. 주님은 "우리를 사랑하셨습니다." 어머니 여러분, 여러분은 사랑하는 자녀를 자기 품에 안고 있을 때 자녀를 어떻게 생각하는지 잘 알 것입니다. 왜 그렇게 합니까? 여러분 자신의 한 부분처럼 보이기 때문입니다. 여러분은 자신을 사랑하는 것처럼 자녀를 사랑하고, 자녀에 대한 여러분의 생각은 여러분 자신의 행복에 대한 생각과 다르지 않습니다. 자녀와 여러분의 존재가 하나로 융합되어 있습니다. 마찬가지로 하나님도 사랑의 줄과 애정의 끈으로 우리를 자신과 꽁꽁 묶어 놓으시고, 자기 자신을 생각하는 것처럼 우리를 생각하십니다.

저는 이것을 표현할 수는 있으나 설명할 수는 없습니다. 지금 이 순간도 하나님께서 저를 사랑하시므로 갖는 마음의 기쁨을 앉아서 울고 싶을 정도로 크게 느끼고 있지만 그것을 여러분에게 말로 설명하지는 못하겠습니다. 하나님은 하늘을 만드신 분이고, 저는 가장 작은 점보다도 더 미천한 존재입니다. 그러나 하나님은 저를 사랑하십니다. 만세에 걸쳐 우주를 지탱하는 것은 하나님의 영원하신 팔이고, 저는 잠시 푸르지만 곧 시들어지고 말 숲속의 잎사귀 하나와 같고, 동료 피조물과 마찬가지로 곧 흙 속에 파묻히고 말 존재입니다. 그러나 이 영원하신 분은 저를 사랑하고, 또 항상 저를 사랑하실 것입니다. 무한히 크신 그 마음으로 하나님은 우리를 사랑하십니다. 하나님으로서 우리를 사랑하시기에 그분은 저를 신적으로 사랑하십니다. 그것은 정복하는 생각으로, 우리를 철저히 사로잡고 기쁨의 무게로 우리를 박살내 버립니다. 또 마음으로 그것을 깨닫게 될 때 우리는 땅에 엎드러지고 황홀경에 빠져 나뒹굴 것입니다. "하나님 우리 아버지께서 우리를 사랑하시고."

이제 우리의 마음을 비추는 이 생각의 다른 측면을 살펴봅시다. 정말로 희한한 것은 하나님께서 사랑하시되, 그토록 무가치하고, 그토록 연약하고, 그토록 미련한 우리를 사랑하셨다는 것입니다. 이 희한함을 더 증가시키기 위하여 더 덧붙여 말해 봅시다. 그토록 죄악되고, 그러므로 그토록 후안무치하고, 그토록 배은망덕하고, 또 그토록 짜증나고, 그토록 완고하게 옛 죄를 다시 범하는 길로 되돌아가고, 그러기에 그토록 혐오스럽고 거부당하기에 너무나 합당한 그런 존재들을 말입니다! 저는 여기서 사도들에 대한 주님의 사랑을 상상해 볼 수 있습니다. 우리는 때때로 땅의 성도들, 곧 족장들, 위대한 신앙 고백자들, 순교자들, 그리고 그들의 생애가 우리에게 감동을 주는 일부 저명한 성도들에 대한 하나님의 사랑을 별다른 경이감 없이 당연한 것으로 생각할 수 있습니다. 그러나 우리 주 예수 그리스도와 하나님 우리 아버지께서 우리를 사랑하신 것은 한 마디로 경이의 세계입니다! 그리고 제가 그 가운데 포함되어 "나를 사랑하고 나를 위하여 자신을 내주셨다"고 말한다면, 제 영혼의 판단은 제가 신적 사랑의 대상이라는 사실을 이적 가운데 최고의 이적으로 삼을 것입니다. 사랑하는 성도 여러분, 저는 이 묵상을 여러분에게 남겨 놓겠습니다. 저는 그것에 대하여 말할 수 없고, 그저 오늘은 여러분의 영혼이 "하나님 우리 아버지께서 우리를 사랑하시고"라는 생각에 압도되어 사로잡히기를 바랍니다.

여기서 조금만 더 생각해 보도록 합시다. 하나님의 영원하신 사랑이 우리가 누리는 모든 영적 축복이 흘러나오는 큰 샘과 원천이라는 사실을 명심합시다. 만일 여러분이 템스 강과 같이 큰 강의 수원(水源)을 바라보는데, 작은 개천 외에 아무것도 보이지 않을 때 우리가 할 일은 겸손하게 작은 개울을 강의 원천으로 말하는 것일 것입니다. 하지만 그것은 사실 많은 원천 가운데 하나에 불과합니다. 큰 강은 수많은 개천에서 물이 흘러들어가고, 그 개천들에서 흘러들어온 전체 강물에 의해 유지됩니다. 그러므로 강의 수원을 하나만 생각한다면 아무것도 아니지만, 템스 강은 흐르는 모든 과정에서 하나의 개울만 수원으로 갖고 있지는 않습니다. 하지만 하나의 수원에서 엄청난 물이 흐르는 강이 형성되었다고 상상해 보십시오! 그 광경이 어떠할까요? 마찬가지로 그리스도 예수 안에서 우리에게 베풀어지는 하나님의 자비도 다른 개울에 전혀 의존하고 있지 않고, 우리를 향하신 하나님의 무한히 깊으신 사랑의 샘에서 충분히 솟아나고, 만약 여러분이 묵상을 통해 그 깊고 심원하고 헤아릴 수 없는 깊이를 들여다보고, 이후로 선택받은 모든 자손에게 영원토록 흘러넘치는 언약의 은혜의 범람하는 홍수를 볼 수 있다면 여러분은 천사들도 놀랄 만한 것을 여러분 앞에 두고 있는 것입니다. 만약 한 강이 흘러넘쳐 땅을 완전히 뒤덮는 장면을 보는 것이 놀라운 일이라면, 일천 개의 강을 처음부터 넘실거리게 만들 정도로 땅의 모든 강을 졸지에 범람시키는 방대한 수원을 보는 것은 얼마나 더 큰 장관일까요? 얼마나 엄청난 장면일까요! 누가 그것을 믿을 수 있을까요! 그러나 하나님의 사랑은 우리 인류를 기쁘게 해온 자비의 모든 강을 흐르게 한 바로 그 수원지입니다. 곧 시간 속에서 흘렀던 모든 은혜의 강과 이후로 흐르게 될 모든 영광의 강이 모두 거기서 흘러나온 것입니다. 내 영혼아, 그 거룩한 수원지에 서서 영원무궁토록 "하나님 우리 아버지께서 우리를 사랑하신" 것을 찬송하고 찬미하라.

그러므로 본문의 말씀을 기쁨으로 주목합시다. 본문은 교훈으로 충만합니다. 이 사랑에 대하여 말씀할 때 바울은 우리 주 예수 그리스도를 "하나님 우리 아버지"와 결부시켜 언급합니다. 바울은 예수님을 하나님 아버지와 나란히 놓음으로써 곧 동등한 위치에 놓음으로써 예수님의 신성을 찬미했습니다. 그러나 본문은 그 이상의 의미가 있습니다. 왜냐하면 본문의 말씀은 우리 주 예수 그리스도와 하나님 우리 아버지께서 우리의 행복과 관련된 문제들을 다루실 때 거룩한 협력을 통해 행하신다는 사실을 상기시켜 주기 때문입니다. 예수 그리스도는 우리를 향하신 아버지의 사랑의 선물이지만, 예수님 자신은 자신의 사랑으로 우리를 사랑하사 자기 양들을 위하여 자신의 생명을 내놓으셨습니다. 성자께서 우리를 사랑하시지만, 아버지 자신도 우리를 사랑하시는 것이 사실입니다. 하나님의 사랑은 복되신 삼위일체의 한 인격에서만 우리에게 주어지는 것이 아니라 세 인격 모두에게서 주어지는 것입니다. 우리는 성부나 성자나 성령의 사랑 가운데 어느 쪽 사랑이 더 좋은지 기호에 따라 판단해서는 안 됩니다. 하나로 연합되어 있는 세 분의 가슴속에 하나의 사랑이 거하는 것이므로, 우리 주 예수 그리스도와 하나님 우리 아버지를 똑같은 감사의 마음을 갖고 찬송하고 송축해야 합니다.

　　나아가 본문에서 예수 그리스도가 먼저 언급되고 있음을 주목해야 합니다. 그 이유를 구한다면 대답은 그리스도의 중보자 직분에서 찾을 수 있습니다. 우리의 경험 속에서는 그리스도께서 우리에게 먼저 다가오십니다. 우리는 아버지가 아니라 아들이신 예수 그리스도께 먼저 나아감으로써 하늘에 대한 태도를 취하기 시작했습니다. 그래서 우리 주님은 진실로 "나로 말미암지 않고는 아버지께로 올 자가 없느니라"(요 14:6)고 말씀하셨습니다. 아들을 통하지 않고 성부와 직접 교통하려고 시도하는 모든 노력은 수포로 돌아갈 것입니다. 우리에게는 성부의 선택이 먼저가 아닙니다. 물론 시간상으로는 당연히 먼저이긴 하지만 말입니다. 성자의 구속이 우리의 출발점입니다. 주권적인 보좌가 아니라 죽어가는 사랑의 십자가에서 우리의 영적 생명의 생일을 계산해야 합니다.

　　그러므로 먼저 예수님 곧 우리 주 예수 그리스도를 바라보십시오. 그리고 그런 다음에 하나님 아버지를 따르십시오. 이곳에 있는 회심한 모든 영혼은 이것이 진리라는 것을 알고 있으리라고 확신합니다. 저는 구원을 추구하는 모든 사람에게 하나님이 정하신 질서를 살펴보도록 유의하고, 아버지의 사랑은 무엇보다 먼저 우리가 하나님과 사람 사이의 유일한 중보자이신 예수 그리스도께 나아가지 않으면 우리에게 인식되지도 않고 우리의 마음속에 느껴지지도 않는다는 사실을 명심하도록 권면합니다.

　　다시 본문의 말씀을 주목해 봅시다. 하나님은 우리를 향하신 사랑 때문에 예수 그리스도를 우리의 구주와 친구와 남편과 주님으로 우리에게 주십니다. 우리는 은혜로 예수 그리스도를 소유합니다. 그리스도는 우리의 것입니다. "우리 주 예수 그리스도"라는 명칭을 주목해 봅시다. 바울은 "그 주 예수 그리스도"라고 쓸 수도 있었습니다. 하지만 하나님의 크신 사랑을 증언할 때 바울은 정관사를 붙이는 것으로는 만족하지 못했습니다. 바울은 소유를 나타내는 단어를 사용하지 않을 수 없습니다. 믿음은 예수님을 바라보는 것이고, 그렇게 바라볼 때 구원을 발견합니다. 또 믿음은 확신을 자라게 합니다. 믿음은 바라보는데 그 눈을 사용한 다음에는 그 손을 사용하여 바라본 대상을 붙잡습니다. 믿음은 예수님을 붙잡고 이렇게 말합니다. "그분은 나의 구원의 전부요, 그분은 나의 소원의 전부이며, 그분은 나의 그리스도다." 그리고 이후로는 확신이 그 주 예수 그리스도가 아니라 우리 주 예수 그리스도에 대하여 말합니다.

저는 여러분이 오늘 아침에 이 생각의 은관(銀管)을 통해 하나님의 사랑을 들이마시기를 바랍니다. 영원하신 하나님의 아들 예수 그리스도는 여러분과 같은 사람으로, 여러분의 것, 완전히 여러분의 것입니다. 여러분이 그리스도를 믿는 신자라면 그분은 머리에서 발끝까지 전부 여러분의 것입니다. 그분의 직분 모두, 그분의 속성 모두, 그분의 인격 모두, 그분의 행하신 일 모두, 그분이 하고 계시는 일 모두, 그분이 앞으로 하실 일 모두에 있어서 그분은 여러분의 구주가 되십니다. 여러분은 시므온처럼 그분을 자신의 팔로 안을 수는 없겠지만 믿음으로 그분을 똑같은 황홀감을 맛보며 안아볼 수 있고, 여러분이 하나님의 구원을 받은 것을 느낄 수 있습니다. 이 안에 어떠한 사랑이 나타나 있는지, 곧 하나님께서 자신의 독생자를 우리에게 주신 것을 보십시오. 하나님은 이 형언할 수 없는 선물을 통해 우리에게 자신의 사랑을 보여주십니다. 여기서 사랑은 클라이맥스에 이르렀습니다. 오늘 아침에 그리고 영원토록 하나님의 사랑을 찬송합시다.

본문이 계속해서 "하나님 우리 아버지께서"라고 언급하므로 이번에는 이 사랑이 다른 형태로 정체성을 드러내는 것을 주목해 봅시다. 바울은 "하나님 아버지"라고 말할 수도 있었습니다. 저는 본문이 은혜로우신 삼위일체 가운데 한 인격으로서 성부 하나님을 가리킨다는 것을 의심하지 않습니다. 그러나 "우리 아버지"라는 말을 굳이 덧붙이고 있습니다. 아버지! 이 말 속에는 감미로운 음악이 들어 있습니다. 그러나 아버지 없는 아들에게는 아닙니다. 그에게는 이 말은 슬픈 기억으로 가득 차 있습니다. 아버지를 잃어보지 못한 사람들은 아버지와 갖는 관계가 얼마나 귀중한지 거의 알 수 없습니다. 정말이지 아버지다운 아버지는 매우 소중합니다. 우리가 아버지의 무릎에 올라 앉았던 것을 기억하지 않습니까? 아버지의 뺨에 뽀뽀하던 것을 회상하지 않습니까? 오늘 우리는 아버지의 지혜의 훈계와 인자하신 사랑의 격려를 감사함으로 기억하지 않습니까? 오! 우리가 육신의 아버지에 대하여 입은 큰 은혜를 어떻게 다 말할 수 있고, 아버지가 우리에게서 떠나가셨을 때 상실감에 우리가 얼마나 슬퍼하고 가족 가운데 얼마나 큰 공허감이 있었는지 어찌 다 말할 수 있겠습니까?

그러므로 "하늘에 계신 우리 아버지"라는 말을 귀담아 들어보십시오. 황송하게도 주님께서 우리와 자녀 관계 속에 들어가고, 자녀의 본성과 영을 주심으로써 "아바 아버지"라고 부를 수 있게 하신 것 속에 어떤 은혜가 포함되어 있는지 상고해 보십시오. 여러분은 수족이 큰 고통으로 괴로울 때 침상에 누워 "아버지여, 당신의 자녀를 불쌍히 여겨 주소서"라고 부르짖은 적이 없었습니까? 또 죽음의 얼굴을 바라보고 세상을 어떻게 떠나야 할지 생각하면서, "내 아버지여, 저를 도우소서. 은혜의 손으로 저를 붙들어 주셔서 죽음의 강을 통과하게 하소서"라고 외친 적이 있었습니까? 우리는 이런 순간에 아버지 되시는 하나님의 영광을 깨닫게 되고, 우리는 연약할 때 하나님의 힘을 붙잡고 하나님의 사랑을 의지하는 법을 배우게 됩니다. 하나님을 우리 자신의 아버지로 생각하는 것은 참으로 보배로운 생각입니다! 그것에 대해서는 저는 말할 것이 없습니다. 어떤 주제들은 말하지 않고 침묵을 지키는 것이 무척 어렵지만 이 주제에 대해서는 말하는 것이 더 힘듭니다. 저는 그저 "보라 아버지께서 어떠한 사랑을 우리에게 베푸사 하나님의 자녀라 일컬음을 받게 하셨는가"(요일 3:1)라고 외치는 수밖에 없습니다. 그리고 그렇게 말하는 것 말고 더 할 말이 무엇이 남아 있겠습니까?

　　이 은혜롭고 풍성한 하나님의 사랑에 대한 주제에 대한 설명을 마치기 전에, 그것이 새로운 주제도 아니고, 또 어제의 일도 아니라는 것을 주목하도록 당부하고 싶습니다. "우리 주 예수 그리스도와 하나님 우리 아버지께서 우리를 사랑하시고(hath loved)." 바울은 하나님의 사랑이 시작된 때에 대하여 말하지 않고, 또 사랑하려고 했지만 사랑할 수 없었던 때가 있었다고도 말하지 않습니다. 하나님은 우리를 사랑하셨습니다. 우리가 회개하고 하나님께 나아왔던 처음부터 우리를 사랑하셨습니다. 우리가 삶을 창기와 더불어 탕진해 버리고 있었을 때에도 우리를 사랑하셨습니다. 머리에서 발끝까지 온통 더러워져 있을 때에도 우리를 사랑하셨습니다. 오, 하나님, 제가 거역을 일삼고 있었을 때에도 저를 사랑하셨습니까? 하나님의 이름을 욕되게 할 때에도 저를 사랑하셨습니까? 이런 사랑이 어디 있습니까? 그렇습니다. 하나님은 우리가 존재하기 전부터 우리를 사랑하셨습니다. 우리가 태어나기 오래 전부터 우리를 사랑하고 구속하셨습니다. 이 세상이 무에서 창조되기 전부터 우리를 사랑하셨습니다. 샛별이 최초로 아침을 알리기 전부터 우리를 사랑하셨습니다. 천사들이 날개로 얼굴을 가리고 경배하기 전부터 우리를 사랑하셨습니다. 영원부터 주님은 자기 백성들을 사랑하셨습니다. 그러므로 다시 말씀드리는데, 이 진리를 들이마시고 이 진리를 먹읍시다. 우리가 상세히 설명해 줄 것을 기대하지 말고, 여러분 스스로 그 사실을 묵상해 보십시오. "우리 주 예수 그리스도와 하나님 우리 아버지께서 우리를 사랑하시고."

2. 과거에 나타난 하나님의 사랑에 대한 상고

이제 두 번째 요점, 곧 이 사랑이 과거에 나타난 것에 대하여 시선을 돌려 살펴보도록 하겠습니다. 하나님의 사랑이 나타난 것은 두 가지 제목으로 나누어집니다. 곧 "영원한 위로"와 "은혜로 주신 좋은 소망"입니다.

첫째, 하나님의 사랑은 우리에게 영원한 위로를 가져다주었습니다. 주님은 우리의 비참한 상태를 알고 계셨습니다. 가책의 화살이 우리의 마음에 박혀 우리가 피 흘리며 죽어가고 있을 때 우리가 무엇보다 먼저 원했던 것은 이 상처의 피를 멎게 하는 것이었습니다. 그러므로 주님은 우리를 위로하러 오셨습니다. 예수 그리스도의 피가 여러분의 상처에 따스하게 흘러내려 피를 멎게 할 때가 없었는지 기억해 보십시오. 여러분은 "그를 믿는 자는 심판을 받지 아니하는 것이요"(요 3:18)라고 말씀하시는 주님의 음성을 들었던 때를 잊어버렸습니까? 또 예수 그리스도를 여러분의 대리자로서 여러분 자리에서 여러분을 대신하여 고난을 받으신 것을 보고, 예수님의 이름으로 말미암아 여러분의 죄가 사함받은 것을 알고 있지 않습니까? 여러분은 그것을 잊지 않았겠지요? 아마 그것이야말로 여러분이 고통 속에 있을 때 주님이 여러분에게 주신 영원한 위로 가운데 하나였을 것입니다. 여러분은 슬픔을 겪은 날 이후로 오랫동안 그런 위로가 없이 살았을지도 모르겠습니다. 그러나 위로는 항상 환난의 뒤꿈치를 따라왔었고 여러분의 주된 위로는 여러분의 환난이 시작되었던 그곳에 계속 있었습니다. 여러분은 여전히 예수님을 바라볼 때 땅에서 가장 달콤한 기쁨을 발견하게 됩니다. 죄가 여러분을 거역할 때 처음에 죄를 쓰러뜨렸던 그 똑같은 은혜로 죄를 쓰러뜨리십시오. 양심이 여러분을 비난하고 참소할 때 다음과 같은 달콤한 말로 양심의 고소에 대처하십시오. "예수는 우리가 범죄한 것 때문에 내줌이 되고 또한 우리를 의롭다 하시기 위하여 살아나셨느니라"(롬 4:25).

그리고 모든 즐거움 가운데 가장 큰 즐거움은 이 위로가 영원한 위로라는 것입니다. 다른 위로의 샘들은 마르도록 되어 있습니다. 고통 속에 있을 때 친구들이 찾아오면 한동안 슬픔의 시간에서 벗어나 즐거운 생각을 할 수 있겠지요. 하지만 여러분의 근심은 다시 찾아오고 일시적인 위로는 더 이상 여러분에게 아무 도움이 되지 못할 것입니다. 사람은 예수 그리스도가 자신의 모든 죄를 짊어지고 대신 형벌을 받으셨고, 그리하여 자신이 다시는 처벌받지 않아도 된다는 것을 알 때, 곧 놀라운 대리적 속죄의 비밀을 이해할 때 역경 속에서나 순경 속에서나 언제든 그에게 도움이 되는 위로를 얻게 될 것입니다. 어떤 일이 일어나든 간에 그는 이 피난처로 날아가 숨고, 비록 큰 죄를 범했다손 치더라도 그는 속죄가 가짜 죄가 아니라 진짜 죄를 위하여 이루어졌음을 알고 있습니다. 그는 이전에 가서 씻었던 적이 있던, 피로 채워져 있는 그 샘으로 다시 찾아가고, 거기서 앞으로 지을 수 있는 모든 죄에 대해서도 똑같이 자신을 씻을 수 있다는 사실을 굳게 확신하게 됩니다. "영원한 위로입니다!" 이 자리에는 이 위로를 40년이나 50년 동안 받아온 사람들도 있습니다. 사랑하는 성도 여러분, 여러분은 이 위로가 조금이라도 약해지는 것을 결코 발견하지 못하고, 오히려 반대로 그 힘을 더 강하게 느낄 것이라고 저는 확신합니다. 하나님의 사랑을 의지할 때 이전보다 오늘 더 행복할 것이고, 이 순간 여러분은 다른 모든 위로가 없더라도 그리스도 안에서 여러분에게 주어진 이 영원한 위로를 아는 것만으로 충분할 것입니다.

　　이제 잠깐 동안 우리가 갖고 있는 위로 몇 가지를 살펴보겠습니다. 첫 번째 위로는 앞에서 이미 말한 것처럼 하나님께서 우리 대신 예수님이 죽으셨기 때문에 우리의 모든 죄를 용서하셨다는 것입니다. 두 번째 위로는 하나님이 우리를 사랑하시고 그분의 사랑은 절대로 변할 수 없다는데 있습니다.

　　　"주께서 한 번 사랑하시면 절대로 버리시는 일이 없고
　　　　그들을 끝까지 사랑하시네."

　　다음으로 , 하나님의 약속들의 성취가 우리의 신실함에 달려 있지 않고 그리스도 예수 안에서 모두 안전하게 성취되고 예와 아멘이 된다는 큰 위로가 있습니다. 우리의 구원은 우리 자신에게 달려 있지 않다는 데서 우리는 위로를 얻습니다. 우리는 첫째 아담의 불의로 말미암아 타락하고 상실된 존재가 된 것처럼, 둘째 아담의 의로 말미암아 파멸에서 생명을 얻고 구원을 받아 모든 위험과 두려움을 벗어났습니다. 우리는 피조물의 순종과 신실함이라는 흔들리는 모래 위가 아니라 그리스도께서 이루시고, 안식에 들어가시기 전에 "다 이루었다"고 기쁨의 노래를 부르신 사역의 영원한 반석이라는 견고한 터 위에 서 있습니다.

　　우리는 또한 다음과 같은 위로도 갖고 있습니다. 즉 하나님을 사랑하는 자 곧 그의 뜻대로 부르심을 입은 자들에게는 모든 것이 합력하여 선을 이룬다는 것입니다. 또한 다른 위로도 있는데, 그것은 그리스도께서 존재하시는 한 우리는 안전하다는 것입니다. 왜냐하면 그리스도께서 "내가 살아 있고 너희도 살아 있겠음이라"(요 14:19)라고 말씀하셨기 때문입니다. 우리는 또한 이런 위로도 갖고 있습니다. 곧 우리가 한동안 티끌 속에 누워 잔다고 할지라도 안심하는 위로입니다. 왜냐하면 그리스도께서 "아버지여 내게 주신 자도 나 있는 곳에 나와 함께 있어 아버지께서 창세 전부터 나를 사랑하시므로 내게 주신 나의 영광을 그들로 보게 하시기를 원하옵나이다"(요 17:24)라고 말씀하셨기 때문입니다. 사실은 하나님께서 우리에게 주신 온갖 위로를 여러분에게 다 말씀드리는 것은 많은 시간을 요하고, 그 위로들을 삶 속에서 충분히 누리려면 평생이 걸릴 것입니다. 왜냐하면 영원한 위로는 여러분 앞에 다 펼쳐지지도 않고, 한 번의 짧은 설교로 다 말할 수도 없기 때문입니다. 따라서 하나님의 사랑이 먼저 나타난 것 가운데 하나를 깊이 묵상해 보십시오.

다음으로 나타난 것은 하나님께서 우리에게 좋은 소망을 주신 것입니다. 현재를 위해서는 위로를 주시고, 미래를 위해서는 소망을 주십니다. "좋은 소망"은 세월이 흐르면 우리 모두가 하늘에서 만나게 되리라는 소망입니다. 미래가 어떠하든 간에 우리를 위한 복으로 충만하게 되리라는 소망입니다. 그리스도께서 오실 때 예수 안에서 잠자던 우리도 그분과 함께 올 것이므로 우리 영혼의 불멸성과 우리의 몸의 부활에 대한 소망입니다. 그리스도의 승리의 날에 땅에서 예수 그리스도와 함께 왕 노릇 하고, 그분과 함께 세세토록 무한한 지복 속에서 다스리게 되리라는 소망입니다. 이것이 우리의 소망이고, 무엇보다 좋은 소망입니다. 왜냐하면 이 소망은 좋은 터 위에 기반을 두고 세워져 있기 때문입니다. 광신자의 소망은 그것이 만들어 낸 망상과 함께 사라져 버릴 것입니다. 하지만 참신자의 소망은 진리와 은혜 속에 기반을 두고 있기 때문에 좋은 소망입니다.

헬라어 원문을 보면, "은혜 안에 있는 좋은 소망"입니다. 만약 제가 제 자신의 공로를 믿고, 거기에 제 소망의 기초를 두었다면 단지 스스로 속고 눈 먼 자가 되고 말았을 것입니다. 제가 무슨 공로를 갖고 있겠습니까? 그러나 저의 소망이 오직 은혜 안에 고정되어 있다면, 그리고 저의 위로와 소망이 은혜의 영역에 기초가 세워져 있다면, 그때에 하나님은 확실히 은혜로우신 분이므로, 하나님께서 모든 신자와 은혜의 언약을 맺으셨으므로, 하나님께서 자신의 아들을 선물로 주심으로써 언약을 확증하셨으므로, 그리고 하나님께서 다윗에게 거짓말하지 않으실 것을 자신의 거룩하심으로 맹세하셨으므로, 하나님의 은혜 위에 세워진 소망은 좋은 소망입니다. 하나님은 자신의 말씀과 같으신 분이므로 은혜 안에 있는 하나님의 소망은 좋은 소망입니다. 이것은 사실이 틀림없습니다. 왜냐하면 "주 예수를 믿는 자는 영생을 얻으리라"(요 5:24)고 기록되어 있기 때문입니다. 하나님은 믿는 자에게 영원히 구원받게 될 것이라고 약속하셨습니다. 하나님은 거짓말하실 수 없으므로 믿는 자는 구원받아야 하고 구원받을 것입니다.

그렇다면 어떤 신자들의 소망이 흔들리는 것은 왜 그럴까요? 그들은 은혜 안에 있는 소망에서 벗어나 그들 자신과 자기들의 공로를 바라보기 때문입니다. 그들은 이렇게 말합니다. "오, 이전처럼 기도하지 못했어. 이전처럼 은혜를 느끼지 못하고 있다. 그러므로 내 소망도 내리막이다." 성도 여러분, 여러분의 소망은 여러분의 기도 위에 세워져 있었습니까? 여러분의 소망이 부분적으로 여러분의 감정 위에 기초를 두었습니까? 만약 그렇다면 이 소망은 당연히 흔들리고 요동할 것입니다. 조만간에 이 소망은 완전히 사라질 것입니다. 왜냐하면 기초가 그 무게를 감당할 수 없기 때문입니다. 그러나 저의 소망이 하나님이 약속하신 것에 고정되어 있으면, 하나님의 약속은 변할 수 없으므로 저는 좋은 기초를 갖고 있는 것입니다. 하나님은 자신의 입으로 하신 말씀을 절대로 바꾸지 아니하실 것입니다. 하나님은 "믿고 세례를 받는 사람은 구원을 얻을 것이요"(막 16:16)라고 말씀하셨고, 하나님은 자신의 말씀을 바꾸실 수 없습니다. 그러므로 모든 신자는 영생에 대한 약속을 갖고 있습니다.

그러나 어떤 사람은 "목사님에게서 그런 말씀을 들으니 놀랍습니다"라고 말할 것입니다. 정말 그렇지 않습니까? 제가 그렇게 말하는 것에 대하여 저는 훨씬 더 놀랍니다. 하나님 우리 아버지와 주 예수 그리스도께서 우리에게 이와 같은 소망을 주셨다는 것은 말할 수 없이 놀라운 일입니다. 저는 어떤 사람들의 소망이 바로 이럴 때, 곧 그들이 행실을 잘하면 천국에 갈 것이라는 소망이나, 자기들이 신실하면 하나님도 신실하실 것이라는 소망을 가질 때에는 별로 놀라움을 느끼지 않습니다. 정말입니다! 어떤 바보가 이와 같은 소망을 상상할까요. 그러나 복음의 위대한 소망을 우리 앞에 두려면 신적 계시가 필요하고, 하나님은 변덕스럽거나 거짓말하실 수 없고, 그러므로 하나님의 아들 예수 그리스도를 믿는 모든 자는 반드시 구원하실 것이라고 믿는, 은혜로 말미암아 주어진 믿음이 요구됩니다. 하나님은 그리스도의 양 가운데 한 마리라도 잃어버리는 일을 겪으실 수 없습니다. 만약 그렇게 된다면 하나님의 약속은 아무 소용이 없게 될 것입니다. 어떤 사람은 "그렇게 믿는다면 아무렇게나 살아도 되겠군요"라고 말할지도 모르겠습니다. 그럴지도 모르지만 참 신자는 그런 길로 나아가지 않을 것입니다. 오히려 반대로 우리는 만일 하나님이 우리를 그렇게 사랑하고, 그렇게 관대하게 우리를 대하시며, 시내 산의 채찍과 율법의 언약에서 당장 우리를 옮겨 완전히 은혜 아래 두신다면, 이전에는 해보지 못한 사랑으로 하나님을 사랑하고, 그 사랑 때문에 우리가 죄를 미워하고, 죄를 범하는 것을 끔찍한 일로 간주하고 피하게 될 것이라고 느낍니다! 사람들을 거룩함으로 이끌 것이라고 여러분이 생각했던 율법은 절대로 그렇게 못했습니다. 하지만 우리를 방종으로 이끌 것이라고 여러분이 상상했던 은혜는 우리를 성결의 끈에 꽁꽁 묶어 이전보다 열 배는 더 우리 하나님을 잘 섬기도록 이끌었습니다!

어떤 사람이 우리 아들들에게 제가 그들을 계속 사랑하는 것은 전적으로 그들이 착한 행실을 보여주기 때문이라고 말한다고 생각해 봅시다. 그러면 우리 아들들은 그런 말에 분개하며 반박할 것입니다. 그리고 이렇게 대답할 것입니다. "우리가 더 잘 압니다. 당신의 말은 거짓말입니다. 우리 아버지는 언제나 우리를 사랑할 것입니다." 마찬가지로 주의 자녀들도 자기들의 아버지의 사랑이 변함이 없다는 것을 잘 알고 있습니다. 우리가 죄를 범하면 우리의 하늘 아버지는 칼이 아니라 채찍을 들고 우리를 찾아오실 것입니다. 하나님은 우리에게 화를 내고 꾸짖으실 것입니다. 하지만 그렇게 하실 때에도 그렇게 하시기 전과 똑같이 우리를 사랑하실 것입니다. 그리고 우리가 하나님의 자녀라면, 우리는 항상 하나님의 자녀일 것입니다. 왜냐하면 아들의 자격은 변할 수 있는 성격의 관계가 아니기 때문입니다. 그러므로 하나님은 우리를 영원히 사랑하실 것입니다. 여러분은 자녀들이 그 관계가 변하지 않기 때문에 불순종한다고 생각합니까? 저는 그런 말을 들어본 적이 없습니다. 자녀들은 작지만 그들의 완고한 마음속에 불순종의 많은 이유들을 갖고 있습니다. 하지만 자신이 항상 자기 아버지의 자녀라는 것을 이유로 또는 아버지가 항상 자기를 사랑한다는 것을 이유로 불순종하는 자녀는 하나도 없습니다. 저는 다른 아이에게 다음과 같이 말하는 한 자녀를 본 적이 있습니다. "존, 나와 함께 가자. 과수원에 가서 과일 훔쳐 먹자. 만약 들키더라도 네 아빠는 너를 사랑하니까 때리지 않을 거야." 그러자 다른 아이가 자리에서 일어서더니 이렇게 반응했습니다. "너는 아빠가 나를 사랑하기 때문에 아빠를 괴롭혀야 한다고 생각하니?" 이것은 사랑에 대한 거룩한 항변입니다. 은혜로부터 방종이 흘러나오는 것이 아닙니다. 오히려 거룩함으로 나아가는 강력한 감사의 충동을 느낍니다. 거듭나지 않은 자의 마음속에서는, 만약 그의 마음에 하나님에 대한 사랑이 있을 수 있다면, 그 사랑이 죄에 대한 핑곗거리로 작용할 수 있을 것입니다. 그러나 성도 여러분, 우리에게는 그렇지 않습니다. 하나님의 은혜가 그리스도 안에서 우리를 새로운 피조물로 만들었기 때문에, 하나님의 사랑은, 우리가 죄를 범하지 않고 대신 한평생 거룩함을 따라 살도록 우리를 강권합니다. 그러므로 하나님의 이름을 송축합시다. 우리는 하나님 우리 아버지께서 우리를 사랑하고, 우리에게 영원한 위로와 은혜 안에서의 좋은 소망을 주신 것을 즐거워하는 것이 부끄럽지 않습니다.

3. 하나님의 사랑에 기초한 바울의 기도

　　마지막으로 살펴볼 요점은 이 모든 것 속에서 흘러나오는 바울의 기도입니다. 바울도 기도하고, 우리도 오늘 아침에 하나님께서 여러분의 마음을 위로해 달라고 기도합니다. 본문의 기도는 모든 사람에게 주어지는 것이 아니고 주 예수님을 믿는 자들에게 주어지는 것입니다. 여러분의 마음이 위로받는 것이 가장 중요한 일입니다. 쾌활함, 습관적인 고요함, 마음의 평안, 영의 만족 — 이런 것들이 여러분을 숨 쉬게 하는 참된 공기가 되어야 합니다. 바울은 하나님 자신과 그리스도 자신이 여러분의 마음을 위로할 수 있도록 그가 기도하는 것이 참으로 중요하다고 생각합니다. 저는 여러분이 고민거리가 많다는 것을 알고 있습니다. 고민이 전혀 없는 사람들은 거의 없습니다! 여러분 가운데 어떤 이들은 매우 가난하고, 또 어떤 이들은 사업상 큰 손실을 입고 고통 속에 있으며, 다른 이들은 세상과 교회 안에서 큰 시험으로 영혼이 연단 속에 들어가 있습니다. 인자하신 주님께서 여러분의 귀에만이 아니라 여러분의 본성의 가장 깊은 곳에 말씀해 주심으로써 여러분의 마음을 위로해 주시기를 바랍니다.

　　"너희는 마음에 근심하지도 말고 두려워하지도 말라"(요 14:27). 그렇습니다. 확실히 하나님이 여러분을 사랑하신다는 것을 믿는다면 그것은 여러분의 마음을 기쁘게 해야 합니다. 또 하나님께서 여러분에게 영원한 위로를 베푸신다면 여러분은 행복하지 않을 수가 없습니다. 저는 과거에 죄의식에 시달릴 때 개를 바라보면서 심판에 대한 두려움이 없이 죽을 수 있도록 차라리 개였으면 좋겠다고 생각했던 때를 생생히 기억합니다. 영원토록 죄인으로 사는 것은 참으로 끔찍한 일처럼 생각되었기 때문입니다. 그러나 이제는 정반대입니다. 저는 때때로 매우 행복해 보이는 짐승들을 바라보면서 혼잣말로 이렇게 말했습니다. "아, 저 가련한 피조물은 하나님의 사랑을 모르고 있다. 하나님께서 내게 하나님을 아는 능력을 주신 것은 얼마나 감사한 일인가!" 그렇습니다. 하늘에 있는 천사라고 해도 하나님의 사랑을 모른다는 말을 듣는다면 저는 그 천사를 불쌍히 여길 것입니다. 아무리 왕이라도, 아무리 강력한 권세를 가진 황제라도, 주님의 사랑을 모르는 자라면, 얼마나 가련하고 불쌍한 피조물일까요! 그러나 하나님의 사랑을 즐거워하는 여러분에 대하여 말한다면, 여러분이 어쩔 수 없이 매우 어두운 뒷골목에서 살아야 한다면, 그곳에 들어가 살라고 말하고 싶습니다. 정말 힘든 노동을 하는 것이 여러분의 운명이라면 그렇게 하라고 말하고 싶습니다. 예, 그렇게 하십시오. 박해하는 남편, 학대하는 아버지가 있는 가정으로 돌아가십시오. 대신 여러분의 마음에 울려 퍼지는 감미로운 음악을 들으십시오. "우리 주 예수 그리스도와 우리를 사랑하시고 영원한 위로와 좋은 소망을 은혜로 주신 하나님 우리 아버지께서 너희 마음을 위로하시고." 이 음악은 광야를 즐겁고 장미꽃이 만발하도록 만들기에 충분합니다.

바울의 기도의 다음 부분은 "모든 선한 일과 말에 굳건하게 하시기를 원하노라"입니다. 저는 원문에 대한 가장 정평 있는 번역판에서 "모든 선한 일과 말에" 최우선을 두라고 번역한 것을 봅니다. 그렇게 번역하는 이유는 바로 이것입니다. 곧 하나님께서 자기 백성들을 매우 행복하게 만들기 때문에 그들은 어떤 선한 일이나 말을 그만두고 싶은 마음을 절대로 갖지 않게 될 것이라는 것입니다. 영적 침체에 빠지면 종종 손이 게을러지는 일이 벌어집니다. 의심할 것 없이 많은 사람들이 슬픈 마음 때문에 그리스도를 위한 사역을 그만두었습니다. 기쁨이 없는 것이 그들의 활동을 제한시킨 것입니다. 따라서 바울은 우리 가운데 어느 누구라도 위로가 부족해서 선한 일이나 선한 말로 하나님을 섬기는 일을 그만두지 않도록 하려고 기도하는 것입니다.

하나님께서 여러분을 사랑하십니까? 여러분은 그것을 알고 있습니까? 그렇다면 어떻게 선한 일을 그만둘 수 있겠습니까? 진리를 말하자 원수들이 여러분을 학대했습니까? 여러분은 하나님의 사랑을 느꼈기 때문에 진리를 말한 것입니까? 그러면 다시 그렇게 말하십시오! 어서 다시 그렇게 말하십시오! 여러분이 속한 사회에서 아무런 성공이 없어도 수고했습니까? 하나님께서 여러분을 사랑하셨기에 그렇게 했고, 그렇게 함으로써 여러분이 하나님을 사랑한다는 것을 보여 주고 싶었습니까? 형제 여러분, 그렇게 계속하십시오! 자매 여러분, 그렇게 계속하십시오! 성공하든 성공하지 않든 상관하지 말고 말입니다! 하나님은 여러분을 사랑하고, 여러분에게 영원한 위로를 주셨으니, 여러분의 선한 일을 굳건하게 하십시오. 여러분은 습관적으로 하나님을 찬양하고 마귀는 여러분에게 "그만두라! 제발 그만두라!"고 말했습니까? 여러분은 습관적으로 죄를 책망하고, 다른 사람들에게 구주에 대하여 말해주는 것은 부족하며, 영적 침체에 빠져 있습니까? 그리스도 안에서 얻는 자신의 유익에 대하여 의심합니까? 이전에 누렸던 위로를 잃어버렸습니까? 오, 사랑하는 성도 여러분, 처음에 가졌던 행복의 원천으로 다시 돌아오십시오. "우리 주 예수 그리스도와 우리를 사랑하시고 영원한 위로와 좋은 소망을 은혜로 주신 하나님 우리 아버지." 이 복된 진리로 자신을 새롭게 하면 여러분은 선한 일과 선한 말을 할 수 있는 힘을 새롭게 회복하고, 여러분에게 주어진 평생의 사역을 생명이 끝날 때까지 결코 흔들림 없이 굳건하게 감당할 수 있을 것입니다.

　　우리는 교회의 상태에 대하여 크게 낙심할 때가 종종 있습니다. 저도 그렇습니다. 저는 도처에서 교황 종교의 세력이 파급되고 있고, 또는 합리주의가 기승을 부리고 있는 것을 봅니다. 이런 라이벌 악의 세력들이 우리나라를 집어삼키고 있습니다. 기도는 너무 적고, 복음 전파도 거의 이루어지지 않고 있습니다. 때때로 엘리야처럼 모두가 바알에게 무릎을 꿇어 여호와에게 충성된 자가 하나도 남아 있지 않다고 외치기가 쉽습니다. 사랑하는 성도 여러분, 그렇다고 해서 이런 감정에 굴복해서는 안 됩니다. 왜냐하면 여전히 "우리 주 예수 그리스도와 하나님 우리 아버지께서 우리를 사랑하시기" 때문입니다. 제자들이 자기들의 성공에 크게 의기양양해져서 주님에게 돌아와 "주여 귀신들도 우리에게 항복하더이다"라고 보고했습니다. 이에 예수님은 이렇게 말씀하셨습니다. "그러나 귀신들이 너희에게 항복하는 것으로 기뻐하지 말고 너희 이름이 하늘에 기록된 것으로 기뻐하라"(눅 10:20). 오늘날 우리는 큰 근심에 사로잡혀 주님 앞에 나아와 "주여 마귀가 우리를 짓누르고 있습니다"라고 말합니다. 그러나 우리에게 주님은 똑같은 권면을 반복하십니다. "그러나 이런 일들로 침체에 빠지지 말고 너희 이름이 하늘에 기록된 것으로 기뻐하라. 너희 아버지께서 너희에게 영원한 위로와 은혜로 말미암은 좋은 소망을 주셨느니라.”

그러므로 사랑하는 성도 여러분, 여러분의 마음을 굳건하게 하십시오. “견실하며 흔들리지 말고 항상 주의 일에 더욱 힘쓰는 자들이 되라”(고전 15:58). 보이는 것이 전부가 아닙니다. 어두운 밤은 단지 밝은 낮을 위한 전조입니다. 비가 온 뒤에는 밝은 햇살이 비칠 것입니다. 진리가 퇴각할 때에는 오직 더 큰 승리를 얻기 위하여 뒤로 물러나는 것입니다. 해안으로 밀려드는 파도는 사라져 없어지고, 그것을 보고 여러분은 아무런 변화가 없다고 생각할 수 있지만 사실은 밀물이 몰려오고 있는 것입니다. 이렇게 밀려온 여호와의 영원한 진리의 밀물도 온 땅을 뒤덮을 것입니다. 그러므로 낙심하지 마십시오! 여러분의 하나님께 나아가십시오! 모든 사람이여, 여러분의 환경과 여러분 자신에게서 떠나 여러분의 구주와 여러분의 목자에게 나아가십시오. 그러면 그곳에 초원의 양처럼 누워 풀을 뜯으십시오. 그런 다음에는 목자에게 순종하는 양처럼 어디를 가든지 일어나 목자를 따라다니십시오. 하나님께서 여러분을 이 일에 복을 베풀어주시기를 바랍니다.

아마 제가 설교하는 동안 이 자리에 있는 일부 회심하지 못한 자들은 “나와는 아무 상관이 없다”고 말할지도 모르겠습니다. 사랑하는 친구 여러분, 여러분은 수로보니게 여인이 한 말을 기억하십니까? 그녀는 구주에게 개로 불렸습니다. 여러분도 그렇게 생각할 것입니다. 그러나 그녀는 이렇게 말했습니다. “개들도 제 주인의 상에서 떨어지는 부스러기를 먹나이다”(마 15:27). 그러면 제가 제 자신을 개로 부른다면, 상에서 떨어지는 부스러기처럼 이 주제 속에서 뭔가 먹을 수 있는 것이 있을까요? 있습니다! 제게는 있는 것처럼 보입니다.

분명히 말해 하나님은 자기 백성들을 은혜의 방법으로 다루십니다. 왜냐하면 하나님께서 우리에게 “주셨다”고 말씀하기 때문입니다. 이것은 전적으로 하나님의 자유로운 사랑에 속해 있고, 그래서 “은혜로”라는 말이 덧붙여져 있는데, 이 말은 무조건적인 호의를 가리킵니다. 주님의 위로는 자비와 사랑의 선물입니다. 그렇다면 하나님께서 이 사람에게 은혜를 베푸신다면 왜 다른 사람에게는 베푸시지 않겠습니까? 그리고 하나님의 식탁에 앉아 있는 사람들이 전에는 부정하고 더럽고 타락한 자들로, 하나님의 주권적인 은혜로 청함을 받아 사랑의 잔치에 참여하게 되었다면 왜 그것이 제게는 주어지지 않겠습니까? 원하는 자로 말미암음도 아니요 달음박질하는 자로 말미암음도 아니요 오직 긍휼히 여기시는 하나님으로 말미암는다면 제가 어떤 자이든 간에 어찌하여 하나님께서 제게는 자비를 베푸시지 않겠습니까? 왜 제게는 아니겠습니까?

그러나 제가 은혜의 주님께 나아갈 수 있는 문이 있습니까? 예, 있습니다. 이것이 본문이 떨어뜨리는 다른 부스러기입니다. 왜냐하면 본문은 "우리 주 예수 그리스도"라는 말로 시작되기 때문입니다. 내 영혼아, 그대가 오늘 아침 시작해야 할 곳이 바로 여기다. 그곳에는 주 예수 그리스도가 계신다. 나는 거기서 다른 사람들의 죄를 위하여 십자가에 달려 피를 흘리고 계시는 주님을 본다. 주님은 가슴으로 죄인들을 안으시려고 손을 크게 벌리고 계시는데, 가슴에는 창으로 찔린 구멍이 나 있고, 그래서 기도와 눈물로 주님의 동정을 쉽게 받을 수 있다. 내 영혼아, 그러니 오라. 와서 그대의 상황을 예수님께 털어놓으라.

동료 죄인 여러분, 어서 와서 여러분의 죄를 예수님께 자백하고, 그분의 발 앞에 엎드려 가슴과 입술로 주님의 발을 붙들고 이렇게 고백하십시오. "내가 멸망해야 한다면 십자가를 붙들고 멸망하겠다. 그리고 모든 사람에게 내 소망은 하나님께서 사람의 죄를 위하여 화목 제물로 세우신 예수님께 두어져 있다고 선언하겠다." 죄인 여러분, 여러분은 거기서 절대로 멸망당하지 아니할 것입니다. 그러니 즉시 나아가 안전히 거하십시오. 하나님께서 그리스도로 말미암아 여러분을 도와주시기를 바랍니다. 아멘.

제
5
장

—

값없는 은혜 –
값없이 베푸는 삶의 동기

—

"우리 주 예수 그리스도와 우리를 사랑하시고 영원한 위로
와 좋은 소망을 은혜로 주신 하나님 우리 아버지께서 너희
마음을 위로하시고 모든 선한 일과 말에 굳건하게 하시기를
원하노라." — 살후 2:16-17

데살로니가 교회 성도들은 숱한 박해와 환난을 겪고 있었고, 그런데도 그들
은 바울이 "너희 인내와 믿음으로 말미암아 하나님의 여러 교회에서 우리가 친
히 자랑하노라"고 말할 정도로 큰 믿음을 보여주었습니다. 마치 외부에서 오는
환난으로는 그들에게 충분치 않았던 것처럼 그리스도의 날이 금방 임할 것이라
고 주장하는 성미 급한 선생들이 그들 가운데 들어와 있었습니다. 주님의 재림
은 교회의 가장 큰 소망이고, 그러기에 이것은 진리를 망가뜨리고 왜곡시키는
오류가 극단적으로 작용할 힘을 갖고 있는 소망으로, 우리의 가장 큰 위로가 되
는 소망이 "마음을 흔들리게 하고" 괴롭히는 요인이 될 수 있습니다. 데살로니가
교회 교인들에게도 이런 일이 나타났습니다. 그들은 비밀스런 소문에 당혹스러
웠는데, 아마 이 소문은 열광자들이, 앞서 보낸 데살로니가전서에서 바울이 쓴
말을 잘못 해석한 결과 촉발되었을 것입니다. 그들은 일상적인 생활 습관을 포
기하려는 유혹을 받은 것으로 보입니다. 그들 가운데 일부는, 세상은 곧 끝나도

록 되어 있기 때문에 생업에 종사할 필요가 전혀 없다는 사상에 빠져 일을 등한 시했습니다. 이것은 "놀고먹는 사람들"에게 일하지 않을 빌미를 제공했고, 비관적인 생각을 가진 사람들 사이에서는 큰 불안감이 조성되었습니다. 그래서 바울은 그들이 진리 안에 굳건하게 서고, 악에서 떠나고, 무질서한 삶이 억제됨으로써 교회가 평안해질 수 있도록 간절한 염원을 담아 두 번째 편지(데살로니가후서)를 쓴 것입니다. 바울은 이 자랑스러운 교회가 외부의 쓰라린 박해 속에 있거나 내부의 어려움 속에 있거나 간에 평안해지고 위로가 부족하지 않게 되는 것이 가장 중요하다고 느꼈습니다.

　따라서 오늘 아침에 첫 번째로 살펴볼 설교의 요점은 신자들이 위로를 누리는 것은 참으로 중요하다는 것입니다. 이 요점에 대하여 잠시 말한 다음에는, 이 위로는 우리 주 예수 그리스도의 복음을 통해 아무 대가 없이 제공되고 주어진다는 사실을 두 번째 요점으로 즐겁게 설명하겠습니다. 그리고 이 주제로부터 자선 활동에 도움을 주는 한 가지 실천적인 추론을 이끌어 낼 계획인데, 이 추론은 이 위로가 우리에게 값없이 주어졌으므로 위로를 필요로 하는 다른 사람들에게 거룩한 자비를 베풀어야 한다는 것입니다.

1. 신자들이 위로를 누리는 것은 참으로 중요합니다.

　그러면 먼저 신자들이 위로를 누리는 것은 참으로 중요하다는 요점을 살펴보겠습니다. 우리는 우리가 의심하는지 아니면 믿고 있는지, 우리가 한숨을 쉬고 있는지 아니면 즐거워하고 있는지의 문제는 중요하지 않다고 말해서는 안 됩니다. 그것은 매우 중요한 문제입니다. 지휘관이라면 누구나 수하 군인들이 좋은 기분을 갖고 있지 못하면 군인들의 수가 아무리 많고 전쟁을 위한 훈련이 잘 되어 있다고 할지라도 전투에서 승리하기가 쉽지 않다는 것을 잘 알고 있습니다. 용기를 불어넣는 것은 용맹하게 싸우는 것의 필수 요소입니다. 전쟁은 군인이 싸우기 전날 자신의 본분을 깨닫는 여부에 크게 좌우됩니다. 만일 군인이 싸울 의욕을 전혀 갖고 있지 않다면, 우리 선조들의 말처럼, 전쟁이 일어났을 때 딱한 모습을 보여줄 것입니다. 주님은 자기 백성들이 풀이 죽고 낙담하여 부들처럼 머리를 축 늘어뜨리고 있는 모습을 보는 것을 좋아하시지 않습니다. 그들에게 주님은 "강하고 담대하라. 두려워하지 말라"고 말씀하십니다. 주님은 "복 주시는 하나님"이십니다. 주님은 자신의 은혜의 복음을 아는 자들이 복된 삶을 살면서 자신을 더 잘 섬길 수 있기를 바라십니다. 주의 영이 "주 안에서 항상 기뻐하라 내가 다시 말하노니 기뻐하라"(빌 4:4)고 말씀하시지 않았습니까? 주님은 항상 우리를 위로하도록 보혜사를 보내지 아니하셨습니까? 신자들은 믿을 때 평안과 기쁨이 충만하다면 절망에 빠져 있을 때보다 훨씬 더 잘 주님의 목적을 이루고 주님의 이름을 영화롭게 할 것입니다. 그래서 성경은 "여호와로 인하여 기뻐하는 것이 너희의 힘이니라"(느 8:10)고 말씀하는 것입니다.

그래서 저는 주님이 우리를 훌륭한 위로의 사람이 되게 하실 것이라고 확신합니다. 그 중요성이 본문 속에 충분히 함축되어 있기 때문입니다. 그것이 영감받은 사람의 기도입니다. 바울은 본문의 기도 곧 "우리 주 예수 그리스도와 우리를 사랑하시고 영원한 위로와 좋은 소망을 은혜로 주신 하나님 우리 아버지께서 너희 마음을 위로하시고 모든 선한 일과 말에 굳건하게 하시기를 원하노라"는 간구를 편지에 쓸 때, 형제 사랑을 명령하는 의도에서 뿐만 아니라 성령의 인도하심 아래에서 그렇게 쓴 것입니다. 성령께서 하나님의 사람의 마음을 움직여 이런 소원을 갖게 하고 그 소원을 기록하도록 하심으로써, 이 서신이 읽혀지는 한 그것이 모든 선한 사람의 소원이 되게 하고, 그리스도의 양 떼를 극진히 사랑한 한 사람이 위로를 소중하게 여겼던 것처럼 모든 그리스도인이 그것을 소중히 여기도록 하셨습니다. 이방인의 사도로서 그렇게 많이 배우고 경험이 많은 교사에게 그토록 중요한 관심사였던 것을 우리가 가볍게 여기는 것은 참으로 주제넘은 짓이 될 것입니다.

바울은 이 기도를 매우 주목할 만한 형태로 기록합니다. 제 생각에는 이 기도는 매우 엄숙한 형태로 표현되어 있습니다. 왜냐하면 바울은 "우리 주 예수 그리스도 [자신]"이라는 말을 쓰고 있기 때문입니다. "자신"이라는 말이 필요했습니까? 이것은 매우 강조적인 표현으로, 바울이 주 예수님께 어떤 중간 행위자를 통해서가 아니라 주님 자신의 인격과 주님 자신의 능력으로 그들을 위로해 달라고 요청하는 것처럼 보입니다. 우리가 위로받는 것이 너무 중요하기 때문에 예수님 곧 우리 자신의 주 예수 그리스도께서 친히 자기 백성들의 위로가 되어주셔야 한다고 간청하는 것입니다. 공손한 마음을 가진 바울이 이토록 간절하게 기도할 정도였다면 그것은 정말 중대한 문제가 아니겠습니까? 그런데 이것이 전부가 아닙니다. 왜냐하면 바울은 계속해서 "하나님 우리 아버지께서"라고 말하기 때문입니다. 하나님의 백성들이 평안해야 하는 것은 매우 필수적인 일이므로 하나님 아버지 자신이 그들을 위로하는 사역을 직접 감당해야 하는 것처럼 바울은 말합니다. 다른 어느 누구도 그들이 필요로 할 때 이런 위로를 줄 수 없고, 오직 하나님만이 줄 수 있었고, 그러므로 "하나님 우리 아버지"께 특별히 호소하는 것입니다. 이 기도는, 주 예수님과 하나님 아버지께서 하나가 되어 시련 속에 있는 데살로니가 교회 성도들의 마음을 위로하는 이 매우 절실한 사역에 동참해 달라는 간구입니다. 저는 여기서 이 편지 시작 부분에 나오는 "하나님 아버지와 주 예수 그리스도로부터 은혜와 평강이 너희에게 있을지어다"라는 바울의 엄숙한 축도를 상기하게 됩니다. 이처럼 엄숙한 말로 표현되고 우리 주 예수 그리스도와 하나님 우리 아버지께 이토록 간절하게 드려진 이 영감받은 기도는 성도들이 위로로 충만한 삶을 사는 것이 얼마나 중요하고 필수적인 것인지를 증명합니다.

　　이 편지에서 이런 소원이 표현되어 있는 것은 이 본문이 유일한 곳은 아닙니다. 왜냐하면 조금만 더 앞부분으로 가면, 3장 16절에서 다른 말로 표현되지만 똑같은 의미를 가진 말씀을 보기 때문입니다. "평강의 주께서 친히 때마다 일마다 너희에게 평강을 주시고 주께서 너희 모든 사람과 함께 하시기를 원하노라." 그들이 평안 속에 있기를 바라는 소원을 한 문장으로 이보다 더 간명하게 표현할 수 있는지 저는 모르겠습니다. "주"께 간구하는데, 주를 "평강의 주"로 부름으로써 주의 모든 신적 위엄이 드러나고 화평하게 하시는 주님의 능력이 나타날 수 있도록 했습니다. 주의 천사들이나 사자들에게도 아니고 주의 섭리에게도 아니라 "친히" 평강을 주시는 "평강의 주"에게 평강을 구하는 간청을 합니다. 또 "때마다"라는 말을 사용하여, "때마다 평강을 주시고"라고 간구합니다. 저녁의 시원할 때의 평강만으로는 충분하지 않고, 하루의 모든 순간에, 일 년의 모든 날에, 한평생 모든 기간에, 모든 곳에서, 모든 상황 속에서 평강이 요구됩니다. 또 이 소원은 "때마다 일마다(by all means) 너희에게 평강을 주시고"라는 말씀으로 매우 폭넓게 표현되고 있습니다. 만약 어떤 방법으로 평강을 얻을 수 없다면 다른 방법으로 얻거나 해서라도 어떻게든 너희가 오직 주님만이 주실 수 있는 평강을 누릴 수 있기를 바란다는 것입니다. 우리가 마음의 평안을 누리는 것이 참으로 중요하지 않다면, 주님이 오실 때까지 우리의 삶의 지침이 되어야 하는 진리의 성경 속에 이와 같은 기도가 포함되어 있는 이유를 저는 생각해 낼 수 없습니다.

　　바울은 위로가 강력하게 필요한 이유를 한 가지 암시하는데, 그것은 한 마디로 말해 바울이 우리에게, 이 위로는 그리스도인의 마음에 직접 영향을 미치므로 결정적인 축복이라는 것을 보여주고자 하기 때문이라는 것입니다. 바울의 표현은 "너희 마음을 위로하시고"입니다. 우리가 어떻게든 일을 잘하려면 강한 손을 갖고 있는 것이 낫지 않겠습니까? 어떻게든 잘 서 있으려면 견고한 디딤판을 갖고 있는 것이 낫지 않겠습니까? 하지만 이런 것들은 건전한 마음과 비교해 보면 부차적인 문제에 지나지 않습니다. 마음의 병이 사람 전체에 해를 끼칩니다. 만약 생명의 근원에서 어떤 이상이 생긴다면 삶의 물줄기도 곧 그 이상을 느끼게 됩니다. 인간성 전체가 마음에 달려 있습니다. 따라서 마음의 위로는 필수적이고, "그가 너의 마음을 강하게 하리라"는 약속은 소중합니다. 활동의 샘이 약해지고 영이 침체에 빠지는 것은 불행입니다. "사람의 심령은 그의 병을 능히 이기려니와 심령이 상하면 그것을 누가 일으키겠느냐"(잠 18:14). 몸을 때릴 때 다른 곳은 괜찮지만 뇌와 가슴은 피해야 합니다. 왜냐하면 이 부분은 목숨과 매우 밀접해서 이 부분이 해를 입으면 사람 전체에 영향을 미치기 때문입니다. 영이 물 속으로 가라앉으면 심지어는 그 영 안으로 물이 들어오게 됩니다. 그래서 우리 주님은 제자들에게 "너희는 마음에 근심하지 말라"(요 14:1)고 말씀하셨습니다. 여러분의 가정이 아무리 혼란스럽더라도, 여러분의 몸 상태가 아무리 고통스럽더라도 "여러분은 마음에 근심하지 마십시오. 하나님을 믿으니 또 주님을 믿으십시오." 믿음은 마음을 받쳐 주고, 압력 아래에서도 사람이 견딜 수 있게 해줍니다. 지금 제가 말하는 것은 믿음이지 다른 것이 아닙니다.

사랑하는 성도 여러분, 저는 여러분이 이제 우리가 얼마나 위로를 필요로 하는지 깨달았을 것이라고 생각합니다. 왜냐하면 위로가 없으면 마음의 활동에 치명적인 영향을 미치고, 우리 존재의 전체 생명력을 손상시키기 때문입니다. 그러므로 연약한 마음을 가진 자들에게 "강하고 담대하라. 두려워하지 말라"고 말해줌으로써 그들이 내려진 손을 들어올리고 힘 빠진 무릎을 굳건하게 할 수 있도록 유의하십시오. 그 마음이 하나님 안에서 즐거워할 수 있도록 기도해 주십시오. 그렇게만 되면 거친 길이나 험한 날씨는 아무런 문제가 되지 아니할 것입니다.

사랑하는 성도 여러분, 위로에 대한 이 확신은 성급함과 다른 악들을 막는데 필수적입니다. 아마 위로가 부족해서 일부 데살로니가 교회 성도들이 주님의 즉각적인 재림에 대한 설교에 현혹되었을 것입니다. 그들의 성급한 마음은 주님의 즉각적인 재림에 대한 소원을 자극시켰고, 이 소원은 주님의 즉각적인 재림을 강하게 주장하는 결과를 낳았습니다. 사람들은 간명한 복음 교리에서 현재의 위로를 찾지 못하자 추측에 쉽게 빠져들었고, 육신적인 열정을 갖고 주의 재림을 예언하기 시작했습니다. 그들은 하나님 말씀 어디에도 없는 광적인 예언에 빠져 참고 기다리는 것이 우리의 의무라는 사실을 떠났습니다. 그래서 바울은 3장 5절에서 "주께서 너희 마음을 인도하여 하나님의 사랑과 그리스도의 인내에 들어가게 하시기를 원하노라"라고 말해주었습니다. 사람은 영이 침체에 빠지고, 마음이 지치면 참고 기다리지 못합니다. 그러므로 사람은 마음이 하나님과 올바른 관계 속에 있음을 느껴야 평강을 얻고, 아무리 오랜 세월 뒤에 주님이 오신다고 해도, 묵묵히 기다릴 수 있는 법입니다. 그러나 만사가 크게 흔들리고, 우리의 소망이 희미해지고, 우리의 교제가 깨어지며, 우리의 열심이 사그라질 때, 이 투쟁을 끝장내고 더 이상의 수고를 피하기 위하여 어떤 일에 집착합니다. 많은 사람들이 게으름과 낙심이 찾아올 때 "주님의 병거는 왜 이렇게 더디게 오는가?"라고 외치는데, 이것은 게으른 노동자가 토요일 밤을 갈망하는 것과 같습니다.

　여러분은 시간이 너무 지루하고 인생이 너무 길다고 생각합니다. 왜냐하면 주님이 여러분을 두신 그 자리에서 여러분이 행복하지 못하고 섬김의 땅에서 뛰쳐나와 안식의 방으로 뛰어 들어가려는 열망이 너무 강하기 때문입니다. 성도 여러분, 여러분이나 저나 그렇게 해서는 안 됩니다. 우리는 더 버티고 더 열심히 일해야 합니다. 우리는 아무리 인생이 길다고 할지라도, 아무리 우리 주님이 늦게 오신다고 할지라도, 영이 위로를 받아 참고 계속 일할 수 있어야 합니다. 만약 그렇게 하지 못한다면, 우리가 인내하지 못하게 된다면, 일부 데살로니가 교회 교인들이 그렇게 행동한 것을 제가 이미 설명한 것처럼, 우리는 광신적인 행동에 뛰어들게 될 것입니다. 주님이 금방 재림하실 것이라는 생각 때문에 그들은 일상적인 소명을 등한시했고, 놀고먹는 사람들이 되어 이 집 저 집 떠돌아다니며, 별로 영적인 태도를 보여주지 못하는 다른 사람들과 어울렸습니다. 그들은 단순히 입을 벌리고 눈을 치켜뜨고 주의 재림을 고대하고 하늘만 바라보고 가는, 그래서 언제든 도랑에 떨어질 치명적인 위험을 안고 있는 몽상가들이었습니다. 바울은 그들에게 일을 해서 자기 수고로 얻은 음식을 먹도록 명령하고, 자기 자신을 본보기로 제시했습니다. 바울은 그들에게 신세를 지지 않으려고 직업을 갖고 밤낮으로 열심히 일했기 때문입니다.

성도 여러분, 만일 여러분에게 주의 날에 대하여 참을 수 없는 마음이 더 커지고 있다면, 저는 마음의 위로가 여러분의 달아오른 마음을 식혀줄 수 있도록 기도하겠습니다. 내일 아침에는 가게 문을 열고 그리스도께서 전혀 오지 않으실 것처럼 물건을 파십시오. 왜냐하면 주님이 오시면 여러분은 생업에 종사하다 주님을 맞이하는 것이 더 적합하기 때문입니다. 만약 주님이 내일 오신다는 것을 알고 있다면 저는 월요일에 해야 할 정규 업무에 종사할 것입니다. 재림이 일어나는 것을 보기 위해 창가에 나가 거기 서서 기다리는 것은 별로 중요한 일이 아닐 것입니다. 주님이 내일 오시거나 천 년 후에 오시거나 간에, 여러분이 보여줄 가장 지혜로운 모습은 주님을 경외하는 마음으로 주님을 위하여 여러분의 소명을 따라 행동하는 것입니다. 우리는 주님이 오신다면 우리를 찾아오실 것이라는 생각을 갖고 더 열심히 일해야 합니다. 주님의 재림을 염두에 두고 의무를 게을리해서는 안 됩니다. 그러나 이에 대하여 여러분은 행복하지 않으면 인내하며 기다리지 못할 것입니다. 여러분의 마음이 하나님께 고정되어 있지 않으면 여러분은 성실하게 일을 하거나, 같은 일을 하거나, 규칙적인 같은 방법으로 삶을 영위하거나 하지 못할 것입니다. 여러분의 마음이 예수님 안에서 안식하고 있지 못하면 여러분은 새로운 일을 찾아 여기저기 찾아다니게 될 것입니다. 따라서 하나님 우리 아버지와 우리 주 예수 그리스도께서 친히 우리의 마음을 위로하시고 모든 선한 일과 말에 굳건하게 설 수 있도록 해달라는 본문의 간절한 기도가 있는 것입니다.

다시 한 번 저는 이 위로가 참으로 바람직하다는 것을 굳게 확신하는데, 그 이유는 이 위로가 열매 맺는 것을 촉진시키기 때문입니다. 바울은 이 사실을 분명히 암시합니다. "너희 마음을 위로하시고 모든 선한 일과 말에 굳건하게 하시기를 원하노라." 우리는 주 안에서 행복하지 못할 때 주님을 충심으로 섬기지 못하게 됩니다. 우리는 잘 인내하지 못할 때 3장 13절의 권면이 필요합니다. "형제들아 너희는 선을 행하다가 낙심하지 말라." 만일 우리가 예수님이 우리의 것이라는 것, 모든 것이 우리의 유익을 위하여 합력한다는 것, 그리고 영원한 영광이 확실한 언약으로 말미암아 우리에게 보장된다는 것을 깨닫고 있다면, 그리스도의 사랑이 우리를 강권하기 때문에 감사함으로 헌신에 매진할 것입니다. 의심과 불안이 있으면 우리는 주님의 사역을 감당하지 못하지만, 주님이 우리에게 안식을 주시면 즐겁게 주님의 멍에를 메고, 그렇게 함으로써 우리 영혼은 더 큰 안식에 들어가게 됩니다. 우리의 마음이 우리의 손이 힘든 수고를 하고 있다고 고백한다면 우리는 우리를 구속하신 주님을 위하여 충분히 수고할 수 없습니다. 우리는 기쁨으로 기꺼이 "우리를 사랑하고 우리를 위하여 자신을 주신" 분에게 우리 자신을 산 제사로 드립니다. 또한 우리의 일이 굳건하게 되고 새로운 마음으로 그 일을 하게 되고, 그리하여 주님이 오셔서 "착하고 충성된 종아 네가 충성하였으니 네 주인의 즐거움에 참여할지어다"라고 말씀하실 때까지 즐겁게 수고를 감당할 것입니다.

모두가 이렇게 되어야 합니다. 체질적으로 낙심을 잘하는 우리는 절대로 침체에 굴복해서는 안 됩니다. 우리는 신적 보혜사를 통해 우리를 도와달라고 하나님께 간구해야 합니다. 또 즐거운 그리스도인이 되어야 합니다. 즐거워할 이유들을 충분히 갖고 있으니까요. 하나님 아버지께서 친히 우리를 사랑하고, 그리스도 예수 안에서 영원한 위로를 우리에게 주셨지 않습니까? 그러므로 이러한 성령의 위로들을 무시할 만큼 너무 어리석고 너무 배은망덕하지 않도록 조심합시다.

만일 식탁에 산해진미가 차려져 있다면 왜 우리가 굶주려야 하겠습니까? 샘에서 물이 그토록 한없이 흘러나온다면 왜 우리가 목말라야 하겠습니까? 더구나 만약 우울한 얼굴을 하고 있다면 우리가 하나님의 가족 가운데 있는 매우 연약한 자들을 괴롭힐 수도 있습니다. 그렇게 되면 우리는 우울증을 동료 신자들에게 감염시키게 될 것인데, 절대로 그런 일이 있어서는 안 될 것입니다. 만약 우리가 슬픔의 베옷을 입어야 한다면 허리에 동이도록 합시다. 하지만 모든 사람의 얼굴 앞에서 그것이 나부끼지 않도록 해서 주의 백성들에게 불쾌감을 주지 않도록 합시다. 성도 여러분, 만일 우리가 염려와 낙심에 굴복하게 되면 손해라는 것을 하나님의 말씀으로 보아 분명하지 않습니까? 우리가 주 안에서 주의 힘의 능력으로 강건할 때 원기가 솟고, 온전히 구비되고, 그리하여 주님이 쓰기에 합당한 자로 준비되는 것이 분명하지 않습니까? 그러므로 우리가 주님의 영원한 위로가 우리 영혼 속에 자리 잡고, 그 순간에 우리의 마음이 위로받을 수 있게 해 달라는 소원을 하나님께 간절히 아룁시다.

2. 이 위로는 복음을 통해 아무 대가 없이 주어집니다.

이제 두 번째 요점을 살펴보도록 하겠는데, 그것은 복음의 위로는 아무 값없이 주어진다는 것입니다. 무엇보다 먼저 신적 위로가 값없이 주어지는 것에 대하여 사도 바울이 우리 앞에 제시하는 특징을 주목하기 바랍니다.

첫째, 신자들에게 주어진 위로는 선물로 묘사되기 때문에 아무 값없이 주어진다는 것을 주목하십시오. "우리 주 예수 그리스도와 하나님 우리 아버지께서 우리를 사랑하시고 영원한 위로를 [우리에게 주신]." 옛 속담에서 말하는 것처럼 "선물보다 더 값없는 것은 없습니다." 우리가 하나님으로부터 받는 모든 축복은 선물로 주어집니다. 우리는 값을 전혀 치르지 않고 얻었습니다. 우리가 무엇으로 그것을 구입할 수 있겠습니까? 우리는 아무것도 벌지 못했습니다. 크신 주님의 손에서 오는 영원한 위로를 받을 만한 일을 우리가 한 적이 있었습니까? 그리스도 안에 있는 위로는 아무 값이 없이 자발적으로 주어진 주권적인 은혜의 선물입니다. 이 선물은 우리가 이미 행했거나 앞으로 행할 어떤 일 때문에 주어진 것이 아니라 주님이 자신의 것을 자신의 뜻대로 처리할 권리를 갖고 계시기 때문에 주어진 것입니다. 그러므로 주님은 스스로 사람들을 선택하고 그들에게 자신의 위로의 선물을 값없이 주실 것입니다. 성도 여러분, 여러분이 이 순간에 어떤 위로를 누리고 있다면 그것은 여러분에게 주어진 하나님의 선물입니다. 또 여러분이 하나님 안에서 즐거워한다면 여러분에게 거룩한 기쁨을 주신 분은 하나님입니다. 그러므로 이런 은혜를 주신 하나님을 찬송하고 송축합시다.

이 선물의 값없음은 모든 면에서 드러납니다. 하나님께서 우리에게 주신 위로는 매우 완벽하지만 분명히 완벽한 것만큼 명백히 값이 없습니다. 여러분에게 당부하는데, 그 완벽함을 주목하십시오. 과거는 "우리를 사랑하시고(사랑하셨고)"라는 주옥 같은 말씀으로 장식되었습니다. 또 현재는 "영원한 위로를 주신"이라는 진리로 넉넉해집니다. 그리고 미래는 "은혜로 주신 좋은 소망"이라는 복된 말씀으로 영화롭게 됩니다. 여기에 삼중의 위로, 곧 세 세계에서의 위로가 있고, 각 국면마다 그것은 값없는 호의입니다.

과거에 대하여 말한다면, 하나님은 "우리를 사랑하셨습니다." 왜 그렇게 하십니까? 자, 지혜로운 사람들이여, 먼 과거를 들여다보십시오. 그리고 하나님께서 자신의 택하신 자들을 왜 그토록 사랑하셨는지 제게 말해 주십시오. 여러분이 원하는 대로 영원하신 분의 마음을 들여다보고, 여러분 자신에게 어찌하여 하나님께서 이 놀라운 사랑을 베푸셨는지 말해 보십시오. 그러면 그 찬란한 영광 속에서 예수님이 직접 입으로 하시는 유일한 대답은 바로 이렇습니다. "아버지께서 그렇게 하신 것은 그것이 아버지 보시기에 좋으셨기 때문이다." 신랑이 자신의 신부를 택하는 것이 당연하지 않겠습니까? 만왕의 왕이 자신의 뜻대로 자신의 호의를 베푸시지 않겠습니까? 하나님은 "창세 전에" 우리를 사랑하셨습니다. 이토록 오래된 사랑이 어떤 인간적인 이유로 말미암아 생겨난 것일 수가 없습니다. 영원한 사랑은 스스로 타오른 불길입니다. 외부에서 연료를 공급받지 않고 저절로 타오릅니다. 하나님은 "내가 영원한 사랑으로 너를 사랑하기에 인자함으로 너를 이끌었다"(렘 31:3)고 말씀하십니다. 하지만 우리는 그 영원한 사랑에 대하여 왜 말할 수가 없단 말입니까? 사랑하는 성도 여러분, 신적 사랑으로 말미암아 신비로운 과거가 하나님의 영광으로 불타오르게 되었습니다. 그 빛은 가장 귀한 보석, 아니 수정 같이 맑은 벽옥과도 같습니다. 이전에는 우리가 과거를 돌아보았을 때 시커먼 죄책을 보았고 우리가 빠져 헤매던 구덩이의 구멍을 보았습니다. 그러나 이제는 하나님과 어린 양의 보좌로부터 흘러나오는 자비의 은빛 강물을 바라보고, 그 강물을 따라 영원한 사랑의 목적과 은혜의 언약을 따라갑니다. 그러므로 할 수만 있으면 형언할 수 없는 저 빛을 바라보십시오. 하지만 믿음의 눈으로 과거의 지난 세월 속에서 식별해 낼 수 있는 것은 이 한 마디, 곧 주변에 비할 수 없는 광채가 발산되고 있는 "사랑"이라는 말입니다. 영원 전에 주님은 우리를 사랑하셨습니다. 오, 이 사랑은 얼마나 값없는 은혜일까요! 우리가 이 사랑에 얼마나 큰 은혜를 입었습니까! 과거는 사랑으로, 참으로 한량없는 사랑으로 빛나고 있습니다.

　　현재에 대하여 말한다면, 하나님은 영원한 위로를 우리에게 주셨습니다. 우리는 이 위로를 지금 갖고 있습니다. 그리스도는 오늘 그의 백성들의 그리스도이십니다. 지금 이스라엘의 위로가 되십니다. 죄 사함도 우리의 것이고, 그리스도의 완전한 의도 우리의 것이고, 그리스도 안에 있는 생명도 우리의 것이고, 그리스도와의 연합도 우리의 것이며, 그리스도와의 혼인도 우리의 것입니다. 그리스도와의 영광도 곧 우리의 것이 될 것입니다. 하지만 지금도 우리는 우리 안에 거하시고 영원토록 우리와 함께 하실 성령으로 말미암아 이 영광에 대한 보증을 갖고 있습니다. 이 모든 것은 확실히 선물입니다. 그것이 어떻게 다른 것일 수가 있겠습니까? 우리는 값없는 은혜와 목숨까지 내놓은 사랑이 우리에게 그것을 가져오지 않았다면 오늘 이 영원한 위로를 결코 누릴 수 없었을 것입니다. 그러므로 그것을 주신 분을 송축합시다.

미래에 대하여 말한다면, 그것은 무엇일까요? 먹구름이 낮게 깔리고, 멀리 저쪽에서 폭풍이 몰려오면 우리는 생명이 끝나지 않을까 두렵습니다. 육체의 힘이 쇠할 때 우리는 폭풍이 갑자기 덮치듯이 죽음 속에 들어갈 것입니다. 그러나 이 것이 모든 것을 덮친다고 할지라도 우리는 "은혜로 주신 좋은 소망"을 갖고 있습니다. 진리의 성경을 통해 우리는 크신 목자가 사망의 음침한 골짜기에서도 우리와 함께 계신다는 것과, 죽음 후에는 부활이 있다는 것, 그리고 만왕의 왕이 마지막 날에 땅에 서실 때 우리는 부활한 몸으로 그분의 아름다운 모습을 보고, 또 우리가 우리의 완전한 인간성을 갖고 영원토록 그분의 영광 속에 들어가게 되리라는 것을 확신하게 되었습니다. 이것은 정말 좋은 소망으로 모든 미래를 음악으로 가득 채웁니다. 이것 역시 선물입니다. 이 속에는 법적 요구에 대한 흔적이 전혀 없습니다. 그것은 보상으로 주어지는 것이 아니라 신적 은총으로 주어지는 것입니다. 따라서 과거, 현재, 미래, 모두가 주님이 친히 주신 자비의 선물들로 풍성합니다. 여기서 단 하나의 위로도 값없는 은혜가 아닌 것을 결코 찾을 수 없습니다.

아무 값없이 우리에게 주어지는 이 위로들에 대하여 우리가 추호도 잘못을 범하지 않도록 바울은 이 위로를 베푸시는 분, 곧 명백한 은혜 외에 다른 방법으로는 이 위로를 주시지 않은 당사자를 언급합니다. 그분은 "우리 주 예수 그리스도 [자신]"입니다. 오, 저로서는 그리스도께서 저를 위로하신다고 생각만 해도 황홀합니다! 예수 그리스도가 어떤 사람의 영혼에 다가가기 시작하실 때 그분의 기쁨도 시작됩니다. 하지만 주님이 자기 형제들을 위로하려고 굳건하게 시작하실 때 그것은 하늘의 방식으로 이루어진다는 것을 여러분에게 보증합니다. 왜냐하면 그리스도는 실패하거나 좌절하는 경우가 일체 없을 것이기 때문입니다. 그리스도는 우리가 피곤하면 우리의 발을 씻어 주실 것입니다. 그리스도는 우리의 머리가 아프면 자신의 가슴을 베개로 제공하실 것입니다. 주님은 "그가 누워 있을 때마다 그의 병을 고쳐주실"(시 41:3) 것이라고 말씀하셨고, 따라서 우리의 재앙이 질병으로부터 온 것이라면, 우리를 고쳐 주실 것입니다. 우리의 눈이 쇠약해지고 있으면 그리스도는 우리의 눈에 안약을 발라 주실 것입니다. 우리의 마음이 상처를 입고 피를 흘리고 있다면 상한 마음을 싸매 주실 것입니다. 우리가 넘어지지 않도록 그리스도는 영원한 팔로 우리를 아래에서 붙들어 주시고, 우리가 상처를 입지 않도록 그의 날개 그늘로 우리를 덮어 주실 것입니다. 그리스도는 친히 우리에게 모든 것이 되어 주실 것입니다. 그것이 무엇인지 판단해 보십시오. 주님의 전 존재 곧 그 장엄한 주님의 신성과 우리에게 주신 그 부드러운 주님의 인성이 그것입니다. 주님은 우리를 위하여 자신을 내놓으셨습니다. 그러니 이것을 확신하십시오. 곧 주님은 우리를 위로받지 못하는 자들로 버려두지 아니하시고 우리에게 오실 것이라는 것을 말입니다. 주님은 모든 슬픔 속에서 진정으로 동정하시고, 모든 곤경 속에서 강력히 도우시는 분으로, 우리의 구원자로 오신다면 우리는 우리의 구원이 반드시 성취된다는 것을 확신할 수 있습니다.

　　하지만 성도 여러분, 사랑하는 우리 주님의 모습을 볼 때 우리는 주님의 은혜를 은혜의 동기가 아닌 어떤 다른 동기로 돌리는 것은 주님에 대한 반역으로 느끼게 될 것입니다. 주님이 은혜와 진리로 충만하지 않습니까? 율법은 예수님이 아니라 모세로 말미암아 온 것입니다. 예수님이 오신 것은 판단하고 비난하기 위해서가 아니었습니다. "하나님이 그 아들을 세상에 보내신 것은 세상을 심판하려 하심이 아니요"(요 3:17). 하나님께서 그 아들을 자기 백성을 심판하도록 보내신 것은 더더욱 아니었습니다. 심판의 날은 오게 되겠지만 지금 하나님의 아들은 보좌에 앉아 죄 사함을 베푸시고, 필요한 때에 돕는 은혜를 베푸십니다. 주님의 보좌는 은혜의 보좌이고, 주님의 홀은 사랑의 홀입니다. 우리는 복음의 위로들이 은혜로 값없이 주어진다는 것을 알고 있습니다. 왜냐하면 그것들은 예수 그리스도 자신으로 말미암아 우리에게 오기 때문입니다.

　　이어서 바울은 엄숙하게 "하나님 우리 아버지"라는 말을 덧붙입니다. 제가 보기에는 이 말에는 특별히 달콤한 맛이 있습니다. 단순히 "하나님 아버지"가 아닙니다. "하나님 아버지"는 하나님과 예수님의 관계를 지적하는 말입니다. 그러나 "하나님 우리 아버지"는 하나님과 우리의 관계를 지적합니다. 우리는 하나님 아버지를 사랑합니다. 하나님 아버지께 세세토록 영광을 돌립니다. 그러나 하나님은 "우리 아버지"로 우리에게 다가오시고, 우리의 마음을 기쁘게 하십니다. 그런데 아버지는 자녀에게 대가를 지불하지 않습니다. 자녀에 대한 아버지의 선물은 부성애에서 우러나와 값없이 주시는 것입니다. 어느 아버지가 자기 자녀들에 대하여 자신이 해준 것에 대한 대가를 바라겠습니까? 그러므로 우리는, 우리가 하나님의 자녀이기 때문에 우리에게 주어지는 복음의 영원한 위로가 삯이나 빚으로 만드는 어떤 것과는 확실히 다른 것이고, 우리의 크신 아버지께서 자원하여 주시는 것으로 아무 값없이 우리에게 임하는 것임을 압니다. 아버지의 기쁨은 자기에게 구하는 자들에게 좋은 선물을 주시는데 있으니까요.

낙심에 사로잡혀 있는 성도 여러분, 이 순간 위를 바라보며 "우리 아버지" 하고 외칠 수 없겠습니까? 오늘 아침에 우리가 부른 첫 번째 찬송은 저의 영을 크게 새롭게 했습니다. 왜냐하면 저의 무거운 마음을 성령께서 이렇게 위로해 주셨기 때문입니다.

> "내가 자녀로서
> 아버지의 사랑을 누리리라.
> 비둘기 같이 성령을 보내사
> 내 마음을 평안케 하소서."

저도 이런 주장을 할 수 있는 자격이 있다는 것을 느꼈고, 마음 깊이 주님 앞에 이런 간구를 드렸습니다. 오, 제가 진실로 주님의 자녀이고, 주님이 저에게 아버지가 되신다면 저를 아들로 대해 주시고, 주님의 영이 제 가슴속에 계시는 것을 느끼게 하셔서 제가 조금도 의심 없이 주님의 것임을 알게 하여 주소서. 오, 성령의 증언을 느끼고 "아바, 아버지"라고 부르는 것은 얼마나 달콤한 일일까요! 사랑하는 성도 여러분, 양자의 영은 절대로 속박의 영이나 율법의 영이 아닙니다. 양자의 영은 인간적인 공로를 자랑하지 않습니다. 양자의 영의 유일한 노래는 "값없는 은혜와 죽기까지 자기를 내놓는 사랑"입니다. 우리 아버지의 값없는 은총이 여러분의 마음속에 이에 대한 노래를 하도록 이끌고, 다음과 같은 가사가 이 노래의 가사가 될 것입니다.

> "보라 얼마나 기이한 은혜인가
> 아버지께서 영 죽을 죄인들에게
> 하나님의 자녀로 부르는
> 은혜를 베푸셨도다."

본문을 다시 한 번 봅시다. 그러면 바울이 한 가지 요점을 얼마나 명백하게 제시하고 있는지 확인하게 될 것입니다. 고통 속에 있는 하나님의 백성들에게 이 위로들이 값없이 주어지는 것을 알려주려고 바울은 이렇게 편지에 씁니다. "우리 주 예수 그리스도와 하나님 우리 아버지께서 **우리를 사랑하시고**." 하나님의 사랑이 우리의 위로의 기초입니다. 만일 성부와 성자가 우리를 사랑하지 아니하셨다면 영원한 위로는 우리 마음속을 찾아올 수 없었을 것입니다. 저는 설교하다 하나님께서 자기 백성들을 사랑하신다는 중대한 진리를 접하게 되면 언제나 무릎을 꿇고 싶은 충동을 느낍니다. 왜냐하면 이 진리는 혀로 선포해야 하는 진리가 아니라 마음속 침묵으로 음미해야 할 진리이기 때문입니다. 저는 하나님께서 저의 비참함을 동정하신다는 것을 충분히 이해할 수 있습니다. 하나님께서 저의 연약함을 돌아보신다는 것도 파악할 수 있습니다. 하지만 하나님께서 저를 사랑하신다는 말씀을 들으면 거룩한 경이에 사로잡힙니다. 저를 사랑하신다니 말입니다! 어떻게 성령께서 저를 사랑하기 위하여 제 안에 계실 수 있단 말입니까! 성도 여러분, 어떻게 예수님이 여러분 안에 자신의 마음을 두실 수가 있단 말입니까? 우리 자신이 아니라 예수님이 우리를 지으셨습니다. 토기장이가 자신이 만든 그릇과 사랑에 빠집니까? 토기장이가 깨진 그릇을 구하기 위하여 죽습니까? 우리보다 훨씬 더 아름다운 피조물도 있었습니다. 어찌하여 천사들은 모르는 척하셨을까요? 주님이 죄로 오염되고 악한 기질과 고약한 본성을 가진 우리 같이 무익한 가련한 존재들을 사랑하신다는 것은 경이 중의 경이입니다. 아, 저를 보면, 얼마나 뒤틀린 본성을 갖고 있는지 모릅니다. 훨씬 더 악합니다. 그런데 그런 저를 사랑하신다니요! 주 우리 하나님이 우리를 **사랑하신다**는 것, 그리스도께서 실제로 우리를 위하여 죽으실 정도로 우리를 사랑하신다는 것은 주님이 능력으로 행하신 모든 이적을 월등히 능가하는 최고의 이적입니다. 예수님은 우리를 지극히 사랑하기에 우리의 본성을 취하고, 우리의 거처 곧 세상에서 사셨습니다. 또 우리의 죄를 짊어지고 우리의 십자가에 달리시고, 우리의 무덤 속에 들어가셨습니다!

  사람들은 사랑하면 눈이 먼다고 말합니다. 저는 우리 구속주의 사랑이 그런 부류의 사랑이라고 말하지 않겠습니다. 아니 오히려 구속주는 우리 안에서 사랑할 만한 것이라면 어떤 것이라도 찾아낼 수 있는 매우 예민한 시력을 갖고 있다고 말하고 싶습니다. 그러나 구속주의 사랑이 우리에게 베풀어지는 모든 자비의 원천이자 샘입니다. 구속주가 우리를 사랑하셨습니다. 그리고 이 사랑이 값없이 베풀어지는 것이라는 것은 의심의 여지가 없습니다. 왜냐하면 사랑은 값을 치르고 살 수 있는 것이 아니기 때문입니다. 만일 어떤 사람이 자신의 모든 재산을 주고 사랑을 사려고 한다면, 크게 비난받을 것입니다. 사랑은 시장에서 파는 것이 아니고, 값이나 교환은 전혀 모릅니다. 사랑은 어떤 경우든 뇌물에 매수되거나 삯을 받고 빌려주는 것이 아닙니다. 크신 아버지와 그의 유일하신 아들의 영원한 사랑의 경우는 더 말할 것도 없습니다. 하나님의 사랑에 값을 매기고 돈으로 구입하다니요? 그런 암시를 조금이라도 비친다면 그것은 매우 사악한 신성모독에 빠지는 것이 아니겠습니까?

그러나 다시 한 번 보십시오. 바울은 이 은혜 교리를 무시할까 두려워한 것처럼 이렇게 덧붙였습니다. "영원한 위로와 좋은 소망을 은혜로 주신." 어떤 사람들은 "은혜"라는 말을 좋아하지 않습니다. 너무 칼빈주의 냄새가 난다는 것입니다. 우리는 여러분이 그 말을 어떻게 부르든지 개의치 않습니다. 하지만 우리 구주라는 하나님의 이름 다음으로 성경에서 가장 좋은 말입니다. 우리의 모든 소망이 시작되는 지점은 하나님의 은혜로부터입니다. 반역자인 사람이 자신의 공로를 내세워서는 파멸 외에 얻을 것이 하나도 없습니다. 은혜가 지배해야지, 그렇지 않으면 사람은 죽을 수밖에 없습니다. 우리와 같이 정죄받은 죄인들에게 항상 임할 수 있는 모든 복은 하나님의 크신 사랑이 그 복을 원하기 때문에 곧 "하나님께서 자비롭고 긍휼이 많으며 의로운 이"(시 112:4)이시기 때문에 임하는 것입니다. 다른 모든 길은 파괴되었습니다. 오직 은혜만이 갈라진 틈에 다리를 놓고, 하늘과 땅의 소통의 길을 만듭니다. 은혜가, 오직 은혜만이 우리의 영적 위로를 좌우합니다. 그러므로 은혜에 대하여 하나님께 영광을 돌립시다.

영원한 위로는 우리 자신의 행위의 결과로서 주어진 복이 아닙니다. 이것은 본문의 마지막 부분의 내용으로 보아 분명합니다. 왜냐하면 거기서 주님은 우리가 모든 선한 일과 말에 굳건하게 서 있기 때문이 아니라 그렇게 될 수 있도록 하려고 우리의 마음을 위로할 수 있는 기도를 들으시기 때문입니다. 그리스도인의 성품을 빛나게 하는 모든 선행은 하나님의 은혜의 결과지 원인이 아닙니다. 은혜는 우리가 하나님을 섬기기 때문이 아니라 우리가 하나님을 섬길 수 있도록 주어집니다. 우리를 거룩하게 만드는 것이 하나님의 은혜의 목적입니다. 하지만 은혜는 우리에게서 거룩함을 발견할 때까지 기다리지 않았습니다. 그렇게 기다렸다면 결코 우리를 찾아오지 못했을 것입니다.

이 주제를 마무리하면서 이것이 하나님이 우리에게 주시는 위로들이 영원하게 되는 이유임을 언급하고자 합니다. "영원하다"는 말을 깊이 묵상해 보십시오. 누구든 이 말의 의미를 훼손시키지 않도록 방치하지 마십시오. 영원하다는 말이 시간이 무한히 지속되는 것을 가리키는 의미가 없다고 주장하는 사람들이 있는데, 여러분은 그런 말을 그대로 믿어서는 안 됩니다. 왜냐하면 이 말은 그 의미 외에 다른 의미를 가리키는 것이 아니기 때문입니다. 우리는 이 말(영원함)에 너무나 많은 개인적인 관심을 갖고 있어서 단순히 세월의 지속을 가리키거나 다른 어떤 시시한 의미를 부여하는 것으로는 만족하지 않습니다. 우리는 영원하다는 말이 일시적인 어떤 것을 의미한다고 믿을 정도로, 성경이 외견상의 의미와 정반대 의미를 가질 것이라고 너무 쉽게 생각해 버립니다. 하나님은 우리에게 영원한 위로를 주셨고, 그것이 영원하다고 믿는 이유는 그것이 하나님의 은혜에 기초를 두고 있기 때문입니다. 만일 우리의 공로에 기초가 두어져 있다면 그것은 얼음이나 안개를 터로 삼고 서 있는 것이 될 것입니다. 그것은 꿈속에서 만들어진 그늘에서 쉬고 있는 것과 같습니다. 그러나 하나님께서 순전히 은혜로 우리를 사랑하신다면, 예수 그리스도께서 순전히 사랑으로 우리에게 위로를 베푸셨다면, 그리고 우리의 전체적인 위로가 그리스도 예수 안에서 주어지는 하나님의 주권적인 은혜에 달려 있다면, 하나님의 은혜가 증발할 수 있는 경우 말고는 그것이 사라질 이유가 절대로 없습니다. 절대로 그런 일이 일어날 수 없는 것은, 하나님은 변하시는 분이 아니고 항상 동일하시기 때문입니다. 우리 주 예수님은 변하시지 않습니다. 왜냐하면 "예수 그리스도는 어제나 오늘이나 영원토록 동일하시기"(히 13:8) 때문입니다.

　　아, 하늘을 높이 나는 자들이여, 여러분은 자신의 감정, 행복한 느낌, 거룩한 행실, 자기 안에서는 죄가 죽었다고 믿는 믿음을 근거로 큰 위로를 받을 것입니다. 그러나 아무리 힘을 다해 높이 난다고 할지라도, 여러분은 얼마 안 있어 떨어지고 말 것입니다! 그리스 신화에서 너무 높이 날아 날개의 밀랍이 녹아내려 추락한 이카루스처럼, 자기신뢰의 날개로 높이 날아오른 자도 모두 똑같은 운명에 처하게 될 것입니다. 자신의 죄를 자각하고 그 죄를 슬퍼하고, 그리스도 예수 안에서 모든 것을 주권적 은혜와 값없는 자비에 맡기고 하나님의 발 앞에 겸손히 엎드리는 자는 어디에 있든지 안전하게 거할 수 있습니다. 왜냐하면 그의 소망이 그를 결코 넘어뜨리지 않기 때문입니다. 이에 대하여 주님을 찬양합시다. 주님은 우리의 반석이고, 그분은 신실하지 못한 분이 아니므로 주님을 의지하는 자는 영원히 수치를 당하거나 혼란에 빠지지 아니할 것입니다.

3. 이 위로를 값없이 받았으므로 값없이 베푸는 삶을 살아야 합니다.

지금까지 많은 말씀을 전했습니다. 이제 마지막 요점을 살펴보겠는데, 그것은 실천적인 요점입니다. 곧 하나님의 사랑으로 말미암아 이 위로들이 아무 값없이 우리에게 주어졌으므로 우리는 거룩한 베풂의 삶을 살아야 한다는 것입니다. 우리는 다른 사람들에게 베풀 때 값없이 베풀어야 합니다. 왜냐하면 하나님도 아무 값없이 우리에게 주셨기 때문입니다. 하나님께서 무한한 베풂으로 우리를 풍성하게 하셨으므로, 우리도 최대한 능력을 다해 모든 사랑과 친절과 자비로, 접하는 모든 사람을 풍성하게 해야 합니다.

그리스도인들은 모든 자선 사업에 진심으로 관심을 가져야 합니다. 17절을 읽어보겠습니다. "너희 마음을 위로하시고 모든 선한 일과 말에 굳건하게 하시기를 원하노라." 저는 사람이고, 사람이기에 사람들과 관련된 모든 일에 관심을 갖습니다. 저는 그리스도인이고, 인자(人子)이신 그리스도를 따르는 자이기에 동료 인간들에게 선을 행할 수 있는 모든 일이 제가 즐겁게 참여하는 일이 됩니다.

이것은 말하는 것으로 그치지 않고 직접 행동으로 실천되어야 합니다. 본문을 읽어보십시오. "모든 선한 일과 말에 굳건하게 하시기를 원하노라." 가장 오래된 어떤 번역본은 "모든 선한 일과 말에"로 되어 있고, 새 번역본은 "모든 선한 말과 일에"로 되어 있는데, 일이 말보다 앞에 나오는 번역이 더 적절하다고 저는 생각합니다. 이 경우에는 일이 먼저고 말은 그 다음일 것입니다. 어떤 그리스도인들은 "말"이 전부이고, "일"은 아무것도 아닌 것처럼 생각합니다. 그러나 성경은 그들의 생각과 같지 않습니다. 이런 신앙 고백자들은 자기들이 해야 할 일에 대하여 상당히 많은 말을 하고, 다른 사람들이 해야 할 일에 대해서도 상당히 많은 말을 하며, 다른 사람들이 하지 못하는 일에 대해서는 더 많은 말을 하고, 그래서 그들은 계속해서 말, 말, 말을 하고, 말 외에 다른 것은 아무것도 안 합니다. 그들은 "일"까지는 이르지 못합니다. 하지만 바울은 여기서 일을 먼저 두고, 사실은 이렇게 말합니다. "너희는 그것에 대하여 말을 하든 안 하든 간에, 그것을 하라. 말을 많이 할 능력까지는 이르지 못한다고 해도, 모든 선한 일에 굳건하게 되라." 성도 여러분, 우리가 말과 일을 함께 잘 감당합시다. 모든 선한 일이 우리의 지지를 요청하고, 우리의 능력을 다할 것을 요구합니다. 우리 모두 직접 실천적인 도움을 베풀어야 합니다. 왜냐하면 우리 주님이 말로만이 아니라 행함과 진실함으로 사랑하시기 때문입니다.

이것은 강제 없이 자발적으로 이루어져야 합니다. 하나님께 자기 백성들을 축복해 달라고 강요할 수 있는 사람은 아무도 없습니다. 우리를 구속하도록 그리스도께 주어진 압력은 전혀 없었습니다. 우리가 확인한 것처럼 모든 것이 자발적이고 주권적이고 값없이 주어진 것이었습니다. 마찬가지로 사람들도 마음에서 우러나오는 것으로 하나님께 드려야 합니다. 왕이 왕에게 베푸는 것처럼 하나님께 드리십시오. 왕이 어떻게 베풉니까? 자기가 원하는 대로 베풉니다. 베풀고 싶어서 베푸는 것, 그것이 베푸는 방법입니다. 다른 사람들의 시선 때문에, 베풀 의무를 느끼기 때문이 아니라 즐겁게 베푸는 왕의 마음으로 베풀어야 합니다. 여러분은 자신의 마음에서 우러나오기 때문에 베풀지 않겠습니까? 은혜 받은 마음이 선을 행하는 것보다 더 즐거운 일이 어떻게 있을 수 있겠습니까? 여러분도 왕에게 바치는 것처럼 바치십시오. 왕에게 바칠 때에는 하찮은 것을 바치는 경우는 없으니까요. 우리는 어떤 것을 바친다면 우리가 갖고 있는 것 가운데 가장 좋은 것을 바쳐야 합니다. 우리는 하나님을 위하여 행하는 모든 섬김을 그렇게 해야 합니다. 하나님께 우리의 최고의 것, 가장 가치 있는 것, 가장 소중한 것을 바칩시다.

제가 생각하기에는 오늘 아침 우리 앞에 놓여 있는 이 특별한 말씀은 정말 중요하고, 너그러운 마음을 가진 모든 영혼을 크게 자극시키는 말씀입니다. 이 대도시 안에는 거의 4백만 명이 거주하고 있는데, 병원 시설은 터무니없을 정도로 적습니다. 오늘 헌금은 병원들을 돕는데 사용될 것인데, 제가 알기에 병원들은 모두 5,531개의 병상을 갖고 있고, 이것은 723명에 하나 꼴입니다. 노동자들이 병에 걸리고 사고를 당할 가능성과 수많은 빈곤 계층의 사람들을 감안하면, 이것은 가능한 필요를 감당하기에는 너무나 작은 규모에 불과합니다. 그러나 5,000개의 병상이 있다는 것은 최악의 상황은 아닙니다. 『더 랜싯(*The Lancet*)』지(誌)에 실린 탁월한 한 논문에서 본 것처럼, 날마다 사용되는 병상은 3,232개에 지나지 않고, 정말 끔찍하게도 사용되는 병상의 수는 갈수록 줄어들고 있다는 것입니다. 이처럼 비어 있는 병상이 너무 많은 이유는 병원들이 이 병상들을 사용할 의료 장비가 없어서라는 통탄할 만한 사실 때문입니다. 경기 침체의 여파로 세계에서 가장 부유한 도시 가운데 하나인 런던으로서는 정말 불명예스럽게도 이 자선 병원들이 겨우 유지할 정도가 되었습니다. 병원 돕기 주일 헌금은 목표액에 이르지 못했고, 지금은 목사들이 실상을 말하고 교인들을 가르칠 때입니다. 부족한 현실을 알면 더 빨리 목표액을 채울 수 있을 테니까요. 『더 랜싯』지는 지혜롭게 말하기를, 오늘날 설교가 병원 안에서 전해진다면 헌금이 두 배로 늘 것이라고 했습니다. 이 제안을 받아들이고 그렇게 하는 데는 많은 어려움이 있겠지만 저는 예상된 결과가 나올 것을 의심하지 않습니다.

그러면 이렇게 가정해 봅시다. 곧 제가 한 큰 병동 안에서 설교를 하고 여러분은 병상들 사이에 서서 설교를 듣습니다. 여러분 옆에는 고통에 몸을 뒤틀며 누워 있는 불쌍한 병자들과, 치료받은 것에 대하여 감사하는 다른 사람들이 있는 모습을 봅니다. 아마 이들은 제가 설교하는 것보다 훨씬 더 강력한 호소력을 보여줄 것입니다. 고통스러워하는 장면은 자선을 베풀어야 하는 이유에 대한 가장 강력한 논증입니다. 병자들이 줄지어 누워 있는 것을 보면 여러분은 마음이 움직일 것입니다. 예배를 병원에서 드리는 것도 좋을 것이라고 제안한 『더 랜싯』지는 목사들이 토요일에는 병원에서 시간을 보내는 것이 어떻겠느냐고 제안을 합니다. 저는 그렇게 할 수 없었지만 제가 그렇게 하는 장면을 마음속으로 자주 그려보았습니다. 여러분도 대부분 저처럼 그런 장면을 마음속에 충분히 그려 볼 수 있을 것이라고 생각합니다. 왜냐하면 여러분은 그런 장면을 직접 눈으로 본 적이 있을 것이고, 여러분 가운데 일부는 환자로 치료를 받으러 병원에 가본 적도 있을 것이기 때문입니다. 자비의 병동을 상상해 봅시다. 그곳에 있는 모든 환자가 자선기금을 모으는 것을 도와달라고 호소합니다. 제가 보기에는 비어 있는 병상들이 훨씬 더 강력한 호소력을 갖습니다. 그렇게 비어 있는 병상이 그곳에 2,000개나 있습니다! 이 병상들은 고통 속에 있는 자들에게 소망의 침상이 되기를 기다리고 있습니다. 슬프게도, 이 병상들은 채워질 수 없습니다. 그 이유는 환자들이 그곳에 있다고 해도 음식과 약품을 제공할 방도가 없기 때문입니다. 서글픈 현실입니다! 저는 이런 현실을 생각만 해도 견딜 수가 없습니다. 병자를 위한 병상이 일부 구두쇠들의 인색함 때문에 무용지물이 되었습니다! 구두쇠가 어디 있습니까? 확실히 여기에는 없을 것입니다!

빈 병상을 채워야 할 사람들이 병원의 도움을 절실히 필요로 하는데도 불구하고, 다음 차례를 기다리고 집으로 돌아가는 것은 훨씬 더 고통스러운 일이 될 것입니다. 그리고 그 다음 차례를 무덤에서 맞이할 수도 있을 것입니다. 하지만 기금을 모으는 일을 기꺼이 도와주기만 하면 내일 아침에 그 다음 차례가 올 것입니다. 소위 기독교 도시로 불리는 이 도시의 부자들이 사치를 조금 줄여서 가난한 병자들에게 약품을 제공해 줄 수 없기 때문에, 그들이 의료 혜택을 받을 수 없는 곳에 머물러 있어야 합니까? 오, 나팔과 같은 혀를 가진 사람이 있다면 우리의 귀족들, 상인들, 무역상들, 한가한 신사들에게 소리를 질러 가난한 병자들을 생각해 달라고 외쳤으면! 오, 그들 모두가 선을 행하는 것이 최상의 사치라는 것을 알았으면! 저는 고용주들에게 이렇게 말하고 싶습니다. 여러분은 의료 혜택을 받지 못한 채 누워서 파리해지도록 방치하겠습니까? 그들 가운데 많은 이들이 여러분의 가게와 공장에서 힘을 바쳐 일했던 여러분의 노동자들이었습니다. 고통이 그들을 짓누르고 있습니다. 그들을 돕고 치료할 대비책은 충분히 마련되어 있습니다. 그러나 환자들을 도울 돈이 없어서 대비책은 아무 소용이 없게 되었습니다. 항상 이래야 합니까? 다음 해에도 여전히 그래야 합니까? 절대로 그렇게 되어서는 안 됩니다.

사랑하는 성도 여러분, 하나님께서 여러분에게 이 세상의 부(富)를 맡기셨기 때문에 여러분에게 요청하는데, 병원들을 도와주십시오. 여러분이 값없이 주어지는 은혜 교리를 믿는 신자들이므로 큰 확신을 갖고 이렇게 간청합니다. 여러분이 값없이 받았으므로 값없이 베푸십시오. 근간에 유대교인, 가톨릭교인, 개신교인을 막론하고 모든 교파의 사람들이 고통 속에 있는 사람들을 위한 이 공동 사업에 충심으로 참여한 것을 명심하십시오. 만일 하나님의 값없는 은혜를 믿는 자들이 뒷전에 있다면, 아니 그들이 이 경주에서 선봉에 나서지 않는다면, 자기들이 믿는다고 고백하는 영광의 복음을 욕되게 하는 것입니다. 주님은 지금 여러분이 내는 헌금을 기쁘게 받아 주실 것입니다! 여러분이 자비의 사역에 열심을 내고 있기 때문에, 저는 여러분의 금화와 은화 소리를 듣고 있습니다. 헌금위원들의 활동이 조금 더 빨라지고 있지만 저는 말리지 않겠습니다. 왜냐하면 여러분이 서둘러 말에서 행동으로 옮김으로써 제 설교를 적당한 시간에 마치도록 하기 때문입니다. 그렇게 할 때 하나님께서 여러분을 복 주시기를 바랍니다. 아멘.

제
6
장
—

하나님의 사랑과 그리스도의 인내

—

**"주께서 너희 마음을 인도하여 하나님의 사랑과
그리스도의 인내에 들어가게 하시기를 원하노라."
— 살후 3:5**

바울은 잠시 영으로 하늘나라의 찬란한 해안을 따라 항해하고 있습니다. 데살로니가 교회 교인들과 함께 바울은 임마누엘의 나라의 환호성이 들리는 곳에서 즐거운 항해를 하고 있습니다. 항해는 밝은 햇빛이 함께 하고, 배는 뒤에 은빛 물보라를 남기며 나아가고 있습니다. 바울의 행복한 영혼은 선미에 서서 불의의 속임수와 오류의 암초들이 뒤로 물러나는 것을 보고 있습니다. 이제 바울의 마음속에는 그의 친구들이, 거룩한 나라의 내륙 깊숙한 곳 속으로 멀리 뻗어 있는 아름다운 강을 따라 올라가도록 기쁘게 배를 돌려야겠다는 생각이 들어옵니다. 바울이 그 길로 방향을 돌릴까요? 바울은 잠시 멈춥니다. 왜냐하면 강을 거슬러 올라가는 그 항해는 쉽지 않기 때문입니다. 반짝거리는 샘들로부터 흘러나오는 물줄기를 헤치고 나아가려면 고도의 숙련가가 되어야 합니다. 모든 성도가 기쁨의 강의 굽이들을 안전하게 따라가는 것은 아닙니다. 바울은 주님이 깊은 곳에 성도들의 죄를 집어던진 바다에 형제들과 함께 있었습니다. 또 해도 달도 보이지 않던 극도의 고통 속에서도 그들과 함께 있었습니다. 이 모든 항해 동안 바울은 자기 자리를 지켰습니다. 그러나 바울은 용감한 선장이기는 했지만 택함받은 영혼들을 크신 아버지의 마음과 가장 가까운 곳으로 이끄는데 있어서 누구보다 경험이 풍부하고 희귀한 체험까지 다 해본 척할 수는 없었습니다. 그러므로 그들의 선장이 되겠다고 나서기보다는 머리를 숙이고 이렇게 기도했습니다. "주께서 너희 마음을 인도하여 하나님의 사랑과 그리스도의 인내에 들어가게 하시기를 원하노라."

　　바울이 자기 친구들이 들어가기를 원해서 간절히 기도했던 그 멋진 땅에 특별히 들어가는 것은 단순한 통찰력이나 지혜나 지식이나 가르침으로 가능한 일이 아니었습니다. 만약 그것으로 가능했다면 바울은 그들의 마음을 당장 그 길로 이끌었을 것입니다. 그러나 하늘로 가는 길을 인식하는 것은 오직 하늘의 능력을 가진 자들에게만 주어집니다. 바울이 자기 친구들에게서 원했던 능력은 머리로 믿는 믿음이 아니라 마음속에 내재하는 것이었습니다. 앞에서 말한 비유로 돌아가 말하자면, 영광의 나라의 중심부로 가기 위해 항만과 강들을 거슬러 올라가는 항해 곧 그 즐거운 항해는 크게 단련된 영적 능력을 가진 영혼에게만 가능한 일이었습니다. 그 아름다운 강물은 오직 마음으로만 헤쳐나갈 수 있고, 마음 자체는 그곳에 들어가는 길을 발견하려면 신적 인도를 받지 않으면 안 되었습니다. 독수리의 눈도 아직 보지 못했고, 사자 새끼도 밟아보지 못한 길이 있습니다. 오직 하나님만이 그 길을 보고 아십니다. 신령한 지혜의 뿔라(Beulah: 사 62:4, 이상향) 나라, 특히 그 높은 영역은 하나님께서 자기 백성 각자에게 알려주시는 개인적 계시의 문제입니다. 만일 위로부터 오는 빛을 갖고 있지 않으면 우리는 여기서 소망 없이 어둠 속에 있게 됩니다. 그리고 그 빛이 우리에게 있다고 하더라도 그 빛이 힘이 되고, 우리가 알기를 바라는 주님이 자신과의 교제 속으로 우리의 마음을 이끌지 아니하면 우리는 그 길에 들어가지 못하고, 단지 우리의 길의 어려운 면모만을 보게 됩니다. 물론 저기에 광채로 빛나는 해안이 있고, 우리의 배는 생명의 강을 거슬러 올라가 "순결한 자들의 섬"의 중앙까지 항해할 것입니다. 그러나 우리의 위대한 사도는 선장의 임무를 맡지 않고 겸손히 중재자로서 활동하며, "주께서 너희 마음을 하나님의 사랑에 들어가게 하시기를 원하노라"고 외칩니다.

　　이 모든 사실은 우리의 소원을 강하게 자극합니다! 오직 택함받은 영혼들만 들어갈 수 있는 그곳, 오직 주님이 그들의 마음을 인도하실 때에만 들어갈 수 있는 그곳에 누가 들어가고 싶지 않겠습니까?

　　바울은 회심한 자들에게 외적 지침을 제시할 수 있었습니다. 바울은 진보된 형제들을 삶의 활동과 행로와 싸움에 있어서 이끌 수 있었습니다. 바울은 오직 순수한 마음과 열심을 갖고 그렇게 할 수 있었습니다. 바울은 그들에게 이 은혜에 풍성하고, 저 어리석음은 피하도록 권면했습니다. 하지만 바울은 그들의 마음이 감동을 받지 않으면 자신의 권면이 아무 소용이 없다는 것을 알고 있었습니다. 여기서 바울은 자신의 무력함을 느꼈고, 그래서 마음을 움직이는 중대한 문제에 대해서는 주님 자신에게 맡겼습니다. 의사들도 자연적으로 마음에 대해서는 당혹스러워하는 것처럼 영적으로 마음은 우리의 지식에서 크게 벗어나 있습니다. 목사들 가운데 누가 여러분을 인도할 수 있겠습니까? 그러므로 "주께서 너희 마음을 인도해야" 합니다.

오직 하나님만이 마음을 아시고, 오직 하나님만이 마음을 다스릴 수 있습니다. 그래서 바울은 이 다스림을 요청합니다. "주께서 너희 마음을 인도하여." 우리도 이 바울의 기도를 빌려서 우리 자신의 기도로 삼읍시다. "도미네 디리게 노스!"(주여 인도하소서!)

마음을 다스리시는 역할을 하는데 있어서 하나님의 지위는 최고 감독의 지위입니다. 주님이 손을 배의 키가 되는 마음 위에 올려놓으시면 배 전체는 반듯하게 나아갑니다. 그러므로 우리가 하나님께 해달라고 간구하는 것은 바로 이것입니다. 성령이 마음속에 들어오셔서 탁월하게 감정을 조율하시면 전체 인생이 경건한 모습을 취하게 됩니다. 오, 성령께서 우리 각자에게 이 사실을 증명하실 수 있으면 좋겠습니다! 어떤 사람들은 자유를 소중히 여깁니다. 하지만 저는 주 나의 하나님에 대한 완전한 복종을 훨씬 더 갈망합니다. 오, 저는 주인, 절대지배자, 감독자를 얼마나 바라고 있는지요! 오, 나의 주님께서 지금부터 그리고 영원토록 고삐를 잡고 저의 모든 생각을 사로잡아 자신의 뜻에 복종시켜 주시기를!

거룩하신 삼위일체 하나님께 나 자신을 복종시킬 때 얼마나 큰 만족감을 느끼게 되는지요! 우리를 지으신 하나님께서 당연히 우리를 가장 잘 다스리실 것입니다. 우리는 신격 전체의 영광을 인정할 때 삼위 하나님으로부터 나오는 인도가 완전히 적합하다는 것을 인식하게 됩니다. 본문에서는 성령의 이름이 언급되고 있지 않지만 성령은 그 사역으로 언급되고 있습니다. 왜냐하면 신자들의 마음을 다루시는 분이 하나님의 영이기 때문입니다. 저는 본문에서 특별한 즐거움을 느끼는데, 그 이유는 몇 마디 안 되는 이 짧은 본문 속에서 삼위일체 하나님의 연합을 보기 때문입니다. "주(신자들 안에 거하시는 성령)께서 너희 마음을 인도하여 하나님(제가 이해하는 바로는 성부 하나님)의 사랑과 그리스도의 인내에 들어가게 하시기를 원하노라." 삼위일체 하나님이 연합하여 우리에게 역사하사 우리 각자 속에서 바울의 이 기도가 이루어지게 하셔서 우리의 마음이 하나님의 사랑과 그리스도의 인내에 들어가게 되기를 바랍니다!

바울은 데살로니가 교회 교인들에게 참된 진보가 있기를 원했습니다. 우리의 마음은 이리저리 떠밀려 멀리 돌아서 항구로 들어오는 배처럼 되어서는 안 되고, 아름다운 항구로 곧장 들어오도록 조종해야 합니다. 하나님의 영이 우리를 붙들어 가장 거룩한 것을 향해 나아가는 곧은 성향을 주시고, 그리하여 즉시 하나님의 사랑과 그리스도를 기다리는 인내에 들어가도록 우리를 이끌어 주시기를 바랍니다.

그러나 여기서 우리는 약간의 번역 또는 해석을 해야 합니다. RV 성경에 나타나 있는 번역의 차이를 주목합시다. 거기서 우리는 "그리스도의(of) 인내에"라는 말씀을 봅니다. 이것은 이전 번역본과 비교할 때 큰 발전입니다. 하지만 이 번역이 정확하기는 해도 완전한 것은 아닙니다. 이 번역은 의미를 전부 취하고 있지는 못합니다. 흠정역 성경은 "그리스도를 기다리는 인내에"로 되어 있으나 난외주에서 "그리스도의 인내에"라는 말이 나와 있는 것을 봅니다. 이것은 초기 번역자들이 이 말을 "그리스도의 인내에"로 번역하는 것이 좋다는 것을 느꼈다는 사실을 보여줍니다. 그러나 이 말이 담고 있는 전반적인 의미를 고려한 다음에 그들은 바울이 그리스도의 인내를 의도한 것이 아니라 우리가 그리스도에 대하여 가져야 할 인내를 의미하는 것으로 보았습니다. 이렇게 번역하는 것이 더 낫지 않습니까? 문맥이 그것을 지지하지 않습니까? 우리가 들어가도록 지시받고 있는 사랑이 하나님에 대한 사랑인 것처럼 우리가 들어가도록 지시받고 있는 인내도 그리스도에 대한 인내여야 합니다. 우리의 위대한 초기 번역자들은 단순히 어법상으로는 부정확하지만 의미상으로는 매우 정확한 언어로 이 진리를 표현했습니다. 바울은 "그리스도에 대한 인내라는 말로 그리스도를 기다리는 인내라는 의미를 드러내고자" 했던 것이 분명합니다. 이 모든 사실을 고려한다면 우리 앞에 놓여 있는 이 본문의 교훈이 초보 수준의 교훈이 아님을 파악할 것입니다! 본문은 젊은이들이 지혜의 이로 깨물어야 하는 호두와 같습니다. 좋으신 성령께서 우리가 알맹이에 이를 수 있도록 도와주시기를 바랍니다.

여러 번에 걸쳐 본문을 뒤집어보면서 저는 우리가 본문을 깊이 고찰한다면 그 참된 의미에 대하여 상당한 양의 지식을 모을 수 있을 것으로 생각했습니다. 첫째, 본문에는 우리가 들어가야 할 두 가지 보배 같은 일이 있습니다. 곧 하나님의 사랑과 그리스도의 인내입니다. 둘째, 본문에는 우리가 취득해야 할 두 가지 특별한 미덕이 있습니다. 하나님의 사랑 곧 하나님에 대한 사랑과 그리스도의 인내 곧 그리스도를 기다리는 인내입니다.

1. 우리가 들어가야 할 두 가지 보배 같은 일 —
하나님의 사랑과 그리스도의 인내

먼저 본문 속에 우리가 들어가야 할 두 가지 보배 같은 일이 있다는 사실을 살펴봅시다. 우리는 주님이 우리의 마음을 인도하지 않으면 그 일에 들어갈 수 없습니다. 그 일에 곧장 들어갈 수 있는 길이 있지만 우리는 그 길을 쉽게 찾아내지 못합니다. 이 큰 복에 이르기 위해서는 좁은 길을 따라 가도록 우리의 발걸음을 인도하시는 성령의 역사가 필요합니다.

1) 하나님의 사랑에 들어가자.

우리가 들어가야 할 첫 번째 보배 같은 일은 하나님의 사랑입니다. 사랑하는 성도 여러분, 우리는 다양한 방법으로 하나님의 사랑을 알고 있습니다. 많은 사람들이 늘 그렇게 들어왔기 때문에 하나님의 사랑을 알고 있는데, 이것은 맹인이 그런 식으로 알프스 산의 경관의 아름다움을 아는 것과 같습니다. 얼마나 미약한 지식일까요! 우리 가운데 또 다른 사람들은 하나님의 사랑을 맛보고, 그 사랑에 대하여 말하고, 기도하고, 노래해 왔습니다. 이것은 정말 좋습니다. 그러나 바울은 더 밝은 깃털을 가진 비둘기를 가리켰습니다. 하나님의 사랑에 들어가도록 인도받는 것은 그 사랑에 대하여 말할 수 있는 것과는 전혀 다른 문제입니다. 아름다운 정원이 우리 앞에 있습니다. 우리는 담을 보고, 심지어는 문 앞에 서는 것을 허락받고 누군가 금 사과 바구니를 우리에게 건네줍니다. 정말 즐거운 일입니다. 하늘의 기쁨의 정원으로 이처럼 가까이 다가가는 것을 누가 좋아하지 않겠습니까? 그러나 문이 보이고, 문의 빗장이 올려지고, 활짝 열린 통로가 보이고, 그 통로를 통해 하나님의 낙원 안으로 조용히 인도를 받는 것은 이보다 훨씬 더 좋은 일입니다. 그리고 그것이 하나님의 사랑에(into) 들어가도록 인도받는 것입니다. 오, 우리가 본문을 묵상하는 동안 그것을 약간이라도 느낄 수 있기를 바랍니다!

사랑하는 성도 여러분, 우리는 하나님의 영의 가르침을 받게 될 때 하나님의 사랑의 핵심적인 중요성을 알게 됨으로써 그 사랑에 들어가게 될 것입니다. 우리는 하나님의 사랑이 우리의 모든 구원과 우리가 하나님으로부터 받는 다른 모든 은혜의 원천과 본부, 샘과 기초라는 것을 압니다. 처음에는 죄 사함의 은혜에 크게 사로잡힙니다. 그리고 우리의 벌거벗음을 덮어 주는 의의 옷에 마음을 크게 빼앗깁니다. 우리는 혼인 잔치의 진수성찬에 즐거워합니다. 거기서 기름진 것을 먹고 달콤한 것을 마십니다. 굶주린 영혼이 하늘의 은혜의 풍성한 잔치에 들어가도록 허용되었다면 그것 말고 무엇을 기대하겠습니까? 이후로 우리는 이 잔치를 배설한 사랑, 예복을 제공해 준 사랑, 잔치로 우리를 초대한 사랑, 조용히 우리를 그곳에 우리 자리로 이끌어 준 사랑에 대하여 특별하게 생각하기 시작합니다. 이런 생각이 처음부터 드는 것은 아닙니다. 그러나 나는 아무도 사랑의 선물을 받기만 하고, 사랑의 손에 입맞추지 않는 일이 없기를 바랍니다. 우리 가운데 우리를 용서하신 주님의 발을 우리의 눈물로 씻겨드리며 주님에 대한 우리의 깊고 참된 사랑을 고백하지 않고, 그저 많이 용서받은 것으로 만족하는 자가 하나도 없기를 바랍니다. 오, 구원받은 영혼아, 그대에게 임하는 모든 복을 통하여 주님께서 그대의 개인적 구주에 대한 개인적인 사랑으로 그대를 채워 주시기를 바라노라! 그대는 하나님께서 그대를 사랑하시기에 온갖 좋은 것을 갖고 있다는 것을 명심해야 하리라! 곧 주님이 그대를 사랑하신 크신 사랑으로 말미암아 그대에게 하늘의 만나의 모든 과자와 생명수의 모든 잔이 그대에게 주어진다는 것을 잊지 말아야 하리라! 하나님의 긍휼들이 본질과 특성상 자체로 감미롭다고 할지라도, 하나님의 사랑으로 본래의 것보다 더 감미롭게 됩니다. 오, 우리를 새롭게 하는 긍휼의 모든 강물의 원천이 하나님의 사랑이라는 것을 인식함으로써 하나님의 사랑에 들어가기를 바랍니다.

우리가 하나님의 사랑에 더 깊이 들어가면 그 사랑의 측량할 수 없는 위대함을 볼 것입니다. 여러분이 종종 들어온 짧은 한 마디 단어가 있는데, 그 말을 살후 여러분에게 다시 언급하고 싶습니다. 그 짧은 한 단어는 "이처럼"입니다. "하나님이 세상을 이처럼 사랑하사 독생자를 주셨으니 이는 그를 믿는 자마다 멸망하지 않고 영생을 얻게 하려 하심이라"(요 3:16). 자, 측량사 여러분, 여러분의 측쇄(測鎖)를 가지고 와 이 "이처럼"이라는 단어를 재보십시오. 아니, 그것으로 충분하지 않습니다. 국가를 측량하고 세계를 측량하는 자들이여, 이리 와보십시오. 바다와 육지의 지도를 제작하는 자들이여, 이리 와서 "이처럼"이라는 말의 지도를 만들어 보십시오. 아니, 여기서 한 걸음 더 나아가겠습니다. 상상의 나래를 펴고 망원경을 갖고 우주를 관찰하는 저기 천문학자들이여, 이리 와서 여러분의 모든 힘을 다해 계산을 해보십시오! 여러분이 우주의 봉우리 사이를 모두 측량했다손 치더라도 여러분을 우습게 볼 업무가 여기 있습니다. "하나님이 세상을 이처럼 사랑하사." 만일 여러분이 그 속에 들어간다면 이 모든 사랑이 여러분에 대한 것이라는 것을 알게 될 것입니다. 여호와께서는 세상을 사랑하시지만 세상 모든 곳에는 사랑할 다른 자는 하나도 없는 것처럼 여러분을 사랑하십니다. 하나님은 자신의 마음에서 우러나오는 무한한 사랑을 한 대상에게 쏟아 부으실 수 있습니다. 그런데 그럼에도 불구하고 하나님은 만만에 달하는 자신의 피조물을 똑같이 사랑하실 수 있습니다. 오, 하나님의 상속자들이여, 여러분이 아무리 많은 형제들에게 사랑을 나누어 준다고 할지라도 여러분의 사랑의 창고는 조금도 줄어들지 않습니다! 하늘에 계신 여러분의 아버지는 다른 아들은 전혀 없는 것처럼 모든 자녀를 사랑하십니다. 그러므로 이 사랑의 심연을 응시하십시오. 이 심연 속으로 뛰어드십시오. 헤아릴 수 없는 이 깊이 속으로 헤엄쳐 들어가 보십시오. 오, 하나님께서 여러분에게 이 사랑의 측량할 수 없는 위대함 속으로 인도하시기를 바랍니다!

여러분은 이 사랑이 너무 오래 되었다는 것 때문에 이 사랑에 들어가는 것을 두려워해서는 안 됩니다. 어떤 사람들은 하나님이 사랑으로 영원히 택하신다는 중대한 진리를 싫어합니다. 그러나 제게는 이 진리가 꿀로 만든 과자처럼 달콤합니다. "내가 영원한 사랑으로 너를 사랑하기에"(렘 31:3)라는 문장 속에는 얼마나 감미로운 음악이 들어 있는지요! 이 큰 세계, 해와 달과 별이 짧은 하루의 아침을 비추기 전에 주 여호와는 영원한 사랑으로 자기 백성들을 사랑하셨습니다. 어제도 아니고, 아니 심지어는 여호와께서 천지를 창조하셨기에 성경에서 "태초에"라고 말하는 그때도 아닌 때에, 이미 신적 목적에 따라 하나님은 자기 백성들을 사랑하셨습니다. 하나님은 땅이 생기기 전에 이미 여러분을 택하셨고, 여러분을 생각하셨고, 여러분을 위하여 준비하셨고, 여러분에 대한 사랑을 천 번도 넘게 예언하셨습니다. 사랑하는 성도 여러분, 여러분은 그때부터 이미 그리스도의 손에 새겨져 있었습니다. 오, 주님이 그토록 오래된 자신의 사랑으로 여러분을 인도하시기를 바랍니다. 하나님의 사랑이 시작도 없고 끝도 없이 영원토록 계속될 것이라는 것을 생각한다면 여러분은 그 사랑을 크게 소중히 여기게 될 것입니다.

또한 저는 우리가 하나님의 사랑에 들어가 그 사랑의 절대적인 불변성을 발견하기를 원합니다. 변함이 없으신 여호와는 자기 백성들에 대한 사랑을 절대로 멈추시지 않습니다. 하나님의 사랑에 들어가 그 사랑이 단지 과거 사실에 불과하다는 것을 발견하게 된다면, 그 사랑에 들어가도록 인도받는 것은 비참한 일이 되고 말 것입니다. 오, 믿는 영혼아, 그대는 이전에는 광산의 보석이었지만 지금은 한밤의 꿈에 불과한 것으로 다루지 말라. 오, 절대로 안 됩니다! 하나님의 사랑은 영원토록 동일합니다. 여러분이 어둠 속에 있을 때에도 주님은 여전히 사랑의 눈으로 여러분을 주시하십니다.

> "주님은 타락으로 파멸에 빠진 그대를 보셨지만
> 그럼에도 불구하고 그대를 사랑하셨도다."

여러분이 아직 연약할 때에 "기약대로 그리스도께서 경건하지 않은 자를 위하여 죽으셨습니다." 여러분은 그리스도를 알고 난 이후로 그분은 자신의 사랑을 한 번도 바꾸신 적이 없었습니다. 여러분이 냉랭해졌을 때에도 주님은 여러분을 사랑하셨습니다. 여러분이 무자비한 사람이 되었을 때에도 주님은 여러분을 사랑하셨습니다. 여러분은 슬프게도, 주님이 여러분을 채찍으로 때려 아프게 할 정도로 주님을 화나게 했지만, 채찍으로 때리는 동안에도 주님은 여러분을 사랑하셨습니다. 하나님은 징계하실 때나 어루만져 주실 때나 똑같은 사랑을 갖고 계십니다. 하나님은 옛날 믿음의 친구들에 대하여 가졌던 열정을 조금도 약화시키지 않으십니다. 하나님께서 "나 여호와는 변하지 아니하나니 그러므로 야곱의 자손들아 너희가 소멸되지 아니하느니라"(말 3:6)고 말씀하지 않았습니까? 저는 주님이 불변하시는 자신의 신적 사랑으로 우리를 인도해 주시기를 기도합니다. 왜냐하면 이 사랑이 영혼이 괴로울 때 견고하게 설 수 있도록 만들기 때문입니다. 불완전함을 의식할 때, 큰 잘못의 그림자에 묻혀 어둠 속에 있을 때, 진노에 대한 염려로 떨릴 때, 여러분은 이 사랑 때문에 "그래도 아버지는 내 아버지이고, 그래도 이 방탕한 아들을 받아주시며, 탕자를 가슴으로 포용하고, '이 내 아들은 죽었다가 다시 살아났다'고 말씀하실 것"이라고 느끼는 한 다시 돌아오게 될 것입니다. 오, 하나님의 자녀 여러분, 여러분이 하나님의 사랑을 의심하는 것이 하나님의 근심이 됩니다. 그러나 여러분이 이 진리, 곧 하나님이 여러분을 항상 변함없이 사랑하신다는 것을 배우고 이 진리의 인도를 받는다면 즉시 은혜롭게 이 진리의 도움을 받게 될 것입니다.

우리가 알아야 할 이 사랑은, 주님이 우리를 그 사랑으로 인도하신다면, 그 사랑이 편재하는 사랑이라는 것을 알게 될 것입니다. 저는 이 말을 우리가 어떤 조건에 있든지 간에 주님은 여전히 우리를 적극적으로 사랑하신다는 뜻으로 하는 것입니다. 여러분은 먼 나라로 가려고 배를 타고 건너가고 있지만, 여러분의 아버지의 사랑은 옛날 영국의 푸른 잔디 위에서와 똑같이 푸른 파도 위에서도 여러분 가까이에 있을 것입니다. 여러분은 오늘 밤에 홀로 집을 나왔습니다. 사람들 틈에 끼어 하나님의 집에 왔습니다. 처량하게도 눈에 보이는 무덤과 황폐함이 여러분의 현재의 고독을 심화시키기도 합니다. 그렇지만 여러분은 혼자가 아닙니다. 여러분의 아버지의 사랑이 여러분과 함께 있으니까요. 여러분은 오늘 밤 어쩌면 매우 희한한 영적 경험을 할지도 모릅니다. 여러분은 지금까지 한 번도 이런 길을 가본 적이 없었습니다. 그러나 그 길은 영원한 사랑에게는 새로운 길이 아닙니다. 여러분이 가고 싶은 곳으로 가 보십시오. 공기는 여러분 주위에 항상 있을 것입니다. 여러분이 가고 싶은 곳으로 가 보십시오. 여러분의 아버지의 사랑은 항상 여러분 주위에 있을 것입니다. 여러분이 솟아오르는 것보다 더 높이, 가라앉는 것보다 더 깊이 그 사랑이 여러분을 온통 감싸고 있을 것입니다. 여러분은 집으로 돌아가고 있는데, 어쩌면 몇 달 동안 일어나지 못할 침대로 가고 있는지도 모릅니다. 여러분은 지금 당장 가까운 미래에 여러분 앞에 어떤 일이 놓여 있는지 전혀 모르고 있습니다. 모르는 것이 더 나을 것입니다. 비록 그렇게 할 능력이 저에게 있다고 해도 자비의 은폐의 휘장을 천천히 들어올려야 할 것입니다. 우발적인 온갖 사건들에 대하여 한두 가지 중대한 사실들은 몰라도 일일이 세부적으로 알아야 할 필요는 없습니다. 내일 일에 대하여 염려하지 마십시오. 만일 여러분이 병이 들거나 죽게 된다면 여러분의 아버지의 사랑이 그때에도 계속 여러분과 함께 있을 것입니다. 그러므로 어디든 가되, 두려워하지 마십시오. 하나님은 여러분을 버리실 수도 없고, 또 버리지도 아니하실 테니까요. 편재하시는 하나님은 편재하는 사랑을 의미하고, 편재하심은 전능하심을 동반하고 다닙니다. 주님은 자기를 의지하는 자들을 위하여 자신의 강하심을 보여주실 것입니다. 결코 실패가 없는 주님의 사랑은 결코 쇠하지 않고 지치지 않는 능력을 수반합니다. 오, 주님이 이와 같은 사랑에 들어가도록 여러분을 인도하시기를 바랍니다! 성령께서 여러분을 이 기쁨 중의 기쁨, 이 형언할 수 없는 지복의 가장 심오한 비밀 속으로 인도하시기를 기도합니다!

　　또한 저는 여러분이 하나님의 사랑에 들어가도록 인도를 받아 그 사랑이 하나님의 공의와 거룩하심과 흠 없는 순결하심과 완전히 일치된다는 사실을 알 수 있기를 바랍니다. 저는 하나님께서 죄인들을 사랑한다는 것을 굳게 믿지만 하나님이 죄를 미워하신다는 것도 똑같이 굳게 확신합니다. 또 하나님이 긍휼을 베푸는 것을 좋아하신다는 것을 확신하지만, 하나님이 자신의 공의를 무시하거나 자신의 준엄한 율법의 경고를 소홀히 여기지 아니하신다는 것도 똑같이 분명하게 믿습니다. 우리는 거룩하신 하나님께서 우리를 사랑하시되, 부정한 자들을 구원하기 위하여 자신의 거룩하심을 더럽힐 필요가 없다는 사실이 기쁩니다. 우리는 공의롭고 정의로우신 분의 사랑을 받았기 때문에 하나님은 대속이 아닌 다른 방법으로는 우리를 용서하실 수가 없었습니다. 심지어는 오늘날도 하나님은 우리의 죄를 무조건 용서하지 아니하시고 징계하심으로써 우리에게서 죄에 대한 사랑을 제거하시는데, 이것은 사랑하는 자기 아들의 보배로운 피로 죄책을 제거하신 것과 같습니다. 오, 사랑하는 성도 여러분, 우리에게는 우리를 거룩하게 만들기로 작정하신 거룩하신 하나님이 계십니다. 거룩하신 하나님은 우리가 아내를 사랑하기를 원하십니다. 그래서 우리 앞에 그 본보기를 두십니다. “남편들아 아내 사랑하기를 그리스도께서 교회를 사랑하시고 그 교회를 위하여 자신을 주심 같이 하라 이는 곧 물로 씻어 말씀으로 깨끗하게 하사 거룩하게 하시고”(엡 5:25-26). 모든 참된 사랑은 순결함을 지킵니다. 참된 하나님의 사랑도 결코 차단할 수 없는 강력한 흐름으로 그 길을 갑니다. 오, 성도 여러분, 여러분의 하나님은 여러분을 지극히 사랑하시기에 여러분의 마음속에 죄가 연인으로 머물러 있는 것을 용납하실 수 없습니다. 하나님은 여러분을 지극히 사랑하시므로 여러분 속에 어떤 죄도 남겨두지 아니하실 것입니다. “내가 땅의 모든 족속 가운데 너희만을 알았나니 그러므로 내가 너희 모든 죄악을 너희에게 보응하리라”(암 3:2). 하나님은 자신의 순결한 사랑으로 말미암아 징계하시고 연단하십니다. 그리하여 우리가 순결해지고, 하나님의 완전한 본성과 교제를 나누며 살 수 있도록 하십니다.

지금까지 방대한 주제를 짧게 전했습니다. 그러다 보니, 여러분에게 수박 겉 핥기가 되지 않을까 염려스럽습니다. 그러나 이로 말미암아 신적 사실에 대한 깊은 지식을 갖게 되어 여러분이 하나님의 사랑을 여러분의 것으로 이해하고, 그럼으로써 하나님의 사랑으로부터 나오는 능력과 기름 부음과 향기로 여러분의 온 마음이 향유옥합이 깨뜨려진 방처럼 감미롭고 향기롭게 되기를 바랍니다. 오, 여러분을 흠뻑 적시고, 여러분에게 영향을 미치고, 여러분을 사로잡고, 여러분을 당장 끌고 갈 때까지 여러분이 주님의 사랑의 가장 깊은 은밀한 곳으로 인도받기를 바랍니다! 주님은 여러분을 하나님의 사랑으로 인도하실 것입니다.

2) 그리스도의 인내에 들어가자.

우리가 살펴볼 바울의 기도의 두 번째 요소는 "주께서 너희 마음을 인도하여 그리스도의 인내에 들어가게 하시기를 원하노라"입니다. 사랑하는 성도 여러분, 제 앞에는 또 하나의 거대한 바다가 있는데, 이 대양으로 여러분을 호송하는 자로 활동하고 있는 저는 누구일까요? 여기서 저는 길을 잃은 자입니다. 저는 위치를 확인할 수 없습니다. 저는 망망대해에 떨어져 있는 점에 불과합니다. 다만 저는 지혜로운 사도를 본받아 이렇게 기도할 뿐입니다. "주께서 너희 마음을 인도하여 그리스도의 인내에 들어가게 하시기를 원하노라."

우리를 구속하실 때 예수님이 우리를 위하여 보여주셨던 인내는 얼마나 대단할까요! 하늘에서 땅으로 오셨고, 가난과 멸시 속에서 사셨으며, 여관에서 묵을 방조차 찾지 못하셨습니다! 베들레헴의 인내를 찬양합시다. 예수님은 30년 동안 입을 닫고 사셨는데, 나사렛과 목공소에서의 그 놀라운 인내를 누가 감히 예측할 수 있겠습니까? 예수님이 말씀하시자 사람들의 멸시와 거부가 쏟아졌는데, 그룹 천사들도 순종하는 그분의 인내는 과연 어느 정도일까요! 오, 마귀에게 시험받으신 그리스도의 인내는 어떻습니까! 그리스도께서 마귀가 가까이 오도록 허용하셨을 때 얼마나 크게 인내하셨는지 거의 말할 수 없을 것입니다. 왜냐하면 그분은 마귀를 발로 밀어 무저갱 속으로 떨어뜨릴 수도 있기 때문입니다. 어쩔 수 없이 할 수밖에 없는 일 속에는 인내가 많지 않습니다. 그러나 여러분도 잘 아시다시피, 그리스도께서는 모든 원수를 정복하고, 모든 고난을 쫓아버리고, 모든 시험을 몰아낼 수 있었지만, 우리의 구원의 대장으로 우리를 위하여 고난을 통하여 온전케 되심으로써, 겟세마네 동산에서 보여주신 그분의 인내는 그 사역을 온전한 사역으로 만들었습니다. 여러분에게 굳이 이것을 말할 필요가 있겠습니까? 골고다, 그 비탄의 현장, "라마 사박다니," 그 극심한 고통 곧 주님이 우리 모두의 죄악을 자기 위에 두셨을 때 우리를 위하여 참으신 그분의 인내를 굳이 여러분에게 상기시킬 필요가 있겠습니까? 어린 양으로서의 인내도 있습니다. 주님은 입을 열지 아니하고 전능하신 인내로 모든 것을 충분히 견디셨습니다. 여러분은 욥의 인내에 대하여 들어보았을 것입니다. 그러나 여러분은 예수님의 인내에 들어갈 필요가 있습니다.

오, 그리스도 자신 안에 있는 인내여! 하나님은 신적으로 자신을 다스리실 때처럼 하나님다우실 때가 없는 것처럼 보입니다. 저는 하나님께서 말씀으로 천지를 뒤흔드시는 역사를 행하실 때 그분을 이해할 수 있습니다. 그러나 자신의 영혼을 인내로 절제하시는 것은 정말이지 불가해한 사실입니다. 전능하신 사랑이 전능성 자체를 억제하신다는 것은 기이한 일입니다. 우리 주 예수님의 삶과 죽음 속에서 우리는 전능하신 인내를 봅니다. 주님은 매우 민감하셨습니다. 죄에 대하여 매우 민감하셨고, 무정함에 대하여 매우 민감하셨습니다. 그러나 이처럼 매우 민감하셨음에도 불구하고 주님은 발끈 성내는 모습을 보여주신 적이 없고, 조용히 신성의 장엄함을 지키면서 참으셨습니다. 주님은 악에 대해서도 금방 분개하지 않고, 최대한 인내하셨습니다. 앞에서 언급한 것처럼, 주님의 민감성에는 언제든 자신의 복수를 하는 능력과 자신을 표현하는 능력이 포함되어 있었습니다. 그러나 주님은 그것을 사용하지 않았습니다. 천군천사가 주님을 구원하도록 언제든지 출동할 수 있었습니다. 그러나 주님은 겟세마네 동산에서 홀로 모든 것을 감당하셨고, 말 한 마디 없이 배반자에게 자신을 내주었습니다. 그리고 항상 주님은 자신 외에 모든 사람에게 매우 부드럽고 자비롭게 동정을 베푸셨습니다. 주님은 때때로 불꽃 같은 말씀을 쏟아내셨습니다. "위선자인 서기관과 바리새인들"에게 불꽃 같은 비난의 사랑을 쏟아부으실 때 주님의 입술은 화산의 새빨간 분화구와 같았습니다. 그러나 어떤 모욕이 자신에게 쏟아져도 분노를 표출하지 않으셨습니다. 주님이 바라보시는 눈길은 항상 자애로웠습니다. 주님은 이렇게 외치셨습니다. "아버지 저들을 사하여 주옵소서 자기들이 하는 것을 알지 못함이니이다"(눅 23:34). 오, 하늘의 그리스도의 놀라우신 인내여!

우리를 위해서(for) 뿐만 아니라 우리에 대하여(with) 오래 참으신 주님의 인내에 들어가 봅시다. 우리가 자신에게 나아오지 않았을 때 주님은 우리 각자에 대하여 얼마나 참으셨습니까! 우리가 그분을 무시했을 때 주님은 얼마나 슬퍼하셨겠습니까! 우리가 줄을 끊으려고 발버둥쳤을 때 어떻게 변함없는 사랑으로 우리를 이끄셨습니까! 우리가 자신에게 나아왔을 때, 그리고 우리가 자신과 함께 하게 된 이후로 주님은 우리의 버릇없는 태도에 대하여 얼마나 많이 참으셨겠습니까! 만약 제가 그리스도였다면 저는 저와 같은 종은 오래 전에 쫓아냈을 것입니다. 저는 종종 주님의 발 앞에 가서 이렇게 부르짖었습니다.

"주님, 주의 사역에서 저를 쫓아내지 마소서."

저는 주님이 목사의 제복을 제게서 벗겨버리는 것이 얼마나 정당한지 알고 있었지만 주님은 그렇게 하시지 않았습니다. 여러분은 가끔 주님이 어찌하여 여러분을 계속 사랑하시는지 의아하지 않았습니까? 주님은 여러분의 약혼자이고, 여러분과 이별하는 것을 싫어하십니다. 그러나 여러분이 종종 자신을 더럽히고 그분을 잊어버렸음에도 불구하고, 주님이 여러분에게 신실하고, 또 계속 신실하실 것이라는 것은 희한한 일이 아닙니까? 놀라운 사실은 반지가 여러분의 손가락에 끼어 있는 것이 아니라 주님의 손가락에 끼어 있고, 혼인은 주님의 사랑만큼 확실하다는 것입니다. 주님은 언젠가 여러분 앞에 "티나 주름 잡힌 것이나 이런 것들이 없이" 나타나실 것입니다. 그러나 오! 우리 각자에 대하여 주님은 얼마나 인내하십니까! 주님은 우리의 불신앙, 우리의 의심, 우리의 완고한 마음, 우리의 무관심, 우리의 어긋난 길 등에 대하여 얼마나 참아주셨습니까! 주님과 같이 애정 있는 연인은 결코 없습니다! 우리가 보답하는 것은 별로 가치가 없는 것입니다. 우리를 지극히 사랑하시는 주님의 인내를 송축합시다!

그러므로 사랑하는 성도 여러분, 여기서 요구되는 것은 우리가 그리스도의 이 인내에 들어가도록 인도를 받는 것입니다. 다양한 시대의 탁월한 성도들이 우리 주님의 고난에 대하여 많은 연구를 했습니다. 비록 요즘에는 지식 있는 사람들을 통해 십자가와 다섯 군데 상처 등에 대하여 말하는 것은 너무 감상적이라는 말을 듣지만, 제게는 피 흘리시는 주님에게 가까이 나아가도록 이끄는 묵상만큼 실제적인 유익을 주는 것은 없다고 느낍니다. 나를 위한 십자가! 나를 위한 십자가이니까요! 여기에 겸손하게 하고, 부드럽게 하고, 녹이고, 고양시키고, 성결하게 하는 교리가 있습니다. 여기에 하늘에 속한 것이지만 땅에 내려와 있는 진리가 있습니다. 여기에 저를 땅에서 칠층천까지 끌어올리는 사랑이 있습니다. 여러분은 거룩한 베르나르의 글을 읽어본 적이 있습니까? 베르나르는 자신의 영혼이 그 소중한 이름에 대한 사랑으로 불타오르고 있을 때 다음과 같이 달콤한 노래를 불렀습니다.

> "예수님, 당신을 생각만 해도
> 내 가슴은 감미로움으로 가득 찹니다."

아, 베르나르는 시인이자 철학자이자 성직자였지만, 사랑에 있어서는 어린 아이입니다. 여러분은 러더퍼드(Rutherford. 1600-1661. 스코틀랜드 목사, 신학자)의 서한들을 연구해 보았습니까? 거기 보면, 러더퍼드가 자신의 사랑하는 주님에 대하여 말하는 것이 얼마나 기이한지 모릅니다. 한 시간 동안 러더퍼드는 영광의 문에서 하늘의 주님에게 저를 맡깁니다. 여러분은 경건한 시인인 조지 허버트와 교제를 나누어 본 적이 있습니까? 그가 찬송하는 주님에 대하여 들어 보십시오.

> "나의 주님 이 소리는 얼마나 감미로운가! 나의 주님!
> 용연향이 맛보는 자에게 풍부한 향기를
> 내뿜는 것처럼
> 이 말들도 달콤한 만족을 주네.
> 동방의 향수, 나의 주님!"

오, 성도 여러분, 저는 여러분을 위하여 이 두 가지 것 곧 하나님의 사랑과 여러분의 구주의 인내에 들어가도록 인도받는 것보다 더 큰 복을 간구할 수 없습니다. 이 두 가지 것에 함께 들어가십시오. 여러분은 이 둘을 분리시킬 수 없습니다. 왜 그렇게 해야 하겠습니까? 하나님의 사랑은 구주의 인내 속에서 가장 밝게 빛납니다. 아버지의 사랑이 없다면 그리스도의 인내가 무슨 소용이겠습니까? "하나님이 짝지어 주신 것을 사람이 나누지 못할지니라"(마 19:6). 주님께서 이 순간 이 두 복으로 우리를 인도해 주시고, 남은 인생 동안 슬프고 기쁜 모든 경험 속에서, 그리고 우리 영혼의 모든 우울함과 성장 속에서 하늘의 여정이 우리에게 계속되도록 역사하시기를 바랍니다!

**2. 우리가 취득해야 할 두 가지 특별한 미덕 ―
하나님에 대한 사랑과 그리스도에 대한 인내**

이제 제가 보기에 본문의 진정한 요점으로 생각되는 것을 다루고자 하는데, 잠시 여러분의 주의를 촉구합니다. 이 요점은 본문에는 우리가 취득해야 할 두 가지 근본 미덕이 있다는 것입니다. 그것은 하나님에 대한 사랑과 그리스도에 대한 인내입니다.

"주께서 너희 마음을 인도하여 하나님의 사랑에 들어가게 하시기를 원하노라."사랑하는 성도 여러분, 여러분에 대한 하나님의 사랑이 여러분의 마음속으로 흘러들어 그곳에 정착할 때까지 머무르게 하십시오. 그리고 하나님에 대한 사랑의 크림을 마음의 표면에 바르고 마음으로 하나님께 순종하십시오. 하나님을 사랑하는 유일한 방법은 하나님의 사랑이 여러분의 영혼 속에 거하여 여러분의 영혼을 하나님을 사랑하는 영혼으로 변화시키는데 있습니다. 하나님에 대한 (to) 사랑은 하나님의(of) 사랑에서 자라나는 것이니까요.

1) 하나님에 대한 사랑에 들어가자.

자, 이제, 하나님에 대한 사랑을 살펴보겠습니다. 여러분이 영혼 속에 하나님에 대한 사랑이 충분히 받아들인다면 묵상하는 생활을 하게 될 것입니다. 홀로 있기를 바랄 것입니다. 다른 가족들은 가정사로 왈가왈부하는 동안 여러분은 예수님의 발 앞에 앉아 조용히 묵상하는 것을 더 좋아하게 될 것입니다. 한 시간 동안 여섯 식구가 있는 가정들에서 수다를 떨며 참견하는 일을 멈추고 조용히 있는 것에 매력을 느낄 것입니다. 지극히 높으신 이와 교제하는 동안 사람들과 어울리는 것은 좋아하지 않게 될 것입니다. 조용히 하나님과 함께 있는 시간이 최고의 즐거움이 될 것입니다. 여러분은 어떤 이들이 으레 말하는 것처럼 "레크리에이션(오락) 좀 하자"는 말을 하지 않을 것입니다. 하나님의 자녀에게는 하나님에 대한 묵상이 레크리에이션(recreation)입니다. 묵상은 영혼을 새롭게 창조합니다. 그러니 이것이 가장 참된 레크리에이션(재-창조)이 아니겠습니까? 우리 안에서 하나님의 창조가 희미하지만 조금씩 자라나는 것처럼 보일 때마다 하나님에 대한 사랑은 묵상 생활을 자극하고 자라도록 힘을 줍니다. 그리하여 새로운 피조물로 나타나고, 날마다 우리 조물주의 거룩한 손을 통해 새롭게 됩니다.

　　여러분이 하나님을 사랑하는 한, 하나님에 대한 사랑은 또 활력적인 생활을 자극합니다. 여러분은 주님을 위하여 열매를 맺어야 한다고 느낄 것입니다. 하나님의 사랑으로 충만할 때 여러분의 영혼은 이렇게 외칠 것입니다. "방황하는 자들을 돌보아주어야 한다. 가난한 자들을 도와주어야 한다. 무지한 자들을 가르쳐야 한다." 여러분은 하나님을 사랑하면서 게으를 수 없습니다. 하나님에 대한 사랑이 여러분을 분발시키니까요. 묵상은 잠잠히 앉아 있는 법을 가르치고, 이것은 결코 시시한 교훈이 아닙니다. 그러나 잠잠히 앉아 있고 난 후에는 다시 일어나 더 큰 활력을 갖고, 한 가지 필수적인 일, 곧 여러분의 주님의 사랑에 대한 섬김의 사역을 찾아 나서게 됩니다.

　　하나님에 대한 사랑은 또 열정을 불러일으킬 것입니다. 교회 안에는 약간은 용감한 사람, 곧 생각할 시간 없이 행동부터 먼저 하는 성급한 교인이 필요합니다. 그들은 생각 없이 행동부터 먼저 하기 때문에 신중한 친구들은 그를 붙잡고 "어쩌려고 그러니? 내게 상의했다면 어떻게 해야 할지 현명한 충고를 많이 해줄 수 있었는데"라는 말을 해줍니다. 최근에 제가 바로 그랬습니다. 어떻게 해야 할지 생각하는데 너무 집착했습니다. 그런데 성도 여러분, 저는 여러분이 노련하다는 것을 잘 알고 있습니다. 여러분은 지혜에 정통합니다. 그러나 저는 여러분은 아무것도 하지 않는다고 조용히 속삭이지 않을 수 없습니다. 여러분은 고통에서 벗어나기에는 너무 염려가 많습니다. 어떤 사람에게 어떻게 해야 한다고 말해주는 것은 쉬운 일입니다. 그러나 그 사람은 아마 선한 의도로 용감하게 행한 일 때문에 심한 고통을 받고 있을지도 모릅니다. 여러분은 그런 그에게 연민을 보여주기는커녕 "다른 방법으로 하는 것이 더 좋았을 것"이라는 충고로 그를 대할 것입니다. 이것은 강에 빠져 거의 익사 지경에 있는 아이가 있을 때, 강물에 뛰어들어 그 아이를 강 밖으로 꺼내는 것에 대하여 어떻게 하는 것이 더 나은 방법인지 생각했어야 한다고 비판하는 것과 같습니다. 그 사이에 아이는 물을 너무 많이 먹었습니다. 너무 오랫동안 기다렸습니다. 그것은 물에 빠진 아이를 너무 거칠게 다룬 것입니다. 슬프게도, 은혜의 행위에 어리석은 비판을 하는 경우가 많습니다! 만일 여러분이 불꽃 같은 열정으로 하나님을 사랑하게 된다면 어떤 비판에도 방해를 받지 아니할 것입니다. 여러분도 자신을 통제할 수 없기 때문에 예수님을 거리낌 없이 증언할 것입니다. 누구든 그렇게 하려면 자신을 희생

해야 합니다. 그렇지만 여러분은 이렇게 말합니다. "주여, 제가 여기 있나이다. 저를 보내소서. 어떤 위험이 있더라도 저를 보내소서. 주님의 고귀한 사랑을 위해서라면 수치나 손해를 당하는 것을 기쁨으로 여기겠습니다. 주님을 영화롭게 하기 위해서라면 죽음을 당하는 것을 생명으로 여기겠습니다." 하나님에 대한 사랑은 열정을 불러일으킬 것입니다.

하나님에 대한 사랑은 또 거룩한 욕구를 자극할 것입니다. 하나님을 사랑하는 자들은 하나님을 만족할 만큼 충분히 소유할 수 없습니다. 확실히 말하면, 아무리 많이 소유해도 많이 소유한 것이 아닙니다. 때때로 하나님을 갈망하는 모습이 발견되기도 합니다. 우리는 주님을 사랑할 때 주님의 오심을 가로막는 느린 시간을 탓합니다. 시간이 충분히 빠르지 않다고 말입니다.

> "내 마음은 이미 주님과 함께 보좌 위에 있고,
> 병든 몸은 여전히 지체할 수밖에 없네.
> '일어나 어서 오라'는 음성이
> 매순간 들리는데."

하늘에 대한 사랑 병이 들면 때때로 하나님의 종들은 무감각한 상태에 들어가게 됩니다. 이것은 그들이 사랑하는 주님의 얼굴을 직접 보고, 주님과 같이 되며, 주님이 계신 곳에서 주님과 함께 있기를 간절히 사모하기 때문에 일어나는 일입니다. 주님은 이런 식으로 여러분의 마음을 인도하여 하나님의 사랑에 들어가게 하십니다. 이렇게 되면 이곳 아래에 있는 모든 것에 대하여 별로 영향을 받지 않게 됩니다. 여러분은 여러분의 날개가 자라고 있음을 느끼지 못합니까? "오, 비둘기 같이 날개가 있다면! 그러면 내가 날아 올라가 안식하게 될 텐데"라고 탄식하지 않습니까?

무엇보다 하나님에 대한 사랑은 성격을 변화시킬 것입니다. 사랑이 사랑을 소유한 사람 속에서 얼마나 놀라운 차이를 만들어 내는지 놀랍습니다. 지나가는 사람을 보고 놀라서 도망치는 가련한 겁쟁이 암탉도 자기 새끼를 사랑하고, 새끼가 주변에 있을 때에는 새끼를 위하여 그리핀(그리스 신화. 몸통은 사자, 머리와 날개는 독수리인 괴물)처럼 싸울 것입니다. 그렇다면 그리스도의 사랑이 겁쟁이 신자 속에 들어오면 그 사랑이 그를 얼마나 크게 변화시키겠습니까! 이 사랑은 죄에 대한 사랑을 제거하고, 고상한 성품을 심습니다. 죽을 운명의 인간이 어떻게 변화될 수 있는지는 하나님만이 아십니다. 죄에 빠져 있던 여인들에 대하여 말한다면, 주님이 자신의 사랑으로 그녀들을 채웠을 때 어떤 성도가 되었습니까! 깨진 유리 조각에 멀리서 햇빛이 비치면 다이아몬드처럼 반짝거립니다. 창공에 떠있는 작은 양털 구름은 그 위에 햇빛이 쏟아지면 천사의 날개와 방불합니다. 우리 주님은 자신의 사랑을 통해 자기 백성들의 마음속에 자신에 대한 것을 많이 심을 수 있고, 그렇게 되면 그들은 그것들을 주님 자신으로 착각할 정도가 될 것입니다. 환상 속에서 요한은 하늘에서 큰 실수를 했는데, 자신의 형제 선지자 가운데 한 사람의 발 앞에 엎드렸습니다. 왜냐하면 그가 주님을 무척 많이 닮아 거의 구분할 수 없었기 때문입니다. 요한은 "우리가 그와 같을 줄을 아는 것은 그의 참모습 그대로 볼 것이기 때문이니"(요일 3:2)라는 말씀을 잊고 있었던 것일까요? 우리가 어떻게 될지는 아직 나타나지 아니했으나, 사랑은 성령의 손을 통해 변화시키는 능력입니다. 만일 마음이 그리스도의 사랑에 들어가게 되면 그것은 거룩함에 이르는 고속도로에 들어선 것입니다.

2) 그리스도에 대한 인내에 들어가자.

이제 마지막 요점을 다룰 차례인데, 남은 시간이 금방 끝나버릴 것 같아 걱정스럽습니다. 어쨌든 이제 살펴볼 마지막 요점은 우리의 마음이 그리스도에 대한 인내에 들어가기를 바란다는 것입니다. 얼마나 놀라운 주제일까요! 사랑하는 성도 여러분, 우리의 마음이 그리스도에 대한 인내에 들어가도록 인도를 받는다면 우리 주님을 위하여 인내를 감수하게 되고, 불평하지 않게 될 것입니다. 그렇게 되면 주변 사람들이 "저렇게 양보하다니 놀랍군!" 또는 "그녀가 그리스도의 사랑을 인하여 슬픔을 저렇게 잘 참다니 대단하군!"이라고 말할 것입니다. 예수님 때문에 비난과 조롱을 당한다고 해도, 우리가 그리스도의 인내에 들어가도록 인도를 받는다면, 전혀 고통스럽지 않을 것입니다. 우리는 그 고통을 묵묵히 견딜 수 있고, 우리 마음속에서는 예수님을 위하여 우리를 조롱하는 자들을 비웃을 것입니다.

그러나 우리가 바라는 것은 고통을 견디는 것이 전부가 아닙니다. 우리는 견딤의 인내를 원합니다. 우리는 불경스러운 자들에게 앙갚음하는 법을 배워서는 안 됩니다. "참고 견디고 묵묵히 있으십시오." 평안하게 반추하십시오. 그것을 참아내야 합니다. 욕한다고 해서 욕하면 안 됩니다. 주님께서 여러분의 마음을 그리스도의 인내에 들어가도록 인도하실 것입니다.

우리는 또한 수고의 인내를 원합니다. 아무 유익이 없는데도 계속 수고하는 인내, 회심하지 않은 영혼들을 위해 계속 기도하는 인내, 전도가 아무 효력이 없는 것처럼 보일 때에도 계속 전도하는 인내, 아이들이 배우기 싫어할 때에도 계속 가르치는 인내를 필요로 합니다. 우리는 그리스도의 인내를 요구합니다. 그리스도는 어떤 대가를 치르더라도 안색 하나 까딱 안 하고 자신의 일을 하실 것입니다. 그리스도는 한순간도 자신의 일을 피하시지 않았습니다. 주님은 우리의 마음을 수고의 인내에 들어가도록 인도하실 것입니다.

이어서 깨어 기도하는 인내가 있습니다. 응답을 받지 못했다고 해서 기도하는 것을 포기하지 않습니다. 정말로요? 한 자매가 자기는 어떤 은혜를 위하여 17년 동안 기도해왔는데, 아직도 더 기도해야 하는지 모르겠다고 말했습니다. 자매님, 18년 동안 기도해 보십시오. 그리고 18년이 끝났는데도 응답받지 못했다면 19년 동안 기도해 보십시오. 기도할 때 우리의 마음을 주님께서 그리스도의 인내에 들어가도록 인도하시기를 바랍니다! 우리는 오랫동안 주님을 기다리고 있습니다. 주님이 형편이 될 때까지 지체하신다고 해서 우리는 불평해서는 안 됩니다. 그날이 올 때까지 계속 믿읍시다. 계속 바랍시다. 계속 씨름합시다.

"이는 여호와이시니 선하신 대로 하실 것이니라"(삼상 3:18)고 말하며, 하나님의 뜻을 기다리는 인내를 위하여 기도하십시오. 몇 달, 몇 년이 되더라도 계속 기다리십시오. 그리스도께서 우리의 인내로 영광을 받을 것이니까요. 인내에 의지하십시오. 우리가 주님을 높일 수 있는 가장 좋은 방법은 주님이 우리를 통해 자신의 뜻을 행하도록 하는데 있습니다. 비록 주님이 저를 부글부글 끓고 있는 풀무 속에 일곱 번을 집어넣는다고 할지라도 저는 이렇게 말할 것입니다. "주님의 것을 주님의 뜻대로 하옵소서. 저는 주님의 것이옵니다." 저는 주님이 제가 못 견딜 정도로 풀무를 너무 뜨겁게 하지 아니하실 것이라고 확신합니다. 만일 주님이 자기 종에게 열 가지 환난을 주실 의향을 갖고 계신다면, 그리고 그것이 주님의 기뻐하시는 뜻이라면, 그 무거운 손으로 열 번째까지 환난을 임하게 하십시오.

우리는 그리스도에 대한 인내에 들어가도록 인도받기를 원합니다. 특히 주님의 재림을 기다리는 인내가 필요합니다. 의심할 것 없이 본문에서 이 사실이 당연히 추론되고, 그래서 우리가 갖고 있는 성경(흠정역)의 "그리스도를 기다리는 인내"라는 번역이 매우 탁월합니다. 형제 여러분, 그리스도는 오실 것입니다. 자매 여러분, 그리스도는 반드시 오실 것입니다. 사실 요한계시록의 어떤 해석자들이 우리에게 그리스도는 3백 년 전에 오시도록 되어 있었다고 말했습니다. 대영박물관에는 이 점에 대하여 매우 독단적인 입장을 전개한 수만 권의 책이 있습니다. 그러나 그 입장들은 세월이 흐르면서 그릇된 것으로 판명되었습니다. 사람들은 매우 큰 확신을 갖고 그리스도가 금방 오실 것이라고 보았습니다. 그런데 그리스도는 오시지 않았습니다. 왜냐하면 그리스도는 자신이 하신 말씀대로 하시지 그 말씀을 해석하는 자들의 말에 따라 하시지 않기 때문입니다. 그리스도는 정해진 때에 오실 것입니다. 하나님의 말씀은 일점일획도 없어지지 않고 굳게 설 것입니다. 그리스도는 정확한 시간에 오실 것입니다. 그렇지만 우리는 그때를 모릅니다. 알려고 물을 필요도 없습니다. 다만 우리는 기다릴 뿐입니다.

저처럼 지금 여러분 가운데 어떤 이들은 주님이 자신의 진리를 확증하기 위하여 아직 나타나시지 않는 것 때문에 마음이 불편할 것입니다. 바알 제사장들은 법석을 떨며 의기양양한 모습을 보여줍니다. 이에 대하여 주님은 우리의 마음이 그리스도의 인내에 들어가도록 인도하실 것입니다. 그것으로 충분합니다. 먹구름이 몰려들고, 어둠은 더 짙어지고 있습니다. 천둥이 울리고, 친구들은 혼란에 빠져 도망칩니다. 그 다음은 무엇일까요? 아마 두려움의 시간을 거의 갖기 전에 은혜의 소낙비의 은빛 물방울이 떨어지고 해가 먹구름을 뚫고 나와 빛을 비출 것이며, 우리는 스스로 "이렇게 될 줄 누가 생각이나 했겠는가?"라고 말하게 될 것입니다.

> "너희 두려워하는 성도들아, 새로운 용기를 내라.
> 　너희가 그토록 두려워하는 먹구름은
> 　큰 은혜의 구름으로
> 　너희 머리 위에 복을 떨어뜨릴 것이다."

주님이 우리 각자를 그리스도를 기다리는 인내에 들어가도록 인도하시기를 바랍니다.

유감스럽게도, 정말 유감스럽게도, 이 자리에 있는 사람들 가운데 이 모든 것이 너무나 생소한 이야기로 들리는 자들이 있습니다. 그들은 이 사실에 대하여 아무것도 모릅니다. 사랑하는 영혼들이여, 지금 여러분은 이 사실에 대하여 아는 것이 없습니다. 여러분이 하나님의 사랑이나 그리스도의 인내에 들어가려면 먼저 완전한 마음의 변화가 있어야 합니다. 그 변화가 오늘 밤 잠자리에 들기 전에 일어나기를 바랍니다! 만일 주님이 자신의 얼굴을 보도록 여러분을 인도하신다면 그렇게 되기 위한 방법은 바로 이것입니다. 곧 하나님의 사랑하는 아들을 믿으십시오. 그분은 십자가에 높이 달리신 예수 그리스도로, 죄를 위한 위대한 화목 제물이십니다. 그분을 바라보십시오. 오직 그분만 바라보십시오. 그러면 여러분은 구원을 받을 것입니다. 그리고 그분은 여러분에게 하나님의 사랑과 그리스도의 인내에 들어갈 수 있는 새 마음과 온전한 영을 주실 것입니다. 하나님이 이 순간 예수님을 위하여 여러분을 인도해 주시기를 바랍니다! 아멘.

제

7

장

—

낙심하지 말라

—

"형제들아 너희는 선을 행하다가 낙심하지 말라."
— 살후 3:13

　　기독교 교회는 거룩한 사람들의 모임이 되어야 합니다. 교인들은 모두가 현저하게 평화스럽고, 정직하고, 솔직하고, 자비롭고, 그리스도를 닮아야 합니다. 우리의 온갖 잘못에도 불구하고 우리 주 예수 그리스도의 교회들 속에서는 주로 이런 성품들이 나타나야 한다고 저는 확신합니다. 그러나 처음부터 혼합이 있었습니다. 열두 사도의 거룩한 무리 속에 들어있던 유다는 대대로 이스라엘 안에 문제가 있게 되리라는 것에 대한 예언처럼 보였습니다. 데살로니가 교회도 마찬가지였습니다. 바울은 이 교회에 두 번에 걸쳐 편지를 썼는데, 우리가 읽은 본문은 두 번째 서신 후반부의 한 부분입니다. 그런데 이 교회 안에는 분명히 한 부류의 사람들이 있었는데, 그들은 교회의 자선기금이 매우 많은 것을 빌미로 거기에 생계를 의존하고 큰 영성을 가진 것처럼 행세하면서 일하는 것을 거부했습니다. 대신 이들은 다음과 같은 옛 속담처럼 해를 끼치는데 바빴습니다.

　　"사탄은 지금도 게으른 손들이 저지른
　　　해악을 찾아다니고 있다."

　　우리는 때때로 우리 교회들에 대하여 불평합니다. 저는 현대의 평균적인 그리스도의 교회가 신약 성경에서 확인하는 어느 교회와 비교해서 나은 것이 별로 없다고 보는 것에 대하여 의문이 많습니다. 확실히 말하면 일부 초대 교회들보다 매우 나은 교회도 많이 있습니다. 고린도 교회의 교인들은 근친상간의 죄를 범한 형제를 용납했습니다. 제가 보기에는 적어도 우리 교단에는 이런 일을 단 한 시간도 참을 수 있는 기독교 교회는 하나도 없습니다. 그리고 이 사람은 바울의 지시에 따라 출교당한 후에 회개한 것으로 판명되었습니다. 그러나 고린도 교회는 교역자를 믿지 못한 교회였습니다. 여러분도 아시다시피(오늘날도 이런 부류의 그리스도인들이 있고, 이것은 고린도 교회 교인들을 크게 닮은 모습입니다), 그들은 일단 그를 출교시켰다는 이유로, 그가 회개하고 복귀하기를 원했지만 다시 받아들이는 것을 거부했습니다. 저는 오늘날 죄를 범한 어떤 형제가 참된 회개의 표시를 보여주었을 때 다시 받아들이기를 거부한 기독교 교회가 있는지 거의 모르겠습니다. 초기의 그리스도의 교회들과 비교해 보면 오늘날의 교회들은 하나님의 은혜가 그들에게 임했던 것만큼 우리에게도 임했다고 말할 수 있습니다. 그리고 우리는 오늘날의 교회와 과거의 교회를 부당하게 비교함으로써 오늘날의 교회에서의 성령의 역사를 계속 깎아내릴 권리를 갖고 있지 않습니다. 그들도 오늘날 우리들처럼 잘못을 많이 저질렀습니다. 그들도 우리들과 똑같이 여러 가지 면에서 부족함이 있었습니다. 그러므로 교회에 대하여 악의적인 비난을 하기보다는 우리 각자가 개인적으로 성화를 추구하고, 거룩한 삶의 영향력이 나머지 다른 사람들에게 스며들도록 노력함으로써, 마땅히 되어야 할 교회의 모습을 이루도록 하나님 앞에서 최선을 다하는 것이 가장 좋은 일입니다.

바울은 데살로니가 교회 안에서 자기를 근심시킨 사람들에 대하여 생각하다가 나머지 다른 교인들에게 권면하는데, 그들에게 이렇게 말합니다. "형제들아 너희는 선을 행하다가 낙심하지 말라." 앞으로 이 말씀을 살펴볼 것인데, 첫 번째로, 본문이 그리스도인의 삶을 요약하고 있음을 주목할 것입니다. 그것은 "선을 행하다가"에 나타나 있습니다. 그리고 두 번째로, 낙심하는 것에 대하여 본문이 매우 분명하게 경고하고 있다는 점을 살펴보도록 하겠습니다. 본문은 그리스도인의 삶 속에 나타나는 몇 가지 낙심의 원인들을 암시하고 있습니다. 마지막 세 번째로, 때때로 우리의 영혼이 낙심을 하나의 핑곗거리로 내세울 때 이런 핑계를 무력화시킬 몇 가지 논증을 제시하는 것으로 설교를 마치도록 하겠습니다.

1. 본문은 그리스도인의 삶을 요약함

먼저 첫 번째 요점을 살펴보겠습니다. 성도 여러분, 본문에는 그리스도인의 삶을 요약하는 내용이 담겨 있습니다. 그것은 "선을 행하다가"입니다. 선을 행하는 것, 이것이 여러분이 행해야 할 것의 전부입니다. 예수님의 피로 구속받고, 마음의 영이 새롭게 된 여러분이 말입니다. 여러분은 선을 행하는 것으로 인생을 보내야 합니다.

그런데 이것은 매우 포괄적인 말이고, 우리는 여기에 일상생활의 평범한 행위가 포함되어 있다고 확신합니다. 여러분은 바울이 앞에서 일하지 않는 일부 교인들에 대하여 말한 것을 알고 있을 것입니다. "도무지 일하지 아니하고"(11절). 그래서 바울은 그들에게 일하여 자기 양식을 먹으라고 명령합니다. 따라서 문맥으로 보아 사람이 일용할 양식을 위하여 하는 일은 바울이 말하는 선을 행하는 것의 한 부분임이 분명합니다. 선을 행하는 일은 설교하고 기도하고 집회에 참석하는 것이 전부가 아닙니다. 이런 일들도 나름대로 유용합니다. 그러나 선을 행하는 것에는 가게 문을 열고 물건을 파는 것이 포함됩니다. 소매를 걷어붙이고 하루의 일과를 잘 감당하는 것이 포함됩니다. 여러분이 가사에 종사하는 사람이라면 마루를 닦고 의자의 먼지를 터는 것도 포함됩니다. 선을 행하는 것은 삶의 관계 속에서 감당해야 할 의무들을 이행하는 것을 포함합니다. 다시 말하면, 이 의무들을 주의 깊게 감당하는 것, 곧 눈속임이나 사람을 기쁘게 하기 위해서가 아니라 모든 일을 하나님을 섬기는 자세로 행하는 것입니다. 사람들이 이처럼 단순하고 평범한 일들을 선을 행하는 것으로 느끼기가 쉽지 않다는 것을 압니다. 어머니에게는 때때로 집에서 쉬면서 자녀들의 옷을 꿰매는 것이 기도회에 참석하는 것만큼 "선을 행하는 것"이 아닌 것처럼 보입니다. 그러나 기도회에 가기 위하여 다른 의무를 게을리하게 된다면 그것은 악을 행하는 것이 될 수도 있습니다. 구두 수선공의 무릎돌이나 목수의 손도끼는 거룩한 것이 아니므로 그것들로는 하나님을 섬길 수 없고, 하나님을 섬기기 위해서는 성경책을 끼고 시간을 쪼개 부흥회에 참석하거나 찬송가를 꺼내 즐겁게 찬송을 불러야 한다고 여기는 일종의 미신이 여전히 사람들 사이에 있습니다. 물론 그렇다고 해서 저는 열정과 열심을 갖고 신앙적인 모임에 참여하는 것을 반대하는 말을 한 마디도 하지 않았습니다. 이런 일들은 당연히 행해져야 합니다. 하지만 다른 일들도 어떤 식으로든 행해지지 않고 방치되거나 무시되어서는 안 됩니다.

여러분도 아시다시피, 베드로가 환상 중에 하늘에서 내려오는 보자기를 보았을 때 그 안에는 각종 짐승과 기는 것들이 들어있었습니다. 하나님은 기는 것들에 대해서까지 자신이 깨끗하게 하신 것이니, 그것들을 속된 것으로 여기지 말라고 말씀하셨습니다. 저는 이 말씀을 통해, 다른 많은 것들 가운데 매우 사소한 섬김의 형태라고 해도, 심지어는 매우 평범한 일상적인 행동들까지도, 만약 그것들이 하나님을 위하여 행해진 것이라면, 깨끗하게 되고, 거룩한 것들이 되고, 절대로 무시되어서는 안 된다는 것을 깨닫습니다. 여러분의 교회를 헐뜯지 마십시오. 대신 여러분의 가정을 여러분의 교회로 만드십시오. 여러분은 성직자의 제복에 대하여 흠을 잡기 좋아하지만 오히려 여러분의 평상복을 여러분의 제복으로 삼고, 그 옷을 입고 있을 때 살아 계신 하나님을 섬기는 제사장이 되십시오. 미신을 물리치십시오! 모든 장소를 거룩한 곳으로 여기고, 모든 날을 거룩한 날로 지키며, 여러분이 행하는 모든 행동이 주 예수 그리스도께서 자신의 보혈로 씻은 모든 영혼에게 요청하신 제사장 직분의 한 부분이 되게 함으로써 미신을 제거하십시오.

만일 여러분이 이런 평범한 일들을 행하지 않은 결과를 생각해 본다면 이 일들이 선을 행하는 것이라는 점은 매우 분명합니다. 한 아버지가 있는데, 그는 자기가 하는 일 ― 매우 평범한 일 ― 은 특별히 하나님을 기쁘시게 하는 일이 될 수 없다고 생각합니다. 그는 하나님을 섬기기를 바라고, 그래서 출근하지 않고 집에 머무르고, 공장의 종이 울리고 그곳에 있어야 할 시간에 기도하러 이층으로 갑니다. 그는 오전에 집회가 있다는 소식을 듣습니다. 그래서 그 집회에 참석합니다. 또 한 번 더 기도의 시간을 갖습니다. 그는 그런 식으로 한 주간을 보내고, 토요일 밤에도 아내를 위하여 아무 일도 하지 않습니다. 따라서 그가 악을 행했다는 것을 여러분도 금방 알 것입니다. 왜냐하면 그것은 자신의 가정을 위하여 부과된 의무였기 때문입니다. 만일 어떤 사람이 남편이자 아버지로서 아내와 어린 자녀를 위하여 일용할 양식을 마련하는 일을 게을리한다면 온 세상이 그를 욕할 것입니다. 본성 자체도 "이 사람은 선한 일을 했다고 할 수 없다"고 말하지 않겠습니까? 그것은 결코 선을 행하는 것이 될 수가 없습니다. 얼핏 보기에는 일용할 양식을 위하여 일상적인 수고를 하는 것은 매우 평범한 일처럼 보일 수 있지만, 만약 여러분이 그렇게 생각하고 이 일을 게을리한다면, 그 일을 그렇게 방치하는 것은 결코 사소한 일이 아니고 온갖 해악을 가져올 것입니다.

반면에 이렇게 생각해 봅시다. 매우 경건해 보이는 — 마르다를 부끄럽게 할 정도로 — 한 그리스도인 여성이 있는데, 마르다와 같은 모습으로 봉사하는 섬김은 귀찮아서 전혀 할 수 없다고 생각하고 항상 조용히 앉아 성경을 읽고, 기도하고, 묵상하는데 시간을 보내고, 자녀들은 씻기지도 않고 방치하고, 가정을 위해서는 아무 일도 하지 않습니다. 그리고 세속적인 사람이었을 남편은 가정에서 아무 위로를 받지 못하자 밖으로 돌아 나쁜 친구들과 어울렸습니다. 진실로 남편은 금방 파멸에 이르고 말 것입니다. 여러분은 아내의 행동에서 선을 행하는 것과 관련하여 어떻게 보든 위선적이라는 것을 확실히 알 수 있을 것입니다. 아내의 이런 행동은 선을 행하려는 것도 아니고, 사실상 선을 행하는 것이 될 수도 없습니다. 왜냐하면 그런 위치에 있는 그리스도인 여성이 감당해야 할 일차 임무는 가정을 규모 있게 잘 보살피는 일이 될 것이며, 그런 입장이라면 그리스도 예수도 그렇게 하셨을 것입니다.

오, 사랑하는 성도 여러분, 다른 의무를 희생시킨 결과 그 피가 빨갛게 물든 한 의무만 제물로 바침으로써 하나님께 문제 있는 제사를 드리지 않도록 의무들을 균형 있게 수행하는 것이 지혜입니다. 가이사의 것은 가이사에게 바치고, 하나님의 것은 하나님께 바칩시다. 남편과 자녀와 가정에 바쳐야 할 것은 마땅히 남편과 자녀와 가정에 바쳐야 합니다. 물론 그렇다고 해서 하나님께는 찌꺼기만 바치라고 말하는 것이 아닙니다. 그 섬김과 다른 모든 것은 하나님께 바쳐야 합니다. 하나님은 여러분이 번제물을 위하여 도둑질하는 것을 바라시지 않습니다. 하나님은 여러분이 다른 사람들에게 행해야 할 의무를 행하는 것을 자신에게 행하는 것으로 받으실 것입니다. 그러므로 일상생활이 "선을 행하는" 일 속에 포함되는 것입니다.

저는 또 문맥을 통해 누구든 가난한 자를 보살피고 궁핍한 모든 자에게 선을 베푸는 것이 "선을 행하는 일"에 포함되어 있다는 결론을 내릴 것이라고 생각합니다. 문맥은 데살로니가 교회 안에, 일하여 자기 양식을 먹지 않고 기독교의 자선을 악용하여 자선에 생계를 의지하는 사람들이 더러 있었다고 말하는 것으로 보입니다. 그래서 바울은 "형제들아 너희는 선을 행하다가 낙심하지 말라"고 말하는 것입니다. 어떤 이들이 말하는 것처럼, 이렇게 말하지 마십시오. "정말 사기꾼들이 많구나. 나는 그런 자들에게는 아무것도 주지 않겠다. 여러 번 속았지. 그동안 나의 자선을 악용하는 사람들을 도왔지. 이제는 절대로 그런 자들을 위해 지갑을 열지 않을 거야. 아니면 다른 방법으로 자선을 하겠다." 바울은 이렇게 말합니다. "절대로 그렇게 해서는 안 됩니다. 선을 행하다가 낙심하지 마십시오." 기회 있는 대로 모든 이에게 착한 일을 하되, 더욱 믿음의 가정들에게 하는 것이 그리스도인의 의무의 한 부분입니다. 그것은 그리스도의 교훈 가운데 하나입니다. "네게 구하는 자에게 주며 네게 꾸고자 하는 자에게 거절하지 말라"(마 5:42).

궁핍 속에 있는 자들에게 아량을 베푸는 일반적인 정신은 복음과 조화를 이루는 정신입니다. 그 반대는, 고결한 마음에서 우러나오는 사랑이 특징인 복음과는 어울리지 않고 엄격함이 특징인 율법과 어울리는 정신일 것입니다. 그리스도인 형제 여러분, 여러분은 여러분 자신의 일뿐만 아니라 다른 사람들의 일까지 돌아보아야 합니다. 여러분은 곤경 속에 있는 사람들은 그리스도의 몸의 한 부분일 뿐만 아니라 여러분 자신과 같은 존재로 여겨야 함을 명심해야 합니다. 여러분의 힘이 미치는 한, "마음이 약한 자들을 격려하고 힘이 없는 자들을 붙들어 주며 모든 사람에게 오래 참으십시오"(살전 5:14). 또 "선을 행하는" 일의 영역 속에는 궁핍 속에 있는 모든 자를 자비롭고 친절하게 보살피는 것이 포함되어 있습니다.

그러나 성도 여러분, 그리스도의 삶의 요약인 "선을 행하는" 것의 범위는 매우 폭이 넓기도 하지만 중심에 더 가까이 있는 일들이 포함되어 있습니다. "선을 행하는 것"은 주 나의 하나님을 온 마음을 다해 사랑한다는 것을 의미합니다. 곧 하나님과 교제하는 것, 나 자신을 하나님께 바치는 것, 내가 갖고 있는 모든 것을 하나님의 나라 확장과 하나님의 영광스러운 이름을 높이기 위하여 바치는 것을 가리킵니다.

여러분이 선을 행하는 것이 무슨 뜻인지 알기를 원한다면 당장 몇 가지 예시와 시금석을 제시해 보겠습니다. 하나님의 명령에 순종하여 행하는 모든 것이 선을 행하는 것의 의미입니다. 만약 여러분이 그렇게 하는 것에 관한 하나님의 말씀을 갖고 있다면 그것은 선을 행하는 것입니다. 어떤 사람들은 여러분에게 신중하지 못하다고 말할지 모르지만 하나님이 여러분에게 명령하는 것을 행한다면 그것이 선을 행하는 것이고, 그렇게 하는 것이 신중한 것입니다. 결국 여러분은 그것이 그렇다는 것을 알게 될 것입니다. 하나님이 "이 일을 하라"고 말씀하시면 즉시 그 일을 하십시오. 그것이 선을 행하는 것입니다. 또 하나님께서 "하지 말라"

고 말씀하시면, 선을 행하는 것은 그 저주받은 일을 하지 않는 것입니다. 여러분 자신의 지혜와 신중함이 하나님의 명백한 명령의 맹렬한 힘 안에 날아들지 않도록 하십시오. 하나님께서 여러분에게 명하시는 것을 행할 때 여러분은 선을 행하는 것이고, 여러분이 자신을 변호하는데 문제가 되지 않을 것입니다. 하나님은 하나님의 뜻을 자기의 삶의 법칙으로 삼는 자가 혼동에 빠지지 않도록 조치를 취하실 것입니다. 그러므로 우리는 항상 그렇게 해야 하겠습니다.

첫 번째 요점을 당연한 것으로 받아들인다면, 두 번째 요점은 **믿음으로 행해지는 모든 것이 선을 행하는 것**이라는 것입니다. "믿음을 따라 하지 아니하는 것은 다 죄니라"(롬 14:23). 즉 여러분이 행하는 일이 옳다고 하더라도, 여러분이 그것이 옳다는 것을 믿지 않는다면, 여러분에게 그것은 옳지 않은 것입니다. 저는 할 수 있지만 여러분은 해서는 안 되는 일들이 많이 있습니다. 왜냐하면 여러분이 그것을 하는 것이 옳다고 생각하지 않기 때문입니다. 그러므로 여러분은 삼가야 합니다. 다시 한 번 말씀드리는데, 어떤 일이 본질적으로는 나쁜 일이 아니더라도, 그것이 여러분에게 잘못된 일로 보인다면, 그것은 여러분에게 잘못된 일이 될 것입니다. 그러므로 해서는 안 됩니다. 바울은 우상에게 바쳐진 고기를 양심에 거리낌이 없이 먹을 수 있었습니다. 하지만 그런 고기를 먹으면 우상 숭배에 참여하는 것이 된다고 생각하던 사람들이 있었습니다. 바울은 그렇게 생각하지 않았고, 추가로 이렇게 말했습니다. "우상은 세상에 아무것도 아니며"(고전 8:1), "무릇 시장에서 파는 것은 양심을 위하여 묻지 말고 먹으라"(고전 10:25). "의심하고 먹는 자는 정죄되었나니"(롬 14:23). 만약 그것에 대하여 의심을 갖고 있고, 그래서 그러면 안 된다고 생각하고 있다면 그렇게 해서는 안 됩니다. 또 양심에 어떤 가책을 일으키는 일을 행한다면 선을 행하는 법을 실천하는 것이 아닐 것입니다. 만일 여러분이 성경의 근거를 갖고 "하나님이 이것을 허락하시고, 나는 이것을 행할 수 있고, 하나님께서 그것을 허락하신다는 것을 느끼고 있다"고 말할 수 있다면, 여러분은 다른 일이 아니라 바로 그 일을 행할 때 선을 행하게 되는 것입니다.

또 하나님에 대한 사랑 때문에 행해지는 모든 것이 선을 행하는 것입니다. 아, 이것은 거듭나기 전에는 누구도 갖지 못하는 동기입니다. 그러나 사랑이신 하나님께서 우리를 자신의 형상으로 낳으셨을 때 우리는 하나님을 사랑하고, 사랑이 우리의 모든 행동의 동기가 됩니다. 사랑하는 성도 여러분, 우리의 전체 행동의 핵심 원동력이 이것이라고 저는 생각합니다. 곧 여러분은 하나님을 사랑하기 때문에 하나님의 종이나 하나님의 사역자가 되는 것입니다. 또 하나님을 사랑하기 때문에 가난할 때에도 참는 삶을 살고, 또는 여러분에게 맡겨진 재물을 분별력 있고 인색하지 않게 사용하는 삶을 살아갑니다. 만일 어떤 사람이 하나님을 사랑하지 않는다면 그가 선을 행할 수 있는 일은 참으로 적을 것입니다. 그렇습니다. 하나님을 사랑하지 않는다면 선을 행하는 모든 일의 뿌리가 없는 것입니다.

우리가 주 예수의 이름으로 행하는 것이 곧 선을 행하는 것입니다. 이렇게 주 예수의 이름으로 행동해야 할 때 일부 신앙고백자들은 많은 행동을 그만두어야 할 것입니다. 이에 대하여 우리는 다음과 같은 권면을 갖고 있습니다. "무엇을 하든지 말에나 일에나 다 주 예수의 이름으로 하고"(골 3:17). 만일 여러분이 주 예수의 이름으로 할 수 없는 어떤 일이 있다면 그 일을 하지 마십시오. 왜냐하면 여러분에게는 그것이 선한 일을 행하는 것이 아니기 때문입니다. 주 예수의 이름으로 여러분은 일상적인 일을 해야 합니다. 왜냐하면 예수님도 30년 동안 목공소에서 그렇게 자신의 일상적인 일을 하셨기 때문입니다. 여러분도 그 소명이 옳은 것이라면 여러분의 소명의 모든 의무를 주 예수의 이름으로 행해야 합니다. 그것이 그렇지 않다면 여러분은 그렇게 할 권리를 전혀 갖고 있지 못한 것이므로 즉각 그렇게 하는 것을 멈추어야 합니다. 여러분이 구원받은 영혼이고 여러분의 마음이 주님을 향해 올바르다면, 사람들이 행하는 모든 일을 여러분은 주 예수의 이름으로 해야 합니다.

또한 우리가 하나님의 힘으로 행하는 모든 일이 곧 선을 행하는 것입니다. 우리는 이스라엘의 거룩하신 이에게서 그것을 행할 능력을 받지 않으면 결코 선을 행하지 못합니다. 그리스도인의 삶 속에서 모든 참된 열매를 맺게 하시는 당사자는 하나님의 영이십니다. 우리가 그리스도 안에 거하지 않고 그리스도에게서 오신 거룩하신 영의 수액을 받지 않으면 우리는 절대로 열매를 맺을 수 없습니다. 왜냐하면 그리스도께서 "나를 떠나서는 너희가 아무것도 할 수 없음이라"(요 15:5)고 말씀하시기 때문입니다. 그렇습니다. 하나님의 힘으로 행하는 것이 선을 행하는 것입니다. 오직 그리스도의 은혜 외에 그렇게 할 만한 것이 제게 없다는 것을 인정하고, 그리스도에 대한 사랑으로 말미암아 제가 갖고 있는 작은 힘으로 그 일을 한다면 저의 행위는 선을 행하는 행위가 될 것입니다. 비록 저의 실패와 잘못을 슬퍼한다고 할지라도 저는 참된 마음으로 하나님께 영광을 돌리려고 애쓰고 있고, 주님을 위하여 무엇이든 해야겠다는 거룩한 충동에 자신을 복종시키고 있음을 느낄 수 있을 것입니다. 이렇게 그리스도인으로 살고 있는 한 저는 선을 행하며 살아야 합니다.

성도 여러분, 우리는 잘 되기를 바라는 마음이 무척 큽니다. "소원이 말(馬)이라면 거지라도 탈 수 있을 것이다"라는 속담처럼, 바라는 것은 무척 쉬운 일입니다. 만약 바라는 것으로 다 된다면 매우 훌륭한 성도들이 주변에 많이 있을 것입니다. 그러나 그리스도인이 실제로 할 일은 마땅히 행해야 한다고 알고 있는 일을 행해야 하는 것입니다. 곧 선을 행하는 것입니다. 굳게 결심하는 것은 누구나 갖고 있는 습관입니다. 능숙한 주장과 날카로운 비판은 우리 대부분에게서 쉽게 발견되는 마음의 기질입니다. 여러분 가운데 어떤 이들은 주머니에 손을 쑤셔 넣은 채 다른 모든 사람을 매우 강도 높게 비판할 수 있습니다. 말을 잘하는 것이 선을 행하는 것보다 훨씬 더 통상적으로 볼 수 있는 모습입니다. 그러나 그리스도인의 삶은 이런 것들로 이루어지는 것이 아닙니다. 만일 하나님이 여러분에게 성령의 생명을 주셨다면 여러분은 새싹과 봉오리와 꽃만 맺는 것이 아니라 열매도 맺게 될 것입니다. 선행의 열매를 말입니다.

지금까지 첫 번째 요점에 대하여 충분히 설명했습니다.

2. 본문은 선을 행하다가 낙심하지 말라고 경고함

이제 두 번째 요점으로 시선을 돌리는데, 그것은 곧 선을 행하다가 낙심하지 말라는 경고입니다. 여러분은 "하나님의 자녀가 선을 행하다 낙심하는 것이 가능합니까?"라고 말할 것입니다. 저도 그렇게 생각합니다. 성경 다른 곳에서 "우리가 선을 행하되 낙심하지 말지니 포기하지 아니하면 때가 이르매 거두리라"(갈 6:9)고 말씀하는 것을 저는 기억합니다. 그런데 "포기하지 아니하면"의 난외 독법은 "포기하지 말라"입니다. 당연히 선을 행하고 하나님을 위해 사는 것이 복된 일입니다. 그러나 마음은 원이로되, 육신이 약합니다. 우리는 가장 복된 일을 할 때 낙심하게 될 위험이 있습니다.

첫 번째 위험은 본문의 문맥에 나타나 있습니다. 우리의 선한 행위의 가치를 알아주지 않기 때문에 선을 행하는 것을 포기하는 경향이 있습니다. 이미 말한 것처럼, 데살로니가 교회 안에는 충성된 성도들이 낸 헌금을 받아 놀고먹으면서 선한 일은 조금도 하지 않고 오히려 이웃에게 골칫거리가 되고 민폐가 되는 사람들이 있었습니다. 당연히 교회 안의 다른 사람들의 자연스러운 반응은 "다른 사람들은 어떻게 생각하는지 모르겠지만 나는 더 이상 헌금을 하지 않겠다"고 말하는 것이 될 것입니다. 이런 반응에 대하여 바울은 "아니요. 선을 행하다가 낙심하지 마시오"라고 말합니다. 그 사람이 여러분의 헌금을 악용하는 것은 나쁜 일입니다. 하지만 그것 때문에 여러분의 마음이 완악해진다면 그것은 훨씬 더 악한 일입니다. 물론 낭비하는 사람에게 베푸는 것은 손실입니다. 하지만 전혀 베풀지 않는 것은 더 큰 손실입니다.

언젠가 한 사람이 저에게 선교에 대한 질문을 한 것을 기억합니다. "정말 큰 문제는 '우리가 이교도에게 복음을 전하지 않는다면 그들이 구원받지 못하게 될 것이 아닌가?'가 아니라 '그들에게 복음을 전하지 않는다면 우리가 과연 구원받을 수 있을까?'입니다." 그리스도인의 구제도 마찬가지입니다. 우리가 베푸는 것으로 말미암아 그 사람에게 얼마나 도움이 되느냐, 아니면 해가 되느냐가 문제가 아니라 궁핍 속에 있는 형제에 대하여 우리가 전혀 연민을 갖고 있지 않다면 우리가 어떻게 되겠는가가 문제입니다. 우리가 결국 이런 상태에 빠져 "내가 지금까지 해온 것이 악용되는 것을 보니 정말 낙심이 된다"고 말한다면 우리 영혼에 얼마나 악한 영향을 미치겠습니까? 그것이 현시대의 통상적인 유혹이라고 저는 믿습니다. 정치경제학자와 신문기자들은 이구동성으로 우리가 가난한 자를 도와주는 것은 우리가 할 수 있는 일 가운데 가장 악한 일 가운데 하나라고 말하는 것을 봅니다. 하지만 우리가 빈민구제법을 핑계로 가난한 자를 돕지 않는 것은 정말 끔찍한 일입니다. 아마 그들은 빈민구제법을 하늘나라 버금가는 것으로 평가하는 것 같습니다. 그러나 제가 보기에 빈민구제법과 하늘나라는 엄청난 간격의 차이가 있습니다. 따라서 그리스도인들은 지속적으로 자신의 선한 행실을 통해서, 선한 일을 악으로 왜곡시키는 동료 인간들에 항변함으로써, 믿는 마음, 그리스도인의 마음, 거듭난 마음을 빼앗기지 않도록 조심해야 한다고 생각합니다.

우리는 또 게으름의 본보기는 다른 사람들을 게으름으로 이끄는 유혹이 되므로 경고를 받아야 할 필요가 있습니다. 데살로니가 교회 안에 일하지 않고 놀고먹는 사람들이 있었다면 의심할 것 없이 "우리도 똑같이 하자. 저 사람은 손끝 하나 까딱하지 않고 그저 돌아다니며 잡담만 하고 단맛만 보는데 왜 나는 그렇게 못하겠는가?"라고 말하는 사람들이 있었을 것입니다. 그러나 바울은 이렇게 말합니다. "아니요. 선을 행하다가 낙심하지 마시오. 일상 업무를 포기하지 마십시오. 다른 사람들이 그렇게 했다고 해도 어떤 섬김의 사역이든 그만 두지 마십시오. 그들을 보면 일을 만들기만 하는 자들이라는 것을 여러분도 확인할 수 있을 테니까요. 여러분은 그들과 같은 훼방꾼이 되지 않기를 바랄 것입니다. 그러므로 그들의 행위를 피하십시오. 온 힘을 다하여 피하십시오. 외관상으로 아무 일도 하지 않으면서 번창하는 사람들을 본다고 해도 선을 행하다가 낙심하지 마십시오."

다시 말하지만, 제가 생각할 때 바울은 우리에게 "부당하고 악한 사람들 때문에 선을 행하다가 낙심하지 말라"고 말하는 것입니다. 방금 우리는 그것을 확인했고, 저는 그것에 대하여 설명했습니다. 누군가 그리스도에 대하여 매우 진지해지면 그리고 하나님의 영광을 위하여 자신을 내놓으면, 그 주변에는 부당하고 악한 사람들이 몰려들기 마련입니다. 새들은 과수원을 향해 날아갈 때 버찌가 매우 달콤하고 탐스럽게 익은 벚나무에 다다를 때까지 서로에게 아무 말을 해주지 않습니다. 새들은 단숨에 날아가 온 힘을 다해 먹이를 쪼아대기 시작합니다. 주님을 위하여 거의 하는 일이 없는 평범한 그리스도인에 대해서도 마찬가지입니다. 누구도 별로 말하지 않습니다. 아니, 어쩌면 "그는 크게 존경할 만한 사람이야. 신앙 때문에 다른 사람들을 괴롭히는 법이 없거든"이라고 말할지도 모릅니다. 그러나 그가 열심 있는 자가 되어보십시오. 그의 열매가 주님 앞에서 탐스럽고 달콤하게 되어 보십시오. 확신하건대, 여러분이 생각한 것보다 더 많은 새들이 몰려들 것입니다. 그리고 그 탐스러운 열매를 마구 쪼아댈 것입니다. 하나님이 가장 좋게 인정하는 것을 그들은 가장 격렬하게 비난할 것입니다. 성도 여러분, 만약 여러분이 그런 경우에 처한다면 비판하는 자들로 말미암아 선을 행하다가 낙심하지 마십시오. 어쨌든 사람들이 우리를 어떻게 생각하느냐가 무슨 대수겠습니까? 우리가 그들의 종입니까? 우리가 그들의 힘으로 살고 있습니까? 그들이 자기들의 칭찬이 우리를 우쭐하게 하고 높일 것이라고 생각합니까? 그들이 자기들의 비판 때문에 우리가 잠을 못 자고, 심지어는 정신이 혼란스러울 것이라고 상상합니까?

확신하건대, 우리가 주님을 올바로 알고 있다면 앤 애스큐(Ann Askew)와 같은 마음을 갖게 될 것입니다. 그녀는 고문을 당한 뒤에 뼈가 다 으스러진 상태에서 극도의 고통을 느끼는 가운데 자기를 고문한 자들에게 이렇게 말했습니다.

> "배가 아무리 기울더라도
> 내가 닻을 버리지 않으면
> 아른거리는 짙은 안개 속에서도
> 내 배는 요지부동하리라."

그녀는 그렇게 폭풍을 견뎠습니다. 박해자들 때문에 닻을 내버릴 마음이 조금도 없었습니다. 하나님께서 양들의 우는 소리와 이리들의 으르렁거리는 소리에서 여러분을 완전히 구원하시게 될 때 하나님께 영광돌리십시오. 그리고 여러분의 원수들이 말하는 대로 그대로 놔두십시오. 그들이 원하는 대로 계속 말하게 놔두십시오. 다만 여러분의 마음을, 선을 행해야 한다고 알고 있는 것에 계속 고정시키십시오. 그러면 여러분의 주님께서 "잘 하였도다!"라고 말씀하실 것입니다.

한 가지만 더 말해 봅시다. 선을 행하지 못하도록 만드는 유혹은 교회 밖의 악인들 때문만이 아니라, 본문의 문맥에 따르면, 교회 안에서 일을 만들기만 하는 자들 때문에 주어지기도 합니다. 이들 가운데 얼마는 남자들입니다. 또 얼마는 여자들입니다. 일을 만들기만 하는 자들은 어디나 있습니다. 그들은 명확하게 말하지 않습니다. 속삭이고, 한숨을 지으며 말합니다. 어느 때는 말없이 어깨만 들썩거립니다. "아무개 부인은 정말 훌륭해. 그리스도를 위하여 얼마나 훌륭한 일을 하고 있을까!" "음, 맞아. 하지만-" "이 사람은 어떤가! 하나님께서 영혼을 구원하는데 이 사람을 얼마나 크게 사용하시는지!" "그래, 아, 맞아. 나도 그렇게 생각해. 하지만-" 이것이 그들의 스타일입니다. 그런 후에 즉시 애매한 말들을 쏟아내고, 평가절하하는 말들이 튀어나옵니다. 저는 이런 무익한 사람들의 빈정대는 말에 상처를 입은, 마음 약한 사람들을 얼마간 알고 있습니다. 그런데 정작 그들은 자기들이 일으킨 고통을 알지 못하고 있습니다. 저는 그들이 그것을 알기를 바랍니다. 오히려 그들은 그것을 돕는 것으로 생각할 것입니다.

그런데 우리가 알고 있는 것처럼 하나님의 백성들 속에도 아무 생각 없이 입에 거품을 물고 빈정대는 말을 하는 자들이 많습니다. 만일 이런 사람이 이 자리에 있다면 그 나쁜 습관을 버리라고 간청하고 싶습니다. 만일 이 자리에 있는 어떤 형제나 자매가 이런 사람들 때문에 고통을 받은 적이 있다면 감당할 수 없을 정도로 괴로워하지 마십시오. 이 무익한 사람들의 말은 일고의 가치도 없기 때문입니다. 그런 말 때문에 마음을 희생시키지 마십시오. 정말이지, 그 말 속에는 아무것도 들어 있지 않으니 말입니다. 사람들이 던지는 모든 오물은 마르면 솔로 털어낼 수 있습니다. 여러분은 풀이 무성한 오솔길을 따라 천국으로 가고 있는데, 아침마다 여러분을 위하여 풀이 깎여 이슬이 굴러 떨어져 있어야 한다고 기대하겠습니까? 만일 그렇게 기대한다면 착각하는 것입니다. 여러분은 이 일을 만들기만 하는 자들이 여러분에 대하여 하는 말에서도 뭔가 배울 수 있어야 합니다. 물론 그들의 말은 사실이 아닙니다. 그러나 성도 여러분, 만일 그들이 여러분이 어떤 사람인지 더 잘 알았더라면 사실보다 훨씬 더 악한 말을 했을 것입니다. 그들은 허물이 없는 곳에서 허물을 끄집어냈습니다. 물론 여러분은 그들도 모르는 허물이 있다는 것을 알고 있습니다. 다음에는 그 허물들을 끄집어내지 못하도록 고치는 것이 더 낫지 않겠습니까?

　시기와 악의로 가득 찬 독수리의 눈도 심지어는 우리가 선을 행하도록, 더 잘 깨어 있도록, 부지런히 선을 행하는 일에 더욱 힘쓰도록 거룩하게 쓰임받을 수 있습니다. 그러므로 낙심하는 심령이여, 용기를 내십시오! 그것은 머지않아 완전히 극복될 것입니다. 우리가 심판대 앞에 서게 될 때 거기서 친구들의 말과 원수들의 위협은 아무 소용이 없게 될 것입니다. 우리는 지금 이런저런 일로 시험을 받고 있습니다. 하지만 그 시험의 결과가 무슨 문제가 되겠습니까? 주님은 영들을 저울에 다실 것입니다. 하지만 마지막 날에 그 큰 저울에 달리게 된다고 할지라도 하나님의 은혜로 말미암아 "너를 저울에 달아 보니 부족함이 보였다"(단 5:27)고 선언하는 선고를 받지 않게 될 것입니다. 오히려 이 사건은 영원한 기쁨의 주제가 될 것입니다. 그 판결을 바라보고, 사람들의 칭찬이나 비난에 귀를 기울이지 맙시다.

3. 낙심의 폭풍에서 우리를 지켜줄 몇 가지 논증

　마지막으로, 사랑하는 형제들을 이런 낙심의 폭풍에서 지켜줄 몇 가지 논증을 제시하는 것으로 설교를 마치고자 합니다. 그리스도를 위하여 산에 올라가다 매우 강하게 불어오는 폭풍을 만났을 때, 여러분은 그 강풍에 얼굴을 꼿꼿이 세우고 변함없이 전진하기를 바랍니다. 천국으로 가는 인생길에서 매순간 싸워야 할 때 계속 맞서 싸우기를 바랍니다. 하나님의 영이 여러분에게 그렇게 싸울 수 있는 힘을 주시기를!

무엇보다 먼저 여러분은 이렇게 말할 것입니다. "오, 이 일 곧 항상 흰 옷이 되도록 하는 것은 힘든 일입니다. 선을 행하는 것은 참으로 많은 수고를 필요로 합니다. 낙심하게 될까봐 두렵습니다." 그런데 저는 여러분이 처음 사업을 시작했을 때를 기억하라고 권면하고 싶습니다. 그때 여러분은 얼마간 돈을 벌기를 원했고, 그래서 얼마나 아침 일찍 일어나고, 하루 종일 얼마나 많은 시간을 열심히 일했는지 모릅니다! 그러나 지금 흰 머리가 희끗희끗 보이는 여러분은 그때 모든 사람이 여러분이 모든 일을 힘차게 해내는 모습을 보고 놀랐던 것을 알고 있습니다. 그때 여러분은 두세 사람 몫의 일을 해냈습니다. 무엇 때문에 그렇게 열심히 일했습니까? 여러분 자신을 위해서 일했습니다. 그렇지 않습니까? 사랑하는 성도 여러분, 여러분은 자신을 위해서는 모든 수고를 다 바칠 수 있었는데, 그리스도를 위해서는 그만한 노력을 다할 수 없단 말입니까? 여러분이 바쳤던 수고는 단지 세상 것을 위한 것에 불과했습니다. 영적인 일에 대해서는 그런 적이 없지 않습니까? 이것은 어떤 사람들을 충분히 부끄럽게 할 만합니다. 그들은 사업할 때에는 그런 수고를 보여줍니다. 하지만 그리스도의 일에 대하여 그들이 보여주는 힘은 너무 적습니다.

저는 이전부터 알고 있던 한 형제에 대한 이야기를 종종 했습니다. 그 형제는 기도할 때 아무도 알아들을 수 없이 작은 소리로 기도하는 습관이 있었고, 그래서 기도하려고 일어서면 걱정이 될 정도였고, 항상 그가 매우 작은 목소리를 갖고 있다고 생각했습니다. 그 형제가 하나님께 간구하는 것을 분명히 알아들을 수 없었기 때문에 다시는 기도를 청해서는 안 되겠다고 생각했습니다. 그러던 어느 날 그의 가게를 찾게 되었습니다. 그는 제가 온 것을 몰랐습니다. 그때 그가 "존, 50근 짜리를 가져오게"라고 외치는 소리를 들었습니다. '오, 기도회에서 내는 소리와 사업할 때 내는 소리가 완전히 다르구나'라고 생각했습니다. 이 말은 매우 많은 사람들에 대한 상징입니다. 그들은 세상을 위한 목소리와 그리스도를 위한 목소리가 완전히 다릅니다. 그들은 일상 업무에는 많은 힘을 쏟고, 하나님의 일에 대해서는 얼마나 작은 힘과 비중을 둡니까! 누구든 이 자리에 있는 형제가 마음이 찔린다면 이 말을 깊이 명심하기를 바랍니다. 우리 가운데 얼마나 많은 사람들이 그렇게 하는지 염려되고, 저는 그들에게 이렇게 말해주고 싶습니다. 이 세상의 하찮은 것을 위하여 우리가 그토록 큰 힘을 쏟아 부었다면, 하나님의 은혜에 이토록 큰 빚을 진 우리가 영원한 것을 위하여 주님을 섬길 때에는 어떤 것이 기대되어야 하겠습니까!

　　어떤 사람은 또 이렇게 말할 것입니다. "하지만 이런 선을 행하기 위해서는 너무나 큰 자기 부인을 필요로 합니다. 저는 제가 그리스도인이라는 것을 확신하지만 때때로 계속 반복해서 자기를 부인하고, 한평생 자기 부인의 삶을 사는 것이 내게는 너무 벅차기 때문에 힘이 빠집니다." 물론 그렇습니다. 하지만 사랑하는 성도 여러분, 바울이 여러분에게 무엇을 기억하라고 명령하는지 생각해 보십시오. 바울은 권투 경기를 하는 사람들과, 헬라인들 간에 인기가 있었던 경주에 참가한 사람들을 생각하고 있었습니다. 그들은 단지 월계수로 만든 관을 얻기 위하여 경쟁을 하는 것에 불과했습니다. 그러나 몇 주, 아니 몇 달 전부터 그들은 몸을 관리하고, 몸을 쳐서 복종시켰으며, 즐겼던 모든 것을 철저히 절제함으로써, 근육을 잘 단련시키고 균형 잡힌 체격을 갖추어 가장 좋은 상태로 경기장에 입장했습니다. 지금 바울은 그들이 썩을 승리자의 관을 위하여 그렇게 하지만, 우리는 썩지 아니할 면류관을 위하여 그렇게 한다고 말합니다. 공적인 경기들에서 이긴 승리자들이 절제하며 이처럼 혹독한 훈련을 행하는데, 신앙 고백자들이 별로 행하지 않는 자기 부인의 삶이 자기에게는 너무 가혹하다고 생각한다면, 너무 부끄러워 뺨이 빨갛게 달아오를 것이라고 생각합니다. 이런 자들이 본보기로 우리 앞에 서 있으므로 우리가 선을 행하다가 낙심하지 않도록 하나님께서 무한한 자비로 우리를 도와주시기를 바랍니다.

　　또 어떤 이는 이렇게 말할 것입니다. "아, 하지만 제 자신을 부인할 수 있다고 해도 계속 선을 행하게 되면 박해를 초래하기 때문에 낙심하게 됩니다. 저는 제게 우호적이지 않은 사람들에게 둘러싸여 있습니다. 만일 내 안에 있는 작은 신앙의 불꽃을 짓밟아 버릴 수만 있다면 그들은 당장 그렇게 할 것입니다." 하지만 사랑하는 성도 여러분, 그렇다고 해도 저 먼 곳을 바라보고 선을 행하다 낙심하지 마십시오. 저는 환상 가운데 흰 옷 입은 무리를 볼 수 있습니다. 그들은 각자 종려나무 가지를 손에 들고 함께 기쁘게 승리의 노래를 부르고 있습니다. 저 홍옥 면류관을 쓰고 있는 자들은 누구일까요?

　　　"이들은 십자가를 지고
　　　　죽기까지 주님께 충성한 자들이네.
　　　　십자가에 못 박히신 주님을 따라

주님의 의로우신 진리 안에서 고난을 당한 자들이네."

거장인 폭스(John Fox)의 「순교자 열전」을 꺼내 10여 페이지만 읽어보십시오. 그러면 여러분은 왜 자신을 옛날 성도들과 나란히 둘 수 없는지 알게 될 것입니다. "너희가 죄와 싸우되 아직 피 흘리기까지는 대항하지 아니하고"(히 12:4). 여러분이 받는 박해는 여러분의 귀에 거슬리는 단순한 농담이나 몇 마디의 시시한 희롱에 불과합니다. 그것이 전부입니다. 이런 것들로는 뼈가 부스러지지 않습니다. 오, 성도 여러분, 그들이 그리스도를 인하여 거짓으로 여러분을 거슬러 모든 악한 말을 할 때 즐거워하고 크게 기뻐할 수 있도록 은혜를 구하십시오. 왜냐하면 여러분 전에 있던 선지자들도 이같이 박해를 받았기 때문입니다. 그러므로 낙심하지 마십시오.

그러나 또 다른 사람은 이렇게 말할 것입니다. "아닙니다. 목사님, 저는 그리스도를 위하여 얼마든지 참을 수 있었습니다. 하지만 목사님도 아시다시피, 저는 이웃들에게 선을 행하려고 힘썼고 주일학교 아이들과 다른 사람들에게도 그렇게 하려고 애썼습니다. 그런데 사람들에게 선을 행하려고 하면 할수록 그들은 더 악화되고, 그래서 사실상 선을 행하는 일에는 보잘것없는 결과가 따른다고 생각됩니다. 저는 헛되게 수고했고 힘만 낭비했습니다. 목사님, 목사님도 아시다시피, 뒤로 미루어진 소망은 마음을 병들게 합니다. 메시지를 아무리 부드럽게 전하더라도 그들은 저의 메시지를 거부하고 거절하는 것처럼 보입니다." 자, 이제는 제 말을 들어보십시오. 한평생 제 설교를 들어왔다고 해도, 또 들어보십시오. 당신은 그렇게 불평해서는 안 됩니다. 감히 그렇게 해서는 안 됩니다. 제가 당신을 잘 아는데, 그 이유는 당신이 이 사람들을 사랑하는 것보다 당신을 더 사랑하는 분이 이전에 당신의 마음의 문 앞에 오셨기 때문입니다. 그분은 당신을 위하여 못 박혔던 손으로 그 문을 두드리셨는데, 당신은 그분이 들어오는 것을 거부했습니다. 그분은 두드리고, 또 두드리면서 "문을 열어 다오 내 머리에는 이슬이, 내 머리털에는 밤이슬이 가득하였다"(아 5:2)고 말씀했습니다. 그러나 당신은 그분에게 문을 열어드리지 않았습니다. 그러자 그분은 자신의 길을 가셨고, 당신은 이전보다 훨씬 더 악한 상태가 되었습니다. 언젠가 열어드릴 것이라고 말했지만 그렇게 하지 않았습니다. 한 달이 그냥 지나갔습니다. 아, 절대로 과장해서 하는 말이 아닙니다. 일 년이 그냥 지나갔습니다. "십자가에 못 박히신 사랑의 주님"이 계속해서 당신을 찾아와 자신의 상처와 피를 보이며 간청했지만 당신은 주님을 거절했습니다. 이제야 당신은 주님을 받아들였습니다만 당신 때문이 아닙니다. 주님이 문구멍으로 손을 집어넣지 아니하셨다면 당신은 문을 열지 않았을 테니까요. 어쨌든 그때서야 당신의 마음은 주님을 향해 움직였습니다. 그때 주님은 당신의 영혼 속에 들어오셨고, 당신과 더불어 먹고 계십니다. 그러므로 그 이후로 사람들이 당신에 대하여 문을 굳게 잠갔다고 할지라도 당신은 한 마디도 해서는 안 됩니다. 대신 이렇게 말해야 합니다. "이것은 내가 주님을 그렇게 섬겼기 때문이구나. 모자라지도 않고 넘치지도 않고 정확히 심은 대로 거두는구나. 그러니 주님을 위하여 이 거부를 기꺼이 감수하리라. 나를 위하여 주님이 참으셨으니 나도 참으리라."

　　또 다른 이는 이렇게 말할 것입니다. "어쨌든 저는 저의 삶 속에서 계속해서 선을 행하려고 애를 썼습니다. 많이 베풀었고, 지금도 그렇게 하기를 원합니다. 그러나 저는 별로 보답을 받지 못하고 있고, 선을 행하는 것에 감사의 보답이 별로 없습니다. 만일 약간이라도 감사의 말을 들었다면 그렇게 마음이 상하지는 않았을 것입니다. 정말이지, 더 이상은 선을 행하지 못할 것 같습니다. 조금이라도 어떤 결과를 보았다면 낙심하지 않았을 것입니다." 이미 전했지만 한 번 더 전하겠습니다. 여러분은 이처럼 날마다 땅에 소낙비를 내리시는 분이 계신다는 것을 알고 있지 않습니까? 소낙비를 내리게 하실 때 주님은 떨어지는 빗방울에게 "비야, 너는 감사하는 농부의 곡식 위에만 떨어지고, 소낙비의 모든 유익은 그리스도인들만 받게 하라"고 말씀하지 않았습니다. 그렇게 말씀하지 않습니다. 주님은 구름을 보내시면서 구두쇠의 토지에 폭우가 쏟아지게 하여 그의 재산을 쓸어가 버리도록 하시지 않습니다. 내일 아침에 해가 뜰 때 해는 성도들의 밭만 비추는 것이 아니라 불경한 자의 침대도 비출 것입니다. 오늘 밤에 하나님은 자비의 사역을 감당하는 사람들에게만이 아니라 교만한 손으로 하나님의 법을 어기고 모독하는 자들에게도 달빛을 비추십니다. 하나님은 사람이 죄를 짓는다는 것을 이유로 비나 해나 달을 멈추게 하시거나 별이 빛을 잃게 하시거나 대기 중에 산소 공급을 줄이시거나 바람으로 건강을 해치게 하거나 하시지 않습니다. 그러나 하나님께서 풍성한 은혜를 베푸실 때에도 만국은 은혜를 베푸신 하나님이 아니라 우상과 새긴 형상들에게 감사합니다. 하나님이 포도나무가 열매를 맺게 하실 때 그 열매로 술을 만들어 술에 취하는 다른 민족도 있습니다. 그들은 하나님께서 곡식들에게 명하여 풍성한 수확을 얻게 하실 때 탐식과 폭식과 교만에 빠져 듭니다. 그러나 하나님은 자신의 선물을 제한하시지 않습니다. 그러므로 여러분도 풍성한 은혜를 베푸시는 하나님처럼 낙심하지 말고 계속 선을 행하십시오. 하나님은 여러분에게 그리고 여러분과 같은 수많은 사람들에게 선을 행하셨습니다. 만일 여러분이 사람들에게 선을 행하는 것을 멈추었다면 하나님께 무슨 말을 할 수 있겠습니까? "주여, 이 족속은 주님이 베푸시는 은혜를 받을 자격이 없습니다. 더 이상 은혜를 베풀지 마옵소서." 여러분이 동료 인간들에게 선을 행할 가치가 없다고 말하고 있는 여러분의 행동은 매우 강경하게, 하나님이 그들에게 어떤 선도 행하실 필요가 없다고 생각하는 것과 같습니다. 왜냐하면 하나님이 그들에게 선을 행하신다면 하나님과는 비교할 수도 없는 여러분은 훨씬 더 큰 선을 행해야 하기 때문입니다. 그리고 여러분이 돕는 손길을 멈추고, "더 이상 선을 행하는 것은 소용없는 일이다"라고 말한다면 결과적으로 여러분은 하나님께 동료 인간들에게 절대로 선을 행하시지 말라고 기도하는 것과 같습니다. 그것은 비인간적인 기도이고, 하나님을 시험하는 것입니다. 실제로 이런 기도를 드리는 것과 같은 행동이 우리에게서 절대로 다시는 나오지 않기를 바랍니다.

성도 여러분, 주 예수 그리스도께서 우리의 죄를 도말하셨습니다. 주님은 자신의 피로 우리를 값 주고 사셨고, 그래서 우리는 주님께 속해 있습니다. 주님은 우리에게 하도록 어떤 사역을 맡기시든 간에 그 일을 행할 수 있는 힘도 주실 것입니다. 그러므로 우리는 우리의 일을 기쁨으로 감당해야 합니다. 만일 우리가 불평해 왔다면, 불평만 하며 살았다면, 용서를 구하고, 새롭게 마구(馬具)를 채우며, 이렇게 말해야 합니다. "주님, 이제는 지난날 오랫동안 그랬던 것처럼 제가 살금살금 게으름을 피우는 모습을 보지 못하실 것입니다. 주님이 제게 힘을 주시니, 주님을 위하여 무슨 일이든 하도록 허락받은 것을 큰 영예로 여기고, 심지어는 주님을 위하여 어떤 불편함도 감수하게 된 것에 대하여 감사하면서, 주님의 명령에 따라 주님의 밭에서 곡물을 수확하거나, 주님의 포도밭에서 열심히 일하겠습니다. 주님이 제게 대하여 그토록 크게 참으신 것을 제가 아는데, 어찌 주님을 위하여 무엇이든 참지 못하겠습니까?'

여러분은 광풍에 직면할 수도 있습니다. 그러나 여러분의 주님의 힘으로 힘있게 맞서십시오. 계속 그렇게 하십시오. 멈추지 말고 계속 하던 대로 하십시오. 여러분은 여러분을 사랑하신 주님으로 말미암아 정복자 이상의 존재가 되어 사람들의 온갖 반대를 물리칠 것입니다. 사랑하는 성도 여러분, 그러므로 위로를 받으십시오. 그에게 일어난 어떤 일로 말미암아 형제의 마음이 주님에게서 멀어지지 않게 하십시오. 어느 자매든 그녀가 손을 내려놓지 않게 하십시오. "견실하며 흔들리지 말고 항상 주의 일에 더욱 힘쓰는 자들이 되라 이는 너희 수고가 주 안에서 헛되지 않은 줄 앎이라"(고전 15:58). 하나님께서 많은 사람들을 이끌어 이 사역을 감당하게 하시기를 기도합니다. 그러나 그들은 무엇보다 먼저 예수 그리스도를 믿어야 하겠지요. 그렇게만 한다면 그들 역시 이 복된 사역을 함께 감당할 수 있고, 그들의 상을 받게 될 것입니다. 하나님께서 그리스도로 말미암아 여러분에게 복을 베푸시기를 바랍니다.

제
8
장

—

평강의 보석

—

**"평강의 주께서 친히 때마다 일마다 너희에게
평강을 주시고 주께서 너희 모든 사람과
함께 하시기를 원하노라."** — 살후 3:16

마음이 사랑으로 가득 차면, 원하는 대로 하기에는 손이 너무 연약하다는 사실을 발견하게 됩니다. 그래서 마음은 손이 못하는 것을 중보기도와 축복기도로 대신함으로써 도움을 베풉니다. 마음은 실제로 사랑의 목적을 원하는 대로 달성할 수 없을 때, 바라는 것과 기도하는 것과 축복하는 것으로 대신합니다. 바울은 할 수만 있다면, 데살로니가 교회 교인들을 위하여 자신의 힘으로 할 수 있다고 생각하는 모든 좋은 것을 다 해주었을 것입니다. 그러나 바울의 능력은 그의 간절한 소원을 만족시켜 줄 수 없었고, 그러므로 바울은 그들을 위하여 중보기도를 하고, 자신이 섬긴 주님이 그들에게 복을 내려주시기를 간구하게 되었던 것입니다. 여기에 선을 행하는 비결에 대하여 우리에게 주는 교훈이 있습니다. 우리가 망원경으로 시계(視界)를 넓히고, 전보로 먼 곳까지 말을 전하는 것처럼, 지속적으로 중보기도를 사용하여 선을 행하는 우리의 능력도 크게 확대시켜야 합니다.

부모 여러분, 여러분이 자녀를 위하여 할 수 있는 일을 다 했을 때 기도를 통해 하늘에 계신 크신 아버지께 자녀의 보호를 맡김으로써 더 큰 복을 추가로 자녀에게 제공할 수 있게 된 것에 대하여 감사하십시오. 친구 여러분, 여러분도 친구들을 위하여 하나님의 우정을 간청함으로써 할 수 있는 최고의 우정 행위를 친구에게 보여주십시오. 사람들의 영혼을 사랑하는 성도 여러분, 여러분이 그들을 위하여 온 힘을 쏟아부었다면, 여러분이 그들을 위하여 여전히 할 일이 더 남아 있다는 것에 대하여 하나님께 감사하십시오. 왜냐하면 진실한 간구와 기도로 여러분은 위로부터 성령의 효과적 능력을 임하게 할 수 있기 때문입니다. 그때 성령은 여러분의 힘으로 할 수 없는 것을 그들의 마음속에 행하실 것입니다. 바울은 데살로니가 교회 교인들이 큰 환난 속에 있었던 것을 알고 있었고, 그래서 그들의 기운을 북돋아주기 위하여 크게 격려하는 편지를 썼습니다. 그러나 바울은 그들의 마음속에서 짐을 완전히 내려놓게 할 수 없다는 것도 알았고, 그러기에 모든 위로의 하나님께 시선을 돌려 때마다 일마다 그들에게 평강 주시기를 위하여 기도했습니다. 다른 사람들에게 복을 제공할 수 있는 우리의 연약한 능력이 영원한 하늘의 힘을 붙들도록 우리를 이끈다면 그들에게 손해가 될 일은 전혀 없을 것입니다. 왜냐하면 그것이 복을 베푸는 월등한 능력의 장(場)으로 이끌고, 우리의 연약함은 하나님의 은혜가 나타날 여지를 만들어 놓을 뿐이기 때문입니다.

이제부터 다음과 같은 순서로 본문의 내용을 살펴보도록 하겠습니다. 첫 번째로, 바울이 간구하는 다면적인 복 곧 평강에 대하여 살펴보고, 두 번째로, 이 복의 바람직한 특징에 대하여 다루어 볼 것입니다. 그리고 세 번째로, 이 복이 누구에게서 오는지 확인해 보고, 네 번째로, 바울의 기도의 광범한 범주에 대하여 주목할 것입니다.

1. 평강: 다면적인 복

그러면 먼저 이 다면적인 복에 대하여 살펴보도록 합시다. "평강의 주께서 친히 너희에게 평강을 주시고." 어떤 사람들은 본문은 교회 안에서 주어지는 평강에 대한 표현으로 제한된다고 생각했습니다. 그들은 그 이유로 데살로니가 교회 안에 질서를 어지럽히는 교인들이 분명히 늘어나고 있었다는 것을 들었습니다. 그러나 그것은 매우 편협하고 궁색한 해석입니다. 하나님의 말씀의 의미를 편협하게 좁히는 것은 지혜롭지 못합니다. 사실 이처럼 편협한 해석은 유지될 수 없습니다. 왜냐하면 질서를 어지럽히는 교인들이 이 장에서 언급되고 있기는 하지만 특별한 소란을 일으킨 증거는 나타나 있지 않기 때문입니다. 그들은 후한 인심을 가진 형제들이 낸 헌금으로 조용히 배를 불리고 있었습니다. 그러므로 자기들을 먹여 살리는 형제들과 굳이 다투려고 기를 쓰지는 않았을 것입니다. 비록 교회가 잠잠한 것이 다양한 평강의 요소 가운데 하나에 포함되는 것은 의심할 것이 없지만, 복의 한 측면만 생각하고 나머지 다른 측면을 무시해 버리는 것은 슬프게도 성령의 의미를 크게 축소시키는 일이 되고 말 것입니다. 아니, 본문에서 의미하는 평강은 "하나님을 의지하는 영혼에게 주어지는 깊은 평온함" 곧 하나님의 특별한 선물이자 신자의 최고의 특권인 영의 고요한 안식입니다. "주의 법을 사랑하는 자에게는 큰 평안이 있으니 그들에게 장애물이 없으리이다"(시 119:165).

본문에서 말하는 평강은 다면적인 보석입니다. 그러나 이 보석의 다면을 고려할 때 우리는 각 면의 방향이 한결같이 하나님을 향하고 있다는 것을 기억해야 합니다. 가장 깊고, 가장 좋고, 가장 가치 있는 영혼의 평강은 주 하나님 자신을 향함으로써 누리는 안식입니다. 저는 우리가 이것을 알고 있고, 이 순간에도 누리고 있다고 믿습니다. 우리는 더 이상 하나님을 무섭게 느끼지 않습니다. 하나님과 우리를 분리시킨 죄가 지워지고, 죄가 만든 간격도 사라졌습니다. 속죄는 완전한 화해를 가져왔고 영원한 평강을 제공했습니다. 하나님의 율법에 대한 두려움이 효과적으로 제거되었고, 대신 우리는 하나님의 사랑이 가까이 다가온 것을 느낍니다. 우리는 대속으로 말미암아 하나님께 가까이 나아가고, 우리 주 예수 그리스도로 말미암아 하나님과 화평을 누리게 되었습니다. 우리는 우리를 향하신 하나님의 모든 생각이 사랑의 생각이라는 것을 알고, 하나님을 향한 우리의 생각도 더 이상 감독자를 향한 종의 생각이나 재판관을 향한 죄수의 생각이 아니라, 인자하고 자비로운 아버지를 향한 사랑받는 자녀의 생각이라는 것에 대하여 하나님의 이름을 송축합니다. 열렬한 사랑이 우리의 마음을 주장하고, 그리하여 우리는 모든 두려움을 던져버리고, 우리 주 예수 그리스도로 말미암아 하나님 안에서 즐거워합니다. 이것은 엄청난 복입니다. 형통하거나 환난을 당하거나, 살거나 죽거나 간에 하나님과 사람 사이에 완전한 화목 외에 다른 것이 전혀 없다는 사실을 아는 것은 정말이지 사람에게는 최고의 기쁨입니다. 결과적으로 사람의 마음을 상하게 하는 모든 것이 다 사라졌습니다.

사랑하는 성도 여러분, 바울이 본문의 말씀을 통해 우리에게 평강이 임하기를 바랄 때 의심할 것 없이 그가 의미하는 것은, 우리의 마음이 하나님의 뜻과 온전히 일치된 상태에 있음으로써 완전한 평강 속에 들어가기를 바란다는 것입니다. 왜냐하면 슬프게도, 우리는 죄 사함을 받고 하나님의 자녀라고 생각하지만, 그럼에도 불구하고 무척 슬프게도 하나님과 불화 속에 있는 사람들이 있다는 것을 알고 있기 때문입니다. 그들은 하나님이 하시는 일을 기뻐하지 않고, 심지어는 하나님께서 자기들을 심하게 다루신다고 불평하기까지 합니다. 그들은 못된 자녀이고, 하늘에 계신 아버지와 일종의 부루퉁한 다툼을 갖습니다. 왜냐하면 하나님께서 그들의 변덕스런 마음과 일시적인 생각에 장단을 맞추시지 않기 때문입니다. 따라서 평강의 주께서 자기 백성들의 마음속에서 이런 모든 서글픈 다툼을 완전히 종식시켜 주시기를 바랍니다. 여러분이 주님을 진정으로 사랑하고, 주님을 충분히 신뢰함으로써, 비록 주님이 여러분을 채찍으로 때리고, 상하게 하고, 뼈를 부러뜨리신다고 할지라도 주님과 결코 다투지 않기를 바랍니다. 주님이 하시는 일은 무엇이든 복종으로 반응할 뿐만 아니라 그 안에서 즐거워해야 합니다. 주님을 기쁘시게 하는 것이 우리의 기쁨이어야 합니다. 그때 주님이 내리치시는 날카로운 채찍질, 주님의 풀무의 맹렬한 불길에도 불구하고 주님을 자랑하고 찬양할 수 있을 때 우리는 완전한 평강을 누리게 됩니다. 그와 같은 기쁨은 어디에도 없으니 주님께서 우리를 이 상태로 이끄시기를 바랍니다. 하나님과 함께 하는 완전한 평강은 곧 아래에서 누리는 천국입니다.

　　성도 여러분, 하지만 우리는 화해와 복종에 있어서 약간 도가 지나치기도 하는데, 그것은 의식적인 자기만족의 즐거움에 빠져 버리기 때문입니다. 어떤 사람들은 죄 사함에 대하여 하나님과 화평을 누리고 있고, 어느 정도 하나님의 뜻을 따르기도 합니다. 그러나 조심스럽게 순종의 길을 따라 살지 않고, 그래서 하나님의 사랑에 대한 의식이 결여되어 있습니다. 하나님은 아버지이고, 그들을 사랑하십니다. 그러나 하나님은 그들에게서 얼굴을 돌리십니다. 그들은 하나님과 반대로 행하고, 그래서 하나님도 그들에 대하여 반대로 행하시기 때문입니다. 우리는 이런 상태를 온전한 평강의 한 상태로 간주할 수 없습니다. 진실로 안식하는 마음의 상태는 심령과 삶이 날마다 은혜로 깨끗하게 될 때 누리게 되고, 그때 마음은 하나님의 영을 근심시키는 일이 전혀 없으며, 주님도 가장 찬란하게 빛나는 얼굴의 광채를 자녀에게 비추는 것이 온당하다고 느끼십니다. 오, 모든 의심에서 벗어나 더 이상 죄의식을 갖지 않고 여호와의 사랑의 햇볕을 쬐는 것은 얼마나 복된 모습일까요! 이 의식적인 은혜를 느낄 때 하늘의 안식이 있습니다. 평강의 주께서 친히 이 평강을 우리에게 주시기를 기도합니다.

죄를 사함받았기 때문에 평강은 칭의의 달콤한 열매입니다. "그러므로 우리가 믿음으로 의롭다 하심을 받았으니 하나님과 화평을 누리자"(롬 5:1). 마음이 새롭게 되고 하나님의 뜻에 일치된 상태에 있기 때문에 평강은 성화의 복된 결과입니다. "영의 생각은 생명과 평안이니라"(롬 8:6). 또 영혼이 하나님의 사랑의 대상임을 의식하고 있기 때문에 평강은 양자의 영의 고귀한 동반자입니다. 이것이 평강의 참된 본질입니다. 그리스도 안에 있는 성도 여러분, 하나님과 누리는 이 삼중의 평강이 항상 여러분에게 있기를 바랍니다.

이제 좀 더 앞으로 나아가 이 평강이 스스로 퍼져나가 그 부드러운 빛으로 모든 것을 덮는다는 사실을 주목해 봅시다. 하나님은 크신 분이고, 만물 속에 충만하신 분입니다. 하나님과 화평 속에 들어간 자는 만물과도 화평 속에 있습니다. 하나님과 화목하게 된 신자는 이렇게 말합니다. "만물은 지금 것이나 장래 것이나 다 나의 것이다. 모든 것이 나의 것이다. 왜냐하면 나는 그리스도의 것이요, 그리스도는 하나님의 것이기 때문이다." 보십시오. 주님은 들에 있는 돌이 우리와 언약을 맺고, 들짐승이 우리와 화목하게 살게 하셨습니다. 섭리가 우리의 큰 천막이고, 천사들이 우리의 수행원입니다. 우리는 하나님을 사랑하고 하나님의 뜻대로 부르심을 입은 자이므로 모든 것이 합력하여 우리의 선을 이룹니다. 우리는 더 이상 밤의 공포, 낮에 날아오는 화살, 어둠 속에서 횡행하는 질병, 한낮에 일어나는 파괴 등을 두려워하지 않습니다. 보십시오. 주 하나님께서 우리를 주의 날개 그늘 아래 감추시고, 그 날개 아래에서 우리는 안심합니다. 우리가 우리를 구원하시는 하나님께 우리의 사랑을 두었기 때문에 하나님의 진리는 우리의 방패와 방호물입니다. 또 하나님은 우리가 자신의 이름을 알고 있기 때문에 우리를 높은 곳에 두십니다. 만군의 여호와와 화평 속에 있을 때 우리는 우주의 모든 군대와도 평화 속에 들어가고, 여호와의 명령에 따라 움직이는 모든 세력과 동맹 속에 들어갑니다. 우리가 사탄과 싸워야 하기는 하지만 사탄도 쇠사슬에 묶여 있고, 자신의 뜻과는 반대로 선한 목적을 성취시키는 종에 불과한 것입니다. 일단 우리가 하나님과 올바른 관계 속에 들어가 있다면 하늘이나 땅이나 지옥, 그 어떤 것도 우리가 두려워할 것은 없습니다. 중심이 고정되면 주변도 안전합니다. 하나님과의 화평은 보편적인 평강입니다.

이것은 그리스도인의 현재 상황이 어떠하더라도 그 상황과 관련된 그의 내적 평강 속에서 실제로 드러나는 것입니다. 하나님과 화평 속에 들어간 그리스도인은 자기 주변의 모든 것 속에서 주님의 손길을 보고, 그것으로 만족합니다. 그가 가난합니까? 주님은 그를 믿음의 부자로 만드시고, 그러면 그는 금을 원하지 않습니다. 그가 병자입니까? 주님은 그에게 인내를 허락하시고, 그러면 그는 고통 속에서도 기뻐합니다. 그가 그토록 소중하게 여기는 거룩한 직분을 잃게 되었습니까? 그는 주님이 가장 잘 알고 계신다고 느낍니다. 적극적으로 하나님의 뜻을 행하는 일에 종사할 수 있다면 그는 크게 감사하고 자기 앞에 놓인 경주를 위하여 부지런히 달려갈 것입니다. 반면에 병원에 입원하여 섬김보다는 고통을 겪어야 한다고 할지라도 그는 주님의 뜻보다 자신의 뜻을 앞세우지 않습니다. 대신 주님의 손에 자신을 맡기고, 이렇게 말합니다. "주님, 저를 주님의 뜻대로 하소서. 주님과 화평 속에 있으므로 주님이 저를 사용하신다면 저는 주님을 찬송할 것이고, 제쳐두신다고 해도 주님을 찬송할 것입니다. 주님이 저의 목숨을 보존하신다면 저는 주님을 송축할 것이고, 무덤으로 끌어내리신다고 해도 주님을 송축할 것입니다. 또 사람들 속에서 저를 존귀한 자로 만드신다면 저는 주님을 찬양할 것이고, 거름더미의 지푸라기처럼 발로 짓밟으신다고 해도 주님을 찬양할 것입니다. 왜냐하면 주님은 전부이고 저는 아무것도 아니며, 주님은 온전히 선하시지만 저는 죄와 공허에 지나지 않기 때문입니다." 따라서 자신의 개인적인 주변 환경과 완전한 화평 속에 있는 영혼은 진실로 행복합니다. 그것은 잔잔한 물가가 있는 푸른 초원에 누워 있는 것입니다.

　　이 평강이 주로 영혼의 생각과 믿음과 소망과 기대와 소원 등을 통해 영혼 자체 속에서 발견되게 하신 하나님을 찬양합시다. 우리는 외부 세계와 평강을 누릴 뿐만 아니라 내면 세계와도 평강을 누립니다. 어쨌든 행복과 평강은 주변 환경이 아니라 사람의 내면에 있습니다. 천국은 황금 길보다 마음속에 더 자리 잡고 있고, 지옥의 불길은 하나님의 진노의 숨결이 이글거리는 도벳(지옥)의 화염보다 괴로워하는 사람의 양심 속에 놓여 있습니다. 그래서 예수님이 주시는 평강이 우리 안에 있는 것입니다. "선한 사람도 자기의 행위로 그러하리라"(잠 14:14). 어떤 사람들의 마음은 평강에 대하여 이방인입니다. 그들은 믿음이 없는데, 어떻게 평안할 수 있겠습니까? 그들은 바람 앞에서 굴러다니는 물건과 같이 고정된 기반도 없고, 지속적인 믿음의 기초도 없습니다. 근대 사상의 총아가 이런 것들입니다. 근대 사상의 제자들은 마치 구원이 의심하는 것에 있는 것처럼 부지런히 의심을 기르는데 몰두합니다. "의심하라. 그러면 구원을 받으리라"는 것이 그들의 복음인데, 이것이 평강의 복음이 아니라는 것을 누가 모르겠습니까? 정말이지, 그들은 민감한 감수성을 갖고, 오래 전에 의의 태양이 떠올랐는데도 불구하고 새로운 빛을 찾아 사방을 두리번거리고 있습니다.

저는 이런 불확실성이 마음에 들지 않습니다. 저는 무엇이든 분명히 알아야 하지, 그렇지 않으면 답답해 살 수가 없습니다. 뭔가 확신하는 것이 있어야 하지, 그렇지 않으면 행동의 동기를 갖고 있지 못합니다. 하나님은 우리가 의심 속에서 영원히 살기를 바라시지 않습니다. 하나님의 계시는 철학적인 신학자들이 그럴 것이라고 예측하는 형체 없는 뜬 구름과 같은 것이 아니고, 또 그런 것이 될 수도 없습니다. 참된 것은 확실히 존재해야 하고, 그리스도는 구원하는 것과 의지할 수 있는 것이 무엇인지 우리에게 가르쳐 주려고 세상에 오셨습니다. 그리스도께서 오신 목적은 우리가 항상 습지를 통과하고, 지성(知姓) 종교의 도깨비불을 쫓아 늪지로 뛰어들게 하고자 함이 아니었습니다. 말하자면, 평범한 사람들도 발견할 수 있는 확실하고 오류 없는 계시 진리가 있습니다. 확신을 갖고 의지할 만한 것이 반드시 있습니다. 저는 그것이 사실이라고 알고 있고, 제가 듣고 본 바를 여러분에서 선포합니다. 주님이 제 영혼 깊은 곳에 새겨 놓은 중대한 진리가 있습니다. 이 진리에 대해서는 땅의 모든 사람과 지옥의 모든 마귀도 저를 흔들어 놓을 수 없습니다. 이 생명과 같은 진리에 대한 흔들릴 수 없고 정복될 수 없는 교리가 제 영혼을 굳게 붙들고 있습니다. 그러므로 제 마음에는 평강이 있습니다. 사람의 마음은 성령의 가르치심을 통해 영원한 진리 위에 고정되어 있어야 합니다. 그렇지 아니하면 평강이 무엇인지 알 수 없습니다.

저는 모든 교인이 마음과 감정의 정박지를 발견하고 절대로 그곳을 떠나지 않도록 기도할 것입니다. 우리는 종종 고리타분한 교회라는 말을 들었고, 여러분의 목사는 최후의 청교도, 다시 말하면 고리타분한 신학의 경계를 벗어나서는 어떤 생각도 할 수 없는 사람으로 알려져 있습니다. 그렇게 불리는 것에 대하여 저는 하나님을 찬양합니다. 저는 정말로 이런 최신 이론들을 위하여 복음을 포기할 수 없는 사람입니다. 저의 닻은 이미 오래 전에 내려졌습니다. 처음에 그 닻이 단단히 걸린 것을 느꼈을 때 저는 크게 안도했습니다. 믿는 자를 제가 알고 또한 제가 의탁한 것을 그날까지 그가 능히 지키실 줄을 확신하게 된 것이 제게는 날로 커지는 기쁨입니다. 저는 원래의 사상을 조금도 바꾸지 않았습니다. 아무엇도 날조하지 않았습니다. 다만 하나님이 저에게 힘을 주시는 대로 옛날, 옛날이야기를 전할 뿐입니다. 언젠가 한 목사님에 제게 이렇게 말했습니다. "목사님은 설교가 정말 쉽겠습니다. 무엇을 전해야 하는지 다 알고 계시니 말입니다. 목사님의 견해는 고정적이고 판에 박혀 있습니다. 저에 대하여 말한다면, 저는 항상 진리를 찾고 있고, 다음 주일에는 무엇을 설교해야 할지 이번 주에는 알지 못합니다." 다음과 같이 목사들에게 말해 보십시오. "목사님은 제자들이 회의주의에 빠져 방황하는 것이 당연합니까? 주님이 확실한 진리에 대해서는 아무것도 가르치지 아니하셨습니까?" 그렇다고 대답한다면 그가 확실한 메시지를 받을 때까지 기다리도록 해야 합니다. 구원에 대한 하나님의 능력이 그에게 임해 회개의 기도를 드리도록 하실 때 자신의 마음속에서 경험적으로 복음을 알아야 하고, 그렇게 되기 전에는 강단에 올라가서는 안 됩니다. 이처럼 불신앙의 씨를 뿌리는 자를 용납하는 교회는 도대체 어떻게 된 것입니까? 우리의 영적 이스라엘 선조들의 시대였다면 수치스러운 불신앙을 자랑스럽게 떠벌이는 자들을 강단에서 쫓아냈을 것입니다.

평강의 주님이 친히 여러분에게 여러분의 개인적인 믿음과 확신들에 대하여 평강을 주시기를 바랍니다. 그렇게 되면 여러분은 시험과 슬픔의 깊은 바다에 빠졌을 때에도 이렇게 말하게 될 것입니다. "아, 나는 결국 올바른 교리를 믿었다. 내 닻이 보이지 않는 것에 단단히 매여 있음을 느낄 수 있다. 속임을 당하지 않았구나. 교묘하게 꾸민 이야기를 따라가지 않았구나. 왜냐하면 그 약속은 참되고, 그 힘을 느끼며, 모든 시험 아래에서도 나를 보존하고, 즐겁게 하고, 위로해 주고, 또 죽는 순간까지도 그렇게 해줄 것이라고 알고 있기 때문이다." 고민 속에 있는 모든 사람이 믿음의 평강을 찾고, 절대로 그것을 잃어버리지 않도록 기도합니다.

많은 사람들의 마음이 두려움 때문에 영원히 안식을 누리지 못하고 있습니다. 자신을 두렵게 하는 일이 무엇인지 아는 것은 정말 중대한 일입니다. 왜냐하면 자신이 두려워하는 것이 무엇인지 알게 되면 두려움이 절반으로 줄어들기 때문입니다. 정체불명의 형체, 팔이 없지만 벽에 이상한 글씨를 쓰는 신비한 손, 흐릿하게 잘 보이지 않는 으스스한 모든 것은 마음을 더 불안하게 만듭니다. 그러나 주님이 그의 두려움이 무엇인지 가르쳐준 사람은 복이 있습니다. 왜냐하면 그는 자기가 두려워하는 것이 무엇인지 알고, 자신의 소망이 계속 사라지는 것을 허용하지 않기 때문입니다.

이 다면적인 평강에 대하여 아직 더 설명해야 합니다. 데살로니가 교회는 세 가지 면에서 환난 속에 있었습니다. 첫 번째로, 그들은 **외부로부터 박해**를 받았습니다. 그것은 결코 즐거운 일이 아니었지만 바울은 "환난을 받는 너희에게 우리와 함께 안식으로 갚으신다"(살후 1:17)고 말합니다. 그렇습니다. 사랑하는 성도 여러분, 주 예수 그리스도께서 박해받는 성도에게 "내가 너와 함께 있다. 너에게 임한 모든 악은 내게도 임하는 것이고, 너는 내 이름을 위하여 그것을 감당하고 있다"고 말씀하시면, 어떤 박해도 영혼의 평강을 깨뜨릴 수 없습니다. 아니, 오히려 고난당하는 자는 그리스도를 믿기 때문에, 그리고 그리스도를 위하여 고난 당하는 것을 합당하게 여기고 즐거워하고 크게 기뻐할 것입니다.

두 번째로, 데살로니가 교회는 일부 거짓 선생들 때문에 괴로운 상태에 있었습니다. 이 거짓 선생들은 완전히 새로운 교훈을 가르친 것이 아니라 진리의 기초 위에 오류의 건물을 세웠습니다. 그들은 한 가지 특정한 진리를 지나치게 부각시키고, 그 가르침을 과장했습니다. 그들은 그리스도께서 오고 계시므로, 주의 날이 금방 도래할 것이라고 말했습니다. 그들은 항상 "종말의 징조들"을 찾아 광분하는 광신자 집단에 속해 있었고, 앞으로 20년 안에 무슨 일이 일어날 것인지 알고 있는 것처럼 가장했습니다. 바울 당시에도 이런 부류의 사기꾼이 있었습니다. 지금도 이런 사기꾼들이 있습니다. 그들을 절대로 믿지 마십시오. 그들은 눈 먼 말(馬)보다 미래를 더 잘 볼 수 없는 자들입니다. 저는 그들이 설교자거나 문인 나부랭이거나 간에 싸잡아서 사기꾼으로 봅니다. 왜냐하면 어떤 사람도 미래를 알 수 없고, 어떤 사람도 미래에 대하여 말해줄 수 없기 때문입니다. 저는 가식적인 성모 마리아 상의 눈웃음보다 그들의 예언에 대한 설명을 더 하찮게 여깁니다. 그러나 그들은 계속 그 속임수를 쓸 것이고, 계속해서 그런 말을 해댈 것입니다. 한 사람은 이렇게 말하고, 다른 사람은 저렇게 말하면서, 이런저런 이적이 일어나고 끔찍한 심판이 우리 민족을 엄습할 것이라고 외칠 것입니다. 바울은 데살로니가 교회 교인들이 미래에 대한 두려움 때문에 마음이 불안해지는 것을 원치 않았습니다.

그리스도 안에 있는 성도 여러분, 미래에 대한 아무리 끔찍한 사실이라도 참된 신자에게는 놀람의 이유가 전혀 될 수 없습니다. 주님은 자기 백성들을 위로하고, 주님의 계획이나 목적 가운데 그들을 불안하게 하는 것은 전혀 없습니다.

성경에 있는 어떤 교리가 경건한 사람이 평강을 누리지 못하도록 방해한다면 그 것은 그가 아직 그 교리를 충분히 이해하지 못하거나, 그 의미를 다른 뜻으로 오 해했기 때문임을 확신해도 될 것입니다. 진리는 참된 사람들에게는 반드시 평강 을 역사하도록 되어 있습니다. 교리거나 예언이거나 모든 진리는 하나님의 자녀 들의 편입니다. 진리가 어떻게 다른 편이 될 수 있겠습니까? 바울은 데살로니가 교회 교인들에게 그리스도의 재림에 대하여 불안해하지 말라고 말합니다. 이에 대하여 바울은 "주께서 너희 모든 사람과 함께 하시기를 원하노라"고 말합니다. 만일 주님이 우리와 함께 하신다면, 주님이 친히 즉시 임하시거나 지체하시거나 무슨 문제가 되겠습니까? 우리는 주님의 재림을 기다려야 하지만 불안한 마음을 갖고 기다릴 것은 없습니다. 왜냐하면 주님이 이미 오신 분이시라는 사실이 우 리의 기쁨의 원천이기 때문이다. 우리는 주님이 처음 오신 것을 자랑하고, 다시 오심을 두려워하지 않습니다. 우리는 이미 믿음으로 주님과 함께 올라가 하늘에 앉아 있기 때문에 우리가 주님 안에 거하는 한, 주님이 거기 위에 계시거나 여기 아래에 계시거나 우리에게는 아무 문제가 되지 않습니다.

　결정적인 어느 한 해를 세상 끝날로 정해 놓고, 전쟁과 전쟁의 소문들에 대한 경고의 소식을 다시 전파하는 거친 광신자들이 일어날 수 있고, 아니 일어날 것 입니다. 그러나 이런 일들이 일어난다고 해도, 사람들이 그리스도의 재림을 보 려고 광야로 들어가거나 도시로 몰려간다고 해도, 그들을 믿지 마십시오. 조용 히 영혼의 평강과 평정 가운데 자리에 앉아 이렇게 말하십시오. "내 영혼은 주님 을 사랑하고 주님도 나를 사랑하신다. 주님이 땅을 멸하시거나 보존하시거나 간 에 내게 나쁘게 그러실 리가 없다. 하늘이 사라지고 땅이 뜨거운 열에 녹아 없어 진다고 해도 내 마음은 주 안에서 안식하고, 또 안전하리라는 것을 알고 있다." 이처럼 주님은 자기 백성들을 거짓 가르침이 일으킨 불안에서 구원하십니다.

　세 번째로, 데살로니가 교회 안에는 돌아다니며 쓸데없는 이야기와 험담거리로 질서를 깨뜨리는 자들이 있었습니다. 그들은 생계를 유지하기 위한 일은 하지 않 고, 사람들의 귀에 속닥거리는 일만 했습니다. 그러나 주님이 내면에 깊은 평강 을 주실 때 그리스도인은 곧 시시한 허가 놀려대는 말들과 질서를 깨뜨리는 행 위들을 물리치게 됩니다. 그는 염려하지 않습니다. 모든 기독교 교회 주변에는 모기들이 윙윙거리며 돌아다닙니다. 거기서 모기가 물어뜯는 것을 느끼지 않거 나, 윙윙거리는 소리에 신경 쓰지 않는 사람은 복이 있습니다. 그의 영혼은 편안히 거할 것입니다. 교회를 어지럽히는 자들에게서 평강을 누리는 것은 큰 복이고, 우리는 이 평강을 누릴 때 하나님을 찬양해야 합니다. 왜냐하면 내전과 같이 교회 안에서 벌어지는 다툼은 최악의 싸움이기 때문입니다. 오, 모든 동료 그리스도인과 거룩한 사랑과 끈끈한 화합을 이루며 살게 되기를! 평강의 주께서 이것을 우리에게 허락해 주시기를 바랍니다.

여러분도 아시다시피, 이처럼 본문이 말씀하는 평강은 다양한 면을 갖고 있습니다. 여러분이 이 평강의 모든 형태와 모양과 국면을 소유하고, 여러분의 영이 모든 지각에 뛰어난 하나님의 평강에 들어가기를 바랍니다.

2. 평강의 바람직한 특징

이번에는 평강의 바람직한 특징에 대하여 살펴보도록 하겠습니다. 영혼이 온전한 평강을 깨닫는 것은 참으로 중요한 일입니다. 왜냐하면 그렇지 못하면 그리스도인의 삶의 기쁨과 위로와 복을 상실하게 되기 때문이다. 하나님은 자기 자녀들이 엉겅퀴의 관모(冠毛)처럼 모든 입김에 휘날려 두둥실 떠다니거나, 축구공처럼 발길에 차일 때마다 이리저리 나뒹구는 신세가 되게 하려는 의도가 전혀 없으셨습니다. 하나님은 우리가 행복하고 편안하고 견고한 사람들이 되기를 원하셨습니다. 소는 풀을 뜯어먹지만 평안히 누워 되새김질을 하기 전에는 살이 찌지 않습니다. 주님은 자기 백성들이 음식을 먹고 편안하게 누워 있게 하십니다. 두려워하는 형제 여러분, 만일 복음으로 말미암아 평강을 얻지 못했다면 여러분은 복음을 아직 모르고 있는 것입니다. 평강이 복음의 정수요 본질이요 영혼이니까요. 교리는 포도송이와 같습니다. 하지만 여러분이 고요한 마음으로 신적 진리를 평화롭게 숙고해 본 적이 없다면, 이 포도송이를 포도즙 틀에 넣어 밟아 본 적도 없고 그 포도송이에서 흘러나오는 포도주를 마셔본 적도 없는 것입니다.

평강이 없으면 우리는 자랄 수 없습니다. 목자가 자기 양 떼를 위하여 푸른 초원을 찾아낼 수 있지만 양이 들개들에게 쫓겨다니고, 그래서 쉴 틈이 없다면 피골이 상접한 상태가 되고 말 것입니다. 주님의 양도 염려와 괴로움에 쫓겨다닌다면 자랄 수 없습니다. 그들은 주님이 지친 양들을 쉬게 하시는 안식을 누려야 합니다. 만일 여러분의 영혼이 항상 한숨을 쉬고, 신음 소리를 내고, 그리스도 안에서 얻는 유익에 대하여 의심하고 있다면, 어떤 교리가 참되고 거짓인지 결

정하지 못하고 항상 불안 속에 있다면, 여러분에게 견고하고 고정된 것이 아무
것도 없다면, 여러분은 그리스도 예수 안에서 키가 쑥쑥 자라는 장성한 사람이
되지는 못할 것입니다.

　또 평강이 없으면 어쨌든 간에 많은 열매를 맺을 수 없습니다. 만일 사과나무
를 자주 옮겨 심는다면 그 가지에서 많은 황금 사과를 따내는 것을 당연히 기대
할 수 없습니다. 복음에 뿌리를 견고하게 내리지 못하는 사람, 곧 복음을 믿거나
붙들거나 누리지 못하는 사람은 견고하고 흔들리지 않게 하는 것이 무엇인지 알
수도 없고, 주님의 일을 충분히 감당하지도 못할 것입니다.

　또한 우리는 하나님과의 화평을 의식하지 못하기 때문에 안정성이 완전히 결
여되고, 오류에 희생되고 마는 사람들이 더러 있음을 알고 있습니다. 마음에 빛
을 주지 못하고 위로를 제공하지 못하는 교리는 사람의 머리에서 쉽게 빠져나갈
수 있습니다. 만일 여러분이 자신이 믿고 있는 것으로부터 만족감을 얻지 못한
다면 여러분이 조만간에 그것을 의심하게 되는 것을 저는 이상하게 여기지 않을
것입니다. 복음의 능력이 영혼에 대한 복음의 최고의 증거입니다. 사람은 항상
자신이 즐거워하는 것을 믿습니다. 진리가 그 사람에게 영적 양식이 되기만 해
보십시오. 진리가 그에게 영양과 기름이 되게 해보십시오. 그러면 그가 진리를
믿게 되리라는 것을 제가 보장합니다. 육욕적인 마음을 가진 교만한 사람에게는
진리가 ― 만나가 불평하는 이스라엘에게 보잘것없는 떡으로 보였던 것처럼 ―
그의 영혼에 싫어하는 것처럼 될 때, 이 기고만장한 지성을 가진 자는 육체를 즐
겁게 하는 것을 더 추구하게 될 것입니다. 하지만 의에 주리고 목마른 마음을 가
진 자에게 복음은 항상 영혼을 만족시키기 때문에 결코 물리지 않을 것입니다.

　성도 여러분, 여러분은 자신의 영혼의 부요함을 위하여 평강을 누려야 합니
다. 평강 속에 있는 영혼과 계속 흔들리는 영혼은 얼마나 큰 차이가 있을까요!
저는 시골과 같은 어떤 사람의 마음을 들여다본 적이 있었습니다. 그곳의 울타
리는 다 허물어져 버리고, 담은 다 무너져 내려 땅바닥과 같이 평평했으며, 관개
는 방치되고, 경작은 멈추었고, 포도나무는 손질이 되어 있지 않으며, 밭은 갈아
놓은 상태가 아니었습니다. 이 모든 이유는 영혼 속에서 싸우는 소리가 끊이지
않고, 평강의 소리는 전혀 들리지 않았기 때문입니다. 이런 영혼은 성지(聖地)에
서 가혹한 터키의 지배를 받고 사는 것과 같습니다. 그곳에서는 어떤 사람도 평
안하지 못하고, 결국 도로는 부서져 있으며, 정원은 황폐화되어 있습니다. 반면

에 저는 거룩한 평강의 영향을 받고 자란 다른 사람의 삶을 들여다보았습니다. 여기서 하나님은 의심과 두려움 속에서 방황하는 아랍인들을 제압해 주셨고, 그에게 안정된 은혜의 통치와 견고한 신념과 조용한 확신을 주셨습니다. 자, 보십시오. 그 사람은 젖과 꿀이 흐르는 가나안 땅과 같이 되었습니다. 전쟁은 국부(國富)를 낭비하고, 평화는 축적시키는 것처럼, 내면의 갈등은 우리를 집어삼키고 영적 평강은 영혼을 살찌게 합니다. 이스라엘 지역에 곡식과 포도주와 기름이 풍성했을 때 국경 너머의 두로와 시돈도 혜택을 입었던 것처럼 내적 평강을 통해 하나님에 대하여 풍성한 사람도 임마누엘 나라의 국경 너머에 있는 다른 영혼들까지 살찌게 할 수 있습니다.

사랑하는 성도 여러분, 저는 모든 그리스도인이 영혼을 풍성하게 하는 평강을 충분히 알았으면 좋겠습니다. 유감스럽게도 저는 자신이 신자이기를 "바라고," 자신이 구원받았다고 "믿지만" 사실은 그렇지 못한 사람들을 참 많이 만나 보았습니다. 아, 성도 여러분, 이런 문제들에 있어서 우리는 단순히 바라는 정도가 아니라 확실한 것에 이르러야 합니다. 영혼과 영원과 관련된 일들에 있어서는 "만일"과 "그러나"는 끔찍한 태도입니다. 우리는 여기 이 땅에서 명백하고 확고한 안전성 곧 성령으로 말미암아 영혼에게 주어진 신적 안전성을 가져야 합니다. 성도 여러분, 오늘 아침 여러분은 구원을 받았거나 받지 못했거나, 하나님의 사랑 안에 있거나 아니면 없거나, 또는 천국의 보호 안에 있거나 아니면 없거나, 둘 중 하나입니다. 그래서 간청하는데, 이런 일들을 위험 속에 방치하지 마십시오. 여러분의 영혼을 우연에 맡기지 마십시오. 이런 일들에 대하여 고정되고, 확실하고, 적극적이고, 의문의 여지를 갖지 않게 해달라고 하나님께 강력히 기도하십시오. 그래야 여러분의 영혼은 하나님과 더불어 화평을 누리고, 그리하여 여러분은 강하고, 유용하고, 행복하게 될 것이니까요.

3. 평강은 누구에게서 오는가?

이번에는 짧은 시간이지만 본문의 핵심 요점에 대하여 살펴보도록 하겠는데, 그것은 이 평강은 오직 한 분에게서만 온다는 것입니다. "평강의 주께서 친히 너희에게 평강을 주시고." 이 평강의 주가 누구겠습니까? 평강의 왕이신 주 예수님 말고 누구겠습니까? 그분이 세상에 태어나셨을 때 온 세상은 평화로 덮여 있었습니다. 그때는 전쟁의 신전 문이 잠시 닫혀 있었습니다. 자, 보십시오. 예수님이 베들레헴에 오셨고, 천사들은 "땅에서는 평화"라고 노래했습니다. 예수님은 우주적인 제국이 될 평화의 나라를 세우기 위해 오셨고, 예수님의 영향 아래 있는 자들은 쓸모없는 투구를 높이 걸어놓고 더 이상 전쟁을 연구하지 않을 것입니다. "평강의 왕!" 얼마나 복된 호칭일까요! 옛날에 이사야 선지자가 그렇게 기록했었고, 이사야의 참된 계승자인 바울도 한 마디만 바꾸어서 본문에서 "평강의 주"라고 말하고 있습니다. 자신 속에 평강 자체를 두고 계시고, 아버지의 위대한 대사가 되어 자신의 십자가의 피로 평강을 만드셨으며, 사람과 (사람에게 상처받은) 조물주 간의 분쟁을 종식시키신 분이 바로 그분입니다. 우리의 평화가 되신 분이 바로 그분이십니다. 그분은 유대인과 이방인을 하나로 만드시고, 우리 사이에 있던 막힌 담을 헐어 버리셨습니다. 그분은 제자들 가운데 서서 "평안을 너희에게 주노라"고 말씀하심으로써 그들에게 평강을 주신 주님이십니다. 그리고 그분은 떠나실 때 유언과 같은 마지막 약속을 주셨는데, 이 웅대한 유산이 다음과 같이 기록되었습니다. "평안을 너희에게 끼치노니 곧 나의 평안을 너희에게 주노라 내가 너희에게 주는 것은 세상이 주는 것과 같지 아니하니라 너희는 마음에 근심하지도 말고 두려워하지도 말라"(요 14:27). 이런 분이, 평강이 자신의 성품의 한 부분이고 평강을 주시는 것이 직분이신 평강의 주이십니다.

　　이 부분에서 바울의 말에 특별한 주의를 기울이기를 바랍니다. 바울은 "평강의 주께서 천사를 보내 너희에게 평강을 주시기를 원하노라"라고 말하지 않습니다. 만약 그렇게 하셨다고 해도, 그것은 큰 자비였고, 야곱이 마하나임에서 하나님의 천사들을 만났을 때 그랬던 것처럼 우리도 기뻐해야 할 것입니다. 바울은 또 "평강의 주께서 사역자를 보내 너희에게 평강을 주시기를 원하노라"고 말하지도 않았습니다. 만약 그렇게 하셨다고 해도, 우리는 아브라함이 멜기세덱에게서 떡과 포도주를 받아 먹고 새 힘을 얻었던 것처럼 만족해야 할 것입니다. 바울은 심지어 다음과 같이 말하지도 않았습니다. "평강의 주께서 성찬 식탁에서나, 말씀을 읽을 때나, 기도할 때나, 어떤 다른 거룩한 의식에서 너희에게 평강을 주시기를 원하노라." 이 모든 것들을 통해 우리는 이스라엘 백성들이 우물과 종려나무들이 있던 엘림에서 그랬던 것처럼 원기를 얻게 될 것입니다. 그러나 바울은 "평강의 주께서 친히 너희에게 평강을 주시기를 원하노라"고 말합니다. 마치 오직 주님만이 자신의 인격으로 평강을 주실 수 있는 것처럼, 그분의 임재가 바울이 구하는 신적 평강의 유일한 수단인 것처럼 말입니다.

"평강의 주께서 친히 너희에게 평강을 주시고." 제게는 이 말씀이 형언할 수 없을 정도로 달콤합니다. 만일 여러분이 잠깐 동안 묵상해 본다면 주님 자신이 아니면 누구에게서도 평강을 얻을 수 없다는 것을 알게 될 것입니다. 결국 여러분이 최악의 상황 속에 있을 때 누가 여러분에게 평강을 제공할 수 있겠습니까? 제가 답을 말해 드리겠습니다. "이 사람은 평강이 될 것이라"(미 5:5). 저는 종종 주님의 신비로운 인격을 묵상함으로써 큰 평강을 얻곤 했습니다. 주님은 모든 면에서 저와 같이 시험을 받으신, 그래서 영혼의 모든 슬픔과 육체의 모든 고통을 아시는, 이 사람입니다. 곧 주님의 인자하신 긍휼과 구원하는 능력이 우리의 평강입니다. 여러분도 종종 그 감미로운 묵상을 통해 평강을 얻지 않았습니까? 그런 적이 있다는 것을 여러분도 알 것입니다. 그러므로 주님의 인격이 평강의 원천입니다. 그리고 주님의 죽음을 묵상함으로써 여러분의 영혼이 평안한 적이 없었습니까? 여러분은 나무 위에 매달려 상처 입고, 피를 흘리고, 죽으신 주님을 바라보았습니다. 그때 여러분 자신도 모르게 놀라운 평온이 여러분의 마음을 사로잡았고, 여러분은 모든 일에 대하여 평정을 되찾은 것을 느꼈습니다. 그렇습니다. 예수님 자신이 평강이 달콤한 향내처럼 흘러나오는 몰약과 유향덩어리입니다. 주님이 여러분의 심장 가까이 오셔서 자신의 상처를 보여주시고, 여러분에 대한 자신의 사랑을 말씀하심으로써 여러분에게 그 거룩한 열정을 느끼게 하실 때, 주님이 여러분이 자신과 하나이며 절대로 헤어질 수 없는 영원한 혼인 관계로 자신과 연합되었음을 확신시키실 때, 그때가 바로 여러분의 영혼이 평강 속에 깊이 들어가는 때입니다. 이것은 경험적인 역사이며, 단순한 말로는 도저히 표현할 수 없습니다. "평강의 주께서 친히 너희에게 평강을 주시고." 이때 주님은 주로 자신의 종들의 마음속에 자신을 나타내시는 것으로 이 평강을 주십니다.

이어서 본문에서 "너희에게 평강을 주시고"라고 말씀하는 것을 주목하십시오. 이 말씀은, 너희에게 평강을 권하겠다거나, 너희가 평강을 갖는 것을 너희와 상의하겠다거나, 평강의 근거를 너희에게 보여주겠다는 것이 아니라 "너희에게 평강을 주신다"는 것입니다. 주님은 마음속에 평강을 불어넣으시고, 영혼 속에 평강을 창조하시며, 사랑하는 자에게 주시는 하늘의 특별한 선물인 달콤한 잠을 자도록 심령을 달랠 수 있는 능력을 갖고 계십니다. 주님은 "평안을 너희에게 주노라"고 말씀하셨는데, 그렇게 하실 수 있으며, 반드시 그렇게 하실 것입니다.

"주께서 너희 모든 사람과 함께 하시기를 원하노라." 마치 "그게 바로 나다"라고 말하는 것처럼 보입니다. 저는 예수님이 여러분과 함께 하시기를 기도합니다. 왜냐하면 주님이 여러분에게 임하시면 여러분은 반드시 평강을 누리게 되기 때문입니다. 배의 모든 늑재(肋材)가 거센 파도로 부러질 것 같고, 늑재 사이로 바닷물이 새어 들어와 굶주린 바다가 순식간에 여러분을 집어삼킬 것처럼 바다가 사납게 날뛴다고 해보십시오. 그렇다고 할지라도 예수님이 일어나 풍랑을 꾸짖으신다면 곧 잠잠해질 것입니다. "내니 두려워하지 말라"(요 6:20)는 말씀은 즉시 평강을 일으키기에 충분합니다. 주님만이 주실 수 있는 이 평강을 여러분이 항상 알기를 바랍니다.

4. 바울의 기도의 광범한 범주

이제 네 번째 제목으로 말씀을 전하고 설교를 마치도록 하겠는데, 이 제목은 이 기도의 범주입니다. "평강의 주께서 친히 때마다 너희에게 평강을 주시고."

세상에! 때마다(항상) 평강이라고요? 그렇습니다. 그것이 바울이 여러분에게 바라는 것입니다. 여러분이 때마다 주어지는 평강을 누리기를 바랍니다. "예. 목사님, 주일에는 매우 행복합니다. 이 평강을 주중에도 계속 누렸으면 좋겠습니다." 주님이 친히 여러분에게 때마다, 곧 주일뿐만 아니라 주중의 모든 날에도 평강을 주시기를 기원합니다. 한 사람이 이렇게 말했습니다. "정말이지, 저는 최근에 매우 행복했습니다. 하나님께서 사업을 번창시켜 주셨고, 가족 모두 매우 사랑이 깊었습니다. 하지만 남편이 까다롭게 나오고 아이들이 버릇없이 굴 때는 어떻게 해야 할지 모르겠습니다." 자매님, 제가 자매님이 어떻게 해야 하는지 말씀드리겠습니다. 저는 자매님이 모든 상황 속에서 평강을 누리기를 바랍니다. "평강의 주께서 친히 때마다 너희에게 평강을 주시고." 또 어떤 사람은 "기도할 때는 이런 평강을 누립니다"라고 말합니다. 저는 여러분이 공장에서 일할 때에도 평강을 누리기를 원합니다. 또 다른 사람은 "저는 홀로 성경을 읽을 때 평강을 누립니다"라고 말합니다. 저는 여러분이 장부 정리로 골머리를 앓고, 밀린 돈과 지지부진한 거래와 풀리지 않는 사업 때문에 지쳤을 때에도 똑같은 평강을 누릴 수 있도록 기도합니다. 여러분은 때마다 평강을 필요로 하니까요. 보통 퀘이커 교도들로 불리는 우리의 친구들은 대체로 우리에게 잔잔하고 고귀한 평온과 평강의 훌륭한 본보기입니다. 그들은 일반적으로 얼마나 평온한 모습을 보여

주는지 모릅니다. 그들은 실패할 때에도 확실히 탁월하게 평화로운 모습을 보여
주는데, 제가 생각하기에는 그것이 내적으로 누리는 평강의 척도입니다.

신앙을 고백하는 많은 자들이 너무 초조하고, 쉽게 흥분하고, 쉽게 동요하고,
성급하고, 변덕스럽습니다. 성도 여러분, 그러나 그렇게 되어서는 안 됩니다. 여
러분은 더 무게 있고, 더 은혜롭고, 더 견고해져야 합니다. 여러분의 영혼의 문제
는 아무 이상이 없습니다. 그렇지 않습니까? 모든 것이 영원히 이상 없습니다.
모든 것이 서명되고, 봉인되고, 배달되었습니다. 모든 일 속에 언약이 제공되고
확실합니다. 모든 것이 우리의 유익을 위하여 하나님의 손 안에 있습니다. 그런
데 왜 우리가 천사들만큼 행복해지지 않습니까? 왜 우리가 고통을 당합니까? 모
든 것이 영원토록 문제가 없는데, 왜 지금 눈물을 흘려야 할 일이 있습니까? 우
리에게 평강이 부족한 것은 본문의 의미를 충분히 깨닫지 못한 사실이 원인입니
다. "평강의 주께서 친히 때마다 너희에게 평강을 주시고." 주님은 변함이 없으
신 분이기 때문에 여러분에게 때마다 평강을 주실 수 있습니다. 때마다 평강의
이유가 있습니다. 그것은 때마다 평강을 얻기 위해 주님께 갈 수 있기 때문입니
다. 주님은 항상 평강을 주실 준비를 하고 계십니다. 오, 우리가 항상 평강을 소
유할 수 있기를 바랍니다.

다시 본문의 내용을 주목해 봅시다. "평강의 주께서 친히 때마다 일마다 너희
에게 평강을 주시고." 주님이 우리에게 일마다 평강을 주실 수 있다고요? 저는
주님이 어떤 일들에서는 평강을 주실 수 있다는 것을 알고 있습니다. 하지만 모
든 일이 평강을 주는데 적용될 수 있을까요? 어떤 일들은 분명히 평강에 유리하
게 작용합니다. 그러나 주님이 불리하게 작용하는 일들에서도 우리에게 평강을
주실 수 있다고요? 그렇습니다. 확실히 말입니다. 주님은 달콤한 것뿐만 아니라
쓰디쓴 것을 통해서도 평강을 주실 수 있습니다. 잔잔한 것뿐만 아니라 폭풍 속
에서도 평강을 주실 수 있습니다. 이익뿐만 아니라 손실을 통해서도 평강을 주
실 수 있습니다. 삶뿐만 아니라 죽음을 통해서도 평강을 주실 수 있습니다.

그러므로 우리에게 평강이 주어지는 두 가지 중대한 방법을 주목합시다. 하
나는 우리를 불안하게 만드는 모든 원인을 제거함으로써 평강이 주어지는 방법
입니다. 여기 한 사람이 있는데, 그는 돈을 벌지 못하기 때문에 또는 재산을 몽
땅 잃어버린 탓에 괴로움을 당하고 있습니다. 주님이 그 사람의 탐심, 이욕(利
慾), 세상에 대한 사랑을 몽땅 제거하셨다고 상정해 봅시다. 그러면 다시 평강으

로 마음이 채워지지 않겠습니까? 그가 평강을 누리게 된 것은 돈을 많이 벌어서가 아니라 욕망이 줄었기 때문입니다. 또 다른 사람이 있는데, 그는 대단한 야심가입니다. 그는 유명한 사람이 되기를 원합니다. 위대해져야 합니다. 하지만 그렇게 될 수가 없습니다. 그래서 편안하지 않습니다. 하나님께서 은혜로 그를 겸손한 사람으로 만들고, 그의 오만한 야심을 거두어 가셨고, 그래서 오직 주님이 원하시는 자가 되고, 주님이 원하시는 것을 하고 싶은 사람이 되었다고 칩시다. 그가 금방 안식을 누리는 모습이 보이지 않습니까? 또 한 사람은 화를 잘 내는 성질을 갖고 있습니다. 쉽게 화를 내고 뛰쳐나갑니다. 주님은 그 주변에 있는 사람들을 변화시키지 않고 그 사람 자신을 변화시키십니다. 그는 조용하고, 용서를 잘하고, 부드러운 마음을 가진 자가 됩니다. 그 사람은 지금 얼마나 놀라운 평강을 누리고 있을까요! 또 다른 사람은 질투로 불타는 눈을 갖고 있습니다. 그는 다른 사람이 번성하는 것을 눈뜨고 못 봅니다. 만약 다른 사람이 자기보다 더 잘될 때마다 배가 아파 잠을 못 잡니다. 주님이 그의 마음속에서 질투의 쓴 물을 짜내십니다. 이제 그가 얼마나 평화로운지 보십시오. 지금 그는 다른 사람이 잘되는 것을 보고 기뻐합니다. 만일 그가 시험 속에 있다면, 다른 사람이 은혜 속에 있는 것을 생각함으로써 행복을 찾는데 도움을 받을 것입니다. 주님이 마음속에서 마음을 어지럽히는 요소들을 제거하시는 것은 큰 복입니다.

심지어는 호기심도 불안의 원인이 될 수 있습니다. 많은 사람들이 호기심 때문에 큰 고민에 사로잡힙니다. 저는 때때로 주님이 왜 저에게 이렇게 저렇게 하시는지 알고 싶었습니다. 그런데 그런 식으로 주님께 질문하는 것을 그만두기로 결심했습니다. 그렇게 하게 해주신 주님의 이름을 찬송합니다. 일전에 한 형제가 최근에 주님께서 자신에게 고통을 겪게 하신 이유가 무엇인지 알려 달라고 기도했습니다. 저는 그 형제가 그 기도를 더 이상 하지 않기를 바랍니다. 왜냐하면 저는 주님이 그렇게 하신 이유들을 알고 싶지 않기 때문입니다. 왜 그 이유를 꼭 알아야 합니까? 저는 주님이 올바르게 행하신 것을 알고 있으니, 주님에게 꼬치꼬치 캐묻고 보잘것없는 벌레에게 일일이 설명해 달라고 보챔으로써 주님을 욕되게 하지 않겠습니다. 이런저런 일이 어떻게 옳을 수 있는지 알고 싶어하는 것은 우리 대부분이 잘못하고 있는 일입니다. 우리가 왜 그렇게 해야 합니까? 하나님이 어떤 일을 감추신다면 우리는 그 일을 감추어진 상태로 놔두어야 합니다. 한 하인이 접시 하나를 들고 거리를 지나고 있었습니다. 접시는 무척 궁금하게 생각될 정도로 위가 덮여 있었습니다. 그때 친구를 만났는데, 그 친구가 이렇게 말했습니다. "네 주인이 그 접시에 무엇을 담아 놓았는지 진짜 궁금하다. 너무 조심스럽게 덮어 놓았거든." 그러자 하인은 이렇게 말했습니다. "그러니까 네가 알려고 하면 안 돼. 주인이 그토록 조심스럽게 덮어 놓은 것은 보지 말라는 뜻이지. 분명히 네가 상관할 일은 아니지." 마찬가지로 섭리가 여러분을 당혹스럽게 할 때마다 그것을 이해하는 것이 주님의 뜻이 아니라는 표지로 여기고, 믿음으로 받아들이는 것으로 만족하십시오. 호기심과 다른 불안한 일들이 사라질 때 평강을 누릴 것입니다.

다음으로 주님은 자신이 누군지를 발견하도록 하심으로써 우리에게 평강을 주시는 방법을 갖고 계십니다. 여러분 가운데 어떤 이들은 아직도 자신에게 평강을 주는 일들을 모르고 있습니다. 예를 들어, 주님이 창세 전에 여러분을 사랑하셨다는 것과, 또 일단 사랑하시면 절대로 버리시는 일이 없다는 것을 알고만 있다고 해도, 지금 은혜로부터 떨어져 나갔다고 두려워하고 있는 여러분에게 큰 위안이 될 것입니다. 맞습니다. 만약 여러분이 웅대한 하나님의 작정 교리에 대하여 이해하고 있다면, 그래서 주님이 쇠하지 아니하며 낙담하지 아니하고, 자신의 목적을 일점일획도 어기지 아니하실 것이라는 사실을 알고 있다면, 여러분은 아무리 자신이 보잘것없는 미천한 신자라고 해도, 결코 떨어져나갈 수 없는 큰 직물의 한 올이 될 것입니다. 만약 그렇게 되지 않는다면 직물 전체가 상하게 될 테니까요. 여러분은 영원한 목적이 얼마나 지혜롭게 규정되어 있고, 주권적 능력으로 시행되고 있고, 그래서 여러분의 구원이 하나님의 영광과 똑같이 보증되고 있다는 것을 이해하게 되면, 여러분은 평강을 얻게 될 것입니다.

많은 영혼들이 당연히 누려야 할 평강을 갖고 있지 못합니다. 왜냐하면 대속의 피를 충분히 이해하고 있지 못하기 때문입니다. 어떤 사람들은 이 중대한 대속 교리의 길이와 너비를 충분히 보지 못하고 있습니다. 그러나 그들이, 그리스도께서 택함받은 자들의 자리에 서서 그들을 위하여 죄가 되시고, 택함받은 자들은 그리스도의 자리에 서서 "그리스도 안에 있는 하나님의 의"를 덧입게 된 것을 알게 될 때, 그들의 평강도 강 같이 흐르게 될 것입니다. 성도와 그리스도의 연합에 대한 중대한 진리는 일단 이해하기만 하면 얼마나 놀라운 평강의 수단이 되겠습니까! 그리스도를 믿는 사람은 그리스도와 하나입니다. 그리스도의 몸의 지체로, 그분의 살과 뼈의 한 부분이며, 아버지와 아들이 하나인 것처럼, 영원하고 절대로 해체될 수 없는 연합으로 그리스도와 하나입니다. 언약, 불변성, 영원한 목적, 그리스도와 택함받은 자 간의 결혼 연합 교리와 함께, 이 사실을 알게 된다면, 하늘의 고요함 같이, 불멸성의 지복과 같이 더 깊은 평강을 누리게 될 것입니다.

　　그러나 이런 평강을 가질 수 없는 사람들 곧 주님이 "평안이 네게 상관이 있느냐"(왕하 9:18), "내 하나님의 말씀에 악인에게는 평강이 없다 하셨느니라"(사 57:21)와 같은 말씀이 적용되는 사람들이 있습니다. 여러분의 행위, 여러분의 기도, 여러분의 회개 등, 이런 것들 가운데 어느 것도 여러분에게 평강을 줄 수 없습니다. 세상과 세상의 즐거움은 평강에 대한 모든 소망을 파괴합니다. 그러니 지금 와서, 하나님이 십자가에 못 박히신 아들의 인격 속에 친히 준비하신 위대한 희생 제사를 믿으십시오. 어서 와서 임마누엘의 얼굴을 바라보고, 평강이 어디서 발견되는지 확인해 보십시오. 예수님의 옆구리의 깊이 베인 상처로 나아와 하나님의 택하심을 받은 자들이 평강 속에 거하는 반석의 갈라진 틈을 보십시오. 예수님을 의지하십시오. 그러면 여러분은 평강을 얻기 시작할 것입니다. 또한 그 평강은 넓어지고 깊어져서, 모든 지각에 뛰어난 하나님의 평강이 될 것입니다. 이 평강은 그리스도 예수로 말미암아 여러분의 마음과 생각을 지켜실 것입니다. 아멘.

스펄전설교전집
골로새서·데살로니가전후서

초판 인쇄 2011년 10월 10일
초판 발행 2011년 10월 20일

발행처   크리스챤다이제스트
발행인   박명곤
주소   경기도 고양시 일산동구 장항동 611-19
전화   031-911-9864, 070-7538-9864
팩스   031-911-9824
등록   제 396-1999-000038호
판권   ⓒ 크리스챤다이제스트 2011
총판   (주) 기독교출판유통
         전화 031-906-9191~4
         팩스 080-456-2580